당률신탐
唐律新探

당률신탐
唐律新探

| 왕리민王立民 지음 | 전영섭 옮김 |

學古房

| 내용 제요 |

    당률^{唐律}은 중국에서 당대^{唐代} 이전의 입법을 집대성하였고, 당대 이후 입법의 효시^{嚆矢}가 되었기 때문에, 중국고대법^{中國古代法}의 축소판이다. 이것을 파악하면 중국고대법의 대요^{大要}를 알 수 있다. 또 당률은 중화법계^{中華法系}의 대표작으로서, 동아시아 여러 국가의 입법^{立法}에 매우 큰 영향을 끼쳤다. 따라서 이것을 파악하면 이들 국가의 입법에 관한 여러 측면도 이해할 수 있다. 이 책은 법률사상·법전구성·구체적 내용·당대 이후 및 외국법전과의 비교 등 다양한 관점에서 당률을 탐구하여 독자^{讀者}에게 일종의 새로운 시야를 제공하고자 하였다. 이 책은 법학, 특히 법률사학^{法律史學}의 학습과 연구에 항상 갖추어야 할 전문서^{專門書}일 뿐만 아니라 당사^{唐史} 더 나아가 중국고대사의 학습과 연구에도 참고할만한 보기 드문 저작^{著作}이다.

| 서序 |

    이 책의 저자인 왕리민王立民은 나의 93기 박사생이다. 재학 기간 동안 그는 학업의 완성과 동시에 당률에 대해서도 새로운 탐색과 연구를 진행해서 여러 새로운 논점과 견해를 제시하여 『당률신탐』 1권을 저술하였고, 아울러 상해사회과학원출판사上海社會科學院出版社의 책임자와 사건국查建國의 관심·지원을 받아 신속히 인쇄되어 며칠 만에 출판되었다. 이 책의 출판은 법제사학法制史學의 학술 마당에 생화生花 한 송이를 더한 것이므로 축하할 만한 일이다.

    당률은, 중국과 외국의 법제사에서의 중요한 위치를 고려하여 현세기의 30년대부터, 심지어 더 이른 시기부터 적잖은 중국과 외국 학자들의 관심을 받아서 성과 있는 연구가 진행되었고, 여러 학술 가치가 있는 논문과 전문서의 발표·출판으로 세인들의 이목을 끌었다. 저자는 다년간 당률 연구에 매진하면서 선학先學 연구의 토대 위에서 그리고 현재의 시대와 형세의 계시啓示를 수용하여 당률 연구를 하나의 새로운 단계로 끌어올렸다. 책 속의 내용에는 당연히 새로운 견해가 많다.

    논점 부분에 독창성이 보인다. 저자는 제4장에서 당唐의 율律·영令·격格·식式이 모두 형법에 속한다는 새로운 논점을 제기하였고, 게다가 성실하게 구체적인 논증도 시도하였다. 저자는 당률이 형법전刑法典인 것을 밝혔고, 동시에 기록을 근거로 관련 규정, 즉 영·격·식의 논리 구조, 실시 상황 등 다방면을 종합해서 영·격·식을 위반하였다면 모두 당률에 의거해서 논단論斷해야 한다고 보았다. 다시 말하면 그것들을 위반하였다면 모두 형벌적 처벌을 받아야 한다는 것이다. 형벌이 필요 없는 형법은 없고, 형법이 없으면 형벌도 사용할 수 없다. 이렇게 해서 당의 영·격·식은 모두 형법의 일부분이고 그 외 다른 법에 속하지 않았음을 확정하였다. 이러한 논점은 이전 누구도 제기한 적이 없었고 게다가 상세한 논증도 없었으며, 저자가 이것을 이루어내었다. 그밖에 당률의 제재방식 등의 부분에 대해서도 저자는 자신의 새로운 논점을 선명하게 제시하고 있다.

    연구방법 부분에도 독창성이 보인다. 연구방법은 어떤 학문 분야의 연구에서도 매우 중요하다. 이전 사람[前人]이 당률을 연구할 때는 비교방법을 비교적 적게 사용하였다. 그러나 저자는 비교방법을 주의 깊게 사용해서 당률의 특징·역할과 지위 등을 구현하여, 재차 당률만으로 당률을 논하지 않았다. 이러한 비교는 그 범위가 매우 넓어서 당唐 이전과 이후 법률과의 비교뿐만 아니라 외국 입법과의 비교 등 당률 연구에 하나의 신천지를 개척하였다. 제2장에서 저자는 「소의疏議」의 발전사를 다루면서 비교를 통해 당률 가운데 「소의」의 역할과 특징을 부각시켰다. 제13장에서 저자는 당률과 이후의 『송형통宋刑統』·『대명률大明律』·『대청율례大淸律例』를 체제·일반원칙

·죄명·법정형의 네 방면에서 비교하였고, 이로써 당률의 후세에 대한 영향을 제시하였다. 마지막 1장에서 저자는 당률과 『프랑스민법전[法國民法典]』을 간결하게 비교하여 전체적인 측면에서 중화中華와 대륙大陸, 양대 법계兩大法系의 차이를 밝혔다. 그 밖에 일부 장章과 절節에서도 이러한 방법을 광범위하게 사용하였다.

저자의 노력으로 현재 우리 눈앞에 펼쳐져 있는 본 저서는 당률 자체의 내용에 대한 모든 방면의 서술을 재차 중시하지는 않았지만, 그 나름의 특색을 가지고 있다. 이 책은 여러 가지 중요한 전문적인 주제들을 포착하여 하나씩 깊이 연구하고 있다. 제6장에서 저자는 가역류加役流·상청上請·반좌反坐·입법심의立法審議 등의 제도에 대해 비교적 깊이 있게 논술하여 독자에게 이들 제도를 쉽게 파악할 수 있게 하였다. 이것은 제7장에서도 마찬가지이다. 이 책은 당률 그 자체에 재차 구애되지 않고 당률과 그 상관 부분의 관계에 치중하였으며, 아울러 이러한 관계들을 당률에 반영하고 있다. 제9장에서는 당률과 그 당시 비교적 중요한 다른 법률 형식―제칙制敕을 연계하여 그것들을 전문적으로 고찰하였고, 이로써 그것들 간의 연계와 차이를 제시하였다. 또 당률의 내용 간에 내재된 연관성을 중점적으로 찾아내어 그 속에 내재된 규율을 나타냈다. 제3장에서 저자는 당률 율조律條의 조화 문제, 그중에 포함된 조화의 내용·핵심·배경 등 여러 방면을 깊이 탐색하여 율조의 내재적인 연계를 명확히 제시하였다. 그리고 제10장도 마찬가지이다.

현재 당률을 연구하여 독창적인 견해를 제시하는 데는 확실히 어느 정도 어려움이 있다. 그것은 연구자에게 비교적 견실한 이론적 기초와 풍부한 역사적 지식 특히 법제사 지식이 요구되고, 당률 연구 분야의 상황 특히 새로운 성과도 모두 숙지되어야 하며, 게다가 정확한 연구방법 등도 요구되고 있기 때문이다. 저자는 이러한 소양을 갖추고 있었으므로 지금과 같은 성과를 거둘 수 있었다. 우리 앞에 있는 본 저서는 깊이와 독창성을 갖추었으니, '신탐新探'이라는 이름을 저버리지 않는다고 하겠다.

학문에는 끝이 없으며, 학술연구도 마찬가지이다. 저자가 법제사라는 동산에서 부지런히 가꾸어서 더 많은 생화生花를 배양하여 법제사학 분야의 진일보한 번영을 위해 더 많이 기여하기를 바란다.

1993년 4월 12일 상해에서

오 택吳澤

| 초판 서론 |

    당률은 중국 나아가 세계법제사에서 하나의 큰 보배라고 할 수 있다. 그것은 중국고대의 법전 중에서 체제구성과 구체적 내용을 막론하고 모두 선두 지위에 있었기 때문에 중국고대 입법 가운데 최고로 인정받고 있다. 청대清代 법학에 정통한 설윤승薛允升은 당률과 명률明律을 비교한 후 당률에 대해 총괄적인 평가를 내렸다. 설윤승은 「당명률합편唐明律合編序」에서 중국 역대 법전 중에서 "당률이 최고다"라고 하였다. 당률은 '최고'라는 이름을 받기에 손색이 없다. 첫째, 당률은 당唐 이전 입법의 정수를 모아서 집대성한, 역사상 전례가 없는 걸작이었기 때문이다. 『명사明史·형법지刑法志』에는 명明 초初의 입법에 참여하였던 승상丞相 이선장李善長의 정곡을 찌르는 문구가 기재되어 있는데, 그는 "역대의 율律은 모두 한漢의 『구장률九章律』을 종지宗旨로 하였고, 당唐에 이르러 비로소 집대성되었다"라고 하였다. 둘째, 당唐 이후 각 봉건왕조는 당률을 남본藍本으로 해서 법률을 제정하였는데, 비록 증감되긴 하였지만, 그 종지宗旨는 변하지 않아서 당률은 당 이후 각 왕조의 입법의 모범이 되었기 때문이다. 청말민초清末民初 법학계法學界의 거장 심가본沈家本은 『역대형법고歷代刑法考·형제총고刑制總考4』에서 당률에 대해서 "송宋 이후 모두 준용遵用하였고, 비록 종종 정도의 차이[輕重]는 있었지만, 그 대략적인 기본 체제는 당唐에 의거하였다"라고 하였다. 셋째, 당률은 또 당시 아시아 여러 국가, 예컨대 몽골[蒙古]·한국[朝鮮]·일본·베트남[越南] 및 류큐제도琉球諸島 등 국가의 입법에 매우 큰 영향을 주었기 때문이다. 이들 국가는 당률을 모방해서 중화법계中華法系의 전형적인 법전을 형성하였고, 몇몇 외국 학자들도 이것을 인정하고 있다. 일본학자 니이다 노보루仁井田陞는 『당령습유唐令拾遺·후발後跋』에서 당률을 "동방법제사東方法制史의 중추中樞"라고 칭송하였다. 중화법계의 세계법계世界法系에서의 특수한 지위로 인해 당률은 또 세계 봉건법의 대표작으로서, 노예제 시기의 로마법羅馬法·자본주의 초기의『프랑스민법전[法國民法典]』과 나란히 세계법제사의 저명한 삼대三大 법전이 되었다. 따라서 당률을 이해하면 중국고대법, 특히 봉건법의 전체 상황·중화법계의 개략과 세계 봉건법의 정수를 알 수 있다고 해도 될 것이다. 당률의 세계법제사에서의 지위를 모든 사람이 주목하고 있다.

    당률의 높은 명성과 세계법제사에서의 혁혁한 지위를 동경하여 고금古今·중국 내외의 여러 전문가·학자들이 이것에 관한 연구를 진행한 결과 만족할만한 성과를 냈다. 그러나 탐구에는 끝이 없듯이 당률 연구도 부단히 진행되었고, 이 책도 이러한 연구에 대한 시도이다. 본서는 모두 14장인데, 대략 다섯 부분으로 나눌 수 있다.

    제1장은 제1부분이다. 이 부분은 당률의 법률사상을 전문적으로 고찰하였다. 통치자의 법률사

상과 법전의 출현에는 일종의 인과관계가 있다. 당률의 법률사상은 당唐 통치자의 법률사상을 그대로 반영하였고, 이것은 당대의 법률사상을 이해하는데 매우 귀중한 것이다. 동시에 당률의 법률사상은 내용 면에서 지도의의指導意義도 포함하고 있으므로 당률을 완벽하게 파악하기 위해서는 그 내용을 정확히 이해해야 하고, 그 법률사상도 숙지해야만 한다. 이 장章에서는 당률의 법률사상 가운데 주된 부분들을 하나하나 소개하였는데, 이례위본以禮爲本(예를 근본으로 한다)·예법병용禮法幷用(예와 법의 병용)·법률의 통일·안정과 간략, 엄격치리嚴格治吏(관리에 대한 엄격한 통치)·의법단옥依法斷獄(법에 의한 단옥)·신중행형愼重行刑(형벌의 신중한 집행) 사상 등을 포함하고 있다. 마지막으로 이 장에서는 또 당률의 법률사상에서 네 가지 특징적인 방면, 즉 완정성完整性·현실성·윤리성·일치성을 귀납歸納하였다. 이렇게 해서 당률의 법률사상은 구체적인 내용 속에서 생동감 있게 묘사되어 일목요연해졌다.

제2장에서 제4장까지는 제2부분이다. 이 부분에서는 당률의 구조에 관한 여러 문제를 전문적으로 고찰하였다. 「소의疏議」는 당률의 중요한 구성 부분이다. 제2장에서는 당 이전 법률 조문에 대한 해석과 보충상황을 회고한 다음 당률에서 「소의」의 역할을 상세히 논술해서 그 존재의의를 명확히 하였다. 제3장에서는 당률의 율조律條 간의 조화 문제를 논술하였다. 현존하는 당률은 502조인데, 만약 서로 조화롭지 않으면 앞뒤가 모순되고 일정하지 않아서 법전 전체가 무너지게 되어 그 본래의 합당한 역할을 상실해 버린다. 당률은 다양한 조화 방법으로 율조를 질서정연하게 안배하여 자체적으로 구조가 치밀한 법전이 되게 하였다. 제4장에서는 「소의」에 인용된 영令·격格·식式의 특징을 근거로 율과 그것들의 관계를 서술하였다. 이 장에서는 먼저 그것들은 모두 형법에 속하며, 그것들의 관계는 형법의 다른 표현 형식에 불과하다는 것을 강조하였다. 이것은 전통적인 관념과 큰 차이가 있다. 이러한 토대 위에서 그것들은 (율과) 개별적인 관계를 형성하였는데, 즉 당령·격·식을 위반한 때에는 일단어율斷於律, 즉 오로지 율로써 단옥하였고, 당령·격·식은 율을 보충하였다는 것이다. 이 부분은 당률의 몇몇 구조에 대한 고찰을 통해 그것이 (당률의) 구조 중에 적절하게 배열되었음을 제시하여 당률의 외부구조에 대한 인식을 심화하는 데 일조하였다.

제5장에서 제8장까지가 제3부분이다. 이 부분에서는 당률의 여러 구체적인 내용을 고찰하였는데, 그중에는 예禮와 법法의 관계·몇 가지 구체적인 제도 문제·제재방식 등을 포함하고 있다. 유가사상은 당대의 통치사상이었기 때문에 이러한 사상을 집중적으로 구현한 예禮는 당률의 내용 중에 확실히 반영되었을 것이다. 예와 법의 관계에 대해서는 제5장에서 소개하고 있는데, 주된 내용은, 예는 입법의 근거였고, 법은 예를 유지·보호하는 무기였다는 것이다. 동시에 이 장章에서는 양자兩者 간에 존재하는 모순을 회피하지 않고, 당률이 이러한 모순을 해결할 때 사용한 방

법을 소개하여 양자의 관계를 모두 제시하였다. 제6·7장에서는 당률 중의 여러 제도와 문제에 대해 상세히 고증하였다. 고증에서는 대체로 먼저 원류源流를 소급한 다음 당률의 공헌을 중점적으로 부각시켰다. 이것은 독자들에게 당률의 여러 구체적인 내용을 더욱 이해시킬 뿐만 아니라 법제사의 관점에서도 당률의 성과를 알 수 있게 한다. 제8장에서는 당률의 제재방식을 주제로 연구하였다. 당률은 형률刑律이긴 하지만, 규정된 제재방식이 적지 않아서 형사적인 것 이외에 민사적·행정적인 것 등도 있다. 이 장에서는 그것들이 하나의 법전에 어떻게 공존하였고 또 각각 어떻게 작용하였는가에 대해 비교적 깊이 연구하였다. 이상 각 장의 내용을 종합하면, 독자들은 당률의 내용을 더욱 깊이 이해할 수 있을 것이다.

제9장에서 제12장까지는 제4부분이다. 이 부분에서는 당률의 실시에 관한 여러 가지 문제를 고찰하였는데, 당률과 제칙制敕의 관계, 당唐의 정치·경제에 대한 영향, 당대에서의 실시 개황槪況 등을 포괄하고 있다. 제9장에서는 당률과 제칙의 관계를 전면적으로 서술하였다. 제칙은 일종의 단행법규單行法規로서 황제의 의지가 직접 구현되었다. 이 제칙과 시행률施行律인 당률은 일종의 어떤 관계에 있었고, 당률이 있는데 제칙이 필요한 이유는 무엇인가? 이 장章에서는 이러한 문제에 대해 논술하였다. 제10·11장에서는 당대 전제정치와 당 전기 경제발전에 대한 당률의 역할이라는 두 가지 방면에서 당률 실시 이후 당의 정치와 경제에 미치는 영향을 제시하였다. 제12장에서는 당대의 이격단옥以格斷獄, 즉 격으로 단옥하는 상황을 서술한 후 당대 당률의 전반적 실시상황 및 그 발전 과정과 단계를 중점적으로 분석하였다. 이들 전체 부분은 동태적인 시각에서 객관적으로 현실 사회·생활에서 당률의 영향과 역할, 나아가 당대 법제의 여러 측면까지 재현하였는데, 그 속에는 독창적인 점이 있다.

제13장과 제14장이 제5부분이다. 이 부분에서는 당 이후 역대 봉건왕조의 당률에 대한 변혁 및 당률과 『프랑스민법전』의 비교 결과를 고찰하였다. 이 부분에서는 비교방법을 사용하였다. 제13장에서는 당률과 『송형통宋刑統』·『대명률大明律』·『대청율례大淸律例』의 비교를 통해 그것들 간의 차이를 현시顯示하였다. 제14장에서는 당률과 『프랑스민법전』의 비교를 통해 양자의 유사점과 차이점을 조망하였다. 이러한 비교를 통해 독자들은 당 이후 당률에는 변화가 있었지만, 그 내용은 여전히 대다수 사용되었고, 그 종지宗旨도 변하지 않았음을 알 수 있다. 이는 다른 각도에서 당률이 후세에 끼친 거대한 영향을 실증實證한 것이다. 이외에 독자들은 중화법계中華法系와 대륙법계大陸法系, 이 양대 법계의 여러 차이점도 알 수 있고, 나아가 세계법계도 깊이 이해할 수 있다.

이 책은 이상의 내용을 논술할 때, 그것들 간間의 내재적인 관계성을 고려하였다. 이상의 다섯 부분은 순서에 따라 조합되어 당률의 법률사상에서부터 구조·내용·실시·후대後代 당률의 변혁 및 외국법전과의 비교 등에 이르기까지 전체 계열이 전후 일정한 논리 관계도 있는 등, 이 책만의 특징을 가지고 있다. 동시에 이 책은 새로운 방식을 힘써 추구하여, 당률 중에서 이전 연구자들이 그다지 전문적으로 연구하지 않았던 구체적인 문제들에 대해 상대적으로 깊이 탐구하였을 뿐만 아니라 신중히 시야도 넓혀 전체적인 상황에서 당률에 관한 문제들을 고찰함으로써 당률 자체의 내용만을 세심하게 탐구하였던 고식적인 방식에서 탈피하고 연구시각을 확장하였다. 이외에도 이 책은 특히 비교방법을 중시하여 당률과 당 이전의 유관有關 제도·당 이후의 법전·국외國外 법전 등도 각각 비교함으로써 당률의 특징을 구체적으로 나타내었다. 이상을 종합하면, 이 책은 '신탐新探'이라는 뜻에 부응한다.

1992년 10월

| 2판 서론 |

『당률신탐』 제2판이 여러분과 만나게 되었다. 이 신판과 제1판의 가장 큰 차이는 마지막 네 장章, 즉「당률과 당령唐令·격格·식式 성질 중의 세 가지 문제」·「당률의 조표條標」·「당률 중의『논어論語』」와「당률 내용의 정밀성[密而不漏]」이 증가한 것에 있다. 이 네 장의 내용은 대략 이하 세 가지 상황으로 개괄할 수 있다.

첫째 상황은 당률에 관한 여러 새로운 문제를 연구하였다는 것이다. 당률의 조표條標는 연구할 가치가 있는 문제이다. 그것은 당률의 체제를 반영하였을 뿐만 아니라 당률의 내용도 직사直射하였기 때문에 당률의 주된 구성 부분 가운데 하나이다. 그러나 오랜 기간 동안 사람들은 이에 대해 그다지 관심을 보이지 않았다.「당률의 조표條標」라는 장章에서는 이 조표에 대해 비교적 깊이 있는 연구를 진행하여 당률 연구의 공백을 채웠다.「당률 중의『논어』」라는 장도 이러한 상황과 유사하다.

둘째 상황은 당률에 관한 전통적인 관점과 다른 문제를 연구하였다는 것이다. 당률의 중국법제사와 중화법계中華法系에서의 중요한 지위 때문에 당률 가운데 많은 문제는 이미 이전 사람들에 의해 연구되었고, 또 이로써 일부 전통적인 관점도 형성되었다.「당률 내용의 정밀성[密而不漏]」이라는 장에서는 전통적인 관점에 맞서서, 당률의 내용이 소이불루疏而不漏, 즉 "법망은 성글지만 한 명의 죄인도 놓치지 않는다"가 아니라 오히려 반대로 밀이불루密而不漏, 즉 "법망이 정밀하여 한 명의 죄인도 놓치지 않는다"로 보았고, 사실에 근거해서 충분히 논증하여 이 문제에 대한 연구를 한 단계 진전시켰다.

셋째 상황은 당률에 대한 탐구 가운데 더한층 보충해야 할 문제를 연구하였다는 것이다. 종래 당률을 탐구하는 과정에서 나[筆者]는 몇 가지 관점들을 제시해서 논증하였다. 그런데 세월이 흐르면서 연구도 심화됨에 따라 필자도 이러한 (종래의) 관점들과는 다른 새로운 인식을 갖추게 되었고, 논술論述도 한 단계 발전하였다. 이러한 논술은 원래原來의 새로운[新][1] 관점을 보충할 수 있었기 때문에 그것을 더한층 완벽하게 하였다.「당률과 당령·격·식 성질 중의 세 가지 문제」라는 장章도 기존의 "당률·영·격·식은 모두 형법이다"라는 관점을 보충하여 이 관점을 더욱 완벽하게 하였다.

이 네 장이 증가된 이후 이 책의 내용은 더욱 풍부·완벽해졌으며, 동시에 필자의 당률에 대한

---

1 【옮긴이 주】: '새로운'이 없거나 그 앞에 '관점에'가 있어야 문맥이 통한다.

연구 성과도 더한층 전면적으로 반영되었다. 이 또한 이 책 제2판을 출판하게 된 중요한 이유라고 할 수 있다.

　새로 증가된 네 장은 원래 모두 단독 논문으로서 대부분 이미 발표된 것이다. 이번에 다시 이 책에 편입하면서 체제와 내용을 모두 개정하여 원서原書의 문장과 일치시켰다. 또 이 네 장은 원래 단독 논문이었기 때문에 일부 내용은 앞부분인 열네 장의 내용과 교차될 수도 심지어 중복될 수도 있지만, 각 장의 내용에 대한 완정성完整性을 고려하여 이번에는 대폭 수정하지 않았기 때문에 대체로 원래의 모습은 유지되었다.

　이 책의 앞부분인 열네 장은 책의 근간根幹으로서, 이번 재판再版에서는 그중 일부 오자誤字만 손질하였을 뿐 그밖에는 거의 바뀌지 않았으므로 원서原書의 풍격風格이 그대로 남아 있다. 독자 여러분이 이 책을 복습할 때 이상한 느낌을 갖지 않기를 바란다.

2001년 3월

| 3판 서론 |

    이것은 사실상 벌써『당률신탐』의 제3판이다. 이번 판과 제2판의 가장 큰 차이는 두 장章, 즉 「당률의 여러 문제(하)」와 「당률의 법률과 역사의 융합」이 증가된 것이다. 이 두 장은 두 가지 다른 문제를 탐구하였다. 전자의 「당률의 여러 문제(하)」에서는 당률 가운데 다섯 가지 미시적인 문제를 탐구하였고, 언급한 내용은 환형換刑·화외인상범化外人相犯·과실범죄·법률관계 중 노비의 지위·범죄 예방의 법정요령法定要領 등이다. 후자의 「당률의 법률과 역사의 융합」에서는 거시적으로 당률의 법률과 역사의 결합 문제를 탐구하였고, 내용은 이러한 결합의 내용·의의·원인 등을 포함하였다. 이 두 장의 '첨가'로『당률신탐』의 내용은 더욱 풍부해졌다.

    새로 증가된 두 장의 내용은 이미 발표된 것이지만, "동일한 사항을 통합"하고자 그것들도 이 책에 포함하였다. 이 책의 전체적인 효과를 고려하였기 때문에 편입할 때 종전의 내용에 대하여, 표제標題·구조·용어 등 여러 방면을 포함해서 그것에 맞게 조정함으로써 편입된 부분이 품격品格 면에서 원래의 체제·내용과 일치될 수 있도록 하였다. 이 밖에 새로 증가된 두 장은 원래 단독 논문이었기 때문에 일부분은 내용 면에서 이 책의 원래 있던 장章·절節과 교차 혹은 중복을 피할 수 없다. 독자 여러분의 양해를 바란다.

    이 두 장을 추가한 이후 이 책의 내용도 더욱 충실·풍부해졌고, 동시에 보다 전반적으로 내[筆者]가 당률을 탐구한 성과도 반영되었다. 이것이 벌써『당률신탐』의 제3판이지만, 그 기본 구조와 풍격風格은 제1·2판과 완전히 일치하고, 전체성도 그대로 유지되었다. 독자 여러분이 열독閱讀할 때 계속 그 일체성을 느끼고, 부적합하다거나 이상하다는 생각을 가지지 않기를 바란다.

2007년 2월

| 4판 서론 |

 당률 연구는 나[筆者]의 학술 '근거지'이다. 나[筆者]의 석사 논문은 당률을 주제로 하였고, 이후 줄곧 박사생·석사생들에게 당률 연구에 관한 교과과정教科課程을 개설하였을 뿐만 아니라 당률에 관한 연구 성과로 몇몇 학술회의에도 "참가하였으며", 그 결과 당률에 관한 논문도 계속 발표하여 법사학계의 동인同仁들과 교류할 수 있었다. 또 나[筆者]는 이 '근거지'에 애정을 쏟아서 그것이 부단히 강대해지고 영향력도 확대되기를 바랐고, 이 때문에 『당률신탐』이라는 이 한 권의 책에 모든 것을 바쳤다. 나[筆者]는 이 '근거지'를 강대하게 하고자 새로 발표한 논문을 전저專著 형식으로 계속 이 책에 편입하여 그 편폭篇幅을 증가시켰다. 이번에 출판된 『당률신탐』은 실제 제4판으로서, 이전 세 번의 구판舊版은 각각 1993년·2001년·2007년에 출판되었는데, 글자 수도 계속 증가하여 이미 최초의 17만여 자에서 현재 거의 30만 자에 이르렀다.

 이번 판과 제3판의 주된 차이는 다섯 장章, 즉 마지막 다섯 장이 새로 증가된 것에 있는데, 다섯 장은 「당률의 연좌제도連坐制度」·「당률과 당조唐朝의 신분등급 관계」·「『기이문존寄簃文存』의 당률 연구」·「당률과 중국 전통법제傳統法制」·「당률과 당조의 형사사법제도刑事司法制度」이다. 이 다섯 장은 당률 가운데 특정 문제에 대해 각각 전문적인 연구를 진행한 것으로서, 전문적인 연구 성과라고 할 수 있다. 이러한 성과는 또 세 가지 상황으로 나눌 수 있다. 첫째 상황은 당률 가운데 어떤 문제에 대한 특정 주제를 연구한 것이다. 「당률의 연좌제도」와 「당률과 당조의 신분등급 관계」는 이러한 상황에 속한다. 「당률의 연좌제도」는 당률 가운데 연좌제도에 대한 연구이고, 「당률과 당조의 신분등급 관계」는 당조의 신분등급 관계에 대한 연구이다. 둘째 상황은 당률에 대한 타인他人의 연구를 반영한 것이다. 「『기이문존』의 당률 연구」가 바로 그러하다. 이것은 『기이문존』이라는 책에 입각해서 심가본沈家本의 당률에 대한 연구 상황을 반영하였다. 셋째 상황은 당률의 교차交叉문제에 대해 연구한 것이다. 바로 「당률과 중국 전통법제」·「당률과 당조의 형사사법제도」가 이것에 속한다. 그것들은 각각 당률과 중국 전통법제·당조의 형사사법을 교차해서 연구하였다. 총괄하면, 이들 새로 증가된 다섯 장은 모두 그 자체 특색과 학술 가치가 있다.

 이번 출판에서 새로 증가된 다섯 장은, 다섯 편篇이 모두 단독 논문으로서, 이미 각각 『사회과학社會科學』·『화동정법대학학보華東政法大學學報』와 일부 논문집 등에 발표되었다. 전체적인 효과를 고려하여, 나[筆者]는 이 다섯 편의 논문을 본서에 편입할 때 실질적인 수정을 가하지 않았다. 또 이것들은 단독 논문이기 때문에 사료의 사용 등에서 여타의 장章과 약간의 교차·중복을 피하기 어려운 부분도 있다. 독자·동인同仁 여러분의 양해를 바라마지 않는다.

2010년 1월

| 차례 |

내용 제요 ·· 4
서序 ··· 5
초판 서론 ··· 7
2판 서론 ·· 11
3판 서론 ·· 13
4판 서론 ·· 14

제1장 당률의 법률사상

제1절_이례위본以禮爲本 사상 ·· 29
   1. 군주와 신민臣民 관계에서 군권君權의 유지·보호 ··· 30
   2. 관官과 민民 관계에서 관권官權의 유지·보호 ··· 31
   3. 가장家長과 자녀子女 관계에서 부권父權의 유지·보호 ······································ 33
   4. 남편[夫]과 처妻 관계에서 부권夫權의 유지·보호 ·· 34
   5. 주인主人·양인良人과 노비奴婢 관계에서 주인권主人權·양인권良人權의 유지·보호 ········ 36
제2절_예·법병용禮法幷用 사상 ··· 38
제3절_법률 내용의 통일·안정·간략 사상 ··· 40
   1. 법률 내용의 통일 사상 ··· 40
   2. 법률 내용의 안정 사상 ··· 41
   3. 법률 내용의 간략 사상 ··· 42
제4절_엄격치리嚴格治吏 사상 ·· 44
   1. 규정 내용의 광범위·구체성 ··· 44
   2. 책임 규정의 엄격성 ·· 45
   3. 처벌 규정의 엄중성 ·· 45
제5절_의법단옥依法斷獄 사상 ·· 47
   1. 단옥: 율문인용律文引用 필수 사상 ··· 47
   2. 죄행법정罪行法定 맹아 사상 ·· 48

3. 의법양형依法量刑 중시 사상 ·· 49
4. 위법단옥違法斷獄 행위 엄중처벌 사상 ·· 51

제6절_신중행형愼重行刑 사상 ·· 51
1. 고신拷訊의 신중처리 사상 ·· 52
2. 노老·소小·폐질자[廢疾]·질자[疾]·임신부[孕婦] 범죄의 신중처리 사상 ··········· 53
3. 죄인의 신중처리 사상 ·· 56
4. 형벌의 신중집행 사상 ·· 56

제7절_당률의 법률사상에서의 특징 ··· 59
1. 완정성完整性 ··· 60
2. 현실성現實性 ··· 60
3. 윤리성倫理性 ··· 61
4. 일치성一致性 ··· 61

제2장 당률에서 「소의疏議」의 작용

제1절_당 이전 법률 조문에 대한 해석과 보충 ··· 65
1. 진秦「법률답문法律答問」의 법률 조문에 대한 해석과 보충 ·································· 66
2. 한漢·위魏·진晉 시기 법률 조문에 대한 해석과 보충 ··· 71

제2절_당률에서 「소의」의 작용 ·· 78
1. 당률의 지도사상指導思想 천명闡明 ··· 79
2. 율律 및 각 편목篇目의 연혁과 편목 간의 연계 약술 ·· 80
3. 율의律義 해석 ··· 81
4. 죄명罪名 간의 차이 개설概說 ··· 85
5. 형벌 관련 여러 문제 약술略述 ·· 86

제3절_「소의」의 국내외 입법立法에 대한 영향 ·· 88
1. 당 이후 각 왕조의 입법에 대한 영향 ··· 88
2. 당시 아시아 여러 국가의 입법에 대한 영향 ·· 90

제3장 당률의 율조律條의 조화

제1절_조화의 내용 ·· 92

1. 12편목篇目의 율조의 조화 ·· 92
2. 전후前後 편목의 율조의 조화 ·· 96
3. 동일 편목의 율조의 조화 ·· 100
제2절_조화의 핵심 ·· 101
제3절_조화의 배경 ·· 105
1. 당 초기 경제·정치의 관점 ·· 105
2. 입법조화 사상의 관점 ·· 107
3. 당률 제정자의 관점 ·· 110
제4절_조화의 작용·영향과 한계 ·· 113

제4장 당률과 당령唐令·격格·식式

제1절_당률·영·격·식 형법설刑法說 ······································ 119
제2절_당률·영·격·식의 특징 ·· 122
1. 당률 ·· 122
2. 당령 ·· 124
3. 당격 ·· 126
4. 당식 ·· 128
제3절_당령·격·식 위반: 일단어당률一斷於唐律 ······················ 129
제4절_당령·격·식의 당률 보충 ·· 135
1. 범죄주체 방면의 보충 ·· 135
2. 범죄주관 방면의 보충 ·· 137
3. 범죄객체 방면의 보충 ·· 138
4. 범죄객관 방면의 보충 ·· 139
5. 법률 적용·소송절차·집행 방면의 보충 ···························· 142

제5장 당률의 예禮와 법法

제1절_예禮: 입법立法의 근거 ·· 146
제2절_법: 예의 유지·보호를 위한 무기 ································ 151
제3절_예와 법의 모순 및 해결 ·· 157

제4절_예·법결합의 역사적 조건 ·· 161

제6장 당률의 여러 제도

제1절_가역류제도加役流制度 ·· 166
    1. 가역류의 발생 및 내용 ·· 166
    2. 가역류의 적용 범죄 ·· 170
    3. 가역류의 계승·변천 ·· 173
제2절_상청제도上請制度 ·· 176
    1. 당唐 이전 상청에 관한 규정 ·· 176
    2. 당률의 상청에 관한 규정 ·· 178
    3. 당 이후 상청제도의 계승·변화 ·· 182
    4. 상청제도의 실질 ·· 185
제3절_반좌제도反坐制度 ·· 186
    1. 당唐 이전 반좌에 관한 규정과 실례實例 ·· 187
    2. 당률 규정의 반좌적용의 일반원칙 ··· 188
    3. 당률 규정의 반좌적용 범죄 ·· 189
    4. 당률 규정의 반좌의 종류 ·· 192
제4절_입법심의제도立法審議制度 ·· 194
    1. 당대唐代 입법심의제도의 정치·사상적 기초 ··· 195
    2. 당률 규정의 입법심의제도 ··· 197
    3. 입법심의제도의 특징·기능·영향과 한계성 ·· 200

제7장 당률의 여러 문제(상)

제1절_불교·도교 문제 ··· 203
    1. 당 이전 불교·도교 및 관련 규정 ·· 203
    2. 당률의 불교·도교에 관한 규정 ·· 207
    3. 당률 중 불교·도교에 관한 규정 발생의 주요 원인 ···································· 212
제2절_음양오행陰陽五行 문제 ·· 215

1. 음양오행설의 당 이전 법률에 대한 영향 ·············· 215
  2. 당률 중의 음양오행설 ·············· 219
  3. 당률 중 음양오행설의 영향과 음양오행설에 대한 규제 ·············· 221

제3절_청소년 범죄와 청소년 보호 문제 ·············· 225
  1. 죄罪와 형刑에 관한 규정 ·············· 225
  2. 책임연령責任年齡·특권·연좌緣坐에 관한 규정 ·············· 230
  3. 청소년 보호에 관한 규정 ·············· 232
  4. 당률의 청소년 범죄와 청소년 보호에 관한 규정의 특징 ·············· 235

제4절_죄형罪刑의 적용 범위 확대 문제 ·············· 236
  1. 당唐 이전의 비比 ·············· 236
  2. 당률의 죄형의 적용 범위 확대의 여러 형식 ·············· 238
  3. 죄형의 적용 범위 확대의 이론 및 기타 사항 ·············· 244

제8장 당률의 여러 문제(하)

제1절_환형제도換刑制度 문제 ·············· 247
제2절_화외인상범化外人相犯 처리 제도 문제 ·············· 254
제3절_과실범죄過失犯罪 문제 ·············· 255
제4절_법률관계 중 노비의 지위 문제 ·············· 262
제5절_범죄 예방의 법정요령法定要領 문제 ·············· 268

제9장 당률의 제재방식制裁方式

제1절_형사제재방식刑事制裁方式 ·············· 274
  1. 오형五刑 ·············· 274
  2. 속형贖刑 ·············· 280
  3. 관당官當 ·············· 285
  4. 몰관沒官 ·············· 287
  5. 연좌連坐 ·············· 288

제2절_민사제재방식民事制裁方式 ·············· 293
  1. 배상賠償 ·············· 293

2. 복고復故·개정改正·징수徵收·환관주還官主 ·· 296
   3. 이혼離婚 ·· 301
제3절_행정제재방식行政制裁方式 ·· 306
   1. 제명除名 ·· 306
   2. 면관免官 ·· 309
   3. 면소거관免所居官 ·· 311
제4절_제재방식의 특징 ·· 313
   1. 지도사상指導思想으로서의 유가경의儒家經義 ···································· 313
   2. 주요 원칙으로서의 신형愼刑 ··· 314
   3. 주요 제재방식으로서의 오형五刑 ·· 318
   4. 상용常用 징벌수단으로서의 일죄다벌一罪多罰 ································· 320
   5. 기본 특징으로서의 규범화規範化·완비화完備化 ······························· 322

제10장 당률과 제칙制敕

제1절_당률과 제칙의 차이 ··· 325
제2절_당률과 제칙의 연계連繫 ·· 329
제3절_당대唐代 제칙 출현의 역사적 원인 ··· 339

제11장 당률과 전제통치專制統治

제1절_당률의 전제통치에 대한 유지·보호 ·· 346
   1. 황제의 최고 입법권 관장管掌 ··· 346
   2. 황제의 최고 행정권 관장 ··· 348
   3. 황제의 최고 사법권 관장 ··· 351
제2절_당 전후 율律 및 동同시기 외국법전外國法典과의 비교 ················· 354
   1. 당 이전 율과의 비교 ··· 355
   2. 당 이후 율과의 비교 ··· 358
   3. 당과 동시기 외국법전과의 비교 ·· 360
제3절_당률 중 전제專制 내용 출현의 역사적 근원 ····································· 363
   1. 정치 방면 ··· 363

2. 경제 방면 ·· 364
  3. 사상이론 방면 ·· 366

제12장 당률의 당 전기 경제발전에 대한 작용

제1절_작용 ··· 371
  1. 토지 소유권·사용권의 보호 ·· 371
  2. 공公·사私 재물의 사기詐欺·훼손毁損 행위 엄중 추궁 ···················· 372
  3. 국가의 세稅·부부賦·요역徭役 제도의 유지·보호 ························· 373
  4. 장죄贓罪의 중벌重罰 ··· 374
  5. 채권인債權人의 권익 보호 ··· 374
  6. 불법不法 영조營造의 엄금嚴禁 ··· 375
  7. 기타 경제질서 교란攪亂 범죄의 단속 ·· 376
제2절_특징 ··· 377
  1. 당률규정의 내용과 당시 경제제도·상황의 부합 ····························· 377
  2. 당률규정의 내용적 완정完整과 조화 ··· 377
  3. 당률의 제재制裁의 엄중 ··· 378
  4. 당률의 치리治吏를 통한 경제범죄의 단속 ·· 380

제13장 당률의 실시

제1절_이격단옥以格斷獄 ·· 383
제2절_당 전·후기 당률의 실시 개황槪況 ·· 386
  1. 당 전기 당률의 실시상황 ··· 387
  2. 당 후기 당률의 실시상황 ··· 392

제14장 당률의 당 이후 변혁

제1절_체제體制의 변혁 ··· 398
  1. 권卷·조條의 변혁 ··· 398

  2. 편목구성篇目構成의 변혁 ··· 401
제2절_일반원칙의 변혁 ··· 403
  1. 일부 원칙의 취소 ·· 403
  2. 일부 원칙의 합병 ·· 403
  3. 일부 원칙의 개정 ·· 404
  4. 일부 원칙의 증가 ·· 406
제3절_죄명罪名의 변혁 ··· 407
  1. 죄명의 변경 ·· 407
  2. 죄명의 병합 ·· 408
  3. 죄명의 증가 ·· 409
  4. 죄명의 삭제 ·· 410
제4절_법정형法定刑의 변혁 ··· 411
  1. 환형換刑 ·· 411
  2. 양형동벌兩刑同罰 ·· 412
  3. 신형종新刑種의 증가 ·· 413
제5절_변혁의 원인 ··· 416
  1. 사회 상황의 변화 ·· 416
  2. 입법 경험의 축적 ·· 417
  3. 입법기술의 제고提高 ·· 419

제15장 당률과 『프랑스민법전[法國民法典]』 비교

제1절_당률과 『프랑스민법전』의 유사점 ··· 421
  1. 집권통치의 유지·보호 ·· 421
  2. 착취계급 사익私益의 유지·보호 ··· 422
  3. 가정등급家庭等級 특권의 유지·보호 ··· 424
제2절_당률과 『프랑스민법전』의 차이점 ··· 428
  1. 지도사상指導思想의 차이 ·· 428
  2. 편제체제編制體制의 차이 ·· 429
  3. 구체적 내용의 차이 ·· 431
제3절_당률과 『프랑스민법전』의 유사점·차이점의 형성 원인 ······························ 432

1. 당률과 『프랑스민법전』의 유사점 형성의 주요 원인 ·············· 432
2. 당률과 『프랑스민법전』 차이점 형성의 주요 원인 ·············· 434

제16장 당률과 당령唐令·격格·식式 성질 중의 세 가지 문제

제1절_『신당서新唐書·형법지』 중 '형서刑書'의 진정한 의미에 관한 문제 ·············· 436
제2절_당조唐朝의 형법刑法 이외의 기타 부문법部門法 유무有無에 관한 문제 ·············· 441
   1. 조직법組織法 ·············· 441
   2. 행정법行政法 ·············· 444
   3. 경제법經濟法 ·············· 444
   4. 민법民法 ·············· 445
   5. 소송법訴訟法 ·············· 446
제3절_『당률소의·잡률雜律』「위령조違令條」 및 그 「소의」에 대한
     이해와 상관相關에 관한 여러 문제 ·············· 448

제17장 당률의 조표條標

제1절_당률 조표의 배열형식 ·············· 455
제2절_당률 조표의 유형 ·············· 457
   1. 원칙규정 ·············· 457
   2. 죄명罪名 ·············· 458
   3. 죄상罪狀 ·············· 458
제3절_당률 조표의 내용 ·············· 460
   1. 한 조문[一條] 조표에 한 종류[一種] 범죄 포괄 ·············· 460
   2. 한 조문[一條] 조표에 두 종류의 다른[兩種不同] 범죄 포함 ·············· 460
   3. 한 조문[一條] 조표에 세 종류[三種] 또는 그 이상 범죄 포함 ·············· 461
제4절_당률 조표의 기능 ·············· 463
   1. 당률의 입법사상 반영 ·············· 463
   2. 당률의 체제體制 반영 ·············· 464
   3. 당률의 내용 반영 ·············· 465
제5절_당률 조표의 후세와 동아시아 여러 국가의 입법에 대한 영향 ·············· 465

제18장 당률 중의 『논어論語』

제1절_『논어』의 예禮: 당률의 지도사상指導思想 ·· 469
제2절_『논어』 사상의 당률 규정으로의 전환 ·· 473
제3절_『논어』의 당률에 대한 영향 발생의 역사적 배경 ································ 475

제19장 당률 내용의 정밀성[密而不漏]

제1절_영令·격格·식式 위반행위에 대한 제재制裁 ·· 479
제2절_예禮·이理 위반행위에 대한 제재 ·· 486
제3절_비부比附에 의한 범죄 단속 ·· 492
제4절_법망法網 정밀성의 원인 ·· 495

제20장 당률의 법률과 역사의 융합

제1절_법률과 역사의 결합 내용 ·· 501
  1. 단어[字]와 역사의 결합 ··· 501
  2. 죄명罪名과 역사의 결합 ··· 502
  3. 죄행罪行과 역사의 결합 ··· 503
  4. 형벌과 역사의 결합 ··· 504
  5. 제도와 역사의 결합 ··· 505
  6. 편목篇目과 역사의 결합 ··· 505
제2절_법률과 역사의 결합 의의 ·· 506
  1. 『당률소의』 내용에 대한 인식의 심화 ·· 506
  2. 중국법제사 지식의 증가 ··· 508
  3. 법률 의식의 제고提高 ··· 512
제3절_법률과 역사의 결합 원인 ·· 514

제21장 당률의 연좌連坐제도

제1절_연좌의 적용 원칙 ·· 519
   1. 연좌의 적용 대상: 사망자 제외 ··· 519
   2. 연좌의 대상과 용형用刑: 부지정不知情과 지정知情의 구분 ··············· 520
   3. 범죄 행위의 위해危害 정도에 의한 연좌의 범위와 용형用刑의 결정 ··· 520
   4. 연좌 대상자의 특권特權 취소 ·· 521
   5. 연좌 '몰관沒官'의 대상: 물건[物]과 사람[人] 포함 ···························· 522
   6. 연좌 적용의 제외: 성직자聖職者와 일부 천민賤民 ···························· 523
제2절_연좌의 종류 ··· 524
   1. 가족구성원 연좌[家庭成員連坐] ·· 524
   2. 인가 연좌[隣居連坐] ·· 525
   3. 직무 연좌職務連坐 ··· 527
   4. 군사 연좌軍事連坐 ··· 530
   5. 기타 연좌 ··· 530
제3절_연좌의 적용 범죄 ··· 531
   1. 국가안전 위해죄危害罪 ··· 531
   2. 인신안전人身安全 엄중 침해죄 ··· 532
   3. 재산권 엄중 침범죄 ·· 533
   4. 직무상職務上 범죄 ··· 534
제4절_연좌제도에 관한 여러 문제 ··· 534
   1. 연좌 내용의 증가 ··· 535
   2. 주류연좌이론主流連坐理論의 형성 ·· 535
   3. 후세 입법에 대한 영향 ·· 537

제22장 당률과 당조唐朝의 신분등급 관계

제1절_신분등급 관계 반영의 주요 방식 ·· 539
   1. 용형用刑을 통한 신분등급 관계의 반영 ·· 539
   2. 사법특권의 확정을 통한 신분등급 관계의 반영 ······························ 541
   3. 「소의」를 통한 신분등급 관계의 반영 ·· 543
제2절_신분등급 관계의 주요 내용 ·· 546

1. 황제의 독존적獨尊的 신분등급 ·· 546
　　2. 귀족과 관리의 신분등급의 차이 ·· 547
　　3. 양인과 천인의 신분등급의 차이 ·· 548
　　4. 가족구성원[家庭成員]의 신분등급의 차이 ······························ 550
제3절_기타 동방법東方法 중 신분등급 규정과의 비교 ························ 553

제23장 『기이문존寄簃文存』의 당률 연구

제1절_당률에 의한 자기 관점의 논증 ·· 558
제2절_당률 연구에 대한 극복 분야 ··· 563
　　1. 당률의 심층 문제에 대한 연구의 중시 ································ 563
　　2. 서방 법률 지식 응용을 통한 연구의 중시 ··························· 565
　　3. 청조淸朝 법률에 대한 비교 연구의 중시 ···························· 566
제3절_극복 형성의 원인 ·· 567
　　1. 당률의 중국법제사에서의 지위에 대한 심층 인식 ················ 567
　　2. 서방 근대법률 지식에 대한 심층 이해 ······························· 568
　　3. 연구방법 사용의 가일층 중시 ·· 570

제24장 당률과 중국 전통법제傳統法制

제1절_당률 중 성숙된 중국 전통법제의 구현 ································· 572
　　1. 성숙된 법제지도사상法制指導思想 ···································· 572
　　2. 성숙된 법전구성法典構成 ·· 573
　　3. 성숙된 법률 내용法律內容 ·· 575
　　4. 성숙된 사법司法 ·· 576
　　5. 성숙된 법률상法律上 감독監督 ·· 577
제2절_당률 중 중국 전통법제 발전사 ··· 578
　　1. 당조 이전 전통법제 발전사 제시 ······································ 579
　　2. 당조 전기 전통법제 발전사 현시顯示 ································ 581
　　3. 당조 이후 역대 봉건왕조 전통법제사 개창開創 ··················· 582
제3절_당률 중 중국 전통법제에서의 특징 ····································· 584

1. 진실성眞實性 보유 ··· 584
2. 일관성一貫性 보유 ··· 585
3. 규범성規範性 보유 ··· 586
4. 이론성理論性 보유 ··· 587

제25장 당률과 당조唐朝의 형사사법제도刑事司法制度

제1절_당률: 당조 형사사법제도의 구현자·규범자·수호자 ················· 589
  1. 구현자 ··· 589
  2. 규범자 ··· 594
  3. 수호자 ··· 597
제2절_구현자·규범자·수호자 형성의 역사적 주요 원인 ···················· 600
  1. 당률: 당조 형사사법제도의 조정범위 내포 ····························· 600
  2. 당 초기 주류主流 형사사법사상: 중요 지도 의의指導意義 조성 ···· 601
  3. 「소의」: 당조 형사사법제도 내용의 완벽화 작용 ···················· 605
제3절_당률과 당대 형사사법제도의 여러 상관 문제 ··························· 609
  1. 당조 전·후기 형사사법제도의 집행상황의 대차大差 ··············· 609
  2. 후세 율전律典에 반영된 당률 중 형사사법제도의 연혁 ········· 614
  3. 당률과 고대 동방 각국법各國法 중 형사사법제도의 주요 차이 ···· 618

초판 후기 ·· 620
2판 후기 ·· 622
3판 후기 ·· 623
4판 후기 ·· 624
옮긴이의 말 ·· 625

제1장
당률의 법률사상

　어떤 법전의 제정이든 모두 일정한 법률사상이 지침이 되고 있고, 따라서 법전의 내용은 직접적 혹은 간접적으로 그 법률사상을 반드시 반영하게 된다. 당률도 동일하였다. 이외에도 당률은 그 법률사상을 충분히 반영할 수 있는 창구窓口 -「소의疏議」를 가지고 있었다. 그것은 입법자立法者의 율문律文에 대한 주석注釋이다. 당률의 제정자는 율律의 의미를 나타내기 위해 율문을 정확하게 해석하였고, 또 그들의 법률사상을 모두 드러내어 율문과 법률사상을 고도高度로 통일시켰다. 이렇게 해서 당률 가운데 법률사상은 여지없이 현시되었다.

제1절 이례위본以禮爲本[1] 사상

　당대唐代의 통치사상은 유가사상이었고, 또 이것이 집중적으로 구현[1]된 것은 예禮였다. 예는 등

---

[1] 【옮긴이 주】: '이례위본'은 "예를 근본으로 한다"로 풀이된다. 한대漢代에 유교의 예가 법률화함으로써[예의 법률화를 나타내는 용어에는 '이례입법以禮入法(예를 법에 도입하다)'·'이례석률以禮釋律(예로써 율을 해석하다)'·'인례입법引禮入法(예를 끌어 법에 도입하다)' 등이 있다] 예와 법은 결합하였고[禮法合一], 『당률소의唐律疏議』에 이르러 정형화되었으며, 이에 따라 법률에 '이례위본' 사상이 정착되었다. 당률에 규정된 예와 법(또는 형)의 관계에 대해서는 김택민·임대희 주편, 『역주당률소의 - 명례편 - 』(이하 주편자는 생략하고, 책명도 『역주율소 - 명례편 - 』으로 약칭)(서울: 한국법제연구원, 1994)「편목소篇目疏」에서 "덕과 예는 정교의 근본이고, 형과 벌은 정교의 수단이다. 이것은 마치 황혼과 새벽, 봄과 가을이 서로 번갈아 와야만 (하루나 1년을) 이루는 것과 같다[德禮爲政敎之本 刑罰爲政敎之用 猶昏曉陽秋相須而成者也]"(96쪽)라고 한 문장에 잘 드러난다. 그리고 당률의 입법원칙을 나타내는 '일준호례一準乎禮(오로지 예에 준거한다)'·'예주형보禮主刑輔(예를 근본으로 하고 형을 보조로 한다)'라는 용어에는 예(또는 덕)와 법(또는 형)의 관계가 집약되어 있다(일준호례一準乎禮에 대해서는 주 5 참조). 동아시아 법률교류사의 영역에서 당과 고려의 형법에 규정된 예와 법의 관계와 입법원칙, 법률체계, 형정인식 등을 비교·분석한 논고에는 전영섭, 「고려의 율령제와 당의 예법-예주형(법)보의 계수에 대한 일시론-」(『역사와 경계』70, 부산경남사학회, 2009)이 있다.

급·명분을 기본적인 특징으로 하고, 사회구성원의 행위와 관계를 규범화하고 조정하는데 특수하고 유효한 기능을 하였다. 따라서 당唐의 통치자는 각 방면에서 예를 근본으로 하였다. 또 당률은 지배계급의 통치수단이었기 때문에 전력을 다해 이례위본 사상, 즉 예를 근본으로 하는 사상을 구현했다. 예컨대『당률소의唐律疏議·명례名例』「십악조十惡條」2「소의疏議」에서는 "예는 군주의 권력이다[禮者君之柄]"3라고 하였고, 또 "예는 등급이 같지 않다[禮有等級不同]"4라고 하였다. 후세의 사람도 당률은 "일준호례一準乎禮, 즉 오로지 예에 준거하였다"5라고 인식하였다. 당률의 이례위본 사상은 율문律文의 구체적인 규정에도 명확하게 반영되었다.

1. 군주와 신민臣民6 관계에서 군권君權의 유지·보호

당률은, 군주와 신민의 지위는 불평등한 것이고, 군주는 국가 구성원 가운데 최고의 지위를 가진 사람이므로 모든 신민은 모두 그에게 복종해야 한다고 보았다. 예컨대『당률소의·명례』「십악조十惡條」7「소의」에서는 "왕자王者는 북극성北極星과 같은 지존至尊의 자리에 있으면서 하늘의 보명寶命을 받들어 천지[二儀]가 (만물을) 덮고 싣듯이 모든 백성의 부모가 되었다. 따라서 자식[子]이

---

2 【옮긴이 주】: '「십악조」'는 '「십악조·대불경大不敬」'이다(주 3 참조).
3 【옮긴이 주】:『역주율소 - 명례편 - 』「명례6」(제6조)「십악조·대불경」「소의」에서는 "예운禮運에서 이르기를 '예는 군주의 권력으로서, 혐의嫌疑를 분별하고, 은미隱微한 것을 밝히며, 제도를 살피고, 인仁과 의義를 구분한다'고 하였다"(116쪽)라고 하여,『예기禮記』「예운편」의 문장을 인용하고 있다.『예기정의禮記正義』(『십삼경주소十三經注疏 하下』[항주杭州: 절강고적출판사浙江古籍出版社, 1998])권21,「예운禮運 제9」에서는 "예는 군주의 큰 권력이다[禮者君之大柄也]. 이로써 혐의를 분별하고 미세한 것을 밝히며, 귀신을 살피고 제도를 살펴서 어긋남이 없게 하고 인과 의를 구분할 수 있으며, (그것에 의해) 정사는 잘 다스려지고 군주는 편안하게 된다"라고 하였고, 공영달孔穎達의 소疏에서는 "'예는 군주의 큰 권력이다'라는 것은, 군주가 나라를 다스릴 때 반드시 예로써 하는 것은 뛰어난 장인匠人이 물건을 만들 때 도끼자루[斤斧之柄]를 잡는 것과 같음을 말한다"(이상 1418쪽)라고 하였다.
4 【옮긴이 주】: "예는 등급이 같지 않다"라는 문구는『역주율소 - 명례편 - 』「명례6」(제6조)「십악조·악역惡逆」「문답」에서 "외조부모 및 남편은 예제에 의거하면 등수가 같지 않다[外祖父母及夫 據禮有等數不同]"(112쪽)라고 한 문장을 잘못 인용한 것으로 보인다.
5 『명사明史·형법지』.
【옮긴이 주】:『명사』권93,「형법1」에서는 "당은 율령을 찬정하였는데, 오로지 예에 준거해서 증감하였다[唐撰律令 一準乎禮以爲出入]"(전영진,「명사 형법지 역주 I」,『중국사연구』23, 중국사학회, 2003, 321쪽)라고 했다.「사고전서총목당률소의제요四庫全書總目唐律疏議提要」에서도 "논자는, '당률은 오로지 예에 준거하였고, 이로써 증감하여 고금의 공평함을 얻었다[論者謂唐律一準乎禮 以爲出入得古今之平]'라고 하였다"([당唐]장손무기長孫無忌 등等 찬撰, 유준문劉俊文 점교點校,『당률소의唐律疏議』[북경北京: 중화서국中華書局, 1983], 677쪽)라고 하였다.
6 【옮긴이 주】: '신민'은 신료臣僚와 민民을 말한다.
7 【옮긴이 주】: '「십악조」'는 '「십악조·모반謀反」'이다(주 8 참조).

되고 신하가 된 자는 충성하고 효도해야 한다"[8]라고 하였다. 황제의 존엄성을 손상시킨 어떤 행위도 모두 중범죄로 인정되어 형벌의 적용은 동일한 범죄를 훨씬 초과하였다. 예컨대 『당률소의 · 직제職制』「합화어약유오조合和御藥有誤條」에서는 "무릇 황제의 약을 조제하는데[合和御藥], 착오[誤]로 본래의 처방[本方]대로 하지 않았거나 봉제封題[9]를 잘못한[誤] 경우, 의자醫者는 교형絞刑에 처한다"[10]라고 규정하였고, 『당률소의 · 잡률雜律』「의합약불여방조醫合藥不如方條」에서도 "무릇 의자醫者가 사람을 위해 약을 조제하였거나[合藥] (약명을) 기록하였거나[題疏] 침을 놓았을[針刺] 때, 착오[誤]로 본래의 처방[本方]대로 하지 아니하여 사람을 살해한 때에는 도徒2년반에 처한다"[11]라고 규정하였다. 양형量刑이 이처럼 차이가 큰 이유는, 전자는 가해加害 대상이 군주로서 '대불경大不敬'죄가 성립되었기 때문이고, 후자는 가해 대상이 단지 일반민으로서 일반범죄에 속하였기 때문이다. 이것은 『당률소의 · 적도賊盜』「도원릉내초목조盜園陵內草木條」에도 동일하게 반영되었다. 즉 황제의 원릉 내 초목을 절도한 행위와 일반민의 무덤[塋] 내 초목을 절도한 행위를 엄격히 구분하였고, 처벌도 전자가 후자보다 가중加重되어 "무릇 원릉 내의 초목을 절도한 자는 도徒2년반에 처한다. 만약 타인他人의 묘영墓塋 내의 나무[樹]를 절도한 자는 장杖100에 처한다"[12]라고 규정하였다.

2. 관官과 민民 관계에서 관권官權의 유지 · 보호

당률은, 관과 민民의 관계에서 관의 지위가 민民보다 높기 때문에 민民은 반드시 관을 존중해야 한다고 간주하여, 관리官吏의 존엄성을 손상시킨 모든 행위는 엄격한 처벌을 받아야 하였고, 형벌의 적용도 동류同類[13] 간의 범죄보다 가중되었다. 예컨대 『당률소의 · 투송鬪訟』「구제사부주자사현

---

8 【옮긴이 주】: 『역주율소 - 명례편 - 』「명례6」(제6조)「십악조 · 모반謀反」「소의」, 107~108쪽.
9 【옮긴이 주】: '봉제'는 약의 명칭 · 용법 등에 대해 기록한 제서題書를 말한다.
10 【옮긴이 주】: 임대희 · 김택민 주편, 『역주당률소의 - 각칙(상) - 』(이하 주편자는 생략하고, 책명도 『역주율소 - 각칙(상) - 』으로 약칭)(서울: 한국법제연구원, 1997)「직제12」(제102조)「합화어약조」, 2119쪽.
11 【옮긴이 주】: 임대희 · 김택민 주편, 『역주당률소의 - 각칙(하) - 』(이하 주편자는 생략하고, 책명도 『역주율소 - 각칙(하) - 』로 약칭)(서울: 한국법제연구원, 1988)「잡률7」(제395조)「의합약불여방조」, 3208쪽.
12 【옮긴이 주】: 『역주율소 - 각칙(상) - 』「적도31」(제278조)「도원릉내초목조」, 2452쪽.
13 【옮긴이 주】: '동류同類'는 당률에서 '신분' 또는 '같은 신분'이라는 의미로 사용되었다. 당률에서 혼인과 양육은 양良 · 천賤의 구분을 전제로 하였고, 그 전제에서 '같은 신분' 내에서 행해지는 것이 원칙이었고 합법이었다. 당률에서 '신분' · '같은 신분' · '본래의 신분'을 의미하는 용어에는 '동류' 이외에 '당색當色' · '본색本色' · '색류色類' · '색목色目' 등도 있다. '당색'은 『역주율소 - 명례편 - 』「명례36」(제36조)「회사응개정징수조會赦應改正徵收條」「주 · 소의」에서 "만약 공 · 악 · 잡호가 당색 간에 서로 수양한 경우, 비록 율 · 영에 정문이 없었다고 해도 아들이 없는 자는 당연히 양인의 법례에 준한다[卽工樂雜戶 當色相養者 律令雖無正文 無子者理準良人之例]"(268쪽)라고 한 규정, 『역주율소 - 각칙(상) - 』「호혼10」(제159조)「양잡호위자손조養雜戶爲子孫條」「소의」에서 "만약 당색 간에 서로 수양한 경우에는 백성이 양자로 한 법과 같다. ……

령조殿制使府主刺史縣令條」에서는 "무릇 민民이 제사制使14·본속의 부주[本屬府主]15·자사刺史·현령縣令을 구타하였거나, 이吏·졸卒이 본부本部 5품 이상의 관장官長을 구타한 때에는 도徒3년에 처한다. 상해傷害를 가한 때에는 유流2000리里에 처하고, 절상折傷16을 가한 때에는 교형絞刑에 처한다"17라고 규정하였다. (그러나) 만약 일반인[凡人]을 구타하였다면, 형벌은 명확하게 전자보다 감경減輕되었다. 예컨대 『당률소의·투송』「투구이수족타물상조鬪毆以手足他物傷條」에서는 "무릇 싸우다[鬪] 사람을 구타한[毆人]18 자는 태笞40에 처한다. 상해하였거나 다른 물건으로 사람을 구타한 자는 장杖60에 처한다. 상해하였거나 사방 1촌寸 이상의 두발을 뽑은[拔髮] 자는 장80에 처한다. 만약 귀[耳]·눈[目]에서 피가 났거나 내상을 입혀 피를 토하게[吐血] 한 자는 각각 2등을 가중加重한다"19라고 규정하였다. 가령 민民이 관官의 친족親族을 구타하였더라도 형벌의 적용은 일반인보다 가중되었다. 예컨대 『당률소의·투송』「구부주자사현령부모조毆府主刺史縣令父母條」에서는 "무릇 본속의 부주本屬府

호령에 의하면 '잡호·관호는 모두 당색 간에 혼인한다'고 하였다[若當色自相養者 同百姓養子之法 …… 依戶令 雜戶·官戶皆當色爲婚]"(2218쪽)라고 한 규정, 「호혼43」(제192조)「잡호관호부득여양인위혼조雜戶官戶不得與良人爲婚條」「소의」에서 "잡호는 여러 관사에 배예되어 양인과 동류가 아니고, 단지 당색 간에만 혼인할 수 있다[雜戶配隷諸司 不與良人同類 止可當色相娶]"(2280쪽)·"공호·악호·잡호·관호는 영에 의하면 당색 간에 혼인한다[工樂雜戶官戶 依令當色爲婚]"(2281쪽)라고 한 규정에 보이고, 특히「잡호관호부득여양인위혼조」「소의」(2280쪽)에는 '동류'도 보인다. '본색'은 「양잡호위자손조」「소의」에서 "양인이 부곡部曲 및 노奴를 수양하여 자손으로 삼은 때에는 장杖100에 처한다. …… 비록 사면령이 내렸더라도 모두 (신분을) 바로잡고 각각 본색에 따르게 한다[雖會赦 皆正之 各從本色]"(2219쪽)라고 한 규정과「잡호관호부득여양인위혼조」「소의」에서 "이미 본색을 어그러뜨렸으므로 또한 (신분을) 바로잡아야 한다[既乖本色 亦合正之]"(2281쪽)라고 한 규정에 보이고,『역주율소-각칙(하)-』「사위15」(제375조)「사제거사면관호노비조詐除去死免官戶奴婢條」(3183쪽)에도 있다], '색류'는 「호혼42」(제191조)「여노취양인녀위처조與奴取良人女爲妻條」「소의」에서 "사람은 각각 배우자가 있는데, 색류는 반드시 (서로) 같아야 한다. 양·천은 원래 구별되어 있는데 어찌 배필이 될 수 있겠는가?[人各有耦 色類須同 良賤既殊 何宜配合]"(2279쪽)라고 한 규정에 보이며, '색목'은 『역주율소-각칙(하)-』「사위14」(제375조)「망인양인위노비부곡조妄認良人爲奴婢部曲條」「답문」에서 "수신을 망인하여 부곡으로 삼은 경우, 수신은 부곡과 색목이 대략 같기 때문에 또한 부곡을 망인한 죄와 같다[妄認隨身爲部曲者 隨身之與部曲 色目略同 亦同妄認部曲之罪]"(3182쪽)라고 한 규정에 보인다(이러한 용례는 당령唐令·『당육전唐六典』등에도 산견한다). 이와는 달리 당률에서 '다른 신분'을 의미하는 용어에는 '별색別色'(「양잡호위자손조」「소의」, 2219쪽)·'이색異色'(「잡호관호부득여양인위혼조」「소의」, 2281쪽) 등이 있다.

14 【옮긴이 주】: '제사'는 황제의 명命을 받은 사자使者를 말한다.
15 【옮긴이 주】: '본속의 부주'는 통속 기관의 장관長官을 가리킨다.
16 【옮긴이 주】: '절상'에 대해 『역주율소-각칙(상)-』「투송11」(제312조)「구제사부주현령조毆制使府州縣令條」「주注」에서는 "절상은 절치折齒(치아를 부러뜨린 것) 이상을 말한다"(3041쪽)라고 하였다.
17 【옮긴이 주】: 『역주율소-각칙(하)-』「투송11」(제312조)「구제사부주현령조」, 3041쪽.
18 【옮긴이 주】: "사람을 구타하였다[毆人]"에 대해 『역주율소-각칙(하)-』「투송1」(제302조)「투구수족타물상조鬪毆手足他物傷條」「주」에서는 "손[手]이나 발[足]로 사람을 친 것[擊人]을 말한다"(3015쪽)라고 하였다.
19 【옮긴이 주】: 『역주율소-각칙(하)-』「투송1」(제302조)「투구수족타물상조」, 3015쪽.

主·자사刺史·현령縣令의 조부모祖父母·부모 및 처妻·자식[子]을 구타한 자는 도徒1년에 처하고, 상해가 엄중한 자는 일반투상죄[凡鬪傷]에서 1등을 가중한다"[20]라고 규정하였다.

3. 가장家長과 자녀子女 관계에서 부권父權의 유지·보호

당률은, 가족구성원[家庭成員]에는 존비尊卑의 구분이 있고, 그 가운데 아버지[父]의 지위가 가장 높다고 명시하였다. 예컨대 『당률소의·투송』「고조부모부모조告祖父母父母條」「소의」에서는 "아버지는 자식의 하늘이다[父爲子天]"[21]라고 하였다. 아버지[父]는 자녀에 대해 다음과 같은 권리를 가지고 있었다.

첫째, 교령권敎令權[22]이다. 당률은 아버지[父]에게 자녀를 교령할 수 있는 권리를 부여하였다. 아버지[父]는 교령을 위반한 자녀에 대해 임의로 구타[打]·욕[罵]·책벌責罰을 할 수 있었고, 상해를 가하였거나 치사致死하였더라도 부담[負]하는 형사책임은 매우 경미하였다. 즉 『당률소의·투송』「구리조부모부모조毆詈祖父母父母條」에서는 "만약 자손이 교령을 위반하여, 조부모·부모가 구타하여 살해한[毆殺] 때에는 도徒1년반에 처한다"[23]라고 규정하였다.

둘째, 주혼권主婚權[24]이다. 당률은 아버지[父]에게 자녀의 혼인에 대해 독단獨斷으로 결정할 수 있는 권리를 부여하였다. 아버지[父]는 자신의 의사意思에 따라 자녀의 혼인이라는 대사大事를 결정할 수 있었고, 자녀는 그 명령에 복종해야 하였다. 예컨대 『당률소의·호혼』「비유자취처조卑幼自娶妻條」에서는 자녀가 먼저 외지外地에서 혼약婚約하였더라도 아버지[父]가 후에 그를 위해 정혼定婚[25]하였다면 아버지[父]가 정한 혼인을 그대로 따라야 하였고, "위반한 자는 장杖100에 처한다"[26]라고

---

20 【옮긴이 주】:『역주율소 - 각칙(하) - 』「투송13」(제314조)「구부주현령부모조毆府主縣令父母條」, 3046쪽.
21 【옮긴이 주】:『역주율소-각칙(하) - 』「투송44」(제345조)「고조부모부모조」「소의」, 3110쪽.
22 【옮긴이 주】: '교령'은 원래 천자天子 또는 제후왕諸侯王의 교지명령敎旨命令을 가리킨다. 그러나 형법에서는 '부모의 교령[父母之敎令]'이라는 용어도 있듯이, 부모의 명령도 교령이라 하고, 그 권리를 교령권이라고 한다. 당률에 의하면, 자손이 부모의 교령을 위반한 때에는 교령위반죄敎令違反罪로 처벌되었다.『당률소의』「투송47」(제348조)「자손위범교령조子孫違犯敎令條」(3127쪽)에 규정된 '자손의 교령위반[子孫違犯敎令]' 문제를 미시법사학적 관점에서 고찰한 전문서로는 손가홍孫家紅 지음, 전영섭 옮김,『자손의 교령위반[子孫違犯敎令]에 관한 역사적 고찰 - 미시법사학적 시도』(서울: 서경문화사, 2018)가 있다.
23 【옮긴이 주】:『역주율소 - 각칙(하) - 』「투송28」(제329조)「구리조부모부모조」, 3076쪽.
24 【옮긴이 주】: '주혼권'은 주혼인主婚人(혼인의 계약을 주관하는 사람을 말하고, 주로 혼인하는 자의 부모나 기타 존속친尊屬親이 담당한다)이 행사하는 권리를 말한다.
25 【옮긴이 주】: '정혼'은 주혼인이 당사자들을 위해 혼인에 계약하는 것을 말한다.
26 【옮긴이 주】:『역주율소 - 각칙(상) - 』「호혼39」(제188조)「존장위비유정혼조尊長爲卑幼定婚條」에서는 "무릇 비유卑幼가 외지에 있고, 존장尊長이 후에 (그를) 위해 정혼하였는데, 비유가 (외지에서) 스스로 처를 취하여[娶妻] 이미 성혼成婚한 경우, 혼인은 법과 같이한다[如法]. 아직 성혼하지 않은 경우에는 존장의 뜻에

규정하였다.

셋째, 재산권財産權이다. 당률은 아버지[父]에게 가산家産을 소유할 수 있는 권리를 부여했다. 아버지[父]는 가산의 소유권·사용권·처분권을 가지고 있었고, 자녀는 분가分家해서 재산을 나눌[異財] 수 없었다. 예컨대 『당률소의·호혼』「자손별적이재조子孫別籍異財條」에서는 "무릇 조부모·부모가 살아 있는데 자손이 호적을 따로 하였거나[別籍] 재산을 달리한[異財] 때에는 도徒3년에 처한다"[27]라고 규정하였다. 당률이 아버지[父]에게 이러한 권리를 부여한 목적은 불평등을 전제로 하는 부권父權을 확립하고 유지·보호하며, 게다가 이로써 자녀를 장악하는 것에 있었다.

4. 남편[夫]과 처妻 관계에서 부권夫權의 유지·보호

남편[夫]과 처는 동일한 가장家長이었지만, 당률은 그들 간의 지위는 불평등하고, 남편이 처보다 높다는 것을 인정하였다. 예컨대 『당률소의·명례』「십악조」「소의」[28]에서는 "남편은 처의 하늘이다[夫者妻之天也]"[29]라고 하였고, 「부인유관품읍호조婦人有官品邑號條」[30]에서는 부인婦人에 대해 "살아 있는 자의 관위官位로 죽은 자의 제례祭禮를 치루고, 남편[夫]에 따라 존비尊卑를 정한다"[31]라고 하였다. 또 「십악조」「소의」[32]에서도 만약 남편이 사망하였다면, 처는 "아버지[父][33]의 복服과 같은 복을 입으니, 남편[夫]을 위해 참최斬衰를 입는다"[34]라고 하였다. 구체적으로 남편의 지위가 처보다 높은 것은 다음의 세 방면에 명시明示되어 있다.

첫째, 남편은 가정에서의 지위가 처보다 높았다는 점이다. 당률은 남편과 처의 관계를 존尊과 비卑의 관계에 비유하였다. 예컨대 『당률소의·투송』「구상처첩조毆傷妻妾條」에서는 "무릇 처를 구

따른다. 위반한 자는 장100에 처한다"(2273쪽)라고 규정하여, 외지에서 비유가 혼인한 경우라도 성혼에 이르렀다면 혼인이 인정되었고, 성혼에 이르지 않았다면 존장의 정혼에 우선권이 있었다. 한편 저자는 본 조문을 자녀에 대한 아버지[父]의 주혼권을 규정한 것이라고 하였다. 그러나 율문律文에 규정되어 있는 주혼권은 비유에 대한 존장의 권리이고, 게다가 「소의」에 의하면 "비유는 자식[子]·손자[孫]·동생[弟]·조카[姪] 등을 말한다. …… 존장은 조부모·부모 및 백숙부모·고모[姑]·형兄·누나[姊]를 말한다"(2274쪽)라고 하여, 각각의 범위도 제시되어 있다.

27 【옮긴이 주】: 『역주율소 - 각칙(상) - 』「호혼6」155조「자손부득별적이재조子孫不得別籍異財條」, 2213쪽.
28 【옮긴이 주】: '「십악조」「소의」'는 '「십악조·불의不義」「주·소의」'이다(주 29 참조).
29 【옮긴이 주】: 『역주율소 - 명례편 - 』「명례6」(제6조)「십악조·불의」「주·소의」, 129쪽.
30 【옮긴이 주】: '「부인유관품읍호조」' 다음에는 '「소의」'가 있어야 한다(주 31 참조).
31 【옮긴이 주】: 『역주율소 - 명례편 - 』「명례12」(제12조)「부인관품읍호조婦人官品邑號條」「소의」, 151~152쪽.
32 【옮긴이 주】: '「십악조」「소의」'는 '「십악조·불의」「주·소의」'이다(주 34 참조).
33 【옮긴이 주】: '아버지[父]' 앞에 원문에는 "남편은 처의 하늘이다[夫者妻之天也]"라는 문구가 있고(주 34 참조), 이 문구가 있어야 완전한 문장이 된다.
34 【옮긴이 주】: 『역주율소 - 명례편 - 』「명례6」(제6조)「십악조·불의」「주·소의」, 129쪽.

타하여 상해한[毆傷] 자는 일반인[凡人]을 범한 죄에서 2등을 감경한다"[35]라고 규정하였고,「처구리부조妻毆詈夫條」에서도 "무릇 처가 남편[夫]을 구타한 때에는 도徒1년에 처한다. 만약 구타하여 상해한[毆傷] 행위가 엄중한때에는 일반인의 투상죄[凡鬪傷]에서 3등을 가중한다"[36]라고 규정하였다. 이것은 존비 간의 상호 구타한 처벌과 비슷하였다.

둘째, 남편이 이혼離婚의 주도권을 가졌다는 점이다. 일면에서는, 당률은 부부가 화목하게 지내야 한다고 주장하였다. 예컨대『당률소의·호혼』「처무칠출이출지조妻無七出而出之條」「소의」에서는 "배우자[伉儷] 간의 도리는 그 뜻이 (죽어서) 같이 합장[同穴][37]하기를 기약하는 것이므로, 일단 하나가 되었다면 종신토록 바꿀 수 없다"[38]라고 하였다. 또 다른 일면에서는, 당률은 또 이혼의 주도권을 남편에게 부여하였기 때문에 남편은 '칠출七出'(의 허물)이 있는 처를 내쫓을[出妻] 수 있었지만, 처는 이러한 권리가 없었다.

셋째, 처는 사망한 남편을 위해서 수상守喪[39]해야 하였다는 점이다. 당률은 처에게 일방적으로 사망한 남편을 위해 수상하는 의무를 이행하도록 강요하였다. 예컨대『당률소의·호혼』「거부모부상가취조居父母夫喪嫁娶條」「소의」에서는 "남편은 처의 하늘이므로[夫者婦之天] 재가[再醮]하지 않는 것을 높이 평가한다"[40]라고 하였고, 본 조에서도 "무릇 부모나 남편[夫]의 상중[喪中]에 시집·장가간[嫁娶] 자는 도徒3년에 처한다"[41]라고 규정하였다. 만약 처가 남편의 복상服喪 기간에 악을 행하거나[作樂] 상복을 벗고[釋服] 길복吉服을 입는 등의 행위를 한 경우에는 '십악十惡'죄가 성립되었다. 예컨대『당률소의·명례』「십악조」「소의」[42]에서는 처가 남편의 상喪을 듣고도 "숨기고[匿] 거애擧哀[43]하지 않았거나, 상중[喪中]에 악을 행하였거나[作樂][44], 상복을 벗고 길복을 입었거나, 개가改嫁

---

35 【옮긴이 주】:『역주율소 - 각칙(하) - 』「투송24」(제325조)「구상처첩조」, 3066쪽.
36 【옮긴이 주】:『역주율소 - 각칙(하) - 』「투송25」(제326조)「처구리부조」, 3067쪽.
37 【옮긴이 주】: '동혈同穴'은 묘혈墓穴을 같이 하여 장사지내는 것으로, 부부합장을 의미한다. 이 용어는『모시정의毛詩正義』(『십삼경주소 상上』[항주杭州: 절강고적출판사浙江古籍出版社, 1998])권4지1四之一,「왕풍王風·대거삼장大車三章」에서 "살아서는 집을 달리하지만, 죽어서는 묘혈을 함께 하리라[穀則異室 死則同穴]"(333쪽)라는 문장에 근거한다.
38 【옮긴이 주】:『역주율소 - 각칙(상) - 』「호혼40」(제189조)「처무칠출조妻無七出條」「소의」, 2274~2275쪽.
39 【옮긴이 주】: '수상'은 상례喪禮에 따라 상복을 입고 다른 일은 전혀 하지 않는 것을 말한다.
40 【옮긴이 주】:『역주율소 - 각칙(상) - 』「호혼30」(제179조)「거부모부상가취조」「소의」, 2259쪽.
41 【옮긴이 주】:『역주율소 - 각칙(상) - 』「호혼30」(제179조)「거부모부상가취조」, 2259쪽.
42 【옮긴이 주】: '「십악조」「소의」'는 '「십악조·불의」「주·소의」'이다(주 44 참조).
43 【옮긴이 주】: '거애'는 근친자의 초상初喪 소식을 듣게 되면, 그 자리에서 통곡하여 애통함을 다하고 그 연유를 묻는 행위를 말한다(『예기정의』[『십삼경주소 하』]권56,「분상奔喪 제34」, 1653쪽).
44 【옮긴이 주】: '악樂'에 대해서『역주율소 - 각칙(상) - 』「직제30」(제120조)「익부모부상조匿父母夫喪條」「소의」에서는 "종[金]·경쇠[石]·현악기[絲]·관악기[竹]를 연주하고, 생황[笙]을 불며 노래하고, 북치고[鼓] 춤추

하여 시름을 잊은[忘憂] 행위는 모두 예를 저버리고 의를 위반한 것[背禮違義]이므로 모두 십악죄 十惡罪를 적용한다"⁴⁵라고 하였다. 그러나 남편은 이것에 상응하는 의무가 없었다.

5. 주인主人・양인良人과 노비奴婢 관계에서 주인권主人權・양인권良人權의 유지・보호

당률은 노비에 대하여 단순히 법률관계에서 객체일 뿐이고, 가축과 동일하며, 지위가 가장 낮다고 보았다. 예컨대『당률소의・명례』「관호부곡관사노비유범조官戶部曲官私奴婢有犯條」「소의」에서는 "노비는 천인이고, 율에서는 가축・재산에 비견하고 있다[奴婢賤人 律比畜産]"⁴⁶라고 하였다. 당률의 주인권・양인권에 대한 유지・보호는 구체적으로 이하 몇 개의 방면에 반영되었다.

첫째, 노奴는 양인의 여자[良人女]에게 장가들어[娶] 처妻로 삼을 수 없었다. 당률은 주인・양인과 노비의 지위는 명확히 달랐으므로 혼인은 불가不可하다고 보았다. 예컨대『당률소의・호혼』「노취양인위처조奴娶良人爲妻條」「소의」에서는 "사람은 각각 배우자가 있는데, 색류⁴⁷는 반드시 같아야 한다. 양・천은 원래 구분되어 있는데 어찌 배필이 될 수 있겠는가?[人各有耦 色類須同 良賤旣殊 何宜配合]"⁴⁸라고 하였다. 본 조에서도 "무릇 노奴에게 양인⁴⁹에게 장가들어[娶] 처妻로 삼게 한 자는 도徒1년반에 처하고, 여자 집[女家]은 1등을 감경한다. 이들을 이혼시킨다[離之]"⁵⁰라고 규정하였다.

둘째, 노⁵¹는 주인을 고발[告]할 수 없었다. 당률은, 노비는 주인의 소유에 귀속되므로 상용은相

는[舞] 것 등[之類]을 말한다"(2147~2148쪽)라고 하였다.

45 【옮긴이 주】:『역주율소 - 명례편 - 』「명례6」(제6조)「십악조・불의」「주・소의」, 129쪽.「십악조・불의」「주・소의」에서 제시한 이러한 행위들에 대해서는 십악죄 가운데 제9의 불의죄가 적용되었는데, 구체적으로 그 형벌을 보면, "남편의 상[夫喪]을 숨기고 거애하지 않은 행위"는 유流2000리이고, "상중에 악을 행하였거나 상복을 벗은 행위"는 도徒3년이며(이상『역주율소 - 각칙(상) - 』「직제30」(제120조)「익부모부상조匿父母夫喪條」, 2146~2148쪽), "개가한 행위"도 도3년이다(『역주율소 - 각칙(상) - 』「호혼30」(제179조)「거부모상가취조」, 2259쪽).

46 【옮긴이 주】:『역주율소 - 명례편 - 』「명례47」(제47조)「관호부곡관사노비유범조」「소의」, 341쪽. 또 당률에서는 노비의 성격에 대하여 "노비는 자재와 같다[奴婢同於資財]"(『역주율소 - 명례편 - 』「명례32」(제32조)「피차구죄지장조彼此俱罪之贓條」「소의」, 249쪽), "노비는 원래 자재와 같다[奴婢旣同資財]"(『역주율소 - 각칙(상) - 』「호혼43」(제192조)「잡호관호부득여양인위혼조雜戶官戶不得與良人爲婚條」「소의」, 2281쪽), "노비는 자재에 비견된다[奴婢比之資財]"(『역주율소 - 각칙(상) - 』「적도15」(제262조)「조축고독조造畜蠱毒條」「소의」, 2416~2417쪽)라고 하였다.

47 【옮긴이 주】: '색류'에 대해서는 주 13 참조.

48 【옮긴이 주】:『역주율소 - 각칙(상) - 』「호혼42」(제191조)「여노취양인녀위처조與奴娶良人女爲妻條」「소의」, 2279쪽.

49 【옮긴이 주】: '양인'이 원문에는 '양인의 여자[良人女]'로 되어 있다(주 50 참조).

50 【옮긴이 주】:『역주율소 - 각칙(상) - 』「호혼42」(제191조)「여노취양인녀위처조」, 2278쪽.

容隱52 원칙을 근거로 주인을 위해 (그 죄를) 숨겨줌으로써 주인의 존엄을 유지·보호해야 한다고 보았다. 예컨대 『당률소의·투송』「부곡노비고주조部曲奴婢告主條」「소의」에서는 "노비는 주인을 위해서 (그 죄를) 숨겨주어[爲主隱]"53야 한다고 하였고, 이것을 위반한 자는 처벌을 받아야 하였다. 본 조에서도 "무릇 부곡·노비가 주인을 고발[告]한 경우, 모반謀反·모대역謀大逆·모반죄謀叛罪가 아닌 때에는 모두 교형絞刑에 처한다. 주인의 기친期親 및 외조부모를 고발[告]한 때에는 유형에 처하고, 대공친大功親 이하의 친속親屬은 도徒1년에 처한다"54라고 규정하였다.

....

51 【옮긴이 주】: '비婢'가 주인을 고발한 행위에 대한 처벌도 '노'와 동일하게 적용되었기 때문에 '노'는 '노비'가 되어야 한다.

52 【옮긴이 주】: '상용은相容隱'에서 '용은容隱'은 범죄를 숨겨준 행위에 대해 면책免責 또는 감경減輕하는 것을 말한다. 용은은 친족 관계 등에 기초하고, 면책이 적용되는 관계를 '상용은相容隱' 또는 '상용은자相容隱者'라고 한다. 『역주율소 - 명례편 - 』「명례46」(제46조)「동거상위은조同居相爲隱條」(336~338쪽)에 의하면, 면책에 해당되는 친족 관계는 ①동거하는 친족(본 조문의 「소의」에서는 동거를 "재산을 공유하고 같이 거주하는 것[同財共居]"이라고 해석하고, 호적의 같고 다름에 구애되지 않으며, 복服이 없는 자도 포함하고 있다), ②대공大功 이상의 친족, ③본 조문에서 특별히 제시提示하고 있는 외조부모·외손外孫·손부孫婦·남편[夫]의 형제·형제의 처妻이다. 이상은 '쌍방적 상용은'이고, '상용은자'가 "위해서 숨겨준[爲]" 행위는 면책되었다. 이밖에 소공小功·시마緦麻의 친족은 '상용은'에 포함되지 않았기 때문에 완전히 면책되지는 않고, 죄는 일반인[凡人]에서 3등이 감경되었다. 그러나 '상용은' 규정은 모반謀反·모대역謀大逆·모반謀叛 등 중죄重罪를 숨겨준 행위에 대해서는 적용되지 않았다(부곡·노비가 주인의 죄를 숨겨준 행위에 대해서는 주 53 참조). 이상 당률에 보이는 '상용은' 규정 전반에 대해서는 전영섭, 「당률 동거상위은조의 '상용은' 규정과 입법원칙」(『역사와 세계』48, 효원사학회, 2015) 참조.

53 【옮긴이 주】: 『역주율소 - 각칙(하) - 』「투송48」(제349조)「부곡노비고주조」「소의」, 3123쪽. 『역주율소 - 명례편 - 』「명례46」(제46조)「동거상위은조」에서는 "부곡·노비가 주인을 위해서 숨겨준[爲隱] 경우에는 모두 논죄하지 않는다[勿論]"(336쪽)라고 하여, 부곡·노비가 주인을 "위해서 숨겨준[爲隱]" 행위는 면책되었다. 그러나 주인이 부곡·노비를 "위해서 숨겨준" 행위에 대해서는 규정이 없다. 이처럼 당률에서는 주인과 부곡·노비 간에는 부곡·노비만이 주인을 위해서 죄를 숨겨준 것이 허용되었고, 이것을 '일방적 상용은'이라고 한다.

54 【옮긴이 주】: 『역주율소 - 각칙(하) - 』「투송48」(제349조)「부곡노비고주조」, 3122쪽. 본 조 「주」에서는 "고발된[被告] 자는 자수한 법과 같다[同首法]"(3122쪽)라고 하였고, 「소의」에서는 "'고발을 당한 자는 자수한 법과 같다'라는 것은 그 주인이 사죄死罪 이하의 여러 죄를 범한 경우, 부곡·노비가 주인을 고발[告]하였다면 모두 자수한 법[爲首法]과 같이 해서 노비는 처벌되고, 주인은 처벌을 면하는 것을 말한다. 노비는 주인을 위해서 (그 죄를) 숨겨준다[爲主隱]. (따라서 주인이) 고발이 되었더라도 명례율의 '상용은자가 고발한 경우'의 규정에 준準해서 당연히 자수한 것과 같이 해야 한다"(3123쪽)라고 하였다. 본 조 「소의」에서 말하는 명례율은 『역주율소 - 명례편 - 』「명례37」(제37조)「범죄미발자수조犯罪未發自首條」(273~285쪽)를 말한다. 자수에 대해 규정하고 있는 본 조에서는 "만약 사람을 보내어 대신 자수한[代首] 경우, 또는 법에 상용은자가 (죄인을) 위해 자수하였거나[爲首] 서로 고언告言한 경우에는 각각 죄인이 스스로 자수한 것과 같은 법을 적용하는 것을 허용한다"라고 하였고, 「소의」에서는 "'또는 법에 상용은자'라고 하는 것은······ 동거 및 대공 이상의 친속 등과 같이 (상용은자가 대신 자수하였거나) 부곡·노비가 주인을 위해 자수한[爲主隱] 것을 말한다. 그리고 '서로 고언한 경우'라고 하였는데, 이 또한 용은할 수 있는 경우와

셋째, 노비가 주인을 구타·살해한 때에는 중벌重罰에 처해졌다. 당률은, 노비는 주인의 종복從僕으로서 반드시 주인을 삼가 섬겨야 한다고 보았고, 구타·살해 행위를 절대 허용하지 않았다. 예컨대 『당률소의·투송』 「부곡노비과실살상주조部曲奴婢過失殺傷主條」 「소의」에서는 "부곡·노비는 가복家僕이기 때문에 주인을 섬기는데 반드시 삼가 공경하는 마음을 가져야 하고, 또한 두 마음[二心]을 없애야 한다"[55]라고 하였다. 본 조에서는 "무릇 부곡·노비가 주인을 과실로 살해한[過失殺] 때에는 교형絞刑에 처하고, 상해하였거나 욕한[詈] 때에는 유형流刑에 처한다"[56]라고 규정하였다. 반대로 주인이 노비를 구타하여 살해한[毆殺] 경우, 처벌은 오히려 매우 감경되었다. 즉 「투송」 「주구부곡사조主毆部曲死條」에서는 "무릇 주인이 부곡을 구타하여 치사한[至死] 때에는 도徒1년에 처한다. 고살故殺한 때에는 1등을 가중한다. 그러나 (부곡이) 과실을 범하여[愆犯] 처벌하다[決罰] 치사하였거나[至死] 과실로 살해한[過失殺] 때에는 각각 논죄하지 않는다[勿論]"[57]라고 규정하였다.

제2절 예·법병용禮法并用 사상

당률은, 예禮는 특수한 지위와 역할이 있으므로 중요하지만, 법도 소홀히 할 수 없다고 보았다. 예컨대 『당률소의·명례』 「전언前言」[58]에서는 "형벌은 국가에서 폐지할 수 없고, 회초리[答捶]는 가정에서 없앨 수 없다"[59]라고 하였다. 또 당률은 역사적 관점에서 고찰하여 각 왕조에서는 모두 법을 폐지하는 일이 없었다고 보았다. 즉 『당률소의·명례』 「전언前言」에서는 "모두[咸] 군주의 녹[天秩]을 먹으며[有] 형법[刑憲]을 주관[典司]하였고",[60] "백성[黎元]을 위해 사재司宰를 세우고, 정치와 교화[政教]로 인하여 형법을 시행하지 않음이 없었다. 그 정情을 발산함에 무능하고 어리석음을

같다[同]. 가령 (그들이) 관사官司에 고언한 것도 모두 죄인이 직접 자수한 법과 같다[同罪人身首之法]"라고 해석하였다. 이상을 종합하면, 자수로 간주되는 행위에는 대수제代首制(본인의 위탁을 받은 대리인을 통해 자수하는 방식)가 있고, 대수제는 일반범죄의 경우 '상용은자'가 죄인을 위해 자수[爲首]·고언告言한 행위, 부곡·노비가 주인을 위해 고발한 행위가 적용되었다.

55 【옮긴이 주】: 『역주율소 – 각칙(하) – 』 「투송22」(제323조) 「부곡노비과실살상주조」, 3062쪽.
56 【옮긴이 주】: 『역주율소 – 각칙(하) – 』 「투송22」(제323조) 「부곡노비과실살상주조」, 3062쪽.
57 【옮긴이 주】: 『역주율소 – 각칙(하) – 』 「투송21」(제322조) 「주구부곡사조」, 3060쪽.
58 【옮긴이 주】: '「전언」'은 '「편목소篇目疏」'를 말한다(이하 동일). 「편목소」는 편목에 대해 해석한 것이다.
59 【옮긴이 주】: 『역주율소 – 명례편 – 』 「명례」 「편목소」, 81쪽.
60 【옮긴이 주】: 『역주율소 – 명례편 – 』 「명례」 「편목소」, 85쪽. 본 문구에 대해 「석문釋文」에서는 "함咸이란 모두라는 뜻이다. 천질天秩이란 『서경書經』 「고요모皐陶謨」에서 '하늘의 천질에 예禮가 있으니, 우리의 오례五禮를 당당하게 사용하십시오'라고 하였으니, 곧 군주의 녹祿이다. 전典이란 주主의 뜻이고, 사司란 관管의 뜻이며, 헌憲이란 법의 뜻이다. …… 모두 군주의 녹을 먹으며 형벌을 주관하는 것을 말한다"(85쪽)라고 해석하였다.

함부로 하는 자와 견식見識이 낮아서 죄악에 빠지는 자가 있으니, 크면 천하[區宇]를 어지럽히고, 작으면 품식品式을 어기게 되므로, 제도를 세우지 아니하였다고 하는 것은 전典에 듣지 못하였다. 그러므로 '형벌로 형벌을 그치게 하고[以刑止刑], 사형으로 사형을 그치게 한다[以殺止殺]'고 하였다"[61]라고 하였다. 「태형오조笞刑五條」「소의」에서도 "사람을 살해한 자를 사형에 처하고, 사람을 상해한 자를 형벌에 처하는 것은 백왕이 똑같이 행한 바이다[百王之所同]"[62]라고 하였다.

법法으로 형형刑을 시행하는 것은 범죄를 징벌하는 일 이외에 범죄를 예방하는 기능도 하였다. 예컨대 『당률소의·명례』「전언前言」에서는 "(죄를) 범하기 전에 징계하여 미연에 방지한다"[63]라고 하였다. 「사형이조死刑二條」「소의」에서도 이전 사람[前人]이 법을 사용한 목적에 대해 "옛 철왕哲王이 하늘을 본받아 법을 제정하여[則天重法][64], 정치를 보좌하고 교화敎化에 도움이 되도록 하며, 횡포를 금하고 간사함을 막았으니, 그 본의本意는 살리고자 한 것이고, 의義는 살인殺人이 그치기를 기약한 것이다"[65]라고 소개하였다.

당률은, 또 예와 법은 같지 않지만, 연계성이 있는 통치수단이고, 각각 장단점이 있으며, 결합해서 사용해야 효과를 볼 수 있다고 여겼다. 예컨대 『당률소의·명례』「전언前言」에서는 "덕과 예는 정교의 근본이고, 형과 벌은 정교의 수단이다. 이것은 마치 황혼과 새벽, 봄과 가을이 서로 번갈아 와야만 (하루나 1년을) 이루는 것과 같다[德禮爲政敎之本 刑罰爲政敎之用 猶昏曉陽秋相須而成者也]"[66]라고 하였다.

예·법병용 사상은 당률의 구체적인 규정에 충분히 구현되었다. 즉 예는 당률의 지도사상指導思想으로서, 법을 적용하는 근거가 되었고, 법은 각 방면에서 예를 반영해서 예의 존엄과 요구를 유지·보호하였으며, 위례違禮 행위에 대하여 형벌로 엄격하게 제재制裁를 가하였다. 예컨대 『당률소의·직제』「대사불예신기급불여법조大祀不預申期及不如法條」에서는 대사大祀에 관한 여러 문제에 대해 다음과 같이 규정하였다. 즉 본 조「소의」에서는 무릇 대사大祀에 제물祭物로 바치는 생牲·뇌牢·옥

---

61 【옮긴이 주】: 『역주율소 - 명례편 - 』「명례」「편목소」, 79~81쪽.
62 【옮긴이 주】: 『역주율소 - 명례편 - 』「명례1」(제1조)「태형오조」「소의」, 99~100쪽.
63 【옮긴이 주】: 『역주율소 - 명례편 - 』「명례」「편목소」, 83쪽. 이 문구에 대해「석문釋文」에서는 "대개 국가에서 형벌을 제정해서 하나[一]를 징계함으로써 백百을 경계하여, 이로써 범하기 전에 두려워하도록 하고, 불행히 법에 걸리면 그 다스리는 데 있어 관대·공평하게 하여, 마음은 곧 박애하는 어진 것에 두어야 함을 말한 것이다"(83쪽)라고 하였다.
64 【옮긴이 주】: '칙천중법則天重法'에서 '중重'은 '수垂'의 오기이고, '칙천수법則天垂法'은 "하늘을 본받아 법을 제정하였다"라는 의미이다(주 65 참조).
65 【옮긴이 주】: 『역주율소 - 명례편 - 』「명례5」(제5조)「사형이조」「소의」, 104쪽.
66 【옮긴이 주】: 『역주율소 - 명례편 - 』「명례」「편목소」, 96쪽.

玉·백帛 등[屬]이 "예禮·영令의 규정[法]에 의거하지 않고 한 가지 일이라도 위반한 것이 있었던 경우에는 장杖70에 해당한다"[67]라고 하였다. 「조어선유오조造御膳有誤條」「소의」에서도 "(황제에게 올리는데) '때에 맞지 않았다[不時]'라는 것은 『예기禮記』에 의하면, '밥[飯齊][68]은 봄처럼 따뜻해야 하고, 국[羹齊]은 여름처럼 뜨거워야 한다'[69]라고 하였는데, 가령 아침·저녁·점심에 황제에게 올리는데[進奉] 법도를 잃었거나 차고 뜨거운 것이 때에 맞지 않은 것이고, '죄 2등을 감경한다'라는 것은 도徒2년에서 2등을 감경하는 것을 말한다"[70]라고 하였다.

제3절 법률 내용의 통일·안정·간략 사상

법률은 강제성을 띤 행위 규범이기 때문에 통일·안정·간략해야 준수하는데 편리하다. 그렇지 않으면 혼란을 조성해서 사람들에게 따를 바가 없게 하여 불법의 상태를 초래하게 될 것이다. 당唐의 통치자는 이전 사람[前人]의 입법 경험을 총괄하였고 또 그것들을 당률에서 직접 운용하였다.

1. 법률 내용의 통일 사상

당률은 법률의 작용을 '저울[權衡]'과 '방원方圓'[71]에 비유하여, 그것들은 사람들의 행위를 지도·판단하기 때문에 법률의 내용은 '획일畫一', 즉 통일되어야 한다고 보았다. 예컨대 『당률소의·명례』「전언前言」에서는 법률에 대해 "저울[權衡]이 경중輕重을 아는 것과 같고, 그림쇠[規矩]가 방원方圓을 그리는 것과 같다. 저 삼장三章보다도 더 일자一字를 긋듯이 부합되도록 했다"[72]라고 하였다.

---

67 【옮긴이 주】:『역주율소 - 각칙(상) - 』「직제8」(제98조)「대사불예신기조大祀不預申期條」「소의」에서는 "생牲이란 소[牛]·양羊·돼지[豕]를 말한다. 뇌牢는 생牲의 몸체이다. 옥玉이란, 창벽蒼璧은 하늘제사[祀天]에 쓰이고, 황종黃琮은 땅제사[祭地]에 쓰이며, 오방五方의 상제上帝는 각각 방향 색에 의거함을 말한다. 비단[帛]이란 폐백幣帛을 말한다"(2113쪽)라고 하였다.

68 【옮긴이 주】: '반제飯齊'가 『예기정의』(『십삼경주소 하』)권27,「내칙內則 제12」에는 '식제食齊'로 되어 있다(주 69 참조).

69 【옮긴이 주】:『예기정의』(『십삼경주소 하』)권27,「내칙內則 제12」에서는 "무릇 밥[食齊]은 봄처럼 따뜻해야 하고, 국[羹齊]은 여름처럼 뜨거워야 하며, 장[醬齊]은 가을처럼 서늘해야 하고, 마실 것[飮齊]은 겨울처럼 차야 한다"(1464쪽)라고 하였다.

70 【옮긴이 주】:『역주율소 - 각칙(상) - 』「직제13」(제103조)「조어선범식금조造御膳犯食禁條」, 2121~2122쪽.

71 【옮긴이 주】: '방원'은 '규구規矩'의 오기誤記이다(주 72 참조).

72 【옮긴이 주】:『역주율소 - 명례편 - 』「명례」「편목소」, 98쪽. 이 문구는 같은 「편목소」에서 "이에 율소律疏를 지어 전식典式을 크게 밝히니 …… 관대寬大를 드러내고[甄表], 간편하고 항상적인 법을 제정·완성하였

그 목적은 정죄양형定罪量刑⁷³이 일치하지 않는 상황, 즉 「전언」에서 말하는 "대리大理에서 사형에 처한 사건을 형부刑部에서는 유형流刑에 처하고, 일주一州에서 도徒 몇 년에 처단한 사건을 일현一縣에서는 장벌杖罰에 처하는"⁷⁴ 상황이 출현하는 것을 피하고자 하였던 것이다.

당률은 내용이 통일되려면 반드시 율문律文에 통일된 해석이 있어야 하고, 특히 당률과 같이 내용이 방대하고 복잡한 법전은 그래야 한다고 지적하였다. 즉 『당률소의·명례』 「전언」에서는 "지금의 전헌典憲은 옛날 뛰어난 군주[前聖]의 규모規模로서, 장정章程에 어긋남이 없고 크고 작은 것을 모두 갖추어 열거하였지만", 만약 "해석이 없으면 (법) 적용에 잘못을 범하거나 서로 다르게 된다"⁷⁵라고 하여, 율조律條 다음에 「소의疏議」를 부기附記해서 법률 내용을 통일하는 하나의 방법으로 삼고자 했다.

2. 법률 내용의 안정 사상

당률은 법률 내용이 통일되어야 하고 또 상대적인 안정성을 유지해야 한다고 보았다. 예컨대 『당률소의·명례』 「태형오조笞刑五條」 「소의」에서는 법률은 일단 "한번 이루어지면 바꿀 수 없다"⁷⁶라고 하였다. 여기의 "바꿀 수 없다"라는 것은 절대 불변不變이 아니고, "상대적인 안정성의 유지"라는 의미를 내포하고 있다. 당률의 수정修訂 과정도 이점을 증명하고 있다. 당대唐代 최초의 율은 『무덕률武德律』이었지만, 당 태종唐太宗⁷⁷ 즉위 후 이 율에 대한 수정이 가해졌고, 이것이 당률의 정본定本이 되었다. 이후 당 고종唐高宗⁷⁸·당 현종唐玄宗⁷⁹이 당률을 편찬하였지만, 변화는 매우 미미하였다. 『당육전唐六典·형부刑部』에서는 이 과정에 대해 간략하게 "무덕武德⁸⁰ 연간에 배적裴寂⁸¹·

다"(97쪽)라고 한 것에서 알 수 있듯이, 새로 제정·완성된 『당률소의』에 대한 설명이다.
73 【옮긴이 주】: '정죄양형'에서 '정죄'는 죄가 있다고 판정하는 것이고, '양형'은 죄에 해당하는 형벌의 정도를 정하는 것이다. 이때 죄를 범한 피고인에 대해서는 법정형法定刑에 따라 가중·감경 등 각종 사항을 고려해서 구체적으로 양형이 결정되었다.
74 【옮긴이 주】: 『역주율소 - 명례편 - 』 「명례」 「편목소」, 95쪽.
75 【옮긴이 주】: 『역주율소 - 명례편 - 』 「명례」 「편목소」, 95~96쪽.
76 【옮긴이 주】: 『역주율소 - 명례편 - 』 「명례1」(제1조) 「태형오조」 「소의」에서는 "『예기禮記』에서는 '형刑이란 형상[侀]이고, 형상은 이루다[成]는 뜻이다. 한번 이루어지면 바꿀 수 없기 때문에 군자君子는 성심을 다한다'라고 했다"(100쪽)라고 하였다. 「소의」에 인용된 『예기』의 문장은 『예기정의』(『십삼경주소 상』)권13, 「왕제王制 제5」(1344쪽)에 보인다.
77 【옮긴이 주】: '당 태종'은 당의 제2대 황제(재위 626~649)이다.
78 【옮긴이 주】: '당 고종'은 당의 제3대 황제(재위 649~683)이다.
79 【옮긴이 주】: '당 현종'은 당의 제6대 황제(재위 712~756)이다.
80 【옮긴이 주】: '무덕'은 당의 초대 황제 고조(재위 618~626)의 연호(618~626)이다.
81 【옮긴이 주】: '배적'의 생몰 연대는 573~632년이다.

은개산殷開山82 등에게 명하여 율령을 찬정撰定하도록 하였는데, 그 편목篇目은 모두 수隋의 『개황률開皇律』에 준거하였고, 형명刑名의 제도制度도 대략 동일하였으며", "정관貞觀83 초에 촉왕부蜀王府 법조참군法曹參軍 배굉헌裵玄獻84이 상주上奏해서 당시 불편한 율령 30여 조條를 논박論駁하였다. 또 이 때 장손무기長孫無忌85·방현령房玄齡86 등에게 명해서 (율을) 개정하도록 하여 무릇 500조가 되었고", "영휘永徽87 연간에 다시『율소律疏』30권을 편찬하여 지금까지 병행되고 있다"88라고 기술하였다. 당률이 정관 때 정본이 완성된 후, 후대에는 그 변동이 매우 적었음을 알 수 있다.89

당률은 또 율이 한편으로는 상대적 안정성을 유지해야 하지만, 다른 한편으로는 시의時宜에 맞지 않는 내용에 대해 수정할 필요가 있고, 또 이러한 수정한 내용을 제시하는 것이 관리의 직책 가운데 하나라고 보았다. 예컨대『당률소의·직제』「율령식불편첩주개행조律令式不便輒奏改行條」에서는 "무릇 율律·영令·식式이 업무에 불편한 경우에는 모두 상서성尚書省에 보고하고 의논하여 정한[議定]후에 주문奏聞해야 한다"90라고 규정하였다. 더욱이 본 조「소의」에서는 "율·영 및 식의 조문 중 때때로 업무에 불편한 것이 있는 경우에는 모두 불편한 상황을 명확히 해서 낱낱이 상서성에 보고하고, 경관京官 7품 이상을 소집해서 도좌都座에서 의논하여 정한[議定] 후에 개장改張91해야 할 의議로써 주문해야 한다"92라고 설명했다.

3. 법률 내용의 간략 사상

당률은 법률 내용이 통일·안정되어야 하는 것 이외에도 간략해야 한다고 주장하였다. 그것은 역사적으로 고증하여 이전 사람[前人]이 이미 이처럼 하였다고 보았다. 예컨대『당률소의·명례』「전언前言」에서는 "당우唐虞93 때에 이르러서는 교화가 행해져서 일[事]이 간소하였고, 형刑을

---

82 【옮긴이 주】: '은개산'의 생몰 연대는 ?~622년?이다.
83 【옮긴이 주】: '정관'은 당의 제2대 황제 태종의 연호(627~649)이다.
84 【옮긴이 주】: '배굉헌'의 생몰 연대는 미상이다.
85 【옮긴이 주】: '장손무기'의 생몰 연대는 594~659년이다.
86 【옮긴이 주】: '방현령'의 생몰 연대는 579~648년이다.
87 【옮긴이 주】: '영휘'는 당의 제3대 황제 고종(재위 649~683)의 첫 번째 연호(650~655)이다.
88 【옮긴이 주】: 김택민 주편,『역주당육전譯註唐六典 상上』(서울: 신서원, 2003)권6,「상서형부尙書刑部」(569쪽).
89 【옮긴이 주】: 수·당대 율령의 편찬과정에 대해서는 전영섭,「동아시아 율령네트워크의 형성과 율령체계 - 당·일본·고려의 율령격식 비교 연구 -」(『역사와 세계』41, 효원사학회, 2012) 참조.
90 【옮긴이 주】:『역주율소 - 명례편 -』「직제59」(제149조)「칭율령식조稱律令格式條」, 2200쪽.
91 【옮긴이 주】: '개장'은 거문고의 상태를 바꾸기 위해 현弦을 고친다는 뜻이고, 법제사에서는 종종 '법도의 개변'에 대한 비유로 사용되고 있다(『역주율소 - 명례편 -』「직제59」(제149조)「칭율령식조」「소의」, 2200쪽, 주 93).
92 【옮긴이 주】:『역주율소 - 명례편 -』「직제59」(제149조)「창율령식조」「소의」, 2200쪽.

의론해서 그 죄를 정했으며, (형벌의) 모양을 그려서[畫象]⁹⁴ 그 마음을 부끄럽게 하였고[愧], 모든 조관條貫은 대부분 간략해졌다"⁹⁵라고 했다. 한漢 이후의 입법立法은 복잡에서 간략으로의 과정이 빠르게 진행되었다. 한률漢律은 60편篇이었지만, "진晉은 가윤賈允⁹⁶ 등에게 명하여 한漢·위魏의 율을 증감해서 20편⁹⁷을 제정하였고"⁹⁸, 북제율北齊律에 이르러서는 단지 12편이었으며, 수隋·당唐의 율은 모두 북제율을 종宗으로 삼았다.

당률의 제정·찬수 과정도 율이 간략해야 한다는 사상을 반영하였다. 예컨대 『구당서舊唐書·형법지刑法志』에서는 『무덕률武德律』은 "대략 『개황(률)開皇律』을 준칙으로 삼았고", 『정관률貞觀律』은 "수대隋代의 구율舊律⁹⁹에 비해 대벽大辟¹⁰⁰을 감경한 것이 92조였고, 유형流刑을 감경하여 도형徒刑으로 한 것이 71조였다. 그리고 도형에 해당하는 법은 오직 관직 하나만을 박탈하였고, 제명除名되는 사람은 이전대로 사인과 병사[士伍] 모두 같게 하였다"¹⁰¹라고 기술하였다. 이것은 중형重刑을 경형輕刑으로 바꿨다고 할 수 있고, 이러한 사례는 모두 기록할 수 없다. 이때 당률은 정본定本이 완성되었다.

당률 본래의 조문의 내용도 매우 간략해져서 무릇 각각의 죄에 대한 일치된 양형量刑이 간결한 말로 명시되었고, 추호도 장황한 말이 없었다. 예컨대 『당률소의·사위』「사기관사재물조詐欺官私財物條」에서는 "무릇 관이나 사인[官私]을 속여 재물을 취득한 자는 절도죄에 준해서 논한다[準盜論]. 실정을 알고도[知情] 취득한 자는 좌장죄로 논한다[坐贓論]"¹⁰²라고 규정하였다. 이외에 유사한

---

93 【옮긴이 주】: '당우'는 중국의 도당씨陶唐氏와 유우씨有虞氏, 곧 요堯와 순舜을 말한다.
94 【옮긴이 주】: '화상畫象'은 요순堯舜 시대에 시행된 상형象刑을 가리킨다.
95 【옮긴이 주】: 『역주율소 - 명례편 - 』「명례」「편목소」, 86쪽.
96 【옮긴이 주】: '윤允'이 『진서晉書』(북경北京: 중화서국점교본中華書局點校本, 1974) 권30, 「형법지」(927쪽)와 김택민 주편, 『역주당육전 상』권6, 「상서형부」(557쪽)에는 '충充'으로 되어 있다. 가충의 생몰 연대는 217~282년이다.
97 【옮긴이 주】: '20편'의 편명은 김택민 주편, 『역주당육전 상』권6, 「상서형부」(557쪽)에 기재되어 있다.
98 【옮긴이 주】: 『역주율소 - 명례편 - 』「명례」「편목소」, 93쪽.
99 【옮긴이 주】: '수대의 구율'은 『구당서』(파주: 경인문화사영인본景仁文化社影印本, 1977) 권50, 「형법지」의 "(당) 고조는 …… 제위를 선양받음에 이르러 …… 개황율령開皇律令에 준거해서 증감을 가하여 …… 또 53조의 격격을 제정하였다", "(고조는) 이어서 또 상서좌복야尙書左僕射 배적裴寂 …… 태상박사太常博士 서상기徐上機 등에게 조서하여 율령을 찬정시켰는데, 대략 '개황(율령)'을 준칙으로 삼았다"(이상 2133~2134쪽)라는 기사, 또 김택민 주편, 『역주당육전 상』권6, 「상서형부」의 "당 무덕 연간, 배적·은개산殷開山 등에게 율령을 찬정하도록 명하였는데, 그 편목은 모두 수隋의 개황률을 따르도록 하였다. …… 개황률에서 대벽을 감경하여 유형으로 한 것이 93조로서, 옛 (제도에) 비하면 사형죄는 태반이 삭제되었다"(569쪽)라고 한 기사 등을 고려하면, 『개황률』을 가리키고 있음을 알 수 있다.
100 【옮긴이 주】: '대벽'은 사형을 가리킨다.
101 【옮긴이 주】: 이상 『구당서』권50, 「형법지」(2134·2138쪽).

조문條文은 모두 열거할 수 없을 정도이다.

제4절 엄격치리嚴格治吏 사상

관리官吏는 당唐 통치계급이 국가의 직능職能을 실현하는 중요 집단이었다. 따라서 당대의 황제들은 한편으로는 관리를 회유하였고, 다른 한편으로는 또 엄격치리嚴格治吏, 즉 관리에 대한 엄격한 통치를 강조하여 각종 범죄 행위에 대해 제재를 가하였다. 이러한 사상은 당률에 매우 분명히 반영되었다.

1. 규정 내용의 광범위·구체성

당률의 각 율[每一律]103에는 모두 관리의 통치[治吏]에 관한 내용이 포함되어 있다. 그중 「직제율職制律」은 오직 관리를 통치하기 위해서 설정되었고, 내용도 매우 구체적이어서 관리의 설치·공거貢擧104·출근·직책 및 범죄 이후 져야 하는 법률적 책임 등 각 방면에 미쳤다. 즉 관리에 대한 죄명罪名·죄행罪行·처벌 등이 모두 규정되었다. 예컨대 『당률소의·직제』「치관과한급불응치이치조置官過限及不應置而置條」에서는 "무릇 관직官職에는 정원定員이 있는 데, 관리를 임용하는 때 정원을 초과하였거나 임용해서는 안 되는 데 임용한 경우, 1인이었다면 장杖100에 처하고, 3인마다 1등을 가중하며, 10인이었다면 도徒2년에 처한다. 후임자[後人]가 알면서도 허용한 경우에는 전임자[前人]가 임용한 죄에서 1등을 감경한다. 관리가 되기를 청탁하여 구한 자는 종범從犯으로 처벌하고, 부름을 받아 임용된 자[被徵須者]는 논죄하지 않는다[勿論]. 만약 신속함이 요구되는 군사업무[軍務要速]에서 사안을 참작해서 임시로 임용한[量事權置] 경우에는 이 율을 적용하지 않는다[不用此

---

102 【옮긴이 주】: 『역주율소 - 각칙(하) - 』「사위12」(제373조)「사기관사취재물조詐欺官私取財物條」, 3177∼3178쪽.

103 【옮긴이 주】: '각 율[每一律]'은 '12율'을 가리키는데, '12율'은 12편목(1 명례율, 2 위금률, 3 직제율, 4 호혼률, 5 구고율, 6 천흥률, 7 적도율, 8 투송률, 9 사위율, 10 잡률, 11 포망률, 12 단옥률)을 말한다.

104 【옮긴이 주】: '공거'는 과거에 응시할 수 있는 관인후보자를 천거하는 것을 말한다. 공인貢人은 각 주州의 장관이 공거한 자로서, 「선거령選擧令」에 의하면 매년 상주上州는 3인, 중주中州는 2인, 하주下州는 1인을 공거하였다(니이다 노보루仁井田陞, 『당령습유唐令拾遺』[동경東京: 동경대학출판회東京大學出版會, 1933년 초판, 1983년 복각판 제2쇄]「선거령選擧令 20조」, 296쪽). 거인擧人은 중앙의 국자감國子監·태학太學·사문학四門學·율학律學·서학書學·산학算學 및 문하성門下省에 속하는 홍문관弘文館, 동궁東宮의 숭문관崇文館 등 학교출신자 및 별도의 칙敕에 의해 공거된 자를 말한다. 이들 공인·거인이 과거를 보았다(『역주율소 - 각칙(상) - 』「직제2」(제92조)「공거비기인조貢擧非其人條」, 2102쪽, 주 13)).

律]"105라고 규정하였고, 「공거비기인조貢擧非其人條」에서도 "무릇 공거하는 데 적합한 인물이 아니었거나 천거해야 하는 데 천거하지 않은 경우, 1인이었다면 도徒1년에 처하고, 2인마다 1등을 가중하며, 그 죄의 최고형은 도3년이다. 만약 근무평정[考校]·등용시험[課試]의 시행을 실제대로 하지 않았거나 관리선임에 천거장[擧狀]과 어긋남으로써 이 때문에 그 직책에 합당하지 않은 경우에는 1등을 감경한다. 과실[失]인 경우에는 각각 3등을 감경한다. 타인他人의 말을 듣고도 자각하지 못한[不覺] 경우에는 또 1등을 감경한다. 알면서도[知] 행하는 것을 허용한 경우에는 같은 죄로 처벌한다[與同罪]"106라고 규정하였는데, 규정한 내용이 모두 매우 상세하였음을 알 수 있다.

2. 책임 규정의 엄격성

관리는 자기의 행위에 대하여 책임을 져야 하였을 뿐 아니라 피감림자被監臨者의 행위에 대해서도 책임을 져야 하였다. 피감림자가 죄를 범하였다면, 감림하는 관리도 연대책임을 지고 처벌을 받아야 하였다. 예컨대 『당률소의·직제』「합화어약유오조合和御藥有誤條」에서는 "무릇 황제의 약을 조제하는데[合和御藥], 착오[誤]로 본래의 처방[本方]대로 하지 않았거나 봉제[封題]107를 잘못한[誤] 경우, 의자醫者는 교형絞刑에 처한다. 요리·간택揀擇에 정밀하지 않은 경우에는 도徒1년에 처한다. 아직 황제에게 올리지 않은 경우에는 각각 1등을 감경한다. 감독을 맡은 관인[監當官司]은 각각 의자醫者에서 1등을 감경한다"108라고 규정하였고, 『당률소의·위금』「궁전작파불출조宮殿作罷不出條」에서도 "무릇 궁宮·전殿 내에서 작업을 마치고 나가지 않은 경우, 궁 내는 도1년에 처하고, 전 내는 도2년에 처하며, 어재소御在所는 교형에 처한다. (무리가 나가는 것을) 자각하지 못하였거나[不覺] 길을 잃고 잘못 들어간[迷誤] 경우에는 상청上請한다. 장령주사將領主司가 안[知] 경우에는 같은 죄로 처벌하고[與同罪], 알지 못한[不知] 경우에는 각각 1등을 감경한다"109라고 규정했다.

3. 처벌 규정의 엄중성

당률은 관리의 범죄에 대한 처벌이 엄중하였다. 이것은 주로 이하 두 가지 방면에서 구현되었다.

첫째, 관官과 민民이 유사한 죄를 범한 경우, 처벌은 오히려 관이 민民보다 가중되었다. 예컨대

---

105 【옮긴이 주】: 『역주율소 - 각칙(상) - 』「직제1」(제91조)「관유원수조官有員數條」, 2099~2101쪽.
106 【옮긴이 주】: 『역주율소 - 각칙(상) - 』「직제2」(제92조)「공거비기인조」, 2102~2105쪽.
107 【옮긴이 주】: '봉제'에 대해서는 주 9 참조.
108 【옮긴이 주】: 『역주율소 - 각칙(상) - 』「직제12」(제102조)「합화어약조」, 2119~2120쪽.
109 【옮긴이 주】: 『역주율소 - 각칙(상) - 』「위금8」(제65조)「궁전작파불출조」, 2037~2038쪽.

동일하게 토지를 불법으로 점탈한 경우를 보면,『당률소의·호혼』「재관침점탈사전조在官侵占奪私田條」에서는 무릇 관리가 사전私田을 침점侵占한 경우, "1무畝 이하였다면 장杖60에 처하고, 3무마다 1등을 가중한다. 장100을 초과하였다면 5무마다 1등을 가중하고, 죄의 최고형은 도徒2년반이다"110라고 규정하였다. (그러나)「호혼」「망인도매공사전조妄認盜賣公私田條」에서는 일반공민111이 공·사전을 침점한 경우[一般公民侵占公私田],112 "1무 이하였다면 태笞50에 처하고, 5무마다 1등을 가중한다. 장100을 초과하였다면 10무마다 1등을 가중하고, 죄의 최고형은 도徒2년이다"113라고 규정하였다. 전자가 후자보다 확실히 가중처벌되었음을 알 수 있다.

둘째, 관리는 엄중한 죄를 범하였거나 직접 국가·정권을 훼손시킨 죄를 범한 경우, 일체의 특권은 모두 효력을 잃고 민民과 동일하게 율에 의거해서 문죄問罪되었다. 당률은, 관리[官]는 황제의 은혜[皇恩]를 입었기 때문에 황명皇命에 복종해야 하고, 황제와 마음·뜻이 일치해야 한다고 보았다. 예컨대『당률소의·명례』「십악조」「소의」114에서는 "신하는 장차 역모[逆節]를 꾀하여 군주를 없애고자 하는 마음[無君之心]을 가져서"115는 안 된다고 하였고, 만약 가졌다면 반드시 중형重刑이 적용되어 일체의 특권은 취소되었고 엄벌에 처해졌다. 당률은 관료에 대해 의議·청請·감減·속贖·관당官當 등의 특권을 규정하고 있지만, 엄중한 죄를 범하였거나 직접 황권皇權을 훼손시킨 죄를 범한 경우 등에 대해서는 모두 이러한 규정을 적용하지 않았다. 즉『당률소의·명례』「팔의자조八議者條」에서는 명확히 "십악十惡을 범한 자는 이 율을 적용하지 않는다[不用此律]"116라고 규정하

---

110 【옮긴이 주】:『역주율소 - 각칙(상) -』「호혼18」(제167조)「재관침점탈사전조在官侵奪私田條」, 2234쪽.
111 【옮긴이 주】: '일반공민'의 경우, 당률에서 일반인을 의미하는 용어는 '공민公民'·'사민私民'의 형식이 아니라 '민民'이다.
112 【옮긴이 주】: "일반공민이 공·사전을 침점한 경우"가 원문에는 "무릇 공·사전을 망인하였거나, 또는 도무매한 경우[諸妄認公私田 若盜貿賣者]"(주 113 참조)로 되어 있다. '망인'은 어떤 목적물이 자기의 것이 아님을 알면서도 그것을 가리켜서 자기의 것이라고 주장하여 영득領得하는 것을 말한다. '도무매'는 '도무역盜貿易'과 '도매盜賣'의 연칭連稱이다. '도무역'은 자기 소유의 어떤 재물과 몰래 바꿔치기하여 타인소유의 (품질이 우수한) 동종同種의 재물을 영득하는 행위를 말하고, '도매'는 타인의 토지를 자기의 토지인 것처럼 가장假裝해서 제3자에게 매도賣渡하는 것을 말한다(이상 율령연구회律令研究會 편編,『역주일본율령역주日本律令 5 당률소의역주편唐律疏義譯註篇 2』[동경東京: 동경당출판東京堂出版, 1984]「호혼17」「망인도무매공사전조」, 247쪽, 주 1·2).
113 【옮긴이 주】:『역주율소 - 각칙(상) -』「호혼17」(제166조)「망인도무매공사전조忘認盜貿賣公私田條」, 2232쪽.
114 【옮긴이 주】: '「십악조」「소의」'는 '「십악조·모반謀反」「주·소의」'이다(주 115 참조).
115 【옮긴이 주】:『역주율소 - 명례편 -』「명례6」(제6조)「십악조·모반謀反」「주·소의」, 108쪽.
116 【옮긴이 주】:『역주율소 - 명례편 -』「명례8」(제8조)「팔의자조(의장議章)」, 138쪽. 본 규정의 앞 규정은 다음과 같다. "무릇 팔의에 해당하는 자[八議者]가 사죄死罪를 범한 경우, 모두 적용할 죄목과 의議해야 하는 정상情狀을 조목條目별로 기록하여, 먼저 의죄議罪할 것을 주청奏請하고, 의죄해서 (형이) 결정되었다면 [議定] 주재奏裁한다. 유죄流罪 이하는 1등을 감경한다. 그러나 십악을 범한 자는 이 율을 적용하지 않는다

였고,「황태자비조皇太子妃條」에서도 무릇 상청上請이 적용되는 자가 "십악을 범하였거나, 모반謀反·대역大逆에 연좌되었거나[反逆緣坐], 살인하였거나, 감수監守하는 구역 내에서 간姦·도盜·약인略人·수재왕법受財枉法[117]을 범한 자는 이 율을 적용하지 않는다[不用此律]"[118]라고 규정하였다.

제5절 의법단옥依法斷獄 사상

당률은 당唐 지주계급 전체 이익의 유지·보호와 봉건적 법제의 강화라는 관점에서 의법단옥, 즉 법률에 의한 단옥을 매우 강조하였다.

1. 단옥 : 율문인용律文引用 필수 사상

당률은, 당唐에 율律·영令·격格·식式 등의 법률 형식이 있었지만, 오직 율 만이 단옥의 주된 근거였기 때문에 사법관司法官이 단옥할 때에는 율문에 의거해야 하고, 그 밖의 조문條文을 독단적으로 인용해서는 안 된다고 보았다. 예컨대『당률소의·명례』「칭일년급중모조稱日年及衆謀條」「소의」[119]에서는 "영令은 과역課役을 위해 조문條文을 제정하였고, 율은 정형定刑을 위해 제정하였다. …… 형명刑名은 사안事案이 중대하므로 오직 호적戶籍의 기재에만 의거해야 한다. 율과 영은 법리法理가 다르기 때문에 율을 무시하고 영에 따라서는 안 된다"[120]라고 하였다. 동시에 율은 이미 범죄 문제에 대해 비교적 완정完整된 규정을 두었기 때문에 기본적으로 단옥의 요구에 부응할 수 있었다. 예컨대『당률소의·단옥』「단죄불구인율령격식조斷罪不具引律令格式條」「소의」에서는 "죄를 범한 사람에 대해서는 모두 (적용할) 조문[條制]이 있다. 단옥할 때의 법리[斷獄之法]는 반드시 정문正文에 의거

[不用此律]"(137~138쪽).
117 【옮긴이 주】: '수재왕법'은 감림관이 수회收賄하여 청탁받은 위법한 판결을 행했을 때 성립하는 죄명이다.『역주율소 - 각칙(상) - 』「직제48」(제138조)「감주수재왕법조監主受財枉法條」에서는 "무릇 감림監臨·주사主司가 수재왕법을 범한 경우, 1척尺이었다면 장杖100에 처하고, 1필疋마다 1등을 가중하며, 15필이었다면 교형絞刑에 처한다"(2181쪽)라고 규정했다.
118 【옮긴이 주】:『역주율소 - 명례편 - 』「명례9」(제9조)「황태자비조(청장請章)」, 141쪽. 이 규정의 앞 규정은 다음과 같다. "무릇 황태자비의 대공大功 이상 친족[親], 의議해야 하는 자의 기년복期年服 이상 친족[親] 및 손자[孫], 또는 관작官爵이 5품 이상으로서, 사죄死罪를 범한 자는 상청上請한다. 유죄流罪 이하는 1등을 감경한다"(138~140쪽).
119 【옮긴이 주】: '「소의」'는 '「답」'의 오기이다(주 120 참조).
120 【옮긴이 주】:『역주율소 - 명례편 - 』「명례55」(제55조)「칭일년급중모조」「답」, 364쪽. 이 문장은 "호령戶令에 의하면, '간기姦欺가 있다고 의심될 때에는 용모[狀貌]에 따라 정한다'라고 하였습니다. 만약 범죄자의 실제 (호적의) 나이와 용모[年貌]가 현격히 다른 경우, 호령에 의거하여 용모를 보고 정해서 죄를 과할 수 있습니까?"(364쪽)라는「문」에 대한「답」이다.

해야 하고," 또 율에 따라 정죄양형定罪量刑[121]해야 하며, "위반한 자는 태笞30에 처한다"[122]라고 하였다. 설령 황제의 칙령敕令이라고 해도 보편적으로 적용할 수 없었다. 예컨대 『당률소의·단옥』「첩인제칙단죄조輒引制敕斷罪條」에서는 "무릇 제敕·칙制으로 단죄하는 것은 임시적인 처분이므로, 영구적인 격格으로 하지 않은 때에는 인용하여 이후의 비比[123]로 삼을 수 없다. 만약 함부로 인용하여 치죄致罪하는 때 출입出入[124]이 있었던 경우에는 고의·과실죄로 논한다[以故失論]"[125]라고 규정했다.

2. 죄행법정罪行法定 맹아 사상

당률의 일부 조문에는 죄행법정 사상, 즉 죄행을 법률로 정하는 사상도 반영되었다. 즉 율에 명문규정明文規定이 없다면 처벌하지 않았고, 이것을 의법단옥依法斷獄에 대한 일종의 표현으로 삼았다. 예컨대 『당률소의·천흥』「주장임진선퇴조主將臨陣先退條」에서는 "무릇 주장主將 이하가 전투에 임하여 먼저 퇴각하였거나, 또 적병과 대진對陣하다가 무기를 버리고 아군에 투항하였거나, 적을 저버리고 내항來降하였는데 함부로 살해한 자는 참형斬刑에 처한다. 만약 군령軍令을 위반하였는데, 회군[還軍] 이후에 율에 조문이 있는 경우에는 율에 의거해서 단죄하고[依律斷], 조문이 없는 경우에는 논죄하지 않는다[勿論]"[126]라고 규정하였다. 본 조 「소의」에서는 "조문이 없는 경우에는 논죄하지 않는다"라는 규정에 대해 "만약 군중軍中의 호령號令을 위반[違犯]한 자는, 회군[軍還] 이후 그 위반죄가 율에 조문이 있는 경우에는 율에 의거해서 단죄한다. 그러나 장군의 교령敎令[127]을 위반

---

121 【옮긴이 주】: '정죄양형'에 대해서는 주 73 참조.
122 【옮긴이 주】: 『역주율소 - 각칙(하) - 』「단옥16」「단죄불구인율령격식조」, 3350쪽.
123 【옮긴이 주】: '비'는 판결이 종결된 사례를 가리킨다. 율문에 적용할 조문이 없을 때 이것에 의해서 추단推斷하였다. 후세의 예例 즉 판결례判決例에 비견된다.
124 【옮긴이 주】: '출입出入'은 재판 때 부당하게 죄를 감경하거나[出] 가중하는[入] 것이다. 유죄를 무죄, 중죄를 경죄로 판결한 것은 '출죄出罪'라고 하고, 그 반대는 '입죄入罪'라고 한다. 고의였다면 '고출입故出入'이라 하고, 오판誤判이었다면 '실출입失出入'이라고 한다. 출입을 범한 관인官人의 죄는 출입의 정도, 즉 본래 처벌되어야 할 형량(무죄는 형을 0[제로]으로 본다)과 실제 처벌된 형량의 격차를 기준으로 산출되었다. 예컨대 '고출입'은 원칙적으로 그 격차 그대로, '실입失入'은 격차에서 3등 감경, '실출失出'은 5등 감경된 형이 각각 부과되었다(율령연구회律令研究會 편編, 『역주일본율령譯註日本律令5 당률소의역주편唐律疏義譯註篇1』[동경東京: 동경당출판東京堂出版, 1979]「명례23」「제면비도조除免比徒條」, 139~140쪽, 주 2). 구체적인 규정은 『역주율소 - 각칙(하) - 』「단옥19」(제487조)「관사출입인죄조官司出入人罪條」(3353~3361쪽) 참조.
125 【옮긴이 주】: 『역주율소 - 각칙(하) - 』「단옥18」(제486조)「첩인제칙단죄조」, 3353쪽.
126 【옮긴이 주】: 『역주율소 - 각칙(상) - 』「천흥11」(제234조)「주장임진선퇴조」, 2358쪽.
127 【옮긴이 주】: '교령'에 대해서는 주 22 참조.

하였지만 율에 조문이 없는 경우에는 회군[軍還] 후에 논죄해서는 안 된다"[128]라고 해석하였다.

3. 의법양형依法量刑 중시 사상

당률은 의법양형, 즉 법률에 의거한 양형을 매우 중시하였고, 이것을 의법단옥依法斷獄의 중요한 구성 부분으로 삼았다.

첫째, 법률에 의거한 형刑의 가중加重·감경減輕을 중시하였다. 당률이 규정한 오형五刑에는 모두 20등급이 있었고, 형을 가중[加]·감경[減]할 때의 등급 수[等數]는 같지 않았다. 형을 가중할 때는 등급에 따라 차례로 가중하였고, 감경할 때는 사형死刑·유형流刑을 각각 1등으로 해서 감경하였다. 즉『당률소의·명례』「칭가감조稱加減條」에서는 "무릇 '가중[加]'이라고 칭한 것은 무거운 등급[重次]으로 나아가는 것이고, '감경[減]'이라고 칭한 것은 가벼운 등급[輕次]으로 나아가는 것이다. 다만 두 가지 사죄[二死][129]와 삼류三流[130]는 각각 모두 하나로 해서 감경[一減]한다. 가중[加]하는 경우에는 (죄의) 수數가 차야만 처벌하고, 또 가중하더라도 사형死刑에까지 이를 수 없다. 본래의 조문에서 '가중해서 사형에 이른다[加入死]'라고 한 경우에는 본래의 조문에 의거한다. 그러나 죄의 최고형이 반 년半年의 도형인 경우, 장형으로 가중[加杖]해야 하는 자는 장杖100에 처하고, 감경해야 하는 자는 장90을 그다음 등급으로 한다"[131]라고 규정하였다.

둘째, 수죄數罪에 대해 의법양형依法量刑을 중시하였다. 당률은 여러 죄에 대한 양형을 각각의 상황을 감안해서 정하였는데, 주된 것은 다음과 같다. 먼저, 일반적 상황은 흡수원칙을 채택하였다. 예컨대『당률소의·명례』「이죄종중조二罪從重條」에서는 "무릇 두 가지 죄[二罪] 이상이 함께 발각된 경우에는 중죄로써 논한다[以重者論]. (죄의 경중이) 같은[等] 경우에는 (그중) 한 가지에 따른다. 만약 한 가지 죄가 먼저 발각되어 이미 논죄해서 집행하였는데 다른 죄[餘罪]가 후에 발각된 경우, 먼저 발각된 죄보다 경미하였거나 혹은 같은[等] 때에는 논죄하지 않고[勿論], 엄중한 때에는 다시 논죄하되 앞의 죄[前罪]를 통계하여 뒤의 형량에 충당한다"[132]라고 규정하였다. 그다음, 개별적인 죄는 누과累科[133] 방법을 적용하였다. 즉『당률소의』「명례」「이죄종중조」에서는 "장물臟物로 죄가

---

128 【옮긴이 주】:『역주율소 - 각칙(상) - 』「천흥11」(제234조)「주장임진선퇴조」「소의」, 2358쪽.
129 【옮긴이 주】: '두 가지 사죄'는 교형絞刑과 참형斬刑이다.
130 【옮긴이 주】: '삼류'는 유流2000리·2500리·3000리를 말한다.
131 【옮긴이 주】:『역주율소 - 명례편 - 』「명례56」(제56조)「칭가감조」, 365~367쪽.
132 【옮긴이 주】:『역주율소 - 명례편 - 』「명례45」(제45조)「이죄종중조」, 321~324쪽.
133 【옮긴이 주】: '누과累科'는 여러 죄를 합산하여 처벌하는 것이다. 이와 유사한 용어에는 '병만倂滿'·'누병累倂'이 있다. 병만은 여러 종류의 장물 등을 합산하는 것이고, 누병은 누과와 병만을 합친 것이다[『역주율소 - 명례편 - 』「명례45」(제45조)「이죄종중조」, 325쪽, 주 11)].

되었는데 여러 번 범한 때에는 모두 누과한다. 만약 죄명과 형량[罪法]이 같지 않은 때에는 곧 엄중한 장죄贓罪의 장물을 경미한 장죄의 장물에 병만倂滿하여 각각 절반으로 논죄한다[位論]¹³⁴"¹³⁵라고 규정하였다. 끝으로, 용형用刑의 최고 한도를 규정하였다. 예컨대『당률소의·명례』「범죄이발이재갱위죄조犯罪已發已載更爲罪條」에서는 무릇 재범자는 "만약 유죄流罪·도죄徒罪를 (여러 번 범하여) 복역 기간을 누계해야 하는 경우에도 4년을 초과할 수 없다. 만약 유죄流罪나 도죄徒罪를 다시 범한 자는 가장하는 법례¹³⁶에 준한다[準加杖例]"¹³⁷라고 규정하였다.

셋째, 의죄疑罪에 대해 의법양형依法量刑을 중시하였다. 당률은, 의죄는 원한[冤]·거짓[假]·착오[錯]에서 비롯될 수도 있으므로 함부로 판결할 수 없고, 당연히 달리 논죄해야 한다고 보았다. 예컨대『당률소의·단옥』「의죄조疑罪條」¹³⁸에서 규정하고 있는 의죄는 "허虛·실實의 증인 수가 같거나, 시是·비非의 이치가 비슷하거나, 혹은 사안이 (죄의) 혐의는 짙지만, 옆에서 보았다고 증언하는 자가 없거나, 혹은 옆에서 (보고) 들어 증언하는 자는 있지만, 사안이 혐의를 두는 바가 아닌 경우 등[類]"¹³⁹을 포괄하였다. 동시에 본 조에서는 처리방법에 대해 "무릇 의죄는 각각 범한 죄에 의거해서 속으로 논죄한다[以贖論]. 만약 의옥疑獄¹⁴⁰에서 법관法官의 견해가 같지 않은 때에는 이의를 제기할 수 있지만, (이의에 따른) 논의는 3회[三]를 초과할 수 없다"¹⁴¹라고 규정하였다. 만약 사법관이 이상의 규정을 위반한 경우에는 모두 '출입인죄出入人罪'¹⁴²에 의거해서 처벌을 받아야 하

---

134 【옮긴이 주】: '위론位論'은 '배론倍論'의 오기誤記이다. '배론'은 장죄를 몇 차례 범하였지만, 그 종류·다과多寡가 달라서 죄명과 형량이 다른 때에는 엄중한 장죄를 경미한 장죄에 병합해서 그 총수를 절반으로 한 수數에 따라 논죄하는 것을 말한다[『역주율소 - 명례편 - 』「명례45」(제45조)「이죄종중조」, 325쪽, 주 13)].
135 【옮긴이 주】:『역주율소 - 명례편 - 』「명례45」(제45조)「이죄종중조」, 325쪽.
136 【옮긴이 주】: '가장례加杖例'는 가장법加杖法을 가리킨다. 가장법은 본래의 도형徒刑을 가중된 장형(100 이상)으로 치환置換해서 집행하여 실제 복역을 면제하는 법을 말한다. 이 가장법에 대해서는『역주율소 - 명례편 - 』「명례27」(제27조)「범도응역가무겸정조犯徒應役家無兼丁條」(217~222쪽)·「명례28」(제28조)「공악잡호급부인범류결장조工樂雜戶及婦人犯流決杖條」(222~228쪽)에 규정되어 있다. 이에 대한 자세한 설명은 제8장 주 1 참조.
137 【옮긴이 주】:『역주율소 - 명례편 - 』「명례29」(제29조)「범죄이발조犯罪已發條」, 231쪽.
138 【옮긴이 주】: '「의죄조」' 다음에는 '「주」'가 있어야 한다(주 139 참조).
139 【옮긴이 주】:『역주율소 - 각칙(하) - 』「단옥34」(제502조)「의죄조」「주」, 3381쪽.
140 【옮긴이 주】: '의옥'에 대해『역주율소 - 각칙(하) - 』「단옥34」(제502조)「의죄조」「소의」에서는 "옥사獄事에 의심스러운 바가 있음을 말한다"(3382쪽)라고 해석하였다.
141 【옮긴이 주】:『역주율소 - 각칙(하) - 』「단옥34」(제502조)「의죄조」, 3381쪽.
142 【옮긴이 주】: '출입인죄出入人罪'는 재판 때 관리官吏가 '사람의 죄를 감경·가중한 행위'를 말한다. 이에 대해서는『역주율소 - 각칙(하) - 』「단옥19」(제487조)「관사출입인죄조官司出入人罪條」(3353~3361쪽)와 4항 '위법단옥 행위 엄중처벌 사상', 그리고 주 124 참조.

였다.

4. 위법단옥違法斷獄 행위 엄중처벌 사상

당률은, 의법단옥依法斷獄, 즉 법률에 의한 단옥은 사법의 주된 내용이고, 위법단옥違法斷獄 행위, 즉 위법에 대한 단옥 행위는 법제法制 심지어 국가에 대해 위해危害를 가한 것이므로 이러한 범죄자의 법률적 책임은 반드시 엄중히 추궁해야 한다고 보았다. 이러한 범죄의 특징에 근거하여 당률은 반좌反坐[143]를 원칙으로 해서 범죄인을 엄중히 처벌하였다. 예컨대『당률소의·단옥』「관사출입인죄조官司出入人罪條」에서는 "무릇 관사官司가 사람의 죄를 가중한[入人罪] 경우, 만약 전죄를 가중하였다면[入全罪] 전죄로써 논한다[以全罪論]. 경죄輕罪를 중죄重罪로 가중하였다면[시] 초과한 바로써 논죄한다[以所剩論]. 형명刑名을 바꾼 경우, 태죄笞罪를 장죄杖罪로 가중하였거나[시] 도죄徒罪를 유죄流罪로 가중하였다면[시] 또한 초과한 바로써 논죄하고[以所剩論], 태죄·장죄를 도죄·유죄로 가중하였거나[시] 도죄·유죄를 사죄死罪로 가중하였다면[시] 또한 전죄로써 논한다[以全罪論]. 그리고 죄를 감경한[出罪] 경우에도 각각 이와 같다[如之]. 만약 단죄斷罪하는데 과실로 가중한[失入] 경우에는 각각 3등을 감경하고, 과실로 감경한[失出] 경우에는 각각 5등을 감경한다. 만약 집행[決]·석방[放]하지 않았거나, 석방하였더라도 다시 잡았거나[獲], 또는 죄수가 스스로 사망하였다면 (고의로 가중·감경하였거나 과실로 가중·감경한 경우에서) 각각 1등 감경하는 것을 허용한다. 만약 별도로 충임된 사자使者가 사건을 추국推鞫하는데 정상을 조사하면서[通狀] 실정實情을 잃은[失] 경우에는 각각 또 2등을 감경하고, 주관 관사[所司]가 이미 오판한 정상을 이어서 처단을 종결한 경우에는 곧 과실로 감경·가중한 법례[失出入法]에 따른다. 비록 감경·가중[出入]은 있었더라도 형벌의 집행[決罰]에서 차이가 없었던 경우에는 논죄하지 않는다[勿論]"[144]라고 규정하였다.

제6절 신중행형愼重行刑 사상

당률은 봉건법제의 유지·보호라는 관점에서 또 봉건제적인 오형五刑의 특성에 근거해서, 국가

---

143 【옮긴이 주】: '반좌'는 타인을 무고誣告한 자에 대해 무고당한 자[被誣告者]에게 부과되는 죄로써 처벌하는 것이다. 예컨대, 『역주율소 - 각칙(하) - 』「투송41」(제342조)「무고반좌조誣告反坐條」에서는 "무릇 타인을 무고한 자는 각각 반좌한다. 만약 규탄하는 관원[糾彈之官]이 사심私心을 가지고 사안事案을 탄핵할 때 사실대로 하지 않은[不實] 경우에도 또한 이와 같다[如之]"라고 규정하였고, 본 조「주」에서는 "반좌하여 치죄致罪하는 때에는 피무고자가 무고된 죄의 법례[前人入罪法]에 준準한다"(이상 3103쪽)라고 하였다.
144 【옮긴이 주】:『역주율소 - 각칙(하) - 』「단옥19」(제487조)「관사출입인죄조」, 3353~3359쪽.

는 반드시 "신중행형愼重行刑, 즉 형벌을 신중히 집행"해야 한다고 주장하였다. 예컨대 『당률소의 · 명례』「응의청감조應議請減條」「소의」에서는 명확하게 "국가는 형벌을 신중히 한다[惟刑是恤]"[145]라고 기술하였다. 당률의 이러한 사상은 구체적으로 이하의 여러 방면에 반영되었다.

1. 고신拷訊[146]의 신중처리 사상

당률은 법이 정한 범위 내에서 죄수[囚犯]에 대해 고신을 허용하였고, 만약 법을 위반한 경우 사법관司法官은 법률적 책임을 져야 하였다. 당률이 규정한 고신은 반드시 일정한 조건에 부합되어야 하였다. 예컨대 『당률소의 · 단옥』「신수찰사리조訊囚察辭理條」에서는 "무릇 죄수를 신문[訊囚]해야 하는 때에는 반드시 먼저 정상情狀을 살피고, 말의 조리[辭理]를 자세히 살피며[審察], (사안事案을) 반복하여 (시비是非를) 참험參驗해야 한다. 여전히 판결할 수 없어서 사건을 반드시 신문[訊問]해야 하는 때에는 문안文案을 작성하여 (담당 장관長官이) 연서[同判]한 연후에 고신[拷訊]한다. 위반한 자는 장杖60에 처한다. 만약 장물과 실상[贓狀]이 드러나 증명되었고, 사리가 의심할 수 없는 데도 승복[承引]하지 않은 때에는 실상에 근거해서 과단한다[據狀科斷]. 만약 사안이 이미 사면赦免을 거친 때에는 반드시 (다시) 추구追究해야 하더라도 결코 고신[拷]해서는 안 된다"[147]라고 규정하였다. 『당률소의 · 단옥』「고수부득과삼도조拷囚不得過三度條」에서도 고신에 일정한 제한을 두어서 "무릇 죄수를 고신하는[拷囚] 때에는 3회[三度]를 초과할 수 없고, (장杖의) 총수總數는 200을 초과할 수 없으며, 장죄杖罪 이하는 범한 죄의 (장杖의) 수를 초과할 수 없다. 고신이 한도에 이르렀는데도[拷滿][148] 승복하지 않은[不承] 때에는 보증인[保]을 세워 석방한다. 만약 고신이 3회를 초과하였거나 장杖 이외의 다른 방법으로 고략拷掠한 자는 장100에 처하고, 장의 수를 초과한 때에는 초과한 부분을 반좌反坐하며, 이로 인해 치사致死한 자는 도徒2년에 처한다. 만약 (죄수에게) 외상瘡이나 병病이 있어도 차도差度를 기다리지 않고 고신[拷]한 자는 또한 장100에 처하고, 만약 장형 · 태형을 집행한 때에는 태笞50에 처하며, 이로 인해 치사한 자는 도1년반에 처한다. 만약 법에 의거해서 고신[拷] · 집행[決]하다가 뜻하지 않게[邂逅] 치사한 자는 논죄하지 않는다[勿論]. 이에 장관長官 등에게 조사해서 밝히도

---

145 【옮긴이 주】: 『역주율소 - 명례편 -』「명례11」(제11조)「응의청감조(속장贖章)」「소의」, 144쪽. 당송원唐宋元 · 고려의 법제에서 '휼형恤刑'의 입법원칙 · 형정인식 및 사상의 원류 등에 대해서는 전영섭, 「당송원 · 고려의 휼형 입법원칙과 형정인식 - 휼형사상의 원류와 관련하여 -」(『중국사연구』77, 중국사학회, 2012) 참조.

146 【옮긴이 주】: '고신'은 고장拷杖을 가해서 신문하는 것을 말한다. 당률에 사용된 고신과 동일한 용어에는 형신刑訊 · 고략拷掠 등이 있다.

147 【옮긴이 주】: 『역주율소 - 각칙(하) -』「단옥8」(제486조)「신수찰사리조」, 3334~3335쪽.

148 【옮긴이 주】: '고만拷滿'은 고신을 집행할 때 허용된 법정 한도인 '3회 고신과 장200'에 도달한 것을 말한다.

록 하는데[勘驗], 위반한 자는 장60에 처한다"[149]라고 규정하였다. 또 『당률소의·단옥』「고수한만불수조拷囚限滿不首條」에서도 고신이 한도에 이르렀는데도[拷滿] 자백하지 않은 경우, 그 처리에 대해 "무릇 죄수를 고문하는 것이 한도에 이르렀는데도[拷囚限滿] 자백하지 않은[不首] 때에는 고발한 사람[告人]을 반고反拷한다. 그러나 피살되었거나 도적맞은 (자의) 가인家人이나 친속親屬이 고발[告]한 때에는 반고하지 않는다. 고신이 한도에 이르렀는데도[拷滿] 자백하지 않은 때에는 보증인[保]을 세워 모두 석방한다. 위반한 자는 고의·과실죄로 논한다[以故失論]"[150]라고 규정하였다. 이들 규정은 모두 고신을 신중히 행하는 사상을 직접 구현하였다.

2. 노老·소小·폐질자[廢疾]·질자[疾][151]·임신부[孕婦] 범죄의 신중처리 사상

당률은 노老·소小·폐질자[廢]·질자[疾]와 임신부[孕婦]의 생리적 특성에 근거하여 이들의 범죄에 대한 용형用刑을 일반인과는 달리 별도로 처리해야 하고, 특히 노老·소小·폐질자[廢]·질자[疾]는 그렇게 해야 한다고 보았다. 예컨대 『당률소의·명례』「노소급질유범조老小及疾有犯條」「소의」에서는 법률에도 마땅히 "노·소 및 폐질자에 대한 긍휼[矜老小廢疾][152]"과 "유를 사랑하고 노를 봉양

---

149 【옮긴이 주】: 『역주율소 - 각칙(하) - 』「단옥9」(제477조)「고수부득과삼도조」, 3336~3338쪽.
150 【옮긴이 주】: 『역주율소 - 각칙(하) - 』「단옥10」(제478조)「고수한만불수조」, 3339쪽.
151 【옮긴이 주】: '질자[疾]'는 그 대상이 명확하지 않다. 그런데 『역주율소 - 명례편 - 』「명례30」(제30조)「노소급질유범조老小及疾有犯條」에서 규정한 '형사책임의 감경과 면제의 적용을 받는 사람'은 노老(70세 이상)·소小(15세 이하)·중도中度 이상의 불구자(폐질과 독질)이고, 일반 병자病者는 포함되지 않는다. 이것에 의하면 '질자[疾]'는 독질자篤疾者로 보아야 할 것이다(다만, 이것은 본문에서 '폐질자·질자'로 병기되어 있는 경우에만 적용된다). 참고로 당령唐令에서는 불구不具를 잔질殘疾(경도輕度), 폐질廢疾(중도中度), 독질篤疾(고도高度)의 3단계로 분류하고 있다. 잔질은 한쪽 눈을 실명한 경우, 양쪽 귀가 들리지 않는 경우, 손가락 2개가 잘린 경우, 발가락 3개가 잘린 경우, 손과 발에 엄지가 없는 경우, 피부병으로 머리카락이 없는 경우, 구루久漏(피부, 특히 항문 주위에 구멍이 생겨 고름[膿]이 흘러 멈추지 않는 병이고, 치루痔漏라고도 한다), 음낭 비대[下重], 악성종양[大癭腫] 등을 말한다. 폐질은 백치[癡癌], 난장이[侏儒], 발목 또는 허리가 잘린 사람, 수족手足 가운데 한쪽을 사용할 수 없는 자 등을 말하고, 독질篤疾은 악질惡疾(나병癩病), 정신분열증[癲狂], 수족 가운데 둘 이상 사용할 수 없는 자, 두 눈을 실명한 자 등을 말한다(니이다 노보루仁井田陞, 『당령습유唐令拾遺』「호령戶令 9조」, 228쪽).
152 【옮긴이 주】: '긍노소폐질矜老小廢疾'이라는 문구는 『역주율소 - 명례편 - 』「명례30」(제30조)「노소급질유범조」의 '답'(234쪽)에 있지만, 이 문구와 병기된 '애유양로지의愛幼養老之義'가 나오는 '소의'의 문장(주 153 참조)과 연계해서 보면, '긍노소급질矜老小及疾'이 문맥상 타당하다. '긍노소급질矜老小及疾'이 나오는 '소의'의 내용은 다음과 같다. "『주례周禮』에 의하면, '나이 70세 이상 및 아직 유치乳齒를 갈지 않은 자[未齓者]는 모두 노노로 삼지 아니한다'라고 하였다. 지금의 율律에서는 나이 70세 이상·79세 이하, 15세 이하·11세 이상 및 폐질자의 경우, 노·소 및 질자를 긍휼히 여기기[矜老小及疾] 때문에 유죄流罪 이하의 속동을 징수한다[收贖]"(233쪽).

하는 의[愛幼養老之義]"¹⁵³가 있어야 한다고 하였다. 당률의 규정을 보면 확실히 이러한 사상을 반영하였고, 동시에 신중용형愼重用刑, 즉 신중히 형벌을 적용하는 일종의 구성 부분으로 삼았는데, 주요한 것은 다음과 같다.

첫째, 감減·면免·속贖의 원칙을 적용하였다. 당률은 노老·소小·폐질자[廢]·질자[疾]라는 각각의 상황에 근거하여 감·면·속의 방법을 달리 채택해서 처리하였다. 예컨대 『당률소의·명례』「노소급질유범조」에서는 "무릇 나이 70세 이상·15세 이하 및 폐질자가 유죄流罪 이하의 죄를 범한 때에는 속동을 징수한다[收贖]. 80세 이상·10세 이하 및 독질자篤疾者가 모반謀反·모대역謀大逆·살인을 범하여 사형에 처해야 하는 때에는 상청上請한다. 절도하였거나 사람을 상해한 때에도 또한 속동을 징수한다[收贖]. 나머지 죄는 모두 논죄하지 않는다[餘罪勿論]"¹⁵⁴라고 규정하였다.

둘째, 감경減輕에 따르는 원칙을 적용하였다. 당률은 또 노老·소小·폐질자[廢]·질자[疾]의 범죄에 대해서는 감경에 따르는 원칙을 적용하였다. 예컨대 『당률소의·명례』「범시미노질조犯時未老疾條」에서는 "무릇 죄를 범하였을 때에는 아직 노老·질자[疾]¹⁵⁵가 아니었지만, 사건이 발각되었을 때 노·질자가 된 경우에는 노·질자에 의거해서 논죄한다[依老疾論]. 또한 도역徒役의 연한年限 내에 노·질자가 된 경우에도 이와 같다[如之]. 죄를 범하였을 때에는 유소幼小하였지만, 사건이 발각되었을 때 장대長大한 경우에는 유소에 의거해서 논죄한다[依幼小論]"¹⁵⁶라고 규정하였다. 즉 경미輕微한 사안事案에 따라서 형벌을 적용하였던 것이다. 본 조「소의」에서는 더욱 구체적으로 "가령 69세 이하 때 죄를 범하였는데 나이 70세에 사건이 발각되었거나, 혹은 질병이 없을[無疾] 때 죄를 범하였는데 폐질이 된 후에 사건이 발각되었다면, 모두 위에서 해석한 '속동을 징수하는 법[收贖之法]'에 의거한다. 79세 이하 때 모반謀反·모대역謀大逆·살인과 같은 사형에 처해져야 하는 죄를 범하였는데 80세에 사건이 발각되었거나, 혹은 폐질이었을 때 죄를 범하였는데 독질이었을 때 사건이 발각되었다면 '상청上請'하는 조항條項에 포함될 수 있다. 89세에 사죄死罪를 범하였는데 90세에 발각되었다면 모두 '논죄하지 않는다[勿論]'는 조항[色]을 적용하고",¹⁵⁷ "가령 7세에 사죄死罪를

---

153 【옮긴이 주】: '애유양로지의愛幼養老之義'는 『역주율소 - 명례편 - 』「명례30」(제30조)「노소급질유범조」「소의」에서 "『예기』에 '90세를 모耄라고 하고, 7세를 도悼라고 한다. 도와 모는 사죄死罪를 범하였더라도 형刑을 가하지 않는다[不加刑]'라고 하였다. 이것은 유를 사랑하고 노를 봉양하는 의미이다[愛幼養老之義]"(240쪽)라고 한 문장에 보인다.

154 【옮긴이 주】: 『역주율소 - 명례편 - 』「명례30」(제30조)「노소급질유범조」, 233~240쪽.

155 【옮긴이 주】: '질자[疾]'는 『역주율소 - 명례편 - 』「명례31」(제31조)「범시미노질조」「소의」에 의하면 '폐질자' 또는 '독질자'를 말한다(주 157 참조). 이하의 '질자[疾]'도 동일하다.

156 【옮긴이 주】: 『역주율소 - 명례편 - 』「명례31」(제31조)「범시미노질조」, 242~244쪽.

157 【옮긴이 주】: 『역주율소 - 명례편 - 』「명례31」(제31조)「범시미노질조」「소의」, 242쪽.

범하였는데 8세에 사건이 발각되었다면, 사죄는 논죄하지 않는다[不論]. 10세에 살인을 하였는데 11세에 사건이 발각되었다면 상청할 수 있다. 15세에 절도를 하였는데[偸盜] 16세에 사건이 발각되었다면 속으로 논죄한다[以贖論]"158라고 설명하였다.159

셋째, 형刑을 연기하는 원칙을 적용하였다. 당률은 임신부[孕婦]의 범죄에 대해 특히 형을 연기하는 원칙을 적용하였다. 예컨대 『당률소의·단옥』「부인회잉범사죄조婦人懷孕犯死罪條」에서는 "무릇 부인이 사죄死罪를 범하였는데 회임[懷孕] 중에 집행[決]해야 하는 때에는 출산하고 100일이 지난 후 형의 집행[行刑]을 허락한다. 만약 출산 전에 집행한[決] 자는 도徒2년에 처하고, 출산하였지만 (형의 집행금지) 기한이 되지 않았는데 집행한[決] 자는 도1년에 처한다. 과실[失]인 때에는 각각 2등을 감경한다. 그런데 기한을 넘기고도 집행하지 않은[不決] 자는 복주覆奏하여 내려진 회답에 의거해서 집행하지 않는 법[奏報不決法]에 의거한다"160라고 규정하였다. 「단옥」「고결잉부조拷決孕婦條」에서도 "무릇 부인이 회임[懷孕] 중에 죄를 범하여 고신[拷]하거나 장형杖刑·태형笞刑을 집행[決]해야 하는데, 만약 아직 출산하지 않았는데 고신하였거나[拷] 집행한[決] 자는 장杖100에 처한다. (고신이나 형의 집행 결과) 상해가 엄중한 때에는 죄수를 추고해서는 안 되는 법[前人161不合捶拷法]162에 의거한다. 출산 후 아직 100일이 되지 않았는데 고신하였거나[拷] 집행한[決] 자는 1등을

---

158 【옮긴이 주】: 『역주율소 - 명례편 - 』「명례31」(제31조)「범시미노질조」「소의」, 244쪽.
159 【옮긴이 주】: 이상 당률에 규정된 노老·소小·불구자(폐질자·독질자)의 범죄에 적용되는 형사책임의 감면과 그 입법사상 등에 대해서는 전영섭, 「당률 '노소급질유범조老小及疾有犯條'·'범시미노질조犯時未老疾條'의 형사책임 감면규정·입법사상과 송률宋律 - 휼형사상과 관련하여 - 」(『역사와 경계』92, 부산경남사학회, 2014) 참조.
160 【옮긴이 주】: 『역주율소 - 각칙(하) - 』「단옥26」(제494조)「부인회잉범사죄조」, 3371쪽. 당대 율령에 규정된 '복주'의 회수·대상·절차 등에 대해서는 주 178 참조.
161 【옮긴이 주】: '전인前人'은 '상대방'이라는 의미이고, 구체적인 내용은 누구의 입장에서 보는가에 따라 상대적으로 결정된다. 예컨대 원고의 입장에서 보면 피고, 가해자 입장에서 보면 피해자, 공동피고인의 어느 한쪽에서 보면 상대방 등이다. 여기서 말하는 '전인'은 신문訊問을 담당하는 관리官吏의 입장에서 본 '상대방' 즉 죄수를 가리킨다(율령연구회律令研究會 편編, 『역주일본율령譯註日本律令8 당률소의역주편唐律疏議譯註篇4』[동경東京: 동경당출판東京堂出版, 1996]「단옥6」「의청감노소질불합고신조議請減老小疾不合拷訊條」, 270쪽, 주 8).
162 【옮긴이 주】: 『역주율소 - 각칙(하) - 』「단옥15」(제483조)「감림자이장추인조監臨自以杖捶人條」에서는 "비록 감림監臨·주사主司라고 해도 법에서 형벌을 집행해서는 안 되거나 죄수를 추고해서는 안 되는데[前人不合捶拷] 추고한 자는 투살상죄로 논하고[以鬪殺傷論], 치사[至死]한 자는 가역류加役流에 처한다. 만약 흉기[刃]를 사용한 자는 각각 투살상법鬪殺傷法에 따른다"(3348쪽)라고 규정하였고, 「소의」에서는 "'죄수를 추고해서는 안 된다'라는 것은 죄수[前人]가 죄가 없거나 혹은 죄가 있다고 해도 관당官當하거나 속동을 징수[收贖]해야 하는 경우 등[類]을 말한다"(3349쪽)라고 해석하였다. 이에 의하면, '죄수를 추고해서는 안 되는 법[前人不合捶拷法]'은 죄가 없는 죄수 및 유죄자有罪者라고 해도 형벌이 관당과 속동 등에 해당하는 경우에는 추고해서는 안 된다고 하는 법을 말하는 것을 알 수 있다.

감경한다. 과실[失]인 때에는 각각 2등을 감경한다"¹⁶³라고 규정하였다.

3. 죄인의 신중처리 사상

당률은 심지어 죄인에 대해서도 신중한 태도를 취해야 한다고 주장하였고, 아울러 이것을 신중용형愼重用刑, 즉 형벌을 신중히 적용하는 하나의 구성 부분으로 삼았다. 이것은 주로 이하의 두 방면에 반영되었다.

첫째, 죄인의 복변服辯¹⁶⁴을 허용하였다. 당률의 규정은 판결 후 죄인의 복변을 허용하였다. 즉 죄인의 가속家屬이 판결 장소에 입회한 상황에서 죄인에게 판결에 대한 태도를 표명하도록 하였고, 만약 불복한 경우 사법관은 반드시 재심리再審理해야 하였다. 예컨대『당률소의·단옥』「옥결경취복변조獄結竟取服辯條」에서는 "무릇 옥사獄事가 종결되었을 때, 도죄徒罪 이상이었다면 각각 죄수와 그 가속을 불러 죄명을 낱낱이 고지告知하고 이어서 죄수의 복변을 받는다. 만약 불복한 경우, 그 죄수가 직접 이소理訴하는 것[自理]을 허락하고, 다시 상세히 심리한다[審祥]. 위반한 자는 태笞50에 처하고, (죄수의 죄가) 사죄死罪인 때에는 장杖100에 처한다"¹⁶⁵라고 규정하였다.

둘째, 죄인에게 필요한 의복[衣]·음식[食]·의약醫藥을 지급하였다. 당률은, 범죄자는 당연히 수감되어야 하지만 필요한 의복·음식은 보장되어야 하며, 또 발병하였다면 약을 사용해야 한다고 보았다. 예컨대『당률소의·단옥』「수응급의식의약이불급조囚應給衣食醫藥而不給條」에서는 "무릇 죄수에게 의식衣食·의약을 청급請給해야 하는데 청급하지 않았거나, 가인家人이 들어가 돌보는 것을 허용해야 하는데 허용하지 않았거나, 가枷·쇄鎖·뉴杻¹⁶⁶를 풀어주어야 하는데 풀어주지 않은 자는 장杖60에 처하고, 이로 인해 치사致死한 자는 도徒1년에 처한다. 만약 죄수의 음식을 감減하였거나 절도한 자는 태笞50에 처하고, 이로 인해 치사한 자는 교형絞刑에 처한다"¹⁶⁷라고 규정하였다.

4. 형벌의 신중집행 사상

형벌을 신중히 시행하는 것은 당률의 신중용형愼重用刑 사상 중에서 매우 중요한 부분이었다. 당

---

163 【옮긴이 주】:『역주율소 - 각칙(하) - 』「단옥27」(제495조)「고결잉부조」, 3372쪽.
164 【옮긴이 주】: '복변'에서 '복'은 죄인이 판결에 승복하는 것이고, '변'은 판결에 항변抗辯하는 것이지만, '복변'은 일반적으로 죄인이 판결에 승복하여 처벌을 받는 것에 동의하는 서류(동의서)를 가리킨다(율령연구회律令硏究會 편편,『역주일본율령譯註日本律令8 당률소의역주편唐律疏議譯註篇4』, 322쪽, 주 1).
165 【옮긴이 주】:『역주율소 - 각칙(하) - 』「단옥22」(제490조)「옥결경취복변조」, 3366~3367쪽.
166 【옮긴이 주】: '가'는 목에 씌우는 형구, '쇄'는 발에 씌우는 형구, '뉴'는 수갑이다. 이들 각 형구의 길이와 너비 등에 대해서는 김택민 주편,『역주당육전 상』「상서형부」(595쪽, 주 146) 참조.
167 【옮긴이 주】:『역주율소 - 각칙(하) - 』「단옥5」(제473조)「수응급의식의약이불급조」, 3329쪽.

률은 오형五刑의 시행에 대해 모두 엄격한 규정을 두었고, 특히 사형死刑이 그러하였다.

첫째, 태형·장형을 신중히 집행하였다. 예컨대 당률은 태형·장형에 대해 『당률소의·명례』「태형오조笞刑五條」「소의」에서 "형벌 중 가벼운 것이다[刑之薄者]"[168]라고 하듯이 비록 경형輕刑에 속하였지만, '매를 친[捶撻]'[169] 후에는 피육皮肉의 고통이 있을 수 있으므로 신중히 집행해야 한다고 보았다. 즉 『당률소의·단옥』「결벌불여법조決罰不如法條」에서는 "무릇 형벌을 집행하는데[決罰][170] 법과 같이 하지 않은[不如法] 자는 태笞30에 처하고, 이로 인해 (죄수를) 치사致死한 자는 도徒1년에 처한다. 만약 장杖의 규격[麤細長短]을 법에 의거하지 않은 자는 죄 또한 이와 같다[如之]"[171]라고 규정하였다. 본 조 「소의」에서도 영令을 인용해서 형벌을 가加하는 부위와 형구刑具의 규격에 대하여 모두 상세하게 설명하였다.[172]

둘째, 도형·유형을 신중히 집행하였다. 도형·유형은 비교적 중형重刑이었고, 특히 유형은 사형 다음으로서 통상 사형에서 감면하여 적용했다[入流]. 이것은 『당률소의·명례』「유형삼조流刑三條」「소의」에서 "차마 사형을 집행[刑殺]하지 못하고 먼 곳으로 유배流配해서 (형을) 완화하였다[宥]"[173]라고 한 문장을 통해 알 수 있다. 당률은 도형·유형을 집행하는 때에는 특히 신중해야 하

---

168 【옮긴이 주】: 『역주율소 - 명례편 - 』「명례1」(제1조)「태형오조」「소의」에서는 "매를 치는 형벌[笞擊之刑]은 형벌 중 가벼운 것이다"(100쪽)라고 하였다.

169 【옮긴이 주】: '추달推撻'은 『역주율소 - 명례편 - 』「명례1」(제1조)「태형오조」「소의」에서 "매를 쳐서 부끄럽게 한다[捶撻以恥之]"(99쪽)라고 한 문구에 보인다.

170 【옮긴이 주】: '결벌決罰'은 본 조 「소의」에서 말하듯이, 고신 및 태장형의 집행을 의미한다. 구체적인 집행 방법에 대해서는 주 172 참조.

171 【옮긴이 주】: 『역주율소 - 각칙(하) - 』「단옥14」(제482조)「결벌불여법조」, 3346쪽.

172 【옮긴이 주】: 『역주율소 - 각칙(하) - 』「단옥14」(제482조)「결벌불여법조」「소의」에서는 "'옥관령獄官令에 의하면, 태형을 집행하는 때에는 넓적다리[腿]·볼기[臀]로 나누어 받게 한다. 장형을 집행하는 때에는 등[背]·넓적다리·볼기로 나누어 받게 한다. (매질의) 수數는 반드시 같아야[等] 한다. 고신拷訊하는 때에도 또한 같다[同]. 태형 이하의 경우 등과 넓적다리로 나누어 받기를 원할 때에는 허용한다'라고 하였다. …… (옥관)령에 의하면, '장杖은 모두 마디 부분[節目]을 제거하고, 길이[長]가 3척尺5촌寸이다. 신수장訊囚杖(죄수를 신문하는 장)의 경우, 굵은 부분[大頭]은 직경[徑]이 3분分2리釐이고, 가는 부분[小頭]은 (직경이) 2분2리이다. 상행장常行杖(보통 사용하는 장)의 경우, 굵은 부분[大頭]은 (직경이) 2분7리이고, 가는 부분[小頭]은 (직경이) 1분7리이다. 태장笞杖(태형에 사용하는 장)의 경우, 굵은 부분[大頭]은 (직경이) 2분이고, 가는 부분[小頭]은 (직경이) 1분5리이다'라고 하였다"(3346쪽)라고 하였다. 「소의」에서 인용한 「옥관령」은 니이다 노보루仁井田陞, 『당령습유唐令拾遺』「옥관령 41조」(793쪽) 참조.

173 【옮긴이 주】: 본문에 인용된 「소의」의 문장은 『역주율소 - 명례편 - 』「명례4」(제4조)「유형삼조」「소의」에서 "『서경書經』에서 '유형으로써 오형을 관용한다[流宥五刑]'라고 하였는데, (이것은) 차마 사형을 집행[刑殺]하지 못하고 먼 곳으로 유배해서 (형을) 완화하였음을 말한다"(103쪽)라고 하는 문장의 일부분이다. 『서경』의 '유유오형流宥五刑'은 『상서정의尙書正義』(『십삼경주소 상』)권3,「순전舜典 제2」(128쪽)에 보인다. '유유오형'에서 '오형'은 신체형인 묵형墨刑·의형劓刑·비형剕刑·궁형宮刑·대벽大辟을 가리킨다.

며, 그렇지 않은 때에는 사법관의 책임을 엄중히 추궁해야 한다고 주장하였다. 예컨대 『당률소의 · 단옥』「도유송배계류조」徒流送配稽留條에서는 "무릇 (관사官司가) 도형 · 유형(의 죄인을) 배소配所[174]로 보내야 하는데 계류稽留하고 보내지 않은 경우, 1일이었다면 태笞30에 처하고, 3일마다 1등을 가중하며, 장杖100을 초과하였다면 10일마다 1등을 가중하고, 죄의 최고형은 도徒2년이다"[175]라고 규정하였다. 「영도수응역불역조」領徒囚應役不役條에서도 "무릇 (관사가) 도죄수[徒]를 통솔하여 복역시켜야 하는데 복역시키지 않았거나, 도죄수[徒囚]의 병이 치유된 (후 병으로 인해 노역하지 않은) 날[日]을 계산하여 보충해서 복역[陪役]하도록 하지 않은 경우, 3일을 초과하였다면 태笞30에 처하고, 3일마다 1등을 가중하며, 장杖100을 초과하였다면 10일마다 1등을 가중하고, 죄의 최고형은 도徒2년이다"[176]라고 규정하였다.

셋째, 교형絞刑 · 참형斬刑을 신중히 집행하였다. 예컨대 『당률소의 · 명례』「사형이조」死刑二條「소의」에서 "교형과 참형의 처벌은 형벌 중 가장 엄중[重]한 것이다"[177]라고 하듯이, 교형 · 참형은 중죄重罪에 적용하는 가장 엄중한 형벌이었다. (이처럼) 교형 · 참형의 집행은 인명人命과 관계되었기 때문에 당률은 이것을 신형愼刑과 휼민恤民 가운데 가장 중요한 내용으로 보았다.

우선, 절차 방면이다. 당률은 사형을 집행하기 전에 반드시 복주覆奏를 거쳐야 한다고 규정하였다. 예컨대 『당률소의 · 단옥』「사수복주보결조」死囚覆奏報決條에서는 "무릇 사죄死罪의 죄수를 복주하여 회답[報下]을 기다리지 않고 (형을) 집행한[下決] 자는 유流2000리에 처한다. 만약 복주와 회답[奏報]을 거친 후 집행[決]해야 한다면 3일이 지난 후 형의 집행[行刑]을 허용한다. 만약 기한이 아직 되지 않았는데 형을 집행한[行刑] 자는 도徒1년에 처한다. 만약 기한을 초과한 경우, 1일을 위반하였다면 장杖100에 처하고, 2일마다 1등을 가중한다"[178]라고 규정했다.

『서경』에서 말하는 '유유오형'은 형벌사刑罰史에서 오형의 대체형代替刑으로서 '유방법'[流放之法: 신체형인 오형으로 처벌하는 대신 형을 완화해서 먼 곳으로 유배하는 법]의 출현을 시사한다.

174 【옮긴이 주】: '배소'는 범죄자가 유배되는 곳을 가리킨다.
175 【옮긴이 주】: 『역주율소 - 각칙(하) - 』「단옥24」(제492조)「도유송배계류조」, 3368~3369쪽.
176 【옮긴이 주】: 『역주율소 - 각칙(하) - 』「단옥32」(제500조)「영도수응역불역조」, 3379쪽.
177 【옮긴이 주】: 『역주율소 - 명례편 - 』「명례5」(제5조)「사형이조」, 104쪽.
178 【옮긴이 주】: 『역주율소 - 각칙(하) - 』「단옥29」(제497조)「사수복주보결조」, 3375쪽. 니이다 노보루仁井田陞, 『당령습유當令拾遺』「옥관령 6조」(761쪽)에 의하면, 대벽죄大辟罪를 범한 사형수도 경사京師에 구금된 자와 재외在外의 자는 복주하는 횟수와 시기에 차이가 있었다. 전자의 경우 집행관[行決之司]에 의한 5회 복주(사형집행 전날[決前一日]에 2회, 집행 당일[決日]에 3회)로, 후자의 경우 형부刑部에 의한 3회 복주(사형이 확정된 후에서 집행일까지의 기간 내 임의의 날에 1회, 그 후일後日에 2회)로 되어 있었다. 다만 예외적으로 악역惡逆 이상의 중죄를 범하였거나 부곡 · 노비가 주인을 살해한 경우에는 1회로 제한되었다. 이밖에 「사수복주보결조」에 규정되어 있듯이, 어떤 경우에든 마지막 복주에 대해 황제의 회답이 내려진 후부터 형의 집행까지는 3일의 유예기간이 있었다. 이상의 사항을 위반한 자는 「사수복주보결조」

다음으로, 형의 등급[刑等] 방면이다. 당률이 규정한 교형·참형은 모두 사형이지만, 형의 등급을 두 개로 구분하여 전혀 혼동이 없었다. 예를 들면,『당률소의·단옥』「단죄응참이교조斷罪應斬而絞條」에서는 "무릇 단죄斷罪할 때 교형에 처해야 하는데 참형에 처하였거나 참형에 처해야 하는데 교형에 처한 자는 도1년에 처하고, 자진自盡한 때에도 또한 이와 같다[如之]. 과실[失]인 때에는 2등을 감경한다. 만약 교형이 집행된 후 별도로 (시체에) 가해加害한 자는 장100에 처한다"[179]라고 규정하였다.

마지막으로, 집행시간 방면이다. 당률은, 일반적인 사형은 규정된 시간 내에 집행해야 하고, 이것을 위반한 자는 국가가 법을 집행한 사람에 대한 책임을 추궁해야 한다고 규정하였다. 예컨대『당률소의·단옥』「입춘후추분전불결사형조立春後秋分前不決死刑條」에서는 "무릇 입춘立春 이후 추분秋分 이전에 사형을 집행한 자는 도徒1년에 처한다. 그 범한 죄가 비록 즉시 집행[決]해야 하더라도 만약 단도월斷屠月 및 금살일禁殺日에 집행한[決] 자는 각각 장杖60에 처한다. 시일을 기다려야 하는데 위반한 자는 2등을 가중한다"[180]라고 규정하였다. 본 조「소의」에서는 더욱이 '단도월'과 '금살일' 등에 대해 전문적으로 설명하고 있다.[181]

제7절 당률의 법률사상에서의 특징

이상 당률의 법률사상을 종합해서 이전 법전法典 중의 법률사상과 비교하면, 특징적인 부문은 아래의 네 가지 점이다.

의 처벌 규정이 적용되었다. 그리고 복주는 사형의 집행 이외에 『역주율소 - 각칙(상) - 』「위금14」(제71조)「봉칙야개궁전문조奉勅夜開宮殿門條」(2046~2047쪽)·「직제24」(제114조)「제서유오첩개정조制書有誤輒改定條」(2137~2138쪽)·『역주율소 - 각칙(하) - 』「사위6」(제367조)「사위제서급증감조詐爲制書及增減條」(3162~3164쪽)에 규정되어 있듯이, 궁문宮門·전문殿門의 개폐開閉, 제서制書의 개정, 제칙制敕의 시행 때 황제의 뜻을 재확인할 필요가 있는 경우에도 행해졌다.

179 【옮긴이 주】:『역주율소 - 각칙(하) - 』「단옥31」(499조)「단죄응참이교조」, 3378쪽.
180 【옮긴이 주】:『역주율소 - 각칙(하) - 』「단옥28」(제496조)「입춘후추분전불결사형조」, 3373쪽.
181 【옮긴이 주】:『역주율소 - 각칙(하) - 』「단옥28」(제496조)「입춘후추분전불결사형조」「소의」에서는 "대제사大祭祀 및 치재致齋·삭망朔望·상하현上下弦·24기氣·우미청雨未晴·야미명夜未明·단도월일斷屠月日 및 가일假日에는 모두 사형을 복주覆奏하여 집행[決]할 수 없다. 그 범한 죄가 비록 즉시 집행해야 하더라도 만약 단도월 - 정월·5월·9월을 말한다 - 및 금살일禁殺日 - 매월 십직일十直日 (곧) 초초1일·8일·14일·15일·18일·23일·24일·28일·29일·30일을 말한다 - 인 경우, 비록 즉시 집행[決]해야 하더라도 이 월月·일日에는 또 사형을 집행[決]할 수 없다. (이를) 위반하고 집행[決]한 자는 각각 장杖60에 처한다"(3374쪽)라고 하여, 사형을 집행할 수 없는 월일月日을 자세히 설명하고 있다.

1. 완정성完整性

당률의 법률사상에 관한 내용의 상대적 완정성은 구체적으로 아래의 두 방면에 반영되었다.

첫째는 거시적인 방면이다. 당률은 이례위본以禮爲本, 즉 "예를 근본으로 한다"와 예·법병용禮法幷用, 즉 "예와 법을 병용한다" 등과 같은 전체적인 지도사상指導思想도 있었을 뿐만 아니라 엄격치리嚴格治吏, 즉 관리에 대한 엄격한 통치 등과 같은 구체적인 사상도 있었고, 법률 내용의 통일·안정·간략 등과 같은 입법방면立法方面의 사상도 있었을 뿐만 아니라 의법단옥依法斷獄, 즉 법에 의한 단옥·신중행형愼重行刑 즉, 형벌의 신중한 집행 등과 같은 사법방면司法方面의 사상도 있었기 때문에 내용이 매우 완정하였다.

둘째는 미시적인 방면이다. 모든 법률사상에서 취급한 내용도 매우 완정하였다. 예컨대 신중행형 사상에는 고신拷訊을 신중히 처리하는 사상, 노老·소小·폐질자[廢]·질자[疾][182]와 임신부[孕婦]의 범죄를 신중히 처리하는 사상, 죄수[囚犯]를 신중히 처리하는 사상, 형벌을 신중히 집행하는 사상 등 여러 가지 완정된 부분을 포함하고 있다. 그중 각 부분에는 또 약간의 층차層次를 내포하고 있다. 일례로 형벌을 신중히 집행하는 사상에는 또 태장笞杖·도류徒流와 교참絞斬이라는 세 개의 완정된 층차를 포함하고 있다. 당률의 법률사상적 완정성과 그 규정의 내용적 완벽성은 밀접하게 관련되어 있고, 전자는 후자를 통해 반영되었다. 당唐 이전의 어떤 법전과 비교해도 당률의 내용이 가장 완벽하였기 때문에 당률의 법률사상적 완정성은 필연적으로 그 특징이 될 수밖에 없다. 동시에 이것은 다른 측면에서는 당唐 지주계급의 법률사상이 이미 비교적 성숙하였고 통치 경험도 비교적 풍부하였다는 실증이기도 하였다.

2. 현실성現實性

당률의 법률사상은 현실적으로 이미 법제화된 법률사상이었다. 통상적으로 하나의 계급사회 내에서 계급·계층마다 모두 자기의 법률사상을 가질 수 있고, 심지어 동일한 계급·계층 내에서도 여러 다른 법률사상을 가질 수 있다. 그러나 오직 통치계급의 몇몇 법률사상 만이 법제화될 가능성이 있는 것도 사실이다. 피통치계급의 법률사상은 일반적으로 법제화될 수 없다. 그 이유는 필요조건 - 통치계급의 의지가 없기 때문이다.

당률의 법률사상은 제도화된 법률사상, 즉 구체적인 법제 중에 반영된 사상이기 때문에 현실적이었다. 이러한 현실성은 한편으로는 「소의疏議」의 율조律條에 대한 해석을 통해 반영되기도 하였고, 다른 한편으로는 율조 자체를 통해 반영되기도 하였다. 이 두 가지는 구별되어 있었지만, 현

---

182 【옮긴이 주】: '질자[疾]'는 독질자篤疾者를 말한다(주 151 참조).

실성이라는 측면에서는 일치되었다. 그것은 「소의」와 율조가 동등한 법률효력을 가졌기 때문이다. 당률의 이러한 법률사상적 특성은 당률의 가치를 더욱 높였고, 이를 통해 법률사상과 법률 내용 간의 직접적인 연계, 특히 전자의 후자에 대한 결정적인 역할을 볼 수 있다.

3. 윤리성倫理性

당률의 법률사상적 내용은 윤리적인 요소를 매우 많이 가지고 있었다. 예컨대 당률은 이례위본以禮爲本을 주장하여 예를 지도사상으로 하였고, 법으로 예의 존엄성을 유지·보호하였으며, 위례違禮, 즉 예를 위반한 행위에 대해 제재를 가하였다. 사실상 윤리 규범을 법률에 융합시키고 도덕 규범을 법률사상에 관철시켜서 당률의 법률사상이 매우 높은 수준의 윤리적 요소를 갖게 하였다. 이것은 특히 이하 몇 개의 방면에서 명확히 반영되었다. 즉, 당률은 군주와 신민臣民의 관계에서 군권君權의 유지·보호를 주장하였고, 관官과 민民의 관계에서 관권官權의 유지·보호를 주장하였으며, 가장家長과 자녀의 관계에서 부권父權의 유지·보호를 주장하였고, 남편[夫]과 처妻의 관계에서 부권夫權의 유지·보호를 주장하였으며, 주인[主]·양인良人과 노비의 관계에서 주인권·양권良權[183]의 유지·보호를 주장하였다. 이것들은 모두 예의 핵심 내용인 '삼강오상三綱五常'을 충분히 구현하였다. 이전의 법전과 비교하면, 당률은 윤리성을 가장 잘 갖추고 있었다. 춘추 말기 성문법이 공포된 이후 법률은 일방적으로 법치法治를 강조한 법가法家의 영향을 받아 대부분 예의 기능을 경시하였고, 법전에서 윤리적 요소는 억제되었다. 서한西漢 무제武帝[184]가 유술儒術을 숭상한 이후, 이러한 상황은 비로소 완전히 바뀌었다. 당률은 이례입률以禮入律, 즉 예를 율에 도입하는 과정을 완성하였기 때문에 자연히 그 윤리성도 가장 두드러졌다. 당률의 이러한 특징은 중국고대의 법률사상을 전반적으로 이해·파악할 때, 나아가 중외中外의 법률사상을 비교·연구할 때 매우 중요한 의의意義를 가지고 있다.

4. 일치성一致性

당률의 법률사상은 당시 당唐 통치계급의 법률사상과 일치하였다. 당률은 당 태종唐太宗[185] 정관貞觀[186] 시기에 정본定本이 되었기 때문에 태종을 대표로 하는 당 통치자의 법률사상은 특히 당률에

---

183 【옮긴이 주】: '양권'은 '양인권良人權'의 오기로 보인다(제1절 5항 '주인·양인과 노비관계에서 주인권·양인권의 유지·보호' 참조).
184 【옮긴이 주】: '무제'는 전한의 제7대 황제(재위 B.C. 141~B.C. 87)이다.
185 【옮긴이 주】: '당 태종'은 당의 제2대 황제(재위 626~649)이다.
186 【옮긴이 주】: '정관'은 당의 제2대 황제 태종의 연호(627~649)이다.

지대한 영향을 주었고, 게다가 그들의 여러 다양한 법률사상도 정도는 다르지만, 당률에 반영되었다. 예컨대 태종은 "예禮·악樂을 제정한 것은 성인聖人이 (대자연의) 물상物象을 본떠 교화를 시행하여 이로써 적절히 조절하고자[節制] 한 것이니, 정치에서 선악이 (어찌 여기에서 연유하겠는가?)"[187]라고 하여, 예교禮敎를 매우 중시하였고, 예를 정치의 주된 수단으로 보았으며, 또 "예는 의심스러운 것[嫌疑]을 결정하고, 시비가 분명하지 않은 행위[猶豫]를 확정하며, 같고 다른 것[同異]을 분별하고, 옳고 그른 것[是非]을 밝힌 것이다"[188]라고 하여, 예의 기능을 전혀 경시輕視하지 않았다. 따라서 그는 거듭 훈시訓示하여 국가와 가정은 모두 예를 근본으로 삼게[以禮爲本] 하였고, 아울러 누차 천하에 훈계하여 "예전에 의거하고[依據禮典]",[189] "예전으로 다스리며[齊之以禮典]",[190] "힘써 예전에 맞게[務合禮典]"[191] 하였다. 그는 예를 위반한 행위를 극도로 증오하여 누차 "예경을 어지럽히는 행위이다[有紊禮經]. 경시할 것과 중시할 것에 마땅함을 잃었으니 이치상 반드시 개혁해야 하고[理須改革]",[192] "예경을 어지럽히는 일이니[悖亂禮經] 마땅히 즉시 금지해야 한다[宜卽禁斷]"[193]

---

187 【옮긴이 주】: 이 문장은 『정관정요貞觀政要』 「예악禮樂 제29」에 보인다[김원중 옮김, 『정관정요』(서울: 현암사, 2003) 「제29장 예악 제도」, 368쪽]. 이 문장은 정관 17년(643), 태상소경太常少卿 조효순祖孝孫이 새로 제정한 신악新樂에 대해 아뢰자, 태종이 음악은 정치의 선악과는 관련이 없음을 역설한 것이다.

188 【옮긴이 주】: 『정관정요』 「예악 제29」에 의하면, 이 문장은 태종의 말이 아니고 정관 14년(640) 태종이 예관禮官에게 복상服喪제도의 검토를 명령하자, 상서팔좌尙書八座가 예관禮官과 규범을 정하여 제시한 의견 중 서두 부분이다(김원중 옮김, 『정관정요』 「제29장 예악 제도」, 364쪽).

189 【옮긴이 주】: 『정관정요』 「예악 제29」에서는 "태종은 즉위 초에 …… 다음과 같은 조서를 내렸다. '『예기』에 의거하여 인명人名 두 글자는 일일이 휘諱를 피할 필요가 없다. …… 현재는 예전에 의거해서[依據禮典] 일은 간략하게 하고, 이전 시대의 성인聖人을 모방해서 후인들에게 모범을 남겨 주어야 한다. 관직명이나 인명 및 공문이나 사사로운 글에서 '세世'자와 '민民'자가 있어도 두 글자가 연결되어 있지 않으면, 모두 피할 필요가 없다"(김원중 옮김, 『정관정요』 「제29장 예악 제도」, 356~357쪽)라고 하였다.

190 【옮긴이 주】: 『정관정요』 「예악 제29」에서는 "정관 4년(630), 태종이 신하들에게 말하였다. '근래 수도의 관리[士]와 서인庶人은 부모의 복상服喪 기간 동안에 무속에 관한 책[巫書]의 말만 믿고 진일辰日에 곡哭을 하지 않고 이 때문에 조문弔問을 사절한다고 들었다. …… 각 주州와 현縣에 명령하여 (백성을) 가르쳐 지도하고, 예전으로 다스리게[齊之以禮典] 하라'"(김원중 옮김, 『정관정요』 「제29장 예악 제도」, 358쪽)라고 하였다.

191 【옮긴이 주】: 『정관정요』 「예악 제29」에서는 "정관 12년(638)에 이르러 …… 또 조서를 내렸다. '…… 오늘 이후로 천하에 분명히 알려서 혼인의 이치를 알게 하고, 힘써 예전에 맞게[務合禮典] 하여 나의 뜻과 일치시키도록 하라'"(김원중 옮김, 『정관정요』 「제29장 예악 제도」, 360~361쪽)라고 하였다.

192 【옮긴이 주】: 『정관정요』 「예악 제29」에서는 "정관 6년(632), 태종이 상서좌복야尙書左僕射 방현령房玄齡에게 말하였다. '근래 산동山東에는 최崔·노盧·이李·정鄭 네 성[四姓]이 있는데, …… 딸을 다른 종족에게 시집보낼 때 결혼 지참금을 많이 요구하여 재물이 많음을 귀하다고 여기고, 인원수에 따라 약속을 정하는 것은 장사치들과 같다. (이것은) 풍속을 크게 해치고 예경을 어지럽히는 행위이다[有紊禮經]. (그들은) 경시할 것과 중시할 것에 마땅함을 잃었으니 이치상 반드시 개혁해야 한다[理須改革]'"(김원중 옮김, 『정관정요』 「제29장 예악 제도」, 358~359쪽)라고 하였다.

라고 하여, 개혁과 금지를 엄명하였다. 이러한 사상은 당률의 이례위본 사상, 즉 예를 근본으로 하는 사상과 추호의 차이도 없었다. 당 태종唐太宗·방현령房玄齡194·위징魏徵195은 모두 관리는 의법단옥依法斷獄, 즉 법에 의거해서 단옥해야 한다고 주장하였다. 예컨대 당 태종은 관리에게 사법司法에서 사심私心을 없애고 "처벌할 때 종친이나 고귀한 신하[親貴]를 편애하지 않으며, 공평함을 표준[規矩]으로 삼아야 한다"196라고 요구하였다. 그는 특히 법을 왜곡하는[枉法] 관리들을 매우 싫어해서 "법을 왜곡하여 재물을 받은 자[枉法受財者]는 절대 사면赦免하지 않았다."197 방현령도 공정한 사법을 주장하여 "나라를 다스리는 중요한 원칙[道]은 공평·정직에 있다"198라고 하였다. 마찬가지로 위징도 법의 기능이라는 관점에서 의법용법依法用法, 즉 법에 의한 용법을 강조하여 "법은 국가의 저울[權衡]이고, 시세時勢의 먹줄[準繩]이며",199 따라서 사법관의 판정은 법에 의거해서 형벌을 부과[依法科刑]해야 하고, "벌罰이 유죄자有罪者에게 미치지 않으면"200 안 된다고 하였다. 이러한 사상은 당률의 이법단옥以法斷獄 사상, 즉 법으로 단옥하는 사상과 유사하다. 당률의 이러한 법률사상적 특징은 통치계급, 특히 통치자의 법률사상의 주된 역할을 정확하게 인식하는 데 도움을

---

193 『정관정요·예악 제29』
  【옮긴이 주】: 『정관정요』「예악 제29」에서는 "정관 5년, 태종이 신하들에게 말하였다. '불교와 도교에서 교화를 시행하는 것은 본래 선행을 하기 위함이다. 어찌 승려와 도사들이 망령되게 자신을 존숭하여 자리에 앉아 부모의 배례拜禮를 받을 수 있는가? (이것은) 풍속을 해치고 예경을 어지럽히는 일이니[悖亂禮經] 마땅히 즉시 금지하고[宜卽禁斷] 부모에게 배례토록 해야 한다'"(김원중 옮김, 『정관정요』「제29장 예악제도」, 358쪽)라고 하였다.
194 【옮긴이 주】: '방현령'의 생몰 연대는 579~648년이다.
195 【옮긴이 주】: '위징'의 생몰 연대는 580~643년이다.
196 『정관정요·택관擇官 제7』.
  【옮긴이 주】: 『정관정요』「택관 제7」에 의하면, 이 문장은 태종의 말이 아니고 정관 14년(640) 특진特進 위징이 태종에게 올린 상소문上疏文의 일부이고, 또 내용도 관리에 대한 포상과 징벌에서 공정함을 강조한 것이다(김원중 옮김, 『정관정요』「제7장 관리 선발」, 158쪽).
197 『정관정요·정체政體 제2』.
  【옮긴이 주】: 『정관정요』「정체 제2」에 의하면, 이 문장은 정관 초 태종의 국사國事에 대한 처리능력과 탐관오리에 대한 처벌을 소개한 내용 가운데 일부분이다(김원중 옮김, 『정관정요』「제2장 정치의 근본」, 52쪽).
198 『정관정요·공평公平 제16』.
  【옮긴이 주】: 『정관정요』「공평 제16」에 의하면, 이 문장은 정관 2년(628) 방현령이 태종에게 아뢴 내용에 나온다(김원중 옮김, 『정관정요』「제16장 공평함」, 257쪽).
199 【옮긴이 주】: 『정관정요』「공평 제16」에 의하면, 이 문장은 정관 11년(637) 위징이 올린 상소문에 보인다(김원중 옮김, 『정관정요』「제16장 공평함」, 272쪽).
200 『정관정요·성신誠信 제17』.
  【옮긴이 주】: 『정관정요』「성신 제17」에 의하면, 이 문장은 정관 10년 위징이 올린 상소문에 보인다(김원중 옮김, 『정관정요』「제17장 성실과 신의」, 286쪽).

준다.

    이상 네 가지 점은 당률의 법률사상이 매우 중요한 의의를 지녔음을 규정하였는데, 이러한 점들은 당률 내지 당대^{唐代} 법제, 나아가 중국고대 법률사상과 법제의 특징을 연구하고 이해하는 데 많은 도움이 된다.

제2장
당률에서「소의疏議」의 작용

「소의」의 작용은 무엇인가?『당률소의·명례』「전언前言」에서는 "소疏라는 글자는 본래 넓고 깊게 풀이하여 이름[名]을 (바로) 세우는 것을 뜻한다"[1]라고 하였다. 심가본沈家本[2]은「중각당률소의서重刻唐律疏議序」에서 더욱 명확하게 "'소疏'라는 명칭은 율律과 주注의 뜻을 설명한 것이고, '의議'라는 것은 율의 깊은 뜻과 미흡하고 통하지 않은 부분을 해석한 것이며", 이로써 "율문의 간명[簡]·질박[質]하고 고식古式·심오한 부분이 비로소 이해할 수 있게 되었다"[3]라고 설명하였다. 간단히 말하면,「소의」의 작용은 주로 율조律條의 해석과 보충이었고, 그 목적은 율문의 진정한 의미를 이해하고 파악할 수 있게 하여 법률의 실시와 준수에 편의를 제공하는 것이었다.

법률 조문에 대한 해석과 보충은 당唐에서 창시된 것이 아니라 그 이전에 이미 있었다.

제1절 당 이전 법률 조문에 대한 해석과 보충

중국은 이미 서주西周 때부터 법률을 해석한 서적이 출현하였고, 당시에는 (이것을) '율을 설명

---

1 【옮긴이 주】:『역주율소-명례편-』「명례」「편목소篇目疏」에서는 "옛날 성인聖人이 제작한 것을 경經이라 하고, 스승이 말씀한 바를 전하는 것을 전傳이라고 한다. (좌)구명丘明과 자하子夏가『춘추春秋』와『예경禮經』에 전을 지은 것이 바로 이것이다. 근대近代 이후 겸하여 경經에 주注를 달아 밝힌 것을 의소義疏라고 한다. '소疏'라는 글자는 본래 넓고 깊게 풀이하여 이름을 (바로) 세우는 것을 뜻한다. 또『광아廣雅』에서 '소는 알다識라는 뜻이다'라고 하였다. '소의 새김[訓]'이 '알다'라는 점을 고려하면, '소를 쓰고 아는 것[識]을 기록한다는 뜻을 담은 것이다"(89쪽)라고 하였다.
2 【옮긴이 주】: '심가본沈家本(1840~1913)'은 중국 근대 법제 개혁의 책임자로 알려져 있다. 그는 특히 형법전刑法典의 근대화를 두 개의 방향으로 진행하였다. 하나는 서양 및 일본의 형법전을 모델로 한 새로운 법전의 초안草案을 만드는 것이었고, 이것이 대청형률大淸刑律의 초안이 되었다. 다른 하나는 구래舊來의『대청율례大淸律例』를 개정해서 비문명적인 요소를 제거하고 근대에 적응하는 법전으로 재생·완성하여 1910년에 제정·공포되었는데, 이것은 중화민국이 성립된 이후 단순히 현행 형률刑律이라고 하였다.
3 【옮긴이 주】: 심가본沈家本,「중각당률소의서」([당唐]장손무기長孫無忌 등等 찬撰, 유준문劉俊文 점교點校,『당률소의唐律疏議』「부록附錄」, 670쪽).

한 서[說律之書]"⁴라고 칭하였다. 춘추 말기에 이르러 성문법의 공포公布와 율학律學의 흥기에 따라 법률 조문을 해석하고 보충하는 작업도 왕성하게 발전하였다. 그 가운데 법가法家는 이러한 작업에 지대한 공헌을 하였다. 그러나 선인[前人]이 남긴 이 방면에 관한 사료가 매우 적기 때문에 자세히 설명할 수는 없다.

1. 진秦「법률답문法律答問」의 법률 조문에 대한 해석과 보충

1975년 호북성湖北省 운몽현雲夢縣 수호지睡虎地 진묘秦墓에서 출토된 죽간竹簡 가운데「법률답문」을 보면, 진秦은 법률 조문에 대한 해석과 보충 방면에서 이미 매우 큰 진전이 있었다.「법률답문」의 법률 조문에 대한 해석과 보충은 주로 이하 두 가지 방면에 반영되었다.

첫째, 법률 조문에 대한 해석이다. 이러한 해석은 또 이하 다섯 부분을 포괄하고 있다.

첫 번째, 죄명罪名에 대한 해석이다. 일부 법률 조문은 직접 죄명에 대해 명확하게 해석하지 않았기 때문에 사람들의 이해와 파악을 돕기 위해「법률답문」에서는「문問」과「답答」을 통해 죄명을 구체화·명확화하였다. 예컨대 '부직不直'과 '종수縱囚'라는 두 죄명에 대해 다음과 같이 해석하였다. "죄가 중형重刑에 해당하는데 고의로 경형輕刑으로 판결하였거나, 경형에 해당하는데 고의로 중형으로 판결한 것을 '부직'이라고 하고", "논죄해야 하는데 고의로 논죄하지 않았거나, 안건을 감경시켜 고의로 처벌 기준에 이르지 않게 하여 무죄無罪가 되도록 판결한 것을 '종수'라고 한다."⁵ 즉 '부직'은 사법관이 중죄를 고의로 경죄로 판결하였거나 경죄를 중죄로 판결한 행위를 가리키고, 종수는 사법관이 범죄자에게 고의로 죄상罪狀보다 경죄로 판결한 행위를 가리키고 있다. 또 예컨대 '가죄家罪'에 대해서는 "부자父子가 동거 중에 (자식이) 아버지[父]의 노비[臣妾]·축산을

---

4 심가본沈家本,『역대형법고歷代刑法考·율령律令2』.
  【옮긴이 주】: '설율지서'에 대해 심가본은『역대형법고(2)』(북경北京: 중화서국中華書局, 1985)「율령2·율가律家」에서 "『주례周禮』「사형司刑」'주注'에서 '금율가에 기입된 법이다[今律家所署法矣]'라고 하였다"라는 문장을 제시한 후, '금율가'에 대해 "살피건대, '금율가'는 당시 율을 설명한 서[說律之書]를 말한다"(이상 876쪽)라고 하였다.『주례주소周禮注疏』(『십삼경주소 상』)권36,「추관秋官·사형司刑」에서는 "만약 사구司寇가 소송을 단옥[斷獄弊訟]할 때, (사형司刑은) 오형五刑의 법으로 형刑·벌罰을 아뢰어[詔] 죄의 경중을 분별하도록 한다"라고 하였고, 정현鄭玄의 주注에서는 "'형·벌을 아뢴다'라는 것은 형·벌에 해당하는지 아닌지를 판단하는 것을 말하며, 지금의 율가律家에 기입된 법과 같다"(이상 880쪽)라고 하였다.
5 『수호지진묘죽간睡虎地秦墓竹簡』, 문물출판사文物出版社, 1978년판年版, 191쪽 참조.
  【옮긴이 주】: '부직'과 '종수'에 대한 역문譯文과 해설은 수호지진묘죽간정리소조睡虎地秦墓竹簡整理小組 엮음, 윤재석 옮김,『수호지진묘죽간역주睡虎地秦墓竹簡譯註』(이하 윤재석 옮김,『수호지진묘죽간역주』로 약칭) (서울: 소명출판, 2010)「법률답문」(354~355쪽) 참조. 본 역서에서 인용한『수호지진묘죽간』의 역문은『수호지진묘죽간역주』에 의거했지만, 용어나 표현 등은 일부 수정하였다.

살상하였거나 절도하였는데, 아버지가 사망한 후 어떤 사람[或]이 고발[告]하였다면, 이를 수리하지 않은 것[勿聽]을 '가죄'라고 한다"[6]라고 해석하였다. 즉 가죄는 아버지[父]와 동거하는 자녀가 아버지[父]의 노비·가축을 살상·절도한 행위를 가리키고 있다.[7]

두 번째, 형벌실시에 대한 해석이다. 「법률답문」에서는 일부 형벌의 실시방법에 대해서도 해석하였다. 예컨대 '육戮'에 대해 "육이란 (살아 있는상태에서) 군중 앞에서 치욕을 주고, 그러한 연후에 참斬하는 것을 말한다"[8]라고 해석하였다. 즉 육은 죄수가 살아 있을 때 먼저 군중 앞에서 치욕을 준 연후에 참수하는 형벌이었다. 또 예컨대 '정살定殺'에 대해서는 "정살은 무엇인가?[9] 산 채로 물속[水中]에 넣어서 익사시키는 것이다. 혹자는 (정살을) 생매장[生埋]하는 것이라고 하지만, 생매장은 정살과 다르다"[10]라고 해석하였다. 즉 '정살'은 살아 있는 사람을 물속에 넣어서 숨통을 끊어 살해하는[淹死] 형벌의 일종이고, 생매장과는 다르다는 것이다.

세 번째, 소송訴訟 전용명사專用名詞에 대한 해석이다. 「법률답문」에서는 일부 소송 전용명사에 대해서도 해석하여 소송절차를 명확히 하였다. 예컨대 '주고州告'에 대해서는 다음과 같이 해석하였다. "무엇을 '주고'라고 하는가? '주고'라는 것은 죄인을 고발[告]하였는데, 그 고발한 내용이 사실과 다르다[不實]는 것이 밝혀졌음에도 또다시 다른 사안[他事]으로 (죄인을) 고발[告]하는 것이다."[11] 즉 '주고'는 일종의 죄인을 고발하는[控告] 형식이다. 또 '공실고公室告'와 '비공실고非公室告'에 대해서도 예를 들어 설명하여, 사람을 살상殺傷하였거나 타인他人의 것을 절도한 경우 등은 '공실고'가 되고, 자식[子]이 부모의 재물을 절도하였거나 부모가 천살擅殺한 경우 등은 '공실고'가 되지

---

6 위의 책[同上書], 197쪽.
   【옮긴이 주】: 윤재석 옮김, 『수호지진묘죽간역주』 「법률답문」(366~367쪽).
7 【옮긴이 주】: '가죄'에 대해 윤재석 옮김, 『수호지진묘죽간역주』 「법률답문」에서 "'(범죄자의) 가족에 대해 논죄함에, 아버지[父]가 살아 있을 때 아버지[父]가 가죄를 범하였는데, 아버지[父]가 사망한 후에야 비로소 어떤 사람이 이를 고발하였다면 수리하지 않는다'라고 한다. 무엇을 가죄라고 하는가? 가죄는 아버지[父]가 타인他人 및 노비[奴妾]를 살상하였는데, 아버지[父]가 죽은 후에 (어떤 사람이) 고발하였다면 논죄하지 않는 것을 말한다"(364~365쪽)라고 하듯이, 아버지[父]가 사람[人]이나 노비를 살상한 행위를 가리키는 경우도 있다.
8 위의 책[同上書], 173쪽.
   【옮긴이 주】: 윤재석 옮김, 『수호지진묘죽간역주』 「법률답문」(325~326쪽).
9 【옮긴이 주】: 윤재석 옮김, 『수호지진묘죽간역주』 「법률답문」에 의하면, "정살은 무엇인가?"라는 문장 앞에는 "'문둥병을 앓고 있는 사람이 죄를 범하였을 경우 정살한다'고 하는데"(376쪽)라는 문구가 있다.
10 위의 책[同上書], 203쪽.
    【옮긴이 주】: 윤재석 옮김, 『수호지진묘죽간역주』 「법률답문」(376쪽).
11 위의 책[同上書], 194쪽.
    【옮긴이 주】: 윤재석 옮김, 『수호지진묘죽간역주』 「법률답문」(359~360쪽). '주고'에 대한 처리방법은 사건을 수리受理하지 않고 고발한 자를 부실不實하게 고발한 죄목으로 논죄하고 있다(360쪽).

않는다[非公室告]고 하였다.¹² 즉 (일반인[凡人]에 대한) 살상·절도 행위는 '공실고'에 속하지만, 자식[子]이 부모의 재물을 절도한 행위, 부모가 자식[子]과 노비를 함부로[擅] 살해하였거나 상해하였거나 삭발한 행위는 '비공실고'에 속한다는 것이다.

네 번째, 형구刑具에 대한 해석이다. 「법률답문」에서는 일부 형구의 명칭에 대해서도 해석하여 사법관이 형구를 정확히 사용하도록 하였다. 예컨대 '정梃'이라는 형구에 대해 "무엇을 '정'이라 하는가? (사람을) 때릴[伐] 수 있는 나무 몽둥이를 '정'이라고 한다"¹³라고 해석하였다. 즉 정은 사람을 때리는 일종의 나무 몽둥이[木梶]이다.

다섯 번째, 기타 용어와 문구文句에 대한 해석이다. 「법률답문」에서는 일부 법률 조문의 법률 전문용어와 문구에 대해서도 해석하여 관官과 민民이 법률 조문에 함축된 뜻을 정확히 이해하는 데 도움을 주었다. 예컨대 '하자夏子'에 대해, 아버지[父]는 진秦나라에 신하로 예속된[臣屬] 소수민족이고, 어머니[母]가 진나라 사람[秦人]인 경우, (그 사이에서 태어난) 자식[子]¹⁴이라고 해석하였다. 또 '망권이해亡券而害'에 대해서도 증빙證憑하는 우권右券을 분실해서 생긴 위해危害라고 해석하였다.¹⁵

---

12 위의 책[同上書], 195쪽.
 【옮긴이 주】: '공실고'와 '비공실고'에 대해 윤재석 옮김, 『수호지진묘죽간역주』「법률답문」에서는 "'공실고'란 무엇인가? '비공실고'란 무엇인가? 사람을 살상하였거나 타인他人의 것을 절도하였다면 '공실고'가 되고, 자식[子]이 부모의 것을 절도하였거나, 부모가 자식[子] 및 노비[奴婢]를 함부로[擅] 살해·상해하였거나 삭발한 것은 '공실고'가 되지 않는다[非公室告]"(362쪽)라고 규정하였다. 또 '비공실고'에 대해서는 "(율문에서) '자식[子]이 부모를 고발[告]하고 노비가 주인을 고발[告]한 것은 비공실고이니, 고발[告]을 수리하지 않는다'라고 한다. 무엇을 '비공실고'라고 하는가? 가장家長이 그의 자식[子] 혹은 노비를 살해하였거나 상해하였거나 삭발한 경우, 이것을 '비공실고'라 한다"(362~364쪽)라고 규정하였고, '비공실고'에 속하는 안건의 처리에 대해서는 "(고발하더라도) 수리하지 않는다. 그럼에도 고발[告]한 경우, 고발[告]한 자에게 죄가 있다. 고발[告]한 자가 이미 처벌을 받았는데, 또 다른 사람이 이어서 (동일한 사안을) 고발[告]한 경우 또한 수리하지 않는다"(364쪽)라고 규정하였다.
13 위의 책[同上書], 190쪽.
 【옮긴이 주】: 윤재석 옮김, 『수호지진묘죽간역주』「법률답문」(353쪽).
14 위의 책[同上書], 227쪽.
 【옮긴이 주】: '하자'에 대해 윤재석 옮김, 『수호지진묘죽간역주』「법률답문」에서는 "무엇을 '하자'라고 하는가? 아버지는 진나라에 신하로 예속된 소수민족이고, 어머니가 진나라 사람인 경우, 그 자식을 '하자'라고 부른다"(416~417쪽)라고 해석하였다.
15 위의 책[同上書], 228쪽.
 【옮긴이 주】: '망권이해'에 대해 윤재석 옮김, 『수호지진묘죽간역주』「법률답문」에서는 "무엇을 '계약증서를 잃어버려 위해를 끼치다[亡券而害]'라고 하는가? 계약 내용을 대조·증명하는 우권右券을 잃어버려 위해를 끼치는 것이다"(417~419쪽)라고 해석하였다. 옛날에 계약서는 좌권左券과 우권右券으로 반반씩 나누어 있었다. 이때 우권은 계약 내용을 대조하여 증명하는 용도로 쓰였다(윤재석 옮김, 『수호지진묘죽간역주』「법률답문」, 418쪽, 주석 ⑤).

둘째, 법률 조문에 대한 보충이다. 「법률답문」은 또 「답答」부분에서 법률 조문의 의미를 확대하였고, 관련 내용도 추가하였으며, 원문原文의 미흡한 점도 보충하였는데, 주로 이하에 잘 반영되었다.

첫 번째, 범죄에 대한 보충이다. 「법률답문」에서는 원 법률[原法]에 직접 규정되어 있지 않지만, 범죄의 수위에까지 도달한 행위도 범죄로 인정하였고, 게다가 「답」에서 죄명을 명확히 규정하였다. 예컨대 '의붓아버지[假父]'가 '양자[假子]'의 물건을 절도한 행위에 대해서는 "당연히 절도죄가 된다"[16]라고 규정하였다. 즉 법률에서 직접 규정하지 않은, 의부義父가 양자[義子]의 물건을 절도한 행위를 절도죄로 판정하였다. 또 예를 들면, "국경을 넘어[出境] 도망한 자가 국내로 1만 전錢이 넘는 뇌물을 제공하였으나[通錢][17] 그 죄를 용서받았는데, 나중에 절도하다 체포되었을 경우, 이를 어떻게 논죄해야 하는가? 뇌물공여죄[通錢]로 논한다"[18]라고 하였다. 즉 원原 법률에 직접 규정되지 않은, 도망하여 국경을 넘은 사람이 먼저 뇌물을 주고 후에 절도한 행위에 대해 뇌물공여죄로 확정하였다.

두 번째, 형량刑量에 대한 보충이다. 「법률답문」은 「답」에서 법률 조문에 직접 규정되지 않은 형량에 대해서도 보충하였다. 예를 들면, "사오士伍 갑甲이 싸우면서 검을 뽑아[拔劍] 상대방을 베었는데[伐], 상대방의 상투[髮髻]를 잘라버렸다[斬]. 어떻게 논죄하는가? 응당 완위성단完爲城旦에 처한다"[19]라고 하였다. 즉 사오士伍가 싸우면서 검으로 타인의 상투를 벤 범죄 행위에 대해 완성단형을 적용한다고 규정을 보충하였다. 또 예컨대 "응당 경성단黥城旦으로 처벌받아야 하는 사람이 완위성단完爲城旦의 죄목으로 타인他人을 무고誣告한 경우, 어떻게 논죄하는가? 응당 경의형黥劓刑으로 논죄해야 한다"[20]라고 하였다. 즉 응당 경성단형에 처해지는 판결을 받고 또 완성단의 죄명罪名으

---

16 위의 책[同上書], 159쪽.
  【옮긴이 주】: 윤재석 옮김, 『수호지진묘죽간역주』「법률답문」에서는 "(율문에서) '아버지[父]가 자식[子]의 물건을 절도한 것은 절도죄가 되지 않는다'고 하였다. ● 만약 의붓아버지가 양자의 물건을 절도한 경우, 어떻게 논죄해야 하는가? 당연히 절도죄가 된다"(301쪽)라고 하였다.
17 【옮긴이 주】: '통전通錢'의 의미에 대해서는 '뇌물의 제공'이라는 견해와 '도주전盜鑄錢의 유통'이라는 견해가 있고, 본 역서에서는 윤재석의 해석에 따랐다(윤재석 옮김, 『수호지진묘죽간역주』「법률답문」, 421쪽, 주 84).
18 위의 책[同上書], 229쪽.
  【옮긴이 주】: 윤재석 옮김, 『수호지진묘죽간역주』「법률답문」(420~421쪽).
19 위의 책[同上書], 187쪽.
  【옮긴이 주】: 윤재석 옮김, 『수호지진묘죽간역주』「법률답문」(348~349쪽).
20 위의 책[同上書], 203쪽.
  【옮긴이 주】: 윤재석 옮김, 『수호지진묘죽간역주』「법률답문」(374~375쪽).

로 타인을 무고한 자에 대해서는 경형黥刑·의형劓刑21이라는 두 가지 형벌을 적용한다고 규정을 보충하였다.

　세 번째, 전례前例에 의한 법률의 보충이다. 「법률답문」에서는 많은 전례(즉 판례)를 인용하여 법률 조문의 부족한 부분을 보충하였다. 이점도 『법률답문』의 큰 특징 가운데 하나라고 할 수 있다. 예컨대 "색부嗇夫를 사칭하여 봉인[封泥]한 경우 어떻게 논죄하는가? 법정法廷의 관례에 따라 관인官印을 위조한 죄로써 논한다"22라고 하였다. 이 「답문」에서는 법률 조문에 명확히 규정되지 않은, 색부를 사칭하여 봉인한 행위에 대해 전례를 적용하여 관인위조죄官印僞造罪에 따라서 판결·처리한다고 규정하였다. 이러한 정황은 「법률답문」에서 매우 보편적이다. 전례의 법률적 지위는 법률 조문보다 높았고, 전례와 법률 조문에 모두 규정이 있는 경우에는 전례에 의거해서 법을 집행하였다[司法]. 예컨대 "타인이 110전錢을 절도하였다고 고발[告]하였는데, 심문 결과 100전을 절도한 것으로 밝혀졌다. 고발[告]한 사람은 어떻게 논죄해야 하는가? 응당 벌금[貲] 2갑甲에 처한다. 100전을 절도하였는데, 고발[告]한 자가 고의로 10전을 더해서 고발[告]한 경우, 묻건대[問] 고발[告]한 자를 어떻게 논죄해야 하는가? 응당 벌금[貲] 1순盾에 처한다. (이 경우) 벌금 1순이 율律에 부합하지만, 그렇더라도 법정의 관례에 따라 부실하게 고발[告]한 죄로써 고발자를 논죄하여 2갑에 처한다"23라고 하였다. 즉 법률에서는 고발자가 고의로 사사로이 10전을 더한 경우 벌금 1순에 처해야 한다고 규정되어 있지만, 전례에서는 벌금 2갑이었기 때문에 벌금 2갑으로 집행하였음을 알 수 있다.

　진秦 「법률답문」의 법률 조문의 해석과 보충에 대한 특징은 법가法家의 법률사상을 지도사상指導思想으로 삼고, 비계통적인 몇몇 법률 조문 중의 용어와 문구, 특히 일부 법률 전문용어와 문구에 대해 해석하여 그것들의 법정法定 의미를 명시해서 법을 정확히 적용하기에 편리하게 하였다. 동시에 「법률답문」에서는 문답 형식을 통해 법률 조문에 분명하게 규정되지 않은 내용, 특히 정죄양형定罪量刑24에 대한 내용도 보충하였다. 그중 많은 판례를 인용한 것은 일종의 중요한 보충방식이었고, 진秦의 통치 질서를 해치는 각종 행위에 대해 확실히 제재를 가하기 위해서 봉건적 법제를 강화하였던 것이다.

----

21 【옮긴이 주】: '경형·의형'은 인용문의 '경의형黥劓刑'에 해당한다. '경의형'에 대해 윤재석은 '경위성단黥為城旦·의형劓刑'이라고 하였다(윤재석 옮김, 『수호지진묘죽간역주』「법률답문」, 375쪽, 주 56).
22 위의 책[同上書], 175쪽.
　【옮긴이 주】: 윤재석 옮김, 『수호지진묘죽간역주』「법률답문」(329~330쪽).
23 위의 책[同上書], 167쪽.
　【옮긴이 주】: 윤재석 옮김, 『수호지진묘죽간역주』「법률답문」(314~316쪽).
24 【옮긴이 주】: '정죄양형'에 대해서는 제1장 주 73 참조.

2. 한漢·위魏·진晉 시기 법률 조문에 대한 해석과 보충

한·위·진 시기 법률 조문에 대한 해석과 보충 작업은 한 단계 더 발전하였다. 이것은 주로 이하의 세 방면에 반영되었다.

첫째, 법률을 해석하고 교수敎授하는 일을 주된 업무로 하는 율박사律博士가 출현하였다. 중국에서는 한대漢代에 이미 법률을 연구하는 사람들이 다수 출현하였고, 문헌에 보이는 사람도 70여 명이 된다. 그들은 각자의 수준에서 법률을 해석하는 작업을 촉진시켰다. 그들의 공통된 특징은 "법률에 밝았고[照法律]",[25] "율령을 연구하였으며[治律令]", 또 대부분 "어려서부터 법률을 익혔고[少學法律]", "법률에 관한 정사에 정통하였다[通法律政事]"는 것이다.[26] 그중에는 소하蕭何[27]·숙손통叔孫通[28]·장창張蒼[29]·장탕張湯[30]·조우趙禹[31]·곽하郭賀[32]·장우張禹[33] 등과 같이 중앙에서 입법·사법에 참가한 사람도 있었고, 두연년杜延年[34]·우정국于定國[35]·노온서路溫舒[36]·정홍鄭弘[37]·하비평何比平[38]·번엽樊曄[39] 등과 같이 지방에서 사법 사무에 종사한 사람도 있었으며, 곽궁郭躬[40]·종호鍾晧[41] 등과 같이 사람을 모아 법률을 가르친 사람도 있었고, 장숙張叔[42]처럼 개별적으로 태자太子를 모시면서 그의 법률 교사法律敎師가 된 사람도 있었다.[43] 위魏 때 율박사律博士가 설치되어 전문적으로 법률을 해

---

25 【옮긴이 주】: '조법률照法律'은 정수덕程樹德, 『구조율고九朝律考』(북경北京: 중화서국中華書局, 1963) 권1, 「한율고漢律考·율가고律家考」에 없고, '명법률明法律'(178~191쪽)이라는 용어가 다수 보인다.
26 【옮긴이 주】: '치율령治律令'·'소학법률少學法律'·'통법률정사通法律政事'는 정수덕程樹德, 『구조율고』 권1, 「한율고·율가고」(178~191쪽)에 보인다.
27 【옮긴이 주】: '소하'의 생몰 연대는 B.C. 257~B.C. 193년이다.
28 【옮긴이 주】: '숙소통'의 생몰 연대는 미상이다.
29 【옮긴이 주】: '장창'의 생몰 연대는 ?~B.C. 152년이다.
30 【옮긴이 주】: '장탕'의 생몰 연대는 ?~B.C. 116년이다.
31 【옮긴이 주】: '조우'의 생몰 연대는 미상이다.
32 【옮긴이 주】: '곽하'의 생몰 연대는 ?~63년이다.
33 【옮긴이 주】: '장우'의 생몰 연대는 ?~B.C. 5년이다.
34 【옮긴이 주】: '두연년'의 생몰 연대는 ?~B.C. 52년이다.
35 【옮긴이 주】: '우정국'의 생몰 연대는 ?~B.C. 40년이다.
36 【옮긴이 주】: '노온서'의 생몰 연대는 미상이다.
37 【옮긴이 주】: '정홍'의 생몰 연대는 미상이다.
38 【옮긴이 주】: '하비평何比平'이 정수덕程樹德, 『구조율고』 권1, 「한율고·율가고」(184쪽)에는 '하비간何比干'으로 되어 있다. 하비간의 생몰 연대는 미상이다.
39 【옮긴이 주】: '번엽'의 생몰 연대는 398~445년이다.
40 【옮긴이 주】: '곽궁'의 생몰 연대는 1~94년이다.
41 【옮긴이 주】: '종호'의 생몰 연대는 86~154년이다.
42 【옮긴이 주】: '장숙'의 생몰 연대는 미상이다.
43 정수덕程樹德, 『구조율고·한율고·율가고』 참조.

석하고 교수하는 일에 종사하였다. 예컨대『진서晉書·형법지』에서는 위魏 때 어떤 사람이 일찍이 상서하여[有人曾上書]⁴⁴ "청컨대 율박사를 두어 서로 번갈아 교수敎授하게 하십시오"라고 하였고, 이후 "(이) 일은 마침내 시행되었다"⁴⁵라고 기록하였다. 심가본沈家本⁴⁶은 이에 대해 고증하였는데, 그는 「중각당률소의서重刻唐律疏議序」에서 "일찍이 상고하건대 원위元魏⁴⁷ 태화太和⁴⁸ 연간에 율박사를 두었다"⁴⁹라고 하였고, 그 후 이것은 줄곧 각 왕조에서 계승하는 바가 되었다. 율박사의 설치는 종래 국가에서 법률을 해석·교수하는 전문 관리專''官吏를 두지 않았던 규정을 바꾸었고, 이것은 법률 조문에 대한 해석 작업이 발전하는 데 매우 유리하였다.

둘째, 법률에 대한 해석 위주의 율학律學 저작들이 출현하였다. 한대漢代에 이미 법률에 대한 해석 위주의 율학 저작들이 출현하였다. 예컨대『한서⁵⁰·진총전陳寵傳』에서는 "율에는 삼가三家가 있었고, 그 설說이 각각 달랐다"⁵¹라고 기술하였고,『진서晉書·형법지』에서도 "여러 유학자[謂⁵² 儒]가 찬술한 장구章句에는 10여 가家가 있었다"⁵³라고 하듯이, 각 가家마다 모두 자신들의 저작이 있었다. 그중 특히 동한東漢의 응소應邵⁵⁴가 주목된다. 그는 "『율본장구律本章句』⁵⁵·『상서구사尙書舊事』⁵⁶

....
【옮긴이 주】: 정수덕程樹德,『구조율고』권1,「한율고·율가고」(178~191쪽).
44 【옮긴이 주】: "어떤 사람이 일찍이 상서하여[有人曾上書]"가『진서晉書』권30,「형법지」에는 "위기는 또 상주하여[衛覬又奏]"(923쪽)로 되어 있다.
45 【옮긴이 주】: 이상『진서』권30,「형법지」(923쪽). 본「형법지」에 의하면, 위기(?~230)의 상주에 따라 율박사가 설치된 것은 위魏의 제2대 황제 명제明帝(재위 227~239) 때이다.
46 【옮긴이 주】: '심가본'에 대해서는 주 2 참조.
47 【옮긴이 주】: '원위'는 '북위'의 이칭異稱이다.
48 【옮긴이 주】: '태화'는 북위의 제7대 황제 효문제(재위 471~499)의 세 번째 연호(477~499)이다.
49 【옮긴이 주】: 심가본沈家本,「중각당률소의서」([당唐]장손무기長孫無忌 등等 찬撰, 유준문劉俊文 점교點校,『당률소의唐律疏議』「부록附錄」670쪽).
50 【옮긴이 주】: '『한서』'는 '『후한서』'의 오기誤記이다.
51 【옮긴이 주】:『후한서』(북경北京: 중화서국점교본中華書局點校本, 1965)권46,「진총전」(1554쪽).
52 【옮긴이 주】: '위謂'는 '제諸'의 오기이다.
53 【옮긴이 주】:『진서』권30,「형법지」에서는 "한漢은 진秦의 법제를 계승하였는데, 소하蕭何가 율률을 제정하여 …… 9편篇으로 하였다. (또) 숙손통叔孫通이 율에서 언급하지 않은 바를 추가하여 저술한『방장傍章』18편, 장탕張湯의『월궁률越宮律』27편, 조우趙禹의『조율朝律』6편, 합계 60편이 되었다. 또 한대漢代에 결정된 사항을 모아서『영갑令甲』이하 300여 편으로 하였고, 사도司徒 포공鮑公이『가취사송결嫁娶辭訟決』을 편찬하였으며,『법비도목法比都目』을 지어 모두 906권卷으로 하는 등 대대로 증감하는 바가 있었다. …… (그러나) 이러한 배열에는 서로 섞여 있어서 일정한 체제가 없었다. 그 때문에 후대 사람들은 각자 생각대로 해석하여 각각 장구章句를 지었다. 즉 숙손선叔孫宣·곽영경郭令卿·마융馬融·정현鄭玄 등 여러 유학자가 찬술한 장구에는 10여 가가 있었고, 1가마다 수십만 자字가 있었다. 무릇 단죄斷罪할 때 준거해야 하는 것은 모두 2만6272조條, 773만2200여 자에 이르렀기 때문에 이처럼 자수字數가 더욱 많아져서 읽는 사람이 점점 곤란을 느끼게 되었다. 이에 천자는 조서를 내려 오직 정씨鄭氏의 장구章句만을 사용하게 하고, 나머지 제가諸家의 장구를 혼용할 수 없게 하였다"(922~923쪽)라고 하였다.

・『정위판령廷尉板令』57・『결사비례決事比例』58・『사도도목司徒都目』59・『오조조서五曹詔書』60 및 『춘추절

---

54 【옮긴이 주】: '응소'의 생몰 연대는 미상이다.
55 【옮긴이 주】: '율본장구'에 대해 심가본沈家本, 『역대형법고(2)』「율령2」「율본장구·상서구사尙書舊事」에서는 "율본은 대개 이회李悝·소하蕭何·장탕張湯·조우趙禹 등 제가諸家의 서서書로서, 율률의 본원本源이고, 금고今古의 율례律例의 근원이다. 응소가 자찬自撰한 장구는 당연히 여러 유학자[諸儒]의 장구와 같지 않다. 『수서』「경적지經籍志」에서는 '두예杜預가 『율본』 21권卷을 편찬하였다'라고 하였고, 『신당서』「예문지藝文志」에서는 '가충賈充·두예가 『형법율본刑法律本』을 찬술하였다'라고 하였으므로, 그 뜻을 알 수 있다"(876쪽)라고 하였다. 실제 『수서』(북경北京: 중화서국점교본中華書局點校本, 1973)권33, 「경적2」에서는 "『율본』 21권, 두예 찬撰"(972쪽)이라고 하였고, 『신당서』(북경北京: 중화서국점교본中華書局點校本, 1975)권58, 「예문藝文2·형법류刑法類」에서는 "가충·두예의 『형법율본』 21권"(1493쪽)이라고 하였으며, 『구당서』권46, 「경적經籍 상上·형법부刑法部」에서는 "『형법율본』 21권, 가충 등等 찬撰"(2009쪽)이라고 하였다.
56 【옮긴이 주】: '상서구사'에 대해 심가본沈家本, 『역대형법고(2)』「율령2」「율본장구·상서구사」에서는 "상서의 선례[故事]가 되는 품식品式이다"(876쪽)라고 하였고, 우치다 토모內田智雄 편편編, 「역주 진서형법지譯注 晉書刑法志」(『역주 중국역대형법지譯注 中國歷代刑法志』[동경東京: 창문사創文社, 1964])에서는 "상서에 보관되어 있는 행정이나 전식典式의 선례先例가 되는 기록이다"(85쪽, 주①)라고 하였으며, 고조高潮·장대원張大元, 「진서형법지주역晉書刑法志注譯」(고조高潮·마건석馬建石 주편主編, 『중국역대형법지주역中國歷代刑法志注譯』[장춘長春: 길림인민출판사吉林人民出版社, 1994])에서는 "상서에서 집정執政할 때 도움이 되는 한대漢代의 법령과 전장典章 사례事例의 휘집彙集이다"(68쪽, 주석⑩)라고 하였다.
57 【옮긴이 주】: '정위판령'에 대해 심가본沈家本, 『역대형법고(2)』「율령2」「율본장구·상서구사」에서는 "정위설령廷尉設令이다"(877쪽)라고 하였고, 우치다 토모內田智雄 편편, 「역주 진서형법지譯注 晉書刑法志」에서는 "정위가 판판에 기록한 판례判例의 일종이다"(85쪽, 주⑫)라고 하였으며, 고조高潮·장대원張大元, 「진서형법지주역晉書刑法志注譯」에서는 "안건案件을 심의하여 단옥斷獄하는 법령이다"(68쪽, 주석⑩)라고 하였다.
58 【옮긴이 주】: '결사비례'는 '결사비'라고도 하며(심가본沈家本, 『역대형법고(2)』「율령2」「율본장구·상서구사」, 877쪽), 판결할 때 전례前例나 해당 조문에 따르는 것이 원칙이지만, 그러한 것들이 없는 경우에는 판결례와 같은 유례類例를 찾아 그것을 참고해서 판결하는 것을 말한다. '결사'는 결옥決獄·결송決訟 등과 같이 사건을 판단하여 결정하는 것이고, '비'는 예例, 곧 유례를 가리킨다. 이러한 결사비는 법률효력을 가지며, 이후 판결안判決案의 준거가 된다. 『한서』(북경北京: 중화서국점교본中華書局點校本, 1962)권23, 「형법지」(1101쪽)에 의하면, 한 무제(재위 B.C. 141~B.C. 87) 때 사죄안례死罪案例 1만3472건을 모은 『사죄결사비死罪決事比』가 제정되었다.
59 【옮긴이 주】: '사도도목'에 대해 심가본沈家本, 『역대형법고(2)』「율령2」「율본장구·상서구사」에서는 "『동관기東觀記』의 『결사도목決事都目』·『진서』「형법지」의 『법비도목法比都目』이다"(877쪽)라고 하였고(『법비도목』에 대해서는 주 53 참조), 우치다 토모內田智雄 편편, 「역주 진서형법지譯注 晉書刑法志」에서는 "사도는 삼공三公의 하나로서 재상의 지위이다. 도목은 결사도목을 말하며, (사도도목은) 사도가 결정하거나 관장管掌한 사례事例의 총목總目이다"(85쪽, 주⑭)라고 하였으며, 고조高潮·장대원張大元, 「진서형법지주역晉書刑法志注譯」에서는 "사도가 정치와 법을 집행할 때 사용되는 율례律例 휘편彙編이다"(68~69쪽, 주석⑩)라고 하였다.
60 【옮긴이 주】: '오조조서'에 대해 심가본沈家本, 『역대형법고(2)』「율령2」「율본장구·상서구사」에서는 "당시의 조령詔令이다"(877쪽)라고 하였고, 우치다 토모內田智雄 편편, 「역주 진서형법지譯注 晉書刑法志」에서는 "오조는 상서尙書의 오조이고, 조曹는 부서를 말한다. …… 오조조서는 상서를 통해 선포된 조서를 모은 것으로 생각된다. 『한구의漢舊儀』에 의하면, 전한 때 상서는 상시조常侍曹·이천석조二千石曹·민조民曹·주객조

옥春秋折獄』,⁶¹ 등 무릇 250편篇을 찬집撰集하였는데, 중복되는 것을 없애고, 적절히 생략하기도 하고 문장을 추가하기도 하였다. 또 『의박議駁』⁶² 30편篇을 집성集成하였는데, 사류事類에 따라 배열해서 모두 82사항[事]으로 하였다."⁶³ 위魏 때도 편저編著 활동은 부단히 계속되었다. 예컨대 『수서隋書·경적지經籍志』에서는 위 명제魏明帝⁶⁴ 때 유소劉邵⁶⁵가 일찍이 "『율약론律略論』 5권卷"을 편찬하였다⁶⁶라고 기록했다. 「위서魏書·종회전種會傳」에서도 "종회⁶⁷가 사망한 후 회의 집[家]에서 20편篇으로 된 책[書]을 얻었는데, 명칭은 『도론道論』으로 되어 있었지만, 실제는 형명가刑名家였다"⁶⁸라고 기술

主客曹의 사조四曹로 되어 있었지만, 성제成帝(재위 B.C. 33~B.C. 7) 때 삼공조三公曹를 증치해서 오조로 하였다고 한다"(85쪽, 주⑮)라고 하였으며, 고조高潮·장대원張大元, 「진서형법지주역晉書刑法志注譯」에서는 "군주 지배 하下의 오조의 직능과 관련된 조서로서, 종합적인 행정법규이다"(68~69쪽, 주석⑩)라고 하였다.

61 【옮긴이 주】: '춘추절옥'에 대해 심가본沈家本, 『역대형법고(2)』 「율령2」 「율본장구·상서구사」에서는 "동중서董仲舒가 편찬한 책을 말하는 듯하다"(877쪽)라고 하였고, 우치다 토모內田智雄 편編, 「역주 진서형법지譯注晉書刑法志」에서는 "『후한서』 「응소전」에는 『춘추단옥春秋斷獄』으로 되어 있다. (이 책은) 동중서의 『춘추절옥春秋折獄』과 동일한 것인지도 모른다"(85쪽, 주⑯)라고 하였다.

62 【옮긴이 주】: '의박'에 대해 심가본沈家本, 『역대형법고(2)』 「율령2」 「율본장구·상서구사」에서는 "『수서』 「경적지」에는 '『한조의박漢朝議駁』 30권, 응소 찬'으로 되어 있고, 『신당서』 「예문지」도 동일하며, 1편篇은 1권卷이기 때문에 바로 이 책이다"(877쪽)라고 하였고, 우치다 토모內田智雄 편編, 「역주 진서형법지譯注晉書刑法志」에서는 "『후한서』 「응소전」에는 박의駁議로 되어 있다. 박의는 조정의 논의에 대해 반박·수정을 가하기 위해 올리는 상서上書를 말한다"(85~86쪽, 주석⑰)라고 하였다. 『신당서』 권58, 「예문2」에 있는 문구는 "응소의 『한조의박』 30권"(1493쪽)이다.

63 『진서·형법지』.
【옮긴이 주】: 『진서』 권30, 「형법지」에 의하면, 응소는 후한의 제14대 황제 헌제獻帝(재위 189~220) 건안建安 원년(196)에 율령律令을 정리·찬정하여 『한의漢議』라 칭하고는 표表로써 이를 상주하였다. 본문에 인용된 이 문장은 상주문 가운데 그가 편찬한 율령의 분류 체계에 대해 언급한 부분이다. 동일한 문장은 『후한서』(북경北京: 중화서국점교본中華書局點校本, 1965) 권48, 「응소전」(1613쪽)에도 보인다(다만, 본전에는 '춘추절옥'이 '춘추단옥春秋斷獄'으로, '의박'이 '박의駁議'로 되어 있다).

64 【옮긴이 주】: '위 명제'는 위의 제2대 황제(재위 226~239)이다.

65 【옮긴이 주】: '유소'의 생몰 연대는 미상이다.

66 【옮긴이 주】: 『수서』 권32~35, 「경적經籍1~4」에는 "위 명제 때 유소가 『율약론』 5권을 편찬하였다"라는 기사가 없고, 『수서』 권33, 「경적2」에 "양梁에는 『건무율령고사建武律令故事』 2권, 『율약론』 5권이 있었지만, 망실되었다"(973쪽)라는 기사 정도만 있을 뿐이다. 『율약론』의 편찬에 대해 언급한 자료는 『삼국지』(북경北京: 중화서국점교본中華書局點校本, 1959) 권21, 「위서魏書·유소전」에서 "명제가 즉위하여 ……(유소는) 징소徵召되어 기도위騎都尉에 임명되어 의랑議郎 유익庾嶷·순선荀詵 등과 과령科令을 찬정撰定하였고, 『신률新律』 18편을 제정하였으며, 『율약론』을 저술하였다"(618쪽)라고 한 기사가 대표적인데, 권수는 생략되어 있다. 『진서』 권30, 「형법지」(923쪽)에도 위 명제 때 단행된 『신률』 18편의 제정을 포함한 형제刑制의 개정 내용에 관해 비교적 자세히 기술하고 있지만, 『율약론』에 대해서는 일언一言의 언급도 없다.

67 【옮긴이 주】: '종회'의 생몰 연대는 미상이다.

하였다. 진晉 때의 율학律學 저작은 더욱 저명著名하고, 주요한 것에는 장비張斐69가 편찬한 『한진률서주漢晉律序注』 1권·『잡률해雜律解』 21권·『율해律解』 20권, 두예杜預70가 편찬한 『율본律本』 21권·『두예잡률杜預雜律』 7권, 가충賈充71과 두예가 공동으로 편찬한 『형법율본刑法律本』 21권이 있고, 이 외에 『진잡의晉雜議』 10권 등도 있다.72 이러한 율학 저작들은 모두 주로 율律에 주석注釋을 붙여 율의律意에 대한 해명을 근본으로 하였기 때문에 법률을 해석하는 작업을 매우 높은 수준으로 발전시켰다.

셋째, 주해문注解文을 율문律文과 동등한 법률적 효력을 갖게 하였다. 진晉 때, 장비와 두예는 무제武帝73의 명을 받아74 『태시율泰始律』(즉 『진률晉律』)을 "주해注解하였다." 예컨대 『진서·형법지』에서는 『태시율』을 반행頒行한 후, "명법연明法椽 장비가 또 율을 주해[注律]하여 표로써 올렸다[表上]"75라고 기술하였고, 『진서·두예전』에서도 두예는 "가충 등과 율령을 제정하였고", 또 "그것을 주해하였으며, 조서를 내려 천하에 반포頒佈하였다"76라고 기술하였다. 주해문은 율문과 동등한 법률적 효력을 가졌기 때문에 종종 『태시율』을 "장두율張杜律"77이라고도 하였다. 장비와 두예의 율에 대한 주해는 오직 율학 저작으로만 율문을 설명하였던 기존의 방식을 바꾸어 율문과 입

---

68 【옮긴이 주】: 『삼국지』 권28, 「위서·종회전」(795쪽).
69 【옮긴이 주】: '장비'가 『진서』 권30, 「형법지」(928쪽)에는 '장배張裵'로 되어 있지만, 교감기校勘記(944쪽)에 의하면, 각주䣛注에서는 『남제서南齊書』「공치규전孔稚珪傳」·『수서』·『경적2』·『신당서』「예문2」·『서초書鈔』 45·『어람御覽』 권638과 권642에 모두 '비裴'되어 있는 것을 증거로 '배裴'는 '비裴'의 잘못이라고 하였다. 장비의 생몰 연대는 미상이다.
70 【옮긴이 주】: '두예'의 생몰 연대는 222~284년이다.
71 【옮긴이 주】: '가충'의 생몰 연대는 217~282년이다.
72 심가본沈家本, 『역대형법고·율령3』 참조.
   【옮긴이 주】: 이들 율학 저작은 모두 심가본沈家本, 『역대형법고(2)』「율령2」(880쪽)·「율령3」(891쪽, 898~899쪽)에 언급되어 있다. 이들 율학 저작의 출전出典에 대해서는 본서 참조.
73 【옮긴이 주】: '무제'는 서진의 초대 황제(재위 265~290)이다.
74 【옮긴이 주】: 무제가 두예·장비에게 『태시율』의 주해를 명하였다는 기사는 『진서』 권3, 「무제기」·권30, 「형법지」·권34, 「두예전」 등에 보이지 않는다.
75 【옮긴이 주】: 『진서』 권30, 「형법지」(928쪽). 장진번張晉藩 총주편總主編, 『중국법제통사 제3권 위진남북조中國法制通史 第三卷 魏晉南北朝』(북경北京: 법률출판사法律出版社, 1999, 176쪽)에서는 '장비가 표로 올린 상주문'을 '「주율표注律表」'라고 하였는데, '옮긴이 주'에서도 이를 근거로 제시할 때 '장비의 「주율표」'라고 표기했다.
76 【옮긴이 주】: 이상 『진서』 권34, 「두예전」(1026쪽). 「두예전」에 의하면, "그것을 주해하였으며, 조서를 내려 천하에 반포하였다"라는 문구는 연속된 문장이 아니고, 그 사이에 두예가 율을 주해한 이후 명제에게 올린 상주문이 수록되어 있다.
77 심가본沈家本, 『역대형법고·율령4(3의 오기이다)』 참조.
   【옮긴이 주】: '장두율'이 심가본沈家本, 『역대형법고(2)』「율령3」「태시율령」(895쪽)에는 '장·두율'로 되어 있다.

법 해석을 유기적으로 결합해서 법률을 해석·보충하는 작용을 확실히 하였고, 입법을 완전하게 함으로써 법률을 해석·보충하는 작업을 새로운 수준으로 끌어올렸다. 『진서·형법지』[78]에 기재된 바에 의하면, 당시 율에 대한 주해의 기능 가운데 주요한 것은 다음과 같다.

첫 번째, '형명刑名'의 작용을 밝혔다. 두 사람[他倆][79]은 '형명'의 작용은 규정된 율 중의 일반원칙에 있다고 생각하였는데, (이것은) 현행 형법총칙의 작용과 유사하다. 예컨대 (장비는) "율이 '형명'에서 시작하는 것은 죄에 대한 법제를 규정하기 때문이고", "단옥斷獄은 율에 있어서 죄를 정하는[定制] 것이고, 명례名例[80]는 율의 규정[制]을 통일시키는[齊] 것이다"라고 하였고, 구체적으로 "도적盜賊·사위詐僞·청구請賕를 범한 경우에는 (각각) 죄명을 이러한 형명률刑名律에서 구하고, 작역作役·수화水火·축양畜養·수비守備와 같은 사소한 것들[細事]은 모두 그것들의 죄를 구하여 각각 해당하는 죄명[本名]을 정한다"[81]라고 하였다. 이외에도 '형명'은 일반원칙으로서, 율 속에 규정된 내용을 이해하는 데 도움을 주었다. 예컨대 (장비는) "율 가운데 명례名例[82]는 (각 편의) 정문正文만으로는 (의미가) 분명치 않기 때문에 설정되어 있다.[83] 예컨대 만약 80세(이상)는 사람을 살상殺傷

---

78 【옮긴이 주】: 이하 본문에 인용된 자료는 모두 『진서』권30, 「형법지」에 수록된 '장비의 「주율표」'(928~931쪽)의 일부이다.

79 【옮긴이 주】: '두 사람'은 당연히 장비와 두예를 가리키지만(이하 동일), 여기에는 문제가 있다. 본문에 의하면, '두 사람'이라는 단어가 사용된 부분은 저자가 '진대晉代 주해의 기능'에 대해 보충 설명할 때와 그 근거로서 장비의 「주율표」를 인용할 때이다. 그중에서도 특히 문제가 되는 것은 후자이다. 이것은 저자가 이 「주율표」를 두 사람이 공동으로 작성하였다고 오인한 듯한 느낌을 준다(실제 앞에서도 "장비와 두예는 무제의 명을 받아 『태시율』을 주해하였다"라고 서술하고 있다). 그러나 『진서』권34, 「두예전」(1026쪽)에는 그가 율을 주해한 이후 명제明帝에게 올린 상주문이 기술되어 있지만, 그 내용도 장비의 「주율표」와는 차이가 있다. 기존의 연구에 의하면, 당시 『태시율』에 대한 주해에는 장비와 두예의 주해가 각각 있었던 것으로 되어 있다(심가본沈家本, 『역대형법고(2)』 「율령3」 「태시율령」, 895쪽·시가 슈조滋賀秀三, 『중국법제사논집 법전과 형벌[中國法制史論集 法典と刑罰]』[동경東京: 창문사創文社, 2003], 63쪽). 게다가 본문을 보면, 두예의 경우 그가 율문을 주해하였다는 사료 외에는 관련 내용이 전혀 없고, 인용된 사료도 모두 장비의 「주율표」밖에 없다. 이상의 점들을 고려하면, '두 사람'은 '장비'가 되어야 한다(이하 동일).

80 【옮긴이 주】: '명례'는 '형명刑名과 법례法例'를 말한다. 『역주율소 - 명례편 - 』「명례」「편목소」에서는 '명례'에 대해 "명名이란 오형五刑의 죄명이고, 예例란 오형의 체례體例이다"(94쪽)라고 해석하였다. 이에서 알 수 있듯이, '형명'은 형벌의 명칭과 종류 또는 그 규정을 가리키고, '법례'는 형벌의 적용 관계에 관한 규정을 말한다. 우치다 토모内田智雄 편편, 「역주 진서형법지譯注 晉書刑法志」에서는 "한漢에는 원래 '구율具律'이 있었지만, 위魏에서는 '형명률刑名律'이라 하였고, 진晉에 이르러 '형명'과 '법례' 두 편으로 분화되었다. 진 이후 남제南齊·양梁·진陳 및 북위·북주에서도 형명과 법례로 나뉘었지만, 북제 및 수·당 이후 '명례율' 1편으로 통합되었다"(124쪽, 주 ③)라고 하였다.

81 【옮긴이 주】: 이상 『진서』권30, 「형법지」, '장비의 「주율표」'(928쪽).

82 【옮긴이 주】: '명례'는 '형명刑名과 법례法例'를 말한다(주 80 참조).

83 【옮긴이 주】: 이 문장의 원문은 "律之名例 非正文而分明也"이다. 이에 대한 기존의 번역은 두 가지로 나뉜다. 우선, 우치다 토모内田智雄 편편, 「역주 진서형법지譯注 晉書刑法志」에서는 "형명률과 법례율은 각 편의

한 경우가 아니었다면, 그 외는 모두 논죄하지 않지만, 만약 모반謀反을 무고誣告한 경우에는 반좌反坐한다"[84]라고 하였다.

두 번째, 법률 개념의 정확한 의미를 밝혔다. 두 사람[他倆]은 일부 중요하고 혼동하기 쉬운 법률용어의 의미를 하나하나 명확히 하여 사람들이 율의律意를 정확히 이해하는 데 도움을 주었다. 예컨대 (장비는) "알고도[知] 범하는 것을 고故라고 하고, 의도는 그렇게 될 것으로 생각하였지만, 의사意思와는 달리 죄를 짓는 결과가 발생한 것을 실失이라고 한다[意以爲然 謂之失].[85] 충을 위반하고 윗사람을 속이는 것[違忠欺上]을 만謾이라고 하고, 신의를 저버리고 간교하게 숨기는 것[背信藏巧]을 사詐라고 하며, 예를 저버리고 절의를 지키지 않는 것[虧禮廢節]을 불경不敬이라고 한다. 쌍방이 언쟁하고 서로 다투는 것[兩訟相趣]을 투鬪라고 하고, 쌍방이 불화不和하지 않고 상대를 해치는 것[兩和相害]을 희戱라고 한다. ……[86] (이상) 무릇 20가지는 법률용어의 의미에 대한 명확한 정의이

조문만으로는 의미가 분명치 않기 때문에 설정되어 있다"(137쪽)라고 하였고, 사서지謝瑞智 주역注譯, 『진서형법지晉書刑法志』(대북臺北: 문생서국文笙書局, 1995, 148쪽)도 동일하다. 이에 비해 고조高潮·장대원張大元, 「진서형법지주역晉書刑法志注譯」에서는 "율 가운데 명례편은 율의 정문正文은 아니지만, 죄에 대한 처리원칙이 매우 분명하다"(99쪽)라고 하였고, 임병덕, 「『진서』'형법지'역주Ⅱ」(『중국사연구』28, 중국사학회, 2004, 326쪽)도 이를 따르고 있다(임병덕의 경우 '편'자가 없고, '율'이 '율령律令'으로 되어 있다). 그런데 진률晉律의 경우, '명례율名例律'은 하나의 편명이 아니고(하나의 편명이 된 것은 북제율北齊律 이후이다) '형명률'과 '법례율' 두 편으로 되어 있었기 때문에 '명례'는 '형명(률)'과 '법례(율)'로 보는 것이 타당하다. 문제는 '정문正文'의 의미인데, 이 용어는 '원래 규정된 조문'을 가리키고, 또 율의 모든 조문은 '정문'이 아닌 것이 없다. 따라서 형법총칙에 해당하는 형명(율)과 법례(율)에 대해 "정문이 아니다"라는 식으로 해석하는 것은 '정문'의 개념을 간과한 것이고, 의미도 통하지 않는다(문법적으로도 비非는 '正文而分明' 전체를 포함한다). 이상의 점에서 본 역서에서는 우치다 토모內田智雄의 해석에 따랐고, "각 편의 조문" 부분은 원문대로 하였다.

84 【옮긴이 주】: 『진서』권30, 「형법지」, '장비의 「주율표」'(930쪽).

85 【옮긴이 주】: "의도는~실이라고 한다"에 해당하는 원문은 "意以爲然 謂之失"이다. 이를 문장대로 해석하면 "의도는 그렇게 될 것으로 생각하였던 것을 실이라고 한다"가 된다. 그러나 이것만으로는 '과실'의 본의本意가 분명치 않으므로 우치다 토모內田智雄 편편, 「역주 진서형법지譯注 晉書刑法志』(130쪽, 주 1)에 따라 문장을 보충하였다.

86 【옮긴이 주】: 『진서』권30, 「형법지」, '장비의 「주율표」'에 의하면, '……'에 해당하는 문장은 다음과 같다. "특별한 이유도 없이 상해를 가하는 것[無變斬擊]을 적賊이라고 하고, 의도하지 않고 실수로 범하는 것[不意誤犯]을 과실過失이라고 한다. 절의를 거스르고 인륜을 어기는 것[逆節絕理]을 부도不道라고 하고, 장상을 능멸하고 존귀한 이를 참람하는 것[陵上僭貴]을 악역惡逆이라고 한다. 위해危害를 가하고자 하였으나 아직 실행에 옮기지 않은 것[將害未發]을 장戕이라고 하고, 주모하여 먼저 말을 꺼내는 것[唱首先言]을 조의造意라고 한다. 2인(이상)이 모의하는 것[二人對議]을 모謀라고 하고, 무리를 지도하여 계획을 세우는 것[制衆建計]을 솔率이라고 한다. 합의를 거치지 않은 것[不和]을 강强이라고 하고, 공탈攻奪 등 흉악한 행위[攻惡]를 약략略이라고 하며, 3인(이상)을 군群이라고 한다. 자기 물건이 아닌 것을 취하는 것[取非其物]을 도盜라고 하고, 부정하게 취득한 재화[貨財之利]를 장臟이라고 한다"(928쪽).

다"[87]라고 하였다.

세 번째, 사법관司法官이 심판하는 동안에 주의해야 할 문제를 밝혔다. 또 두 사람[他倆]은 사법司法의 각도에서 사법관이 주의해야 할 문제들을 명확히 지적하여 법률의 정확한 실시를 보장하였다. 예컨대 (장비는) "무릇 형刑은 치옥治獄에서 핵심이 되고[司理之官], 치옥[理]은 (범인의) 정을 찾아내는 것이 관건이며[求情之機], 정은 마음에 의해 움직이게 된다[心神之使]. 마음이 느끼면 정이 그 속에서 움직여서 언어로 표현되고, 사지[四肢]로 전달되어 행동[事業]으로 나타나게 된다. 그러므로 악행을 저지른 사람[奸人]은 심중에 부끄러운 바가 있어서 얼굴이 붉어지고, 내심 두려워하는 바가 있어서 안색이 창백해진다. 논죄論罪할 때는 힘써 범인의 마음을 헤아리고[本心], 그 정을 살피며[審情], 그 사실을 정밀하게 조사하여[精事], (증거를) 가까이는 범인의 몸[身]에서 취하고, 멀리는 사물[物]에서 취한다. 이렇게 한 후에 비로소 형을 정확하게 집행[正刑]할 수 있다"[88]라고 하였다.

한漢·위魏·진晉 시기에 행해진 법률 조문에 대한 해석과 보충은 당률「소의」의 탄생에 전례前例를 제공하였다.

제2절 당률에서「소의」의 작용

율문에 대한 해석과 보충은 당唐에서 비롯되지는 않았지만, 당에서 완비되어 비약적으로 실현되었다. 이를 상징하는 것이 당률 가운데「소의」의 출현이었다. 당률의「소의」는 『영휘율永徽律』의 율조律條 다음에 부기附記되었고, 영휘永徽[89] 4년(653년)에 전국에 반행頒行되었다. 처음에「소의」를 부기한 목적은 과거科擧의 필요에 적응하고 충족시키기 위한 것이었다. 예컨대 『구당서·형법지』에서는 당시 "율학律學에는 아직 정해진 소疏가 없었기 때문에 매년 시행하는 명법明法[90] 시험에서 (법률해석에) 준거할 바가 없었"던 점을 고려하여 "율을 해석하는 사람을 널리 초치招致해서 율조律條에 대한 『의소義疏』를 지어서 주문奏聞하게 하였다"[91]라고 기술하였다.「소의」는 이후 변화하여 입법을 완벽하게 하고 사법을 통일시키는 중요한 수단이 되었다. 예컨대『당률소의·명

---

87 【옮긴이 주】:『진서』권30,「형법지」, '장비의「주율표」'(928쪽).
88 【옮긴이 주】:『진서』권30,「형법지」, '장비의「주율표」'(930쪽).
89 【옮긴이 주】: '영휘'는 당의 제3대 황제 고종(재위 649~683)의 첫 번째 연호(650~655)이다.
90 【옮긴이 주】: '명법'에 대해 김택민 주편,『역주당육전 상』권2,「상서이부尙書吏部」에서는 "명법과는 율律·영令 각 1부部를 시험하는데, (법률의) 뜻과 이치에 통달하고 질문에 막힘이 없어야 통通으로 한다"(261쪽)라고 하였다.
91 【옮긴이 주】:『구당서』권50,「형법지」(2141쪽). 이상의 문장은 영휘永徽 3년(652), 당 고종唐高宗이 내린 조서詔書이다(주 93 참조).

례』「전언前言」에서는 "지금의 전헌典憲은 옛날 뛰어난 군주[前聖]의 규모規模로서, 장정章程에 어긋남이 없고 크고 작은 것을 모두 갖추어 열거하였지만, 형헌刑憲을 맡은 관리가 집행에 있어 서로 의견을 달리하여", "해석이 없으면 (법) 적용에 잘못을 범하거나 서로 다르게 된다"[92]라고 하였다. 따라서 「소의」는 실제 당률에서 결缺할 수 없는 하나의 구성요소를 이루어 율문과 "병행並行되었고,"[93] 사법관도 단옥斷獄할 때 "모두 소疏를 인용하여 법률을 명확하게 해석하였다."[94]

당률의 「소의」는 각 왕조에서 율문을 해석·보충한 방법을 집대성해서 그 요체를 찬정撰定하였다. 이것은 주로 다음과 같은 기능을 하였다.

1. 당률의 지도사상指導思想 천명闡明

유가사상은 당대唐代의 통치사상이자 당률의 지도사상指導思想이었다. 그러나 이 유가사상이 집중적으로 반영된 예禮는, 『영휘율永徽律』에서는 원래 율조律條의 규정에만 반영되었을 뿐이다. 문자의 제한으로 이러한 반영에는 일정한 한계가 있었기 때문에 많은 문제가 율조에 바로 구현될 수 없었다. 「소의」는 율조에 대한 해석을 통해 율의律意를 설명하면서 직접 예禮도 명시明示하였다. 다시 말하면 「소의」는 사실상 예를 구현하는 일종의 창구였던 것이다.

『당률소의·명례』「서언序言·소의」에서는 "덕과 예는 정교의 근본이다[德禮爲政敎之本]"[95]라고 하여, 이례위본以禮爲本, 즉 예를 근본으로 하는 원칙을 강조하였다. 또 『당률소의·명례』「십악조十惡條」[96] 「소의」에서도 예의 작용은 중대하여 "혐의嫌疑를 분별하고, 은미隱微한 것을 밝히며, 제도를 살피고, 인仁과 의義를 구분"[97]할 수 있다고 하여, 예의 작용이 어디에 있는지를 지적하였다. 「소의」의 설명을 통해 사람들은 당률의 지도사상에 대해 일목요연하게 알게 되고 그 내용도 더욱 쉽

---

92 【옮긴이 주】: 『역주율소 - 명례편 - 』「명례」「편목소」, 95~96쪽.
93 『당육전·형부刑部』.
   【옮긴이 주】: 김택민 주편, 『역주당육전 상』권6, 「상서형부尙書刑部」에서는 "영휘(650~655) 연간에 다시 『율소律疏』 30권을 편찬하여 지금에 이르기까지 병용되고 있다"(569쪽)라고 하였다. 『구당서』권50, 「형법지」(2141쪽)에 의해 『율소』의 제정과 반행 과정을 보면, 당 고종 영휘 3년(652)에 『의소義疏』의 제작 조서가 내려졌고, 이에 태위太尉 장손무기長孫無忌·사공司空 이적李勣 등 7인이 『율소』 30권을 찬정撰定하여 4년 10월에 상주上奏와 동시에 천하에 반행되었다.
94 『구당서·형법지』.
   【옮긴이 주】: 『구당서』권50, 「형법지」(2141쪽).
95 【옮긴이 주】: 『역주율소 - 명례편 - 』「명례」「편목소」, 96쪽.
96 【옮긴이 주】: '「십악조」'는 '「십악조·대불경大不敬」'이다(주 97 참조).
97 【옮긴이 주】: 『역주율소 - 명례편 - 』「명례6」(제6조)「십악조·대불경」「소의」에서는 "예운禮運에서 이르기를 '예는 군주의 권력[禮者君之柄]으로서, 혐의를 분별하고, 은미한 것을 밝히며, 제도를 살피고, 인과 의를 구분한다'고 하였다"(116쪽)라고 하였다. 『예기禮記』에 있는 관련 문장에 대해서는 제1장 주 3 참조.

게 파악하여 그 본질을 이해할 수 있게 되었다.

2. 율律 및 각 편목篇目의 연혁과 편목 간의 연계 약술

당률의 「소의」는 또 법제 발전사의 각도에서 율과 일부 기본제도의 연혁을 약술해서 법제사法制史를 이해하는 데 도움을 주었고, 나아가 현행 법제도 깊이 이해할 수 있게 하였다.

우선, 율의 대략적인 발전 과정을 약술하였다. 율은 중국 봉건시기 각 왕조의 주된 법률 형식으로서, 안정성·획일성 등의 특징을 갖추었고, 정죄양형定罪量刑[98]의 근거였기 때문에 사회생활에서 대체할 수 없는 작용을 하였다. 율의 역사적 연혁에 대한 이해는 사람들이 그 중요성을 인식하도록 돕고, 수율守律 의식을 제고提高시키는 데 유리하였다. 예컨대 『당률소의·명례』「서언序言·소의」에서는 당唐 이전 율의 대략적인 발전 과정에 대해 다음과 같이 소개하였다. "주周가 쇠퇴하자 형벌이 엄중해졌고[周衰刑重], 전국戰國 시대에는 제도가 달랐다[異制]. 위 문후魏文侯[99]가 이회里(李)悝[100]를 사사師事하여, 여러 나라의 형전刑典을 모아『법경法經』6편篇을 지었고", "상앙商鞅[101]이 전수[傳播][102]받아 법法을 율律로 개칭하였다. 한漢의 승상 소하蕭何[103]는 이회가 지은 것에 다시 호戶·흥興·구廐 3편을 추가하여 구장의 율[九章之律]이라고 하였다. 위국魏國은 한률漢律을 근거로 18편을 제정하였고", "진晉은 가충賈充[104] 등에게 명하여 한漢·위魏의 율을 가감加減해서 20편으로 제정하였으며", "수隋는 북제北齊를 따랐고", "당唐은 수를 따랐다."[105]

다음으로, 율의 각 편목篇目의 연혁을 약술하였다. 당률은 총 12편篇이었고, 각각의 편이 하나의 율이었다. 이 12편은 모두 당 이전 각 율의 편목의 장점을 취하였다. 당률의 각 편목의 연혁을 알면 그 체계와 각 편의 내용을 더욱 깊이 이해할 수 있다. 예컨대『당률소의·위금衛禁』「서언·소의」에서는 「위금편」의 발생과 변화 과정에 대해 "위금률은 진秦·한漢 및 위魏에는 아직 이 편篇이 없었다. 진晉의 태재太宰 가충賈充 등이 한·위의 율을 참작하고 사안[事]에 따라 증감해서 처음으로 이

---

98 【옮긴이 주】: '정죄양형'에 대해서는 제1장 주 73 참조.
99 【옮긴이 주】: '위 문후'는 전국 시기 위魏의 초대 제후(재위 B.C. 445~B.C. 396)이다.
100 【옮긴이 주】: '이회'의 성姓에 대한 표기를 보면, [당唐]장손무기長孫無忌 등等 찬찬, 유준문劉俊文 점교點校, 『당률소의』「편목소」(2쪽)에는 '이里'로 되어 있고, 이것이 원문이다(이하 동일). 이회의 생몰 연대는 B.C. 455~B.C. 39년이다.
101 【옮긴이 주】: '상앙'의 생몰 연대는 B.C. 390?~B.C. 338년이다.
102 【옮긴이 주】: '파播'는 '수授'의 오기이다(주 105 참조).
103 【옮긴이 주】: '소하'의 생몰 연대는 B.C. 257~B.C. 193년이다.
104 【옮긴이 주】: '가충'의 생몰 연대는 217~282년이다.
105 【옮긴이 주】: 이상 『역주율소 - 명례편 - 』「명례」「편목소」, 91~93쪽.

편을 만들어 이름[名]을 위궁률衛宮律이라 하였고", "북제에 이르러 관금關禁을 여기에 덧붙이고 다시 금위율禁衛律로 고쳤다. 수隋 개황開皇[106] 연간에 (이것을) 고쳐 위금율이라 하였다"[107]라고 약술하였다. 『당률소의·단옥』「서언·소의」에서도 「단옥편」의 발생과 발전 과정에 대해 "단옥[108]이란 이름[名]은 위魏 때부터 시작되었는데, 위에서는 이회里(李悝)의 수법囚法을 나누어서 이 편을 만들었다. 북제에 이르러 포율捕律과 서로 합쳐서 명칭을 포단률捕斷律로 바꾸었다. 후주後周[109]에 이르러 다시 단옥율로 하였다"[110]라고 약술하였다.

끝으로, 각 편목 간의 연계를 약술하였다. 당률 12편은 기능도 분화되었고 연계도 되어 있었다. 이것들의 배열에는 일정한 순서가 있었고, 전후의 관계가 일정한 논리에 따라 연결되었다. 당률의 일부 편목의 「서언·소의」에서는 단순 명료하게 그 내재된 논리를 게시하였는데, 특히 일부 중요한 편목에서 그러하였다. 예컨대 『당률소의·명례』「서언·소의」에서는 「명례율」을 제1편에 배열한 이유에 대해 "명名을 훈訓하여 명命이라 하고, 예例를 훈訓하여 비比라 하며, 모든 편의 (죄의) 형명刑名을 정[命]하고, 모든 편의 법례를 비부比附한 것이다"[111]라고 약술하였다. 즉 명名과 예例는 모든 율 중에서 원칙적인 작용을 한다는 것이다. 『당률소의·위금』「서언·소의」에서도 「위금률」을 제2편에 배열한 이유에 대해 "위衛라는 것은 경계·호위하는 법을 말하고, 금禁이라는 것은 관금關禁으로써 이름[名]을 삼았다. 다만 황제를 공경하고 잘못을 막는 것은[敬上防非] 일[事] 가운데 특히 중요하기 때문에 명례名例의 다음에 차례 짓고 모든 편의 첫머리에 두었다"[112]라고 약술하였다. 『당률소의·단옥』「서언·소의」에서도 이 편을 제일 마지막에 설정한 이유에 대해 "이 편은 일부 조문을 이리저리 종합하여 판결하는 법[決斷之法]으로 삼았기 때문에 뭇 편들을 이어 (가장) 마지막에 두었다"[113]라고 약술했다.

3. 율의律義 해석

『영휘율永徽律』의 율조律條는 간략하였고, 율의律義는 세밀하였다. (이에) "세속의 관리가 완전히

---

106 【옮긴이 주】: '개황'은 수隋의 초대 황제 문제文帝(재위 581~604)의 첫 번째 연호(581~600)이다.
107 【옮긴이 주】: 이상 『역주율소 - 각칙(상) - 』「위금」「편목소」, 2017~2018쪽.
108 【옮긴이 주】: '단옥'이 원문에는 '단옥률'로 되어 있다(주 110 참조).
109 【옮긴이 주】: '후주'는 '북주'의 이칭異稱이다.
110 【옮긴이 주】: 『역주율소 - 각칙(하) - 』「단옥」「편목소」, 3319쪽.
111 【옮긴이 주】: 『역주율소 - 명례편 - 』「명례」「편목소」, 94쪽. 이어지는 문장의 마지막 문구는 다음과 같다 " 그러므로 명례를 편의 처음으로 삼았다"(94쪽).
112 【옮긴이 주】: 『역주율소 - 각칙(상) - 』「위금」「편목소」, 2018쪽.
113 【옮긴이 주】: 『역주율소 - 각칙(하) - 』「단옥」「편목소」, 3319쪽.

이해하지 못하여[僞114吏所不能通曉]"115 왕법枉法, 즉 법을 왜곡하는 상황이 출현하는 것을 피하고자 『당률소의』는 「소의」로써 율문의 일부 글자[字]·단어[詞]·문구[句]에 대해 해석하여 규범화함으로써 관리들이 준수하기 쉽게 하였다. 「소의」의 율의에 대한 해석은 주로 다음과 같이 크게 세 종류로 되어 있었다.

우선, 율조 가운데 관련이 있는 글자[字]에 대해 해석하였다. 「소의」에서는 율조에서 해석할 필요가 있다고 생각되는 글자에 대해 하나하나 설명하여 글자의 뜻을 명확하게 했다. 해석된 글자의 범위는 매우 넓어서 법률 전용글자도 있고 법률에서 전용하지 않는 글자도 있다. 예컨대 『당률소의·투송』「투구이수족타물상조鬪毆以手足他物傷條」에서는 "무릇 사람을 싸우다가 구타한[鬪毆] 자는 태笞40에 처한다. 상해를 가하였거나 다른 물건[他物]으로 사람을 구타한 자는 장杖60에 처한다"116라고 규정하였고, 본 조 「소의」에서는 '투鬪'와 '구毆' 두 글자에 대해 다음과 같이 해석하였다. "서로 다투는 것[相爭]을 투라 하고, 서로 때리는 것[相擊]을 구라고 한다."117 또 예컨대 『당률소의·명례』「십악조十惡條」118에서는 "이吏·졸卒이 본부本部의 5품 이상 관장官長을 살해한 때"에는 '불의不義'죄를 구성한다119라고 규정하였고, 본 조 「소의」120에서는 그중 '이吏'와 '졸卒'에 대해 "이는 유외관流外官 이하를 말하고, 졸은 서사庶士·위사衛士를 말한다"121라고 해석하였다

다음으로, 율조 가운데 관련이 있는 단어[詞]에 대해 해석하였다. 「소의」에서는 또 율조에서 해석이 필요한 단어에 대해 하나하나 해석하여 단어의 의미를 명확하게 하였다. 해석된 단어의 범위도 매우 넓어서 필요가 있다고 생각하면 모두 해석의 범주에 넣었다. 예컨대 『당률소의·호혼』「이처위첩조以妻爲妾條」에서는 "무릇 처妻를 첩妾으로 삼았거나, 비婢를 처妻로 삼은 자는 도徒2년에 처한다. 첩이나 객녀客女를 처로 삼았거나, 비를 첩으로 삼은 자는 도1년반에 처한다."122라고

---

114 【옮긴이 주】: '위僞'는 '속俗'의 오기이다(주 115 참조).
115 심가본沈家本, 「중각당률소의서重刻唐律疏議序」, 중화서국中華書局, 1993년판年版, 669쪽.
【옮긴이 주】: 심가본沈家本, 「중각당률소의서」([당]장손무기長孫無忌 등等 찬撰, 유준문劉俊文 점교點校, 『당률소의唐律疏議』「부록附錄」, 669쪽).
116 【옮긴이 주】: 『역주율소 - 각칙(하) - 』「투송1」(제302조)「투구수족타물상조鬪毆手足他物傷條」, 3015쪽.
117 【옮긴이 주】: 『역주율소 - 각칙(하) - 』「투송1」(제302조)「투구수족타물상조」「소의」, 3016쪽.
118 【옮긴이 주】: '「십악조」'는 '「십악조·불의不義」「주」'이다(주 119 참조).
119 【옮긴이 주】: 『역주율소 - 명례편 - 』「명례6」(제6조)「십악조·불의」「주」, 128쪽.
120 【옮긴이 주】: '「소의」'는 '「주·소의」'이다(주 121 참조).
121 【옮긴이 주】: 『역주율소 - 명례편 - 』「명례6」(제6조)「십악조·불의」「주·소의」에서는 "이는 유외관 이하를 말하고, 졸은 서사·위사 등[之類]을 말한다"(128쪽)라고 하였다.
122 【옮긴이 주】: 『역주율소 - 각칙(상) - 』「호혼29」「이처위첩조」, 2256쪽. 이 문장에 이어서 "각각 (본래의 신분으로) 되돌린다"(2256쪽)라는 문구가 있다.

규정하였고, 본 조 「소의」에서는 그 가운데 '객녀'에 대해 다음과 같이 해석하였다. "객녀는 부곡 部曲의 여성[女]을 말하는데, 혹은 다른 곳에서 양도 받은[轉得] 경우, 혹은 비婢를 방면하여 객녀로 삼은 경우이다."[123] 또 『당률소의·투송』「유외관이하구의귀등조流外官以下毆議貴等條」에서는 "무릇 유외관 이하가 의귀를 구타한 때에는 도徒2년에 처한다"[124]라고 규정하였고, 본 조 「소의」에서는 '유외관'과 '의귀'라는 두 단어에 대해 다음과 같이 해석하였다. "'유외관'은 훈품勳品 이하 서인庶 人까지를 말하고", "'의귀'는 문무직사관文武職事官 3품 이상, 산관散官 2품 이상 및 작爵 1품자一品者를 말한다."[125] 동시에 「소의」에서는 또 (율조에서) 사용한 단어[詞]의 역사적 연혁을 기재하여 동태적으로 단어의 뜻을 파악함으로써 율의律意를 정확히 이해하게 하였다. 예컨대 『당률소의·명례』「십악조」「소의」[126]에서는 '새璽'·'인印'과 '보寶'의 변천 상황에 대해 개략적으로 서술하여[槪述] "진秦·한漢 이후 천자天子의 것은 '새'라고 하였고, 제후諸侯의 것은 '인'이라고 하였다. 개원開元[127] 연간[歲中]에 새를 고쳐 '보'라고 하였다"[128]라고 하였다. 『당률소의·위금』「난입묘사급산릉조역문조闌入廟社及山陵兆域門條」「소의」에서도 '산山'·'능陵'과 '산릉山陵'의 연혁에 대해 약술하여 "진秦은 천자의 무덤[坟]을 산山이라고 하였고, 한漢은 능陵이라고 하였는데, 또 통틀어서 산릉山陵이라고 하였다"[129]라고 하였다.

끝으로, 율조 가운데 관련이 있는 문구[句]에 대해 해석하였다. 「소의」에서는 율조 가운데 관련이 있는 문구에 대해서도 매우 보편적으로 해석하였고, 해석한 문구도 그 범위가 매우 넓었다. 게다가 이것은 율조를 정확하게 이해하는 측면과 관계되었기 때문에 만약 해석이 없으면 반드시 사법에 영향을 미칠 수 있었다. 예컨대 『당률소의·직제』「치관과한급불응치이치조置官過限及不應置而置條」에서는 "무릇 관직에는 정원이 있는데, 관리를 임용하는 때 정원을 초과하였거나 임용해서는 안 되는데 임용한 경우, 1인이었다면 장杖100에 처하고, 3인마다 1등을 가중하며, 10인이었다면 도徒2년에 처한다"[130]라고 규정하였고, 본 조 「소의」에서는 "관직에는 정원이 있다"와 "관리

---

123 【옮긴이 주】: 『역주율소 - 각칙(상) - 』「호혼29」「이처위첩조」, 「소의」, 2256쪽.
124 【옮긴이 주】: 『역주율소 - 각칙(하) - 』「투송15」(제316조)「유외관구의귀조流外官毆議貴條」, 3049쪽.
125 【옮긴이 주】: 이상 『역주율소 - 각칙(하) - 』「투송15」(제316조)「유외관구의귀조」「소의」, 3049쪽.
126 【옮긴이 주】: '「십악조」「소의」'는 '「십악조·대불경大不敬」「주·소의」'이다(주 128 참조).
127 【옮긴이 주】: '개원'은 당의 제6대 황제 현종(재위 712~756)의 두 번째 연호(713~741)이다.
128 【옮긴이 주】: 『역주율소 - 명례편 - 』「명례6」(제6조)「십악조·대불경」「주·소의」, 118쪽.
129 【옮긴이 주】: 이 문장은 『역주율소 - 각칙(상) - 』「위금1」(제58조)「난입태묘문조闌入太廟門條」「소의」, 2019쪽, 주 11)에 의하면, 『삼진기三秦記』에 있는 문장을 인용한 것이다. 『삼진기』는 신모辛某의 찬撰이고, 편찬연대는 불명이다. 『이유당총서二酉堂叢書』·『설부說郛』등에 그 일문逸文이 보이는데, 「소의」의 인용과는 조금 달리 "진秦에서는 천자의 무덤을 장산長山이라고 하였고, 한漢에서는 능이라고 하였다. 따라서 통틀어 산릉이라고 이름하였다"로 되어 있다.

를 임용하는 때 정원을 초과하였거나 임용해서는 안 되는데 임용하였다"라는 두 문구에 대해 각각 다음과 같이 해석하였다. "'관직에는 정원이 있다'라는 것은 중앙·지방의 모든 관사官司의 잡임雜任 이상은 영令에 각각 정원이 규정되어 있다는 것을 말한다. '관리를 임용하는 때 정원을 초과하였거나 임용해서는 안 되는데 임용하였다'라는 것은 격格·영令에는 (정원 이외에 임용할) 인원이 없는데 함부로 임용한 경우를 말한다."[131] 또 『당률소의·단옥』「고수부득과삼도조拷囚不得過三度條」에서는 "만약 고신[拷]이 3회[三度]를 초과하였거나 장杖 이외의 다른 방법으로 고략拷掠[132]한 자는 장100에 처하고, 장杖의 수를 초과한 자는 초과한 부분을 반좌反坐한다"[133]라고 규정하였고, 본 조 「소의」에서는 "고신이 3회를 초과하였다"와 "장 이외의 다른 방법으로 고략하였다"라는 것에 대해 다음과 같이 해석하였다. "'고신이 3회를 초과하였다'는 것은 비록 장이 200 (이하)이었다고 해도 고신[拷]은 3회를 초과할 수 없다는 것을 말한다. '장 이외의 다른 방법으로 고략하였다'는 것은 법에서 정한 장[法杖] 이외의 다른 방법으로 죄수를 고신한[拷囚] 것으로, (예컨대) 줄[繩]로 매달아 묶었거나 혹은 몽둥이[棒]로 고타拷打한 경우를 말한다."[134]

「소의」에서는 율조에 대해 해석하였을 뿐 아니라 율조의 「주注」에 대해서도 해석하였다. 예컨대 『당률소의·사위』「도보인부절봉용조盜寶印符節封用條」에서는 율문 가운데 "무릇 보寶·인印·부符·절節을 절도하여 봉용封用한 경우"[135]라는 문구文句에 대해 「주注」를 부기附記하여 "의도意圖가 사위詐僞에 있고, 주관主管하는 자를 경유經由하지 않은 경우를 말한다"[136]라고 하였고, 본 조 「소의」에서는 「주」에 대해 "주에서 '의도가 사위에 있고, 주관하는 자를 경유하지 않은 경우를 말한다'라고 한 것은 관인官印 등을 도용盜用한 행위가 담당하는 자를 경유하지 않았다는 것을 말한다. 혹은 인印 등을 주관하는[執] 주사主司가 사사로이[私] 절도해서 봉용하였거나 타인에게 대여한[假與] 경우"[137]라고 해석하였다. 또 『당률소의·잡률』「득숙장물은이불송조得宿藏物隱而不送條」에서도 율

---

130 【옮긴이 주】: 『역주율소 - 각칙(상) - 』「직제1」(제91조)「관유원수조」, 2099~2100쪽.
131 【옮긴이 주】: 『역주율소 - 각칙(상) - 』「직제1」(제91조)「관유원수조」「소의」, 2100쪽.
132 【옮긴이 주】: '고략'에 대해서는 제1장 주 146 참조.
133 【옮긴이 주】: 『역주율소 - 각칙(하) - 』「단옥9」(제477조)「고수부득과삼도조」, 3337쪽. 이 규정에 이어서 "이로 인해 치사致死한 자는 도2년에 처한다"라고 하였다.
134 【옮긴이 주】: 『역주율소 - 각칙(하) - 』「단옥9」(제477조)「고수부득과삼도조」「소의」, 3337쪽.
135 【옮긴이 주】: 『역주율소 - 각칙(하) - 』「사위5」(제366조)「도보인부절봉용조」에서는 "무릇 보·인·부·절을 봉용한 경우, 또는 (보·인 등을) 관장하는 자가 (이것을) 절도해서 봉용하였거나, 타인他人에게 대여貸與하였거나[假] 매도한[出賣] 경우, (또는) 빌렸거나[假] 매입買한 자가 봉용한 경우에는 각각 위조·위사죄로 논한다[以僞造僞寫罪論]"(3159~3160쪽)라고 하였다.
136 【옮긴이 주】: 『역주율소 - 각칙(하) - 』「사위5」(제366조)「도보인부절봉용조」「주」, 3159쪽.
137 【옮긴이 주】: 『역주율소 - 각칙(하) - 』「사위5」(제366조)「도보인부절봉용조」「소의」, 3160쪽. 본문에 인용된

문[138]에 대해 「주」를 부기[附記]하여 "만약 고기[古器] 가운데 형태와 기법이 특이한 것을 획득하였는데 관[官]에 보내지 않은 자는 죄 또한 이와 같다[如之]"[139]라고 하였고, 본 조 「소의」에서는 「주」에 대해 "주에서 '만약 고기 가운데 형태와 기법이 특이한 것을 획득하였는데 관에 보내지 않은 자'라는 것은 고기 가운데 종[鍾]·정[鼎] 등[之類]과 같이 형태와 기법[制]이 보통[常]과 다른 것을 획득하였다면 영[令][140]에 따라 관에 보내고 그 대가를 보상받아야 하는데[酬直] 숨기고 보내지 않은 자를 말하며, 획득한 기[器]에 준[準]한다"[141]라고 해석하였다.

4. 죄명[罪名] 간의 차이 개설[概說]

당률은 502조였을 뿐이지만, 법망[法網]이 조밀하여 죄명은 적지 않았고, 또 일부 죄명은 매우 유사하여 혼동되기 쉬웠다. (이에) 「소의」에서는 사법관이 정확히 정죄[定罪]하는 것을 돕기 위해 혼동되기 쉬운 죄명 간의 차이를 개설하였다. 예컨대 『당률소의·명례』 「십악조[十惡條]」 「소의」[142]에서는 '악역[惡逆]'죄와 '불목[不睦]'죄의 차이에 대해 다음과 같이 개설하였다. "백숙부모[伯叔父母]·고모[姑]·형[兄]·누나[姉]·외조부모·남편[夫]·남편[夫]의 조부모와 부모를 살해한 경우"[143]에는 '악역'죄를 구성하지만, "백숙(부모) 이하는 곧 살해한 것에 의거한다. 만약 모의하였지만[謀] 살해하지 않은 경우에는 당연히 '불목'의 조문[殺][144]을 적용한다."[145] 즉 오직 '모의[謀]'라는 행위만 있었다면 '불목'죄를 구성하였을 뿐이었고, '살해'라는 행위가 있어야 '악역'죄를 구성하였던 것이다. 또 「십

「소의」의 문장 가운데 "혹은 인[印] 등을 주관하는 주사가 사사로이 절도해서 봉용하였거나 타인에게 대여한 경우"는 "의도가 사위에 있고, 주관하는 자를 경유하지 않은 경우를 말한다"라는 「주」와 직접 관계가 없다.

138 【옮긴이 주】: '율문'은 『역주율소 - 각칙(하) - 』 「잡률59」(제447조) 「득숙장물은이불송조」에 있는 다음의 규정을 말한다. "무릇 타인[他人]의 토지 내에서 매장물[宿藏物]을 획득하였는데, 숨기고 (주인의 몫을) 보내지 않은 자는 주인에게 돌아가는 분량[還主之分]을 계산해서 좌장죄로 논하되[坐贓論] 3등을 감경한다"(3274쪽).
139 【옮긴이 주】: 『역주율소 - 각칙(하) - 』 「잡률59」(제447조) 「득숙장물은이불송조」 「주」, 3274쪽.
140 【옮긴이 주】: '영'은 니이다 노보루[仁井田陞], 『당령습유[唐令拾遺]』 「잡령[雜令] 20조」(855쪽) 참조.
141 【옮긴이 주】: 『역주율소 - 각칙(하) - 』 「잡률59」(제447조) 「득숙장물은이불송조」 「소의」, 3274~3275쪽. 본 조 「소의」에 의하면, "획득한 기에 준한다"에서부터 마지막까지의 문장은 다음과 같다. "획득한 기에 준하여 좌장죄로 논하되[坐贓論] 3등을 감경한다. 그러므로 '죄 또한 이와 같다'라고 하였다."
142 【옮긴이 주】: '「십악조」 「소의」'는 '「십악조·악역[惡逆]」 「주·소의」'이다(주 145 참조).
143 【옮긴이 주】: 『역주율소 - 명례 - 』 「명례6」(제6조) 「십악조·악역」 「주」에서는 악역[惡逆]의 구성요건에 대해 "조부모·부모를 구타하였거나 살해하고자 도모하였거나[謀殺], 백숙부모·고모·형·누나·외조부모·남편·남편의 조부모와 부모를 살해한 경우를 말한다"(111쪽)라고 하였다.
144 【옮긴이 주】: '살[殺]'은 '조[條]'의 오기이다(주 145 참조).
145 【옮긴이 주】: 『역주율소 - 명례 - 』 「명례6」(제6조) 「십악조·악역」 「주·소의」, 111쪽.

악조」「소의」¹⁴⁶에서도 '불의^{不義}'와 '잡범^{雜犯}'에 대해 아래와 같이 구별하였다. 무릇 속^屬¹⁴⁷의 부주^{府主}·자사^{刺史}·현령^{縣令}·현재 가르침을 받고 있는 스승[見受業師]을 살해하였거나, 이^吏·졸^卒이 본부^{本部}의 5품 이상 관장^{官長}을 살해한 경우,¹⁴⁸ "만약 살해하였다면 '불의'죄를 적용하고, 모의하였지만[謀] 살해하지 않았다면 당연히 잡범^{雜犯}에 따른다."¹⁴⁹ 즉 살해해야 '불의'죄를 구성하였고, "모의하였지만 살해하지 않았다면" 단지 '잡범'에 포함되었을 뿐이었다.

5. 형벌 관련 여러 문제 약술^{略述}

형벌은 당률에서 중요한 구성요소였으므로 그것을 정확히 인식하는 것은 특히 의법양형^{依法量刑}, 즉 법에 의거해서 양형하는 경우에 중요한 의의가 있었다. 따라서 당률은 「소의」에서 각종 형벌, 특히 오형^{五刑}에 대해 약술하였다.

우선, 각종 형벌의 필요성에 대해 약술하였다. 당률은 모든 형벌에 관한 율조^{律條}의 「소의」에서 각종 형벌의 필요성에 대해 간단명료하게 설명하여 범죄자에게 처벌이 정당하다는 것을 인지^{認知}시켰고, 사법관^{司法官}에게 용형^{用刑}이 합리적이라는 것을 인지시켰다. 예컨대『당률소의·명례』「태형오조^{笞刑五條}」「소의」에서는 태형의 필요성에 대해 "태^笞란 (매를) 친다[擊]는 뜻이다. 또 부끄럽게 한다는 뜻으로도 해석된다[又訓爲恥].¹⁵⁰ 사람에게 작은 허물이 있으면 법으로 징계^{懲誡}해야 하므로 매를 쳐서 그 허물을 부끄럽게 한다는 것을 말한다"¹⁵¹라고 설명하였다. 「사형이조^{死刑二條}」「소의」에서도 사형^{死刑}의 필요성에 대해 "옛 철왕^{哲王}이 하늘을 본떠서 법을 제정하여[則天垂法], 정치를 보좌하고 교화^{敎化}에 도움이 되도록 하며, 횡포를 금하고 간사함을 막았는데, 그 본래

---

146 【옮긴이 주】: '「십악조」「소의」'는 '「십악조·불의^{不義}」「주·소의」'이다(주 149 참조)

147 【옮긴이 주】: '속' 앞에 '본^本'이 있다(주 149 참조).

148 【옮긴이 주】:『역주율소 - 명례 - 』「명례6」(제6조)「십악조·불의」「주」에 의하면, '불의'의 구성요건에는 본문에 열거한 행위 이외에 "남편[夫]의 상(喪)을 듣고도 숨기고 거애擧哀하지 않았거나, 악을 행하였거나[作樂], 상복을 벗고[釋服] 길복吉服을 입었거나, 개가改嫁한 행위"(129쪽)도 있다.

149 【옮긴이 주】: 이 문장은 "본속의 부주·자사·현령·현재 가르침을 받고 있는 스승을 살해한 경우"(『역주율소 - 명례 - 』「명례6」(제6조)「십악조·불의」「주」, 127쪽)에 대한「소의」(128쪽)이고, "이·졸이 본부의 5품 이상 관장을 살해한 경우"(『역주율소 - 명례 - 』「명례6」(제6조)「십악조·불의」「주」, 128쪽)에 대한「소의」는 "본부의 5품 이상 관장을 살해한 경우에는 모두 불의죄를 적용한다"(128~129쪽)이다.

150 【옮긴이 주】: 이 문장이 [송宋]두의竇儀 등等 찬撰, 오익여吳翊如 점교點校,『송형통宋刑統』(북경北京: 중화서국中華書局, 1984)권1,「명례율」「오형문五刑門」「태형오조」(『송형통』에는 당률과 달리 각 조에는 조명條名이 없다. 따라서 본 역서에서 표기한 조명은 편의적으로 당률의 조명을 원용援用하였다[이하 동일])「소의」에는 "율학자律學者가 말하기를 '태는 부끄럽게 한다는 뜻으로 해석된다'라고 하였다"(1쪽)로 되어 있다.

151 【옮긴이 주】:『역주율소 - 명례편 - 』「명례1」(제1조)「태형오조」「소의」, 99쪽.

의 의도는 살리는 것에 두었고[本欲生之], 취지는 살인을 그치게 하는 것에 있었다[義期止殺]"[152]라고 설명하였다.

다음으로, 각종 형벌의 연혁사에 대해서도 약술하였다. 당률의 형벌은 이전 시대[前代]에 연원을 두었기 때문에 각종 형벌은 모두 발전 궤적을 찾을 수 있다. 「소의」에서는 그것들의 연혁사를 약술함으로써 사법관司法官이 발전적인 관점에서 현행의 형벌을 인식하는 데 도움을 주었다. 예컨대 『당률소의·명례』「장형오조杖刑五條」「소의」에서는 장형의 변화 과정에 대해 "치우蚩尤가 오학五虐의 형벌을 제정할 때도 채찍[鞭扑]을 사용하였으므로 그 근원[濫觴]을 살펴보면 유래한 바가 오래되었다. 한 경제漢景帝[153] 때 태형을 받던 자가 태형을 마치기 전에 이미 사망하였으므로 태笞300을 200으로, 200을 100으로 개정하였다. (그후) 여러 대代를 거치면서 일찍이 증감하는 일이 거의 없었지만, 수대[隋室]에 이르러 장杖으로 편鞭을 대체하였고," 따라서 당唐의 장형은 "대체로 한의 제도[漢制]를 따랐다"[154]라고 약술하였다. 『당률소의·명례』「응의청감조應議請減條」「소의」에서도 '가역류加役流'의 연혁[155]에 대해 약술하고 있다.

끝으로, 형벌 집행 때의 몇 가지 문제에 대해서도 약술하였다. 「소의」에서는 사법司法을 유리하게 한다는 관점에서 형벌을 집행할 때의 몇 가지 문제에 대해서도 약술하여 사법관의 정확한 용형用刑을 지도하였다. 예컨대 『당률소의·명례』「태형오조笞刑五條」「소의」에서는 태형을 집행하는 형구刑具에 대해 "한대漢代에는 태笞에 대나무[竹]를 사용하였으나 지금은 가시나무[楚]를 사용한다"[156]라고 설명하였다. 『당률소의·명례』「응의청감조」「소의」에서도 연좌緣坐된 부인에게 가하는 용형에 대해 "그 부인이 관품官品이 있는 경우에는 도徒4년에 처하고, 관당법官當法에 의거해서 제명除名한다. 관품이 없는 경우에는 유주법留住法[157]에 따라 장형을 가하고 노역을 부과한다[加杖配役]"[158]라고 약술하였다.

···

152 【옮긴이 주】: 『역주율소 - 명례편 - 』「명례5」(제5조)「사형이조」「소의」, 104쪽.
153 【옮긴이 주】: '한 경제'는 전한의 제6대 황제(재위 B.C. 157~B.C. 141)이다.
154 【옮긴이 주】: 이상 『역주율소 - 명례편 - 』「명례2」(제2조)「장형오조」「소의」, 101 ~102쪽.
155 【옮긴이 주】: '가역류의 연혁'에 대해 『역주율소 - 명례편 - 』「명례11」(제11조)「응의청감조(속장贖章)」「소의」에서는 "가역류는 구법舊法에는 사형이었지만, 무덕(618~626) 연간에 단지형斷趾刑으로 바꾸었다. 국가에서는 형벌을 신중히 해서[惟刑是恤] 은혜를 널리 베풀고 두루 사랑하고자 하여[恩弘博愛], 이 형벌을 받은 자는 (잘린 발목을) 다시 이을 수 없고, (또) 사죄死罪를 범한 자를 힘써 살리고자 형벌을 받아야 하는 자에게 인정을 베풀고, 연못에 한 면의 그물[網]만 치고 축원한 것처럼, 정관 6년(632)에 제를 받들어[奉制] 가역류로 바꾸었다"(144쪽)라고 하였다.
156 【옮긴이 주】: 『역주율소 - 명례편 - 』「명례1」「태형오조」「소의」, 99쪽.
157 【옮긴이 주】: '유주법'에 대해서는 제8장 주 1 참조.
158 【옮긴이 주】: 『역주율소 - 명례편 - 』「명례11」「응의청감조(속장贖章)」「소의」, 145쪽.

이외에 당률은「소의」를 이용해서 율律과 영令·격格·식式의 관계도 조화시켰고 율문도 보충하였다. 이러한 문제들은 이 책의 다른 부분에서 이미 서술하였기 때문에 이 절에서는 다시 언급하지 않는다.

제3절 「소의」의 국내외 입법立法에 대한 영향

당률의「소의」는 법률을 해석하고 보충하는 기능을 모두 갖추었기 때문에 당唐 이후 역대 봉건왕조와 당시 일부 아시아 국가의 입법자들의 관심과 모방의 대상이 되었다.

1. 당 이후 각 왕조의 입법에 대한 영향

「소의」에서 모든 율조律條에 대해 입법해석을 행하여 율문 등을 명확하게 한 방법은 당 이후 역대 봉건왕조의 입법자들이 중시했고, 따라서 계속 사용되었다. 예컨대『구오대사舊五代史·형법지』에 의하면, 양梁[159] 개평開平[160] 4년(910년) 12월에 반포된『대량신정격식율령大梁新定格式律令』은 모두 103권이었는데, 그중에는 영 30권令三十卷[161]·식식 20권·격格 10권·목록이 포함된 율[律并目錄][162] 13권 이외에 '율소律疏 30권'[163]도 있기 때문에 '「소의」'는 여전히 있었음을 알 수 있다. 송대宋代가 되면,『송형통宋刑統』은 율조律條의 말미末尾에 영令·격格·식式·칙勅과 기청起請 등의 법률 형식을 부기附記하여 체계상 당률과 구별되었지만, 모든 율조 다음에 여전히「소의」를 두었고, 당률의「소의」와 동일한 작용을 하였다. 금대金代도「소의」를 사용하는 관습이 있었다. 예컨대『금사金史·형법지刑法志』[164]에 의하면, 금金 명창明昌[165] 5년(1194년)에 상정詳定된『명창율의明昌律義』는[166]

---

159 【옮긴이 주】: '양梁'은 '후량後梁'을 가리킨다.『구오대사』(북경北京: 중화서국점교본中華書局點校本, 1976)권147,「형법지」(1961쪽)에도 '양'으로 되어 있다.
160 【옮긴이 주】: '개평'은 후량의 초대 황제 태조太祖(재위 907~912)의 첫 번째 연호(907~911)이다.
161 【옮긴이 주】: "영 30권"이, [송宋]왕부王溥,『오대회요五代會要』(상해上海: 상해고적출판사上海古籍出版社, 1978)권9,「정격령定格令」(146쪽)에도 동일하게 기재되어 있지만,『구오대사』권147,「형법지」(1961쪽)에는 "율령 30권律令三十卷"으로,『송사宋史』(북경北京: 중화서국점교본中華書局點校本, 1977)권204,「예문藝文3·형법류刑法類」(5138쪽)에는 "양령 30권梁令三十卷"으로 기재되어 있다.
162 【옮긴이 주】: '율병목록律并目錄'이,『구오대사』권147,「형법지」(1961쪽)에는 "병목록倂目錄"으로 되어 있고 (주 163 참조),『오대회요』권9,「정격령定格令」(146쪽)에는 원서처럼 되어 있다.
163 【옮긴이 주】:『구오대사』권147,「형법지」(1961쪽)에 의하면, 개평 3년(909) 11월에 내려진 태조의 조서로 중간重刊된『대량신정격식율령』(율령 30권·식 20권·격 10권·목록이 포함된 율[倂目錄] 13권·율소 30권, 총 5부部 10질帙, 합계 103권)은 이듬해 12월 중간 후 재상 설이구薛貽矩가 태조에게 반행頒行을 복청伏請하면서 올린 상주문에 보인다.
164 【옮긴이 주】: '형법지'는 '형지刑志'의 오기이다.

"전대前代의 형서刑書에서 지금에 적합한 것을 모두 취해서[歷采] 결락缺落을 보완하였고," 또 "『형통刑統』의 소의문[疏文]으로 해석하였다."[167] 명明·청淸의 양대兩代에는 재차 「소의」라고 부르지는 않았지만, 형식만 바뀌었고 내용에는 변화가 없었기 때문에 「직해直解」·「집해集解」로 칭해지는 것들은 여전히 「소의」의 성격을 띠었다. 예컨대 『명사明史·형법지』에서는, 오왕吳王 원년元年[168] (1367년) 12월에 반행된 『율령직해律令直解』에 대해 "예악禮樂·제도·전량錢糧·선법選法"이외에 "민간에서 통행하는 사항들을 취해서 종류별로 모아[類聚] 편성하였고", 또 "그 의미를 해석하여 군현郡縣에 반포하였다"[169]라고 기술하였다. 이후 홍무洪武[170] 30년(1397년)[171]에 반포된 『대명률大明

---

165 【옮긴이 주】: '명창'은 금의 제6대 황제 장종章宗(재위 1189~1208)의 첫 번째 연호(1190~1196)이다.

166 【옮긴이 주】: 『명창율의』의 상정 시기에 대해 저자는 '명창 5년', 즉 1194년으로 보고 있다. 그러나 『금사金史』(북경北京: 중화서국점교본中華書局點校本, 1975)권45, 「형지」(주 167 참조)를 보면, 명창 5년 정월에 상정관詳定官이 말한 『명창율의』는 이때(1194) 상정된 것이 아니라 차후 편찬된 것을 그렇게 명명命名하겠다는 것이고, 또 말미의 "신율新律을 중수重修시켰다"라는 문장에 주목하면, '명창 5년 정월'은 신율의 중수(즉 『명창율의』의 제정)가 명해진 해였음을 알 수 있다. 『명창율의』의 완성에 대한 사례는 『금사』권11, 「장종기章宗紀3」에서 "(승안承安 5년 4월) 병오丙午, 상서성尚書省이 율의律義를 진상進上하였다"(253쪽)라는 기사이고, 승안 5년은 1200년이다. 이상을 종합하면, 『명창율의』는 중수가 명해지고(1194)부터 완성(1200)까지 대략 6년이 걸리고 있다[우메하라 카오루梅原郁 편編, 「역주 금사형지譯注 金史刑志」, 『중국근세형법지中國近世刑法志 상上』[동경東京: 창문사創文社, 2002]), 317쪽, 주 9].

167 【옮긴이 주】: 『금사』권45, 「형지」의 관련 문장은 다음과 같다. "(명창) 5년 정월, 다시 영令을 내려 제制·율律의 조사·교정을 즉시 상정소詳定所에 하달하였다. 이때 상정관이 다음과 같이 말하였다. '만약 중수重修한 제문制文으로 정식定式을 만들면, 조목條目의 증감이나 죄명의 경중은 당연히 율과 차이가 있습니다. 지금 정한 것과 이전의 것을 동시에 반포하면 사람들을 곤혹스럽게 하고 간사한 일을 쉽게 행하게 할 것입니다. 신臣들이 아뢰옵건대, 현재의 제조制條를 사용하되, 시의時宜를 참작하여 율문에 준거해서 수정하고, 전대前代의 형서刑書에서 지금에 적합한 것을 모두 취해서 결락을 보완하고, 『형통』의 소의문으로 해석해서 (국가의) 상법常法으로 저술하여 이름을 『명창율의』라 하고자 합니다. 달리 각화榷貨(전매품)·변부邊部(이민족)·권의權宜(임시조치) 등에 관한 사항을 편찬하고 집성하여 『칙조敕條』로 하고자 합니다.' 재상들[宰臣]이 '먼저 교정한 영문令文에 아직 완성되지 않은 부분도 있고, (교정되는 것을) 기다린 연후에 반행頒行하고, 율과律科의 거인擧人에게는 구율舊律만을 학습시키십시오.' (이에) 마침내 대흥부지사大興府知事 니방고감尼厖古鑑 …… 형부원외랑刑部員外郞 이정의李庭義·대리승大理丞 마안상馬安上을 교정관校定官으로 삼고, 대리경大理卿 염공정閻公貞 …… 공부낭중工部郞中 가현賈鉉을 복정관覆定官으로 삼고 신율新律을 중수重修시켰다"(1022쪽).

168 【옮긴이 주】: '오왕 원년'은 통상 '오원년吳元年'이라 칭한다(주 169 참조).

169 【옮긴이 주】: 『명사』권93, 「형법1」에 있는 관련 문장은 다음과 같다. "명태조(홍무제)는 무창武昌을 평정하자, 즉시 율령律令을 토의하였다. 오년 동冬 10월에는 좌승상左丞相 이선장李善長을 율령총재관律令總裁官으로 삼고, 참지정사參知政事 양헌楊憲 …… 한림학사翰林學士 사도안陶安 등 20인을 의율관律官에 임명하고 다음과 같이 훈유訓諭하였다. …… 12월에 책이 완성되자, 무릇 영令 145조條·율律 285조였다. 또 백성[小民]들이 두루 알지 못하는 것을 배려해서 대리경大理卿 주정周楨 등에게 명하여 찬정된 율령 가운데 예악·제도·전량·선법 이외에 민간에서 통행하는 사항들을 취해서 종류별로 모아 편성하였고, (또) 그 의미를 해석하여 군현에 반포하였다. 그 이름을 『율령직해』라고 하였다"(전영진, 「명사 형법지

律』¹⁷²도 율문 다음[律文後]¹⁷³에 도圖를 부재附載하여 율의律意를 이해하는 데 도움을 주었다. 예컨대 『명사·형법지』에서는, 『대명률』¹⁷⁴도 "처음에 형도刑圖¹⁷⁵ 두 개를 배열하였고, 다음에 팔예도八禮圖를 배열하였다"¹⁷⁶라고 기재하였다. 율의에 대한 해석이 문자의 사용에서 도圖의 사용에까지 이른 것은 일종의 발전이라 할 수 있다. 청淸 순치順治¹⁷⁷ 3년(1646년)에 제정된 『대청률집해부례大淸律集解附例』와 옹정雍正¹⁷⁸ 5년(1727년)에 반행된 『대청률집해大淸律集解』 등도 「집해」로 「소의」를 대체한 것이지만, 본질은 서로 동일하였다.

2. 당시 아시아 여러 국가의 입법에 대한 영향

당시 일부 아시아 국가의 통치자들은 입법을 완벽하게 하는데 「소의」의 특수한 지위와 작용을 인지認知하고, 이를 십분 상찬함과 동시에 계속해서 모방·사용하였는데, 그 가운데 일본이 가장 활발하였다. 일본의 저명한 법전인 『대보율大寶律』과 『양로율養老律』은 모두 율소律疏가 병용되었다. 일본학자 다키가와瀧川 박사는, 『대보율』은 "주해注解와 소의疏義가 병존한다"라고 하였고, 미우라 히로유키三浦周行 박사는, 『양로율』은 "주해 이외에 소의도 있다"라고 하였다.¹⁷⁹ 이로써 「소의」의 영향이 심원深遠하였음을 알 수 있다.¹⁸⁰

역주Ⅰ」, 323~324쪽).

170 【옮긴이 주】: '홍무'는 명明의 초대 황제 태조 홍무제洪武帝(재위 1368~1398)의 연호(1368~1398)이다.
171 【옮긴이 주】: '홍무 30년(1397)'은 '홍무 22년(1389)'의 오기이다(주174 참조).
172 【옮긴이 주】: '『대명률』'은 '『홍무22년율洪武二十二年律』'의 오기이다(주 174 참조).
173 【옮긴이 주】: '율문후律文後'는 '권두卷頭'의 오기이다. 그것은 '오형지도五刑之圖'·'팔예도八禮圖' 등 도圖는 모두 '율문 다음'이 아니라 '권두'에 있기 때문이다.
174 【옮긴이 주】: '『대명률』'은 '『홍무22년율』'의 오기이다. 본 역서에서 '『대명률』'을 모두 '『홍무22년율』'로 보는 근거는 첫째, 명률에서 권두에 '오형지도五刑之圖'·'팔예도八禮圖' 등 도圖를 부재附載한 것은 『홍무22년율』부터 시작되었다는 점이다. 물론 이러한 방식은 『대명률』(『홍무30년율』 또는 『경정대명률更定大明律』이라고도 한다)에도 계승되었지만, 그 시초는 『홍무22년율』이다. 둘째, 원서에 인용된 『명사』권93, 「형법1」의 문장은 홍무제가 황태손 건문제建文帝(재위 1398~1402)에게 『홍무22년율』에 대해 훈유할 때 그 모두冒頭에 나온다는 점이다(이상 『명사』권93, 「형법1」의 관련 자료는 주 176 참조).
175 【옮긴이 주】: '형도刑圖'는 '오형지도五刑之圖'의 오기이다.
176 【옮긴이 주】: 전영진, 「명사 형법지 역주Ⅰ」(329쪽).
177 【옮긴이 주】: '순치'는 청의 제3대 황제 세조 순치제(재위 1643~1661)의 연호(1644~1661)이다.
178 【옮긴이 주】: '옹정'은 청의 제5대 황제 세종 옹정제(재위 1722~1735)의 연호(1723~1735)이다.
179 양홍렬楊鴻烈, 『중국 법률의 동아시아 각국에서의 영향[中國法律在東亞諸國之影響]』, 상무인서관商務印書館, 1937년판年版, 213쪽.
180 【옮긴이 주】: 『고려사』권84, 「형법1」「서문序文」에서는 "고려 일대一代의 제도는 대체적으로 모두 당唐을 모방하였다. 형법에서도 또한 당률唐律을 채택하고 시의時宜를 참작해서 이를 사용하였다"(채웅석, 『고려사형법지역주』[서울: 신서원, 2009], 79쪽)라고 하듯이, 「고려율」은 당률을 계수繼受한 것으로 알려져

....
있다. 그러나 「고려율」에는 송초宋初인 건륭建隆 4년(963)에 제도화된 절장법折杖法이 법제화되었고, 또 『고려사』「형법지」의 체제(편목 구성)는 『원사元史』(북경北京: 중화서국점교본中華書局點校本, 1976) 권102~105, 「형법1~4」의 형식을 채용하고 있다. 이처럼 「고려율」에는 당률뿐만 아니라 송률宋律·원률元律의 영향도 인정되고 있다. 따라서 「고려율」에 관한 연구상의 여러 문제에 대해서는 이상의 점들을 고려해서 체계적이고 종합적인 구명이 요망된다고 하겠다. 「고려율」의 연구에서 기본 사료인 『고려사』「형법지」에 대한 역주서는 채웅석, 『고려사 형법지 역주』가 대표적이고, 「고려율」의 법원·법의에 중점을 두고 복원한 것에는 영남대학교민족문화연구소 편, 『고려시대 율령의 복원과 정리』(서울: 경인문화사, 2009)가 있다.

제3장
당률의 율조律條의 조화

　　율조의 조화는 역대 입법자들이 중시한 문제였다. 당률은 중국에서 현존하는, 제일第一로 구성이 치밀하고 내용이 완비된 봉건법전으로, 율조의 조화 문제를 비교적 적절히 처리하였다.

제1절 조화의 내용

　　당률의 율조의 조화는 주로 이하 세 가지 방면의 내용을 포괄하고 있다.

1. 12편목篇目의 율조의 조화

　　현존하는 당률은 502조條이고, 각각 12편목[1]으로 분류되어 있다. 따라서 편목의 내용적인 안배와 배열은 곧 일종의 전체적인 조화이다. 당률의 조화 방법을 보면, 제1편 「명례율名例律」은 당률의 일반원칙을 규정하였고, 전체 율의 내용을 통솔하였기 때문에 현대의 형법총칙과 유사하며, 그 나머지 11편 즉 「위금률衛禁律」에서 「단옥률斷獄律」까지는 그 범죄 행위에 따라 각각 분류하여 편篇을 만들었다. 이처럼 편목의 내용은 편목명篇目名과 일치하였기 때문에 편목명을 한 번만 봐도 그 속에 포함된 내용까지 알 수 있다.

　　편목의 다소多少는 각종 범죄 행위를 총괄·귀납할 수 있는가, (또) 그 속의 내용을 합리적으로 안배하고 조화시킬 수 있는가의 문제와 관계가 있다. 편목이 너무 많아도 또 너무 적어도 모두 편파적이다. 『위법魏法·서략序略』[2]에서는 『법경法經』의 편목이 너무 적다고 보았고, 아울러 편목이

---

1 【옮긴이 주】: '12편목'에 대해서는 제1장 주 103 참조.
2 【옮긴이 주】: 『위법』의 경우, 위 명제魏明帝(재위 226~239) 때 제정된 『신률新律』 18편은 통상 '『위율魏律』'로 칭해진다. 『위율』의 제정에 대해 『진서』권30, 「형법지」에서는 "그 후 천자(명제)는 또 조서를 내려 형제刑制의 개정을 행하여, 사공司空 진군陳群 …… 중랑中郎 황휴黃休·순선荀詵 등에게 명하여 구래舊來의 과조科條를 삭감하고 널리 한률漢律을 채집해서 위魏의 법률을 제정하게 하였고, (이에) 신률 18편, 주군령

너무 적어 발생하는 폐단을 다음과 같이 지적하였다.³ "구율舊律⁴이 알기 어려운 것은 (그 기본이 된 『법경』이) 6편으로, 그 편수篇數가 적기 때문이다. 편수가 적으면 율문 규정이 간략해지고[文荒], 율문 규정이 간략해지면 기재된 범죄 사항이 적어지며[事寡], 기재된 범죄 사항이 적어지면 범죄가 누락된다[罪漏]. 이 때문에 후세 사람들이 점차 (편목과 율조를) 증보하였다."⁵ 이와는 달리 편목이 너무 많으면 정반대의 극단으로 치닫게 된다.

당 태종唐太宗⁶은 편목이 과다하고 또 내용이 번잡한 방식을 극력 반대하였다. 그는 일찍이 율조가 번잡하면 "관인官人이 모두 기억할 수 없고", 게다가 "간사奸詐한 일이 일어나게 된다"⁷라고 하였다. 따라서 그는 정관貞觀⁸ 초 대신들에게 "법을 집행할 때는 힘써 관대하고 간략하게[寬簡] 해야 한다"⁹라고 하였고, 정관 연간에 재차 "국가의 법령은 모름지기 간략해야 한다"¹⁰라고 하였다. 당

州郡令 45편, 상서관령尙書官令·군중령軍中令, 합계 180여 편을 제정하였다"(923쪽)라고 하였다. 『위율』의 성립 시기에 대해 장진번張晉藩 총주편總主編, 『중국법제통사 제3권 위진남북조中國法制通史 第三卷 魏晉南北朝』(22쪽)에서는 태화太和 3년(229)에 시작하여 늦어도 경초景初 원년(237)에 완성된 것으로 보고 있다.

3 【옮긴이 주】: 이 문장이 『진서』권30, 「형법지」에는 "그(위魏의 『신율新律』) 서략에는 다음과 같이 말하고 있다"(923쪽)로 되어 있다.
4 【옮긴이 주】: '구율'에 대해, 우치다 토모內田智雄 편편, 「역주 진서형법지譯註 晉書刑法志」(98쪽)에는 "구래舊來의 율"로, 사서지謝瑞智 주역注譯, 『진서형법지晉書刑法志』(92쪽)에는 "구율"로 되어 있다. 이와는 달리 고조高潮·장대원張大元, 「진서형법지주역晉書刑法志注譯」(79쪽)에는 "진秦 때의 구율"로, 임병덕, 『『진서』 「형법지」 역주Ⅱ』(299쪽)에도 "진의 구율"로 되어 있다. 『진서』권30, 「형법지」에 의하면, 『신율』「서략」에는 '구율'이라는 글자가 이외에 두 번 더 보인다. 하나는 "구율은 진秦의 『법경』(6편)을 기초로 (그것에) 3편을 추가한 것이다"(924쪽)라는 것이다. 「법경」(6편)에 3편을 추가한 것이 『구장률九章律』을 가리키는 것은 쉽게 알 수 있다. 그리고 또 하나는 "한漢의 구율로서 위魏에서 시행되지 않는 것을 개정해서 (그것을) 모두 삭제하였다"(925쪽)라는 것이다. 여기서도 "한의 구율"이라 명시하고 있다. 그렇다면 『신율』「서략」에서 말하는 '구율'은 넓게는 『신율』이 제정되기 이전의 '구래의 율'을, 좁게는 '한율漢律' 특히 『구장률』'을 가리킨다고 보아야 할 것이다. 다만 '구래의 율'과 '구율'은 의미가 같기 때문에 본 역서에서는 원서대로 '구율'로 표기하였다.
5 【옮긴이 주】: 『진서』권30, 「형법지」(924쪽).
6 【옮긴이 주】: '당 태종'은 당의 제2대 황제(재위 626~649)이다.
7 【옮긴이 주】: 『정관정요』「사령赦令 제32」에서는 "정관 10년(636), 태종이 시신侍臣에게 말하였다. '국가의 법령法令은 모름지기 간략해야지 한 가지 죄[一罪]에 여러 조문을 적용해서는 안 된다. 격식格式이 많게 되면 관인官人이 모두 기억할 수 없고, 게다가 간사한 일이 일어나게 된다. 만약 죄를 감경[出罪]하고자 하면 경미한 조문을 인용하고, 죄를 가중[入罪]하고자 하면 엄중한 조문을 인용해야 한다. 자주 법을 고치는 것은 실제로 나라를 다스리는 좋은 방법이 아니다. 마땅히 법령을 자세히 심의하여 중복되는 조문이 없도록 해야 한다'"(김원중 옮김, 『정관정요』「제32장 사면령」, 395쪽)라고 하였다. '출죄出罪'와 '입죄入罪', 즉 죄의 감경과 가중에 대해서는 제1장 주 124 참조.
8 【옮긴이 주】: '정관'은 당의 제2대 황제 태종의 연호(627~649)이다.
9 『정관정요·형법刑法 제31』.
【옮긴이 주】: 『정관정요』「형법 제31」에서는 "정관 원년(627), 태종이 시신侍臣들에게 말하였다. '한번 죽은

률의 12편목의 수數는 가장 적절하였기 때문에 후세 사람은 당률을 평評하여 "고금古今의 율 가운데 (가장) 그 적당함을 얻은 것"[11]이라고 하였다.

당률의 12편목의 명칭은 (역대) 여러 율의 장점을 광범위하게 취하였다. 당률 이전에는 이미 30여 개의 편목명을 사용하였지만, 당률은 그 이전의 편목명을 개정하였는데, 주로 다음과 같은 여러 가지 조치를 취하였다.

첫째, 내용이 비슷한 편목을 합병하여 더욱 간명하게 하였다. 예컨대 「적도율賊盜律」은 진秦·한漢부터 북위北魏 때까지 계속 사용된 「적률賊律」과 「도율盜律」을 하나로 합친 것이다. 둘째, 편목명의 위치를 바꾸어 더욱 합리적인 것이 되도록 하였다. 예컨대 「호혼률戶婚律」은 북제율北齊律의 「혼호율婚戶律」을 개정한 것이다. 셋째, 원래의 편목명을 바꾸어 보다 정확하게 하였다. 예를 들면, 「직제율職制律」은 진률晉律 중의 「위제율違制律」을 고친 것이다. 또 일부 편목명은 전대前代의 것을 계속 사용하였는데, 「잡률雜律」 등이 그러하였다. 편목명의 개정은 율조의 새로운 조합 또는 조정을 의미하며, 율조의 조화에서 중요한 부분이 된다.

당률의 12편목의 배열순서는 논리적이었는데, 이것은 앞부분에 배열된 3편[12]의 「전언前言」에서도 상세히 설명하고 있다. 예컨대 제1편은 「명례율名例律」이고, 규정한 내용은 당률의 일반원칙이기 때문에 당연히 편목의 첫 번째가 되어야 한다. 이에 대해 『당률소·명례』 「전언」에서는 "명名이란 오형五刑의 죄명이고, 예例란 오형의 체례體例이다. 명名을 훈訓하여 명命이라 하고, 예例를 훈하여 비比라 하니, 모든 편의 (죄의) 형명刑名을 정[命]하고 모든 편의 법례法例를 비부比附한 것이다. 다만 형명[名]은 죄에 따라 성립되고, 사건[事]은 (죄를) 범함으로 말미암아 발생한다. 명名을 정함은 곧 형刑에 대응케 하는 것이고, 예例에 비比함은 곧 사건의 본보기[表]를 보인 것이다. 그러므로 명례를 편의 첫째[首篇]로 삼았다"[13]라고 하였다. 그중에는 황권皇權과 봉건통치에 대한 위해성

사람은 다시 살아날 수 없다. (그러므로) 법을 집행할 때는 힘써 관대하고 간략하게 해야 한다'"(김원중 옮김, 『정관정요』 「제31장 형법」, 378쪽)라고 하였다.

10 【옮긴이 주】: 이 문장은 주 7에 나온다. 원서에는 이 문구에만 "『정관정요』 「형법 제31」"이라는 주注가 있다. 그러나 이 문구는 「사령 제32」에 있고, 게다가 원서에 인용된 태종의 말은 『정관정요』의 「형법 제31」과 「사령 제32」의 문장이 혼재되어 있다.

11 『역대형법고歷代刑法考·한률척유자서漢律摭遺自序』.
【옮긴이 주】: 심가본沈家本, 『역대형법고(3)』(북경北京: 중화서국中華書局, 1985) 「한률척유자서」에서는 "역대 율律에서 지금 남아 있는 것은 오직 『당률唐律』뿐이고, 고금古今의 율 가운데 (가장) 그 적당함을 얻은 것도 오직 『당률』뿐이다. 거기에는 삼대三代 선왕先王의 남긴 뜻[遺意]이 여전히 남아 있다"(1365쪽)라고 하였다.

12 【옮긴이 주】: '3편'은 「명례율」·「위금률」·「직제율」을 말한다.
13 【옮긴이 주】: 『역주율소 - 명례편 - 』 「명례」 「편목소」, 94쪽.

危害性이 가장 큰 '십악十惡' 규정14도 포괄하고 있다.

제2편은 「위금률衛禁律」이고, 전문적으로 황제의 인신人身의 안전과 국가의 주권主權을 위해한 범죄 행위를 처벌하였다. 황제는 황권의 화신化身이었기 때문에 황제를 위해한 행위는 황권에 대한 가장 큰 위협 행위이자 당률이 제일 먼저 처벌해야 하는 행위였다. 『당률소의·위금』「전언」에서도 이에 대해 직설적으로 "황제를 공경하고 잘못을 막는 것은 일[事] 가운데 특히 중요하기 때문에 명례 다음에 차례 짓고 모든 편의 첫째에 두었다"15라고 하였다.

제3편은 「직제율職制律」이고, 각급各級의 죄를 범한 관리에 대한 처벌을 규정한 법률이다. 방대한 봉건국가의 기구는 여러 계층의 관리에 의해 운영되었다. 관리의 범죄는 지주계급 전체의 이익에 직접적인 영향을 줄 수 있었고, 황권에까지도 영향을 주었기 때문에 관리의 범죄를 처벌하는 것은 특히 중요하였다. 이에 『당률소의·직제』「전언」에서도 "궁전宮殿·금위禁衛에 관한 일이 완료되면 관직의 설치가 그다음이 된다"16라고 하였다. 이로써 편목의 순서를 배열하는 논리는 바로 황권을 유지·보호하는 논리였고, 황권에 대한 위해성이 큰 범죄를 앞에 배열하여 경계의 뜻을 나타냈었음을 알 수 있다. 편목이 이러한 논리로 배열되었기 때문에 율조도 자연히 이에 따라 분류되었다. 그 나머지 편목도 모두 「전언」에서 배열한 이유를 상세히 설명하지는 않았지만, 실제로 상술한 논리에서 그다지 벗어나지 않았다.

당률의 편목의 배열순서도 이전 율의 장점을 모았다. 그것은 「명례율」을 첫 편에 두어 전체 법전에 대해 요점을 간명하게 제시하는 역할을 하였고, 체계를 비교적 과학적으로 하여 "죄형[罪法]의 경중輕重의 이치를 세우고, (형의) 가감의 차등을 확정하며, 각 편의 다양한 의미와 내용을 명확하게 하고, 각 조문條文의 부족한 부분을 보충하며, 모든 편의 강령綱領을 개괄적으로 열거하는"17 효과가 있었다. 이 때문에 당률은 『법경法經』 이후 상당히 오랜 시간 동안 「적賊」을 첫째 편으로 하였던 체계를 바꾸었다. 또 당률은 「위금률」을 제2편에 두어서 입법자들의 본의本意를 반영하여 우선 처벌해야 하는 대상을 명시함으로써 상당히 장기간 「도盜」를 제2편으로 하였던 정제定制도 바꾸었다.

당률은 편목명·편목수·배열순서 등 모든 방면의 조정을 통해 율조를 더욱 합리적·과학적으

---

14 【옮긴이 주】: 『역주율소 - 명례편 - 』「명례6」(제6조)「십악조」, 106~130쪽.
15 【옮긴이 주】: 『역주율소 - 각칙(상) - 』「위금」「편목소」, 2018쪽.
16 【옮긴이 주】: 『역주율소 - 각칙(상) - 』「직제」「편목소」에서는 "궁전·금위에 관한 일이 완료되면 관직의 설치가 그다음이 되기 때문에 「위금률」의 다음에 두었다"(2099쪽)라고 했다.
17 『진서·형법지』.
   【옮긴이 주】: 『진서』권30, 「형법지」, '장비張斐의「주율표注律表」'(928쪽).

로 분류해서 율조 전체를 조화시키는 효과를 거두었다.

2. 전후前後 편목의 율조의 조화

당률의 율조는 12편목으로 분류되어 있지만, 그 자체가 하나의 통일체였고, 전후 편목의 율조도 나눌 수 없을 정도로 연계되어 있었기 때문에 그것들의 조화도 율조의 조화에서 중요한 내용이 되었다.

첫째, 「명례율」의 율조는 그 나머지 11편의 율조에 대한 일반원칙으로 운용되어 정죄양형定罪量刑[18]의 근거가 되었다. 예컨대 『당률소의·투송』「고기친이하시마이상존장조告期親以下總麻以上尊長條」[19] 「소의」에서는 「명례율」의 "모두 상용은相容隱[20]의 관계에 있으므로 고발된 자[被告之者]는 자수한 것과 같다[與自首同]"[21]라는 규정을 인용하였고, 게다가 이것을 본 조문의 정죄양형의 원칙으로 삼았다. 따라서 본 조에서는 "기친존장期親尊長·외조부모·남편[夫]·남편[夫]의 조부모를 고발[告]한 경우에는 비록 사실이었다고 해도 도徒2년에 처한다"[22]라고 규정하였다. 『당률소의·잡률』「향성관사택사조向城官私宅射條」에서도 "(화살·탄환·기왓돌을) 고의로 성城이나 집안[宅中]에 들어가게 하여 사람을 살상殺傷한 자는 각각 투살상죄로 논한다[以鬪殺傷論]. 사죄에 이른[至死] 자는 가역류加役流에 처한다"[23]라고 규정하였다. (그런데) "의도하지 않게 살해·상해한 자"는 바로 본

---

18 【옮긴이 주】: '정죄양형'에 대해서는 제1장 주 73 참조.
19 【옮긴이 주】: 『역주율소 - 각칙(하) - 』「투송45」(제346조)「고기친존장조告期親尊長條」에서는 "무릇 기친존장·외조부모·남편[夫]·남편[夫]의 조부모를 고발[告]한 경우에는 비록 사실이었다고 해도 도徒2년에 처한다. 그러나 고발[告]한 사안[事]이 중형인 경우에는 고발[告]한 죄에서 1등을 감경한다. 만약 무고誣告한 죄가 중형인 경우에는 무고한 죄에서 3등을 가중한다. 대공친大功親의 존장을 고발[告]한 경우에는 각각 1등을 감경하고, 소공친小功親·시마친總麻親인 경우에는 2등을 감경하며, 무고한 죄가 중형인 경우에는 각각 무고한 죄에서 1등을 가중한다"(3115쪽)라고 규정하였다.
20 【옮긴이 주】: '상용은'에 대해서는 제1장 주 52 참조.
21 【옮긴이 주】: 『역주율소 - 각칙(하) - 』「투송45」「고기친존장조」「소의」에서는 "'기친존장·외조부모·남편[夫]·남편[夫]의 조부모를 고발한[告] 경우'에는 명례율에 의하면, 모두 상용은의 관계에 있으므로 고발된 자는 자수한 것과 같고, 고발한 자는 각각 도2년에 처한다"(3116쪽)라고 하였다. 본 조「소의」에 인용된「명례율」의 조문 가운데 "상용은의 관계에 있다"라는 규정은 『역주율소 - 명례편 - 』「명례46」(제46조)「동거상위은조同居相爲隱條」(336~338), "고발된 자는 자수한 것과 같다"라는 규정은 『역주율소 - 명례편 - 』「명례37」(제37조)「범죄미발자수조犯罪未發自首條」(274쪽) 참조.
22 【옮긴이 주】: 『역주율소 - 각칙(하) - 』「투송45」「고기친존장조」, 3115쪽.
23 【옮긴이 주】: 『역주율소 - 각칙(하) - 』「잡률5」(제393조)「향성관사택사조」, 3206쪽. 본 조의 앞 규정은 다음과 같다. "무릇 성城 및 관사官舍나 사택私宅 또는 도로[道徑]를 향해 화살을 발사한[射] 자는 장杖60에 처한다. 탄환을 발사하였거나[放彈] 기왓돌을 투척한[投瓦石] 자는 태笞40에 처한다. 그로 인해 사람을 살상한 자는 각각 투살상죄[鬪殺傷]에서 1등을 감경한다"(3206쪽).

조「소의」에서 인용한 「명례율」의 "원래 중형으로 처벌해야 하지만, 범행 때 알지 못한 자[不知者]는 일반범죄에 의거해서 논한다[依凡論]"[24]라는 원칙에 따라 경형으로 처벌했다.

둘째, 「명례율」은 그 나머지 11율의 율조를 다수 인용해서 본 편의 율조에 내포된 의미를 해석하였고 (또) 명확히 하였다. 예컨대 『당률소의·명례』 「응의청감조應議請減條」[25]에서는 「적도율」 가운데 "고독蠱毒을 조합하였거나[造] 사육한[畜] 자는 비록 사면령赦免令이 내려[會赦] 사형을 면하였더라도 동거同居하는 가구家口 및 교령敎令[26]한 자와 함께 그대로 유流3000리에 처한다"[27]라는 규정과 「단옥률」의 "소공존속小功尊屬·사촌형·누나[從父兄·姊]를 살해하였거나 모반謀反·대역大逆을 범한 경우, 목숨[身]은 사면령이 내려[會赦] 사형을 면하였더라도 그대로 유流2000리에 처한다"[28]라는 규정을 열거하여 본 조의 "사면령이 내려 사형을 면하였더라도 그대로 유형流刑에 처해야 하는 경우"[29]에 내포된 의미를 해석하였다.[30] 또 『당률소의·명례』 「약화유인등사후고폐닉조略和誘人等赦後故蔽匿條」[31]에서도 「직제율」의 "관직官職에는 정원이 있고, 관리를 임용하는 때 정원을 초과하였거나 임용해서는 안 되는데 임용한 경우"[32]라는 규정을 인용하여 본 조의 "관리를 임용하는

---

24 【옮긴이 주】: 『역주율소 - 각칙(하) - 』 「잡률5」(제393조) 「향성관사택사조」 「소의」, 3207쪽. 본 조 「소의」에 인용된 「명례율」의 조문은 『역주율소 - 명례편 - 』 「명례49」(제49조) 「본조별유제범조本條別有制犯條」(344쪽)에 보인다.

25 【옮긴이 주】: '응의청감조'는 '「응의청조」 「소의」'이다(주 27 참조).

26 【옮긴이 주】: '교령'에 대해서는 제1장 주 22참조.

27 【옮긴이 주】: 『역주율소 - 명례편 - 』 「명례11」(제11조) 「응의청감조(속장贖章)」 「소의」, 146쪽. 본 조 「소의」에 인용된 「적도율」의 조문은 『역주율소 - 각칙(상) - 』 「적도15」(제262조) 「조축고독조造畜蠱毒條」(2415쪽)에 보인다.

28 【옮긴이 주】: 『역주율소 - 명례편 - 』 「명례11」(제11조) 「응의청감조(속장)」 「소의」, 146~147쪽. 본 조 「소의」에 인용된 「단옥률」의 조문은 『역주율소 - 각칙(하) - 』 「단옥21」(제489조) 「문지은사고범조聞知恩赦故犯條」(3365쪽)에 보인다.

29 【옮긴이 주】: 『역주율소 - 명례편 - 』 「명례11」(제11조) 「응의청감조(속장)」, 146쪽.

30 【옮긴이 주】: 『역주율소 - 명례편 - 』 「명례11」(제11조) 「응의청감조(속장)」 「소의」에서는 "사면령이 내려 사형을 면하였더라도 그대로 유형에 처해야 하는 경우"에 대해 본문에 제시된 「적도15」(제262조) 「조축고독조」와 「단옥21」(제489조) 「문지은사고범조」의 규정을 인용한 후에 "이러한 것 등[此等]은 모두 사면령이 내려 사형을 면하였더라도 그대로 유형에 처해야 한다. 고독을 조합하였거나 사육한 자의 부인婦人이 관위官位가 있든 없든 모두 아래 조문에 의거해서[依下文] 법대로 유형에 처한다. 관위가 있는 자는 그대로 제명除名하되, 유배지에 도착하면 노역을 면제한다"(147쪽)라고 해석하였다.

31 【옮긴이 주】: '약화유인등사후고폐닉조'는 '「약화유인등사후고폐닉조」 「소의」'이다(주 32 참조).

32 【옮긴이 주】: 『역주율소 - 명례편 - 』 「명례35」(제35조) 「약화유인사후고폐닉조略和誘人赦後故蔽匿條」 「소의」, 261쪽. 『역주율소 - 각칙(상) - 』 「직제1」(제91조) 「관유원수조官有員數條」에서는 "관직에는 정원이 있고, 관리를 임용하는 때 정원을 초과하였거나 임용해서는 안 되는데 임용한 경우, 1인이었다면 장100에 처하고, 3인마다 1등을 가중하며, 10인이었다면 도2년에 처한다"(2099~2100쪽)라고 규정하였다.

때 정원을 초과하였거나 임용해서는 안 되는데 임용한 경우"[33]에 대한 진의眞意를 명확히 하였다.

셋째, 후율後律[34]은 「명례율」이외의 율의 율조를 다수 제시해서 용형用刑의 일관성을 유지하였다. 예컨대 『당률소의·적도』「도부절문약조盜符節門鑰條」「소의」에서는 「천흥률」가운데 "무릇 '그 밖의 부[餘符]'라고 한 경우에는 계契도 또한 같다[同]. 즉 계로써 발병發兵해야 하는 경우에는 발병부發兵符의 법과 같다"[35]라는 규정[36]을 인용하여 본 조의 "발병계發兵契를 절도한" 행위에 대해 "각각 어부魚符(를 절도한) 죄와 같다"[37]라는 형벌을 가하고[科刑] 있다. 또 『당률소의·잡률』「사발제서관문서인봉조私發制書官文書印封條」에서는 "무릇 사사로이 관문서의 봉인封印을 뜯어[發] 문서를 본 자는 장杖60에 처한다. …… 만약 기밀 사안[密事]인 때에는 각각 누설죄漏泄罪에 의거하되 2등을 감경한다"[38]라고 규정하였다. '누설'에 대해서는 이미 「직제율」에 규정되어 있으므로 본 조「소의」에서는 이 율 가운데 "비밀로 해야 하는 대사大事를 누설한 자는 교형絞刑에 처한다"[39]라는 규정을 원용하여 본 조의 범죄 행위가 '도徒3년'[40]에 처해져야 한다는 것을 인정하였다.

---

33 【옮긴이 주】: 『역주율소 - 명례편 -』「명례35」(제35조)「약화유인사후고장닉조」의 "관직에는 정원이 있고, 관리를 임용하는 때 정원을 초과하였거나 임용해서는 안 되는데 임용한 경우"(261쪽)에 대해 「소의」에서는 "직제율을 살펴보면, '관직에는 정원이 있고, 관리를 임용하는 때 정원을 초과하였거나 임용해서는 안 되는데 임용한 경우'라는 규정이 있고, 그 주注에서 '주수奏授가 아닌 경우를 말한다'라고 하였는데, 본 율문에서는 비록 주수인 경우라고 하더라도 또한 은닉죄와 같다[同蔽匿]. 격칙·영식에 정원이 없는데 관직에 임용한 것, 이것이 곧 '임용해서는 안 되는데 임용한 경우'라고 한다"(261쪽)라고 해석하였다.

34 【옮긴이 주】: '후율'은 '「위금률」이하 11율'을 말한다.

35 【옮긴이 주】: 『역주율소 - 각칙(상) -』「적도27」(제274조)「도궁전문부조盜宮殿門符條」「소의」, 2444~2445쪽.

36 【옮긴이 주】: 이 규정은 『역주율소 - 각칙(상) -』「천흥3」(제226조)「불급발병부조不給發兵符條」의 '주'를 인용한 것이다. 즉, 「불급발병부조」에서는 "무릇 발병부를 발급해야 하는데 발급하지 않았거나, 발병부를 하달해야 하는데 하달하지 않았거나, 부符를 하달하는데 식식을 위반하였거나, 부符를 맞추어 보지 않고 업무를 처리하였거나, 또는 부가 맞지 않은데도 신속히 보고[聞]하지 않은 자는 각각 도2년에 처하고, 기한을 위반하고 즉시 부를 발송하지 않은 자는 도1년에 처하며, 그 밖의 부는 각각 2등을 감경한다"(2343~2345쪽)라고 규정하였고, '그 밖의 부'에 대해서는 '주'(2345쪽)에서 인용문처럼 규정하고 있다.

37 【옮긴이 주】: 『역주율소 - 각칙(상) -』「적도27」(제274조)「도궁전문부조盜宮殿門符條」에서는 "무릇 궁전문부宮殿門符·발병부發兵符·전부傳符를 절도한 자는 유流2000리에 처한다. 사절使節이나 황성皇城·경성京城의 문부는 도徒3년에 처한다. 그 밖의 부[餘符]는 도1년에 처한다"(2443쪽)라고 규정하였고, 「소의」에서는 "'그 밖의 부는 도1년에 처한다'에서 '그 밖의 부'는 금원부禁苑符 및 교대하거나 순찰하는 일 등에 쓰는 부 등을 말한다. 「천흥률」을 살펴보면, '무릇 그 밖의 부라고 한 경우에는 계契도 또한 같다. 즉 계로써 발병해야 하는 경우에는 발병부의 법과 같다'라고 하였다. 그러므로 발병계를 절도한 경우에는 각각 어부(를 절도한) 죄와 같다"(2444~2445쪽)라고 해석하였다.

38 【옮긴이 주】: 『역주율소 - 각칙(하) -』「잡률51」(제439조)「사발제서관문서인봉조」, 3264쪽.

39 【옮긴이 주】: 『역주율소 - 각칙(상) -』「직제19」(제109조)「누설대사조漏泄大事條」에서는 "무릇 비밀로 해야 하는 대사를 누설한 자는 교형絞刑에 처한다"라고 규정하였고, '주'에서는 "대사는 토벌·습격을 몰래 모의하거나 모반자謀叛者를 체포하는 일 등[之類]을 말한다"(이상 2128쪽)라고 하였다.

끝으로, 「명례율」 이외의 앞의 율도 뒤의 율의 율조律條를 다수 원용해서[41] 전후前後를 증명하였다. 예컨대 『당률소의·호혼』「이처위첩조以妻爲妾條」「소의」[42]에서는 「투송률」 가운데 "잉媵이 처妻[43]를 범한 경우에는 첩(이 범한 죄)에서 1등을 감경한다. 첩이 잉을 범한 경우에는 일반인[凡人](이 범한 죄)에서 1등을 가중한다. 그 밖의 조문[餘條]에 잉에 관한 정문正文이 없는 경우에는 첩과 같다[與妾同]"[44]라고 한 규정을 원용하여 본 조의 "남편[夫]이 잉을 범한 경우에는 모두 첩을 범한 경우와 같다[同]"[45]라는 결론을 적용할 수 있었다. 또 『당률소의·적도』「도원릉내초목조盜園陵內草木條」「소의」에서도 「잡률」 가운데 "수목樹木·가색稼穡을 훼손하였거나[毁] 벌채한[伐] 자는 각각 도죄에 준해서 논한다[準盜論]"[46]라는 처벌규정[科斷]을 인용하였고, 또 이에 대응하여 (본 조에서는) "(무릇) 원릉園陵 내의 초목을 절도한 자는 도徒2년반에 처한다. 또한 타인의 묘영墓塋 내의 수목을 절도한 자는 장杖100에 처한다"[47]라고 규정하였다.

전후의 편목에서 각각 율조를 인용해서 증명한 것은 전후 율조의 상관된 내용에 대한 일치성

---

40 【옮긴이 주】: 『역주율소 - 각칙(하) - 』「잡률51」(제439조)「사발제서관문서인봉조」「소의」에서는 "'만약 기밀사안인 때에는 각각 누설죄에 의하되 2등을 감경한다'라는 것은 '직제율」에 '비밀로 해야 할 대사를 누설한 자는 교형에 처한다'라고 한 것에서 2등을 감경하여 도3년에 처하는 것을 말한다"(3264쪽)라고 하였다.

41 【옮긴이 주】: "「명례율」 이외의 앞의 율도 뒤의 율의 율조를 다수 원용하였다"라는 것은 당률의 총 12율 가운데 「명례율」을 제외한 나머지 11율(「위금률」에서 「단옥률」까지)의 경우, 전후 관계에서 앞에 있는 율이 뒤에 있는 율의 율조를 원용하였다는 의미이다.

42 【옮긴이 주】: '「소의」'는 '「답」'의 오기이다(주 44 참조).

43 【옮긴이 주】: '첩'은 '처妻'의 오기이다(주 44 참조).

44 【옮긴이 주】: 『역주율소 - 각칙(상) - 』「호혼29」(제178조)「이처위첩조」「답」, 2257쪽. 『역주율소 - 각칙(하) - 』「투송25」(제326조)「처구리부조妻毆詈夫條」에서는 "무릇 처가 남편[夫]을 구타한 때에는 도1년에 처한다. 만약 구타하여 상해한[毆傷] 행위가 엄중한 때에는 일반인투상죄[凡鬪傷]에서 3등을 가중한다. 살해한 때에는 참형斬刑에 처한다. 잉이나 첩이 범한 때에는 각각 1등을 가중한다. 과실로 살해·상해한[過失殺傷] 때에는 각각 2등을 감경한다. 만약 잉이나 첩이 남편에게 욕한[詈] 때에는 장80대에 처한다. 만약 첩이 처를 범한 때에는 남편과 같다[如夫]. 잉이 처를 범한 때에는 첩에서 1등을 감경한다. 첩이 잉을 범한 때에는 일반인[凡人]에서 1등을 가중한다. 살해한 때에는 각각 참형에 처한다"(3067~3069쪽)라고 규정하였고, 「주」에서는 "그 밖의 조문에 잉에 관한 정문正文이 없는 경우에는 첩과 같다[與妾同]"(3069쪽)라고 규정하였다.

45 【옮긴이 주】: 『역주율소 - 각칙(상) - 』「호혼29」(제178조)「이처위첩조」「소의」, 2257쪽.

46 【옮긴이 주】: 『역주율소 - 각칙(상) - 』「적도31」(제278조)「도원릉내초목조」「소의」, 2452쪽. 『역주율소 - 각칙(하) - 』「잡률54」(제442조)「기훼기물가색조棄毀器物稼穡條」에서는 "무릇 관사官私의 기물器物을 버렸거나[棄] 훼손한[毁] 자 및 수목·가색을 훼손하였거나 벌채한 자는 도죄에 준해서 논한다[準盜論]"(3268쪽)라고 규정하였다.

47 【옮긴이 주】: 이 문장이 원서에는 "盜園陵內草木者 徒二年半 若他人墓塋內樹者 杖一百"으로 되어 있지만, 『역주율소 - 각칙(상) - 』「적도31」(제278조)「도원릉내초목조」(2452쪽)에 규정된 원문을 보면, '도盜'앞에 '제諸'가 있고, '약若' 다음에 '도盜'가 있기 때문에 본서에서는 이에 의해서 번역하였다.

을 유지하여 법전의 내용적 통일성을 더욱 증대시켰다.

3. 동일 편목의 율조의 조화

당률의 경우, 「명례율」을 제외한 그 나머지 11편은 모두 두 가지 유형 이상의 서로 유사한 범죄 행위를 포괄하고 있다. 그러한 것들은 어떻게 동일 편목[同篇]에서 공존하였고, 어떤 원칙에 따라 유기적으로 조합되었을까? 이것은 율조의 조화 문제이다.

당률은 다음과 같은 두 가지 원칙에 따라 각 편의 율조를 질서정연하게 조합하였다.

첫 번째 원칙은 동일유형[同類] 또는 서로 유사한 범죄 행위를 함께 배열한 것이다. 예컨대 「위금률」은 총 33조인데, 그중 앞의 23조는 황제의 인신人身 안전에 직접적으로 위해危害를 가한 범죄 행위에 대한 처벌규정이고, 궁宮·전殿·묘廟와 원苑 등을 불법으로 난입闌入한 행위도 포괄하고 있다. 뒤의 10조는 국가 안전에 직접적으로 손상을 가한 범죄 행위에 대한 제재 규정이고, 관關·진津·요새要塞 등을 불법으로 통과한 행위도 포괄하고 있다. 또 「호혼률」은 총 46조인데, 그중 앞의 13조는 호적·재산제도 방면을 위반한 범죄 행위에 대한 징벌 규정이고, 중간의 12조는 전택田宅과 부세賦稅 제도 방면을 위반한 범죄 행위에 대한 징치懲治 규정이며, 뒤의 21조는 혼인·가정과 계승제도 방면을 위반한 범죄 행위에 대한 단속 규정이다. 그 나머지 각 편도 모두 이와 같다. 이러한 조합을 통해 각 편의 내용은 질서가 정연하고 치밀하여 각 편의 율조의 혼잡·무질서한 상황을 극복함으로써 재차 "도율盜律 중에 적상賊傷의 사례가 있기도 하였고, 적률賊律 중에 도장盜章의 조문이 있기도 하였으며, 흥률興律 중에 상옥上獄의 법규가 있기도 하였고, 구율廐律 중에 체포의 사항이 있기도 하였던"[48] 상황은 없었다.

두 번째 원칙은 황권皇權에 대한 위해성이 비교적 큰 범죄 행위를 편의 서두[篇首] 또는 동일유형의 범죄 행위 가운데 첫째에 배열한 것이다. 예컨대 『당률소의·사위』에서는 「위조어보조僞造御寶條」를 편수篇首에 배열하였고, 또 본 조「소의疏議」[49]에서는 전문적으로 "어보御寶의 일은 엄중하므로 마침내 '위조팔보僞造八寶'를 첫째 조목條目으로 하였다"[50]라고 설명하였다. 처벌의 강도强度도 이러한 점을 반영하였다. 예컨대 「사위율」중에서 오직 "(황제의) 팔보御[51]寶를 위조한 행위"만을 참형斬刑에 처하여,[52] 엄중한 정도가 동일 편목[同篇] 중의 다른 범죄를 초과하였다. 또 『당률소의·

---

48 『진서·형법지』.
   【옮긴이 주】: 『진서』권30, 「형법지」(923쪽).
49 【옮긴이 주】: '소의'는 「편목소」를 가리킨다(주 50 참조).
50 【옮긴이 주】: 『역주율소 - 각칙(하) - 』「사위」「편목소」, 3151쪽.
51 【옮긴이 주】: '어御'는 '팔八'의 오기이다(주 52 참조).

적도』에서는 「모반대역謀反大逆」을 편수에 배열하였고, 그 제재의 정도도 가장 엄중하여 범죄자 본인은 참형에 처해졌으며, 그 밖의 가속家屬도 연좌連坐53되는54 등 동일 편목 내의 다른 범죄보다 엄중하였다. 이상은 황권에 대한 위해성이 비교적 중대한 범죄 행위를 편수篇首에 배열한 두 가지 사례이지만, 이외에 동일유형의 범죄 행위 중에서 첫째에 배열한 것도 있다. 예컨대 「호혼률」이 제재한 호적방면에 관한 범죄 행위 중에서 제1조는 「탈루호구증감년상脫漏戶口增減年狀」이다. 이것은 호적제도를 위반한 범죄 가운데 가장 심대한 죄행이었기 때문에 처벌도 가장 엄중하여 "도3년"55에 처해졌다. 또 「천흥률」이 제재한 독단적인 군대의 징발방면에 관한 범죄 행위 중에서 제1조는 「천발병擅發兵」이다. 이것도 동일유형의 범죄 가운데 가장 엄중한 죄행이었기 때문에 제재도 가장 가혹하여 동일유형의 범죄 중에 없는 교형絞刑에 처해졌다.56

이상의 두 가지 원칙에 따라 배열된 율조는 매우 체계적이어서 동일유형의 범죄는 모두 통합되었고 또 엄중한 범죄는 앞에 배열되었다. 이것은 사법관이 율律을 조사할 때 편의를 제공하였고, 백성도 쉽게 배우고 이해하도록 함으로써 당률을 실시하는데 편리하게 하였다.

제2절 조화의 핵심

이상은 당률의 율조의 조화의 삼대三大 내용인데, 이러한 내용을 관통하는 조화의 핵심은 있었

---

52 【옮긴이 주】: 『역주율소 - 각칙(하) - 』 「사위1」(제362조) 「위조팔보조僞造八寶條」에서는 "무릇 황제의 팔보八寶를 위조한 자는 참형斬刑에 처한다. 태황태후·황태후·황후·황태자의 보寶를 위조한 자는 교형絞刑에 처한다. 황태자비의 보는 유3000리에 처한다"(3151~3152쪽)라고 규정하였고, 「주」에서는 "위조한 보의 사용 가능 여부를 불문하고 단지 위조만 하였다면 처벌한다"(3152쪽)라고 규정하였다.
53 【옮긴이 주】: '연좌連坐'는 '연좌緣坐'의 오기이다(주 54 참조).
54 【옮긴이 주】: 『역주율소 - 각칙(상) - 』 「적도1」(제248조) 「모반대역조謀反大逆條」에서는 "무릇 모반謀反하였거나 대역大逆한 자는 모두 참형에 처한다. 아버지[父]·아들[子]의 나이 16세 이상은 모두 교형에 처한다. 15세 이하(의 아들) 및 어머니[母]·딸[女]·처·첩·할아버지[祖]·손자[孫]·형제兄弟·자매姊妹 또는 부곡部曲·자재資財·전택田宅은 모두 몰관沒官한다. 남자[男夫]의 나이 80세 (이상) 및 독질篤疾인 자, 부인婦人의 나이 60세 (이상) 및 폐질廢疾인 자는 모두 (연좌緣坐를) 면제한다. 그 밖의 조문[餘條]에서 여자를 연좌緣坐해야 하는 때에는 이것에 준한다[準此]. 백숙부伯叔父·형제의 아들[子]은 모두 유3000리에 처한다. 호적을 같이하는가 달리하는가를 구분하지 않는다[不限籍之同異]"(2382쪽)라고 규정하였다.
55 【옮긴이 주】: 『역주율소 - 각칙(상) - 』 「호혼1」(제150조) 「탈호조脫戶條」에서는 "무릇 탈호脫戶한 경우, 가장家長은 도3년에 처한다. 과역課役이 없는 자는 2등을 감경한다. 여호女戶는 또 3등을 감경한다"(2201~2202쪽)라고 규정하였다.
56 【옮긴이 주】: 『역주율소 - 각칙(상) - 』 「천흥1」(제224조) 「천발병조」에서는 "무릇 함부로[擅] 발병한 경우, 10인 이상이었다면 도1년에 처하고, 100인이었다면 도1년반에 처하며, 100인마다 1등을 가중하고, 1000인이었다면 교형에 처한다"(2338쪽)라고 규정하였다.

을까? 이에 대한 회답은 긍정적이다.

당대 황제는 중국 역대 봉건적 제왕帝王들과 마찬가지로 봉건적 전제주의의 산물이었다. 황제는 전국의 행정·입법·사법 등 모든 최고 권력을 장악하였고, 최대의 지주 신분으로 지주계급 전체를 대표해서 최고 통치권을 행사하였다. 황권皇權은 황제의 의지의 구현인 동시에 당唐 지주계급의 근본적인 이익의 원천이기도 하였다. 따라서 황권을 흔드는 것은 바로 그들의 생명선을 흔드는 것이었다. 이로써 황권의 지위가 실로 매우 중요하였음을 알 수 있다. (그리고) "법률은 승리를 쟁취하고 국가 정권을 장악하는 계급 의지의 반영이었다."[57] 당 지주계급의 의지가 반영된 당률은 전력을 다해 황권을 유지·보호하였고, 또 그것을 조화의 핵심으로 삼았기 때문에 율조律條를 장악하는 것도 필연성을 내포하고 있었다.

황권의 유지·보호를 핵심으로 하여 율조를 조화시키는 방법은 당률에 십분 명시되어 있다. 12편목의 율조의 조화 속에는 황권의 중요한 지위가 각 방면에 표출되어 있다. 예컨대 제1편 「명례율」에서는 '십악十惡'을 중점적인 단속 대상으로 삼았고, '십악' 가운데 앞의 3항項 즉 모반謀反[58]·모대역謀大逆[59]·모반謀叛[60]은 모두 황권에 대한 근본적 위협이 되었기 때문에 용형用刑도 가장 가혹하여 모든 율의 첫째에 배열하였다. 그 나머지 편목의 배열 순서도 황권의 유지·보호를 논리로 해서 위해성이 중대한 것을 앞에 배열하여 율조의 전체적인 조화가 황권의 유지·보호라는 이 하나의 핵심에 확실히 밀착시켰다. 전후 편목의 율조의 조화에서는 포함하는 범위가 비교적 넓었고, 또 각 편의 율조는 모두 앞뒤로 율조를 인용해서 증명하였으며, 게다가 서로 균형도 이루고 있었기 때문에 황권과의 관계가 크지 않은 듯 보인다. 그러나 바로 이러한 조화를 통해 당률의 율조를 전체적으로 조화시키는 효과를 높여서 황권의 유지·보호라는 이 조화의 핵심적인 작용을 충분히 반영함으로써 또 다른 측면에서 조화의 핵심을 구현하였다. 동일 편목의 율조의 조화에서 황권에 대한 위해성이 비교적 중대한 범죄 행위를 동일유형[同類]의 범죄 또는 서로 유사한 범죄의 첫째에 배열해서 황권을 유지·보호해야 하는 중요성을 강조하여 황권에 대한 신성불가침을 경고함으로써 황권의 특수한 지위를 명시明示하였다. 당률의 입법자들이 각 방면에서 율조의 조화의 핵심을 반영하는데 주의하였던 것은 그 생각의 깊이를 알 수 있다.

---

57 『레닌전집[列寧全集]』제13권, 인민출판사人民出版社, 1984년판年版, 304쪽.
58 【옮긴이 주】: '모반謀反'의 구성요건에 대해 『역주율소 - 명례편 - 』「명례6」(제6조)「십악조·모반謀反」「주」에서는 "사직社稷을 위해危害하려고 모의[謀]한 것을 말한다"(108쪽)라고 하였다.
59 【옮긴이 주】: '모대역'의 구성요건에 대해 『역주율소 - 명례편 - 』「명례6」(제6조)「십악조·모대역」「주」에서는 "종묘·산릉 및 궁궐을 훼손하려고 모의한 것을 말한다"(109쪽)라고 하였다.
60 【옮긴이 주】: '모반謀叛'의 구성요건에 대해 『역주율소 - 명례편 - 』「명례6」(제6조)「십악조·모반謀叛」「주」에서는 "나라를 배반하고 적국을 따르려고 모의한 것을 말한다"(110쪽)라고 하였다.

당률은 황권의 유지·보호를 명시함과 동시에 율조의 내용방면에서도 황권과 그 외의 각 방면과의 관계, 특히 예禮·법法과의 관계를 적절히 처리하였다. 이것은 당률이 가장 크게 성공한 분야라고 할 수 있다. 법과 예는 지주계급의 두 가지 통치기능으로서, "하나는 형벌집행인의 기능이고, 또 하나는 목사牧師의 기능이다."[61] 양자는 다른 각도에서 황권을 유지·보호하였지만, 목표는 같았다. 당률은 비교적 성공적으로 이 두 가지 수단을 운용하여 이전보다 더욱 자각적으로 양자를 이용해서 황권을 유지·보호하였다. 예컨대『당률소의·투송』「고조부모부모조告祖父母父母條」에서는 예禮의 "친한 이를 친하게 여겨서 서로 숨겨 준다[親親相隱]"[62]라고 하는 원칙을 근거로 "무릇 조부모나 부모를 고발한 자는 교형絞刑에 처한다"[63]라고 규정하였고, 또 본 조「소의」에서는 전문적으로 이에 대해 "아버지는 자식의 하늘이므로[父爲子天] 숨기는 일은 있으되 범하는 일은 없어야 한다[有隱無犯]. 만약 (아버지에게) 법을 위반한 일이나 허물이 있었다면 이치상 모름지기 간쟁諫諍해야 하고, (따르지 않더라도) 더욱더 공경하고 효성스럽게 해야 하며, 죄에 빠지도록 해서는 안 된다. 만약 정리情理를 망각하고 예를 버리고서 고의로 고발한 자는 교형에 처한다"[64]라고 설명하였다. 그러나 만약 조부모·부모가 직접 황권을 침해한 '연좌할 죄[緣坐之罪]'를 범하였다면, 자손은 고발해도 무죄였다.[65] 또 본 조「소의」에서는 이에 대해 "연좌는 모반謀反·대역大逆 및 모반謀叛 이상인 경우를 말하며, 모두 신하가 되기를 거부한 자에 해당하므로 그 자손이 고발하였더라도 또한 죄가 없고, 연좌되는 자는 자수법과 같으므로, 비록 아버지[父]나 할아버지[祖父]였다고 해도 체포·고발하는 것을 허용한다"[66]라고 설명하였다. 당률의 근본적인 임무는 황권을 유지·보호하는 것이고, 예와 법은 황권에 대한 유지·보호를 기초로 한 점에서 통일되었음을 알 수 있다.

황권의 유지·보호와 예·법 관계의 처리에서 당률은 당 이후의 다른 율보다 규정이 적절하였다. 명률明律을 예로 들면, 명률은 이 관계를 처리할 때 엄중한 범죄를 중형으로 하고[重其所重], 경

---

61 『레닌선집[列寧選集]』제2권, 인민출판사人民出版社, 1995년판年版, 478쪽.
【옮긴이 주】: '형벌집행인의 기능'은 법의 처벌 기능을 말하고, '목사의 기능'은 예의 교화 기능을 말한다.
62 【옮긴이 주】: '상용은相容隱'에 대해서는 제1장 주 52 참조.
63 【옮긴이 주】:『역주율소 - 각칙(하) - 』「투송44」(제345조)「고조부모부모조」, 3110쪽.
64 【옮긴이 주】:『역주율소 - 각칙(하) - 』「투송44」(제345조)「고조부모부모조」「소의」, 3110~3111쪽.
65 『당명률합편唐明律合編·서序』.
【옮긴이 주】: 본문에 언급된 내용에 대해 원서에서는 출처를 '『당명률합편』「서」'라고 하였지만, [청淸]설윤승薛允升 찬撰, 회효봉懷效鋒·이명李鳴 점교點校,『당명률합편』(북경北京: 법률출판사法律出版社, 1998)「서序」에는 관련 내용이 없다. 이 문장은『역주율소 - 각칙(하) - 』「투송44」「고조부모부모조」「주」에서 "연좌할 죄나 모반謀叛 이상이 아닌데 고의로 고발한 경우를 말한다. 다음 조문도 이것에 준한다[下條準此]"(3110쪽)라고 한 규정을 저자가 재해석한 것으로 보인다.
66 【옮긴이 주】:『역주율소 - 각칙(하) - 』「투송44」(제345조)「고조부모부모조」「소의」, 3111쪽.

미한 범죄를 경형으로 하는[輕其所輕] 상황이 출현하였다. 즉 직접 황권을 침해한 위례違禮 행위에 대해서는 법의 적용이 당률보다 가중되었지만, 일반적인 윤리원칙을 위반한 위례 행위에 대해서는 법의 적용이 당률보다 감경되었다. 아래에 예시例示한 비교표를 참조하기 바란다.

율명	모반謀反·대역大逆	제서制書·인신印信의 절도	제서制書의 기훼棄毀
당률	참형斬刑	도2년	도2년
명률	능지陵遲	참형	참형

율명	자손의 교령 위반[子孫違犯敎令]	자손의 별적別籍·이재異財	부모·남편[夫]의 상중喪中에 스스로[自] 혼인[嫁娶]
당률	참형	도2년	도2년
명률	능지	참형	참형

【옮긴이】자손의 별적·이재: 자손이 부모의 생존 중에 호적을 따로 하였거나 재산을 달리한 행위

이외에 명률에서 주목되는 것은 엄중한 범죄를 가중처벌하는 범위 내에서도 감경하는 상황이 출현한 점이다.

율명	화살[箭]의 어재소[御所] 진입	숙위宿衛 때 병장기[兵仗]의 원신遠身
당률	참형	장60
명률	교형	태50

【옮긴이】원신: 몸에서 멀리한 행위

따라서 후대의 사람[後人]이 명률의 율조의 내용은 "매우 일정하지 않다[殊嫌參差]"[67]라고 평가하였듯이, (명률의) 조화는 당률에 미치지 못하였다. 청률淸律의 상황도 명률과 기본적으로 동일하였다.

당대에 황권과 전제專制는 일치성一致性이 있었다. 전제는 황권의 부속물이었고, 국가의 최고 입법권·행정권·사법권은 모두 황권에 집중되었기 때문에 황권은 국가 최고 권력의 근원이 되었다. 전제는 바로 이러한 권력을 통해 비로소 실현될 수 있었고, 황권을 상실하였다면 전제통치도 존재하지 않았다. 따라서 당률의 율조의 조화의 핵심은 황권을 유지·보호하는 것이었을 뿐 아니라 봉건적 전제통치도 유지·보호하는 것이었다.

---

67 위와 같음[同上].
 【옮긴이 주】: "매우 일정하지 않다"라는 문구는 [청淸]설윤승薛允升 찬撰, 회효봉懷效鋒·이명李鳴 점교點校, 『당명률합편』「서」에 보이지 않는다.

제3절 조화의 배경

법률은 사회의 상부구조의 구성요소의 하나로서, 한편으로는 사회적·경제적 기초에 뿌리를 두었고, 또 한편으로는 사회의 상부구조 가운데 여타 방면의 영향도 받았다. 당률의 율조의 조화에는 일정한 사회적 배경이 있었다.

1. 당 초기 경제·정치의 관점

사회 발전의 역사가 증명하듯이, 법률은 상부구조에 속하였지만, 경제적 기초에 의해 결정되었다. "생산관계의 총화總和는 사회의 경제구조를 구성한다. 즉 법률적·정치적 상부구조가 상층에 건립되면 동시에 일정한 사회적 의식형태와 그것에 상응하는 현실적 기초도 형성된다. 물질생활의 생산방식은 사회생활·정치생활과 정신생활의 모든[全] 과정을 제약한다."[68] 수隋 통치자의 황음荒淫·잔인殘忍으로 사회 생산력은 큰 타격을 받았고, 수 말기가 되면 이미 "황하 이북은 1000리里 내에 (밥 짓는) 연기가 없었고, 장강長江·회수淮水 사이에는 무성한 잡초만 가득하였으며",[69] 백성들은 "노약자가 농사를 지어도[耕稼] 굶주림[飢餒]을 벗어날 수 없었고, 부녀자가 베를 짜도[紡績] 옷 한 벌[資裝] 마련할 수 없었으며",[70] "부모는 갓난아이[赤子]조차 돌보지 못하였고, 부부[夫妻]는 각자 보금자리[匡床]를 버리고 떠났다."[71] 이에 수 말기 농민봉기가 폭발하여 수 왕조는 멸망하였다. 당 초기의 통치자는 수의 멸망을 교훈으로 삼아 힘써 균전제均田制·조용조제租庸調制 등 일련의 생산력 발전에 유리한 조치를 완벽하게 해서 우선 생산관계를 조절하였고, 재차 생산력의 발전에 적응하고자 상부구조에도 상응하는 수정을 가하였다. 당률의 율조의 조화는 바로 당 초기 생산관계와 생산력이 비교적 조화를 이루어 상부구조의 법률에 반영된 것이었다.

당 초기는 정치제도도 발전하여 삼성제도三省制度가 확립되었다. 이 세 개의 중앙 중추기관은 명확히 분업화되어 있었을 뿐만 아니라 서로 견제하는 기능도 하였다. 중서성中書省은 황명皇命의 출

---

68 『마르크스·엥겔스 선집[馬克思恩格斯選集]』제2권, 인민출판사人民出版社, 1995년판年版, 32쪽.
69 『수서隋書·양현감전楊玄感傳』.
   【옮긴이 주】: 『수서』권70, 「양현감전」(1617쪽).
70 『수서·식화지』.
   【옮긴이 주】: 『수서』권24, 「식화지」(972쪽).
71 『수서·이밀전李密傳』.
   【옮긴이 주】: 이 문장은 수 양제隋煬帝(재위 604~618) 대업大業 13년(617), 수 말의 군웅群雄 이밀李密이 각 군현郡縣에 보낸 격문檄文에서 지적한 수 양제의 열 가지 대죄[十大罪] 가운데 다섯 번째 죄[其五罪]에 나온다(『구당서』권53, 「이밀전」, 2214쪽).

납을 관장하였고, 문하성門下省은 봉박封駁을 주관하였으며, 상서성尚書省은 집행을 전담하였다. 이 것들은 각각 그 직무를 담당하였는데, 목적은 "서로의 과오를 방지하고자 한 것이었다."[72] 이러한 제도의 확립으로 중앙집권이 강화되었고, 입법의 심의審議 기능도 실현되었다. 문하성은 입법의 심의기관으로서 봉박 직책을 수행하는 전담 관리를 두어 중서성이 기초한 "시의時宜에 맞지 않는"[73] 법률을 박정駁正하였다. 당률은 제정 과정에서도 문하성 관원官員의 감수[監定]를 받았다.[74] 삼성제도의 확립은 당률의 율조의 조화를 (국가가) 조직을 통해 보장해 주었던 것이다.

이밖에 전체적으로 보면, 당 초기에는 통치계급 내부·통치계급과 피통치계급 간의 모순 등이 비교적 완화되었다. 이것은 당 초기 통치자에게 법률의 율조의 조화 문제를 탐색하는데 진력하도록 많은 시간과 에너지를 제공하였다. 당 태종唐太宗[75]의 보정대신輔政大臣들은 대부분 문벌에 구애를 받지 않고 능력에 의해 등용되었다. 그중에는 배거裴矩[76]·고사렴高士廉[77] 등과 같이 이전 수대隋代의 옛 신하[舊臣]도 있었고, 대주戴冑[78]·잠문본岑文本[79] 등처럼 지주地主 무장 할거세력의 수령도 있었으며, 위징魏徵[80]·서세적徐世勣[81]·진숙보秦叔寶[82] 등과 같이 농민봉기를 경험한 봉기군의 수령도 있었다. 당 태종은 그들의 의견을 적절히 수렴해서 그들이 역량을 발휘할 수 있게 하였다. 동시

---

72 『정관정요·정체政體 제2』.
 【옮긴이 주】:『정관정요』「정체 제2」에서는 "정관 원년(627), 태종이 황문시랑黃門侍郞 왕규王珪에게 말하였다. …… 본래 중서성과 문하성을 설치한 것은 서로의 과오를 방지하고자 한 것이었다"(김원중 옮김, 『정관정요』「제2장 정치의 근본」, 37쪽)라고 하였다.

73 『당육전唐六典·문하성門下省』.
 【옮긴이 주】: 김택민 주편, 『역주당육전 중』(서울: 신서원, 2005) 권8, 「문하성·좌보궐左補闕·좌습유左拾遺」에서는 "좌보궐과 좌습유는 (황제의 좌우에서) 시봉하며 풍간諷諫을 올리고, 승여乘輿의 뒤를 따르는 일을 담당한다. 무릇 조령을 발포하고 정사를 시행하는데 시의에 맞지 않거나 도리에 합당하지 않을 때는, 대사大事는 조정에서 의논하고, 소사小事는 직접 상주문을 올린다"(50쪽)라고 하였다.

74 『구당서·형법지』.
 【옮긴이 주】:『구당서』 권50, 「형법지」에서는 "고종高宗 영휘永徽 3년(652), 조서를 내려 '율학律學에는 아직 정해진 소疏가 없기 때문에 매년 시행하는 명법明法 시험에서 (법률해석에) 준거할 바가 없었다. (이에) 율률을 해석하는 사람을 널리 초치招致해서 율조律條의 『의소義疏』를 지어서 주문하게 하였고, (이것을) 중서성과 문하성에 감수[監定]하도록 하였다"(2141쪽)라고 하였다.

75 【옮긴이 주】: '당 태종'은 당의 제2대 황제(재위 626~649)이다.
76 【옮긴이 주】: '배거'의 생몰 연대는 미상이다.
77 【옮긴이 주】: '고사렴'의 생몰 연대는 575~647년이다.
78 【옮긴이 주】: '대주'의 생몰 연대는 573~633년이다.
79 【옮긴이 주】: '잠문본'의 생몰 연대는 595~644년이다.
80 【옮긴이 주】: '위징'의 생몰 연대는 580~643년이다.
81 【옮긴이 주】: '서세적'의 생몰 연대는 594~669년이다.
82 【옮긴이 주】: '진숙보'의 생몰 연대는 571?~638년이다.

에 그는 농서隴西와 산동山東, 이 두 개의 대지주 집단의 모순을 완화하는 데도 주의하여 "천자는 사해四海를 가家로 삼았으므로, 동東과 서西의 구별이 없어야 한다"[83]라는 정책을 시행해서 지주계급 내부의 모순을 완화하였다. 이외에 당 초기 통치자는 백성을 근본으로 삼아 농민계급과의 갈등·대립을 다소 완화하는 조치, 즉 요역과 조세를 경감하는 '관대한 법령의 반포[布寬大之令]'[84] 등과 같은 조치를 취하였고, 이 때문에 당시 비교적 대규모 농민봉기는 발생하지 않았다. 이러한 점들은 당 초기 통치자가 율조의 조화를 고려하는데 유리한 객관적 조건을 형성하였다.

2. 입법조화 사상의 관점

당 초기의 통치자는 이전의 입법조화 사상을 종합한 기초 위에서 당대에 적합한 입법조화 사상을 형성하였다. 이러한 사상은 당률의 율조를 조화시키는 지도사상이 되었다.

법률 내용의 일치성은 입법조화의 기본적 요구이다. 당 초기 통치자는 법률이 자신들에 의해 제정되었지만, 일단 반포·시행되면 모든 백성의 행위 준칙이 된다고 생각하였다. 예컨대 당 태종唐太宗은 "법은 짐朕 한 사람의 법이 아니고 천하의 법이다"[85]라고 하였고, 위징魏徵도 "법은 국가 권력을 가늠하는 저울[權衡]이고 시대를 평가하는 먹줄[準繩]이다"[86]라고 하였다. 그러므로 법은 내용 면에서 반드시 일치성을 유지해야 하며, 그렇지 않으면 법관이 판단하기가 어려웠고, 사람들이 준행遵行하기도 어려웠다. 당 태종은 한漢의 소하蕭何[87]가 입법에서 '획일화劃一化'를 이룬 능력

---

83 『자치통감資治通鑑·태종황제太宗皇帝』.
【옮긴이 주】: 이 문장은 전중시어사殿中侍御史 장행성張行成이 태종에게 상주한 말 중에 나온다[송宋]사마광司馬光 편저編著, 『자치통감資治通鑑』[상해上海: 상해고적출판사上海古籍出版社, 1987]권192, 「당기唐紀8·태종太宗 상지상上之上」「정관貞觀 원년(627) 11월 무신戊申」, 1288쪽).

84 『구당서·형법지』.
【옮긴이 주】: 『구당서』권50, 「형법지」에서는 "(당) 고조高祖는 처음 태원太原에서 의군[義師]을 일으킨 후 즉시 '관대한 법령을 반포하였다[布寬大之令]'. 백성百姓은 수隋의 학정虐政을 괴로워하여 앞다투어 귀부歸附하였기 때문에 마침내 단기간에 제업帝業을 이루었다. 경성京城 (장안)을 평정한 후, 법을 12조로 간략히 하였다. 오직 살인·겁도劫盜 (강도)·배군背軍·반역한 경우에만 사형에 처하였고, 나머지는 모두 제거하는 것으로 정했다"(2133쪽)라고 하였다.

85 『정관정요·공평公平 제16』.
【옮긴이 주】: 이 문장은 정관 원년(627), 태종이 장손무기長孫無忌가 궁궐에 칼을 차고 들어간 사건에 대한 처리를 둘러싸고 조정 대신들과 논의하면서 한 말이다(김원중 옮김, 『정관정요』「제16장 공평함」, 254쪽).

86 『정관정요·공평 제16』.
【옮긴이 주】: 이 말은 정관 11년(637), 당시 환관이 대외 사절로 보충된 것에 대해 어떤 이가 상소하여 누설되자 태종이 화를 내었고, 이 일로 위징이 올린 상소문에 나온다(김원중 옮김, 『정관정요』「제16장 공평함」, 272쪽).

87 【옮긴이 주】: '소하'의 생몰 연대는 B.C. 257~B.C. 193년이다.

에 대해 "소하는 하급 관리[小吏]에서 시작하였으나 법을 제정한 후에는 오히려 획일적이라는 칭송을 들었다. 지금 이 이치를 깊이 생각하면, 조령詔令을 경솔하게 반포할 수 없다"[88]라고 매우 칭찬하면서 신하들도 소하를 따라 배울 것을 요구하였다. 태종은 또 여러 차례 입법자에게 법률 내용에 "중복되는 조문이 없도록 하여"[89] 불일치를 피할 것을 경계하였다.

법률 내용의 간결성은 입법조화의 전제이다. 번잡한 문장은 율문을 서로 착종錯綜시켜서 율조의 조화를 파괴한다. 당 초기의 통치자는 이점을 알고 있었던 듯하다. 예컨대 당 고조唐高祖[90]는 당을 건국한 후 입법은 "관대·간략하게 하는 데 힘쓰고 시의時宜에 맞도록"[91] 해야 한다고 주장하였다. 당 태종도 대신들에게 "한 가지 죄에 여러 조문을 정해서는 안 된다"[92]라고 경계하였다. 이러한 정신에 따라 당 초기에는 법률을 정비하는 작업을 진행하였다. 예컨대 『구당서·형법지』에 의하면, 당 고조는 거병하였을 때 "법을 12조로 간략히 하였고", "나머지는 모두 제거하였으며",[93] 선양禪讓을 받은 후에는 "대업大業[94] 연간에 시행되었던 번쇄하고 준엄한 법을 모두 삭제하였다."[95] 또 당 태종 즉위 후, "촉왕부蜀王府 법조참군法曹參軍 배홍헌裵弘獻[96]이 당시 불편한 율령 40여 사항[四

---

88 『정관정요·형법 제31』.
【옮긴이 주】: 이 문장은 『정관정요』 「사령赦令 제32」에 나온다. 관련 문장은 다음과 같다. "정관 11년(637), 태종이 시신侍臣에게 말하였다. '조詔·영令·격格·식式이 항상 일정하지 않으면 사람의 마음은 대부분 미혹될 것이고, 간사姦詐함이 더욱 생길 것이다. …… 한漢 …… 소하는 하급 관리에서 시작하였으나 법을 제정한 후에는 오히려 획일적이라는 칭송을 들었다. 지금 이 이치를 깊이 생각하면, 조령을 경솔하게 반포할 수 없으며, 반드시 심사해서 결정하여 영원한 식式으로 삼아야 한다'"(김원중 옮김, 『정관정요』 「제32장 사면령」, 395~396쪽).
89 『정관정요·형법 제31』.
【옮긴이 주】: 이 문장은 『정관정요』 「사령 제32」에 나온다. 관련 문장은 다음과 같다. "정관 10년, 태종이 시신에게 말하였다. '국가의 법령은 간략해야 하며, 한 가지 죄에 여러 조문을 정해서는 안 된다. …… 마땅히 법령을 자세히 심의하여 중복되는 조문이 없도록 해야 한다'"(김원중 옮김, 『정관정요』 「제32장 사면령」, 395쪽).
90 【옮긴이 주】: '당 고조'는 당의 초대 황제(재위 618~626)이다.
91 『구당서·형법지』.
【옮긴이 주】: 『구당서』 권50, 「형법지」에서는 "(당 고조는) 제위를 선양禪讓 받자, 납언納言 유문정劉文靜에게 조詔를 내려 당대當代의 학식이 있는 인사와 함께 『개황율령開皇律令』에 준거해서 증감하고, 대업大業(605~618) 연간에 시행되었던 번쇄하고 준엄한 법을 모두 삭제하며, 또 53조의 격격을 제정하여 관대·간략하게 하는 데 힘쓰고 시의에 맞도록 하였다"(2133~2134쪽)라고 하였다.
92 『정관정요·형법 제31』.
【옮긴이 주】: 이 문장은 『정관정요』 「사령 제32」에 보인다(주 89 참조).
93 【옮긴이 주】: 이상 주 84 참조.
94 【옮긴이 주】: '대업'은 수隋의 제2대 황제 양제煬帝(재위 604~618)의 연호(605~618)이다.
95 【옮긴이 주】: 관련 문장은 주 91 참조.
96 【옮긴이 주】: '배홍헌'의 생몰 연대는 미상이다.

十餘事]⁹⁷을 논박하였기 때문에 태종은 그를 참여시켜 율령을 개정하도록 하였다."⁹⁸ 이후 반포된 『정관률貞觀律』은 재차 "번쇄한 법을 삭제하고 폐해가 많은 법을 제거한[削煩去蠹] 것이" "모두 기록할 수 없을 정도였다."⁹⁹

　법률 내용의 안정성은 입법조화의 필요조건이다. 법률 내용이 안정되지 못하여 율조에 변화가 많아지면, 기존의 조화 체계도 파괴될 수 있고, 율조도 조화를 이루지 못한다. 따라서 안정성은 무시할 수 없는 부분이다. 당 태종은 이미 이 점을 의식하고 있었다. 예컨대 그는 먼저 "법령法令은 자주 변경해서는 안 된다. 자주 변경하면 번쇄해져서 관장官長이 모두 기억할 수 없고 또 전후가 일정하지 않아서 관리가 간사姦詐한 일을 행할 수 있다"¹⁰⁰라고 하였고, 후에 또 "조詔·영令·격格·식式이 항상 일정하지 않으면 사람의 마음은 대부분 미혹될 것이고 간사함이 더욱 생길 것이다"¹⁰¹라고 하였다. 당 고종唐高宗¹⁰²도 "형刑은 '이루다[成]'라는 뜻이고, 한번 이루어지면 바꿀 수 없다"¹⁰³라고 하였다. 이러한 사상적 지도하에서 당률의 율조는 정관貞觀¹⁰⁴ 때 정본定本이 정해진 후 변동이 매우 적었기 때문에 "그것을 사용하여 개정한 바가 없었다"¹⁰⁵라고 하였다.

97　【옮긴이 주】: "40여 사항"이 김택민 주편, 『역주당육전 상』권6, 「상서형부」(569쪽)에는 "30여 조三十餘條"로 되어 있다.
98　【옮긴이 주】: 『구당서』권50, 「형법지」(2135~2136쪽).
99　【옮긴이 주】: 『구당서』권50, 「형법지」(2138쪽).
100　『구당서·형법지』.
　　【옮긴이 주】: 이 문장은 [송]사마광司馬光 편저編著, 『자치통감』권194, 「당기唐紀10·태종太宗 상지하上之下」 「정관 10년(636) 12월 무인戊寅」(1305쪽)에 보인다. 이어지는 문장은 다음과 같다. "지금 이후 법法을 바꿀 때는 모두 마땅히 상세히 살펴서 신중히 행하도록 해야 한다"(1305쪽).
101　『자치통감資治通鑑·태종황제太宗皇帝』.
　　【옮긴이 주】: 이 문장은 『정관정요』「사령 제32」(주 88)에 있다.
102　【옮긴이 주】: '당 고종'은 당의 제3대 황제(재위 649~683)이다.
103　『구당서·형법지』.
　　【옮긴이 주】: 『구당서』권50, 「형법지」(2141쪽). 이 문장은 영휘永徽 5년(654) 5월, 고종이 시신侍臣에게 한 말이다. 『역주율소-명례편-』「명례1」「태형오조」「소의」에서는 "예기禮記에서는 '형刑은 형상[侀]이고 이루다[成]는 뜻이다. 한번 이루어지면 바꿀 수 없기 때문에 군자君子는 성심을 다한다'라고 하였다"(100쪽)라고 하여, 내용에 약간의 차이가 있다. 「소의」에 인용된 『예기』의 문장은 『예기정의』(『십삼경주소 상』)권13, 「왕제王制 제5」(1344쪽)에 보인다.
104　【옮긴이 주】: '정관'은 당의 제2대 황제 태종(재위 626~649)의 연호(627~649)이다.
105　『신당서·형법지』.
　　【옮긴이 주】: 『신당서』권56, 「형법지」에서는 "(정관) 6년(632) …… 방현령房玄齡 등이 율·령·격·식을 경정更定하고(637)부터 태종의 치세가 끝날 때(649)까지 그것을 사용하여 개정한 바가 없었다"(1412~1413쪽)라고 하였다. 인용문 앞에 "정관 때 정본이 정해졌다"라고 한 것은 이 637년에 방현령 등이 행한 '율령격식의 경정'을 가리킨다.

3. 당률 제정자의 관점

법률은 통치계급의 의지가 반영된 것이고, 입법 과정은 통치계급의 의지가 상승하여 법률이 되는 과정이었다. 이 과정은 전체적으로 사람의 활동에 의해 실현되었기 때문에 당률의 율조律條의 조화와 제정자의 구성은 직접적인 관계가 있었다. 『당률소의·진율소표進律疏表』의 기술에 따르면, 현존하는 당률의 제정자는 장손무기長孫無忌106·이적李勣107·우지녕于志寧108 등 19명이었다.109 그들은 다음과 같은 세 가지 유리한 조건을 갖추고 있었다.

우선, 그들은 비교적 풍부한 통치 경험을 갖추었다. 그들 중 절대다수는 지주 관료 가문 출신으로서 젊은 나이에 정치에 입문하였고, 관리가 된 후에도 활약이 돋보였다. 장손무기의 할아버지[祖父]는 일찍이 "(북주의) 개부의동삼사開府儀同三司에 등용되어 평원공平原公을 세습하였고", 아버지[父]는 일찍이 "수隋의 우효위장군右驍衛將軍을 역임하였으며, 본인도 주략籌略110이 있었다."111 내제來濟112는 "수의 좌익위대장군左翊衛大將軍·영국공榮國公 호護113의 아들[子]로서 "특히 시무時務에 밝았다."114 이적은 "가家에는 동복僮僕이 많았고, 쌓은 곡식[粟]이 수천 종種이나 되었으며",115 당 태

---

106 【옮긴이 주】: '장손무기'의 생몰 연대는 594~659년이다.
107 【옮긴이 주】: '이적'의 본명은 '서세적徐世勣'이고, 생몰 연대는 594~669년이다.
108 【옮긴이 주】: '우지녕'의 생몰 연대는 588~665년이다.
109 【옮긴이 주】: 『역주율소 - 명례편 - 』「율소를 바치는 표」(71~74쪽)와 『구당서』권50, 「형법지」(2141쪽)에는 19명의 직함과 성명이 기재되어 있다.
110 【옮긴이 주】: '주략'은 계책과 모략의 약칭이고, 주모籌謀라고도 한다.
111 『구당서·장손무기전』.
    【옮긴이 주】: 『구당서』권65, 「장손무기전」에서는 "장손무기의 자字는 보기輔機이고, 하남河南 낙양인洛陽人이다. 그의 선조는 북위 헌문제獻文帝의 셋째 형에게서 나왔다. …… 고조부 치稚는 서위의 태보太保·풍익문선왕馮翊文宣王을 지냈고, 증조부 자유子裕는 서위의 위위경衛尉卿·평원군공平原郡公이었다. 할아버지[祖父] 광光은 북주의 개부의동삼사開府儀同三司를 역임하였고 평원공平原公을 세습하였으며, 아버지[父] 성성晟은 수隋의 우효위장군右驍衛將軍이었다. 무기는 귀척貴戚으로서 학문을 좋아하였고, 문사文史에 해박該博하였으며, 품성이 명철明哲·총명하였고, 주략이 있었다"(2446쪽)라고 하였다.
112 【옮긴이 주】: '내제'의 생몰 연대는 610~662년이다.
113 【옮긴이 주】: '내호來護'는 일명 '내호아來護兒'라고도 하며, 생몰 연대는 ?~618년이다.
114 『구당서·내제전』.
    【옮긴이 주】: 『구당서』권80, 「내제전」에서는 "내제는 양주揚州 강도인江都人이고, 수隋의 좌익위대장군·영국공 호의 아들[子]이다. 우문화급宇文化及의 재난災難으로 합문閤門에서 고초를 당하였다. 내제는 어려서 가家에 재난이 닥쳐 험난한 곳으로 떠돌아다녔지만, 뜻을 굳건히 하고 학문을 좋아하여 문사文詞에 능하였고 담론談論을 잘하였으며, 특히 시무에 밝았다"(2742쪽)라고 하였다.
115 『구당서·이적전』.
    【옮긴이 주】: 『구당서』권67, 「이적전」에서는 "이적은 조주曹州 이호인離狐人이다. 수隋 말에 활주滑州의 위남衛南으로 이주移住하였다. 본성本姓은 서씨徐氏이고, 이름은 세적世勣인데, 영휘永徽(650~655) 연간에 태종의 휘諱를 범하였기 때문에 외자 이름[單名] 적勣으로 하였다. 가家에는 동복이 많았고, 쌓은 곡식이

종은 그를 "재능과 지혜가 차고 넘친다"[116]라고 칭찬하였다. 게다가 많은 사람이 나라를 다스리는 능력이 있어서 부단히 승진하였다. 장손무기는 "가장 뛰어난 인걸[英冠人傑]"[117]로 칭송되었고, 정관貞觀 원년[118] 이부상서吏部尚書에서 승진하여 상서우복야尚書右僕射 · 시중侍中 등이 되었다. 이적은 "병주幷州에서 무릇 16년 동안 (중앙의) 명령은 지키고 금지사항은 행하지 않아서 직무에 어울린다[稱職]고 하였다."[119] 당 태종이 그를 칭찬하여 "짐이 지금 병주를 이세적李世勣에게 위임委任하자, 마침내 돌궐은 그 위엄을 두려워하여 달아났고 요새는 안정되었으니, 어찌 멀리 장성長城을 쌓은 것보다 못하겠는가!"[120]라고 하였다. 그 후 그는 "누차 대임大任을 맡아"[121] 전후 동중서문하同中書門下 · 태상경太常卿 · 사공司空 등을 역임하였다.[122] (당률의 제정에는) 중앙관 이외에 영주자사潁州刺史 · 시평현승始平縣丞 등과 같은 지방관도 있었다.[123] 이러한 사람들로 구성된 당률의 제정자들은 중앙에서 지방에 이르기까지 비교적 완벽한 통치 경험을 갖추었기 때문에 율조律條의 내용이 모든 지주계급의 요구를 충족시키는 데 유리하였다.

다음으로, 그들은 법률에도 정통하였다. 그들 중에는 율학박사律學博士도 있었다.[124] 당대의 율학

수천 종이나 되었으며, 그 아버지[父] 개蓋와 함께 모두 베풀기를 좋아해서 가난하고 굶주린 자들을 구제하였는데, 친소親疏를 가리지 않았다"(2483쪽)라고 하였다.

116 『당어림唐語林』권5』.
   【옮긴이 주】: [당唐]유속劉餗 찬撰, 『수당가화隋唐嘉話』(북경北京: 중화서국中華書局, 1979) 「중中」에서는 "태종은 병이 심해지자, 이적[李公]을 첩주도독疊州都督으로 내보내고는 고종高宗에게 '이적은 재능과 지혜가 차고 넘친다. 누차 대임大任을 맡았지만, 너에게 복종하는 것을 꺼리지 않을까 걱정이 되었기 때문에 첩주도독을 제수하였다. 내가 죽은 후에 친히 임명하되, 만약 형세를 보아 의심스럽고 주저가 되면 즉시 살해해야 한다'라고 하였다. 이적은 조서를 받들고는 집에 들르지도 않고 (임지로) 떠났다"(20~21쪽)라고 하였다.
117 『구당서 · 장손무기전』.
   【옮긴이 주】: '영관인걸英冠人傑'은 『구당서』권65, 「장손무기전」(2456쪽) "사신왈史臣曰"에 보인다.
118 【옮긴이 주】: '정관 원년'은 627년이다.
119 『구당서 · 이적전』.
   【옮긴이 주】: 이 기사는 『구당서』권67, 「이적전」(2486쪽)에 의하면, '정관 11년(637)'의 일로 되어 있다.
120 『구당서 · 이적전』.
   【옮긴이 주】: 이 기사는 『구당서』권67, 「이적전」(2486쪽)에 의하면, 정관 11년, 태종이 시신侍臣에게 한 말이다.
121 『수당가화隋唐嘉話』, 절강고적출판사浙江古籍出版社, 1986년판年版, 63쪽.
   【옮긴이 주】: 주 116 참조.
122 【옮긴이 주】: 『구당서』권67, 「이적전」(2486~2487쪽).
123 【옮긴이 주】: 『역주율소 - 명례편 - 』「율소를 바치는 표」(74쪽)에 의하면, 당률의 제정에 참가한 지방관에는 "수영주자사 경거도위 배홍헌守潁州刺史 輕車都尉 裵弘獻, 수옹주시평현승 효기위 석사규守雍州始平縣丞 驍騎尉 石士逵"가 있다.
124 【옮긴이 주】: 『역주율소 - 명례편 - 』「율소를 바치는 표」(74쪽)에 의하면, 당률의 제정에 참가한 율학박사에

박사는 법률을 전문적으로 연구하고 교수敎授하는 일에 종사하는 사람으로서, "문무관文武官 8품 이하 및 서인庶人의 자제子弟를 교수하는 것을 생업生業으로 하였고, 율령을 (연구하는 것을) 전업專業으로 하였으며, 아울러 격식格式과 법례法例도 학습하였다."[125] 그들 중에는 일찍이 율律의 찬수撰修에 참여한 사람도 있었다. 예컨대 장손무기는 정관 연간에 『정관률』의 제정에 참여하였다. 즉 "태종이 즉위하여 또 장손무기長孫無忌·방현령房玄齡[126]에게 명하여 학사學士[127]·법관法官과 거듭 (율령을) 개정하게 하였고",[128] 영휘永徽[129] 2년(651년)에 장손무기를 수장首長으로 『영휘율永徽律』을 찬정撰定하였을 때 참가한 인원은 훗날 『당률소의』의 제정자 중 거의 절반에 이르렀다.[130] 또 그들 중에는 사법적 경험이 있는 사람도 적지 않았다. 그중 자사刺史·현령縣令과 현승縣丞은 지방의 행정 장관이었을 뿐 아니라 사법관이기도 하였기 때문에 지방의 사법적 경험이 있었다. 중서성·문하성의 관원들도 사법적 직능을 행사하였는데, 그 이유는 당대唐代의 경우 "무릇 죄가 유형·사형에 해당한 경우에는 모두 형부刑部로 상신上申하였고, 중서성·문하성에서 복심覆審하였"[131]기 때문이다. 그들은 중대하고 해결하기 어려운 안건을 처리한 경력이 있었다. 이러한 법률에 정통한 사람

는 "유림랑 수율학박사 비기위 사마예儒林郎 守律學博士 飛騎尉 司馬銳"가 있다.

125 『구당서·직관지職官志』.
　【옮긴이 주】: 『구당서』권44, 「직관3」「국자감國子監·율학박사律學博士」에서는 "율학박사는 1인이고 종8품 하이고, 태종 때 설치되었다, 조교助敎 1인이며 종9품상이다, 학생學生은 50인이다. 율학박사의 직임[掌]은 문무관 8품 이하 및 서인의 자제를 교수하는 것을 생업으로 하고, 율령을 (연구하는 것을) 전업으로 하며, 아울러 격식과 법례도 학습한다"(1892쪽)라고 하였다.

126 【옮긴이 주】: '방현령'의 생몰 연대는 579~648년이다.

127 【옮긴이 주】: '학사'는 홍문관학사弘文館學士를 말한다. 서적을 교리校理하고 생도生徒를 교수하며, 조정에서 제도나 예의禮儀 등을 개혁할 때 참의參議하였다(우치다 토모內田智雄 편편, 「역주 구당서형법지譯註 舊唐書刑法志」『역주 중국역대형법지譯注 中國歷代刑法志』], 132쪽, 주 ④).

128 『구당서·형법지』.
　【옮긴이 주】: 『구당서』권50, 「형법지」(2135쪽).

129 【옮긴이 주】: '영휘'는 당의 제3대 황제 고종(재위 649~683)의 첫 번째 연호(650~655)이다.

130 【옮긴이 주】: 『구당서』권50, 「형법지」에서는 "고종 …… 영휘 초, 태위太尉 장손무기·사공司空 이적·좌복야左僕射 우지녕·우복야右僕射 행성行成·시중侍中 고계보高季輔·황문시랑黃門侍郎 우문절宇文節과 유석柳奭·우승右丞 단보현段寶玄·태상소경太常少卿 영호덕분令狐德棻·이부시랑吏部侍郎 고경언高敬言·형부시랑刑部侍郎 유연객劉燕客·급사중給事中 조문각趙文恪·중서사인中書舍人 이우익李友益·소부승少府丞 장행실張行實·대리승大理丞 원소元紹·태부승太府丞 왕문단王文端·형부낭중刑部郎中 가민행賈敏行 등에게 칙敕하여 공동으로 율령격식을 찬정하게 하였다"(2140~2141쪽)라고 하였다. 이들 17명 가운데 『당률소의』의 제정에 참여한 사람은 장손무기·이적·우지녕·유석·단보현·유연객·가민행 등 7명이다(『역주 율소 - 명례편 - 』「율소를 바치는 표」, 71~74쪽).

131 『신당서·백관지百官志3』.
　【옮긴이 주】: 『신당서』권48, 「백관3·대리시大理寺」(1256쪽).

들이 당률을 제정하였기 때문에 지주계급의 소망을 정확하게 반영할 수 있었고, 아울러 이미 갖고 있던 경험을 이용하여 당률의 내용을 비교적 잘 조화시킬 수 있었다.

끝으로, 그들은 문사文史에도 해박하였다. 예컨대 장손무기는 "경서와 사서를 두루 섭렵하였고[博涉書史]",[132] 저수량褚遂良[133]도 "문사를 두루 섭렵하였다[博涉文史]."[134] 그들은 특히 유학에 정통하였는데, 예컨대 우지녕은 『오경의소五經義疏』를 편찬하였다.[135] 그들은 논설論說과 서신書信에서 유가儒家의 경구經句를 널리 사용하였고, 게다가 이것을 이론적 근거로 사물을 분석하기도 하였다. 『당서唐書』[136]에 재록載錄된 바에 의하면, 우지녕과 저수량은 언설言說과 상소上疏에서 『예기禮記』·『춘추春秋』·『역경易經』·『서경書經』 등의 경구를 인용하였다. 당률의 제정자가 문사文史, 특히 유학에 해박한 것은 이전 사람[前人]의 입법 경험을 종합하여 이를 본보기로 삼는데 편리하였고, 또 예禮로써 황권皇權을 유지·보호하여 예와 황권의 관계를 적절히 처리하는 데에도 유리하였다.

이상과 같은 비교적 유리한 역사적 조건에서 당률이 제정되었고, 아울러 율조의 조화 관계도 이에 따라 출현하였다. 말하자면, 우월한 역사적 조건이 조화로운 당률을 만들었고, 당률의 율조의 조화는 그 시대의 필연적인 산물이었다고 할 수 있다.

제4절 조화의 작용·영향과 한계

율조의 조화는 어느 정도 법률 내용의 완벽함을 표명하였고, 당률도 그러하였다. 후세 사람들은 당률에 대해 당 이전의 어떤 율律보다 완비된 법전이라고 매우 높이 평가하였다. 예컨대 청대의 사람은 "(이선장李善長[137] 등이) 역대의 율을 논하여, '한漢의 구장률九章律을 종지宗旨로 하였고, 당唐에서 그것이 집대성되었다'고 하였다"[138]라고 하였고, "이 (법전 편찬의) 흐름[道]을 추구하면, 당

---

132 『신당서·장손무기전』.
   【옮긴이 주】: 『신당서』권105, 「장손무기전」(4017쪽).
133 【옮긴이 주】: '저수량'의 생몰 연대는 596~658년이다.
134 『구당서·내제전來濟傳』.
   【옮긴이 주】: 『구당서』권80, 「저수량전」에서는 "저수량은 문사를 두루 섭렵하였고, 특히 예서隸書에 뛰어나서 아버지의 친구[父友] 구양순歐陽詢이 매우 중시하였다"(2729쪽)라고 하였다.
135 【옮긴이 주】: 『구당서』권78, 「우지녕전」(2700쪽).
136 【옮긴이 주】: '『당서』'는 '『구당서』·『신당서』'를 가리킨다.
137 【옮긴이 주】: 이선장의 생몰 연대는 1314~1390년이다.
138 【옮긴이 주】: 서세창徐世昌, 「당명률합편서唐明律合編序」에서는 "이선장 등이 역대의 율을 논하여 '한의 구장률을 종지로 하였고, 당에서 그것이 집대성되었다'고 하였다"([청淸]설윤승薛允升 찬撰, 회효봉懷效鋒·이명李鳴 점교點校, 『당명률합편唐明律合編』, 1쪽)라고 하였다.

률을 가장 뛰어나다고 하지 않을 수 없다"[139]라고 하였으며, 당률에 대해 "고금古今의 공평함을 얻었다"[140]라고 하였다. 근래의 사람도 당률에 대해 "조문이 간명하고, 규정이 정밀하여", "진실로 이전 모든 왕조의 율을 능가하는 최상이었다"[141]라고 하였다. 당률의 완벽성은 사법을 신뢰하도록 보증하였고, 나아가 당 전기의 법제를 완전하게 함으로써 사회를 안정시켰고 치안 상황도 좋게 하였다. 즉 정관貞觀[142] 때에는 "상인과 여행객[商旅]이 들에서 묵더라도[野次] 도적을 만나지 않았고, 감옥[囹圄]은 항상 비었으며, 말[馬]과 소[牛]는 들에 가득 찼고[布野], 대문[外戶]은 닫지 않았다."[143] 영휘永徽[144] 시기에도 "정관 때의 유풍遺風이 있었고",[145] 개원開元[146] 때에도 "잘 다스려진 태평성세라 칭해졌으며", "법을 위반한 사람은 거의 없었다."[147] 법률이 사회·정치·경제의 발전을 보장함으로써 당 전기에는 나날이 발전하는 상황이 형성되었고, 백성들의 생활도 매우 안정되었다. 마치 두보杜甫[148]가 「억석憶昔」[149]이란 시詩에서 "입쌀은 기름지고 좁쌀은 희었고[稻米流脂粟米白], 나라에나 개인이나 곡식 창고는 가득 찼네[公私倉廩俱豐實]. 온 천하 길가에 도적 떼가 없었으니[九州道路無豺虎], 먼 길 떠나도 날 가리는 수고 하지 않았네[遠行不勞吉日出]"라고 노래한 그대로였다.

　　율조의 조화는 당률을 완벽하게 하였고, 당대의 법제를 완비시켰으며, 당 초기 정치·경제의

---

139 『당명률합편唐明律合編·서서序』.
　　【옮긴이 주】: 설윤승薛允升, 「당명률합편서唐明律合編序」([청]설윤승薛允升 찬撰, 회효봉懷效鋒·이명李鳴 점교點校, 『당명률합편』, 1쪽).
140 「사고전서총목제요·당률소의제요四庫全書總目提要·唐律疏議提要」.
　　【옮긴이 주】: 제1장 주 5 참조.
141 대염휘戴炎輝, 『중국법제사료中國法制史料』제1책第一冊 제1집第一輯, 정문서국鼎文書局, 1982년년판年版, 22쪽.
142 【옮긴이 주】: '정관'은 당의 제2대 황제 태종(재위 626~649)의 연호(627~649)이다.
143 『정관정요·정체政體 제2』.
　　【옮긴이 주】: 이 문장은 태종 정관 3년(629)에 도래한 '정관지치貞觀之治'를 묘사한 내용 중 일부이다(김원중 옮김, 『정관정요』「제2장 정치의 근본」, 52쪽).
144 【옮긴이 주】: '영휘'는 당의 제3대 황제 고종(재위 649~683)의 첫 번째 연호(650~655)이다.
145 이지李贄, 『사강평요史綱評要·당기唐紀』.
146 【옮긴이 주】: '개원'은 당의 제6대 황제 현종(재위 712~756)의 두 번째 연호(713~741)이다.
147 『신당서·형법지』.
　　【옮긴이 주】: 『신당서』권56, 「형법지」에서는 "현종은 즉위 초부터 정치에 정진하여 …… 20년 동안은 잘 다스려진 태평성세라 칭해졌고, 의식이 풍족하여 법을 위반한 사람은 거의 없었다. 이 해(737) 형부刑部가 행한 단옥斷獄 가운데 천하에서 사죄死罪가 된 자는 58인人이었다"(1415쪽)라고 하였다.
148 【옮긴이 주】: '두보'의 생몰 연대는 712~770년이다.
149 【옮긴이 주】: '「억석憶昔」'은 두보가 성도成都에서 벼슬할 때(764), 전란으로 피폐해진 사회가 빨리 복구되기를 간절히 바라는 마음에서 지난 현종 때를 회상하며 지은 시로 알려져 있다.

발전을 보장하는 데 중요한 작용을 하였을 뿐만 아니라 당 이후의 입법에도 깊은 영향을 주었다. 당률의 편목篇目 분류는 당 이후의 입법에 답습되었다. 오대五代 시기는 후한後漢을 제외하고 모두 입법을 행하였고, 그것들의 편목과 이후『송형통宋刑統』·금률金律의 편목은 모두 당률과 일치하였다. 즉 당률의 방법에 따라 편목으로써 율조를 전체적으로 조화시켰다. 원·명·청률의 경우, 편목에는 당률과 차이가 있었지만, 편목에 따라 범행을 귀납시켜서 당률의 전체적인 조화 원칙을 벗어나지 않았고, 심지어 부분적으로 당률의 편명篇名을 여전히 유지하였다. 예컨대『대원통제大元通制』는 명례名例·위금衛禁·직제職制 등의 편명을 유지하였고,『대명률大明律』도 명례·도적盜賊·단옥斷獄 등의 편명을 계속 사용하였으며,『대청율례大淸律例』도 명례·직제·사위詐僞 등의 편명을 답습하였다. 이와 동시에 당률의 율조도 후세에 다수 습용襲用되었다. 예컨대 오대五代의 율조는 당률과 "그다지 큰 차이가 없었다."¹⁵⁰『송형통』의 율조 502조도 기본적으로 당률과 내용이 같았다.『대명률』은 총總 460조인데, 그 가운데 당률의 146조를 삭제하였고, 나머지 356조는 합쳐서 285조로 하였으며, 여기에 새로 175조를 추가하였다. 이처럼 당률의 율조는『대명률』에서도 여전히 60% 이상을 점하였다.『대청율례』는『대명률』가운데 11조를 삭제하였고, 16조를 합쳤으며, 새로 2조를 추가하였고, 또 한 개의 조를 두 개의 조로 나누어 총 436조로 하였는데, 당률의 율조가 여전히 거의 60%를 점하였다. 바로『율부음의律附音義·서序』에서 "(당률의) 영향이 깊고 컸음을 알 수 있다"라고 결론지은 그대로였다.

이외에 당률의 조화로운 율조는 당시 일부 아시아 국가들의 입법에도 깊은 영향을 주었다. 한국[朝鮮]과 베트남[越南]은 당률의 편목과 율조를 대량 답습하여 자신의 것으로 만들었다. 예컨대 한국의 경우 "고려高後¹⁵¹ 일대一代의 제도는 대체적으로 모두 당唐을 모방하였고, 형법에서도 또한 당률을 채택하였다."¹⁵² 베트남의 경우에도 "여조黎朝 일대一代의 법전은", "당률을 유일한 모형으로 삼았다."¹⁵³ 그것들의 편목과 율조는 기본적으로 당률과 같았다.¹⁵⁴ 일본은 당률의 영향을 더

---

150 대염휘戴炎輝,『중국법제사료中國法制史料』제1책第一冊 제1집第一輯, 정문서국鼎文書局, 1982년판年版, 240쪽.

151 【옮긴이 주】: '후後'는 '려麗'의 오기이다.

152 『고려사高麗史·형법지』.
【옮긴이 주】: 채웅석 지음,『고려사 형법지 역주』「서문序文」(79쪽). 고려시대 법제사에 관한 기본 자료에는 채웅석의 저서 외에 영남대 민족문화연구소 편,『고려시대 율령의 복원과 정리』가 있다.

153 양홍렬楊鴻烈,『중국 법률의 동아시아 각국에 대한 영향[中國法律對東亞諸之影響]』, 중국정법대학출판사中國政法大學出版社, 1999년판年版, 503쪽.
【옮긴이 주】: 본문에 인용된 문장은 양홍렬,『중국 법률의 동아시아 각국에서의 영향[中國法律在東亞諸之影響]』[북경北京: 중국정법대학출판사中國政法大學出版社, 1999] 제5장 '중국 법률의 안남安南에서의 영향'에 있는 "당 말 이후에서 명 말·청 초에 이르기까지 여조 일대의 법전은 줄곧 당의 율령을 위주로

욱 크게 받았다. 일본 법제사에서 중요한 위치를 점하는 『대보율大寶律』은 당률을 모방한 것이었고,[155] 『양로율養老律』도 마찬가지였다. 예컨대 "『양로율』의 명례·위금·직제·도적 등 각 편篇의 율문을 보면, 『당률소의』와 거의 완전히 동일하였다."[156] 당률의 심대한 영향은 세계의 전통적인 법전 중에서 보기 드물 정도로 세계의 전통적 법전의 전범典範과 중화법계中華法系의 대표가 되기에 손색이 없었다.

그러나 당률이 결국 봉건사회의 산물인 만큼 당시의 역사적 조건은 율조의 조화에 내포된 일정한 자발성을 제한하였고, 동시에 이로 인해 그중에 반드시 내재된 일부 조화되지 않는 요소까지도 규정하였는데, 이 또한 당률의 한계성이라 할 수 있다. 편목 중에서 당률은 『법경法經』 이래의 정제定制에 지나치게 구애되어 「잡률雜律」을 한 편으로 배열하였다.[157] 그러나 실제 그중 많은 율조는 다른 편목에 포함시키는 것이 더 타당하다. 예컨대 「좌장치죄조坐贓致罪條」[158]는 「적도율賊盜律」에 넣을 수 있고, 「고장창연화조庫藏倉燃火條」[159]는 「구고율廐庫律」에 포함시킬 수 있으며, 「위령조違令條」[160]는 「명례율」에 넣을 수 있다. 무릇 이러한 예는 여전히 적지 않다. 이렇게 하면 그 나머지 편목의 내용이 더욱 완전해질 수 있고, 율조 간에도 더 조화될 수 있다. 이밖에 율조의 내용 간

하였다"(418쪽)라는 문장과 "여조에서 편찬한 법전은 비록 당·송·원·명의 여러 율을 절충하였지만, 『당률』을 유일한 모형으로 삼았다"(427쪽)라는 문장, 이 두 개의 문장을 취사한 것이다.

154 【옮긴이 주】: "그것들의 편목과 율조는 기본적으로 당률과 같았다"라고 한 표현은 중국 학계의 일반적인 인식일 것이지만, 현재 국내의 연구 경향에서 보면 적절하지 않다. 실제로 『고려사』 「형법지」의 편목은 배열순서에 차이가 있지만 『원사』 「형법지」에 따랐고, 『고려사』 「형법지」에 수록된 각 조문도 당률과 비교하면 차이가 적지 않다. 최근의 연구에 의하면, 고려율은 당률을 모법母法으로 하면서도 송률·금률·원률·명률의 영향도 받은 것으로 되어있다.

155 양홍렬楊鴻烈, 『중국법률발달사中國法律發達史』, 상무인서관商務印書館, 1930년판年版, 344쪽 참조.

156 양홍렬楊鴻烈, 『중국 법률의 동아시아 각국에 대한 영향[中國法律對東亞諸之影響]』, 중국정법대학출판사中國政法大學出版社, 1999년판年版, 212쪽.

157 【옮긴이 주】: 『역주율소 - 각칙(하) -』 「잡률」 「편목소」에서는 "이회李悝가 처음 『법경』을 지었을 때 '잡범雜犯'이라는 편목이 있었다. 대대로 그대로 따르면서 많은 세월과 왕조를 거쳤다. 그러나 북주에 이르러 '잡범률'이라 개칭하였다. 수隋에서는 또 '범犯'자를 없애고 다시 '잡률'이라고 하였다. 모든 편의 죄명에 각기 조례條例가 있다. 이 편은 흩어져 남아 있던 것을 주워 모으고 빠진 것을 보충하여 섞어 조문을 만들어서 순서가 뒤섞여 같지 않기 때문에 '사위율詐僞律' 다음에 두었다"(3201쪽)라고 하였다.

158 【옮긴이 주】: 『역주율소 - 각칙(하) -』 「잡률1」 (제389조) 「좌장치죄조」에서는 "무릇 좌장坐贓으로 죄를 받는 자는, 1척尺이었다면 태笞20에 처하고, 1필疋마다 1등을 가중한다. 10필이었다면 도徒1년에 처하고, 10필마다 1등을 가중하며, 죄의 최고형은 도3년이다. 준 자는 5등을 감경한다"(3202쪽)라고 규정하였다.

159 【옮긴이 주】: 『역주율소 - 각칙(하) -』 「잡률41」 (제429조) 「고장창연화조」에서는 "무릇 고장庫藏 및 창고 내內에서는 모두 불을 피울 수 없다. 위반한 자는 도1년에 처한다"(3253쪽)라고 규정하였다.

160 【옮긴이 주】: 『역주율소 - 각칙(하) -』 「잡률61」 (제449조) 「위령조」에서는 "무릇 영令을 위반한 자는 태50에 처한다. 별식別式은 1등을 감경한다"(3276쪽)라고 규정하였다.

에도 조화되지 않는 부분이 있다. 예컨대 당대唐代 처妻·잉媵·첩妾의 지위는 각각 같지 않았는데, 처의 지위가 가장 높았고, 첩의 지위가 제일 낮았으며, 잉은 그 중간이었다. 즉『당률소의·투송』「처구리부조妻毆詈夫條」에서는 정확하게 "잉媵이 처妻를 범한 때에는 첩에서 1등을 감경한다. 첩이 잉을 범한 때에는 일반인[凡人]에서 1등을 가중한다"[161]라고 규정하였다. 그러나『당률소의·호혼』「이처위첩조以妻爲妾條」[162]에서는 오히려 잉과 첩의 지위를 병렬하여 "처를 잉으로 삼았다면, 죄는 처를 첩으로 삼은 것과 같다[同]. 만약 잉을 처로 삼았다면, 또한 첩을 처로 삼은 것과 같다[同]"[163]라고 규정하였다. 이것은 잉과 첩의 지위를 혼동하였을 뿐만 아니라「처구리부조」의 규정과도 일치하지 않는다. 또 예컨대『당률소의·호혼』「허가녀첩회조許嫁女輒悔條」의 규정에서는 "단지 '후에 장가간 자[後娶者]가 실정을 안[知情] 경우에는 1등을 감경한다'[164]라고만 하였을 뿐, 실정을 알지 못한[不知情] 경우에 대해서는 언급하지 않았다."[165] (이처럼 본) 율문은 생각이 조금 미흡하여 누락이 생겼다.[166]

----

161 【옮긴이 주】:『역주율소 - 각칙(하) - 』「투송25」(제326조)「처구리부조」, 3069쪽.
162 【옮긴이 주】: '「이처위첩조」'는 다음에 '「답」'이 생략되어 있다(주 163 참조).
163 【옮긴이 주】:『역주율소 - 각칙(상) - 』「호혼29」(제178조)「이처위첩조」「답」, 2257쪽. 이 문장은 "혹은 처를 잉으로 삼았거나, 혹은 잉을 처로 삼았거나, 혹은 첩을 잉으로 삼았거나, 혹은 잉을 첩으로 삼았다면 각각 무슨 죄가 됩니까?"(2257쪽)라는 「문」에 대한 「답」이다.
164 【옮긴이 주】:『역주율소 - 각칙(상) - 』「호혼26」「허가녀보혼서조許嫁女報婚書條」, 2253쪽.
165 『당명률합편唐明律合編·호율戶律』「남녀혼인조男女婚姻條」.
   【옮긴이 주】: 이 문장은 [청]설윤승薛允升 찬찬, 회효봉懷效鋒·이명李鳴 점교點校,『당명률합편』권13하下,「명례율권6·호율3」「남녀혼인조男女婚姻條」(325쪽)에서 설윤승이 당률과 명률의 해당 조문을 비교한 후에 당률에 대해 평가한 내용 가운데 일부이다. 이에 대한 자세한 설명은 주 166 참조.
166 【옮긴이 주】: 저자가 "『당률소의』「호혼」「허가녀첩회조」의 규정에서는~생각이 조금 미흡하여 누락이 생겼다"라고 한 문장을 이해하기 위해서는 당률과 명률의 율조律條 규정의 차이에 대해 숙지熟知할 필요가 있다. 우선『역주율소 - 각칙(상) - 』「호혼26」「허가녀보혼서조」에서는 "무릇 딸[女]의 출가를 허락하고 이미 혼서婚書에 회답하였거나 사약私約이 있는데도 함부로 파기한 자는 장60에 처한다. …… 만약 다시 다른 사람에게 (혼인을) 허락한 자는 장100에 처한다. 성혼成婚된 때에는 도1년반에 처한다. 후에 혼인한 자가 실정을 안[知情] 경우에는 1등을 감경한다"(2250~2253쪽)라고 규정하였다. 이와는 달리 [청]설윤승薛允升 찬찬, 회효봉懷效鋒·이명李鳴 점교點校,『당명률합편』권13하,「명률권6·호율3」에서는 "…… 후後에 정혼定婚한 자가 실정을 알았다면 (여가女家와) 같은 죄로 처벌하고, 빙재聘財는 몰관沒官한다. (실정을) 알지 못하였다면 처벌하지 않는다"(323쪽)라고 규정하였다. 이상 제시한 당률과 명률을 비교하면, 가장 큰 차이는, 명률의 경우 "(실정을) 알지 못하였다면 처벌하지 않는다"라는 문구가 추가된 점이다. 이 차이에 대해 저자는 설윤승이 "(당률에서는) 단지 '후에 혼인한 자가 실정을 안 경우에는 1등을 감경한다'라고만 하였을 뿐 실정을 알지 못한 경우에 대해서는 언급하지 않았다"라고 한 말을 인용하고, 이어서 "(이처럼 본) 율문은 생각이 조금 미흡하여 누락이 생겼다"라고 단정하고 있다. 그렇다면 당률이 이 부분을 언급하지 않은 것을 저자의 말대로 단순한 누락으로 보아야 할까? 사실 설윤승의 말대로, 명률에는 지정자知情者의 처벌규정에 이어서 모두 "부지정자不知情者는 처벌하지 않는다는 문구가 각각의 조문

당률의 율조는 비교적 조화는 이루었지만, 사회 모순의 증가와 상황의 변화에 따라 조화된 율조도 적용에 부족함이 있었다. 따라서 당 후기에는 격格·칙敕의 지위가 점점 높아졌고 심지어 율을 대체하기도 하여 사법司法이 율에 따르지 않는 상황이 출현하였다. "결과적으로 완전히 불법 상태가 '법제 상태'를 대체하였던"[167] 것이다. 이러한 '불법 상태'에 직면하여 부자富者의 경우 "부엌에는 악취가 진동할 정도로 고기가 썩었고, 창고에는 돈 꾸러미가 썩었어도",[168] 백성[人民]은 "열에 여덟·아홉 가家가 궁핍하였다."[169] 그 결과 농민 폭동이 발생하였고, 이때 조화로운 율조도 당 왕조의 필연적인 멸망의 명운命運을 막을 수 없었다.

에 있기"(326쪽) 때문에 이러한 명률을 기준으로 보면 당률에는 누락이 생겼다고 할 수 있다. 그런데 [청]설윤승薛允升 찬撰, 회효봉懷效鋒·이명李鳴 점교點校, 『당명률합편』권13하, 「명률권6·호율3」「남녀혼인조」에서 설윤승이 말한 문장은 "당률에서는 단지 '후에 장가간 자가 실정을 안 경우에는 1등을 감경한다'라고만 하였을 뿐 실정을 알지 못한 경우에 대해서는 언급하지 않은 것은 실정을 알지 못하였다면 무죄無罪가 되었기 때문이다"로 되어있다. 이에 의하면, 설윤승은 실정을 알지 못한 경우에 대해 언급하지 않은 것은 무죄이기 때문에 언급할 필요가 없었다는 뉘앙스를 띠고 있는 듯하다. 이런 점을 고려하면, 당률에서 "부지정자不知情者는 처벌하지 않는다"라는 문구가 없는 것은 언급할 필요가 없는 부분을 생략하였다고 볼 수도 있다.

167 『마르크스·엥겔스 전집[馬克思恩格斯全集]』제1권, 인민출판사人民出版社, 1979년판年版, 702쪽.
168 백거이白居易, 「상택상댁傷宅」.
169 백거이, 「촌거고한村居苦寒」.

제4장
당률과 당령唐令·격格·식式

당률이 「소의」를 갖춘 이후 율조律條는 일부 영·격·식의 조문과 한 세트의 법전法典으로 공존하였다. 그 이유는 「소의」에서 영·격·식의 내용을 다수 인용하였기 때문이다. 그렇다면 그것들은 어떻게 병존하였을까?

제1절 당률·영·격·식 형법설刑法說

당률·영·격·식은 어떤 법률에 속하였을까? 전통적 견해는, 대체로 당률은 모든 법의 집합체였고, 민사民事·형사刑事가 분화分化되지 않았으며, 형법이 주主가 된 법전이었다는 것, 즉 여러 종류의 법률 부문이 공존하면서 형법이 주가 된 법전이었다는 것이고, 당령·격·식은 국가의 여러 제도·사무事務 절차와 세칙細則 등 방면에 대한 규정으로서, 대개 행정법行政法의 범주 등에 속하였다는 것이다. 그러나 사실은 그렇지 않다.

형법은 협의와 광의의 두 종류로 이해된다. 협의의 형법은 오직 형법전刑法典만을 가리킨다. 광의의 형법은 형법전 이외에 여타 법률 부문에 산견하는 형사방면과 관련된 규정도 가리킨다. 오늘날 사람들이 말하는 '형법'은 주로 후자를 가리킨다. 형법이 다른 법과 가장 크게 구별되는 것 중 하나는 제재방식制裁方式이다. 형벌은 형법이 유일하게 가지고 있는 제재방식이다. 형벌이 필요 없는 형법은 없고, 형법이 없으면 형벌도 사용할 수 없다. 달리 말하면, 형벌의 사용 여부가 형법과 다른 법法을 구별하는 하나의 중요한 지표가 되는 것이다.

당률의 율조律條에서 일반원칙 등의 규정을 제외한 대다수의 율조는 모두 두 부분으로 구성되었는데, 앞부분은 죄상罪狀이고 뒷부분은 법정형法定刑이다. 예컨대 『당률소의·위금』「궁전작파불출조宮殿作罷不出條」에서는 "무릇 궁宮·전殿 내에서 작업을 마치고 나가지 않은 경우, 궁 내는 도徒1년에 처하고, 전 내는 도2년에 처하며, 어재소御在所는 교형絞刑에 처한다. (무리가 나가는 것을) 자각하지 못하였거나[不覺] 길을 잃고 잘못 들어간[迷誤] 자는 상청上請한다. 장령주사將領主司가 안[知] 경우에는 같은 죄로 처벌하고[與同罪], 알지 못한[不知] 경우에는 각각 1등을 감경한다. 만약 벽장闢仗하는 지역 내에 병장기兵仗器를 과오로 남긴[誤遺] 자는 장杖100에 처한다"[1]라고 규정하였다. 본 율조는 장문長文이고 또 여러 죄상罪狀도 언급하고 있지만, 모두 예외가 없었다.[2] 어떤 율조에서는 민사와 행정 제재방식을 사용하고 있지만, 모두 부수적·보조적인 성질을 띠었기 때문에 형벌은 여전히 주요한 제재방식이었다. 이것은「당률의 제재방식」이라는 장章에서 상술할 예정이므로 여기서는 재차 언급하지 않는다. 율조의 내용 구성에서 알 수 있듯이, 당률은 형법을 위주로 하는 종합적 법전이 아니라 형법전이었다.

이외에 당인唐人 스스로도 당률을 정죄양형定罪量刑의 근거, 즉 형법으로 보았다. 예컨대『당육전·형부刑部』에서는 "율로는 형을 바로 하고 죄를 정한다[律以正刑定罪]"[4]라고 기술하였다. 또 사적史籍에 기재된 실례를 보면, 당률을 위반한 행위도 당률로 문죄問罪하였다. 예컨대『구당서·유혼전柳渾傳』에 의하면, 덕종德宗[5] 정원貞元[6] 2년(786년), "당시 황제는 옥공玉工에게 옥대玉帶의 제작을 명하였고", 완성 후에 그중 한 개의 단추[銙]가 떨어져서 깨졌기 때문에 옥공은 시장에 가서 하나를 매입하여 보충하고는 "덕종에게 올리자, 황제는 이를 가리키며 '이것은 어찌하여 서로 똑같지 않은가?'라고 하였다. 이에 옥공이 죄를 청하니[伏罪], 황제가 사형에 처하라고[決死] 명하였다. 조서詔書가 중서성中書省에 하달되자, (유)혼柳渾이 강력하게 '폐하가 즉시 살해하라고 하시면 그만입니다만, (안건의 처리를) 담당관[有司]에게 내리시면 반드시 신문訊問을 해야 합니다. 하물며 봄[春]에 형을 집행하는[行刑] 것이야 말할 나위가 있겠습니까? 청컨대 신들이 (처벌) 조문을 검토하고 이를 주청奏請하여 정죄定罪하는 절차를 거치도록 해 주십시오'라고 하였다. (후에) 황제[乘輿]의 기물[器]과 의복[服] 등을 과실로 손상시킨[誤傷] 죄행罪行에 따라 장杖60에 처하는 것으로 하였고, 나머지 공인工人은 석방하는 것으로 하였으며, (덕종은) 조서를 내려 이것에 따랐다."[7] 이 판결의 근거는『당률소의·직제』의「승여복어물지호수정불여법조乘輿服御物持護修整不如法條」[8]이었다.

---

1 【옮긴이 주】:『역주율소 - 각칙(상) - 』「위금8」(제65조)「궁전작파불출조」, 2037~2039쪽.
2 【옮긴이 주】: "모두 예외가 없었다"라는 것은 본 조條의 규정형식이 앞부분은 죄상罪狀, 뒷부분은 법정형法定刑으로 일관되어 있었다는 것을 말한다.
3 【옮긴이 주】: '정죄양형'에 대해서는 제1장 주 73 참조.
4 【옮긴이 주】: 김택민 주편,『역주당육전 상』권6,「상서형부」에서는 "무릇 율로는 형을 바로 하고 죄를 정하며[律以正刑定罪], 영으로는 규범을 세우고 제도를 만들며[令以設範立制], 격으로는 위법을 금하고 잘못을 바로 잡으며[格以禁違正邪], 식으로는 일의 방법과 절차를 정한다[式以軌物程事]"(578쪽)라고 하였다.
5 【옮긴이 주】: '덕종'은 당의 제9대 황제(재위 779~805)이다.
6 【옮긴이 주】: '정원'은 덕종의 세 번째 연호(785~805)이다.
7 【옮긴이 주】:『구당서』권125,「유혼전」(3554쪽).
8 【옮긴이 주】:『역주율소 - 각칙(상) - 』「직제15」(제105조)「승여복어물조乘輿服御物條」에서는 "무릇 황제[乘

당령·격·식과 당률이 구별되는 중요한 것 중 하나는 그것들에 내재하는 논리 구조이다. 당률은 완전한 논리 구조를 갖추어서, 가정假定·처리處理·제재制裁라는 세 개의 구성 부분을 포함했지만, 당령·격·식은 가정과 처리라는 두 부분만 있을 뿐 대개 제재 부분이 없었다(형부격刑部格과 같은 일부의 격은 제외). 따라서 영·격·식을 위반한 경우에는 율에서 상응하는 제재 부분의 내용을 찾아야 한다. 실제도 이와 같았다. 즉 『신당서·형법지』에서는 무릇 국가의 정치는 반드시 영·격·식에 따라 집행되어야 하고, "이 세 가지를 위반하였거나 사람이 악행惡行을 범하여 문죄問罪하는 경우에는 오로지 율로써 단옥한다[一斷以律]"[9]라고 기술하였다. 영·격·식을 위반한 경우 당률로 단옥하는 구체적인 내용에 대해서는 여기서 재차 상술하지 않고 아래의 문장에서 서술하기로 한다.

당률의 율조律條에는 한계가 있었기 때문에 영·격·식을 위반한 어떠한 행위도 법망을 빠져나가지 못하도록 입법자는 율에 명문 규정이 없는 영·격·식을 위반한 일부 행위에 대해서도 모두 범죄로 인정하여 형벌로 처벌하였다. 예컨대 『당률소의·잡률』「위령조違令條」에서는 "무릇 영을 위반한[違令] 자는 태笞50에 처한다. 영令에는 금제禁制가 있으나 율에는 죄명이 없는 경우를 말한다. 별식別式은 1등을 감경한다"[10]라고 규정하였다. 본 조 「소의」에서도 "'영에는 금제가 있다'라고 한 것은, 「의제령儀制令」에 '길을 갈 때, 천인賤人은 귀인貴人을 피해 가고, 가는 자[往]는 오는 자[來]를 피한다'[11]라는 것 등[之類]을 말하며, 이것이 '영에는 금제가 있으나 율에는 죄명이 없다'라는 것이고, 위반한 자는 태50에 처한다. '별식別式은 1등을 감경한다'라고 한 것은 「예부식禮部式」에 '5품 이상은 자색紫色을 입고, 6품 이하는 주색朱色을 입는다'라고 한 것 등[之類]이 있는데, 식의 규정[式文]을 위반하고 (착복이 금지된) 복색을 입은 자는 태40에 처하는 것을 말한다. 이것이 '별식은

輿]가 착용하는 물품[服御物]을 보존하고 수선·정돈하는 것을 법대로 하지 않은 자는 장80에 처한다. 만약 황제에게 올리는데[進御] (법도에) 어긋난[乖失] 자는 장100에 처한다. 그리고 수레[車]·말[馬] 등[之屬]이 적절하게 길들여지지[調習] 않았거나, 말을 부리는데 사용하는 도구[駕馭之具]가 견고하지[完牢] 않은 때에는 도2년에 처한다. 아직 황제에게 올리지 않은 때에는 3등을 감경한다. (황제에게) 바쳐야 하는 물품[供奉之物]이 궐하였거나 부족한[闕乏] 때에는 도1년에 처한다. 그런데 잡다한 공물[雜供]에 궐闕함이 있었던 때에는 태50에 처한다"(2124~2125쪽)라고 규정하였다.

9 【옮긴이 주】: 『신당서』 권56, 「형법지」에서는 "당唐의 형서刑書에는 네 종류가 있다. 율·영·격·식이 그것이다. 영은 존비·귀천의 등급을 정한 것이고 국가의 제도를 규정한 것이다[令者 尊卑貴賤之等數 國家之制度也]. 격은 백관·유사가 항상 시행해야 하는 사무를 규정한 것이며[格者 百官有司之所常行之事也], 식은 (백관·유사가) 항상 준수해야 하는 규정이다[式者 其所常守之法也]. 무릇 국가의 정치는[邦國之政] 반드시 이 세 가지에 따라 집행되어야 한다. 이 세 가지를 위반하였거나 사람이 악행을 범하여 문죄하는 경우에는 오로지 율로써 단옥한다[一斷以律]"(1407쪽)라고 하였다.
10 【옮긴이 주】: 『역주율소 - 각칙(하) - 』「잡률61」(제449조)「위령조」, 3276쪽.
11 【옮긴이 주】: 이 규정은 니이다 노보루仁井田陞, 『당령습유唐令拾遺』「의제령 29조」(510쪽) 참조.

1등을 감경한다'라고 한 것이다"[12]라고 해석하였다. 이 규정은 무릇 당령·식을 위반한 경우에는 모두 당률에서 상응하는 죄명과 법정형을 찾을 수 있기 때문에 당률의 관련 규정에 따라 정죄양형定罪量刑하지만, 무릇 당령과 식을 위반하였으나 당률에서 상응하는 규정을 찾을 수 없는 경우에는 일률적으로 위령違令 혹은 위식違式에 따른 처벌, 즉 태50 혹은 태40에 처한다는 것을 명시하고 있다. (이처럼) 당령·격·식을 위반한 경우에는 모두 형벌적 제재를 받았기 때문에 이것들도 자연히 형법에 속하였다.

이상을 종합하면, 당률·영·격·식은 모두 형법이었다. 이것들의 병존은 형식이 다른 형법 내용의 병존이었고, 형법과 그 이외 부문법의 병존은 아니었다.

제2절 당률·영·격·식의 특징

『신당서·형법지』에서는 "당唐의 형서刑書에는 네 종류가 있다. 율·영·격·식이 그것이다"[13]라고 하였다. 그것들은 각자 특성이 있었는데, 기본적 정황은 아래와 같다.

1. 당률

상앙商鞅[14]이 법을 율로 개칭한 이후 율은 역대歷代의 주요한 법전이 되었다. 당唐 이전, 진秦에는 진률秦律, 한漢에는 한률漢律, 위魏에는 위율魏律, 진晉에는 진률晉律이 있었고, 남북조에는 송률宋律·제율齊律·양률梁律·진률陳律과 북위율北魏律·북제율北齊律·북주율北周律이 있었으며, 수隋에는 수율隋律이 있었다. 당은 전대前代에 편찬된 율을 종합한 후에 그것을 기초로 당률을 제정하였다.

당 이전에 이미 율에 대해 그 특성을 나타내는 해석이 적지 않았다. 먼저, 율은 법이었다는 것이다. 예컨대 『이아爾雅·석고釋詁』[15]에서는 "율은 항상된 도리이고 법이다[律 常也 法也]"[16]라고 하였고, 학씨郝氏의 『의소文[17]疏』에서는 더욱 명확하게 "율은 법칙과 동의이다[律者 與法則同意]"라고 하였다. 그 밖의 사적史籍에도 유사한 기록이 있는데, 『한서·율력지律曆志』[18]에서는 "율은 법이다

---

12 【옮긴이 주】: 『역주율소 - 각칙(하) - 』 「잡률61」(제449조) 「위령조」 「소의」, 3276~3277쪽.
13 【옮긴이 주】: 이어지는 문장은 주 9 참조.
14 【옮긴이 주】: '상앙'의 생몰 연대는 B.C. 390?~B.C. 338년이다.
15 【옮긴이 주】: '「석고」'는 '「석고상上」' '「소疏」'이다(주 16 참조).
16 【옮긴이 주】: 이 문장은 『이아주소爾雅注疏』(『십삼경주소 하』)권1, 「석고상」에는 없고, 「소疏」에서 "율은 항상된 도리이고 법이다[律者 常法也]"(2569쪽)라고 하였다.
17 【옮긴이 주】: '문文'은 '의義'의 오기이다.
18 【옮긴이 주】: '「율력지」'는 '「율력지상上」'이다(주 19 참조).

[律 法也]"¹⁹라고 하였다. 다음으로, 율은 광범위한 적용 범위를 가졌다는 것이다. 예컨대 『설문해자說文解字』에서는 "율은 '고르게 펼친다'는 의미이다[律 均布²⁰也]"²¹라고 하였고, 단주段注²²에서는 "율은 천하의 통일되지 않은 것을 규범화하여 통일시키는 것이므로 '고르게 펼친다'라고 하였다"라고 하였다. 그다음으로, 율은 상대적으로 안정된 법률이었다는 것이다. 즉 『이아·석고』²³에 대한 학씨의 『의소義疏』에서는 율에 대해 "일정하게 갖추어져서 변하지 않는 것, 이것이 일반적인 뜻이다[一定而不可變 是有常意]"라고 하였다. 끝으로, 율은 사람들의 행위를 조정調整하는 일종의 규범이었다는 것이다. 즉 『관자管子·칠신칠주편七臣七主篇』에서는 "율은 (각자의) 분수를 정하여 다툼을 그치게 하는 것이다[定分止爭]"²⁴라고 하였고, 『석명釋名』에서는 "율은 구속하다[累]는 뜻이다. 사람의 마음[人心]을 구속해서 마음대로 하지 못하게 하는 것이다"라고 하였다. 바로 이와 같았기 때문에 율은 공평하고 획일적인 성질을 갖추어야 하였다. 예컨대 『설문해자』에서는 "법은 형이다. 공평하기가 물과 같아서 수水를 취하였다[法²⁵ 刑也 平之如水 从水]"²⁶라고 하였다.

당률에 규정된 율의 함의含意에 대한 해석은 아래의 세 방면에 중점을 두었다.

첫째, 율의 규범적 작용을 강조하였다. 예컨대 『당률소의·명례』「전언前言」에서 율은 "비유하면 저울[權衡]이 경중을 아는 것과 같고, 그림쇠[規矩]가 방원方圓을 그리는 것과 같다"²⁷라고 하여, 율을 저울과 그림쇠에 비유해서, 그것이 사람들의 행위를 가늠하고 규범하는 작용을 설명하였다.

둘째, 율의 형법적 내용을 강조하였다. 예컨대 『당률소의·명례』「칭일년급중모조稱日年及重謀條」「소의」²⁸에서는 "율은 형을 정하기[定刑] 위해 제정한 것이다"²⁹라고 하였다. 「팔의자조八議者條」

---

19 【옮긴이 주】: 『한서』 권21상, 「율력지상上」(976쪽).
20 【옮긴이 주】: '균포均布'는 "고르게 펼친다"라는 것으로 "천하에 반포하다"라는 의미로 사용되고 있다.
21 【옮긴이 주】: [한漢]허신許愼 찬撰, 『설문해자說文解字』(북경北京: 중화서국中華書局, 1985) 제2하下(43쪽, 하단下段).
22 【옮긴이 주】: '단주段注'는 단옥재段玉裁의 『설문해자주說文解字注』를 말한다.
23 【옮긴이 주】: '「석고」'는 「석고상上」 '소疏'이다(주 16 참조).
24 【옮긴이 주】: 방현령房玄齡 주注, 유적劉績 증주增注, 『관자』(상해上海: 상해고적출판사上海考籍出版社, 1989) 권17, 「칠신칠주」에서는 "무릇 법은 공로를 일으키고 포악함을 두렵게 하는 것이고, 율은 (각자의) 분수를 정하여 다툼을 그치게 하는 것이며, 영令은 백성[人]에게 해야 할 일을 알게 하는 것이다"(161쪽)라고 하였다.
25 【옮긴이 주】: '법法'이 원문에는 '법灋'으로 되어 있다(주 26 참조).
26 【옮긴이 주】: [한漢]허신許愼 찬撰, 『설문해자』 제10상上(202쪽, 하단).
27 【옮긴이 주】: 『역주율소 - 명례편 - 』「명례」「편목소」, 98쪽.
28 【옮긴이 주】: '「소의」'는 '「답」'의 오기이다(주 29 참조).
29 【옮긴이 주】: 『역주율소 - 명례편 - 』「명례55」(제55조)「칭일년급중모조」「답」, 364쪽. 이 문장 앞에는 "영令은 과역課役을 위해 조문을 제정한 것이다"(364쪽)라는 문구가 있다.

「소의」[30]에서도 "처형處刑할 율을 정한다"[31]라고 하였다. 이러한 것들은 모두 율이 형을 정하는[定刑] 법률, 즉 형법의 뜻으로 사용되었다. 이회李悝[32]가 『법경法經』을 제정한 이후 형刑[33]은 점차 법이라는 함의를 잃었다. 당唐에 이르러 형刑[34]은 대부분 형법과 형벌로 쓰였다. 여기서는 형법을 가리킨다.

셋째, 율의 지도사상指導思想을 강조하였다. 예컨대 『당률소의·명례』「전언前言」에서는 "의義에 의거해서 율을 제정한다"[35]라고 하여, '의'를 율을 제정하는 근거 즉 지도사상으로 삼았다. (그런데) 당대의 '의'는 예禮에서 파생되었기 때문에 결국 예를 지도사상으로 하였던 것이 된다.

당대에 반행頒行된 율에는 주로 『무덕률武德律』·『정관률貞觀律』·『영휘율永徽律』 및 『영휘율소永徽律疏』·『개원률開元律』 등이 있었다. 이 가운데 『정관률』이 정본定本이 되었고, 그 후 개정은 매우 적었다. 『영휘율소永徽律疏』는 후세에 영향이 매우 컸고, 현존하는 『당률소의』는 바로 그 번각본飜刻本이다. 실제 당률은 집합 개념으로서, 이상에서 말한 모든 율의 총칭이며, 결코 구체적으로 어떤 한 가지 율 만을 가리키지 않는다. 그러나 현재 널리 유전流傳되고 있는 『당률소의』로 인해 오늘날 칭해지는 '당률'은 사실상 현존하는 『당률소의』를 가리키게 되었다.

2. 당령

영 또한 당 이전부터 있었던 일종의 법률 형식이었다. 이미 전국 시기戰國時期에 상앙商鞅은 영을 광범위하게 사용하여 「간초령墾草令」·「개천맥령開阡陌令」·「분호령分戶令」 등을 반포하였다. 진秦이 중국을 통일한 후, 영과 율은 모두 기본적인 법률 형식이 되었다. 예컨대 『사기·이사열전李斯列傳』에서는 "법도를 분명히 하였고, 율령을 제정하였다[明法度定律令]"[36]라고 기술하였다. 한령漢令

---

30 【옮긴이 주】: '소의'는 '주'의 오기이다(주 31 참조).
31 【옮긴이 주】: 『역주율소 - 명례편 - 』「명례8」(제8조)「팔의자조(의장議章)」「주」에서는 "의의라는 것은 정상情狀을 살펴 죄를 의의하되, 처형할 율을 정해서 말하고 곧바로 (형을) 결정하지는 않는다"(137~138쪽)라고 하였고, 「소의」에서는 "…… '처형할 율을 정해서 말하고 곧바로 (형을) 결정하지는 않는다'라는 것은 상주上奏하는 서장書狀에 '범죄를 살펴보면 (이러한) 율에 의해 사형에 처해야 합니다'라고 말할 뿐, 감히 곧바로 교형絞刑·참형斬刑이라고 말할 수 없다. 그러므로 '곧바로 결정하지는 않는다'라고 한 것이다"(138쪽)라고 하였다.
32 【옮긴이 주】: '이회'의 생몰 연대는 B.C. 455~B.C. 395년이다.
33 【옮긴이 주】: '형'은 '율律'의 오기로 보인다.
34 【옮긴이 주】: '형'은 '율律'의 오기로 보인다.
35 【옮긴이 주】: 『역주율소 - 명례편 - 』「명례」「편목소」에서는 "(죄의) 경중을 고루 헤아려서 의義에 의거해서 율을 제정한다"(88쪽)라고 하였다.
36 【옮긴이 주】: 『사기』권87, 「이사열전」에서는 "시황 34년(B.C. 213) …… 법도를 분명히 하고 율령을 제정한 것은 모두 시황에서 비롯되었다(2546쪽)라고 하였다.

은 매우 복잡하여 갑甲·을乙·병丙의 구분이 있었다. 위진남북조의 각 왕조에도 영이 있었다. 수隋에는 『개황령開皇令』·『대업령大業令』 등이 있었다.

당 이전 영에 대한 견해에는 주로 세 가지가 있었다. 먼저, 영은 최고 통치자가 발포한 명령이었다는 것이다. 예컨대 『가자賈子·등제편登齊篇』에서는 "천자의 말]을 영이라고 한다[天子之言曰令]"라고 하였고, 『관자管子·법법편法法篇』에서도 "영은 군주의 큰 보배이다[令者 人主之大寶也]"37라고 하였다. 다음으로, 영의 기능은 민民의 교화敎化·계도啓導에 중점을 두었다는 것이다. 예컨대 『염철론鹽鐵論·형덕刑德』에서는 "영은 민을 교화하는 방법이다[令者 所以敎民也]"38라고 하였고, 「조성詔聖」에서도 "영은 교화로서, 인민을 인도하는 것이다[令者敎也 所以導民39]"40라고 하였다. 끝으로, 영은 항상 율문에 대해 해석하고 보충하였다는 것이다. 즉 『사기·두주열전杜周列傳』에서는 "앞의 군주[前主]가 옳다고 한 것을 드러내어[著] 율로 하고, 뒤의 군주[後主]가 옳다고 한 것을 조목으로 나누어[疏] 영으로 한다"41라고 기술하였다.

당대에는 영에 대해 더욱 구체적인 함의를 부여하였다. 먼저, 영은 구체적으로 국가의 제도 등을 규정하는 것을 주된 내용으로 하였다. 예컨대 『신당서·형법지』에서는 "영은 존비·귀천의 등급을 정한 것이고, 국가의 제도를 규정한 것이다"42라고 하였고, 『당육전·형부刑部』에서도 "영으로는 규범을 세우고 제도를 만든다"43라고 하였다. 다음으로, 율과 비교해서 영의 법률적 지위는 율보다 낮았고, 사법관은 율로 형벌에 처하였다. 즉 『당률소의·명례』「칭일년중모조稱日年及衆謀條」「소의」에서는 율·영은 뜻이 다르기 때문에 "율을 무시하고 영에 따르면 안 된다"44라고 하였다.

---

37 【옮긴이 주】: 방현령房玄齡 주注, 유적劉績 증주增注, 『관자』권6, 「법법」(60쪽).
38 【옮긴이 주】: 왕리기王利器 교주校注, 『염철론교주鹽鐵論校注(정본定本) 하下』(북경北京: 중화서국中華書局, 1996)권10, 「형덕 제55」에서는 "대부大夫가 말하였다. '영은 민民을 교화하는 방법이고, 법은 간악姦惡을 단속하는 방법이다. 영이 엄중해야 민民이 삼가고, 법이 제정되어야 간악이 금지된다. 그물이 거칠면[罔疏] 짐승을 놓치게 되고, 법이 조밀하지 않으면[法疏] 죄를 놓치게 된다. 죄를 놓치면 민民은 방종하고[放佚] 금제를 범하는 것[犯禁]을 가볍게 여긴다'"(565쪽)라고 하였다.
39 【옮긴이 주】: '민民' 다음에 '인人'이 있다(주 40 참조).
40 【옮긴이 주】: 왕리기王利器 교주校注, 『염철론교주(정본) 하』권10, 「조성詔聖 제58」에서는 "문학文學이 말하였다. '봄과 여름은 (만물이) 생장生長하고, 성인聖人은 이를 형상하여 영令을 제정하였다. 가을과 겨울은 저장하고 죽이며, 성인은 이를 본받아 법을 만들었다. 그러므로 영은 교화로서, 인민을 인도하는 것이고[令者敎也 所以導民人], 법은 형벌로서, 강포를 금지하는 것이다[法者刑罰也 所以禁强暴也]'"(595쪽)라고 하였다.
41 【옮긴이 주】: 『사기』권122, 「혹리열전酷吏列傳·두주열전杜周列傳」에서는 "앞의 군주가 옳다고 한 것을 드러내어 율로 하고, 뒤의 군주가 옳다고 한 것을 조목으로 나누어 영으로 한다. 당시 정황에 적합한 것이 가장 정확한 판결이 되는데, 무엇 때문에 예전의 것을 본받아야 하는가?"(3153쪽)라고 하였다. 이 가운데 "앞의 군주가~영으로 한다"라는 문장은 『역주율소 - 명례편 - 』「명례」「편목소」(89쪽)에도 보인다.
42 【옮긴이 주】: 주 9 참조.
43 【옮긴이 주】: 주 4 참조.

당대에는 『무덕령武德令』・『정관령貞觀令』・『영휘령永徽令』・『개원령開元令』 등이 차례로 반포되었다. 내용에서 보면, 영은 그 수가 적지 않고 몇십 권에 이르렀다. 『당률소의』에 보이는 영은 「관품령官品令」・「사령祠令」・「호령戶令」・「선거령選擧令」・「봉작령封爵令」・「녹령祿令」・「관위령官衛令」・「군방령軍防令」・「의복령衣服令」・「의제령儀制令」・「노부령鹵簿令」・「공식령公式令」・「전령田令」・「부역령賦役令」・「구목령廏牧令」・「관시령關市令」・「포망령捕亡令」・「옥관령獄官令」・「영선령營繕令」・「상장령喪葬令」・「잡령雜令」 등 21종이었다. 현재 완정完整된 당령은 남아 있지 않고,[45] 단지 영성한 기록만 있을 뿐이기 때문에 전체를 보는 데는 난점이 비교적 많다.

3. 당격

격의 출현은 율律・영令보다 늦었다. 최초의 격은 동위東魏 효정제孝靜帝[46] 흥화興和[47] 3년(541년)에 제정된 『인지격麟趾格』이었다. 『위서魏書・효정기孝靜紀』에서는 흥화 3년 동冬 10월 계묘癸卯, 효정제가 "문양왕文襄王과 신하들에게 조서를 내려 인지각麟趾閣에서 신제新制를 의논해서 간정刊定하도록 하였고, 갑인甲寅에 천하에 반포하였다"[48]라고 기술하였다. 이 '신제'가 바로 『인지격麟趾格』이다. 이후 격은 북제北齊 등에서도 계속 사용되어 곧장 당唐에 이르렀다.

격의 성격에 관하여 당 이전의 기록은 매우 적고, 그 기록도 추상적인 논조 일변도일 뿐이었다. 예컨대 『수서・형법지』에서는 "그 후 평진왕平秦王 고귀언高歸彥[49]이 모반謀反하였을 때, 그 죄를 정定할 필요가 있었지만, 율에는 적용할 정규의 조문條文이 없었다. 이에 마침내 『별조권격別條權格』을

---

44 【옮긴이 주】: 『역주율소 - 명례편 -』「명례55」(제55조)「칭일년급중모조」「소의」, 364쪽.
45 【옮긴이 주】: 일찍 산일散逸된 당령은 니이다 노보루仁井田陞, 『당령습유唐令拾遺』에 의해 복원되었다.
46 【옮긴이 주】: '효정제'는 동위의 초대 황제(재위 534~550)이다.
47 【옮긴이 주】: '흥화'는 효정제의 세 번째 연호(539~542)이다.
48 【옮긴이 주】: 『위서』(북경北京: 중화서국점교본中華書局點校本, 1974)권12,「효정기」「흥화 3년(541) 동 10월 계묘」(305쪽).
49 【옮긴이 주】: 고귀언(?~562)의 자는 인영仁英이고, 북제 신무제神武帝의 족제族弟이다. 서주자사徐州刺史에서 천보天保 원년(550)에 평진왕平秦王에 봉해졌고, 후에 영군대장군領軍大將軍이 되었다. 건명乾明 초(560)에 사도司徒가 되었고, 효소제孝昭帝가 천조踐阼하자, 점차 중용되어 사공겸상서령司空兼尙書令이 되었다. 효소제가 붕어하자, 무성제武成帝를 진양晉陽에서 업鄴에 맞이하였고, 무성제가 즉위한 후에는 태부太傅가 되었다. 이후 귀언이 권세를 잡자 천자도 그를 꺼리게 되었고, 또 고원해高元海・필의운畢義雲 등도 귀언의 단점을 천자에게 고하였다. 당시 귀언은 우승상에 천거되었지만, 반대자들로 인해 태재太宰・기주자사冀州刺史가 되었다. 이에 불만을 품고 주州에서 모반謀反을 꾀하였지만, 기주장사冀州長史 우문중란宇文仲鸞・사마司馬 이조읍李祖挹 등이 밀고하였기 때문에 체포되어 자손 15명과 함께 기시형棄市刑에 처해졌다. 그의 전기傳記는 『북제서北齊書』(북경北京: 중화서국점교본中華書局點校本, 1972)권14,「평진왕귀언열전平秦王歸彥列傳」(186~188쪽)에 있다.

제정해서 율과 병행하였다"⁵⁰라고 기록하였고, 『당육전·형부刑部』에도 유사한 기록이 있다.⁵¹ 이것은 격이 율과 병용幷用되어 율의 부족 부분을 보충하는 것을 목적으로 한 법률 형식이었음을 말해 준다.

당대에 비로소 격에 대하여 비교적 상세한 규정을 두었다. 첫째, 격의 기능은 주로 범죄를 단속하는 데 있었다. 즉 『당육전·형부』에서는 "격으로는 위법을 금하고 잘못을 바로잡는다"⁵²라고 하였다. 둘째, 격의 지위는 항상 율보다 높았다. 예컨대 『당률소의·명례』「피차구죄지장조彼此俱罪之贓條」「소의」⁵³에서는 "주전鑄錢에 대해서는 현재 별도의 격이 있으므로 격에 따라 판결한다. 그 밖의 조문[餘條]에 별도의 격이 시행되고 있기 때문에 (서로 상치되어) 율의 효력이 정지된 경우에는 모두 이것에 준한다[準此]"⁵⁴라고 규정하였다. 주전 이외의 방면에서도 격과 율이 서로 어긋났을 때, 모두 격이 우선 적용되었다. 예컨대 『당률소의·명례』「범시미노질조犯時未老疾條」「소의」에서는 「옥관령獄官令」⁵⁵의 규정을 인용하여 "죄를 범하였을 때 격이 개정된 경우, 격이 (처벌이) 감경되었다면 감경된 쪽을 따르는 것을 허용한다"⁵⁶라고 하였다. 셋째, 격은 두 가지 다른 유형, 즉 『유사격留司格』과 『산반격散頒格』으로 나뉘었고, 양자는 사용범위도 달랐다. 예컨대 『구당서·형법지』에서는 "격을 나누어 두 부[兩部]로 하고, 각 부서[曹司]의 일상업무에 관한 것은 『유사격』으로 하고, 천하가 공동으로 사용하는 것은 『산반격』으로 한다. 『산반격』은 주현州縣에 내려보내고, 『유사격』은 오직 본사本司⁵⁷에만 두고 사용한다"⁵⁸라고 하였다. 넷째, 격은 산정刪定을 거친 칙勅의

---

50 【옮긴이 주】: 전영섭, 「『수서』형법지 역주」(『중국사연구』30, 중국사학회, 2004) (407~408쪽).
51 【옮긴이 주】: 김택민 주편, 『역주당육전 상』권6, 「상서형부」에서는 "북제에서는 동위를 따라 격을 정하고, 권격權格을 정해서 율·영과 함께 시행하였다"(576쪽)라고 하였다.
52 【옮긴이 주】: 주 4 참조.
53 【옮긴이 주】: '「소의」'는 '「답」'의 오기이다(주 54 참조).
54 【옮긴이 주】: 『역주율소 - 명례편 - 』「명례32」「피차구죄지장조」「답」, 247쪽. 이 규정은 "사사로이 주전한 사건이 발각되어 획득한 제작 공구 및 전錢이나 동銅, 혹은 위법하게 도살한 마우육馬牛肉과 같은 것에 대해서는 율이나 영에 조문이 없는데, 이러한 것들을 몰관沒官해야 합니까?"(246쪽)라는 「문」에 대한 「답」의 일부이다.
55 【옮긴이 주】: '「옥관령」'은 니이다 노보루仁井田陞, 『당령습유唐令拾遺』「옥관령 22조」(777쪽) 참조.
56 【옮긴이 주】: 『역주율소 - 명례편 - 』「명례31」(제31조)「범시미노질조」, 243쪽.
57 【옮긴이 주】: '본사'에 대해 우치다 토모오內田智雄 편編, 「역주 구당서형법지譯注 舊唐書刑法志」(『역주 속중국역대형법지譯注 續中國歷代刑法志』)에서는 "상서성尙書省 육부六部의 이십사사二十四司 등을 말한다"(148쪽, 주 ②)라고 하였다.
58 【옮긴이 주】: 『구당서』권50, 「형법지」(2140~2141쪽)에 의하면, 고종高宗 영휘永徽 초(650), 태위太尉 장손무기長孫無忌·사공司空 이적李勣 등에게 칙勅하여 율령격식을 찬정撰定시켜서 구제舊制에서 불편한 것을 모두 개정하게 하였고, 이어서 격을 『유사격』과 『산반격』으로 나누는 조치가 취해지고 있다. 그리고 『구당서』「형법지」(2138쪽)에는 장손무기 등이 산정刪定한 『영휘유사격永徽留司格』18권·『산반격散頒格』7권이

휘편彙編이었다. 예컨대『신당서·형법지』에서는 정관貞觀[59] 때 일찍이 "무덕武德[60] 이래의 칙 3천여 조條를 산정해서 700조로 하였고, 이것을 격으로 하였다"[61]라고 하였다.

당대에는 『무덕격武德格』·『정관격貞觀格』·『영휘격永徽格』·『수공격垂拱格』·『개원격開元格』·『개원후격開元後格』·『격식율령사류格式律令事類』·『원화격칙元和格敕』·『개성상정격開成詳定格』 등 일련의 주된 격들이 차례로 반행頒行되었다. 격의 편목篇目은 국가기구의 명칭에 따라 분류되었다. 예컨대『정관격』은 이부吏部·사봉司封·사훈司勳·고공考功·호부戶部·탁지度支·금부金部·창부倉部·예부禮部·사부祠部·선부膳部·주객主客·병부兵部·직방職方·가부駕部·고부庫部·형부刑部·도관都官·비부比部·사문司門·공부工部·둔전屯田·우부虞部와 수부水部 등으로 구분되어 있었다.

4. 당식

일찍이 진秦 때 이미 식式이 있었다.『수호지진묘죽간睡虎地秦墓竹簡』가운데「봉진식封珍式」이 바로 하나의 사례이다. 이것은 소송절차와 공문서식 등에 대한 구체적인 규정이었다. 식이 일종의 주된 법률로써 적용된 것은 서위西魏 때이었고, 그때『대통식大統式』이 반행되었다. 예컨대『당육전唐六典·형부刑部』에서는 "위魏[62] 대통大統 10년,[63] 상서尙書 소작蘇綽[64]에게 명하여 36조에 대해 다시 가감해서 5권으로 편성하게 하였는데, 이를 대통식이라고 한다"[65]라고 하였다. 북제北齊도 사법司法을 실행하면서 식을 광범위하게 사용하였다. 수隋는 명확히 식과 율·영·격을 병용하였고, 당唐은 수의 법제를 계속 사용하였다.

당 이전 식의 함의에 관한 기재記載는 매우 적고, 당에서 처음으로 비교적 명확하고 완정完整하

보인다.

59 【옮긴이 주】: '정관'은 당의 제2대 황제 태종(재위 626~649)의 연호(627~649)이다.
60 옮긴이 주】: '무덕'은 당의 초대 황제 고조(재위 618~626)의 연호(618~626)이다.
61 【옮긴이 주】:『구당서』권56,「형법지」(1410쪽). 이것이 이른바『정관격貞觀格』이다.『신당서』권58,「예문藝文 2·형법류刑法類」(1494쪽)에서는『정관격』에 대해 "(정관)격18권"이라고 하였다.『정관격』의 반행일에 대해 [송宋]왕부王溥 찬撰,『당회요唐會要』(북경北京: 중화서국中華書局, 1998)권39,「정격령定格令」(701쪽)에는 "정관 11년(637) 정월 14일"로 되어 있다.
62 【옮긴이 주】: '위'가 원문에는 없다(주 65 참조).
63 【옮긴이 주】: '대통'은 서위의 초대 황제 문제文帝(재위 535~551)의 연호(535~551)이고, 대통 10년은 544년이다.
64 【옮긴이 주】: '소작'의 생몰 연대는 498~546년이다.
65 【옮긴이 주】: 김택민 주편,『역주당육전 상』권6,「상서형부」에서는 "북주 문제文帝가 처음 서위를 보정輔政할 때인 대통 원년(535), 소관 관청에 고금의 변화에 통하여 때에 이로움을 짐작하여 24조의 제制를 정하게 하였고, 또 7년(541) 12조의 제를 내렸으며, 10년 상서 소작에게 명하여 36조에 대해 다시 가감해서 5권으로 편성하게 하였는데, 이를 대통식이라고 한다"(578쪽)라고 하였다.

게 식에 대해 서술하였다. 우선, 식은 광범위하고 항상적으로 적용되는 법률이었다. 예컨대『신당서·형법지』에서는 "식은 (백관百官·유사有司가) 항상 준수해야 하는 규정이다[其所常守之法也]"[66]라고 하였다. 다음으로, 식은 업무절차·공문부책公文簿冊의 격식格式 등에 대한 구체적인 규정이었다. 즉『당육전·형부』에서는 "식으로는 일의 방법과 절차를 정한다[軌物程事]"[67]라고 하였다. 끝으로, 식의 법률적 지위는 영令보다 높지 않았다. 이것은 당률의 위식違式과 위령違令에 대한 처벌을 통해 알 수 있다. 예컨대『당률소의·잡률』「위령조違令條」에서는 율에 규정되어 있지 않은 위령 행위에 대해 "태笞50에 처한다"라고 하였지만, 위식 행위에 대해서는 단지 "태40에 처한다"[68]라고 규정하였다.

당대에는 『무덕식武德式』·『정관식貞觀式』·『영휘식永徽式』·『수공식垂拱式』·『신룡식神龍式』·『개원격식율령사류開元格式律令事類』등이 차례로 반행頒行되었다. 식의 수량은 율·영·격보다 많았다. 예컨대『정관식』은 33권卷이었지만, 『(정관)률』은 단지 12권, 『(정관)령』은 겨우 30권, 『(정관)격』은 18권이었다.[69]『당률소의』에 보이는 식에는 「형부식刑部式」·「감문식監門式」·「주객식主客式」·「직방식職方式」·「가부식駕部式」·「태복식太僕式」·「고부식庫部式」·「병부식兵部式」·「호부식戶部式」등이 있다.

제3절 당령·격·식 위반 : 일단어당률一斷於唐律

이것은 당률·영·격·식의 관계 가운데 기본적인 일면一面이다. 당률에서 영·격·식을 위반한 경우 율에 의거해서 처단하는 사례는 비일비재하다. 당률에서 제재해야 하는 범죄 행위 중 대부분을 차지하는 것이 영·격·식을 위반한 행위였다. 여기서는 단지 세 가지 사례만을 들어 이것을 증명하고자 한다.

첫째, 율로써 위령違令, 즉 영을 위반한 행위를 단죄하였다. 예컨대『당률소의·호혼』「이정수전과농상위법조里正授田課農桑違法條」「소의」에서는 「전령田令」[70]의 규정을 인용해서 "환수·지급해야

---

66 【옮긴이 주】: 주 9 참조.
67 【옮긴이 주】: 주 4 참조.
68 【옮긴이 주】: 이상 『역주율소 - 각칙(하) -』「잡률61」(제449조)「위령조」, 3276쪽.
69 【옮긴이 주】:『구당서』권50, 「형법지」에서는 당 태종(재위 626~649) 때 찬정된 율령격식律令格式에 대해 "(방)현령房玄齡 등은 마침내 법관[法司]들과 함께 율律 500조를 제정해서 12권으로 나누었다", "또 영令 1590조를 제정하여 30권으로 하였다", "정관격 18권은 방현령 등이 산정删定하였다", "무릇 식은 33편이었다"(이상 2138쪽)라고 하였다. 그런데『신당서』권58, 「예문2」(1494쪽)에는 "정관률 12권, 또 영 27권, 격 18권, 유사격留司格 1권, 식 33권"으로 기록되어 있다.

하는 토지는 매년 10월 1일부터 시작한다. 이정里正은 미리 조사하여 문서를 작성하고, 현령縣令은 회수해야 하는 사람과 지급해야 하는 사람을 모두 모아 쌍방[共] 앞에서 지급한다"[71]라고 하였고, 이 영을 위반한 경우에는 당률의 추궁을 받아야 하였다. 즉 본 조 율조律條[72]에서는 "이정은 모두 반드시 영에 의거해서 문서를 작성·정리하여 (현縣에) 보내고 농사와 양잠을 권과勸課해야 한다. 만약 (토지를) 받아야 하는데 지급하지 않았거나, 공전公田으로 환수해야 하는데 환수하지 않았거나, 전지田地에 농사를 권과해야 하는데 권과하지 않았거나, 뽕나무[桑]·대추나무[棗]를 심도록 권과해야 하는데 심지 않은 경우, 이와 같은 사안 등[事類]으로 위법한 자는 한 가지 사안에 과실이 있을 때마다 태笞40에 처해야 한다"[73]라고 규정했다.

둘째, 율로써 위격違格, 즉 격을 위반한 행위를 단죄하였다. 예컨대 『당률소의·사위』「망인양인 위노비부곡조妄認良人爲奴婢部曲條」「소의」[74]에서는 당격唐格의 규정을 인용하여 "수신隨身이 타인他人과 서로 범한[相犯] 때에는 모두 부곡의 법례와 같다[同部曲法]"[75]라고 하였고, 만약 이 격의 규정을 위반한 때에도 또한 율에 의거해서 처단해야 하였다. 즉 본 조 율조[76]에서는 "수신을 망인[77]하여 부곡으로 삼은 경우, 수신은 부곡과 색목[78]이 대략 같기 때문에 또한 부곡을 망인한 죄와 같다[妄認隨身爲部曲者 隨身之與部曲 色目略同 亦同妄認部曲之罪]"[79]라고 규정하였기 때문에 곧 '유流3000리'에 처해졌다.[80]

---

70 【옮긴이 주】: '전령'은 니이다 노보루仁井田陞, 『당령습유唐令拾遺』「전령 22조」(636쪽) 참조.
71 【옮긴이 주】: 『역주율소 - 각칙(상) - 』「호혼22」(제171조)「이정수전과농상조里正授田課農桑條」「소의」, 2241쪽.
72 【옮긴이 주】: '율조'는 '「소의」'의 오기이다(주 73 참조).
73 【옮긴이 주】: 『역주율소 - 각칙(상) - 』「호혼22」(제171조)「이정수전과농상조」「소의」, 2241쪽.
74 【옮긴이 주】: '「소의」'는 '「답」'의 오기이다(주 75 참조).
75 【옮긴이 주】: 『역주율소 - 각칙(하) - 』「사위14」(제375조)「망인양인위노비부곡조」「답」, 3182쪽. 이 규정은 "양인良人을 망인妄認하여 수신으로 삼았거나 수신을 망인하여 부곡으로 삼은 자는 어떤 죄를 받게 됩니까?"(3182쪽)라는 「문」에 대한 「답」이다.
76 【옮긴이 주】: '율조'는 '「답」'의 오기이다(주 79 참조).
77 【옮긴이 주】: '망인'에 대해서는 제1장 주 112 참조.
78 【옮긴이 주】: '색목'에 대해서는 제1장 주 13 참조.
79 【옮긴이 주】: 『역주율소 - 각칙(하) - 』「사위14」(제375조)「망인양인위노비부곡조」「답」, 3182쪽. 이 규정도 주 75에서 인용한 「문」에 대한 「답」이다.
80 【옮긴이 주】: 『역주율소 - 각칙(하) - 』「사위14」(제375조)「망인양인위노비부곡조」에서는 "무릇 양인良人을 망인하여 노비·부곡·처첩妻妾·자손으로 삼은 자는 (일반) 사람을 약취한 죄로 논하되[以略人論] 1등을 감경한다"라고 규정하였고, 「소의」에서는 "적도율賊盜律에서 사람을 약취하여 노비로 삼은 자는 교형絞刑에 처하므로 1등을 감경하여 유3000리에 처한다"(이상 3181쪽)라고 하였다. 그리고 「답」에서는 "수신은 부곡과 색목이 대략 같기 때문에 또한 부곡을 망인한 죄와 같다"(3182쪽)라고 규정하였다. 이상을 종합하

셋째, 율로써 위식違式 즉 식을 위반한 행위를 단죄하였다. 예컨대『당률소의·위금』「봉후불경조烽候不警條」「소의」에서는「직방식職方式」의 규정을 인용하여 "봉수烽燧 놓는 것을 다 마쳤는데도 다음 봉수[前烽]가 올라오지 않았다면 즉시 연락병[腳力]을 보내어 가서 알리게 한다"[81]라고 하였고, 이 규정을 위반한 경우에도 또한 율의 처벌을 받아야 하였다. 즉 본 조 율조[82]에서는 "즉시 알리지 않은 자는 또한 도徒3년에 처한다"[83]라고 규정하였다.

영·격·식을 위반한 행위에 대한 처벌의 강도는 대개 영·격·식에 대한 위반 정도에 따라 결정되었다. 영·격·식에 대한 침해가 엄중할수록 당률의 이러한 행위에 대한 제재도 엄중하였다. 예컨대『당률소의·직제』「치관과한급불응치이치조置官過限及不應置而置條」「소의」에서는 "중앙·지방의 모든 관사[內外百司]의 잡임雜任 이상은 영令에 각각 정원이 규정되어 있다"[84]라고 하였다. 즉 당령은 국가기관에 편제된 인원수에 대하여 모두 규정을 두었고, 만약 규정을 위반하고 정원을 초과한 경우, 초과한 인원수가 많을수록 당률의 용형用刑도 더욱 엄중하였다. 즉 본 조 율조律條에서는 "무릇 관직에는 정원이 있는데, 관리를 임용하는 때 정원을 초과하였거나 임용해서는 안 되는데 임용한 경우, 1인이었다면 장杖100에 처하고, 3인마다 1등을 가중하며, 10인이었다면 도徒2년에 처한다"[85]라고 규정하였다.

동시에 당률은 고의故意와 과실過失로 나누어 영·격·식에 대한 위반행위를 처리하였는데, 고의 행위에 대한 제재가 과실 행위보다 엄중하였다. 예컨대『당률소의·직제』「공거비기인조貢擧非其人條」「소의」에서는 당령[86]의 규정을 인용하여 "모든 주州에서는 매년 인재를 공거貢擧[87]한다"[88]라고 하였다. 공거하는데 실수하였거나 혹은 공거해야 하는데 공거하지 않았다면 모두 당률의 추궁을 받았지만, 처벌은 달라서 과실인 경우가 고의인 경우보다 감경되었다. 즉 본 조 율조에서는 "무릇 공거하는데 적합한 인물이 아니었거나 공거해야 하는데 공거하지 않은 경우, 1인이었다면 도

면, "수신을 망인하여 부곡으로 삼은 행위"에 대한 처벌은 '유3000리'였음을 알 수 있다.

81 【옮긴이 주】:『역주율소 - 각칙(상) - 』「위금33」(제90조)「봉후불경조」「소의」, 2095쪽.
82 【옮긴이 주】: '율조'는 '「소의」'의 오기이다(주 83 참조).
83 【옮긴이 주】:『역주율소 - 각칙(상) - 』「위금33」(제90조)「봉후불경조」「소의」, 2096쪽.
84 【옮긴이 주】:『역주율소 - 각칙(상) - 』「직제1」(제91조)「관유원수조官有員數條」「소의」, 2100쪽.
85 【옮긴이 주】:『역주율소-각칙(상)-』「직제1」(제91조)「관유원수조」, 2099~2100쪽.
86 【옮긴이 주】: '당령'은 니이다 노보루仁井田陞,『당령습유唐令拾遺』「선거령 19조」(295쪽) 참조.
87 【옮긴이 주】: '공거'에 대해서는 제1장 주 104 참조.
88 【옮긴이 주】:『역주율소 - 각칙(상) - 』「직제2」(제92조)「공거비기인조」「소의」에 인용된 당령의 전문은 다음과 같다. "모든 주에서는 매년 인재를 공거한다. 또한 (황제의) 별도의 칙敕에 의해 공거된 자이거나 국자감國子監 등 여러 학관學館에서 매년 상서성尙書省으로 보내는 자를 거인擧人이라고 한다. (이들은) 모두 방정方正하고 청순淸循하며 명성과 행실이 서로 부합되는 자를 취한다"(2102쪽).

徒1년에 처하고, 2인마다 1등을 가중하며, 죄의 최고형은 도3년이고",[89] "과실로 위반한 경우에는 각각 3등을 감경한다"[90]라고 규정하였다.

사적史籍에서도 당령·격·식을 위반하여 당률의 제재를 받은 실례를 발견할 수 있다. 즉 당대 각급 관리의 봉록俸祿에 대해서는 당령에 명확하게 "봉록을 받아야 하는 자는 모두 「녹령祿令」[91]에 규정되어 있다"[92]라고 규정하였다. 관리가 이 영을 위반하고 불법으로 이익을 도모하였다면 율에 따라 장죄贓罪로 논죄·처벌하였다. 예컨대 『구당서·이조은전李朝隱傳』에는 다음과 같이 기록되어 있다. 개원開元[93] 10년(722년), "무강령武强令 배경선裴景仙[94]이 걸취乞取한 죄를 범하여 장물 5천 필匹을 모았고, 사건이 발각되자 도주하였다. 황제가 크게 노하여 영令을 내려 백관을 소집해서 그를 사형에 처하고자 하였다." 당시 대리경大理卿이었던 이조은[95]은 처형處刑이 과중하다고 생각하여 이에 율을 근거로 다음과 같이 간쟁諫爭하였다. "(사형의) 판결을 천자[天]께서 내리시면 사형[極法]에 처해야 합니다. (그러나) 생사권生死權은 군주[人主]가 전일專一해야 하지만, (죄의) 경중輕重을 정하는 것은 (법률) 조문이 있고, 신하는 그것을 지켜야 합니다. 법을 왜곡한[枉法] 행위는 이치[理]를 어기고 자초自招한 것이기 때문에 15필이었다면 사형에 처해야 합니다.[96] (그러나) 걸취한 행위는 요구해서 장물을 취득한 것이기 때문에 수천 필이라도 최고형은 유형流刑에 해당할 뿐입니다.[97] 지금 만약 걸취로 인한 범죄를 참형斬刑에 처한다면, 후에 법을 왜곡해서 장물을 취득한 행위를 처벌할 때는 어떤 죄를 부가附加하고자 하십니까? 나라를 다스릴 때 법률의 적용을 신중히 하는 까닭은 율문이 지켜지기를 바라기 때문입니다. 감히 사람에 따라 법을 (달리) 적용하지 않아야 (법

---

89 【옮긴이 주】: 『역주율소 - 각칙(상) - 』 「직제2」(제92조) 「공거비기인조」, 2102쪽.
90 【옮긴이 주】: 『역주율소 - 각칙(상) - 』 「직제2」(제92조) 「공거비기인조」, 2105쪽.
91 【옮긴이 주】: '「녹령」'은 니이다 노보루仁井田陞, 『당령습유唐令拾遺』 「녹령 1조」(321쪽) 참조.
92 『당률소의·직제』 「감주수재왕법조監主受財枉法條」 「소의」.
  【옮긴이 주】: 『역주율소 - 각칙(상) - 』 「직제48」(제138조) 「감주수재왕법조」 「소의」, 2182쪽.
93 【옮긴이 주】: '개원'은 당의 제6대 황제 현종玄宗(재위 712~756)의 두 번째 연호(713~741)이다.
94 【옮긴이 주】: '배경선'의 생몰 연대는 미상이다.
95 【옮긴이 주】: '이조은'의 생몰 연대는 665~734년이다.
96 【옮긴이 주】: 『역주율소 - 각칙(상) - 』 「직제48」(제138조) 「감주수재왕법조」에서는 "무릇 감림監臨·주사主司가 수재왕법受財枉法을 범한 경우, 1척尺이었다면 장杖100에 처하고, 1필疋마다 1등을 가중하며, 15필이었다면 교형絞刑에 처한다"(2181쪽)라고 규정하였다.
97 【옮긴이 주】: 『역주율소 - 각칙(상) - 』 「직제50」(제140조) 「수소감림재물조受所監臨財物條」에서는 "무릇 감림하는 관[監臨之官]이 감림하는 구역 내에서 재물을 받은 경우[受所監臨財物], 1척尺이었다면 태40에 처하고, 1필疋마다 1등을 가중하며, 8필이었다면 도1년에 처하고, 8필마다 1등을 가중하며, 50필이었다면 유2000리에 처한다"(2183쪽)라고 규정하였다. 그런데, 감림하는 관인이 걸취한 경우에는 "1등을 가중한다"(2184쪽)라고 규정하였기 때문에 유2500리가 된다. 그리고 본 조에서는 이 이상의 죄목에 관한 규정이 없으므로 걸취한 행위에 대한 법정 최고형은 유형이었음을 알 수 있다.

의) 존엄성을 더 높이고 명령을 펼칠 수 있습니다." 마침내 당 현종唐玄宗은 그의 의견을 수용해서 율에 따라 사형을 면제시키고, 장杖100에 처하고 영남嶺南의 험지險地로 유배하였다.⁹⁸ 이 안건에서 장죄贓罪의 근거는 당령이었고, 처벌의 근거는 당률이었음을 확인할 수 있다.

당령·격·식을 위반하였다면 당률에 의거해서 처벌하는 것이 하나의 원칙이었음을 당률로 확인되었기 때문에 위반한 경우에는 형사제재를 받아야 하였다. 예컨대 『당률소의·단옥』「단죄불구인율령격식조斷罪不具引律令格式條」「소의」에서는 "단옥斷獄하는 때의 법리法理는 반드시 정문正文에 의거해야 한다"⁹⁹라고 하였다. 여기의 '정문'은 율·영·격·식의 조문을 가리킨다. 만약 위반한 경우에는 태형으로 처벌해야 하였다. 즉 본 조에서는 "무릇 단옥하는 때에는 모두 반드시 율·영·격·식의 정문을 갖추어 인용해야 하는데,¹⁰⁰ 위반한 경우에는 태笞30에 처한다"¹⁰¹라고 규정하였다. 다만 처벌하는 경우에는 반드시 율에 근거해야 하며, 제敕·칙制이라 하더라도 자의恣意로 후에 비比¹⁰²로 삼을 수 없었다. 예컨대 『당률소의·단옥』「첩인제칙단죄조輒引制敕斷罪條」에서는 "무릇 제敕·칙制으로 단죄斷罪하는 것은 임시적인 처분이므로, 영구적인 격格으로 하지 않은 때에는 인용하여 이후의 비比로 삼을 수 없다. 만약 함부로 인용하여 치죄致罪하는 때 출입出入¹⁰³이 있었던 경우에는 고의·과실죄로 논한다[以故失論]"¹⁰⁴라고 규정하였다. 당률의 이러한 규정은 일단어율—斷於律, 즉 오로지 율로써 단옥한다는 것을 법률적으로 보장하여 율이 확실히 집행될 수 있게 하였다.

'일단어율'의 출현에는 법제적인 이유가 있었다. 당대 형법의 내용은 주로 율·영·격·식에 분포되어 있었다. 『신당서·형법지』에서는 율·영·격·식을 모두 '형서刑書'¹⁰⁵라고 하였고, 당률도 명확하게 "형刑이란 죄를 정하는 것[定罪]을 말한다"¹⁰⁶라고 규정하였다. 만약 이 네 가지를 모두 정죄양형定罪量刑¹⁰⁷의 근거로 삼는다면, 내용이 너무 많고 복잡하여 적용할 때 혼란이 초래되기 쉽

---

98 【옮긴이 주】: 『구당서』권100, 「이조은전」(3126~3127쪽).
99 【옮긴이 주】: 『역주율소 - 각칙(하) - 』「단옥16」(제484조)「단죄불구인율령격식조」「소의」, 3350쪽.
100 【옮긴이 주】: 『진서晉書』권30, 「형법지」에서는 "법률에 의거해서 단죄斷罪하는 때에는 모두 법률·법령의 정문에 의거해야 한다. 만약 정문이 없는 때에는 형명률刑名律 및 법례율法例律에 준거해서 단죄해야 한다. 율의 정문이나 형명률 및 법례율에서 언급하고 있지 않은 때에는 모두 논죄해서는 안 된다"(938쪽)라고 하였다.
101 【옮긴이 주】: 『역주율소 - 각칙(하) - 』「단옥16」(제484조)「단죄불구인율령격식조」, 3350쪽.
102 【옮긴이 주】: '비'에 대해서는 제1장 주 123 및 제2장 주 58 참조.
103 【옮긴이 주】: 관리에 의한 죄의 '출입出入'과 형량刑量에 대해서는 제1장 주 124 참조.
104 【옮긴이 주】: 『역주율소 - 각칙(하) - 』「단옥18」(제486조)「첩인제칙단죄조」, 3353쪽.
105 【옮긴이 주】: 주 9 참조.
106 『당률소의·직제』「대사재산재적상문질조大祀在散齋吊喪問疾條」「소의」.
 【옮긴이 주】: 『역주율소 - 각칙(상)』-「직제9」(제99조)「대사재산재조상조大祀在散齋吊喪條」「소의」, 2116쪽.
107 【옮긴이 주】: '정죄양형'에 대해서는 제1장 주 73 참조.

다. 그러므로 당대의 입법자는 이것들의 기능을 나누어 당령·격·식에 모두 상세하고 구체적인 내용을 규정하였고, 당률을 형법전刑法典으로 하였다. 당령·격·식을 비교적 엄중하게 위반한 행위에 대해서는 각각 당률에 규정을 두어 죄명과 그에 상응하는 제재수단을 설정하였고, 당령·격·식을 비교적 경미하게 위반한 행위에 대해서는 일반적인 위령違令·위격違格·위식違式 행위로 처벌하였다. 입법자의 이러한 의도는 일단어율에 집중적으로 구현되었고, 이것은 네 가지의 관계를 조화시키고 사법의 이상적인 절차를 편리하게 하였다.

일단어율은 사법에서 매우 중요한 작용을 하였다. 법률이 복잡하여 처벌의 근거가 여러 가지인 경우, 백성들은 이해하기 어려울 뿐 아니라 사법에서도 한 가지 죄에 여러 번 처벌이 가해지는 정황이 출현하여 사법의 혼란을 초래하고 심지어 간사한 관리들에게 이용되어 고의로 형벌을 남용하고 법제를 파괴시킨다. 이러한 상황은 당 이전에 적지 않게 보인다. 예컨대 진秦 때, "법률은 가을 차보다 번잡하였고, 법망은 엉긴 기름보다 조밀하였다[法繁秋於茶 而網密於凝脂]."[108] (이에) 사법관은 기회를 틈타 법을 농단해서 자주 중형을 가하였고, 국가도 "사람을 많이 살해한 자를 충신이라고 하였"기 때문에 형벌이 남용되어 "형벌을 받은 사람이 도로의 반을 차지하였고, 형벌로 죽은 사람이 날마다 저자[市]에 쌓이는" 상황이 형성되었으며, 법제도 엄중하게 파괴되는 지경에 이르렀다. 그 결과 농민 대봉기가 폭발하여 참가 인원이 결국 "천하의 반이 되었기"[109] 때문에 진 왕조秦王朝는 멸망하였다. 한대漢代에도 이와 유사한 상황이 출현하였다. 예컨대 무제武帝[110] 때, 율령 문서는 산같이 쌓였다. 즉 "율령은 무릇 359장章, 대벽大辟에 관한 조문이 409조條, 1882사항[事], 사죄결사비死罪決死比[111]는 1만3472례例였다. (법률) 문서는 책상과 서가[閣][112]에 가득 차서 사법관[典者]도 모두 볼 수 없었다."[113] 후한後漢 때에도 이러한 상황은 여전히 개선되지 않았고, "무릇 단

---

108 『염철론·형덕刑德』.
　【옮긴이 주】: 왕리기王利器 교주校注, 『염철론교주鹽鐵論校注』(정본) 하』권10, 「형덕 제55」에서는 "문학文學이 말하였다. '옛날 진秦은 법률이 가을 차보다 번잡하였고, 법망은 엉긴 기름보다 조밀하였다[法繁於秋茶 而罔密於凝脂]. 그러나 상하가 서로 피하였고 간사함이 싹텄기 때문에 담당 관리[有司]가 다스리고자 하였으나 섶을 지고 불속에 뛰어들 듯이 금지할 수 없었다. 법망이 성글지 않아도 범죄는 샜고, 예의는 폐지되었고 형벌은 자의적이었다'"(565~566쪽)라고 하였다. '추다秋茶'에 대해 부언하면, 차는 가을이 되면 꽃이 피는데, 그 꽃이 매우 촘촘하였기 때문에 통상 형벌의 가혹·조밀한 것에 비유되고 있다(황충기, 『한국학 주석사전』[서울: 국학자료원, 2001], 472쪽).
109 『사기·이사열전李斯列傳』.
　【옮긴이 주】: 이상 『사기』권87, 「이사열전」(2557·2560쪽).
110 【옮긴이 주】: '무제'는 전한의 제7대 황제(재위 B.C. 141~B.C. 87)이다.
111 【옮긴이 주】: '결사비'에 대해서는 제2장 주 58 참조.
112 【옮긴이 주】: '각閣' 앞에 '궤几'가 있다(주 113 참조).
113 『한서·형법지』.

죄할 때 준거해야 하는 것은[凡數罪所由當用者]¹¹⁴ 모두 2만6272조條, 773만2200여 자字에 이르렀기 때문에", "자수字數가 더욱 많아져서 읽는 사람이 점점 곤란을 느끼게 되었다."¹¹⁵ 한漢 초에는 법제가 거의 훼멸毀滅되어 계급모순이 날로 격화되었다. 당唐 초의 통치자는 이전 사람[前人]의 전철前轍을 거울삼아 한편으로는 법률은 간략해야 한다는 것을 분명히 하였고, 다른 한편으로는 사법司法은 율律에 의거해야 한다는 것을 강조하여, 한 가지 죄에 여러 번 형벌을 부과하는 상황을 없앴다. 당률은 누차屢次 이러한 입장을 천명하였다. 예컨대 『당률소의·명례』「칭일년급중모조稱日年及衆謀條」「소의」¹¹⁶에서는 "형명刑名은 사안이 중대하므로 오직 호적에 기재된 것에만 의거해야 한다"¹¹⁷라고 하였고, 또 율을 무시하고 영令에 따라 함부로 전도顚倒할 수 없다고 명시하였다.¹¹⁸ 『당률소의·적도』「모반대역조謀反大逆條」「소의」¹¹⁹에서도 율에 의한 처단[依律科斷]의 중요성에 입각해서 "형법은 취하고 버리는 것[開塞]을 신중히 해야 하고, 하나의 (동일한) 율로 두 가지 처벌[一律兩科]을 할 수 없다"¹²⁰라고 하였다. 일단어율이 사법에 적용된 후 적극적인 효과를 발휘하여 한 가지 죄를 여러 번 처단하였던 폐단을 극복함으로써 법제를 강화시켰다.

제4절 당령·격·식의 당률 보충

이것은 당령·격·식과 당률과의 관계에서 또 다른 중요한 일면이다. 그것들에 의한 보충은 이하의 방면에 반영되었다.

1. 범죄주체 방면의 보충

범죄주체는 범죄자를 가리키며, 형사책임을 지는 문제와 직접적인 관계가 있다. 범죄주체가 명확하지 않은 경우, 형사책임에 대한 추궁에 편차가 발생하여 사건 처리에 착오가 일어날 수 있

【옮긴이 주】: 『한서』권23, 「형법지」(1101쪽).
114 【옮긴이 주】: '범수죄소유당용자凡數罪所由當用者'에서 '수數'는 '단斷', '유당용由當用'은 '당유용當由用'의 오기이다(『진서』권30, 「형법지」, 923쪽).
115 『진서·형법지』.
【옮긴이 주】: 이상 제2장 주 53 참조.
116 【옮긴이 주】: '「소의」'는 '「답」'의 오기이다(주 117 참조).
117 【옮긴이 주】: 『역주율소 - 명례편 - 』「명례55」(제55조)(제55조)「칭일년급중모조」「답」, 364쪽.
118 【옮긴이 주】: 『역주율소 - 명례편 - 』「명례55」(제55조)「칭일년급중모조」「답」에서는 "율과 영은 의미가 다르므로 율을 무시하고 영에 따라서는 안 된다"(364쪽)라고 하였다.
119 【옮긴이 주】: '「소의」'는 '「답」'의 오기이다(주 120 참조).
120 【옮긴이 주】: 『역주율소-각칙(상)-』「적도1」(제248조)「모반대역조」「답」, 2385쪽.

다. 이로 인해 당률은 다른 법률 형식을 사용해서 율조律條 가운데 범죄주체에 관한 규정에 대하여 보충하는 것을 매우 중시하였다.

첫째, 범죄주체의 개념에 대하여 보충하였다. 당률의 율조는 간략해서 율조의 모든 주체 개념에 대하여 해석할 수 없었고 할 필요도 없었다. 그러나 일부 개념은 사법과 관계가 비교적 밀접하였기 때문에 당령 등으로 보충하였고, 또 일부 비교적 중요한 개념에 대해서는 규정과 해석을 첨가하였다. 예컨대『당률소의·명례』「팔의조八議條」에서는 무릇 '팔의'에 해당하는 자가 범죄의 주체를 구성하게 된 경우, (이들은) 사법특권을 향유할 수 있었기 때문에 "(그 형량의) 경중輕重은 형서刑書에 규정하지 않았다"[121]라고 규정하였다. 그중 '의귀議貴'의 범위에 대해서는 3품 이상 직사관職事官과 2품 이상 산관散官 등[122]이라고 규정하였다. 그러나 직사관과 산관이 무엇인가에 대해서는 율조에 해석이 없다. (이에) 본 조「소의」에서는 당령唐令[123]을 인용하여 "관장하는 업무가 있는 관을 직사관이라 하고, 관장하는 업무가 없는 관을 산관이라 한다"[124]라고 규정하였다. 즉 관장하는 업무의 유무를 이 양자의 주된 차이로 설정해서 사법관이 파악하기 쉽게 하였다.

둘째, 범죄주체의 범위에 대하여 보충하였다. 이러한 보충은 이하의 두 부분을 포함하였는데, 범위의 보충과 범위를 포괄하지 않는 보충이 그것이다. 예컨대『당률소의·사위』「비정적사승습조非正嫡詐承襲條」중의「봉작령封爵令」은 주체의 포괄 범위에 대해 보충하였다. 즉 본 조에서는 "자손이 아닌데 속이고 계승한 자는 관직을 사가詐假한 법[125]에 따른다"[126]라고 규정하였다. 그런데 본 율조에서는 어떤 범위 내의 자손이 계승권을 향유할 수 있는가에 대해서는 규정하지 않았지만, 이 범위 내의 사람이 본 죄를 구성하는 주체이기도 하였다. 예컨대 본 조「소의」에서는「봉작령」[127]의 규정을 인용하여 "왕王·공公·후侯·백伯·자子·남男의 봉작은 모두 자손 중 적자가 계승

---

121 【옮긴이 주】:『역주율소 - 명례편 - 』「명례7」(제7조)「팔의조」「소의」에서는 "『주례』에서는 '팔벽八辟으로써 방벽邦法에 붙인다'라고 하였으니, 현재의 팔의는 주周의 팔벽이다.『예기』에서는 '형刑은 대부大夫에까지 올라가지 않는다'라고 하였으니, (대부가) 법을 범한 때에는 팔의를 적용하므로, (그 형량의) 경중은 형서에 규정하지 않았다"(132쪽)라고 하였다.

122 【옮긴이 주】: '의귀'의 범위에 대해『역주율소 - 명례편 - 』「명례7」(제7조)「팔의조」「주」에서는 "직사관 3품 이상, 산관 2품 이상 및 작爵 1품인 사람을 말한다"(134쪽)라고 해석하였다.

123 【옮긴이 주】: '당령'은 니이다 노보루仁井田陞,『당령습유唐令拾遺』「공식령公式令 33조」(590쪽) 참조.

124 【옮긴이 주】:『역주율소 - 명례편 - 』「명례7」(제7조)「팔의조」「소의」, 135쪽.

125 【옮긴이 주】: '관직을 사가한 법'에 대해『역주율소 - 각칙(하) - 』「사위9」(제370조)「사가관가여인관조詐假官假與人官條」에서는 "무릇 관직을 사가하였거나 타인에게 관직을 거짓으로 주었거나[假與] 거짓으로 받은[受假] 자는 유流2000리에 처한다"(3170쪽)라고 규정하였다.

126 【옮긴이 주】:『역주율소-각칙(하) - 』「사위10」(제371조)「비정적사승습조」, 3173쪽.

127 【옮긴이 주】: '봉작령'은 니이다 노보루仁井田陞,『당령습유唐令拾遺』「봉작령 2을조乙條」(305쪽) 참조.

한다"¹²⁸라고 보충하였다. 즉 오직 이들 귀족만이 이 죄의 주체가 될 수 있었던 것이다. 또『당률소의·호혼』「상모합호조相冒合戶條」 중의「부역령賦役令」은 범위를 포괄하지 않는 주체에 대해 보충하였다. 즉 본 조에서는 "무릇 서로 거짓으로 꾸며 호를 합친[相冒合戶]¹²⁹ 자는 도徒2년에 처한다. 과역課役이 없는 자는 2등을 감경한다"¹³⁰라고 규정하였다. 일부 관료·귀족은 과역의 면제 대상이었기 때문에 본 조「소의」에서는「부역령」¹³¹을 인용해서 과역의 면제자에 대해 "문무文武 직사관職事官 3품 이상 혹은 군왕郡王의 기친期親 및 동거하는 대공친大功親, 5품 이상과 국공國公의 동거하는 기친은 모두 과역을 면제한다"¹³²라고 보충하였다. 이들은 이 죄의 범죄주체의 범위에 속하지 않았음을 알 수 있다.

2. 범죄주관 방면의 보충

범죄주관 방면은 죄과罪過의 형식·동기·목적 등을 포괄하며, 범죄구성 가운데 하나의 중요한 방면이다. 당률의 율조律條는 그 자체가 이러한 내용에 대해 일반적으로 명확하게 규정하고 있기 때문에 당령·격·식의 이 방면에 대한 보충도 비교적 적었다. 예컨대『당률소의·호혼』「노취양인위첩조奴娶良人爲妾條」 중의「호령戶令」은 범죄자가 '실정을 안 경우[知情]'와 '실정을 알지 못한 경우[不知情]' 및 두 경우와 후과後果와의 관계에 대하여 다음과 같이 설명하였다. 즉 본 조에서는 "무릇 노奴에게 양인의 딸[良人女]을 처妻로 삼게 한 자는 도徒1년반에 처한다.¹³³ 이들을 이혼시킨다[離之]. 그런데 노가 스스로 처로 삼은 때에도 또한 이와 같다[如之]"¹³⁴라고 규정하였고,「호령戶令」¹³⁵에서는¹³⁶ 범죄자¹³⁷가 낳은 자녀에 대하여 범죄자가 "실정을 알지 못한[不知情] 경우에는 양인으로 하고, 실정을 안[知情] 경우에는 천인賤人으로 한다"¹³⁸라고 보충해서 설명하였다. 즉 주관

---

128 【옮긴이 주】:『역주율소-각칙(하)-』「사위10」(제371조)「비정적사승습조」「소의」, 3173쪽.
129 【옮긴이 주】: '상모합호相冒合戶'에서 '상모'는 상호 실재하지 않은 관계에 가탁한다는 의미이고, '상모합호'는 어떤 사람을 거짓으로 친속親屬에 넣어 호를 합친 것이다. 구체적으로 본 조「주」에 언급된 "먼 친족을 가까운 친족으로 한 행위" 외에 이미 재산을 달리 하였는데[異財] 재산을 같이 한[同財] 것으로 회복시킨 행위 등이 포함될 것이다(『역주율소-각칙(상)-』「호혼12」(제161조)「상모합호조」, 2223쪽, 주 86)).
130 【옮긴이 주】:『역주율소-각칙(상)-』「호혼12」(제161조)「상모합호조」, 2223쪽.
131 【옮긴이 주】: '부역령'은 니이다 노보루仁井田陞,『당령습유唐令拾遺』「부역령 20조」(686쪽) 참조.
132 【옮긴이 주】:『역주율소-각칙(상)-』「호혼12」(제161조)「상모합호조」「소의」, 2223쪽.
133 【옮긴이 주】: 이 문장 다음에 "여자 집[女家]은 1등을 감경한다"라는 문구가 있다(주 134 참조).
134 【옮긴이 주】:『역주율소-각칙(상)-』「호혼42」(제191조)「여노취양인녀위처조與奴娶良人女爲妻條」, 2278쪽.
135 【옮긴이 주】: '호령'은 니이다 노보루仁井田陞,『당령습유唐令拾遺』「호령 46조」(262쪽) 참조.
136 【옮긴이 주】: "「호령」에서는"은 "「소의」에서는「호령」을 인용해서"가 문맥상 타당하다(주 138 참조).
137 【옮긴이 주】: '범죄자'는 신분적으로 양인良人을 가리킨다.
138 【옮긴이 주】:『역주율소-각칙(상)-』「호혼42」(제191조)「여노취양인녀위처조」「소의」, 2279쪽.

방면이 달랐다면 후과도 달랐던 것이다.

3. 범죄객체 방면의 보충

범죄객체는 범죄행위의 침해를 받은 객체로서, 범죄구성 가운데 기본 요건이다. 당령·격·식의 범죄객체에 대한 보충은 주로 이하 세 방면에 반영되었다.

먼저, 범죄객체의 개념에 대하여 보충하였다. 당률의 율조에 규정된 일부 범죄객체의 개념은 당령 등의 보충을 통해 비로소 더욱 명확해졌다. 예컨대 『당률소의·직제』「대사불예신기급불여법조大祀不預申期及不如法條」에서는 "무릇 대사大祀에 기일期日을 미리 상신上申하지 않았거나 관련 관사官司에 두루 알리지 않은 자는 장杖60에 처하고, 이 때문에 일을 그르치게 한 자[廢事者]는 도徒2년에 처한다"[139]라고 규정하였다. 그러나 본 율조에서는 범죄객체인 '대사'의 개념에 대하여 어떠한 설명도 하고 있지 않다. (이에) 본 조 「소의」에서는 당령唐令[140]을 인용하여 "대사는 천지天地·종묘宗廟·신주神州 등에 지내는 제사를 대사라고 한다"[141]라고 보충하였고, 이로써 비로소 이 개념이 명확해졌다.

다음으로, 범죄객체의 범위에 대하여 보충하였다. 일부 범죄객체에 포함된 내용은 비교적 다양하여, 율조는 모두 나열할 수 없었을 뿐 아니라 어떤 것은 이미 당령 등 여타 형식 속에 규정되었기 때문에 당률은 이러한 규정을 인용해서 그 범위를 보충하였다. 예컨대 『당률소의·호혼』「차과부역위법조差科賦役違法條」에서는 "무릇 부역을 차과하는데[差科賦役][142] 법을 위반하였거나 공평하지 못한 때에는 장杖60에 처한다"[143]라고 규정하였다. 그러나 본 조에서는 객체가 되는 부역의 범위에 대하여 규정하지 않았다. (이에) 본 조 「소의」에서는 「부역령賦役令」[144]을 인용하여 "정丁마다 조租 2석石, 조調는 시絁 또는 견絹 2장丈과 면綿 3량兩을 (납부하거나), 포布 2장丈5척尺[145]과

---

139 【옮긴이 주】: 『역주율소 - 각칙(상) - 』「직제8」(제98조)「대사불예신기조大事不豫申期條」, 2112쪽.
140 【옮긴이 주】: '당령'은 니이다 노보루仁井田陞, 『당령습유唐令拾遺』「사령祠令 2조」(159쪽) 참조.
141 【옮긴이 주】: 『역주율소 - 각칙(상) - 』「직제8」(제98조)「대사불예신기조」「소의」, 2112쪽.
142 【옮긴이 주】: '차과부역差科賦役'은 단순히 '차과'라고도 하며, 일반적인 부역과 색역色役·잡요雜徭 등 백성이 부담하는 모든 것을 총칭한 것이고, 노동력의 징발에 대신해서 금전金錢을 징수하는 것도 포함되었다. 그러나 '차'는 역역力役을, '과'는 조조租調를 징발하는 의미로도 사용되었다(『역주율소 - 각칙(상) - 』「호혼24」(제173조)「차과부역위법조」, 2246쪽, 주 67)).
143 【옮긴이 주】: 『역주율소 - 각칙(상) - 』「호혼24」(제173조)「차과부역위법조」, 2246쪽.
144 【옮긴이 주】: '부역령'은 니이다 노보루仁井田陞, 『당령습유唐令拾遺』「부역령 1조」(659쪽)·「부역령 4조」(668쪽) 참조.
145 【옮긴이 주】: '견 2장'은 반필半匹이고(견 1필은 4장), '포 2장5척'은 반단半端이다(포 1단은 5장)『역주율소 - 각칙(상) - 』「호혼24」(제173조)「차과부역위법조」, 2247쪽, 주 72)).

마麻 3근斤을 납부하며, 정역丁役은 20일이다"¹⁴⁶라고 설명하였다. 이 영令을 위반하고 차과한 때에는 율조에 따라 제재를 받아야 하였다.

끝으로, 범죄객체의 일부 관련 상황에 대하여 보충하였다. 당률의 범죄객체에는 비교적 간단한 것도 있었고 복잡한 것도 있었다. 그 가운데 복잡한 객체에 대해 당령 등에서는 구체적으로 해석해서 율조의 부족을 보충하였다. 예컨대『당률소의·명례』「제면비도조除免比徒條」에서는 "도사道士·여관女官¹⁴⁷이 환속해야 하는 자라고 무고誣告한 때에는 도徒1년으로 비比¹⁴⁸한다. 그런데 고사苦使¹⁴⁹해야 하는 자라고 무고한 때에는 (고사) 10일마다 태笞10으로 비한다"¹⁵⁰라고 규정하였다. 율조는 비교적 복잡한 도사의 상황에 대해 더욱 많이 설명하지 않았다. 이에 대해 본 조「소의」에서는 당격唐格을 인용하여 "도사 등이 함부로 속인俗人의 의복을 입은 때에는 환속시키고", "도사 등이 집집마다 방문하여 시주를 구한 때에는 100일 동안 고사하도록 한다"¹⁵¹라고 보충함으로써 도사에 관한 상황을 비교적 상세하게 하였다.

4. 범죄객관 방면의 보충

범죄객관 방면은 어떤 범죄 행위에 관한 객관적 사실의 특징을 가리킨다. 범죄 행위가 다양해짐에 따라 범죄객관 방면의 표현도 각양각색이다. 당령·격·식의 당률 규정의 객관방면에 대한 보충은 주로 이하의 부문을 포함하고 있다.

첫째, 시간에 관한 규정이다. 예컨대『당률소의·잡률』「범야조犯夜條」에서는 "무릇 야간통행금지를 위반한[犯夜] 자는 태笞20에 처한다"¹⁵²라고만 규정하였고, 야간통행금지를 위반한 시간[犯夜時間]에 대해서는 언급하지 않았다. (이에) 본 조「소의」에서는「궁위령宮衛令」¹⁵³을 인용하여 "600번[槌]을 치면[擊] 방문坊門을 모두 닫고 사람의 통행을 금지한다"¹⁵⁴라고 하였다. 만약 이후에도 통행한 자는 야간통행금지의 위반[犯夜]에 속하고 '태20'에 처해져야 하였다. 이것은 어떤 시점을 시

....
146 【옮긴이 주】:『역주율소 - 각칙(상) - 』「호혼24」(제173조)「차과부역위법조」「소의」, 2247쪽.
147 【옮긴이 주】: '도사·여관'은 도교의 남녀 성직자를 가리킨다. 그런데『역주율소 - 명례편 - 』「명례57」(제57조)「칭도사여관조稱道士女冠條」에서 "무릇 도사·여관이라고 한 것은 승려[僧]·비구니[尼]도 같다"(368쪽)라고 하듯이, 도사·여관이라 한 경우에는 불교의 승려·비구니도 포함되었다.
148 【옮긴이 주】: '비'에 대해서는 제1장 주 123 및 제2장 주 58 참조.
149 【옮긴이 주】: '고사'는 방문을 닫고 규칙을 정하여 사경寫經하는 것을 말한다.
150 【옮긴이 주】:『역주율소 - 명례편 - 』「명례23」(제23조)「제면비도조」, 205~206쪽.
151 【옮긴이 주】:『역주율소 - 명례편 - 』「명례23」(제23조)「제면비도조」「소의」, 206쪽.
152 【옮긴이 주】:『역주율소 - 각칙(하) - 』「잡률18」(제406조)「범야조」, 3221쪽.
153 【옮긴이 주】: '「궁위령」'은 니이다 노보루仁井田陞,『당령습유唐令拾遺』「궁위령 7조」(363쪽) 참조.
154 【옮긴이 주】:『역주율소 - 각칙(하) - 』「잡률18」(제406조)「범야조」「소의」, 3221쪽.

간의 한도로 정한 것이다. 이밖에 일반시간一般時間[155]을 시간 범위로 정한 것도 있고, 이 범위를 초과한 때에는 동일하게 범죄를 구성하였다. 예컨대『당률소의·천흥』「견번대위한조遣番代違限條」[156]에서는 "도망한 노비를 취득하였는데 관사官司에 보내지 않고 판[賣] 자는 화유죄로 논한다[以和誘論]"[157]라고만 규정하였고, 관사에 보내는 시간에 대해서는 언급하지 않았다. (이에) 본 조「소의」에서는 당령唐令[158]을 인용하여 "5일 내內에 관사로 보내야 한다"[159]라고 하였고, 만약 5일의 시간 내에 관사에 보내지 않고 사사로이 판 자는 노비화유죄奴婢和誘罪를 구성하였다.[160]

둘째, 지점地點에 관한 규정이다. 예컨대『당률소의·위금』「무저적입궁전조無著籍入宮殿條」에서는, 무릇 궁전에 들어가는 때에는 반드시 규정된 곳으로 들어가야 하고, 만약 위반한 자는 난입죄亂入罪에 따라 감형으로 처벌하여 "문적門籍이 동문東門에 있는데 서문西門으로 들어간 자는 또 2등을 감경한다"[161]라고 규정하였다. 본 조「소의」에서는 당령唐令[162]을 인용하여 총괄적으로 입문入門하는 지점에 대해 "정문正門으로 들어가서는 안 되는 자는 각각 편문便門[163]에 문적을 올린다"[164]라고 보충하였고, 위반한 자는 율에 따라 처벌하였다.[165]

셋째, 절차에 관한 규정이다. 예컨대『당률소의·호혼』「입적위법조立嫡違法條」에서는 "무릇 적자嫡子를 세우는데 법을 위반한 자는 도徒1년에 처한다"[166]라고 규정하였다. 본 조「소의」에서는 당령[167]을 인용하여 적자를 세우는 절차에 대해 "적자가 없거나 (적자에게) 죄나 병이 있는 때에는

---

155 【옮긴이 주】: '일반시간'은 문장의 내용에서 보면, 어떤 업무에 대해 시작에서 완료까지의 시간을 일상적인 일수日數로 계산한 기간을 가리킨다. 따라서 '일반시간'은 보통 '일상적 기간'을 의미하지만, 본 조의 경우에는 '시간에 관한 규정'이기 때문에 '일상적 시간'이란 의미가 강하다.
156 【옮긴이 주】: '「천흥」「견번대위한조」'는 '「적도」「약화유노비조畧和誘奴婢條」'의 오기이다(주 157 참조).
157 【옮긴이 주】:『역주율소 - 각칙(상) -』「적도46」(제239조)「약화유노비조」, 2484쪽.
158 【옮긴이 주】: '당령'은 니이다 노보루仁井田陞,『당령습유唐令拾遺』「포망령捕亡令 4조」(730쪽) 참조.
159 【옮긴이 주】:『역주율소 - 각칙(상) -』「적도46」(제239조)「약화유노비조」「소의」에서는 "무릇 도망한 노비를 체포해서 취득한 자는「포망령」에 따라 5일 내에 관사로 보내야 하는데, 보내지 않고 사사로이 판 자는 화유죄로 논하여 장물贓物을 계산해서 도법盜法에 따른다"(2484쪽)라고 하였다.
160 【옮긴이 주】: 주 159 참조.
161 【옮긴이 주】:『역주율소 - 각칙(상) -』「위금7」(제64조)「무저적입궁전조」, 2036쪽.
162 【옮긴이 주】: '당령'은 니이다 노보루仁井田陞,『당령습유唐令拾遺』「궁위령宮衛令 2[개開25]조」(359쪽) 참조.
163 【옮긴이 주】: '편문'은 관인官人 개개인의 출입에 편리한 문을 말한다.
164 【옮긴이 주】:『역주율소 - 각칙(상) -』「위금7」(제64조)「무저적입궁전조」「소의」, 2036쪽.
165 【옮긴이 주】:『역주율소 - 각칙(상) -』「위금7」(제64조)「무저적입궁전조」「소의」에서는 "가령 '서문西門에 문적이 있는데 동문으로 들어갔거나 혹은 옆문[側門]에 문적이 있는데 정문으로 들어간 자는 각각 또 죄 2등을 감경한다'라는 것은 난입죄에서 7등을 감경하는 것을 말한다"(2036~2037쪽)라고 하였다.
166 【옮긴이 주】:『역주율소 - 각칙(상) -』「호혼9」(제158조)「입적위법조」, 2216쪽.
167 【옮긴이 주】: '당령'은 니이다 노보루仁井田陞,『당령습유唐令拾遺』「봉작령封爵令 2조」(305쪽) 참조.

적손嫡孫을 세운다. 적손이 없는 때에는 다음으로 적자의 동모제同母弟를 세우고, 적자의 동모제가 없는 때에는 서자庶子를 세운다. 서자가 없는 때에는 적손의 동모제를 세우고, 적손의 동모제가 없는 때에는 서손庶孫을 세운다"168라고 보충하였고, 이 절차를 위반한 경우에는 입적立嫡 위반에 속하여 도1년에 처해졌다.

넷째, 행위에 관한 규정이다. 당령 등의 행위에 대한 보충은 작위作爲와 부작위不作爲로 양분되었다. 예컨대 『당률소의·위금』「재금물사도관조齎禁物私度關條」에서는 "만약 사가私家의 물품이라도 관關을 건너서는 안 되도록 금지하였는데[禁約] 사사로이 건넌[私度] 자는 3등을 감경한다"169라고 규정하였다. 본 조「소의」에서는 「관시령關市令」170을 인용해서 율조가 말한 이 행위가 범죄행위인 것을 보충 설명하였다. 즉 이 영令에서는 사직품絲織品 및 금·은·철 등 금속은 "서변·북변의 모든 관을 건너거나 연변緣邊의 모든 주州에서 교역할 수 없다"171라고 규정하였고, 이 영을 위반하고 무역한 자는 좌장죄坐贓罪에서 3등을 감경하여 처벌하였다.172 또『당률소의·위금』「봉칙야개궁전문조奉敕夜開宮殿門條」에서는 "문을 여는데[開門] 열쇠[鑰]를 내는 것이 늦은[遲] 경우에는 또 각각 열쇠를 반납하는[進] 경우에서 1등씩 체감遞減한다"173라고 규정했다. 본 조「소의」에서는 「감문식監門式」을 인용해서 율조에서 말한 범죄행위가 일종의 부작위 행위인 것을 증명했다. 즉 본 조174에서는 "궁성문宮城門 및 황성문皇城門은 4경更 2점點에 열쇠를 내어 문을 열고, 경성문京城門은 4경 1점에 열쇠를 내어 문을 연다"175라고 규정했고, 시간이 되었어도 문을 열지 않았다면 범죄의 구성요건이 되었다.176

---

168 【옮긴이 주】:『역주율소 - 각칙(상) - 』「호혼9」(제158조)「입적위법조」「소의」, 2217쪽.
169 【옮긴이 주】:『역주율소 - 각칙(상) - 』「위금30」(제87조)「재금사물도관조齎禁私物度關條」, 2088쪽.
170 【옮긴이 주】: '「관시령」'은 니이다 노보루仁井田陞,『당령습유唐令拾遺』「관시령 4조」(715쪽) 참조.
171 【옮긴이 주】:『역주율소 - 각칙(상) - 』「위금30」(제87조)「재금물사도관조」「소의」에서는 "관시령에 의하면, '금錦·릉綾·라羅·곡穀·주紬 등의 비단, 면綿·생사[絲]·포布·이우犛牛의 꼬리·진주·금·은·철은 모두 서변·북변의 관을 건너거나 연변의 모든 주에서 교역할 수 없다'라고 하였다. 금·릉 이하는 모두 사가私家에서 소유할 수 있지만, 만약 가지고 서변·북변의 모든 관을 건넌 경우에는 장물을 계산하여 좌장죄에서 3등을 감경한다"(2088쪽)라고 하였다.
172 【옮긴이 주】: 주 171 참조.
173 【옮긴이 주】:『역주율소 - 각칙(상) - 』「위금14」(제71조)「봉칙야개궁전문조」, 2049쪽.
174 【옮긴이 주】: '본 조'는 '이 식式'의 오기이다(주 175 참조).
175 【옮긴이 주】:『역주율소 - 각칙(상) - 』「위금14」(제71조)「봉칙야개궁전문조」「소의」, 2050쪽.
176 【옮긴이 주】:『역주율소 - 각칙(상) - 』「위금14」(제71조)「봉칙야개궁전문조」「소의」에서는 본문에 있는「감문식」의 규정을 인용한 다음에 "식을 위반하고 열쇠를 내는 것이 늦은 경우에는 각각 열쇠를 반납한 경우에서 1등씩 체감遞減한다. 곧 전문殿門은 장90, 궁문宮門 및 궁성문宮城門은 장80, 황성문皇城門은 장70, 경성문京城門은 장60에 처한다는 것이다"(2050쪽)라고 해석하였다.

다섯째, 공구工具에 관한 규정이다. 예컨대 『당률소의·직제』「증승역마조增乘驛馬條」에서는 "무릇 역마를 초과하여 탄[增乘] 자는, 1필疋이었다면 도徒1년에 처하고, 1필마다 1등을 가중한다. 역려驛驢를 타야 하는데 말[馬]을 탄 자는 1등을 감경한다."[177]라고 규정하였다. 본 조「소의」에서는「가부식駕部式」을 인용해서 이러한 공구에 대해 "6품 이하의 전관前官·산관散官·위관衛官을 성사省司가 긴급한 일[急速]로 사신使臣을 보내는 때에는 말[馬]을 지급한다. 사신이 돌아오는 때나, (긴급하지 않은) 그 밖의 사신에게는 모두 나귀[驢]를 지급한다"[178]라고 보충하였고, 환승換乘하는 것은 교통 공구를 범죄 공구로 바꾸는 것과 같기 때문에 율조에 따라 형벌을 부과[科刑]해야 하였다.

여섯째, 후과後果에 관한 규정이다. 예컨대 『당률소의·투송』「처첩구리부부모조妻妾毆詈夫父母條」에서는 "자부子婦나 손부孫婦를 구타하여 폐질廢疾이 되게 한 자는 장杖100에 처하고, 독질篤疾이 되게 한 자는 1등을 가중한다"[179]라고 규정하였다. 본 조「소의」에서는「호령戶令」[180]을 인용해서 작위作爲 후과의 '폐질'과 '독질'에 대해 "허리의 척추[腰脊]가 부러졌거나[折] 팔다리 (가운데) 한쪽[一支]이 못쓰게 된 것[廢]이 폐질이고", "두 눈[兩目]이 실명하였거나[盲], 팔다리 (가운데) 한 쪽[一支][181]이 못쓰게 된[廢] 것이 독질이다"[182]라고 보충하였다. (이처럼) 후과가 달랐다면 처벌도 달랐고, 후자가 전자보다 가중되었다.

5. 법률 적용·소송절차·집행 방면의 보충

당령·격·식은 범죄의 구성 중 일부 내용에 대한 보충 이외에 법률 적용·소송절차와 집행 방면의 율문에 대해서도 보충하였다.

우선, 법률 적용에 대하여 보충하였다. 예컨대 『당률소의·사위』「망인양인위노비부곡조妄認良人爲奴婢部曲條」「소의」[183]에서는 격格에서 "수신隨身이 타인他人과 서로 범한[相犯] 때에는 모두 부곡의 법례와 같다[同部曲法]"[184]라고 한 규정을 인용해서 '수신'에 대해 적용해야 할 법률을 설명하여

---

177 【옮긴이 주】: 『역주율소 - 각칙(상) - 』「직제37」(제127조)「증승역마조」, 2161쪽.
178 【옮긴이 주】: 『역주율소 - 각칙(상) - 』「직제37」(제127조)「증승역마조」「소의」, 2162쪽.
179 【옮긴이 주】: 『역주율소 - 각칙(하) - 』「투송29」(제330조)「처첩구리부부모조」, 3078쪽.
180 【옮긴이 주】: '호령'은 니이다 노보루仁井田陞, 『당령습유唐令拾遺』「호령 9조」(228쪽) 참조.
181 【옮긴이 주】: '일지一支'는 '이지二支'의 오기이다(주 182 참조).
182 【옮긴이 주】: 『역주율소 - 각칙(하) - 』「투송29」(제330조)「처첩구리부부모조」「소의」에서는 독질에 대하여 "독질은 두 눈이 실명하였거나, 팔다리 (가운데) 두 쪽[二支]이 못쓰게 된 것이다"(3078쪽)라고 하여, 본문과 차이가 있다. 폐질과 독질에 대해서는 제1장 주 151 참조.
183 【옮긴이 주】: '「소의」'는 '「답」'의 오기이다(주 184 참조).
184 【옮긴이 주】: 『역주율소 - 각칙(하) - 』「사위14」(제375조)「망인양인위노비부곡조」「답」, 3182쪽.

"양인을 망인妄認185하여 수신으로 삼았거나 수신을 망인하여 부곡으로 삼은"186 문제를 해결하였다.

다음으로, 소송절차에 대하여 보충했다. 예컨대 『당률소의』 「명례」 「팔의자조八議者條」187에서는 당령을 인용해서 '팔의'의 절차에 대해 "영令188에 따라 도당都堂189에 모여 의죄議罪하며, 의죄해서 (형이) 정해진 경우에는 상주上奏하여 재가裁可를 받는다"190라고 보충 설명하였다.

끝으로, 집행에 대하여 보충하였다. 즉 『당률소의·명례』 「제면관당서법조除免官當敍法條」191에서는 당령192을 인용해서 제명除名에 해당하는 죄를 범한 자의 집행에 대해 다음과 같이 보충 설명하였다. "제명되고 아직 서용敍用되지 않은 사람은 요역徭役을 면제하는 대신 용庸을 납부하도록 하지만 모두 잡요雜徭와 정방征防의 의무는 부과하지 않는다."193

당령·격·식이 율조를 보충하는 전제는 율조에 규정된 범죄 행위가 일종의 직접적인 영·격·식을 위반한 행위로서 영·격·식에서 반드시 상응하는 규정을 찾을 수 있어야 한다. 그렇지 않으면, 이러한 보충은 공중누각空中樓閣·원천이 없는 물처럼 당률에 현시顯示될 수 없다.

당령·격·식의 율조에 대한 보충은 대부분 하나의 형식·하나의 조문으로 하나의 율조를 보충하였지만, 몇몇 상황에서는 하나의 형식·다수의 조문 혹은 다수의 형식으로 하나의 율조를 보충하기도 하였다. 예컨대 『당률소의·위금』 「봉칙야개궁전문조奉勅夜開宮殿門條」194에서는 「감문식監門式」의 세 조문으로 한 조條의 율조를 보충하였고,195 『당률소의·잡률』 「종정종행신사불송환향조

---

185 【옮긴이 주】: '망인'에 대해서는 제1장 주 112 참조.
186 【옮긴이 주】: 『역주율소 - 각칙(하) - 』 「사위14」(제375조) 「망인양인위노비부곡조」 문에서는 "양인良人을 망인妄認하여 수신으로 삼았거나 수신을 망인하여 부곡으로 삼은 자는 어떤 죄를 받게 됩니까?"(3182쪽)라고 하였다.
187 【옮긴이 주】: '「팔의자조」' 다음에 '「소의」'가 있어야 한다(주 190 참조).
188 【옮긴이 주】: '영'은 니이다 노보루仁井田陞, 『당령습유唐令拾遺』 「옥관령獄官令 29조」(782쪽) 참조.
189 【옮긴이 주】: '도당'은 당대唐代 상서성尙書省의 청사廳舍를 가리킨다. 당제唐制에 따르면 상서성의 본명은 상서도성尙書都省으로서, 도당이 중앙에 위치하고, 그 동쪽은 좌사左司가, 서쪽은 우사右司가 통할統轄하였다([당唐] 두우杜佑 찬撰, 왕문금王文錦·왕영흥王永興·유준문劉俊文·서정운徐庭雲·사방謝方 점교點校, 『통전通典』[북경北京: 중화서국中華書局, 1988]권22, 「직관職官4」 「상서상尙書上·상서성」, 590쪽).
190 【옮긴이 주】: 『역주율소 - 명례편 - 』 「명례8」(제8조) 「팔의자조(의장議章)」 「소의」, 137쪽.
191 【옮긴이 주】: '「제면관당서법조」' 다음에는 '「소의」'가 있어야 한다(주 193 참조).
192 【옮긴이 주】: '당령'은 니이다 노보루仁井田陞, 『당령습유唐令拾遺』 「부역령 23조」(689쪽) 참조.
193 【옮긴이 주】: 『역주율소 - 명례편 - 』 「명례21」(제21조) 「제면관당서법조」 「소의」, 190~191쪽.
194 【옮긴이 주】: '「봉칙야개궁전문조」' 다음에는 '「소의」'가 있어야 한다(주 195 참조).
195 【옮긴이 주】: 『역주율소 - 각칙(상) - 』 「위금14」(제71조) 「봉칙야개궁전문조」에서는 "무릇 칙敕을 받들고 부절符節이 합치되어어 밤에 궁宮·전殿의 문을 여는데, 부절이 합치되더라도 대조하여 (진위를) 살피지 않고 연 자는 도3년에 처한다"(2046쪽)라고 규정하였고, 「소의」에서는 "'칙을 받들고 부절이 합치되어야

從征從行身死不送還鄉條」[196]에서는 「군방령軍防令」・「상장령喪葬令」과 「병부식兵部式」의 세 조문으로 하나의 율조를 보충하였다.[197] 이로써 하나의 율조에 규정된 범죄 행위는 대부분 한 가지 법률 형식 중에서 어느 한 방면의 행위를 위반한 것이지만, 일부 율조는 하나의 율조에 규정된 내용이 동시에 두 가지・세 가지 이상의 법률 형식에서 규정한 내용을 위반한 것이었음을 알 수 있다.

당령・격・식은 주로 일부 율조 중에서 비교적 중요한 내용을 보충하였다. 그중 어떤 것은 율조에 명문明文 규정이 없어서 만약 보충하지 않으면 율문의 함의를 이해하는 데 영향을 줄 수 있었기 때문에 반드시 보충해서 율의律義를 명확히 해야 하였다. 상술한 '의귀議貴'의 범위・작위세습인爵位世襲人 등에 대한 보충은 바로 여기에 속하였다. 어떤 것은 율문에 규정된 내용이 혼동되기 쉬웠기 때문에 보충을 통해 구별해서 각각을 확실히 밝힐 필요가 있었다. 상술한 폐질과 독질, 산관과 직사관 등에 대한 보충은 바로 이러한 종류에 속하였다. 이외에 대부분은 율조에 규정이 있지만 상세하지 않았기 때문에 보충을 통해 율문을 더욱 구체화해서 편파적인 문제를 피할 필요가 있었고, 이상의 대다수 보충은 모두 이러한 종류에 속하였다.

보충을 통해 원래 네 가지 법률 형식으로 인식되었던 율・영・격・식이 융합하여 일체화되고 통일됨으로써 당唐 입법자의 입법 의도는 충분히 구현되었고, 동시에 이 네 가지 방면의 형법 내

밤에 궁・전의 문을 연다'라고 한 것은 감문식監門式에 의하면, '칙을 받은 사람은 모름지기 열어야 하는 문과 아울러 출입하는 사람의 장부[帳]를 낱낱이 기록하고 칙을 중서성中書省에 보내면, 중서성은 문하성門下省에 보낸다. …… 감문의 관사官司는 우선 문의 의장儀仗을 엄숙히 하고, 열어야 하는 문의 안팎에 모두 대오隊伍를 세우며, 횃불을 켜고 부절을 대조해서 합치된 연후에 연다'라고 하였다"(2046~2047쪽)라고 보충하였고, 또 본 조에서 "만약 궁・전문을 닫은 후에 열쇠를 반납하는데 위반하였거나 늦게 한 경우, 전문은 장100에 처하고, …… 문을 여는데 열쇠를 내는 것이 늦은 경우에는 또 각각 열쇠를 반납하는 경우에서 1등씩 체감한다"(2049쪽)라고 규정한 것에 대해 「소의」에서는 "감문식에 의하면 '황제가 대내大內에 있으면 궁성문宮城門 및 황성문皇城門의 열쇠는 매일 밤이 되기 8각刻 이전에 내어 문을 닫고, 2경更 3점點에 반납한다. ……'라고 하였다. …… '그런데 문을 여는데 열쇠를 내는 것이 늦은 경우'라는 것은, 감문식에 의하면 '궁성문 및 황성문은 4경 2점에 열쇠를 내어 문을 열고, 경성문은 4경 1점에 열쇠를 내어 문을 연다'라고 하였다"(2049~2050쪽)라고 보충하였다. 이처럼 본 조 「소의」에서는 하나의 조문에 대해 「감문식」의 세 조문을 인용하고 있다. 본문에서 "감문식의 세 조문으로 한 조의 율조를 보충하였다"라고 한 것은 이것을 가리킨다.

196 【옮긴이 주】: '「종정종행신사불송환향조」' 다음에는 '「소의」'가 있어야 한다(주 197 참조).
197 【옮긴이 주】: 『역주율소 - 각칙(하) - 』 잡률19 (제407조) 「종정종행신사불송환향조」에서는 "무릇 종정從征하는 사람 및 종행從行하는 사람과 공사公使가 소재지에서 사망한 경우, 영令에 따라 본향本鄉으로 송환해야 하는데 위반하고 보내지 않은 자는 장100에 처한다. 만약 상해를 입었거나 질병이 들었는데 의료와 음식에 궐闕함이 있었던 때에는 장60에 처한다. 이로 인해 치사致死한 때에는 도1년에 처한다"(3223쪽)라고 규정하였고, 이에 대해 「소의」(3223쪽)에서는 「군방령」・「상장령」・「병부식」의 세 조문을 제시하여 보충 설명하고 있다.

용도 조화를 이루어 상호 흡수되었고 보완도 되었다. 이렇게 됨으로써 백성들이 당대 법률의 주된 내용을 파악하는데 편리하였을 뿐만 아니라 사법관이 법에 따라 법을 집행하는 때에도 편리하여 사건에 대한 오심誤審을 피할 수 있었다.

제5장
당률의 예禮와 법法

　당률은 예와 법의 결합 과정에서 완성된 단계의 최종 산물이었다. 그것은 예와 법을 유기적으로 결합하여 상부상조하게 하였는데, (이것은)『당률소의・명례』「전언前言」[1]에서 말한 "마치 황혼과 새벽, 봄과 가을이 서로 번갈아 와야만 (하루나 1년을) 이루는 것과 같다"[2]라는 표현 그대로이다. 중국법제사에서 당률은 최초로 예와 법의 관계를 성공적으로 처리한 법전이었다. 따라서 당률에서의 예와 법 문제에 대한 이해와 연구는 고대 유가사상과 법률관계에 대한 인식을 심화하는 데 유용하다.

제1절　예禮 : 입법立法의 근거

　후세 사람[後人]은 당률에 대해 "일준호례一準乎禮, 즉 오로지 예에 준거하였다"라고 논평하였다. 예컨대「사고전서총목四庫全書總目・당률소의제요唐律疏議提要」에서는 "논자는 '당률은 오로지 예에 준거하였고, 이로써 가감하여 고금의 공평함을 얻었다[論者謂唐律一準乎禮 以爲出入得古今之平]'라고 하였다"[3]라고 기술하였다. 이 말은 일리一理가 있다. 법은 예를 자신의 영혼으로 삼았기 때문에 그 내용의 도처에서 예의 정신을 볼 수 있다.

1　【옮긴이 주】: '「전언」'에 대해서는 제1장 주 58 참조.
2　【옮긴이 주】:『역주율소 - 명례편 -』「명례」「편목소」에서는 "덕과 예는 정교의 근본이고 형과 벌은 정교의 수단이다. 이것은 마치 황혼과 새벽, 봄과 가을이 서로 번갈아 와야만 (하루나 1년을) 이루는 것과 같다[德禮爲政敎之本 刑罰爲政敎之用 猶昏曉陽秋相須而成者也]"(96쪽)라고 하였다. 이러한 표현은 덕례德禮와 형벌이 상보적인 관계이면서도 양자가 '예주형보禮主刑輔'의 구조였다는 것을 말해 준다. 동아시아 법률교류사의 관점에서 당과 고려의 예와 법의 관계와 입법원칙, 법률체계, 형정인식 등을 비교・분석한 논고에는 전영섭,「고려의 율령제와 당의 예법-예주형(법)보의 계수에 대한 일시론-」(『역사와 경계』70, 부산경남사학회, 2009)이 있다.
3　【옮긴이 주】: 이 문장의 출전出典 및 관련 문장에 대해서는 제1장 주 5 참조.

당률은 유가儒家의 경구經句를 대량 인용해서 그것들을 입법의 근거로 삼았고, 언급된 경구는 『시경詩經』·『서경書經』·『예기禮記』·『역경易經』·『춘추春秋』 등이었다. 게다가 어떤 편목篇目은 특히 다수 인용하였는데, 예컨대 「명례율」은 57조에 불과하였지만 나오는 경구는 40여 곳이 되었다.[4] 요컨대, 유가의 경구를 근거로 한 효과는 주로 이하 여러 방면에 구현되었다.

먼저, 유가의 경구는 일반원칙을 확정하는 주된 근거였다. 당률은 모든 법전의 일반원칙을 편수篇首인 「명례율」에 규정하였다. 그것들은 당률의 입법정신과 기본원칙을 집중적으로 구현하여 나머지 11율의 내용에 대한 전체적인 지도의의指導意義를 가지고 있었다. 이러한 원칙을 확정한 주된 근거는 유가의 경구였다. 예컨대 『당률소의·명례』「부인유관품읍호조婦人有官品邑號條」에서는 "무릇 관품과 읍호가 있는 부인이 죄를 범한 경우, 각각 그 관품에 의거해서 의장議章·청장請章·감장減章·속장贖章·관당官當·면관免官하는 율에 따르되, 친속親屬을 음蔭하지는 못 한다"[5]라고 규정하였다. 부인이 이러한 특권을 향유할 수 있었던 근거는 『예기』의 경구에서 유래하였다. 즉 본 조「소의」에서는 『예기』의 경구를 인증認證하여, "『예기』에 의하면 '무릇 부인은 그 남편[夫]의 작위爵位에 따른다'라고 하였고, 그 「주注」에서는 '살아 있는 자의 관위官位로 사망자의 제례祭禮를 치루고, 남편[夫]에 따라 존비尊卑를 정한다'[6]라고 하였다. 따라서 범한 죄를 의議·청請·감減·속贖해야 하는 때에는 각각 그 남편의 관품에 의해 의·청·감·속하는 법에 따른다. 또 제명除名·면관免官·관당官當(에 해당하는 죄)를 범한 때에도 남자의 법례에 준한다[準男夫之例]"[7]라고 하였다. 또 당률에서는 다른 두 경전의 경구로써 동일 조문 규정에 대한 원칙을 설명하기도 하였다. 예컨대 『당률소의·명례』「노소급질유범조老小及疾有犯條」에서는 "무릇 나이 70세 이상·15세 이하 및 폐질자廢疾者[8]가 유죄流罪 이하의 죄를 범한 때에는 속동을 징수하고[收贖]",[9] "90세 이상·7세 이하가 사죄死罪를 범하였더라도 형을 가하지[加刑] 않는다"[10]라고 규정하였고, 이 원칙에 대해 본 조「소의」에서는 『주례』와 『예기』의 두 경구를 사용하여 "『주례』에 의하면, '나이 70세 이상 및 아직 유치乳齒를 갈지 않은 자[未齓[11]者]는 모두 노노奴로 삼지 않는다'[12]라고 하였다. 지금의 법률에서는 나이 70세 이

---

4 【옮긴이 주】: 「명례율」「소의」에 인용된 유가 경전의 내용 전반에 대해서는 전영섭, 「당·고려의 율전에 구현된 입법원칙과 예치시스템-명례율 소의의 인경결옥을 중심으로-」(『역사와 세계』43, 효원사학회, 2013) 참조.
5 【옮긴이 주】: 『역주율소 - 명례편 - 』「명례12」(제12조)「부인유관품읍호조」, 151쪽.
6 【옮긴이 주】: 『예기정의』(『십삼경주소 하』)권41, 「잡기상雜記上」(1556쪽).
7 【옮긴이 주】: 『역주율소 - 명례편 - 』「명례12」「부인유관품읍호조」「소의」, 152쪽.
8 【옮긴이 주】: '폐질자'에 대해서는 제1장 주 151 참조.
9 【옮긴이 주】: 『역주율소 - 명례편 - 』「명례30」(제30조)「노소급질유범조」, 233쪽.
10 【옮긴이 주】: 『역주율소 - 명례편 - 』「명례30」(제30조)「노소급질유범조」, 240쪽.

상·79세 이하와 15세 이하·11세 이상 및 폐질자에 대해 노·소 및 질자를 긍휼히 여기기[矜老小及疾] 때문에 유죄 이하의 죄는 속동을 징수하고[收贖]",[13] "『예기』에 '90세를 모耄, 7세를 도悼라 하고, 도와 모는 사죄死罪를 범하였더라도 형을 가加하지 않는다'[14]라고 하였다. 이것은 유소자를 사랑하고 노인을 봉양하는 의미다[愛幼養老之義][15]라고 논증하였다.[16] 이외에도 당률에서는 율의 원칙과 경구의 내용을 연관시켜 연역적인 관점에서 근거를 찾았다. '팔의八義'의 원칙이 바로 이와 같았다. 예컨대 『당률소의·명례』「팔의조八議條」「소의」에서는 "『주례』에서 '팔벽으로써 방법에 붙인다[八辟麗邦法]'[17]라고 하였으니, 현재의 팔의는 주周의 팔벽이다"[18]라고 하여, 율조律條의 '팔의' 원칙은 서주西周의 '팔벽'이라는 제도에서 유래하였다는 것이다.

다음으로, 유가의 경구는 죄명을 확정하는 주된 근거였다. 당률은 하나의 형법전이었고, 죄명은 그중 불가결한 구성 부분이었다. 당률 가운데 일부 중요한 죄명의 설정은 모두 유가의 경구에

---

11 【옮긴이 주】: '령齡'은 '츤齔'의 오기이다(주 13 참조).
12 【옮긴이 주】: 『주례주소周禮注疏』(『십삼경주소 상』)권36, 「추관秋官·사려司厲」에서는 "무릇 유작자有爵者와 70세 이상 및 아직 유치를 갈지 않은 자[未齔者]는 모두 노로 삼지 않는다"라고 하였고, 정현鄭玄의 주注에서는 "츤齔은 유치를 가는 것이다[毀齒]. 남자는 8세, 여자는 7세에 유치를 간다"(이상 882쪽)라고 하였다. 이것에 의하면, 노노가 되지 않는 신분에는 70세 이상·7세 이하 외에 유작자도 포함되어 있다.
13 【옮긴이 주】: 『역주율소 - 명례편 - 』 「명례30」(제30조)「노소급질유범조」「소의」, 233쪽.
14 【옮긴이 주】: 『예기정의禮記正義』(『십삼경주소 상』)권1, 「곡례曲禮 상上 제1」(1232쪽).
15 【옮긴이 주】: 『역주율소 - 명례편 - 』 「명례30」(제30조)「노소급질유범조」「소의」, 240쪽.
16 【옮긴이 주】: 이밖에 『역주율소 - 명례편 - 』 「명례30」(제30조)「노소급질유범조」에서는 "80세 이상·10세 이하 및 독질자篤疾者가 모반[反]·모대역[逆]·살인을 범하여 사형에 처해야 하는 때에는 상청上請한다"라고 하였고, 「소의」에서는 "『주례』에서 '삼사법三赦法은 첫째 유약자幼弱者, 둘째 노모자老耄者, 셋째 당우자戇愚者에 적용한다'라고 하였다. 여기에서 10세가 유약에 해당하고, 80세는 노모에 해당하며, 독질은 당우에 해당하고, 모두 삼사법을 적용하고 있다"(이상 236쪽)라고 하였다. 「소의」에 인용된 『주례』는 『주례주소』(『십삼경주소 상』)권36, 「추관·사자司刺」(880쪽)에 나온다. 이상 당률에 규정된 노老·소小·불구자[不具]의 범죄에 적용되는 형사책임의 감면과 그 입법사상 등에 대해서는 제1장 주 159에서 제시한 전영섭 논문 참조.
17 【옮긴이 주】: 『주례주소』(『십삼경주소 상』)권35, 「추관·소사구小司寇」(873쪽).
18 【옮긴이 주】: 『역주율소 - 명례편 - 』 「명례7」(제7조)「팔의조」「소의」, 132쪽. 「팔의조」는 '의議'라는 특전을 향유하는 자격요건에 관한 규정이다. 각각의 명칭은 『주례』에 보이는 팔벽과 일치한다. 팔의 가운데 실제로 중요한 것은 의친議親과 의귀議貴이고, 그 나머지의 경우, 개공介公·휴공休公이라는 두 사람의 습작자襲爵者를 의미하는 의빈議賓을 제외하면 자격요건의 충족 여부의 인정에 문제가 있으므로 그 처리 여부에 대해서는 알 수 없다. 아마 『주례』를 모방해서 기록하였을 뿐이고, 실무상에서는 구문具文에 지나지 않았을 것으로 생각된다. 팔의자八議者는 여러 특전을 향유하였기 때문에 이들을 구타해서 상해한[毆傷] 때에는 형벌이 가중되었고[『역주율소 - 각칙(하) - 』 「투송15」(제316조)「유외관구의귀조流外官毆議貴條」, 3049~3051쪽·「투송16」(제317조)「구품이상구의귀조九品以上毆議貴條」, 3053쪽], 또 팔의자는 고신拷訊을 받지 않는다는 소송 절차상의 특권도 주어졌다[『역주율소 - 각칙(하) - 』 「단옥6」(제474조)「의청감노소질불합고신조議請減老小疾不合拷訊條」, 3330~3331쪽].

서 근거를 찾았는데, 그 주된 반영 형태는 두 가지였다. 첫 번째는 죄명의 뜻을 유가의 경구에서 취하였다. 예컨대 '십악十惡' 가운데 '불목죄不睦罪'가 바로 이와 같았다. 즉 『당률소의·명례』「십악조」[19]「소의」에서는 『예기』·『효경孝經』의 경구를 인용해서 '불목'이라는 명칭을 취한 이유에 대해 "『예기』에서는 '믿음을 가르치고 화목함을 닦았다[講信修睦][20]'라고 하였고, 『효경』에서는 '민은 화목하였다[民用和睦][21]'라고 하였다. 목睦이란 친親하다는 뜻이다. 본 조문 내內(의 행위)는 모두 친족 간에 서로 범해서 구족九族이 화합·친목하지 못한 것이므로, '불목'이라고 한다"[22]라고 설명하였다. 모반謀反·내란內亂 등 죄명의 명명命名도 이와 같았다. 두 번째는 죄명의 내용을 유가의 경구에서 취하였다. 예컨대 '십악' 가운데 불효죄의 "공양에 궐함이 있었던 경우[供養有缺][23]"와 "조부모·부모의 상喪을 듣고도 숨기고 거애擧哀[24]하지 않은 경우"[25]라는 이 두 가지 중대 내용에 대한 확정은 모두 『예기』의 경구를 근거로 하였다. 즉 『당률소의·명례』「십악조」「소의」[26]에서는 "『예기』에서는 '효자가 부모를 봉양할[孝子之養親][27]] 때에는 그 마음을 즐겁게 하고, 그 뜻을 어기지 않으며, 음식으로 정성껏 봉양해야 한다[忠養][28]'라고 하였다. 그러나 충분히 공양할 수 있는데도 궐闕한 경우에는"[29] 이 죄를 구성하였다. 또 해당 조[該條][30]「소의」[31]에서는 "『예기』에 의하면

---

19 【옮긴이 주】: '「십악조」'는 '「십악조·불목不睦」'이다(주 22 참조).
20 【옮긴이 주】: 『예기정의』(『십삼경주소 하』)권21, 「예운禮運 제9」에서는 "큰 도[大道]가 행해지자 천하를 공기公器로 생각해서 어질고[賢] 유능한[能] 인물을 선발하였다. 당시 사람들은 믿음을 가르치고 화목함을 닦았다. 그러므로 사람들은 오직 자기의 부모[親]만을 친하게 여기지[親] 않았고, 오직 자기의 자식[子]만을 사랑하지[子] 않았다. 늙은이[老]에게 그 생을 편안히 마칠 수 있게 하고, 젊은이[壯]에게 쓰일 곳이 있게 하며, 어린이[幼]에게 의지해서 성장할 곳이 있게 하고, 환과고독寡孤獨과 폐질자廢疾者에게 모두 부양을 받을 수 있게 하였다. 남자[男]는 (각각) 직분[分]이 있었고, 여자는 돌아갈 집[歸]이 있었다"(1414쪽)라고 하였다.
21 【옮긴이 주】: 『효경주소孝經注疏』(『십삼경주소 하』)권1, 「개종명의장開宗明義章」에서는 "공자[仲尼: B.C. 551~B.C. 479]께서 어느 날 댁에 한가로이 계셨는데[居], 증자曾子가 시종侍從하고 있었다. 공자가 말했다. '선왕先王께서는 지극한 덕[至德]과 간요한 도[要道]가 있었고, 이로써 천하를 순리順理로 다스리셨으니, 민民은 화목하여 상하上下가 모두 원망이 없었다. 너는 이를 알고 있느냐?'"(2545쪽)라고 하였다.
22 【옮긴이 주】: 『역주율소 - 명례편 - 』「명례6」(제6조)「십악조·불목」「소의」, 125쪽.
23 【옮긴이 주】: '결缺'은 '궐闕'의 오기이다(주 25 참조).
24 【옮긴이 주】: '거애'에 대해서는 제1장 주 43 참조.
25 【옮긴이 주】: 이상 『역주율소 - 명례편 - 』「명례6」(제6조)「십악조·불효」「주」, 124쪽.
26 【옮긴이 주】: '「십악조」「소의」'는 '「십악조·불효不孝」「주·소의」'이다(주 29 참조).
27 【옮긴이 주】: '친親'이 『예기정의』(『십삼경주소 하』)권28, 「내칙內則 제12」(1467쪽)에는 '노老'로 되어 있다.
28 【옮긴이 주】: 『예기정의』(『십삼경주소 하』)권28, 「내칙 제12」(1467쪽).
29 【옮긴이 주】: 『역주율소 - 명례편 - 』「명례6」(제6조)「십악조·불효」「주·소의」, 123쪽.
30 【옮긴이 주】: '해당 조[該條]'는 '「십악조·불효」'이다(주 33 참조).
31 【옮긴이 주】: '「소의」'는 '「주·소의」'이다(주 33 참조).

'부모의 상[親喪]을 듣게 되었다면, 곡哭으로 부고訃告하러 온 사람에게 답答하고, 슬픔[哀]을 다한 후에 까닭을 묻는다'32라고 하였다. 부모의 상은 그 상처가 더욱 크고 절실하다. 듣게 되었다면 즉시 혼절昏絕하고, 깨어나면 가슴을 치고 뛰면서 하늘을 우러러 울부짖는다. 그럼에도 이를 숨기고 거애舉哀하지 않았거나, 시일을 가려 택한[揀擇] 경우에는 모두 불효죄를 적용한다"33라고 하였다. 이외에 모반謀反·모대역謀大逆·대불경大不敬 등 죄의 내용적인 확정도 이와 같았다.

마지막으로, 유가의 경구는 형벌을 확정하는 주된 근거였다. 당률에서 형벌도 불가결한 구성 부분으로서 죄명과 함께 율조를 구성하였다. 오형五刑은 당률의 주된 형벌이었다. 오형의 형종刑種·형등刑等의 확정과 그것들의 내원來源은 모두 유가의 경구와 관련이 있었다. 예컨대 『당률소의·명례』 「도형오조徒刑五條」 「소의」에서는 『주례』에서 도형徒刑이라는 형종을 확정하는 근거를 모색해서 "『주례』에서 '노奴는 남자가 죄예罪隸를 관리하는 관서官署에 몰입된 것이다'34라고 하였고, 또 '그에게 노역을 시키되, 담장으로 둘러싸인 감옥에 모아 가두어 교육시킨다. 상죄上罪는 3년이 지나 석방하고, 중죄中罪는 2년이 지나 석방하며, 하죄下罪는 1년이 지나 석방한다'35라고 하였으니, 이것은 모두 도형이다"36라고 하였다. 또 『당률소의·명례』 「유형삼조流刑三條」 「소의」에서도 『상서尙書』의 경구를 인용해서 유형流刑을 3등분한 이유에 대해 "『서경』에 '유형으로써 오형37을 관용한다[流宥五刑]'38라고 하였는데, (이것은) 차마 사형을 집행[刑殺]하지 못하고 먼 곳으로 유배해서 (형을) 완화하였음을 말한다. 또 '오형을 받아야 하는 유형자에게 거처할 집을 주되, 다섯 등급의 유배지는 세 곳에 거처하게 한다[五流有宅 五宅三居]'39라고 하였다. 대죄大罪를 범한 자는 가장 멀고 황량한 곳[四裔]으로 추방하거나 해외海外로 유배하고, 그다음은 구주의 밖[九州之外], 그다음은 중국의 밖[中國之外]으로 유배한다"40라고 설명하였기 때문에 (당률에서) 유형을 3등분한 것은 『서경』과 일치하였다. 게다가 『당률소의·명례』 「사형이조死刑二條」 「소의」에서도 『춘추』와 『예기』의 경구를 인용해서 교형絞刑·참형斬刑의 내원에 대해 명확히 "『춘추원명포春秋元命包』41에서는

---

32 【옮긴이 주】: 『예기정의』(『십삼경주소 하』)권56, 「분상奔喪 제34」(1653쪽).
33 【옮긴이 주】: 『역주율소 - 명례편 - 』 「명례6」(제6조)「십악조·불효」「주·소의」, 124쪽.
34 【옮긴이 주】: 이 문장은 『주례주소』(『십삼경주소 상』)권36, 「추관秋官·사려司厲」(882쪽)에 보인다.
35 【옮긴이 주】: 이 문장은 『주례주소』(『십삼경주소 상』)권36, 「추관·사환司圜」(882쪽)에 보인다.
36 【옮긴이 주】: 『역주율소 - 명례편 - 』 「명례3」(제3조)「도형오조」「소의」, 102~103쪽.
37 【옮긴이 주】: '오형'은 다섯 종류의 육형肉刑으로서 묵墨·의劓·비剕·궁宮·대벽大辟을 말한다.
38 【옮긴이 주】: 이 문장은 『상서정의』(『십삼경주소 상』)권3, 「순전舜典 제2」(128쪽)에 보인다.
39 【옮긴이 주】: 이 문장은 『상서정의尙書正義』(『십삼경주소 상』)권3, 「순전 제2」(130쪽)에 보인다.
40 【옮긴이 주】: 『역주율소 - 명례편 - 』 「명례4」(제4조)「유형삼조」「소의」, 103쪽.
41 【옮긴이 주】: '춘추원명포'는 참위서讖緯書의 일종이고, 『수서隋書』권32, 「경적經籍1」에서 "『춘추포명春秋包命』 2권 …… 산일되었다"(940쪽)라고 한 문구에 보이는 『춘추포명』일 가능성이 있다.

'황제黃帝가 탁록涿鹿의 들[野]에서 치우蚩尤를 참斬하였다'라고 하였다. 『예기』에서는 '공족公族 가운데 사죄死罪를 범한 자가 있으면 전인甸人[42]에게 목을 매달아 살해하게 한다[磬]'[43]라고 하였다. 그러므로 참형은 헌원軒轅[44] 때부터, 교형은 주周 때부터 있었음을 알 수 있다"[45]라고 설명하였다.

유가사상은 유가의 경전 중에 내재되어 있었고, 경구는 이 사상의 직접적인 재현再現이었다. 또 유가사상은 예禮를 집중 표명하였기 때문에 예는 유가사상의 대명사가 되었다. 당률은 바로 「소의」를 통해 유가의 경구를 대량 인용하였고, 또 이로써 율을 제정하는 기초로 삼아서 예의 존재를 구현하였다. 당률은 한 부[一部]의 형법전刑法典으로서, 일반원칙·죄명·형벌을 3대 구성요소로 하였고, 또 내용 면에서 그중 일부 주된 방면에는 모두 유가의 경구를 근거로 삼았다. 이것은 이례위준以禮爲準, 즉 예를 준거로 하였다고 하지 않을 수 없다. 이상의 사실들은 이미 이러한 점을 실증實證하고 있다.

제2절 법 : 예의 유지·보호를 위한 무기

예는 당률에서 중요한 지위에 있었기 때문에 법의 첫째 임무가 예를 유지·보호해야 하는 것으로 정해졌다. 이것은 한편으로는 각종 특권을 확인시켜 국가와 가족의 모든 구성원에 대해 사람과 사람 간의 불평등한 등급 관계를 형성하였고, 또 한편으로는 형벌을 이용해서 각종 위례違禮행위를 처벌함으로써 예를 하나의 신성불가침 영역으로 만들었다.

국가의 범주에서 법이 최우선 보호해야 하는 특권은 황권皇權이었다. 황권은 국가의 최고 권력이었고, 그러한 권력을 장악한 황제는 최대의 특권을 누렸다. 법의 황권에 대한 보호는 특히 황제의 국가 최고 입법·행정·사법이라는 삼대 권력에 대한 독점을 확인·보호하는 것에 명시되어 있다. 예컨대『당률소의·직제』「율령식불편첩주개행조律令式不便輒奏改行條」[46],『당률소의·단옥』「첩

---

42 【옮긴이 주】: 전인甸人에 대해 정현鄭玄의 주注에서는 "교야郊野를 관장하는 관官이다"(『예기정의』[『십삼경주소 하』]권20, 「문왕세자文王世子 제8」, 1409쪽)라고 하였다.
43 【옮긴이 주】: 이 문장은 『예기정의』권20, 「문왕세자 제8」(1409쪽)에 보인다.
44 【옮긴이 주】: '헌원'은 황제黃帝의 성姓이다.
45 【옮긴이 주】: 『역주율소 - 명례편 - 』「명례5」(제5조)「사형이조」「소의」, 104쪽.
46 【옮긴이 주】: 『역주율소 - 각칙(상) - 』「직제59」(제149조)「칭율령식조稱律令式條」에서는 "무릇 율·영·식이 업무에 불편한 때에는 모두 상서성尙書省에 보고하고 의논해서 정한 후에 주문奏聞해야 한다. 만약 의의를 보고하지 않고 함부로 개행改行할 것을 상주上奏한 자는 도2년에 처한다. 만약 궁궐에 이르러 상주한 자는 처벌하지 않는다"(2200쪽)라고 하여, 율령을 개정하는 때에는 상서성에 보고하고, 본 성에서 의논한 이후 주문을 거치게 되어 있었다. 여기서 주문이라 하는 것은 황제의 칙敕이 내려지는 것을 말하므로 결국 율령의 개정은 황제의 최종 재가裁可가 있어야 가능하다는 것이다.

인제칙단죄조輒引制敕斷罪條」47 등에서는 황제가 국가의 법률을 제정·개정하는 결정권을 장악한다는 규정을 통해 그의 최고 입법권을 확립하였다. 그리고 『당률소의·직제』「치관과한급불응치이치조置官過限及不應置而置條」48, 「관인무고불상조官人無故不上條」49 『당률소의·사위』「사위제서급증감조詐偽制書及增減條」50, 「대제상서불이실조對制上書不以實條」51 등에서는 황제가 국가 행정의 조직권·지휘권·결정권을 장악한다는 규정을 통해 그의 최고 행정권을 확인하였다. 또 『당률소의·투송』「요거가과고소사부실조邀車駕擣鼓訴事不實條」,52 『당률소의·단옥』「사수복주보결조死囚覆奏報決條」53, 「문

---

47 【옮긴이 주】: 『역주율소 - 각칙(하) - 』「단옥18」(제486조)「첩인제칙단죄조」에서는 "무릇 제제·칙敕으로 단죄斷罪하는 것은 임시적인 처분이므로, 영구적인 격格으로 하지 않은 때에는 인용하여 이후의 비比로 삼을 수 없다. 만약 함부로 인용하여 치죄致罪하는 때 출입出入(감경·가중)이 있었던 경우에는 고의·과실죄로 논한다[以故失論]"(3353쪽)라고 규정하였다. 이처럼 황제는 제·칙으로도 단죄할 수 있었던 점에서 사법에서 절대권을 가졌음을 알 수 있다.

48 【옮긴이 주】: 『역주율소 - 각칙(상) - 』「직제1」(제91조)「관유원수조官有員數條」에서는 "무릇 관직에는 정원이 있는데, 관리를 임용하는 때 정원을 초과하였거나 임용해서는 안 되는데 임용한 경우, 1인이었다면 장100에 처하고, 3인마다 1등을 가중하며, 10인이었다면 도2년에 처한다"(2099~2100쪽)라고 규정하였다. 이러한 관리의 임용에서 정원초과와 부적격자不適格者의 임용행위에 대한 처벌규정은 황제의 행정조직권에 대한 장악에 해당한다.

49 【옮긴이 주】: 『역주율소 - 각칙(상) - 』「직제5」(제95조)「관인무고불상조」에서는 "무릇 관인이 이유 없이 출근하지 않았거나 당번인데도 이르지 않은 경우, 혹은 휴가 갔다가 (기한을) 위반한 경우, 1일이었다면 태20에 처하고, 3일마다 1등을 가중한다. 장100을 초과하였다면 10일마다 1등을 가중하며, 죄의 최고형은 도1년반이다. 변경 요충지의 관리는 1등을 가중한다"(2109쪽)라고 규정하였다. 이러한 관리의 복무위반 행위에 대한 처벌규정도 황제의 행정조직권에 대한 장악에 해당한다.

50 【옮긴이 주】: 『역주율소 - 각칙(하) - 』「사위6」(제367조)「사위제서급증감조」에서는 "무릇 허위로 제서制書를 만들었거나 증감한 자는 교형絞刑에 처한다. 아직 시행하지 않은 자는 1등을 감경한다. 그런데 모반謀叛 이상의 범죄자를 체포하는데, 먼저 주문奏聞하는 겨를이 없어서 제서를 허위로 시행한 경우, 공적功績이 있는 자는 주문하여 황제가 재결裁決하도록 한다. 공적이 없는 자는 유2000리에 처한다"(3162~3164쪽)라고 규정하였다. 이러한 관리의 제서 위조행위 등에 대한 처벌규정은 황제의 지휘권 또는 결정권의 장악에 해당한다.

51 【옮긴이 주】: 『역주율소 - 각칙(하) - 』「사위7」(제368조)「대제상서불이실조」에서는 "무릇 대제對制 및 주사奏事·상서上書하는 때, 속이고 사실로써 하지 않은 자는 도2년에 처한다. 기밀 사항[密]이 아닌데 허위로 기밀 사항이라고 한 자는 1등을 가중한다. 만약 특별한 제서[別制]를 내려 문問·안案·추推하는 때 황제에게 사실대로 보고하지 않은 자는 도1년에 처한다. 그 사안[事]이 담당 부서[所司]를 경유해서 처리해야 하는 안건인 경우, (해당 관사가) 받아서 주문奏聞해야 하는데 부실不實하게 한 자는 죄 또한 같다[同]. 아직 주문하지 않은 자는 각각 1등을 감경한다"(3164~3166쪽)라고 규정하였다. 이러한 관리의 대제·주사 등의 허위보고 행위에 대한 처벌규정도 황제의 지휘권 또는 결정권의 장악에 해당한다.

52 【옮긴이 주】: 『역주율소 - 각칙(하) - 』「투송57」(제358조)「요거가과고소사조邀車駕擣鼓訴事條」에서는 "무릇 거가車駕를 기다렸다가 혹은 등문고登聞鼓를 치거나 또는 상표上表하여 자신의 일[事]을 스스로 해명하고 소원[理訴]하였는데, 사실이 아닌 때에는 장80에 처한다. 스스로 상해한 때에는 장100에 처한다. 비록 (소원한 것이) 사실이었다고 해도 스스로 상해한 때에는 태50에 처한다. 만약 친속親屬이 서로를 위해 소원한

지은사고범부득사원조聞知恩赦故犯不得赦原條」54 등에서는 황제가 직소수리권直訴受理權・사형복주권死刑覆奏權・은사결정권恩赦決定權을 독점한다는 규정을 통해 그의 최고 사법권을 인정하였다. 황제는 이들 법에서 확인된 삼대三大 권력을 보유함으로써 독존의 지위에 있게 되었는데, 바로『당률소의・명례』「십악조」55「소의」에서 말한 "북극성과 같은 지존至尊의 자리에 있다"56라고 한 바와 같이, 그의 특권도 그 지위와 마찬가지로 막대莫大하였던 것이다.

국가에서 황권에 버금가는 것이 관료官僚・귀족貴族이 향유하는 특권이었다. 예컨대『당률소의・명례』「팔의자조八議者條)」・「황태자비조皇太子妃條」・「칠품이상지관조七品以上之官條」・「응의청감조應議請減條」・「관당조官當條」 등에서는 의議57・청請58・감減59・속贖과 관당官當60에 대한 규정을 통해 여러

때에는 자신이 소원한 것과 같다"(3142~3143쪽)라고 규정하였다. 이러한 일반인이 허위로 직소直訴한 행위에 대한 처벌규정은 황제의 직소수리권直訴受理權의 독점에 해당한다.

53 【옮긴이 주】:『역주율소 - 각칙(하) - 』「단옥29」「사수복주보결조」에서는 "무릇 사죄死罪의 죄수를 복주하여 회답이 내리기를 기다리지 않고 (사)형을 집행한 자는 유2000리에 처한다. 만약 복주覆奏하여 회답이 내려 형을 집행해야 하는 때에는 3일이 지난 후 (사)형을 집행해야 한다. 만약 기한이 아직 되지 않았는데 (사)형을 집행한 자는 도1년에 처하며, 만약 기한이 넘은 경우, 1일을 위반하였다면 장100에 처하고, 2일마다 1등을 가중한다"(3375쪽)라고 규정하였다. 이러한 사죄자死罪者의 복주에 관하여 조문을 위반한 행위에 대한 처벌규정은 황제의 사형복주권死刑覆奏權의 독점에 해당한다. 당대 율령에 규정된 '복주'의 회수・대상・절차 등에 대해서는 제1장 주 178 참조.

54 【옮긴이 주】:『역주율소 - 각칙(하) - 』「단옥21」(제489조)「문지은사고범조聞知恩赦故犯條」에서는 "무릇 은사가 있을 것을 들어서 알고 고의로 (죄를) 범하였거나, 악역惡逆을 범하였거나, 혹은 부곡・노비가 주인을 구타毆打・모살謀殺 및 강간한 때에는 모두 은사로 용서할 수 없다. 만약 소공존속小功尊屬・사촌형・누나[從父兄・姊]를 살해하였거나 모반謀反・대역大逆을 범한 경우, 목숨[身]은 사면령이 내려[會赦] 사형을 면하였더라도 그대로 유2000리에 처한다"(3365쪽)라고 규정하였다. 이러한 은사를 이용한 범죄 행위에 대한 처벌규정은 황제의 은사결정권恩赦決定權의 독점에 해당한다.

55 【옮긴이 주】: '「십악조」는 '「십악조・모반謀反」'이다(주 56 참조).

56 【옮긴이 주】:『역주율소 - 명례편 - 』「명례6」(제6조)「십악조・모반謀反」「소의」에서는 "왕자王者는 북극성과 같은 지존의 자리에 있으면서 하늘의 보명寶命을 받들어 천지[二儀]가 (만물을) 덮고 싣듯이 모든 백성[兆庶]의 부모가 되었다. 따라서 자식[子]이 되고 신하가 된 자는 충성하고 효도해야 한다"(107~108쪽)라고 하였다.

57 【옮긴이 주】:『역주율소 - 명례편 - 』「명례8」(제8조)「팔의자조(의장議章)」에서는 "무릇 팔의에 해당하는 자가 사죄를 범한 경우, 모두 적용해야 하는 죄목과 의의해야 하는 정상情狀을 조목條目별로 기록하여, 먼저 의죄議罪할 것을 주청奏請하고, 의의해서 (형이) 결정되었다면 상주上奏해서 재가裁可를 받는다. 유죄流罪 이하는 1등을 감경한다. 그러나 십악十惡을 범한 때에는 이 율을 적용하지 않는다[不用此律]"(137~138쪽)라고 하였다.

58 【옮긴이 주】:『역주율소 - 명례편 - 』「명례9」(제9조)「황태자비조(청장請章)」에서는 "무릇 황태자비의 대공大功 이상 친족[親], 의의해야 하는 자의 기년복期年服 이상 친족[親] 및 손자[孫], 또는 관작官爵이 5품 이상인 자가 사죄死罪를 범한 때에는 상청上請한다. 유죄流罪 이하는 1등을 감경한다. 그러나 십악을 범하였거나, 모반謀反・대역大逆에 연좌되었거나[反逆緣坐], 살인하였거나, 감수監守하는 구역 내에서 간姦・도盜・약인

등급의 관료·귀족의 사법특권을 유지·보호하여 범죄 후 수형受刑의 고통에서 벗어날 수 있게 하였다. 그들의 지위가 같지 않았기 때문에 특권을 향유하는 정도도 달랐는데, 그중 '팔의자八議者'를 최고로 하였고, 재차 순서에 따라 체감遞減하여 속贖에 이르렀다. 광대한 노동 인민은 사회적 재부財富의 직접적인 창조자였지만, 사회적 최하층에 속하였기 때문에 어떤 특권도 없었다. 이로써 법으로 예를 보호하는 계급적 본질을 알 수 있다.

가家의 범위 내에서 법이 유지·보호한 것은 부권父權과 부권夫權이었다. 당률의 규정에서 보면, 가인家人 간에도 불평등 관계가 있었다. 당률은, 가장家長과 자녀 간에는 부권父權을 강조하였고, 가장 간에는 부권夫權을 강조하였다. 예컨대 『당률소의·호혼』「자손별적이재조子孫別籍異財條」·「비유자취처조卑幼自娶妻條」와 『당률소의·투송』「자손위범교령조子孫違犯敎令條」 등에서는 아버지[父]가 가家에서 가지는 재산권·혼인권·교령권敎令權에 대한 규정을 통해 가내家內에서 부권父權의 절대적 지위를 확실히 보장하였다. 또 『당률소의·호혼』「처무칠출이출지조妻無七出而出之條」와 『당률소의·투송』「처구리부조妻毆詈夫條」 등에서도 남편[夫]이 가지는 이혼주도권離婚主導權과 처妻보다 높은 지위에 관한 규정을 통해 처에 대한 부권夫權의 통치 지위를 확정하였다. 이 밖에 노비·부곡이 있는 가정의 경우, 그들은 모두 노역奴役의 대상이었다. 법률관계에서 그들은 주체가 아니라 객체로서 재물財物 일반과 동일하였다. 예컨대 『당률소의·명례』「관호부곡관사노비유범조官戶部曲官私奴婢有犯條」「소의」에서는 "노비는 천인이고, 율에서는 가축·재산에 비견하고 있다[奴婢賤人 律比畜産]"[61]라고 하였다. 그들의 지위는 가장 낮아서 인간 이하의 생활을 하였다.[62] 당률은 법으로 가정 내의 이러한 불평등 관계를 유지·보호함으로써 가정에서 시종일관 예禮를 관철시키는 목적을 달성

略人·수재왕법受財枉法을 범한 자는 이 율을 적용하지 않는다[不用此律]"(138~141쪽)라고 규정하였다.
59 【옮긴이 주】: 『역주율소 - 명례편 -』 「명례10」(제10조) 「칠품이상지관조(감장감장章)」에서는 "무릇 7품 이상 관원 및 관작官爵으로 청청을 적용받을 수 있는 자의 조부모·부모·형제·자매·처첩·자식[子]·손자[孫]가 유죄流罪 이하를 범한 때에는 각각 1등을 감경하는 법례法例에 따른다"(142쪽)라고 규정하였다.
60 【옮긴이 주】: 『역주율소 - 명례편』 「명례11」(제11조) 「응의청감조(속장贖章)」에서는 "무릇 의議·청청·감減해야 하는 자 및 9품 이상의 관원, 또는 관품으로 감減을 적용받을 수 있는 자의 조부모·부모·처·자식·손자가 유죄流罪 이하를 범한 때에는 속贖을 허용한다. 또한 관당官當해야 하는 때에는 당연히 관당법에 따른다. 그러나 가역류加役流, 반역연좌류反逆緣坐流(반역죄에 연좌된 유형), 자손범과실류子孫犯過失流(자손의 과실로 인한 유형), 불효류不孝流(불효로 인한 유형) 및 회사유류會赦猶流(사면령이 내려 사형을 면하였더라도 그대로 유형에 처해지는 범죄)에 해당하는 때에는 각각 감減·속贖할 수 없으며, 제명除名·배류配流를 법과 같이 한다"(143~147쪽)라고 규정하였다.
61 【옮긴이 주】: 『역주율소 - 명례편 -』 「명례47」(제47조) 「관호부곡관사노비유범조」「소의」, 341쪽. 이외에 당률에서는 노비를 자재資財로도 규정하고 있다(제1장 주 46 참조).
62 【옮긴이 주】: 노비와 양인·주인과의 관계에 대해서는 제1장 제1절 5항 '주인·양인과 노비 관계에서 주인권·양인권의 유지·보호' 및 제8장 제4절 '법률관계 중 노비의 지위 문제' 참조.

하였다.

법은 예의 존재를 확인하였을 뿐만 아니라 형刑으로써 각종 위례違禮 행위도 엄징하였다. 또 이러한 징벌도 행위자의 지위·침해대상과 침해 결과에 따라서 달랐다. 한마디로 위례의 정도가 달랐다면 받는 처벌도 달랐기 때문에 처벌도 예를 보호하는 일종의 수단이었던 것이다. 당률에서 행위자의 지위 고하高下는 처벌의 정도를 결정하는 주된 요소였다. 동일한 범죄 행위에 대해 행위자의 지위가 높을수록 감경 처벌되었고, 지위가 낮을수록 가중 처벌되는 등 일종의 반비례 관계[反比關係]를 나타내었다. 예컨대 『당률소의·투송』「유외관이하구의귀등조流外官以下毆議貴等條」와 「구품이상구의귀조九品以上毆議貴條」에서는 (유외관 이하와 유내 9품관이) 모두 의귀議貴를 구타한 때에는 형사제재刑事制裁를 받아야 한다고 규정하였지만, 제재 정도는 달라서 전자는 '도徒2년'이었으나 후자는 단지 '도1년'일 뿐이었고,[63] 그 이유는 후자의 지위가 전자보다 높았기 때문이다. 이외에 『당률소의·투송』「처구리부조妻毆詈夫條」에서도 "무릇 처妻가 남편[夫]을 구타한 때에는 도1년에 처하고", "잉媵 및 첩妾이 범한 때에는 각각 1등을 가중한다"[64]라고 규정하였다. 동일하게 남편을 구타한 행위라도 잉·첩에 대한 제재는 처에 비해 가중되었고, 그 이유도 지위의 차이였다. 그 밖에 침해대상도 처벌의 정도를 결정하는 하나의 중요한 요소였다. 즉, 1인의 행위자에 의한 동일 유형[同類]의 (범죄) 행위였다고 해도 침해대상의 지위가 높은 때에는 행위자의 수형受刑이 가중되었고, 반대인 때에는 감경되는 등 일종의 정비례 관계[正比關係]를 나타내었다. 예컨대 『당률소의·명례』「십악조」의 규정에 의하면, 행위자가 황제 및 부주府主·자사刺史·현령縣令을 살해한 경우에 구성한 죄명은 달라서 전자는 '모반謀反'죄였고,[65] 후자는 '불의不義'죄였다.[66] 이로 인해 처벌

---

63 【옮긴이 주】: 『역주율소 - 각칙(하) - 』「투송15」(제316조)「유외관구의귀조流外官毆議貴條」에서는 "무릇 유외관 이하가 의귀를 구타한 때에는 도2년에 처한다. 상해한 때에는 도3년에 처한다. 절상折傷을 가한 때에는 유2000리에 처한다"(3049쪽)라고 규정하였고, 『역주율소 - 각칙(하) - 』「투송16」(제317조)「구품이상구의귀조」에서는 "무릇 유내流內 9품 이상이 의귀를 구타한 때에는 도1년에 처한다. 상해한 행위가 엄중하였거나 5품 이상을 구타하여 상해한 때 및 5품 이상이 의귀를 구타하여 상해한 때에는 각각 일반인의 투상죄[凡鬪傷]에서 2등을 가중한다"(3053쪽)라고 규정하였다. 이처럼 '유외관流外官 이하'와 '유내 9품관'이 의귀를 구타한 행위에 대한 처벌은 전자가 도2년, 후자는 도1년으로서, 행위자의 지위 고하에 따라 차이가 있었다. '절상'에 대해서는 제1장 주 16 참조.
64 【옮긴이 주】: 『역주율소 - 각칙(하) - 』「투송25」(제326조)「처구리부조」에서는 "무릇 처가 남편[夫]을 구타한 때에는 도형 1년에 처한다. 만약 구타하여 상해한[毆傷] 행위가 엄중한 때에는 일반인의 투상죄[凡鬪傷]에서 3등을 가중한다. 살해한 때에는 참형斬刑에 처한다. 잉이나 첩이 범한 때에는 각각 1등을 가중한다. 과실로 살해하였거나 상해한[過失殺傷] 때에는 각각 2등을 감경한다"(3067~3068쪽)라고 규정하였다.
65 【옮긴이 주】: 『역주율소 - 명례편 - 』「명례6」(제6조)「십악조·모반謀反」「주」에서는 모반죄謀反罪의 구성요건에 대해 "사직社稷을 위해危害하려고 모의謀議한 것을 말한다"라고 하였고, 「소의」에서는 "감히 (황제의) 존호尊號를 지척指斥해서 말할 수 없기 때문에 가탁해서 '사직'이라고 한 것이다"(이상 108쪽)라고 해석하

도 달라서 전자의 행위자는 참형斬刑에 처해졌고, 이외에 가속家屬·부곡은 연좌緣坐되어야 하였으며, 재산·전택田宅은 몰관沒官되어야 하였지만,[67] 후자는 행위자의 형사책임만 추궁할 뿐 가속 등에게 연좌가 미치지 않았다.[68] 『당률소의·적도』「모살기친존장조謀殺期親尊長條」에서도 무릇 자손이 기친존장을 모살謀殺한 때에는 참형斬刑에 처하지만, 시마친緦麻親 이상 존장을 모살한 때에는 단지 유流2000에 처하는 것으로 규정하여, 형등刑等에 3등의 차이가 있었다.[69] 이외에 침해 결과도 용형用刑을 결정하는 하나의 주된 요소였다. 행위자의 (범행이) 동일 유형[同類]이었고, 침해대상이 동일한 1인이었더라도 예禮를 침해한 행위 결과가 달랐다면, 행위자가 받는 처벌도 달랐다. 즉 침

였다.

66 【옮긴이 주】: 『역주율소 - 명례편 -』「명례6」(제6조)「십악조·불의不義」에서는 불의죄의 구성요건에 대해 "본속의 부주[本屬府主]·자사·현령 및 현재 가르침을 받고 있는 스승[見受業師]을 살해한 것을 말한다"(127쪽)라고 하였다.

67 『당률소의·적도』「모반대역조謀反大逆條」참조.
【옮긴이 주】: "전자의 행위자는 참형에 처해졌고, 이외에 가속·부곡은 연좌되어야 하였으며, 재산·전택은 몰관되어야 하였다"라는 문장에는 연좌(가속·부곡)와 몰관(재산·전택)이 구분되어 있다. 그러나 『역주율소 - 명례편 -』「적도1」(제248조)「모반대역조」에서는 "무릇 모반謀反하였거나 대역大逆한 자는 모두 참형에 처한다. 아버지[父]·아들[子]의 나이 16세 이상은 모두 교형絞刑에 처한다. 15세 이하(의 아들) 및 어머니[母]·딸[女]·처妻·첩첩姜·할아버지[祖]·손자[孫]·형제兄弟·자매姉妹 또는 부곡部曲·자재資財·전택田宅은 모두 몰관한다"(2382쪽)라고 규정하였다. 이것에 의하면, 모반謀反·대역大逆에 연좌되는 사람과 물건에 대한 연좌방법은 '처형處刑'과 '몰관'으로 구분되어 있었고, 그 가운데 "아버지·아들의 나이 16세 이상은 모두 교형에 처한다"라고 한 규정은 전자에 속하였으며, "15세 이하(의 아들) 및 어머니·딸·처·첩·할아버지·손자·형제·자매 또는 부곡·자재·전택은 모두 몰관한다"라고 한 규정은 후자에 속하였음을 알 수 있다. 이상의 점에서 저자가 연좌와 몰관을 구분하여 서술한 것은 문제가 있기 때문에 이 문장은 "전자의 행위자는 참형에 처해졌고, 이외에 가속·부곡·재산·전택은 연좌·몰관되어야 하였다"로 수정되어야 한다(또 원서에서 처형處刑에 해당되는 '아버지 및 16세 이상의 아들'에 대해 언급하지 않은 것도 아쉽다).

68 『당률소의·적도』「모살제사부주등관조謀殺制使府主等官條」참조.
【옮긴이 주】: 『역주율소 - 각칙(상) -』「적도5」(제252조)「모살제사부주조謀殺制使府主條」에서는 "무릇 제사制使·본속의 부주[本屬府主]·자사·현령을 모살謀殺하였거나 이吏·졸卒이 본부本部 5품 이상의 관장官長을 모살謀殺한 경우에는 유2000리에 처한다. 이미 상해傷害한 경우에는 교형絞刑에 처하고, 이미 살해한 경우에는 참형斬刑에 처한다"(2393쪽)라고 규정하여, 행위자가 제사·본속의 부주·자사·현령을 살해한 경우(모살한 경우도 포함) 및 이·졸이 본부 5품 이상의 관장을 살해한 경우(모살한 경우도 포함)에는 본인만 처벌하고 연좌가 가속家屬에까지 미치지 않았다.

69 【옮긴이 주】: 『역주율소 - 각칙(상) -』「적도6」(제253조)「모살기친존장조」에서는 "무릇 기친존장·외조부모外祖父母·남편[夫]·남편의 조부모祖父母나 부모父母를 모살한 자는 모두 참형에 처한다. 시마친 이상의 존장을 모살한 자는 유2000리에 처한다. 이미 상해한 자는 교형에 처한다. 이미 살해한 자는 모두 참형에 처한다"(2394~2395쪽)라고 하여, 기친존장의 모살죄에 대한 처벌(참형)과 시마친 이상 존장의 모살죄에 대한 처벌(유2000리)에는 3등의 차이가 있다.

해 결과가 엄중할수록 처벌도 가중되었고, 그 반대이면 감경되는 등, 이 또한 일종의 정비례 관계[正比關係]를 보였다. 예컨대 『당률소의·적도』「모살제사부주등관조謀殺制使府主等官條」에서는 제사制使를 모살謀殺한 때에는 "유2000리에 처하고", 이미 상해한 때에는 "교형絞刑에 처하며", 이미 살해한 때에는 "참형斬刑에 처한다"[70]라고 규정하였다. 『당률소의·적도』「모살기친존장조」의 규정도 이와 같았다. 즉 본 조에서는 "시마친緦麻親 이상의 존장尊長을 모살한 자는 유2000리에 처하고, 이미 상해한 자는 교형에 처하며, 이미 살해한 자는 참형에 처한다"[71]라고 규정하였다. 이외에 일부 규정에서도 위례違禮 행위의 정도가 달랐다면 수형受刑의 정도도 달랐는데, 여기서는 재차 일일이 논하지 않는다. 요컨대 당률에서 법 적용의 경중은 위례 정도에 따라 결정되었던 것이다.

당률은 국가의 의지적意志的인 형식으로 예禮의 합법적인 지위를 확정하였고, 또 형벌이라는 수단으로 위례 행위를 엄징하였다. 이것은 예를 모든 사람이 반드시 준수해야 하는 보편적 행위준칙行爲準則으로 삼았을 뿐만 아니라 예와 법도 통일해서 율律 중에 긴밀하게 결합시킨 것이었다.

제3절 예와 법의 모순 및 해결

당률에서 예와 법(즉 형법)은 결합하였지만, 양자는 궁극적으로 동일한 행위 규범이 아니고 일정한 차이가 있었다. 예는 오직 원칙적인 규정이었을 뿐이기 때문에 내용을 매우 상세하게 할 수 없지만, 법은 비교적 구체적이었기 때문에 내용도 주체·객체·주관방면·객관방면의 모든 요소를 포괄할 수 있다. 예의 내용은 상대적으로 고정적이었고, 모두 유가儒家 경전經典에서 논거들을 찾아야 한다. 법의 내용은 변화가 비교적 컸기 때문에 통치자는 자신의 필요에 따라 그중의 규정을 편찬하였고 심지어 새로운 내용도 제정하였다. 예는 법률 규범의 논리 구조 중 제재 부분의 내용이 없었지만, 법은 그것이 있었고 또 제재 부분의 내용도 죄명과 서로 적응되어 있었다. 이러한 차이들로 인해 당률 중의 예와 법에는 모순이 내재하지 않을 수 없었다. 그렇다면 도대체 주된 모순은 무엇이었을까? 당률은 그것을 어떤 방법으로 해결하였을까?

당률 중에서 예와 법의 모순이 비교적 현저한 것은 두 가지이다.

첫째, 예가 유지·보호하는 대상과 엄중한 범죄 행위 간의 모순이다. 당률은 예의 정신에 의해서 일부 사람에 대해 사법특권을 향유할 수 있는 범위에 넣었고, 또 그들이 향유하는 상이한 특권에 의해서 명확한 규정을 정해서 사형을 면제하는 경우도 있었고, 처벌을 감경하는 경우도 있었

---

70 【옮긴이 주】: 주 68 참조.
71 【옮긴이 주】: 주 69 참조.

다. 그런데 그들이 국가정권이나 통치계급의 근본적인 이익에 직접 손해를 끼쳤을 때는 어떻게 처리하였고, 또 사회질서에 엄중히 위해^{危害}를 가하였을 때는 어떻게 처리하였을까? 당률은 이러한 모순을 고려해서 그들이 향유하는 특권에 대해 일정한 범위 내에 통제해서 국가정권·통치계급의 근본적 이익에 손해를 끼치지 않고 또 사회질서에 대해 엄중히 위해를 가하지 않는 것을 한도로 하였다. 이 한도를 벗어난 경우, 특권은 효력을 상실하여 범죄자가 법에 따라서 논죄^{論罪}되어야 하는 것은 일반인^{凡人}과 동일하였다. 예컨대 『당률소의·명례』「팔의자조^{八議者條}」에서는 팔의에 해당하는 자[八議者]^{72}가 사죄^{死罪}를 범한 때에는 "먼저 의죄^{議罪}할 것을 주청^{奏請}하고", 유죄^{流罪} 이하는 "1등을 감경하"지만, "십악^{十惡}을 범한 자는 이 율을 적용하지 않는다[不用此律]"^{73}라고 규정하였다. 다시 말하면 팔의에 해당하는 자가 십악을 범한 경우, 의권^{議權}은 즉시 상실되었고, 특권도 재차 유효하지 않았다. 청^{請74}·감^{減75}·속^{贖}과 관당^{官當76} 등도 유사한 상황이었다.

이외에 노인[老]·연소자[小]와 질자^{疾者77}의 범죄에 대해서는 이하의 처리방식을 채용하였다. 예컨대 『당률소의·명례』「노소급질유범조^{老小及疾有犯條}」에서는 노^{老}·소^{小}와 질자^{疾者}도 사법특권을 향유하는 범위에 포함시켜 그들의 범죄도 속^{贖}·청^{請} 등의 방식으로 형벌을 대체할 수 있었지만, 역시 일정한 한도가 있었기 때문에 이 한도를 초과한 때에는 형벌이 적용되어야 하였다. 즉 나이 70세 이상·15세 이하 및 폐질자^{廢疾者}가 유죄^{流罪} 이하를 범한 때에는 속동을 징수하였지만[收贖], 사죄^{死罪} 및 가역류^{加役流} 등을 범한 때에는 이 규정을 적용하지 않았으며, 80세 이상·10세 이하 및 독질자^{篤疾者}가 "모반^{謀反}·모대역^{謀大逆}·살인을 범하여 사형에 처해야 하는 때에는 상청^{上請}"하였고, 절도하였거나 사람을 상해한 때에도 속동을 징수하였지만[收贖], 나머지 죄는 모두 논죄^{論罪}하지 않았다.^{78} 당률은 예^{禮}가 유지·보호하는 대상과 엄중한 범죄 행위 간의 모순을 처리할 때에는 대부분 이상과 같은 방식을 채용하였다. 즉 한정된 범위 내에서는 충분히 예를 적용하였지만, 한정된 범위 밖에서는 예가 아닌 법을 적용하였던 것이다. 오직 하나의 상황만은 예외적이었다.

---

72 【옮긴이 주】: '팔의에 해당하는 자[八議者]'는 『역주율소 - 명례편 - 』「명례7」(제7조)「팔의조^{八議條}」(132~135쪽)에서 열거한 자격요건, 즉 의친^{議親}·의고^{議故}·의현^{議賢}·의능^{議能}·의공^{議功}·의귀^{議貴}·의근^{議勤}·의빈^{議賓}에 해당하는 자를 말한다.

73 【옮긴이 주】: 『역주율소 - 명례편 - 』「명례8」(제8조)「팔의자조(의장義章)」, 137~138쪽. '의'에 대한 규정은 주 57 참조.

74 【옮긴이 주】: '청'에 대한 규정은 주 58 참조.

75 【옮긴이 주】: '감'에 대한 규정은 주 59 참조.

76 【옮긴이 주】: '속'과 '관당'에 대한 규정은 주 60 참조.

77 【옮긴이 주】: '질자'는 '폐질자'와 '독질자'를 말한다(이하 동일). 폐질자와 독질자 등 불구자에 대해서는 제1장 주 151 참조.

78 【옮긴이 주】: 『역주율소 - 명례편 - 』「명례30」(제30조)「노소급질유범조」, 233~240쪽.

예컨대『당률소의·명례』「노소급질유범조」에서는 또 "나이가 90세 이상·7세 이하는 사죄死罪를 범하였더라도 형을 가하지[加刑] 않는다. 연좌緣坐되어 몰관[配沒]해야 하는 경우에는 이 율을 적용하지 않는다[不用此律]"[79]라고 규정하였다. 본 조「소의」에서는 특별히 "('연좌되어 몰관[配沒]해야 하는 경우'라는 것은) 아버지[父]·할아버지[祖]가 모반謀反·대역大逆을 범해서 죄상罪狀이 이미 성립된 경우에는 7세 이하의 자손도 그대로 몰관[配沒]해야 하는 것을 말한다"[80]라고 해석하였다. 이로써 90세 이상의 노인은 어떤 상황에서도 형사책임을 추궁받지 않았음을 알 수 있다. 이것이 당률 가운데 유일하게 어떤 조건도 없이 예를 적용하고 법을 폐기한 실례이다. 그러나 당시 90세 이상의 노인은 매우 적었을 것이고, 또 이러한 연령의 사람이 죄를 범하였더라도 사회에 큰 위해危害가 될 수 없었기 때문에 사실 이러한 실례는 그다지 큰 의의가 없다. 따라서 이 규정은 유명무실하였고 결코 전형적인 것이 아니었다.[81]

둘째, 위례違禮와 불위법不違法의 모순이다. 당률은 하나의 형법전이기 때문에, 여기서 말하는 '위법違法'은 바로 당률의 규정에 대한 위반, 즉 범죄를 가리킨다. 범죄는 일종의 사회를 위해하고 형률에 저촉되었기 때문에 응당 형벌을 받고 처벌되어야 하는 행위이다. 이러한 행위는 당연히 형법에 규정되어 있다. 다만 여러 가지 원인으로 일부 경미한 위례 행위는 당률에 규정이 없다. 그러나 이러한 위례불위법違禮不違法 행위, 즉 예는 위반하였지만, 법은 위반하지 않은 행위에 대하여 당률도 처리방법을 제시하였다. 예컨대『당률소의·명례』「노소급질유범조老小及疾有犯條」에서는 10세 이하의 아동이 "절도하였거나 사람을 상해한 때에는 또한 속동을 징수한다[收贖]"[82]라고 규정하였지만, "부모를 구타하여 상해를 가하지 않은 행위"에 대한 과단科斷에 관해서는 언급하지 않았다. 이로 인해 본 조「소의」[83]에서는 전문적으로 "부모를 구타한 경우, 소小와 질자[疾]를 긍휼히 여길 만하지만, 감히 (부모를) 구타한 것은 곧 '악역惡逆'이 된다", "율律에서는 비록 논죄하지 않지만, 예禮에 준하면 불효不孝가 된다", "상청上請하여 황제의 재가를 기다린다[聽裁]"[84]라고 설명하였다. 즉 10세 이하의 아동이 부모를 구타한 경우, 법에 따르면 무죄이지만 예에 의하면 일종의 악역 행위라는 것이다. 이러한 위례불위법違禮不違法 행위에 대해 당률에서는 본래 처벌하지 않았지만, 사회적 영향을 고려해서 '상청' 방식으로 처리하고 황제의 재결裁決에 맡겼다. 아동에게 위례

---

79 【옮긴이 주】:『역주율소 - 명례편 - 』「명례30」(제30조)「노소급질유범조」, 240쪽.
80 【옮긴이 주】:『역주율소 - 명례편 -』「명례30」(제30조)「노소급질유범조」「소의」, 240쪽.
81 【옮긴이 주】: 이상 당률에 규정된 노老·소小·불구자의 범죄에 적용되는 형사책임의 감면과 그 입법사상 등에 대해서는 제1장 주 159 참조
82 【옮긴이 주】:『역주율소 - 명례편 - 』「명례30」(제30조)「노소급질유범조」, 236쪽.
83 【옮긴이 주】: '「소의」'는 '「답」'이다(주 84 참조).
84 【옮긴이 주】:『역주율소 - 명례편 - 』「명례30」(제30조)「노소급질유범조」「답」, 238~239쪽.

불위법違禮不違法 행위가 있었듯이, 성인成人에게도 이러한 행위가 있었다. 예컨대 『당률소의·직제』「익부모급부등상조匿父母及夫等喪條」에서는 부모나 남편[夫]의 초상初喪을 듣고도 숨기고 거애擧哀[85]하지 않은 행위 및 처벌방식에 대해 규정하고 있지만,[86] "기친期親의 복상服喪 기간에 스스로 악을 행하였거나[作樂] 타인에게 행하게 한[遣人作]" 행위에 대해서는 논급하지 않았기 때문에 "율조律條에 정문正文이 없다"[87]라고 하였다. 이러한 행위에 대해서는 응당 어떻게 처리하였을까? 본 조「소의」[88]에서는 특별히 "자신의 기친期親·대공大功·소공小功의 복상 기간에 혹은 애통한 마음을 잊고 타인에게 악을 행하게 하였거나[遣人作樂] 혹은 스스로 관현악기를 연주한[自奏管絃] 것은 이미 대도大道를 위반한 것으로 반드시 징계를 가加해야 하고, 율에 정문이 없어도 무죄로 해서는 안 되며, '해서는 안 되는[不應爲]' 죄에 따라서 처벌한다"[89]라고 보충 설명하였다. 그 처벌의 폭은 "기친의 복상은 엄중한 쪽[重]에 따라 장杖80에 처하고, 대공 이하는 경미한 쪽[輕]에 따라 태笞40에 처한다. 시마緦麻·비유卑幼는 '상복을 벗은[釋服]' 죄보다 가중할 수 없다"[90]라고 하였다. 이로써 "기친의 복상 기간에 스스로 악을 행하였거나 타인에게 행하게 한" 행위도 일종의 위례불위법違禮不違法 행위였지만, 이러한 행위는 여전히 처벌의 범주에 포함되어 "해서는 안 되는[不應爲]" 죄에 따라 제재하였음을 알 수 있다. 이상 두 가지 사례는 모두 명문明文 규정이 있는 경우이다. 또 대부분의 위례불위법違禮不違法 행위도 비록 율에 규정은 없지만 처벌될 수 있었는데, 그 근거는 상술한 "해서는 안 되는[不應爲]" 죄였다. 즉 『당률소의·잡률』「불응득위조不應得爲條」[91]에서는 "해서는 안 되는 행위[不應得爲]"에 대해 "율·영에 정조正條는 없지만[律令五[92]條] 정리상情理上 해서는 안 되는

---

85 【옮긴이 주】: '거애'에 대해서는 제1장 주 43 참조.
86 【옮긴이 주】: 『역주율소 - 각칙(상) -』「직제30」(제120조)「익부모부상조匿父母夫喪條」에서는 "무릇 부모 혹은 남편[夫]의 상喪을 듣고도 숨기고 거애하지 않은 자는 유流2000리에 처한다. 상제喪制가 아직 끝나지 않았는데 상복을 벗고[釋服] 길복吉服을 입은 자, 혹은 애통함을 잊고 악을 행한 자[忘哀作樂]는 도徒3년에 처한다. 잡다한 유희[雜戱](를 행한 자)는 도1년에 처한다. 또한 우연히 음악 소리를 듣고 귀를 기울였거나 경사스런 자리[吉席]에 참여한 자는 각각 장杖100에 처한다. 기친존장期親尊長의 상을 듣고도 숨기고 거애하지 않은 자는 도1년에 처한다. 상제가 아직 끝나지 않았는데 상복을 벗고 길복을 입은 자는 장100에 처한다. 대공大功 이하의 존장은 각각 2등을 체감遞減한다. 비유卑幼는 각각 1등을 감경한다"(2146~2148쪽)라고 규정하였다(악樂에 대해서는 제1장 주 44 참조).
87 【옮긴이 주】: 『역주율소 - 각칙(상) -』「직제30」「익부모부상조」「문」에서는 "기친의 복상 기간에 스스로 악을 행하였거나[作樂] 타인에게 행하게 한[遣人作] 경우, 율조에 정문이 없는데 어떤 죄를 받게 됩니까?"(2151쪽)라고 하였다.
88 【옮긴이 주】: '「소의」'는 '「답」'의 오기이다(주 89 참조).
89 【옮긴이 주】: 『역주율소 - 각칙(상) -』「직제30」「익부모부상조」「답」, 2151쪽.
90 【옮긴이 주】: 『역주율소 - 각칙(상) -』「직제30」「익부모부상조」「답」, 2151쪽.
91 【옮긴이 주】: '「불응득위조」' 다음에 '「주」'가 있어야 한다(주 93 참조).
92 【옮긴이 주】: '오五'는 '무無'의 오기이다(주 93 참조).

행위를 말한다"[93]라고 하였는데, 위례違禮 행위는 당연히 "정리상 해서는 안 되는 행위" 내에 속하였다. 이로 인해 법이 규정하지 않았더라도 위례違禮 행위도 법적인 제재를 받지 않을 수 없었다. 본 조「소의」에서도 본 조를 입안한 목적에 대하여 "잡범雜犯의 경죄輕罪는 범죄의 종류[觸類]가 매우 많아서[弘多] 율의 조문과 영의 조문[金科玉條][94]이 모두 포괄하기는 어렵다. 그러나 율·영에 정조正條가 없어서 만약 경중이 서로 분명하지 않아서 비부比附할 수 있는 조문이 없었던 때에는 임시로 처단하되 그 정상을 헤아려 죄를 처벌해야 하고, (又) 빠진[遺缺] 부분을 보충해야 하기 때문에 이 조문을 설정하였다"[95]라고 서술하였다. 또 해서는 안 되는 행위[不應爲]에 대한 처벌의 폭은 "정상情狀이 경미한 때에는 태笞40에 처하고, 사안의 이치[事理]가 엄중한 때에는 장杖80에 처한다"[96]라고 하였다. 이처럼 대부분의 위례불위법違禮不違法 행위는 모두 제재를 받았기 때문에 이러한 모순도 해결되었다.

당률에는 예·법 간의 모순이 있었지만, 한정된 예의 적용 범위·'상청上請'·'해서는 안 되는 행위[不應爲]' 등의 방법을 통해 (이 모순을) 적절히 해결해서 예의 존엄성을 유지·보호하였고, 또 법이 예를 보호하는 작용도 발휘하였다. 이것은 당률이 이전의 각종 율보다 뛰어난 점이었고 또 성공한 점이었다.

제4절 예·법결합의 역사적 조건

당률은 예와 법의 관계를 성공적으로 처리하여 예·법결합의 전범典範이 되었다. 이것은 당시의 역사적 조건에 의해 만들어진 것이었다.

중국에서 예·법결합 과정은 전한前漢까지 거슬러 올라간다. 한 무제漢武帝[97]가 백가를 배척하고 오직 유술만을 존숭하여[罷黜百家 獨尊儒術] 유가사상의 정통 지위를 확립한 이후 바야흐로 예·법결합의 막이 올랐고, 예가 법에 도입되기[入法] 시작하였다. 예를 직접 구현하거나 유지·보호하는 몇몇 제도들, 예컨대 '친친득상수닉親親得相首匿'[98]·'유양승사留養承祀' 등이 계속해서 확정되었다.

---

93 【옮긴이 주】:『역주율소 - 각칙(하) -』「잡률62」(제450조)「불응득위조」「주」, 3277쪽.
94 【옮긴이 주】: '금과옥조金科玉條'는 양웅揚雄(B.C. 53~A.D. 18)의『극진미신劇秦美新』(『문선文選』권48에 수록)에 나오는 말로서, '훌륭한 법전', '권위가 있는 법령의 조문'이라는 의미로 사용되었지만, 진대晉代에 이르러 법전이 율律·영令으로 확연히 분리되면서 율의 조문을 '금과'로, 영의 조문을 '옥조'로 칭하게 되었다(율령연구회律令研究會 편編,『역주일본율령譯註日本律令1 수권首卷』, 266~268쪽).
95 【옮긴이 주】:『역주율소 - 각칙(하) -』「잡률62」(제450조)「불응득위조」「소의」, 3277쪽.
96 【옮긴이 주】:『역주율소 - 각칙(하) -』「잡률62」(제450조)「불응득위조」「소의」, 3277쪽.
97 【옮긴이 주】: '한 무제'는 전한의 제7대 황제(재위 B.C. 141~B.C. 87)이다.

이외에도 한대漢代에는 이경단옥以經斷獄, 즉 경의經義로 단옥하였고, 『춘추春秋』의 정신과 사례들을 안건 심리 때 근거로 삼았다. 위진남북조는 예·법결합에서 중요한 시기였다. 이 시기에 예는 대량으로 율에 도입되었는데, 당률에 반영된 예·법결합의 중요 제도들은 이 시기의 율에 출현하였다. 예컨대 『조위율曹魏律』의 '팔의八議' 제도·『진률晉律』의 '준오복제죄準五服制罪' 제도·남조南朝 『진률陳律』의 '관당官當' 제도·북조北朝 『북제율北齊律』의 '중죄십조重罪十條' 규정 등은 모두 이 시기의 걸작들이었다. 이것들은 예·법결합의 최종적인 완성에 기초를 마련해 주었다. 당률은 이전 율의 기초 위에서 각 율의 장점을 취합하고 예와 법을 일체一體로 융합해서 최종적으로 예·법결합이라는 대업을 완성하였다.

　당唐 초기 통치자의 유학에 대한 중시와 유학의 진일보 발전은 당률이 예·법결합을 촉진하는 촉매제였다. 당률의 정본定本은 정관貞觀99 11년(637년)에 반행頒行된 『정관률貞觀律』이었다. 이보다 앞서 당 태종唐太宗은 유학을 중시하여 그것을 진일보 발전시켰다. 그는 즉위 후 즉시 유가의 선철先哲을 숭상하였고 유학 교육을 중시하였다. 예컨대 『정관정요』 「숭유학崇儒學 제27」에는, 당 태종은 정관 2년(628년)에 "조서를 내려 주공周公100을 선성先聖으로 모시던 것을 중단하고, 처음으로 국학國學에 공자묘당孔子廟堂을 세워 옛 제도[舊典]를 상고詳考해서 공자[仲尼]101를 선성先聖으로 삼았고, 안자顔子102를 선사先師로 삼았다. 묘당의 양쪽에 조두俎豆·간척干戚 등의 제기祭器를 진열함으로써 이에 비로소 공자를 존중하는 예의禮儀가 갖추어졌다"103라고 기록되어 있다. 같은 해에 그는 또

---

98 【옮긴이 주】: '친친득상수닉'은 일정 범위의 친속 간에는 모반謀反과 모대역모大逆을 제외하고 범죄자를 숨겨줘도 법률상 처벌받지 않거나 형벌을 감면받을 수 있는 것을 말하며, '친친상용은親親相容隱'·'동거상용은同居相容隱'이라고도 한다. 이러한 법규는 유가의 '친친주의親親主義'·'친속일체주의親屬一體主義'가 법률화한 결과이다. 이는 『논어주소論語注疏』(『십삼경주소 하』)권13, 「자로子路 제13」에서 공자가 "아버지는 자식을 위하여 숨겨주고[父爲子隱] 자식은 아버지를 위하여 숨겨주니[子爲父隱], 정직은 그 가운데에 있다[直在其中]"(2507쪽)라고 한 문장에 근거한다. 『한서漢書』권8, 「선제기宣帝紀」에 의하면, 한 선제(재위 B.C. 73~B.C. 48)는 지절地節 4년(B.C. 66) 하夏 5월에 조서하여 "부자의 친함[父子之親]과 부부의 도[夫婦之道]는 천성天性이다. 비록 재난과 우환이 있어도 죽음을 무릅쓰고 지켜야 하는 것과 같다. 진실로 사랑하는 마음이 생겨 인후仁厚함에 이르렀으니 어찌 이를 위반하였다 할 수 있겠는가! 지금부터 자식이 부모를 숨겨주고[子首匿父母], 처가 남편을 숨겨주고[妻匿夫], 손자가 조부모를 숨겨주는[孫匿大父母] 것은 모두 연좌하지 말라[勿坐]. 그 부모가 자식을 숨겨주고[父母匿子], 남편이 처를 숨겨주고[夫匿妻], 조부모가 손자를 숨겨준[大父母匿孫] 경우, 죄인이 사형죄死刑罪를 범하였더라도 모두 상청上請하고, 정위廷尉는 주문奏聞하도록 하라"(251쪽)라고 하듯이, 이 규정은 한 선제 때 정식 형벌원칙으로 확립되었고, 이후 명明·청대淸代까지 사용되었다. 당률에 보이는 '상용은相容隱' 규정에 대해서는 제1장 주 52 참조.
99 【옮긴이 주】: '정관'은 당의 제2대 황제 태종(재위 626~649)의 연호(627~649)이다.
100 【옮긴이 주】: '주공'의 생몰 연대는 미상이다.
101 【옮긴이 주】: '공자'의 생몰 연대는 B.C. 551~B.C. 479년이다.
102 【옮긴이 주】: '안자'의 생몰 연대는 B.C. 521~B.C. 490년이다.

"전국[天下]의 유사儒士를 널리 불러[廣招] 비단[帛]과 전마傳馬를 지급해서 경사京師에 이르게 하여 차서次序를 두지 않고 선발하였는데, 낭묘郎廟에 포진한 자가 매우 많았다. 학생學生으로서 대경大經104 하나 이상에 정통한 자는 모두 관리가 될 수 있었다. 국학에는 학사學舍 4백여 간間을 증축하였고, 국자國子·태학太學·사문四門·광문廣文에도 학생 정원[生員]을 증치하였으며, 그리고 서학書學·산학算學에는 각각 박사博士와 학생을 둠으로써 뭇 기예[衆藝]를 갖추었다. 태종은 또 자주 국학에 행차해서 좨주祭酒·사업司業·박사에게 강론하게 하였고, 끝나면 각각 속백束帛을 하사하였다. 사방의 유생儒生으로 책을 짊어지고 이르는 자가 대략 수천 명이었으며", "국학 안에서는 북을 치면 강연講筵에 오르는 자가 거의 만 명에 달하였다. 유학의 흥성이 일찍이 이런 적이 없었다."105 정관 4년(630년), 당 태종은 또 유생들에게 『오경정의五經正義』를 찬정하게 해서 유가 경전의 내용을 규범화·정형화하였다. 예컨대 계속해서 『정관정요·숭유학 제27』에는, 당 태종은 정관 4년에 "(안) 사고顏師古106에게 조서를 내려 국자좨주國子祭酒 공영달孔穎達107 등 유학자들[諸儒]과 『오경五經』의 소의疏義를 찬정하게 하였는데, 총 180권으로, 이름을 『오경정의』라고 하였으며, 국학에 내려보내어 사용하게 하였다"108라고 기술되어 있다. 이러한 것들은 유가사상을 광범위하게 전파해서 그 정통적 지위를 더욱 공고히 하였을 뿐만 아니라 예·법결합에 유리한 사회적 조건을 형성하여 당률의 예·법결합의 최종적인 완성을 촉진하였다.

당唐 초기 통치자의 예·법병용禮法幷用 사상은 결국 당률이 예·법결합이라는 사업事業을 완성하는 직접적인 사상적 원인이 되었다. 당 태종·위징魏徵109·왕규王珪110 등은 모두 치국治國에 예·법병용이 필수라고 주장하였다. 그들은 이전 사람[前人]의 교훈을 받아들여서, 엄형嚴刑만을 사용하

---

103 【옮긴이 주】: 김원중 옮김, '『정관정요』「제27장 유학 숭상」(342쪽).
104 【옮긴이 주】: 당대唐代의 국자감國子監과 진사고시進士考試에서는 경서經書에 대해 문자의 많고 적음에 따라 대·중·소 삼경三經으로 구분하였는데, 『예기』·『춘추좌전』은 '대경'이고, 『시경』·『주례』·『의례』는 중경이며, 『주역』·『상서』·『공양전』·『곡량전』은 소경이다(김원중 옮김, 『정관정요』「제27장 유학 숭상」, 343쪽, 주 3)).
105 【옮긴이 주】: 이상 김원중 옮김, 『정관정요』「제27장 유학 숭상」(343쪽).
106 【옮긴이 주】: '안사고'의 생몰 연대는 581~645년이다.
107 【옮긴이 주】: '공영달'의 생몰 연대는 574~648년이다.
108 【옮긴이 주】: 이상 김원중 옮김, 『정관정요』「제27장 유학 숭상」(347쪽). 그런데 『구당서』권189 상上, 「유학儒學 상上」에서는 "정관 2년 …… 태종은 …… 또 유학에 학파[門]가 많고 장구章句가 번잡하므로 국자좨주 공영달에게 조서를 내려 여러 유학자들과 『오경五經』의 의소義疏를 찬정하게 하였는데, 총 170권으로, 이름을 『오경정의』라고 하였으며, 전국에 영을 내려 전습傳習하게 하였다"(4941쪽)라고 하여, 『정관정요』와 내용에 일부 차이가 있다.
109 【옮긴이 주】: '위징'의 생몰 연대는 580~643년이다.
110 【옮긴이 주】: '왕규'의 생몰 연대는 571~639년이다.

고 예의禮義를 버리면 나라[國]는 반드시 멸망한다고 보았다. 예컨대 당 태종은 "진秦은 이에 사치와 음란[奢淫]을 자행하였고, 형벌의 시행을 좋아하였기 때문에 불과 2대代 만에 멸망해 버렸다"[111]라고 하였다. 위징도 "비록 엄격한 형벌로 다잡고 위엄과 분노로 떨게 하더라도 (아랫사람들은) 끝내 구차히 모면하려고만 할 뿐 (군주가) 어질다[仁]는 생각을 가지지 않는다. 겉으로는 공경하는 척을 하지만 마음속으로는 복종하지 않으며", 이렇게 하면 반드시 "배를 뒤집는다[覆舟]"[112]라고 하였다. 왕규도 "무예武藝를 중시하고 유학儒學을 경시하였으며, 어떤 이는 법률로써 다스려서 유학의 도덕 규범은 이미 무너졌으며, 순박한 풍속도 크게 파괴되었다"[113]라고 하였다. 이 때문에 그들은 모두 예교禮敎의 기능을 발휘할 것을 극력 주장하였다. 또 잠문본岑文本[114]은 치국治國에는 "예의禮義가 가장 시급하다"[115]라고 하였고, 왕규도 "사람들은 예교를 알고 있었고, 다스림은 태평에 이르렀다"[116]라고 하였다. 이처럼 그들은 모두 예·법을 병용해야 치국안민治國安民할 수 있다고 강조하였다. 그중 위징의 주장이 가장 전형적이다. 그는 "예로써 대하고 법으로써 제어하며, 선을 행하면 상을 받고 악을 행하면 벌을 받는다면, 어찌 감히 그것에 이르고자 꾀하지 않을 것이며, 어찌 감히 진력하지 않겠는가?"[117]라고 하였다. 이러한 당 초기의 예·법병용 사상은 당률에도 충분히 반영되었는데, 즉 『당률소의·명례』 「전언前言」에서는 "덕과 예는 정교의 근본이고, 형과 벌은 정교의 수단이다[德禮爲政敎之本 刑罰爲政敎之用]"[118]라고 하였다.

....

111 『정관정요·군신감계君臣鑑戒 제6』.
 【옮긴이 주】: 김원중 옮김, 『정관정요』 「제6장 군주와 신하의 계율」(128쪽). 이 문장은 정관 6년(632)에 태종이 신하들에게 한 말에 보인다.
112 『정관정요』 「군신감계 제6」.
 【옮긴이 주】: 이상 김원중 옮김, 『정관정요』 「제1장 군주의 도리」(30쪽). 이 문장은 정관 11년(637)에 특진特進 위징이 태종에게 올린 「간태종십사소諫太宗十思疏」라는 상소문에 보인다.
113 『정관정요·정체政體 제2』.
 【옮긴이 주】: 김원중 옮김, 『정관정요』 「제2장 정치의 근본」(38~39쪽). 이 말은 정관 2년(628), 위진남북조·수대의 군주와 신하의 통치술이 그 이전 시대보다 못한 이유를 묻는 태종의 질의에 황문시랑黃門侍郎 왕규가 답변한 내용에 보인다.
114 【옮긴이 주】: '잠문본'의 생몰 연대는 595~644년이다.
115 『정관정요·태자제왕정분太子諸王定分 제9』.
 【옮긴이 주】: 김원중 옮김, 『정관정요』 「제9장 적자와 서자의 구분」(182쪽). 이 문장은 정관 16년(642), 태종이 신하들과 긴급한 국사國事에 대해 질의·응답할 때 중서시랑中書侍郎 잠문본이 한 말이다.
116 『정관정요·정체 제2』.
 【옮긴이 주】: 주 113 참조.
117 『정관정요·택관擇官 제7』.
 【옮긴이 주】: 김원중 옮김, 『정관정요』 「제7장 관리 선발」(157쪽). 이 문장은 정관 14년(640), 특진特進 위징이 올린 상소문에 보인다.

마지막으로 특별히 언급해야 하는 것은, 당률은 예·법 관계와 당시 사회상황을 비교적 적절히 처리하였다는 점이다. 당대는 중국 봉건사회가 충분히 발전한 시기였고, 특히 당 전기는 사회 발전이 비교적 빨라서 각종 사회 모순도 상대적으로 적었다. 이러한 사회적·역사적 조건에서 제정된 당률은 그 내용이 필연적으로 비교적 관대·공평하였고, 예·법 관계도 상대적으로 조화로웠다. 이것은 당 이후 특히 명·청의 입법 상황과 명확하게 구별되었다. 예컨대 당률과 비교할 때, 『대명률大明律』과 『대청율례大淸律例』에는 확실히 "중기소중重其所重과 경기소경輕其所輕, 즉 엄중한 범죄는 중형으로 하고, 경미한 범죄는 경형으로 한다"는 원칙이 있었는데, 이러한 원칙이 발생한 배경을 구명하면, 근본적인 원인은 오직 사회상황이 달랐기 때문이었다.

당률의 예·법 관계에 대한 투시透視를 통해 중국고대 입법에 대한 유가사상의 거대한 영향을 알 수 있다. 이것은 또 한편으로는 유가사상과 중국고대 법률의 관계도 반영하였다.

---

118 【옮긴이 주】: 김택민·임대희 주편, 『역주당률소의 - 명례편 - 』「편목소」, 96쪽.

제6장
당률의 여러 제도

당률 가운데 어떤 제도는 자못 특색을 갖추어 중국고대 법제의 발전에서 이전을 계승하고 이후를 계도啓導하는 역할을 하였다. 이것들에 대한 이해는 중국고대 법률의 여러 측면을 이해하는 데 도움이 된다.

제1절 가역류[1] 제도加役流制度

가역류는 '삼류三流'[2]와 사형 사이에 위치하는 일종의 중형重刑이다. 이 형벌은 당률에서 처음 전면적으로 규정하였기 때문에 여기서 전문적으로 소개한다.

1. 가역류의 발생 및 내용

가역류는 당 태종唐太宗[3] 정관貞觀[4] 6년(632년)에 제정되었다. 예컨대『당률소의·명례』「응의청감조應議請減條)」「소의」에서는 그 발전 과정에 대해 간략하게 "가역류는 구법舊法에는 사형이었던 것을 무덕武德[5] 연간에 단지형斷趾刑으로 바꾸었고", "정관 6년에 제制를 받들어 가역류로 바꾸었다"[6]

---

1 【옮긴이 주】: '가역류'에 대해『역주율소 - 명례편 - 』「명례24」(제24조)「범류응배조犯流應配條」「주」에서는 "그 본래의 조문에서 가역류라고 한 것은 유流3000리에 역역役 3년이다"라고 하였고, 「소의」에서는 "가역류는 본래의 법이 정한 죄가 원래 엄중하므로 이치상 일반 유죄流罪와는 구별된다. 그러므로 유3000리에 처하고 3년을 복역하게 하는 것이다"(이상 207쪽)라고 하였다. 이로써 가역류는 유3000리에 배소配所에서 3년간 복역하는 형벌이었음을 알 수 있다.
2 【옮긴이 주】: '삼류'는 유2000리·2500리·3000리를 말한다(이하 동일).
3 【옮긴이 주】: '당 태종'은 당의 제2대 황제(재위 626~649)이다.
4 【옮긴이 주】: '정관'은 당의 제2대 황제 태종의 연호(627~649)이다.
5 【옮긴이 주】: '무덕'은 당의 초대 황제 고조(재위 618~626)의 연호(618~626)이다.

라고 설명하였다.『구당서舊唐書·형법지』에서는 당시 가역류를 의정議定한 과정에 대해 더욱 상세하게 기술하였다. "태종이 즉위하여 또 장손무기長孫無忌[7]·방현령房玄齡[8]에게 명하여 학사學士[9]·법관法官과 거듭 (율령을) 개정하도록 하였다. 대주戴冑[10]·위징魏徵[11] 등도 '종래의 율령은 엄중합니다'라고 하였기 때문에 교형絞刑에 해당하는 조항 중 50조條를 심의하여 사죄死罪를 면제하고 그 우지를 절단하는[斷右趾] 것으로 하였다. (이에) 사형에 처해져야 하는 자는 대부분 온전히 생명을 유지할 수 있었다. 태종은 얼마 후에 또 수형受刑의 고통을 측은히 여겨서 시신侍臣들에게 '전대前代에 육형肉刑을 시행하지 않은 지 오래되었다. 지금 갑자기 사람의 우지를 절단하는[斷右趾] 것으로 하였지만, 심중心中으로는 심히 차마 할 수 없다'라고 하였다. 간의대부諫議大夫 왕규王珪[12]가 대답하기를 '옛날 육형을 시행한 것은 (사형에 비해) 경형輕刑으로 간주되었습니다. 지금 폐하께서는 사형이 많은 것을 가련하게 여기시어 단지법斷趾法을 설정하였습니다. 법규[格]에서는 본래 사형에 처해져야 하는데 지금 생명을 유지하게 되었습니다. 수형자受刑者가 다행히 생명을 온전히 할 수 있게 되었는데 어찌 자신의 발 한쪽을 절단하는 것을 꺼리겠습니까? 게다가 이것을 보는 사람들에 대해서도 심히 징계할 수 있습니다'라고 하였다. (그러나) 태종은 '(짐은) 본래 관대하다고 생각하였기 때문에 단지법을 시행하였다. 그러나 이 형벌에 처해진 자가 있는 것을 들을 때마다 마음이 애통하여 잊을 수가 없다'라고 하였다. 또 소우蕭瑀[13]·진숙달陳叔達[14] 등에게 말하기를 '짐은 사형에 처해진 자는 다시 살아날 수 없다는 것을 가련히 여겼기 때문에 사죄 중 50조를 가려서 단우지斷右趾로 하였다. (그러나) 짐은 거듭 그들이 받을 고통을 생각하니 심히 차마 할 수 없다'라고 하였다. 숙달 등이 모두 '옛날의 육형은 사형의 범주 밖[死刑之外]에 있었습니다. 폐하께서는 사형 가운데 일부를 고쳐 단지斷趾로 하였습니다. 이것은 곧 죽음을 삶으로 바꾼 것이므로 족히 관대한 법이라 할 수 있습니다'라고 하였다. 태종은 '짐의 생각도 그와 같기 때문에 (단지형을) 시행하고자 하였던 것이다. (그런데) 또 상서上書하여 이것이 불편하다고 말하는 이도 있으므로 경[公]들은 다시 이것을 검토하라'라고 하였다. 그 후 촉왕부蜀王府 법조참군法曹參軍 배홍헌裵弘獻[15]이 또 당시에 불편한

---

6 【옮긴이 주】:『역주율소-명례편-』「명례11」(제11조)「응의청감조(속장贖章)」「소의」, 144쪽.
7 【옮긴이 주】: '장손무기'의 생몰 연대는 594~659년이다.
8 【옮긴이 주】: '방현령'의 생몰 연대는 579~648년이다.
9 【옮긴이 주】: '학사'에 대해서는 제3장 주 126 참조.
10 【옮긴이 주】: '대주'의 생몰 연대는 573~633년이다.
11 【옮긴이 주】: '위징'의 생몰 연대는 580~643년이다.
12 【옮긴이 주】: '왕규'의 생몰 연대는 571~639년이다.
13 【옮긴이 주】: '소우'의 생몰 연대는 575~648년이다.
14 【옮긴이 주】: '진숙달'의 생몰 연대는 ?~635년이다.

율령 40여 사항[四十餘事]¹⁶을 논박하였기 때문에 태종은 그를 참여시켜 율령을 개정하게 하였다. 홍헌은 이에 방헌령 등과 건의하여 '생각건대, 예전에 오형五刑이 있었고, 월형刖刑은 그 가운데 하나였습니다. 육형肉刑이 폐지되는데 이르러 사死·유流·도徒·장杖·태笞의 무릇 5등을 제정하였고, 이로써 오형이 갖추어졌습니다. 지금 재차 월족刖足하는 형을 설정하면, 이것은 육형六刑이 됩니다. 사형을 감경해서 월족으로 하는 것은 관대함을 취지로 한 것이지만, 형종刑種을 추가하는 것은 또 번쇄함과 준혹峻酷함을 더하는 것입니다'라고 하였다. 거기서 팔좌八座와 의견을 정해서 주문奏聞하였다. 이에 또 단지법을 폐지하고 가역류3000리·거작居作 2년으로 개정하였다."¹⁷

가역류는 원래 '삼류三流'가 확대된 것으로서, (이 죄를) 범한 자는 유流3000리와 거작 3년에 처해졌고, 여러 번 범하였더라도 거작 4년을 초과할 수 없었다. 왜냐하면, 『당률소의·명례』「범죄이발이배경위죄조犯罪已發已配更爲罪條」에서는 명확하게 "만약 유죄流罪와 도죄徒罪를 (여러 번 범하여) 복역 기간을 누계累計해야 하는 때에도 4년을 초과할 수 없다"¹⁸라고 규정하고 있기 때문이다. 당률 중에는 거작 4년에 처하는 가역류 규정이 있다. 예컨대『당률소의·명례』「공악잡호급부인범류결장조工樂雜戶及婦人犯流決杖條」에서는 "무릇 공工·악樂·잡호雜戶 및 태상음성인太常音聲人이" "가역류를 범한 경우에는 4년을 복역하게 한다"¹⁹라고 규정하였다.

당률은 가역류를 감減·속贖할 수 없는 '오류五流'²⁰에 포함하였기 때문에 (가역류를) 범한 때에는 감·속의 범위 내에 포함되지 않았다. 예컨대『당률소의·명례』「응의청감조應議請減條」에서는 "가역류加役流·반역연좌류反逆緣坐流²¹·자손범과실류子孫犯過失流²²·불효류不孝流²³ 및 회사유류會赦猶流²⁴에

---

15 【옮긴이 주】: '배홍헌'의 생몰 연대는 미상이다.
16 【옮긴이 주】: "40여 사항"이 김택민 주편, 『역주당육전 상』권6, 「상서형부」(569쪽)에는 "30여 조三十餘條"로 되어 있다.
17 【옮긴이 주】: 『구당서』권50, 「형법지」(2135~2136쪽).
18 【옮긴이 주】: 『역주율소 - 명례편 - 』「명례29」(제29조)「범죄이발조犯罪已發條」, 231쪽. 본 조 「소의」에서는 "가령 원래 가역류를 범하였고 후에 또 가역류죄를 범해서, 전후의 죄를 누계하여 도역徒役 기간이 많게 되더라도 복역은 4년을 기한으로 한다"(231쪽)라고 하였다.
19 【옮긴이 주】: 『역주율소 - 명례편 - 』「명례28」(제28조)「공악잡호급부인범류결장조」에서는 "무릇 공·악·잡호 및 태상음성인이 유죄流罪를 범한 경우, 2000리 형은 결장決杖100에 처하고, 1등마다 30을 가중하며, 유주留住시켜 3년을 복역服役하게 한다"라고 규정하였고, 「주」에서는 "가역류를 범한 경우에는 4년을 복역하게 한다"(이상 222~223쪽)라고 하였다. 이것에 의하면, 본문에 인용된 문장은 율문과 「주」문이 혼재混在되어 있음을 알 수 있다.
20 【옮긴이 주】: '오류'는 『역주율소 - 명례편 - 』「명례11」「응의청감조(속장)」에서 규정한 '가역류加役流'·'반역연좌류反逆緣坐流'·'자손범과실류子孫犯過失流'·'불효류不孝流'·'회사유류會赦猶流'를 말한다.
21 【옮긴이 주】: '반역연좌류'에 대해 『역주율소 - 명례편 - 』「명례11」「응의청감조(속장)」「소의」에서는 "모반謀反·대역大逆에 연좌緣坐되어 유죄流罪를 받은 경우를 말한다"(145쪽)라고 해석하였다.

처해야 하는 자는 각각 감減하거나 속贖할 수 없으며, 제명除名하고 유형流刑에 처하는 것을 법대로 한다"25라고 규정하였다. 설령 유죄流罪 이하는 속할 수 있는 몇 가지 명확한 규정이 있더라도 가역류와는 무관하였다. 예컨대 『당률소의·명례』 「노소급질유범조老小及疾有犯條」에서는 "무릇 나이 70세 이상·15세 이하 및 폐질자廢疾者가 유죄 이하의 죄를 범한 때에는 속동을 징수한다[收贖]"26라고 규정하였지만, (「주」에서는) 가역류를 범한 때에는 "이 율을 적용하지 않는다[不用此律]"27라고 하여 속贖의 범례凡例에 포함되지 않았다. 그 이유를 살펴보면, 본 조 「소의」에서는 "가역류는 본래 사형을 감경한 형으로서 원래 속하는 법례[贖例]가 없다. 그러므로 속贖을 허용하지 않는다"28라고 해석하였다. 그러나 "은강령이 내려진[會降] 경우"에는 예외에 속하였다. 예컨대 『당률소의·명례』 「응의청감조」 「소의」29에서는 "다만 가역류·반역연좌류·불효류 등, 이 삼류三流는 은강령이 내려진[會降] 때에는 모두 속동을 징수하는[收贖] 것을 허용한다"30라고 보충해서 설명하였다.

가역류를 범한 경우, 멀리 3000리 밖에서 3년의 역役을 채운 후에도 호구戶口는 재차 원적지原籍地

---

22 【옮긴이 주】: '자손범과실류'에 대해 『역주율소 - 명례편 - 』 「명례11」(제11조) 「응의청감조(속장)」 「소의」에서는 "이목耳目이 미치지 못하고 사려思慮가 미치지 못한 것과 같은 경우, (자식이나 손자가) 조부모·부모를 살해한 경우를 말한다"(145쪽)라고 해석하였다.

23 【옮긴이 주】: '불효류'에 대해 『역주율소 - 명례편 - 』 「명례11」(제11조) 「응의청감조(속장)」 「소의」에서는 "부모의 상喪을 듣고도 숨기고 거애擧哀하지 아니하여 유형流刑에 처해진 경우를 말한다"(146쪽)라고 하였다.

24 【옮긴이 주】: '회사유류'에 대해 『역주율소 - 명례편 - 』 「명례11」(제11조) 「응의청감조(속장)」 「소의」에서는 "적도율을 살펴보면 '고독蠱毒을 조합하였거나[造] 사육한[畜] 자는 비록 사면령이 내려[赦] 사형을 면하였더라도 동거同居하는 가구家口 및 교령敎令한 자와 함께 또한 유3000리에 처한다'라고 하였다. 단옥률에서는 '소공존속小功尊屬이나 사촌형·누나[從父兄·姊]를 살해하였거나 모반謀反·대역大逆을 범한 자는 사면령이 내려[會赦] 사형을 면하였더라도 유2000리에 처한다'라고 하였다. 이러한 행위 등은 모두 사면령이 내려 사형을 면하였더라도 그대로 유형에 처해야 하는 범죄[會赦猶流]이다"(146~147쪽)라고 하였다.

25 【옮긴이 주】: 『역주율소 - 명례편 - 』 「명례11」(제11조) 「응의청감조(속장贖章)」, 144~147쪽.

26 【옮긴이 주】: 『역주율소 - 명례편 - 』 「명례30」(제30조) 「노소급질유범조」, 233쪽.

27 【옮긴이 주】: 『역주율소 - 명례편 - 』 「명례30」(제30조) 「노소급질유범조」 「주」, 233쪽.

28 【옮긴이 주】: 『역주율소 - 명례편 - 』 「명례30」(제30조) 「노소급질유범조」 「소의」, 235쪽. 이어지는 「소의」의 문장은 다음과 같다. "반역연좌류는 역인逆人의 지친至親도 동고동락同苦同樂해야 하므로 연좌해서 범인의 마음을 무겁게 하자는 것이니, (역인의 지친이) 늙었거나 병들었어도 속을 허용하지 않는다. 회사유류는 해악의 정도가 매우 엄중하기 때문에 비록 사면령이 내려 사형을 면하였더라도 그대로 유배시킨다. 이들 삼류에 해당하는 죄는 특히 일반법[常法]보다 엄중하기 때문에 모두 속동을 징수하는 것을 허용하지 않는 것이다"(235쪽). 이것에 의하면, 반역연좌류·회사유류도 속贖에서 제외되었음을 알 수 있다.

29 【옮긴이 주】: '「소의」'는 '「답」'의 오기이다(주 30 참조).

30 【옮긴이 주】: 『역주율소 - 명례편 - 』 「명례11」(제11조) 「응의청감조(속장)」 「답」, 150쪽. 이 문장은 "오류五流의 경우에는 감減·속贖할 수 없는데, 만약 은강령이 내려졌더라도 감·속할 수 없습니까?"(150쪽)라는 「문」에 대한 「답」이다.

로 되돌릴 수 없었다. 예컨대 『당률소의·명례』「범류응배조犯流應配條」[31]에서는 "그 본래의 조문에서 가역류라고 한 것은 유流3000리에 역役 3년이다. 역이 만료되었거나 사면령이 내려져서 역이 면제된 자는 즉시 유배된 곳에서 (일반) 호구에 대한 법례[戶口例]에 따른다"[32]라고 규정하였다. 그 밖의 규정들은 모두 '삼류三流'를 범한 때와 동일하였다.

2. 가역류의 적용 범죄

가역류의 적용 범위는 비교적 광범위하였다. 당률에서 가역류가 언급된 조목條目은 적어도 20조목이 되었고, 「명례율」 이외의 나머지 11율[33] 가운데 단지 「구고율廐庫律」만 가역류에 대한 규정이 없을 뿐이다. 총괄하면, 이것은 주로 이하 여러 큰 유형의 범죄에 적용되었다.

첫째, 황제의 인신人身의 안전을 위해危害한 범죄이다. (태)묘太廟·(태)사太社와 금원禁苑은 대개 황제가 행차하는 곳으로, 모두 전문적인 사람이 호위하였고, 이들 지역에 탄환彈丸을 발사하였거나 기왓돌[瓦石] 등을 투척하는 행위는 엄금嚴禁되었다. 만약 이러한 행위로 인해 사람을 살상하였다면 중벌을 받아야 하였기 때문에 가역류를 적용하였다. 예컨대 『당률소의·위금』「범묘사금원죄명조犯廟社禁苑罪名條」에서는 "(만약 태)묘·(태)사·금원을 향해 활을 발사하였거나[射] 탄환을 발사하였거나[放彈] 기왓돌을 투척하여[投瓦石] 사람을 살상한 자는 각각 투살상죄로 논하고[以鬪殺傷論], 사죄에 이른[至死] 자는 가역류에 처한다"[34]라고 규정하였다.

둘째, 타인他人의 인신의 안전을 침해한 범죄이다. 야간에 이유 없이 인가人家에 들어가 체포된 경우,[35] 성城·가택家宅에 들어가 고살故殺한 경우, 사죄死罪를 범한 죄수를 고살한 경우 등 몇몇 고살 행위는 일반 고살과는 구별되었지만, 살인으로 인해 타인의 생명을 침해한 행위는 가볍게 용서할 수 없었기 때문에 당률은 모두 가역류로 판정하였다. 예컨대 『당률소의·적도』「야무고입인가조夜無故入人家條」에서는 야간에 이유 없이 인가人家에 침입한 자에 대해 "이미 체포되었는데 (주인

---

31 【옮긴이 주】: '「범류응배조」' 다음에는 '「주」'가 있어야 한다(주 32 참조).
32 【옮긴이 주】: 『역주율소-명례편-』「명례24」(제24조)「범류응배조」「주」, 207쪽.
33 【옮긴이 주】: "「명례율」이외의 나머지 11율"은 「위금률」에서 「단옥률」까지를 말한다.
34 【옮긴이 주】: 『역주율소-각칙(상)-』「위금22」(제79조)「범묘사금원죄명조」, 2065쪽. 이 규정과 달리 태묘·태사·금원을 향해 화살·탄환·기왓돌 등을 발사하였거나 투척하였지만 치사致死하지 않은 때에는 본 조의 "무릇 해당 조문에 (태)묘·(태)사 및 금원을 범하였으나 죄명이 없는 경우, (태)묘는 궁宮에서 1등을 감경하고, (태)사는 (태)묘에서 1등을 감경하며, 금원은 (태)사와 같다"(2064쪽)라는 규정이 적용되었고, 『역주율소-각칙(상)-』「위금16」(제73조)「향궁문사조向宮門射條」의 궁에 관한 규정(2052~2055쪽)에 따라 감등하였다. 그리고 궁宮·전殿을 향하여 화살을 발사한 결과 사람을 살상한 경우에는 고살상죄로 처벌되었다[以故殺傷論](『역주율소-각칙(상)-』「위금16」(제73조)「향궁문사조」, 2054쪽).
35 【옮긴이 주】: "체포된 경우"는 문맥상 "체포되었는데 살상한 경우"가 타당한 듯하다(주 36 참조).

이) 살상한 때에는 각각 투살상죄로 논한다[以鬪殺傷論]. 사죄에 이른[至死] 때에는 가역류에 처한다"36라고 규정하였고, 또 『당률소의·잡률』「향성관사택사조向城官私宅射條」에서도 "고의로 성이나 가택 내에 들어가도록 (발사)하여 사람을 살상한 자는 각각 투살상죄로 논한다[以鬪殺傷論]. 사죄에 이른[至死] 자는 가역류에 처한다"37라고 규정하였으며, 『당률소의·단옥』「사죄수사구경폐천인살조死罪囚辭究竟廢賤人殺條」에서도 "죄수가 만약 고용·부탁하도록 시키지 않았거나[死囚犯38若不遣雇倩] 혹은 자백이 끝나기 전에 살해한 때에는 각각 투살죄로 논하고[以鬪殺罪論], 사죄에 이른[至死] 때에는 가역류에 처한다"39라고 규정하였다.

셋째, 공公·사私의 재산을 침범한 범죄이다. 일부 사건의 정황이 엄중한 범죄 및 공·사의 재물을 침범한 액수가 비교적 큰 공·사의 재산침범죄에 대해 당률은 엄벌嚴罰에 처하였고, 심지어 가역류까지 적용하였다. 예컨대 당률은 타인의 묘墓를 파헤친 행위에 대해 엄중한 재물의 절도·훼손[盜毁] 행위로 간주하여 가역류에 처하였다. 즉 『당률소의·적도』「발총조發冢條」에서는 "무릇 무덤을 파헤친[發冢] 자는 가역류에 처한다"40라고 규정하였다. 또 성직자聖職者가 신상神像을 절도·훼손한 행위에 대해서도 사건의 정황이 매우 엄중하였기 때문에 반드시 가역류를 적용하였다. 예컨대 『당률소의·적도』「도훼천존불상조盜毁天尊佛像條」에서는 "도사道士·여관女官이 천존상天尊像을 절도하였거나[盜] 훼손한[毁] 경우, 승려[僧]·비구니[尼]가 불상을 절도하였거나 훼손한 경우에는 가역류에 처한다"41라고 규정하였다. 게다가 절도한 액수가 50필匹 이상인 경우에도 가역류의

---

36 【옮긴이 주】: 『역주율소 - 각칙(상) - 』「적도22」(제269조)「야무고입인가조」, 2433쪽. 본 조「소의」에서는 "'이미 체포되었다'라는 것은 밤에 인가에 침입하였으나 이미 생포되어 구류拘留·결박되어 저항할 수 없음을 말한다"(2433쪽)라고 해석하였다. 본 조에서는 "무릇 밤에 이유 없이 인가에 침입한 자는 태笞40에 처한다. 주인이 바로 그 시점에서 살해한 때에는 논죄하지 않는다[勿論]. 만약 침범한 것이 아님을 알면서도 살상한 자는 투살상죄에서 2등을 감경한다"(2432쪽)라고 규정하였고, 밤[夜]에 대하여「소의」에서는 "각루법刻漏法에 의거해서 주루晝漏가 다한 것을 밤[夜]으로 하고, 야루夜漏가 다한 것을 낮[晝]으로 한다"(2432쪽)라고 해석하였다.

37 【옮긴이 주】: 『역주율소 - 각칙(하) - 』「잡률5」(제393조)「향성관사택사조」, 3206쪽.

38 【옮긴이 주】: 사수범'死囚犯'이 『역주율소 - 각칙(하) - 』「단옥3」(제471조)「사죄수사궁경고천인살조死罪囚辭窮究竟雇倩人殺條」(3324쪽)에는 '수囚'로 되어 있다.

39 【옮긴이 주】: 『역주율소 - 각칙(하) - 』「단옥3」(제471조)「사죄수사궁경고천인살조」, 3324~3325쪽.

40 【옮긴이 주】: 『역주율소 - 각칙(상) - 』「적도30」(제277조)「발총조」에서는 "무릇 무덤을 파헤친 자는 가역류에 처한다. 모두 파헤쳐야 이와 같이 처벌한다. 초혼招魂해서 매장한 자도 그러하다. 이미 관곽棺槨을 연 자는 교형絞刑에 처한다. 파헤쳤지만 아직 모두 열지 않은 자는 도徒3년에 처한다"(2449쪽)라고 규정하였다.

41 【옮긴이 주】: 『역주율소 - 각칙(상) - 』「적도29」(제276조)「도훼천존불상조」, 2447쪽. 본 조의 전체 규정은 다음과 같다. "무릇 천존상이나 불상을 절도하였거나 훼손한 자는 도徒3년에 처한다. 만약 도사·여관이 천존상을 절도하였거나 훼손한 경우, 승려·비구니가 불상을 절도하였거나 훼손한 경우에는 가역류에 처

범주에 속하였다. 즉 『당률소의·적도』「절도조竊盜條」에서는 절도한 것이 "50필疋인 경우에는 가역류에 처한다"⁴²라고 규정하였다. 이밖에 약탈죄 등도 가역류를 적용하였다. 예컨대 『당률소의·적도』「본이타고구인탈물조本以他故毆人奪物條」에서는 "무릇 본래는 다른 이유로 사람을 구타하였고, 그로 인해 그 재물을 탈취한 자는 장물贓物을 계산해서 강도죄로 논하고[以强盜論], 사죄에 이른[至死] 자는 가역류에 처한다"⁴³라고 규정하였다.

넷째, 직무상의 범죄이다. 당률은 관리官吏가 직권職權을 사적인 일에 이용하였거나 직무·사법을 위반한 행위들에 대하여 비교적 엄중하게 처벌하였고, 여러 조문에서 가역류를 사용하였다. 예컨대 『당률소의·직제』「감주수재왕법조監主受財枉法條」에서는 감림監臨·주사主司가 수재왕법受財枉法⁴⁴을 범한 경우, "15필疋이었다면 교형絞刑에 처하고" (재물은 받았지만) 왕법하지 않은[不枉法] 경우, "30필이었다면 가역류에 처한다"⁴⁵라고 규정하였다. 또 『당률소의·호혼』「이정관사망탈루증감조里正官司妄脫漏增減條」에서도 이정 및 (주현州縣의) 관원官員이 함부로 탈루·증감하여 과역課役을 감경·가중한[出入]⁴⁶ 경우, "1구口였다면 도徒1년에 처하고, 2구마다 1등을 가중한다. 장죄贓罪가 (탈루·증감한 죄보다) 엄중한데, (그 장물을) 개인적으로 착복한 경우에는 왕법죄로 논하고[以枉法論], 사죄에 이른[至死] 경우에는 가역류에 처한다"⁴⁷라고 규정하였다. 『당률소의·단옥』「주수도령수번이조主守導令囚翻異條」에서도 주수主守가 죄수로부터 재물을 받고 (그를) 도와서 (진술 내용을) 번복하게 한 경우, 받은 재물이 "15필이었다면 가역류에 처한다"⁴⁸라고 규정하였고, 「단옥」「감림자이장추인조監臨自以杖捶人條」에서도 감림監臨·주사主司가 법을 위반하고 죄수[前囚]를 추고捶拷하

한다. 진인상眞人像이나 보살상菩薩像인 경우에는 각각 1등을 감경한다. 절도하여 (이 상에) 공양供養하러 온 자는 장杖100에 처한다. 절도한 행위와 훼손한 행위가 반드시 함께 할 필요는 없다"(2447~2448쪽).

42 【옮긴이 주】: 『역주율소 - 각칙(상) - 』「적도35」(제282조)「절도조」에서는 "무릇 절도하였으나 재물을 얻지 못한 경우에는 태笞50에 처하고, 1척尺인 경우에는 장60에 처하며, 1필疋마다 1등을 가중하고, 5필인 경우에는 도1년에 처하며, 5필마다 1등을 가중하고, 50필인 경우에는 가역류에 처한다"(2458쪽)라고 규정하였다.
43 【옮긴이 주】: 『역주율소 - 각칙(상) - 』「적도39」(제286조)「본이타고구인탈물조」, 2465쪽.
44 【옮긴이 주】: '수재왕법'에 대해서는 제1장 주 117 참조.
45 【옮긴이 주】: 『역주율소 - 각칙(상) - 』「직제48」(제138조)「감주수재왕법조」에서는 "무릇 감림·주사가 수재왕법受財枉法을 범한 경우, 1척尺이었다면 장杖100대에 처하고, 1필마다 1등을 가중하며, 15필이었다면 교형에 처한다. (재물은 받았지만) 왕법하지 않은[不枉法] 경우, 1척이었다면 장90에 처하고, 2필마다 1등을 가중하며, 30필이었다면 가역류에 처한다"(2181쪽)라고 규정하였다.
46 【옮긴이 주】: 관리에 의한 죄의 출입出入과 형량에 대해서는 제1장 주 124 참조.
47 【옮긴이 주】: 『역주율소 - 각칙(상) - 』「호혼4」(제153조)「이정관사망탈루증감조」, 2210쪽.
48 【옮긴이 주】: 『역주율소 - 각칙(하) - 』「단옥4」(제483조)「주수도령수번이조」에서는 "무릇 주수가 죄수로부터 재물을 받고 (그를) 도와서 (진술 내용을) 번복하게 하였거나 혹은 (죄수에게) 말을 전달하여 (그 죄에) 증감이 있게 된 경우, 왕법죄로 논하여[以枉法論] (장물이) 15필이었다면 가역류에 처하고, 30필이었다면 교형絞刑에 처한다"(3327쪽)라고 규정하였다.

여 "치사한[至死] 경우에는 가역류에 처한다"⁴⁹라고 규정하였다.

다섯째, 기타 범죄이다. 일부 중대 범죄, 예컨대 사사로운 교역 범죄, 처妻·첩妾이 사망한 남편[故夫]의 조부모·부모를 구타하여 상해한[毆傷] 범죄, 역마驛馬를 속이고 탄[詐乘] 범죄, 죄수[囚犯]⁵⁰가 도주逃走 중에 사람을 상해한 범죄 등도 가역류를 적용하였다. 예컨대 『당률소의·위금』「월도연변관새조越度緣邊關塞條」에서는 연변의 관새關塞를 월도越度하여 화외인化外人과 사사로이 서로 교역한 경우, "가치가 15필이었다면 가역류에 처한다"⁵¹라고 규정하였고, 『당률소의·투송』「처첩구리고부부모조妻妾毆詈故夫父母條」에서도 처·첩이 사망한 남편[故夫]의 조부모·부모를 구타하여 "절상折傷을 가한 때에는 가역류에 처한다"⁵²라고 규정하였다. 『당률소의·사위』「사승역마조詐乘驛馬條」에서도 "역마를 속이고 탄[詐乘] 자는 가역류에 처한다"⁵³라고 규정하였고, 『당률소의·포망』「피수금거한주조被囚禁拒捍走條」에서도 수금囚禁되어서 관원에게 항거하고 도주하던 중에 "사람을 상해한 자는 가역류에 처한다"⁵⁴라고 규정하였다.

3. 가역류의 계승·변천

『송형통宋刑統』은 전반적으로 당률의 가역류에 관한 규정을 계승하였다. 가역류가 적용되는 죄

---

49 【옮긴이 주】: 『역주율소 - 각칙(하) - 』「단옥15」(제483조)「감림자이장추인조」에서는 "비록 감림·주사라고 해도 법에서 (형)벌을 집행해서는 안 되거나 죄수[前人]를 추고捶拷해서는 안 되는데 추고한 자는 투살상죄로 논하고[以鬪殺傷論], 치사한[至死] 자는 가역류에 처한다. 만약 흉기를 사용한 자는 각각 투살상법鬪殺傷法에 따른다"(3348쪽)라고 규정하였다.

50 【옮긴이 주】: '죄수[囚犯]'는 『역주율소 - 각칙(하) - 』「포망15」(제465조)「피수금거한주조被囚禁拒捍走條」에는 '수금囚禁'으로 되어 있고, '수금'에 대해 「소의」에서는 "유죄·무죄를 불문하고 단지 범죄의 정상에 의해 수금해야 하는 경우를 말한다"(이상 3306쪽)라고 하듯이, '수금'은 죄수만을 가리키지 않는다. 따라서 '죄수'는 '수금자'가 타당한 듯하다(이하 동일).

51 【옮긴이 주】: 『역주율소 - 각칙(상) - 』「위금31」(제88조)「월도연변관새조」에서는 "무릇 연변의 관새를 월도越度한 자는 도2년에 처한다. 화외인化外人과 함께 사사로이 서로 교역하였거나, 또는 사고판[取與] 경우, 1척尺이었다면 도2년반에 처하고, 3필마다 1등을 가중하며, 15필이었다면 가역류에 처한다"(2089쪽)라고 규정하였다.

52 【옮긴이 주】: 『역주율소 - 각칙(하) - 』「투송30」(제331조)「처첩구리고부부모조」에서는 "무릇 처·첩이 사망한 남편[故夫]의 조부모·부모를 구타하였거나 욕한[詈] 때에는 각각 시부모를 구타하였거나 욕한 죄에서 2등을 감경한다. 절상을 가한 때에는 가역류에 처한다. 살해한 때에는 참형斬刑에 처한다. 과실로 살상한[過失殺傷] 때에는 일반인에 적용하는 법에 의거해서 논죄한다[依凡論]"(3079쪽)라고 규정하였다. '절상'에 대해서는 제1장 주 16 참조.

53 【옮긴이 주】: 『역주율소 - 각칙(하) - 』「사위18」(제379조)「사승역마조」, 3188쪽.

54 【옮긴이 주】: 『역주율소 - 각칙(하) - 』「포망15」(제465조)「피수금거한주조」에서는 "수금되어서 관원에게 항거하고 도주한 자는 유2000리에 처한다. (이로 인해) 사람을 상해한 자는 가역류에 처한다. 사람을 살해한 자는 참형斬刑에 처하고, 종범從犯은 교형絞刑에 처한다"(3306쪽)라고 규정하였다.

명罪名이나 범죄 상황 등을 불문하고 『송형통』은 모두 당률을 답습하여 바꾸지 않았고, 심지어 대다수의 법조法條는 자구字句까지 모두 당률과 같았으며, 그중에서 특히 「범묘사금원죄명조犯廟社禁苑罪名條」・「발총조發冢條」・「절도조竊盜條」・「월도연변관새조越度緣邊關塞條」 등이 그러하였다. (이로써) 『송형통』은 당률이 규정한 가역류 제도의 충실한 계승자였다고 할 수 있다.

『송형통』 중에 가역류에 관한 규정이 있지만, 집행 때는 당률 규정과 차이가 있었다. 이것은 주로 송宋 초에 절장법折杖法[55]을 시행하였기 때문에 장형杖刑으로 사형死刑을 제외한 나머지 네 가지 형벌의 집행을 대체하였고, 가역류는 척장脊杖20[56]으로 환산換算되었다. 즉 『송사・형법지』에서는 "태조는 선양禪讓을 받자 처음으로 절장의 제[折杖之制]를 정하였다. 무릇 유형流刑에는 네 종류가 있는데, 가역류는 척장20으로 하였다"[57]라고 기술하였다. 이처럼 가역류를 범한 자는 재차 (유流)3000리에 처해지고 또 3년을 복역할 필요가 없었다.[58] (그러나) 당률에는 이러한 규정이 없었다.

『대명률大明律』에는 '가역류'라는 글자는 없었지만, 대체代替하는 법은 있었던 듯하다. 대체代替는 유형流刑과 장杖100・3년을 구역拘役[59]하는 법이 병용並用되었다. 예컨대 『명사・형법지』에서는

....

55 【옮긴이 주】: '절장법'은 북송北宋 초 태조太祖(재위 960~976) 건륭建隆 4년(963)에 제정된, 사형死刑 이외의 네 가지 형벌 즉 유형流刑・도형徒刑・장형杖刑・태형笞刑을 다른 형벌로 환산換算・집행하는 규정이다. 『송사宋史』권199, 「형법1」에 있는 절장법에 관한 규정은 다음과 같다. "태조는 선양禪讓을 받자 처음으로 절장의 제[折杖之制]를 정하였다. 무릇 유형에는 네 종류가 있는데, 가역류加役流는 척장脊杖20・배역配役3년, 유流3000리는 척장20, 유2500리는 척장18, 유2000리는 척장17로 하였고, (삼자 모두) 배역은 1년으로 하였다. 무릇 도형에는 다섯 종류가 있는데, 도徒3년은 척장20, 도2년 반은 척장18, 도2년은 척장17, 도1년 반은 척장15, 도1년은 척장13으로 하였다. 무릇 장형에는 다섯 종류가 있는데, 장杖100은 둔장臀杖20, 장90은 둔장18, 장80은 둔장17, 장70은 둔장15, 장60은 둔장13으로 하였다. 무릇 태형에는 다섯 종류가 있는데, 태笞50은 둔장10, 태40과 30은 둔장8, 태20과 10은 둔장7로 하였다"(박영철, 「역주 송사형법지」 『중국사연구』19, 중국사학회, 2002, 361쪽. 송대 절장법에 관한 규정은 [송宋]두의竇儀 등等 찬撰, 오익여吳翊如 점교點校, 『송형통』권1, 「명례율」「오형문五刑門」「유형삼조流刑三條」[3~5쪽] 및 [송宋]이도李燾 찬撰, 『속자치통감장편續資治通鑑長編』[북경北京: 중화서국中華書局, 2008]권4, 「건덕乾德 원년(963) 3월 계유癸酉, 이부상서吏部尚書 장소張昭 등等 상언上言」[87~88쪽]에도 거의 동일한 내용이 있다). 이에 의하면, 절장법은 10에서 100에 이르는 태형・장형을 7에서 20까지의 둔장으로 환산換算하고, 1년에서 3년에 이르는 5등급의 도형을 13에서 20까지의 척장으로 환산하며, 3등급의 유형을 17에서 20까지의 척장과 배역1년(가역류는 척장20・배역3년)으로 환산하는 것이다. 이것이 송대의 정제定制였다. 절장법은 당・송간 형벌체계의 변화를 나타내는 대표적인 제도로 알려져 있다. 송대 절장법을 다룬 논고에는 가와무라 야스시川村康, 임대희 옮김, 「송대 절장법 초고」(임대희 엮음, 『판례로 본 송대사회』[서울: 민속원, 2019])가 있다.

56 【옮긴이 주】: '척장20'은 '척장20・배역配役3년'이다(주 55 참조).

57 【옮긴이 주】: 주 55 참조.

58 【옮긴이 주】: 당률에 규정된 가역류의 형량刑量에 대해서는 주 1 참조.

59 【옮긴이 주】: '구역'은 범죄자에 대해 단기간 신체의 자유를 박탈하여 거주지에 가까운 곳에서 구금拘禁해서

"삼류三流[60]는 모두 장100에 처하고 3년을 구역한다. 구역의 경우, 유인流人은 처음에는 안치安置될 뿐이었으나 현재는 거작居作을 부가附加하는데, 즉 당·송대의 이른바 가역류에 해당한다"[61]라고 기술하였다. 사실 이것은 당률의 가역류와는 주로 두 가지 점에서 차이가 있었다. 첫째, 당률의 가역류는 삼류三流의 범주에 속하지 않았지만, 『대명률』의 규정은 오히려 삼류였고 또 그 이외의 유형도 포함하였다. 둘째, 당률의 가역류는 장杖을 부가할 필요가 없었지만, 『대명률』의 규정은 장을 부가해야 하였다.

당률에서 가역류가 적용된 법조法條 가운데 「월도연변관새조越度緣邊關塞條」·「야무고입인가조夜無故入人家條」·「도훼천존불상조盜毁天尊佛像條」·「사승역마조詐乘驛馬條」 등 몇몇 조목條目을 제외한 대다수는 모두 『대명률』에서 상응하는 내용을 찾을 수 있다. 그 가운데 대부분은 '장杖100·유流3000리'라는 형벌을 사용하였다. 여기에 몇 가지 사례를 열거하면 다음과 같다. 예컨대 『명률·형률刑律』 「유록인조有祿人條」와 「무록인조無祿人條」에서는 모두 관리가 뇌물은 받았지만 왕법하지 않았다면[不枉法贓] 모두 "죄의 최고형은 장100·유3000리이다"라고 규정하였고, 『명률·형률』 「발총조發冢條」에서도 "무릇 무덤[坟冢]을 발굴[發掘]해서 관곽棺槨을 노출시킨 자는 장100·유3000리에 처한다"라고 규정하였다. 『명률·형률』 「절도조竊盜條」에서도 무릇 절도하였다면 "죄의 최고형은 장100·유3000리이다"라고 규정하였다. 그러나 몇몇 조목의 용형用刑을 가역류와 비교하면 가중되기도 하고 감경되기도 한 상황도 있었다. 예컨대 『명률·병률兵律』 「향궁전사전조向宮殿射箭條」에서는 무릇 태묘太廟·태사太社 등을 향해서 탄환을 발사하였거나[放彈] 기왓돌을 투척해서[投磚石] 사람을 상해한 경우에는 모두 '참형斬刑'에 처한다고 규정하였지만, 당률에서는 (가해자가) 사죄에 이른[至死] 경우에야 비로소 가역류에 처한다고 규정하였다.[62] 이처럼 『대명률』의 본 조條의 용형用刑은 당률보다 확실히 가중되었음을 알 수 있다. 그런데 『명률·호율戶律』 「탈루호구조脫漏戶口條」에서는 이장里長이 호구를 탈루한 경우 "죄의 최고형은 장100이고", 현관縣官이 호구를 탈루한 경우 "죄의 최고형은 장80이다"라고 규정하였다. 이와 같이 본 조에서 규정한 양형量刑은 당률[63]보다 확실히 감경되었다. 『대명률』의 관련 규정에서 볼 때, 당률의 가역류가 『대명률』에서는 대부분 장100과 유3000리였기 때문에 (대명률의 경우) 몇몇 조목만이 가역류보다 가중되었을 뿐이었

노동을 강제하는 일종의 형벌이다. 구역의 기한은 1개월에서 6개월까지이고, 여러 죄를 함께 처벌할 때에도 1년을 초과할 수 없었다.
60 【옮긴이 주】: '삼류'는 유2000리·2500리·3000리를 말한다.
61 【옮긴이 주】: 전영진, 「명사 형법지 역주 I」(327쪽).
62 【옮긴이 주】: 주 37 참조.
63 【옮긴이 주】: 주 47 참조.

고, (그 이외는) 대체로 그보다 감경되었다. 『대명률』을 당률과 비교할 때, 이 또한 어떤 측면에서는 확실히 편중된 현상이 존재하였음을 반영한다. 『대청율례大淸律例』는 『대명률』의 제도를 따르고 있다.

가역류의 발생에는 일정한 법제적 원인이 있었는데, 주된 것은 형벌제도였다. 태형·장형·도형·유형·사형의 오형五刑에서 유형과 사형은 형종刑種에서 그 차이는 하나였을 뿐이지만, 사람의 생명과 관련되었기 때문에 다른 형종 간의 차이[64]와 동일하지 않았다. 이 두 가지 형종 사이를 완충시키는 여지를 두기 위해 (판결에 따라) 사망할 수도 사망하지 않을 수도 있는 죄인을 구제할 형명刑名으로서 당 태종唐太宗[65] 때 이미 단우지형斷右趾刑을 사용하였다. 그러나 이 형은 결국 육형肉刑이었기 때문에 비교적 잔혹하여 당 태종 스스로 "그들이 받을 고통을 생각하니 심히 차마 할 수 없다"[66]라고 말할 정도였다. 당唐의 주형主刑은 오형五刑이었는데, 다시 단우지라는 형刑이 추가되어 육형六刑으로 바뀌었고, 게다가 (육형은) 당唐의 형제刑制에는 맞지 않았기 때문에 가역류를 의정議定하여 유형流刑에 편입시켰으며, 또 원래 있었던 사형 범죄를 가역류의 범위에 포함시켰다. 이러한 방식은 원래의 형제에도 영향을 주지 않았고, 또 유형과 사형의 형종의 차이도 완화하여 쌍방이 모두 좋은 결과를 얻게 되었다.

제2절 상청제도上請制度

상청은 신분 등의 원인으로 사법관司法官이 일부 범죄에 대해 판정할 권리는 없고, 오직 죄상罪狀을 파악하고 심리한 의견을 제출해서 황제에게 보고만 할 수 있으며, 황제가 직접 종심판결終審判決을 내리는 것을 가리킨다. 상청제도는 당률 가운데 하나의 중요한 제도로서 특권과 중앙집권 통치의 존재를 집중적으로 반영하였다.

1. 당唐 이전 상청에 관한 규정

중국은 한대漢代에 이미 상청을 시행하였다. 『한서漢書』에는 상청에 관한 기록이 다수 있다. 예컨대 『한서·고제기高帝紀』에는 한 고조漢高祖[67] 7년(전前[68] 200년), 조詔[69]를 내려 "낭중郞中으로서 유

---

64 【옮긴이 주】: '다른 형종 간의 차이'는 '태형과 장형'·'장형과 도형'·'도형과 유형'의 차이를 말한다.
65 【옮긴이 주】: '당 태종'은 당의 제2대 황제(재위 626~649)이다.
66 【옮긴이 주】: 『구당서』권50, 「형법지」(2135쪽).
67 【옮긴이 주】: '한 고조'는 전한의 초대 황제(한왕: 재위 B.C. 206~B.C. 202. 황제: 재위 B.C. 202~B.C. 195)이다.
68 【옮긴이 주】: '전前'은 '공원전公元前'을 말한다.

죄有罪인 경우, 내죄耐罪 이상은 상청上請하라"라고 기술되어 있고, 『한서·선제기宣帝紀』에도 한 선제漢宣帝는 일찍이 조詔를 내려 "관리로서 (봉록이) 600석石인 자는 지위가 (주대周代의) 대부大夫에 상당하므로 유죄有罪인 경우 먼저 상청하라"라고 기록되어 있다. 『한서·평제기平帝紀』에도 한 평제漢平帝는 또 조詔를 내려 "공公·열후列侯의 사자嗣子가 유죄有罪인 경우, 내죄耐罪 이상은 먼저 상청하라"라고 기술되어 있고, 『후한서後漢書·광무기光武紀』에는 동한東漢의 광무제光武帝도 재위 때 조서를 내려 "관리로서 (봉록이) 600석 미만, 아래로 묵완장墨綬長·상相에 이르기까지 유죄有罪인 경우에는 먼저 상청하라"라고 기술되어 있다.

이상 『한서』의 기술을 통해 다음 사항을 알 수 있다. 첫째, 상청은 오직 관리·귀족의 범죄에만 적용하였을 뿐 그 이외의 적용대상은 보이지 않는다는 점이다. 둘째, 상청은 그 적용 범위가 부단히 확대되었다는 점이다. 이것은 또 두 방면으로 볼 수 있다. 한 방면은 적용된 관리의 범위가 확대되어, 먼저 3000석石에 적용되었고, 후에 600석에도 적용되었으며, 마지막으로 600석 이하 등도 모두 적용 범위에 있었다. 또 한 방면은 적용된 범죄의 범위가 확대되어, 먼저 내죄耐罪 이상은 상청할 수 있다고 규정하였고, 후에 또 유죄有罪인 경우에는 모두 상청할 수 있다고 규정하였다. 이것들은 한대漢代의 상청이 일종의 법정특권法定特權이었음을 증명할 뿐만 아니라 이러한 특권이 부단히 확대되어 이후 더 많은 관리·귀족들의 호신부護身符가 되었음을 말해 준다.

한漢의 상청은 형식상 그 이전 법정특권의 발전이었다. 예컨대 『주례周禮·추관秋官·소사구小司寇』에는 이미 "무릇 명부命夫·명부命婦는 직접 옥송獄訟에 출석해도 심문審問을 받지 않는다. 무릇 왕의 동족同族은 유죄有罪인 경우에도 저자에서 형을 집행하지 않는다[不棄市]"라고 한 기록과 "팔벽으로써 방법에 붙인다[以八辟麗邦法]"라고 한 기록이 있다. 이후 적지 않은 지주계급 사상가들

---

69 【옮긴이 주】: '조詔'가 원문에는 '영令'으로 되어 있다(주 70 참조).
70 【옮긴이 주】: 『한서』권1하, 「고제기하」 「(즉위) 7년 춘春」(63쪽).
71 【옮긴이 주】: '한 선제'는 전한의 제10대 황제(재위 B.C. 73~B.C. 48)이다.
72 【옮긴이 주】: 『한서』권8, 「선제기」 「황룡黃龍 원년(B.C. 49) 하하夏 4월」(274쪽).
73 【옮긴이 주】: '한 평제'는 전한의 제14대 황제(재위 B.C. 1~6)이다.
74 【옮긴이 주】: '조詔'가 원문에는 '영令'으로 되어 있다(주 75 참조).
75 【옮긴이 주】: 『한서』권12, 「평제기」 「원시元始 원년(1) 춘春 정월」(349쪽).
76 【옮긴이 주】: '광무제'는 후한의 초대 황제(재위 25~57)이다.
77 【옮긴이 주】: 『후한서』권1상, 「광무제기상光武帝紀上」 「건무建武 3년(27) 추秋 7월 경진庚辰」(35쪽).
78 【옮긴이 주】: 본문에 인용된 자료에는 『후한서』도 있기 때문에 '『한서』' 다음에 '『후한서』'도 부기附記되어야 한다.
79 【옮긴이 주】: '기棄'가 원문에는 '즉卽'으로 되어 있다(주 80 참조).
80 【옮긴이 주】: 이상 『주례주소周禮注疏』(『십삼경주소 상』)권35, 「추관·소사구」(873쪽).

이 힘써 "형에는 등급이 없다[刑無等級]"⁸¹·"법은 귀한 자에게 아첨하지 않는다[法不阿貴]"⁸²라고 주장하였지만, 특권은 불시不時에 법률에 인가되었다. 예컨대 운몽진간雲夢秦簡「법률답문法律答問」에는 귀족의 후손에 대하여 속贖을 사용한 규정이 기술되어 있다. "작위가 없는[無爵] 종실[公室]의 자손이 응당 속형贖刑의 판결을 받아야 하는 경우, 공사公士에 준準해서 속내贖耐로 감면하여 판결할 수 있는가? 공사에 준해서 판결할 수 있다."⁸³ 한대漢代에 이르러 지주계급의 통치는 이미 매우 안정되었고, 중앙집권도 한 단계 더 발전하여 "형은 대부에게까지 올라가지 않는다[刑不上大夫]"⁸⁴라고 하는 말이 통치계급 내부에서 점점 더 강렬해졌다. 상청은 바로 이러한 시기에 법제法制라는 무대에 등장하게 되었다.

위진남북조 시기에는 '팔의八議'가 비교적 많이 사용되어 '팔의'로써 '상청'을 대체하는 형세였기 때문에 각 왕조에서는 '상청'에 관한 규정이 희소하였고, '팔의'의 적용이 상견常見하였다. 예컨대 『구조율고九朝律考』에 기록된 바에 의하면, 「위율고魏律考」·「진률고晉律考」·「후위율고後魏律考」·「북제율고北齊律考」·「후주율고後周律考」 등에는 모두 '팔의'에 관한 실례實例가 있다.⁸⁵

2. 당률의 상청에 관한 규정

당률은 최초로 전면적이고 완벽하게 상청제도를 규정하였는데, 주된 내용은 이하 네 가지 방면을 포괄하고 있다.

첫째, 상청의 적용 범위이다. 당률에 규정된 상청의 적용 범위는 이전에 비해 광범위하였는데,

---

81 【옮긴이 주】: 이 문장은 상앙商鞅 저著, 『상군서商君書』(상해上海: 상해고적출판사上海古籍出版社, 1989) 권4, 「상형賞刑 제17」에서 "'이른바 형을 통일한다[壹刑]'라고 하는 것은 형에는 등급이 없다는 것이다. 재상[卿相]·장군에서부터 대부大夫·서인庶人에 이르기까지 왕령王令에 복종하지 않았거나, 나라의 금령[國禁]을 범하였거나, 군주가 제정한 법령[制]을 문란시킨 때에는 사형에 처하고 사면하지 않는다"(23쪽)라고 한 문장에 보인다.

82 【옮긴이 주】: 이 문장은 『한비자』 권2, 「유도有度 제6」에서 "법은 귀한 자에게 아첨하지 않고, 먹줄은 (모양이) 굽었다고 하여 구부려 사용하지 않는다"(한비자 지음, 김원중 옮김, 『한비자』[서울: 휴머니스트 출판그룹, 2016] 권2, 「제6편 유도」, 107쪽)라고 한 문장에 보인다. 이 문장은 『상군서』「상형 제17」의 문장(주 81 참조)과 함께 '법의 형평성과 공정성을 강조한 말'로 회자되고 있다.

83 【옮긴이 주】: 윤재석 옮김, 『수호지진묘죽간역주』「법률답문」(424쪽).

84 【옮긴이 주】: 『예기정의禮記正義』(『십삼경주소 상』) 권3, 「곡례상曲禮上 제1」에서는 "예는 서인에게까지 내려가지 않고, 형은 대부에게까지 올라가지 않는다[禮不下庶人 刑不上大夫]"(1249쪽)라고 하였다.

85 【옮긴이 주】: 정수덕程樹德, 『구조율고九朝律考』에 수록된 위魏에서 수隋까지 '팔의'에 관한 자료가 나오는 쪽수는 다음과 같다. 위魏는 권2, 「위율고·팔의」(207~208쪽), 진晉은 권3, 「진률고 중中·팔의」(257~258쪽), 북위는 권5, 「후위율고 하下·팔의」(372~373쪽), 북제는 권6, 「북제율고·팔의」(403쪽), 북주는 권7, 「후주율고·팔의」(419쪽), 수는 권8, 「수율고·팔의」(433쪽).

이하 네 가지 유형으로 귀결되었다. 첫 번째 유형은 관료·귀족의 범죄이다. 예컨대 『당률소의·명례』「황태자비조皇太子妃條」에서는 "무릇 황태자비의 대공大功 이상 친족[親], 의議해야 하는 자의 기년복期年服 이상 친족[親] 및 손자[孫], 또는 관작官爵이 5품 이상인 자가 사죄死罪를 범한 때에는 상청上請한다"[86]라고 규정하였다. 두 번째 유형은 죄인이 가련한 상황에 처한 경우이다. 즉 『당률소의·명례』「범사죄응시가무기친성정조犯死罪應侍家無期親成丁條」에서는 "무릇 십악+惡이 아닌 사죄死罪를 범하였지만, 조부모·부모가 연로하거나[老]·질환이 있기[疾][87] 때문에 마땅히 시양侍養해야 하는데 가家에 기친期親의 성정成丁이 없는 경우에는 상청한다"[88]라고 규정하였고,「명례」「노소급질유범조老小及疾有犯條」에서도 "80세 이상·10세 이하 및 독질자[篤疾]가 모반[反]·모대역[逆]·살인을 범하여 사형에 처해야 하는 때에는 상청한다"[89]라고 규정하였다. 세 번째 유형은 위례불위법違禮不違法 행위, 즉 예는 위반하였지만, 법은 위반하지 않은 행위이다. 예컨대「노소급질유범조」「소의」[90]에서는 "부모를 구타한 경우, 소小 및 질자[疾]를 긍휼이 여길 만하지만, 감히 구타한 행위는 곧 (십악 가운데) '악역惡逆'이 된다. 혹 정신이 박약해서[愚癡] 범하였거나 정신 이상[情惡]으로 인해 범한 경우, 율에서는 비록 논죄하지 않지만[勿論], 예禮에 준하면 불효가 된다. 노老·소小·중질인重疾人이 범한 때에는 상청하여 (황제의) 재가를 기다린다[聽裁]"[91]라고 하였다. 네 번째 유형은 고의가 아닌 중대 범죄이다. 예컨대 『당률소의·위금』「난입궁전문급상합조亂入宮殿門及上閤條」에서는 "(상합上閤 내에 난입한 자가) 만약 병장기[仗]를 소지하였거나 어재소御在所에 이른 자는 각각 참형斬刑에 처한다. 길을 잃고 잘못 들어간[迷誤] 자는 상청한다"[92]라고 규정하였고,「궁전작파불출조宮殿作罷

---

86 【옮긴이 주】: 『역주율소 - 명례편 -』「명례9」(제9조)「황태자비조(청장請章)」, 138~139쪽. 본 조의 전체 규정은 제5장 주 58 참조.
87 【옮긴이 주】: 『역주율소 - 명례편 -』「명례20」(제20조)「면소거관조」「소의」에서는 "노老는 80세 이상을, 질疾은 독질篤疾을 말한다"(186쪽)라고 하였다.
88 【옮긴이 주】: 『역주율소 - 명례편 -』「명례26」(제26조)「범사죄응시가무기친성정조」, 212쪽. 이어지는 규정은 다음과 같다. "유죄流罪를 범한 때에는 임시로 머물러 존친을 봉양하게 하지만, 사면의 법례[赦例]를 적용하지 않으며, 과조課調는 이전의 규정에 의거한다[依舊]. 만약 가家에 진정進丁된 자가 생겼거나, 존친尊親이 사망한 후 1년[期年]이 경과한 때에는 유배를 집행한다. 행정行程을 계산하는 경우와 사면을 만난 경우에는 상례常例에 따른다. 만약 유배지에 도착하여 응당 시양해야 한다면, 거작居作해야 하는 경우에도 존친이 사망하고 1년이 경과한 후에 거작하는 것을 허용한다."(213~216쪽)
89 【옮긴이 주】: 『역주율소 - 명례편 -』「명례30」(제30조)「노소급질유범조」, 236쪽.
90 【옮긴이 주】: '「소의」'는 '「답」'의 오기이다(주 91 참조).
91 【옮긴이 주】: 『역주율소 - 명례편 -』「명례30」(제30조)「노소급질유범조」「답」, 239쪽. 이 문장은 "이미 '사람을 상해한 때에는 속동을 징수한다[收贖]'라고 하였으니, 곧 상해하지 않은 자는 무죄인 것 같습니다. 만약 타인他人의 부곡이나 노비를 구살毆殺하였거나 자기 부모를 구타하였으나 상해하지 않은 때에는 어떻게 과단科斷해야 합니까?"(238쪽)라는「문」에 대한「답」의 일부이다.
92 【옮긴이 주】: 『역주율소 - 각칙(상) -』「위금2」(제59조)「난입궁문조亂入宮門條」에서는 "궁문에 난입한 자는

不出條」에서도 "궁宮·전殿 내에서 작업을 마치고 나가지 않은 자"가 "(무리가 나가는 것을) 자각하지 못하였거나[不覺] 길을 잃고 잘못 들어간[迷誤] 자는 상청한다"[93]라고 규정하였다. 『당률소의·투송』「무고모반대역조誣告謀反大逆條」에서도 "무릇 모반謀反 및 대역大逆을 무고誣告한 자는 참형斬刑에 처하고, 종범은 교형絞刑에 처한다. 만약 사건의 정황을 살피지 않아서 (무고하였는데) 정상情狀을 조사하여[原情] 무고가 아닌 경우에는 상청한다"[94]라고 규정하였다.

둘째, 상청의 절차이다. 상청에는 특정 절차가 있었는데, 사안을 심리한 사법관이 먼저 범죄자의 범죄 정황·적용할 형벌과 상청해야 할 이유를 명확하게 기록한 연후에 직접 황제에게 상주上奏하여 그 재정裁定에 맡겼다. 이 일련의 과정에 대하여 『당률소의·명례』「황태자비조皇太子妃條」[95] 및 그 「소의」에서는 다음과 같이 규정하였다. "'청請'은 그 범죄 행위와 청장請章을 적용할 자격[狀]을 조목별條目別로 기록하고, (즉시) 그 형량과 죄명을 정하여 별도로 주청奏請하는 것을 말하고"[96], "'그 범죄 행위를 조목별로 기록한다'라는 것은 청請하는 자격이 있는 사람의 범죄 행위가 사죄死罪에 해당됨을 기록하는 것을 말하며", "'그 형량과 죄명을 정한다'라는 것은 청하는 자격이 있는 사람의 범죄 행위를 율에 준準하여 교형絞刑에 해당하거나 참형斬刑에 해당한다고 기록하는 것을 말하고", "'별도로 주청한다'라는 것은 문하성門下省을 거치지 않고 별도로 기록하여 주청해서 (황제의) 칙勅을 기다린다는 것이다."[97] 그러나 개별 조항의 상청 절차는 이상의 절차와는 달랐는데,

---

도徒2년에 처한다. 전문殿門은 도2년반에 처한다. 병장기[仗]를 소지한 자는 각각 2등을 가중한다. 상합 내에 난입한 자는 교형絞刑에 처한다. 만약 병장기를 소지하였거나 어재소에 이른 자는 참형斬刑에 처한다. 길을 잃고 잘못 들어간 자는 상청한다"(2021~2025쪽)라고 규정하였다.

93 【옮긴이 주】: 이상의 규정은 『역주율소 - 각칙(상) - 』「위금8」(제65조)「궁전작파불출조」, 2037~2038쪽. 본 조의 전체 규정은 다음과 같다. "무릇 궁·전 내에서 작업을 마치고 나가지 않은 경우, 궁 내는 도徒1년에 처하고, 전 내는 도2년에 처하며, 어재소는 교형絞刑에 처한다. (무리가 나가는 것을) 자각하지 못하였거나 길을 잃고 잘못 들어간 자는 상청한다. 장령주사將領主司가 안[知] 때에는 같은 죄로 처벌하고[與同罪], 알지 못한[不知] 때에는 각각 1등을 감경한다. 만약 벽장闢杖하는 지역 내에 과오로 병장기를 남긴[遺] 자는 장杖100에 처한다"(2037~2039쪽).
94 【옮긴이 주】: 『역주율소 - 각칙(하) - 』「투송40」(제341조)「무고모반대역조」, 3102쪽. 본 조 「소의」에서는 "'모반謀反 및 대역大逆을 무고한 자'는 (모)반 및 (대)역이 아닌 것을 알면서도 고의로 무고한 자를 말한다. ……'만약 사건의 정황을 살피지 않은 경우'는 혹 별도의 칙勅을 받들어 열병閱兵하거나 혹은 종묘宗廟를 수리하려고 열병하는 것을 보고 이것을 (모)반하려는 것이라고 의심한 경우, 종묘를 수리하는 것을 보고 대역大逆하는 것이라고 의심한 경우 등을 말한다. 본래의 정상이 처음부터 무고가 아닌 경우에는 정상을 갖추어 상청하고 칙勅에 따른다. 또한 모대역謀大逆·모반謀叛을 고발하였는데 살피지 않은 경우에도 또한 상청해야 하므로 '역시 이와 같다[如之]'라고 하였다"(3102쪽)라고 해석하였다.
95 【옮긴이 주】: '황태자비조' 다음에 '주'가 있어야 한다(주 96 참조).
96 【옮긴이 주】: 『역주율소 - 명례편 - 』「명례9」(제9조)「황태자비조(청장請章)」「주」, 140쪽.
97 【옮긴이 주】: 이상 『역주율소 - 명례편-』「명례9」「황태자비조(청장)」「주·소의」, 140쪽.

즉 "형부에 보고하는[申刑部]" 과정이 그러하였다. 예컨대 『당률소의·명례』 「범사죄응시가무기친성정조犯死罪應侍家無期親成丁條」 「소의」에서는 "영令[98]에 의거해서 마땅히 시양侍養해야 하는데, 호戶내에 기친期親으로서 나이 11[+99]一세 이상·59세 이하인 자가 없는 경우에는 모두 형부刑部에 보고하고 내용을 구비해서 상청上請하여 칙敕을 기다려 처분한다"[100]라고 하였다.

셋째, 상청을 적용하지 않는 제한이다. 당률의 상청은 일종의 적용되는 조건이 있는 제도로서, 대부분 상황에서는 효력이 없었고, 또 조목條目이 다른 경우에도 상이相異한 제한 조건이 있었다. 예컨대 『당률소의·명례』 「황태비조皇太妃條」[101]에서 "십악十惡을 범하였거나, 모반謀反·대역大逆에 연좌되었거나[反逆緣坐], 살인하였거나, 감수監守하는 구역 내에서 간姦·도盜·약인略人·수재왕법受財枉法[102]을 범한 자는 이 율을 적용하지 않는다[不用此律]"[103]라고 규정한 것은 상청을 적용하지 않은 규정이다. 또 「명례」 「범사죄응시가무기친성정조犯死罪應侍家無期親成丁條」 「소의」에서 "만약 증曾·현손玄孫이 여러 명[數名] 있는데, 그중 한 명이 사죄死罪를 범한 경우에는 상청하지 못한다"[104]라고 해석한 것도 율에 따라 처벌하고, 또한 상청을 적용하지 않은 규정이다.

넷째, 상청을 확정하는 이유이다. 당률의 제정자는, 상청의 확정과 그 적용에는 일정한 이유가 있기 때문에, 그 이유에 대해 모두 관련 조항의 「소의」에서 설명하였다. 예컨대 『당률소의·명례』 「노소급질유범조老小及疾有犯條」 「소의」에서는 노老·소小 및 독질자篤疾者가 모반謀反·모대역謀大逆·살인을 범한 때에는 사형에 처해야 하지만, 상청하는 이유에 대하여 노·소 및 독질자는 '삼사三赦'의 법을 집행하고, "사면할 수 없는 경우에는 나이가 (80세 이상의) 노老나 (10세 이하의) 소小라고 하더라도 (죄의) 정상情狀으로 보아 사면하기 어렵다. 그러므로 모반謀反·모대역謀大逆 및 살인을 범하여 율에 준準해서 사죄死罪를 받아야 하는 자는 사법관[曹司]이 판결하지 않고 상청하는 식式에 의거해서 상주上奏하여 칙재敕裁를 기다려야 한다"[105]라고 설명하였다. 또 『당률소의·위금』 「궁전작파불출조宮殿作罷不出條」 「소의」에서도 (무리가 나가는 것을) 자각하지 못하였거나 길을 잃고 착오로[迷

---

98 【옮긴이 주】: '영'은 니이다 노보루仁井田陞, 『당령습유唐令拾遺』 「호령戶令 12조」(231쪽) 참조.
99 【옮긴이 주】: '십十'은 '이십二十'의 오기이다(주 100 참조).
100 【옮긴이 주】: 『역주율소 - 명례편 -』 「명례26」(제26조) 「범사죄응시가무기친성정조」 「소의」, 213쪽. 본 「소의」는 "무릇 십악十惡이 아닌 사죄死罪를 범하였지만, 조부모·부모가 연로하거나[老]·질환이 있기[疾] 때문에 시양해야 하는데 가家에 기친期親의 성정成丁이 없는 경우에는 상청上請한다"(212쪽)라는 조문에 대한 해석의 일부이다.
101 【옮긴이 주】: '「황태비조皇太妃條」'는 '「황태자비조皇太子妃條」'의 오기이다(주 103 참조).
102 【옮긴이 주】: '수재왕법'에 대해서는 제1장 주 117 참조.
103 【옮긴이 주】: 『역주율소 - 명례편 -』 「명례9」(제9조) 「황태자비조(청장)」, 141쪽.
104 【옮긴이 주】: 『역주율소 - 명례편 -』 「명례26」(제26조) 「범사죄응시가무기친성정조」 「소의」, 213쪽.
105 【옮긴이 주】: 『역주율소 - 명례편 -』 「명례30」(제30조) 「노소급질유범조」 「소의」, 236쪽.

調] 궁宮·전殿 내에서 작업을 마치고 나가지 않은 자에게 상청을 적용하는 이유에 대하여 다음과 같이 해석하였다. "영작營作하는 곳이나 건물[院宇]이 혹은 달라서 무리가 나가는 것[衆出]을 자각하지 못하였거나[不覺] 혹은 길을 잃고 착오로 다른 문으로 향한 자는 고의로 나가지 않은 것이 아니므로 모두 상청할 수 있다."[106]

이전의 상청에 관한 규정과 비교하면, 당률에서는 그 적용 범위를 매우 확대시켰을 뿐만 아니라 가련한 상황에 처한 범죄, 위례불위법違禮不違法 행위, 즉 예는 위반하였지만, 법은 위반하지 않은 행위, 고의가 아닌 중대 범죄 등도 상청의 범위에 포함하였고, 상청의 절차·제한 등에 대하여도 상세하고 규범적인 규정을 시행하였으며, 심지어 이러한 상청의 이유에 대해서도 학리해석學理解釋[107]을 가하였다. 이러한 점들은 실로 세상에서 유일무이한 것이었다고 할 수 있다.

3. 당 이후 상청제도의 계승·변화

『송형통宋刑統』은 당률의 상청에 관한 모든 내용을 답습하였기 때문에 절대다수의 법조法條는 모두 한 글자[一字]도 빠짐없이 재현하였고, 오직 개별적인 조항의 극히 중요하지 않은 글자[字]·단어[詞]만 변동되었을 뿐이다. 예컨대 『송형통·위금률』「난입묘사궁전문闌入廟社宮殿門」에서는 "만약 병장기를 소지하였거나 어재소에 이른 자는 참형에 처한다[若持仗乃至御所者斬][108]"라고 규정하였고, 「주」에서 말하기를[注云] "길을 잃고 잘못 들어간[迷誤] 자는 상청上請한다"[109]라고 하였는데,

...

106 【옮긴이 주】: 『역주율소 – 각칙(상) – 』「위금8」(제65조)「궁전작파불출조」「소의」, 2038쪽. 궁·전 내에서 작업을 마치고 나가지 않은 행위에 대한 처벌규정은 주 93 참조. 당대唐代 관원官員 및 재물財物·기구[器]·용품[用] 등의 궁문·전문 등을 통해 출입할 때의 수속에 대해서는 김택민 주편, 『역주당육전 하』권25, 「제위부諸衛府·좌우감문위左右監門衛」에서 "무릇 경사의 관원[京司]이 문적[籍]을 가지고 궁문과 전문에 들어가는 때에는 모두 본사本司에서 관작官爵과 성명을 갖추어 해당 문사[門]에 이첩하고, 만약 유외관流外官과 승각색承脚色의 경우에는 모두 그 나이[年紀]와 얼굴 모습[顔狀]을 (문적에) 갖춘다. 해당 문사門司는 감문監門에게 보내 본인인 것을 확인한 후에 들어가는 것을 허락한다. 무릇 재물·기구[器]·용품[用]을 궁에 들여야 하는 때에는 들이는 자의 적방[籍傍]으로 좌감문장군左監門將軍의 판정을 취하고 (해당) 문사가 검사한 뒤 그것을 들인다. 궁에서 내어야 하는 때에는 역시 내가는 자의 적방으로 우감문장군右監門將軍의 판정을 취하고 (해당) 문사가 검사한 뒤 그것을 내보낸다. …… 무릇 궁문과 전문 및 성문은 모두 왼쪽으로 들어가고 오른쪽으로 나온다. 그런데 감문의 관원[官司]이 검교檢校하는 경우에는 편문便門으로 출입하는 것을 허락한다"(224~225쪽)라고 한 규정이 참고가 된다.

107 【옮긴이 주】: '학리해석'은 학리해석학자의 학설로서, 학리적인 관점에서 하는 지적知的인 법의 해석을 말한다.

108 【옮긴이 주】: "약시장내지어소자참若持仗乃至御所者斬"에서 '내乃'는 '급及'의 오기이고, '어御'와 '소所'의 사이에는 '재在'가 빠져 있다(주 109 참조).

109 【옮긴이 주】: 이상 [송宋]두의竇儀 등等 찬撰, 오익여吳翊如 점교點校, 『송형통』권7, 「위금률」「난입묘사궁전문」「난입궁문조闌入宮門條」(117쪽).

당률의 규정에는 '주운注云' 두 자字만 없을 뿐이었고, 그 나머지는 모두 동일하였다. 이로써 『송형통』은 당률 가운데 상청에 관한 규정을 그대로 모방하였음을 알 수 있다.

『대명률大明律』은 『송형통』과 달리 당률 중의 상청제도를 대폭 변경하였는데, 주로 아래의 여러 방면에 반영되었다.

우선, 『대명률』은 '상청'이라는 단어를 계속 사용하고는 있지만, "황제의 재결을 청한다[取自上裁]", "주문하여 성지를 청한다[奏聞請旨]" 등을 대량 사용해서 그것을 대체하였고, 게다가 당률에서 사용한 상청의 절차도 두 종류로 나누었다. 하나는 직접 황제에게 보고하여 그 정탈定奪, 즉 재결에 맡겼다는 점이다. 예컨대 『명률·명례율』「직관유범조職官有犯條」에서는 "무릇 경관京官 및 지방관[在外]의 5품 이상 관인官人이 죄를 범한 때에는 주문하여 성지를 청하고[奏聞請旨] 함부로 심문하는 것[擅問]을 허용하지 않는다"라고 규정하였다. 이것은 당률의 규정과 유사하였다. 또 하나는 상주上奏하기 전에 의議에 해당하는 가의 여부를 조사하는 과정이 있었다는 점이다. 예컨대, 『명률·명례율』「노소폐질수속조老小癈疾收贖條」에서는 "80세 이상·10세 이하 및 독질자篤疾者가 반역反逆·살인을 범하여 사형에 처해야 하는 경우에는 의議에 해당하는 가의 여부를 조사해서[議擬] 주문奏聞하고 황제의 재결을 청한다[取自上裁]"라고 규정하였다. 이 과정은 『대명률』의 '팔의八議'에 관한 규정에 매우 근접한 듯하지만, '팔의'의 범위에는 속하지 않았다. 예컨대 『대명률·명례율』「응의자범죄조應議者犯罪條」에서는 무릇 팔의에 해당하는 자[八議者]가 죄를 범한 경우에는 "범죄 행위와 의의할 수 있는 정상[狀]을 자세히 기록하여[開具] 먼저 의의할 자격을 주청奏請하며, (해당하는) 의를 정해서[議定] 주문奏聞하고 황제의 재결을 청한다[取自上裁]"라고 규정하였다.

그다음, 당률의 몇몇 조목條目과 비교하면, 『대명률』에는 엄격하기도 하고 관대하기도 한 상황이 있었다. 예컨대 『대명률·명례율』「범죄존류양친조犯罪存留養親條」에서 "무릇 사죄死罪를 범하였으나 일반사면으로 사면되지 않는 범죄[常赦所不原][110]에 해당되지 않은 자가 조부모·부모가 연로

---

110 【옮긴이 주】: '상사소불원常赦所不原'은 '일반사면으로 사면되지 않는 범죄'를 가리킨다. 여기에 해당하는 범죄의 종류에 대하여 『대명률집해부례大明律集解附例』「명례」「상사소불원조常赦所不原條」에서는 "무릇 십악十惡·살인, 관청재물[官財物]의 절도竊盜 및 강도强盜, 절도·방화放火·발총發冢, 왕법장枉法贓·불왕법장不枉法贓, 사위詐僞·범간犯姦, 약인略人·약매略賣, 인구人口의 화유和誘 또는 간당姦黨, 참언讒言과 간계[左使]에 의한 살인, 사람의 죄에 대한 고의증감[故出入], 또는 실정을 알고[知情] 고종故縱한 행위, 은닉·도피[引送]·청탁·뇌물의 전달 등은 모두 진범眞犯이 사면령이 내렸더라도[會赦] 결코 사면하지 않는다[不原]. 그러나 죄를 과오로 범하였거나 타인의 죄에 연루되어 죄에 처해졌거나 관리가 공죄公罪를 범한 경우에는 모두 사령赦令에 따라 사면한다. 사면 문서에 임시로 죄명을 정하여 특별사면하였거나 감경·강등하여 경형輕刑으로 한 경우에는 이 규정에 포함되지 않는다"라고 하여, 십악에서 뇌물의 전달까지 20여 가지를 열거하고 있다. 『대명률』의 '상사소불원'에 관한 규정은 당률의 '상사소불면常赦所不免'에 근거를 두고 있다. 즉 『역주율소-각칙(하)-』「단옥20」(제488조)「사전단죄부당조赦前斷罪不當條」에서

하거나[老]·질환이 있기[疾] 때문에 마땅히 시양侍養해야 하는데 가家에 다른 성정[次成丁]이 없는 경우, 범한 죄명을 자세히 기록하여[開具] 주문奏聞하고 황제의 재결을 청한다[取自上裁]"라고 한 규정을 당률의 「범사죄응시가무기친성정조犯死罪應侍家無期親成丁條」[111]의 규정과 비교하면, 죄명의 적용 방면에서 『대명률』은 당률보다 엄격하였다. 왜냐하면, 전자는 '일반사면으로 사면되지 않는 범죄[常赦所不原]'였지만, 후자는 '십악十惡'이었기 때문이다. (그러나) 적용 주체 방면에서 『대명률』은 당률보다 관대하였다. 왜냐하면, 전자는 기친期親 및 친속親 등을 한정하지 않았지만, 후자는 명확하게 "가家에 기친期親의 성정成丁이 없는 경우"로 규정하였기 때문이다. 따라서 청대의 학자 설윤승薛允升[112]은 『당명률합편唐明律合編·명례』「범죄존류양친조犯罪存留養親條」에 대해 "(범인을) 머물러 존친을 봉양하게 한 것[存留養親]은 본래 범인의 존친이 노쇠하고 의지할 곳이 없음을 가련히 여긴 것이지 결코 범인의 정황으로 관대하게 용서[寬恕]할 수 있음을 말한 것은 아니다. 당률은 '십악이 아닌 사죄死罪를 범한 경우'라고 하였지만, 명률은 '일반사면으로 사면되지 않는 범죄[常赦所不原]'로 변경하였기 때문에 당률보다 엄격해졌다. 당률은 (십악이 아닌) 사죄死罪를 범하였지만, 마땅히 시양侍養해야 하는데 가에 기친의 성정이 없는 때에는 바야흐로 상청을 준용準用하였고, 유죄流罪를 범한 때에는 임시로 머물러 존친을 봉양하게 하였지만[權留養親] 여전히 반드시 유배시켰기 때문에 정리情理와 법리法理가 자연히 연결되고 어긋나지 않았다. 명률은 '기친' 및 '친종親終' 등의 말을 삭제하였기 때문에 또 비교적 당률보다 관대해졌다"[113]라고 논평하였다. 이 말은 확실히 일리가 있다.

    마지막으로, 이외에 당률에서 상청을 적용하는 몇몇 조목은 『대명률』에서 삭제된 것도 있고, 상응하는 조문이 있으나 재차 상청을 사용하지 않은 것도 있다. 예컨대 『대명률』에는 이미 당률 가운데 「무고모반대역조誣告謀反大逆條」가 없고 상응하는 내용도 없기 때문에 상청은 자연히 존재

는 "일반사면으로 사면되지 않는 범죄[常赦所不免]인 경우에는 일반율[常律]에 의거한다"라고 규정하였고, '일반사면으로 사면되지 않는 범죄[상사소불면]'에 해당하는 죄를 범한 자에 대한 처리는 본 조 「주」에서 "'일반사면으로 면제되지 않는 범죄'라는 것은 사면령이 내렸더라도[會赦] 그대로 사형死刑 및 유형流刑에 처하거나, 또는 제명除名·면소거관免所居官 및 이향移鄕하는 것을 말한다"(이상 3363쪽)라고 하였다. '상사소불면'에 해당하는 범죄의 종류에 대해서는 『역주율소 - 명례편 - 』「명례18」(제18조)「제명조제名條」, 『역주율소 - 각칙(상) - 』「적도15」(제262조)「조축고독조造畜蠱毒造」·「적도18」(제265조)「살인이향조殺人移鄕條」, 『역주율소 - 각칙(하) - 』「단옥21」(제489조)「문지은사고범조聞知恩赦故犯條」 참조.

111 【옮긴이 주】: 『역주율소 - 명례편 - 』「명례26」(제26조)「범사죄응시가무기친성정조」의 규정은 주 88·100 참조.

112 【옮긴이 주】: '설윤승'의 생몰 연대는 1820~1901년이다.

113 【옮긴이 주】: [청淸]설윤승薛允升 찬찬撰, 회효봉懷效鋒·이명李鳴 점교點校, 『당명률합편唐明律合編』권3, 「명률明律권1지三一之三」「범죄존류양친조犯罪存留養親條」(38~39쪽).

하지 않았다. 또 『대명률』에는 '궁·전에서 작업을 마치고 나가지 않은 행위[宮殿造作罷不出]'와 '궁·전문에 난입한 행위[宮殿"擅入]'에 관한 규정은 있지만, 모두 당률에서 규정한 '길을 잃고 잘못 들어간 행위[迷誤]'·(무리가 나가는 것을) '자각하지 못한 행위[不覺]'라는 정황이 없었기 때문에 상청도 존재하지 않았다. 이로써 당률의 상청에 관한 규정과 비교하면, 『대명률』은 적용 범위가 축소되었을 뿐만 아니라 엄격하기도 하고 관대하기도 하는 등 일정하지 않은 현상도 있었기 때문에 『대명률』과 당률의 전체적인 내용은 대체로 부합하였음을 알 수 있다.

『대청율례』 가운데 상청에 관한 규정은 『대명률』과 동일하였기 때문에 단지 그 복제품이었을 뿐이다.

4. 상청제도의 실질

상청제도는 중앙집권제가 법제에 직접 구현된 것이었다. 중국 고대의 중앙집권제도에서 황제는 최고 사법권을 가지고 신민臣民의 생사生死를 결정하였는데, 상청은 바로 그 가운데 하나의 반영이었다. 황제는 상청을 통해 직접 사법司法을 장악하여 자기의 의지와 욕망에 따라 관료·귀족의 생살과 여러 특수 안건의 정탈定奪, 즉 재결을 결정하였다. 집권集權은 상청제도에 철저히 반영되었다. 이뿐만 아니라 상청제도는 중앙집권제도의 발전에 따라 변화하기도 하였다. 사적史籍의 기록에 의하면, 이 제도가 명확히 규정된 것은 한대漢代, 즉 중앙집권제도가 견고堅固해진 시기였고, 이 제도가 완정完整하게 규정된 것은 당대唐代, 즉 중앙집권제도가 한 단계 더 발전한 시기였다. 명·청에 이르러 이 제도는 적용 범위에서 다소 축소된 듯하지만, 회심제도會審制度가 충분히 발전하여 회심과 상청上請이 병행되었기 때문에 이 시기의 중앙집권제도도 발전하여 이미 최고의 단계에 이르렀다. 이로써 상청제도는 중앙집권제도의 부단한 강화와 동시에 발전하였음을 알 수 있다. 이 밖에도 상청제도는 중앙집권통치를 위해 견마지로犬馬之勞를 다하였다. 상청은 황제의 사법권에 대한 통제를 합법화해서 당당하게 이것을 이용하였고, 자유롭게 법률이라는 무기를 휘두를 수 있었다. 동시에 (상청은) 이러한 통제를 구체화하여 집권을 실현하는 존재이기도 하였다. 이상 서술한 바를 종합하면, 상청제도는 본질적으로 중앙집권통치를 위한 법제적 산물이었고, 또 이러한 통치를 유지·보호하는 도구이기도 하였다.

상청제도는 또 대량적·항상적으로 특권에 대한 유지·보호를 반영하였다. 이것은 다시 아래의 두 가지 방면으로 나눌 수 있다. 첫째, 상청은 일부 특수 안건에도 적용되었지만, 대량적·항상적으로 관료·귀족의 범죄에 적용되었다는 것이다. 한대漢代의 상청은 문호門戶가 관료·귀족에게만 개방되어 있었다. 당唐 및 이후 각 왕조의 규정도 당연히 비교적 관품과 지위가 높은 사람을 상청의 범위 내에 포함시켰고, 일반 백성은 특수한 상황이 아니면 포함될 수 없었다. 둘째, 상청은 고관高官·귀족만이 향유하게 하였다는 것이다. 즉 상청은 모든 관료가 향유할 수 없었고, 특정 범위가 있었다. 당연히 상청할 수 있는 사람의 지위와 특권은 모두 '팔의자八議者'의 그것에는 미치지 못하였는데, 이것은 비교를 통해 알 수 있다. 예컨대 당률의 규정에 의하면, '팔의'는 주로 3품 이상 직사관職事官 및 황친皇親·외척이 적용을 받았지만,[114] 상청은 주로 4·5품[115]의 직사관과 태자비太子妃의 대공大功 이상 친족[親]이 향유하였다.[116] 또 '팔의'의 경우 적용되지 않는 조건은 단지 '십악十惡' 뿐이었지만,[117] 상청의 경우에는 '십악' 이외에 모반謀反·대역大逆에 대한 연좌[反逆緣坐]·살인·감수監守하는 구역 내에서의 간姦 등도 포괄하였다.[118] 이것은 상청 규정의 특권이 '팔의'에 크게 미치지 못하였음을 말해줄 뿐 아니라 동시에 특권도 관료·귀족의 지위의 고하에 따라 동등하지 않고, 높은 자가 많이 누렸고 낮은 자는 적었다는 것을 말해 준다.

마지막으로 보충해야 하는 것은 광의적인 측면에서 보면 '팔의'도 일종의 상청이었다는 점이다. '팔의'와 상청은 모두 황제에 의해 최종 결정되었기 때문에 본질 면에서 차이가 없다. 따라서 당률에서 '팔의'를 '상청'이라 칭한 곳도 있다. 예컨대 『당률소의·명례』 「팔의자조八議者條」 「소의」에서 팔의에 해당하는 자가 "십악을 범한 경우에는 이 율을 적용하지 않는다[不用此律]"[119]라는 조문을 해석하였을 때, "십악을 범한 경우에는 사죄死罪도 상청할 수 없고, 유죄流罪 이하도 죄를 감경할 수 없기 때문에 '이 율을 적용하지 않는다'라고 한 것이다"[120]라고 하였는데, 이 문구 중의 '상청'은 바로 의議를 가리킨다.

제3절 반좌제도反坐制度

당률 중의 반좌제도도 주목할 만한 제도 가운데 하나이다.

---

114 【옮긴이 주】: 『역주율소 - 명례편 - 』「명례7」(제7조)「팔의조八議條」와 그 「주」에서는 '의議'의 자격요건을 규정하고 있는데, 그중 의친議親에 대해서는 "황제의 단면袒免 이상 친족[親] 및 태황태후·황태후의 시마緦麻 이상 친족[親], 황후의 소공小功 이상 친족[親]을 말한다"(132쪽)라고 하였고, '의귀'에 대해서는 "직사관 3품 이상, 산관散官 2품 이상 및 작爵 1품인 자를 말한다"(134쪽)라고 하였다.
115 【옮긴이 주】: '4·5품'은 '5품 이상'이 정문正文이다(주 86 참조).
116 【옮긴이 주】: 주 86 참조.
117 【옮긴이 주】: 『역주율소 - 명례편 - 』「명례8」(제8조)「팔의자조八議者條(의장議章)」에서는 "무릇 팔의에 해당하는 자가 사죄死罪를 범한 경우 …… 유죄流罪 이하는 1등을 감경한다. 그러나 십악을 범한 경우에는 이 율을 적용하지 않는다[不用此律]"(137~138쪽)라고 규정하였다.
118 【옮긴이 주】: 주 103 참조.
119 【옮긴이 주】: 주 117 참조.
120 【옮긴이 주】: 『역주율소 - 명례편 - 』「명례8」(제8조)「팔의자조(의장)」「소의」, 138쪽.

1. 당唐 이전 반좌에 관한 규정과 실례實例

중국은 일찍이 서주西周 시기에 이미 반좌가 있었다. 예컨대 『상서尙書·여형呂刑』에서는 "다섯 가지 과실의 병폐[五過之疵]는 유관惟官·유반惟反·유내惟內·유화惟貨·유래惟來이고, 그 죄는 균등하게 해야만 하니[其罪惟均], 잘 살펴서 그렇게 하도록 하라"[121]라고 기록하였는데, 그중 "그 죄는 균등하게 해야만 한다"라는 말은 범한 죄와 동일하게 처벌하는 것을 가리키며, 반좌의 뜻을 가지고 있다. 진대秦代에도 반좌를 계속 사용하였는데, 주로 무고죄誣告罪에 적용하였다. 예컨대 「법률답문法律答問」에서는 "응당 경위성단黥爲城旦으로 처벌 받아야 하는 사람이 완위성단完爲城旦의 죄목으로 타인을 무고한 경우, 어떻게 논죄하는가? 응당 경의형黥劓刑으로 논죄한다"[122]라고 하였다. 한대漢代에도 반좌에 관한 기록이 있다. 즉 『후한서·팽성정왕공전彭城靖王恭傳』에 의하면, 동한東漢 안제安帝[123] 때 팽성정왕[124]이 (어떤 사건으로) 격노해서 아들[子]을 질책하여 그를 자살하게 만들었다.[125] "상相[126] 조목趙牧[127]은 (사건의 정황을) 문서로 아뢰면서[狀曰] (유)공劉恭이 조묘祖廟 제사[祠][128]에서 악언惡言을 하였기 때문에 대역부도大逆不道하다고 무주誣奏하였고, 담당 관리[有司]는 (유공을) 주살誅殺할 것을 주청奏請하였다. (유)공도 상서해서 스스로 소송을 제기하였다[恭王[129]上書自訟]."[130] 안제는[131] "어사대부御史大夫[132] 관구검毌丘儉[133]을 보내어 그 사실을 다시 심문하게[案][134] 하였고, 증거가

---

121 【옮긴이 주】: 『상서정의尙書正義』(『십삼경주소 상』권19, 「여형 제29」(249쪽). 다섯 가지 과실의 병폐 중 '유관'은 권세의 힘을 빌려 위법한 관리를 비호하는 것이고, '유반'은 직권을 이용해서 사사로운 은원恩怨 관계에 따라 보복하는 것이며, '유내'는 인친姻親 관계를 이용해서 사건의 심리 과정에서 내용을 견제·왜곡하는 것이고, '유화'는 사기·공갈해서 증뢰贈賂·수뢰하는 것이며, '유래'는 청탁을 받아 뇌물을 받고 법을 침해하는 것이다. 이 다섯 가지는 통상 오과죄五過罪로 불리며, 서주西周 시대 위법을 행한 법관法官에 대한 구체적인 징벌 규정으로 알려져 있다(장진번 주편, 한기종 외 옮김, 『중국법제사』[서울: 소나무, 2006], 90쪽).
122 『수호지진묘죽간睡虎地秦墓竹簡』, 문물출판사文物出版社, 1978년판年版, 203쪽 참조.
【옮긴이 주】: 윤재석 옮김, 『수호지진묘죽간역주』「법률답문」(375쪽).
123 【옮긴이 주】: '안제'는 후한의 제6대 황제(재위 106~125년)이다.
124 【옮긴이 주】: '팽성정왕'의 생몰 연대는 ?~117년이다.
125 【옮긴이 주】: "안제 때~자살하게 만들었다"가 『후한서』권50, 「효명팔왕전孝明八王傳·팽성정왕공전」에는 "(안제) 원초元初 3년(116), (유)공劉恭이 어떤 사건으로 격노해서 아들[子] 포酺를 질책하였기 때문에 포가 자살하였다"(1671쪽)로 되어 있다.
126 【옮긴이 주】: '상相' 앞에 '국國'이 있다(주 130 참조).
127 【옮긴이 주】: '조목'의 생몰 연대는 미상이다.
128 【옮긴이 주】: '사祠' 다음에 '사祀'가 있다(주 130 참조).
129 【옮긴이 주】: '왕王'은 연자衍字이다(주 130 참조).
130 【옮긴이 주】: 『후한서』권50, 「효명팔왕전·팽성정왕공전」(1671쪽).
131 【옮긴이 주】: '안제는'은 인용문에 포함되어야 한다(주 136 참조).
132 【옮긴이 주】: '어사대부'는 '어사御史'의 오기이다(주 136 참조).

없었기[無徵] 때문에 조목은 반좌로 하옥되었지만[趙牧反坐下獄[135]], 은사를 만나 주살되지 않았다[會赦不誅]."[136] 위진남북조 시기에도 유사한 기록이 있다. 즉 『위서魏書·조상전曹爽傳』[137]에서는 "선왕宣王이 이에 분노하여 '타인他人을 반란으로 무고하였다면, 법에서는 어떻게 처리하는가?'라고 하니, 담당 관원[主]이 '형률刑律에서는 반좌하여 그 죄를 받도록 되어 있습니다'라고 하였다. 이에 (환)범桓範을 궐하闕下에서 체포하였다"[138]라고 기술하였다. 이밖에 『진서晉書』·『후위서後魏書』[139] 등에도 무고에 대해 반좌한 실례가 있다.

당唐 이전 반좌에 관한 규정과 실례를 종합하면, 반좌는 주로 무고죄誣告罪에 적용되었고, 무고자誣告者에 대한 처벌은 대부분 무고한 죄와 같았다. 그러나 개별 규정은 사법관의 위법한 심판으로 구성되는 범죄에 적용되었는데, 예컨대 「여형呂刑」의 규정[140]이 그러하였다. 이외에 당시 반좌에 관한 내용은 완정성完整性이 결여되어 오직 단편적인 기록만이 보일 뿐이다. 당률은 처음으로 반좌에 대하여 비교적 전면적·계통적으로 규정하였고, 그중에는 반좌에 적용하는 일반원칙·범죄와 반좌의 종류 등도 포괄하였다.

2. 당률 규정의 반좌적용의 일반원칙

당률은 「명례율」에서 반좌의 일반원칙에 대해 규정하였다. 예컨대 『당률소의·명례』「칭반좌죄지등조稱反坐罪之等條」에서는 무릇 '반좌'라고 칭한 것은 "단지 그 죄만을 처벌한다[止坐其罪]. 사죄死罪인 경우에는 교형絞刑으로만 그친다."[141]라고 규정하였다. 이러한 원칙은 대다수 반좌죄에 적

---

133 【옮긴이 주】: '관구검'은 '모구흠母丘솴'의 오기이다((주 136 참조).
134 【옮긴이 주】: '안案' 앞에 '복覆'이 있다(주 136 참조).
135 【옮긴이 주】: '조목반좌하옥趙牧反坐下獄'이 원문에는 '목좌하옥牧坐下獄'으로 되어 있다(주 136 참조).
136 【옮긴이 주】: "안제는~은사를 만나 주살되지 않았다"는 『후한서』 권50, 「효명팔왕전·팽성정왕공전」의 문장과 본전本傳의 주 [二]에 인용된 『결록주決錄注』의 문장이 혼재되어 있고, 심지어 일부 글자와 문구는 원문과도 차이가 있다. 예컨대 본전에는 "조정에서는 (유)공劉恭의 평소 행의行義가 칭양되었기[著] 때문에 영유을 내려 사실을 고핵하게[考實] 하였고, 증거가 없었기 때문에 조목은 반좌로 하옥되었지만[牧坐下獄], 은사를 만나 사형을 면하였다[會赦免死]"로 되어 있고, 본전의 주 [二]에 인용된 『결록주』에는 "(조목이) (유)공劉恭을 무주誣奏하자, 안제는 (공의) 위법[侵]을 의심하여 이에 어사御史 모구흠母丘솴을 보내어 그 사실을 다시 심문하게[覆案] 하였고, (증거가 없었기 때문에) 조목을 정위廷尉에게 이송하였지만, 은사를 만나 주살되지 않고[會赦不誅] 가에서 죽었다[終於家]"(이상 1671쪽)로 되어 있다.
137 【옮긴이 주】: '『위서·조상전』'의 앞에는 '삼국지三國志'가, 뒤에는 '배송지裴松之 주注에 인용된 『위략魏略』'이 있어야 한다(주 138 참조).
138 【옮긴이 주】: 『삼국지』 권9, 「위서·조상전」의 배송지 주에 인용된 『위략』(291쪽).
139 【옮긴이 주】: '『후위서後魏書』'는 '『위서魏書』'를 말한다.
140 【옮긴이 주】: 주 121 참조.
141 【옮긴이 주】: 『역주율소 - 명례편 - 』「명례53」(제53조)「칭반좌죄지조」에서는 "무릇 반좌 및 죄지罪之·좌지

용되었다. 즉 『당률소의·명례』「범죄미발자수조犯罪未發自首條」「소의」142에서는 용례用例를 들어 이 원칙을 다음과 같이 설명하였다. "만약 호戶 내에 단지 9인[口]을 은루隱漏하였는데 18인[口]을 은루하였다고 고발한[告稱] 경우, 조사해서[推勘] 9인[口]이 사실이었다면 무고자誣告者를 반좌할 수 없다. 본래의 조문에서 9인[口]을 은루한 경우, 죄의 최고형은 도徒3년이고, 죄가 최고형에 이르렀으므로 무고한 사실이 비록 많았더라도 반좌하지 않는다."143 그러나 예외 상황도 있었다. 예컨대 『당률소의·투송』「무고부주자사현령조誣告府州刺史縣令條」에서는 "무릇 본속의 부주本屬府主·자사刺史·현령縣令을 무고한 자는 무고한 죄에서 2등을 가중한다"144라고 규정하였고, 본 조「소의」에서는 "'본속의 부주 등을 무고한 자는 무고한 죄에서 2등을 가중한다'라고 한 것은 1년의 도죄徒罪로 무고하였다면 도2년에 처해야 하는 경우 등[之類]을 말한다. 만약 제명除名·면관免官·면소거관免所居官 등의 사안事案으로 무고하였는데 허위인 경우에는 또한 도형에 비하는 법[比徒法]145에 준準하여 죄를 가중한다"146라고 상세하게 설명·보충하였다. 이것은 일종의 반좌가 원죄原罪보다 가중된 규정이다.

3. 당률 규정의 반좌적용 범죄

당률의 반좌는 주로 무고죄에 적용하였다. 무고자는 무고한 죄에 의해 반좌하여 처벌되었고, 감찰 기능이 있는 관리가 사심私心을 가지고 타인他人을 탄핵한 행위도 이와 동일하게 처벌되었다. 예컨대 『당률소의·투송』「무고반좌조誣告反坐條」에서는 "무릇 타인他人을 무고한 자는 각각 반좌한다. 만약 규탄糾彈하는 관원이 사심私心을 가지고 사안事案을 탄핵할 때 사실대로 하지 않은[不實] 경우에도 또한 이와 같다[如之]. 반좌하여 치죄致罪하는 경우에는 피무고자가 무고된 죄의 법례에 준한다[準前人入罪法]"147라고 규정하였다. 이 규정은 1인一人이 수죄數罪를 고발한 상황과 수인數人이 수

坐之·여동죄與同罪라고 규정한 것은 단지 그 죄만을 처벌한다[止坐其罪]. 사죄인 경우에는 교형으로만 그친다"(354쪽)라고 규정하였다.
142 【옮긴이 주】: '「소의」'는 '「답」'의 오기이다(주 143 참조).
143 【옮긴이 주】: 『역주율소 - 명례편 - 』「명례37」(제37조)「범죄미발자수조」「답」, 279쪽. 이 문장은 "1가家에 18인[口]을 탈루하였는데 모두 과역課役이 있습니다. 이에 9인에 대해서만 자수하였다면 어떠한 죄를 주어야 합니까?"(278쪽)라는 「문」에 대한 「답」이다.
144 【옮긴이 주】: 『역주율소 - 각칙(하) - 』「투송49」(제350조)「무고부주자사현령조」, 3124쪽.
145 【옮긴이 주】: 『역주율소 - 명례편 - 』「명례23」(제23조)「제면비도조除免比徒條」에서는 "무릇 제명은 도徒3년에 비比하고, 면관은 도2년에 비하며, 면소거관은 도형 1년에 비한다. 유외관流外官은 이 율을 적용하지 않는다[不用此律]"(203쪽)라고 규정하였다.
146 【옮긴이 주】: 『역주율소 - 각칙(하) - 』「투송49」(제350조)「무고부주자사현령조」「소의」, 3124~3125쪽.
147 【옮긴이 주】: 『역주율소 - 각칙(하) - 』「투송41」(제342조)「무고반좌조」, 3103쪽.

죄數罪를 고발한 상황에도 적용되었다. 즉 1인이 수죄를 고발한 경우, 무고자는 오직 그중 사실이 아닌 죄에 대해서만 반좌책임을 졌고, 사실인 부분은 추궁당하지 않았으며, 무고한 죄가 다수였더라도 오직 중죄만으로 논죄되었을 뿐이었고, 합병合併하여 논죄하는 원칙이 적용되지 않았다. 수인이 수죄를 고발한 경우, 무고자는 오직 허위에 의해서만 양형量刑되었을 뿐이고, 사실인 부분은 논죄되지 않았다. 본 조에서 "만약 2죄二罪 이상을 고발하였는데, 엄중한 사안[重事]은 사실이었거나, 몇 가지 사안[數事]은 (형량이) 같지만 단 하나의 사안이 사실이었다면, 그 (무고한) 죄를 면제한다. 엄중한 사안[重事]이 허위인 경우에는 그 초과한 바를 반좌한다. 만약 죄가 최고형에 이른 경우에는 무고한 바가 많았다고 해도 반좌하지 않는다. 그러나 2인二人 이상을 고발하였는데, 비록 사실인 것이 많았다고 해도 오히려 허위인 것으로써 반좌한다"[148]라고 규정한 것은 당률의 무고반좌에 관한 명확한 규정이다. 또 『당률소의·투송』 「교령인고허사조敎令人告事虛條」에서는 "무릇 타인他人을 교령敎令[149]해서 고발하였는데, (그) 사안이 허위였기 때문에 반좌해야 하거나, 사실이었기 때문에 상賞을 내려야 하는 때에는 모두 고발한 자를 수首로 하고, 교령자를 종從으로 한다"[150]라고 규정하였다.

당률은 또 몇몇 특수한 무고반좌에 대해서도 규정하였다. 첫째, 고용되어 무고한 경우에는 자무自誣와 동일하였다. 즉 교사敎唆를 받아 타인을 무고한 경우에는 교사를 받은 사람이 모든 형사책임을 져야 하였다. 예컨대 『당률소의·투송』 「위인작사첩가장조爲人作辭牒加狀條」에서는 "만약 고용되어 타인의 죄를 무고한 자는 자신이 무고한 경우와 같다[同]"[151]라고 규정하였다. 둘째, 무고

---

148 【옮긴이 주】: 『역주율소 - 각칙(하) - 』 「투송41」(제342조) 「무고반좌조」, 3105~3106쪽. 본 조 「주」에서는 "2인 이상을 고발하였는데 단 1인이라도 사실이 아닌 경우, (무고) 죄가 비록 경미輕微하였더라도 오히려 그 죄를 반좌한다는 것을 말한다"(3106쪽)라고 하였다.

149 【옮긴이 주】: '교령'에 대해서는 제1장 주 22 참조.

150 【옮긴이 주】: 『역주율소 - 각칙(하) - 』 「투송56」(제357조) 「교령인고사허조」, 3139쪽. 이어지는 규정은 다음과 같다. "만약 타인을 교령하여 시마總麻 이상의 친속[親]을 고발하게 하였거나, 부곡·노비를 (교령하여) 주인을 고발하게 한 자는 각각 고발한 죄에서 1등을 감경한다. 교사敎唆된 자는 율과 같이 논죄한다[論如律]. 만약 타인을 교령하여 자손을 고발하게 한 자는 고발한 죄에서 1등을 감경한다. 비록 무고였더라도 또한 같다[同]"(3140쪽).

151 【옮긴이 주】: 『역주율소 - 각칙(하) - 』 「투송55」(제356조) 「위인작사첩가장조」, 3137~3138쪽. 본 조의 전체 규정은 다음과 같다. "무릇 타인을 위해 사辭·첩牒을 작성하였는데, 그 고장[狀]을 증가해서 고발한 바와 같게 하지 아니한 자는 태笞50에 처한다. 만약 (고장을) 증가한 죄가 (태50보다) 가중된 경우에는 무고誣告에서 1등을 감경한다. 만약 고용되어 타인의 죄를 무고한 자는 자신이 무고한 경우와 같다. 장죄贓罪가 엄중한 경우에는 좌장죄로 논하되[坐贓論] 2등을 가중한다. 고용한 자는 교령법敎令法에 따른다. 만약 고발이 사실인 때에는 (고용된 자는) 좌장죄로 논하고[坐贓論], 고용한 자는 처벌하지 않는다[不坐]"(3137~3138쪽).

자는 피무고자가 처벌을 받기 전에 무고한 사실을 인정한 경우에는 처벌이 감경될 수 있었다. 이것은 오직 유죄流罪 이하에만 적용되었다. 예컨대 『당률소의·투송』「무고인유죄이하인허조誣告人流罪以下引虛條」에서는 "무릇 타인의 유죄 이하를 무고하였지만 무고된 사람[前人]에게 아직 고략拷掠[152]을 가하지 않았는데 고발자가 (무고의) 허위虛僞를 바로 잡은 때에는 1등을 감경한다"[153]라고 규정하였다. 그러나 예외도 있었다. 즉 본 조[154]에서 "기친존장期親尊長·외조부모·남편[夫]·남편[夫]의 조부모를 무고하였거나 노비·부곡이 주인의 기친期親·외조부모를 무고한 때에는 비록 무고의 허위를 바로 잡았더라도 각각 감경하지 않는다"[155]라고 한 규정이 그것이다. 셋째, 고발한 사안이 조사 후 밝혀진 바와 동일하지 않은 경우에도 무고에 의해 논죄되었다. 예컨대 『당률소의·투송』「고소사허조告小事虛條」에서는 만약 고발인이 고발한 일이 "사안과 다른 때에는 본래의 무고죄에 따라 논한다[依本誣論]"[156]라고 규정하였다. 또 본 조 「소의」에서는 전문적으로 만약 "어떤 사람이 말[馬]을 절도하였다고 고발하였는데[告], 조사하여 (사사로이) 돈을 주조한[鑄錢] 행위 등[屬]을 적발하였다면", "말을 절도하였다고 무고한 죄를 받게 된다"[157]라고 사례를 들어 설명하였다.

무고에 반좌를 적용한 것 이외에 일부 사법司法을 위반한 행위에도 반좌를 적용하였다. 예컨대 『당률소의·단옥』「고수부득과삼도조拷囚不得過三度條」에서는 "무릇 죄수를 고신하는[拷囚] 때에는 3회[三度]를 초과할 수 없고, (장杖의) 총수總數는 200을 초과할 수 없으며, 장죄杖罪 이하는 범한 죄의 (장杖의) 수를 초과할 수 없고", "장杖의 수를 초과한 자는 초과한 바를 반좌한다[反坐[158]剩]"[159]라

---

152 【옮긴이 주】: '고략'에 대해서는 제1장 주 146 참조.
153 【옮긴이 주】: 『역주율소 - 각칙(하) - 』「투송43」(제344조)「무고인유죄이하인허조」, 3109쪽. 이어지는 규정은 다음과 같다. "만약 (무고당한) 사람이 이미 고신[拷]을 받았던 때에는 감경하지 않는다. 또 증인을 고신[拷]한 때에도 또한 같다[是]"(3109쪽).
154 【옮긴이 주】: '본 조' 다음에 「주」가 있어야 한다(주 155 참조).
155 【옮긴이 주】: 『역주율소 - 각칙(하) - 』「투송43」(제344조)「무고인유죄이하인허조」「주」, 3109쪽.
156 【옮긴이 주】: 『역주율소 - 각칙(하 -)』「투송42」(제343조)「고소사허조」, 3107쪽. 본 조의 전체 규정은 다음과 같다. "무릇 사소한 사안을 고발하여 허위였지만, 옥관獄官이 그 고발로 인해 조사하여 (더욱) 엄중한 사안[重事] 및 사안이 동등한 행위를 적발한 경우, 만약 (고발한 사안이) (적발된) 사안과 유사하였다면 (무고한) 죄를 면제하고, 사안과 달랐다면 본래의 무고죄에 의거해서 논한다[依本誣論]"(3107쪽).
157 【옮긴이 주】: 『역주율소 - 각칙(하) - 』「투송42」(제343조)「고소사허조」「소의」, 3108쪽.
158 【옮긴이 주】: '반反'은 '소所'의 오기이다(주 159 참조).
159 【옮긴이 주】: 『역주율소 - 각칙(하) - 』「단옥9」(제477조)「고수부득과삼도조」, 3336~3337쪽. 본 조의 전체 규정은 다음과 같다. "무릇 죄수를 고신하는 때에는 3회를 초과할 수 없고, (장杖의) 총수는 200을 초과할 수 없으며, 장죄 이하는 범한 죄의 (장의) 수를 초과할 수 없다. 고신이 한도에 이르렀는데[考滿] 승복承服하지 않은 때에는 보증인을 세워 석방한다. 만약 고신이 3회를 초과하였거나 장杖 이외의 다른 방법으로 고략拷掠한 자는 장杖100에 처하고, 장의 수를 초과한 자는 초과한 바를 반좌하며[反坐所剩], 이로 인해

고 규정하여, 즉 초과한 부분으로써 사법관을 반좌하였다. 또 「단옥」「관사출입인죄조官司出入人罪條」에도 유사한 규정이 있다. "무릇 관사官司가 사람의 죄를 가중한[入人罪] 경우, 전죄를 가중하였다면[入全罪] 전죄로써 논한다[以全罪論]. 경죄輕罪를 중죄重罪로 가중하였다면[시] 초과한 바로써 논죄한다[以所剩論]. 형명刑名을 바꾼 경우, 태죄笞罪를 장죄杖罪로 가중하였거나[시] 도죄徒罪를 유죄流罪로 가중하였다면[시] 또한 초과한 바로써 논죄하고[以所剩論], 사죄死罪는 또한 전죄로써 논한다[以全罪論].160 그리고 죄를 감경한[出罪] 경우에도 각각 이와 같다[如之]."161

4. 당률 규정의 반좌의 종류

당률의 반좌에 관한 내용을 종합하면, 주로 이하의 네 가지 종류로 나눌 수 있다.

첫째, 원죄原罪와 동일한 반좌이다. 이것은 반좌 원칙의 직접적인 구현으로서, 반좌는 바로 "단지 그 죄만을 처벌한다[止坐其罪]"162라는 것이다. 당률 가운데 대다수 반좌는 모두 이 부류에 속하였다. 무고자의 수형受刑은 무고한 죄와 같았는데, 즉 "반좌하여 치죄致罪하는 경우에는 피무고자가 무고된 죄의 법례에 준한다[準前人入罪法]"163라는 것이다. 사법관이 "출입인죄出入人罪, 즉 사람의 죄를 감경·가중한 경우", 만약 전죄全罪를 감경·가중하였다면[出入全罪] "전죄로써 논한다[以全罪論]"164라는 규정 등이 모두 이와 같았다.

둘째, 원죄보다 가중된 반좌이다. 몇몇 범죄에 대하여 당률의 규정은 원죄보다 가중된 반좌를 적용하여 처벌의 엄중성을 증가시켰다. 이러한 반좌는 당률에 모두 명확한 규정이 있는데, 관리에 대한 무고가 바로 이와 같았다. 예컨대 『당률소의·명례』「제면비도조除免比徒條」에서는 "무릇 제명除名은 도徒3년에 비比165하고, 면관免官은 도2년에 비하며, 면소거관免所居官은 도1년에 비하고",166 (「주」에서는)167 "경죄輕罪로 사람을 무고하였거나, (죄를) 감경·가중한[出시] 것 등[之類]을

치사致死한 자는 도徒2년에 처한다"(3336~3337쪽).

160 【옮긴이 주】: "사죄는 또한 전죄로써 논한다"가 원문에는 "태죄·장죄를 도죄·유죄로 가중하였거나[시] 도죄·유죄를 사죄로 가중하였다면[시] 또한 전죄로써 논한다[以全罪論]"(주 161 참조)로 되어 있다.

161 【옮긴이 주】: 『역주율소 - 각칙(하) - 』「단옥19」(제487조)「관사출입인죄조」, 3353~3356쪽. 본 조문에 규정된 죄의 출입出入에 대해서는 제1장 주 124 참조.

162 【옮긴이 주】: '지좌기죄止坐其罪'에 대해서는 주 141 참조.

163 【옮긴이 주】: 주 147 참조.

164 【옮긴이 주】: "사법관이 출입인죄出入人罪, 즉 사람의 죄를 감경·가중한 경우, 만약 전죄를 감경·가중하였다면[出入全罪] 전죄로써 논한다[以全罪論]"가 『역주율소 - 각칙(하) - 』「단옥19」(제487조)「관사출입인죄조」에는 "무릇 관사官司가 사람의 죄를 가중한 경우[入人罪], 전죄를 가중하였다면[入全罪] 전죄로써 논한다[以全罪論]. …… 그리고 죄를 감경한 경우[出罪]에도 각각 이와 같다[如之](3353~3356쪽)로 되어 있다.

165 【옮긴이 주】: '비'에 대해서는 제1장 주 123 및 제2장 주 58 참조.

말한다. 그러므로 이 비比하는 조문을 제정하였다"[168]라고 하였다. 또 본 조「소의」에서는 사례를 들어 다음과 같이 설명하였다. "가령 어떤 사람이 5품 이상의 관원이 감림監臨·주수主守하는 구역 내에서 견絹 1필匹[169]을 절도하였다고 고발하였다[告]. 만약 사실인 경우, 절도한 자는 마땅히 장杖 80에 처해야 하고 또 제명除名해야 한다. (그러나) 허위인 경우, 무고한 사람은 장죄杖罪에 그칠 수 없기 때문에 반좌하여 도徒 3년으로 비比한다."[170] (이것에 의하면) 무고자는 장죄에 처해져야 하지만, 반좌는 오히려 도죄이다. 이것은 반좌가 원죄보다 가중되었음을 말해 준다. 이밖에 면관·면소거관 등도 원죄보다 가중된 반좌가 적용되었다.

셋째, 원죄보다 감경된 반좌이다. 또 당률에는 반좌의 양형量刑이 원죄보다 감경된 경우가 있다. 이러한 종류의 범죄는 매우 적지만 율에 명문明文 규정이 있다. 예컨대『당률소의·투송』「무고모반대역조誣告謀反大逆條」에서는 "무릇 모반謀反 및 대역大逆을 무고한 자는 참형斬刑에 처한다"[171]라고 규정하였다. 이 반좌는 원죄보다 감경되었다. 왜냐하면, 모반謀反과 대역은 본인이 참형에 처해졌고, 이외에 가족·자재資財·전택田宅 등도 연좌緣坐되어야 하였기 때문이다.[172]

넷째, 초과한[剩] 부분의 반좌이다. 이것은 사법관이 사법을 위반함으로써 구성되는 일부 범죄에 적용되었다. 이러한 종류의 반좌는 당률에 또 전문적인 규정이 있다. 예컨대 상술하였듯이,『당률소의·단옥』「고수부득과삼도조拷囚不得過三度條」에서 규정한, 사법관이 죄수를 고신拷訊할 때 (그) 수數를 초과한 경우에는 초과한[剩] 바를 반좌한다는 것,[173]「단옥」「관사출입인죄조官司出入人罪條」에서 규정한, 사법관이 출입인죄出入人罪, 즉 사람의 죄를 감경·가중한 경우에도 초과한[剩] 바

---

166 【옮긴이 주】:『역주율소 - 명례편 - 』「명례23」(제23조)「제면비도조」, 203쪽. 본 조에서는 이어서 "유외관流外官은 이 율을 적용하지 않는다[不用此律]"(203쪽)라고 하였다.
167 【옮긴이 주】: "「주」에서는"이라는 문구를 첨가한 것은 "경죄로~제정하였다"라는 문장이 본 조의「주」에 규정되어 있기 때문이다(주 168 참조)
168 【옮긴이 주】:『역주율소 - 명례편 - 』「명례23」「제면비도조」「주」, 204쪽.
169 【옮긴이 주】: '필匹'이 원문에는 '필疋'로 되어 있다(주 170 참조).
170 【옮긴이 주】:『역주율소 - 명례편 - 』「명례23」「제면비도조」「소의」, 204쪽.
171 【옮긴이 주】:『역주율소 - 각칙(하) - 』「투송41」「무고모반대역조」, 3102쪽. 본 조의 전체 규정은 다음과 같다. "무릇 모반 및 대역을 무고한 자는 참형에 처하고, 종범從犯은 교형絞刑에 처한다. 또 사안을 정확히 살피지 않은 것이 인정되며 원래의 정상[原情]이 무고하려는 것이 아닌 자는 상청上請한다. 또한 모대역모大逆謀·모반謀叛을 고발하였는데, 정확히 살피지 않은 자도 또한 이와 같다[如之]"(3102쪽).
172 【옮긴이 주】:『역주율소 - 각칙(상) - 』「적도1」(제248조)「모반대역조」에서는 "무릇 모반謀反하였거나 대역大逆한 자는 모두 참형에 처한다. 아버지[父]·아들[子]의 나이 16세 이상은 모두 교형에 처한다. 15세 이하(의 아들) 및 어머니[母]·딸[女]·처妻·첩妾·할아버지[祖]·손자[孫]·형제兄弟·자매姊妹 또는 부곡部曲·자재資財·전택田宅은 모두 몰관沒官한다"(2382쪽)라고 규정하였다.
173 【옮긴이 주】: 주 159 참조.

로써 반좌한다는 것174이 그러하였다.

이상 네 가지 종류의 반좌에서 오직 첫째175가 상견常見하는 형식이었고, 그 나머지 세 가지는 모두 특수한 형식이었기 때문에 명문明文으로 규정해서 예외적으로 처리하였다.

당률의 반좌에 관한 규정은 후세의 입법에 정도는 다르지만, 영향을 주었다. 예컨대『송형통宋刑統』은 전면적으로 당률의 규정을 계승하였기 때문에 맹목적인 추종이라고 할 수 있다.『대명률大明律』과『대청율례大淸律例』는 당률의 일부 반좌 규정을 계속 사용한 경우(예컨대 관사출입인죄官司出入人罪 규정은 기본적으로 당률과 같다)를 제외하면 전체적으로 반좌에 대한 용형用刑을 가중시켰다. 두 율의「무고조誣告條」에서는 모두 "무릇 타인他人의 태죄笞罪를 무고한 자는 무고한 죄에서 2등을 가중하고, 유죄流罪·도죄徒罪·장죄杖罪는 무고한 죄에서 3등을 가중하며, 각 죄의 최고형은 장杖100대·유流3000리이다"라고 규정하였다. 동시에 두 율은 비교적 반좌를 가중[加]·감경[減]해서 용형하는 형식을 다수 사용하였는데,「간명범의조干名犯義條」만해도 여러 차례 보인다. 즉 본 조에서는 소공小功·시마緦麻 존장尊長을 무고한 경우, "만약 무고죄가 엄중한 때에는 각각 무고한 죄에서 3등을 가중한다"라고 규정하였고, 간명범의干名犯義176의 범위 내에 있지는 않지만, "무고자가 기친期親인 때에는 무고한 죄에서 3등을 감경한다", "만약 처를 무고하였거나 처가 첩을 무고한 때에도 또한 무고한 죄에서 3등을 감경한다"177 등으로 규정하였다.

반좌는 중국고대 통치자가 자주 사용한 일종의 징벌 수단이었다. 이것은 무고 현상을 감소시키고 사법관의 사법책임을 제고시키는 데 일조一助하였고, 따라서 범죄 예방에도 유리하였다. 바로 이 때문에 중국고대 입법에서 반좌는 결코 제외할 수 없었고, 당률도 이것을 부단히 성숙시켜 율 가운데 중요 제도가 되게 하였다.

제4절 입법심의제도 立法審議制度

당대의 통치자는 이전 사람[前人]의 입법 경험과 교훈을 총괄한 기초 위에서 이전보다 더욱 완벽한 입법심의제도를 수립하였고, 동시에 그것을 당률에 규정해서 그 실시를 보장하였다.

---

174 【옮긴이 주】: 주 161 참조.
175 【옮긴이 주】: '첫째'는 앞서 언급한 '원죄와 동일한 반좌'를 가리킨다.
176 【옮긴이 주】: '간명범의'는 명분名分을 어기고 은의恩義를 저버리는 행위를 말한다.
177 『대명률大明律·형률刑律』과『대청율례大淸律例·형률』참조.

1. 당대唐代 입법심의제도의 정치·사상적 기초

당대에 비교적 완벽한 입법심의제도가 수립된 것에는 여러 가지 원인이 있었지만, 먼저 정치와 사상, 이 두 가지 방면을 들 수 있다.

당대의 입법심의제도는 직접적으로 정치제도에서 파생되었다. 진秦이 중국을 통일한 후, 고대 정치제도는 하나의 새로운 단계에 도달하였고, 중앙집권을 강화하는데 유리한 방향으로 부단히 발전하였다. 진秦과 서한西漢 초, 재상권宰相權은 비교적 커서 "직책은 천자를 받들어 (천자가) 만기萬機를 처리하는 것을 보좌하였다."[178] 서한 후기에는 대사도大司徒·대사공大司空과 대사마大司馬를 설립해서 재상권을 삼분하였다. 위진남북조 시기에는 중서성中書省·문하성門下省과 상서성尙書省의 삼성三省이 출현하였는데, 중서성·문하성 양성兩省의 지위는 상서성보다 낮았고, 각각의 직권도 그다지 명확하지 않았다. 삼성이 세 개의 중추 기관으로 병렬되고 또 직책도 명확하였던 것은 당대唐代였다. 즉, "당 초, 처음으로 삼성을 갖추었는데, 중서성은 제명의 출납[出命]을 주관하였고, 문하성은 봉박封駁을 관장하였으며, 상서성은 봉행奉行을 주관하였다."[179] 당대에 삼성제도를 확립한 목적은 권력의 분산뿐 아니라 그것들을 상호 견제시켜서 권력의 찬탈도 방지하기 위한 것이었다. 이러한 점은 후대의 사람[後人]이 십분 명확하게 "사안事案이 크건 작건 삼성을 두루 거치지 않으면 하나도 시행되지 못할 정도로 그 권력을 천단擅斷하게 하였다"[180]라고 하였다. 삼성제도는 황제의 국가 정권에 대한 통제에 유리하였을 뿐 아니라 문하성이 중서성의 입법을 심의하는 입법심의구조도 형성하였다.

또 당唐 초에는 입법심의에 관한 비교적 완정된 사상도 갖추었는데, 먼저 당 태종唐太宗[181]을 들

---

[178] 『한서漢書·백관공경표百官公卿表』.
  【옮긴이 주】: 『한서』권19상, 「백관공경표상」에서는 "상국相國·승상丞相은 진秦의 관직이다. 금인金印에 자주색 인수끈[紫綬]을 사용하였다. 직책은 천자를 받들어 (천자가) 만기萬機를 처리하는 것을 보좌했다. 진秦 때는 좌左·우右(승상丞相)이 있었다. (한漢) 고제高帝(한왕: 재위 B.C. 206~B.C. 202. 황제: 재위 B.C. 202~B.C. 195)가 즉위하여 승상 1명을 두었고, 11년(B.C. 196)에 이름[名]을 상국相國으로 고쳤으며, 녹색 인수끈[綠綬]을 사용하였다. 혜제孝惠(재위 B.C. 195~B.C. 188)·고후高后(B.C. 241~ B.C. 180) 때 좌左·우승상右丞相을 두었고, 문제文帝(재위 B.C. 180~ B.C. 157) 2년(B.C. 179)에 다시 승상 1인을 두었다. 2명의 장사長史가 있었고, 질秩은 1000석石이었다. 애제哀帝(재위 B.C. 7~B.C. 1) 원수元壽 2년(B.C. 1), 다시 이름을 대사도大司徒로 고쳤다. 무제武帝(재위 B.C. 141~B.C. 87) 원수元狩 5년(B.C. 119), 처음으로 사직司直을 두었는데, 질은 비比 2000석이었고, 승상을 보좌하여 불법不法을 찾아내는 일을 관장하였다"(724쪽)라고 하였다.

[179] 『위진정병魏晉政柄·소귀조주所歸條注』.

[180] 『송회요집고宋會要輯稿·직관職官』.
  【옮긴이 주】: [청淸]서송徐松 집輯, 『송회요집고』(북경北京: 중화서국中華書局, 2006)제58책冊, 「직관 1지42一之四二」「삼성三省」「선화宣和 7년(1125) 4월 27일 수조手詔」(2350쪽).

수 있다. 그는 문하성의 봉박을 거치는 심의기능을 실행해야 한다고 여겼다. 예컨대 정관貞觀[182] 3년(629년), 당 태종은 시신侍臣들에게 "중서성과 문하성은 기밀을 담당하는 관청[機要之司]이므로 인재를 발탁해서 (합당한) 자리에 임명하여 임무를 맡기는 것이 실로 중요하다. 조칙詔勅에 만약 온당·편리하지 않은 부분이 있다면 모두 반드시 철저하게 논의[執論]해야 한다"[183]라고 하였다. 그는 또 "중서성이 기초한 조칙에 간혹 착오[差失]가 있다면 문하성이 마땅히 박정駁正해야 한다"[184]라고 하여, 문하성을 설립한 목적 가운데 하나는 입법에서의 착오를 피하는 데 있다고 보았다. 아울러 당 태종은 정관 3년,[185] 황문시랑黃門侍郞 왕규王珪[186]에게 "국가는 본래 중서성·문하성을 설치하여 상호 감독[檢察]하게 하였다"[187]라고 하였고, 또 "중서성에서 기초한 조칙에 자못 다른 견해가 있는데, 간혹 착오와 과실이 있다면 서로 바로잡아야 하지 않겠는가? 중서성과 문하성을 설치한 것은 본래 서로의 과오를 방지하고자 한 것이었다"[188]라고 하였다. 입법심의제도의 기능을 충분히 발휘시키기 위해 당 태종은 항상 수隋의 멸망을 거울로 삼아 신하들에게 "사심私心을 버리고 공익公益을 따르며, 올바른 도리를 굳게 지켜 모든 문제를 처리해야 하고", 그렇지 않으면 "가정[家]과 나라[國]가 모두 망하"[189]게 될 것이라고 깨우쳤다.

---

181 【옮긴이 주】: '당 태종'은 당의 제2대 황제(재위 626~649)이다.
182 【옮긴이 주】: '정관'은 당의 제2대 황제 태종의 연호(627~649)이다.
183 『정관정요·정체政體 제2』.
  【옮긴이 주】: 김원중 옮김, 『정관정요』「제2장 정치의 근본」(39쪽).
184 『자치통감資治通鑑·권193』.
  【옮긴이 주】: 이 문장은 [송宋]사마광司馬光 편저編著, 『자치통감』권192, 「당기唐紀8·태종太宗 상지상上之上」「정관 원년(627) 12월 무신戊申」(1288쪽)에 의하면, 태종이 황문시랑黃門侍郞 왕규王珪에게 한 말이다.
185 【옮긴이 주】: '3년'은 '원년'의 오기이다(주 187 참조).
186 【옮긴이 주】: '왕규'의 생몰 연대는 571~639년이다.
187 『자치통감·권193』.
  【옮긴이 주】: 이 문장은 [송]사마광 편저, 『자치통감』권192, 「당기8·태종 상지상上之上」「정관 원년(627) 12월 무신」(1288쪽)에 의하면, 태종이 황문시랑 왕규에게 한 말 가운데 서두에 해당한다. 이어지는 문장이 "중서성이~박정해야 한다"이다(주 184 참조).
188 『정관정요·정체 제2』.
  【옮긴이 주】: 김원중 옮김, 『정관정요』「제2장 정치의 근본」(37쪽)에 의하면, 이 문장은 정관 원년에 태종이 황문시랑 왕규에게 한 말 가운데 서두에 나온다.
189 『정관정요·정체 제2』.
  【옮긴이 주】: 김원중 옮김, 『정관정요』「제2장 정치의 근본」(38쪽). 본 문장은 앞뒤가 어긋나기 때문에 이해를 돕기 위해 관련 문장을 인용하면 다음과 같다. "정관 원년, 태종이 황문시랑 왕규에게 말하였다. '…… 수왕조 때, 안팎의 높고 낮은 관리들이 정사政事를 처리하면서 항상 미루기만 하고 절충해서 결정하지 못하였다. …… 후에 큰 혼란이 한꺼번에 폭발하여 가정과 나라가 모두 망하였다. …… 경들은 사심을 버리고 공익을 따르며, 올바른 도리를 굳게 지켜 모든 문제를 처리하고, 서로 계발하고 발전시켜야 하며,

당대의 정치제도와 비교적 완정된 입법심의사상은 입법심의제도의 수립에 정치·사상적 기초를 닦았다.

2. 당률 규정의 입법심의제도

당률은 당대의 입법심의를 하나의 중요한 제도로 확정하였다. 『당률소의·명례』「동직범공좌조同職犯公坐條」「소의」에서는 다음과 같이 비교적 전면적인 규정을 두었다. "상서성에서 주문奏聞해야 하는 사안[事]은 반드시 문하성을 통해야 하는데, 문서를 문하성에 이첩하면, 식에 준하고 영에 의거해서[準式依令][190], 먼저 문하성의 녹사綠事가 대조하고[勘], 급사중給事中이 열독하며[讀], 황문시랑黃門侍郞이 성찰하고[省], 시중侍中이 심사하여[審], 과실이 있는 경우에는 법에 의거해서 박정駁正하여 첩牒을 상서성의 주관부서[省司]에 되돌려 보낸다[却]. 만약 실제 과실[乖失]이 있었는데도 박정하지 않은 경우, 녹사 이상은 상서성의 최하등 종범죄從犯罪에서 1등을 감경한다. 체감遞減한다는 글이 없기 때문에 시중 이하는 일률적으로 1등을 감경한다. 율律에 '최하등 종범죄에서 감경한다'라고 하였기 때문에 죄가 되어도 가장 경미한 것이다. 만약 다시 체감한다면 나머지는 대부분 죄가 없게 된다. 박정에 대한 법은 녹사 이상에게만 적용되므로 관장한 주전主典은 율에 죄명이 없다."[191]

이상의 규정에 의하면, 문하성은 당대 입법을 심의하는 중앙기관이었다. 그것은 "식에 준하고 영에 의거해서" 중서성이 기초起草한 법률에 대해 '대조하고[勘]', '열독하며[讀]', '성찰하고[省]', '심사하는[審]' 직무를 진행하였다. 이것은 정확하게 삼성三省[192]의 분업과 일치하였다. 『문헌통고文獻通考·직관고職官考』에서도 "중서성은 성지를 취하여[取旨][193] (입안하고), 문하성은 (그 안건을) 복주覆奏[194]하며, 상서성은 시행한다"[195]라고 하였다.

위아래가 부화뇌동하지 말아야 한다'"(38쪽).
190 【옮긴이 주】: '준식의령準式依令'에서 '식'은 「문하성식門下省式」, '영'은 「공식령公式令」을 말한다. '「공식령」'은 니이다 노보루仁井田陞, 『당령습유唐令拾遺』「공식령 2조」(546쪽)·「공식령 5조」(551쪽) 참조.
191 【옮긴이 주】: 『역주율소 - 명례편 - 』「명례40」(제40조)「동직범공좌조」「소의」, 302쪽. 이 「소의」는 본 조의 "주문해야 하는 사안[事]에 과실이 있는데, 대조하고, 열독하고, 성찰하고, 심사해야 하는 관원이 박정駁正하지 않은 때에는 최하등 종범에서 1등을 감경한다"(302쪽)라는 규정에 대한 해석이다.
192 【옮긴이 주】: '삼성'은 중서성·문하성·상서성을 가리킨다.
193 【옮긴이 주】: "성지를 취하다[取旨]"라는 것은 "황제의 재가를 얻다"는 의미이다.
194 【옮긴이 주】: 당대 율령에 규정된 '복주'의 회수·대상·절차 등에 대해서는 제1장 주 178 참조.
195 【옮긴이 주】: [원元]마단림馬端臨 찬(撰), 『문헌통고』(북경北京: 중화서국中華書局, 1986)권50, 「직관고職官考4·문하성門下省」(455쪽)에 의하면, 이 말은 북송 철종哲宗 원우元祐 초(1086)에 좌복야左僕射 사마광司馬光(1019~1086)이 상언上言한 문장에 나온다. 그런데 사마광이 말한 삼성의 기능은 시간적으로 북송 신종神宗

문하성은 '봉박封駁'의 방식을 사용해서 심의권을 행사하였다. 구체적인 과정은 다음과 같다. 문하성은 심의를 통해 중서성이 제정한 칙령敕令에 과오가 없고 시행할 수 있다고 판단되면 즉시 서명하여 상서성에 교부交附해서 시행하게 하였다. 예컨대 『당회요唐會要·직관職官[196]』에서는 이러한 과정에 대해 다음과 같이 기술하였다. 중서성이 기초한 칙령敕令·조서詔書는 "문하성에[197] 두고 본안本案으로 삼았고, 다시 한 통[一遍[198]]을 필사筆寫하여 시중侍中이 '가可'[199]라고 주기注記한 후 봉인封印을 찍고 서명署名하면, 상서성에 이첩해서[送] 시행하도록 하였다."[200] 현재 당 태종 소릉박물관明[201]陵博物館[202] 보존실에 보관되어 있는 석비石碑의 비문도 이러한 과정을 증명하고 있다. 예컨대 이 비문에는 정관貞觀 15년(641년) 정월, 임천공주臨川公主[203]에게 작호爵號를 내리는 조서의 내용이 기재되어 있는데, 낙관落款이 바로 이와 같았다. 즉 중서성은 정월 15일에 입안立案하였고, 문하성은 다음날 통과시켰으며, 상서성은 같은 날 유관부서에 하달하였다. 만약 문하성은 중서성이 기초한 칙령敕令 등에 과오가 있다고 판단되면 즉시 "봉박封駁하여" 그것을 반송해서 수정 또는 재입안을 요구하였고, 과오가 없어야 통과시킬 수 있었다. 이것이 바로 상술한 규정 가운데 "과실이 있는 경우에는 법에 의거하여 박정駁正해서 첩牒을 상서성의 주관부서에 되돌려 보낸다"[204]라고 하는 것이다. 『신당서·최식전崔植傳』에는 한 건一件의 봉박한 실례가 기재되어 있다. 즉 원화元和[205] 연간에 어떤 사람이 "백관百官의 봉록[俸][206]을 삭감할 것을 건의하였고," 또 조서도 입안立案되었다. (그러나) 문하성은 판단하여 즉시 "조서를 봉환封還하였다."[207]

....

　　(재위 1067~1085) 원풍 3~5년(1080~1082)에 단행된 '원풍개혁元豐改革(이른바 '제1차 관제개혁'이라고 한다. 이 개혁으로 상서성이 부활하여 북송의 관제는 중서문하체제中書門下體制에서 삼성체제三省體制로 전환되었다) 이후에 해당하고, 따라서 당대唐代에 대해 논한 것은 아니다.

196 【옮긴이 주】: '직관'은 '성호상省號上'의 오기이다(주 200 참조).
197 【옮긴이 주】: '문하성' 앞에 원문에는 "복주覆奏한 (문안에 황제가) '가可'라고 쓰면"이 있다(주 200 참조).
198 【옮긴이 주】: '편遍'은 '통通'의 오기이다(주 200 참조).
199 【옮긴이 주】: '가可'는 '제가制可'의 오기이다(주 200 참조).
200 【옮긴이 주】: [송宋]왕부王溥 찬撰, 『당회요』권54, 「성호상省號上·중서성中書省」(926쪽). 이와 거의 같은 문장은 김택민 주편, 『역주당육전 중』권8, 「문하성門下省·시중侍中」(24쪽, 주 170)·니이다 노보루仁井田陞, 『당령습유唐令拾遺』「공식령 2조」(546쪽)에도 보인다.
201 【옮긴이 주】: '명明'은 '소昭'의 오기이다.
202 【옮긴이 주】: '소릉박물관'은 당 태종의 능인 소릉에서 출토된 문화재를 전시하기 위해 1979년에 신축하였다. 박물관에는 순장갱殉葬坑에서 출토된 문화재 400여 점을 포함하여 대략 8000여 점이 소릉문화재전시홀, 당조무덤벽화전시홀, 비석전시홀 등에 분류·전시되어 있다.
203 【옮긴이 주】: '임천공주'는 당 태종의 10녀女(열 번째 딸)이고, 생몰 연대는 624~682년이다.
204 【옮긴이 주】: 주 191 참조.
205 【옮긴이 주】: '원화'는 당의 제11대 황제 헌종憲宗(재위 805~820)의 연호(806~820년)이다.
206 【옮긴이 주】: '봉俸' 다음에 '름廩'이 있다(주 207 참조).

입법을 심의하는 절차는 칙령·조서를 입안하는 과정에 적용되었을 뿐 아니라 율·영·격·식을 찬수撰修하는 과정에도 있었다. 이러한 법률 형식의 찬수撰修는 일반적으로 황제가 임명한 몇몇 중요한 관리와 법률 전문가가 담당하였기 때문에 그들이 입안한 법률도 반드시 문하성의 심의를 거쳐야 하였다. 예컨대 영휘永徽208 4년(653년)에 반행頒行한 『당률소의』는 초안이 완성된 후에 문하성의 심의를 거쳤다. 『구당서·형법지』에서는 "'율조律條의 의소義疏를 지어서 주문奏聞하도록 하라'라고 하였고, 이에 (이것을) 중서성과 문하성에 감수[監定]하게 하였다"209라고 기술하였다.

문하성에서 심의기능을 수행한 것은 주로 시중侍中·황문시랑黃門侍郎·급사중給事中과 녹사錄事 등이었다. 시중은 문하성의 장관으로서, 황제가 재가裁可한 문안을 모두 서명한 후에 비로소 상서성에 보내 실행할 수 있었다.210 황문시랑의 "직임職任은 시중을 보좌하는 것이므로, 무릇 정치의 관용과 위엄, 일에 대한 상과 벌을 논의하는 데 모두 참여하였다."211 급사중은 "(황제의) 좌우에서

----

207 【옮긴이 주】: 『신당서』권142, 「최식전」(4669쪽). 본전本傳에 있는 관련 내용은 다음과 같다. "원화 연간에 최식은 급사중給事中이 되었다. 이때 황보박皇甫鎛은 판탁지判度支라는 직책에 있으면서 백관의 봉록[奉禀]을 삭감하자고 건의하였지만, 최식은 조서詔書를 봉환封還하였다." 본전에는 바로 이어서 최식이 봉박封駁한 안건이 추가되어 있다. "황보박은 또 천하가 (이미) 교납繳納한 소금[鹽]·술[酒]에 의한 이익 가운데 가격이 상승한 부분은 새로운 가격으로 이전에 미납한 금액을 산출해서 모두 추상追償하자고 청하였다. 최식은 상주하여 '전란이 오래되어 백성百姓은 빈궁해졌기 때문에 이전에는 비록 가격이 그 실제 규정보다 높았다고 해도 현재 다시 회수할 수 없습니다'라고 하였다. 이에 논의한 사람들은 모두 황보박을 비난하였기 때문에 그는 두려워서 그만두었다"(4669쪽).
208 【옮긴이 주】: '영휘'는 당의 제3대 황제 고종(재위 649~683)의 첫 번째 연호(650~655)이다.
209 【옮긴이 주】: 『구당서』권50, 「형법지」에서는 "고종高宗 …… 영휘永徽 …… 3년(652), 조서를 내려 '율학律學에는 아직 정해진 소疏가 없기 때문에 매년 시행하는 명법明法 시험에 적절히 의거할 바가 없다. 율律을 해석하는 사람을 널리 초치招致해서 율조의 의소를 지어서 주문하도록 하라'라고 하였고, 이에 (이것을) 중서성과 문하성에 감수[監定]하게 하였다"(2140~2141쪽)라고 하였다.
210 『당육전·문하성』.
 【옮긴이 주】: 김택민 주편, 『역주당육전 중』권8, 「문하성·시중」에서는 "시중의 직임은 제명帝命을 출납出納하여 대도大道를 빛나게 하고, 관리의 직무를 총괄하며, 의례儀禮의 진행을 도움으로써 만방萬邦을 협화協和하고 (군주의) 여러 일을 보필하는 것이니, 이른바 황제를 보좌하여 대정大政의 (방략을) 통섭統攝하는 자이다. …… 신하가 황제에게 문서를 올리는 형식[制]에는 여섯 가지가 있다. 첫째 주초奏抄, 둘째 주탄奏彈, 셋째 노포露布, 넷째 의議, 다섯째 표表, 여섯째 장狀이다. (시중은 이러한 문안을) 모두 심의하고 서명하여 복주覆奏한 다음 시행한다. 복주한 (문안에 황제가) '가可'라고 쓰면 문하성에 두고 본안本案으로 삼는다. 다시 한 통을 베껴 시중이 '제가制可'라고 주기注記한 후 봉인封印을 찍고 서명하여 상서성에 보내 시행하게 한다(21쪽~24쪽)라고 하였다. 이 문장에 나오는 '복주'에 대해서는 제1장 주 178 참조.
211 『당육전·문하성』.
 【옮긴이 주】: 김택민 주편, 『역주당육전 중』권8, 「문하성·황문시랑」(32쪽). 이어지는 문장은 다음과 같다. "대제사大祭祀 때는 황제를 따라 제단祭壇에 올라가 예식禮式을 돕는다. 황제가 손을 씻으면[盥手] 수건[巾]을 바쳐 올리고, 닦은 뒤에는 수건을 광주리[篚]에 놓으며, 포작匏爵을 바쳐 (황제가) 헌주獻酒하는 것을 돕는다. 원정元正·동지冬至에 황제가 조회朝會에 참석하면 전국의 상서祥瑞를 주문奏聞한다"(32쪽).

시봉侍奉하고 문하성의 일을 나누어 재결裁決하는 일을 담당하였다. 각 관사에서 올린 주초奏抄는 모두 시중이 심사하였는데 (급사중이) 먼저 열독하고[讀] 서명하며[署], 과실을 박정駁正하였다."²¹² 그들 간의 업무 연계는 위의 글[上文]²¹³에서 규정하였듯이 "녹사가 대조하고, 급사중이 열독하며, 황문시랑이 성찰하고, 시중이 심사하였다."²¹⁴ 이러한 과정에서 녹사와 급사중이 가장 중요하였다. 왜냐하면, 그들은 구체적으로 심의하는 작업을 진행하여 처리에 대한 상세한 의견을 제출해야 하였기 때문이다.

입법을 심의하는 과정에서 각각의 관리는 모두 법에 따라 직무를 완수해야 하였고, 위반한 때에는 제재制裁를 받았다. 즉 "봉박封駁에 과오가 있었던 때에는 법으로 처벌한다"²¹⁵라는 것이다. 구체적인 규정은 앞에서 이미 자세히 논술하였다.

3. 입법심의제도의 특징·기능·영향과 한계성

당唐 이전의 역사와 비교할 때, 당률이 확립한 입법심의제도의 현저한 특징 중 하나는 전문적인 중앙의 중추 기관과 관리官吏가 이 제도의 집행을 책임진다고 규정한 점이다. 이것은 입법심의에 관한 업무를 조직적으로 보장하였다. 당 이전에도 봉박封駁이 있었다. 예컨대 "한 애제漢哀帝²¹⁶가 동현董賢²¹⁷을 봉封하고자 하였지만, 승상 왕가王嘉²¹⁸가 조서詔書를 봉환封還하였다"²¹⁹라고 한 사

---

212 『당육전·문하성』.
【옮긴이 주】: 김택민 주편, 『역주당육전 중』 권8, 「문하성·급사중」(35쪽). 이어지는 문장은 다음과 같다. "무릇 제서[制]와 칙서[敕]를 선포할 때에는 대사大事의 경우 황제의 덕택德澤을 칭양하고 공업功業을 찬양하면서 복주覆奏해서 시행할 것을 청하며, 소사小事의 경우 (복주하지 않고) 서명하여 반포한다. 무릇 국가의 중대 옥사大獄는 삼사三司에서 상세히 판결하는데, 만약 형명刑名이 부당하거나 형의 경중에 불합리한 점이 있으면 (급사중이) 법례法例에 의거하여 (원안을) 물리치고 재결裁決한다."(35~36쪽) 이밖에 급사중의 직임에는 역마驛馬에 의한 사신의 파견, 문무 6품 이하의 관직 수여, 전국의 억울한 죄·소송의 지체 및 관리에게 피해를 입은 사안에 대한 처리 등도 있었다(36~38쪽).
213 【옮긴이 주】: '상문上文'은 '『당률소의』「명례40」(제40조)「동직범공좌조」「소의」'(주 191 참조)를 말한다.
214 【옮긴이 주】: 주 191 참조.
215 『구당서·고조본기高宋(宋은 祖의 오기)本紀』.
【옮긴이 주】: 이 문장은 「고조본기」에 보이지 않고, 그 출처도 알 수 없다.
216 【옮긴이 주】: '한 애제'는 전한의 제13대 황제(재위 B.C. 7~B.C. 1)이다.
217 【옮긴이 주】: 동현(B.C.22~B.C.1)의 자字는 성경聖卿이고, 운양현雲陽縣(지금의 섬서성 순화淳化) 사람이다. 그는 용모가 미려美麗하여 애제의 총애를 받았고, 이 때문에 22세에 이미 관직이 대사마大司馬·위장군衛將軍에 이르러 조정을 농단하였고, 그의 아버지·동생과 처의 아버지 등의 관직도 공경公卿에 이르렀다. 동현은 애제가 사망하자 즉시 실각됨과 동시에 자결하였다(『한서漢書』권93, 「영행전佞幸傳·동현전董賢傳」, 3733~3741쪽).
218 【옮긴이 주】: '왕가'의 생몰 연대는 ?~B.C. 2년이다.

례가 그것이다. 그러나 후세 사람[後時]은 당 이전에도 "봉박제도가 있었지만", "전문적인 관리는 없었다"²²⁰라고 논평하였다. 이러한 결론은 수긍이 간다. 당률이 규정한 이 제도는 중국의 봉건적 입법이 이미 성숙한 단계까지 발전하였다는 것을 상징한다.

입법심의제도의 기능은 입법을 완벽하게 하고 법률의 내용을 조화롭게 하는 데 있었다. 당률은 그 자체가 완벽한 입법의 산물이었다. 당률은 "구율 가운데 가장 완전한 것[舊律之最全者]"· "법가가 가장 중시할 만한 책[法家最可寶貴之書]"²²¹으로 공인되고 있다. 입법심의제도가 없었다면, 당률이 어떻게 이러한 명성을 누릴 수 있었을지 상상할 수도 없다.

당률이 규정한 입법심의 절차는 후세에도 모방하였다. 송宋 때는 당대의 삼성제도三省制度를 계속 사용하였고, 동시에 문하성이 여전히 입법심의 직능職能을 집행하였다. 예컨대 『송회요집고宋會要輯稿· 직관職官』에서는 송 휘종宋徽宗²²² 선화宣和²²³ 7년(1125년)에 조서를 반포하여 "중서성은 (백관의 서무를) 평의해서 (법안을) 논정하고, 문하성은 박정하며, 상서성은 받들어서 실행하는데, 부당한 점이 있다면 각자의 의견을 논하여 상주하도록 하라"²²⁴라고 하였다. 명대明代는 삼성제도를 폐지하였지만, 여전히 입법을 심의하는 전문관을 두었다. 예컨대 『당명률합편唐明律合編· 직제職制』²²⁵에서는 "(명대는) 비록 문하성의 장관을 폐지하였지만, 육과급사중六科給事中을 설치해서 봉박封駁의 직임을 주관하도록 하였다"²²⁶라고 하였다.

당대의 입법심의제도는 결국 봉건사회의 산물이었기 때문에 한계성이 없을 수 없었다. 첫째,

---

219 『일지록日知錄· 권9』.
【옮긴이 주】: 이 문장은 『한서』권93, 「영행전·동현전」에는 없다. 본전(3735쪽)에 의하면, 애제는 동현을 고안후高安侯에 봉하고, 식읍食邑 1000호戶를 하사하였다. 그런데 승상 왕가는 동현이 국가의 제도를 문란시켰다고 간쟁諫爭하였고, 결국 이 언사言事로 인해 하옥되어 사망하였다.
220 『국사구문國史舊聞· 권24』, 중화서국中華書局 1980년판年版.
221 【옮긴이 주】: 이상의 문구는 『황조경세문속편皇朝經世文續編』권99, 「형정刑政2· 율례상律例上」에 수록된 유정섭俞正燮, 「당률소의발唐律疏議跋」에 나온다.
222 【옮긴이 주】: '송 휘종'은 북송의 제8대 황제(재위 1100~1125)이다.
223 【옮긴이 주】: '선화'는 북송의 제8대 황제 휘종의 마지막 연호(1119~1125)이다.
224 【옮긴이 주】: 이 문장이 원서에는 "中書議而論之 門下省而駁之 尙書承而行之 有不當者 自可論奏"로 되어 있다. 그러나 이 자료는 [청淸]서송徐松 집輯, 『송회요집고』 「직관」에는 없고, 게다가 본서 어디에도 보이지 않는다. 이 문장은 [청]서송 집, 『송회요집고』제58책冊, 「직관 1지42一之四二」, 「삼성三省」 「선화宣和 7년(1125) 4월 27일 수조手詔」(2350쪽)에 있는 "中書揆而議之 門下省而覆之 尙書承而行之 有不當者 自可論奏"라는 문장을 오기한 듯하고, 해석은 "중서성은 (백관의 서무를) 헤아려 (법안을) 의정하고, 문하성은 복주하며, 상서성은 받들어서 실행하는데, 부당한 점이 있다면 각자의 의견을 상주하도록 하라"가 될 것이다.
225 【옮긴이 주】: '직제'는 '「명률明律권3· 이율吏律2」'의 오기이다(주 226 참조).
226 【옮긴이 주】: [청淸]설윤승薛允升 찬撰, 회효봉懷效鋒· 이명李鳴 점교點校, 『당명률합편』권10, 「명률明律권3· 이율吏律2」 「제서유위조制書有違條」 「쇄언瑣言」(204쪽).

입법심의제도의 수립은 입법을 완벽하게 하고, 봉건적 법제의 완전을 기하며, 최종적으로 봉건적 전제통치를 유지·보호하고 강화하기 위한 것이었다. 이것은 농민계급의 근본적인 이익과 배치背馳되었다. 따라서 이 제도는 당대 지주계급과 광대한 농민 간의 근본적인 모순을 해결할 수 없었고, 당왕조를 영원히 존속시킬 힘도 없었다.

둘째, 당대 지주계급의 역사적 지위는 입법심의제도가 가지는 자발성을 결정하였다. 당대 중기 이후, 특히 후기가 되면, 중앙집권의 강화에 따라 재상권력도 한 차례 침해를 당하면서 삼성三省의 견제기능은 더욱 상실되었고, 문하성의 봉박기능도 유명무실해졌다. 예컨대 당 대종唐代宗[227] 영태永泰[228] 원년(765년)에 내추밀사內樞密使를 설립하여 환관宦官을 전용專用해서 기밀 및 상주문[章奏]·조서의 발포를 관장하게 하였기 때문에 삼성의 장관은 "결정된 조명詔命을 받들고, 제칙制敕을 집행하며, 전고典故를 강론하고, 문사文事를 연구하였을 뿐이었다."[229] 이로써 당률이 규정한 입법심의제도는 오직 황권의 부속품으로서 황제의 필요에 따라 존폐 될 뿐이었음을 알 수 있다.

---

227 【옮긴이 주】: '당 대종'은 당의 제8대 황제(재위 762~779)이다.
228 【옮긴이 주】: '영태'는 당의 제8대 황제 대종의 세 번째 연호(765~766)이다.
229 『자치통감資治通鑑·권282』.
【옮긴이 주】: [송宋]사마광司馬光 편저編著, 『자치통감』권282, 「후진기後晉紀3·고조중高祖中」「천복天福 4년(939) 하夏 4월 신사辛巳」(1959쪽). 이 문장 앞에는 "양 태조梁太祖(재위 907~912) 이래 군국軍國의 대정大政은 천자天子가 대부분 숭정사崇政使·추밀사樞密使와 의론議論하였다"(1959쪽)라는 문구가 있다.

제7장
당률의 여러 문제(상)

당률 중에는 또 주목되는 여러 문제가 있다. 이것들을 이해하면, 당률 그 자체와 중국고대 입법의 여러 방면을 한 단계 더 인식하는 데 도움이 된다.

제1절 불교·도교 문제

당률이 제정되었을 때, 중국에서 비교적 영향이 컸던 종교는 불佛·도道의 양교兩敎였다. 당률 중에는 두 종교에 관한 여러 내용이 있다.

1. 당 이전 불교·도교 및 관련 규정

대략 공원전公元前 5~6세기, 인도에서 비롯된 불교는 이후 점차 주변 국가로 전파되었다. 일반적으로 불교는 양한兩漢 교체기에 중국에 전래된 것으로 알려져 있다. 예컨대 『삼국지三國志·위지魏志·동이전東夷傳』[1]에서는 "옛날 한 애제漢哀帝[2] 원수元壽 원년,[3] 박사제자博士弟子 경로景盧[4]가 대월지왕大月氏王의 사신使臣 이존伊存[5]으로부터 『부도경浮屠經』을 구두로 전수 받았다[口受]"[6]라고 기록하였고, 『자치통감資治通鑑·한기漢紀』에서도 한 명제漢明帝[7]가 "서역西域에 신神이 있는데, 그 이름이 불佛이라는 것을 듣고는 사신을 천축天竺에 파견하여 그 도道를 구해 오게 하니, 그 책과 사문沙門을 얻

---

1 【옮긴이 주】: '『삼국지·위지·동이전』'은 '『삼국지』권30, 「위서魏書·오환선비동이전烏桓鮮卑東夷傳」'의 말미에 있는 배송지裴松之 주注에 인용된 『위략魏略』「서융전西戎傳」'의 오기이다(주 6 참조).
2 【옮긴이 주】: '한 애제'는 전한의 제13대 황제(재위 B.C. 7~B.C. 1)이다.
3 【옮긴이 주】: '원수'는 전한의 제13대 황제 애제의 연호(B.C. 2~B.C. 1)이고, '원수 원년'은 B.C. 2년이다.
4 【옮긴이 주】: '경로'의 생몰 연대는 미상이다.
5 【옮긴이 주】: '이존'의 생몰 연대는 미상이다.
6 【옮긴이 주】: 『삼국지』권30, 「위서·오환선비동이전」의 배송지 주에 인용된 『위략』「서융전」(859쪽).
7 【옮긴이 주】: '한 명제'는 후한의 제2대 황제(재위 57~75)이다.

어 왔다"⁸라고 기술하였다. 동한東漢 말년의 환제桓帝⁹·영제靈帝¹⁰ 때에 이르러 불교에 관한 문헌 기록이 점차 많아졌다. 이들 사료를 통해 그 당시 불교를 신봉한 것은 주로 상층귀족이었고, 민간에 대한 영향은 크지 않았음을 알 수 있다. 불교는 유학과는 내용이 상반되었지만, 도가의 방술方術과는 표면적으로 유사한 점이 있었기 때문에 사람들은 이것을 일종의 도술道術의 전파라고 보았다. 예컨대 『후한서·양해전襄楷傳』에는 양해¹¹가 상서문上書文에서 황로黃老와 부도浮屠는 하나의 도[一道]로 귀일歸一하고, "궁중宮中에 황로와 부도의 사당[祠]을 세웠다고 들었습니다. 이 도道는 청허淸虛하고, 무위無爲를 중시하며, 살리는 것[生]을 좋아하고 죽이는 것[殺]을 싫어하며, 욕망을 줄이고 사치를 버립니다'라고 하였다"¹²라고 기술하고 있다. 삼국三國·서진西晉 때 불도佛道는 현학玄學에 의부依附하였고, 불경에 대한 번역을 진행하였으며, 사묘寺廟와 승니僧尼의 수도 증가하였다. 동진東晉 때, 불교는 남북에 광범위하게 전파되어 도안道安¹³·혜원慧遠¹⁴·승조僧肇¹⁵라는 세 명의 대표적인 인물이 출현하였다. 남북조 시기, 지방 문벌들은 불교를 더욱 지지·육성하였고, 인과응보설因果應報說을 이용하여 사람들이 분수에 만족하고 본분을 지키며, 선행에 힘쓰고, 봉건적인 도덕관을 준수하도록 유도하였다. 남북조는 사회발전 상황이 같지 않았기 때문에 불풍佛風도 차이가 있었다. 북조는 불교의 계율 수행을 중시하였지만, 남조는 불교의 논리적 사고를 중시하였다. 이때 불교는 비로소 독립·발전의 길을 걸어서 중국에 정착하였고, 동시에 자체의 사원경제寺院經濟에 의존하게 되었다. 사료의 기록에 의하면, 북조의 위魏¹⁶ 말 때 강북지구江北地區에는 절[寺]이 3만여 곳[所], 승려·비구니가 200만 명이 있었고, 남조의 양梁 때도 절이 약 3000곳, 승려·비구니가 80여만 명이 있었다. 이들 사승寺僧은 대량의 토지와 재부財富를 소유하였고, 아울러 농민을 착취하여 지주계급의 대열에 들어가게 되었다. 수隋 때, 불교는 흥성기를 맞이하였다.

불교와 달리 도교는 중국 문화를 기반으로 형성된 종교였다. 일찍이 서한西漢 말년, 중국에는 이미 도사道士가 출현하였다. 예컨대 『한서·왕망전王莽傳』에서는 "이에 앞서 위장군衛將軍 왕섭王涉¹⁷

---

8 【옮긴이 주】: [송宋]사마광司馬光 편저編著, 『자치통감』권45, 「한기漢紀37·명제하明帝下」「영평永平 8년(65) 동冬 10월 병자丙子」(303쪽).
9 【옮긴이 주】: '환제'는 후한의 제11대 황제(재위 146~168년)이다.
10 【옮긴이 주】: '영제'는 후한의 제12대 황제(재위 168~189년)이다.
11 【옮긴이 주】: '양해'의 생몰 연대는 미상이다.
12 【옮긴이 주】: 『후한서』권30하, 「양해전」(1082쪽).
13 【옮긴이 주】: '도안'의 생몰 연대는 312~385년이다.
14 【옮긴이 주】: '혜원'의 생몰 연대는 335~417년이다.
15 【옮긴이 주】: '승조'의 생몰 연대는 384~414년이다.
16 【옮긴이 주】: '위'는 '북위'를 말한다.
17 【옮긴이 주】: '왕섭'의 생몰 연대는 ?~23년이다.

이 평소 도사 서문군혜西門君惠[18]를 부양하였다"[19]라고 기술하였다. 그러나 당시 도사는 대부분 민간에서 비밀리에 활동하였고, 그 수도 많지 않았다. 동한 말년, 도교는 민간에 공공연히 유포되었고, 신봉자도 갈수록 많아졌다. 예컨대『책부원구冊府元龜·제왕부帝王部·상황로尙黃老』에서는 연희延熹[20] 9년(166년), 탁룡궁濯龍宮에서 황로를 제사 지냈고, "이에 백성百姓 가운데 신봉자가 조금 있었지만, 이후 마침내 급변해서 성행하였다"[21]라고 하였다. 원시 도교는 이때 출현하였다. (후)한 말의 황건기의黃巾起義는 도교를 이용하였기 때문에 조위曹魏 때 원시 도교에 대해 진압과 회유 수단을 취하자, 도교 집단에 분화가 일어나서 살해를 당한 사람도 있었고, 지주계급의 상객上客이 된 사람도 있었다. 동진東晉의 갈홍葛洪[22]은 국가적 도교 이론과 의식儀式의 창시자였고, 당시 도교도 민간에서 국가로 전환되었다. 남북조 시기, 도교는 국교國敎로 확립되었는데, 국가가 국교 활동에 관여하였다. 예컨대『위서魏書·석로지釋老志』에서는 북위北魏 태무제太武帝[23]가 국도國都 평성平城에 도량道場[24]을 세웠는데, "단壇을 5층으로 쌓았고,『신경新經』의 제도에 따랐으며", 매일 6시에 예배하였고[祈禱六次],[25] "매달 주회廚會를 마련하니, 수천 명이 참석하였다. 도사 120명을 모았다[集道士一百二十人]"[26][27]라고 기술하였다. 또 그는 연호를 태평진군太平眞君[28]으로 바꾸었고,[29] 아울러 "친히 도단道壇에 이르러", "행차의 의식[法駕]을 정비하였고, 군기[旗幟]는 모두 청색을 사용하여 도가道家의 색에 따랐다."[30] 북위의 이러한 방식은 북주北周까지 유지되었다. 수隋 때 도교도 흥성기를 맞이하

....

18 【옮긴이 주】: '서문군혜'의 생몰 연대는 미상이다.
19 【옮긴이 주】:『한서』권99하,「왕망전하」(4184쪽).
20 【옮긴이 주】: '연희'는 후한의 제11대 황제 환제桓帝(재위 146~168)의 여섯 번째 연호(158~167)이다.
21 【옮긴이 주】: [북송北宋]왕흠약王欽若 등等 편編,『책부원구』(북경北京: 중화서국中華書局, 1994)권53,「제왕부·상황로1」「후한 환제 연희 9년 7월」(585쪽).
22 【옮긴이 주】: '갈홍'의 생몰 연대는 283~343?이다.
23 【옮긴이 주】: '태무제'는 북위의 제3대 황제(재위 423~452)이다.
24 【옮긴이 주】: '도량'은 '천사도량天師道場'을 말한다(주 27 참조).
25 【옮긴이 주】: '기도육차祈禱六次'는 '육시예배六時禮拜'의 오기이다(주 27 참조).
26 【옮긴이 주】: "도사 120명을 모았다"라는 문장은 원문에 없다. 이는 "도사 120명에게 의식을 지급하였다"(주 27 참조)의 오기로 보인다.
27 【옮긴이 주】:『위서』권114,「석로지」에서는 "(태무제) 시광始光(424~428) 초(424), …… 숭고산嵩高山 도사 40여 명이 이르자 마침내 천사도량天師道場을 경사(평성平城)의 동남쪽에 세웠다. 단을 5층으로 쌓고, 그리고『신경』의 제도에 따랐다. 도사 120명에게 의식을 지급하였다. 엄숙히 기원하였으며, (매일) 6시에 예배하였고, 매달 주회를 마련하니, 수천 명이 참석하였다"(전영섭,「『위서』석로지 역주」『중국사연구』8, 중국사학회, 2000], 301쪽)라고 하였다.
28 【옮긴이 주】: '태평진군'은 북위의 제3대 황제 태무제의 다섯 번째 연호(440~451)이다.
29 【옮긴이 주】: 태무제가 연호를 태평진군으로 개정한 시기는『위서』권4하,「세조기하世祖紀下」(93쪽)에 의하면,「태평진군 원년(440) 6월 정축丁丑」이다.

였다.

불·도의 양교兩敎가 정착하고 또 부단히 발전할 수 있었던 원인은 많지만, 그중 가장 중요한 것은 통치계급의 육성과 지지를 받았던 점이다. 당시 통치자들은, 백성이 "성불成佛할 수 있다"라는 설교를 믿고 일심一心으로 피안彼岸의 세계를 추구하면, 분수에 만족하여 본분을 지키고, 현실 사회의 착취와 압박을 견딜 수 있으며, 이것이 정치와 교화[政敎]에 매우 유리하다고 생각하였다. 바로 남조 송宋 때 시중侍中을 지낸 하상지何尙之[31]가, 불교가 "천하에 두루 파급되면 어진 사람[仁人]은 백만百萬이 될 것입니다. 무릇 한 가지 선행[一善]을 하면 (한 가지) 악행[惡]을 없앨 수 있습니다. 한 가지 악행[一惡]을 없애면 한 가지 형벌[一刑]을 그치게 할 수 있습니다. 한 가지 형벌이 가家에서 그치면 백 가지 형벌[百刑]이 나라[國]에서 그칠 것이니, 폐하께서 말하는 '앉아서 태평을 이룬다[坐致太平]'가 이것입니다"[32]라고 말한 바와 같다. 또 통치자들은 백성이 도교를 믿고 신선이 되는 것에 심취하면, 이 선남선녀善男善女들은 모두 현실의 착취제도를 이겨낼 수 있고, 따라서 교화를 돕는 목적을 달성할 수 있다고 보았다. 이 점에 대해 갈홍은 매우 분명하게 말하였다. 즉 도교는 "잘못과 비위를 바로잡고[匡夫[33]弼違], 미혹됨을 깨우치고 과실을 고칠 수 있으며", 마지막에는 "교화를 돕는 것을 귀하게 여긴다."[34]

불·도의 양교는 유용한 통치 도구였기 때문에 당唐 이전의 통치자들은 법률적 수단을 통해 이 두 종교를 보호하였다. 예컨대 『북사北史·소경전蘇瓊傳』에서는 북제北齊 황건皇建[35] 때, "서주성徐州城 내內의 오급사五級寺가 갑자기 동상銅像 100구軀를 도난당하였다. 담당 관리[有司]가 조사하여 인근의 야간 숙위宿衛 및 종적蹤迹이 의심되는 자 수십 명을 체포하였다. 소경은 일시 그들을 석방하였고,[36] 10일 후[後十日]에 도적의 성명과 은닉한 장소[賊處所]를 알아내고는 급습해서 모두 획득하

---

30 【옮긴이 주】: 『위서』권114, 「석로지」에서는 "(태평)진군 3년(443), (구)겸지寇謙之가 상주하였다. '지금 폐하께서 진군眞君으로서 세상을 통치하여 정륜천궁靜輪天宮의 법을 세우신 것은 개벽 이래 아직 이러한 일이 없었습니다. 마땅히 (도단에) 올라 부서符書를 받아서 성덕聖德을 드러내십시오.' 세조는 이것에 따랐다. 이에 친히 도단에 이르러 부록符籙을 받았으며, 행차의 의식을 정비하였고, 군기는 모두 청색을 사용하여 도가의 색에 따랐다. 이로부터 모든 황제는 즉위할 때마다 모두 이와 같이 하였다"(전영섭, 「『위서』 석로지 역주」, 301~302쪽)라고 하였다.
31 【옮긴이 주】: '하상지'의 생몰 연대는 382~460년이다.
32 양梁 승호僧祐, 『홍명집弘明集』, 「하상지답송문제어何尙之答宋文帝語」 소재所載.
33 【옮긴이 주】: '부夫'는 '실失'의 오기이다.
34 『포박자抱朴子·외편外篇·응조應嘲』.
35 【옮긴이 주】: '황건'은 북제의 제3대 황제 효소제孝昭帝(재위 560~561)의 연호(560~561)이다.
36 【옮긴이 주】: 『북사』(북경北京: 중화서국점교본中華書局點校本, 1974)권86, 「순리전循吏傳·소경전」(2878쪽). "석방하였고" 다음에 "사승寺僧들이 적을 심문하지 않는다고 원망하였다[怨訴]. 소경이 승려들을 돌려보내면서 사과하기를 '절[寺]에 돌아가 있도록 하시오. 동상을 찾으면 직접 보내도록 하겠소'라고 하였다"(2787

였다[實獲³⁸]"³⁹라고 기술하였다. 수隋 때, 수 문제隋文帝는⁴⁰ 불교·도교를 더욱 숭상하였고[尤崇⁴¹佛道,]⁴² 아울러 "영상을 주조하고 원래의 형상을 도사하여 온 나라가 모두 첨앙하게 하였다[雕得⁴³靈相圖寫眞形卒⁴⁴土瞻仰]."⁴⁵ 동시에 그는 불상佛像·도상道像을 훼손[毁]·절도[盜]한 행위를 엄중히 처벌하였다. 예컨대 『수서隋書·문제기文帝紀』에서는, 개황開皇⁴⁶ 20년(600년), 수 문제는 조서를 내려 "감히 불상 및 천존상天尊像·악진岳瀆·해독海瀆의 신형神形을 훼괴毁壞·절도[偸盜]한 자는 부도죄로 논한다[以不道論]"라고 하였고, 승려·도사 가운데 이러한 행위를 한 자는 가중처벌하였는데, 즉 "사문沙門이 불상을 파괴하였거나 도사가 천존(상)을 파괴한 경우에는 악역죄로 논한다[以惡逆論]"⁴⁷라고 하였다.

2. 당률의 불교·도교에 관한 규정

당률의 제정자는 당시의 종교정책과 이전 사람[前時]의 입법 경험에 의해서 당률에 불·도의 양교에 관한 문제에 대해 종래보다 더욱 완비된 규정을 두었다. 주된 내용은 다음과 같다.

첫째, 승려[僧]·비구니[尼]·도사道士·여관女官의 법률적 지위에 대하여 명확하게 하였다. 승려와 비구니는 모두 불교의 성직자로서, 승려는 남성이었고 또 '화상和尙'이라고도 칭하였으며, 비

쪽)라는 문장이 있다.
37 【옮긴이 주】: '후後' 앞에 '이爾'가 있다(주 39 참조).
38 【옮긴이 주】: '실획實獲' 다음에 '실험實驗'이 있다(주 39 참조). 이 글자를 포함하면 문장은 "실제 증거물을 모두 획득하였다"가 될 것이다.
39 【옮긴이 주】: 『북사』권86, 「순리전·소경전」(2878쪽).
40 【옮긴이 주】: '수 문제는' 다음에 "연령이 노후에 접어들어"라는 문구가 있다(주 42 참조). 수 문제는 수隋의 초대 황제(재위 581~604)이다.
41 【옮긴이 주】: '숭崇' 다음에 '상尙'이 있다(주 42 참조).
42 『수서』「형법지」.
 【옮긴이 주】: 전영섭, 「『수서』 형법지 역주 Ⅱ」(『부대사학』28·29 합집, 부산대학교사학회, 2005, 499쪽).
43 【옮긴이 주】: '득得'은 '주鑄'의 오기이다(주 45 참조).
44 【옮긴이 주】: '졸卒'은 '솔率'의 오기이다(주 45 참조).
45 『수서』「문제기文帝紀」.
 【옮긴이 주】: 『수서』권2, 「문제기하」「개황開皇 20년(600) 12월 신사辛巳 조칙」(45쪽). 본서에 의하면, '솔토첨앙率土瞻仰' 다음에 '용신성경用申誠敬'이 있다. 이 네 자를 포함하면, 문장은 "모두 첨앙하고 또 성경을 다하게 하였다"가 될 것이다.
46 【옮긴이 주】: '개황'은 수의 초대 황제 문제文帝의 첫 번째 연호(581~600)이다.
47 【옮긴이 주】: 이상 『수서』권2, 「문제기하」「개황 20년(600) 12월 신사 조칙」(46쪽). 『수서』25, 「형법지」「수문제 개황」 20년 조칙」에서는 "사문·도사가 불상·천존상을 파괴하였거나 백성百姓이 악岳·독瀆의 신상神像을 파괴한 경우에는 모두 악역죄로 논한다[以惡逆論]"(전영섭, 「『수서』 형법지 역주 Ⅱ」, 500쪽)라고 하였다.

구니는 여성이었고 또 '니고^{尼姑}'라고도 칭하였다. 도사와 여관은 도교의 성직자로서, 도사는 남성이었고, 여관^{女官}은 여성이었으며 또 '여관^{女冠}'으로도 칭하였다. 그들은 모두 출가자^{出家者}로서, 법률적 지위는 일반인[凡人]과 달랐기 때문에 당률은 전문적인 규정을 두었다. 예컨대『당률소의·명례』「칭도사여관조^{稱道士女官條}」에서는 "무릇 도사·여관이라고 칭한 것은 승려[僧]·비구니[尼]도 같다"[48]라고 규정하고 있듯이, 그들의 법률적 지위는 같았다. 그들과 사주^{師主}의 관계는 "또한 그 스승[師]에 대한 것은 백숙부모^{伯叔父母}와 같다"[49]라고 하여, 그들과 백숙부모의 관계와 같았다. 본 조「소의」에서는 사주^{師主}의 신분에 대해 그들은 "도관^{道觀}·사원^{寺院} 내^內에서 친히 경전의 가르침을 받은[親承經教]"[50] 사람이라고 해석하였다. 도관·사원 내의 '삼강^{三綱}'과 부곡·노비의 관계는 가주^{家主}의 기친^{期親} 친속과 부곡·노비의 관계와 같았다. 즉 "도관·사원의 부곡·노비의 삼강에 대한 것은 주인의 기친과 같다"[51]라고 규정하였고,「소의」에서는 '삼강'에 대해 도관 내의 "상좌^{上座}·관주^{觀主}·감재^{監齋}"와 사원 내의 "상좌^{上座}·사방^{寺方}·도유나^{都維那}"[52]가 이것이라고 해석하였다. 또 승려·비구니·도사·여관과 부곡·노비의 관계는 "주인의 시마친^{緦麻親}과 같다"[53]라고 하여, 가주의 시마친과 부곡·노비의 관계와 같았다. (이상과 같이) 법률관계를 명확히 한 후, 승려·비구니·도사·여관은 모두 이것에 의해서 권리를 향유하였고, 의무를 부담하였다. 본 조「소의」에서는 만약 그들이 사주^{師主}를 욕한[罵] 때에는 '백숙부모에게 욕한 죄'가 구성되어 "도^徒1년에 처한다"[54]라고 예를 들어 설명하였다.

둘째, '사입도^{私入道}, 즉 사사로이 입도한' 행위에 대하여 금지하였다. 사입도^{私入道}는 관부[官方]의 비준^{批准}를 거치지 않고 독단적으로 승려[僧]·비구니[尼]·도사·여관이 된 행위를 가리킨다. 당대에는, 무릇 출가한 승려·비구니·도사·여관은 모두 부역^{賦役}을 면제받을 수 있다고 규정하였다. 국가는 부역의 원천을 확보하기 위해 입도자^{入道者}의 인수^{人數}를 엄격하게 규제하였다. 출가자^{出家}

---

48 【옮긴이 주】:『역주율소 - 명례편 - 』「명례57」(제57조)「칭도사여관조」, 368쪽.
49 【옮긴이 주】:『역주율소 - 명례편 - 』「명례57」(제57조)「칭도사여관조」, 369쪽.
50 【옮긴이 주】:『역주율소 - 명례편 - 』「명례57」(제57조)「칭도사여관조」「소의」, 369쪽.
51 【옮긴이 주】:『역주율소 - 명례편 - 』「명례57」(제57조)「칭도사여관조」, 370쪽.
52 【옮긴이 주】:『역주율소 - 명례편 - 』「명례57」(제57조)「칭도사여관조」「소의」, 370쪽.
53 【옮긴이 주】:『역주율소 - 명례편 - 』「명례57」(제57조)「칭도사여관조」에서는 "나머지 도사에 대한 것은 주인의 시마친과 같다"(371쪽)라고 규정하였다.
54 【옮긴이 주】:『역주율소 - 명례편 - 』「명례57」(제57조)「칭도사여관조」「소의」에서는 "스승[師]은 도관^{道觀}·사원^{寺院} 내에서 친히 경전^{經典}의 가르침을 받아 사주^{師主}가 되어야 할 사람을 말한다. 만약 그를 범하였다면 백숙부모에 대한 죄와 같다. 투송률^{鬪訟律}에 의하면 '백숙부모를 욕한 자는 도1년에 처한다'라고 하였으므로, 만약 사주를 욕한 자도 또한 도1년에 처한다. 다른 조항에서도 사주를 범한 경우에 대해서는 모두 백숙부모와 같다"(369쪽)라고 해석하였다.

者는 관부[官力]의 비준을 받고 또 증명서를 취득해야만 입도할 수 있었다. (따라서) 사입도私入道는 범죄 행위로서 형사처벌을 받아야 하였다. 예컨대 『당률소의·호혼』 「사입도조私入道條」에서는 무릇 사사로이 입도한[私入道] 자는 모두 "장杖100에 처한다"[55]라고 규정하였다. 타인他人을 불법으로 입도시켰거나 가장家長이 자녀의 사사로운 입도[私入道] 행위를 주도적으로 교사敎唆한 때에는 입도시킨 자 혹은 가장도 동일한 처벌을 받아야 하였다. 만약 후과後果가 엄중하여 이미 호적[戶籍]에서 삭제된 때에는 가중처벌이 적용되어 '도徒1년'으로 판결되었다. 호적이 있는 주州·현縣의 주관主管 관리와 사원寺院·도관道觀의 관리자管理者가 실정을 알고도[知情] 사사로이 입도한[私入道] 행위를 용인容認한 때에도 사사로이 입도한[私入道] 사람과 같은 제재를 받았다. 승려·비구니·도사·여관이 범법행위로 인해 환속해야 하는데, 환속還俗하지 않아도 된다고 판결한 경우, 판결한 사람도 사사로이 입도한[私入道] 행위에 의거해서 처벌받아야 하였다.[56]

셋째, 승려·비구니·도사·여관을 무고誣告한 행위에 대하여 규제하였다. 당대의 규정에 의하면, 출가인은 모두 승복僧服·도복道服을 입어야 하였고, 임의로 속인俗人의 의복을 입었다면 위법이 되어 사원·도관에서 축출·환속되어야 하였다. 따라서 승려·비구니·도사·여관이 이러한 행위로 기소되어 사실로 밝혀진 경우에는 율에 따라 처리하였다. 예컨대 『당률소의·명례』「제면비도조除免比[57]徒條」「소의」에서는 "가령 어떤 사람이[有人] 도사道士 등이 함부로 속인의 의복을 착용하였다고 고발하였는데[告], 만약 사실인 때에는 모두 환속시켜야 한다"라고 하였다. (그런데) 「소의」에서는 이어서 "원래 허위인 때에는 반좌反坐하되 도徒1년에 비比[58]한다"라고 하여, 무고인 때에는 무고자誣告者를 반좌해서 처벌하였다. 이외에 승려·비구니·도사·여관의 다른 불법 행위를

---

55 【옮긴이 주】: 『역주율소 - 각칙(상) - 』 「호혼5」(제154조) 「사입도조」에서는 "무릇 사사로이 입도하였거나 그에게 도첩度牒을 준 자는 장杖100에 처한다"(2211쪽)라고 규정하였고, 「소의」에서는 "'사사로이 입도하였다'라는 것은 도사·여관·승려·비구니 등이 되면서 관官이 도첩을 준 것이 아님을 말하며, 사사로이 입도하였거나 그에게 도첩을 준 자는 각각 장100에 처한다"(2212쪽)라고 해석하였다.

56 【옮긴이 주】: 『역주율소 - 각칙(상) - 』 「호혼5」(제154조) 「사입도조」에서는 "무릇 사사로이 입도하였거나[私入道] 그에게 도첩度牒을 준 자는 장100에 처한다. 만약 가장으로 말미암았다면 가장이 처벌받아야 한다. 이미 호적에서 삭제된 때에는 도1년에 처한다. 본적지[本貫]의 주사主司 및 도관道觀·사원寺院의 삼강三綱이 실정을 안[知情] 때에는 같은 죄로 처벌한다[與同罪]. 만약 범법행위로 인해 도관·사원을 떠나야 하는데, 판결을 받고도 환속하지 않은 자는 사도법私度法에 따른다. 만약 감림관監臨官이 사사로이 함부로 다른 사람에게 도첩을 준 경우, 1인이었다면 장100에 처하고, 2인마다 1등을 가중한다"(2211~2212쪽)라고 규정하였다. 그런데 본문 가운데 마지막의 "승려·비구니·도사·여관이~처벌받아야 하였다"라고 설명한 것은 본 조 및 「소의」에 없다. 이러한 설명은 "만약 범법행위로 인해 도관·사원을 떠나야 하는데, 판결을 받고도 환속하지 않은 자는 사도법에 따른다"라는 규정을 오인한 것으로 보인다.

57 【옮긴이 주】: '차此'는 '비比'의 오기이다(주 62 참조).

58 【옮긴이 주】: '비'에 대해서는 제1장 주 123 및 제2장 주 58 참조.

무고해서 환속되는 것을 조장하였다면, 무고자도 상응하는 처벌을 받아야 하였다. 예컨대 본 율조律條에서는 "만약 도사道士·여관女官이 환속해야 하는 자라고 무고한 경우에는 도1년에 비比한다"라고 규정하였다. 동시에 (도사·여관을) 무고해서 그들이 고역苦役을 하도록 조장하였다면 무고자도 반좌反坐되어 처벌을 받아야 하였고, 태형笞刑으로 대역代役하였다. 즉 본 조에서는 "그런데 고사苦使[59]해야 하는 자라고 무고한 때에는 (고사) 10일마다 태笞10으로 비比한다"라고 규정하였다. 게다가 관리가 이러한 안건을 접수·심리하면서 형벌을 출입出入[60]한 바가 있었던 때에도 반좌에 따라 처벌되었다. 예컨대 본 조 「소의」에서는 "환속[61] 및 고사로 판결해야 하는데 관사官司에서 방면放免으로 판결하였거나, 환속 및 고사로 판결해서는 안 되는데 관사에서 왕법枉法하여 죄를 가중한[入罪] 것을 말하며, 각각 이것은 반좌해서 도형·장형에 처하는 법에 의거한다[依此反坐徒·杖之法]"[62]라고 하였다.

넷째, 승려·비구니와 도사·여관의 간통 행위에 대하여 엄중히 징벌하였다. 당대唐代도 남녀 간의 부정한 성행위를 금지하였고, 위반하였다면 범죄가 되었다. 예컨대 『당률소의·잡률』「범간조凡姦條」에서는 "무릇 간姦한 자는 도徒1년반에 처한다. 남편[夫]이 있는 때에는 도2년에 처한다"[63]라고 규정하였다. 불교·도교에는 모두 '팔계八戒'라는 규정이 있는데, 그중 한 가지가 '사음하지 않는 것[不邪淫]'이고, 구체적으로 말하면 '음욕淫欲·난륜亂倫하지 않는 것'이다. 승려·비구니와 도사·여관은 모두 이 계율을 엄수해야 하였고, 만약 위반하였다면 간죄姦罪에 의거해서 2등을 가중처벌하였다. 예컨대 『당률소의·잡률』「감주어감수내간조監主於監守內姦條」에서는 "무릇 감림監臨·주수主守가 감수監守하는 구역 내에서 간한 때에는 간죄姦罪에서 1등을 가중하고", "도사道士·여관女官이 간한 때에는 각각 또 1등을 가중한다"[64]라고 규정하여, 도徒2년반에 처해졌다. 또 본 조 「소의」

---

59 【옮긴이 주】: '고사'는 방에 갇혀서 규칙을 정하여 사경寫經 시키고, 또 글을 읽지 못하는 자에게는 도관·사원 내의 다른 일을 부과하는 징계 조치를 말한다(율령연구회律令研究會 편編, 『역주일본율령譯註日本律令5 당률소의역주편唐律疏議譯註篇1』, 140쪽, 주 7).

60 【옮긴이 주】: 관리에 의한 죄의 '출입出入, 즉 감경·가중'에 대해서는 제1장 주 124 참조.

61 【옮긴이 주】: '환속' 앞에 "'관사官司에서 감경·가중하였다[出入]'라는 것은"이라는 문구가 있다(주 62 참조).

62 【옮긴이 주】: 이상 여러 규정은 『역주율소 - 명례편 - 』「명례23」(제23조)「제면비도조」 및 「소의」, 205~206쪽 참조.

63 【옮긴이 주】: 『역주율소 - 각칙(하) - 』「잡률22」(제410조)「간조」에서는 "무릇 간姦한 자는 도1년반에 처한다. 남편[夫]이 있는 때에는 도2년에 처한다. 부곡·잡호雜戶·관호官戶가 양인良人을 간한 때에는 각각 1등을 가중한다. 만약 관官·사비私婢를 간한 때에는 장90에 처한다. 노奴가 비婢를 간한 때에도 같다[同]. 타인의 부곡처部曲妻나 잡호·관호의 부녀婦女를 간한 때에는 장100에 처한다. 강간한 때에는 각각 1등을 가중한다. (강간하다가) 절상折傷을 가한 때에는 각각 투절상죄鬪折傷罪에서 1등을 가중한다"(3227~3228쪽)라고 규정하였다.

64 【옮긴이 주】: 『역주율소 - 각칙(하) - 』「잡률28」(제416조)「감주어감수내간조」, 3234쪽. 본 조에서는 이어서

에서는 "승려[僧]⁶⁵·비구니[尼]도 같다[同]"⁶⁶라고 보충하였기 때문에 승려·비구니도 이 규정에 적용되었다.

다섯째, 불교·도교의 신상神像에 대하여 보호하였다. 불교·도교의 신상은 두 종교의 존재를 상징하였고, 사람들이 참배하는 대상이기도 하였다. 당대는 이러한 신상을 보호하여, 무릇 절도·훼손한 행위가 있었다면 모두 상황에 따라서 엄중한 제재를 받았다. 예컨대 『당률소의·적도』「도훼천존불상조盜毀天尊佛像條」에서는 일반인[凡人]이 "천존상·불상을 절도·훼손한 때에는 도3년에 처한다"라고 규정하였다. 그러나 "도사道士·여관女官이 천존상을 절도·훼손한 때나 승려[僧]·비구니[尼]가 불상을 절도·훼손한 때에는 가역류加役流에 처한다"라고 규정하여, 일반인의 동일한 행위보다 매우 엄중하였다. 본 조「소의」에서는 그들이 "섬기는 선성先聖의 형상形像을 절도·훼손하였기 때문에 가역류에 처해서 속인俗人의 법과 같지 않게 한 것이다"라고 해석하였다. 그들이 단지 진인상眞人像과 보살상菩薩像만을 절도·훼손하였다면 "각각 1등을 감경"하였다. 만약 훼손하지 않고 단지 절도만 하였고 또 그 목적이 공양하는 데 있었다면 "이익을 탐한 것이 아니"었기 때문에 "장杖100에 처"할 뿐이었다. 그밖에 신상을 절도·파손한 경우, 즉 "화생化生·신왕神王과 같은 것들[類]"에 대해서는 율조律條에 규정이 없지만,「소의」에서 "해서는 안 되는 행위[不應得爲] 중에서 (정리상) 엄중한 쪽에 따라"⁶⁷ 처벌한다고 보충하였기 때문에 장80에 처하였다.⁶⁸

이외에도 당률은 불교·도교 중의 일부 교규敎規를 법률로 인정하였는데, '십직일十直日'에 관한 규정이 그중 하나이다. 예컨대 『당률소의·단옥』「입춘후추분전불결사형조立春後秋分前不決死刑條」에서는 "범한 죄가 비록 즉시 집행해야 하더라도 만약 단도월斷屠月 및 금살일禁殺日에 집행한 자는 각각 장60에 처한다"⁶⁹라고 규정하였는데. 이 가운데 '금살일'이 곧 십직일이다. 십직일은 '십재일十齋日'이라고도 하며, 불교·도교에서 매월 10일 동안 가축의 도살·물고기잡이 및 (사)형의 집행 등을 금지하는 규정이다. 본 조「소의」에서는 이러한 일자日子를 나열하였는데, 매월 '1일·8일·14

"부녀는 일반 간죄로 논한다[以凡姦論]"(3234쪽)라고 규정하였다.
65 【옮긴이 주】: '승려' 앞에 "도사·여관의 경우에는"이 있다(주 66 참조).
66 【옮긴이 주】: 『역주율소 - 각칙(하) - 』「잡률28」(제416조)「감주어감수내간조」「소의」, 3234쪽.
67 【옮긴이 주】: 이상 여러 규정은 『역주율소 - 각칙(상) - 』「적도29」(제276조)「도훼천존불상조」 및 「소의」, 2447~2448쪽.
68 【옮긴이 주】: "장80에 처하였다"라는 것은 『역주율소 - 각칙(하) - 』「잡률62」(제450조)「불응득위조不應得爲條」에서 "무릇 해서는 안 되는데 한 경우에는 태40에 처한다. 율律·영令에 조문은 없지만 정리상情理上 해서는 안 되는 것을 말한다. 사안이 정리상 엄중한 경우에는 장80에 처한다"(3277쪽)라고 한 규정에 근거한다.
69 【옮긴이 주】: 『역주율소 - 각칙(하) - 』「단옥28」(제496조)「입춘후추분전불결사형조」, 3373쪽.

일·15일·18일·23일·24일·28일·29일·30일'이 그것이다. 무릇 이들 일자에 사형을 집행한 경우, 당률은 당사자의 형사책임을 추궁하여 "장杖60"[70]으로 처벌하였다.

3. 당률 중 불교·도교에 관한 규정 발생의 주요 원인

당 전기 불·도의 양교兩敎는 충분히 발전하여 점차 전성기에 이르렀다. 그 원인은 다양하지만, 주된 것은 당시 통치자의 대대적인 육성과 지지였다. 예컨대 당 태종唐太宗[71]은 수隋 말에 폭발한 농민기의農民起義에 대해 당시 "부역賦役의 가중[繁重], 관리의 착취, 절박한 기한飢寒 등으로 염치를 차릴 겨를이 없었기"[72] 때문이라고 보았다. 따라서 통치자는 의식적으로 여러 수단을 통해 불교·도교를 발전시켰고, 그것들을 마취제로 삼아 인민人民의 반항 의지를 불식시켜서 백성들에게 "염치를 차리게" 하였다. 당 태종[73]도 스스로 "짐朕이 천명天命을 받아 제위에 올라[膺期] 천하를 다스리면서[馭宇] 교법敎法을 흥륭興隆시켰는데, 그 뜻[志]은 이롭게 할 것을 깊이 생각하였고, 마음[情]은 보호하고 지키는데[護持] 두었다"라고 하였고, 그 목적은 "복전福田[74]을 영원토록 안정시키는 것"[75]이었다. 이 때문에 통치자는 불교·도교의 양교를 발전시킬 수 있는 여러 가지 이유를 찾았는데, 다음과 같이 세 가지 사례를 들 수 있다.

첫째, 승려·도사가 자신들의 즉위를 도왔다는 이유로 사원과 도관道觀을 건립해서 이에 보답하였다. 예컨대 이연李淵[76] 부자父子[77]는 거병하였을 때, 도사道士의 도움을 받았기 때문에 즉위 후 즉시 보답하였다. 즉 도사 기휘岐暉[78]는 이연 부자의 거병 소식을 들은 후, "참 군주[眞主]가 장차 출현

---

70 【옮긴이 주】:『역주율소 - 각칙(하) - 』「단옥28」(제496조)「입춘후추분전불결사형조」「소의」, 3374쪽.
71 【옮긴이 주】: '당 태종'은 당의 제2대 황제(재위 626~649)이다.
72 『자치통감資治通鑑·당기唐紀: 고조高祖 무덕武德 9년』.
　【옮긴이 주】: [송]사마광司馬光 편저編著,『자치통감』권192,「당기唐紀8·고조 하지하下之下」「무덕武德 9년(626) 11월 병오丙午」(1285쪽).
73 '당 태종'은 '당 고조'의 오기이다(주 75 참조).
74 【옮긴이 주】: '복전'은 복덕福德을 낳는 밭이라는 뜻이다. 부처나 비구 등 공양을 받을 만한 법력法力이 있는 자에게 공양하면 복이 되는 것이 마치 농부가 밭에 씨를 뿌려 수확하는 것과 같다는 의미이다. 복전에는 2복전·3복전·4복전·8복전 등이 있는데, 그중 중생을 구제하는 연민복전憐愍福田과 삼보三寶를 공경하는 공경복전恭敬福田이 가장 중시되고 있다. 고조가 여기서 사용한 복전은 중생衆生과 삼보三寶를 모두 포함하는, 당唐 전체를 가리킨다.
75 『구당서·태종(태종은 고조의 오기)기』.
　【옮긴이 주】: 이상『구당서』권1,「고조기」「무덕武德 9년(626) 하夏 5월 신사辛巳 조詔」(17쪽).
76 【옮긴이 주】: '이연'은 당의 초대 황제 고조(재위 618~626)의 성명이다.
77 【옮긴이 주】: '부자'는 당의 초대 황제 고조 이연과 제2대 황제 태종(재위 626~649) 이세민李世民을 가리킨다.
78 【옮긴이 주】: '기휘'의 생몰 연대는 558~630년이다.

할 것을 알고는 도관에 있는 자재[資財]와 식량을 모두 그 군대에 공급하였다."[79] 이연은 즉위[稱帝] 후 무덕[武德][80] 2년(619년)에 누관[樓觀]에 칙령[敕]을 내려 노군전[老君殿]·천존당[天尊堂] 및 윤진인묘[尹眞人廟]를 신축[新築]하게 하였고, 관[觀] 내의 건물들[屋宇]의 규모도 더욱 확장하도록 하였다. 도사 왕원지[王遠知][81]도 일찍이 당 태종을 황제로 옹립하였다. 당 태종은 이에 보답하기 위해 즉위 후[82]에 칙령[敕]을 반포하여 "윤주[潤州] 모산[茅山]에 태수관[太受觀]을 설치하게 하였고, 아울러 도사[道士] 27인을 제도[濟度]시켰다."[83] 소림사[少林寺] 승려들도 당 태종이 왕세충[王世充][84]을 토벌하는 과정에서 여러 번 도움을 주었고, 이후에 상응하는 보답도 받았다. 무릇 이러한 일들은 당대의 종교 발전을 크게 촉진시켰다.

둘째, 도교의 창시자 이이[李耳], 즉 노자[老子][85]가 당[唐] 황제의 조상[祖先]이라는 이유로 도교를 숭상하였다. 도교는 불교와 정통적 지위를 다툴 때, 불교보다 일찍 발생한 것을 증명하기 위해 노자를 창시자로 하였다. 예컨대 『위서[魏書]·석로지[釋老志]』에서는 "도가[道家]의 원류는 노자에게서 나오고 있다"[86]라고 기술하였고, 심지어 어떤 사람[有時]은 '노자화호설[老子化胡說]'까지 제기하여, 노자가 함곡관[函谷關]을 나가 인도[印度]에 가서 호인[胡人]을 교화했다고 하였다. 실제로 노자의 도[道]는 도교도 아니고, '노자화호설'은 더더욱 불가사의하다. 그러나 노자는 성[姓]이 이씨[李氏]로서, 당 황제와 동성[同姓]이었기 때문에 도교를 숭상하기 위해 당의 통치자가 그것에 가탁해서 조상[祖先]으로 삼았던 것이다. 당 태종은 정관 15년(641년)에 "지금 이가[李家]가 나라를 다스리고 있기 때문에 이노[李老](노자)가 (석가보다) 앞에 자리하고 있다"[87]라고 하였다. 그는 자신의 조상[祖先]을 숭배하는 방식을 사용해서 도교를 숭상하였고, 종교를 널리 선양하였다.

셋째, 불교·도교의 특수한 지위를 이유로 사원경제[寺院經濟]의 발전을 용인[容認]하였다. 당의 통치자는 불교·도교의 경우 다른 조직과 달리 특수한 지위에 있었기 때문에 독자의 경제를 소유할

---

79 『혼원성기[混元聖紀]·권8』.
80 【옮긴이 주】: '무덕'은 당의 초대황제 고조의 연호(618~626)이다.
81 【옮긴이 주】: '왕원지'의 생몰 연대는 509~635년이다.
82 【옮긴이 주】: '즉위 후'는 '정관 9년(635)'의 오기이다(주 83 참조).
83 『구당서·왕원지전』.
   【옮긴이 주】: 『구당서』권192, 「은일전[隱逸傳]·왕원지전」(5125쪽). [송宋]이방[李昉] 등 모음, 김장환 외 옮김, 『태평광기太平廣記 1』(서울: 학고방, 2000)권23, 「신선[神仙]23·1 왕원지」(574쪽)에는 '태수관'이 '태평관[太平觀]'으로, '27인'이 '14명'으로 되어 있다.
84 【옮긴이 주】: '왕세충'의 생몰 연대는 ?~621년이다.
85 【옮긴이 주】: '노자'의 생몰 연대는 B.C. 571?~B.C. 471년?이다.
86 【옮긴이 주】: 전영섭, 「『위서』「석로지」 역주」(289쪽).
87 『집고금불도논형[集古今佛道論衡]·권3』.

수 있다고 보았고, 아울러 직접 전답을 하사하거나 물품을 보내기도 하였다. 예컨대 당 고조는 무덕武德 8년(625년)에 소림사少林寺에 토지 40경頃을 하사하였다. 당 고종唐高宗[88]도 현경顯慶[89] 원년(656년)에 조서를 내려 서명사西明寺를 건립하게 하였고, 토지[田] 100경, 수레[車] 5량輛, 견포絹布 2000필匹 등등을 하사하였다. 이외에도 개인이 구입한 사원寺院의 토지는 더욱 많았다. 즉 절강浙江의 천동사天童寺는 토지 1만 3000무畝를 소유하였고, 1년의 임대료[租]는 3만 5000곡斛에 이르렀다. 국가의 용인으로 사원경제는 계속 발전하였고, 그 결과 "무릇 경기京畿 지역의 수확이 많고 이익이 되는 전답은 대부분 사원寺院·도관道觀이 소유하였지만, 관리官吏는 통제할 수 없었으며",[90] "천하의 사원은 대개 그 수를 셀 수 없고, 하나의 사원은 폐하의 궁궐에 상당하지만, 웅장·화려하기는 이를 벗어났고, 씀씀이도 이를 뛰어넘었으며, 천하의 재부 10 중 사원이 7~8을 소유하였다"[91]라고 할 정도였다. 불교와 도교는 이러한 사원경제에 의탁하였기 때문에 범이 날개를 단 듯이 빠르게 발전해 갈 수 있었다.

당 전기 통치자의 대대적인 지지로 불교·도교는 신속히 발전해서 전성기에 도달하였다. 당률은 당대 통치자의 의지가 반영된 것으로, 이 두 종교가 당왕조의 통치에 적절히 봉사할 수 있도록 보호할 필요가 있었다. 당률 가운데 승려·도사에 대한 법률적 지위의 확립, 승려·도사에 대한 무고誣告 행위의 규제, 불교·도교의 신상神像의 보호 등에 관한 내용은 모두 이러한 봉사에 직접 도움이 되었다.

당 초기에는 출가자出家者에 대해 조調·역역役의 면제, 즉 "조과調課는 납부하지 않고, 정역丁役은 모두 면제한다"[92]라는 규정이 있었다. 따라서 승려·도사가 대량 존재하는 것은 국가의 경제수입에 직접 영향을 미칠 수 있었다. 당시 통치자들도 이미 이점을 감지해서 그 수량에 일정한 제한을 가하였다. 예컨대 당 태종은 정관貞觀[93] 3년(629년)에 조서를 내려 모든 주[諸州]에서 증원할 수 있는 승

---

88 【옮긴이 주】: '당 고종'은 당의 제3대 황제(재위 649~683)이다.
89 【옮긴이 주】: '현경'은 당의 제3대 황제 고종의 두 번째 연호(656~661)이다.
90 『구당서·왕진전王縉傳』.
  【옮긴이 주】: 『구당서』 권118, 「왕진전」(3417쪽). 이 기사는 대종代宗(재위 762~779) 때의 상황이다.
91 『구당서·신체부전辛替否傳』.
  【옮긴이 주】: 『구당서』 권101, 「신체부전」(3158쪽). 이 문장은 중종中宗 경룡景龍(707~710) 연간에 신체부가 불사佛寺의 성행으로 백성이 피폐하고, 국고國庫가 고갈된 상황에 대한 해결을 위해 상서上書하여 간언한 내용 중 일부이다. 실제 문장은 다음과 같다. "천하의 사원은 대개 그 수를 셀 수 없고, 하나의 사원은 폐하의 궁전에 상당하지만, 웅장·화려하기는 이를 벗어났고, 씀씀이는 이를 뛰어넘었습니다. 천하의 재부 10 중 사원이 7~8을 소유하였기 때문에 폐하께서는 무엇을 소유하겠습니까! (또) 백성은 무엇을 먹겠습니까!"
92 『법림별전法琳別傳·권상卷上』.
93 【옮긴이 주】: '정관'은 당의 제2대 황제 태종의 연호(627~649)이다.

려·비구니의 총수를 3000으로 제한하였고, 그 목적은 승려·비구니 집단의 무한한 확대를 통제하는 데 있었다. 이러한 정신과 마찬가지로 당률은 사사로이 입도하는[私入道] 행위를 규제해서 국가가 출가자의 수량을 장악하고자 하였다.

　출가자는 계율을 준수하고, 규칙을 지키고 교법敎法을 준봉遵奉해야 하였지만, 실제 상황은 결코 이와 같지 않았다. 당 초기에 이미 출가자는 "과오를 많이 저지르고, 교의敎義와 제도를 위반하며, 바른 법술法術을 어지럽히는" 정황이 있었고, 또 "불교의 계율은 엄격하였지만, 위반자는 범하는 것을 두려워하지 않았다."[94] 이 때문에 당률은 부득불 형벌수단을 사용해서 독단적인 속복俗服의 착용·간통 등 교규敎規를 엄중히 위반한 승려·도사를 엄격하게 징벌하여 자중自重하게 함으로써 통치자들이 두 종교를 더욱 잘 이용할 수 있게 하였다.

　마지막으로 언급해야 하는 것은, 당률 가운데 불·도에 관한 규정이 이전 법전法典과 비교하여 가장 완비되었다는 점이다. 이것은 당대唐代 이 두 종교의 충분한 발전과 관련이 있을 뿐 아니라 당시의 입법기술과도 관련이 있다. 당률의 제정자는 비교적 높은 입법기술을 이용하여, 가능한 한 당시 사회 상황에 근거해서 관련된 내용을 완벽하게 규정하였다. 당률은 "소이불루疏而不漏, 즉 법망은 성글지만 한 명의 죄인도 놓치지 않는다"라는 것이 공인되었는데, 그중에는 불교·도교에 관한 내용도 포함되었다. 당률의 이들 규정은 매우 완전하였기 때문에 당 이후 역대 봉건왕조도 계속 사용하여 청淸 말까지 이를 수 있었다.

제2절 음양오행陰陽五行 문제

　음양오행설은 중국고대 사상이론 영역에서 매우 중요한 지위를 점하였는데, 어떤 사람[有]人은 이것을 "중국인의 사상률思想律"[95]이라고 칭하였다. 또 이것은 당률에 내재하는 법률에도 영향을 주었다.

1. 음양오행설의 당 이전 법률에 대한 영향

　사적史籍의 기록에 의하면, 음양·오행은 사람들의 자연현상에 대한 소박한 인식으로서, 그 기원은 매우 오래되었다. 즉 『시경詩經』·『상서尚書』 등에는 모두 음양이라는 단어[詞]가 있다. 예컨대 『시경·대아大雅』에서는 "그림자로 방향을 재고 언덕에 올라 음지와 양지를 두루 살폈다[相其

94　『법림별전法琳別傳·권상』.
95　고힐강顧頡剛, 『고사변古史辨5』, 상해고적출판사上海古籍出版社, 1982년판年版, 404쪽.

陰陽]"⁹⁶라고 하였고, 또 『상서·우공禹貢』에서도 "민산岷山의 남쪽[陽]으로부터 …… 남쪽으로 화음에 이르렀다[南至於華陰]"⁹⁷라고 하였다. 이외에 『사기史記·역서曆書』에서도 "황제黃帝가 성력星曆을 상고詳考해서 정하였고, 오행을 세웠으며[建立五行], 천지天地·일월日月의 소멸과 생장[消息]을 계발하였다"⁹⁸라고 하였다. 여기의 음양과 오행은 일영日影·방향方向·천문天文·기상氣象 등을 나타내는 것일 뿐, 어떠한 정치적·법률적 색채도 없다.

중국고대 통치자들은 매우 이른 시기부터 음양·오행을 통치에 이용하기 위해 그것들을 법률과 연계시켜 용형用刑의 근거로 삼았다. 예컨대 『상서·감서甘誓』에서는 "유호씨有扈氏가 오행을 위모威侮하고 삼정三正을 태만히 하여 버렸기에[怠棄] 천天이 그 명命을 끊었다"⁹⁹라고 하여, 오행에 대한 침범[觸犯]을 수형受刑의 원인으로 보았다. 이후의 통치자들은 음양오행화陰陽五行化가 된 『예기禮記·월령月令』 중 봄[春]·여름[夏]과 관련된 "수감자를 줄이고[省囹圄]", "형벌이 없기를 일삼는다[事毋刑]"라고 한 규정과 가을[秋]·겨울[冬]과 관련된 "유죄자를 주륙하고[戮有罪], 형벌의 처단을 엄중히 하며[嚴斷刑]", "죄 있는 자를 덮어 숨기는 일이 없다[罪無¹⁰⁰掩蔽]"¹⁰¹라고 한 규정을 근거로 가을과 겨울에 행형行刑제도를 실행하였다. 그러나 춘추전국 시기 이전, 음양오행사상은 아직 체계를 갖추지 못하였기 때문에 정치와 법률에서의 운용도 단지 개별 영역에 한정되었을 뿐이었다.

춘추전국 시기는 백가쟁명百家爭鳴의 시대였다. 음양오행사상은 공자¹⁰²·노자¹⁰³ 등의 발양發揚, 특히 추연鄒衍¹⁰⁴의 발명發明을 거치면서 점차 일종의 이론이 되었다. 예컨대 『사기·맹자순경열전孟子荀卿列傳』에서는 추연이 "음양의 소멸과 생장[消息]을 깊이 관찰하여 기이하고 우활迂闊한 변화에 대해 종시終始·대성편大聖篇 등 10여만 자字를 지었다"라고 하였다. 그 내용은 "천지가 갈라진[剖判] 이래 오덕五德(오행의 덕)의 종시終始에 따라 각각 그에 맞는 정치를 행하고, 천명天命과 인사人事가 감

---

96 【옮긴이 주】: 『모시정의毛詩正義』(『십삼경주소 상』)권17지3十七之三, 「대아大雅·공유公劉」(543쪽).
97 【옮긴이 주】: 『상서정의尙書正義』(『십삼경주소 상』)권6, 「우공禹貢 제1·하서夏書」(151쪽).
98 【옮긴이 주】: 이 문장은 『사기』권26, 「역서曆書」(1256쪽)에 의하면, 태사공太史公 사마천司馬遷이 한 말로 되어 있다.
99 【옮긴이 주】: 『상서정의』(『십삼경주소 상』)권7, 「감서 제2·하서夏書」(155쪽).
100 【옮긴이 주】: '무無' 다음에 '유有'가 있다(주 101 참조).
101 【옮긴이 주】: 인용문 가운데 "수감자를 줄인다"는 『예기정의禮記正義』(『십삼경주소 상』)권15, 「월령·중추지월仲秋之月」(1361쪽)에, "형벌이 없기를 일삼는다"는 동서同書 「월령·중하지월仲夏之月」(1370쪽)에, "유죄자를 주륙하고, 형벌의 처단을 엄중히 한다"는 동서同書 「월령·맹추지월孟秋之月」(1373쪽)에, "죄 있는 자를 덮어 숨기는 일이 없다"는 동서同書(『십삼경주소 하』)권17, 「월령·맹동지월孟冬之月」(1381쪽)에 보인다.
102 【옮긴이 주】: '공자'의 생몰 연대는 B.C. 551~B.C. 479년이다.
103 【옮긴이 주】: '노자'의 생몰 연대는 B.C. 571?~B.C. 471?이다.
104 【옮긴이 주】: '추연'의 생몰 연대는 B.C. 305?~B.C. 240년?이다.

응하는 것을 밝혔다."105 유감인 것은 이 10여만 자로 된 '종시·대성편 등'이 일찍 소실되어 그 상세한 상황에 대해 알 수 있는 방법이 없다는 점이다. 그러나 관련 사료를 보면, 추연은 토土·목木·금金·화火·수水라는 오행의 순서에 따른 운행·상승相勝 관계를 왕조의 교체 등의 영역에도 응용하였다. 그는 오행 가운데 모두 후자가 반드시 전자를 이기는[克勝] 관계, 즉 목이 토를 이기고[勝], 금이 목을 이기며, 화가 금을 이기고, 수가 화를 이기며, 토가 다시 수를 이기는 관계가 무한 반복된다고 보았다. 각 왕조는 모두 오행 가운데 하나를 대표하고, 또 후자가 반드시 전자를 이기며, 새 왕조의 흥기도 결국 이전 왕조의 쇠락과 연계되어 있었기 때문에 이전 왕조는 새 왕조를 극복할 방법이 전혀 없다는 것이다. 이 이론에 기초하여 매번 새로 건립된 왕조의 경우 모든 방면이 그것을 대표하는 새로운 오행과 일치해야 했고, 법률도 포함되었다.

진시황106이 중국을 통일한 이후, 추연 이론의 신봉자는 이 학설을 진시황에게 진헌進獻하였다. 즉 『사기·봉선서封禪書』에 의하면, "제齊의 위왕威王107·선왕宣王108 때, 추자鄒子의 일파[徒]가 오덕종시五德終始의 운행을 논술하였고, 진시황[秦帝] 때에 이르러 제인齊人이 상주上奏하였"기 때문에 진시황은 흔쾌히 받아들였고, 또 "이것을 채용하였다."109 게다가 시황제는 이것을 실천하게 하였는데, 그중에는 법률 내용을 음양오행에 부합하게 하는 요구도 포함되었다. 예컨대 『사기·진시황본기秦始皇本紀』에서는 "시황제는 오덕五德이 종시終始하는 차례[傳]에서 추론하여, 주는 화덕으로 (천하를) 얻었고[周德110火德], 진秦이 주덕周德을 대신하였으니, (주의 화덕이 진의 덕을) 이길 수 없는 바에 따라야 한다고 여겼다. 바야흐로 지금은 수덕水德의 시작이므로, 한 해의 시작[年始]을 바꾸어 조하朝賀는 모두 10월 초하루[朔]부터 시작하였다. 의복·깃발[旌旗]·부절[節旗]은 모두 흑색[黑]을 숭상하였다. 숫자는 6을 기수基數로 하였고, 부절[符]·법관法冠도 모두 6촌寸으로 하였으며, 수레(의 폭)[輿111]도 6척尺으로, 6척을 1보步로 하였고, 수레[乘]도 말 여섯 마리[六馬]가 끌게 하였다. 하수河水의 이름을 덕수德水로 개칭하여 수덕의 시작으로 삼았다"112라고 기술하였다. 이를 기점으로 음양

---

105 【옮긴이 주】: 이상 『사기』권74, 「맹자순경열전」(2344쪽).
106 【옮긴이 주】: '진시황'은 진秦의 제31대 군주(왕: 재위 B.C. 247~B.C. 220. 황제: 재위 B.C. 220~B.C. 210)이다.
107 【옮긴이 주】: '제 위왕'은 전제田齊의 제4대 군주(재위 B.C. 356~B.C. 320)이다.
108 【옮긴이 주】: '제 선왕'은 전제의 제5대 군주(재위 B.C. 319~B.C. 301)이다.
109 【옮긴이 주】: 『사기』권28, 「봉선서」(1368쪽).
110 【옮긴이 주】: '덕德'은 '득得'의 오기이다(주 112 참조).
111 【옮긴이 주】: '흥興'은 '여輿'의 오기이다(주 112 참조).
112 【옮긴이 주】: 『사기』권6, 「진시황본기」(237~238쪽). 이것은 시기적으로 진시황이 전 중국을 통일한(B.C. 221) 직후의 일이다.

오행설은 대량으로 법률 영역에 진입하였다.

한대漢代는 법률의 내용이 음양오행화가 된 중요한 시기였다. 이 시기에 유가사상이 정통화·음양오행화가 되면서 법률의 내용도 더한층 음양오행화가 되었다. 일부 유생儒生들은 음양오행이론으로 법률의 여러 기본문제에 대해 해석하는 것을 중시하였다. 예컨대 가의賈誼[113]는 음양오행이론에 근거해서 진秦은 수덕水德이고, 진을 계승한 한漢은 당연히 토덕土德이기 때문에 이 토덕에 부합하고 수덕과는 다른 법률 내용으로서 "복색服色과 제도를 경정[易]"해야 한다고 생각하여 "이에 각종 의례와 법률[儀法]에 관한 전반적인 초안을 작성하였는데[草具], 색은 황색을 숭상하고, 수數는 5를 기수基數로 삼고자 하였다."[114] 요컨대 모든 법률法律[115]을 "경정更定"하고자 하였던 것이다.[116] 동중서董仲舒[117]도 음양으로 형刑과 덕德의 관계를 해석하여 "천도天道의 위대한 작용은 음양에 있으니, 양은 덕이 되고, 음은 형이 된다. 형은 죽임[殺]을 주관하고, 덕은 생生을 주관한다"라고 보았다. 그러나 천天은 "덕에 의지하고 형에 의지하지 않기[任德不任刑]" 때문에 "정치를 하면서 형에 의지하는 것은 천에 따르지 않는 것이다"[118]라고 하였다. 따라서 위정자는 인정仁政을 베풀고 덕을 중시해야 하며, 형으로 전일專一하지 않아야 한다는 것이다. 유생儒生들의 몇몇 관점은 한漢의 통치자들에게 수용되어 사법司法에도 직접 영향을 주었다. 동중서가 "나라를 다스리는 방법은 『춘추春秋』의 천재지이天災地異의 변사變事를 근거로 음양이 교체되는 원리를 추론하는 데 있었고",[119] 또 『춘추』를 정죄양형定罪量刑[120]의 근거로 삼았다. 『한서[121]·응소전應劭傳』에서는 "조정에

---

113 【옮긴이 주】: '가의'의 생몰 연대는 B.C. 200~B.C. 168년이다.
114 【옮긴이 주】: 이상 『한서漢書』권48, 「가의전賈誼傳」(2222쪽). 「가의전」에 있는 관련 내용은 다음과 같다. "가의는 한漢이 건국된 이후 20여 년 동안 천하가 태평하므로 마땅히 정삭正朔을 개정하고, 복색과 제도를 경정更定하며, 관명官名을 (새로) 정립하고, 예악禮樂을 부흥시켜야 한다고 생각하여, 이에 각종 의례와 법률[儀法]에 관한 전반적인 초안을 작성하였는데[草具], 색은 황색을 숭상하고, 수는 5를 기수로 삼으며, 관명을 (새로) 제정하는 등 (진대의 법을) 모두 경정[更]하고자 하였고, (이를) 상주하였다. (그러나) 효문제孝文帝는 (즉위 초였기 때문에) 겨를이 없어서 겸손하게 사양하였다[謙讓]. 그러나 모든 법령法令을 경정한 점 및 열후列侯들을 (각자의) 봉국封國으로 돌아가게 한 점 등은 모두 가의가 발의하였다." 『사기』권84, 「가생열전賈生列傳」(2492쪽)에도 거의 동문同文이 있다.
115 【옮긴이 주】: '법률法律'이 원문에는 '법령法令'으로 되어 있다(주 114 참조).
116 『한서·가의전』 참조.
   【옮긴이 주】: 주 114 참조.
117 【옮긴이 주】: '동중서'의 생몰 연대는 B.C. 179?~B.C. 104년이다.
118 【옮긴이 주】: 이상 『한서』권56, 「동중서전」(2502쪽).
119 『한서·동중서전』.
   【옮긴이 주】: 『한서』권56, 「동중서전」(2524쪽).
120 【옮긴이 주】: '정죄양형'에 대해서는 제1장 주 73 참조.
121 【옮긴이 주】: '『한서』'는 '『후한서』'의 오기이다(주 123 참조).

서 정치에 관한 논의가 있을 때마다 자주 정위廷尉 장탕張湯[122]을 (동중서에게) 파견해서 친히 민간[陋巷]에 가서 그 장단점[得失]을 묻게 하였다. 이에 『춘추결옥春秋決獄』 232건[事]을 지었다"[123]라고 기술하였는데, 『춘추결옥』은 위진남북조까지 계속 사용되었고, 수·당에 이르러 폐기되고 사용되지 않았다.

2. 당률 중의 음양오행설

수·당대는 음양오행설이 완비된 시기였고, 『오행대의五行大義』가 이때 완성되었다. 동시에 음양오행설도 유가사상과 함께 법法과 결합하여 일체가 되었는데, 대표적인 작품이 당률이었다. 당률의 일부 내용은 직간접적으로 음양오행설의 관점을 반영하였는데, 주로 이하의 내용을 포함하였다.

첫째, 『주역周易』의 경구經句를 이용해서 율律의 내용을 해석하였다는 것이다. 『주역』은 중국에서 최초로 음양의 관계를 체계적으로 논술한 저작으로서, 그 내용은 음양의 관점을 충실히 망라하였고, 음양의 이론도 명확하게 밝혔다. 당률은 『주역』의 경구를 인용해서 당률 제정의 근거를 설명하였다. 예컨대 『당률소의·명례』 「전언前言」[124]에서는 "『주역』에서 '재물을 관리함에 (호령號令의) 말을 바르게 하고, 사람이 그릇된 행위를 하지 못하게 하는 것이 의義이다'라고 하였다. 그러므로 (죄의) 경중을 두루 헤아려서 의義에 의해 율을 제정하였다"[125]라고 하였다. 이것은 당률의 제정자가 의義에 의거해서 당률의 내용을 확정하였다는 것을 말해 준다. 여기에는 매우 중요한 음양의 관점을 내포하고 있는데, 즉 어떤 사물이든 음양이라는 양면이 있으며, 표현만 다를 뿐 최종 귀결점은 모두 음양이라는 것이다. 인仁과 의義도 음과 양으로 표현되는데, 전자는 교화敎化를 중시하였고, 후자는 용형用刑에 중점을 두었다. 당률은 하나의 형법전刑法典으로서, 의義에 의거하였기 때문에 음양의 관점과 완전히 부합하였다. 또 당률은 『주역』의 경구를 인용해서 규정한 내용의 합리성을 논증하였다. 예컨대 『당률소의·직제』 「사유현상기물조私有玄象器物條」 「소의」에서는 『주역』의 "현상玄象 중 가장 밝은 것은 해[日]·달[月]보다 큰 것이 없다. 그러므로 천天이 형상을 드리우면, 성인聖人이 그것을 본받는다"[126]라는 문구를 인용하여, 자연계 최대의 음양 현상은 해·달이

---

122 【옮긴이 주】: '장탕'의 생몰 연대는 ?~B.C. 116년이다.
123 【옮긴이 주】: 『후한서』 권48, 「응소전」(1612쪽). 이 문장은 응소가 율령律令을 산정刪定해서 『한의漢儀』를 저술한 후, 건안建安 원년(196)에 올린 상주문上奏文에 보인다.
124 【옮긴이 주】: '전언前言'에 대해서는 제1장 주 58 참조.
125 【옮긴이 주】: 『역주율소 - 명례편 - 』 「명례」 「편목소」, 88쪽.
126 【옮긴이 주】: 『역주율소 - 각칙(상) - 』 「직제20」(제110조) 「현상기물조玄象器物條」 「소의」, 2130쪽.

고, 또 오직 최고 통치자만이 이 현상을 주관할 수 있다고 설명하였다. 따라서 본 조의 규정에 의하면, 현상기물·천문天文·도서圖書·병서兵書·태일太一·뇌공식雷公式 등을 포함해서 천문·기상을 관측·설명하는데 필요한 용구用具·서적은 "사가私家에서 소유해서는 안 되"었고, 위반한 경우에는 "도徒2년"[127]에 처해졌다.

둘째, 당률 가운데 일부 내용은 음양오행의 정신과 원칙을 구현하였다는 것이다. 당대에 음양오행설의 내용은 이미 법률과 융합되었고, 비록 당률이 음양오행을 명시하지는 않았지만, 내용 중 상당 부분은 음양오행의 정신과 원칙을 구현하였다. 음양오행의 정신에 의하면, 처妻와 남편[夫]의 관계는 바로 일종의 음양 관계였고, 천天은 양陽을 가까이하였고 음陰을 멀리하였기 때문에 남편[夫]의 지위가 자연히 처보다 높았다. 예컨대 한대漢代 음양오행의 권위자인 동중서董仲舒[128]는 『춘추번로春秋繁露·기의基義』에서 "남편과 아내의 도리"는 "음과 양의 도에서 취하고[夫婦之義聚[129] 諸陰陽之道]",[130] "남편은 양이고 처는 음이며[夫爲陽妻爲陰]", "양은 남편과 같아서 (만물을) 낳고, 음은 아내와 같아서 도와주며[陽爲夫而生之陰爲婦而助之]", "천은 양을 가까이하고 음을 멀리한다[天之親陽而疏陰]"[131]라고 하였다. 이것을 기점基點으로 원래 존재하였던 남녀·부부간의 불평등 관계에 음양오행이란 외피를 씌워서 하나의 새로운 이론적 근거를 세웠다. 당률 가운데 부권夫權을 유지·보호하기 위해 입법된 수많은 규정도 이러한 이론이 구현된 것이었다. 예컨대 『당률소의·단옥』「입춘후추분전불결사형조立春後秋分前不決死刑條」에서 규정한 추동행형제도秋冬行刑制度[132]도 음양오행설의 구현이었다. 음양오행설은 음양에서 오행, 즉 토·목·금·화·수까지 확대할 수 있고, 또 수많은 자연 현상도 오행을 통해 해석할 수 있다고 보았다. 즉 『좌전左傳·소공昭公25년』[133]에는 정국鄭國의 자대숙子大叔[134]과 진국晉國의 조간자趙簡子[135]가 나눈 대화 한 토막이 실려 있다. "(자대숙이

---

127 【옮긴이 주】: 『역주율소-각칙(상-)』「직제20」(제110조)「현상기물조」, 2130쪽.
128 【옮긴이 주】: '동중서'의 생몰 연대는 B.C. 179?~B.C. 104년이다.
129 【옮긴이 주】: '취聚'는 '취取'의 오기이다(주 130 참조).
130 【옮긴이 주】: 동중서董仲舒, 『춘추번로春秋繁露』(상해上海: 상해고적출판사上海古籍出版社, 1989)권12, 「기의基義 제53」에서는 "군주와 신하, 아버지와 자식, 남편과 아내의 도리는 모두 음과 양의 도에서 취한다[君臣父子夫婦之義 皆取諸陰陽之道]"(73~74쪽)라고 하였다.
131 【옮긴이 주】: 신정근 옮김, 『동중서의 춘추번로 춘추—역사 해석학』(서울: 태학사, 2006) 제12권, 「제53편 사물의 기본원리[基義]」(629~631쪽).
132 【옮긴이 주】: 『역주율소-각칙(하)-』「단옥28」(제496조)「입춘후추분전불결사형조」에서는 "무릇 입춘 이후·추분 이전에 사형을 집행한 자는 도1년에 처한다. 그 범한 죄가 비록 즉시 집행해야 하더라도 만약 단도월斷屠月 및 금살일禁殺日에 집행한 자는 각각 장60에 처한다. 시일을 기다려야 하는데 위반한 자는 2등을 가중한다"(3373쪽)라고 규정하였다.
133 【옮긴이 주】: '소공 25년'은 B.C. 517년이다.
134 【옮긴이 주】: '자대숙(B.C. ?~B.C. 507)'의 성姓은 희姬, 씨氏는 유游, 이름은 길吉, 자字는 대숙大叔이고,

대답하기를)[136] '내[吾]가 선대부先大夫[137] 자산子戶[138]에게 듣기를[139] "천지의 법칙[經]을 민民이 실제 본받는 것입니다. ……[140] 오행五行을 사용하기 때문입니다. 기氣가 (입으로 들어가) 오미五味가 되고, (눈에) 드러나 오색五色이 되며, (귀에) 드러나 오성五聲이 됩니다"[141]라고 하였다. 또 1년 사계절에도 오행이 있었다. 예컨대 양계초梁啓超[142]는 「음양오행설의 유래[陰陽五行說之來歷]」라는 논문에서 음양오행의 원칙에 따라 1년 사계절과 오행의 관계를 제시하여, "1년 사계절은 오행으로 나뉘는데, 봄은 목木, 여름은 화火, 가을은 금金, 겨울은 수水이고, 남은 토土는 (한 계절에) 속하지 않고, 여름과 가을의 경계 부분에 위치를 잡고 있다"[143]라고 하였다. 계절마다 할 수 있는 일은 『예기禮記·월령月令』에 구체적으로 규정되어 있는데, 그중에는 오직 가을과 겨울에만 형벌을 집행[秋冬行刑]할 수 있다는 제한도 있다. 이에 근거해서 당률도 추동행형제도를 확립하였고, 위반자는 역시 범죄에 속하여 "장杖60"[144]의 처벌을 받아야 하였다.

3. 당률 중 음양오행설의 영향과 음양오행설에 대한 규제

당률은 중국고대 봉건법전의 전범典範이자 중화법계中華法系의 대표작으로서, 당 이후의 봉건왕조와 당시 여러 동아시아 국가들의 입법에 매우 큰 영향을 주었고, 그중 음양오행설도 이들 왕조와 국가에 영향을 끼쳤다.

당률 가운데 음양오행설의 영향을 받아 확립된 제도와 구체적인 내용은 대부분 당 이후 역대

세인世人은 그를 높여서 자대숙이라고 하였다. 춘추春秋 때 정국鄭国의 정경正卿을 지냈고, 재덕才德을 겸비한 정치가이자 외교가였다. 젊어서 예의禮儀와 도량度量이 있었고, 자산子産의 개혁을 지지하여 중용되었으며, B.C. 522년에 자산을 이어서 집정執政이 되었다. 특히 외교에 뛰어나서 여러 번 진晉·초楚에 사신으로 갔고, 정치할 때는 관용을 앞세우고 엄격함을 뒤로하였다.

135 【옮긴이 주】: '조간자'의 생몰 연대는 ?~B.C. 476년이다.
136 【옮긴이 주】: 이 문구 앞에는 "간자가 말하였다. '감히 묻겠습니다. 무엇을 예라고 합니까?'"라는 문장이 있다(주 141 참조).
137 【옮긴이 주】: '선대부'는 '이전의 대부' 또는 '죽은 대부'를 가리킨다.
138 【옮긴이 주】: '호戶'는 '산産'의 오기이다(주 141 참조). 자산의 생몰 연대는 B.C. 585~B.C. 522년이다.
139 【옮긴이 주】: 이 문구 앞에는 "'무릇 예는 하늘[天]의 법칙[經]이고 땅[地]의 도리[義]이며, 민民이 (본받아) 행하는 것이다'라고 하였다"가 있다(주 141 참조).
140 【옮긴이 주】: '……'에는 "하늘의 밝음을 본받고 땅의 본성本性을 따라야 하는 것은 하늘이 육기六氣를 내고"가 있다(주 141 참조).
141 【옮긴이 주】: 『춘추좌전정의春秋左傳正義』(『십삼경주소 하』)권51, 「소공 25년(B.C. 517) 춘春」(2107쪽).
142 【옮긴이 주】: '양계초'의 생몰 연대는 1873~1929년이다.
143 고힐강顧頡剛, 『고사변古史辨5』, 상해고적출판사上海古籍出版社, 1982년판年版, 352쪽.
144 【옮긴이 주】: 주 132에서 제시한 『역주율소 - 각칙(하) - 』「단옥28」(제496조)「입춘후추분전불결사형조」 참조.

봉건왕조의 법전에 계속 사용되었다. 즉 『송형통宋刑統』・『대명률大明律』・『대청율례大淸律例』 등은 모두 정도는 다르지만 당률의 관련 규정을 계승하였다. 예컨대 당률의 "입춘 이후에는 사형을 집행할 수 없다[立春後不決死刑]"[145]라는 규정에 대해 『송형통』은 이것을 「단옥률斷獄律」의 「결사죄문決死罪門」[146]에 포함시켰고, 내용도 당률과 같았다. 『대명률』은 이것을 「형률刑律」「사수복주대보조死囚覆奏待報條」에 포함시켰고, 사죄死罪는 복주覆奏하지 않는다고 하는 내용과 같은 조문인데, 내용이 당률보다 간단하였고, 용형用刑도 당률보다 가중되었으며, 구체적으로는 "만약 입춘 이후・추분 이전에 사형을 집행한[決] 자는 장杖80에 처한다"라고 규정하였다. 『대청률례』의 이에 관한 내용은 기본적으로 『대명률』과 동일하였다. (이처럼) 음양오행화가 된 당률은 당 이후 역대 봉건왕조에 파급되었던 것이다.

당률에 반영된 음양오행에 대한 관점의 내용은 또 당시 여러 동아시아 국가의 입법에도 침투하였다. 당대는 중국고대의 대외문화 교류에서 중요한 시기였고, 음양오행설과 음양오행화가 된 당률도 여러 동아시아 국가에 전파되었으며, 동시에 이들 국가의 입법에도 영향을 주었다. 어떤 일본 학자는 "수・당시기의 『오행대의五行大義』는 일본에 깊은 영향을 주었다. 음양오행사상은 대략 6세기 심지어 더 이른 시기에 일본에 전해졌고, 7세기에 성행하였다"[147]라고 하였다. 거의 이와 동시에 일본에서 저명한 『대보율大寶律』이 출현하였다. 이 율은 당률의 내용을 대부분 표절하였기 때문에 실제 당률의 복각復刻이었다. 음양오행화가 된 당률은 이때부터 일본에서 뿌리를 내리고 꽃을 피우기 시작하였다. 한국[朝鮮]・베트남[越南] 등의 나라도 모두 비슷한 상황이었다.

음양오행설은 정치・법률에 이입移入된 이후 현저한 정치적 목적을 띠었다. 추연이 당시 '종시終始・대성편大聖篇' 등을 쓴 까닭은 "나라를 소유한 자들[有國者]이 갈수록 음란・사치해서 덕德을 숭상할 수 없게 되어, (『시경』) 「대아大雅」에서 말한 '자신의 몸가짐을 단정하게 하면 (그 덕이) 백성[黎庶]에게까지 미친다'라고 한 상황과 같지 않았음을 보았"[148]기 때문이다. 동중서董仲舒가 음양오

---

145 【옮긴이 주】: "입춘 이후에는 사형을 집행할 수 없다"라고 하는 규정은 『당률소의』에 동일한 문구가 없고, 『역주율소 - 각칙(하) - 』「단옥28」(제496조)「입춘후추분전불결사형조立春後秋分前不決死刑條」「소의」에서는 "옥관령獄官令에 의하면, '입춘부터 추분秋分까지는 복주覆奏하여 사형을 집행할 수 없다'라고 하였다"(3373쪽)라고 한 문장이 정문正文이다. 여기의 '옥관령'은 니이다 노보루仁井田陞, 『당령습유唐令拾遺』「옥관령 9을조乙條」(765쪽)를 말한다. 당대 율령에 규정된 '복주'의 회수・대상・절차 등에 대해서는 제1장 주 178 참조.
146 【옮긴이 주】: [송宋]두의寶儀 등等 찬撰, 오익여吳翊如 점교點校, 『송형통』권30, 「단옥률」「결사죄문」「입춘후추분전불결사형조」「소의」(493쪽).
147 [일日]이노우 사토시井上聰, 「교차점에서 원류를 말한다[交叉点上話原流]」, 『연구생계研究生界』1990년 제6기第六期 재록載錄.
148 『사기・맹자순경열전孟子荀卿列傳』.

행을 크게 강론한 것도 그 목적이 있었다. 그는 『춘추번로·왕도삼王道149三』에서 "옛날 글자를 만든 사람은 (먼저) 가로획을 세 번 쓴[三畫] 뒤에 그 가운데에 세로획을 그어[連], 이것을 '왕王'자라고 하였다. (가로의) 세 획[三]은 천天·지地와 인人을 나타내고, 그 가운데를 이은 획[丨]은 그 도道를 통하게 한 것이며", "이렇기 때문에 왕[王者]은 오직 천天이 내리는 것이다. (왕은 천의) 시절을 본받아서[施其時] (시무를) 완수해야 하고, (천의) 명을 본받아서[法其命] 사람에게 그것에 순종하게 한다"150라고 하였다. 개략적으로 말하면, (동중서는) 군권君權을 유지·보호하기 위해 이론적 근거를 만들었다고 할 수 있다. 정치적 목적은 음양오행으로 미화하여 잘 드러나지 않게 되었다. 그러나 음양오행설은 본래 신비적인 색채가 강하고, 이로써 자연과 사회 현상을 해석하는 것은 다분히 자의성을 가지지 않을 수 없으며, 따라서 해석상 착오도 적지 않게 볼 수 있다. 음양오행의 대가인 동중서도 착오를 피할 수 없었고, 심지어 이 때문에 관도官途가 막히기도 하였다. 예컨대 『한서·동중서전』에서는 "동중서는 강도국江都國을 다스릴 때, 『춘추』에 기록된 재이災異의 변화로써 음양의 운행이 흐트러지는 까닭을 유추하였다. 따라서 비[雨]를 내리게 할 때는 남문[陽]을 닫고 북문[陰]을 열었고, 비를 그치게 할 때는 그 반대로 하였다. 이것을 강도국 전체[一國]에 시행하여 바람대로 되지 않은 적이 없었다. 중도에 해임되어 중대부中大夫가 되었다. 이에 앞서 요동遼東의 고조묘[高廟]·장릉長陵의 고원전高園殿에서 화재가 발생하였는데, 동중서는 집에 머물면서 그 의미를 추론하였다.151 초고草稿가 아직 완성되지 않았을 때, 주부언主父偃152이 동중서를 방문해서 몰래 보고는 그를 증오하여 그의 책을 훔쳐서 상주上奏하였다. 무제[上]는 여러 유생儒生들을 불러 (그 책을) 보게 하였고, 동중서의 제자 여보서呂步舒153도 그것이 스승의 글[師書]인 줄도 모르고 크게 어리석다고 비난하였다. 이에 동중서는 옥리獄吏에게 넘겨져서 사형에 처해지게 되었지만, (무제가) 조서를 내려 사면하였다. (이 사건으로) 동중서는 (사망할 때까지) 재이災異에 대해 감히 재차 거론하지 않았다"154라고 하였다. 이러한 자의성恣意性은, 사람들이 이 학설을 보편적으로 믿었던 시기에는 통치자에게 일종의 위협이 될 수도 있었다. 왜냐하면 이것은 통치자에 대한 불리한 여론을 조성하는

【옮긴이 주】: 『사기』권74, 「맹자순경열전」(2344쪽).

149 【옮긴이 주】: '도道' 다음에 '통通'자가 있다(주 150 참조).

150 【옮긴이 주】: 신정근 옮김, 『동중서의 춘추번로 춘추—역사 해석학』제11권, 「제44편 세 영역을 소통시키는 왕의 길[王道通三]」(573쪽).

151 【옮긴이 주】: 『사기』권121, 「유림열전·동중서열전」에 의하면, 동중서는 "중도에 본직本職에서 물러나 중대부中大夫가 된 후 관사官舍에 기거寄居하면서 『재이지기災異之記』를 저술하였다"(3128쪽)라고 하였다.

152 【옮긴이 주】: '주부언'의 생몰 연대는 ?~B.C. 126년이다.

153 【옮긴이 주】: '여보서'의 생몰 연대는 미상이다.

154 【옮긴이 주】: 『한서』권56, 「동중서전」(2524쪽).

데 쉽게 이용되었기 때문이다. 사상적인 혼란을 방지하기 위해 중국고대의 통치자들은 음양오행설을 일정한 범위 내에서 통제하였고, 동시에 음양오행이론을 임의로 확대·왜곡하는 행위를 단속하였다. 예컨대 북조北朝의 위魏155 때 이미 누차에 걸쳐 백성이 "음양陰陽·도위圖緯156·방기方伎157에 관한 도서"를 소장하는 것을 금지하였고, 위반한 자는 "대벽죄로 논한다[以大辟論]"158라고 규정하였다. 당률의 규정은 매우 완비되었고, 그것은 음양오행을 미신화하는 언론과 출판물들을 요언妖言·요서妖書라고 칭하였으며, 동시에 그러한 행위를 한 사람들에 대해서는 엄중하게 징벌하였다. 예컨대『당률소의·적도』「조요서요언조造妖書妖言條」에서는 "하늘을 보고 땅을 가리키며, 황당하게 재상災祥을 말하고, 허황되게 길흉을 말하"159는 책이나 언설言說들을 모두 '요서·요언'으로 인정하였고, 이것을 함부로 유포하였거나 만든[造] 사람들 중 엄중한 경우에는 교형絞刑에 처해졌고, 경미한 경우에는 도형·장형에 처해졌다.160『대명률』과『대청율례』에서도 각각「형률刑律」에 '조요서요언造妖書妖言'이라는 죄를 두고, '참위讖緯를 만든 행위'도 이 죄의 범위에 포함시켜 "무릇 참위·요서·요언을 만들었거나 사용하여 무리[衆]를 미혹하게 한 자는 모두 참형斬刑에 처한다"라고 규정하여, 그 용형用刑은 당률보다 엄중하였다. (이로써) 중국고대 통치자들은 음양오행설이 이용되는 것을 매우 우려하여, 결국 그 영향을 자신들의 통치에 유리한 범위 내로 제한하

---

155 【옮긴이 주】: '위'는 '북위'를 가리킨다.
156 【옮긴이 주】: '도위'는 미래와 점술에 관한 일을 기록한 도참圖讖과 위서緯書를 아울러 이르는 말이다.
157 【옮긴이 주】: '방기'는 방사方士의 술법術法을 말한다.
158 『역대형법지歷代刑法志·후위율고後魏律考』.
　　【옮긴이 주】: 본 문장 가운데 "음양·도위·방기에 관한 도서"라는 문구는 정수덕程樹德,『구조율고九朝律考』권5,「후위율고하下」「위금도참魏禁圖讖」「세조世祖 태무제太武帝 태평진군太平眞君 5년(444) 정월 조詔」에 보이고, "대벽죄로 논한다[以大辟論]"라는 문구는 「고조高祖 효문제孝文帝 태화太和 9년(485) 정월 조詔」및「숙종肅宗 효명제孝明帝 희평熙平 2년(517) 5월 중신重申」에 보인다(이상 385쪽). 태무제의 조서는 사가私家에서 음양·도위·방기에 관한 도서로 우민愚民을 미혹迷惑한 사무師巫·사문沙門을 관아官衙에 보내지 않은 경우, 사무·사문은 사형에 처하고, 그들을 사양私養한 가주家主는 문주門誅한다는 규정이고, 효문제의 조서와 효명제의 중신重申 가운데 전자는 도참圖讖·비위祕緯 등을 소각하지 않고 소장한 행위에 대한 처벌규정이고, 후자는 천문天文에 관한 학습을 금지한 법을 위반한 행위에 대한 처벌규정이다.
159 【옮긴이 주】:『역주율소 - 각칙(상) - 』「적도21」(제268조)「조요서요언조」「소의」, 2430쪽.
160 【옮긴이 주】:『역주율소 - 각칙(상) - 』「적도21」(제268조)「조요서요언조」에서는 "무릇 요서나 요언을 '만든[造] 자는 교형絞刑에 처한다. '만들었다[造]'는 것은 스스로 휴구休咎나 귀신의 말을 만들고 허황되게[妄] 길흉을 말해서, 불순不順에 관련된 경우를 말한다. 전傳하거나 용用하여 무리[衆]를 미혹시킨 자도 이와 같다[如之]. '전'은 요언을 전파한 것을 말하며, '용'은 요서를 사용한 것을 말한다. 그러나 무리를 이루지 못한 자는 유3000리에 처한다. (요서의) 말의 이치가 해害가 되지 않은 때에는 장100에 처한다. 만약 사사로이 요서를 소지所持한 자는 비록 행용行用하지 않았더라도 도2년에 처하고, 요서의 이치가 해가 되지 않은 때에는 장60에 처한다"(2430~2431쪽)라고 규정하였다.

는 방법을 힘써 강구하였음을 알 수 있다.

더욱이 여기서 언급해야 하는 것은 한대漢代 유술儒術이 독존獨尊의 지위를 차지하고부터 음양오행설은 점차 유학과 결합하여 정통사상 가운데 하나의 구성 부분이 되었다는 점이다. 『역경易經』은 오경五經의 하나가 되었고, 그 속에는 동중서를 포함한 수많은 유생儒生들이 음양오행이론을 대대적으로 강론하였다. 당대唐代에 이르러 음양오행은 유가사상 가운데 하나의 구성 부분으로서 법과 결합하였고, 이에 따라 당률의 유가화도 결국 음양오행화 하였다.

20세기 이후, 중국 봉건적 법제가 점차 해체되어 감에 따라 당률의 영향도 점차 퇴색되었다. 그러나 음양오행설은, 그 영향이 이미 이전과는 사뭇 같지는 않았지만, 여전히 근대 법제 중 여러 방면에서 완강하게 반영되었다. 예컨대 신해혁명辛亥革命 이후, 임시참의원臨時參議院은 국기國旗를 홍紅·황黃·남藍·백白·흑黑의 오색기五色旗로 정하였는데, 이 오색은 바로 오행색五行色과 부합하였다. 따라서 양계초梁啓超가 "중화민국의 국기는 실제 이러한 관념(음양오행 관념)이 가장 잘 드러난 표상表象이다"[161]라고 주장한 것도 음양오행의 역량力量을 족히 볼 수 있다.

제3절 청소년 범죄와 청소년 보호 문제[162]

당률은 중국에서 최초로 청소년 범죄와 청소년 보호 문제에 관하여 체계적으로 규정한 법전이었고, 주된 내용은 이하 여러 방면을 포괄하고 있다.

1. 죄罪와 형刑에 관한 규정

당률은 청소년 범죄에 대해 죄와 형을 명시하지는 않았지만, 규정된 내용에서 보면, 이하의 범죄·양형量刑은 청소년 범죄와 비교적 밀접한 관계가 있었다.

첫째, 불효죄不孝罪이다. 불효죄의 기원은 비교적 오래되었다. 예컨대 『효경孝經·오형五刑』에서는 "오형의 종류는 3000이나 되지만, 죄는 불효보다 큰 것이 없다[五刑之屬三千[163] 罪莫大於不

---

161 고힐강顧頡剛, 『고사변古史辨5』, 상해고적출판사上海古籍出版社, 1982년판年版, 353쪽.
162 【옮긴이 주】: 제목 '청소년 범죄와 청소년 보호 문제'에서 문제가 되는 것은 '청소년'이라는 단어가 갖는 법률용어로서의 적절성이다. 본 절에 인용된 율조律條(「소의」도 포함)에서 범죄의 주체(가해자)·객체(피해자)가 되는 사람 가운데 청소년에 속하는 것에는 15세·10세·7세 등 연령, 그리고 가족관계의 범죄에서 사용되는 자손子孫·아들[子]·딸[女]·동생[弟]·누이[妹]·양자養子·비유卑幼 이외에 노老·연장자[長]에 대한 소小(연소자)·유幼(유소자) 등이 있다. 그런데 이들을 모두 '청소년'이라는 모호한 단어로 대체하는 것은 곤란하다. 이상의 점들을 고려하면, 제목을 '자손·비유·연소자[小] 등의 범죄와 보호 문제'로 하는 것이 본 절에서 다루는 내용과 부합할 것이다.

孝]"¹⁶⁴라고 하였다. 장태염章太炎¹⁶⁵은 『효경본하법설孝經本夏法說』에서 하夏왕조 때 이미 이 죄가 있었고, 이후 계속 사용되었다고 보았다. 북조北朝의 『북제율北齊律』은 불효죄를 '중죄 10조重罪十條'에 편입시켰고, 수隋·당唐 때는 '십악十惡'으로 개칭하였다. 당률은 이에 대해 비교적 완정完整된 규정을 두었다. 예컨대 『당률소의·명례』「십악조十惡條」¹⁶⁶「소의」에서는 '불효'에 대해 명확하게 "부모를 잘 섬기는 것을 효라고 하고, 이미 위반하고 죄를 범한 것[違犯]이 있었다면, 이것이 '불효'의 죄명이다"¹⁶⁷라고 설명하였다. 또 본 율조律條¹⁶⁸에서는 불효죄를 구성하는 각종 행위를 나열하였는데, "조부모·부모를 고발하였거나[告言], 저주하고 욕하였거나[詛詈], 조부모·부모가 살아 있는데 호적을 따로 하였거나[別籍] 재산을 달리하였거나[異財], 혹은 공양을 궐하였거나[供養有闕], 부모의 상중喪中에 자신이 스스로 시집[嫁]·장가[娶]갔거나, 악을 행하였거나[作樂¹⁶⁹], 상복喪服을 벗고 길복吉服을 입었거나, 조부모·부모의 상喪을 듣고도 숨기고 거애擧哀¹⁷⁰하지 않았거나, 조부모·부모가 사망하였다고 사칭詐稱한 행위"¹⁷¹를 포괄하였다. 이상의 어떤 행위 가운데 한 가지라도 범하였다면 이 죄의 구성요건이 되어 처벌받았다. 예컨대 『당률소의·투송』「고조부모부모조告祖父母父母條」에서는 조부祖父¹⁷²·부모를 고발한[告] 자는 "교형絞刑에 처한다"¹⁷³라고 규정하였다. 또 『당률소의·호혼』「자손별적이재조子孫別籍異財條」에서도 부모가 아직 생존해있는데 분가分家와 재산 분할을 요구한 때에는 "도徒3년에 처한다"¹⁷⁴라고 규정하였고, 「거부모부상가취조居父母夫喪嫁娶條」에서도 부모의 복상服喪 기간 내에 시집갔거나[嫁] 또는 장가간[娶] 때에도 "도3년에 처한다"¹⁷⁵라고 규정하였다.

---

163 【옮긴이 주】: '천千' 다음에 '이而'가 있다(주 164 참조).
164 【옮긴이 주】: 이 문장은 『효경주소孝經註疏』(『십삼경주소 하』권6, 「오형장五刑章 제11」(2556쪽)에 의하면, 공자孔子의 말이다.
165 【옮긴이 주】: '장태염'의 생몰 연대는 1869∼1936년이다.
166 【옮긴이 주】: '「십악조」'는 '「십악조·불효」'이다(주 167 참조).
167 【옮긴이 주】: 『역주율소 - 명례편 - 』「명례6」(제6조)「십악조·불효」「소의」, 121쪽.
168 【옮긴이 주】: '율조' 다음에 「주」가 있어야 한다(주 171 참조).
169 【옮긴이 주】: '악'에 대해서는 제1장 주 44 참조.
170 【옮긴이 주】: '거애'에 대해서는 제1장 주 43 참조.
171 【옮긴이 주】: 『역주율소 - 명례편 - 』「명례6」(제6조)「십악조·불효」「주」, 121∼124쪽.
172 【옮긴이 주】: '조부'는 '조부모'의 오기이다(주 173 참조).
173 【옮긴이 주】: 『역주율소 - 각칙(하) - 』「투송44」(제345조)「고조부모부모조」, 3110쪽. 본 조「주」에서는 "연좌緣坐하는 죄나 모반謀叛 이상이 아닌데 고의로 고발한[告] 경우를 말한다"(3110쪽)라고 하였다.
174 【옮긴이 주】: 『역주율소 - 각칙(상) - 』「호혼6」(제155조)「자손부득별적이재조子孫不得別籍異財條」에서는 "무릇 조부모·부모가 살아 있는데 자손이 호적을 따로 하였거나[別籍] 재산을 달리한[異財] 때에는 도3년에 처한다. 호적을 따로 한다는 조건과 재산을 달리한다는 조건이 반드시 함께 갖추어져야 하는 것은 아니다. 아래 조문도 이에 준한다[準此]"(2213쪽)라고 규정하였다.

둘째, 도박죄賭博罪[176]이다. 중국고대는 도박을 박희博戲라고 칭하였다. 도박죄는 당唐 이전에 이미 있었고, 당률은 이에 대해 완비完備하였다. 예컨대『당률소의·잡률』「박희도재물조博戲賭財物條」에서는 무릇 재물을 걸고 도박을 한 자는 모두 "장杖100에 처"하고, 도박에 건 재물이 큰 때에는 절도죄에 의거해서 논한다[依偸盜論[177]][178]라고 규정하였는데, 즉 "1척尺이었다면 장杖60에 처하고, 1필匹마다 1등을 가중하며, 5필匹이었다면 도徒1년에 처한다. 5필마다 1등을 가중하고, 50필이었다면 가역류加役流에 처한다"[179]라고 규정하였다. 그러나 두 가지의 예외 상황이 있었다. 한 가지는 "활쏘기는 무예를 익히는 것이므로, 비록 재물을 걸었더라도 죄명罪名이 없다"[180]라고 하여, 무예를 익히면서 도박을 한 경우에는 이 죄의 구성요건이 되지 않았다. 또 한 가지는 "음식으로 도박을 한 자는 처벌하지 않는다"[181]라고 하여, 음식으로 도박을 한 경우에도 이 죄의 구성요건이 되지 않았다.

셋째, 교령[182]위반죄[違犯敎令罪]이다. 당대唐代의 규정에 의하면, 가장家長은 교령권敎令權을 가졌고, 책벌責罰·구타 등의 방식을 통해 자녀에게 교령을 지키도록 교육할 수 있었다. 자손이 교령을 위반하고 가르침에 복종하지 않은 때에는 교령위반죄[違犯敎令罪]를 구성하여 처벌받았다. 예컨대『당률소의·투송』「자손위범교령조子孫違犯敎令條」에서는 자손이 교령을 위반한[子孫違犯敎令] 때에는 "도徒2년에 처한다"[183]라고 규정하였다. 또 본 조「소의」에서는 전문적으로 이 규정에 대해

---

175 【옮긴이 주】:『역주율소 - 각칙(상) - 』「호혼30」(제179조)「거부모부상가취조」에서는 "무릇 부모 및 남편[夫]의 상중喪中에 있는데 시집[嫁]·장가[娶]간 자는 도3년에 처하고, 첩은 3등을 감경한다. 각각 이혼시킨다[離之]. 알고도[知] 함께 혼인한 자는 각각 5등을 감경한다. 알지 못한[不知] 자는 처벌하지 않는다"(2259쪽)라고 규정하였다.

176 【옮긴이 주】: 당률에서 규정한 '도박죄'는 '자손·비유·연소자[小]' 등(원서에서는 이들을 '청소년'으로 표기)의 범죄와 직결되지 않는다.

177 【옮긴이 주】: '의투도론依偸盜論'은 '준도론準盜論(도죄에 준해서 논한다)'이 정문이다(주 178 참조).

178 【옮긴이 주】:『역주율소 - 각칙(하) - 』「잡률14」(제402조)「박희도재물조」에서는 "무릇 박희博戲를 하면서 재물을 건 자는 각각 장100에 처한다. 장죄贓罪가 엄중한 자는 각각 자신의 몫[己分]에 따라 도죄에 준해서 논한다[準盜論]"라고 규정하였고, 본 조「주」에서는 "도박[博]을 예례로 들었지만, 다른 놀이[餘戲]도 모두 이와 같다[皆是]", "진[輸] 자도 자신의 몫에 따라 종범으로 처벌한다[從坐]"(이상 3216쪽)라고 하였다.

179 『당률소의·적도』「적도조賊(적賊은 절竊의 오기)盜條」.
【옮긴이 주】:『역주율소 - 각칙(상) - 』「적도35」(제282조)「절도조竊盜條」, 2458쪽.

180 【옮긴이 주】:『역주율소 - 각칙(하) - 』「잡률14」(제402조)「박희도재물조」「소의」, 3216쪽.

181 【옮긴이 주】:『역주율소 - 각칙(하) - 』「잡률14」(제402조)「박희도재물조」, 3217쪽. 다만 본 조에서는 "장소 제공자[停止主人] 및 고리대놀이를 한 자[出九者], 그리고 주동자[和合者]는 각각 이와 같다[如之]"(3217쪽)라고 규정하여, 이들도 재물을 걸고 도박한 자와 같이 장100에 처해졌다.

182 【옮긴이 주】: '교령'에 대해서는 제1장 주 22참조.

"조부모·부모가 교령한 것이 일[事]에 합당한 때에는 반드시 받들어 따라야 하고, 자손은 위반[違犯]할 수 없다"[184]라고 해석하였다. 다만 두 가지는 주의해야 한다. 하나는 "만약 교령이 위법해서 행하면 죄가 되는 경우", "(복종하지 않았더라도) 유죄有罪로 해서는 안 된다"[185]라고 하여, 교령 자체가 위법인 경우, 자손이 복종하지 않았더라도 범죄를 구성하지 않았다는 점이다. 또 하나는 "반드시 조부모·부모가 고소[告]해야 처벌한다"[186]라고 하여, 반드시 조부모·부모가 고소해야 사법관이 추궁하였다는 점이다.

넷째, 사입도죄私入道罪, 즉 사사로이 입도한 죄이다. 사입도私入道는 관부官府의 동의를 거치지 않고 사사로이 화상和尚·비구니[尼]·도사道士·여관女冠 등이 된 행위를 가리킨다. 당대는 사사로이 입도한[私入道] 행위를 금지하였다. 예컨대『당률소의·호혼』「사입도조私入道條」에서는 무릇 사사로이 입도한[私入道] 자는 "장杖100에 처한다"[187]라고 규정하였다. 그러나[188] "만약 가장家長으로 말미암았다면 가장이 처벌받아야 한다"[189]라고 하여, 가장으로 인해 사사로이 입도한[私入道] 경우, 사사로이 입도한[私入道] 자는 형사책임을 지지 않았고, 처벌 대상은 가장이었으며, 처벌의 정도[幅]도 사사로이 입도한[私入道] 자와 같았다.[190]

다섯째, 독단적 혼인죄[結婚罪]이다. 당대의 혼인[結婚] 연령은 매우 낮았다. 당 현종唐玄宗[191]은 남

---

183 【옮긴이 주】:『역주율소 - 각칙(하)』「투송47」(제348조)「자손위범교령조」에서는 "무릇 자손이 (조부모·부모의) 교령을 위반하였거나[違犯教令] 공양을 궐한[供養有闕] 때에는 도2년에 처한다. (교령을) 따를 수 있는 데 위반하였거나 공양을 감당할 수 있는데 궐한 자를 말한다. 반드시 조부모·부모가 고소[告]해야 처벌한다"(3121쪽)라고 규정하였다.
184 【옮긴이 주】:『역주율소 - 각칙(하) - 』「투송47」(제348조)「자손위범교령조」「소의」, 3121쪽.
185 【옮긴이 주】:『역주율소 - 각칙(하) - 』「투송47」(제348조)「자손위범교령조」「소의」에서는 "만약 교령이 위법해서 행하면 죄가 되었거나, 집안 형편이 실제 가난하여 받들어 공양할 방도가 없었다면, 이러한 경우에는 (복종하지 않았더라도) 유죄로 해서는 안 된다"(3121쪽)라고 설명하였다.
186 【옮긴이 주】: 주 183 참조.
187 【옮긴이 주】:『역주율소 - 각칙(상) - 』「호혼5」(제154조)「사입도조」에서는 "무릇 사사로이 입도하였거나[私入道] 그에게 도첩度牒을 준 자는 장100에 처한다"(2211쪽)라고 규정하였고,「소의」에서는 "'사사로이 입도하였다'라는 것은 도사·여관·승려·비구니 등이 되면서 관官이 도첩을 준 것이 아님을 말하며, 사사로이 입도한 자나 그에게 도첩을 준 자는 각각 장100에 처한다"(2212쪽)라고 해석하였다.
188 【옮긴이 주】: '그러나' 다음에는 "본 조「주」에서는"이 있어야 한다(주 189 참조).
189 【옮긴이 주】:『역주율소 - 각칙(상) - 』「호혼5」(제154조)「사입도조」「주」, 2211쪽.
190 【옮긴이 주】:『역주율소 - 각칙(상) - 』「호혼5」(제154조)「사입도조」「소의」에서는 "주注에서 '만약 가장으로 말미암았다면 가장이 처벌받아야 한다'라는 것은 이미 가장을 처벌한다면 사사로이 입도한 자는 처벌하지 않는다는 것이다. …… 본적지의 주사主司 …… 및 (사사로인 입도한 자가) 머무르고 있는 도관道觀·불사佛寺의 삼강三剛이 실정을 안[知情] 때에는 각각 입도한 자 및 가장과 같은 죄로 처벌한다[與同罪]"(2212쪽)라고 하였다.
191 【옮긴이 주】: '당 현종'은 당의 제6대 황제(재위 712~756)이다.

자 15세·여자 13세를 혼인 적령기[嫁娶期]로 규정하였다. 현재의 시각에서 보면 청소년기에 속한다. 당대는 서주西周 이래의 정제定制를 답습해서 혼인하는 자에게 부모의 명령·중매인의 말에 복종할 것을 요구하였고, 독단적으로 혼인하지 못하게 하였으며, 위반하였다면 제재制裁를 받아야 하였다. 예컨대, 『당률소의·호혼』「비유자취처조卑幼自娶妻條」에서는 비유가 혼인하는 때에는 "존장尊長의 뜻에 따"라야 하며, 위반한 자는 "장杖100에 처한다"[192]라고 규정하였다.

여섯째, 도구죄盜毆罪이다. 이것은 절도[偸盜]와 투구[鬪毆]라는 두 가지 죄를 포괄하였다. 당률 중에는 도구죄에 관한 내용이 적지 않지만, 여기서는 청소년과 가장 밀접한 관련이 있는 두 가지 규정만을 예例로 든다. 먼저 『당률소의·적도』「비유장인도기가재조卑幼將人盜己家財條」에서는 자손이 타인他人과 결탁해서 자기 집[家]의 재산을 절도한 행위를 엄금하였다. 무릇 이러한 행위가 있었다면, 절도한 재산액에 따라 처벌되었고, 양형量刑의 폭은 "10필匹이었다면 태笞10에 처하고, 10필마다 1등을 가중하며, 죄의 최고형은 장杖100"[193]이었다. 또 『당률소의·투송』「구형자등조毆兄姉等條」에서는 동생[弟]·누이[妹]가 형兄·누나[姉]를 구타한 행위를 금지하였고, 지키지 않았다면 범죄의 구성요건이 되어 상해 정도에 따라 형사책임을 추궁하였는데, 처벌의 폭은 다음과 같다. "무릇 (형·누나를) 구타한 자는 도徒2년반에 처하고, 상해한 자는 도3년에 처한다. 절상折傷[194]을 가한 자는 유流3000리에 처한다. 흉기[刃]로 상해하였거나, 팔다리를 골절시켰거나[折支], 또는 한쪽 눈을 실명시킨[瞎一目] 자는 교형絞刑에 처한다. 살해한 자는 모두 참형斬刑에 처한다."[195]

...

192 【옮긴이 주】: 『역주율소 - 각칙(상) - 』「호혼39」「존장위비유정혼조尊長爲卑幼定婚條」에서는 "무릇 비유卑幼가 외지에 있고, 존장尊長이 후에 (그를) 위해 정혼定婚하였는데 비유가 (외지에서) 스스로 처를 취하여[娶妻] 이미 성혼成婚한 경우, 혼인은 법과 같이한다[如法]. 아직 성혼하지 않은 경우에는 존장의 뜻에 따른다. 위반한 자는 장100에 처한다"(2273쪽)라고 규정하였다.

193 【옮긴이 주】: 『역주율소 - 각칙(상) - 』「적도41」(제288조)「비유장인도기가재조卑幼將人盜己家財條」에서는 "무릇 동거同居하는 비유卑幼가 타인을 데리고 자기 집[家]의 재물을 절도한 때에는 사사로이 함부로 재물을 사용한 죄로 논하되[以私輒用財物論] 2등을 가중한다. (동행한) 타인은 일반 도죄[常盜罪]에서 1등을 감경한다. 만약 살상殺傷한 때에는 각각 본래의 법에 의거한다[依本法]. (동행한) 타인이 살상한 경우, 가령 비유卑幼가 실정을 알지 못하였더라도[不知情] 여전히 본래의 살상법殺傷法에 의거해서 처벌한다"라고 규정하였고, 본 조「소의」에서는 "호혼률戶婚律을 살펴보면, '동거하는 비유가 사사로이 함부로 재물을 사용한 경우, 10필이었다면 태10에 처하고, 10필마다 1등을 가중하며, 죄의 최고형은 장100이다'라고 했다"(이상 2471쪽)라고 하였다. 「소의」에 인용된「호혼률」의 문장은 『역주율소 - 각칙(상) - 』「호혼13」(제162조)「비유사첩용재조卑幼私輒用財條」(2225쪽)에 규정되어 있다.

194 【옮긴이 주】: '절상'에 대해서는 제1장 주 16 참조.

195 【옮긴이 주】: 『역주율소 - 각칙(하) - 』「투송27」(제328조)「구형자조」, 3073쪽.

2. 책임연령責任年齡·특권·연좌緣坐에 관한 규정

당률은 이러한 청소년 범죄와 관계된 비교적 엄중한 죄와 형에 대해 규정하였지만, 그밖에 책임연령·특권·연좌에 관한 내용도 규정하였다.

첫째, 책임연령이다. 당률은 청소년의 형사책임연령을 15세 이상, 15세 이하·10세 이상, 10세 이하·7세 이상, 7세 이하의 네 단계로 나누었고, 각각 차별적인 형사책임을 부과하였다. 예컨대 『당률소의·명례』「노소급질유범조老小及疾有犯條」규정에 따르면, 15세 이상인 자는 모든 형사책임을 져야 하였고, 15세 이하·10세 이상인 자가 유죄流罪 이하를 범한 때에는 동銅으로 속죄贖罪할 수 있었으며, 사죄死罪를 범한 때에는 율律에 따라 집행하였고, 10세 이하·7세 이상인 자가 모반謀反·모대역謀大逆·살인죄를 범하여 사죄死罪에 처해져야 하는 때에는 상청上請하여 황제의 재결裁決에 맡겼으며, 그 이외의 죄는 모두 속贖을 허용하였고, 7세 이하인 자는 일반적으로 형사책임을 지지 않았다.[196]

둘째, 특권[197]이다. 당률은 봉건적 특권을 유지·보호하는 법전法典이었고, 청소년범죄 문제에서도 이와 같았다. 즉 특권을 향유享有하는 관료·귀족의 자손도 가장家長의 특권을 승음承蔭할 수 있었기 때문에 죄를 범하였을 때 일반 청소년과는 같은 죄[同罪]라도 처벌이 달랐으며[異罰], 가장의 지위가 높을수록 죄를 범한 자손이 향유하는 특권도 컸다. 예컨대 『당률소의·명례』「황태자비조皇太子妃條」·「칠품이상지관조七品以上之官條」·「응의청감조應議請減條」등에서는 이에 대해 모두 상응하는 규정을 두었다. 그 내용은 주로 다음과 같다. 팔의에 해당하는 자[八議者]의 자손이 사죄死罪를 범한 때에는 상청上請하였고, 유죄流罪 이하를 범한 때에는 1등을 감경하였다.[198] 또 4·5품관의 자손이 유죄 이하를 범한 때에는 1등을 감경하였고,[199] 6·7품관의 자손이 유죄 이하를 범한 때에는

---

196 【옮긴이 주】: 이상 당률에 규정된 노老·소소·불구자[疾]의 범죄에 적용되는 형사책임의 감면과 그 입법사상 등에 대해서는 전영섭, 「당률 '노소급질유범조老小及疾有犯條'·'범시미노질조犯時未老疾條'의 형사책임 감면규정·입법사상과 송률宋律 - 휼형사상과 관련하여 -」(『역사와 경계』92, 부산경남사학회, 2014) 참조.
197 【옮긴이 주】: 여기서 말하는 '특권'은 당률에서 황제의 친족과 그 밖의 국가로부터 특별대우를 받는 자, 관품官品·작위爵位를 가진 자에게 주어지는 형사刑事 상上의 특전特典을 가리키고, 이것에는 의의·청청·감감·속속이 있다. 이러한 특전은 음蔭에 의해 특전을 받을 수 있는 자의 친족에게도 주어졌고, 그 속에는 자손도 포함되었다.
198 【옮긴이 주】: 『역주율소 - 명례편 -』「명례9」(제9조)「황태자비조(청장請章)」에서는 "무릇 황태자비皇太子妃의 대공大功 이상 친족親族, 의의할 수 있는 자의 기년복기年服 이상 친족 및 손자[孫] 또는 관품[官]·작위[爵] 5품 이상인 자가 사죄死罪를 범한 때에는 상청上清한다. 유죄流罪 이하인 때에는 1등을 감경한다"(139~140쪽)라고 규정하였다.
199 【옮긴이 주】: 『역주율소 - 명례편 -』「명례10」(제10조)「칠품이상지관조(감장減章)」에서는 "무릇 7품 이상 관인官人 및 관품[官]·작위[爵]로 청청할 수 있는 자의 조부모·부모·형제·자매姉妹·처처·자손이 유죄

속贖할 수 있었다.²⁰⁰ 그러나 4품 이하 관인官人의 자손이 사죄를 범한 때에는 모두 법에 따라 과형科刑하였고, (게다가 이러한 특권을 향유할 수 있는 자의 자손도) '십악十惡'·반역연좌류反逆緣坐流·살인·도盜 등의 죄를 범한 때에도 "이 율을 적용하지 않는다[不用此律]"²⁰¹라고 하여, 반드시 율에 따라 과형科刑을 정하였다.

셋째, 연좌이다. 연좌는 당대唐代에 이미 크게 제한되었지만, 여전히 존재하였다. 즉 사회에 비교적 엄중하게 위해危害를 가加한 일부 범죄에 대해 당률은 계속 연좌를 사용하여 억지력抑止力을 증가시켰는데, 그중에는 죄가 없는 자손에 대한 연좌도 포함하였다. 예컨대 『당률소의·적도』「모반대역조謀反大逆條」에서는 모반謀反·모대역죄謀大逆罪를 범한 당사자는 참형斬刑에 처하였고, 그밖에 16세 이상의 아들[子]은 교형絞刑에 처하였으며, 16²⁰²세 이하의 아들[子]·손자[孫]·딸[女]은 모두 몰관하여 관노비官奴婢로 삼았고, 형제의 아들[子]은 "유流3000리에 처한다"²⁰³라고 규정하였다. (이처럼) 이들 청소년은 본인이 결코 죄가 없었다고 해도 단지 그들의 가장家長 또는 가인家人이 모반謀反·대역죄大逆罪를 범하였기 때문에 연좌되어 처벌을 받았다. 당률 가운데 모반謀叛 등의 죄에 대해서도 이와 유사한 규정이 있다.²⁰⁴

....

　　流罪 이하를 범한 때에는 각각 1등을 감경하는 법례法例에 따른다"라고 규정하였고, 본 조「소의」에서는 "'관품·작위로 청할 수 있는 자'라는 것은 5품 이상의 관품·작위(를 가진 자)를 말하며, (이들은) 음陰이 조부모·부모·형제·자매·처·자손에게 미치기 때문에 (그들이) 유죄 이하를 범한 때에는 각각 1등을 감경할 수 있다"(이상 142쪽)라고 하였다.

200 【옮긴이 주】: 『역주율소 - 명례편 - 』「명례11」(제11조)「응의첨감조(속장贖章)」에서는 "무릇 의議·청請·감減할 수 있는 자 및 9품 이상 관인官人 또는 관품官品으로 감할 수 있는 자의 조부모·부모·처·자손이 유죄流罪 이하를 범한 때에는 속贖을 허용한다"라고 규정하였고, 본 조「소의」에서는 "'또는 관품으로 감할 수 있는 자'라는 것은 7품 이상의 관인을 말하며, (이들은) 음陰이 조부모·부모·처·자손에게 미치기 때문에 (그들이) 유죄 이하를 범한 때에는 속을 허용한다"(이상 143쪽)라고 해석하였다.

201 【옮긴이 주】: 『역주율소 - 명례편 - 』「명례9」(제9조)「황태자비조(청장)」에서는 앞의 주 193에서 인용한 조문에 이어서 "그러나 십악十惡, 반역연좌反逆緣坐, 살인, 감수監守하는 구역 내에서 간姦·도盜·약인略人·수재왕법受財枉法을 범한 때에는 이 율을 적용하지 않는다[不用此律]"(140쪽)라고 규정하였다. 본 조문의 내용 전체를 종합하면, "이 율을 적용하지 않는다"에서 말한 이 율은, 사죄死罪인 때에는 상청上淸하고, 유죄流罪인 때에는 1등 감경한다는 규정(주 198)을 말한다.

202 【옮긴이 주】: '6'은 '5'의 오기이다(주 203 참조).

203 【옮긴이 주】: 『역주율소 - 각칙(상) - 』「적도1」(제248조)「모반대역조」, 2382쪽.

204 【옮긴이 주】: "유사한 규정이 있다"라는 것은 『역주율소 - 각칙(상) - 』「적도4」(제251조)「모반조謀叛條」에서는 "모반謀叛한 자는 교형絞刑에 처한다. 이미 착수한[已上道] 자는 참형에 처한다. 처첩妻妾와 아들[子]은 유2000리에 처한다"(2390~2391쪽)라고 한 규정을 말한다.

3. 청소년 보호에 관한 규정

당률은 유가儒家의 인의仁義에 기초하여 노인을 공경하고 또 연소자를 사랑해야[敬老愛幼] 한다고 주장하였다. 따라서 당률의 일부 조문에서도 청소년 보호에 관한 내용을 규정하였는데, 주된 것은 아래와 같다.

첫째, 양자養子의 유기遺棄를 금지하였다. 당대는 자녀가 없는 기혼자既婚者가 동종同宗의 연소자[小]를 양자로 삼는 것을 허용하였다. 즉 「호령戶令」205에서는 "아들이 없는 자는 동종으로서 소목에서 서로 합당한 자를 수양하는 것을 허용한다[無子者聽養同宗於昭穆相當者]"206라고 규정하였다. 일단 수양하여 자신의 아들[子]이 된 경우에는 정성껏 대우해야 하고 유기할 수 없었다. 양자를 유기한 것은 범죄 행위였기 때문에 처벌을 받아야 하였다. 예컨대 『당률소의·호혼』 「양자사거조養子捨去條」에서는 "무릇 양자가 수양한 부모에게 아들이 없는데[無子] 버리고 떠난[捨去] 때에는 도徒2년에 처한다"207라고 규정하였다.

둘째, 청소년의 약취略取·약매略賣를 금지하였다. 당률은 청소년의 약취·약매를 엄금하였고,

---

205 【옮긴이 주】: '「호령」'은 니이다 노보루仁井田陞, 『당령습유唐令拾遺』 「호령 14조」(233쪽)를 말한다.
206 『당률소의·호혼』 「양자사거조養子捨去條」.
  【옮긴이 주】: 『역주율소 - 각칙(상) - 』 「호혼8」(제157조) 「양자사거조」 「소의」, 2215쪽. "아들이 없는 자는 동종으로서 소목에서 서로 합당한 자를 허용한다"라는 문장 가운데 '동종'은 부계혈족父系血族을 가리키고, '소목'은 고대 종묘 내 위패位牌의 배열 순서를 말하는 것으로, 시조始祖는 중간에 안치하였고, 2·4·6세世는 왼쪽에 두었는데, 이것을 '소'라고 하였고, 1·3·5세는 오른쪽에 두었는데, 이것을 '목'이라고 하였다. 이것은 종족의 존비·친소·원근을 구분하기 위한 것이다. 이상을 고려하면, "동종으로서 소목에서 서로 합당한 자"는 부계혈족 가운데 양부養父의 다음 항렬에 속하는 사람, 즉 아들과 같은 세대에 속하는 사람을 말한다.
207 【옮긴이 주】: 『역주율소 - 각칙(상) - 』 「호혼8」(제157조) 「양자사거조」, 2215쪽. 그런데 저자는 본 조문을 양부모가 양자를 유기한 행위에 대한 처벌규정으로 예시例示하였지만, 내용에서 보듯이 이 조문은 양자가 양부모를 버리고 떠난 행위에 대한 처벌규정이기 때문에 타당한 예시가 아니다. 또 본 조문의 전문全文을 보면 "무릇 양자가 수양한 부모에게 아들[子]이 없는데 버리고 떠난 때에는 도2년에 처한다. (양부모가) 친자식을 낳았거나 친부모가 아들[子]이 없어 (친부모에게) 돌아가고자 한 때에는 이것을 허용한다. 만약 이성異姓의 남자를 수양한 자는 도1년에 처한다. (양자로) 준 자는 태50에 처한다. 그러나 유기된 아이[遺棄小兒]가 3세 이하인 때에는 비록 이성이었다고 해도 수양하는 것을 허용하고, 곧 그 성姓을 따르게 한다"(2215~2216쪽)라고 규정하여, '양자의 유기 금지'에 관해서는 일체 언급하고 있지 않다. 게다가 본 조 「소의」에서는 "수양한 측에서 친자식을 낳았거나 비록 아들[子]은 없지만 계속 수양하기를 원하지 않아 친부모에게 돌려보내고자 한 때에는 양부모의 뜻에 따른다"(2215쪽)라고 보충 설명하였다. 이상을 종합하면, 당률의 경우, 양부모가 파양罷養하고자 하면 일체 문제가 되지 않았음을 알 수 있다. 더욱이 당률을 보면, 양부모가 양자를 유기한 행위에 대해서는 규정 자체가 없기 때문에, 이러한 행위는 범죄의 구성요건이 되지 않았다고 생각된다. 따라서 저자가 당률에서 자손·비유·연소자의 보호에 관한 규정으로 제시한 '양자의 유기 금지' 부문은 설정 자체에 문제가 있다.

또 이러한 행위에 대해 엄중히 단속하였다. 예컨대 『당률소의·적도』「약인약매인조略人略賣人條」208·「약매기친이하비유조略賣期親以下卑幼條」209 등에서는 모두 이것에 대해 규정하고 있고, 주된 내용은 다음과 같다. 무릇 청소년을 약취·약매하여 타인他人의 노비로 삼은 경우, 약취자·약매자는 '교형絞刑'에 처하였다. 10세 이하의 연소자를 약취·약매한 때에는 비록 매매가 자의自意에 의한 것이었다고 해도 약매죄略賣罪로 논하였다.210 특히 기친期親 이하의 비유卑幼는 노비로 삼을 수 없었다. 동생[弟]·누이[妹]를 약취·약매한 경우에는 "도徒3년에 처"하였고, 자손을 약취·약매한 경우에는 도1년반에 처하였다.211

셋째, 처妻가 남편[夫]의 동생[弟]·누이[妹]를 구타하는 것을 금지하였다. 당률은 전문적인 조문을 두어 처가 남편[夫]의 동생[弟]·누이[妹]를 구타하는 행위를 금지하였고, 위반자에 대한 용형用刑은 동일 유형[同類]의 범죄보다 가중하였다. 예컨대 『당률소의·투송』「구형처부제매조毆兄妻夫弟妹條」에서는 처가 남편[夫]의 동생[弟]·누이[妹]를 구타한 때에는 "일반인[凡人](을 구타한 죄)에서 1등을 가중한다"라는 규정에 따라 양형量刑해서 처벌하였고, 첩이 남편[夫]의 동생[弟]·누이[妹]를 구타한 때에는 "또 1등을 가중한다"212라고 규정하였다. 당률의 이러한 가중처벌 규정은 예교禮敎

---

208 【옮긴이 주】: 『역주율소 - 각칙(상) - 』「적도45」(제292조)「약인약매인조」에서는 "사람을 약취하거나[略人] 사람을 약매해서[略賣人] 동의하지 않은 것[不和]을 약략이라고 한다. 10세 이하는 동의하였더라도 약법略法과 같다. 노비로 삼은 자는 교형絞刑에 처하고, 부곡으로 삼은 자는 유3000리에 처하며, 처·첩·자식[子]·손자[孫]로 삼은 자는 도3년에 처한다. 그로 인해 사람을 살상한 자는 강도법과 같다[同强盜法]"(2478쪽)라고 규정하였다.

209 【옮긴이 주】: 『역주율소 - 각칙(상) - 』「적도47」(제294조)「약매기친비유조略賣期親卑幼條」에서는 "무릇 기친期親 이하의 비유를 약매한 자는 모두 투구살법鬪毆殺法과 같다. 복복의 관계가 없는 비유卑幼도 같다. 만약 화매和賣한 자는 각각 1등을 감경한다. 그 밖의 친족親族을 팖[賣] 자는 각각 일반인의 화매·약매법[凡人和略法]에 따른다"라고 규정하였고, 본 조「소의」에서는 "'기친 이하의 비유'는 동생[弟]·누이[妹]·아들[子]·손자[孫] 및 형제의 자손, 외손外孫, 자손의 부인婦人 및 사촌동생[從父弟]·사촌누이[從父妹]를 말하며, …… 만약 동생[弟]·누이[妹]를 약매하여 노비로 삼은 자는 투살법鬪殺法과 같이 도3년에 처하고, 자손을 팔아서 노비로 삼은 자는 도1년반에 처하는 것과 같은 경우이다"(이상 2485~2486쪽)라고 해석하였다.

210 【옮긴이 주】: "약매죄로 논하였다"는 "약법과 같았다"가 정문正文이다. 이상의 규정에 대해서는 주 208 참조.

211 【옮긴이 주】: 이상의 규정에 대해서는 주 209 참조.

212 【옮긴이 주】: 『역주율소 - 각칙(하) - 』「투송31」(제332조)「구형처부제매조」에서는 "무릇 형의 처를 구타하였거나 남편[夫]의 동생[弟]·누이[妹]를 구타한 자는 각각 일반인[凡人](을 구타한 죄)에서 1등을 가중한다. 만약 첩妾이 범한 때에는 또 1등을 가중한다. 만약 첩이 남편[夫]의 다른 첩의 자식[子]을 구타한 때에는 일반인[凡人](을 구타한 죄)에서 2등을 감경한다. 처의 자식[子]을 구타한 때에는 일반인을 구타한 죄로 논한다[以凡人論]. 만약 처의 자식[子]이 아버지[父]의 첩의 자식[子]을 구타하여 상해한 때에는 일반인[凡人](을 구타하여 상해한 죄)에서 1등을 가중한다. 첩의 자식[子]이 아버지[父]의 다른 첩을

의 유지·보호라는 관점에서 비롯된 것이었다. 즉 본 조「소의」에서는 남편[夫]의 동생[弟]·누이[妹]를 구타한 행위는 "예의와 공경을 무너뜨리고 거스른 행위[禮敬頓乖]"이기 때문에 용형用刑이 일반인보다 가중된다[213]라고 설명하였다.

넷째, 친속親屬 내內 청소년과 발생하는 성행위를 금지하였다. 당률은 가족구성원[家庭成員] 가운데 연장자와 여성청소년 간間에 발생하는 성행위를 엄격히 금지하였다. 예컨대 『당률소의·잡률』「간시마이상친급처조姦緦麻以上親及妻條」[214]·「간부조첩조姦父祖妾條」[215] 등에서는 모두 이에 대해 규정하고 있는데, 주된 내용은 다음과 같다. "처의 전남편의 딸 및 동모이부의 자매를 간한 자[妻前之女及同母異父姉妹通姦]"[216]는 "도徒3년에 처"하였고, 강간한 자[强者]는 "유流2000리에 처"하였으며,[217] 형제의 딸[女]을 간한 자는 "교형絞刑에 처"하였다.[218] 이러한 규정들은 모두 일반 간죄姦罪보다 엄중하였다. 즉「범간조凡姦條」에서는 "무릇 간姦한 자는 도1년반에 처하고, 남편[夫]이 있는 때에는 도2년에 처한다"[219]라고 규정하여, 형등刑等의 차이가 경죄輕罪는 3등급, 중죄重罪는 7등급이었다.

구타하여 상해한 때에는 또 2등을 가중한다. 살해한 때에는 각각 일반인에 적용하는 법[凡人法]에 의거한다"(3081~3082쪽)라고 규정하였다.
213 【옮긴이 주】: 『역주율소 - 각칙(하) - 』「투송31」(제332조)「구형처부제매조」「소의」에서는 "형의 처를 구타하였거나 남편[夫]의 동생[弟]·누이[妹]를 구타한 자는 예의와 공경을 무너뜨리고 거스른 행위이기 때문에 각각 일반인[凡人](을 구타한 죄)에서 1등을 가중한다"(3081쪽)라고 하였다.
214 【옮긴이 주】: 『역주율소 - 각칙(하) - 』「잡률23」(제411조)「간시마이상친급처조」에서는 "무릇 시마 이상의 친족 및 시마 이상의 처, 또는 처의 전남편의 딸 및 동모이부의 자매를 간한 자[諸姦緦麻以上親及緦麻以上親之妻 若妻前夫之女及同母異父姉妹者]는 도3년에 처한다. 강간한 자[强者]는 유2000리에 처한다"(3228~3229쪽)라고 규정하였다.
215 【옮긴이 주】: 『역주율소 - 각칙(하) - 』「잡률25」(제413조)「간부조첩조」에서는 "무릇 아버지[父]·할아버지[父祖]의 첩妾·백숙모伯叔母·고모[姑]·자매·자부子孫之婦·형제의 딸[女]을 간한 자는 교형絞刑에 처한다"(3230쪽)라고 규정하였다.
216 【옮긴이 주】: '妻前之女及同母異父姉妹通姦'은 원문('姦 …… 妻前夫之女及同母異父姉妹者')과 차이가 있기 때문에 이에 대한 해석은 원문에 따랐다(주 213 참조).
217 【옮긴이 주】: 이상 주 214 참조.
218 【옮긴이 주】: 주 215 참조.
219 【옮긴이 주】: 『역주율소 - 각칙(하) - 』「잡률22」(제410조)「간조姦條」, 3227쪽. 본조에서는 이 규정에 이어서 "부곡·잡호雜戶·관호官戶가 양인良人을 간한 때에는 각각 1등을 가중한다. 관官·사비私婢를 간한 때에는 장90에 처한다. 노가 비를 간한 때에도 또한 같다[同]. 타인의 부곡처部曲妻나 잡호·관호의 부녀婦女를 간한 때에는 장100에 처한다. 강간한 때에는 각각 1등을 가중한다. (강간하다가) 절상折傷을 가한 때에는 각각 투절상죄鬪折傷罪에서 1등을 가중한다"(3227~3228쪽)라고 규정하였다. '절상'에 대해서는 제1장 주 16 참조.

4. 당률의 청소년 범죄와 청소년 보호에 관한 규정의 특징

당률은 이전의 모든 율과 비교할 때, 청소년 범죄와 청소년 보호에 관한 문제를 더욱 전면적으로 규정하였고, 동시에 당률만의 여러 특징을 형성하였다.

첫째, 지도사상은 예禮였다. 당률은 "일준호례一準乎禮, 즉 오로지 예에 준거하였다"[220]라는 것이 공인公認되었고, 그 내용은 도처에 예에 합당한 요구가 구현되어 있는데, 청소년 범죄와 청소년 보호 문제에서도 이와 같았다. 불효죄·독단적 혼인죄[結婚罪]·교령위반죄[違犯敎令罪] 등에 관한 규정은 부권父權을 유지·보호하기 위한 것이었고, 남편[夫]의 동생[弟]·누이[妹]에 대한 처妻의 구타 금지 규정·친속親屬 내 청소년과 발생하는 성행위에 대한 금지 규정은 봉건적 가정윤리 관념을 유지·보호하기 위한 것이었으며, 특권에 관한 규정은 봉건적 등급과 명분名分 등을 유지·보호하기 위한 것이었다. 이러한 것들은 예禮 정신의 직접적인 반영이었다.

둘째, 용형用刑이 매우 엄중하였다. 당률은 청소년 범죄와 청소년에게 위해危害를 가한 행위에 대한 용형이 매우 엄중하였는데, 그것은 주로 이하 두 방면에 반영되었다. 하나는 양형量刑의 정도程度가 높았다. 당률은 조부모·부모 등을 고발한[告] 불효 행위를 모두 '십악十惡'에 포함시켜 중점적인 단속 대상으로 하였고, 양형에서 엄중한 행위는 사형에 처하였다. 남편[夫]의 동생[弟]·누이[妹]에 대한 (처妻의) 구타행위·친속 내 청소년과 발생하는 성행위 등에 부과한 양형도 동일 유형[同類]의 범죄보다 엄중하였다. 또 하나는 개개의 위례불위법違禮不違法 행위, 즉 예는 위반하였지만, 법은 위반하지 않은 행위도 처벌할 수 있는 범위에 있었다. 당률은 청소년이 부모를 구타한 행위 등 위례불위법 행위에 대해서 상청上請하여 (황제의) 재결裁決에 맡긴다고 규정하여, 처벌의 가능성을 배제하지 않았다. 이러한 것들은 모두 중국고대 엄형혹법嚴刑酷法이 표출된 것으로서, 당률이 이전보다 형벌을 신중히 집행하였더라도[愼刑] 여전히 역사적인 굴레에서 벗어나지 못하였음을 말해준다.

셋째, 이중성二重性을 띠었다. 당률은 청소년을 처리하는 문제에서 청소년 범죄를 제재하는 일면도 있고, 이들을 보호하는 일면도 있는 등, 확실히 이중성을 띠고 있었다. 그러나 규정된 내용에서 보면, 그것이 강조한 측면은 청소년 범죄에 대해 단속하는 것이었기 때문에 청소년을 보호하는 조문은 청소년 범죄를 단속하는 조문보다 확실히 적었고, 게다가 일부는 간접적이었다. 그 주된 원인은 중국고대가 '삼강오상三綱五常'을 숭상하고 비유卑幼를 멸시한 것에 있었다. 이로 인해 법률에서도 자연히 존장尊長을 보호하였고, 청소년을 경시하였다.

---

[220] 【옮긴이 주】: '일준호례'에 대해서는 제1장 주 5 참조.

제4절 죄형罪刑의 적용 범위 확대 문제

당률의 제정자는 모든 방법을 동원해서 율조律條에서 죄형의 적용 범위를 확대하였는데, 주된 것은 다음과 같다.

1. 당唐 이전의 비比[221]

당 이전의 비는 죄형의 적용 범위를 확대하는 일종의 주된 형식이었다. 통치자들은 어떤 행위가 사회에 가한 위해危害 정도에서 이미 범죄에 도달하였지만, 법률에 정조正條가 없을 때, 이 행위와 가장 근사近似한 법조法條를 인용해서 단옥斷獄하는 것을 인정하였는데, 이것이 바로 비比이다. 처벌을 받아야 하는 행위가 법률 중에 명문明文 규정이 없었기 때문에 근사한 조문으로 단옥하는 것은 사실상 이 법조의 죄형罪刑에 대한 적용 범위를 확대한 것이다. 비의 기능은 법률 조문의 부족 부분을 보충하는 데 있었기 때문에 당 이전 많은 통치자들의 주목을 크게 받았고, 아울러 수시로 운용되었다.

중국은 선진先秦 시기에 이미 비를 사용하였다. 예컨대 『상서尙書 · 여형呂刑』에는 "위아래로 죄를 비한다[上下比罪]"[222]라는 기록이 있다. 『순자荀子 · 대략편大略篇』에도 "법이 있으면 법으로 행하고, 법이 없으면 유추의 방법으로 처리한다[有法以法行 無法以類擧]"[223]라는 말이 있다. 진대秦代에는 사법을 실천하는 과정에서 비比를 광범위하게 적용하였다. 예컨대「법률답문法律答問」에서는 "'조부모[大父母]를 구타한 경우, 경위성단용黥爲城旦舂에 처한다'라고 하였다. 만일 증조부모[高大父母]를 구타하였다면 어떻게 논죄하는가? 조부모[大父母]를 구타한 경우와 같이 논죄한다"[224]라고 하였는데, 이러한 규정은「법률답문法律答問」중에 열한 곳 이상이 있다.

한대漢代의 법률 형식에서 주요한 것은 율律 · 영令 · 과科 · 비比이다. 비는 당시 일종의 독립적이고 주된 법률 형식으로 출현하였다. 예컨대 고황제高皇帝[225] 7년(전前[226] 200년)에 조서를 내려[下詔][227]

---

221 【옮긴이 주】: '비'에 대해서는 제1장 주 123 및 제2장 주 58 참조.
222 【옮긴이 주】: 『상서정의尙書正義』(『십삼경주소 상』)권19,「여형 제29」(250쪽). '상하비죄上下比罪'는 "법률에 명문明文 규정이 없는 상황에서 적용하는 유추 방식"을 상징하는 문구로 알려져 있다.
223 【옮긴이 주】: 순황荀況 저著, 양경楊倞 주注, 『순자荀子』(상해上海: 상해고적출판사上海古籍出版社, 1989)권19, 「대략편 제27」(157쪽).
224 『수호지진묘죽간睡虎地秦墓竹簡』, 184쪽.
  【옮긴이 주】: 윤재석 옮김, 『수호지진묘죽간역주』「법률답문法律答問」(345쪽). "조부모를 구타한 경우와 같이 논죄한다"는 "조부모를 구타한 죄에 비比한다"가 정문正文이다.
225 【옮긴이 주】: '고황제高皇帝'는 '한 고조漢高祖'의 오기이다(주 228 참조). '한 고조'는 전한의 초대 황제(한왕: 재위 B.C. 206~B.C. 202. 황제: 재위 B.C. 202~B.C. 195)이다.

"정위廷尉가 결정할 수 없는 것은 삼가 (자료를) 갖추어서 상주上奏하고, 비比할 수 있는 율령律令을 첨부해서 아뢰도록 하라"[228]라고 하였다. 비의 발전에 따라 한대는 비를 결사비決事比·사죄결사비死罪決事比[229]와 사송비辭訟比 등 여러 종류로 구분하였다. 결사비는 일반범죄에 적용되었고, 관련된 범위는 광범위하였다. 즉 "지금의 율律은 판결할 사안[斷事]이 있으면 모두 옛 사안[舊事]에 의거해서 단옥하였고, 그 조문이 없으면 비부[比]·유례[類]를 취해서 결정하였기 때문에 결사비라고 한다"[230]라고 하였다. 사죄결사비死罪決事比는 오직 사죄를 구성하는 안건에만 적용되었다. 예컨대 "우정국于定國[231]은 정위廷尉가 되었을 때, 각종 법률을 찬집撰集하였는데 모두 960권卷이었다. (그 가운데) 대벽大辟에 관한 조문이 490조條·1882사항[事]이었고, 사죄결사비死罪決事比가 모두 3472조였으며,[232] 각종 죄를 판결할 때 응용된 조문은 모두 2만6272조였다"[233]라고 하였다. 사송비辭訟比도 오직 소송 안건에만 적용되었다. 예컨대 진총陳寵[234]은 "젊어서 주군州郡의 이吏가 되었"을 때, 어떤 사람[有人]이 일찍이[235] "사송비 7권을 찬집撰集하였는데, 사건을 판결하는 과조[決事科條]는 모두 사

---

226 【옮긴이 주】: '전前'은 '공원전公元前'을 말한다.
227 【옮긴이 주】: '하조下詔'가 가 원문에는 "어사대부에게 제조하여[制詔御史]"로 되어 있다(주 228 참조). '제조'는 천자天子가 삼공三公(승상丞相·태위太尉·어사대부御史大夫) 및 기타 고관高官에게 제도에 관한 조령詔令을 내리는 것이고, 그 조서詔書를 제서制書라고 한다(우치다 토모內田智雄 편편, 『역주 한서형법지譯注 漢書刑法志』[『역주 중국역대형법지譯注 中國歷代刑法志』], 30쪽, 주 ②).
228 『한서漢書·형법지』.
   【옮긴이 주】: 『한서』권23, 「형법지」(1106쪽).
229 【옮긴이 주】: '결사비·사죄결사비'에 대해서는 제2장 주 58 참조.
230 『주례周禮·추관秋官·대사구大司寇』, 주注.
   【옮긴이 주】: 이 문장은 『주례주소』(『십삼경주소 상』)권34, 「추관秋官·대사구大司寇」에서 "서민庶民의 옥송獄訟은 팔성[邦成]으로 판결[弊]한다"라는 문구에 대한 「소疏」(이상 871쪽)에 보인다.
231 【옮긴이 주】: '우정국'의 생몰 연대는 B.C. 111?~B.C. 40년이다.
232 【옮긴이 주】: 이 문장은 원문에 "于定國為廷尉 集諸法律 凡九百六十卷 大辟四百九十條 千八百八十二事 死罪決比 凡三千四百七十二條"(『위서魏書』권111, 「형벌지」, 2872쪽)이다. 본 「형벌지」의 끝에 수록되어 있는 '교감기校勘記'(2889쪽)에서는 『한서』권23, 「형법지」에 있는 "其後姦滑巧法 轉相比況 禁網寖密 律令凡三百五十九章 大辟四百九條 千八百八十二事 死罪決事比萬三千四百七十二條"(1101쪽)라는 문장을 인용한 다음에 『위서』「형벌지」의 내용에 대해 첫째, 「형법지」에 기록된 율령의 찬집에 관한 내용은 우정국이 정위가 되기 이전의 사항이고, 또 우정국이 찬집한 것도 아니었다는 점, 둘째, 「형법지」의 '大辟四百九十條'에서 '十'자字는 연문일 것이라는 점, 셋째, 『위서』「형벌지」의 '死罪決比 凡三千四百七十二條'에서 '凡'도 '萬'과 음이 가까워서 와전訛傳된 듯하다는 점을 들고 있다.
233 『위서·형벌지』.
   【옮긴이 주】: 전영섭, 「『위서』 형벌지 역주」(『중국사연구』11, 중국사학회, 2000, 241쪽).
234 【옮긴이 주】: '진총'의 생몰 연대는 ?~106년이다.
235 【옮긴이 주】: "어떤 사람이 일찍이"라는 문구는, 그다음에 나오는 '사송비 7권'은 진총이 찬집한 것이므로, 오기이다(주 236 참조).

류事類로 묶었고", "그 후 관부[公府]에서 받들어 법으로 삼았다."²³⁶ 한대漢代 비比의 수량은 날이 갈수록 더욱 많아졌고, 일부 간사한 관리들은 기회를 틈타 법을 농단하고 사람의 죄를 감경·가중하였다[出入人罪].²³⁷ 예컨대『한서·형법지』에 의하면 "그 후 간사하고 교활한 관리들은 법을 교묘하게 조작하고, 형태를 바꿔가며 비부[比況]에 의해 확장하여, 법망法網은 더욱 세밀하게 되었다.²³⁸ 사죄결사비死罪決死比는 1만3472사항[事]이었다. (법률) 문서는 책상[几]과 서가[閣]에 가득 차서 사법관[典者]도 모두 볼 수 없었으며", "간사한 관리들[姦吏]은 그것을 이용해서 거래[市]를 하여, 살리고자 하면 살리는 의론에 부치고, 사죄死罪에 빠트리고자 하면 사죄의 비[死比]를 적용하였다."²³⁹ 사죄결사비조차 이와 같았는데 결사비와 사송비는 말할 필요가 있겠는가? 비는 법제를 위반하려는 자에게 이용되기 쉬웠기 때문에, 한漢 이후에는 재차 일종의 주된 법률 형식으로 존재할 수 없었다.

2. 당률의 죄형의 적용 범위 확대의 여러 형식

당률은 이전 사람들[前人]의 법에 대한 운용 경험을 총괄한 기초 위에서 다양한 형식으로 죄형罪刑의 적용 범위를 확대하였다.

첫째, 엄중한 범행을 예시해서 경미한 범행을 명확하게 하였고[擧重明輕], 또 경미한 범행을 예시해서 엄중한 범행을 명확하게 하였다[擧輕明重].²⁴⁰ 다시 말하면 당률의 율조律條에 명문明文 규정이 없을 때, 과형科刑해야 하는 행위를 가장 유사한 율문의 내용과 비교하되, 중형을 시행한 조문과 경미한 범행를 비교하거나 경형을 시행한 조문과 엄중한 범행을 비교하는 방법을 통해 각각 범죄의 구성構成과 불구성不構成에 따른 처리 결과를 도출하였다. 예컨대『당률소의·명례』「단죄

---

236 『한서·진총전』.
 【옮긴이 주】:『후한서』권46, 「진총전」(1548~1549쪽).
237 【옮긴이 주】: 관리의 '출입인죄出入人罪' 행위 전반에 대해서는 제1장 주 124 참조.
238 【옮긴이 주】: "세밀하게 되었다" 다음에 "율령은 모두 359장章, 대벽大辟에 관한 조문이 409조條·1882사항[事]"이 이어지고 있다(주 239 참조).
239 【옮긴이 주】:『한서』권23, 「형법지」(1101쪽).
240 【옮긴이 주】: '거중명경擧重明輕'은 "정도가 엄중한 범행에 대해 형을 감면하는 규정이 있다면, 동일 유형에 속하는 정도가 경미한 범행에 대해서는 명문明文이 없어도 동일한 감면규정을 적용한다"라는 원리이고, '거경명중擧輕明重'은 "정도가 경미한 범행에 대해 처벌이 규정되어 있다면 동일한 유형에 속하는 정도가 엄중한 범행에 대해서는 명문이 없어도 동일한 처벌규정을 적용한다"라는 원리이다. 이러한 원리는『역주율소 - 명례편 - 』「명례50」(제50조)「단죄무정조조斷罪無正條條」(345~346쪽)에 규정되어 있는데, 이것이 명문으로 규정된 것은 입법자가 이것을 전제前提로 해서 불필요한 개개의 명문을 생략하고 있음을 의미한다(율령연구회律令研究會 편編, 『역주일본율령譯註日本律令5 당률소의역주편唐律疏義譯註篇1』, 「명례50」「단죄무정조조斷罪無正條條」에 대한 '해설'[302쪽] 참조).

무정조조斷罪無正條條에서는 "무릇 단죄斷罪하는데 정문의 율조[正條]가 없지만, 죄를 감면[出罪]²⁴¹해야 하는 때에는 엄중한 범행을 제시해서 경미한 범행을 명확히 하고[擧重以明輕], 죄를 가중[入罪]해야하는 때에는 경미한 범행을 제시해서 엄중한 범행을 명확히 한다[擧輕以明重]"²⁴²라고 규정하였고, 본 조 「소의」에서도 이에 대해 "적도율賊盜律에 의하면, '밤에 이유 없이 인가人家에 들어갔는데, 주인이 그때 살해한 경우에는 논죄하지 않는다[勿論]'라고 하였기 때문에, 절상折傷²⁴³을 가한 때에는 처벌하지 않는 것이 분명하다"²⁴⁴라고 예例를 들어 설명하였다. 이것이 바로 엄중한 범행을 예시하여 경미한 범행을 명확히 한 것이다. 또 본 조 「소의」에서는 "적도율賊盜律을 살펴보면, '기친期親의 존장尊長을 모살謀殺한 경우에는 모두 참형斬刑에 처한다'라고 하여, 이미 살해한[已殺] 경우와 이미 상해한[已傷] 경우에 대해서는 명문明文이 없지만, 만약 살殺·상傷한 경우에는 처음에 모의한 것이 경미한데도 오히려 사죄死罪를 받는다는 것을 예시하여, 살해하였거나 (살해를) 모의해서 이미 상해한 행위는 엄중한 것이므로 모두 참형에 처한다는 것을 명확히 하였다"²⁴⁵라고 설명하였다. 이것이 바로 경미한 범행을 예시해서 엄중한 범행을 명확히 한 것이다. 이러한 방법을 사용한 것은 많은 율문 중에 규정이 없는 행위에 대해 유죄 혹은 무죄로 명확히 분별할 수 있게 하였고, 동시에 유사한 율조에 의거해서 유죄자를 처벌할 수 있게 하였다.

둘째, 비부比附이다. 당률은 또 비부라는 방법을 통해 일부 율조律條에서 규정한 죄형罪刑의 적용 범위를 확대하였다. 무릇 비부되는 행위는 모두 형사처벌을 받았는데, 이것은 위의 첫째 방식과 구별되는 주된 것 가운데 하나이다. 당률의 비부 규정에 의하면, 비부는 정죄비부定罪比附·양형비부量刑比附와 정죄양형비부定罪量刑比附의 세 종류로 나눌 수 있다.

먼저, 정죄비부이다. 이것은 율律로 죄를 적용하는 과정에서 율에 규정이 없는 행위에 대해 적용하는 비부이다. 이러한 비부는 죄명에 중점을 두었기 때문에 비부되는 행위는 비부되는 죄명에 따라 재차 양형量刑하였다. 당률 가운데 "같은 죄로 처벌한다[與同罪]"·"x죄에 준한다[準x罪]"·"x죄로 논한다[以x罪論]" 등은 이러한 비부에 대한 주된 표현 형식이었다. 예컨대 『당률소의·위금』「숙위모명자대조宿衛冒名自代條」에서는 "무릇 숙위宿衛하는 자가 숙위할 수 없는 자로써 이름을 사칭하여 자신을 대신하게 하였거나[冒名自代] 그를 대신한 자가 궁宮 내內에 들어간 때에는 유流 3000리에 처하고, 전殿 내에 들어간 때에는 교형絞刑에 처하며", 주사主司가 "알고도 행하는 것을 허

---

241 【옮긴이 주】: '출죄出罪'와 그 아래의 '입죄入罪'에 대해서는 제1장 주 124 참조.
242 【옮긴이 주】: 『역주율소 - 명례편 - 』「명례50」(제50조)「단죄무정조조」, 345~346쪽.
243 【옮긴이 주】: '절상'에 대해서는 제1장 주 16 참조.
244 【옮긴이 주】: 『역주율소 - 명례편 - 』「명례50」(제50조)「단죄무정조조」「소의」, 345쪽.
245 【옮긴이 주】: 『역주율소 - 명례편 - 』「명례50」(제50조)「단죄무정조조」「소의」, 346쪽.

용한 때에는 같은 죄로 처벌한다[與同罪]"[246]라고 규정하였다. 『당률소의·위금』 「향궁전사조向宮殿射條」에서도 "숙위하는 사람이 어재소御在所에서 과오로 단도를 뽑은[誤拔刀子] 때에는 교형에 처한다. 좌우에 늘어선[幷立] 사람이 즉시 체포하지 않은 때에는 유3000리에 처한다"[247]라고 규정하였고, 본 조 「소의」에서는 "나머지 사람[餘人]도 황제가 있는 곳에서는 과오로 단도를 뽑을 수 없음을 명확히 한 것이다. 만약 과오로 뽑았거나[誤拔] 옆 사람[傍人]이 즉시 체포하지 않은 때에는 모두 숙위하는 사람의 죄에 준한다[一準宿衛人罪]"[248]라고 보충해서 규정하였다. 『당률소의·단옥』 「사죄수사궁경고천인살조死罪囚辭窮竟雇倩人殺條」에서도 "무릇 사죄死罪를 범한 죄수의 자백이 끝난 후, 죄수의 친족[親]·고구[故][249]가 죄수의 지시를 받아서 사람[人]을 고용하거나[雇] 부탁하여[倩] 그를 살해하였거나 (혹은 고용되거나 부탁을 받아 직접) 살해한 때에는 각각 (피살자의 관계에 따라 해당되는) 본래의 살인죄에서 2등을 감경한다. 죄수가 만약 고용·부탁하도록 지시하지 않았거나 혹은 자백이 끝나기 전에 살해한 때에는 각각 투살죄로 논한다[以鬪殺罪論]"[250]라고 규정하였다. 이상 세 가지 법례法例에서 후자[251]는 모두 전자[252]에 의거해서 비부해서 정죄定罪하였는데, 모

---

246 【옮긴이 주】: 『역주율소 - 각칙(상) - 』 「위금5」(제62조) 「비응숙위자대조非應宿衛自代條」, (2019~2031쪽). 본 조의 전문은 다음과 같다. "무릇 숙위하는 자가 숙위할 수 없는 자로써 이름을 사칭하여 자신을 대신하게 하였거나 그를 대신한 자가 궁 내에 들어간 때에는 유3000리에 처하고, 전 내에 들어간 때에는 교형에 처한다. 만약 숙위할 수 있는 자로써 자신을 대신하게 하였거나 그를 대신한 때에는 각각 난입죄로 논한다[以闌入論]. 주사가 적발하지 못한 때에는 2등을 감경하고, 알고도 행하는 것을 허용한 때에는 같은 죄로 처벌한다[與同罪]"(2029~2031쪽).

247 【옮긴이 주】: 『역주율소 - 각칙(상) - 』 「위금16」(제73조) 「향궁전사조」, 2055쪽.

248 【옮긴이 주】: 『역주율소 - 각칙(상) - 』 「위금16」(제73조) 「향궁전사조」 「소의」, 2055쪽. 『역주율소 - 각칙(상) - 』 「위금2」(제59조) 「난입궁문조闌入宮門條」 「소의」에 의하면, 상합上閤 내에 들어가는 자는 장위杖衛가 없다면 단도를 찰 수 없지만, 장위가 있는 때에는 단도를 지니는 것이 허용되었다(2025쪽). 따라서 이것은 장위가 있는 때의 규정이다.

249 【옮긴이 주】: 『역주율소 - 각칙(상) - 』 「직제58」(제148조) 「인관협세걸색조因官挾勢乞索條」 「주」에서는 "친족[親]·고구[故]가 [수레나 말 등을] 서로 주는[相與] 것은 논죄하지 않는다"라고 규정하였고, 「소의」에서는 "친족[親]은 본복本服 시마緦麻 이상이거나 대공大功 이상과 혼인한 가家를 말하고, 고구[故]는 평소 친하게 지내는 가[通家] 혹은 명성을 흠모하는 벗[舊] 등을 말한다"(이상 2199쪽)라고 해석하였는데, 『역주율소 - 각칙(상) - 』 「직제53」(제143조) 「역사소감림조役使所監臨條」 「주」에서는 "친족은 시마 이상 이거나 대공 이상과 혼인한 가家를 말한다"(2192쪽)라고 하였다.

250 【옮긴이 주】: 『역주율소 - 각칙(하) - 』 「단옥3」(제471조) 「사죄수사궁경고천인살조」, 3324~3325쪽.

251 【옮긴이 주】: '세 가지 법례에서 후자'는 인용한 세 조문 중 비부에 해당하는 규정, 즉 "주사가 알고도 행하는 것을 허용한 때에는 같은 죄로 처벌한다"·"만약 과오로 뽑았거나 옆 사람이 즉시 체포하지 않은 때에는 모두 숙위하는 사람의 죄에 준한다"·"죄수가 만약 고용·부탁하도록 지시하지 않았거나 혹은 자백이 끝나기 전에 살해한 때에는 각각 투살죄로 논한다"를 가리킨다.

252 【옮긴이 주】: '전자'는 인용한 세 조문 중 비부의 앞에 있는 본 규정을 말한다.

두 율조에 명확한 규정이 없었기 때문에 설정되었다. 이밖에 "죄 또한 같다[罪亦同]"·"×죄와 같다[與×罪同]" 등도 모두 이러한 비부에 속하였다.

다음으로, 양형비부이다. 이것은 율을 인용하는 과정에서 어떤 죄에 사용하는 법정형^{法定刑}을 일부 다른 행위에 대해 적용하는 비부이다. 이러한 비부는 형벌에 중점을 두었기 때문에 비부되는 행위는 오직 비부되는 법정형에 의해서 조금이라도 가감하는 바가 있어야만 가능하였다. 즉 "×죄를 받는다[得×罪]"·"×등을 감경한다[減×等]"·"×등을 가중한다[加×等]" 등은 이러한 비부의 주된 표현 형식이었다. 예컨대『당률소의·투송』「투구살인조^{鬪毆殺人條}」에서는 "무릇 싸우다가[鬪] 사람을 구살^{毆殺}한 자는 교형^{絞刑}에 처한다. 사람을 칼[刃]로 살해하였거나 혹은 고살^{故殺}한 자는 참형^{斬刑}에 처한다"[253]라고 규정하였고, 본 조「소의」에서는 "병장기의 칼[兵刃]을 사용하여 살인한 자는 고살^{故殺}과 같은 것이고, 또한 참형의 죄를 받는다[得斬罪]"[254]라고 보충해서 규정하였다. 「구형자등조^{毆兄姊等條}」에서도 "무릇 형^{兄}·누나[姊]를 구타한 자는 도^{徒}2년반에 처한다. 상해한 자는 도3년에 처한다. 절상^{折傷}을 가한 자는 유3000리에 처하고", "과실로 살상한[過失殺傷] 자는 각각 본래의 살상죄[本殺傷罪]에서 2등을 감경한다[減二等]"[255]라고 규정하였다. 「유외관이하구의귀등조^{流外官以下毆議貴等條}」에서도 유외관 이하가 "9품 이상을 구타하였거나 상해한 때에는 각각 일반인의 투상죄[凡鬪傷罪]에서 2등을 가중한다[加二等]"[256]라고 규정하였다. 이상 세 가지 법례는 모두 비부로 용형^{用刑}하는 방법이었고, (이로써) 비부되는 행위에 대해 처벌을 받게 하였다.

마지막으로, 정죄양형비부이다. 이것은 율 가운데 죄형의 완전한 규정을 융통해서 일부 행위에 대해 적용하는 비부이다. 이러한 비부는 죄명과 법정형^{法定刑}의 두 부분을 포함하였는데, 비부되는 행위는 오직 모방 적용만 가능하였다. "×법에 준한다[準×法]"·"×율과 같이 처벌한다[同×律]"·"×법과 같이 처벌한다[同×法]" 등은 이러한 비부의 주된 표현 형식이었다. 예컨대『당률소의·적도』「천지득사인조^{穿地得死人條}」에서는 땅을 파다가 사체[死人]가 나왔는데 다시 매장하지 않은[不更理][257] 자는 "도^{徒}2년에 처한다"[258]라고 규정하였다. 본 조「소의」에서는 "만약 땅을 파다가 사체[死人]가 나왔는데, (그것이) 시마친^{緦麻親} 이상 존장^{尊長}인 것을 식별할 수 있는데 다시 매장하지 않은[不更理][259] 자도 또한 도2년에서 차례로 1등을 가중하고, 비유^{卑幼}인 때에도 또한 도2년에서

---

253 【옮긴이 주】:『역주율소 - 각칙(하) - 』「투송5」(제306조)「투고살용병인조^{鬪故殺用兵刃條}」, 3025쪽.
254 【옮긴이 주】:『역주율소 - 각칙(하) - 』「투송5」(제306조)「투고살용병인조」「소의」, 3025~3026쪽.
255 【옮긴이 주】:『역주율소 - 각칙(하) - 』「투송27」(328조)「구형자조^{毆兄姊條}」, 3073쪽.
256 【옮긴이 주】:『역주율소 - 각칙(하) - 』「투송15」(제316조)「유외관구의귀조^{流外官毆議貴條}」, 3050쪽.
257 【옮긴이 주】: '리理'는 '매埋'의 오기이다(주 258 참조).
258 【옮긴이 주】:『역주율소 - 각칙(상) - 』「적도20」(제267조)「천지득사인조」, 2427쪽.
259 【옮긴이 주】: '리理'는 '매埋'의 오기이다(주 260 참조).

차례로 1등을 감경하며, 각각 '관곽을 소각한' 법에 준한다[準燒棺槨之法]"²⁶⁰라고 보충 설명하였다. 『당률소의·투송』「무고반좌조誣告反坐條」에서도 "무릇 타인他人을 무고한 자는 각각 반좌한다"²⁶¹라고 규정하였고, 게다가 본 조「소의」에서는 "영令에 의거해서 마땅히 규탄해야 하는 자,²⁶² 또는 앞서 (탄핵을 당한) 사람[前時] 혹은 친구[朋黨]·친척을 미워하여 사심을 품고 거짓을 꾸며서 함부로 규탄한 경우에는 (또한) '무고'의 율과 같이 처벌한다[同誣告之律]"²⁶³라고 규정하였다. 『당률소의·호혼』「이정불각탈루증감조里正不覺脫漏增減條」에서도 "무릇 이정²⁶⁴이 (호구의) 탈루·증감을 적발하지 못한 경우, 1구口였다면 태笞40에 처하고, 3구마다 1등을 가중한다.²⁶⁵ 10구마다 1등을 가중하고, 죄의 최고형은 도徒3년이다. 만약 실정을 안[知情] 때에는 각각 가장법과 같이 처벌한다[同家長法]"²⁶⁶라고 규정하였다. 이상 세 가지 법례는 정죄양형비부를 통해 원原 율조에 명문 규정이 없는 행위도 모두 형률의 추궁을 받게 하였다. 당률의 비부는 당 이전의 비比와 매우 유사하였지만, 더욱 완비되어 비교할 바가 아니었다.

셋째, 의례과단依禮科斷, 즉 예에 의거해서 과단하였다. 당률은 위례違禮 행위, 즉 예를 위반한 행위가 있었던 경우, 율문 중에 명문明文 규정이 없더라도 과형科刑의 범위에 포함시켜 유사한 조문에 의해 단옥斷獄하였다. 즉 일부 당률의 조문을 율에 규정이 없는 위례 행위에 적용하였던 것이다. 이것도 죄형의 적용 범위를 확대하는 일종의 주된 방식이었다. 당률은「소의」를 이용해서 이러한 방식을 누차 사용하여 율조에 규정이 없는 행위에 대해서도 제재를 가하였다. 예컨대『당률소의·직제』「조어선유오조造御膳有誤條」에서는 오직 "무릇 황제의 음식[御膳]을 조제하는데[造] 착오[誤]로 금기사항[食禁]을 위반한 경우, 주식主食은 교형絞刑에 처한다. 만약 거칠고 해로운[穢惡] 물건이 음식물[食飮]에 있었던 경우에는 도徒2년에 처한다. 간택할 때 정밀하지 않았거나 황제에게 올

---

260 【옮긴이 주】:『역주율소-각칙(상)-』「적도20」(제267조)「천지득사인조」「소의」, 2428쪽.
261 【옮긴이 주】:『역주율소-각칙(하)-』「투송41」(제342조)「무고반좌조」, 3103쪽.
262 【옮긴이 주】: "영에 의거해서 마땅히 규탄해야 하는 자"라는 문구의 원문은 "'또한 규탄해야 하는 관원'이라고 한 것은 영에 의거해서 마땅히 규탄해야 하는 자를 말한다"(『역주율소-각칙(하)-』「투송41」「무고반좌조」「소의」, 3103쪽)가 정문正文이다. "'또한 규탄해야 하는 관원[糾彈之官]'이라고 한 것"은 본 조문에서 "또한 규탄해야 하는 관원이 사심私心을 품고 사안事案을 탄핵彈劾할 때 사실대로 하지 않은 경우에도 또한 이와 같다[如之]"(3103쪽)라고 한 규정의 맨 처음에 나오는 부분을 가리킨다.
263 【옮긴이 주】:『역주율소-각칙(하)-』「투송41」(제342조)「무고반좌조」「소의」, 3103쪽.
264 【옮긴이 주】: '이정'은 당제唐制에서 100호戶를 1리로 하고, 그 이내里內에 공정·유능한 1인을 현관縣官이 선발해서 충원하였는데, 이정은 과역課役이 면제되었고, 이내里內 호구戶口의 파악과 과역의 징수 및 경찰 임무 등을 맡았다(니이다 노보루仁井田陞,『당령습유唐令拾遺』「호령 1갑甲~병丙조」, 214~215쪽·「호령 5조」, 222쪽).
265 【옮긴이 주】: 이 문장 다음에 "장100을 초과하였다면"이 있다(주 266 참조).
266 【옮긴이 주】:『역주율소-각칙(상)-』「호혼2」(제151조)「이정불각탈루증감조」, 2205~2206쪽.

리는데 때에 맞지 않은 경우에는 2등을 감경한다. 품평하고 맛보지[品嘗] 않은 경우에는 장杖100에 처한다"267라고만 규정하였을 뿐, 그 밖의 행위에 대해서는 언급하지 않았다. 그러나 본 조「소의」에서는 "『예기禮記』268에 의하면, '밥의 온도[飯齊]는 봄[春]과 같이 알맞게 따뜻해야[溫] 하고, 국의 온도[羹齊]는 여름[夏]과 같이 알맞게 뜨거워야[熱] 한다'269라고 하였는데, 가령 아침[朝]·저녁[夕]·점심[日中]에 황제에게 올리는데 법도를 잃었거나 차고 뜨거운 것이 때에 맞지 않은 경우이고, '죄 2등을 감경한다'라는 것은 도2년에서 2등을 감경하는 것을 말한다"270라고 보충해서 설명하였다.『당률소의·직제』「승여복어물지호수정불여법조乘輿服御物持護修不如法條」「소의」에서도 마찬가지로 예禮에 따라서 율조에 규정되지 않은 내용에 대해 "『예기』271에 의하면, '서 있는 자에게 줄 때는 (받는 사람이) 무릎을 꿇지 않게 하고, 앉아 있는 자에게 줄 때는 서지 않게 한다'272 등[之類]과 같이 각각 예법禮法에 의거하는데, 만약 어긋나서 위법한 경우(를 말하는 것으로, 이 경우에)는 장100에 처한다"273라고 규정하였다. 이상 두 가지의 법례는 모두 의례과단依禮科斷, 즉 예에 의거해서 과단한 것이다. 또 당률에는 예禮·영令에 의해 과형科刑한 경우도 있었기 때문에 위례違禮 행위도 용형用刑의 원인이 되었다. 예컨대『당률소의·직제』「대사불예신기급불여법조大祀不預申期及不如法條」「소의」에서는 "메기장[黍]274·차기장[稷] 이하를 말하는데, 예·영의 규정[法]에 의거하지 않고 한 가지 일이라도 위반한 것이 있었다면 장70에 해당한다"275라고 규정하였다. 이 규정에서

....

267 【옮긴이 주】:『역주율소 - 각칙(상) - 』「직제13」(제103조)「조어선범식금조造御膳犯食禁條」, 2121~2122쪽.
268 【옮긴이 주】: '『예기』'의 앞에는 "'때에 맞지 않았다'라는 것은"이라는 문장이 있다(주 270 참조).
269 【옮긴이 주】:『예기정의禮記正義』(『십삼경주소 하』)권27,「내칙內則 제12」(1464쪽).
270 【옮긴이 주】:『역주율소 - 각칙(상)』「직제13」(제103조)「조어선범식금조」, 2121~2122쪽.
271 【옮긴이 주】: '『예기』' 앞에 "만약 황제에게 올리는데 (법도에) 어긋난 경우'라는 것은"이라는 문장이 있다(주 272 참조).
272 【옮긴이 주】:『예기정의』(『십삼경주소 상』)권2,「곡례曲禮 상上 제1」(1239쪽).
273 【옮긴이 주】:『역주율소 - 각칙(상) - 』「직제15」(제105조)「승여복어물조乘輿服御物條」「소의」, 2124쪽. 본 조에서는 "무릇 황제가 착용하는 물품을 보존하고 수선·정돈하는 것을 법대로 하지 않은 자는 장80에 처한다. 만약 황제에게 올리는데[進御] (법도에) 어긋난 경우에는 장100에 처한다. 그리고 수레[車]·말[馬] 등이 알맞게 길들여지지[調習] 않았거나, 말을 부리는데 사용하는 도구가 견고하지[完牢] 않은 때에는 도2년에 처한다. 아직 황제에게 올리지 않은 때에는 3등을 감경한다. 공봉해야 하는 물건[供奉之物]이 궐闕하였거나 부족한[乏] 때에는 도1년에 처한다. 그런데 잡다한 공물[雜供]에 궐闕한 것이 있었던 때에는 태50에 처한다"(2124~2125쪽)라고 규정하였다.
274 【옮긴이 주】: '메기장' 앞에 "'등[之屬]'이라고 하는 것은"이라는 문구가 있다(주 275 참조).
275 【옮긴이 주】:『역주율소 - 각칙(상) - 』「직제8」(제98조)「대사불예신기조大祀不預申期條」「소의」, 2113쪽. 본 조에서는 "생牲·뇌牢·옥玉·비단[帛] 등[之屬]이 규정[法]과 다른 때에는 장70에 처한다"(2113쪽)라고 규정하였고, 본문에 인용되어 있는「소의」는 이 조문에 대한 해석이다. 본 조「소의」에서는 "생牲은 소[牛]·양羊·돼지[豕]를 말한다. 뇌牢는 생牲의 몸체이다. 옥玉은, 창벽蒼璧은 하늘제사[祀天]에 쓰이고, 황종黃

처벌해야 하는 행위도 율조에 명문 규정이 없는 내용이다. 『당률소의·호혼』「동성위혼조同姓爲婚條」에서도 동성 간 혼인[同姓爲婚]의 금지만을 규정[276]하였을 뿐, "동성을 첩으로 한[同姓爲妾]" 행위에 대해서는 언급하지 않았다. 그런데 본 조「소의」[277]에서는 동성을 첩으로 삼은 경우, "예禮와 호령戶令에 준하여 처벌받는 데에는 차이가 없다"[278]라고 보충해서 규정하여, '동성위혼'에 따라 단죄하였다. 당률은 율에 규정되지 않은 위례違禮 행위에 대해서도 유사한 율조에 의거해서 단죄하여, 사실상 일부 율조의 죄형罪刑의 적용 범위를 확대하였다.

이외에도 "해서는 안 되는 행위[不應爲]" 등 일부 방식을 사용하여 죄형의 적용 범위를 확대하였는데, 본서의 다른 부분에서 이미 상술하였기 때문에 여기서는 재론하지 않는다.

3. 죄형의 적용 범위 확대의 이론 및 기타 사항

당률이 여러 형식을 사용하여 죄형의 적용 범위를 확대한 것은 이론적인 근거가 있었다.

당률은 입법자가 율을 제정할 때, 율문이 번잡하지 않도록 일반적인 상황과 사람[人]만을 기초로 하였고, 또 이로써 율문의 내용을 확정하는 것을 인정하였다. 따라서 아무리 좋은 법률도 삼라만상·각양각색의 모든 것들을 포괄·완비하는 것은 불가능하며, 결국 예상치 못한 특수한 상황이 발생할 수도 있었고, 부차적이고 경미한 범죄 행위가 율문의 규정에 포함되지 않을 수도 있었기 때문에 "누망지어漏網之魚, 즉 그물을 빠져나간 큰 물고기"[279] 상황이 될 가능성도 있었다. 바로 『당률소의·적도』「이독약약인조以毒藥藥人條」「소의」[280]에서 "율조律條는 간요簡要하여 단지 일반인

琮은 땅제사[祭地]에 쓰이며, 오방五方의 상제上帝는 각각 방향색에 의거한다는 것을 말한다. 비단[帛]은 폐백幣帛을 말한다"(2113쪽)라고 해석하였다.

276 【옮긴이 주】: 『역주율소 - 각칙(상) - 』「호혼33」(제182조)「동성위혼조」에서는 "무릇 동성 간에 혼인한 자는 각각 도2년에 처한다. 시마친緦麻親 이상인 때에는 간죄로 논한다[以姦論]"(2263쪽)라고 규정하였다.

277 【옮긴이 주】: '「소의」'는 '「답」'의 오기이다(주 278 참조).

278 【옮긴이 주】: 『역주율소 - 각칙(상) - 』「호혼33」(제182조)「동성위혼조」「답」, 2264쪽. 이 규정은 "동성 간에 혼인한 때에는 도2년에 처합니다. 동성을 첩으로 삼은 때에는 무슨 죄를 받아야 합니까?"(2264쪽)라는「문」에 대한「답」이다.

279 【옮긴이 주】: "그물을 빠져나간 큰 물고기"라는 뜻의 '누망지어漏網之魚'는 『사기史記』권122, 「혹리열전酷吏列傳」의 서序에 나오는 태사공太史公 사마천司馬遷의 말로서, '법망法網을 빠져나간 범인犯人'에 비유된다. 관련된 문장을 인용하면 다음과 같다. "태사공은 말한다. '한漢이 흥기興起하여 모난 것을 제거하여 둥글게 하고[破觚而爲圜], 문식文飾을 깎아내어 질박하게 함으로써[斲雕而爲朴] 법망은 배를 삼킬 만한 큰 물고기도 빠져나갈 만큼 성글었지만[網漏於吞舟之魚], 관리들은 관대하여 간악한 일을 하지 않았고, 백성들[黎民]의 생활도 태평하고 안정되었다. 이로써 보건대, 백성을 다스리는 근본은 도덕에 있지 엄혹嚴酷한 법률에 있지 않다'"(3131쪽).

280 【옮긴이 주】: '「소의」'는 '「답」'의 오기이다(주 281 참조).

[凡]을 위해 조문을 설정한 것이다"²⁸¹라고 한 표현,『당률소의·잡률』「불응득위조不應得爲條」「소의」에서 "잡범雜犯의 경죄輕罪는 범죄의 종류가 매우 많아서[觸類弘多] 율의 조문과 영의 조문[金科玉條]²⁸²이 모두 포괄하기는 어렵다"²⁸³라고 한 표현 등이 이것을 말해준다.

당률은 또 국가는 법망을 빠져나간 범죄자가 율의 제재를 받지 않고 자유롭게 악행惡行을 하게 해서는 안 되며, 이 때문에 법률에 죄형의 적용 범위를 확대하는 각종 방식을 채택하여 범죄자의 요행 심리를 차단하고, 동시에 모든 범죄자를 체포하여 재판에 회부해서 상응하는 징벌을 받게 할 필요가 있다고 보았다. 예컨대『당률소의·적도』「친속위인살사화조親屬爲人殺私和條」「소의」²⁸⁴에서는 "율조[金科]에 규정[節制]이 없더라도 반드시 비부比附해서 형刑을 논해야 한다. 어찌 율에 조문이 없다고 해서 요행을 바라게 해서야 되겠는가?"²⁸⁵라고 하였고,『당률소의·잡률』「불응득위조不應得爲條」「소의」에서도 "율·영에 정조正條가 없어서 만약 경중輕重이 서로 분명하지 않아서 비부比附할 수 있는 조문이 없었던 때에는" 반드시 "임시로 처단하되 그 정상을 헤아려 죄를 주어야 하고, (또한) 빠진[遺缺] 부분을 보충해야"²⁸⁶ 하는 필요성이 있다고 설명하였다.

이에 따라 당률은 여러 곳에서 율조에 명문明文이 없더라도 일부 행위들은 반드시 단죄·처벌받아야 한다고 분명히 말하였다. 이것은 일종의 정제定制가 되었던 듯하다. 왜냐하면『당률소의·호혼』「노취양인위처조奴娶良人爲妻條」「소의」에서 노奴가 객녀客女를 처妻로 삼은 경우에 대해 "율에 정문正文이 없지만 반드시 법례法例에 비부比附하여 처단해야 한다"²⁸⁷라고 규정하였고,「잡호관호여양인위혼조雜戶官戶與良人爲婚條」「소의」에서도 관호官戶가 사사로이 그 딸을 양인에게 출가시킨 때에

---

281 【옮긴이 주】:『역주율소 - 각칙(상) - 』「적도16」(제268조)「이독약약인조」「답」, 2418쪽. 이 문장은 "독약을 타인에게 사용한[毒藥藥人] 때에는 교형絞刑에 처해야 합니다. 그러나 존비·장유·귀천이 있다면, 죄를 받는 것은 모두 (이) 율에 의거합니까?"(2418쪽)라는「문」에 대한「답」이다.

282 【옮긴이 주】: '금과옥조'에 대해서는 제5장 주 94 참조.

283 【옮긴이 주】:『역주율소 - 각칙(하) - 』「잡률62」(제450조)「불응득위조」「소의」, 3277쪽.

284 【옮긴이 주】: '「소의」'는 '「답」'의 오기이다(주 285 참조).

285 【옮긴이 주】:『역주율소 - 각칙(상) - 』「적도13」(제260조)「조부모부모부위인살조祖父母父母夫爲人殺條」「답」, 2410쪽.

286 【옮긴이 주】:『역주율소 - 각칙(하) - 』「잡률62」(제450조)「불응득위조」「소의」. 3277쪽.「소의」에 있는 전체 문장은 다음과 같다. "잡범雜犯의 경죄輕罪는 범죄의 종류가 매우 많아서[觸類弘多] 율의 조문과 영의 조문[金科玉條]이 모두 포괄하기는 어렵다. 그러나 율·영에 정조가 없어서 만약 경중이 서로 분명하지 않아서 비부할 수 있는 조문이 없었던 때에는 임시로 처단하되 그 정상을 헤아려 죄를 주어야 하고, (또한) 빠진 부분을 보충해야 하기 때문에 이 조문을 설정하였다. 정상이 경미한 때에는 태40에 처하고, 사안이 이치상 엄중한 때에는 장80에 처한다"(3277쪽).

287 【옮긴이 주】:『역주율소 - 각칙(상)』「호혼42」(제192조)「여노취양인여위처조與奴娶良人女爲妻條」「소의」, 2279쪽.

는 "율에 정문이 없지만 모두 반드시 수범과 종범을 구분하는 법례[首從例]에 의거해야 한다"[288]라고 규정하였으며, 『당률소의·사위』「부모사사언여상조父母死詐言餘喪條」「소의」[289]에서도 어떤 사람이 상대방[前人]을 혐오해서 부모가 사망하였다고 허위로 알린 경우[290]에 대해 "율·영에는 비록 정문이 없더라도, 마땅히 '해서는 안 되는 행위 중 무거운 쪽[不應爲重]'에 따라 처벌해야 한다"[291]라고 규정하고 있기 때문이다.

전체적으로 보면, 당률이 죄형의 적용 범위를 확대한 것은 비교적 좁은 범위에 한정되었을 뿐이다. 이것은 의법단옥依法斷獄, 즉 법에 의해 단옥하여 법제의 엄격성을 유지·보호하는 데 유리하였다. 예컨대 『당률소의·단옥』「단죄불구인율령격식조斷罪不具引律令格式條」·「첩인제칙단죄조輒引制敕斷罪條」·「관사출입인죄조官司出入人罪條」 등에서는 모두 관리에게 엄격한 의법단옥依法斷獄, 즉 법에 의한 단옥을 요구하였고, 위반자는 형법의 추궁을 받아야 하였다. 당률이 죄형의 적용 범위를 확대한 목적은 법망이 치밀하지 않아서 (죄인이) 빠져나가는 구멍을 채우는 데에 있었고, 이 때문에 광범위하게 사용하지 않을 수 없었다. 그렇지 않았다면 의법단옥은 재차 존재할 수 없었을 것이고, 사법司法의 혼란도 피할 수 없었을 것이며, 법제가 파괴되는 것도 시간문제였을 뿐이다.

당률이 죄형의 적용 범위를 확대한 방법은 이전 사람[前人]의 경험을 기초로 하면서도 기존의 방법보다 뛰어나게 또 완전하게 함으로써 확실히 당률의 "밀이불루密而不漏, 즉 법망이 정밀하여 한 명의 죄인도 놓치지 않는다"를 명실상부하게 하였다. 당률의 이러한 성공적인 방법은 후세 사람들이 계속 모방하였고, 『송형통宋刑統』은 이것을 거의 모두 계승하였다.

---

288 【옮긴이 주】: 『역주율소 - 각칙(상) - 』「호혼43」(제193조)「잡호관호부득여양인위혼조雜戶官戶不得與良人爲婚條」「소의」, 2281쪽.

289 【옮긴이 주】: '「소의」'는 '「답」'의 오기이다(주 291 참조).

290 【옮긴이 주】: 『역주율소 - 각칙(하) - 』「사위22」(제383조)「부모사사언여상조」「문」에서는 "어떤 사람이 상대방을 혐오하여 부모가 사망하였다고 허위로 알린 경우, 허위로 알린 사람은 어떤 죄에 처해야 합니까?"(3193쪽)라고 하였다.

291 【옮긴이 주】: 『역주율소 - 각칙(하) - 』「사위22」(제383조)「부모사사언여상조」「답」, 3193쪽.

제8장
당률의 여러 문제(하)

당률의 내용은 광범위하여 연구할 만한 문제가 비교적 많다. 본 장에서는 이하 다섯 가지 중요한 문제에 대해서 재론再論하고자 한다.

제1절 환형제도換刑制度 문제

당률에는 환형제도,[1] 즉 각종 이유로 율조律條에 규정된 법정형法定刑을 다른 형벌로 전환해서 집행할 수 있는 제도가 있었다. 이 제도는 극히 일부 상황의 비교적 특수한 범죄에만 적용되었다. 전

---

[1] 【옮긴이 주】: '환형'은 형벌의 집행방법을 치환하는 조치로서, 형법에서는 과형科刑 상의 특례에 속한다. 당률에 규정된 환형은 "도형徒刑·유형流刑을 다른 종류의 실형實刑으로 치환하는 방식"을 취하고 있지만, 그 적용 대상에 대해 구체적으로 규정한 법이 가장법加杖法과 유주법留住法이다('환형'이라는 단어는 당률에 없으므로 법률용어로 보기는 어렵다). 가장법은 본래의 도형을 가중된 장형杖刑(100 이상)으로 치환置換해서 집행하여 실제 복역을 면제하는 법이지만, 특정의 경우에는 유형도 장형으로 치환하였다. 이러한 가장법의 적용 대상에는 ① '가에 겸정이 없는 자[家無兼丁者]'(가장법을 대표하는 것으로, 도형을 100 이상의 가중된 장형으로 치환해서 집행하였다), ② 공호工戶·악호樂戶·태상음성인太常音聲人(잡호雜戶는 제외) 가운데 견습[習業] 기간을 마치고 특수기능자로 인정된 자, ③ 천문관측기술자, 구체적으로는 비서성秘書省 태사국太史局의 천문관생天文觀生·천문생天文生, ④ 급사給使·산사散使, 즉 궁중宮中의 내시성內侍省·동궁東宮내방東宮內坊·제왕부諸王府에서 사역使役하는 관품官品이 없는 환관宦官, ⑤ 관호官戶·부곡部曲·부곡처部曲妻·객녀客女·관노비官奴婢·사노비私奴婢가 포함되었고, 이 가운데 ②~⑤는 유형도 장형으로 치환되었다. '유주법'은 유형을 '장형과 도형(3년. 가역류加役流인 경우에는 4년)'의 병과倂科로 치환하는 법이다. 유주법의 적용대상에는 ① 공호·악호·잡호·태상음성인, ② 부인婦人이 포함되었다. 이처럼 가장법과 유주법의 적용대상은 총 일곱 종류(가장법 적용대상 다섯 종류+유주법 적용대상 두 종류)로 되어있다. 이상 가장법과 유주법에 관한 내용은 『역주율소 - 명례편 -』「명례27」(제27조)「범도응역가무겸정조犯徒應役家無兼丁條」, 217~222쪽·「명례28」(제28조)「공악잡호급부인범류결장조工樂雜戶及婦人犯流決杖條」, 222~228쪽·「명례47」(제47조)「관호부곡관사노비유범조官戶部曲官私奴婢有犯條」, 338~231쪽에 규정되어 있다.

환해서 적용하는 형벌[用刑]은 오직 오형五刑²에 한정되었고, 속형贖刑 등 오형 이외의 처벌방식은 포함되지 않았다. 게다가 전환해서 적용하는 형벌은 율조에 규정된 법정형보다 감경되지 않았고, 그 정도도 거의 일치하였다. 이 제도는 종래 그다지 주목하지 않았지만, 매우 중요하기 때문에 우리가 '오형' 및 그 실행을 정확히 인식하는 데 적극적인 의의가 있다.

당률은 환형할 수 있는 주체에 대해 어느 정도 제한을 두었는데, 주로 다음과 같은 다섯 종류[五種]³의 사람이었다.

첫째, 특수한 기예技藝를 보유한 사람⁴이다. 이러한 종류에는 공호工戶·악호樂戶·태상음성인太常音聲人 등이 포함되었다.⁵ 그들은 태상太常·소부少府 등의 관청에서 (정해진) 노역에 종사하고 있었고, 특수한 기예를 보유하였기⁶ 때문에 유형流刑의 판결을 받은 후에도 일반적으로 환형을 적용해서 결장決杖·도형徒刑으로 집행을 대체할 수 있었다. 예컨대 『당률소의·명례』「공악잡호급부인범류결장조工樂雜戶及婦人犯流決杖條」에서는 "무릇 공호·악호·잡호雜戶 및 태상음성인으로서 유죄流罪를 범한 경우, 2000리 형은 결장決杖100에 처하고, 1등마다 30을 가중하며, 유주留住시켜 3년을 복역服役하게 한다. 가역류加役流를 범한 자는 4년을 복역하게 한다"⁷라고 규정하였고, 본 조 「소의」에서는 이들에게 환형을 적용하는 이유에 대해 다음과 같이 설명하였다. "이들은 백성百姓과 달리 그 직장職掌이 오직[吟詩]⁸ 태상太常·소부少府 등 여러 관사[諸司]에 있기 때문에 유죄流罪를 범한 때에도 일반인의 법례[常人例]와 같이[同] 유배[配]하지 않는다."⁹

둘째, 부녀婦女¹⁰이다. 일부 범죄를 제외하고 부녀가 범한 대부분의 죄는 모두 환형換刑의 방식으

---

2 【옮긴이 주】: '오형'은 태형·장형·도형·유형·사형이다.
3 【옮긴이 주】: '다섯 종류[五種]'라고 하였지만(본문에는 네 종류에 대해서만 기술되어 있다), 환형의 적용대상은 총 일곱 종류(가장법 적용대상 다섯 종류+유주법 적용대상 두 종류)이다(주 1 참조).
4 【옮긴이 주】: '특수한 기예를 보유한 사람'은 '특정 관청에 예속되어 번상番上해서 노역勞役하는 상급 천민賤民'으로 바꾸어야 한다(주 6 참조). 이들은 환형제도를 규정한 법 가운데 유주법의 적용을 받는 ②에 해당된다(주 1참조).
5 【옮긴이 주】: 여기에는 '잡호'도 포함되어야 한다(주 1과 6 참조).
6 【옮긴이 주】: "특수한 기예를 보유하였다"라는 문구는 문제가 있다. 공호·악호·잡호·태상음성인을 유주법에 포함시킨 이유에 대해서는 『역주율소 - 명례편 - 』「명례28」(제28조)「공악잡호급부인범류결장조」「소의」에서 "이들은 백성百姓과 달리 직장職掌이 오직 태상太常·소부少府 등 여러 관청[諸司]에 있기 때문에 유죄流罪를 범한 때에도 일반인의 법례[常人例]와 같이 유배하지 않는다"(223쪽)라고 한 문장에서 알 수 있듯이, 특정 관청에 예속되어 소정所定의 노역에 종사하고 있었기 때문이다. 특히 이들 천민 가운데 잡호는 특수한 기예의 보유자가 아니므로 이들에게 유주법을 적용한 이유에 대해 '특수 기예의 보유자'라는 점을 근거로 내세우는 것은 타당하지 않다.
7 【옮긴이 주】: 『역주율소 - 명례편 - 』「명례28」(제28조)「공악잡호급부인범류결장조」, 222~223쪽.
8 【옮긴이 주】: '음시吟詩'는 '유유唯'의 오기이다(주 9 참조).
9 【옮긴이 주】: 『역주율소 - 명례편 - 』「명례28」(제28조)「공악잡호급부인범류결장조」「소의」, 223쪽.

로 처벌할 수 있었다. 예컨대 『당률소의·명례』「공악잡호급부인범류결장조」에서는 부녀가 유죄流罪를 범하였을 때 환형하는 문제에 대해 "그 부인으로서 유죄流罪를 범한 자도 또한 유주留住시킨다. 고독蠱毒을 조합하거나[造] 사육해서[畜] 유형流刑에 처해야 하는 자는, 배류配流는 법과 같이 한다[如法]"11라고 규정하였는데, 이 가운데 "고독을 조합하거나 사육해서 유형에 처해야 하는 자"는 예외적인 상황에 속하였기 때문에 이러한 상황에서는 부인이라도 유배되어야 하였다. 즉 『당률소의·적도』「조축고독조造畜蠱毒條」에서는 이러한 범죄 및 유형의 적용에 대해 "무릇 고독을 조합[造]·사육[畜]하였거나 교령敎令12한 자는 교형絞刑에 처한다. 조합·사육한 자와 동거同居하는 가구家口가 실정을 알지 못하였거나[不知情], 또는 이정里正이 알면서도 규고糾告하지 않은 때에는13 유流3000리에 처한다. 조합·사육한 자는 사면령이 내려[會赦] 사형을 면하였더라도 동거하는 가구 및 교령한 자와 함께 또한 유3000리에 처한다"14라고 규정하였다. 이밖에 「공악잡호급부인범류결장조」「소의」에서도 부녀의 환형과 예외 상황에 대해 "부인의 법례[婦人之法]에 의하면, (부인은) 단독으로 유배하지 않는다. 따라서 부인이 유죄流罪를 범하였더라도 유배하지 아니하고, 유주시켜 결장決杖·거작居作하게 한다. 고독을 제조·사육한 자는 소재지에서의 (거주를) 허용하지 않고 가장 먼 지역[荒服]으로 추방하여 그 근본을 단절시킨다. 그러므로 부인이라도 반드시 멀리 추방해야 하며, 설령 (이후) 중원[中華]으로 출가하였더라도 그 사건이 발각된 때에는 다시 유배지로 되돌려 보내되, 또한 유배의 법[流配之法]에 의거하며, 삼류三流15에 모두 1년을 복역하게 하고, 설령 은사령恩赦令이 내렸더라도 용서·사면[原免]하지 않는다"16라고 규정했다.

셋째, 일부 천민賤民17이다. 당률은 관호官戶·부곡部曲·관노비官奴婢·사노비私奴婢 등을 모두 천민에 포함하였다.18 이들은 모두 정해진 관청과 주인에게 예속[依附]되었고, 완전한 인격을 가지지 못하였다. 이들은 도죄徒罪·유죄流罪를 범한 후에도 일반인[常人]과 같이 독자적인 형刑을 받거나 또 원原 거주지에서 벗어나거나 할 수 없었다. 따라서 이들 천민이 이러한 죄를 범하였을 때, 당률

---

10 【옮긴이 주】: '부녀'는 '부인婦人'으로 개정해야 한다(이하 동일. 주 11 참조).
11 【옮긴이 주】: 『역주율소 - 명례편 -』「명례28」(제28조)「공악잡호급부인범류결장조」, 225쪽.
12 【옮긴이 주】: '교령'에 대해서는 제1장 주 22 참조.
13 【옮긴이 주】: '때에는' 다음에 '모두[皆]'가 있다(주 14 참조).
14 【옮긴이 주】: 『역주율소 - 각칙(상) -』「적도15」(제262조)「조축고독조」, 2413·2415쪽.
15 【옮긴이 주】: '삼류'는 유流2000리·2500리·3000리를 말한다.
16 【옮긴이 주】: 『역주율소 - 명례편 -』「명례28」(제28조)「공악잡호급부인범류결장조」, 225~226쪽.
17 【옮긴이 주】: '일부 천민'은 '예속성이 강한 일부 하급·최하급 천민'으로 바꾸는 것이 타당할 것이다(주 1의 ⑤ 참조).
18 【옮긴이 주】: 여기에는 '부곡처·객녀'도 포함되어야 한다(주 1의 ⑤ 참조).

은 환형 방식으로 처리하여, 이들이 처벌받은 후에도 예속된 관청이나 주인에게서 벗어나지 못하게 하였기 때문에 일거양득이었다. 예컨대『당률소의·명례』「관호부곡관사노비유범조官戶部曲官私奴婢有犯條」「소의」에서는 이들 천민의 예속적인 지위에 대해 다음과 같이 확정하였다. "관호는 사농시司農寺에 예속되었기 때문에, 주州·현縣에는 본래 호적[戶貫]이 없다. 부곡은 사가私家의 소유를 말하고", "노비는 천인이고, 율에서는 가축·재산에 비견하고 있다[奴婢賤人 律比畜産]."[19] 이처럼 이들의 예속성은 매우 강고하였다. 이들의 이러한 지위를 확정한 후, 본 조에서는 환형에 대해 무릇 관호·부곡, 관·사노비가 "유죄流罪·도죄徒罪를 범한 때에는 가장加杖하고, 거작居作은 면제한다"[20]라고 규정하여, 장형으로 유형·도형의 집행을 대체하였고, 재차 노역勞役에 복무시키지 않았다.

넷째, '가에 겸정이 없는[家無兼丁]' 자者이다. 일반적인 상황에서 "가에 겸정이 없는" 자가 도죄徒罪를 범한 때에도 환형 방법을 적용하여 도형徒刑을 면할 수 있었다. 여기의 '일반적인 상황'에는 "절도하였거나 사람을 상해傷害한 때에는 이 율을 적용하지 않는다[不用此律]"[21]라고 하여, 절도죄와 사람을 상해한 범죄는 포함되지 않았다. 다시 말해 이 두 가지 죄를 범한 경우에는 환형할 수 없었다. 여기의 "가에 겸정이 없다"라는 것은 호戶 내에 성인成人 남자가 전무한 상황을 가리키며, 그중에는 21세 이상의 처妻 등도 포함되었다. 예컨대『당률소의·명례』「범도응역가무겸정조犯徒應役家無兼丁條」「소의」에서는 이에 대해 "'가에 겸정이 없다'라는 것은 호戶 내에 겸정이 전무한 경우를 말한다. 처妻를 겸정의 범위에 포함한 것은 비록 부녀婦女[22]가 정남丁男일 수는 없지만, 예禮에 의하면, '남편과 몸을 같이 한다[與夫齊體]'라고 하였기 때문에 (처의) 나이가 21세 이상이었다면 겸정의 범위에 포함한다"[23]라고 법정法定 해석을 내리고 있다. 동시에 본 조에서는 "가에 겸정이 없는" 자의 환형 방법에 대해 "무릇 도죄徒罪를 범하여 복역해야 하는데 가家에 겸정이 없는 자는, 도徒 1년은 120을 가장加杖하고, 거작居作은 가加하지 아니한다. 1등마다 (장杖)20을 가중한다. 유형으로

---

19 【옮긴이 주】: 이상『역주율소 - 명례편 -』「명례47」(제47조)「관호부곡관사노비유범조」「소의」, 339·341쪽. 이외에 당률에서는 노비를 자재로도 규정하고 있다(제1장 주 46 참조).
20 【옮긴이 주】:『역주율소 - 명례편 -』「명례47」(제47조)「관호부곡관사노비유범조」, 339쪽.
21 『당률소의』「명례」「범도응역가무겸정조犯徒應役家無兼丁條」.
  【옮긴이 주】:『역주율소 - 명례편 -』「명례27」(제27조)「범도응역가무겸정조」, 221쪽.
22 【옮긴이 주】: 여기의 '부녀'는 율조律條에 있는 용어이다(주 23 참조).
23 【옮긴이 주】:『역주율소 - 명례편 -』「명례27」(제27조)「범도응역가무겸정조」「소의」, 218쪽.「소의」의 문장은「범도응역가무겸정조」의 "무릇 도죄를 범하여 복역服役해야 하는데 가家에 겸정이 없는 자는, 처가 나이 21세 이상이었다면 겸정의 범위에 포함된다. 부녀가婦女家에 남자 겸정[男夫]이 없는 경우에도 또한 같다[同]"(218쪽)라고 하는 규정에 대한 해석이다.

유배지에 이르러 복역해야 하는 자도 이와 같다[同之]"[24]라고 규정하였다. 이로써 "가에 검정이 없는" 자가 도죄를 범한 때에는 장형으로 집행을 대체할 수 있었고, 유죄流罪를 범한 때에도 장형으로 시형施刑을 대체할 수 있었음을 알 수 있다. 본 조「소의」에서도 유죄의 환형 문제에 대해 "'유형으로 유배지에 이르러 복역服役해야 하는 자'라는 것은 유형인[流人]은 복역[居役]해야 하는 것을 말하는데, 가家에 검정이 없어 마땅히 가장加杖해야 하는 자도 이에 준準한다[準此]"[25]라고 설명하였다.[26]

당률에 규정된 환형에서 볼 때, 이에 대한 형벌은 주로 '오형五刑'가운데 장형杖刑과 거작형居作刑 등으로 도형徒刑과 유형流刑의 집행을 대체한 것이었다. 먼저, 도죄徒罪를 범한 자는 장형으로 대체하여 거작을 면제하였고 재차 복역하게 하지 않았다. 대체하는 형량은 "도徒1년은 120을 가장加杖하고, 거작居作은 가加하지 않는다. 1등마다 (장杖)20을 가중한다"[27]라고 하여 도1년은 장120으로 대체되었고, 이후 1등 증가할 때마다 장20이 가중되었다. 즉 도1년반은 장140, 도2년은 장160, 도2년반은 장180, 도3년은 장200이 되었다. 유죄流罪를 범한 자도 환형 후에 장형과 거작으로 대행代行하였다. 즉 "유流2000리에 해당하는 때에는 결장決杖100, 2500리는 결장130, 3000리는 결장160을 가加한다"[28]라고 하여, 유2000리는 결장100에 처하였고, 이후 1등 증가할 때마다 모두 30을 가중하였다. 동시에 이 삼류三流를 범한 자는 "유주시켜 3년을 복역하게 하고, 가역류를 범한 자는 4년을 복역하게 한다"[29]라고 하여, 본 거주지[本地]에서 3년을 복역해야 하였고, 가역류加役流를 범한 자는 장160 이외에도 4년을 복역해야 하였다. 그러나 일부 율조에서는 "유형에 처한다[流]"라고

---

24 【옮긴이 주】:『역주율소 - 명례편 -』「명례27」(제27조)「범도응역가무겸정조」, 217·220쪽.
25 【옮긴이 주】:『역주율소 - 명례편 -』「명례27」(제27조)「범도응역가무겸정조」「소의」, 220쪽.
26 【옮긴이 주】: 이상과 같이 원서에서는 총 일곱 종류로 구성된 환형의 적용대상 가운데 네 종류(특정 관청에 예속되어 번상해서 노역하는 상급 천민[공호·악호·잡호·태상음성인], 부인, 예속성이 강한 일부 하급·최하급 천민[관호·부곡·부곡처·객녀·관노비·사노비], 가에 검정이 없는 자)에 대해서만 언급하고, 나머지 세 종류(공호·악호·태상음성인 가운데 견습 기간을 마치고 특수기능자로 인정된 자, 천문관측기술자[천문관생·천문생 등], 급사·산사로 불리는 환관)는 제외되어 있다.
27 『당률소의·명례』「범도응역가무겸정조犯徒應役家無兼丁條」.
   【옮긴이 주】:『역주율소 - 명례편 -』「명례27」(제27조)「범도응역가무겸정조」, 220쪽. 이 형량(도죄徒罪를 장杖[100 이상]으로 대체하고, 거작居作은 면제)은 가에 검정이 없는 자[家無兼丁者]가 범한 도죄徒罪에 대한 대체형이다(가장법 적용).
28 【옮긴이 주】:『역주율소 - 명례편 -』「명례28」(제28조)「공악잡호급부인범류결장조」「소의」, 223쪽.
29 『당률소의·명례』「공악잡호급부인범류결장조」및 그「소의」.
   【옮긴이 주】:『역주율소 - 명례편 -』「명례28」(제28조)「공악잡호급부인범류결장조」및「소의」, 223쪽. 이상의 형량(유죄流罪를 장杖[100 이상]과 도徒[3년. 가역류加役流인 경우에는 4년]로 대체)'은 상급 천민, 즉 공호·악호·잡호·태상음성인이 범한 유죄流罪에 대한 대체형이다(유주법 적용).

만 규정하였을 뿐, 유형의 이수里數를 규정하지 않았다. 이러한 상황에서 이 '유형'은 장200으로 환형되었다. 예컨대『당률소의·투송』「부곡노비과실살상주조部曲奴婢過失殺傷主條」에서는 "무릇 부곡·노비가 주인을 과실로 살해한[過失殺] 때에는 교형絞刑에 처한다. 상해를 가하였거나 욕한[詈] 때에는 유형에 처한다[流]"[30]라고 규정하였고, 『당률소의·잡률』「노간양인조奴姦良人條」에서도 "무릇 노奴가 양인良人을 간姦한 때에는 도徒2년반에 처한다. 강간[强]한 때에는 유형에 처한다[流]. 절상折傷[31]을 가한 때에는 교형絞刑에 처한다"[32]라고 규정하였는데, 이 두 율조 가운데 "유형에 처한다[流]"에서 "(그) 이수里數를 말하지 않은 것은 단지 가장加杖200으로 해야 하기 때문이다"[33]라고 하여, '유형'은 모두 장杖200으로 체환替換되었다.

이상은 오직 일반적인 상황일 뿐이었고, 예외도 존재하였다. 즉 부인이 유죄流罪를 범한 경우, 환형 후의 결장수決杖數는 이상의 규정보다 적었다. 구체적으로, 유2000리는 결장60으로 환형되었고, 1등 증가할 때마다 장20이 가중되었다. 이렇게 해서 유2500리는 장80, 유3000리는 장100이 되었다. 이외에 부인은 본 거주지[本地]에서 3년을 복역해야 하였으며, 가역류加役流를 범하였다면 장100에 처해 졌고, 또 4년을 복역해야 하였다. 즉 "부인婦人의 유2000리는 결장決杖60, 유2500리는 결장80, 유3000리는 결장100을 가하고, 이 삼류三流는 모두 3년을 복역하게 한다. 만약 가역류인 때에는 또한 결장100을 가하고 4년을 복역하게 한다"[34]라고 규정하였다. (이로써) 부인이 유죄를 범한 경우, 장형으로 환형한 후의 결장수는 명확하게 일반규정보다 적었음을 알 수 있다. 이것은 주로 생리적인 상황을 고려해서 휼형원칙恤刑原則을 구현하였고, 형을 받는 부인을 배려한 것이었다.

당률의 환형제도를 종합하면, 환형은 일종의 특권이 아니었기 때문에 의議·청請·감減·속贖·당當[35] 등의 특권과는 달랐다. 환형제도는 실형實刑의 사용을 전제로 하였고, 또 이 실형은 결코 경미輕微하지 않았지만, 특권제도는 재차 실형을 실시하지 않는 것을 조건으로 하였기 때문에 양자의 차이는 매우 컸다. 이밖에 환형제도의 실시 대상은 신분등급이 높지 않았기 때문에, 환형은 반드시 대체할 수 없는 특수한 상황들이 있어야만 시행되었다. 예컨대 특수 기능인이 보유한 전문적인 기예는 타인他人이 대체하기에 쉽지 않았고, 부녀가 가진 고유의 생리적인 특성도 다른 사람에

---

30 【옮긴이 주】:『역주율소 - 각칙(하) - 』「투송22」(제323조)「부곡노비과실살상주조」, 3062쪽.
31 【옮긴이 주】: '절상'에 대해서는 제1장 주 16 참조.
32 【옮긴이 주】:『역주율소 - 각칙(하) - 』「잡률26」(제414조)「노간양인조」, 3231쪽.
33 『당률소의·투송』「부곡노비과실살상주조」「소의」.
　　【옮긴이 주】:『역주율소 - 각칙(하) - 』「투송22」(제323조)「부곡노비과실살상주조」「소의」, 3062쪽.
34 『당률소의·명례』「공악잡호급부인범류결장조」「소의」.
　　【옮긴이 주】:『역주율소 - 명례편 - 』「명례28」(제28조)「공악잡호급부인범류결장조」「소의」, 226쪽.
35 【옮긴이 주】: '당當' 앞에는 '관官'이 있어야 한다.

게는 없었기 때문에 대체할 방도가 없었다. 천민도 신분이 가장 낮아서 율律은 재물에 비견比肩하였고, 주인의 소유로 귀속시키는 등 예속성이 매우 컸기 때문에 다른 사람으로 대체할 수 없었고, "가에 겸정이 없는[家無兼丁]" 자도 일종의 특수한 가족구성원[家庭成員]이었기 때문에 다른 가족구성원[家庭成員]으로 대체할 수 없었다. 당률의 환형 주체의 이러한 대체불가성代替不可性으로 당률의 제정자는 부득불 '오형五刑' 제도를 규정하면서 동시에 그 보충으로서 재차 이 환형제도를 확립하여 실제의 문제를 해결함으로써 '오형'의 집행에 편의를 제공하였다. 이것이 환형제도를 제정한 하나의 중요한 원인이었다.

당률의 환형제도는 후세에 큰 영향을 주었다. 즉 『송형통宋刑統』은 기본적으로 당률의 복각본復刻本으로서 당률의 규정을 답습하였기 때문에 상응하는 환형제도도 제정하였다.[36] 『대명률大明律』・『대청율례大淸律例』도 환형제도를 제정하였지만, 내용 면에서 당률에 비해 불완전하였다. 예컨대 『대명률・명례』 「공악호급부인범죄조工樂戶及婦人犯罪條」에서도 환형 문제에 대해 "무릇 공장工匠・악호樂戶가 유죄流罪를 범한 경우, 삼류三流는 모두 결장決杖100을 가하고, 유주留住시켜 4년을 구역拘役하게 하고", 부인이 "도죄徒罪・유죄를 범한 때에는 결장100을 가하고, 나머지 죄[餘罪]는 속동을 징수한다[收贖]"라고 규정하였지만, 당률의 규정과 비교하면 다른 점이 있었다. 양자의 주된 차이는 다음과 같다. 유형流刑의 결장수決杖數의 경우, 대명률은 구분하지 않고 모두 장100이었지만, 당률은 구분하였다. 구역 기간도 대명률은 모두 4년이었지만, 당률은 3년이었고 오직 가역류만 4년이었다. 부녀의 경우, 대명률은 도죄・유죄를 범한 때에도 모두 결장100을 가하였고, 그 나머지 죄는 속형贖刑으로 처리하였지만, 당률은 유죄를 범한 때에만 환형 방법을 규정하였고, 도죄는 논급조차 하지 않았다.[37] 『대청율례・명례』 「공악호급부인범죄조工樂戶及婦人犯罪條」에서는 대명률의 기초 위에서 개선한 바가 있었는데, 오직 공호工戶・악호樂戶가 도죄를 범한 때에만 환형을 규정하였을 뿐, 유죄를 범한 문제에 대해서는 언급하지 않았다. 즉 본 조에서는 "무릇 공장工匠・악호樂戶가 도죄徒罪를 범한 경우, 오도五徒는 모두 장수杖數에 의거해서 집행하고, 유주留住시켜 도죄의 연한에 따라 구역하게 한다"라고 규정하였고, 부녀가 도죄・유죄를 범한 경우의 환형은 대명률의 규정과 같았다. 이로써 당률의 이 제도는 청조까지 계속 영향을 주었음을 알 수 있고, 당唐 이후 1000여

---

36 【옮긴이 주】:『송형통』에 규정된 환형제도로서 가장법加杖法・유주법留住法에 관한 규정은 [송宋]두의竇儀 등等 찬撰, 오익여吳翊如 점교點校, 『송형통』권3, 「명례율」「범류도죄문犯流徒罪門」의 「범도응역가무겸정조犯徒應役家無兼丁條」(49~51쪽)・「공악잡호급부인범류결장조工樂雜戶及婦人犯流決杖條」(51~53쪽), 권4, 「명례율」「관호노비범죄문官戶奴婢犯罪門」「관호부곡관사노비유범조官戶部曲官私奴婢有犯條」(96~97쪽)에 규정되어 있다.

37 『대명률』과 『대청율례』의 '구역拘役'은 『당률소의』의 '거역居役'과 유사하다.
【옮긴이 주】: '구역'에 대해서는 제6장 주 59 참조.

년 동안 그 영향이 작지 않았다고 할 수 있다.

제2절 화외인상범化外人相犯 처리 제도 문제

당률은 화외인상범, 즉 화외인의 상호 범죄에 대한 처리 제도를 수립하였고, 또 『당률소의·명례』「화외인상범조化外人相犯條」에서 명확하게 규정하였다. 여기의 '화외인'은 중국 내의 외국인, 즉 "번이蕃夷의 국國으로서 별도로 군장君長을 세운 것"을 가리킨다. 이들 국가는 "각각 풍속이 있고, 제도와 법률이 다르다[制法不同]"[38]라고 하여, 독자獨自의 제도·법률을 가졌고, 그것은 당조唐朝와 차이가 있었다.

화외인상범에 대한 처리 제도는 외국인이 중국에서 (죄를) 서로 범한[相犯] 후에 적용하는 법률 제도를 가리킨다. '화외인상범' 규정에 의하면, 이 처리 제도는 속인주의屬人主義와 속지주의屬地主義라는 두 가지 원칙을 관철하였다. 즉 동일 국가의 외국인이 중국에서 서로 범한 때에는 속인주의 원칙을 실행해서 해당 국가의 법률을 적용하였고, 국가가 다른 외국인이 중국에서 서로 범한 때에는 속지주의 원칙을 시행해서 중국의 법률을 적용하였다. 이 율조律條의 내용은 "무릇 화외인이 자국인[同類] 간에 서로 범한 때에는 각각 본국의 속법[本俗法]에 의거하고, 타국인[異類] 간에 서로 범한 때에는 (중국의) 법률로 논죄한다[以法律論]"[39]라고 하였다. 이 조문을 정확하게 이해하고 다양한 해석이 생기는 것을 방지하기 위해 본 조「소의」에서는 이에 대해 "자국인[同類] 간에 서로 범한 때에는 반드시 본국의 제도를 물어[問], 그 속법에 의거해서 단죄斷罪한다. 타국인[異類] 간에 서로 범한 때에는, 고구려인[高麗]과 백제인[百濟]이 서로 범한 것과 같은 경우[之類]로서, 모두 중국[國家]의 법률로 형명刑名을 논정論定한다"[40]라고 해석하였다. 송조宋朝에도 이러한 제도가 있었는데, 『송형통』에는 「화외인상범」[41] 조목條目이 설정었지만, 그 내용은 당률과 같았다.

혹자는 당률의 이 제도를 높게 평가하여, 이것은 당조唐朝의 입법자가 재당在唐 외국인의 구체적인 상황을 충분히 고려해서 제정한 조문이라고 보았다. 즉 당시 당조는 아시아 최강국으로서, 아시아 국가의 많은 외국인을 끌어들였다. 그들의 풍속·관습은 각각 달랐고, 법률제도도 같지 않

---

[38] 【옮긴이 주】: 『역주율소 - 명례편 - 』「명례48」(제48조)「화외인상범조」「소의」에서는 "화외인은 번이의 국으로서 별도로 군장을 세운 것을 말하며, 각각 풍속이 있고, 제도와 법률이 다르다"(342쪽)라고 하였다.
[39] 【옮긴이 주】: 『역주율소 - 명례편 - 』「명례48」(제48조)「화외인상범조」, 342쪽.
[40] 【옮긴이 주】: 『역주율소 - 명례편 - 』「명례48」(제48조)「화외인상범조」「소의」, 342쪽.
[41] 【옮긴이 주】: [송]두의竇儀 등等 찬撰, 오익여吳翊如 점교點校, 『송형통』권6,「명례율」「화외인상범문化外人相犯門」「화외인상범조」(97쪽).

았다. 안건의 처리와 해결의 편의를 위해 동일 국가에서 온 외국인에 대해 각각 본국의 법률을 사용하는 것이 비교적 타당하였다는 것이다.

그러나 나[筆者]의 견해는 이와 다른데, 당률의 이 제도는 조작이 어렵고 대가도 너무 컸다고 생각된다. 만약 동일 국가의 원고原告와 피고被告가 당조의 아문衙門에서 심판을 요청한 경우, 사법관이 그들의 언어를 이해하고, 그들 국가의 법률을 알 수 있었을까? 만약 불가능하였다면, 어떻게 속인주의 원칙을 관철시켜서 "본국의 속법[本俗法]에 의거해서" 안건을 판결[斷案]하였을까? 이 규정의 활용성은 현실과의 편차가 매우 컸음을 알 수 있다. 만약 활용할 수 있었다면, 당조의 사법관이든 외국에서 요청해온 사법관이든 모두 외국의 법률을 채택하여 당조의 아문·영역에서 안건을 판결한 것이고, (이것은) 당조 사법권의 상실을 의미한다. 이처럼 그 대가는 너무 컸던 것이다. 이러한 의미에서 당률의 '화외인상범'에 대한 처리 제도는 사실 실패작이었고, 폐단도 매우 컸다고 할 수 있다.

"앞사람의 실패를 뒷사람이 거울로 삼는다[前車之覆 後車之鑒]"라는 말이 있다. 명明·청淸 양조兩朝의 입법자는 당률 가운데 '화외인상범'에 대한 처리 제도가 실패한 것을 보고 원래의 규정을 개정하였다. 예컨대 『대명률大明律·명례』「화외인유범조化外人有犯條」에서는 속지주의 원칙을 전면 관철시켜 명조明朝에서 (죄를) 서로 범한 모든 외국인에게는 명조의 법률을 적용한다고 규정하였다. 즉 본 조에서는 명문明文으로 "무릇 화외인으로 죄를 범한 때에는 모두 율律에 의거해서 의단擬斷한다"라고 규정하였다. 청조의 『대청율례大清律例·명례』에서도 동일한 규정을 두었다. 이에 이르러 '화외인상범'의 문제는 적절히 해결될 수 있었다. 요컨대 무릇 중국에서 외국인이 서로 범한 안건이 발생하였다면, 동일 국가의 외국인이든 다른 국가의 외국인이든 모두 중국의 법률을 적용하였다. 이렇게 해서 운영상의 번잡함도 없앴고, 사법권의 위엄도 잃지 않았다. (이런 점에서) 『대명률』과 『대청율례』는 중국 사법권의 유지·보호에 공헌하였다고 할 수 있고, 이 양률兩律은 입법에서도 큰 발전을 이루었다고 할 수 있다.

제3절 과실범죄過失犯罪 문제

당률이 규정한 범죄에는 고의故意와 과실過失의 구분도 있었다. 그중 과실범죄가 비교적 복잡하고 특히 주목도 받기 때문에 논술할 가치가 있다.

당률은 과실에 대해 일반적인 해석은 하지 않고 구체적인 과실범죄를 근거로 구체적인 설명만 하였을 뿐인데, 주로 세 가지 율조律條에서 비교적 완정完整된 규정을 두었다. 즉 『당률소의·명례』「칭승여거가급제칙조稱乘輿車駕及制敕條」에서는 "만약 동궁東宮[42]을 범하였거나 과실하였거나

[失], 궁위宮衛에 위반이 있어서 처벌해야 하는 때에도 또한 감경하는 법례와 같다[同減例]"[43]라고 규정하였고, 본 조「소의」에서는 그중 '실失'에 대해 "'과실하였다[失]'라는 것은 황태자의 약을 조제하는데[合和御藥] 과오[誤]로 본래의 처방대로 하지 않았거나, 봉제封題[44]를 잘못하였거나, 또 수위戍衛하는 때 동궁의 궁전문宮殿門에 난입闌入한 것을 적발하지 못한 경우, 이러한 종류를 일컬어 '과실하였다'라고 한다"[45]라고 예를 들어 설명하였다. 『당률소의·구고』「고살관사마우조故殺官私馬牛條」에서도 (관官이나 개인[私]의 말[馬]·소[牛]를) 과오로 살해·상해한[誤殺傷] 자는 처벌하지 아니한다"[46]라고 규정하여, 관이나 개인의 말[馬]·소[牛]를 과오로 살해·상해한[誤殺[47]] 자는 형사책임을 추궁당하지 않았다. 본 조「소의」에서는 '과오로 인한 살해·상해[誤殺傷]'에 대해 "눈[目]으로 보지 못하였거나 마음[心]으로 의식하지 못한 행위, 혹은 매어 두거나 방목하는 장소가 아닌 곳에서 과오로 살해·상해한[誤殺傷] 행위, 혹은 맹수를 살해하려다 축산을 살해·상해한 행위를 말하며, 처벌하지 아니한다[不坐]"[48]라고 해석하였다. 『당률소의·투송』「과실살상인조過失殺傷人條」에서도 "무릇 사람을 과실로 살해·상해한[過失殺傷] 자는 각각 그 정상情狀에 따라 속으로 논죄한다[以贖論]"[49]라고 규정하여, 과실로 살해·상해한 자는 구체적인 정황에 따라 속으로 논죄하였다. 본 조「주」에서는 그중 '과실'에 대해 전문적으로 다음과 같이 해석하였다. "이목耳目의 감각이 미치지 못한 행위나 생각[思慮]이 미치지 못한 경우, 함께 무거운 것을 들다가 힘으로 제어하지 못한 경우, 혹은 높은 곳에 올라갔거나 위험한 곳을 밟고 섰다가 발이 미끄러졌거나 또는 짐승을 사격하다 (사람을) 살해·상해하는데 이른 경우 등이 모두 그러함을 말한다."[50] 이상과 같이 '과실'에 대한 해석은 각각 달랐지만, 비교적 일치하는 부분은 범죄인이 인식하지 못하였거나 관찰하지 못하였다는 점이다. 이것은 현대 형법의 과실과 비교하면, 부주의한 과실에 더 가까운 듯하고, 과신過信하다 발생한 과실과는 상당히 차이가 있다.

당률은 과실에 대해 '실失'·'오誤'·'과실過失'이란 글자[字]·단어[詞]를 사용하였고, 그 밖에 '부지정不知情(실정을 알지 못함)'·'미오迷誤(길을 잃고 잘못 들어감)'·'부지不知(알지 못함)'·'불각不覺(적발

---

42 【옮긴이 주】: '관官'은 '궁宮'의 오기이다(주 43 참조).
43 【옮긴이 주】: 『역주율소 - 명례편 - 』「명례51」(제51조)「칭승여거가제칙조稱乘輿車駕制勅條」, 347쪽.
44 【옮긴이 주】: '봉제'에 대해서는 제1장 주 9 참조.
45 【옮긴이 주】: 『역주율소 - 명례편 - 』「명례51」(제51조)「칭승여거가제칙조」「소의」, 348쪽.
46 【옮긴이 주】: 『역주율소 - 각칙(상) - 』「구고8」(제203조)「고살관사마우조」, 2308쪽.
47 【옮긴이 주】: '오살誤殺'은 '오살상誤殺傷'의 오기이다(주 46 참조).
48 【옮긴이 주】: 『역주율소 - 각칙(상) - 』「구고8」(제203조)「고살관사마우조」「소의」, 2308쪽.
49 【옮긴이 주】: 『역주율소 - 각칙(하) - 』「투송38」(제338조)「과실살상인조」, 3099쪽.
50 【옮긴이 주】: 『역주율소 - 각칙(하)』「투송38」(제338조)「과실살상인조」「주」, 3099쪽.

하지 못함'·'착인錯認'[51] 등의 글자·단어들도 사용해서 표시하였다. 대부분의 과실범죄는 모두 감형減刑·면형免刑 또는 '상청上請' 등의 방법으로 처리할 수 있었다. 예컨대『당률소의·위금』「불응도관이급과소조不應度關而給過所條」에서는 책임자의 '부지정'으로 인한 과실범죄에 대해 "주사主司[52] 및 관사關司가 실정을 안[知情] 때에는 각각 같은 죄로 처벌하고[與同罪], 실정을 알지 못한[不知情] 때에는 처벌하지 아니한다[不坐]"[53]라고 규정하여, 당연하지만 '부지정'으로 인한 모든 과실범죄가 면형免刑 될 수 있었던 것은 아니고, 처벌받을 수 있는 '부지정' 범죄도 있었으며, 오직 감형만 되었다. 또『당률소의·위금』「사도유타죄조私度有他罪條」에서도 "무릇 사사로이 월도한 자[私度者]에게 다른 중죄가 있었던 경우, 주사가 실정을 안[知情] 때에는 중죄로 논하고[以重者論], 실정을 알지 못한[不知情] 때에는 일반률에 의거한다[依常律]"[54]라고 규정하여, 실정을 알지 못한 자[不知情者]에 대한 형사책임을 추궁하였지만, 용형用刑은 '지정知情'으로 인한 고의범죄故意犯罪보다 감경되었다. 또 본 조「소의」에서는 그중 "일반율에 의거한다[依常律]"라는 것에 대해 "'적발하지 못하였거나[不覺] 고의로 놓아준[故縱]' 법에 의거하는 것을 말한다"[55]라고 설명하였다.『당률소의·위금』「난입궁전급상합조闌入宮殿及上閤條」에서도 고의로 궁문宮門에 난입한 자는 도徒2년에 처한다고 규정하였지만,[56] 본 조[57]에서 "길을 잃고 잘못 들어간[迷誤] 자는 상청上請한다"[58]라고 규정하여, 길을 잃고 잘못해서[迷誤] 궁문으로 난입하는 과실범죄를 범한 자는 '상청上請'의 방법으로 처리하였다. 본 조「소의」에서도 이 처리에 대해 "'길을 잃고 잘못 들어갔다[迷誤]'라는 것은 고의로 난입하지 아니한 행위를 말하며, 상청하여 (황제의) 칙勅를 기다린다"[59]라고 보충하였다.『당률소의·위

---

51 【옮긴이 주】: '착인'은 목적물이 자기의 것이라고 착각해서 주장하여 영득領得하는 것을 말하며, 망인妄認의 반대어이다(율령연구회律令研究會 편편,『역주일본율령譯註日本律令5 당률소의역주편唐律疏義譯註篇2』,「호혼17」「망인도무매공사전조妄認盜賣公私田條」, 247쪽, 주 1). 망인에 대해서는 제1장 주 112 참조.
52 【옮긴이 주】: '주사' 앞에는 "만약 가인家人이 서로 사칭詐稱한 때에는 장80에 처한다"라는 문장이 있다(주 53 참조).
53 【옮긴이 주】:『역주율소 - 각칙(상) - 』「위금26」(제83조)「불응도관조不應度關條」, 2080쪽.
54 【옮긴이 주】:『역주율소 - 각칙(상) - 』「위금28」(제85조)「사도유타죄조」, 2083쪽.
55 【옮긴이 주】:『역주율소 - 각칙(상) - 』「위금28」(제85조)「사도유타죄조」「소의」, 2084쪽.
56 【옮긴이 주】:『역주율소 - 각칙(상) - 』「위금2」(제59조)「난입궁문조闌入宮門條」에서는 "무릇 궁문에 난입한 자는 도2년에 처한다. 궁성문에 난입한 자도 같다[同]. 다른 조문에서 처벌해야 하는 경우에도 이에 준한다[準此]. 전문殿門은 도2년반에 처한다. 병장기[杖]를 소지한 자는 각각 2등을 가중한다. 상합上閤 내에 난입한 자는 교형絞刑에 처한다. 병장기를 소지하였거나 어재소御在所에 이른 자는 각각 참형斬刑에 처한다"(2021~2025쪽)라고 규정하였다.
57 【옮긴이 주】: '본 조' 다음에 '「주」'가 있어야 한다(주 58 참조).
58 【옮긴이 주】:『역주율소 - 각칙(상) - 』「위금2」(제59조)「난입궁문조」「주」, 2025쪽.
59 【옮긴이 주】:『역주율소 - 각칙(상) - 』「위금2」(제59조)「난입궁문조」「소의」, 2025쪽.

금」「궁전작파불출조宮殿作罷不出條」에서도 '부지不知'로 인한 과실범죄에 대해 규정하였는데, 그중에는 양형量刑도 포함하였다. 그것은 "장령주사將領主司가 안[知] 때에는 같은 죄로 처벌하고[與同罪], 알지 못한[不知] 때에는 각각 1등을 감경한다"[60]라고 하여, 감형하는 방법으로 처리하였다. 『당률소의・구고』「고장주사불수검조庫藏主司不搜檢條」에서도 '불각不覺'으로 인한 과실범죄에 대해 규정하였는데, 그 용형用刑은 고의범죄보다 감경되었다. 즉 본 조에서는 "무릇 사람이 고장庫藏[61]에서 나올 때에는 방위防衛하는 주사主司가 수색・검사해야 하는데, 수색・검사하지 않은 때에는 태笞20에 처한다. 이 때문에 도적[盜]을 적발하지 못한[不覺] 자는 도적의 죄[盜者罪]에서 2등을 감경한다. 만약 밤에 경비를 서는 자가 도적을 적발하지 못한[不覺] 때에는 3등을 감경한다"[62]라고 규정하였다. 『당률소의・잡률』「착인양인위노비부곡조錯認良人爲奴婢部曲條」에서도 양인을 착인錯認하여 노비로 삼은 과실범죄에 대해 "무릇 양인을 착인錯認하여 노비로 삼은 자는 도徒2년에 처한다"[63]라고 규정하였다. 이 양형은 동일 유형의 고의범죄보다 감경되었다. 예컨대 고의로 양인을 노비로 삼은 자는 유流3000리에 처해졌다.[64] 이밖에 '오발誤發(과오로 인한 개봉)'[65]・'오훼誤毀(과오로 인한 훼

---

60 【옮긴이 주】: 『역주율소 - 각칙(상) - 』「위금8」(제65조)「궁전작파불출조」, 2039쪽. 본 조에서는 "무릇 궁宮・전殿 내에서 작업을 마치고 나가지 않은 경우, 궁 내는 도1년에 처하고, 전 내는 도2년에 처하며, 어재소는 교형에 처한다"(2037쪽)라고 규정하였기 때문에 이 규정에 "주사가 알지 못한[不知] 때에는 1등을 감경한다"라는 규정을 적용하면, 주사의 양형은, 궁 내는 장100, 전 내는 도1년반, 어재소는 유3000리가 된다.

61 【옮긴이 주】: 『역주율소 - 각칙(상) - 』「구고19」(제214조)「손패창고적취물조損敗倉庫積聚物條」「소의」에서는 "창창은 속粟・맥麥 등[之屬]을 저장하는 곳을 말한다. 고庫는 기물器物・병장기[仗]・면면綿・견견絹 등[之類]을 저장하는 곳을 말한다"(2327쪽)라고 해석하였다.

62 【옮긴이 주】: 『역주율소 - 각칙(상) - 』「구고15」(제210조)「고장주사수검조庫藏主司搜檢條」, 2319쪽. 본서에서는 '불각不覺'으로 인한 과실범죄의 용형用刑이 고의범죄보다 감경된 근거로 본 조문을 제시하고 있지만, 본 조문은 '불각'으로 인한 과실범죄만을 규정하고, 고의범죄에 대해서는 전혀 언급이 없다. 따라서 본 조문으로 과실범죄와 고의범죄에 부과된 양형量刑의 차이에 대해 논하는 것은 타당하지 않다. 오히려 본 조 가운데 두 범죄에 부과된 양형의 차이에 대해 알 수 있는 것은 "주사主司가 도적[盜]을 적발하지 못한[不覺] 경우, 견견絹 5필匹이었다면 태20에 처하고, 10필마다 1등을 가중한다. 장100을 초과하였다면 20필마다 1등을 가중하고, 그 죄의 최고형은 도2년이다. 만약 지키는 일[守掌]을 법대로 하지 않아서 그 때문에 도적을 맞은 때에는 각각 1등을 가중한다. 고의로 놓아준[故縱] 때에는 각각 (도적의 죄와) 같은 죄로 처벌한다[與同罪]"(2320쪽)라고 한 규정이다.

63 【옮긴이 주】: 『역주율소 - 각칙(하) - 』「잡률13」(제401조)「착인양인위노비부곡조」, 3215쪽.

64 『당률소의・사위』「망인양인위노비부곡조妄認良人爲奴婢部曲條」 참조.
【옮긴이 주】: 『역주율소 - 각칙(하) - 』「사위14」(제375조)「망인양인위노비부곡조」에서는 "무릇 양인을 망인妄認하여 노비・부곡・처첩妻妾・자손으로 삼은 자는 약인죄로 논하되[以略人論] 1등을 감경한다. 부곡을 망인한 자는 또 1등을 감경한다. 노비 및 재물을 망인한 자는 절도에 준하여 논하되[準盜論] 1등을 감경한다"(3181쪽)라고 규정하였다. 망인에 대해서는 제1장 주 112 참조.

65 【옮긴이 주】: 『역주율소 - 각칙(하) - 』「잡률51」(제439조)「사발제서관문서인봉조私發制書官文書印封條」에서는 "무릇 관문서官文書의 봉인封印을 사사로이 개봉하여[私發] 문서를 본 자는 장60에 처한다. 제서制書는

손)'66·'오손훼誤損毀(과오로 인한 손해나 훼손)'67 등도 유사한 상황이었다.68 (이상과 같이) 당률에서 과실에 대한 표현은 다양하였고, 상황에 따라 다른 글자·단어들을 사용하였기 때문에 약간 복잡하였음을 알 수 있다.

당률 중의 과실범죄에 관해서는 이하 여섯 방면의 문제에 주의해야 한다.

첫째, 범죄 가운데 과실은 없고 고의만 있는 범죄가 있었다는 점이다. 예컨대『당률소의·직제』「자사현령등사출계조刺史縣令等私出界條」에서 "무릇 자사刺史·현령縣令·절충도위折衝都尉·과의도위果毅都尉69로서 사사로이 경계를 벗어난[出界] 자는 장杖100에 처한다"70라고 한 규정을 보면, 관리가 사사로이 경계를 벗어난 범죄는 고의만 있고, 과실은 없다.

둘째, 범죄 가운데 과실만 있고 고의가 없는 범죄가 있었다는 점이다. 예컨대『당률소의·직제』「합화어약유오조合和御藥有誤條」에서 "무릇 황제의 약을 조제하는데[和合71御藥] 착오[誤]로 본래의 처방[本方]대로 하지 않았거나 봉제封題를 잘못한 경우, 의자醫者는 교형絞刑에 처한다"72라고 한 규정에 명시된 범죄는 과실범죄이고, 고의범죄에 관한 내용은 없다.

셋째, 과실범죄 가운데 형사책임을 추궁받지 않아도 되는 범죄가 있었다는 점이다. 예컨대『당

장80에 처하고, 기밀 사안事案은 각각 누설죄漏泄罪에 의거하되 2등을 감경한다. 만약 과오로 개봉하였는데[誤發], 본 자는 각각 2등을 감경하고, 보지 않은 자는 처벌하지 아니한다"(3264쪽)라고 규정하였다.

66 【옮긴이 주】:『역주율소 - 각칙(하) - 』「잡률54」(제442조)「기훼기물가색조棄毁器物稼穡條」에서는 "무릇 관사官私의 기물을 버렸거나[棄] 훼손한[毁] 자 및 수목樹木·가색稼穡을 훼손하였거나[毁] 벤[伐] 자는 도죄에 준해서 논한다[準盜論]. 만약 관물官物을 망실하였거나 과오로 훼손한[誤毁] 자는 각각 3등을 감경한다"(3268쪽)라고 규정하였다.

67 【옮긴이 주】:『역주율소 - 각칙(하) - 』「잡률55」(제443조)「훼인비갈석수조毀人碑碣石獸條」에서는 "무릇 타인他人의 비碑·갈碣 및 석수石獸를 훼손한 자는 도1년에 처한다. 타인의 사당의 신주[廟主]를 훼손한 자는 1등을 가중한다. 그런데 공력功力을 들여 만든 물건인데 고의로 손해를 가하였거나 훼손한[故損毀] 자는 그 비용[庸]을 계산하여 좌장죄로 논한다[坐贓論]. 각각 수리하거나 세우게 한다. 과오로 손해를 가하였거나 훼손한[誤損毀] 자는 단지 수리하거나 세우게만 하고 처벌은 하지 아니한다"(3268쪽)라고 규정하였다.

68 『당률소의·잡률』「사발제서관문서인봉조私發制書官文書印封條」·「훼인비갈석수조毀人碑碣石獸條」·「기훼기물가색조棄毁器物稼穡條」 참조.

69 【옮긴이 주】: '자사'는 주州의 장관, '현령'은 현縣의 장관, '절충도위'는 절충부의 장관, '과의도위'는 통판관通判官을 가리킨다(『역주율소 - 각칙(상) - 』「직제3」(제93조)「자사현령사출계조刺史縣令私出界條」, 2106쪽, 주 23)).

70 【옮긴이 주】:『역주율소 - 각칙(상) - 』「직제3」(제93조)「자사현령사출계조」, 2106쪽. 본 조「주」에서는 "하룻밤을 경과하였다면[經宿] 처벌한다"라고 규정하였고,「소의」에서는 "주에서 '하룻밤을 경과하였다면 처벌한다'라고 하였고, '하루를 경과하였다면[經日]'이라고 하지 않았으므로 백각百刻(만 하루)의 기한이 아니고 단지 하룻밤만 지났다면 이 죄에 해당한다"(이상 2106쪽)라고 해석하였다.

71 【옮긴이 주】: '화합和合'은 '합화合和'의 오기이다(주 72 참조).

72 【옮긴이 주】:『역주율소 - 각칙(상) - 』「직제12」(제102조)「합화어약조」, 2119쪽.

률소의·투송」「구시마소공친부곡노비조毆緦麻小功親部曲奴婢條」에서는 "무릇 시마친緦麻親·소공친小功親의 부곡·노비를 구타하여 절상折傷 이상을 가한 자는 각각 일반인[凡人]의 부곡·노비를 살상殺傷한 죄에서 2등을 감경한다. 대공친大功親은 또 1등을 감경한다. 과실로 살해한[過失殺] 자는 각각 논죄하지 않는다[勿論]"[73]라고 규정하여, 시마 이상 친족의 부곡·노비를 과실로 구타하여 치사致死한 범죄는 형사책임을 지지 않았다.

넷째, 과실범죄 가운데 직접 형벌을 적용[用刑]하지 않지만, 상응하는 배상賠償·속贖 등 책임을 지는 범죄가 있었다는 점이다. 예컨대『당률소의·구고』「고살관사마우조故殺官私馬牛條」에서는 관官이나 개인[私]의 말[馬]·소[牛]를 고의로 살해한[故意殺] 자는 형사책임을 추궁받았지만,[74] "과오로 살해·상해한[誤殺傷] 자는 처벌하지 않고 감손된 가치만을 배상하게 한다"[75]라고 규정하여, 과오로 살해·상해한[誤殺傷] 범죄는 형사책임을 지지 않고 배상책임만 졌다.『당률소의·투송』「과실살상인조過失殺傷人條」에서도 사람을 과실로 살해·상해한[過失殺傷] 자는 그 정상情狀에 의거해서 속으로 논죄한다[以贖論][76]라고 명확히 규정하였다.

다섯째, 고의범죄 가운데 과실범죄로 형사책임을 추궁당하는 범죄가 있었다는 점이다. 예컨대『당률소의·단옥』「감림자이장추인조監臨自以杖捶人條」에서는 "무릇 감림하는 관인[監臨之官]이 공사公事로 인해 직접 장杖으로 사람을 구타해서[捶] 치사致死[77]한 때에는 각각 '사람을 과실로 살해한 법[過失殺人法]'에 따른다"[78]라고 규정하여, 감림관監臨官이 사람을 고의로 장杖으로 구타해서 치사한 범죄 등은 과실살인법過失殺人法에 따랐고, 고의살인법故意殺人法에 따라 양형量刑하지 않았다.

여섯째, 범죄 가운데 고의·과실을 막론하고 일률적으로 형벌을 적용[用刑]하고 차별하지 않는 범죄가 있었다는 점이다. 예컨대『당률소의·천흥』「핍군흥조乏軍興條」에서 규정한 '핍군흥乏軍興, 즉 군대를 징발해서 정토征討할 때 군수물자의 조발調發을 지체하여 궐闕한 행위'의 범죄는 고의·

---

73 【옮긴이 주】:『역주율소 - 각칙(하) - 』「투송23」(제324조)「구시마소공부곡노비조毆緦麻小功部曲奴婢條」, 3065쪽.
74 【옮긴이 주】:『역주율소 - 각칙(상) - 』「구고9」(제204조)「고살관사마우조」에서는 "무릇 관이나 개인의 말[馬]·소[牛]를 고의로 살해한[故殺] 자는 도1년반에 처한다. 장죄贓罪가 엄중하였거나 다른 축산을 살해 또는 상해한 자는 감손된 가치를 계산해서 도죄에 준해서 논하고[準盜論], 각각 감손된 가치를 배상하게 한다. 그 가치가 감손되지 않은 때에는 태30에 처한다. 피를 보였거나 절름거린 때에는 상해로 간주한다. 만약 상해가 엄중하여 5일 내에 치사致死한 때에는 살해죄에 따른다"(2306~2307쪽)라고 규정하였다.
75 【옮긴이 주】:『역주율소 - 각칙(상) - 』「구고9」(제204조)「고살관사마우조」, 2308쪽.
76 【옮긴이 주】:『역주율소 - 각칙(하) - 』「투송38」(제339조)「과실살상인조」에서는 "무릇 사람을 과실로 살해·상해한[過失殺傷] 자는 각각 그 정상에 의거해서 속으로 논죄한다[以贖論]"(3099쪽)라고 규정하였다.
77 【옮긴이 주】: '치사' 다음에 원문에는 "하였거나 사람을 공갈·협박해서 치사"가 있다(주 78 참조).
78 【옮긴이 주】:『역주율소 - 각칙(하) - 』「단옥30」(제498조)「감림자이장추인조」, 3347쪽.

과실에 관계없이 일률적으로 처벌하고, 차별하지 않았다. 즉 본 조에서는 "무릇 군대를 징발해서 정토하는 때 군수물자의 조발을 지체하여 궐闕한 행위[乏軍興]를 범한 자는 참형斬刑에 처하고, 고의[故]든 과실[失]이든 (죄는) 같다[等]"[79]라고 규정하였고, 본 조 「소의」에서도 전문적으로 이 조문에 대해 "군대를 징발해서 정토征討하는 것은 국가의 대사大事이고", "그 사안事案이 중대하기 때문에 과실[失]이었다고 해도 감형하지 않는다"[80]라고 설명하여, "군대를 징발하는 것은[軍興]" 사안事案이 중대하기 때문에 과실로 인한 '핍군흥乏軍興'도 감형할 수 없다고 보았다.

위에서 언급한 이러한 문제들 속에는 현대 형법규정과 유사한 점도 있고, 분명히 다른 점도 있다. 이것은 하나의 측면에서 당조唐朝의 형법 가운데 몇몇 특수한 방면을 반영한 것이었다.

당률의 과실범죄에 관한 규정도 후세에 영향을 주었다. 즉 『송형통宋刑統』은 당률의 내용을 전면적으로 계승해서 과실범죄에 관한 일련의 규정을 포함하였다. 『대명률大明律』의 과실범죄에 대한 규정은 진일보한 면이 있었다. 예컨대 『대명률·형률刑律』 「희살오살과실살상인조戲殺誤殺過失殺傷人條」의 과실에 대한 규정은 범위가 당률의 규정보다 확대되어 『당률소의·투송』 「과실살상인조過失殺傷人條」[81]에 없는 규정도 있고, 그중에는 "일[事]로 인해 벽돌[磚]·기와[瓦]를 투척하였지

---

[79] 【옮긴이 주】: 『역주율소 - 각칙(상) - 』 「천흥7」(제230조) 「핍군흥조」, 2353쪽.
[80] 【옮긴이 주】: 『역주율소 - 각칙(상) - 』 「천흥7」(제230조) 「핍군흥조」 「소의」, 2353쪽. 본 조 「주」에서는 '핍군흥乏軍興'에 대해 "군대의 정토征討에 임하여 조발調發하는 것이 있는데 지체하여 그르친 행위[稽廢]를 말한다"(2353쪽)라고 하였고, 「소의」에서는 "군대를 징발해서 정토하는 것은 국가의 대사이다. 조발하여 정토해야 하는데 지체하여 그르친 행위를 '핍군흥'이라 하고, 이것을 범한 자는 참형에 처해야 하며, 고의[故]든 과실[失]이든 죄는 같다[等]. 그 사안이 중대하기 때문에 과실이었다고 해도 감형하지 않는다. 주註에서 '군대의 정토에 임하여 조발하는 것이 있다'라는 것은 병마兵馬나 군대에 공급해야 하는 기계 혹은 필수적인 전투 기구[戰具]는 각각 (규정한) 기일에 따라 조발하여 정해진 날짜에는 모두 충당해야 한다는 것이다. 궐闕한 것이 있다면 바로 이것이 '지체하여 그르친 행위[稽廢]'이기 때문에 조발하는 것이 있는데 지체하여 그르친 행위'라고 한 것이다"(2353~2354쪽)라고 자세히 해석하였다.
[81] 【옮긴이 주】: 『역주율소 - 각칙(하) - 』 「투송38」(제338조) 「과실살상인조」에서는 "무릇 사람을 과실로 살해·상해한[過失殺傷] 자는 각각 그 정상情狀에 따라 속으로 논죄한다[以贖論]"라고 규정하였고, 본 조 「주」에서는 "이목耳目의 감각이 미치지 못한 경우나 생각[思慮]이 미치지 못한 경우, 함께 무거운 것을 들다가 힘으로 제어하지 못한 경우, 혹은 높은 곳에 올라갔거나 위험한 곳을 밟고 섰다가 발이 미끄러졌거나 또는 짐승을 사격하다 (사람을) 살해하거나 상해하는데 이른 경우 등[之屬]이 모두 그러함을 말한다"라고 하였으며, 「소의」에서는 "주註에서 '이목耳目의 감각이 미치지 못한 경우'는 가령 벽돌[甎]이나 기와[瓦]를 투척하거나 (화살이나 탄환을) 발사[彈射]할 때 귀[耳]로 사람의 소리[人聲]를 듣지 못하고 눈[目]으로 사람이 나타난 것[人出]을 보지 못하여 살해·상해에 이르게 된 경우를 말하고, 그리고 '생각이 미치지 못한 경우'는 본래 궁벽한 곳[幽僻之所]으로, 그곳에는 당연히 사람이 없을 것으로 알고 기와나 돌[石]을 투척하였는데 과오[誤]로 살해·상해가 있게 되었음을 말한다. …… '경우 등[之屬]'이라고 한 것은 만약 함께 도적을 체포하다가 곁에 있는 사람을 과오로 살해하였거나 상해한 것[誤殺傷] 등[之類]도 모두 과실이라는 것을 말한다"(이상 3099쪽)라고 해석하였다.

만 예기치 않게[不期] 사람을 살해한 경우, 또는 험준한 곳에 올랐다가 발을 헛짚어 미끄러지면서 (다른 사람과) 동반 추락한 경우, 혹은 배를 젓다가 폭풍우를 만났거나, 타고 있던 말이 놀라 달아났거나, 달리는 수레가 비탈을 질주하여 형세 상 제지할 수 없었던 경우" 등 여러 행위도 포함하였다. 이 외에도 『대명률』에서는 이러한 유형의 범죄를 처리할 때, 특히 당률에 규정되지 않은 배상賠償을 강조하였다. 예컨대 본 조에서는 "무릇 처음에는 사람을 상해할 의도가 없었는데 우연히 사람을 살해·상해한 자는 모두 싸우다 구타하여 사람을 살해·상해한 죄에 준하되[准鬪毆殺傷人罪], 율에 따라 속동을 징수해서[收贖] 살해·상해 당한 사람의 가家에 지급하여[給付] 장례葬禮와 의약醫藥의 비용으로 사용하게 한다"라고 규정하였는데, 그중 '지급[給付]' 규정은 배상의 의미가 있지만, 당률에는 이 규정이 없었다. 『대청율례大淸律例』의 과실범죄에 관한 규정은 기본적으로 『대명률』과 동일하였다.

제4절 법률관계 중 노비의 지위 문제

법률관계에서 노비의 지위는 상황에 따라 달랐고, 게다가 변화도 발생할 수 있었다. 전반적으로 그들이 법률관계에서 맡은 역할은 객체와 주체 등이었다.

노비는 당대唐代에서 지위가 가장 낮았다. 당률은 항상 그들을 법률관계에서 객체로 보고, "노비는 자재와 같다[奴婢同於資財]"[82]·"노비는 천인이고, 율에서는 가축·재산에 비견하고 있다[奴婢賤人 律比畜產]"[83] 등으로 설명하였다. 따라서 노비는 일부 규정에서 객체로 출현하였고, 그들을 침범하였다면 행위자行爲者는 당률의 처벌을 받음으로써 노비 소유자의 권익을 보호하였다. 비교적 중요한 규정은 아래의 몇 가지 방면이다.

노비는 주인의 일종의 사유재산으로서 그 주인의 처분에 맡겨졌고, 만약 위범違犯한 자는 형사책임을 추궁당해야 하였다. 예컨대 『당률소의·호혼』「잡호관호여양인위혼조雜戶官戶與良人爲婚條」에서는 "노비가 사사로이[和][84] 딸[女]을 양인良人에게 출가出嫁시켜 처妻·첩妾이 되게 한 때에는 도죄에 준해서 논한다[準盜論]"[85]라고 규정하였는데, 그 이유는 노비와 그 딸[女]은 모두 주인의 재산

---

82 【옮긴이 주】: 『역주율소 - 명례편 - 』「명례32」(제32조)「피차구죄지장조彼此俱罪之贓條」「소의」, 249쪽. 당률에 규정된 노비의 성격에 대해서는 제1장 주 46 참조.
83 『당률소의·명례』「피차구죄지장조彼此俱罪之贓條」「소의」와 『당률소의·명례』「관호부곡관사노비유범조官戶部曲官私奴婢有犯條」「소의」.
【옮긴이 주】: 『역주율소 - 명례편 - 』「명례47」(제47조)「관호부곡관사노비유범조」「소의」, 341쪽.
84 【옮긴이 주】: '화和'는 '사私'의 오기이다(주 85 참조).
85 【옮긴이 주】: 『역주율소 - 각칙(상) - 』「호혼43」(제192조)「잡호관호부득여양인위혼조雜戶官戶不得與良人爲婚

으로서 주인의 동의 없이 독단적으로 출가할 수 없었기 때문이다. 이러한 범죄 행위는 주인의 재산을 절취竊取한 것으로 간주되었기 때문에 절도죄竊盜罪로 처벌되었다. 본 조「소의」에서도 전문적으로 "노비는 원래 자재資財와 같으므로 주인에 의해 처분되어야 하는데 함부로 그 딸[女]을 사사로이 타인[人]에게 출가시킨 자는 반드시 비婢를 장물贓物로 계산하여 도죄에 준해서 논한다[準盜論]. 5필이었다면 도徒1년에 처하고, 5필마다 1등을 가중한다"[86]라고 해석하였다.

관官·사私노비는 관·사의 재산이었기 때문에 법률의 보호를 받았다. 만약 타인이 그들의 도망을 유도誘導하였다면, 관·사의 재산권을 침해한 것이었다. 당률은 '절도[盜]'로써 이러한 범죄인의 형사책임을 추궁하였고 아울러 그들에게 배상을 요구하였다. 예컨대『당률소의·포망』「관호노비망조官戶奴婢亡條」에서는 "만약 관·사노비가 도망가도록 유도한 때에는 도죄에 준해서 논하고[準盜論], 아울러 비상備償[87]하게 한다"[88]라고 규정하였고, 또 본 조「소의」에서는 관·사노비가 도망가도록 유도한 범죄 행위에 대해 "(노비를) 자신의 소유로 하려는 것은 아니고[不降[89] 入己] 유도해서 도망가도록 한 경우를 말하며, 이때에도 도죄에 준해서 논하고[準盜論], 5필이었다면 도徒1년에 처하고, 5필마다 1등을 가중하며, 아울러 비상備償하게 한다"[90]라고 해석하였다.

관노비는 관부官府가 소유한 재산으로서, 관부의 다른 재산과 마찬가지로 법률적 보호를 받았다. (따라서) 책임관원責任官員의 불법적인 차용借用 등의 행위가 범죄의 구성요건이 되었다면 당률의 형사책임을 추궁받았다. 예컨대『당률소의·직제』「역사소감림조役使所監臨條」에서는 "무릇 감림하는 관인[監臨之官]이 감림하는 구역 내의 사람을 사사로이 사역시킨 경우 및 노비·소[牛]·말[馬]·낙타[駝]·노새[騾]·당나귀[驢]·수레[車]·배[船]·물레방아[碾磑]·저점邸店 등[之類]을 차용한 경우에는 각각 용임傭賃을 계산하여 감림하는 구역 내에서 재물을 받은 죄로 논한다[以受所監臨財物論]"[91]라고 규정하였고, 또『당률소의·구고』「감주차관노축산조監主借官奴畜産條」에서도 "무릇 감림監臨·주수主守가 관官의 노비·축산을 사사로이 직접 빌렸거나[自借], 남에게 빌려 주었거나[借人],

---

條」에서는 "만약 노비가 사사로이[私] 딸을 양인에게 출가시켜 처·첩이 되게 한 때에는 도죄에 준해서 논한다[準盜論]. 사정을 알고 혼인한 남자는 같은 죄로 처벌한다[與同罪]. 각각 (본래의 신분을) 환정還正하도록 한다"(2281쪽)라고 규정하였다. '환정'에 대해서는 제9장 제2절 2항 '복고·개정·징수·환관주' 가운데 '개정' 참조.

86 【옮긴이 주】:『역주율소 - 각칙(상) -』「호혼43」(제192조)「잡호관호부득여양인위혼조」「소의」, 2281쪽.
87 【옮긴이 주】: '비상'에 대해서는 제9장 제2절 1항 '배상' 참조.
88 【옮긴이 주】:『역주율소 - 각칙(하) -』「포망13」(제463조)「관호노비망조」, 3303~3304쪽.
89 【옮긴이 주】: '강降'은 '장將'의 오기이다(주 90 참조).
90 【옮긴이 주】:『역주율소 - 각칙(하) -』「포망13」(제463조)「관호노비망조」「소의」, 3304쪽.
91 【옮긴이 주】:『역주율소 - 각칙(상) -』「직제53」(143조)「역사소감림조」, 2190쪽.

그것을 빌린 자는 모두 태笞50에 처한다. 그 용임[庸]을 계산하여 엄중한 때에는[計庸⁹²者] 감림하는 구역 내에서 재물을 받은 죄로 논한다[以受所監臨財物論]"⁹³라고 규정하였다. (이처럼) 노비는 동물·재물과 함께 거론되고 있는 점에서 그 법률적 지위를 알 수 있다.

　노비가 당률에서 일종의 '축산畜産'이었다고 해도 그들은 요컨대 다른 '자재資財'·'축산'과는 같지 않았다. 그들은 사람으로서, 사람의 갖가지 특징을 갖추었지만, 당률에서 '자재'·'축산'으로 비하되었을 뿐이다. 그들은 생각을 가지고 행위를 하였고, 또 약취略取될 수도 있었다. 당률은 노비의 약취를 허용하지 않았는데, 왜냐하면 이것은 노비 소유자의 재산권을 침해하는 행위였기 때문이다. 이러한 약취라는 범죄 행위에 대해 당률은 정황情況에 근거해서 장물贓物의 정도에 따라 '강도' 또는 '절도'로 처벌하였다. 즉 『당률소의·적도』「약화유노비조略和誘奴婢條」에서는 "무릇 노비를 약취略取한 자는 강도죄로 논하고[以强盜論], 화유和誘한 자는 절도죄로 논한다[以竊盜論]. 각각 죄의 최고형은 유流3000리이다"⁹⁴라고 규정하였고, 게다가 본 조「소의」에서는 전문적으로 장물로 논죄하는 양형量刑 방법을 강조하였는데, 특히 "노비를 약취한 자는", "장물을 계산해서 강도죄로 논한다[以强盜論]"⁹⁵라고 하였다. 당연히 절도죄로 논하는[以竊盜論] 것도 이와 같았다.

　노비는 법률에서 재산·동물로 비하되었고, 따라서 가격도 있었다. 당률은 이 점에 대해 조금도 회피하지 않고 직설적으로 "노비는 가격이 있다"⁹⁶라고 하였다. 그러나 노비는 가격이 비교적 높은 상품으로서, 말[馬]·소[牛] 등 동물과 마찬가지로 교환할 때는 반드시 '시권市券'을 작성해야 하였다. 이것을 위반한 때에는 교역상 위험을 가중시킨 것으로 간주되었기 때문에 교환한 사람은 이로 인해 형법의 추궁을 받았다. 예컨대『당률소의·잡률』「매노비우마불립시권조買奴婢牛馬不立市券條」에서는 "무릇 노비·말[馬]·소[牛]·낙타[駝]·노새[騾]·당나귀[驢]를 매입하고 이미 값을 지불하였는데, 시권을 작성하지 않고 3일을 경과한 자는 태笞30에 처한다. 판매한 자는 1등을 감경한다"⁹⁷라고 규정하였다.

---

92 【옮긴이 주】: '용庸' 다음에 '중重'이 있다(주 93 참조).
93 【옮긴이 주】: 『역주율소-각칙(상)-』「구고13」(제208조)「감주차관축산조」, 2316쪽.
94 【옮긴이 주】: 『역주율소-각칙(상)-』「적도46」(제293조)「약화유노비조」, 2483쪽.
95 【옮긴이 주】: 『역주율소-각칙(상)-』「적도46」(제293조)「약화유노비조」「소의」에서는 "'노비를 약취한 자'라는 것은 또한 동의하지 않고 모략을 써서 취한 것을 말하며, 장물을 계산해서 강도죄로 논한다[以强盜論]"(2483쪽)라고 해석하였다.
96 『당률소의·사위』「사제거사면관호노비조詐除去死免官戶奴婢條」「소의」.
　【옮긴이 주】: 『역주율소-각칙(하)-』「사위15」(제376조)「사제거사면관호노비조」「답」에서는 "노비는 가격이 있지만, 부곡은 전사轉事하되 가격을 매길 수 없다"(3183쪽)라고 하였다. 이 문장은 "어떤 사람이 사인私人의 부곡을 관노官奴와 교환하였다면 (부곡을) 전사할 때 지불하는 의식의 비용[衣食之直]을 관노의 가격에 준해서 환산할 수 있습니까?"(3183쪽)라는「문」에 대한「답」의 일부이다.

이상의 규정에서 당률은 모두 노비를 그 소유인의 재물로 간주하였기 때문에 노비는 실제 법률관계에서 객체였다. 당률은 형법수단을 사용해서 노비 소유인의 권익을 보호하였다. 노비를 침범한 행위는 그 소유인의 권익을 침해한 것이었기 때문에 일종의 범죄 행위로 확정하였다. 이로 인해 침해자는 형벌적 징벌을 받아야 하였다. 다만 노비는 요컨대 다른 재물과 달리 그들은 살아 있는 사람이었고, 생리적으로도 일반 사람과 마찬가지로 인간으로서의 모든 특성을 갖추고 있었다. 따라서 몇몇 상황에서, 당률은 불가피하게 노비를 법률관계의 주체로 보고 그들이 범죄인·피해자인 경우에 대해서도 규정하였다. 이처럼 노비는 형사적 법률관계에서 객체와 주체라는 이중적인 신분을 갖추었지만, 대다수 상황에서는 주로 주체가 아닌 객체였다.

당률에서 노비는 법률관계 중의 주체이기도 하였지만, 그들은 당조唐朝처럼 등급이 매우 엄격한 사회에서 '가복家僕'[98]·'천류賤流'[99] 등으로 불릴 정도로 지위가 낮았다. 이러한 지위는 변경이 매우 어려웠기 때문에 그들의 후손까지도 그 소유인의 소유가 되었다. 예컨대『당률소의·명례』「이장입죄조以贓入罪條」「소의」[100]에서는 "장물贓物인 비婢가 낳은 아이[所生]는 양인良人으로 해서는 안 되고, 단지 새끼를 낳아 식息을 불린 재물에 불과하므로 율律에 의해서 어머니에 따라 주인에게 반환한다[隨母還主]"[101]라고 하였다. 전체의 법률을 종합하면, 일부 상황에서만 노비도 '양인'과 동일한 '대우'를 받아서 양인신분의 범죄인·피해자에 준準해서 처리되었다. 예컨대『당률소의·명례』「관호부곡관사노비유범조官戶部曲官私奴婢有犯條」에서는 노비를 양인에 준해서 범죄를 논할 수 있는 경우에 대해 "관호·부곡과 관·사노비가 죄를 범하였는데, 본本 조문에 정문正文이 없는 경우에는 각각 양인에 준한다[準良人]"[102]라고 규정하였고, 더욱이 본 조「소의」에서는 전문적으로 구체적인 적용 범위에 대해 "'본 조문에 정문이 있는 경우'는 주인을 범하였거나 양인을 구

---

97 【옮긴이 주】:『역주율소 - 각칙(하) - 』「잡률34」(제422조)「매노비우마불립권조買奴婢牛馬不立券條」, 3241쪽.
98 【옮긴이 주】:『역주율소 - 각칙(하) - 』「투송22」(제323조)「부곡노비과실살상주조部曲奴婢過失殺傷主條」「소의」에서는 "부곡·노비는 가복家僕이기 때문에 주인을 섬기는데 반드시 삼가 공경하는 마음을 가져야 하며, 또한 두 마음[二心]을 없애야 한다"(3062쪽)라고 하였다.
99 『당률소의·투송』「부곡노비과실살상주조部曲奴婢過失殺(살殺 다음에 상傷이 있다)主條」「소의」와『당률소의·호혼』「이처위첩조以妻爲妾條」「소의」.
  【옮긴이 주】:『역주율소 - 각칙(상) - 』「호혼29」(제178조)「이처위첩조」「소의」에서는 "비婢는 곧 천류賤流이다"(2256쪽)라고 하였고,『역주율소 - 각칙(하) - 』「투송20」(제321조)「주살유죄노비조主殺有罪奴婢條」「소의」에서도 "노비는 천예賤隷이다"(3059쪽)라고 하였다.
100 【옮긴이 주】: '「소의」'는 '「답」'의 오기이다(주 101 참조).
101 【옮긴이 주】:『역주율소 - 명례편 - 』「명례33」(제33조)「이장입죄」「답」, 252쪽. 이 문장은 "어떤 사람이 비婢가 장물臟物인 사실을 알고도 고의로 사들여서 스스로 총애하여 아이를 낳은 경우, 아이는 누구의 소유로 해야 합니까?"(252쪽)라는 「문」에 대한 「답」의 일부분이다.
102 【옮긴이 주】:『역주율소 - 명례편 - 』「명례47」(제47조)「관호부곡관사노비유범조」, 338쪽.

타한 경우 등을 말하며, 각각 그 조문[正條]에 따른다. '본 조문에 정문이 없는 경우'는 난입闌入·월도越度 및 본색本色[103] 간의 범죄, 그리고 조부모·부모·형兄·누나[姉]를 저주하거나[詛] 욕한[詈] 경우 등을 말하며, 각각 양인의 법례에 준한다[準良人之法]"[104]라고 설명하였다. 또 『당률소의·명례』「범죄미발자수조犯罪未發自首條」[105]에서도 노비를 손損·상傷한 자는 '양인'의 법례와 같이 논죄한다고 하여, 즉 노비의 신체를 손·상한 자는 양인을 손·상한 행위와 같이 처리하였다. 「소의」의 해석은 다음과 같다. "'손損'은 사람의 신체를 훼손한 것을 말하고, '상傷'은 피가 보이는 상해를 말한다. 부곡·노비를 손·상하였더라도 또한 양인의 법례와 같다[同良人例]."[106]

당률의 많은 규정에서 노비는 그 주체적 지위가 매우 낮게 규정되었기 때문에 확실히 천시賤視를 받았다. 당률은 노비가 타인他人을 침해하였을 때, 다른 범죄인보다 더욱 엄중한 제재를 받는다고 명문明文으로 규정하였다. 다음의 두 가지 법례法例는 매우 전형적이다.

첫째, 노비가 양인을 구타해서 상해한[毆傷] 경우, 그들에 대한 용형用刑은 다른 범죄인보다 가중되었다. 예컨대 『당률소의·투송』「부곡노비양인상구조部曲奴婢良人相毆條」에서는 "무릇 부곡이 양인을 구타하여 상해한[毆傷] 때에는[107] 일반인[凡]시을 범한 죄에서 1등을 가중하고, 노비는 또 1등을 가중한다. 또한 노비가 양인을 구타해서 지체를 부러뜨렸거나 어긋나게 하였거나[折跌支體],[108] 한쪽 눈을 실명시킨[瞎其一目] 때에는 교형絞刑에 처하고, 살해한 때에는 각각 참형斬刑에 처한다"[109]라고 규정하였다. 그러나 만약 양인이 양인을 구타해서 상해하였거나[毆傷], 지체를 부러뜨렸거나 어긋나게 하였거나[折跌支體], 한쪽 눈을 실명시킨[瞎一目] 때에는 단지 "도徒3년에 처"하였고, 또 "보고保辜 기한 내에 평시平時처럼 회복한 때에는 각각 2등을 감경"[110]하였다. 양자를 비교하면, 노비에 대한 용형用刑의 엄중함이 글 속에 생생하다.

---

103 【옮긴이 주】: '본색'의 의미와 그 용례에 대해서는 제1장 주 13 참조.
104 【옮긴이 주】: 『역주율소 - 명례편 - 』「명례47」(제47조)「관호부곡관사노비유범조」「소의」, 339쪽.
105 【옮긴이 주】: '「범죄미발자수조」' 다음에 '「소의」'가 있어야 한다(주 106 참조).
106 【옮긴이 주】: 『역주율소 - 명례편 - 』「명례37」(제37조)「범죄미발자수조」「소의」, 282쪽.
107 【옮긴이 주】: "때에는" 다음에 "관호는 부곡과 같다"라는 「주注」 문문이 있다(주 109 참조).
108 【옮긴이 주】: '절질지체折跌支體'에 대해 『역주율소 - 각칙(하)』「투송4」(제305조)「구인절질지체할목조毆人折跌支體瞎目條」「주」에서는 "절지折支는 뼈를 부러뜨린 것[折骨]이고, 질체跌體는 뼈가 어긋나고 틀어져서 제자리를 벗어난 것이다"(3022쪽)라고 하여, '절지'와 '질체'로 구분해서 설명하고 있다.
109 【옮긴이 주】: 『역주율소 - 각칙(하)』「투송19」(제320조)「부곡노비양인상구조」, 3056쪽.
110 『당률소의』「투송」「구인절질지체할목조毆人折跌支體瞎目條」.
【옮긴이 주】: 『역주율소 - 각칙(하)』「투송4」(제305조)「구인절질지체할목조」에서는 "무릇 투구鬪毆하여 사람의 지체를 부러뜨렸거나 어긋나게 하였거나[折跌人支體], 한쪽 눈을 실명시킨[瞎其一目] 때에는 도3년에 처한다. 보고保辜 기한 내에 평시처럼 회복한 때에는 각각 2등을 감경한다"(3022~3023쪽)라고 규정하였다.

둘째, 만약 노가 양인을 간姦한 경우, 그 양형量刑도 양인이 양인을 간한 경우보다 가중되었다. 예컨대 『당률소의·잡률』「노간양인조奴姦良人條」에서는 "무릇 노奴가 양인을 간姦한 때에는 도徒2년반에 처한다. 강간强姦한 때에는 유형流刑에 처한다"[111]라고 규정하였다. 그러나 만약 양인이 양인을 간한 경우, 양형은 확실히 노가 양인을 간한 경우보다 2등 이상 감경되었다. 즉 『당률소의·잡률』「범간조凡姦條」에서는 "무릇 간姦한 자는 도1년반에 처"하고, "강간한 자는 각각 1등을 가중한다"[112]라고 규정하였다.

또 노비가 피해자가 되었을 때, 범죄인은 그 지위가 그들보다 높다는 이유로 다른 사람을 침해한 경우보다 비교적 경형輕刑에 처해졌다. 이것은 다른 측면에서, 노비는 법률관계의 주체일 수도 있었지만, 그 지위가 여전히 매우 낮았음을 말해 준다. 예컨대 『당률소의·투송』「주살유죄노비조主殺有罪奴婢條」에서는 "무릇 노비에게 죄가 있는데, 그 주인이 관사官司에 요청하지 않고 살해한 때에는 장杖100에 처한다. 죄가 없는데도 살해한 때에는 도1년에 처한다"[113]라고 규정하였다. 즉 노비가 유죄이든 무죄이든 주인에게 살해된 경우, 주인이 지는 형사책임은 매우 경미輕微해서 장형 혹은 도형에 처해졌을 뿐이다. 이로써 당률의 노비에 대한 보호는 매우 미미하였고, 심지어 형식적이었음을 알 수 있다. 반대로 당률의 노비 주인에 대한 보호는 매우 강력하여, 그들이 노비에게 침해를 당하였을 때, 노비는 매우 엄중한 처벌을 받았다. 예컨대 "무릇 부곡·노비가 주인을 모살謀殺한 때에는 모두 참형斬刑에 처한다"[114]라고 하여, 노비가 주인의 모살한 때에도 참형의 판결을 받았고, "무릇 부곡·노비가 주인을 과실로 살해한[過失殺] 때에는 교형絞刑에 처한다"[115]라고 하여, 노비가 주인을 과실로 살해한 때에도 교형에 처해졌다. 이 두 규정은 앞의 주인이 노비를 살해한 규정과 비교하면, 용형用刑에서 매우 큰 차이를 보인다.

당률의 법률관계에서 노비의 지위에 관한 규정은 이후의 입법에도 영향을 주었다. 즉 『송형통宋刑統』은 거의 대부분 당률의 내용을 답습하였고, 그중에는 법률관계에서 노비의 지위에 대한 규정도 포함하였다. (그러나) 『대명률大明律』·『대청율례大淸律例』에서는 이러한 규정이 확연히 감소되었고, 당률의 일부 내용은 그중에 반영조차 되지 않았다. 예컨대 당률 가운데 「매노비우마불립시권조買奴婢牛馬不立市券條」·「관호노비망조官戶奴婢亡條」 등은 모두 폐지되어 그중의 관련 내용도 재차

---

111 【옮긴이 주】: 『역주율소 - 각칙(하) - 』「잡률26」(414조)「노간양인조」, 3231쪽.
112 【옮긴이 주】: 『역주율소 - 각칙(하) - 』「잡률22」(제410조)「간조姦條」, 3227·3228쪽.
113 【옮긴이 주】: 『역주율소 - 각칙(하) - 』「투송20」(제321조)「주살유죄노비조」, 3059쪽.
114 『당률소의』「적도」「부곡노비모살주조部曲奴婢謀殺主條」.
　　【옮긴이 주】: 『역주율소 - 각칙(상) - 』「적도7」(제254조)「부곡노비모살주조」, 2396쪽.
115 『당률소의·투송』「부곡노비과실살상주조部曲奴婢過失殺傷主條」.
　　【옮긴이 주】: 『역주율소 - 각칙(하) - 』「투송22」(제323조)「부곡노비과실살상주조」, 3062쪽.

존재하지 않았다. 게다가 일부 내용은 유사한 율조律條에 있었지만, 그 처벌에도 차이가 있었다. 예컨대『대명률·형률刑律』「약인약매인조略人略賣人條」에서는 "만약 타인의 노비를 약매略賣·화유和誘한 자는 각각 양인을 약매·화유한 죄에서 1등을 감경한다"라고 규정하였다. 이것은 당률에서 강도·절도죄로 논한 규정과 명확히 차이가 있었다. 이외에 일부 다른 율조를 통해서도 노비의 지위가 확실히 매우 낮았음을 알 수 있다. 즉『대명률·형률』「노비매가장조奴婢罵家長條」에서는 "무릇 노비가 가장에게 욕한[罵] 때에는 교형絞刑에 처한다"라고 규정하였다. (그러나) 일반인이 타인他人에게 욕한[罵] 때에는 오직 태笞10에 처해졌을 뿐이다.[116] 두 규정은 양형量刑에서 큰 차이를 보이고 있는데, 주된 원인은 노비의 지위가 매우 낮았기 때문이고, 이것은 (당대와) 근본적인 변화가 없었다.『대청율례』의 관련 규정은『대명률』과 같았다. 이로써 당률의 법률관계에서 노비의 지위에 관한 규정은 그 영향이 당唐 이후 1000여 년 동안 지속되었음을 알 수 있다.

제5절 범죄 예방의 법정요령法定要領 문제

중국고대의 통치자도 조화사회[和諧社會]의 건설을 꾀하여 "화위귀和爲貴, 즉 조화를 귀하게 여긴다"[117]를 주장하였는데, 이러한 사회에 대한 가장 큰 위협은 범죄였다. 이에 그들은 모든 방법과 수단을 동원해서 범죄를 예방하고 감소시켜 자신들의 왕조가 조화로운 상태를 유지하여 장기간 치평治平할 수 있게 하였다. 위급한 때 상조해야 하는[見危相助] 의무규정은 그들이 범죄를 예방하는 하나의 법정요령이었다. 당률에는 이러한 요령에 관한 내용이 있는데, 전체적으로 이하의 세 가지 방면을 포함하였다.

첫째, 구타로 인한 상해[毆傷]·절도竊盜·강간强姦 등의 범죄가 발생하였을 때, 현장에 있던 사람은 견위상조見危相助, 즉 위급한 때 상조해야 하는 의무가 있었기 때문에 범죄인을 체포해서 관부官府에 송치해서 처리하도록 해야 하였다. 예컨대『당률소의·포망』「피구격간도포법조被毆擊姦盜捕法條」에서는 "무릇 타인他人을 구타하여 절상折傷 이상의 상해를 가하였거나, 혹은 강도·절도하였거나 강간한 자는 비록 방인傍人이라 하더라도 모두 포계捕繫해서 관사官司에 송치할 수 있다"[118]라고

---

116 『대명률·형률』「매인조罵人條」에서 "무릇 사람에게 욕한[罵] 자는 태10에 처한다"라고 한 규정 참조.
117 【옮긴이 주】: '화위귀'는『논어주소論語注疏』(『십삼경주소 하』) 권1, 「학이學而 제1」의 "유자有子가 말하기를 '예禮의 쓰임은 조화를 귀하게 여긴다[和爲貴]. 선왕先王의 도道는 이것을 아름답게 여기니, 크고 작은 일이 모두 이것에서 말미암았다. 행해지지 않은 바가 있으니, 조화를 알아서 조화만 하고, 예로써 절제[節]하지 않는다면, 이 또한 행할 수 없는 것이다'라고 하였다"(2458쪽)라는 문장에 나온다.
118 【옮긴이 주】:『역주율소 - 각칙(하) -』「포망3」(제453조)「피구격간도포법조」, 3285쪽.

규정하였다. 여기의 '방인'은 현장에 있던 사람, 즉 위급한 때 상조해야 하는[見危相助] 의무가 있는 사람을 말하는데, 그들은 피해자의 가인家人만을 가리키지 않았다. 즉 "비록 상해·강도·절도·강간을 당한 (당사자의) 가인家人이나 친척이 아니고 단지 방인이라 하더라도 포계捕繫해서 관사에 송치할 수 있"었고, 만약 범죄인이 체포자에게 대항한 때나 도주한 때에는 상조해야 하는[見危相助] 사람이 합법적으로 범죄인을 살해할 수 있었으며, "무기[仗]를 가지고 대항한 때에는 체포자가 격살格殺할 수 있고, 무기[仗]를 가지고 또는 맨손[空手]으로 도주한 때에도 역시 살해할 수 있"[119]었다. (그러나) 만약 가인家人 간에 서로 범한 경우, 이상의 규정은 적용되지 않았기 때문에 포계捕繫할 수 없었다. 왜냐하면 그들 간에는 "만약 남녀가 모두 (체포자와) 본래 친척인 때에는 상용은相容隱[120]해야 하므로 원래 쌍방이 모두 죄가 있어도 포격捕格하거나 고발[告言]해서는 안 된다"[121]라고 하여, 본래 "동거자는 상용은해야하는[同居相爲隱]" 의무가 있었기 때문이다.

둘째, 관리가 공개적인 장소에서 범죄인을 추포追捕하면서 역량이 부한 경우, 도로의 행인行人에게 구조救助를 요청할 수 있었고, 이때 행인은 상조해야 하는[見危相助] 의무가 있었다. 만약 그들이 능력이 있었는데도 상조하지 않은 때에는 범죄의 구성요건이 되어 형사책임을 추궁받고 장형杖刑에 처해졌다. (그러나) 그들이 역량이 부족한 때에는 책임을 추궁받지 않았다. 예컨대『당률소의·포망』「도로행인불조포죄인조道路行人不助捕罪人條」에서는 이에 대해 "무릇 죄인을 추포追捕하다 힘으로 제압할 수 없었기 때문에 길가는 행인에게 알렸는데, 그 행인이 구조할 역량이 있었는데도 구조하지 않은 경우에는 장杖80에 처한다. 형세 상上 구조할 수 없었던 경우에는 논죄하지 않는다[勿論]"[122]라고 규정하였다. 다만 그중에는 예외적인 상황이 있었다. 즉 "관官에 긴급한 일이 있는 경우 및 사가私家에서 질병을 구급救急하거나 상사喪事를 알리기 위해 가는 경우 등 사정이 급박한[急速] 경우로서 또한 각각 죄가 없다[無罪]"[123]라고 하여, 관리에게 긴급한 용무가 있었거나 행인行

---

119 【옮긴이 주】: 이상『역주율소 - 각칙(하)』「포망3」(제453조)「피구격간도포법조」「소의」, 3286쪽.
120 【옮긴이 주】: '상용은'에 관한 내용은『역주율소 - 명례편』「명례46」(제46조)「동거상위은조同居相爲隱條」 (336~338쪽)·『역주율소 - 각칙(하) - 』「투송48」(제349조)「부곡노비고주조」(3122~3124쪽)에 규정되어 있다. 당률에 보이는 상용은 규정 전반에 대해서는 제1장 주 52·53 참조.
121 【옮긴이 주】:『역주율소 - 각칙(하) - 』「포망3」(제453조)「피구격간도포법조」「답」, 3286쪽.
122 【옮긴이 주】:『역주율소 - 각칙(하) - 』「포망4」(제454조)「도로행인불조포죄인조」, 3288쪽.
123 【옮긴이 주】:『역주율소 - 각칙(하) - 』「포망4」(제454조)「도로행인불조포죄인조」「소의」, 3288쪽. 본「소의」에 대해서는 약간의 보충이 필요하다. 본 조【주】에서는 "'형세 상 구조할 수 없었던 경우'라는 것은 험난한 지형으로 막혀 있었거나 (급한 일로) 달리는 역마驛馬를 탄 것과 같은 경우를 말한다"(3288쪽)라고 하였고,「소의」에서는 "'형세 상 구조할 수 없었던 경우'라는 것은 하천이나 계곡, 담장이나 울타리, 해자나 목책 등으로 막혀 있어서 건너거나 뛰어넘어 통과할 수 없거나 급한 일로 역마를 타고 달리는 것과 같은 경우를 말한다. '같은 경우'라고 한 것은 관官에 긴급한 일이 있는 경우 및 사가에서 질병을

人이 질병의 구급 또는 상사의 처리 등의 상황에 있었다면, 그들이 상조하지 않은 경우에도 범죄의 구성요건이 되지 않았기 때문에 형사책임을 추궁받지 않았다.

셋째, 인가[隣居]가 범죄자에게 강도·절도를 당하였거나 피살되었을 때, 주위의 인가는 상조해야 하는[見危相助] 의무가 있었다. 이 의무는 이하의 내용을 포함하였다. 즉 인가[隣居]의 피해를 통보받았다면 즉시 가서 구조해야 한다는 것, 또 인가의 피해를 들었다면 즉시 구조해야 하지만, 구조할 역량이 없다면 신속히 부근의 관부官府에 고告해야 한다는 것 등이다. 만약 이상의 의무를 이행하지 않았다면, 범죄의 구성요건이 되어 형사책임을 추궁당하고 형벌을 받아야 하였다. 예컨대『당률소의·포망』「인리피강도불구조조隣里被强盜不救助條」에서는 "무릇 인리隣里가 강도나 살인을 당하여 고告하였지만 구조하지 않은 자는 장杖100에 처하고, (소리를) 듣고도[聞] 구조하지 않은 자는 1등을 감경한다. 힘과 형세[力勢]가 달려가서 구조할 수 없었다면 인근의 관사官司에 신속하게 고告해야 하는데, 만약 고告하지 않은 자는 또한 구조하지 않은 죄로써 논한다[以不救助論]. 그리고 해당 관사가 즉시 구조하지 않은 때에는 도徒1년에 처한다. 절도인 경우에는 각각 2등을 감경한다"[124]라고 규정했다.

또 여기서 언급해야 하는 것은, 관부는 통보를 받은 후 즉시 구조해야 하는데 구조하지 않았다면 마찬가지로 형사책임을 추궁당하여 형벌에 처해졌다는 점이다. 예컨대 "만약 소재所在의 관사가 알고도 즉시 구조하지 않은 때에는 도徒1년에 처한다"[125]라고 하였다.

이상 세 가지 방면의 내용을 통해 당률의 위급한 때 상조해야 하는[見危相助] 의무에 관한 규정 중에는 몇 가지 주의해야 할 문제가 있다는 것을 알 수 있다.

우선, 이와 관련된 범죄는 주로 두 유형이 있었다. 하나는 사회의 조화[社會和諧]에 대해 심각하게 위해危害를 가한 범죄이다. 구타로 인한 상해[毆傷]·살인·강도 등이 이 범죄에 속하였다. 이러한 범죄는 직접적으로 사람들의 정상적인 생활을 교란하였기 때문에 모두 엄중한 형사 범죄였고, 백성도 매우 통분痛忿하는 범죄였다. 또 하나는 공공질서에 대해 심각하게 위해를 가한 범죄이다. 이 범죄는 모두 도로나 인구가 밀집된 주택가 등 사람이 비교적 많은 공공장소에서 발생하였다. 이러한 범죄는 사회적 공공질서에 대한 위해가 상대적으로 심각하여 부조화 상태가 초래되기 쉬웠다.

구급하거나 상사를 알리기 위해 가는 경우 등 사정이 급박한 경우로서, 또한 각각 죄가 없다"(3288쪽)라고 해석하였다.

124 【옮긴이 주】:『역주율소 - 각칙(하) -』「포망6」(제456조)「인리피강도조隣里被强盜條」, 3291쪽.
125 【옮긴이 주】:『역주율소 - 각칙(하) -』「포망6」(제456조)「인리피강도조」「소의」, 3291~3292쪽. 본「소의」는「인리피강도조」의 "해당 관사가 즉시 구조하지 않은 때에는 도1년에 처한다"라는 규정에 대한 해석이다.

다음으로, 위급한 때 상조해야 하는[見危相助] 의무가 있는 사람은 모두 범죄현장[犯罪地] 주위에 있었기 때문에 구조하기에 편리하였다. '방인傍人'·'행인行人'·'인리隣里'가 모두 그러하였다. 이들은 범죄와의 투쟁에서 일익을 담당하는 사회자원이었다. 이러한 자원의 운용은 국가자원의 부족을 보완하여 범죄를 단속하고 조화로운 환경을 건설하는 데 유리하였다.

마지막으로, 규정된 내용은 일정한 합리성을 가지고 있었다. 당률은 위급한 때 상조해야 하는 [見危相助] 의무가 있는 사람을 확정할 때, 그들이 범죄자와 투쟁할 경우 반드시 범죄를 제지할 수 있는 능력을 갖춰야 한다는 것을 고려하였기 때문에 일정한 합리적 규정을 세웠는데, 행인은 역량이 부족한 때에는 (구조하지 않아도) 형사책임을 추궁당하지 않은 점, 인리가 힘과 형세[力勢]가 구조할 수 없었던 때에는 관부에 신속하게 고告해야 한다는 점 등을 포함하였다. 이외에 당률은 전후前後 조문의 조화를 고려하여, 친족 간의 범죄는 방인傍人이 체포·살해할 수 없다고 규정하였는데, 그 이유는 당률 중에 별도로 "동거자는 (죄가 있어도) 서로를 위해 용은한다[相爲隱]"126라는 규정 등이 있었기 때문이다. 이러한 것들은 모두 당률의 제정자가 위급한 때 상조해야 하는[見危相助] 의무를 설정할 때, 즉흥적이지 않고 심사숙고하였음을 말해 준다.

당률이 규정한 범죄를 예방하는 요령은 후세에 중시·채택되었고, 동시에 법전에도 규정되었다. 『송형통宋刑統』은 당률의 관련 규정을 전반적으로 계수繼受하였고, 단지 내용의 구조적인 측면에서 약간 조정하였을 뿐이었다. 예컨대 『송형통·포망률』은 "방인이 체포·송치해야 하는[傍人捕送]" 의무와 "도로에서 체포할 때 (행인이) 구조해야 하는[道路助捕]" 의무를 「장리추포죄인문將吏追捕罪人門」127에 편입하였고, "인리隣里가 강도를 당하였지만 구조하지 않은 경우"에 대해서는 별도로 문門을 설정하였지만,128 그 규정 내용은 당률과 기본적으로 차이가 없었다. (게다가) 위급한 때 상조해야 하는[見危相助] 행위도 『송형통』이 규정한 일종의 의무였고, 동시에 송조宋朝의 통치자가 범죄를 예방하는 일종의 법정요령이기도 하였다.

위급한 때 상조해야 하는[見危相助] 의무규정은 사실 중국고대 연좌제도連坐制度가 연장·확대된 것이었다. 중국고대에는 오랜 기간 연좌제도를 사용하였다. 이 제도는 본인은 죄를 범하지 않았

---

126 【옮긴이 주】: 당률에 보이는 '상용은相容隱' 규정의 내용 전반에 대해서는 제1장 주 52·53 참조.

127 【옮긴이 주】: "방인에 의한 체포·송치의 허용" 규정은 [송]두의竇儀 등等 찬撰, 오익여吳翊如 점교點校, 『송형통』권28, 「포망률」「장리추포죄인문」「피구격간도포법조被毆擊姦盜捕法條」(451~452쪽)에 있고, "도로에서 체포 시 행인의 구조 의무" 규정은 권28, 「포망률」「장리추포죄인문」「도로행인불조포죄인조道路行人不助捕罪人條」(452쪽)에 있다.

128 【옮긴이 주】: "인리가 강도를 당한 때 구조 의무" 규정은 [송]두의竇儀 등等 찬撰, 오익여吳翊如 점교點校, 『송형통』권28, 「포망률」「피강도인리불구조문被強盜鄰里不救助門」「인리피강도조鄰里被強盜條」(453~454쪽)에 있다.

지만, 범죄자와 모종의 연관만 있는 사람도 형법의 추궁을 받게 되어 있었다. 당조唐朝도 연좌제도를 시행하였는데, 당률 중에 이 규정이 있다. 예컨대 가내家內에 일단 '모반謀反'죄를 범한 사람이 있었다면, 본인은 사형에 처해졌고, 그외에 부모·자녀·처첩妻妾·조손祖孫·형제·자매·백숙부·형제의 자식[子] 등도 연좌되어야 하였다. 연좌는 일종의 중형重刑이 반영된 것으로, 이로써 형법의 억제력을 배가倍加해서 범죄를 예방하는 목적을 이루고자 하였다. 이것은 중국 전통법률사상과도 부합하였다. 이 사상은 "형으로 형을 그치게 하고[以刑止刑], 사형으로 사형을 그치게 한다[以殺止殺]"라고 주장하였고, 이에 중형의 사용을 아끼지 않았으며, 심지어 연좌로 "형을 그치게 하고", "사형[殺]을 그치게 하는" 목적에 도달하기만 하면 그만이었다. 위급한 때 상조해야 하는[見危相助] 행위는 당률에 규정된 이후 일종의 법정 의무가 되었기 때문에 원래 이러한 의무가 없었던 방인傍人·행인行人과 인리鄰里도 이 범죄와의 투쟁대열에 참여하지 않을 수 없었고, 그렇지 않은 때에는 형사책임을 추궁받아야 하였다. 이와 같이 수형受刑 범위를 확대한 방법은 연좌와 판에 박은 듯 동일하였다.

위급한 때 상조해야 하는[見危相助] 규정은 사람들에게 범죄와 투쟁하는 의식을 제고시켜서 범죄와 투쟁하는 집단을 확대하는 데 도움을 주었기 때문에 범죄를 예방하는 하나의 법정요령이 되었다. (즉) 한편으로는, 사람들이 수시로 범죄와 투쟁하는 준비에 참여하여 모든 민民이 범죄와 투쟁하는 국면과 좋은 사회 기풍을 형성하는데 유리할 수 있었고, 또 한편으로는, 이것이 범죄자에게 일종의 거대한 정신적 압력으로 작용하여, 일단 이러한 법률이 규정한 특정 범죄를 범한 때에는 일군一群의 사람들이 범죄자와 투쟁하는 것이 마치 대로大路를 가로지르는 쥐[鼠]를 잡는 것과 같았고, 따라서 그들의 범죄 성공률을 감소시킨 반면에 그들의 범죄 비용을 증가시켰다. 이 두 방면은 범죄를 예방하는 데 매우 유리하였다. 이러한 측면에서 중국고대 범죄를 예방하는 체계 가운데 하나의 구성 부분인 위급한 때 상조해야 하는[見危相助] 규정은 범죄를 예방하는 효과를 제고시켰다고 할 수 있다.

중국고대의 통치자들이 이러한 법정요령을 운용한 것은 사회적 배경이 있었다. 그중 가장 주목되는 것은 중국이 농경사회였다는 점이다. 이러한 사회에서 사람들은 함께 집거集居하였고, 또 원原 거주지에서 쉽게 떠나지 않았기 때문에 주거지도 비교적 고정되었으며, 유동인구도 많지 않았고, 인간관계도 매우 밀접하였다. 따라서 사회를 안정시키고 부단히 발전하기 위해서는 사람들 간의 조화[和諧]가 특히 중요하였다. 그러나 범죄는 이에 대해 엄청난 파괴력을 가지고 있어서, 정상적인 사회 질서와 조화 관계에 충격을 가하여 사회를 혼란의 무질서 상태에 빠트렸고, 사회·국가·인민을 모두 재앙에 빠지게 하였다. 따라서 중국고대의 많은 통치자들은 모두 범죄를 예방·단속해서 사람들 간의 조화를 건설·유지하는데 주력하였고, 아울러 이 때문에 범죄를 예방하는 체계도 설계하였는데, 위급한 때 상조해야 하는[見危相助] 의무규정도 그 가운데 하나였다.

오늘날[129] 중국은 사회주의 조화사회[和諧社會]를 건설하는 과정에 있기 때문에, 예전처럼 범죄도 예방해야 하고 범죄와도 투쟁해야 하며, 사람과 사람·사람과 사회 및 사람과 자연의 조화도 촉진해야 한다. 중국고대의 위급한 때 상조해야 하는[見危相助] 의무에 관한 규정은 지금은 이미 존재하지 않는다. 현재 제창되고 있는 것은 견의용위見義勇爲, 즉 의를 보고 용감히 행하는 정신이다. 그러나 이것은 법정 의무가 아니고, 법률적 강제성도 없다. 범죄 예방에 사회자원을 어떻게 더욱 효과적으로 동원하고 이용할 것인가는 여전히 깊이 생각해야 할 문제이므로, 고대의 범죄를 예방한 방법에서 모종의 계시와 귀감을 얻을 수 있기를 희망한다.

---

129 【옮긴이 주】: '오늘날'은 본 장章「당률의 여러 문제(하)」가 발표된 2006년 10월, 중국 공산당 제16기 중앙위원회 6차 전체회의(16기 6중전회)에서 제기된 중대 의제 '사회주의 조화사회 건설을 위한 약간의 중대 문제'가 결정된 시점을 가리킨다.

제9장
당률의 제재방식制裁方式

당률은 여러 가지 제재방식을 규정하였는데, 주된 방식에는 형사·민사·행정, 세 종류가 있었다.

제1절 형사제재방식刑事制裁方式

당률은 하나의 형법전刑法典이기 때문에 형사제재방식도 가장 상견常見하였고 또 가장 주된 제재방식이었다. 이것은 다시 이하 몇 가지로 나눌 수 있다.

1. 오형五刑

오형은 태笞·장杖·도徒·유流·사死라는 5종의 형사제재방식을 가리킨다. 태형은 가시나무 줄기[荊]로 범죄자의 볼기[臀部]·넓적다리[腿部]를 치는 일종의 형사제재방식이다. 이것은 오형 중 가장 가벼운[輕] 형종刑種이었다. 즉『당률소의·명례』「태형오조笞刑五條」「소의」에서는 "매를 치는 형벌은 형벌 중 가벼운 것이다[笞擊之刑 刑之薄者也]"[1]라고 하였다. 장형은 죽판竹板(대나무 판자)으로 범죄자의 등[背部]·볼기[臀]·넓적다리[腿部]를 치는 일종의 형사제재방식이다. 이것은 태형보다 중重하였고, 당唐 이전의 편복형鞭扑刑에 상당하였다. 즉『당률소의·명례』「장형오조杖刑五條」「소의」에서는 옛날의 편복형은 "지금의 장형과 같은 것이다"[2]라고 하였다. 도형은 범죄자를 일정한

---

1 【옮긴이 주】:『역주율소 - 명례편 - 』「명례1」(제1조)「태형오조」「소의」, 100쪽. 본 조「소의」에서는 태형의 사용에 대해 "태笞는 (매를) 친다[擊]는 뜻이다. 또 부끄럽게 한다는 뜻으로도 해석된다[又訓爲恥]. 사람에게 작은 허물이 있었다면 법에 따라 벌주어 경계해야 한다는 것을 가리킨다. 그러므로 매를 쳐서 그 허물을 부끄럽게 한다"(99쪽)라고 하였다.

2 【옮긴이 주】:『역주율소 - 명례편 - 』「명례2」(제2조)「장형오조」「소의」에서는 "『국어國語』에서 '가벼운 형벌[薄刑]에는 채찍[鞭]이나 매[扑]를 사용하였다'라고 하였다.『서경書經』에서 '채찍[鞭]은 관리官吏의 과실에

범위 내에 수금囚禁하여 강제로 노역勞役에 복무服務시키는 일종의 형사제재방식이다. 도형은 태형·장형보다 중重하였고, 노역의 성질이 있었다. 예컨대 『당률소의·명례』 「도형오조徒刑五條」 「소의」에서는 "도徒라는 것은 노奴의 뜻이다. 대개 노로 삼아서 치욕을 주는 것이다"[3]라고 하였다. 유형은 범죄자를 변방의 먼[邊遠] 지역으로 보내어 강제로 노역에 복무시키는 일종의 형사제재방식이다. 이것은 사형에 버금가는 일종의 중형重刑으로서, 일부 비교적 중대한 범죄자에게 적용하였으며, 관용[寬宥]의 성질이 있었다. 예컨대 『당률소의·명례』 「유형삼조流刑三條」 「소의」에서는 유형에 대하여 "차마 사형을 집행[刑殺]하지 못하"기 때문에 "먼 곳으로 유배流配해서 (형을) 완화하였음을 말한다"[4]라고 하였다. 사형은 범죄자의 생명을 박탈하는 일종의 형사제재방식이다. 이것은 오형 가운데 가장 엄중한 형종刑種으로서, 중대한 범죄자에게 적용하였으며, 노예제奴隸制 시기의 대벽大辟에 상당하였다. 예컨대 『당률소의·명례』 「사형이조死刑二條」 「소의」에서는 "교형絞刑과 참형斬刑의 처벌은 형벌 가운데 가장 엄중한[極] 것이니", "즉 옛날 '대벽'의 형刑이 이것이다"[5]라고 하였다.

당률의 오형 가운데 각 형종刑種은 또 몇 개의 형등刑等으로 나뉘었고, 각 형등의 형량도 같지 않았다. 다음의 표를 참조하기 바란다.

....

대한 형벌[官刑]로 삼았다'라고 하였으니, 지금의 장형과 같은 것이다"(101쪽)라고 하였다.

[3] 【옮긴이 주】: 『역주율소 - 명례편 - 』 「명례3」 「도형오조」 「소의」, 102쪽. 본 조 「소의」에서는 도형의 연원淵源에 대해 "『주례周禮』에서 '그 노奴는 남자가 죄예罪隸를 관리하는 관서官署에 몰입沒入된 것이다'라고 하였고, 또 '그에게 노역을 시키되, 환토圜土(담장으로 둘러싸인 감옥)에 모아 가두어 교화시킨다. 상죄上罪는 3년이 지나서 석방하고, 중죄中罪는 2년이 지나서 석방하며, 하죄下罪는 1년이 지나서 석방한다'라고 하였으니, 이것은 모두 도형이며, 대체로 주周에서 비롯되었다"(이상 102~103쪽)라고 해석하였다.

[4] 【옮긴이 주】: 『역주율소 - 명례편 - 』 「명례4」(제4조) 「유형삼조」 「소의」에서는 유형의 시행 이유와 그 연원에 대해 다음과 같이 해석하고 있다. "『서경』에서 '유형으로써 오형을 관용한다[流宥五刑]'라고 하였는데, (이것은) 차마 사형을 집행하지 못하고 먼 곳으로 유배해서 (형을) 완화하였음을 말한다. 또 '오형을 받아야 하는 유형자流刑者에게 거처할 집을 주되, 다섯 등급의 유배지는 세 곳에 거처하게 한다[五流有宅 五宅三居]'라고 하였다. 대죄大罪를 범한 자는 가장 멀고 황량한 곳[四裔]으로 추방하거나 해외海外로 추방하고, 그다음은 구주의 밖[九州之外], 그다음은 중국의 밖[中國之外]으로 유배하는데, 이것은 대체로 요순[唐虞]시대부터 비롯되었고, 지금의 삼류三流는 바로 그 뜻이다"(103쪽).

[5] 【옮긴이 주】: 『역주율소 - 명례편 - 』 「명례5」(제5조) 「사형이조」 「소의」에서는 사형의 연원에 대해 "교형과 참형의 처벌은 형벌 가운데 가장 엄중한 것이다. …… 『예기禮記』의 정현鄭玄 주注에 '사死는 시澌이다. 소진消盡되어 (얼음이 녹아) 없어지는 것과 같다'라고 하였다. 『춘추원명포春秋元命包』에서는 '황제黃帝가 탁록의 광야[涿鹿之野]에서 치우蚩尤를 참참斬하였다'라고 하였다. 『예기』에서는 '공족公族 중 사죄死罪를 범한 자가 있었다면 전인甸人에게 목을 매달아 살해하게 한다'라고 하였다. 그러므로 참형은 헌원軒轅(황제의 성姓)때부터, 교형은 주대周代부터 있었음을 알 수 있다. (사형이) 두 가지인 것은 음수陰數를 본뜬[法] 것이요, 음陰은 죽이고 벌하는 것[殺罰]을 맡았으며, 그에 따라서 본뜬[則] 것이니, 즉 옛날 '대벽'의 형이 이것이다"(104쪽)라고 하였다.

형량[受刑數] \ 형종刑種 / 형등刑等	태형	장형	도형	유형	사형
제1등	10대	60대	1년	2000리	교형
제2등	20대	70대	1년반	2500리	참형
제3등	30대	80대	2년	3000리	
제4등	40대	90대	2년반		
제5등	50대	100대	3년		

유형은 일반 유형[常流]과 가역류加役流로 나눌 수 있다. 일반 유형[常流]은 표에서 제3등까지의 유형이고, 당률은 이것을 '삼류三流'라고 칭하였다. 일반 유형을 범한 자는 모두 고역苦役 1년을 복무하였다. 예컨대 『당률소의·명례』「범류응배조犯流應配條」에서는 "무릇 유죄流罪를 범하여 마땅히 그 형의 집행을 받아야 하는 자는 삼류 모두 1년을 복역하게 한다"[6]라고 규정하였다. 가역류의 제재는 일반 유형[常流]보다 중重하였는데, 본서本書에 전문적으로 가역류제도[7]를 논급한 부분이 있기 때문에 여기서는 재론하지 않는다. 공호工戶·악호樂戶·잡호雜戶 및 부녀婦女[8]가 유죄流罪를 범한 때에는 장형으로 유형을 대체하였고, 또 원래 거주지[原籍]에서 복역하였다. 예컨대 『당률소의·명례』「공악잡호급부인범류결장조工樂雜戶及婦人犯流決杖條」에서는 "무릇 공·악·잡호 및 태상음성인太常音聲人으로서 유죄流罪를 범한 자는, 2000리는 결장決杖100을 가加하고, 1등마다 30을 가중하며, 유주留住시켜 3년을 복역하게 하고, 가역류를 범한 자는 4년을 복역하게 한다"[9], "부인婦人이 유죄를 범한 때에도 또한 유주시키되, 유流2000리는 결장60을 가加하고, 1등마다 20을 가중하며, 모두 3년을 복역하게 한다"[10]라고 규정하였다. 남성이 유죄를 범한 경우, 처妻·첩妾은 따라가야 하였고, 아버지[父]·할아버지[祖]·자식[子]·손자[孫]가 따라가고자 해도 함께 갈 수 있었다. 예컨대 『당률소의·명례』「범류응배조」에서는 유죄를 범한 자의 "처·첩은 그를 따라가게 하며", "아버지[父]·할아버지[祖]·자식[子]·손자[孫]가 따라가고자 한 때에는 그것을 허용한다[聽之]"[11]라고 규정하였다.

당률 중에는 도처에서 '거작居作'에 대해 언급하고 있다. 이것은 감독·관리 하에서 복역하게 하는 일종의 형사제재방식이다. 그것은 도형徒刑과 유사하면서도 완전히 같지는 않았다. 즉 도형은 하나의 형명刑名으로서, 형종刑種 방면의 구현具現에 중점을 두었지만, 거작은 당률 중에서 일종의

---

6 【옮긴이 주】: 『역주율소 - 명례편 -』「명례24」「범류응배조」, 206~207쪽.
7 【옮긴이 주】: 가역류제도에 대해서는 제6장 '당률의 여러 제도' 중 1절 '가역류제도加役流制度' 참조.
8 【옮긴이 주】: '부녀'는 당률에서 통상 '부인婦人'으로 칭해지고 있다.
9 【옮긴이 주】: 『역주율소 - 명례편 -』「명례28」(제28조)「공악잡호급부인범류결장조」, 222~223쪽.
10 【옮긴이 주】: 『역주율소 - 명례편 -』「명례28」(제28조)「공악잡호급부인범류결장조」, 225~226쪽.
11 【옮긴이 주】: 『역주율소 - 명례편 -』「명례24」(제24조)「범류응배조」, 207~208쪽.

구체적인 집행 방식으로서, 형벌의 집행 방면의 표현에 중점을 두었다. 예컨대 『당률소의 · 명례』「범도응역가무겸정조犯徒應役家無兼丁條」에서는 "무릇 도죄徒罪를 범하여 복역해야 하는데 가에 겸정이 없는 자는[家無兼丁者], 도徒1년은 120을 가장加杖하고 거작시키지 않으며[不居作], 1등마다 20을 가중加重한다"[12]라고 규정하였다. 본 조「소의」에서는 '거작시키지 않는다[不居作]'라는 것에 대해 "이미 장형을 가加하였기 때문에 거작을 면제하는 것이다"[13]라고 해석하였다. 즉 본 율조에 있는 '도1년'은 법에 따라 형벌에 처해야 하지만, 그것이 '장杖120'으로 대체되어 재차 (도1년을) 집행하지 않기 때문에 "거작시키지 않는다[不居作]"라고 칭하였던 것이다. 도형과 거작이 동일 조문에서 동일한 상황에 함께 적용될 때, 양자는 모두 복역服役을 가리키고, 후자는 그대로 전자를 대체하여 사용할 수 있었는데, 위의 조문[上條] 규정이 바로 그러하였다. 그러나 유형과 거작이 동일한 상황에 함께 적용될 때 함의含意는 달랐다. 유형은 유배流配와 복역服役의 두 부분으로 구성되었기 때문에 유죄流罪를 범한 자가 거작을 면할 때에는 오직 후자만 면제, 즉 복역만 면제되었을 뿐이고, 유배는 면제되지 않았다. 예컨대 『당률소의 · 명례』「노소급질유범조老小及疾有犯條」에서는 나이 70세 이상 · 15세 이하 및 폐질자廢疾者가 유죄流罪 이하의 죄를 범한 때에는 "유배지[配所]에 도착하면 거작居作은 면제한다"[14]라고 하여, 유배만 되었을 뿐 거작은 하지 않았다. 본 조「소의」에서는 그 이유에 대해 "그들이 연로하거나[老] 연소해서[小] 노역을 감당하지 못하는 몸이라는 점을 불쌍히 여기기 때문에 거작을 면제한 것이다"[15]라고 해석하였다.

---

12 【옮긴이 주】: 『역주율소 - 명례편 - 』「명례27」(제27조)「범도응역가무겸정조」, 217 · 220쪽.

13 【옮긴이 주】: 『역주율소 - 명례편 - 』「명례27」(제27조)「범도응역가무겸정조」「소의」, 220쪽.

14 【옮긴이 주】: 저자는 『역주율소 - 명례편 - 』「명례30」(제30조)「노소급질유범조」의 나이 70세 이상 · 15세 이하 및 폐질자가 유죄 이하의 죄를 범한 때에는 "유배지에 도착하면 거작은 면제한다"(234쪽)라는 규정을 근거로, 이들은 "유배만 되었을 뿐 거작은 하지 않았다"라고 주장하였다. 그러나 이러한 주장에는 문제가 있다. 「노소급질유범조」에서는 "나이 70세 이상 · 15세 이하 및 폐질자가 유죄 이하의 죄를 범한 때에는 속동을 징수한다[收贖]"라고 규정하였고, 그 이유를「소의」에서는 "노老 · 소小 및 질자[疾]를 불쌍히 여기기 때문에 유죄 이하는 속동을 징수한다[收贖]"(이상 233쪽)라고 해석하였다. 그러나 본 조[주]에서는 "가역류加役流 · 반역연좌류反逆緣坐流 · 회사유류會赦猶流의 죄를 범한 자는 이 율을 적용하지 않는다[不用此律]. 유배지에 도착하면 거작은 면제한다"(234쪽)라고 규정하였고, 거작을 면제하는 이유에 대해「소의」에서는 "그들이 연로하거나[老] 연소해서[小] 노역을 감당하지 못하는 몸이라는 점을 불쌍히 여기기 때문에 거작을 면제한 것이다"(235쪽)라고 해석하였다. 이상을 정리하면, 나이 70세 이상 · 15세 이하 및 폐질자가 유죄 이하의 죄를 범한 때에는 수속收贖, 즉 속형贖刑의 적용을 받았지만, 가역류 · 반역연좌류 · 회사유류와 같은 중죄를 범한 때에는 속형을 적용하지 않고 가역류 · 반역연좌류 · 회사유류를 그대로 집행하되, 신체적 결함으로 유배지에 도착하면 거작은 면제하였다. 따라서 "유배지에 도착하면 거작은 면제한다"라는 것은 나이 70세 이상 · 15세 이하 및 폐질자가 유죄 이하의 죄를 범한 때가 아니고 가역류 · 반역연좌류 · 회사유류의 죄를 범한 때이다.

15 【옮긴이 주】: 주 14 참조.

오형五刑 가운데 몇몇 형벌은 몇몇 상황에서 대체代替해서 집행執行할 수 있었다. 그중에는 하나의 형벌로 다른 형벌을 대체해서 집행한 경우도 있었다. 예컨대『당률소의·명례』「제범도응역이가무겸정조諸犯徒應役而家無兼丁條」에는 장형으로 도형을 대체해서 집행하는 규정이 있다. 즉 무릇 "도죄徒罪를 범하여 복역해야 하는데 가家에 겸정兼丁이 없는[家無兼丁]" 자者는 장杖120으로 도형을 대체해서 집행할 수 있었다.16 또 하나의 형벌로 다른 형벌의 한 부분을 대체해서 집행한 경우도 있었다. 예컨대 장형으로 유형의 "유배는 하되 거작은 면제하는 것"을 대체한 경우가 그러했다.17 이상『당률소의·명례』「노소급질유범조」의 규정은 일례一例였을 뿐이다. 상황이 다른 경우, 하나의 형벌이 다른 형벌로 대체되었을 때의 구체적인 양형量刑도 같지 않았다. 예컨대『당률소의·명례』「공악잡호급부인범류결장조工樂雜戶及婦人犯流決杖條」의 규정에 의하면, 공호·악호·잡호 및 태상음성인이 유죄를 범한 때에는 결장決杖218 00으로 유流2000리를 대체하였고, 1등마다 30을 가중하였지만, 부인婦人이 유죄流罪를 범한 때에는 결장60으로 유2000리를 대체하였고, 1등마다 3190을 가중하였다.20 전자·후자 간에는 차이가 매우 컸음을 알 수 있다.

　　오형은 하나의 통일체로서, 그 20형등刑等은 모두 서로 맞물려 있었고, 형刑을 가감할 때는 상하가 연결되어 있었다. 예컨대『당률소의·명례』「칭가감조稱加減條」「소의」에서는 "가령 어떤 사람

---

16 【옮긴이 주】: 주 12 참조.
17 【옮긴이 주】: 저자는 "하나의 형벌로 다른 형벌의 한 부분을 대체해서 집행한 경우"에 대한 근거로『역주율소 - 명례편-』「명례30」(제30조)「노소급질유범조」의 "유배는 하되 거작은 면제한다"라는 규정을 제시하여, 이것을 장형으로 유형(유배+거작)의 일부분(거작 면제)을 대체한 것으로 보고 있다. 그러나 "유배는 하되 거작은 면제한다"라는 것은 본 조「주」에서 "(나이 70세 이상·15세 이하 및 폐질자로서) 가역류·반역연좌류·회사유류의 죄를 범한 때에는 이 율을 적용하지 않는다[不用此律]. 유배지에 도착하면 거작은 면제한다"(234쪽)라고 하듯이, 노老·소小·폐질자가 가역류·반역연좌류·회사유류 등 중죄를 범한 경우, 유배는 하되 거작 즉 노역은 면제하였다. 그렇게 한 이유에 대해「소의」에서 "그들이 연로하거나 연소해서 노역을 감당하지 못하는 몸이라는 점을 불쌍히 여기기 때문에 거작을 면제한 것이다"(235쪽)라고 해석하듯이, 신체적 결함 때문이지 유형을 장형으로 대체하여 집행한 것은 아니었다. 참고로 본 조에서 "나이 70세 이상·15세 이하 및 폐질자가 유죄 이하를 범한 때에는 속동을 징수한다[收贖]"(233쪽)라는 규정이 대체형(속형)이지만, 이것도 저자가 말하는 "하나의 형벌로 다른 형벌을 대체해서 집행한 경우"에 속한다. 이「노소급질유범조」를 포함해서 당률에 규정된 노老·소小·불구자의 범죄에 적용되는 형사책임의 감면과 그 입법사상 등에 대해서는 제1장 주 159에 인용한 전영섭 논문 참조.
18 【옮긴이 주】: '2'는 '1'의 오기이다(주 20 참조).
19 【옮긴이 주】: '3'은 '2'의 오기이다(주 20 참조).
20 【옮긴이 주】:『역주율소 - 명례편 -』「명례28」(제28조)「공악잡호급부인범류결장조」에서는 "무릇 공호·악호·잡호 및 태상음성인太常音聲人으로서 유죄를 범한 자는, 2000리는 결장100을 가하고, 1등마다 30을 가중하며, 유주留住시켜 3년을 복역하게 한다. 가역류를 범한 자는 4년을 복역하게 한다. …… 그리고 부인이 유죄를 범하였더라도 또한 유주시키되, 유2000리는 결장60을 가하고, 1등마다 20을 가중하며, 모두 3년을 복역하게 한다"(222~226쪽)라고 규정하였다.

[有人]이 장杖100에 해당하는 죄를 범하였는데 1등을 가중[加]해야 한다면 도徒1년에 처하고, 혹은 도1년에 처해야 하는데 1등을 가중해야 한다면 도1년반에 처하며", "또 도1년의 죄를 범한 경우, 1등을 감경[減]해야 한다면 장100에 처하고, 혹은 장100에 해당하는 죄를 범한 경우, 1등을 감경해야 한다면 결장90으로 한다"[21]라고 법례法例를 제시해서 해석하였다. 그러나 특별한 법례도 있었다. 즉 사형 2등과 유형 3등을 감형할 때는 모두 1등을 감경하는 것으로 하였다. 예컨대 본 조 「소의」에서는 계속해서 "가령 죄를 범한 것이 참형斬刑에 처해져야 하는 경우, 수종자隨從者는 1등을 감경하므로 곧 유流3000리가 된다. 혹은 유3000리에 해당하는 죄를 범한 경우, 명례名例[22]에 따라 1등을 감경하면 곧 도徒3년에 처해진다"[23]라고 해석하였다.

　당률은 오형의 집행에 대해 엄격한 규정을 두었고, 사법관이 이를 위반한 때에는 그 법률책임을 추궁받았다. 태형·장형의 집행은 반드시 당령唐令의 요구에 부합해야 하였다. 예컨대 『당률소의·단옥』「결벌불여법조決罰不如法條」「소의」에서는 당령의 관련 규정을 다음과 같이 게재하였다. "'태형[24]을 집행하는[決笞] 때에는 넓적다리[腿]·볼기[臀]로 나누어 받게 한다. 장형을 집행하는[決杖] 때에는 등[背]·넓적다리·볼기로 나누어 받게 한다. (매질의) 수량은 반드시 같아야 한다[等]. 고신拷訊하는 때에도 또한 같다[同]. 태형 이하인 경우에도 (죄수가) 등·넓적다리로 나누어 받기를 원한다면 허용한다[聽]'라고 하였고", "「영令」에 의하면,[25] '장杖은 모두 마디 부분을 제거하며[削去節目], 길이[長]가 3척尺5촌寸이다. 신수장訊囚杖[26]의 경우, 굵은 부분[大頭]은 직경[徑]이 3분分2리釐이고, 가는 부분[小頭]은 (직경이) 2분分2리釐이다. 상행장常行杖[27]의 경우, 굵은 부분[大頭]은 (직경이) 2분分7리釐이고, 가는 부분[小頭]은 (직경이) 1분分7리釐이다. 태장笞杖[28]의 경우, 굵은 부분[大頭]

21　【옮긴이 주】: 『역주율소 - 명례편 - 』「명례56」(제56조)「칭가감조」「소의」, 365~366쪽. 본 「소의」는 본 조에서 "무릇 가加라고 칭한 것은 무거운[重] 등급으로 나아가는 것이고, 감減이라고 한 것은 가벼운[輕] 등급으로 나아가는 것이다"(365쪽)라고 한 규정에 대한 해석이다.
22　【옮긴이 주】: 『역주율소 - 명례편-』「명례10」(제10조)「칠품이상지관조七品以上之官條(감장減章)」, 142쪽.
23　【옮긴이 주】: 『역주율소 - 명례편 - 』「명례56」(제56조)「칭가감조」「소의」, 366쪽. 본 「소의」는 본 조에서 "다만 두 가지 사죄[二死: 참형과 교형]와 삼류三流는 각각 모두 하나로 해서 감경한다"(366쪽)라고 한 규정에 대한 해석이다. 「소의」에서는 "가역류형加役流刑에서 감경해야 하는 때에도 또한 삼류의 법[三流之法]과 같다[同]"(366쪽)라고 하였다.
24　【옮긴이 주】: '태형' 앞에는 "「옥관령」에 의하면[依獄官令]"이 있다(주 30 참조). '옥관령'은 니이다 노보루仁井田陞, 『당령습유唐令拾遺』「옥관령 41조」(793쪽)를 말한다.
25　【옮긴이 주】: "영에 의하면"은 원서에 없고, 원문에 의해 보충하였다. '「영」'은 니이다 노보루仁井田陞, 『당령습유唐令拾遺』「옥관령 41조」(793쪽)를 말한다.
26　【옮긴이 주】: '신수장'은 '죄수를 신문訊問할 때 사용하는 장'을 말한다.
27　【옮긴이 주】: '상행장'은 '보통의 형벌에 사용하는 장'을 말한다.
28　【옮긴이 주】: '태장'은 '태형에 사용하는 장'을 말한다.

은 (직경이) 2분分이고, 가는 부분[小頭]은 (직경이) 2분分2리釐[29]이다'라고 하였다."[30] 이상의 규정을 위반한 경우, 사법관은 상황에 따라 태형·도형의 처벌을 받아야 하였다. (당률은) 오형 가운데 다른 형벌의 집행에도 모두 엄격한 규정을 두었다.

2. 속형贖刑

속형은 동銅으로 오형五刑을 대체해서 집행하는 일종의 형사제재방식이다. 당唐의 속형은 오형과 연계되어 있었고, 오형에 대한 일종의 보충이었다. 속형의 오형에 대한 환산[折算]방법은 아래의 표에 보인다.

동수銅數 등等	형종刑種	태형	장형	도형	유형	사형
제1등		1근斤	6근	20근	80근	120근
제2등		2근	7근	30근	90근	120근
제3등		3근	8근	40근	100근	
제4등		4근	9근	50근		
제5등		5근	10근	60근		

당률에는 속贖하는 규정이 있지만, 어떤 범죄·범죄자이든 모두 동銅으로 속형할 수 있었던 것은 아니고, 그것에는 일정한 적용 대상이 있었다. 당률은 속할 수 있는 범위를 명확히 규정하였는데, 주로 다음을 포괄하였다.

첫째, 관리官吏가 유죄流罪 이하의 죄를 범한 경우이다. 관리 본인이 유죄 이하의 죄를 범한 때에는 일반적으로 속贖으로 죄를 상쇄相殺할 수 있었다. 예컨대 『당률소의·명례』 「응의청감조應議請減條」에서는 "무릇 의議·청請·감減할 수 있는 자 및 9품 이상 관원官員"이 유죄 이하를 범한 때에는 속贖을 허용한다[聽]"[31]라고 규정하였다. 여기에는 또 '가판관假版官'[32]과 임관任官 이전의 범죄자도 포

---

29 【옮긴이 주】: '2분2리'는 '1분5리'의 오기이다(주 30 참조).
30 【옮긴이 주】: 이상 『역주율소 - 각칙(하) - 』 「단옥14」(제482조) 「결벌불여법조」 「소의」, 3346쪽. 본 「소의」는 본 조에서 "무릇 형벌의 집행을 법과 같이 하지 않은[決罰不如法] 자는 태30에 처하고, 이 때문에 (죄수를) 치사致死한 자는 도1년에 처한다. 만약 장杖의 규격[麤細長短]을 법에 의거하지 않은 자는 죄 또한 이와 같다[如之]"(3346쪽)라고 한 규정에 대한 해석의 일부분이다.
31 【옮긴이 주】: 『역주율소 - 명례편-』 「명례11」(제11조) 「응의청감조(속장贖章)」, 143쪽.
32 【옮긴이 주】: '가판관'은 국경일 등에 즈음하여 백성에게 베푸는 은혜의 일종으로, 고령자高齡者 등에게 명목적으로 자사刺史·현령縣令 등의 관직을 수여하는 것이다. 이것은 북조北朝 이후 그 관례가 있고, 당시 이 사령장辭令狀을 종이가 아닌 판版에 기입하였기 때문에 판수版授라고 칭하였다. 번진藩鎭에서 수여한 관직도 가판관이라고 하였지만, 이것은 시기적으로 율소律疏가 제정된 이후의 일이다(율령연구회律令研究會 編編, 『역주일본율령譯註日本律令5 당률소의역주편唐律疏議譯註篇1』, 91쪽, 주 11).

함되었다. 즉 『당률소의·명례』 「이리거관조以理去官條」에서는 "가판관이 유죄 이하를 범한 때에는 속으로 논죄하는 것[以贖論]을 허용한다[聽]"33라고 규정하였고, 본 조 「소의」에서도 전문적으로 이에 대해 "가판관의 수여는 영令·식式에 규정되어 있지 않지만, 사안[事]이 (황제의) 은택에 관한 것"이기 때문에 "속으로 논죄하는 것[以贖論]을 허용한다[聽]"34라고 해석하였다. 또 「무관범죄조無官犯罪條」에서도 임관 이전의 범죄자에 대해 다음과 같이 규정하였다. "무릇 관직이 없었던 때 범한 죄가 관직이 있었던 때 발각된 경우, 유죄流罪 이하는 속으로 논죄한다[以贖論]."35 (또) 관품으로 죄를 상쇄하는데, 죄가 경미하여 그 관품을 모두 사용하지 못하였거나 또는 관직이 낮아서 그 죄를 모두 관당官當하지 못한 때에도 속贖할 수 있었다. 예컨대 『당률소의·명례』 「이관당도부진조以官當徒不盡條」에서는 "무릇 관官으로 도죄徒罪를 관당官當하는 자가 죄가 경미하여 (관당해도) 관품을 모두 사용하지 못한 때에는 그대로 관직에 머물게 하면서 속동을 징수한다[收贖]. 관품이 낮아서 그 죄를 모두 관당하지 못한 경우, 남은 죄[餘罪]는 속동을 징수한다[收贖]"36라고 규정하였다. 이 밖에 관품 및 읍호邑號가 있는 부인이 죄를 범한 때에도 동銅으로 속죄할 수 있었다. 예컨대 『당률소의·명례』 「부인유관품읍호조婦人有官品邑號條」 및 그 「소의」에서는 "무릇 관품과 읍호가 있는 부인이 죄를 범한 경우, 각각 그 관품에 의거하고",37 "관품은 보류保留하고 속동을 징수한다[收贖]"38라고 규정하였다.

둘째, 관리의 친속親屬이 유죄流罪 이하의 죄를 범한 경우이다. 속형은 음蔭이 관리의 친속에도 미쳤기 때문에 그들이 유죄 이하의 죄를 범한 때에도 동銅으로 죄를 상쇄할 수 있었다. 예컨대 『당률소의·명례』 「응의청감조應議請減條」에서는 "관품으로 감장減章을 적용 받을 수 있는 자의 조부모·부모·처妻·자식[子]·손자[孫]가 유죄 이하를 범한 때에는 속贖을 허용한다[聽]"39라고 규정하였다. (이밖에) 일부 첩妾도 이 특권을 누릴 수 있었다. 즉 『당률소의·명례』 「오품이상첩유범조五品以

---

33 【옮긴이 주】: 『역주율소 - 명례편 - 』「명례15」(제15조) 「이리거관조」, 160쪽.
34 【옮긴이 주】: 『역주율소 - 명례편 - 』「명례15」(제15조) 「이리거관조」 「소의」, 160쪽.
35 【옮긴이 주】: 『역주율소 - 명례편 - 』「명례16」(제16조) 「무관범죄유관사발조無官犯罪有官事發條」, 160쪽.
36 【옮긴이 주】: 『역주율소 - 명례편 - 』「명례22」(제22조) 「이관당도부진조」, 201쪽.
37 【옮긴이 주】: 『역주율소 - 명례편 - 』「명례12」(제12조) 「부인관품읍호조婦人官品邑號條」에서는 "무릇 관품과 읍호가 있는 부인이 죄를 범한 경우, 각각 그 관품에 의거해서 의의議·청請·감감減·속贖·관당官當·면관免官하는 율에 따르지만, 친속親屬을 음蔭할 수는 없다"(151쪽)라고 규정하였다.
38 【옮긴이 주】: 『역주율소 - 명례편 - 』「명례12」(제12조) 「부인관품읍호조」 「소의」에서는 "특별히 읍호가 추가된 자가 죄를 범한 때에는 남자男子가 봉작封爵된 경우와 같고, 제명除名된 자는 작위爵位도 또한 제면除免한다. 면관免官 이하는 모두 의의議·청請·감감減·속贖하는 법례法例에 따라 관품은 보류하고 속동을 징수한다[收贖]"(152쪽)라고 하였다.
39 【옮긴이 주】: 『역주율소 - 명례편 - 』「명례11」(제11조) 「응의청감조(속장贖章)」, 143쪽.

上妾有犯條]에서는 "무릇 5품 이상의 첩이 십악十惡이 아닌 죄를 범하여 유죄 이하로 판결된 때에는 속으로 논죄하는 것[以贖論]을 허용한다[聽]"[40]라고 규정하였다.

셋째, 노老·소少·폐질자[廢]·질자[疾][41]가 유죄流罪 이하의 죄를 범한 경우이다. 즉 노老·소少·폐질자[廢]·질자[疾]가 가역류加役流·반역연좌류反逆緣坐流·회사유류會赦猶流 이외의 다른 유죄 이하의 죄를 범한 때에는 속형을 적용할 수 있었다. 예컨대『당률소의·명례』「노소급질유범조老小及疾有犯條」에서는 "무릇 나이[年] 70세 이상·15세 이하 및 폐질자[廢疾]가 유죄 이하의 죄를 범한 때에는 속동을 징수한다[收贖]. 가역류·반역연좌류·회사유류의 죄를 범한 때에는 이 율을 적용하지 않는다[不用此律]."[42]라고 규정하였고, 본 조「소의」에서는 노·소·폐질자[廢]·질자[疾]를 속贖할 수 있는 이유에 대해 "노·소 및 질자를 긍휼히 여기기[矜老小及疾] 때문에 유죄 이하는 속동을 징수한다[收贖]"[43]라고 설명했다.

넷째, 부녀婦女[44]가 유죄 이하의 죄를 범한 경우이다. 당률은 부녀가 유죄 이하의 죄를 범한 때에도 속贖할 수 있는 범위에 있다고 규정하였다. 예컨대『당률소의·명례』「노소급질유범조」「소의」에서는 "부인에 대한 배류법配流法은 남자男子와 같지 않고[不同], 노老·소少가 가역류를 범하였더라도 또한 속동을 징수[收贖]해야 하므로 동銅 100근斤을 징수한다"[45]라고 규정하였다.

다섯째, 일부 연루連累된 범죄자의 경우이다. 당률은 일부 연루로 인해 성립된 범죄도 속형을 적용하였는데, 그 대상은 주로 두 부류의 사람이었다. 하나는 범죄자 본인이 이미 사망한 경우, 연루자는 속죄될 수 있었고, 또 하나는 범죄자 본인이 이미 자수하였거나 면죄免罪 또는 감죄減罪된 경우, 연루자도 속죄될 수 있었다. 예컨대『당률소의·명례』「범죄공망포수조犯罪共亡捕首條」에서는 "만약 죄인으로 인해서 죄를 범하게 되었지만[致罪], 죄인이 자살한[自死] 경우",[46] "만약 죄인이 자수하였거나 은사령이 내려 죄가 면제되었거나 감경된[遇恩原減] 경우",[47] "가장加杖 및 속贖해야

---

40 【옮긴이 주】:『역주율소 - 명례편 -』「명례13」(제13조)「오품이상첩유범조」, 153쪽.
41 【옮긴이 주】: '폐질자·질자'에 대해서는 제1장 제6절 '2. 노인·연소자·폐질자·질자·임신부 범죄의 신중처리 사상' 및 제1장 주 151 참조.
42 【옮긴이 주】:『역주율소 - 명례편 -』「명례30」(제30조)「노소급질유범조」및「주」, 233~234쪽.
43 【옮긴이 주】:『역주율소 - 명례편 -』「명례30」(제30조)「노소급질유범조」「소의」, 233쪽.
44 【옮긴이 주】: '부녀'는 '부인婦人'이 타당하다(이하 동일).
45 【옮긴이 주】:『역주율소 - 명례편 -』「명례30」(제30조)「노소급질유범」「소의」, 235쪽.
46 【옮긴이 주】:『역주율소 - 명례편 -』「명례38」(제38조)「범죄공망포수조」에서는 "만약 죄인으로 인해 죄를 범하게 되었지만, 죄인이 자살한 때에는 본래의 죄에서 2등을 감경하는 것을 허용한다"(289쪽)라고 규정하여, 죄인이 자살한 경우, 연루자는 본래의 죄에서 2등이 감경되고 있다.
47 【옮긴이 주】:『역주율소 - 명례편 -』「명례38」(제38조)「범죄공망포수조」에서는 "만약 죄인이 자수하였거나 은사령이 내려 죄가 면제되었거나 감경된 경우에는 죄인이 면죄되었거나 감경된 법에 준한다[準罪人原減

하는 자는 각각 가장하거나 속하는 법례에 의거한다[依杖贖例]"⁴⁸라고 규정하였다.

여섯째, 사람을 과실로 살해·상해한[過失殺傷] 경우이다. 사람을 과실로 살해·상해한 때에도 역시 속贖 할 수 있는 범위에 있었다. 예컨대『당률소의·투송』「과실살상인조過失殺傷人條」에서는 "무릇 사람을 과실로 살해·상해한[過失殺傷] 자는 각각 그 정상情狀에 의거해서 속으로 논죄한다[以贖論]"⁴⁹라고 규정하였다.

일곱째, 의죄疑罪인 경우이다. 의죄도 속贖으로 논죄할 수 있었다. 예컨대『당률소의·단옥』「의죄조疑罪條」에서는 "무릇 의죄는 각각 범한 죄에 의거해서 속으로 논죄한다[以贖論]"⁵⁰라고 규정하였다.

당률은 속贖할 수 있는 범위에 관한 규정 이외에 속할 수 없는 범위도 명확히 규정하였는데, 주된 것은 다음과 같다.

첫째, '십악十惡'이다. 십악은 당唐의 통치질서에 대한 위해危害가 가장 중대한 범죄였기 때문에 일반적인 정황에서 십악을 범한 자에게는 속동을 징수[收贖]할 수 없었다. 예컨대『당률소의·명례』「무관범죄조無官犯罪條」⁵¹와「오품이상첩유범조五品以上妾有犯條」⁵² 등에서는 모두 십악이라는 범죄에 대해 속贖할 수 있는 범위에서 제외하였다. 그러나 특별한 정황에서 예외도 있었다. 즉『당률소의·명례』「노소급질유범조老小及疾有犯條」「소의」⁵³에서는 이러한 예외에 대해 다음과 같이 규정하였다. "노老·소小·폐질자廢疾者를 긍휼히 여기기 때문에 십악을 범하였더라도 모두 속동을 징수하는[收贖] 것을 허용한다[聽]."⁵⁴

法]"(290쪽)라고 규정하였고,「소의」에서는 "죄인으로 인해 죄를 받게 되었지만, 죄인이 후에 자수하였거나 은사령이 내려 죄가 면죄되었거나 감경된 경우에는, (즉) 완전히 면죄되었거나 1등·2등이 감경된 경우 등[之類]에는, 모두 죄인이 완전히 면죄되었거나 죄가 감형·강등된 법에 의거한다[依罪人全原·減·降之法]는 것을 말한다"(290쪽)라고 하였다.

48 【옮긴이 주】:『역주율소 - 명례편 -』「명례38」(제38조)「범죄공망포수조」, 290쪽. 본 조「소의」에서는 "죄인이 본래 속동을 징수[收贖]해야 하는 자인 경우 도망하는데 편의를 제공한 자도 속동을 징수하는 법에 의거하고[依贖法], 관당官當·가장加杖·배역配役하지는 않는다"(290쪽)라고 해석하였다. 이것을 통해 범죄에 연루된 자에게 속동을 징수하는 법[收贖法]이 적용되는 것은 "죄인이 속동을 징수해야 하는 자"라는 전제조건이 있었음을 알 수 있다.
49 【옮긴이 주】:『역주율소-각칙(하) -』「투송38」(제339조)「과실살상인조」, 3099쪽.
50 【옮긴이 주】:『역주율소 - 각칙(하) -』「단옥34」(제502조)「의죄조」, 3381쪽.
51 【옮긴이 주】:『역주율소 - 명례편 -』「명례16」(제16조)「무관범죄유관사발조無官犯罪有官事發條」에서는 "무릇 관직이 없었던 때 범한 죄가 관직이 있었던 때 발각된 경우, 유죄流罪 이하는 속으로 논죄한다[以贖論]. 유외관流外官이나 서인庶人이 있다가 유내관流內官에 임명된 자를 말하는데, …… 십악죄十惡罪나 오류죄五流罪를 범한 자는 이 율을 적용하지 않는다[不用此律]"(160쪽)라고 규정하였다.
52 【옮긴이 주】: 주 40 참조.
53 【옮긴이 주】: '「소의」'는 '「답」'의 오기이다(주 54 참조).

둘째, 오류五流이다. 오류는 가역류加役流·반역연좌류反逆緣坐流⁵⁵·자손범과실류子孫犯過失流⁵⁶·불효류不孝流⁵⁷·회사유류會赦猶流⁵⁸를 가리킨다. 이것들도 엄중한 범죄였기 때문에 일반적인 정황에서도 속贖할 수 없었다. 예컨대 『당률소의·명례』「응의청감조應議請減條」에서는 명확하게 "가역류·반역연좌류·자손범과실류·불효류 및 회사유류에 해당하는 자는 각각 감減·속贖할 수 없다"⁵⁹라고 규정하였다. 그러나 예외도 있었는데, 가역류·반역연좌류·불효류의 경우, 은강령[降]이 내려진 때에는 속贖할 수 있었다. 예컨대 위의 조[上條]「소의」⁶⁰에서는 "가역류·반역연좌류·불효류, 이 삼류三流는 은강령이 내진 때에는 모두 속동을 징수하는[收贖] 것을 허용한다[聽]"⁶¹라고 보충해서 설명하였다.

셋째, 그 이외⁶²의 범죄이다. 또 일부 범죄, 즉 자손이 과실로 살해·상해[過失殺傷]를 범한 경우, 사람을 구타하여 폐질廢疾에 이르게 한 경우, 남자[男夫]가 절도를 범한[犯盜] 경우와 부인婦人이 간죄를 범한[犯姦] 경우 등도 모두 속贖할 수 있는 범위에 있지 않았다. 예컨대 『당률소의·명례』「응의청감조」에서는 "기년복期年服 이상의 존장 및 외조부모·남편[夫]·남편의 조부모를 과실로 살상하여[過失殺傷] 도형徒刑에 처해야 하는 경우, 또는 사람을 구타해서 폐질에 이르게 하여 유형流刑에 처해야 하는 경우, 남자[男夫]가 도죄를 범한[犯盜] 경우 및 부인⁶³이 간죄를 범한[犯姦] 경우에는 또한 감減·속贖할 수 없다"⁶⁴라고 규정하였다.

사법관은 속형을 적용할 때, 반드시 엄격히 율에 따라야 하였고, 속贖해야 하는데 속하지 않았거나 속하지 않아야 하는데 속한 때에는 모두 범죄의 구성요건이 되어 형법의 추궁을 받았다. 예컨대 『당률소의·단옥』「단죄응결배이수속조斷罪應決配而收贖條」에서는 "무릇 단죄斷罪할 때, 실형을

---

54 【옮긴이 주】:『역주율소 - 명례편 -』「명례30」(제30조)「노소급질유범조」「답」, 234쪽.
55 【옮긴이 주】: '반역연좌류'에 대해서는 제6장 주 21 참조.
56 【옮긴이 주】: '자손범과실류'에 대해서는 제6장 주22 참조.
57 【옮긴이 주】: '불효류'에 대해서는 제6장 주 23 참조.
58 【옮긴이 주】: '회사유류'에 대해서는 제6장 주 24 참조.
59 【옮긴이 주】:『역주율소 - 명례편 -』「명례11」(제11조)「응의청감조(속장)」, 144~147쪽. 본 조에서는 이어서 이들 범죄에 대해 "제명除名하고 유형에 처하는 것[配流]을 법대로 한다"(147쪽)라고 규정하였다.
60 【옮긴이 주】: '「소의」'는 '「답」'의 오기이다(주 61 참조).
61 【옮긴이 주】:『역주율소 - 명례편-』「명례11」(제11조)「응의청감조(속장)」「답」, 150쪽. 이 규정은 "오류五流는 감減·속贖할 수 없는데, 만약 은강령이 내려졌어도 감·속할 수 없습니까?"(150쪽)라는 「문」에 대한 「답」의 일부분이다.
62 【옮긴이 주】: '그 이외'는 '십악과 오류 이외'를 말한다.
63 【옮긴이 주】: '부인婦人'은 여성 일반을 가리킨다. 당률에 보이는 부인에 대한 용법은 이외에 '기혼여성'을 가리키는 경우가 있고, 이것이 일반적이다.
64 【옮긴이 주】:『역주율소 - 명례편 -』「명례11」(제11조)「응의청감조(속장)」, 148쪽.

집행[決配]⁶⁵해야 하는데 속동의 징수[收贖]를 허용하였거나, 속해야 하는데 실형을 집행[決配]하였다면", "각각 본죄本罪에 따라 고의·과실죄[故失]에서 1등을 감경한다"⁶⁶라고 규정하였다.

3. 관당官當

관당은 관품으로 죄를 상쇄하는 일종의 형사제재방식이다. 이것은 관리가 향유하는 특권이었다. 관품으로써 오형五刑의 집행을 환산하는 관당도 오형에 대한 일종의 보충이었다. 관당과 속형의 주된 차이는, 전자는 관품으로 죄를 상쇄하는 것이고, 후자는 동銅으로 죄를 상쇄하는 것에 있다.

당률에서 관당의 계산단위는 관품으로 도형徒刑을 환산하는 것이다. 예컨대 삼류三流⁶⁷는 모두 도徒4년으로 환산되었다. 즉 『당률소의·명례』「관당조官當條」에서는 "유죄流罪를 관당官當하는 경우, 삼류三流는 모두 도4년으로 비比한다"⁶⁸라고 규정하였다. 만약 범한 바의 죄행罪行이 관품으로 상쇄가 되었다면, 관당을 적용할 필요는 없고, 속동을 징수[收贖]만 해도 충분하였다. 예컨대 『당률소의·명례』「이관당도부진조以官當徒不盡條」에서는 "무릇 도죄徒罪를 관당하는 자가 죄가 경미하여 (관당해도) 관품을 모두 사용하지 못한 때에는 그대로 관직에 머물게 하면서 속동을 징수한다[留官收贖]"⁶⁹라고 규정하였다.

관품으로 죄를 상쇄할 수 있는 품수品數는 관품의 고저와 범한 죄의 성질에 따라 결정되었다. 예컨대 사죄私罪를 범한 경우, 5품 이상의 관官은 2년의 도형을 관당官當할 수 있었고, 6품에서 9품에 이르는 관은 1년의 도형을 관당할 수 있었다. 공죄公罪를 범한 경우, 5품 이상의 관은 3년의 도형을 관당할 수 있었고, 6품에서 9품에 이르는 관은 2년의 도형을 관당할 수 있었다. 즉 『당률소의·명례』「관당조」에서는 "무릇 사죄私罪를 범하여 도죄徒罪를 관당하는 경우, 5품 이상은 일관一官으로 도徒2년을 관당하고, 9품 이상은 일관으로 도1년을 관당한다. 만약 공죄公罪를 범한 자는 각각 1년을 추가하여 관당한다"⁷⁰라고 규정하였다. 본 조⁷¹에서는 '사죄私罪'와 '공죄公罪'에 대해 다음과 같이 명확하게 해석하였다. 즉 사죄는 "사사로이 직접 범한[私自犯] 죄 및 대제對制⁷²를 속이고 사실

---

65 【옮긴이 주】: '결배決配'에서 '결'은 "태형·장형·사형의 집행이 완료되었다"는 뜻이고, '배'는 도형·유형과 같이 "일정 기간 지속적인 집행을 필요로 하는 형이 처리되었다"는 의미이다.
66 【옮긴이 주】: 『역주율소 - 각칙(하) - 』「단옥30」(제498조)「단죄응결배이수속조」, 3376쪽.
67 【옮긴이 주】: '삼류'는 유流2000리·2500리·3000리를 말한다.
68 【옮긴이 주】: 『역주율소 - 명례편 - 』「명례17」(제17조)「관당조」, 167쪽. '비比'에 대해서는 제1장 주 123 참조.
69 【옮긴이 주】: 『역주율소 - 명례편 - 』「명례22」(제22조)「이관당도부진조」, 201쪽.
70 【옮긴이 주】: 『역주율소 - 명례편 - 』「명례17」(제17조)「관당조」, 165~166쪽.
71 【옮긴이 주】: '본 조' 다음에 '「주」'가 있어야 한다(주 73 참조).

대로 하지 않았거나 청탁을 받고 왕법[受請枉法]을 범한 경우 등[之類]"[73]을 가리키고, 공죄에 대해 "공사公事로 말미암아 죄를 범한 것으로서 사사로움과 왕곡枉曲이 없는 경우"[74]를 가리킨다. 또 본조「소의」에서는 "대제가 비록 공사와 관련된 내용이지만, 임시방편으로 실정을 밝히지 않고 심중心中에 숨기고 속인 것"과 "타인의 청탁을 받고[受人囑請] 법을 굽혀[屈法] 사정私情에 따른 것"[75] 등은 모두 사죄에 속한다고 사례를 들어 설명하였고,[76] "칙의 뜻[敕意]을 깨닫지 못하고 위반한 것"과 "비록 칙의 뜻을 위반하였더라도 정상情狀에 사사로움이 없는 것"[77] 등은 모두 공죄에 속한다고 사례를 들어 설명하였다.

　　당대唐代에는 직사관職事官·산관散官·위관衛官·훈관勳官 등 여러 종류가 있었다. 관당하는 경우에는 오직 두 개의 관[二官]으로만 계산하였는데, 앞의 세 관이 1관이 되었고, 뒤의 관이 1관이 되었다. 그 이유에 대해 『당률소의·명례』「관당조」「소의」에서는 "직사관·산관·위관의 위계位階가 동일한 것은 원래 서로 연관되어 얻은 것이므로 다같이[同] 1관이 되는 것이다. 그러나 훈관은 공훈功勳에 따라 가수加授되는 것이므로 따로[別] 1관이 된다. 이로써 '2관'이 된다"[78]라고 설명하였다. 관당하는 때에는 먼저 그중 높은 것으로 해야 하였다. 예컨대 같은 조[同條]에서는 "두 개의 관[二官]이 있었던 경우, 먼저 높은 것으로 관당하고, 다음은 훈관으로 관당한다"[79]라고 규정하였다. 현임관現任官으로 관당한 후에 여전히 여죄餘罪가 있거나 재범再犯한 때에는 역임한 관직으로 재차 관당할 수 있었다. 예컨대 같은 조[同條]에서는 계속해서 "만약 여죄餘罪가 있거나 재범한 자는 역임한 관직으로 관당하는 것을 허용한다[聽]"[80]라고 규정하였다. 소유한 관직으로 모두 관당한 후

---

72 【옮긴이 주】: '대제'는 황제의 하문下問에 답하는 것이다.
73 【옮긴이 주】: 『역주율소 - 명례편 -』「명례17」(제17조)「관당조」「주」, 165쪽.
74 【옮긴이 주】: 『역주율소 - 명례편 -』「명례17」(제17조)「관당조」「주」, 166쪽.
75 【옮긴이 주】: 『역주율소 - 명례편 -』「명례17」(제17조)「관당조」「소의」에서는 "사죄는 공사公事로 말미암지 않고 사사로이 직접 범한 죄를 말한다. 비록 공사로 말미암았으나 의도가 사욕을 차리는 데 있었다면 또한 사죄와 같다. '대제對制를 속이고 사실대로 하지 않았다'라는 것은 대제가 비록 공사와 관련되는 내용이지만, 임시방편으로 실정을 밝히지 않고 심중에 숨기고 속인 것이 있으므로 사죄와 같다는 것이다. '청탁을 받고 왕법한 경우 등[之類]'이라는 것은 타인의 청탁을 받고 법을 굽혀 사정私情에 따른 것을 말하는데, 설령 재물을 받지 않았더라도 또한 왕법이 된다. 이러한 예례는 매우 많으므로 '등[之類]'이라고 한 것이다"(165~166쪽)라고 해석하였다.
76 【옮긴이 주】: "설명하였고," 다음에 '답'이 있어야 한다(주 77참조).
77 【옮긴이 주】: 『역주율소 - 명례편 -』「명례17」(제17조)「관당조」「문」에서 "칙제敕制 (제칙制敕의 오기)를 시행하면서 위반한 것도 공죄입니까?"라는 질문에 대해「답」에서는 "비유컨대, 제칙을 시행할 때, 칙의 뜻[敕意]을 깨닫지 못하고 위반한 것은 군주의 뜻을 잃은 행위가 된다. 비록 칙의 뜻을 위반하였더라도 정상情狀에 사사로운 것이 없었던 때에는 또한 모두 공죄가 된다"(이상 167쪽)라고 해석하였다.
78 【옮긴이 주】: 『역주율소 - 명례편 -』「명례17」(제17조)「관당조」「소의」, 167~168쪽.
79 【옮긴이 주】: 『역주율소 - 명례편 -』「명례17」(제17조)「관당조」, 167~169쪽.

에 여전히 여죄餘罪가 있어 관당해야 하는 때에는 속동을 징수할[收贖] 수 있었다. 예컨대『당률소의·명례』「이관당도부진조以官當徒不盡條」에서는 "무릇 도죄徒罪를 관당하는 자가", "관품이 낮아서 그 죄를 모두 관당하지 못한 경우, 여죄餘罪는 속동을 징수한다[收贖]"[81]라고 규정하였다.

관리는 관품으로 관당을 다한 후 관직이 없는 사람이 되었어도 1년 이후 원래의 임명된 관직에서 1등을 강등해서 계속 임관될 수 있었다. 예컨대『당률소의·명례』「제면관당서법조除免官當敍法條」에서는 "관당[82]된 자는 1년[期年] 후 이전의 관품[先品]에서 1등을 강등하여 서용敍用한다"[83]라고 규정하였다.

사법관은 반드시 율에 따라 관당을 적용해야 하고, 적용이 부당한 때에는 처벌을 받았다. 예컨대『당률소의·단옥』「단죄응결배이수속조斷罪應決配而收贖條」에서는 "무릇 단죄斷罪하는 때, 실형을 집행[決配]해야 하는데 속동의 징수[收贖]를 허용하였거나, 속동을 징수해야 하는데 실형을 집행[決配]하였거나, 또는 관당해야 하는데 관당하지 않았거나, 관당하지 않아야 하는데 관당한 때에는 각각 본죄本罪에 따라 고의·과실죄[故失]에서 1등을 감경한다. 사죄死罪는 감경하지 않는다"[84]라고 규정하였다.

4. 몰관沒官

몰관은 범죄자와 일정하게 연계된 사람[人]과 물건[物]을 관부官府의 소유로 몰수하는 일종의 형사제재방식이다. 몰관의 주된 대상은 범금물犯禁物, 즉 사유私有를 금지한 물건과 장물贓物이었다. 범금물은 일반민[公民]이 소유할 수 없는 물건이었고, 장물은 불법으로 취득한 물건이었기 때문에 모두 몰관의 범위 내에 있었다. 몰관의 적용은 이러한 유형類型의 범죄에서 범죄의 조건 등을 해소하는 작용을 하였다. 예컨대『당률소의·명례』「피차구죄지장조彼此俱罪之贓條」에서는 "쌍방[彼此[85]]이 모두 죄가 있는 장물 및 사유를 금지한 물건[犯禁之物]은 몰관한다"[86]라고 규정하였다. 본 조「소의」에서는 전문적으로 갑甲·노弩·모삭矛矟·정기旌旗·번치幡幟·금서禁書·보인寶印 등 "사가私家에서 소유할 수 없는 것, 이러한 것들을 '사유를 금지한 물건[犯禁之物]'이라고 명명命名하였고",[87]

---

80 【옮긴이 주】:『역주율소 - 명례편 - 』「명례17」(제17조)「관당조」, 171쪽.
81 【옮긴이 주】:『역주율소 - 명례편 - 』「명례22」(제22조)「이관당도부진조」, 201쪽.
82 【옮긴이 주】: '관당' 앞에 "면소거관免所居官되었거나"가 있다(주 83 참조).
83 【옮긴이 주】:『역주율소 - 명례편 - 』「명례21」(제21조)「제면관당서법조」, 195쪽.
84 【옮긴이 주】:『역주율소 - 각칙(하) - 』「단옥30」(제498조)「단죄응결배이수속조」, 3376쪽.
85 【옮긴이 주】: '피차彼此'는 준 자와 받은 자 쌍방을 가리킨다.
86 【옮긴이 주】:『역주율소 - 명례편 - 』「명례32」(제32조)「피차구죄지장조」, 245쪽.
87 【옮긴이 주】:『역주율소 - 명례편 - 』「명례32」(제32조)「피차구죄지장조」「소의」, 245쪽. 이어서 "'쌍방이 모

"만약[88] 타인他人이 절도한 물건을 (다시) 절도하였다면, (추징해야 할) 배장倍贓도 몰관한다"[89]라고 해석하였다.

몰관은 통상 오형五刑[90]과 함께 적용한, 오형의 부가형附加刑이었고, 이로써 제재制裁의 엄중성을 증가시켰다. 예컨대『당률소의 · 잡률』「위령조違令條」「소의」에서는 율조律條[91]를 해석할 때, 예부식禮部式을 위반한 경우, 즉 "식式의 규정을 위반하고 (금지한) 복색을 입은 자는 태笞40에 처하고", 동시에 "그 물건은 그대로 몰관한다"[92]라고 규정하여, 위반자에게 이중二重의 제재를 받게 하였다.

몰관의 대상에는 물건[物] 이외에 사람[人]도 있었다. 예컨대『당률소의 · 적도』「모반대역조謀反大逆條」에서는 "무릇 모반謀反하였거나 대역大逆한 자는 모두 참형斬刑에 처한다. 아버지[父] · 아들[子]의 나이 16세 이상은 모두 교형絞刑에 처한다. 15세 이하(의 아들) 및 어머니[母] · 딸[女] · 처妻 · 첩妾 · 할아버지[祖] · 손자[孫] · 형제兄弟 · 자매姉妹 또는 부곡部曲 · 자재資財 · 전택田宅은 모두 몰관沒官한다"[93]라고 규정하여, 범죄자의 가족구성원[家庭成員]과 부곡部曲 등은 모두 몰관의 대상이 되었다. 이 규정에 보이듯이, 몰관의 대상인 자신自身은 죄가 없었기 때문에 연좌連坐의 성질을 가지고 있었다.

사법관이 율律을 위반하고 몰관한 때에는 형사책임을 추궁받아야 하였다. 예컨대『당률소의 · 단옥』「연좌몰관불여법조緣坐沒官不如法條」에서는 "무릇 연좌緣坐되어 몰관해야 하는데 방면하였거나, 몰관하지 않아야 하는데 몰관한 자는 각각 유죄를 고의 · 과실로 (가감한 죄로) 논한다[以流罪故失論]"[94]라고 규정하였다.

5. 연좌連坐[95]

연좌連坐는 범죄자와 일정한 신분적 관계에 있는 무고無辜한 자가 형사적 추궁을 받는 일종의 형

두 죄가 있는 장물' 이하는 모두 몰관한다"라는 문장이 있다.
88 【옮긴이 주】: '만약' 앞에 "「주」에서는"라는 문구가 있어야 한다(주 89 참조).
89 【옮긴이 주】:『역주율소 - 명례편 -』「명례32」(제32조)「피차구죄지장조」「주」, 246쪽.
90 【옮긴이 주】: '오형'은 태형 · 장형 · 도형 · 유형 · 사형을 말한다.
91 【옮긴이 주】: '율조律條'는『역주율소 - 각칙(하) -』「잡률61」(제449조)「위령조」에서 "무릇 영슈을 위반한 자는 태50에 처한다. 별식別式은 1등을 감경한다"(3276쪽)라고 한 조문을 말한다.
92 【옮긴이 주】:『역주율소 - 각칙(하) -』「잡률61」(제449조)「위령조」「소의」, 3276~3277쪽.
93 【옮긴이 주】:『역주율소 - 각칙(상) -』「적도1」(제248조)「모반대역조」, 2382쪽. 본 조에서는 "남자[男夫] 나이 80세 (이상) 및 독질자, 여자[婦人] 나이 60세 (이상) 및 폐질자는 모두 (연좌를) 면제한다. 백숙부 · 형제의 아들[子]은 모두 유3000리에 처한다. 호적이 같은가 다른가를 구분하지 않는다[不限籍之同異]"(2382쪽)라고 규정하였다.
94 【옮긴이 주】:『역주율소 - 각칙(하) -』「단옥23」(제491조)「연좌몰관불여법조」, 3367쪽.
95 【옮긴이 주】: 당률에 규정된 연좌제도連坐制度에 대해서는 제21장 '당률의 연좌제도' 참조.

사제재방식이다. 당률 가운데 연좌連坐는 '연좌緣坐' 등의 형식으로 표현되기도 하였다. 당률의 용형用刑은 확실히 이전보다 감경되었지만, 여전히 연좌連坐에 관한 규정을 볼 수 있다.

당률 가운데 연좌連坐는 몇몇 비교적 중대한 범죄에 적용되었고, 그 대상을 보면, 주로 가족구성원 연좌[家庭成員連坐]·인오 연좌隣伍連坐·직무 연좌職務連坐, 세 종류로 대별할 수 있다.[96]

당률 가운데 가족구성원 연좌[家庭成員連坐]는 연좌緣坐로도 칭해졌고, 아울러 전문적으로 '연좌하는 죄[緣坐之罪]', 즉 연좌죄緣坐之罪를 입법하였다. 예컨대『당률소의·명례』「범죄미발자수조犯罪未發自首條」「소의」[97]에서는 "'연좌하는 죄[緣坐之罪]'라는 것은 모반謀反·대역大逆 및 모반謀叛을 이미 착수한[已上道] 때에는 모두 연좌緣坐해야 하는 것을 말한다"[98]라고 하였다. 이로써 '연좌죄[緣坐之罪]'는 '십악十惡' 가운데 앞의 삼대三大 범죄[99]를 가리켰음을 알 수 있다. 연좌緣坐의 범위는 매우 광범위하였다. 예컨대『당률소의·적도』「모반대역조謀反大逆條」에서는 모반謀反·대역大逆을 범한 본인은 참형에 처하고, 이외에 그 "아버지[父]·아들[子]의 나이 16세 이상은 모두 교형絞刑에 처하며, 15세 이하(의 아들) 및 어머니[母]·딸[女]·처妻·첩妾·할아버지[祖]·손자[孫]·형제·자매 또는 부곡·자재資財·전택田宅은 모두 몰관沒官하고", "백숙부伯叔父·형제의 아들[子]은 모두 유流3000리에 처한다. 호적이 같은가 다른가를 구분하지 않는다[不限籍之異同]"[100]라고 규정하였다. 모반죄謀叛罪에 대한 연좌緣坐의 범위는 모반謀反·대역大逆보다 작았지만, 역시 삼족三族에까지 미쳤다. 예컨대『당률소의·적도』「모반조謀叛條」에서는 "무릇 모반謀叛한 자는 교형에 처한다. 이미 착수한[已上道] 자는 모두 참형에 처한다. 처妻와 아들[子]은 유2000리에 처한다. 만약 거느린 무리[所率]가 100인人 이상인 경우, 부모·처·아들[子]은 유3000리에 처한다"[101]라고 규정하였다. 이 밖에 당률은 일부 범죄에도 연좌緣坐 규정을 적용하였다. 예컨대『당률소의·적도』「살일가삼인지해인조殺一家三人支解人條」에서는 "무릇 1가一家 내의 사죄死罪에 해당하지 않는 3인三人을 살해하였거나, 사람을 지해支解한 자는 모두 참형에 처하고, 처자妻子는 유流2000리에 처한다"[102]라고 규정하였다. 당률 가운데 연좌緣坐는

---

96 【옮긴이 주】: 이 항에서는 연좌의 종류에 대하여 세 가지(가족구성원 연좌·인오 연좌·직무 연좌)만 제시하고 있지만, 제21장 제2절 '연좌의 종류'에서는 이외에 군사 연좌·기타 연좌도 포함하고 있다.
97 【옮긴이 주】: '「소의」'는 '「주·소의」'이다(주 98 참조). 즉 본문에 인용되어 있는 "연좌하는 죄라는 것은~말한다"라고 하는 문장은『역주율소 - 명례편 -』「명례37」(제37조)「범죄미발자수조」「주」에서 "연좌緣坐하는 죄 및 모반謀叛 이상의 죄는 (죄인의) 본래의 복服이 기년복[期]인 친족親族이 비록 체포해서 고언하였더라도[捕告] 모두 (죄인이) 자수한 법례와 같다[同自首例]"(275~276쪽)라고 한 규정에 대한 「소의」이다.
98 【옮긴이 주】:『역주율소 - 명례편 -』「명례37」(제37조)「범죄미발자수조」「주·소의」, 276쪽.
99 【옮긴이 주】: '삼대 범죄'는 '모반謀反·모대역·모반謀叛'을 말한다.
100 【옮긴이 주】:『역주율소 - 각칙(상) -』「적도1」(제248조)「모반대역조」, 2382쪽.
101 【옮긴이 주】:『역주율소 - 각칙(상) -』「적도4」(제251조)「모반조謀叛條」, 2390~2391쪽.
102 【옮긴이 주】:『역주율소 - 각칙(상) -』「적도12」(제259조)「살일가삼인조殺一家三人條」, 2405~2406쪽.

사람[人]을 포괄하였고 물건[物]도 포괄하였다. 무릇 동거^{同居}하는 연좌^{緣坐}대상의 경우, 자재와 전택도 모두 몰관해야 하였지만, 동거하지 않은 경우에는 예외가 있었다. 예컨대 『당률소의·적도』「연좌비동거조^{緣坐非同居條}」에서는 "무릇 (모반^{謀反}·대역죄^{大逆罪}에) 연좌^{緣坐}되었으나 동거하지 않은 경우, 자재·전택은 몰관의 범위에 있지 않다"[103]라고 규정했다.

당률 중에는 인오^{隣伍}에 대한 연좌^{連坐} 규정도 있었다. 당대^{唐代}의 규정에 따르면, 5호^{五戶}가 하나의 연좌^{連坐} 단위였는데, (이것을) '보^保'라고 칭하였다. 보 내에 죄를 범한 자가 있었다면, 그 밖의 사람은 고발해야 하였고, 그렇게 하지 않은 때에는 범죄의 구성요건이 되어 형사책임을 추궁받아야 하였다. 그러나 세 가지 정황^{情況}은 예외였다. 첫째는 가^家 내에 부녀^{婦女} 및 15세 미만의 남아^{男兒}만 있었던 때이고, 둘째는 범죄자의 죄가 비교적 경미^{輕微}하여 장^杖100 이하인 때이며, 셋째는 타인^{他人}이 죄를 범했을 때, 보^保 내의 사람이 가^家에 없었던 때이다. 연좌^{連坐}되는 사람에 대한 처벌의 정도^{程度}는 범죄자에 대한 처벌의 정도에 따라 정해졌는데, 일반적으로 두 가지 다른 형종^{刑種}이 있었다. 이러한 내용은 모두 『당률소의·투송』「감림지범법불거핵조^{監臨知犯法不擧劾條}」에서 "만약 같은 오보[同伍保] 내의 가^家에서 범죄가 발생하였는데 알고도 규고하지 않은 경우, 사죄^{死罪}는 도^徒1년, 유죄^{流罪}는 장^杖100, 도죄^{徒罪}는 장70에 처한다. 그러나 (오보의) 가^家에 오직 부녀^{婦女} 및 남자[男] 나이 15세 이하만 있었던 때에는 모두 논죄하지 않는다[勿論]"[104]라고 규정하였다. 본 조「소의」에서는 "영^令[105]에 의하면, '오가가 서로 보호하는[伍家相保]' 내를 말한다. (오가 내의) 가^家에서 범죄자가 발생하였는데, 사죄인 것을 알고도 규고하지 않은 때에는 도1년에 처하고, 유죄인 것을 알고도 규고하지 않은 때에는 장100에 처하며, 도죄인 것을 알고도 규고하지 않은 때에는 장70에 처한다. 장100 이하의 죄를 범한 때에는 보인^{保人}이 규고하지 않았더라도 무죄이다. 그러나 오보^{伍保}의 가^家에 오직 부녀^{婦女} 및 남자 나이 15세 이하만 있어서 고발[告事]을 감당할 수 없었던 때에는 비록 알면서 규고하지 않았더라도 또한 모두 논죄하지 않는다[勿論]. 비록 오보 내에 속한 사람이 있었다고 해도 범법^{犯法}한 바가 (같은 오보의) 가^家 내에서 발생하지 않은 때에는 알면서 규고하지 않았더라도 과죄^{科罪}해서는 안 된다"[106]라고 설명하였다.

이상 두 가지 연좌^{連坐} 이외에 직무 연좌^{職務連坐}도 있었다. 당률 중의 직무 연좌는 감림·주사 연좌

---

103 【옮긴이 주】: 『역주율소 - 각칙(상) - 』「적도2」(제249조)「연좌비동거조」, 2386쪽.
104 【옮긴이 주】: 『역주율소 - 각칙(하) - 』「투송60」(제361조)「감림지소부유범법불거핵조^{監臨知所部有犯法不擧劾條}」, 3148쪽.
105 【옮긴이 주】: '영' 앞에 "'만약 같은 오보[同伍保] 내'라는 것은"이 있다(주 106 참조). '영'은 니이다 노보루^{仁井田陞}, 『당령습유^{唐令拾遺}』「호령^{戶令} 10을조乙條」(229쪽) 참조.
106 【옮긴이 주】: 『역주율소 - 각칙(하) - 』「투송60」(제361조)「감림지소부유범법불거핵조」「소의」, 3148~3149쪽.

監臨主司連坐와 동직인 연좌同職人連坐로 양분되었다.

감림·주사의 범위는 매우 넓어서 무릇 통섭관統攝官과 장령인將領人은 모두 속하였고, 이정里正·촌정村正·방정坊正까지도 포괄하였다. 그들과 피감림자被監臨者는 연좌 관계에 있었다. 피감림자가 죄를 범하였다면, 감림·주사는 반드시 적발摘發해야 하였고, 적발하지 않은 때에는 역시 범죄로 간주되어 처벌받아야 했는데, 그 폭幅은 피감림자보다 3등이 감경되었다. 만약 규탄糾彈하는 직책에 있던 감림·주사인 경우에는 2등만이 감경되었다. 예컨대『당률소의·적도107』「감림지범법불거핵조監臨知犯法不擧劾條」에서는 "무릇 감림監臨·주사主司가 관할 구역[所部]에서 범법犯法이 있었다는 것을 알고도 거핵擧劾하지 않은 때에는 죄인의 죄에서 3등을 감경한다. 규탄하는 관리[糾彈之官]는 2등을 감경한다"108라고 규정하였다.

동직인 연좌同職人連坐도 일종의 직무 연좌職務連坐였다. 예컨대『당률소의·명례』「동직범공좌조同職犯公罪109條」「소의」에서는 '동직'에 대해 "동직이라는 것은 연서連署하는 관원官員을 말한다"110라고 해석하였다. 동직인 연좌는 공죄公罪와 사죄私罪의 구별이 있었기 때문에 처벌도 같지 않았다. 만약 공죄를 범한 때에는 4등급에 의거해서 동직인을 나누고 각각 자기가 맡은 책임[主責]으로써 처리하였다. 상술한 율조律條에서는 "무릇 동직이 공죄[公坐]를 범한 때에는 장관長官을 1등, 통판관通判官을 1등, 판관判官을 1등, 주전主典을 1등으로 하되, 각각 원인 유발자를 수범首犯으로 한다"111라고 규정하였다. 또 본 조「소의」에서는 "가령 대리시大理寺에서 사건을 판결할 때 위법違法이 있었다면, 즉 대리경[大卿]은 장관이고, (대리)소경 및 (대리)정[少卿112正]은 통판관, (대리)승大理丞은 판관, 부사府史는 주전으로, 이것이 4등이다. '각각 원인 유발자를 수범으로 한다'라는 것은 만약 주전이 소장訴狀을 검리檢理해서 판결을 청할[檢請]113 때 과실이 있었다면, 곧 주전이 수범이 되고, (대리)승은 제2의 종범[從]이 되며, (대리)소경과 (대리)정은 제3의 종범이 되고, 대리경은 제4의 종범이 되는데, 주부主簿·녹사錄事도 제4의 종범이 된다는 것이다"114라고 예를 들어 설명하였다. 만약

---

107 【옮긴이 주】: '적도'는 '투송'의 오기이다(주 108 참조).
108 【옮긴이 주】:『역주율소 - 각칙(하) - 』「투송60」(제361조)「감림지소부유범법불거핵조」, 3147~3148쪽.
109 【옮긴이 주】: '죄罪'는 '좌坐'의 오기이다(주 110 참조).
110 【옮긴이 주】:『역주율소 - 명례편 - 』「명례40」(제40조)「동직범공좌조同職犯公坐條」, 294쪽.
111 【옮긴이 주】:『역주율소 - 명례편 - 』「명례40」(제40조)「동직범공좌조」, 293~294쪽.
112 【옮긴이 주】: '경卿' 다음에 '급及'이 있다(주 114 참조).
113 【옮긴이 주】: '검청檢請'은 필요한 사실 및 법조法條를 조사해서 글로 제출하고, 판관 이상 관관의 재정裁定을 요청하는 준비작업을 의미한다[『역주율소 - 명례편 - 』「명례40」(제40조)「동직범공좌조」, 294쪽, 주 67)].
114 【옮긴이 주】:『역주율소 - 명례편 - 』「명례40」(제40조)「동직범공좌조」「소의」, 294쪽.

사죄私罪를 범하였는데, 연좌되는 사람이 실정을 알지 못한[不知情] 때에는 과실죄로 논하였다. 즉 본 조에서는 "만약 동직자에게 사사로움이 있었지만, 연좌되는 관원이 실정을 알지 못한[不知情] 때에는 과실죄로 논한다[以失論]"[115]라고 규정하였고, 본 조 「소의」에서도 "가령 도徒1년의 죄를 범한 사람에게 판관判官이 법리法理를 왜곡해서 면죄로 판결하였는데, 다른 관원이 이것을 적발하지 못한[不覺] 때에는 당연히 과실로 죄를 감경한 법[失出之法]에 의거하고, 사사로이 판결한 자를 수범으로 하고, 적발하지 못한 자를 종범으로 하며, 그대로 4등으로 하여 처벌하되, 과실로 감경한[失出] 자는 5등을 감경하고, 과실로 가중한[失入] 자는 3등을 감경한다"[116]라고 예를 들어 해석하였다.

당률은 적지 않은 조문이 직무 연좌職務連坐에 관한 내용을 포함하고 있지만, 여기서는 일례만을 제시해서 증명하고자 한다. 예컨대 『당률소의·위금』「궁전작파불출조宮殿作罷不出條」에서는 "무릇 궁宮·전殿 내에서 작업을 마치고 나가지 않은[作罷不出] 경우, 궁 내는 도徒1년에 처하고, 전 내는 도2년에 처하며, 어재소御在所는 교형絞刑에 처한다. 장령주사將領主司가 안[知] 때에는 같은 죄로 처벌하고[與同罪], 알지 못한[不知] 때에는 각각 1등을 감경한다"[117]라고 규정하였는데, 본 조에서 장령주사가 처벌되는 것은 직무 연좌職務連坐에 속하였다.

직무 연좌에서는 스스로 각거覺擧[118]한 행위에 대해서도 적용하여, 한 사람이 스스로 각거한 경우, 나머지 사람은 죄가 용서되는[原罪] 것을 원칙으로 하였다. 예컨대 『당률소의·명례』「공사실착자각거조公事失錯自覺擧條」에서는 "무릇 공사公事에 실착失錯을 범한 후 스스로 각거한 자는 그 죄를 용서한다[原]. 연좌되어야 하는 자 중 한 사람[一人]이 스스로 각거한 경우, 나머지 사람도 용서하고", "관문서官文書의 처리 일정을 위반하였는데[稽程], 그것에 연좌되어야 하는 자 중 한 사람이 스스로 각거한 경우, 나머지 사람도 용서한다"[119]라고 규정하였다. 그러나 두 가지 예외 상황이 있었다. 첫째, 사법관이 판결할 때 실착이 있었는데 이미 집행한 경우에는 "이 율을 적용하지 않[不用此律]"[120]았다. 둘째, 관문서의 처리 일정을 위반한[稽程] 경우, "주전主典은 (죄를) 면할 수 없"었고, (주전이) 스스로 각거한 경우에도 법률책임을 추궁받아야 하였다.[121]

---

115 【옮긴이 주】: 『역주율소 - 명례편 - 』「명례40」(제40조)「동직범공좌조」, 297쪽.
116 【옮긴이 주】: 『역주율소 - 명례편 - 』「명례40」(제40조)「동직범공좌조」「소의」, 297쪽. 관리에 의한 죄의 '실출失出'과 '실입失入'에 대해서는 제1장 주 124 참조.
117 【옮긴이 주】: 『역주율소 - 각칙(상) - 』「위금8」(제65조)「궁전작파불출조」, 2037·2039쪽.
118 【옮긴이 주】: '각거'에 대해서는 제21장 주 57 참조.
119 【옮긴이 주】: 이상 『역주율소 - 명례편 - 』「명례41」(제41조)「공사실착자각거조」, 303~305쪽.
120 【옮긴이 주】: 『역주율소 - 명례편 - 』「명례41」(제41조)「공사실착자각거조」에서는 "죄를 판결할 때 실착이 있었는데, 이미 집행한 때에는 이 율을 적용하지 않는다[不用此律]"(304쪽)라고 규정하였다.

당률은 연좌의 집행에 대해서도 규정하였는데, 사법관이 율에 의거해서[依律] 연좌를 집행하지 않은 때에는 모두 범죄에 속하여 처벌을 받아야 하였다. 즉 『당률소의·단옥』「연좌몰관불여법조緣坐沒官木122如法條」에서는 "무릇 연좌되어 몰관해야 하는데 방면하였거나, 몰관하지 않아야 하는데 몰관한 자는 각각 유죄를 고의·과실로 (가감한 죄로) 논한다[以流罪故失論]"123라고 규정하였다.

제2절 민사제재방식民事制裁方式

당률은 형사제재방식에 대한 규정 이외에 민사제재방식에 대해서도 규정하였는데, 주로 이하 여러 종류가 있었다.

1. 배상賠償

배상은 행위인行爲人이 피해자에게 경제적 보상을 하는 일종의 민사제재방식이다. 당률은 배상을 '비상備償'이라고 칭하였다. 예컨대 『당률소의·잡률』「부채위계불상조負債違契不償條」에서는 "무릇 부채에 대해 계약을 위반하고 상환償還하지 않은 경우, 1필疋 이상으로 20일을 위반하였다면 태笞20에 처하고, 20일마다 1등을 가중하며, 죄의 최고형은 장杖60이다. 30필이었다면 2등을 가중하고, 100필이었다면 또 3등을 가중한다. 각각 비상備償하게 한다"124라고 규정하였다. 배상의 대상은 주로 물건[物]이었지만, 사람[人]도 있었다. 예컨대 『당률소의·포망』「관호노비망조官戶奴婢亡條」에는 노비를 배상하는 것에 관한 내용이 있는데, 본 조에서는 "만약 관·사노비가 도망가도록 유도한 자는 도죄에 준해서 논하고[準盜論], 아울러 비상備償하게 한다"125라고 규정하였다.

당률의 배상은 그 액수에 따라 아래의 여러 유형으로 나눌 수 있다.

첫째, 전부를 배상하는 경우이다. 즉 손실액 전부를 배상하는 것이다. 예컨대 『당률소의·구고』「관사축손식물조官私畜損食物條」에서는 "무릇 관官이나 개인[私]의 축산을 방목하여 관이나 개인

---

121 【옮긴이 주】: 『역주율소 - 명례편 - 』「명례41」(제41조)「공사실착자각거조」에서는 "관문서의 처리 일정을 위반하였는데, 그것에 연좌되어야 하는 자 중 한 사람이 스스로 각거한 경우, 나머지 사람도 용서한다(주119)"라는 규정에 이어서 "주전은 (죄를) 면할 수 없다. 만약 주전이 스스로 각거한 때에는 모두 2등을 감경한다"(305쪽)라고 규정하였다.
122 【옮긴이 주】: '목木'은 '불不'의 오기이다(주 123 참조).
123 【옮긴이 주】: 『역주율소 - 각칙(하) - 』「단옥23」(제491조)「연좌몰관불여법조緣坐沒官不如法條」, 3367쪽.
124 【옮긴이 주】: 『역주율소 - 각칙(하)』「잡률10」(제398조)「부채위계불상조」, 3212~3213쪽.
125 【옮긴이 주】: 『역주율소 - 각칙(하)』「포망13」(제463조)「관호노비망조」, 3303~3304쪽.

의 물건[物]을 손상시키게[損] 하였거나 먹게[食] 한 자는 태笞30에 처한다. (이것을 장물로 계산하여) 장죄贓罪가 엄중한 때에는 좌장죄로 논한다[坐贓論]. 과실[失]인 때에는 2등을 감경한다. 각각 손상시킨 것을 배상한다"[126]라고 규정하였다. 여기의 "각각 손상시킨 것을 배상한다"라는 것은 각자에게 실제 손실을 배상하도록 요구하는 것이다.

둘째, 배倍로 배상하는 경우이다. 즉 실제 손실액에 따라 배로 배상하는 것이다. 이것은 당률에서 '배비倍償'[127]라고 칭하였다. 예컨대 『당률소의·명례』「장환원주조贓還原主條」[128]에서는 "절도한 자는 배비하게 한다[盜者 倍償[129]]"[130]라고 규정하였고, 본 조 「소의」에서는 이 규정에 대해 다음과 같이 해석하였다. "절도[131]한[盜] 자는 그 재물을 탐한 행위가 본래 엄중하였기 때문에 배비倍償[132]하게 한다는 것을 말하고, 1척尺을 절도한 때에는 2척을 추징하는 것 등[類]을 말한다."[133]

셋째, 반半을 배상하는 경우이다. 즉 오직 실제 손실의 절반만을 배상하는 것이다. 이것은 당률에서 "감손된 가치의 반을 배상한다"라고 칭하였다. 예컨대 『당률소의·구고』「견상살축산조犬傷殺畜産條」에서는 "무릇 개[犬]가 스스로 타인他人의 축산을 살해·상해한 경우, 개 주인[犬主]은 그 감손된 가치[減價]를 배상하고, 그 밖의 축산[餘畜]이 서로 살해·상해한 경우에는 그 감손된 가치의 반을 배상한다"[134]라고 규정하였다. 본 조 「소의」에서는 "그 감손된 가치의 반을 배상한다"라는 것에 대해 "가령 갑가甲家의 소[牛]가 을가乙家의 말[馬]을 들이받아 살해하였는데[觝殺], 말의 본래 가치는 견絹 10필匹이었지만 받쳐서 사망한 후, 가죽[皮]과 고기[肉]의 가치가 견 2필이었다면, 즉 8필의 견絹이 감손되었으므로 갑은 을에게 견 4필을 배상한다. 이것을 '감손된 가치의 반을 배상한다'라고 한 것이다"[135]라고 해석하였다.

---

126 【옮긴이 주】: 『역주율소 - 각칙(상) - 』「구고14」(제209조)「관사축손식물조」, 2318쪽.
127 【옮긴이 주】: '상償'은 '비備'의 오기이다(주 130·133 참조).
128 【옮긴이 주】: '「장환원주조」'는 '「이장입죄조以贓入罪條」'의 오기이고, 또 그 다음에 '「주」'가 있어야 한다(주 130 참조).
129 【옮긴이 주】: '상償'은 '비備'의 오기이다(주 130 참조).
130 【옮긴이 주】: 『역주율소 - 명례편 - 』「명례33」(제33조)「이장입죄조以贓入罪條」「주」, 253쪽. "절도한 자는 배비하게 한다"라는 「주」가 "나머지 경우에는 모두 추징한다[餘皆徵之]"(『역주율소 - 명례편 - 』「명례33」(제33조)「이장입죄조」, 253쪽)라는 문장 다음에 있는 점에서, '나머지 경우[餘]' 즉 범인이 사망하였거나 유배된 경우를 제외한다는 조건이 "절도한 자는 배비하게 한다"에도 연관되어 있다고 이해해야 할 것이다(율령연구회律令研究會 편편, 『역주일본율령譯註日本律令5 당률소의역주편唐律疏議譯註編1』, 195쪽, 주 8).
131 【옮긴이 주】: '절도' 앞에 "절도한 자는 배비倍備하게 한다"가 있다(주 133 참조).
132 【옮긴이 주】: '상償'은 '비備'의 오기이다(주 133 참조).
133 【옮긴이 주】: 『역주율소 - 명례편 - 』「명례33」(제33조)「이장입죄조」「소의」, 253쪽.
134 【옮긴이 주】: 『역주율소 - 각칙(상) - 』「구고11」(제206조)「견살상축산조犬殺傷畜産條」, 2312쪽.

넷째, 실제 손실을 배상하는 경우이다. 즉 오직 발생한 실제 손실만을 배상하는 것이다. 당률은 이것을 "감손된 가치를 배상한다"라고 칭하였다. 이것과 전부를 배상하는 것의 차이는, 전자의 경우 손실물은 절가折價해서 처리할 수 있었기 때문에 오직 절가로 처리하고 남은 부분의 손실만을 배상하였지만, 후자의 경우 발생한 손실은 만회할 수 없었던 것이고, 또 절가해서 처리할 수도 없었기 때문에 전부를 배상할 수밖에 없었다. 예컨대 『당률소의·구고』「고살관사마우조故殺官私馬牛條」에는 "감손된 가치를 배상한다"라는 내용이 있는데, 그것은 "무릇 관官이나 개인[私]의 말[馬]·소[牛]를 고살故殺 자는 도徒1년 반에 처한다. 장죄贓罪가 엄중한 경우 및 다른 축산을 살해하였거나 또는 상해한 경우에는 감손된 가치를 계산해서 도죄에 준해서 논하고[準盜論], 각각 감손된 가치를 배상한다"[136]라고 규정하였다. 본 조「소의」에서는 '감손된 가치'에 대해 "'감손된 가치'란 축산의 가치가 견絹10필이었는데, 사망한 후에 그 가치가 견絹2필이었다면 즉 8필의 가치가 감손된 것이다"[137]라고 예를 들어 설명하였다.

당률의 배상은 공公·사私의 재물에 대한 손해에 적용되었고, (양자의) 배상액도 일치하였다. 예컨대 『당률소의·구고』「관사축훼식관사물조官私畜毀食官私物條」에서는 "무릇 관官이나 개인[私]의 축산이 관이나 개인의 물건[物]을 훼손하였거나[損] 먹었기[食] 때문에 그 즉시 축산을 살해·상해한 자는 각각 고살상죄[故殺傷]에서 3등을 감경하고, 감손된 가치를 배상하며, 축산의 주인은 훼손시킨 가치를 배상한다"[138]라고 규정하였는데, 그중 공公·사私의 축산에 대한 배상에는 차이가 없었다.

그러나 고의범죄와 과실범죄에 대해서는 배상의 처리가 같지 않았다. 예컨대 『당률소의·잡률』「수화손패징상조水火損敗徵償條」에서는 "무릇 물[水]·불[火]로 (타인의 물건을) 손상하였거나[損] 파괴하였는데[敗], 고의로 범한 자는 배상가賠償價를 징수하고, 과실인[誤失] 때에는 배상하지 않는다"[139]라고 규정하였다. 즉 이 규정에서는 오직 고의범죄만 배상하였고, 과실은 배상하지 않았다.

공公·사私의 재물에 손해를 가한 모든 행위에 대해 배상을 적용한 것은 아니었다. 일부 정황에서는 행위인行爲人에 대한 형사책임만을 추궁하였고 그 배상은 요구하지 않았다. 예컨대 『당률소의·구고』「관사축손식물조官私畜損食物條」에서는 "만약 관官의 축산이 관물官物을 손상시켰거나[損] 먹은[食] 때에는 처벌은 하되 배상하지는 않는다"[140]라고 규정하였다.

---

135 【옮긴이 주】: 『역주율소 - 각칙(상) - 』「구고11」(제206조)「견살상축산조」「소의」, 2312쪽.
136 【옮긴이 주】: 『역주율소 - 각칙(상) - 』「구고8」(제203조)「고살관사마우조」, 2306쪽.
137 【옮긴이 주】: 『역주율소 - 각칙(상) - 』「구고8」(제203조)「고살관사마우조」「소의」, 2307쪽.
138 【옮긴이 주】: 『역주율소 - 각칙(상) - 』「구고9」(제204조)「관사축훼식관사물조」, 2309쪽.
139 【옮긴이 주】: 『역주율소 - 각칙(하) - 』「잡률46」(제434조)「수화손패징상조」, 3258쪽.

당률의 배상은 모두 형사적 제재와 연계되었기 때문에 현재 민사소송에 부수^{附隨}하는 민사적 배상과 유사하였다. 즉 범죄자에게 형사책임을 추궁하였고 동시에 초래한 경제적 손실에 대한 배상도 요구하였다. 이상 언급한 율조^{律條}는 모두 그러하였다.

2. 복고^{復故}·개정^{改正}·징수^{徵收}·환관주^{還官主}

당률 중의 민사제재방식에는 배상 이외에 복고·개정·징수와 환관주 등도 있었는데, 대체적인 정황은 다음과 같다.

첫째, 복고^{復故}이다. 이것은 행위인^{行爲人}에게 손괴^{損壞}시킨 물건[物]을 원래의 상태로 회복하도록 하는 일종의 민사제재방식이다. 그것은 현대 민법^{民法}의 원상회복과 유사하였다. 당률 가운데 복고 이외에 '의구^{依舊}'·'수립^{修立}'·'개거^{改去}' 등도 이러한 함의^{含意}가 있었다. 당률의 규정은 공공장소의 침점^{侵占}에 대해 복고를 적용하였다. 예컨대『당률소의·잡률』「침항가천맥조^{侵巷街阡陌條}」에서는 "무릇 도시의 도로[巷街]나 전야^{田野}의 도로[阡陌]을 침점한[侵] 자는 장^杖70에 처한다. 만약 농작물을 심었거나[種植] 개간한[墾食] 자는 태^笞50에 처한다. 각각 복고^{復故}하도록 한다"¹⁴¹라고 규정하였고, 본 조「소의」에서는 그 원인에 대해 "공공의 통행 장소를 만약 사사로이 침점하도록 허용하였다면 통행하지 못하게 한 것"이기 때문에 형벌에 처하고, 또 "각각 의구^{依舊}하도록 한다"¹⁴²라고 해석하였다. 복고는 사면[赦]이 적용되지 않았고, 설령 사면령이 내렸더라도 그대로 집행해야 하였다. 이에 대해서는 명확한 규정이 있다. 예컨대『당률소의·잡률』「사택거복기물위령조^{舍宅車服器物違令條}」에서는 "무릇 사택^{舍宅}·수레[車]·의복·기물^{器物} 및 분묘[墳塋]·석수^{石獸} 등[之屬]을 영조^{營造}하는데 영^令을 위반한 자는 장100에 처한다. 비록 사면령이 내렸더라도 모두 고쳐 제거하게 한다[改去]"¹⁴³라고 규정하였다. (따라서) 고의범이든 과실범이든 모두 복고해야 하였지만, (양자의) 주된 차이는, 전자는 형사책임을 져야 하였지만, 후자는 형사책임을 면할 수가 있었던 것에 있

---

140 【옮긴이 주】:『역주율소 - 각칙(상) - 』「구고14」(제209조)「관사축손식물조」에서는 "무릇 관이나 개인의 축산을 방목하여 관이나 개인의 물건을 손상시켰거나 먹게 한 자는 태30에 처한다. (이것을 장물로 계산하여) 장죄^{贓罪}가 엄중한 때에는 좌장죄로 논한다[坐贓論]. 과실인 때에는 2등을 감경한다. 각각 손상시킨 것을 배상한다. 만약 관의 축산이 관물을 손상시켰거나 먹게 한 때에는 처벌은 하되 배상하지는 않는다"(2318쪽)라고 규정하였다.

141 【옮긴이 주】:『역주율소 - 각칙(하) - 』「잡률16」(제404조)「침항가천맥조」, 3219~3220쪽. 이어지는 규정은 다음과 같다. "비록 농작물을 심었더라도 (통행을) 방해하였거나 통행하지 못하게 한 것이 아니었던 때에는 처벌하지 않는다"(3220쪽).

142 【옮긴이 주】:『역주율소 - 각칙(하) - 』「잡률16」(제404조)「침항가천맥조」「소의」, 3220쪽.

143 【옮긴이 주】:『역주율소 - 각칙(하) - 』「잡률15」(제403조)「사택거복기물위령조」, 3218쪽.

었다. 즉 『당률소의·잡률』 「훼인비갈석수조毀人碑碣石獸條」에서는 "무릇 타인他人의 비碑·갈碣 및 석수石獸를 훼손한 자는 도徒1년에 처하고, 만약 타인의 사당의 신주[廟主]를 훼손한 자는 1등을 가중한다. 그런데 공력功力을 들여 수리·제작한 물건[修造之物]인데 고의로 손해를 입혔거나 훼손한 자는 그 비용[庸]을 계산해서 좌장죄로 논한다[坐贓論]. 각각 수리해서 세우도록 한다[修立]. 과실로 손실을 입혔거나 훼손한 자는 수리해서 세우도록 하고[修立] 처벌하지는 않는다"[144]라고 규정하였다.

둘째, 개정改正이다. 이것은 행위인行爲人에게 침해당한 대상對象의 신분 또는 본래의 상태를 회복시켜서 그 영향을 철저히 제거하는 일종의 민사제재방식이다. 이것은 현대 민법 가운데 영향의 완전 제거와 유사하였다. 당률의 '환정還正'도 개정을 가리킨다. 개정과 복고復故는 관련이 있었는데, 양자는 모두 회복성恢復性을 가지고 있었고, 회복의 대상은 모두 침해당한 것이었다. 그러나 양자는 또 명확한 차이가 있었는데, 전자는 주로 명예권名譽權·신분권身分權 등에 대한 회복이었고, 후자는 주로 물권物權에 대한 회복이었다. 전자의 적용 범위는 비교적 넓었다. 예컨대 『당률소의·명례』 「회사응개정징수조會赦應改正徵收條」[145]에서는 "적자嫡子를 서자庶子로 하였거나, 서자를 적자로 하였거나,[146] 법을 위반하고 양자養子로 하였거나,[147] 사사로이 입도하였거나[私入道],[148] 속여서 복제復除[149]하였거나,[150] 본업本業을 기피하였거나, 나이[年紀]를 증감하였거나,[151] (타인의) 원전園田을

....

144 【옮긴이 주】: 『역주율소 - 각칙(하) - 』 「잡률55」(제443조) 「훼인비갈석수조」, 3268쪽.
145 【옮긴이 주】: '「회사응개정징수조」' 다음에 ' 「주」'가 있어야 한다(주 153 참조).
146 【옮긴이 주】: 『역주율소 - 각칙(상) - 』 「호혼9」(제158조) 「입적위법조立嫡違法條」에서는 "무릇 적자를 세우는데 법을 위반한 자는 도1년에 처한다. 만약 적처嫡妻의 나이가 50세 이상인데도 아들[子]이 없는 자는 서자를 (적자로) 세우되 입장立長의 원칙에 따르며, 그 원칙에 따르지 않은 자도 또한 이와 같다[如之]"(2216~2217쪽)라고 규정하였다.
147 【옮긴이 주】: 『역주율소 - 각칙(상) - 』 「호혼8」(제157조) 「양자사거조養子捨去條」에서는 "무릇 양자가 수양한 부모에게 자식이 없는데[無子] 버리고 떠난 때에는 도2년에 처한다. (양부모가) 친자식을 낳았거나 친부모가 자식이 없어 (친부모에게) 돌아가고자 한 때에는 이것을 허용한다. 만약 이성異姓의 남자를 수양한 자는 도1년에 처한다. (양자로) 준 자는 태50에 처한다. 그러나 유기된 아이[遺棄小兒]가 3세 이하인 때에는 비록 이성이었더라도 수양하는 것을 허용하고, 곧 양부養父의 성姓을 따르게 한다"(2215~2216쪽)라고 규정하였다.
148 【옮긴이 주】: 『역주율소 - 각칙(상) - 』 「호혼5」(제154조) 「사입도조私入道條」에서는 "무릇 사사로이 입도하였거나[私入道] 그에게 도첩度牒을 준 자는 장100에 처한다. 만약 가장家長으로 말미암았다면 가장이 처벌받아야 한다. 이미 호적에서 삭제된 때에는 도1년에 처한다. 본적지의 주사主司 및 도관道觀·사원寺院의 삼강三綱이 실정을 안[知情] 때에는 같은 죄로 처벌한다[與同罪]. 만약 법을 위반하여 도관·사원을 떠나야 하는데, 관官의 판결을 받고도 환속하지 않은 자는 사도법私度法에 따른다. 만약 감림관監臨官이 사사로이 함부로 다른 사람에게 도첩度牒을 준 경우, 1인이었다면 장100에 처하고, 2인마다 1등을 가중한다"(2211~2212쪽)라고 규정하였다.

침점侵占하고 은닉하였거나,[152] 호구戶口를 탈루脫漏한 경우 등[之類]은 반드시 개정해야 한다"[153]라고 규정하였다. 이러한 원칙적 규정은 구체적인 율조律條에서도 구현될 수 있었다. 예컨대『당률소의·호혼』「양잡호등위자손조養雜戶等爲子孫條」에서는 "무릇 잡호雜戶인 남자[男]를 수양收養하여 자손으로 삼은 자는 도徒1년반에 처한다. (잡호인) 여자를 수양한 자는 장杖100에 처한다. 관호官戶인 경우에는 각각 1등을 가중한다. (양자로) 준 자도 이와 같다[如之]. 만약 부곡部曲 및 노奴를 수양하여 자손으로 삼은 자는 장100에 처한다. 각각 (본래의 신분을) 환정還正하도록 한다"[154]라고 규정하였다. 이밖에 「방부곡노비환압조放部曲奴婢還壓條」[155]·「이처위첩조以妻爲妾條」[156] 등에도 모두 환정還正 규정이 있다. 개정改正도 사면[赦]이 적용되지 않았고, 은사령恩赦令이 내렸더라도 그대로 집행되어야 하였으며, 그렇지 않았다면 당사자의 법률적 책임을 추궁해야 하였다. 예컨대『당률소의·명례』「회사응개정징수조會赦應改正徵收條」에서는 "무릇 사면령이 내려진 때에는 마땅히 개정改正·징

---

149 【옮긴이 주】: '복제'에 대해 『역주율소 - 명례편 - 』「명례36」(제36조)「회사응개정징수조會赦應改正徵收條」「소의」에서는 "과역課役을 모두 면제받는 것을 말한다"(268쪽)라고 해석하였다.

150 【옮긴이 주】:『역주율소 - 각칙(하) - 』「사위19」(제380조)「사자복제조詐自復除條」에서는 "무릇 속여서 스스로 복제復除하였거나, 또는 속여서 사망하였다고 하였거나, 속여서 공호工戶·악호樂戶·잡호雜戶의 명부名簿를 제거한 자는 도2년에 처한다"(3189쪽)라고 규정하였다.

151 【옮긴이 주】:『역주율소 - 각칙(상) - 』「호혼1」(제150조)「탈호조脫戶條」에서는 "무릇 탈호한 경우, 가장家長은 도3년에 처한다. 과역課役이 없었던 경우에는 2등을 감경한다. 여호女戶는 또한 3등을 감경한다. 탈구脫口하였거나 나이[年]·병세[狀]를 증감해서 과역을 면한 경우, 1구口였다면 도1년에 처하고, 2구마다 1등을 가중하며, 죄의 최고형은 도3년이다"(2201~2203쪽)라고 규정하였다.

152 【옮긴이 주】:『역주율소 - 각칙(상) - 』「호혼17」(제166조)「망인도무매공사전조妄認盜貿賣公私田條」에서는 "무릇 공·사전을 망인妄認하였거나 또는 도무매盜貿賣한 경우, 1무畝 이하였다면 태50에 처하고, 5무마다 1등을 가중한다. 장100을 초과한 때에는 10무마다 1등을 가중하며, 죄의 최고형은 도2년이다"(2232쪽)라고 규정하였다. 또 『역주율소 - 각칙(상) - 』「호혼18」(제167조)「재관침탈사전조在官侵奪私田條」에서는 "무릇 관직에 있으면서 사전私田을 침탈한 경우, 1무 이하였다면 장60에 처하고, 3무마다 1등을 가중한다. 장100을 초과하였다면, 5무마다 1등을 가중하며, 죄의 최고형은 도2년반이다. 원園과 포圃는 1등을 가중한다"(2234쪽)라고 규정하였다. '망인'과 '도무매'에 대해서는 제1장 주 112 참조.

153 【옮긴이 주】:『역주율소 - 명례편 - 』「명례36」(제36조)「회사응개정징수조」「주」, 267~269쪽.

154 【옮긴이 주】:『역주율소 - 각칙(상) - 』「호혼10」(제159조)「양잡호위자손조養雜戶爲子孫條」, 2218~2219쪽.

155 【옮긴이 주】:『역주율소 - 각칙(상) - 』「호혼11」(제160조)「방부곡위량조放部曲爲良條」에서는 "무릇 부곡을 방면해서 양인으로 하였고, 이미 방면하는 문서를 발급하였는데 (그를 다시) 강제로 천인賤人으로 삼은 자는 도2년에 처한다. 만약 (이미 부곡에서 방면된 양인을) 강제로 부곡으로 삼았거나, 노비를 방면해서 양인으로 하였는데 강제로 천인賤人으로 삼은 자도 또한 각각 1등을 감경한다. 만약 (노비에서 방면된 양인을) 강제로 부곡으로 삼았거나, (노비를) 방면해서 부곡으로 삼았는데 강제로 천인으로 삼은 자도 또한 1등을 감경한다. 각각 (본래의 신분을) 환정還正하도록 한다"(2220쪽)라고 규정하였다.

156 【옮긴이 주】:『역주율소 - 각칙(상) - 』「호혼29」(제178조)「이처위첩조」에서는 "무릇 처를 첩으로 삼았거나, 비婢를 처로 삼은 자는 도2년에 처한다. 첩이나 객녀客女를 처로 삼았거나, 비를 첩으로 삼은 자는 도1년반에 처한다. 각각 (본래의 신분을) 환정還正하도록 한다"(2256쪽)라고 규정하였다.

수徵收해야 하는데, 사면령이 내린 후에 제출하는 신고서[手實]에서 개정·징수하지 않은 자는 각각 본 율을 범한 것과 같이 논죄한다[論如本犯律]"[157]라고 규정하여, 즉 원죄原罪에 준해서 처벌하였다.

 셋째, 징수徵收이다. 이것은 관부官府가 불법점유물不法占有物을 몰수하는 일종의 민사제재방식이다. 이것은 현대 민법 가운데 불법점유물의 몰수와 유사하였다. 예컨대 『당률소의·명례』「회사응개정징수조會赦應改正徵收條」[158]에서는 "감림監臨·주수主守하는 관원官員이 (관官의) 재물과 축산 등을 사사로이 차용하였거나[借用], 타인에게 빌려 준[借貸] 경우 등[之類]은 반드시 징수한다"[159]라고 규정하였다. (그러나) 모든 불법점유물을 모두 징수해야 하는 것은 아니었고, 일부 정황 하에서는 징수할 수 없었다. 그 주된 내용은 두 가지였다. 첫째는 불법으로 점유한 식품이 이미 모두 소비된 경우이고, 둘째는 영조營造한 사안[事]이 이미 종결된 경우이다. 예컨대 『당률소의·구고』「방산관물조放散官物條」에서는 "무릇 관물官物을 과다하게 출고하였거나 공급한[放散] 자는 좌장죄로 논한다[坐贓論]. 물건[物]이 남아 있었던 때에는 관에 반환하고[還官], 이미 모두 사용한[散用] 때에는 징수하지 않는다"[160]라고 규정하였고, 본 조「소의」에서는 "만약 제사의 의례儀禮가 종결되었거나, 연회에서 음식을 모두 소비하였거나, 영조營造하는 사안[事]이 완료된 때에는 모두 징수하지 않는다"[161]라고 사례를 들어 설명하였다. 징수徵收는 개정改正과 마찬가지로 사면령이 내렸더라도 그대로 징수해야 하였고, 징수를 거부한 경우 당사자는 원죄原罪에 따라 처벌받아야 하였다. 구체적인 내용은 『당률소의·명례』「회사응개정징수조會赦應改正徵收條」에 규정[162]이 있는데, 앞서 이미 인용하였기 때문에 여기서는 다시 언급하지 않는다.

 넷째, 환관주還官主[163]이다. 이것은 당사자에게 불법점유물 및 점유 재산을 반환하도록 하는 일종의 민사제재방식이다. 이것은 현대 민법 가운데 재산의 반환과 유사하였다. 즉 당사자가 타인他人의 재산을 불법으로 침점侵占하였기 때문에 당률은 그에게 원 주인原主人에게 반환하도록 하였다. 환관주와 징수徵收의 공통점은 모두 불법점유물을 반드시 회수하였다는 것이다. 그러나 양자는 차이점도 있었다. 전자는 불법으로 침점한 자[164]의 관점에서 침점을 당한 물건[物]의 반환을 요

---

157 【옮긴이 주】: 『역주율소 - 명례편 - 』「명례36」(제36조)「회사응개정징수조」, 267쪽.
158 【옮긴이 주】: '「회사응개정징수조」' 다음에 '주'가 있어야 한다(주 159 참조).
159 【옮긴이 주】: 『역주율소 - 명례편 - 』「명례36」(제36조)「회사응개정징수조」「주」, 270쪽.
160 【옮긴이 주】: 『역주율소 - 각칙(상) - 』「구고21」(제216조)「방산관물조」, 2328쪽.
161 【옮긴이 주】: 『역주율소 - 각칙(상) - 』「구고21」(제216조)「방산관물조」「소의」, 2328쪽.
162 【옮긴이 주】: 「회사응개정징수조」에 있는 해당 '규정'은 주 157 참조.
163 【옮긴이 주】: '환관주'에서 '환관'은 관에 반환하는 것이고, '환주'는 주인에게 반환하는 것이다.
164 【옮긴이 주】: "침점한 자"는 "침점을 당한 자"로 수정해야 문맥이 통한다.

구하였고, 게다가 반환 대상에는 관부官府와 공민公民, 두 종류가 있었다. 이것은 침점을 당한 소유인이 결정하였는데, (소유인이) 관부였다면 물건은 관부에 반환되었고, 공민이었다면 공민에게 반환되었다. 후자는 관부의 관점에서 불법으로 침점을 당한 물건[物]의 회수를 요구하였고, 반환 대상도 오직 관부였을 뿐이었다. 환관주는 물건이 여전히 존재한다는 것을 전제로, 물건이 있었다면 반환해야 하였고, 물건이 없었다면 반환하지 않았다. 이것은 『당률소의 · 구고』「방산관물조放散官物條」에서 "물건[物]이 남아 있었던 때에는 관에 반환하고[還官], 이미 모두 사용한[散用] 때에는 징수하지 않는다"[165]라고 한 규정을 통해 알 수 있다. '육장六贓'을 범한 것은 환관주의 주된 적용 대상이었다. 예컨대 『당률소의 · 명례』「이장입죄조以贓入罪條」에서는 "무릇 장물贓物로 죄를 범하였는데, 정장正贓이 현존한[見在] 때에는 관이나 주인에게 반환한다[還官主]"[166]라고 규정하였고, 본 조 「소의」에서는 "율律에 '정장'죄는 오직 여섯 종류가 있는데, 강도強盜[167] · 절도竊盜[168] · 왕법枉法[169] · 불왕법不枉法[170] · 수소감림受所監臨[171] 및 좌장坐贓[172]이 이것이고", "관물官物은 관에 반환하고[還官], 사물私物은 주인에게 반환한다[還主]"[173]라고 해석하여, 반환물은 주로 장물의 전환물轉換物과 증식물增殖物을 포괄하였다. 그중 노비도 물物의 종류에 속하였다. 예컨대 같은 조[同條][174]에서는

---

165 【옮긴이 주】: 주 160 참조.
166 【옮긴이 주】: 『역주율소 - 명례편 - 』「명례33」(제33조)「이장입죄조」, 250쪽.
167 【옮긴이 주】: '강도죄'에 적용되는 형벌 규정에 대해서는 『역주율소 - 각칙(상) - 』「적도34」(제281조)「강도조」, 2454~2457쪽 참조.
168 【옮긴이 주】: '절도죄'에 적용되는 형벌 규정에 대해서는 『역주율소 - 각칙(상) - 』「적도35」(제282조)「절도조」, 2457~2458쪽 참조.
169 【옮긴이 주】: '왕법죄'는 일반적으로 '수재왕법죄受財枉法罪'라고 한다(수재왕법에 대해서는 제1장 주 117 참조). '수재왕법'죄에 적용되는 형벌 규정에 대해서는 『역주율소 - 각칙(상) - 』「직제48」(제138조)「감주수재왕법조監主受財枉法條」, 2181~2182쪽 참조.
170 【옮긴이 주】: '불왕법죄'죄는 감림관이 수뢰는 했지만 위법한 판결을 하지 않았을 때 성립하는 죄명으로서, 일반적으로 '수재불왕법죄受財不枉法罪'라고 한다. '수재불왕법죄'에 적용되는 형벌 규정에 대해서는 『역주율소- 각칙(상) - 』「직제48」(제138조)「감주수재왕법조」, 2181~2182쪽 참조.
171 【옮긴이 주】: '수소감림죄'는 감림관이 감림하는 구역 내에서 특정의 청탁을 받지 않고 제공되는 재물을 받았을 때 성립하는 죄명으로서, '수소감림재물죄受所監臨財物罪'라고도 한다. '수소감림죄'에 적용되는 형벌 규정에 대해서는 『역주율소 - 각칙(상) - 』「직제50」(제140조)「수소감림재물조受所監臨財物條」, 2183~2184쪽 참조.
172 【옮긴이 주】: '좌장'에 대해 『역주율소 - 각칙(하) - 』「잡률1」(제389조)「좌장치죄조坐贓致罪條」「소의」에서는 "좌장이라는 것은 감림監臨 · 주사主司가 아니면서 사안[事]으로 인해 재물을 받은 것을 말한다"(3202쪽)라고 해석하였다. '좌장죄'에 적용되는 형벌 규정에 대해서는 「좌장치죄조」, 3202쪽 참조.
173 【옮긴이 주】: 이상 『역주율소 - 명례편 - 』「명례33」(제33조)「이장입죄조」「소의」, 251쪽. 여섯 종류의 장죄의 명칭에 대해서는 『역주율소 - 각칙(하) - 』「잡률1」(제389조)「좌장치죄조坐贓致罪條」「소의」, 3202쪽에도 보인다.

"교환·매매해서[轉易] 다른 물건[物]을 취득하였거나, 새끼를 낳아[生産] 번식[孳息]한 것은 모두 (정장이) 현존한 것으로 간주한다"175라고 규정하였고, 또 본 조「소의」에서도 이에 대해 "'교환·매매해서 다른 물건을 취득하였다'라는 것은 본래의 장물이 나귀[驢]인데 말[馬]로 바꾼 경우 등[之類]을 말한다. '새끼를 낳아 번식하였다'라는 것은 비婢가 자식[子]을 낳고, 말[馬]이 망아지[駒]를 낳은 경우 등[之類]을 말한다"176라고 예例를 들어 해석하였다. 이밖에 비록 대사면령[大赦]이 내렸더라도 특정 범죄는 여전히 반드시 환관주還官主를 적용해야 하였다. 즉 같은 조[同條]에서는 "사면령과 은강령恩降令이 내렸더라도 도盜·사기[詐]·왕법枉法한 때에는 그대로 정장正贓을 징수한다"177라고 규정하였다.

당률 중의 복고復故·개정改正·징수徵收와 환관주還官主는 단독으로 적용되지 않았고, 항상 오형五刑과 연계되었기 때문에 오형을 주된 제재수단으로 하였는데, 이상 열거한 율조律條에는 하나의 예외도 없었다. 따라서 이러한 민사제재방식은 오직 보조적인 제재방식이었을 뿐이었다. 이것은 오늘날 민사소송 중에 부대附帶하는 여러 내용과 유사하였다.

3. 이혼離婚

이혼은 당률에서 남녀 간의 혼약婚約을 해제하는 일종의 민사제재방식이다. 당률 중의 '이離'는 이혼을 가리켰다. 당률의「호혼률戶婚律」에 있는 십여 조條는 이혼에 관한 것인데, 이혼은 그 형식에 따라 주로 세 가지로 구분되었다.

첫째, 허가[允許] 이혼이다. 처妻가 '칠출七出'을 범한 정황이 있을 때, 당률은 남편[夫]이 이혼을 제기하는 것을 허가하였고, 이혼의 주도권은 남편에게 있었다. 예컨대『당률소의·호혼』「처무칠출이출지조妻無七出而出之條」「소의」에서는 처妻에게 '칠출'의 정황이 없었다면, "출처出妻해서는 안 된다"178라고 명확히 규정하였다. 이 규정은 처에게 '칠출'의 정황이 있었다면, 이혼이 허가되었음을 반증한다.

둘째, 강제强制 이혼이다. 당률 가운데 대다수 이혼 규정은 모두 이러한 유형에 속하였다. 강제 이혼은 주로 율律을 위반하고 혼인하였거나 '의절義絶'한 정황에 적용되었고, 그중에는 속이고[妄冒] 혼인한 경우, 처妻가 있는데 재취再娶한 경우, 부모의 상중喪中에 취처娶妻, 즉 처를 취한 경우, 동성

---

174 【옮긴이 주】: '동조同條' 다음에 '「주」'가 있어야 한다(주 175 참조).
175 【옮긴이 주】:『역주율소 - 명례편 - 』「명례33」(제33조)「이장입죄조」「주」, 250쪽.
176 【옮긴이 주】:『역주율소 - 명례편 - 』「명례33」(제33조)「이장입죄조」「소의」, 251쪽.
177 【옮긴이 주】:『역주율소 - 명례편 - 』「명례33」(제33조)「이장입죄조」, 254쪽.
178 【옮긴이 주】:『역주율소 - 각칙(상) - 』「호혼40」(제189조)「처무칠출조妻無七出條」「소의」, 2275쪽.

同姓 간 혼인한 경우, 각종 신분·지위가 다른 사람이 혼인한 경우와 부부[夫妻] 가운데 한쪽이 상대방의 존친尊親을 구살毆殺한 경우 등이 포함되었다. 이러한 유형의 이혼에 대해 당률의 율조律條에는 모두 "이혼하게 한다[離之]"라고 하는 문구文句가 있다. 예컨대 『당률소의·호혼』「유처갱취조有妻更娶條」에서는 "무릇 처가 있는데 다시 취처娶妻한 자는 도徒1년에 처한다. 여자 집[女家]은 1등을 감경한다. 만약 속이고[欺妄] 취한[娶] 자는 도1년반에 처한다. 여자 집은 처벌하지 않는다[不坐]. 각각 이혼하게 한다[離之]"[179]라고 규정하였다. 어떤 율조에서는 심지어 만약 이혼하지 않은 때에는 반드시 당사자의 형사책임을 추궁해야 한다고 규정하였다. 즉 『당률소의·호혼』「의절이지조義絕離之條」에서는 "무릇 의절義絕을 범한 때에는 이혼하게 한다[離之]. 위반한 자는 도1년에 처한다"[180]라고 규정하였다.

셋째, 합의[兩願] 이혼이다. 이상以上 두 유형의 이혼방식 이외에 당률에는 양자가 합의하여[兩願] 이혼하는 규정도 있었는데, 부부간의 관계가 화목하지 않아서 쌍방이 모두 이혼을 원하고, 또 허가[允許] 이혼·강제 이혼에 관한 상황이 없는 경우라는 전제前提가 필요하였다. 예컨대 『당률소의·호혼』「의절이지조義絕離之條」에서는 "만약 남편[夫]·처妻가 서로 좋아하지 않고[不安] 맞지 않아서[不諧] 합의하여 이혼한[和離] 때에는 처벌하지 않는다[不坐]"[181]라고 규정하였고, 본 조「소의」에서는 "쌍방[彼此][182] 간에 정情이 맞지 않아서 양자가 이혼하기를 원하는 경우를 말하며, 처벌하지 않는다[不坐]"[183]라고 해석하였다.

이혼에 관한 조문을 종합하면, 당률이 규정한 이혼의 원인은 주로 다음과 같다.

첫째, 일부일처一夫一妻 원칙을 위반한 경우이다. 당률은, 일부一夫는 오직 일처一妻만 가질 수 있고, 다른 배우자는 처로 할 수 없으며, 만약 처가 있는데 재취再娶한 것은 일종의 위법 행위였기 때문에 반드시 이혼해야 한다고 보았다. 예컨대 『당률소의·호혼』「유처갱취조有妻更娶條」「소의」[184]에서는 "일부일부제一夫一婦制는 개정할 수 없는 제도[不刊之制]이다. 처가 있는데 재취한[更娶] 때에는 본래 처가 될 수 없다"[185]라고 하였기 때문에 당사자는 도형에 처해졌고, 또 이혼도 해야 하였

---

179 【옮긴이 주】: 『역주율소 - 각칙(상) - 』「호혼28」(제177조)「유처갱취조」, 2254~2255쪽.
180 【옮긴이 주】: 『역주율소 - 각칙(상) - 』「호혼41」(제190조)「의절이지조」, 2276쪽.
181 【옮긴이 주】: 『역주율소 - 각칙(상) - 』「호혼41」(제190조)「의절이지조」, 2276쪽.
182 【옮긴이 주】: '쌍방[피차]' 앞에 "'남편[夫]과 처妻가 서로 좋아하지 않고 맞지 않다'라는 것은"라고 하는 문장이 있다(주 183 참조).
183 【옮긴이 주】: 『역주율소 - 각칙(상) - 』「호혼41」(제190조)「의절이지조」「소의」, 2276~2277쪽.
184 【옮긴이 주】: '「소의」'는 '「답」'의 오기이다(주 185 참조).
185 【옮긴이 주】: 『역주율소 - 각칙(상) - 』「호혼28」(제177조)「유처갱취조」「답」, 2256쪽. 본 문장은 "처[婦]가 있는데 다시 처를 취한[娶婦] 경우, 후에 취한[娶] 처는 이혼[離異]해야 하지만, (그녀가) 아직 이혼하지

다.[186]

둘째, 봉건적 등급원칙을 위반한 경우이다. 당률은, 사회나 가정을 막론하고 모두 등급이 있고, 혼인도 이 등급의 경계를 벗어날 수 없으며, 무릇 봉건적 등급원칙을 위반한 혼인은 모두 성립될 수 없기 때문에 반드시 해제[解除]해야 한다고 판단하였다. 이 원칙을 위반한 행위는 주로 비[婢]·첩[妾]·객녀[客女]를 처[妻]로 한 경우, 처를 첩으로 한 경우, 노[奴]가 양인[良人]의 딸[女]을 처로 한 경우, 잡호[雜戶]가 양인과 혼인한 경우 등이었다. 예컨대 『당률소의·호혼』「이처위첩조[以妻爲妾條]」「소의」에서는 "처는 (남편과) 대등하고[齊], 진[秦]과 진[晉]은 배필[匹]이 될 수 있다.[187] (그러나) 첩은 매매를 통하기 때문에 (처[妻]와 신분) 등급[等數]이 서로 현격하고", "만약 처를 첩으로 삼았거나, 비[婢]를 처로 삼아 혼약[議約]을 위반한 경우, 이것은 부부의 정도를 무너뜨린 것이고[虧夫婦之正道], 인륜의 변하지 않는 법칙을 더럽힌 것이며[黷人倫之彝則], 관과 신발의 위치가 전도된 것이고[顚倒冠履], 예경을 문란시킨 것이다[紊亂禮經]"[188]라고 하였고, 「노취양인위처조[奴娶良人爲妻條]」「소의」에서도 "사람은 각각 배우자가 있는데[人各有耦], 색류[色類][189]는 반드시 같아야 한다. 양·천은 원래 구분되어 있는데[良賤旣殊] 어찌 배필[配]이 될 수 있겠는가?"[190]라고 하였으며, 「잡호관호여양인위혼조[雜戶官戶與良人爲婚條]」「소의」에서도 "잡호는 여러 관사[諸司]에 배예[配隸]되어 양인과 동류[同類]가 될 수 없고, 오직 당색[當色] 간에만 서로 혼인할 수 있으므로 양인과 혼인해서는 안 된다"[191]라고 하였다. 바로 이와 같았기 때문에 무릇 이상의 제한 사항들이 있는데도 혼약한 때에는 처벌을 받아야 하였고 또 이혼도 해야 하였다.

셋째, 부권[夫權]을 위반한 경우이다. 당률은, 남편은 처의 하늘이고[夫者妻之天], 처는 부권을 받들고 지켜야 하며, 남편[夫]이 사망하였더라도 복상[服喪] 기간 내에 출가[出嫁]할 수가 없다고 보았다. 예컨대 『당률소의·호혼』「부상수지이강가조[夫喪守志而强嫁條]」「소의」에서는 "부인[婦人]이 남편[夫]의 상복[喪服]을 벗고도 심중에 수절[守志]할 것을 맹서한[誓] 경우"[192]라고 하였기 때문에, 만약 이때 재가

않은 동안[未離之間]에 그 남편[夫]의 내외 친척과 서로 범한 때에는 처(를 처벌하는) 법과 같이[同妻法] 처벌할 수 있습니까?"(2255~2256쪽)라는 「문」에 대한 「답」이다.

186 【옮긴이 주】: 주 179 참조.
187 【옮긴이 주】: 『춘추좌전정의[春秋左傳正義]』(『십삼경주소 하』)권15, 「희공[僖公] 23년 11월」(1816쪽).
188 【옮긴이 주】: 『역주율소 - 각칙(상) -』「호혼29」(제178조)「이처위첩조」「소의」, 2256쪽.
189 【옮긴이 주】: '색류' 및 그 아래에 나오는 '동류[同類]'·'당색[當色]'의 의미와 그 용례에 대해서는 제1장 주 13 참조.
190 【옮긴이 주】: 『역주율소 - 각칙(상) -』「호혼42」(제191조)「여노취양인여위처조[與奴娶良人女爲妻條]」「소의」, 2279쪽.
191 【옮긴이 주】: 『역주율소 - 각칙(상) -』「호혼43」(제192조)「잡호관호부득여양인위혼조[雜戶官戶不得與良人爲婚條]」「소의」, 2280쪽.

再嫁하였다면 불법 혼인에 속하여 또한 반드시 이혼해야 하였다.[193]

넷째, 혼약婚約을 위반한 경우이다. 당률은, 혼약을 갖추는 것은 혼인의 합법성을 인정하는 일종의 중요한 조건이며, 혼약을 위반하고 속여서[妄冒] 혼인한 것은 성립될 수 없다고 보았다. 예컨대 『당률소의·호혼』「위혼망모조爲婚妄冒條」[194]에서는 "혼인하는 방법에는 반드시 중매인[行媒]을 세우고, 남녀의 적서嫡庶·장유長幼에 대해서는 그 당시에 이치상 계약契約이 있다"[195]라고 하였기 때문에, (가령) 여자 집[女家]에서 (혼약을) 위반한 때에는 처벌을 받아야 하였고, 동시에 이미 성립된 혼약도 해제되어야 하였다.[196]

다섯째, 동성불혼同姓不婚 원칙을 위반한 경우이다. 당률은 서주西周 때 이미 확립된 동성불혼 원칙을 계승하였다. 만약 이것을 위반한 때에는 위법違法이었기 때문에 반드시 이혼해야 하였다. 예컨대 『당률소의·호혼』「동성위혼조同姓違婚條」「소의」에서는 "종을 같이 하고 성을 함께 하는 사람은 모두 혼인할 수 없다[同宗共姓 皆不得爲婚]"[197]라고 하였기 때문에 혼인한 자는 처벌을 받아야

---

192 【옮긴이 주】: 『역주율소 - 각칙(상) -』「호혼35」(제184조)「부상수지조夫喪守志條」「소의」, 2269쪽.
193 【옮긴이 주】: 저자는 『역주율소 - 각칙(상) -』「호혼35」(제184조)「부상수지조」「소의」의 "부인이 남편의 상복을 벗고도 심중에 수절할 것을 맹세한 경우"라는 문장을 인용한 후에, 부연 설명 없이 "만약 이때 재가하였다면 불법 혼인에 속하여 또한 반드시 이혼해야 하였다"라고 단정하고 있다. 저자의 주장에 따르면, 수절을 맹세한 과부가 재가한 행위는 모두 불법 혼인이 된다. 그러나 본 「부상수지조」에서는 "무릇 남편[夫]의 상복을 벗고도 수절하고자 하였는데, 여자의 조부모·부모가 아니면서 강제로 재가하게 한[嫁] 자는 도1년에 처한다. 기친期親이 (강제로) 재가하게 한 때에는 2등을 감경한다. 각각 이혼하게 한다[離之]. 여자는 전가前家에 되돌려 보내고 (그녀와) 혼인한[娶] 자는 처벌하지 않는다[不坐]"(2269쪽)라고 규정하였고, 본 조 「소의」에서는 "부인이 남편[夫]의 상복을 벗고도 마음에 수절할 것을 맹세한 경우, 조부모·부모만이 (그 뜻을) 꺾어 혼인하게 할 수 있다. '여자의 조부모·부모가 아니다'라는 것은 대공친大功親 이하를 말하며, 함부로 강제로 혼인하게 한 자는 도1년에 처해야 한다. '기친이 (강제로) 혼인하게 하였다'라는 것은 백숙부모·고모·형제·자매 및 조카[姪]가 강제로 혼인하게 한 경우를 말하며, 2등을 감경하여 장90에 처한다. 각각 이혼하게 한다[離之]. 여자는 전가에 되돌려 보내고, (그녀와) 혼인한 자는 처벌하지 않는다[不坐]"(2269쪽)라고 해석하였다. 이를 통해서 알 수 있듯이, 수절을 맹세한 과부寡婦를 대공친 이하 및 기친이 강제로 혼인하게 한 때에는 불법 혼인으로 간주되어 혼인하게 한 자는 처벌을 받았고(대공친 이하는 도1년, 기친은 장90), 또 이혼해야 하였지만, 조부모·부모가 혼인하게 한 때에는 불법 혼인이 아니었다. 따라서 저자가 수절을 맹세한 과부의 재가 행위를 모두 불법 혼인으로 본 것은 재고할 필요가 있다.
194 【옮긴이 주】: '「위혼망모조」' 다음에 '「소의」'가 있어야 한다(주 195 참조).
195 【옮긴이 주】: 『역주율소 - 각칙(상) -』「호혼27」(제176조)「위혼여가망모조爲婚女家妄冒條」「소의」, 2254쪽.
196 【옮긴이 주】: "(가령) 여자 집[女家]에서~혼약도 해제되어야 하였다"라고 하여, 원서에서는 혼약의 위반에 대한 처벌규정에 여가女家만 들고 있지만, 『역주율소 - 각칙(상) -』「호혼27」(제176조)「위혼여가망모조」에서는 "무릇 혼인하는데 여자 집[女家]에서 속인[妄冒] 때에는 도1년에 처하고, 남자 집[男家]에서 속인 때에는 1등을 가중한다. 성혼成婚되지 않은 때에는 본래의 혼약婚約에 따르게 하고, 성혼된 때에는 이혼하게 한다[離之]"(2253~2254쪽)라고 규정하여, 남가男家는 가중처벌되었다.

하였고, 이혼도 해야 하였다. 이밖에 '칠출七出'과 '의절義絶'도 이혼의 원인이 되었다.

당률 중에는 위율違律, 즉 율을 위반하고 혼인하였지만 이혼하지 않는 특례特例도 있었다. 예컨대 『당률소의·호혼』「취도망부녀조娶逃亡婦女條」에서는 "(도망한 부녀가) 남편[夫]이 없고 사면赦免을 받아 면죄된 때에는 이혼하게 하지 않는다[不離]"[198]라고 규정하여, 남편이 없고 또 죄를 사면받은 도망녀逃亡女와 혼인한 때에는 이혼하지 않을 수 있었다.

신분이 같지 않은데[不同] 혼인한 때에는 이혼하게 하고 또 반드시 환정還正[199]하도록 하여 그 원래의 지위를 회복시켰다. 예컨대 『당률소의·호혼』「잡호관호여양인위혼조雜戶官戶與良人爲婚條」에서는 "무릇 잡호雜戶는 양인과 혼인할 수 없다. 이를 위반한 자는 장杖100에 처한다. 관호官戶가 양인의 딸[女]을 처妻로 한[娶] 때에도 또한 이와 같다[如之]. 양인이 관호의 딸[女]을 처妻로 한[娶] 때에는 2등을 가중한다. 만약 노비가 사사로이 딸[女]을 양인에게 출가시켜 처첩妻妾이 되게 한 때에는 도죄에 준해서 논한다[準盜論]. 실정을 알고[知情] 혼인한[娶] 자는 같은 죄로 처벌한다[與同罪]. 각각 환정還正하도록 한다"[200]라고 규정하였다.

당률이 규정한 이혼과 환정還正은 모두 사면이 적용되지 않았기 때문에 사면령이 내렸더라도 그대로 율律에 따라 집행되어야 하였다. 즉 『당률소의·호혼』「위율위혼이정조違律爲婚離正條」에서는 "무릇 율을 위반하고[違律] 혼인하였는데, 해당 조문에서 '이혼하게 한다[離之]', '환정하도록 한다[正之]'라고 언급한 경우에는 비록 사면령이 내렸더라도[會赦] 그대로 이혼하게 하거나[離之] 환정하도록 한다[正之]"[201]라고 규정하였다.

당률은 율에 의거하지[依律] 않고 마음대로 이혼한 행위를 금지하였다. 만약 율에 의거하지 않고 이혼한 때에는 범죄에 속하였기 때문에 제재를 받아야 하였다. 예컨대 『당률소의·호혼』「처무칠출이출지조妻無七出而出之條」에서는 "무릇 처에게 칠출七出 및 의절義絶한 정상情狀이 없는데 출처出妻한 자는 도徒1년반에 처한다. 비록 칠출을 범하였지만 삼불거三不去가 있는데 출처出妻한 자는 장杖100에 처한다"[202]라고 규정하였다.

당률 가운데 이혼은 이상의 여러 제재방식과 마찬가지로 모두 오형五刑과 병용並用되었고, 또 오형이 주主가 되었다. 따라서 이혼도 일종의 보조적인 제재방식으로서 오형의 부가적附加的인 제재

---

197 【옮긴이 주】: 『역주율소 - 각칙(상) - 』「호혼33」(제182조)「동성위혼조」「소의」, 2263쪽.
198 【옮긴이 주】: 『역주율소 - 각칙(상)』「호혼36」(제185조)「취도망부녀조」, 2269~2270쪽.
199 【옮긴이 주】: '환정'에 대해서는 본 장 제2절 제2항 '개정改正' 부분 참조.
200 【옮긴이 주】: 『역주율소 - 각칙(상) - 』「호혼43」(제192조)「잡호관호부득여양인위혼조雜戶官戶不得與良人爲婚條」, 2280~2281쪽.
201 【옮긴이 주】: 『역주율소 - 각칙(상) - 』「호혼45」(제194조)「위율위혼이정조」, 2284쪽.
202 【옮긴이 주】: 『역주율소 - 각칙(상) - 』「호혼40」(제189조)「처무칠출조」, 2274쪽.

방식이었다.

제3절 행정제재방식行政制裁方式

당률에는 행정제재방식도 있었는데, 주로 이하 여러 종류를 포괄하였다.

1. 제명除名

제명은 법을 위반한 관리의 관직官職· 관품官品· 작위爵位와 명호名號 등을 박탈하는 일종의 행정제재방식을 가리킨다. 관원官員이 '십악十惡'· 고의살인故意殺人, 감림監臨· 주수主守가 감수監守하는 구역 내에서 간姦 혹은 도盜· 수재왕법犯受財枉法 203 등 중대 범죄를 범한 때에는 형사책임을 추궁받아야 하였고, 또 일반적인 행정제재도 받아야 하였다. 예컨대『당률소의·명례』「제면비도조除免比徒條」「소의」에서는 "감림·주수하는 구역 내에서 견絹 1필疋을 절도[盜]하였는데,204 만약 이것이 사실인 경우, 절도한 자는 장杖80에 처해야 하고, 또 그대로 제명해야 한다"205라고 설명하였다.

제명은 사면의 범위 내에 있지 않기 때문에 사면령이 내렸더라도[會赦] 관리는 그대로 제명되어야 하였다. 예컨대『당률소의·명례』「제명조除名條」에서는 "무릇 십악죄十惡罪와 고살죄故殺罪를 범하였거나 반反·역逆에 연좌緣坐되어 옥이 성립된[獄成]206 자는 사면령이 내렸더라도[會赦] 그대로 제명한다. 만약 감림監臨·주수主守가 감수하는 구역 내에서 간姦·도盜·약인略人의 죄를 범하였거나, 또는 수재왕법受財枉法을 범한 때에는 또한 제명하고,"207 "그 외[雜]의 사죄死罪를 범한 자가 만약 수감[禁] 중에 사망하였거나, 사형을 면하고 달리 처벌되었거나[配],208 사형을 피해 도망한 때에는 모두 제명한다"209라고 규정하였다.

---

203 【옮긴이 주】: '수재왕법'에 대해서는 제1장 주 117 참조.
204 【옮긴이 주】: "감림·주수하는 구역 내에서 견 1필을 절도하였는데"가 원문에는 "가령 어떤 사람[有人]이 5품 이상의 관원官員이 감림·주수하는 구역 내에서 견 1필을 절도하였다고 고발하였는데[告]"로 되어 있다(주 205 참조).
205 【옮긴이 주】:『역주율소 - 명례편 - 』「명례23」(제23조)「제면비도조」「소의」, 204쪽.
206 【옮긴이 주】: '옥성獄成'은 복심覆審까지 종결된 것을 말한다.
207 【옮긴이 주】:『역주율소 - 명례편 - 』「명례18」(제18조)「제명조」, 172~175쪽.
208 【옮긴이 주】: "사형을 면하고 달리 처벌되었다[配]"라는 문장에 대해『역주율소 - 명례편 - 』「명례18」(제18조)「제명조」「소의」에서는 "본래 사죄死罪를 범하였지만, 은전恩典을 입어 달리 유형이나 도형에 처해진 것 등[之類]을 말한다"(178쪽)라고 하였다. 그리고 '배配'는 도형·유형과 같이 일정 기간 지속적인 집행을 필요로 하는 형에 처해졌다는 의미이다. 이와는 달리 '결決'은 태형·장형·사형 등의 집행이 완료되었다는 의미이다.

그러나 다음과 같은 특례特例도 있었다. 첫째, '십악十惡' 등 대죄大罪를 범한 경우, 옥이 아직 성립되지 않았는데[獄未成] 사면령이 내렸다면 사면의 법[赦免之法]을 따를 수 있었다. 예컨대 위의 조[上條] 「소의」에서는 "십악 등의 죄를 범하여 옥이 성립된[獄成] 후에는 비록 대사면령이 내렸더라도[會大赦] 그대로 제명해야 한다. 옥이 아직 성립이 되지 않은 때에는 사면령[赦名²¹⁰]에 따른다"²¹¹라고 하였다. 둘째, 수재왕법受財枉法 등의 죄를 범한 경우, 옥이 성립되고 사면령이 내렸다면 '면소거관免所居官'으로 처리하였다. 즉, 위의 조[上條]에서는 "(만약) 감림·주수가 감수하는 구역 내에서 간·도·약인의 죄를 범하였거나, 또는 수재왕법을 범한 때에는"²¹², "옥이 성립되고 사면령이 내린 때에는 면소거관한다"²¹³라고 규정하였다. 셋째, 그 외[雜]의 사죄死罪를 범한 경우, "은강령이 내렸다면[會降]" 관당官當 및 속贖의 규정에 따라 처리하였다. 즉, 위의 조[上條]에서는 "그 외[雜]의 사죄死罪를 범한 자가 만약 수감[禁] 중에 사망하였거나, 사형을 면하고 달리 처벌되었거나[配], 사형을 피해 도망한 때에는 모두 제명하고", "은강령이 내린[會降] 때에는 관당·속하는 법에 따르는 것을 허용한다[聽當贖法]"²¹⁴라고 규정하였다.

관리는 제명된 후에 관직·관품·작위 등이 모두 박탈되었고, 부세賦稅·요역徭役도 입사入仕 이전의 신분에 따라 징수·복역하였으며, 6년 이후 원래[原]의 신분과 국가의 규정에 따라 계속 관리가 될 수 있었다. 예컨대 『당률소의·명례』「제면관당서법조除免官當敍法條」에서는 "무릇 제명된 자는 관官·작爵을 모두 삭제[除]하고, 과역課役은 본색本色²¹⁵에 따르며, 6재六載 후에 서용敍用을 허용하되 출신법出身²¹⁶法에 의거한다"²¹⁷라고 규정하였다. 또 본 조 「소의」에서는 "과역은 본색本色에 따른다"와 '서용법[敍法]'·'출신'에 대해 전문적으로 "'과역은 본색本色에 따른다'라는 것은, 음蔭이 없으면 서인庶人과 같고[同], 음蔭이 있으면 음하는 법례[蔭例]에 따르는 것이고", "제명²¹⁸에 해당하는 죄를 범한 사람의 경우, (제명) 기간이 만료된 후 서용하는 법[敍法]은 (아래의) 선거령選擧令²¹⁹에 의

---

209 【옮긴이 주】: 『역주율소 - 명례편 -』「명례18」(제18조)「제명조」, 178쪽.
210 【옮긴이 주】: '명名'은 '면免'의 오기이다(주 211 참조).
211 【옮긴이 주】: 『역주율소 - 명례편 -』「명례18」(제18조)「제명조」「소의」, 174쪽.
212 【옮긴이 주】: "범한 때에는" 다음에 "또한 제명하고"가 있다(주 207 참조).
213 【옮긴이 주】: 이상 『역주율소 - 명례편 -』「명례18」(제18조)「제명조」, 175쪽.
214 【옮긴이 주】: 이상 『역주율소 - 명례편 -』「명례18」(제18조)「제명조」, 178~179쪽.
215 【옮긴이 주】: '본색本色'의 의미 및 그 용례에 대해서는 제1장 주 13 참조.
216 【옮긴이 주】: '출신'은 초임初任 자격을 말한다. 여기에는 음蔭에 의한 출신과 과거에 의한 출신이 있다. 이 두 가지 출신을 모두 가진 경우에는 높은 것을 그 출신으로 하였다[『역주율소 - 명례편 -』「명례21」(제21조)「제면관당서법조」, 191쪽, 주 29)].
217 【옮긴이 주】: 『역주율소 - 명례편 -』「명례21」(제21조)「제면관당서법조」, 190~191쪽.
218 【옮긴이 주】: '제명' 앞에 "'출신법에 따른다'라는 것은"이 있다(주 220 참조).

한다는 것이다. 즉 '3품 이상은 주문奏聞하여 칙敕에 따르고, 정4품은 종7품하에 서용敍用하며, 종4품은 정8품상에 서용하고, 정5품은 정8품하에 서용하며, 종5품은 종8품상에 서용하고, 6·7품은 모두 종9품상에 서용하며, 8·9품은 종9품하에 서용한다. 만약 출신 관품이 이 법法에서 정한 것보다 높은 때에는 높은 것에 따르는 것을 허용한다[聽].' '출신'이라는 것은 음에 의한 것[藉蔭] 및 수재秀才·명경明經 등을 말한다"220라고 해석하였다.

제명은 도徒3년에 상당하였다. 관리를 무고誣告하여 제명의 처벌을 받도록 한 경우에는 반드시 도3년으로 반좌反坐해야 하였고, 무고된 관리가 도죄徒罪의 구성요건이 되었는가의 여부는 논외論外였다. 예컨대 『당률소의·명례』「제면비도조除免比徒條」에서는 "무릇 제명은 도3년에 비比221한다"222라고 규정하였고, 본 조 「소의」223에서는 만약 어떤 사람[有人]이 관리를 무고하였다면, 장杖80대에 처해야 한다224라고 규정하였지만, 무고한 사람은 "장죄杖罪에 그칠 수 없기 때문에 반좌反坐하되 도3년에 비比한다"225라고 보충해서 설명하였다.

당률 가운데 제명은 모두 죄를 범한 관리에게 적용되었다. 이것은 형사제재에 대한 보충으로서 관리에게 두 가지 처분을 받게 해서 처벌의 엄중성을 증가시켰다. 이러한 의의 면에서 보면, 제명도 일종의 보조적인 제재수단이었다.

....

219 【옮긴이 주】: '선거령'은 니이다 노보루仁井田陞, 『당령습유唐令拾遺』「선거령 25조」(299쪽) 참조.
220 【옮긴이 주】: 『역주율소 - 명례편 - 』「명례21」(제21조)「제면관당서법조」「소의」, 190~193쪽.
221 【옮긴이 주】: '비'에 대해서는 제1장 주 123 및 제2장 주 58 참조.
222 【옮긴이 주】: 『역주율소 - 명례편 - 』「명례23」(제23조)「제면비도조」에서는 "무릇 제명除名은 도3년에 비비하고, 면관免官은 도2년에 비하며, 면소거관免所居官은 도1년에 비한다. 유외관流外官은 이 율을 적용하지 않는다[不用此律]"(203쪽)라고 규정하였다.
223 【옮긴이 주】: '소의'는 '주·소의'이다(주 225 참조).
224 【옮긴이 주】: "만약 어떤 사람이~처해야 한다"라는 문장은 원문과 차이가 있다(주 225 참조). 본 조 「주·소의」에서 규정한 '장80'의 근거는 다음과 같다. 『역주율소 - 각칙(상) - 』「적도36」(제283조)「감림주수자도조監臨主守自盜條」에서는 "무릇 감림監臨·주수主守가 자신의 관할 하에 있는 물품을 절도하였거나 관할 구역 내[部內]의 재물을 절도한 때에는 일반 도죄[凡盜]에서 2등을 가중한다"(2459쪽)라고 규정하였고, 본 조 「소의」에서는 "가령 좌장고左藏庫의 재물은 곧 태부太府의 경卿·승丞이 감림관이 되고, 좌장서左藏署의 영令·승丞이 감사監事가 되며, 현재 창고倉庫를 지키고 있는 자가 주수가 되는데, 자신이 창고의 재물을 절도한 때에는 …… 일반 도죄[凡盜]에서 2등을 가중하여 1척尺이었다면 장80에 처하고, 1필匹마다 1등을 가중하며, 1필1척尺이었다면 장90에 처하고, 5필이었다면 도2년에 처하며, 5필마다 1등을 가중한다"(2459쪽)라고 해석하였다. 이처럼 관리가 도죄盜罪를 범한 때에는 일반 도죄[凡盜]에서 2등이 가중되어 장80에 처해졌다. 「제면비도조」「주·소의」에서 말한 '장80'은 이것을 가리킨다.
225 【옮긴이 주】: 『역주율소 - 명례편 - 』「명례23」(제23조)「제면비도조」「주·소의」에서는 "가령 어떤 사람이 5품 이상 관원이 감림監臨·주수主守하는 구역 내에서 견絹 1필疋을 절도[盜]하였다고 고발하였는데[告], 만약 이것이 사실이었다면, 절도한 자는 장80에 처해야 하고 또한 제명해야 하지만, 허위였다면, 무고한 사람은 장죄에 그칠 수 없기 때문에 반좌하되 도3년에 비한다"(204쪽)라고 하였다.

2. 면관免官

면관은 법을 위반한 관리의 관직官職·관품官品·명호名號는 박탈하지만, 작위爵位는 보류保留하는 일종의 행정제재방식을 가리킨다. 면관과 제명의 중요한 차이는, 전자가 작위를 보류할 수 있었다면 후자는 할 수 없었다는 점에 있었다. 예컨대 『당률소의·명례』「응의청감조應議請減條」「소의」에서는 "제명除名에 해당하는 죄를 범한 자는 작위[爵]도 제면除免하고, 면관免官·면소거관免所居官 및 관당官當에 해당하는 죄를 범한 자는, 작위[爵]는 보류保留하고, 속동을 징수한다[收贖]"[226]라고 하였다.

면관은 제명보다 경범죄輕犯罪에 적용되었다. 예컨대 위의 조[上條]「소의」에서는 "(관품과 작위가 있는 자가) 소공존속小功尊屬을 고의로 구타하여[故毆] 폐질廢疾에 이르게 하였거나, 남자[男夫][227]가 감수監守하는 구역 내에서 십악十惡 및 절도죄[盜]를 범하였거나, 부인婦人이 간죄姦罪을 범하여 '내란죄內亂罪'에 해당한 때에는 모두 제명해야 하고, 남자[男夫]가 절도죄를 범하여[犯盜] 도형徒刑 이상으로 단죄斷罪되었거나, 부인이 간죄를 범한[犯姦] 때에는 모두 면관해야 한다"[228]라고 사례를 들어 규정하였다. 『당률소의·명례』「면관조免官條」의 규정은 더욱 상세한데, 본 조에서는 "무릇 (관리가) 간음姦淫·도盜·약인죄略人罪를 범하였거나, 재물은 받았지만 왕법하지 않았거나[受財不枉法], 또는 유流·도죄徒罪를 범하고서 옥이 성립된[獄成] 후 도주하였거나, 조부모·부모가 사죄死罪를 범해 수감되었는데, 악을 행하였거나[作樂[229]] 혼인하여 취처한[婚娶] 때에는 면관免官한다"[230]라고 규정하였다.

무릇 면관된 자는 '이관二官'이 모두 해면解免되었다. 예컨대 위의 조[上條]「소의」[231]에서는 이것에 대해 전문적으로 "'이관'은 직사관·산관·위관이 일관一官이 되고, 훈관이 일관이 된다. 이 이관이 모두 면관되었다[二官爲職事官·散官·衛官爲一官 勳官爲一官 此二官並免]"[232]라고 해석하였다.

---

226 【옮긴이 주】: 『역주율소 - 명례편 - 』「명례11」(제11조)「응의청감조(속장)」「소의」, 149쪽.
227 【옮긴이 주】: '남자[男夫]' 이하는 모두 관품과 작위가 있는 자이다.
228 【옮긴이 주】: 『역주율소 - 명례편 - 』「명례11」(제11조)「응의청감조(속장)」「소의」, 149쪽.
229 【옮긴이 주】: '악'에 대해서는 제1장 주 44 참조.
230 【옮긴이 주】: 『역주율소 - 명례편 - 』「명례19」(제19조)「면관조」, 183~184쪽.
231 【옮긴이 주】: '「소의」'는 '「주·소의」'의 오기이다(주 232 참조).
232 【옮긴이 주】: 『역주율소 - 명례편 - 』「명례19」(제19조)「면관조」「주·소의」, 185쪽. 본문에 인용한 원문 가운데 전자의 "二官爲職事官·散官·衛官爲一官 勳官爲一官"에서 '爲'가 '謂'로 된 판본도 있고, 이로써 문장을 해석하면 "'이관'은 직사관·산관·위관을 일관으로 하고, 훈관을 일관으로 하는 것을 말한다"가 된다. 후자의 "此二官並免"은 하나의 완결된 문구가 아니고 다음의 "三載之後 降先品二等敍"라는 문구와 연결되어 있고, 양자를 연결해서 해석하면 "이 이관이 모두 면관되었다면, 3재 후 이전의 관품에서 2등을 강등해서 서용한다"가 된다. 그런데 오히려 문제는 저자가 면관되는 자의 '이관' 박탈을 명시한 규정으로 본

면관된 관리는 3년 후 원래의 관품에서 2등을 강등해서 계속 임관任官되었다. 예컨대 『당률소의 · 명례』「제면관당서법조除免官當敍法條」에서는 "면관된 자는 3재三載 후 이전의 관품[先品]에서 2등을 강등해서 서용敍用한다"233라고 규정하였고, 본 조 「소의」에서는 "정4품 이하는 일계一階를 일등一 等으로 하고, 종3품 이상 및 훈관勳官은 정正·종從을 각각 일등으로 한다. 가령 정4품상에서 면관되 었다면 3재 후 종4품상으로 서용될 수 있고, (정2품) 상주국上柱國에서 면관되었다면 3재 후 (정3품) 상호군上護軍에 서용된다"234라고 해석하였다.

면관은 도徒2년에 상당하였다. 관리를 무고誣告해서 면관의 처벌을 받도록 한 경우에는 도2년으 로 반좌反坐해야 하였고, 무고된 관리가 도2년에 해당하는 죄의 구성요건이 되었는가의 여부는 논 외論外였다. 예컨대 『당률소의 · 명례』「제면비도조除免比徒條」에서는 "면관은 도2년에 비比한다"235 라고 규정하였고, 본 조 「소의」236에서는 사례를 들어 이와 같이 해석하였다. 만약 어떤 사람[有人] 이 관리가 절도竊盜를 범하였다고 무고誣告한 경우에는 도1년에 처해야 하지만,237 "(무고한 사람은) 반좌하되 도1년에 그칠 수 없기 때문에 도2년에 비比한다."238

면관도 오형五刑과 연용連用된 일종의 보조적인 제재수단이었다. 즉, 위의 조[上條]「소의」239에서 는 "5품관이 감림하는 구역 밖[外]에서 견絹 5필匹을 절도한 때에는 도1년에 처하고[科] 또 면관해 야 한다"240라고 했다.

....

조 「주·소의」의 문장을 인용한 점이다. 그러나 인용된 「주·소의」의 문장은 「주」에서 "(면관은) 이관이 모두 해면되는 것을 말한다[謂二官並免]. 작爵과 강소부지降所至한 것은 보류하는 것을 허용한다"(185 쪽)라는 규정 가운데 '이관'에 대해 해석한 것이고, 또 '이관'이 해면된 이후의 서용 절차에 대해 약술한 것일 뿐, '면관'에 대해 설명한 것은 아니다. '면관'에 대해 직접 설명한 것은 「주」에서 "이관이 모두 해면되는 것을 말한다[謂二官並免]"(185쪽)라고 한 문장이다.

233 【옮긴이 주】:『역주율소 - 명례편 -』「명례21」(제21조)「제면관당서법조」, 194쪽. 이와 유사한 규정은 『역주율소 - 명례편 -』「명례19」(제19조)「면관조」「주·소의」(185쪽)에도 있다(주 232 참조).
234 【옮긴이 주】:『역주율소 - 명례편 -』「명례21」(제21조)「제면관당서법조」「소의」, 194쪽.
235 【옮긴이 주】: 주 222 참조.
236 【옮긴이 주】: '「소의」'는 '「주·소의」'이다(주 238 참조).
237 【옮긴이 주】: "도1년에 처한다"라는 것은 『역주율소 - 각칙(상) -』「적도35」(제282조)「절도조竊盜條」에서 "무릇 절도하였지만, 재물을 취득하지 못한 때에는 태50에 처하고, 1척尺이었다면 장60에 처하며, 1필疋 마다 1등을 가중하고, 5필이었다면 도1년에 처하고, 5필마다 1등을 가중하며, 50필이었다면 가역류加役流 에 처한다"(2458쪽)라고 한 규정에서 "5필이었다면 도1년에 처한다"라고 한 것을 말한다.
238 【옮긴이 주】: 이 문구는 『역주율소 - 명례편 -』「명례23」(제23조)「제면비도조」「주·소의」에서 "면관의 경우, 5품관이 감림監臨하는 구역 밖[外]에서 견絹 5필을 절도하였다고 고발[告]된 때에는 도1년에 처하고 또한 면관해야 한다. 그러나 만약 허위일 때에는 반좌하되 도1년에 그칠 수 없기 때문에 도2년에 비한다 는 것을 말한다"(204쪽)라고 한 규정이 정문正文이다.
239 【옮긴이 주】: '「소의」'는 '「주·소의」'이다(주 240 참조).

3. 면소거관免所居官

면소거관은, 법을 위반한 관리의 관직官職 및 가지고 있던[所帶] 산관散官의 품위品位는 해면解免하지만, 훈관勳官의 명위名位는 보류保留하는 일종의 행정제재방식을 가리킨다. 당률은 면소거관의 범위에 대하여 명확히 규정하였다. 예컨대『당률소의·명례』「면소거관조免所居官條」에서는 "무릇 부호府號·관칭官稱이 아버지[父]·할아버지[祖]의 이름[名]을 범하는데 영예를 탐해서[冒榮] 관직에 나아갔거나, 조부모·부모가 연로하거나[老]·질환이 있는데[疾]²⁴¹ 시양하지 않고[無侍] 친親을 방치하고 관직에 나아갔거나, 부모의 상중喪中에 자식[子]을 낳았거나 첩을 얻었거나[娶妾], 형제들이 적을 따로 하였거나[別籍] 재산을 나누었거나[異財], 상중인 것을 무릅쓰고 관직을 구하였거나[冒哀求仕], 또는 감림監臨하는 구역 내의 잡호雜戶·관호官戶·부곡部曲의 처妻 및 비婢를 간姦한 자는 면소거관한다"²⁴²라고 규정하였다. 이외에 제명되어야 하지만, 옥이 성립되고[獄成] 사면령이 내려진[會赦] 경우 등도 면소거관해야 하였다. 예컨대『당률소의·명례』「제명조除名條」에서는 "(만약) 감림監臨·주수主守가 감수監守하는 구역 내에서[於所監²⁴³內] 간姦·도盜·약인略人의 죄를 범하였거나, 또는 수재왕법受財枉法²⁴⁴을 범한 때에는,"²⁴⁵ "옥이 성립되고[獄成] 사면령이 내려진[會赦] 때에는 면소거관한다"²⁴⁶라고 규정하였다.

당률은 당대唐代의 관직을 '이관二官'²⁴⁷으로 나누었고, 면소거관은 일관一官만을 해면하였기 때문에 이관二官이 있었다면 일관一官은 보류保留되었다. 예컨대『당률소의·명례』「면소거관조」²⁴⁸에서는 면소거관에 대해 "재직하고 있던 관[所居官] 중에서 일관一官을 해면解免한다는 것이다. 만약 훈관勳官을 겸직한[兼帶] 자는 그 직사관職事官을 해면한다"²⁴⁹라고 규정하였다. 본 조「소의」²⁵⁰에서는 더욱 명확하게 해석하였다. "'면소거관한다'라고 칭稱한 경우, (관은) 직사관·산관散官·위관

---

240 【옮긴이 주】: 이 문장은『역주율소 - 명례편 -』「명례23」(제23조)「제면비도조」「주·소의」에서 "5품관이 감림하는 구역 밖에서 견 5필을 절도하였다고 고발[告]된 때에는 도1년에 처하고 또한 면관해야 한다"(204쪽)라고 한 규정이 정문이다.
241 【옮긴이 주】:『역주율소 - 명례편 -』「명례20」(제20조)「면소거관조」「소의」에서는 "노老는 80 이상을, 질疾은 독질篤疾을 말한다"(186쪽)라고 하였다.
242 【옮긴이 주】:『역주율소 - 명례편 -』「명례20」(제20조)「면소거관조」, 183~189쪽.
243 【옮긴이 주】: '감림監' 다음에 '수수守'가 있다(주 246 참조).
244 【옮긴이 주】: '수재왕법'에 대해서는 제1장 주 117 참조.
245 【옮긴이 주】: "범한 때에는" 다음에 "또한 제명하고"가 있다(주 246 참조).
246 【옮긴이 주】: 이상『역주율소 - 명례편 -』「명례18」(제18조)「제명조」, 175쪽.
247 【옮긴이 주】: '이관'에 대해서는 주 232 참조.
248 【옮긴이 주】:「면소거관조」다음에 '주'가 있다(주 249 참조).
249 【옮긴이 주】:『역주율소 - 명례편 -』「명례20」(제20조)「면소거관조」「주」, 189쪽.
250 【옮긴이 주】: '「소의」'는 '「주·소의」'이다(주 251 참조).

衛官과 같이 동일한 위계位階는 합해서 일관一官으로 한다. 만약 복수의 관[數官]을 겸직한[有] 때에는 먼저 높은 관[高者]을 추탈追奪한다. 만약 훈관을 소유한[帶] 때에는 그 직사관을 해면하고, 만약 직사관이 없었던 때에는 훈관 중 높은 것[高者]을 해면한다."251 당률에는 재직하고 있던 관[所居官] 중에서 일관一官을 해면하는 구체적인 규정이 있다. 즉 『당률소의·명례』「십악조十惡條」252 「소의」에서는 "남자[男夫]가 상중喪中에 첩을 취한[娶妾] 때에는 재직하고 있던 관[所居官] 중에서 일관一官을 해면해야 한다"253라고 하였다.

면소거관은 도徒1년에 상당하였다. 관리를 무고誣告하여 면소거관의 처벌을 받도록 한 경우에는 도1년으로 반좌反坐해야 하였고, 무고된 관리가 도죄徒罪의 구성요건이 되었는가의 여부는 논외論外였다. 예컨대 『당률소의·명례』「제면비도조除免比徒條」에서는 "면소거관은 도1년에 비比한다"254라고 규정하였고, 본 조「소의」255에서는 사례를 들어 다음과 같이 해석하였다. 만약 어떤 사람[有人]이 관리가 감림監臨하는 구역 내에서 비를 간하였다[姦婢]고 무고한 때에는256 장杖90에 처해야 하고,257 반좌反坐258하되 장죄杖罪에 그칠 수 없기 때문에 도1년에 비比한다."259

면소거관은 제명·면관과 마찬가지로 오형五刑과 연계되었고, 동시에 오형을 주된 제재수단으로 삼았다. 예컨대 『당률소의·명례』「제면비도조」「소의」260에서는 "감림하는 구역 내에서 비婢를 간姦한 때에는261 장杖90에 처해야 하고, 간姦한 자는 면소거관해야 한다"262라고 규정했다.

---

251 【옮긴이 주】: 『역주율소 - 명례편 - 』「명례20」(제20조)「면소거관조」「주·소의」, 189쪽.
252 【옮긴이 주】: '「십악조」'는 '「십악조·불효」'이다(주 253 참조).
253 【옮긴이 주】: 『역주율소 - 명례편 - 』「명례6」(제6조)「십악조·불효」「소의」, 124쪽.
254 【옮긴이 주】: 주 222 참조.
255 【옮긴이 주】: '「소의」'는 '「주·소의」'이다(주 259 참조).
256 【옮긴이 주】: "만약 어떤 사람이~무고한 때에는"은 "면소거관의 경우, 감림監臨하는 구역 내에서 비를 간하였다[姦婢]고 고발[告]된 때에는"이 정문正文이다(주 259 참조).
257 【옮긴이 주】: 『역주율소 - 각칙(하)』「잡률22」(제410조)「간조姦條」에서는 "만약 관官·사비私婢를 간음한 때에는 장90에 처한다"(3227쪽)라고 규정하였다. 그런데「잡률28」(제416조)「감수어감수내간조監主於監守內姦條」에서는 "무릇 감림·주수가 감수監守하는 구역 내에서 간음한 때에는 간죄姦罪에서 1등을 가중한다"라고 규정하였고,「주」에서는 "양인良人을 범한 것을 말한다"(이상 3234쪽)라고 하여, 감림·주수가 일반 양인을 간한 때에는 일반 간죄[凡姦]에서 1등이 가중되었지만, 비婢를 간한 경우에 대해서는 언급이 없다. 그렇다면 감림·주수가 비를 간한 때에는 일반 양인과 같이 장90에 처해졌음을 알 수 있다.「제명비도조」「주·소의」에서 "감림하는 구역 내에서 비를 간하였다고 고발된 때에는 장90에 처해야 한다"라고 한 규정은 이것을 말한다.
258 【옮긴이 주】: '반좌' 앞에 "간姦한 자는 면소거관해야 하지만, 허위였다면"이 있다(주 259 참조).
259 【옮긴이 주】: 『역주율소 - 명례편 - 』「명례23」(제23조)「제명비도조」「주·소의」, 204쪽.
260 【옮긴이 주】: '「소의」'는 '「주·소의」'이다(주 262 참조).
261 【옮긴이 주】: "감림하는 구역 내에서 비를 간한 때에는"이 원문에는 "감림하는 구역 내에서 비를 간하였다

제명·면관과 면소거관, 이 세 가지 행정제재방식 가운데 제명이 가장 엄중하였고, 면소거관이 가장 경미하였으며, 면관이 중간이었다. 이것은 (상술하였듯이) 이 세 가지를 도형^{徒刑}으로 비^{比}해서 환산하면, 이러한 결론을 도출할 수 있다. 게다가 『당률소의·명례』「제면비도조」「소의」에서도 매우 분명하게 "제명·면관·면소거관은 그 죄에 차이[差降]가 있으므로 경중[輕重]을 헤아려 차등 있게[節級] 도형으로 비한다[比徒]"^{263}라고 하여, 경중에 차이가 있는 세 가지 행정제재수단을 죄명^{罪名}·죄상^{罪狀}이 다른 죄를 범한 위법한 관리에게 적용하였다.

제명·면관·면소거관과 관당^{官當}은 모두 관리에게 적용하였기 때문에 그것들 간에는 서로 유사한 점도 있었지만, 다음과 같은 차이점도 있었다. 첫째, 전자는 도형^{徒刑}으로 환산해서 집행할 수 없었지만, 후자는 일정한 범위 내에서 도죄^{徒罪}로 환산해서 형벌을 면할 수가 있었다. 둘째, 전자는 당률에서 단독으로 적용할 수 없었고, 항상 오형^{五刑}과 연계된 오형의 보조적 제재수단이었지만, 후자는 단독으로 적용할 수 있었고, 반드시 오형과 병용[合用]되지는 않았다. 셋째, 전자는 제재 기간이 만료된 후 서용법[敍法]에서 형식이 다양하여, 제명은 6년 후 비로소 출신법^{出身法}에 의거해서 서용되었고, 면관은 3년 후 이전의 관품[先品]에서 2등을 강등해서 서용되었으며, 면소거관은 1년 후 이전의 관품에서 1등을 강등해서 서용되었지만, 후자는 단일 형식으로서, 모두 1년 후 이전의 관품에서 1등을 강등해서 서용되었다.

제4절 제재방식의 특징

당률 가운데 형사·민사·행정의 삼대^{三大} 제재방식을 종관^{綜觀}하고, 아울러 이전의 제제방식과 비교하면, 다음과 같은 몇 가지 주요한 특징을 알 수 있다.

1. 지도사상^{指導思想}으로서의 유가경의^{儒家經義}

당률 가운데 주요 제재방식에 대한 확정은 모두 유가경의를 근거로 하였는데, 오형^{五刑}이 바로 그러하였다. 오형조^{五刑條264}의 각「소의」에서는 모두 경의^{經義}를 인용하여 오형이 제정된 이론적

고 고발[告]된 때에는"이다(주 262 참조).
262 【옮긴이 주】: 『역주율소 - 명례편 - 』「명례23」(제23조)「제명비도조」「주·소의」, 204쪽.
263 【옮긴이 주】: 『역주율소 - 명례편 - 』「명례23」(제23조)「제명비도조」「소의」, 203쪽.
264 【옮긴이 주】: '오형조'는 『역주율소 - 명례편 - 』의「명례1」(제1조)「태형오조笞刑五條」·「명례2」(제2조)「장형오조杖刑五條」·「명례3」(제3조)「도형오조徒刑五條」·「명례4」(제4조)「유형삼조流刑三條」·「명례5」(제5조)「사형이조死刑二條」를 말한다.

연원淵源을 논증해서 그것들이 존재해야 하는 합리성을 실증하였다. 오형조의 「소의」에 보이는 경전經典에는 『상서尙書』・『예기禮記』・『주례周禮』・『효경孝經』・『춘추春秋』 등이 있다. 그중에는 하나의 경서經書 속의 경구經句로 하나의 형종刑種을 설명한 것도 있고, 두 가지 이상의 경서 속의 경구로 하나의 형종을 설명한 것도 있다. 예컨대 장형杖刑・도형徒刑은 각각 『상서』・『주례』의 경구로 설명하였고, 태형笞刑은 『상서』・『효경』・『예기』의 경구로 설명하였으며, 사형死刑은 『춘추』・『예기』・『상서』의 경구로 인증引證하였다. 오형 이외에 일부 제재방식에 대한 확립도 경의를 근거로 하였는데, 이혼離婚이 바로 그 일례一例이다. 예컨대 『당률소의・호혼』「유처갱취조有妻更娶條」「소의」에서는 "『예기』에 의하면 '해는 동쪽에서 뜨고[日見於甲], 달은 서쪽에서 뜬다[月見於庚]'²⁶⁵라고 하였는데, 이것은 부부의 의[夫婦之義]를 상징한다. 결합해서 동일체가 되면 (그 인격이) 대등해지고[齊], 가사 일[中饋]²⁶⁶도 귀중하게 된다"²⁶⁷라고 하였고, (따라서) 만약 처妻가 있는데 재취再娶하였다면 이러한 의義를 위반하였기 때문에 도형에 처할 뿐만 아니라 또 "각각 이혼하게 한다[離之]"²⁶⁸라고 하였다.

유가경의를 제재방식의 지도사상으로 확정한 것은 당률이라는 법전 전체가 예禮를 지도사상으로 한 것과 완전히 부합되었다. 경의를 제재방식의 지도사상으로 한 것은 당률이 예를 지도사상으로 한 것에 대한 직접적인 구현이었다. 전체적으로 보면, 당률의 제재방식은 이전의 법전 규정보다 예禮의 지배・영향을 더욱 크게 받았다. 왜냐하면, 당률은 중국 법제사에서 예禮와 법法의 유기적인 결합을 최초로 성공시킨 법전이었기 때문이다.

2. 주요 원칙으로서의 신형愼刑

신형원칙愼刑原則은 당률이 처음 창제한 것이 아니고, 이미 서주西周 때 "명덕신벌明德愼罰, 즉 덕을 밝히고 벌을 신중히 한다"는 주장과 법제法制의 필요성이 명확히 제시되었고, 이후 많은 통치자들도 이것을 표방하였지만, 제재방식에서 이러한 원칙을 전면적이고 완정完整하게 구현하고 관철한 것은 당률이었다. 『법경法經』은 비교적 완정되고 오래된 하나의 봉건법전이자 중국 봉건법전의

---

265 【옮긴이 주】: 『예기정의禮記正義』(『십삼경주소 하』)권47, 「제의祭義 제24」에서는 "해는 동쪽에서 뜨고[日出於東], 달은 서쪽에서 뜬다[月出於西]. 음양陰陽과 장단長短은 처음과 끝[終始]이 서로 갈마들어 이로써 천하의 화순和順에 이르게 된다"(1595쪽)라고 하였다.
266 【옮긴이 주】: '중궤中饋'는 부인이 가내家內에서 음식을 장만하는 일을 주관하는 등 일반적인 주부의 일을 말한다. 『주역정의周易正義』(『십삼경주소 상』)권4, 「가인家人」에서는 "육이六二는 이루는 바가 없고, 중궤에 있으면 바르게 해서 길할 것이다"(50쪽)라고 하였다.
267 【옮긴이 주】: 『역주율소 - 각칙(상) - 』「호혼28」(제28조)「유처갱취조」「소의」, 2255쪽.
268 【옮긴이 주】: 『역주율소 - 각칙(상) - 』「호혼28」(제28조)「유처갱취조」「소의」, 2255쪽.

남본監本으로서, 중국 법제사에서 매우 중요한 지위를 차지하고 있다. 그러나 당시 법가法家의 중형경죄重刑輕罪, 즉 경죄를 중형에 처하는 사상의 지도 하下에서 용형用刑에 편중되었기 때문에 궁궐을 엿보기[窺宮]만 해도 빈형臏刑269에 처해졌고, 떨어진 것을 줍기[拾遺]만 해도 월형刖刑270에 처해졌다. 진시황271은 '법치法治'를 극단적으로 추진해서 진법秦法의 용형用刑은 말문이 막힐 정도로 엄중하였고, '효수梟首272 · '요참腰斬' · '차열車裂' · '이삼족夷三族' · '구오형具五刑273 · '착전鑿顚274 등이 광범위하게 사용되었기 때문에 사서史書에서는 당시 "죽은 사람이 날마다 저자[市]에 쌓였다"275라고 하

---

269 【옮긴이 주】: '빈형'은 종지뼈를 도려내는 형벌을 가리킨다.
270 【옮긴이 주】: '월형'은 발목을 절단하는 형벌로서, 육형肉刑 가운데 하나이다.
271 【옮긴이 주】: '진시황'은 진秦의 제31대 군주(왕: 재위 B.C. 247~B.C. 220. 황제: 재위 B.C. 220~B.C. 210)이다.
272 【옮긴이 주】: '효수'와 뒤에 나오는 '차열'의 형은 『사기』권6, 「진시황본기」에서 "(진시황) 9년(B.C. 238) …… 4월 …… 기유己酉, …… 장신후長信侯 노애嫪毒가 기년궁蘄年宮을 공격하여 반란하고자 하였다. …… 노애 등을 모두 생포하였다. 위위衛尉 갈竭·내사內史 사肆·중대부령中大夫令 제齊 등 20인人을 모두 효수하였다. 차열해서 (사람들에게) 본보기로 보였고[徇], 그 종족을 주멸하였다[滅其種]"(227쪽)라고 한 기사에 보인다.
273 【옮긴이 주】: '요참' · '이삼족' · '구오형'의 형은 『사기』권87, 「이사열전李斯列傳」에서 "이세二世 2년(B.C. 208) 7월 , 이사에게 오형을 가하였고[具斯五刑] 함양咸陽의 저자[市]에서 요참에 처한다고 논죄하였으며, …… 삼족을 멸하였다[夷三族]"(2562쪽)라고 한 기사에 보인다. 특히 '이삼족'은 이외에 『사기』권6, 「진시황본기」에서 "(이세) 3년(B.C. 207: 자영子嬰이 진왕에 즉위한 해) …… 8월 기해己亥, …… 자영은 마침내 재궁齋宮에서 조고趙高를 척살刺殺하였고, 조고 가[家]의 삼족을 멸하여[三族] 함양咸陽에 본보기로 보였다[徇]"(273·275쪽)라고 한 기사와 「이사열전」에서 "자영이 즉위한 후 …… 한담韓談에게 영令을 내려 (조고를) 척살하게 하였고, 그 삼족을 멸하였다[夷其三族]"(2563쪽)라고 한 기사 등에 보인다.
274 【옮긴이 주】: '착전'은 정釘으로 정수리를 쳐서 살해하는 형벌이다. 이 형벌의 적용에 대해 『사기』에는 관련 사료가 없고, 『한서』권23, 「형법지」에 기재되어 있는 "정도正道가 점차 쇠퇴해져서[陵夷] 전국戰國에 이르자, 한韓은 신자申子를 임용任用하고, 진秦은 상앙商鞅을 임용해서 서로 연좌連坐하는 법을 설치하였고, 삼족을 주멸하는 제도[參夷之誅]를 제정하였다. (또한) 육형肉刑·대벽大辟을 증가시켰는데, 그중에는 착전鑿顚·추협抽脅·확형鑊亨과 같은 형벌도 있었다"(1096쪽)라고 한 기사에 보이고, 그 시기도 진秦의 경우에는 진시황보다 훨씬 이전인 상앙(B.C. 390?~B.C. 338) 때(그 당시 군주는 효공孝公)이다.
275 『사기·이사열전』.
    【옮긴이 주】: 『사기』권87, 「이사열전」에서는 "(이세황제 때) 형벌을 받은 사람이 도로에 절반이나 되었고, 죽은 사람이 날마다 저자에 쌓였으며, 사람을 많이 죽인 자를 충신이라고 하였다"(2557쪽)라고 하였다. 그런데 이 기사를 포함하여 저자는 "진시황은 법치를 극단적으로 추진해서 …… '효수' · '요참' · '차열' · '이삼족' · '구오형' · '착전' 등이 광범위하게 사용되었기 때문에 …… 당시 죽은 사람이 날마다 저자에 쌓였다"라고 하여, 진시황 때 엄중한 형벌의 시행으로 사망자가 매일 저자에 쌓일 정도로 대량 증가한 것으로 서술하고 있다. 그러나 이 기사에서 보듯이, 사망자가 대량 증가한 것은 이세황제 때였다. 또 엄중한 형벌 가운데 '착전'은 효공 때였고(주 274), '요참' · '이삼족' · '구오형'은 이세황제 때였으며(주 273), '효수' · "차열'만이 진시황 때 사용되었다(주 272). 따라서 '효수'에서 '착전'까지 모든 엄형이 진시황 때 시행되었다는 설명은 타당하지 않다.

였다. 한漢 초의 통치자는 '여민휴식與民休息, 즉 민과 더불어 휴식한다'는 정책을 봉행奉行하여 용형은 점차 안정되었다. (그러나) 대략 한 무제漢武帝[276] 이후 용형은 또 남발되어 성제成帝[277] 때에는 이미 "대벽大辟의 형刑은 1000여 조條가 되었고, 율령은 번잡하고 많아서 100여만 글자에 이르렀"기 때문에, "법령에 정통한 사람도 그 준거準據할 바를 알지 못하게"[278] 되었다. 위진남북조 시기는 제재규정에 과중하게 용형한 일면도 있었고, 이외에 사면赦免을 과다하게 적용한 일면도 있었기 때문에 각종 제재가 폐지·이완된 왕조도 출현하였는데, 양 무제梁武帝[279]가 바로 그러하였다. 그는 "매년 여러 차례 사면을 단행하였지만, 결국 (나라는) 멸망에 이르렀고",[280] 자신의 통치마저 끝나 버렸다.

　당률의 입법자는 수隋의 멸망을 거울로 삼고, 이전 사람[前人]의 용형用刑에 대한 경험을 종합해서 수의『개황률開皇律』을 기초基礎로 당률을 찬수撰修하여 정관貞觀[281] 때 정본定本이 완성되었다.[282] 당률은 전면적으로 신형愼刑원칙을 관철하였는데, 특히 제재방식 방면에서 현저하였다. 즉 사형의 적용 범위를 대량 축소해서『개황률』보다 93조가 감소되었고, 가역류加役流를 증치해서 사형의

---

276 【옮긴이 주】: '한 무제'는 전한의 제7대 황제(재위 B.C. 141~B.C. 87)이다.
277 【옮긴이 주】: '성제'는 전한의 제12대 황제(재위 B.C. 33~B.C. 7)이다.
278 『한서·형법지』.
　　【옮긴이 주】:『한서』권23,「형법지」에서는 "성제成帝 하평河平(B.C. 28~B.C. 25) 연간에 이르러, 또 조서詔書를 내려 다음과 같이 말하였다. '포형甫刑에 오형五刑의 조항은 3000조條이고, 대벽大辟에 해당하는 벌罰은 그 조항이 200조라고 하였다. 지금 대벽의 형刑은 1000여 조가 되었고, 율령은 번잡하고 많아서 100여만 글자에 이르렀으며, 기청奇請이나 타비它比가 날로 더욱 증가해서 법령에 정통한 사람도 그 준거準據할 바를 알지 못한다. 이러한 상황에서 뭇 백성을 깨우쳐 주고자 하는 것은 또한 어렵지 않겠는가! 이에 백성들이 법망에 걸려 요절하거나 무고無辜를 당하니, 어찌 슬프지 아니한가? 그 중이천석中二千石·이천석·박사博士 및 율령律令에 밝은 자들과 함께 감해야 할 사형 조항 및 삭제하고 줄일 만한 법문法文을 토의해서 분명히 알기 쉽게 하고, 조목을 작성해서 상주토록 하라.『서경』에 형벌을 신중히 할지어다[惟刑之恤]라고 하지 않았는가! 이를 자세히 살펴서 힘써 옛 법에 준거하도록 하라. 짐은 마음을 다해 이것을 살필 것이다'"(1103쪽)라고 하였다. 이 가운데 대벽大辟은 사형을 가리키고, 기청奇請은 통상의 법률 조문에 의거하지 않고 재판관이 별도로 천자에게 주청奏請해서 판결하는 것이며, 타비它比는 해당 조문이 없는 경우 다른 유사한 사례에 맞추고 그 법문을 인용해서 판결하는 것이다.
279 【옮긴이 주】: '양 무제'는 양의 초대 황제(재위 502~549)이다.
280 『정관정요·사령赦令 제13('13'은 32의 오기)』.
　　【옮긴이 주】: 이 문장은 정관 7년(633), 태종이 신하들에게 지나친 사면의 부당함을 지적하면서 인용한 사례 중에 보인다(김원중 옮김,『정관정요』「제32장 사면령」, 343쪽).
281 【옮긴이 주】: '정관'은 당의 제2대 황제 태종(재위 626~649)의 연호(627~649)이다.
282 【옮긴이 주】: "정관 때 정본이 완성되었다"라고 한 것은『신당서』권56,「형법지」에서 "(정관) 6년(632), …… 방현령房玄齡 등이 율律·영令·격格·식式을 경정更定하고(637)부터 태종太宗의 치세가 끝날 때(649)까지 그것을 사용하여 개정한 바가 없었다"(1413쪽)라고 한 기사에 의하면, 637년에 행해진 율령격식의 경정을 가리킨다.

집행을 대체하였으며, 사형에 '삼복주三覆奏283제도 등을 확립해서 사형이라는 생명형의 적용에 매우 신중한 태도를 취하였다. 또 태笞·장杖·도徒·유流의 적용과 집행에 대해서도 상세한 규정을 만들었고, 동시에 사법관의 책임도 명확히 해서 위반자는 형사책임을 추궁받아야 하는 등 매우 엄중하였다. 게다가 노老·유幼284·폐질자[廢]·질자[疾]285와 부인婦人에 대한 용형用刑에서도 휼형恤刑 방법을 채용하여, 생리적 특징에서 그들을 일반 성인成人 공민公民과 양형量刑에서 차이를 두었을 뿐만 아니라 사赦·면免과 환형換刑 등의 형식도 사용해서 특별히 처리하는 등 용형에 대한 신중한 태도를 충분히 반영하였다. 아울러 연좌의 적용 범위를 대폭 축소하여 모반謀反·모대역謀大逆·모반謀叛과 악역惡逆 등 일부 중대한 범죄에 대해서만 이 형벌을 적용하였을 뿐이었고, 또 모반謀反·모대역에 적용하는 연좌連坐의 범위가 비교적 확대된 것을 제외하면, 그 나머지는 오직 부모·처妻·자식[子]만 포함되었고, 악역惡逆은 (연좌가) 부모에게 미치지도 않았다. 이상의 점들을 당 이전 각 왕조의 법전과 비교하면, 신중에 신중을 기하였음을 추측할 수 있다.

당률의 신형원칙과 당 초기 통치계급의 신형사상, 특히 당 태종286의 사상은 정책과 밀접한 관련이 있었다. 당 태종은 친히 수隋의 멸망을 목도하여 인민의 역량을 경시할 수 없었고, 그들과 조정의 관계는 물[水]과 배[舟]의 관계인 것을 깊이 느꼈다. 예컨대 그는 여러 차례[多次] "배는 군주에 비유되고, 물은 백성에 비유된다. 물은 배를 띄울 수도 있고, 또 뒤집을 수도 있다[舟所以比人君 水所以比黎庶 水能載舟 亦能覆舟]. 너287는 장차 군주[人主]가 될 것이니 두려워하지[畏愼288] 않을 수 있겠는가!"289라고 하였다. 그는 이씨 왕조[李家王朝]의 영구적인 통치를 고려해서 "백성이 안락한

---

283 【옮긴이 주】: '삼복주'를 포함한 당대 율령에 규정된 '복주'의 회수·대상·절차 등에 대해서는 제1장 주 178 참조.
284 【옮긴이 주】: '유幼'는 '소小'의 오기이다(주 285 참조).
285 【옮긴이 주】: '폐질자·질자'에 대해서는 제1장 제6절 2항 '노인·연소자·폐질자·질자·임신부 범죄의 신중처리 사상' 및 제1장 주 151 참조.
286 【옮긴이 주】: '당 태종'은 당의 제2대 황제(재위 626~649)이다.
287 【옮긴이 주】: '너'는 태자 이치李治(당의 제3대 황제 고종: 재위 649~683)를 가리킨다.
288 【옮긴이 주】: '신愼'은 '구懼'의 오기이다(주 289 참조).
289 『정관정요·교계태자제왕教戒太子諸王 제11』.
 【옮긴이 주】: 이 말은 정관 18년(644), 태종이 시신侍臣에게 한 말이다(김원중 옮김, 『정관정요』「제11장 태자와 왕자 교육의 중요성」, 196쪽). 원서에는 태종이 "배는 군주에 비유되고, 물은 백성에 비유된다. 물은 배를 띄울 수도 있고, 또 뒤집을 수도 있다"라는 말을 "여러 차례[多次]" 한 것으로 되어 있다. 그러나 『정관정요』에 의하면, 이와 유사한 표현은 총 5회 나온다. 이 가운데 「교계태자제왕 제11」에 나오는 문장은 태종의 말이 맞지만, 이밖에 「군도君道 제1」의 기사는 정관 11년(637) 특진特進 위징魏徵의 두 번째 상소문에 나오는 위징의 말이고(김원중 옮김, 『정관정요』「제1장 군주의 도리」에는 "(물은) 배를 띄울 수도 있고 뒤집을 수도 있다[載舟覆舟]"[30쪽]로 되어 있다), 「정체政體 제2」의 기사도 정관 6년(632), 위징이 태종에게 한 말 중에 옛말[古語]을 인용한 것이며(김원중 옮김, 『정관정요』「제2장 정치의 근본」에

[百姓安樂]"²⁹⁰생활을 하도록 하는 정책을 확정하였고, 민본民本을 강조하여 "가령 자신에게 이익이 되어도 백성에게 해가 된다면 짐朕은 반드시 하지 않을 것이다"²⁹¹라고 하였다. 이러한 사상은 제재방식에 반영되어 신형원칙으로 구체화되었는데, 이것을 당 태종의 말로 표현하면 바로 "상벌賞罰은 가볍게 행할 수 없다"²⁹²라는 것이었다.

3. 주요 제재방식으로서의 오형五刑

당률에는 다양한 종류의 제재방식이 있었지만, 오형이 주가 되었다. 무릇 제재해야 하는 경우, 경죄輕罪인 때에는 태형·장형에 처하였고, 중죄重罪인 때에는 도형·유형 심지어 사형에 처하는 등, 오형은 주된 제재수단이었다. 당률 가운데 죄명·처벌에 관한 율조律條는 예외 없이 모두 이와 같

는 "군주는 배이고, 백성은 물이다. 물은 배를 띄울 수도 있고, 또 뒤집을 수도 있다[君 舟也 人 水也 水能載舟 亦能覆舟]"[42쪽]로 되어 있다), 「군신감계君臣鑑戒 제6」의 기사도 정관 14년(640), 특진 위징의 상소문에서 순자[荀卿子]의 말(순황荀況 저술, 양경楊倞 주注, 『순자荀子』권5, 「왕제편王制篇 제9」에서는 "군주는 배이고, 서인은 물이다. 물은 배를 띄울 수도 있고 뒤집을 수도 있다[君者 舟也 庶人者 水也 水則載舟 水則覆舟]"[45쪽]라고 하였다. 동일한 문장은 『순자』권20, 「애공편哀公篇 제31」, 172쪽에도 있다)을 인용한 것이고(김원중 옮김, 『정관정요』「제6장 군주와 신하의 계율」에는 "군주는 배이고, 백성은 물이다. 물은 배를 띄울 수도 있고, 또 뒤집을 수도 있다[君 舟也 民 水也 水所以載舟 亦所以覆舟]"[136쪽]로 되어 있다), 「멸상滅祥 제39」의 기사는 정관 11년 중서시랑中書侍郎 잠문본岑文本이 태종에게 정치의 장단점[得失]을 논하면서 공자[仲尼]의 말을 인용한 것이다(김원중 옮김, 『정관정요』「제39장 미신의 금지」에는 "군주는 배와 같고, 백성은 물과 같다. 물은 배를 띄울 수도 있고, 또 뒤집을 수도 있다[君猶舟也 人猶水也 水所以載舟 亦所以覆舟]"[461쪽]로 되어 있다). 이상과 같이 태종의 말은 1회에 불과하였기 때문에 "여러 차례" 하였다는 표현은 맞지 않다.

290 『정관정요·교계태자제왕 제11』.
【옮긴이 주】: '백성안락百姓安樂'이라는 문구는 『정관정요』「교계태자제왕 제11」에는 없다. 『정관정요』에 의하면, 이 문구는 총 5회 나오지만, 이 가운데 태종이 직접 이 문구를 언급한 것은, "정관 9년(635), 태종이 시신侍臣에게 말하였다. …… '아침저녁으로 열심히 노력하고 청정무위의 생활을 하여 천하에 일이 없고자 하였다. (이에) 마침내 요역徭役은 흥하지 않고, 해마다 농사는 풍년이 들어 백성은 안락한[百姓安樂] 생활을 할 수 있었다. …… 군주가 청정무위로 다스리면 백성이 어찌 안락하지 않을 수 있겠는가?'"(김원중 옮김, 『정관정요』「제2장 정치의 근본」, 49쪽)라고 한 기사와 "정관 4년(630), …… 태종이 말하였다. '…… 관료들 각자가 나라를 다스리는 중요한 도리를 마음에 품고 충정을 다해 백성이 안락한[百姓安樂] 생활을 누리도록 하기를 바란다. 바로 그것이 나의 무기인 것이다'"(김원중 옮김, 『정관정요』「제13장 인의 도덕」, 231쪽)라고 한 기사이다.

291 『정관정요·정벌征伐 제35』.
【옮긴이 주】: 이 문장은 정관 5년(631), 강국康國이 귀부歸附를 청하자, 태종이 좌우 신하에게 한 말이다(김원중 옮김, 『정관정요』「제35장 정벌」, 414쪽).

292 『정관정요·택관擇官 제7』.
【옮긴이 주】: 이 문장은 정관 6년, 태종이 위징魏徵에게 한 말이다(김원중 옮김, 『정관정요』「제7장 관리선발」, 148쪽).

앉다. 일부 율조 중에는 두 가지 혹은 두 가지 이상의 제재방식도 있었지만, 오형 이외의 제재수단은 모두 보조적인 것이었다. 당률의 민사제재방식, 즉 배상賠償·복고復故·개정改正·징수徵收·환관주還官主·이혼離婚 등은 오직 부수적인 민사소송에 속하였을 뿐이었고, 당률의 행정제재방식, 즉 제명除名·면관免官·면소거관免所居官 등도 부수적인 행정처분이었을 뿐이었다. 이러한 것들은 비교적 일부 특수한 범죄에 적용되었을 뿐이었다. 예컨대 공公·사私의 재물을 훼손한 범죄 행위에 대해 오형五刑을 사용할 때에도 범죄인에게 법에 따라 배상을 진행하였다. 또 예를 들어 관리가 비교적 엄중한 죄를 범하였기 때문에 오형으로 처벌할 때에도 일정한 행정처분을 부과하였다. (이처럼) 오형의 적용은 광범위하였고, 당률에서 규정한 범죄 행위 가운데 오형의 제재를 벗어날 수 있는 것은 하나도 없었다.

용형用刑의 경중은 대체로 범죄 행위가 침해한 객체에 의해 결정되었다. 일반적으로 말하면, 침해한 객체가 중요할수록 적용하는 오형도 엄중하였고, 반대일수록 경미하였다. 당률에 규정된 모반謀反·모대역謀大逆·모반謀叛, 이 세 가지 죄가 침해한 것은 봉건국가의 정권과 황권皇權이었고, 이당李唐 통치자의 근본적인 이익에 대한 위해危害였기 때문에 용형도 가장 엄중해서 범죄자를 참형斬刑에 처하였다.²⁹³ 위식불위율違式不違律 행위, 즉 식은 위반하였지만 율은 위반하지 않은 행위에 대한 처벌은 비교적 경미해서 단지 태笞40이었을 뿐이었다.²⁹⁴

오형에 처해진 자가 반드시 모두 오형의 제재를 받아야 하는 것은 아니었다. '십악十惡' 등의 대죄大罪를 제외하면, 귀족·관리는 실형을 받지 않는 주된 집단이었다. 당률의 규정에 의하면, 그들은 의議·청請·감減·속贖·관당官當 등 특권을 향유하였기 때문에 오형의 추궁에서 벗어날 수 있었다. 예컨대 '팔의八議'에 해당하는 자의 경우, 그들이 사죄死罪를 범한 때에는 법전法典의 규정대로 집행하지 않고 먼저 대신大臣들의 의議를 거친 연후에 황제의 재결裁決에 따랐고, 유죄流罪 이하를 범한 때에는 율에 따라 1등을 감경해서 판결하였다. 감형된 후 '팔의'에 해당하는 자는 그대로 속贖·관당官當 등의 방법을 사용해서 오형五刑의 집행을 대체하였다. 이처럼 귀족·관리에게 있어서 오형은 대체로 허설虛設일 뿐이었다는 것을 알 수 있다.

구체적인 범죄 행위로써 말하면, 당률의 오형은 대부분 일죄일형一罪一刑, 즉 한 가지 죄를 범한

---

293 【옮긴이 주】: 『역주율소 - 각칙(상) - 』「적도1」(제248조)「모반대역조謀反大逆條」에서는 "무릇 모반謀反하였거나 대역大逆한 자는 모두 참형에 처한다"(2382쪽)라고 규정하였고, 『역주율소 - 각칙(상) - 』「적도4」(제251조)「모반조謀叛條」에서는 "무릇 모반謀叛한 자는 교형에 처한다. 이미 착수한[已上道] 자는 모두 참형에 처한다"(2390쪽)라고 규정하였다.

294 【옮긴이 주】: 『역주율소 - 각칙(하) - 』「잡률61」(제449조)「위령조違令條」에서는 "무릇 영을 위반한[違令] 자는 태50에 처한다. 별식別式은 1등을 감경한다"(3276쪽)라고 규정하여, 위식違式 행위는 태40에 처해지고 있다.

사람은 오형 가운데 한 가지 형의 처벌만 받았을 뿐이었다. 그러나 예외도 있었다. 예컨대 당률은 "재차[更] 유죄流罪를 범한 자"에 대해 장杖·도徒라는 두 가지 형벌을 사용한다고 규정하였다. 즉 『당률소의·명례』「범죄이발이배갱위죄조犯罪已發已配更爲罪條」에서는 "무릇 (하나의) 범죄가 이미 발각[覺]되었거나, 또는 (판결을 받아) 이미 배속配屬되었는데, 재차 죄를 범한 자는 각각 (두 번째 사건을) 가중해서 처벌한다. 만약 유죄流罪를 반복해서 범한[重犯] 자는 유주법留住法[295]에 의거해서 결장決杖하고 유배지[配所]에서 3년을 복역하게 한다"[296]라고 규정하였다. 본 조「소의」에서는 상세하게 "유죄流罪를 범하였는데 아직 판결을 받지 않았거나, 이미 유형의 판결을 받았으나 유배지[配所]에 아직 도착하기 전에 재차 유죄를 범한 경우, 공호工戶·악호樂戶의 유주법에 의거해서 유流 2000리는 결장決杖100에 처하고, 유2500리는 결장130에 처하며, 유3000리는 결장160에 처한다. 그리고 각각 유배지[配所]에서 3년을 복역하게 하고, 이전에 범한 유죄流罪로 복무해야 하는 1년을 합하여 모두 4년을 복역하게 한다"[297]라고 설명하였다. 즉 유형에 처해야 하는데 처하지 않은 경우에는 장형과 도형이라는 두 가지 형으로 집행을 대체하였던 것이다. 이밖에 부인婦人이 유죄流罪를 범하였거나 공工·악樂·잡호雜戶가 유죄를 범한 경우 등에도 유사한 규정을 적용하였다.[298]

당률이 오형을 주된 제재방식으로 한 것도, 당률은 하나의 형법전刑法典이었고 모든 법이 통합된 종합적 법전이 아니었음을 잘 말해준다.

4. 상용常用 징벌수단으로서의 일죄다벌一罪多罰

당률은 오형五刑을 주된 제재수단으로 하였을 뿐만 아니라, 오형을 다른 제재수단과도 병용해서 일죄다벌의 징벌구조를 형성하였다. 어떤 범죄 행위에 대한 제재라는 측면에서 보면, 일죄다벌은 두 가지 점을 표명하였다. 첫째, 오형과 다른 형사제재방식은 처벌이 같았다는 점이다. 예컨대 일반 공민公民이 모반謀反·대역죄大逆罪를 구성한 경우, 본인은 참형斬刑에 처해져야 하였고, 가속家屬은 연좌連坐되어 교형絞刑 또는 유형流刑의 처벌을 받아야 하였으며, 동시에 자재資財와 전택田宅 등도 모두 몰관沒官되어야 하였다.[299] 즉 이러한 범죄에 대해서는 오형五刑 가운데 참형과 연좌·몰

---

295 【옮긴이 주】: '유주법'에 대해서는 제8장 주 1 참조.
296 【옮긴이 주】: 『역주율소 - 명례편 - 』「명례29」(제29조)「범죄이발조犯罪已發條」, 229~230쪽.
297 【옮긴이 주】: 『역주율소 - 명례편 - 』「명례29」(제29조)「범죄이발조」「소의」, 230쪽.
298 【옮긴이 주】: 『역주율소 - 명례편 - 』「명례28」(제28조)「공악잡호급부인범류결장조工樂雜戶及婦人犯流決杖條」에서는 "무릇 공·악·잡호 및 태상음성인太常音聲人으로서 유죄流罪를 범한 경우, 2000리는 결장決杖100에 처하고, 1등마다 30을 가중하며, 유주留住시켜 3년간 복역하게 한다. 가역류를 범한 자는 4년을 복역하게 한다. …… 그 부인이 유죄를 범하였더라도 역시 유주시키되, 유2000리는 결장60에 처하고, 1등마다 20을 가중하며, 모두 3년을 복역하게 한다"(222~226쪽)라고 규정하였다.

관이 병용된 제재방식이 적용되었다. 둘째, 오형과 민사·행정 등의 제재방식은 처벌이 같았다는 점이다. 예컨대 관리가 '십악十惡'·고살故殺(고의살인)·감수監守하는 구역 내에서 간姦·도盜·약인略人 등의 죄를 범한 때에는 오형의 제재를 받았을 뿐 아니라 행정제재도 받아 제명除名되어야 하였다.[300] 또 예컨대 공민이 율을 위반하고[違律] 혼인—동성同姓 간의 혼인·양천良賤 간의 혼인 등도 포함—한 때에는 장형·도형에 처해져야 하였고, 이혼도 해야 하였다. 즉 이러한 범죄에 대해서는 오형 가운데 일부 형벌과 민사제재 가운데 이혼이 병용되었다.[301]

오형五刑과 병용된 어떤 제재방식은 범죄의 성질에 따라 결정되었다. 즉 국가의 정권과 황권皇權에 엄중하게 위해危害를 가한 범죄 행위에 대해서는 오형과 연좌連坐·몰관沒官 등의 형사제재방식이 병용되었고, 관리의 범죄에 대해서는 오형과 제명除名·면관免官·면소거관免所居官 등의 행정제재방식이 병용되었으며, 경제적 손해 범죄에 대해서는 오형과 배상 등의 민사제재방식이 병용되었다.

일죄다벌一罪多罰은 징벌의 엄중성을 증가시켰기 때문에, 어떤 의미에서 범죄예방에도 유리하였다고 할 수 있는데, 이것을 당률 자체의 말로 표현하면 바로 "형벌로 형벌을 그치게 하고, 사형으로 사형을 그치게 하며[以刑止刑 以殺止殺]"[302], "모두 형벌이 사용되지 않기를 기하였다[俱期無刑]"[303]라는 것이었다. 이로 인해 당률에서 일죄다벌을 적용한 율조律條는 일부 정황이 아니고, 일

---

299 【옮긴이 주】: 『역주율소 - 각칙(상) - 』「적도1」(제248조)「모반대역조謀反大逆條」에서는 "무릇 모반謀反하였거나 대역大逆한 자는 모두 참형斬刑에 처한다. 아버지[父]·아들[子]의 나이 16세 이상은 모두 교형絞刑에 처한다. 15세 이하(의 아들) 및 어머니[母]·딸[女]·처妻·첩妾·할아버지[祖]·손자[孫]·형제兄弟·자매姉妹 또는 부곡部曲·자재資財·전택은 모두 몰관沒官한다"(2382쪽)라고 규정하였다.

300 【옮긴이 주】: 예컨대 『역주율소 - 명례편 - 』「명례18」(제18조)「제명조除名條」에서는 "만약 감림監臨·주수主守가 감수監守하는 구역 내에서 간姦·도盜·약인略人 또는 수재왕법受財枉法을 범한 때에도 또한 제명除名한다"(175쪽)라고 하였고, 『역주율소 - 각칙(하)』「잡률28」(제416조)「감주어감수내간조監主於監守內姦條」에서는 "무릇 감림監臨·주수主守가 감수監守하는 구역 내에서 간姦한 때에는 간죄姦罪에서 1등을 가중한다"라고 규정하였고, 「주」에서는 "양인良人을 범한 것을 말한다"(이상 3234쪽)라고 하여, 감림·주수가 일반 양인을 간한 때에는 일반 간죄[凡姦]에서 1등이 가중되어 도徒2년에 처해지고 있다('도2년'의 산출 근거는 『역주율소 - 각칙(하) - 』「잡률22」(제410조)「간조姦條」에서 "무릇 간姦한 자는 도徒1년반에 처한다(3227쪽)라고 하여, 일반 간죄[凡姦]의 처벌은 '도1년반'이고, 여기에 1등 가중된 것이다). 이상과 같이 감림·주수가 감수하는 구역 내에서 간죄姦罪를 범한 때에는 제명除名(행정제재)과 도2년(형벌제재)이 병용되었다.

301 【옮긴이 주】: 일반 민民이 율律을 위반하고 혼인한 범죄에 부과되는 형벌제재와 민사제재(이혼)의 병용 사례에 대해서는 본장 제2절 제3항 '이혼' 부분 참조.

302 【옮긴이 주】: '이형지형 이살지살以刑止刑 以殺止殺'에 대해서는 『역주율소 - 명례편 - 』「명례」「편목소」, 81쪽 참조.

303 『당률소의·명례』「전언前言」과 「태형오조笞刑五條」.

종의 상용된 징벌수단이었다. 예컨대 당률의 「호혼률」은 총 48조條이지만, 오형과 이혼이 병용된 율조는 4분의 1인 12조를 점하였고, 그밖에 '환정還正'이 사용된 것도 네 곳이었다. 또 「구고율」은 총 28조이지만, 그중 오형과 배상賠償이 병용된 율조도 4분의 1인 7조를 점하였고, 그밖에 한 곳에서는 '환관還官'도 사용되었다.

각종 제재방식이 하나의 법전 속에 유기적으로 연계되고, 또 일죄다벌이 합리적으로 적용될 수 있었던 것은 당률이 최초였다. 이 또한 중국의 전통적인 입법체계가 성숙되었음을 나타내는 지표 가운데 하나라고 할 수 있다.

5. 기본 특징으로서의 규범화規範化·완비화完備化

당률의 제재방식은 당唐 이전에 이미 대부분 보이지만, 모두 당률의 규범화와 완비화에 미치지 못하였다. 오형五刑이라는 이 주된 제재방식을 예例로 들면, 노예제 시대의 오형은 육형肉刑을 주된 특징으로 하였기 때문에 확실히 매우 잔혹하였지만, 봉건사회에 진입한 후에는 점차 도태하는 추세를 보였다. 한漢 문제文帝304·경제景帝305 때, 먼저 육형에 대한 개혁을 진행하여 경형黥刑·의형劓刑·참좌우지斬左右趾를 도형徒刑·태형笞刑과 사형死刑으로 대체하였다.306 이것은 육형을 개혁하는 제1보를 내디딘 것으로서 진보적인 의의가 있었지만, 형종刑種 간의 간격이 너무 컸기 때문에 범죄를 제재하려는 수요需要에 적응할 수 없었다. 당시 참좌지를 태형으로, 참우지를 사형으로 개정한 것은 "외형적으로는 형벌을 감경하였다[輕刑]는 명분이 있었지만, 안으로는 실제 사람을 살해하였다[殺人]"307라고 인식되었다. 위진남북조 시기의 입법은 지속적으로 육형에 대한 개혁을 시도하여 만족스러운 성과를 거두었다. 예컨대 조위율曹魏律은 형종을 사형死刑·곤형髡刑·완형完刑·작형作刑·속형贖刑·벌금罰金·잡저죄雜抵罪 등 7등급으로 개정하였고,308 진률晉律도 사형死刑·유형流

【옮긴이 주】: '구기무형俱期無刑'에 대해서는 『역주율소 - 명례편 - 』「명례1」(제1조)「태형오조」「소의」, 99쪽 참조.

304 【옮긴이 주】: '한 문제'는 전한의 제5대 황제(재위 B.C. 180~B.C. 157)이다.
305 【옮긴이 주】: '한 경제'는 전한의 제6대 황제(재위 B.C. 157~B.C. 141)이다.
306 【옮긴이 주】: 『한서漢書』권23, 「형법지」(1099쪽)에 의하면, 한대에 시행된 이러한 형벌의 개혁은 한 문제漢文帝 13년(B.C. 167) 승상丞相 장창張蒼·어사대부御史大夫 풍경馮敬의 상주上奏에 보이고, 문제는 이 주청을 재가裁可하였다.
307 『한서·형법지』.
    【옮긴이 주】: 『한서』권23, 「형법지」(1099쪽).
308 【옮긴이 주】: '위율'의 형종에 대해 위 명제魏明帝(재위 226~239) 때 제정된 『신률新律』(18편)의 '서략序略'에서는 "그 사형은 3등급이 있고, 곤형은 4등급이 있으며, 완형과 작형은 각각 3등급, 속형은 11등급, 벌금은 6등급, 잡저죄는 7등급이 있어서, 무릇 37등급의 형명刑名이 되었고, 그것을 율의 편수篇首로

刑·도형徒刑·장형杖刑·편형鞭刑의 다섯 종류[五種]로 개정하였으며,309 북제율北齊律은 다시 사형死刑·유형流刑·내죄耐罪·편형鞭刑·장형杖刑으로 개정하였고,310 북주율北周律은 각 형종의 등급을 모두 5등급으로 나누었다.311 이러한 개혁 과정은 당唐 이전 입법자의 형제刑制에 대한 탐색을 구현하였기 때문에 당률의 오형五刑 형성에 중요한 의의가 있었다. 그러나 형종이 모두 규범화되지는 않았다. 예컨대 조위율 가운데 사형死刑과 다른 형종 간의 간격은 너무 커서 중간의 형종이 누락되어 있었다. 당률의 오형은 바로 이전 사람[前人]의 입법에 대한 경험과 교훈을 수용해서 가장 좋은 형종과 등급을 선택하였다. 따라서 그것들은 이미 전대로부터 온 것이었지만, 전대와 달랐고 또 우월하였다.

   당률의 각 형종은 완비적·규범적이었고, 다른 제재방식을 합리적으로 병용한 것도 완비적·규범적이었다. 당 이전 형사제재방식 간의 병용은 비교적 많았고, 각종 육형肉刑·사형 등과 연좌連坐 등의 병용도 비교적 보편적이었으며, 형사제재와 일부 행정제재의 병용도 있었다. 그러나 하나의 법전에서 조문이 문란하지 않으면서 민사·형사·행정이라는 3대 제재방식을 종합하였고, 아울러 그것들을 일종의 규범화·완비화된 제재제도가 되도록 한 것은 당 이전에는 볼 수 없었다. 당률은 다른 제재방식을 조합하여 일체를 이루었고, 각종 범죄에 대해 오형五刑 이외에 그것에 상응하는 다른 제재방식을 적절히 사용하였기 때문에 제재의 정도도 상대적으로 파악하기가 쉬웠다. 후세의 사람[後人]이 이것에 대해 "관대함과 엄중함도 균형을 이루었다"312라고 논평하였는데, 일리가 있다.

하였다"(『진서』권30,「형법지」, 925쪽)라고 하였다.
309 【옮긴이 주】: '진률'의 형종에 대해 김택민 주편, 『당육전 상』권6,「상서형부尚書刑部」(557~558쪽)에는 가충賈充 등이 제정한 율(즉 『태시율』을 말한다)(20편)에는 '사형이 3등급, 곤형이 4등급, 속형이 5등급, 벌금(잡저죄의 벌금)이 5등급'으로 되어 있고, 장진번 주편, 한기종 외 옮김, 『중국법제사』(354쪽)에는 '편鞭·장杖·곤髡·사변徙邊·사형死刑·속형·벌금'으로 되어 있으며, 장진번張晉藩 총주편總主編,『중국법제통사 제3권 위진남북조中國法制通史 第三卷 魏晉南北朝』(206~209쪽)에는 '사형·도형·속형·장형·편형·벌금·사변·금고禁錮·면관免官·제명除名'으로 되어 있다.
310 【옮긴이 주】: '북제율'의 형종에 대해 무성제武成帝(재위 561~565) 하청河清 3년(564)에 제정된 『북제율』(20편)에는 '사형이 4등급, 유형이 1등급(거리에 차등이 없었다). 형죄刑罪 곧 내죄가 5등급, 편형이 5등급, 장형이 3등급, 모두 15등급'으로 되어 있다(전영섭,「『수서』형법지 역주」, 403~404쪽).
311 【옮긴이 주】: '북주율'의 형종에 대해 무제武帝(재위 560~578) 보정保定 3년(563) 3월 경자庚子에 제정된 『대율大律』(25편)에는 "장형이 5등급, 편형이 5등급, 도형이 5등급, 유형이 5등급, 사형이 5등급, 모두 25등급"으로 되어 있다(전영섭,「『수서』형법지 역주 Ⅱ」, 469~470쪽).
312 『당명률합편唐明律合編·권수卷首』.
   【옮긴이 주】: [청淸] 설윤승薛允升 찬찬撰, 회효봉懷效鋒·이명李鳴 점교點校, 『당명률합편』「당명률권수唐明律卷首」에서는 "당唐에 이르러 비로소 12장章을 제정하였다. 논자論者는 '그 번잡함과 간결함이 적당하였고, 관대함과 엄중함도 균형을 이루었기 때문에 다시 증감할 필요가 없었다'라고 했다"(1쪽)라고 하였다.

당률의 제재방식이 비교적 규범화·완비화되어 지배층의 통치방식에 적응할 수 있었기 때문에 후세에도 영향을 미쳤다. 오형은 청淸 말까지 계속 사용되었고, 다른 제재방식도 대부분 후세에 이용되었다. 예컨대 제명除名의 경우,『송형통宋刑統』에서는 모방·사용되었고,『대명률大明律』에서는 '제명당차除名當差'로 다소 개정되었다.

물론 당률의 제재방식도 완전하지는 않았다. 예컨대 연좌連坐와 같이 노예사회에서 일찍이 한동안 폐지된 형종刑種이 당률에서는 여전히 합법적으로 사용되어 다소 잔혹함도 보인다. 이러한 점도 당률의 제재방식의 한계 가운데 하나라고 할 수 있다.

제10장
당률과 제칙制敕

당률과 제칙은 모두 당대의 입법 가운데 중요한 영역이었는데, 그것들은 어떤 관계에 있었을까? 본고는 이것에 대한 초탐初探이다.

제1절 당률과 제칙의 차이

당대唐代의 당률과 제칙은 모두 중요한 법률 형식이었지만, 차이도 있었다. 당률은 비교적 안정적이었고 적용 범위도 상대적으로 광범위한 형법전이었다. 즉 "율로는 형을 바로 하고 죄를 정한다[律以正刑定罪]"[1]라고 한 점이 그것이다. 당의 제칙은 황제가 특정한 사람이나 사건에 대해 발포하는 명령이었다. 당 현종唐玄宗[2] 때, 명확히 "(황제의) 명령을 제·칙이라고 하였다[命曰制敕]"[3]라고 하였다. 제칙은 (특히 당 현종 이전에) 항상 조령詔令과 동등한 의의를 가지고 있었다. 당률과 제칙은 주로 다음과 같은 차이가 있었다.

첫째, 반행頒行된 시간 방면이다. 당률과 제칙은 반행 시간에 선후先後가 있었다. 예컨대 『구당서·형법지』의 기록에 의하면, 당대唐代 최초의 율律인 『무덕률武德律』은 당 고조唐高祖[4] 무덕武德[5] 원년(618년) 11월에 제정을 시작하였고,[6] "무덕 7년 5월[7]에 주상奏上하였"으며, "이에 천하에 반행하였

---

1 『당육전唐六典·형부刑部』.
   【옮긴이 주】: 『당육전』에 있는 전체 문장에 대해서는 제4장 주 4 참조.
2 【옮긴이 주】: '당 현종'은 당의 제6대 황제(재위 712~756)이다.
3 『자치통감資治通鑑·현종玄宗 개원開元 원년』.
   【옮긴이 주】: [송宋]사마광司馬光 편저編著, 『자치통감』권210, 「당기唐紀26·현종玄宗 상지상上之上」「예종睿宗 선천先天 원년(712) 8월 경자庚子」(1423쪽).
4 【옮긴이 주】: '당 고조'는 당의 초대 황제(재위 618~626)이다.
5 【옮긴이 주】: '무덕'은 당의 초대 황제 고조의 연호(618~626)이다.
6 【옮긴이 주】: 저자는 『무덕률』의 찬정 시점撰定始點을 당 고조 '무덕 원년 11월'로 보고, 그 근거로 '『구당

다"⁸라고 하듯이, 무덕 7년(624년)에 반행되었다. (그러나) 이 이전에 당 고조는 이미 제칙制敕의 형식으로 「관대지령寬大之令」·「약법12조約法十二條」·「53조격五十三條格」 등을 계속 반포하였다.⁹ 당률은 후에 반행되었고, 제칙은 전에 반행되었다는 시간차가 있었는데, 이것이 첫 번째 차이이다.

둘째, 반영된 의지 방면이다. 당률과 제칙은 모두 당대 법률의 구성 부분이었고, 또 당唐 지주계급의 의지가 반영되었지만, 각각 치중한 부분이 달랐다. (즉) 당률은 당 지주계급의 전체적인 의지를 반영하는 데 중점을 두었지만, 제칙은 당 황제의 개인적인 의지를 반영하는 데 치중하였다. 이것은 제정자의 구성과 제정 기간이라는 두 가지 방면을 통해 알 수 있다. 당률은 대개 각 방면의 관리官吏가 제정하였고, 또 제정 기간도 비교적 길었다. 『구당서·형법지』와 「진율소표進律疏表」의 기록에 의하면, 『무덕률武德律』·『정관률貞觀律』·『영휘율永徽律』 및 『율소律疏』 등의 제정에는 모두 10여 인人이 참가하였는데, 그중에는 행정관·입법관·사법관·감찰관·율박사律博士 등이 포함되었고, 소요된 기간도 비교적 길어서, 예컨대 『무덕률』은 거의[近] 7년, 『정관률』은 10여 년이 걸렸다. 참가 인원도 비교적 많고 제정 기간도 길었기 때문에 이전의 입법 경험과 교훈을 종합하고, 율의 내용을 심사숙고해서 모든 지주계급의 의지와 소망을 정확히 반영하는 데 유리하였다. 제칙의 제정은 대체로 비교적 단기간에 완성되었고, 참가 인원도 적었다. 현재 당 태종唐太宗¹⁰ 소릉박물관昭¹¹陵博物館¹² 보존실에 보관되어 있는, 임천공주臨川公主¹³에게 작호爵號를 내리는 조서가 새겨진 석비石碑에는 낙관落款이 중서성中書省과 문하성門下省, 양성兩省의 담당자의 것만 있고, 또 (조서의 제작·완성에) 겨우 2일이 소요되었을 뿐이다. 시간이 짧은 상황에서, 입법자가 우선 고려한 것

....

서』권50, 「형법지」'를 제시하고 있지만, 본 「형법지」에는 이에 대한 기록이 없다[송宋]왕부王溥 찬撰, 『당회요唐會要』권39, 「정격령定格令」(701쪽)에 의하면, '무덕 원년 11월'은 「53조격條格」(편찬 개시일은 무덕 원년 6월 1일)이 반행된 시기이다. 『무덕률』의 찬정 시점에 대해 참조가 되는 것은 『신당서』권56, 「형법지」에서 당 고조가 (무덕) 4년(621)에 친히 죄수를 녹수錄囚하고, "얼마 지나지 않아 또 상서좌복야尙書左僕射 배적裵寂 등 15인에게 조서를 내려 다시 율령을 찬정시켰다"(1408쪽)라고 한 기사이다.

7 【옮긴이 주】: 『구당서』권1, 「고조기高祖紀」에서는 "무덕武德 …… 7년(624) …… 하하 4월 경자庚子, 천하에 대사大赦하고 새로운 율령[新律令]을 반행하였다"(15쪽)라고 하여, 『무덕율령』의 반행이 '4월 경자更子(1일)'로 되어 있다[『신당서』권1, 「고조기」, 17쪽도 동일하다]. 또 [송]왕부王溥 찬撰, 『당회요』권39, 「정격령」에서는 "(무덕) 7년 3월 29일에 이르러 완성하였고, 조서를 내려 천하에 반행하였다"(701쪽)라고 하였다. 이것에 의하면, '5월'은 '3월'의 오기로 보인다.
8 【옮긴이 주】: 이상 『구당서』권50, 「형법지」(2134~2135쪽).
9 【옮긴이 주】: 『구당서』권50, 「형법지」(2133~2134쪽).
10 【옮긴이 주】: '당 태종'은 당의 제2대 황제(재위 626~649)이다.
11 【옮긴이 주】: '명明'은 '소昭'의 오기이다.
12 【옮긴이 주】: '소릉박물관'에 대해서는 제6장 주 202 참조.
13 【옮긴이 주】: '임천공주'는 당 태종의 10녀女이고, 생몰 연대는 624~682년이다.

은 황제의 의지를 반영하고 황제의 요구를 충족시키는 것이었다. 당 황제는 지주계급 전체를 대표하였지만, 그의 의지는 각종 조건부 제한을 받았기 때문에 간혹 불가피하게 지주계급 전체의 의지와 완전히 일치하지 않을 수도 있었다. 이것은 당률에 반영된 의지와 일부 차이가 있었고, 이것이 두 번째 차이이다.

셋째, 규정된 내용 방면이다. 당률은 당대의 주요 법전인 동시에 또 형법전으로서, 체계가 갖추어졌을 뿐 아니라 내용도 비교적 완정完整되었으며, 총 12편篇으로 분류되었다. (그중) 앞의 1편은 '오형五刑'·'십악十惡'·'팔의八議' 등과 같이 일반원칙을 규정하였다. 그 나머지 11편은 각종 범죄를 규정하였는데, 율조律條의 구성은 죄상罪狀과 법정형法定刑의 두 부분으로 구분되었기 때문에 현행 형법전의 법조法條와 유사하였다. 예컨대 『당률소의·호혼』「이정불각탈루증감조里正不覺脫漏增減條」의 "무릇 이정里正이 (호구를) 탈루稅[14]漏하였거나 증감한 것을 적발하지 못한[不覺] 경우, 1구口였다면 태笞40에 처하고, 3구마다 1등을 가중한다. 장杖100을 초과하였다면 10구마다 1등을 가중하고, 죄의 최고형은 도徒3년이다"[15]라고 한 규정에서 전반부[16]는 죄상이 되고, 후반부[17]는 법정형이 된다. 제칙은 황제가 사람[人]이나 사안[事]에 따라 발포하는 명령으로서, 내용은 대체로 비교적 간단하였다. 예컨대 당 현종唐玄宗 때 우문융宇文融[18]이 죄를 범하자, 당 현종은 "제制를 내려 그 사건을 철저히 치죄治罪하게 하였고, (우문)융은 죄좌罪坐되어 암주巖州로 유배되었다"[19]라고 하였다. 동시에 제칙은 대부분 황제가 기관機關 또는 관리官吏를 지정해서 사안[某案]을 처리하게 하는 명령이었기 때문에 형법에 관한 부분은 상대적으로 적었다. 통계에 따르면, 『정관정요貞觀政要』에 기재된 63개의 제칙 가운데 형법에 관한 것은 4개뿐이고, 『자치통감資治通鑑』에 기재된, 당 현종 개원開元 11년[20] 이전에 반포한 61개의 제칙도 형법에 관한 것은 10개뿐이다. 개략적으로 말하면, 당률은 체계적인 형법전이었지만, 제칙은 비교적 간단하였고 내용도 형법에 관한 것이 많지 않았는데, 이것이 세 번째 차이이다.

---

14 【옮긴이 주】: '세稅'는 '탈脫'의 오기이다(주 15 참조).
15 【옮긴이 주】: 『역주율소 - 각칙(상) - 』「호혼2」(제151조)「이정불각탈루증감조」, 2205쪽.
16 【옮긴이 주】: '전반부'는 "이정이 탈루하였거나 증감한 것을 적발하지 못한 경우"이다.
17 【옮긴이 주】: '후반부'는 "1구였다면~도3년이다"를 가리킨다.
18 【옮긴이 주】: '우문융'의 생몰 연대는 ?~730년이다.
19 『자치통감資治通鑑·현종玄宗 11년』.
　　【옮긴이 주】: [송宋]사마광司馬光 편저編著, 『자치통감』권213, 「당기唐紀29·현종玄宗 중지상中之上」「개원開元 17년(729) 동冬 10월 무오戊午」(1446쪽).
20 【옮긴이 주】: '개원'은 당의 제6대 황제 현종(재위 712~756)의 두 번째 연호(713~741)이고, 개원 11년은 752년이다.

넷째, 적용 범위 방면이다. 당률은 전국적인 정죄양형定罪量刑[21]의 주된 근거였고, 적용 범위도 매우 광범위하였다. 『신당서·형법지』에서는 무릇 당령唐令·격格·식式을 위반하여 "문죄問罪하는 경우에는 오로지 율로써 단옥한다[一斷以律]"[22]라고 기술하였다. 당률의 관점도 이와 같았다. 예컨대 『당률소의·명례』「전언前言」에서는 당률을 "비유하여 저울[權衡]이 경중輕重을 아는 것과 같고, 그림쇠[規矩]가 방원方圓을 그리는 것과 같다"라고 하였고, "일자[23]一字를 긋듯이 부합되도록 하였다"[24]라고 하였다. 제칙의 적용 범위는 비교적 협소해서 제칙에서 지정한 사람[人]이나 사안[事]에 적용되었을 뿐이었고, 그 밖의 사람 또는 사안에 대해서는 효력이 없었다. 사법관도 독단적으로 제칙을 인용해서 다른 안건을 처리할 수 없었고, 독단적으로 처리한 경우에는 범죄의 구성요건이 되어 처벌을 받아야 하였다. 당률의 적용 범위는 비교적 광범위하였지만, 제칙은 비교적 협소하였는데, 이것이 네 번째 차이이다.

다섯째, 적용 방면이다. 당률과 제칙의 사회적 작용도 시간의 추이에 따라 달랐다. 일반적으로 말하면, 당률은 당 현종唐玄宗 이전에는 사법관이 정죄양형定罪量刑할 때 주된 근거였다. (그러나) 당 현종 이후 제칙의 지위는 점차 높아져서 심지어 율律을 대체하거나 파기하기도 하였고, 사법관이 율이 아닌 제칙으로 단옥하는[以制敕斷獄] 상황도 갈수록 보편화 되었다. 게다가 이러한 상황은 조정의 허가를 받기에 이르렀다. 예컨대 장경長慶[25] 3년(823년)에는 "지금[26] 이후 양兩 관사官司는 법문法文을 상세히 조사해서 모두 가장 마지막 후칙後敕을 취해서 정죄定罪하게 하십시오'라고 하였다. 칙지敕旨를 내려 마땅히 따르게 하였다"[27]라고 하였다. 당률과 제칙의 기능 변화는 각각의 찬수撰

---

21 【옮긴이 주】: '정죄양형'에 대해서는 제1장 주 73 참조.
22 【옮긴이 주】: 『신당서』「형법지」에 기재된 전체 문장은 제4장 주 9 참조.
23 【옮긴이 주】: '일자' 앞에는 "저 삼장三章보다도 더"라는 문구가 있다(주 24 참조).
24 【옮긴이 주】: 이상 『역주율소 - 명례편 - 』「명례」「편목소」, 98쪽. 본 문구는 같은 「편목소」에서 "이에 율소律疏를 지어 전식典式을 크게 밝히니 …… 관대함을 드러내고[甄表], 간편하고 항상적인 법을 제정·완성하였다"(97쪽)라고 한 것에서 알 수 있듯이, 새로 제정·완성된 『당률소의』에 대한 설명이다.
25 【옮긴이 주】: '장경'은 당의 제12대 황제 목종穆宗(재위 820~824)의 연호(821~824)이다.
26 【옮긴이 주】: '지금' 앞에는 "어사대御史臺가 상주上奏하여 '삼가 후칙後敕에 따라서 전격前格을 파기해야 합니다"라는 문장이 있다(주 27 참조).
27 『송형통·단옥』「단죄인율령격식문(斷罪引律令格式門)」.
【옮긴이 주】: [송宋]두의竇儀 등等 찬撰, 오익여吳翊如 점교點校, 『송형통宋刑統』권30, 「단옥률」「단죄인율령격식문」「단죄불구인율령격식조斷罪不具引律令格式條」「당唐 장경長慶 3년 12월 23일 칙절문敕節文」(486쪽). 본 칙절문은 칙敕이 율·영·격·식을 대체 또는 타파하였음을 명시하고 있다. 따라서 본 칙절문은 율·영·격·식의 견고한 지위가 이미 상실되었을 뿐만 아니라 또 칙이 당 후기 법률구성에서 주된 구성부분이 되었음을 말해 준다(유준문劉俊文, 『당대 법제연구唐代法制研究』[대북臺北: 문진출판사文津出版社, 1999], 254쪽).

修 상황을 통해서도 알 수 있다. 즉 당 현종 이전에는 무덕武德28 원년(618년)·정관貞觀29 원년(627년)·영휘永徽30 2년(651년)과 3년(652년)·수공垂拱31 원년(685년)·개원開元32 22년(734년)·천보天寶33 4재年34(745년)의 7회에 걸쳐 당률이 찬수되었다. 율의 찬수는 당시 주된 입법 활동이었기 때문에 율은 그에 상응하는 작용을 하였다. 그러나 당 현종 이후의 상황은 일변一變하여, 정원貞元35 원년(785년)·원화元和36 2년(807년)·원화 13년(818년)·태화太和37 7년(833년)·개성開成38 4년(839년)·대중大中39 5년(851년)·대중 7년(853년)의 7회에 걸쳐 진행된 일련의 주된 입법 활동은 매회 모두 제칙의 편찬과 연관이 있었지만, 당률과는 무관하였다. 실제로 당률은 그 지위가 추락하여 사회에서 중시되지 않았고, 그것을 대체한 것이 제칙이었다. 이로써 당률은 당 전기 사법司法 활동에서 주된 작용을 하였고, 후기에는 제칙에 자리를 양보[讓位]하였음을 알 수 있는데, 이것이 다섯 번째 차이이다.

이외에 당률과 제칙은 제정 절차·수량 등 방면에서도 같지 않았는데, 여기서는 재차 일일이 논급하지 않는다.

제2절 당률과 제칙의 연계連繫

당률과 제칙은 차이도 있었지만, 서로 연계도 하였고 영향도 주었는데, 주된 방면은 다음과 같다.

첫째, 당률은 제칙 가운데 일부 원칙과 내용을 흡수하였다. 즉, 당률을 찬수하는 과정에서 제칙의 일부 원칙 또는 내용을 당률에 구현하거나 흡수해서 당률의 구성 부분이 되도록 하였다.

---

28 【옮긴이 주】: '무덕'은 당의 초대 황제 고조(재위 618~626)의 연호(618~626)이다.
29 【옮긴이 주】: '정관'은 당의 제2대 황제 태종太宗(재위 626~649)의 연호(627~649)이다.
30 【옮긴이 주】: '영휘'는 당의 제3대 황제 고종高宗(재위 649~683)의 첫 번째 연호(650~655)이다.
31 【옮긴이 주】: '수공'은 당의 제5대 황제 예종睿宗(재위 684~690. 복위 710~712)의 세 번째 연호(685~688)이다.
32 【옮긴이 주】: '개원'은 당의 제6대 황제 현종玄宗(재위 712~756)의 두 번째 연호(713~741)이다.
33 【옮긴이 주】: '천보'는 당의 제6대 황제 현종의 세 번째 연호(742~756)이다.
34 【옮긴이 주】: '년年'은 '재載'의 오기이다. 『구당서』권9, 「현종기상玄宗紀上」「천보天寶 3재載 정월 병진丙辰 삭朔」에서는 "년年을 재載로 고쳤다"(217쪽)라고 하였다.
35 【옮긴이 주】: '정원'은 당의 제9대 황제 덕종德宗(재위 779~805)의 세 번째 연호(785~805)이다.
36 【옮긴이 주】: '원화'는 당의 제11대 황제 헌종憲宗(재위 805~820)의 연호(806~820)이다.
37 【옮긴이 주】: '태화'는 당의 제14대 황제 문종文宗(827~840)의 첫 번째 연호(827~835)이다.
38 【옮긴이 주】: '개성'은 당의 제14대 황제 문종의 두 번째 연호(836~840)이다.
39 【옮긴이 주】: '대중'은 당의 제16대 황제 선종宣宗(재위 846~859년)의 두 번째 연호(847~859)이다.

당의 제칙은 당 황제의 통치상 필요에 따라 제정된 것으로, 이것의 발생과 존재는 일정한 현실성과 합리성이 있었고, 또 그중 일부는 보편적인 의의도 있었기 때문에 당 지주계급의 통치 질서를 유지·보호하는데 직접적으로 일조하였다. 이로 인해 당률을 찬수하는 과정에서 유효한 일부 제칙의 원칙이나 내용을 당률에 융합시키는 것도 매우 필요하였다. 이것은 당 지주계급의 본능이었다고 할 수 있다. 『정관률貞觀律』은 당률의 정본定本으로서 정관貞觀 11년(637년) 정월에 반행頒行되었는데, 그 이전에 반행된 제칙의 원칙 또는 내용 가운데 당률의 구성 부분이 된 것도 적지 않았다.

첫 번째, 당률은 제칙의 일부 원칙을 흡수해서 율문에 구체적으로 반영하였다. 당 태종唐太宗은 집권[執政] 때, 기존 법률 가운데 불합리한 부분에 대해 자신의 견해를 제시하였고, 아울러 제칙 내內에 원칙적인 규정을 만들어 이후 입법자가 그것을 구체화하도록 하였다. 『정관률』에 구현된, 법의 적용이 관대·간략해야 한다는 원칙이 바로 이러한 상황에 속하였다. 예컨대 당 태종은 즉위 후 시신侍臣들에게 "전대前代에 육형肉刑을 시행하지 않은 지 오래되었다. 지금 갑자기 사람의 우지右趾를 절단하는 것으로 하였지만, 심중心中으로는 심히 차마 할 수 없다"[40]라고 하여, 용형用刑은 관대·간략해야 한다고 주장하였다. 이러한 원칙에서 당 태종은 "그[41]를 참여시켜 율령을 개정[刪改]하게 하였다."[42] 이후 반행된 『정관률』 중에는 이러한 원칙이 확실하게 충분히 구현되었다. 예컨대 『구당서·형법지』에서는 『정관률』을 수대隋代의 구율舊[43]律과 비교하여 "(무릇) 번쇄한 법을 삭제하고, 폐해가 많은 법을 제거하며, 중형을 경형으로 변경한 것이 모두 기록할 수 없을 정도이다"[44]라고 기술하였다.

두 번째, 당률은 직접 제칙의 내용을 적용하였다. 제칙에 적용된 내용은 보편적인 의의가 있거나 큰 변동이 없는 경우 당률에도 적용될 수 있는 상황이었다. 당 태종 시기 제칙에서 규정한 봄·여름 때 사형을 집행할 수 없다는 제도가 당률에 적용된 것이 바로 전형적인 일례였다. 예컨대

---

40 【옮긴이 주】: 『구당서』권50, 「형법지」(2135쪽).
41 【옮긴이 주】: '그'는 '촉왕부蜀王府 법조참군法曹參軍 배홍헌裴弘獻'을 가리킨다(주 42 참조).
42 『구당서·형법지』.
【옮긴이 주】: 『구당서』권50, 「형법지」에서는 "그 후 촉왕부蜀王府 법조참군法曹參軍 배홍헌裴弘獻이 또 당시에 불편한 율령 40여 사항[四十餘事]을 논박하였기 때문에 태종은 그를 참여시켜 율령을 개정하게 하였다"(2135~2136쪽)라고 하였다. 이 기사와 주 40의 기사는 당 태종 때 가역류加役流를 의정議定한 과정과 연관되어 있다. 당 태종 때 일부 사죄死罪가 단지형斷趾刑으로, 또 단지형에서 가역류로 전환되는 과정에 대해서는 제6장 제1절 1항 '가역류의 발생 및 내용' 참조.
43 【옮긴이 주】: '양量'은 '구舊'의 오기이다(주 44 참조).
44 【옮긴이 주】: 『구당서』권50, 「형법지」(2138쪽). 본문에 언급된 "(무릇) 번쇄한~정도이다"는 인용 부호("")가 없지만 원문을 옮긴 것이므로 표시하였다.

『구당서·형법지』에서는 당 태종이 "또 다음과 같은 제制를 내렸다. '경사京師에 현재 구금되어 있는 죄수[禁囚]에 대해 형부刑部45는 매월 한 번 상주上奏한다. 입춘立春에서 추분秋分까지는 복주覆奏46하여 사형을 집행[決]할 수 없다. 그리고 대제사大祭祀 및 치재致齋·삭망朔望·상하현上下弦·24기氣·우미청雨未晴·야미명夜未明·단도월일斷屠月日 및 가일假日에는 모두 복주覆奏하여 사형을 집행할 수 없다'"47라고 하였는데, 이러한 내용은 모두 당률에 흡수되었다. 즉『당률소의·단옥』「입춘후추분전불결사형조立春後秋分前不決死刑條」에서는 "무릇 입춘 이후 추분 이전에 사형을 집행한 자는 도徒1년에 처하고", "만약 단도월 및 금살일禁殺日에 집행한 자는 각각 장杖60에 처한다"48라고 규정하였다. 또 본 조「소의」에서는 더욱 구체적으로 "대제사 및 치재·삭망·상하현·24기·우미청·야미명·단도월일 및 가일에는 모두 복주하여 사형을 집행할 수 없다"49라고 해석하였다.

세 번째, 당률은 제칙의 내용을 수정한 후에 채택하였다. 제칙에 운용된 내용은 전체적으로 광범위하게 사용되었지만, 부분적으로 수정되어야 할 상황도 있었다. 부형父兄에 대한 연좌緣坐 문제가 바로 이러한 정황에 속하였다. 예컨대『신당서·형법지』의 기재를 보면, 구율舊律50의 규정에서는 "형제는 분거分居하였다면 음蔭에 의한 은전恩典이 서로 미치지 않지만, (반역죄의) 연좌連坐에서는 모두 사형에 처한다고 되어 있었다."51 당 태종이 녹수錄囚52하였을 때, "동주同州 사람 방강房彊이

---

45 【옮긴이 주】: '형부'는 '상서형부尙書刑部를 가리킨다.
46 【옮긴이 주】: 당대 율령에 규정된 '복주'의 회수·대상·절차 등에 대해서는 제1장 주 178 참조.
47 【옮긴이 주】:『구당서』권50,「형법지」(2138쪽).
48 【옮긴이 주】: 이상『역주율소 - 각칙(하) -』「단옥28」(제496조)「입춘후추분전불결사형조」, 3373쪽.
49 『신당서·형법지』.
   【옮긴이 주】:『역주율소 - 각칙(하) -』「단옥28」(제496조)「입춘후추분전불결사형조」「소의」에서는 "대제사 및 치재·삭망·상하현·24기·우미청·야미명·단도월일 및 가일에는 모두 복주하여 사형을 집행할 수 없다. 그 범한 죄가 비록 즉시 집행해야 하더라도 만약 단도월 - 정월·5월·9월을 말한다 - 및 금살일禁殺日 - 매월 십직일十直日, (곧) 초1일·8일·14일·15일·18일·23일·24일·28일·29일·30일을 말한다 - 인 경우, 비록 즉시 (사형을) 집행해야 하더라도 이 월月·일日에는 또 사형을 집행할 수 없다. (이것을) 위반하고 집행한 자는 각각 장60에 처한다"(3374쪽)라고 하였다.
50 【옮긴이 주】: '구율'이 원문에는 '고시율故時律'로 되어 있다(주 51 참조).
51 【옮긴이 주】:『신당서』권56,「형법지」(1409쪽).『구당서』권50,「형법지」에서는 "종래의 규정[舊條疏]에서는, '형제는, 분거한 후에는 음에 의한 은전이 서로 미치지 않지만, (반역죄의) 연좌에서는 모두 사형에 처하고, 할아버지[祖]·손자[孫]는 배몰配沒한다'고 되어 있었다"(2136쪽)라고 하였다.
52 【옮긴이 주】: '녹수錄囚'는 죄수의 죄상罪狀·정상情狀 등을 심리하여 원체寃滯되지 않도록 하는 것을 말한다. 이와 비슷한 용어에는 여수慮囚·소결疏決·소리疏理가 있다. 이것에 대해서는 이시카와 시게오石川重雄,「고려시대의 휼형 - 여수慮囚·소결疏決·옥공獄空를 중심으로 -」(『민족문화논총』37, 영남대 민족문화연구소, 2007); 전영섭,「당송원·고려의 휼형 입법원칙과 형정인식 - 휼형사상의 원류와 관련하여 -」(『중국사연구』77, 중국사학회, 2012) 참조.

라는 자가 동생의 모반謀反으로 연좌되는 상황에 있었"던 것을 발견하고는 얼굴빛이 어두워지며[動容] "반역에도 두 가지가 있다. 군대를 일으켰거나 군중을 선동煽動한 것이 그 하나이고, 불순한 말[惡言]로써 법을 위반한 것이 그 둘이다. (이 두 가지는 죄의) 경중이 본래 다른데도 똑같이 반역으로 해서 연좌하여 모두 사형에 처하니, (이것이) 어찌 정법定法이 될 수 있겠는가?"라고 하였다. 이에 그는 영令을 내려 "반역을 범한 자의 할아버지[祖]·손자[孫]와 형제로서 연좌된 때에는 모두 배몰配沒하는 것으로 하였고, 불순한 말로써 법을 범한 사람의 형제인 때에는 단지 유형流刑에 처하는 것으로 하였다." 이 칙령敕令에 따라 "방현령房玄齡⁵³ 등은 마침내 법관[法司]들과 함께 수율隋律을 개정하였고", 또 그것들을 당률에 수용해서 "대벽大辟을 감경하여 유형流刑으로 한 것이 92조條, 유형을 감경하여 도형徒刑으로 한 것이 71조였다."⁵⁴ 그러나 율에 이입移入된 후의 내용은 원래의 제칙과 완전히 같지는 않았다. 중점적으로 연좌한 것은 "군대를 일으켰거나 군중을 선동한" 사람의 형제였고, "불순한 말로써 법을 범한" 사람의 형제에 대해서는 과도하게 추궁하지 않았다. 예컨대 『당률소의·적도』「모반대역조謀反大逆條」에서는 무릇 모반謀反 및 대역大逆을 범한 자의 형제는 '몰관'하였지만, 모반하였더라도 "말의 이치가 군중을 선동할 수 없었던 자나 위력威力이 사람을 통솔하기에 충분치 못한 자"의 부자父子·모녀母女·처첩妻妾은 "모두 유流3000리에 처한다"⁵⁵라고 규정하였을 뿐, 형제에 대해서는 언급하지 않았다.

둘째, 당의 제칙은 당률을 재천명再闡明·보충하였거나 타파하였다. 당의 통치자는 또 제칙의 특징을 이용해서 당률이 할 수 없는 역할을 발양發揚하였다.

첫 번째, 당의 제칙은 당률의 규정을 거듭 천명하였다. 당률은 사법관이 정죄양형定罪量刑하는 주된 근거였지만, 각종 방해 요소들 때문에 사법관은 편벽된 율로 단옥斷獄하기도 하였다. 당률의 존엄성을 유지·보호하기 위해 당 황제는 제칙을 사용해서 율의 내용을 거듭 천명하여 잘못 판결하는 경향을 규정糾正하였다. 이것은 당 태종 때에 이미 있었다. 즉 정관 5년(631년), 당 태종이 장온고張蘊古⁵⁶를 살해한⁵⁷ 후에 "법관法官은 과실로 죄를 감경하는 것[失出]에 조심하였고[誡], 죄를 과

---

53 【옮긴이 주】: '방현령'의 생몰 연대는 579~648년이다.
54 【옮긴이 주】: 이상 『신당서』권56, 「형법지」(1409~1410쪽). "71조였다" 다음에 "이것을 율로 하였다"라는 문구가 있다. 이 생략된 문구를 포함하여 "방현령 등은~이것을 율로 하였다" 부분이 『구당서』권50, 「형법지」에서는 "방현령 등이 법관[法司]들과 함께 율 500조를 제정하여 12권으로 나누었다"(2136쪽)라고 하였다. 이것이 이른바 『정관률貞觀律』이다.
55 【옮긴이 주】: 『역주율소 - 각칙(상) - 』「적도1」(제248조)「모반대역조」, 2384쪽.
56 【옮긴이 주】: '장온고'의 생몰 연대는 ?~631년이다.
57 【옮긴이 주】: 『신당서』권56, 「형법지」에서는 "(정관) 5년, …… 장온고를 참형斬刑에 처하였다"(1049쪽)라고 하였고, 『신당서』권2, 「태종기」에서는 "정관 …… 5년 …… 8월 …… 무신戊申, 대리승大理丞 장온고를

실로 가중해도[失入] 단죄斷罪되지 않았다. 이로부터 관리가 법을 적용하는 것이 더욱 세밀하게 되었다." 태종은 이것을 알아차린 후 대리경大理卿 유덕위劉德威[58]에게 이러한 상황이 초래된 원인에 대해 하문下問하였다. 유덕위劉德威는 "율의 규정[59]에서는, (법관이) 죄를 과실로 가중[失入]한 때에는 (고의로 가중한 죄에서) 3등을 감경하고, 과실로 감경한[失出] 때에는 (고의로 감경한 죄에서) 5등을 감경하는 것으로 되어 있습니다. (그런데) 현실에서는 과실로 가중[失入]한 때에도 죄가 되지 않고, 과실로 감경한[失出] 때에는 대죄大罪로 처벌됩니다. 따라서 관리는 모두 법을 엄격히 적용하는[深文] 것입니다"[60]라고 대답하였다. 당 태종은 그의 말을 들은 후 매우 놀라며[矍然] 마침내 명命을 내려 "과실로 죄를 감경·가중한[失出入] 때에도 모두 율의 규정대로 하게 하였다." 이 명령이 내려진 이후 비교적 좋은 효과를 거두어 "이로부터 관리들은 또한 공평한 재판을 하게 되었다."[61]

두 번째, 당의 제칙은 당률을 보충하였다. 제칙의 가장 큰 기능은 당률을 보충한 점이었다. 이

....

살해하였다"(32쪽)라고 하였으며, 『구당서』권50, 「형법지」에서는 "태종은 …… 마침내 동시東市에서 (장온고를) 참형에 처하였다"(2139쪽)라고 하였다.

58 【옮긴이 주】: '성成'은 '위威'의 오기이다(이하 동일)(주 60 참조). 유덕위의 생몰 연대는 581~652년이다.

59 【옮긴이 주】: 유덕위가 말한 '율의 규정'은 『역주율소 - 각칙(하) - 』 「단옥19」(제487조)「관사출입인죄조官司出入人罪條」에서 "만약 죄의 판결[斷罪]이 과실로 가중한[失於入] 때에는 각각 3등을 감경하고, 과실로 감경한[失出] 때에는 각각 5등을 감경한다"(3358쪽)라고 하는 규정을 말한다. 관인에 의한 실출입失出入, 즉 과실로 인한 죄의 감경·가중과 그 처벌에 대해서는 제1장 주 124 참조.

60 【옮긴이 주】: 유덕위가 태종에게 한 이 말은 『신당서』권56, 「형법지」에 의하면, "(즉위) 초 태종은, 옛날에는 단옥斷獄할 때 삼공[三槐]·구경[九棘]에게 자문하였다[訊]는 고사故事를 근거로 조서를 내려 '사죄死罪를 결정할 때는 중서성中書省·문하성門下省의 5품 이상 및 상서성尙書省(의 관인) 등이 평의評議하도록 하라. 3품 이상의 관인이 공죄公罪(공무를 집행하면서 범한 죄)로서의 유죄流罪나 사죄私罪(공무에 관계없이 사적으로 범한 죄)로서의 도죄徒罪 이하를 범한 때에는 모두 (관인) 본인을 검속檢束하지 말라'라고 하였다. (또) 무릇 법 조문에 상세히 규정되어 있는 것은 반드시 인서仁恕의 정신에 의거하도록 하였다. 그러나 장온고張蘊古가 사형에 처해진 이후, 법관은 과실로 죄를 감경하는 것[失出]을 경계하였고, 과실로 죄를 가중해도[失入] 죄가 부가附加되지 않았다. 이로부터 관리가 법을 적용하는 것이 점점 세밀하게 되었다. 태종[帝]은 이것을 대리경 유덕위에게 하문하니 (다음과 같이) 대답하였다"(1411~1412쪽)라는 문장 다음에 나온다. 이 문장은 『구당서』권50, 「형법지」(2140쪽)에도 보인다. 태종이 "사죄를 판결할 때는 중서성·문하성의 5품 이상 및 상서성(의 관인) 등이 평의하도록 하라"라는 조서를 내린 시기는 [송宋]왕부王溥 찬撰, 『당회요唐會要』권40, 「군상신휼君上愼恤」(717쪽)에 의하면, 「정관 3년(629) 3월 5일」로 되어 있다. 또 "3품 이상의 관인이 공죄로서의 유죄나 사죄로서의 도죄 이하를 범한 때에는 모두 (관인) 본인을 검속하지 말라"라는 것은, [당唐]두우杜佑 찬撰, 왕문금王文錦·왕영흥王永興·유준문劉俊文·서정운徐庭雲·사방謝方 점교點校, 『통전通典』권165, 「형법3」「형제하刑制下·대당大唐」(4243쪽)에는 「정관貞觀 7년(633) 12월 조詔」로 되어 있고, 『당회요』권40, 「군상신휼君上愼恤」(718쪽)에는 「정관 7년 12월 12일 조詔」로 되어 있다.

61 『신당서·형법지』.
【옮긴이 주】: 이상 『신당서』권56, 「형법지」(1412쪽).

것은 또 구체적으로 다음과 같이 몇 가지로 나뉘었다.

우선, 제칙은 절차 방면에서 당률을 보충하였다. 예컨대 『무덕률武德律』에는 사형에 대한 집의集議를 규정하지 않았지만, 원옥冤獄의 발생을 방지하기 위해 당 태종은 "옛날에는 단옥斷[62]할 때 삼공[三槐]·구경[九棘]에게 자문하였다[訊는 고사故事를 근거로]" 조정대신이 이러한 직책을 담당해야 한다고 생각하였다. (이에) 그는 정관 원년[63](627년)에 조서를 내려 "사죄死罪는 중서성中書省·문하성門下省의 5품 이상 및 상서성尚書省(의 관인) 등이 평의平議하도록 하라"[64]라고 하였다.

그 다음, 제칙은 죄명 방면에서도 당률을 보충하였다. 예컨대 당률은 사사로이 주전한[私鑄錢] 행위에 대해서만 범죄 행위로 규정하였을 뿐 전을 사사로이 녹였거나[私銷錢] 적치한[私貯錢] 행위에 대해서는 언급하지 않았다. 즉 『당률소의·잡률』「사주전조私鑄錢條」에서는 오직 "무릇 사사로이 주전한[私鑄錢] 자는 유流3000리에 처한다"[65]라고만 규정하였다. 이후 제칙은 이것에 대해 보충하여 전錢을 사사로이 녹였거나[私銷錢] 적치한[私貯錢] 행위도 범죄 행위로 간주하여 동일하게 처벌받아야 하였다. 예컨대 (당 경종唐敬宗) 보력寶曆[66] 원년(825년) 8월 칙령敕[67]에서는 "현전을 녹여서[銷見錢] 불상佛像을 주조한 자는 전錢을 절도하였거나 주조한 죄로 논한다[盜鑄錢論]"[68]라고 규정하였고, (당 헌종唐憲宗) 원화元和[69] 12년(817년) 정월 칙敕에서도 "모든[所有][70] 사사로이 적치한 현전[私貯

---

62 【옮긴이 주】: '단斷' 다음에 '옥獄'이 있다(주 60·64 참조).
63 【옮긴이 주】: '정관 원년'은 『정관정요』「형법 제31」에 나온다(주 64 참조). 『신당서』권56, 「형법지」(1411쪽)와 『구당서』권50, 「형법지」(2139쪽)에는 '정관 원년'이 '(즉위) 초初'로 되어 있다(주 60·64 참조)
64 『정관정요·형법 제31』.
   【옮긴이 주】: 이상은 『신당서』권56, 「형법지」(1411~1412쪽)와 일치한다(주 60 참조). 한편, 『구당서』권50, 「형법지」에서는 "(즉위) 초初 태종은, 옛날에는 단옥할 때 반드시 삼공[三槐]·구경[九棘]의 관인官人에게 자문[訊]하였다는 고사를 근거로, 이에 조서를 내려 '대벽죄大辟罪는 중서성·문하성의 5품 이상 및 상서성(의 관인) 등이 평의[議]하도록 하라'(2139쪽)라고 하였고, 『정관정요』「형법 제31」에서는 "정관 원년, …… 태종은 또 말하였다. '옛날에는 단옥할 때 반드시 삼공[三槐]·구경[九棘]의 관인官人에게 자문[訊]하였는데, 오늘날의 삼공三公·구경九卿이 바로 그 직책이다. 지금부터 대벽죄는 모두 중서성·문하성의 4품 이상 관인 및 상서성의 구경이 평의하도록 하라. 이와 같이 해서 원옥冤獄이나 남형濫刑을 피할 수 있기를 바란다'"(김원중 옮김, 『정관정요』「제31장 형법」, 378~379쪽)라고 하였다.
65 【옮긴이 주】: 『역주율소 - 각칙(하) -』「잡률3」(제391조)「사주전조」, 3203쪽. 본 조에서는 이 규정에 이어서 "주조하는 기구가 이미 갖추어졌지만, 아직 주전하지 않은 자는 도2년에 처한다. 주조하는 기구를 아직 갖추지 않은 자는 장100에 처한다. 만약 이미 만들어진 전을 갈거나 잘라 얇게 하거나 작게 해서 동銅을 취하여 이윤을 추구한 자는 도1년에 처한다"(3203쪽)라고 규정하였다.
66 【옮긴이 주】: '보력'은 당의 제13대 황제 경종敬宗(재위 824~827)의 두 번째 연호(825~827)이다.
67 【옮긴이 주】: '칙' 다음에 '령令'이 있다(주 68 참조).
68 『당회요唐會要·교의郊議』.
   【옮긴이 주】: [송]왕부王溥 찬撰, 『당회요唐會要』권89, 「천화泉貨」「당 경종 보력 원년 8월 칙령敕令」(1632쪽).
69 【옮긴이 주】: '원화'는 당의 제11대 황제 헌종憲宗(재위 805~820)의 연호(806~820)이다.

見錢은 5000관五千貫을 초과할 수 없다. 만약 이를 초과하였다면, 칙이 반포된 후 한 달[月] 내에 다른 물건으로 교환해서 수장收藏하는 것을 허용한다. ······ 만약 기한이 찬 이후 위반하였다면[有違犯者], 백신인白身人 등은 마땅히 주관 관사[所司]에 송치해서 결통장일돈처사決痛杖一頓處死71에 처한다. 그 문무관文武官 및 공주公主 등은 모두 담당 관리[有司]에게 위임하여 문주聞奏하도록 하되, 마땅히 중형으로 폄적형에 처한다[科貶]"72라고 규정하였다.

마지막으로, 제칙은 형벌에서도 당률을 보충하였다. 이러한 보충에는 여러 가지 형식이 있었지만, 주요한 것 가운데 그 하나는 새로운 형종刑種을 증가시킨 점이다. 당률이 규정한 형벌은 주로 '오형五刑'이었지만, 제칙은 '오형' 이외의 형벌도 규정하였는데, 장살杖殺이 바로 그 가운데 하나였다. 예컨대 (당 덕종唐德宗) 건중建中73 3년(782년) 8월 27일의 칙敕74에서는 "그 십악十惡 가운데 악역惡逆 이상 네 등급의 죄[四等罪]75는 율에 준해서 용형한다[准律用刑]. 그 나머지 교형絞刑·참형斬刑에 처해야 하는 때에는 지금 이후 모두 결중장일돈처사決重杖一頓處死에 처하고, 이로써 극법76을 대체한다[代極法]"77라고 규정하였다. 그 둘은 용형을 병합한 점이다. 당률의 규정은 일죄일형一罪一刑이 원칙이었지만, 제칙은 용형을 병합해서 일죄이형一罪二刑하는 정황도 적지 않게 출현하였다. 예

---

70 【옮긴이 주】: '모든' 앞에는 "근래 포백布帛이 저가로 전환되고[轉輕], 현전見錢이 점차 감소된 것은 모두 (현전이) 적체되어[壅塞] 유통되지 못하고 있기 때문이다. 마땅히 경성京城 내內 문무관료文武官僚 중 품질品秩의 고하高下를 불문한 모든 자 및 공군현주公郡縣主·중사中使 등에서부터 아래로 사서士庶·상려商旅·사관寺觀·방시坊市에 이르기까지"(『구당서』권48,「식화상食貨上」「당 헌종 원화 12년 정월 칙敕」(2103쪽))라는 문장이 있다.
71 【옮긴이 주】: '결통장일돈처사決痛杖一頓處死'는 통장痛杖을 집행하고[決] 처사 즉 사형에 처하는 것으로, '장형과 사형'이 병합된 것이다.
72 【옮긴이 주】: 『구당서』권48,「식화상食貨上」「당 헌종 원화 12년 정월 칙敕」(2103~2104쪽). 이 칙은 [송]왕부王溥 찬撰,『당회요唐會要』권89,「천화泉貨」「당 헌종 원화 12년 정월 칙敕」(1631쪽)에도 있는데, '5000관五千貫'이 '50관五十貫'으로, '유위범자有違犯者'에서 '위'가 '오誤'로, '결통장일돈처사決痛杖一頓處死'가 '통장일돈처사痛杖一頓處死'로 되어 있다.
73 【옮긴이 주】: '건중'은 당의 제9대 황제 덕종德宗(재위 779~805)의 첫 번째 연호(780~783)이다.
74 【옮긴이 주】: '칙敕'은 '칙절문敕節文'이 바른 표기이다(주 77 참조).
75 【옮긴이 주】: '악역 이상 네 등급의 죄'에 대해 [송]두의竇儀 등等 찬撰, 오익여吳翊如 점교點校,『송형통』권1,「명례율」「오형문五刑門」「사형이조死刑二條」「당唐 건중 3년 8월 27일 칙절문」「석釋」에서는 "모반謀反·모대역謀大逆·모반謀叛·악역惡逆을 말한다"(5~6쪽)라고 하였다.
76 【옮긴이 주】: '극법'은 '극형' 즉 '참형斬刑·교형絞刑'을 가리킨다.
77 『송형통·명례』「오형문五刑門」.
  【옮긴이 주】: [송]두의竇儀 등等 찬撰, 오익여吳翊如 점교點校,『송형통』권1,「명례율」「오형문」「사형이조」「당 건중 3년 8월 27일 칙절문敕節文」(5쪽). 이 문장이『신당서』권56,「형법지」(1417쪽)에는 '형부시랑刑部侍郎 반굉班宏의 상언上言'으로 되어 있고, 이어지는 문장은 다음과 같다. "종래 사죄死罪는 모두 먼저 장을 집행하였고[先決杖], 그 수數는 100 혹은 60이었지만, 이에 이르러 모두 폐지되었다."

컨대 (당 헌종唐憲宗) 원화元和 6년(811년) 9월, "부평현富平縣 사람 양열梁悅은 아버지[父]를 위해 원수 진과秦果를 살해하고 현縣에 자수해서 죄를 청하였다." 당 헌종唐憲宗[78]은 이에 칙敕을 내려 양열이 "뜻한 바는 절의節義를 위해 목숨을 버리는 것이었지 본래 생을 바라는 마음[求生之心]은 없었다. 차라리 법도에 따르지 않는 실수를 하더라도[寧失不經][79] 특별히 사죄를 감경하는 법[減死之法]에 따라 마땅히 (장杖)100을 집행하고[決] 순주循州[80]로 배류配流하도록 하라"[81]라고 하여, 장형과 유형이라는 두 가지의 형벌을 동시에 사용하였다. 그 셋은 연좌連坐의 범위를 확대한 점이다. 예컨대 당률은 관리가 장죄贓罪를 범한 경우에 대해 연좌를 규정하지 않았지만, 제칙은 관리가 장죄를 범하였다면 죄가 장관長官에게 미친다고 규정하였다. 즉 『당회요唐會要·권41』에서는 (당 덕종唐德宗) 건중建中 원년(780년) 정월 21일,[82] 경조윤京兆尹 위소유魏少游[83]가 상주上奏하여 "'지금 이후 승丞·부簿·위尉가 사적으로 장죄贓罪를 범하였다면 현령縣令을 연좌하되 그 죄는 범한 관리의 죄에서 2등을 감경하십시오. 바라건대, 각 관할 관사管轄官司마다 비위非違가 없게 하십시오'라고 하였다. 칙지敕旨하여 '그것에 따른다[依]. 천하의 모든 주[諸州]는 이것에 준하도록 하라[准此]'고 하였다"[84]라고 하였다.

세 번째, 당의 제칙은 당률을 타파하였다. 당의 제칙은 당률을 보충하였을 뿐만 아니라 또 그것을 타파하였기 때문에 그 규정은 당률과 명확히 달랐고, 당률의 내용과도 서로 모순되었다. 이것은 주로 이하의 여러 방면에 보인다.

먼저, 제칙은 용형用刑에서 당률보다 가중되었다. '안사安史의 난亂' 이후, 이러한 현상은 비교적

---

78 【옮긴이 주】: '당 헌종'은 당의 제11대 황제(재위 805~820)이다.
79 【옮긴이 주】: "차라리 법도에 따르지 않는 실수를 하겠다"라고 하는 문구는 『상서정의尚書正義』(『십삼경주소 상』)권4, 「대우모大禹謨 제3·우서虞書」에서 "고요皐陶가 말하였다. '황제의 덕이 잘못됨이 없으시어 아랫사람에게 임하되 간략함으로써 하시고, 무리들을 어거하되[御衆] 너그러움으로써 하시며, 벌罰은 자식[嗣]에게 미치지 않고 상賞은 자손 대대로 미치게 하시며, 과오[過]로 범한 죄는 용서하되 큼이 없고, 고의[故]로 범한 죄는 형벌하되 작음이 없으시며, 죄가 의심스러운 것[罪疑]은 가볍게 형벌하시고, 공이 의심스러운 것[功疑]은 중하게 상주시며, 죄 없는 사람을 죽일진댄[殺不辜] 차라리 법도에 따르지 않는 실수를 하겠다[寧失不經]고 하시어, 살려주기를 좋아하는 덕[好生之德]이 민심民心에까지 젖어 들었습니다[洽]. 이 때문에 백성들이 유사有司를 범하지 않는 것입니다'"(135쪽)라고 한 문장에 보인다.
80 【옮긴이 주】: '순주'는 지금의 광동성廣東省 용천현龍川縣 지역을 말한다.
81 『구당서·형법지』.
【옮긴이 주】: 이상 『구당서』권50, 「형법지」(2153쪽).
82 【옮긴이 주】: 경조윤 위소유가 상주한 연월일年月日에 대해 [송]왕부王溥 찬撰, 『당회요唐會要』권41, 「잡기雜記」(747쪽)에는 "원년元年 건축월建丑月 21일"로만 기록되어 있고, 연호가 기재되어 있지 않다. 『구당서』권115, 「위소유전」(3377쪽)·『신당서』권141, 「위소유전」(4556~4657쪽)에는 관련 기사가 없다.
83 【옮긴이 주】: '위소유'의 생몰 연대는 ?~771년이다.
84 【옮긴이 주】: [송]왕부王溥 찬撰, 『당회요唐會要』권41, 「잡기雜記」「원년元年 건축월建丑月 21일 경조윤京兆尹 위소유魏少游 주주奏奏」(747쪽).

보편적이었다. 예컨대 당률의 규정은 자손이 호적을 따로 하였거나[別籍] 재산을 달리하였다면[異財] 도徒3년에 처할 뿐이었다. 즉 『당률소의·호혼』「자손별적이재조子孫別籍異財條」에서는 "무릇 조부모·부모가 살아 있는데 자손이 호적을 따로 하였거나[別籍] 재산을 달리한[異財] 때에는 도3년에 처한다"[85]라고 규정하였다. 그러나 (당 숙종唐肅宗) 건원乾元[86] 원년(758년) 4월에 반포頒布한 칙敕[87]에서는 오히려 장형杖刑·유형流刑을 병행해야 한다고 규정하였다. 즉 본 칙敕에서는 "백성 가운데 부모를 섬기는 데 불효하였거나[事親不孝], 별적·이재하였거나, 풍속을 더럽혔거나[點汙風俗], 명교를 무너뜨렸다면[虧敗名敎], 먼저 장杖60에 처하고[決] 서역[磧西]으로 배예配隸한다. 관품이 있는 자는 구금拘禁해서 주문奏聞한다"[88]라고 규정하였다.

그다음, 제칙은 용형에서 당률보다 감경되기도 하였다. 즉 제칙은 용형에서 당률보다 가중된 면도 있었고, 감경된 면도 있었다. 예컨대 『당서[89]·형법지』의 기록에 의하면, 원화元和 8년(813년), 당 헌종唐憲宗은 치국治國에는 "반드시 덕화를 먼저해야 한다[必先德化]"[90]라는 관점에서 조서를 내려 "양경兩京·관내關內·하동河東·하북河北·회남淮南·산남동도山南東道·산남서도山南西道의 사죄死罪 가운데 십악十惡·살인·주전鑄錢·(관문서에 사용하는) 인의 위조[造印] 등의 죄를 범한 자 또는 강도強[91]盜로서 무기를 소지하고[持仗] 경조부京兆府 내에서 겁략劫掠한 자 및 그 밖의 절도로 장물贓物이 3필疋을 초과한[踰] 자는 종전과 같이 (사형죄로) 논한다[論如故]. 그 나머지 사죄死罪를 범한 자는 모두 천덕군天德軍의 오성五城[92]에 배류配流하고, 아버지[父]·할아버지[祖]·자손으로서 (죄인을) 따르고자 하는 자가 있다면 금지하지 않는다[勿禁]"[93]라고 규정했다. 당률 내內의 사죄死罪에 대한 율조律條는

---

85 【옮긴이 주】: 『역주율소 - 각칙(상) - 』「호혼6」(155조)「자손부득별적이재조子孫不得別籍異財條」, 2213쪽.
86 【옮긴이 주】: '건원'은 당의 제7대 황제 숙종肅宗(재위 756~762)의 두 번째 연호(758~760)이다.
87 【옮긴이 주】: '칙敕'은 '조詔'의 오기이다(이하 동일)(주 88 참조).
88 『책부원구冊府元龜·형법刑法』.
【옮긴이 주】: [북송北宋]왕흠약王欽若 등等 편編, 『책부원구』권612, 「형법부刑法部·정율령定律令4」「(숙종) 건원乾元 원년(758) 4월 조詔)(7348~7349쪽).
89 【옮긴이 주】: '『당서』'는 '『신당서』'를 말한다(주 90 참조).
90 【옮긴이 주】: "반드시 덕화를 먼저해야 한다"라는 문구는 당 헌종 때 재상이었던 이강李絳이 군주의 통치에 은상恩賞과 형벌이 중요하다는 이길보李吉甫의 주장에 대해 반박한 말에 보이고, 당 헌종은 이강의 주장에 동조하고 있다(『신당서』권56, 「형법지」, 1417쪽).
91 【옮긴이 주】: '강強'은 원문이 '강彊'이다(주 92 참조).
92 【옮긴이 주】: '천덕군의 오성'에서 '천덕군'은 지금의 오르도스 북서변 지역에 설치된 풍주豐州 관할管轄의 군진軍鎭으로서, 당시 여기에 동수강성東受降城·중수강성中受降城·서수강성西受降城과 구원九原(풍주성豐州城)·영풍永豐(영풍성)의 오성진五城鎭이 있었다(우치다 토모內智雄 편編, 「역주 신당서형법지譯註 新唐書刑法志」『역주 속중국역대형법지譯注 續中國歷代刑法志』, 295쪽, 주 ⑧).
93 【옮긴이 주】: 『신당서』권56, 「형법지」(1417쪽).

모두 233조條인데, 이 조서에서 규정한 것은 상술上述한 6대大 지역에서 사죄死罪로 판결된 여섯 가지 범죄에 한정되었지만, 용형은 당률보다 감경되었다고 말하지 않을 수 없다.

마지막으로, 제칙은 심지어 행정처분으로써 당률이 규정한 형벌을 대체하기도 하였다. 당대는 벌봉罰俸 등의 행정처분 형식을 통해 당률이 규정한 형벌을 대체하는 정황도 적지 않게 볼 수 있다. 예컨대 『당률소의·직제』「관상무고불상조官上無故不上條」에서는 무릇 관리가 휴가일을 넘기고 시일時日에 맞추어 임지任地에 도착하지 않은 경우, "1일이었다면 태笞20에 처하고, 3일마다 1등을 가중한다. 장杖100을 초과하였다면 10일마다 1등을 가중한다"[94]라고 규정하였다. 그러나 제칙의 규정은 그렇지 않고 벌봉만 하면 되었다. 즉 『당회요唐會要·권82』에서는 (당 덕종唐德宗) 정원貞元[95] 21년(805년), 어사御史[96]가 상주上奏하여 "지금 청컨대 관례慣例에 준准해서 3품 이상은 휴가가 끝나는 날[假滿日]에 정아正衙에서 참견參見하도록 하십시오. 만약 위반하고 (기일을) 넘겼다면 청컨대 건원乾元 원년[97] 3월 칙敕에 준准해서 범할 때마다 1개월의 녹봉祿俸을 박탈하십시오'라고 하였다. (칙하여) 상주에 따른다[依奏]"[98]라고 기술하였다. 이것은 당률의 규정과 큰 차이가 있었음을 알 수 있다. 이러한 유형類型의 실례實例는 사서史書에 산견散見한다. 예컨대 『당률소의·투송』「어궁내분쟁조於宮內忿爭條」에서는 관리가 "궁宮 내에서 분쟁한 때에는 태笞50에 처하고", "전殿 내인 때에는 차례로 1등을 가중한다. 상해를 가한 것이 엄중한 때에는 각각 투상죄鬪傷罪에서 2등을 가중한다"[99]라고 규정하였다. 그러나 『구당서·경종상敬宗上[100]』에 의하면, 보력寶曆[101] 2년(826년), "우찬선대부右贊善大夫 이광현李光現[102]이 품관品官 이중실李重實[103]과 논쟁하다[急][104] 분노하여 홀笏로 중실을 쳐서 피를 흘리게 하였다[流血]"지만, "벌봉罰俸 2개월에 처해졌"[105]을 뿐이었다. 또 『당률소의·직제』「상서주사오조上書奏事誤條」에서도 "무릇 상서上書하거나 사안을 상주하는데[奏事] 착오[誤]가

---

94 【옮긴이 주】: 『역주율소 - 각칙(상) -』「직제5」(제95조)「관인무고불상조官人無故不上條」, 2109쪽. 이어지는 규정은 다음과 같다. "죄의 최고형은 도1년반이다. 변경 요충지의 관리는 1등을 가중한다."
95 【옮긴이 주】: '정원'은 당의 제9대 황제 덕종德宗(재위 779~805)의 세 번째 연호(785~805)이다.
96 【옮긴이 주】: '어사'의 다음에 '대臺'가 있다(주 98 참조).
97 【옮긴이 주】: '건원 원년'은 758년이다.
98 【옮긴이 주】: [송宋]왕부王溥 찬撰, 『당회요唐會要』권82, 「휴가休暇」「덕종」 정원 21년 칙敕(1519쪽).
99 【옮긴이 주】: 이상 『역주율소 - 각칙(하) -』「투송10」(제311조)「궁내분쟁조宮內忿爭條」, 3038쪽.
100 【옮긴이 주】: '「경종상敬宗上」'은 '「경종기敬宗紀」'이다(주 105 참조).
101 【옮긴이 주】: '보력'은 당의 제13대 황제 경종敬宗(재위 824~827)의 두 번째 연호(825~827)이다.
102 【옮긴이 주】: '이광현'의 생몰 연대는 미상이다.
103 【옮긴이 주】: '이중실'의 생몰 연대는 미상이다.
104 【옮긴이 주】: '급急'은 '쟁爭'의 오기이다(주 105 참조).
105 【옮긴이 주】: 이상 『구당서』권17상上, 「경종기敬宗紀」「보력 2년 춘春정월 계유癸酉」(518쪽).

있었던 때에는 장杖60에 처한다. 말로 착오[口誤]가 있었던 때에는 2등을 감경한다"[106]라고 규정하였다. 그러나 『당어림唐語林·권4 용지容止』에 의하면, (당 선종唐宣宗) 대중大中[107] 12년(858년) 정월, 류공권柳公權[108]이 상주上奏할 때 존호 '성경문사화무광효황제聖敬文思和武光孝皇帝'를 '광무화효光武和孝'로 잘못 말한[誤說] 것도 "벌봉 일계一季[109]에 처해졌"[110]을 뿐이었다.

제3절 당대唐代 제칙 출현의 역사적 원인

당률이 반행頒行된 후에도 제칙이 필요한 이유는 무엇일까? 이것에는 일정한 역사적 원인이 있었는데, 주요한 점들은 다음과 같다.

첫째, 당률은 모든 범죄 행위를 포괄할 수 없었다는 점이다. 사람의 주관적인 생각과 객관적인 현실은 대체로 어느 정도 격차가 있기 마련이다. 특히 당시 역사적 조건에서 당唐의 입법자는 모든 범죄 행위를 당률에 포괄할 수 없었다. 이점에 대해 당률 자체도 숨김없이 솔직히 말하고 있다. 예컨대 『당률소의·잡률』 「불응득위조不應得爲條」 「소의」에서는 "잡범雜犯의 경죄輕罪는 범죄의 종류가 매우 많아서[觸類弘多] 율의 조문과 영의 조문[金科玉條][111]이 모두 포괄하기는 어렵다"[112]라고 하였다. 이들 행위는 정도는 달랐어도 봉건적 통치질서를 훼손시켰으므로 처벌하지 않을 수 없었지만, 당률은 확실히 방도가 없었다. 왜냐하면, 당률은 "죄를 범한 사람에 대해서는 모두 (적용할) 조문이 있다. 단옥斷獄의 법리法理는 정문正文에 따라야 한다"[113]라고 주장하였기 때문이다. 이러한 상황에서 "임시로 처단하되 그 정상을 헤아려 죄를 주어야 하고, (또) 빠진[遺缺] 부분을 보충하는"[114] 역할을 할 수 있는 법률 형식을 두는 것은 당唐 통치자의 임무였다. 제칙은 바로 이와

---

106 【옮긴이 주】: 『역주율소 - 각칙(상) - 』 「직제26」(제116조) 「상서주사오조」, 2140쪽.
107 【옮긴이 주】: '대중'은 당의 제16대 황제 선종宣宗(재위 846~859)의 두 번째 연호(847~859)이다.
108 【옮긴이 주】: '류공권'의 생몰 연대는 778~865년이다.
109 【옮긴이 주】: '일계'는 '3개월'이다.
110 【옮긴이 주】: 『당어림』권4, 「용지」에서는 "(대중 12년) 정월 삭일朔日에 함원전含元殿에서 조하朝賀를 받는데, 태자소사太子少師 류공권도 나이 80세로서 다시 백관百官의 수반首班이 되어 악현樂懸에서 남쪽으로 걸어서 전하殿下에 이르렀지만, 체력이 이미 다하여 존호 '성경문사화광무효황제聖敬文思和武光孝皇帝'를 올리는데 이르러 공권은 잘못해서 '광무화효光武和孝'라고 하였다. 어사御史가 탄핵하여 벌봉 일계一季에 처해졌다. 세간世間에서는 공권이 관계官界에서 물러나고 스스로 그만두어야 한다고 비난하였다"(??쪽)라고 하였다.
111 【옮긴이 주】: '금과옥조'에 대해서는 제5장 주 94 참조.
112 【옮긴이 주】: 『역주율소 - 각칙(하) - 』 「잡률62」(제450조) 「불응득위조」 「소의」, 3277쪽.
113 『당률소의·단옥』 「단죄불구인율령격식조斷罪不具引律令格式條」.
   【옮긴이 주】: 『역주율소 - 각칙(하) - 』 「단옥16」(제484조) 「단죄불구인율령격식조」 「소의」, 3350쪽.

같은 점에서 비교적 이상적인 형식이었다.

둘째, 사회 상황이 끊임없이 변화하였다는 점이다. 사회는 대개 천변만화千變萬化 중에 있었고, 매일 새로운 상황이 발생하였기 때문에 항상 새로운 법률관계는 당률을 통해 조정되어야 하였다. 그러나 당률은 이러한 요구를 충족시킬 수 없었다. 왜냐하면, 중국고대에는 후대의 황제가 감히 편의적으로 '조종祖宗의 제도'를 바꾸지 못한다는 관례慣例가 있었고, 당대唐代도 바로 이와 같았기 때문이다. 즉 (당문종唐文宗) 개성開成[115] 원년(836년) 3월, 형부시랑刑部侍郎이 상주上奏하여 "율·영·격·식이 네 종류[目]로 구분된 것은 진秦·한漢에서 시작되었지만, 역대에 걸쳐 증수增修되었고, 당조[皇朝]의 정관貞觀[116]·개원開元[117] 때도 거듭 산정刪定되어 법리法理와 법례法例가 정밀하고 자세하여 개수[刊改]를 논의하기가 어렵습니다"[118]라고 하듯이, 변하지 않는 율로써 만변萬變하는 상황에 적응시키고자 하는 것은 확실히 성사시키기가 어렵고, 실제 상황도 그러하였다. 당률 가운데 일부 내용은 균전제均田制와 조용조제租庸調制를 유지·보호하는 규정이었다. 예컨대 『당률소의·호혼』 「매구분전조賣口分田條」에서는 "무릇 구분전口分田을 판[賣] 경우, 1무畝였다면 태笞10에 처하고, 20무마다 1등을 가중하며, 죄의 최고형은 장杖100이다. (그) 전지田地는 본 주인[本主]에게 반환하고[還], 전지의 대금[財]은 몰수하고 반환하지 않는다[不追]"[119]라고 규정하였다. 그러나 당 개원開元·천보天寶[120] 때, 대다수 농민이 객호客戶 혹은 도호逃戶로 전락함에 따라 균전제는 점차 와해되었다. 이에 당률 가운데 이러한 규정은 실제 공문空文이 되었고, 이와 같은 형식의 조문도 적지 않았다. 형세는 변화에 대처할 수 있는 법률 형식으로 율律의 부족한 부분에 대한 보충을 요구하였고, 제칙이 가장 적절한 것이었다.

셋째, 제칙은 비교적 유연한 법률 형식이었다는 점이다. 당唐의 제칙은 율·영·격·식 등이 모두 미치지 못하는 특징 -융통성-을 가지고 있었다. 황제는 필요에 따라 수시로 제칙을 발포하여 사건에 대응할 수 있었다. 당률은 황제에게 이러한 권한을 부여하여 그 합법성을 인정하였다. 예

---

114 『당률소의·잡률』 「불응득위조」.
  【옮긴이 주】: 『역주율소 - 각칙(하) - 』 「잡률62」(제450조) 「불응득위조」 「소의」, 3277쪽. 주 112에 있는 문장을 포함해서 「소의」에 있는 전체 문장은 제7장 주 285 참조.
115 【옮긴이 주】: '개성'은 당의 제14대 황제 문종文宗(재위 827~840)의 두 번째 연호(836~840)이다.
116 【옮긴이 주】: '정관'은 당의 제2대 황제 태종(재위 626~649년)의 연호(627~649)이다.
117 【옮긴이 주】: '개원'은 당의 제6대 황제 현종(재위 712~756)의 두 번째 연호(713~741)이다.
118 『당회요唐會要·정격령定格令』.
  【옮긴이 주】: [송宋]왕부王溥 찬撰, 『당회요』 권39, 「정격령」 「개성開成 원년 3월 형부시랑刑部侍郎 적겸모狄兼謩 주奏」(705쪽).
119 【옮긴이 주】: 『역주율소 - 각칙(상) - 』 「호혼14」(제163조) 「매구분전조」, 2226쪽.
120 【옮긴이 주】: '천보'는 당의 제6대 황제 현종의 세 번째 연호(742~756)이다.

컨대 『당률소의·단옥』「첩인제칙단죄조輒引制敕斷罪條」「소의」에서는 "사안[事]에는 때에 따라 마땅함[時宜]이 있기 때문에 황제[人主]는 임시로 제敕·칙制을 내려 실정實情을 헤아려 처분한다[量情處分]"[121]라고 하였다. 제칙은 당률 등 상대적으로 안정적인 법률 형식이 갖지 못한 특징을 가지고 있었기 때문에 통치계급의 의지를 수시로 반영할 수 있었고, 게다가 당률의 인가認可도 얻었다. 따라서 이로써 당률의 부족한 부분을 보충하는 것은 매우 순조롭게 진행되었다.

넷째, 제칙의 법률적 지위가 율보다 높았다는 점이다. 제칙은 이당李唐 황제의 통치요구에 부응하기 위해 율을 보충해야 하였을 뿐 아니라 타파도 해야 하였기 때문에 제칙에 율보다 더 높은 법률적 지위를 부여해야 하였다. 그렇지 않은 경우, 사법관은 감히 당률과 충돌하는 제칙으로 단옥斷獄할 수 없었다. 이당 황제는 이점을 명백히 인지認知하였기 때문에 그들은 조서를 내려서 제칙의 법률적 지위를 거듭 천명하여 사법관이 반드시 칙敕에 따라 사건을 처리하도록 강조하였고, 당 후기에는 더욱 그러하였다. 예컨대 당 목종唐穆宗[122]은 칙으로 사건을 판결하는 태도에 대해 매우 분명히 "칙지敕旨하여 마땅히 의거해야 한다[宜依]"[123]라고 하였다. 물론 당률 가운데 상응하는 규정은 자연히 그 효력을 상실하였다. 이와 같았기 때문에 제칙이 율律을 타파한 것은 어쩌면 현실적인 전환이었다고 할 수 있다.

당唐의 제칙이 시대의 요구에 따라 출현한 이후, 한번 발포되었다면 거둘 수 없었기 때문에 제칙과 당률의 모순도 그에 따라 야기되었는데, 당 태종唐太宗[124] 때 이미 그러하였다. 예컨대 『정관정요貞觀政要·공평公平 제13[125]』에 의하면, 정관貞觀 연간에 "조정에서 대대적으로 인재를 선발하여 등용하는 길을 열었을" 때, "(이전 시대의) 계급과 자격[階資]을 허위로 보고하여[詐僞]" 진행을 방해하는 자가 있었다. 이에 당 태종은 칙敕을 내려 "그러한 사람은 자수自首하도록 하고, 자수하지 않은 경우, 죄는 사형에 처한다"라고 하였다. 그러나 이 칙은 율과 모순되었기 때문에 "법에 따라 유죄流罪로 판결하였다." 이 칙은 당 태종이 스스로 "짐朕은 처음에 칙을 내려 자수하지 않은 자는

---

121 【옮긴이 주】: 『역주율소 - 각칙(하) -』「단옥18」(제486조)「첩인제칙단죄조」「소의」, 3353쪽. 본 조에서는 "무릇 제制·칙敕으로 단죄斷罪하는 것은 임시적인 처분이므로, 영구적인 격格으로 하지 않은 때에는 인용하여 이후의 비比로 삼을 수 없다. 만약 함부로 인용하여 치죄致罪하는 때 출입出入(감경·가중)이 있었던 경우에는 고의·과실죄로 논한다[以故失論]"(3353쪽)라고 규정하였다. '비比'에 대해서는 제1장 주 123 및 제2장 주 58 참조.
122 【옮긴이 주】: '당 목종'은 당의 제12대 황제(820~824)이다.
123 『송형통·단옥』「단죄인율령격식문斷罪引律令格式門」.
   【옮긴이 주】: [송宋]두의竇儀 등等 찬撰, 오익여吳翊如 점교點校, 『송형통』권30,「단옥률」「단죄인율령격식문」「단죄불구인율령격식조斷罪不具引律令格式條」「당唐 장경長慶 3년(823) 12월 23일 칙절문敕節文」(486쪽).
124 【옮긴이 주】: '당 태종'은 당의 제2대 황제(재위 626~649)이다.
125 【옮긴이 주】: '3'은 '6'의 오기이다(주 126 참조).

사형에 처한다고 하였다. 지금 법에 따라 판결한다면 천하의 사람에게 (짐은) 믿지 못할 사람인 것을 보이는 것이다"[126]라고 하였듯이, 사법司法에 혼란을 초래하였다. 이밖에 제칙이 서로 모순된 경우도 있었다. 예컨대 『정관정요·납간納諫 제5』에 의하면, 정관 3년(629년), 당 태종은 먼저 칙을 내려 "관중關中은 2년간 조세를 면제하고, 관동關東은 1년간 과역을 면제한다[給復]"라고 하였다. 오래지 않아 그는 또 칙을 반포하여 "이미 부역에 동원되었거나 조세를 납부한 것은 모두 수납하게 하여 내년에 합쳐 환산하는 근거로 삼는다"라고 하였다. 이 두 규정은 앞뒤가 서로 저촉되었기 때문에 전자를 알았을 때 "늙은이[老]와 젊은이[幼]는 서로 기뻐하며 노래를 부르고 춤을 추었"지만, 후자를 듣고는 "길을 가는 사람들 모두 희망을 잃었다."[127] 이러한 정황은 당 현종唐玄宗[128] 이후에 더욱 악화되었다. 즉 『구당서·형법지』에 의하면, 당 덕종唐德宗[129]은 대력大曆[130] 14년(780[131]년)의 사서赦書[132]에서 "지덕至德[133] 이후 제칙制敕은 사람의 주청奏請에 의해 반행頒行되기도 하였고, 사안事案이 발생하면[臨] 반행되기도 하였기 때문에 서로 어긋나고 일치하지 않아서 사람들이 (판단하는 데) 어려움을 주고 있다"[134]라고 인정하지 않을 수 없었다. 이후의 정황은 더한층 악화되었다. 예컨대 『당서唐書[135]·형법지』에 의하면, 당 후기가 되면 제칙도 "모두[136] 임시적인 미봉책에 불과해서 (형벌이) 혹은 가중되기도 하고 혹은 감경되기도 하여 한갓 법률을 번쇄繁瑣하게 할 뿐이었다."[137]

당대의 통치자는 이미 상술한 폐단을 감지하였던 듯하다. 일찍이 정관貞觀 때 당 태종은 "조령詔令·격식格式이 항상 일정하지 않으면, 인심人心은 대부분 미혹될 것이고, 간사함이 더욱 생길 것이다"[138]라고 하였다. 이에 그들은 다음과 같은 조치들을 취해서 보완을 시도하였다.

---

126 【옮긴이 주】: 이상 김원중 옮김, 『정관정요』「제16장 공평함」, 255쪽.
127 【옮긴이 주】: 이상 김원중 옮김, 『정관정요』「제5장 간언의 수용」(106쪽). 마지막 두 문장은 급사중給事中 위징魏徵의 상소문上疏文에 보인다.
128 【옮긴이 주】: '당 현종'은 당의 제6대 황제(재위 712~756년)이다.
129 【옮긴이 주】: '당 덕종'은 당의 제9대 황제(779~805년)이다.
130 【옮긴이 주】: '대력'은 당의 제8대 황제 대종代宗(재위 762~779)의 네 번째 연호(766~779)이다. 779년 5월 신유辛酉(21일)에 대종은 병사病死하였고, 동월同月 계해癸亥(23일)에 덕종이 즉위하였다.
131 【옮긴이 주】: '780'은 '779'의 오기이다.
132 【옮긴이 주】: '사서' 다음에 '절문節文'이 있다(주 134 참조).
133 【옮긴이 주】: '지덕'은 당의 제7대 황제 숙종肅宗(재위 756~762)의 첫 번째 연호(756~758)이다.
134 【옮긴이 주】: 『구당서』권50, 「형법지」(2152~2153쪽). 본 「형법지」에 의하면, 이 '절문'이 반포된 시기는 '대력 14년(779) 6월 1일'로 되어 있다.
135 【옮긴이 주】: '『당서』'는 '『신당서』'를 말한다(주 137 참조).
136 【옮긴이 주】: '모두' 앞에 "이(현종玄宗) 이후 …… 무릇 개혁한 것은"이라는 문구가 있다(주 137 참조).
137 【옮긴이 주】: 『신당서』권56, 「형법지」(1419쪽).

첫째, 문하성門下省을 설치해서 제칙을 심의하였다. 당唐은 중앙의 중추기관을 중서성中書省·문하성·상서성尙書省의 삼성三省으로 나누었다. 그중 문하성은 중서성에서 기초한 제칙에 대해 심의하는 직능을 행사하였는데, 무릇 반행해야 하는 제칙은 모두 문하성의 동의를 거쳐야 하였고, 통과되지 않으면 '봉박封駁'되어 중서성으로 반송되어 통과될 때까지 수정되었다. 문하성이 심의하는 목적 가운데 하나는 당률과 제칙 간의 부조화를 방지하는 것이었다. 이러한 절차는 간단히 "중서성은 성지를 취하여[取旨]139 (입안하고), 문하성은 (그 안건을) 복주覆奏하며, 상서성은 시행한다"140라고 표현할 수 있다.

둘째, 관리에게 시행에 불편한 제칙을 신속히 보고하게 하였다. 또 당대唐代의 통치자들은 각급의 관리에게 시행하기 불편한 제칙을 신속히 보고하게 하였는데, 당 태종이 그 전형典型이다. 예컨대 정관 3년(629년), 당 태종은 시신侍臣들에게 "중서성·문하성은 중요한 기관[機要之司]이므로 인재를 발탁해서 임명해야 한다. (그들에게) 맡겨진 업무는 실로 중대하다. 만약 조칙詔敕에 온당·편리하지 않은 점이 있었다면 모두 각자 의견을 내어 토론하게 하고", "지금 이후 반포된 조칙에 온당·편리하지 않은 부분이 있다면 반드시 자기 의견을 개진하도록 하고, 망령되이 두려워해서 알고도 침묵하는 일이 없도록 하라"141라고 하였다. 정관 4년(630년)에도 그는 "여러 관사官司에 명령하여 만약 조칙이 반포되었는데, 그 일에 온당·편리하지 않은 부분이 있었다면 반드시 자기 의견을 상부에 보고해서 마음대로 시행할 수 없도록 하여 힘써 신하로서 책임을 다하도록 하였다."142 정관 11년(637)에도 그는 재차 "경솔하게 조령詔令을 반포할 수 없으며, 반드시 자세히 심의해서 결정해야 한다"143라고 하였다.

셋째, 제칙에 대한 편찬을 중시하였다. 제칙이 너무 쉽게 혼란을 일으키는[易亂] 상황을 피하기

---

138 『정관정요·사령赦令 제32』.
  【옮긴이 주】: 김원중 옮김, 『정관정요』「제32장 사면령」(396쪽).
139 【옮긴이 주】: "성지를 취하다[取旨]"라는 것은 "황제의 재가를 얻다"는 의미이다.
140 『문헌통고文獻通考·직관職官4』.
  【옮긴이 주】: [원]마단림馬端臨 찬撰, 『문헌통고』권50, 「직관고職官考4·문하성門下省」(455쪽)에 의하면, 이 말은 북송 철종哲宗 원우元祐 초(1086) 좌복야左僕射 사마광司馬光(1019~1086)이 상언上言한 문장에 나온다. 자세한 것은 제6장 주 195 참조.
141 【옮긴이 주】: 김원중 옮김, 『정관정요』「제2장 정치의 근본」(39쪽).
142 『정관정요·정체政體 제2』.
  【옮긴이 주】: 김원중 옮김, 『정관정요』「제2장 정치의 근본」(41쪽).
143 『정관정요·사령赦令 제32』.
  【옮긴이 주】: 김원중 옮김, 『정관정요』「제32장 사면령」(396쪽). 이 기사는 "경솔하게~심의해서 결정하여 영원한 법식法式으로 삼도록 해야 한다"가 완전한 문장이다.

위해 당대唐代는 또 여러 차례 (제칙을) 편찬해서 온당·편리하지 않은 부분을 삭제하였다. 편찬 후의 제칙은 격格이 되었다. 당대는 무덕武德144에서 대중大中145까지 17회에 걸쳐 격格을 산정刪定하여 반복해서 그 내용을 조정하였다.

그러나 사회 모순의 격화와 조정朝廷의 부패로 이후 이러한 보완조치는 효과가 매우 미미하여 혼란된 입법상황은 근본적으로 바뀌지 않았다. 예컨대 (당 현종唐玄宗) 개원開元 19년(731년), 시중侍中 배정광裴光庭146과 중서령中書令 소숭蕭嵩147은 제칙이 "격의 규정[格文]과 자못 상위해서 사무事務에 불편하다"148는 것을 느꼈다. (당 문종唐文宗) 대화大和149 7년(833년), 형부刑部도 마찬가지로 제칙 중에는 "혹은 구래舊來의 규약規約이 아니고 일시적인 은전恩典으로 내려진 것, 혹은 전후가 모순된 것, 혹은 필사筆寫가 잘못된 것[書寫錯誤]"150이 적지 않다고 생각하였다. 무릇 이러한 것들은 모두 열거할 수 없다.

당대의 제칙이 어떤 시기에 일정 정도 당唐 지주계급의 통치에 유리하였지만, 동시에 법제의 부패도 초래하였고, 탐관오리가 이러한 기회에 편승해서 법을 농단하고 백성을 침해한 것도 적지 않았다. 즉 "듣건대, 근래 장리長吏들이 법제를 지키지 않고 규정 이외에 징구徵求하고 또 전력으로 농부農夫들을 구사해서 더욱 곤폐困弊시켰고",151 백성은 원통해서 "주현州縣에 호소해도 주현은

---

144 【옮긴이 주】: '무덕'은 당의 초대 황제 고조(재위 618~626)의 연호(618~626)이다.
145 【옮긴이 주】: '대중'은 당의 제16대 황제 선종宣宗(재위 846~859)의 두 번째 연호(847~859)이다.
146 【옮긴이 주】: '배정광'의 생몰 연대는 675~732년이다.
147 【옮긴이 주】: '소숭'의 생몰 연대는 ?~749년이다.
148 【옮긴이 주】: 『구당서』권50, 「형법지」에서는 "개원 19년, 시중 배정광과 중서령 소숭은 또 『개원후격開元後格』 다음에 반포된 제칙制敕이 행용行用된 이후 (제칙이) 격의 규정[格文]과 자못 상위해서 사무에 불편하였기 때문에 상주하여 담당자[有司]에게 명령해서 『격후장행칙格後長行敕』 6권을 찬정撰定시켰고, 그것을 천하에 반포하였다"(2150쪽)라고 하였다.
149 【옮긴이 주】: '대화'는 당의 제14대 황제 문종文宗(재위 827~840)의 첫 번째 연호(827~835)이다.
150 『구당서·형법지』.
  【옮긴이 주】: 『구당서』권50, 「형법지」에서는 "대화 7년 12월, 형부刑部는 다음과 같이 상주하였다. '이전의 칙령敕令을 받들어 전前 대리승大理丞 사등謝登이 새로 편집한 『격후칙格後敕』 60권을 상세히 검토해서 개정하였습니다. 신臣들은 사등이 주진奏進한 것을 근거로 (이것을) 종래의 판결례[理例]와 상세히 비교하고 또 격식의 규정을 참조해서 검토하였습니다. 그 가운데 혹은 구래舊來의 규약이 아니고 일시적인 은전으로 내려진 것, 혹은 전후가 모순된 것, 혹은 필사가 잘못된 것 등은 모두 이미 삭제하였고, 개정改正이 끝난 이후 번잡한 것을 제거하고 중요한 사항을 남기고, 이것을 관사官司 별로 분류해서 모두 50권으로 하였습니다. 삼가 청컨대 칙령을 선포해서 시행하시기 바랍니다.' (이 상주를) 재가裁可하였다"(2155~2156쪽)라고 하였다.
151 『당회요唐會要·조세하租稅下』.
  【옮긴이 주】: [송宋]왕부王溥 찬撰, 『당회요』권84, 「조세하租稅下」「당 무종唐武宗 회창會昌 원년(841) 정월 제制」(1543쪽).

처리하지 못하였으며", "원통함도 처리되지 않고 억울함도 씻지 못한"¹⁵² 상황이 되었기 때문에 기의起義해서 살길을 찾지 않을 수 없었다. 마침내 함통咸通¹⁵³ 15년(874년), 황소黃巢¹⁵⁴가 이끄는 당말 농민대기의農民大起義가 폭발하여 당조 멸망의 조종弔鐘을 울렸다.

---

152 『전당문全唐文』권804, 「유윤장직간서劉允章直諫書」.
153 【옮긴이 주】: '함통'은 당의 제17대 황제 의종懿宗(재위 859~873)의 두 번째 연호(860~874)이지만, 함통 15년(874)은 당의 제18대 황제 희종僖宗(재위 873~888) 때이다.
154 【옮긴이 주】: '황소'의 생몰 연대는 ?~884년이다.

제11장
당률과 전제통치專制統治

당률은 전제통치의 산물이었고, 전제통치도 당률이 필요하였다. 양자는 상호 의존적으로서 공동으로 당대의 정치에 작용하여 당시 정치 생활에서 주된 구성 부분을 이루었다. 이 장章에서는 그 가운데 여러 문제에 대해 탐색을 시도하였다.

제1절 당률의 전제통치에 대한 유지·보호

전제통치는 반드시 집권集權이 기초가 된다. 당률에는 '집권'이라는 두 글자는 없지만, 여러 곳에서 집권의 그림자를 볼 수 있다. 그것은 황제가 입법·행정·사법의 최고 권력을 독점한다는 규정을 통해 합법화된 집권적 지위를 확립함으로써 전제통치의 목적을 실현하였다.

1. 황제의 최고 입법권 관장管掌

당률의 규정에 의하면, 황제는 국가의 입법을 결정할 수 있었기 때문에 국가의 최고 입법권을 관장하였다.

첫째, 황제는 국가법전國家法典을 제정할 수 있는 결정권을 갖고 있었다. 황제는 국가법전의 제정을 결정할 수 있는 권한을 갖고 있었는데, 이것은 당률의 찬정撰定 과정을 통해 설명할 수 있다. 예컨대 『구당서·형법지』에 의하면, 당 고조唐高祖[1]는 즉위 후에 배적裵寂[2]·소우蕭瑀[3] 등 12인에게 칙敕하여 "율령을 찬정撰定하게 하였는데,[4] 대략 『개황률開皇律』[5]을 준칙으로 삼았고", 아울러 무덕武德[6] 7

---

1 【옮긴이 주】: '당 고조'는 당의 초대 황제(재위 618~626)이다.
2 【옮긴이 주】: '배적'의 생몰 연대는 573~632년이다.
3 【옮긴이 주】: '소우'의 생몰 연대는 575~648년이다.
4 【옮긴이 주】: 『무덕율령』의 찬정 시점始點에 대해서는 제10장 주 6 참조.
5 【옮긴이 주】: 『개황률』이 원문에는 '개황'으로만 되어 있다(주 7 참조). 이 문장 앞에 있는 "율령을 찬정하

년(624년)에 조서詔書를 내려 "천하에 반행頒行하였다."⁷ 이것이 이른바 『무덕률武德律』이다. 당 태종唐太宗⁸도 제위를 계승한 후에 또 장손무기長孫無忌⁹·방현령房玄齡¹⁰에게 명하여 학사學士¹¹·법관法官 등과 "거듭 개정하도록 하였으며", "(마침내) 율 500조條를 제정해서 12권으로 나누었고",¹² 정관貞觀¹³ 11년(637년)에 천하에 반포하였다.¹⁴ 이것이 『정관률貞觀律』이다. 이후 찬수撰修된 『영휘율永徽律』·『영휘율소永徽律疏』·『개원률開元律』 등도 모두 이전의 율과 같이 황제의 명을 받아 진행되었다. 당률은 황제의 이러한 권력을 유지·보호하는데 전력을 다하였고, 독단적으로 율 등 법전을 개정하거나 입법권에 대한 찬탈을 기도한 어떠한 행위도 범죄로 간주되어 엄중한 징벌이 가해졌다. 예컨대 『당률소의·직제』「율령식불편첩주개행조律令式不便輒奏改行條」에서는 법률에 대해 "만약 의議를 보고하지 않고 함부로 개행改行할 것을 상주上奏한 자는 도徒2년에 처한다"¹⁵라고 규정하였다.

둘째, 황제는 단행 법규를 반행頒行할 수 있는 결정권을 갖고 있었다. 성문법전의 내용은 일반적으로 비교적 완정完整되었고, 체계도 갖추어져서 자주 개정할 수가 없었기 때문에 상대적으로 안정을 유지해야 하였다. 그러나 사회 상황은 천변만화千變萬化하였기 때문에 항상 법전은 이러한 변화에 대응할 수 없었다. 이로 인해 반포된 제칙制敕 등 단행 법규의 형식을 통해 부족한 부분을 보완해야 하였다. (이에) 당률은 단행 법규의 반행에 관한 결정권도 황제에게 주었다. 예컨대 『당률소의·단옥』「첩인제칙단죄조輒引制敕斷罪條」의 규정에서는 황제에게 "제칙制敕으로 단죄斷罪하는 임시적인 처분"¹⁶을 허용하였다. 본 조「소의」에서도 이것에 대해 "사안[事]에는 때에 따라 마땅함

게 하였다"라는 문구와 김택민 주편, 『역주당육전 상』권6, 「상서형부」에서 "당조[皇朝]의 영은 무덕武德 (618~626) 연간에 배적 등이 율과 동시에 편찬하였다"(575쪽)라는 기사를 종합하면, '개황' 다음에는 '율령'이 생략되었음을 알 수 있다. 저자는 '당률'에 초점을 두고 있기 때문에 『개황률』로 표기한 듯하다(뒤의 『무덕률』도 마찬가지다).

6 【옮긴이 주】: '무덕'은 당의 초대 황제 고조의 연호(618~626)이다.
7 【옮긴이 주】: 『구당서』권50, 「형법지」(2134쪽). 『무덕율령』의 반행 시기에 대해서는 제10장 주 7 참조.
8 【옮긴이 주】: '당 태종'은 당의 제2대 황제(재위 626~649)이다.
9 【옮긴이 주】: '장손무기'의 생몰 연대는 594~659년이다.
10 【옮긴이 주】: '방현령'의 생몰 연대는 579~648년이다.
11 【옮긴이 주】: '학사'에 대해서는 제3장 주 126 참조.
12 【옮긴이 주】: 이상 『구당서』권50, 「형법지」(2135~2136쪽).
13 【옮긴이 주】: '정관'은 당의 제2대 황제 태종의 연호(627~649)이다.
14 【옮긴이 주】: 『구당서』권3, 「태종기하太宗紀下」(46쪽)에 의하면, 태종이 새로운 율령[新律令], 즉 『정관율령』을 반행한 시기는 '정관 11년 춘春 정월 경자庚子'이다.
15 【옮긴이 주】: 『역주율소 - 각칙(상) - 』「직제59」(제149조)「칭율령식조稱律令式條」에서는 "무릇 율·영·식이 업무에 불편한 때에는 모두 상서성尙書省에 보고하고 의정議定한 후에 주문奏聞해야 한다. 만약 의를 보고하지 않고 함부로 개행할 것을 상주한 자는 도2년에 처한다. 만약 궁궐에 이르러 상주한 자는 처벌하지 않는다"(2200쪽)라고 규정하였다.

[時宜]이 있기 때문에 황제[人主]는 임시로 제칙制敕을 내려 실정實情을 헤아려 처분한다[量情處分]"[17]라고 해석하였다.

셋째, 황제는 법률을 개정할 수 있는 결정권을 갖고 있었다. 황제는 법률(법전과 단행 법규도 포함)을 제정할 수 있는 결정권 이외에 법률을 개정할 수 있는 결정권도 갖고 있었다. 법률은 반행된 후, 특히 일정 기간 사법적인 실천을 경과한 후가 되면 반드시 여러 문제들을 노출할 수 있었기 때문에 개정이 필요하였다. 당률은 법률을 개정할 수 있는 결정권도 황제가 소유한다는 것을 확정하였다. 당률은 관리가 시의時宜에 맞지 않은 법률 내용을 발견하였을 때 반드시 수시로 상서성尙書省에 보고해야 하고, 경관京官의 의정議定을 거친 후에 황제의 최후 결정을 주문奏聞하게 하였다. 예컨대 『당률소의·직제』「율령식불편첩주개행조律令式不便輒奏改行條」에서는 "무릇 율律·영令·식式이 업무에 불편한 때에는 모두 상서성에 보고하고 의정議定한 후에 주문해야 한다"[18]라고 규정하였다. 본 조 「소의」에서는 보고 절차에 대해서도 구체적으로 "율·영 및 식의 조문 가운데 때때로 업무에 불편한 것이 있었던 때에는 모두 불편한 상황을 명확하게 하여 낱낱이 상서성에 보고하고, 경관京官 7품 이상을 소집해서 도좌都座에서 의정한 후에 개장改張[19]해야 하는 의議로써 주문해야 한다"[20]라고 보충하여, 황제가 개정 여부를 결정하였다. 바꾸어 말하면, 황제는 국가법률에 관한 최종 개정권을 장악하였던 것이다.

당률은 황제에게 법전·단행 법규를 제정하고 법률을 개정할 수 있는 각종 결정권을 부여하는 등, 실질적으로 황제에게 국가의 최고 입법권을 주어 "짐朕이 곧 법률이다"라는 점을 사실화하였다.

2. 황제의 최고 행정권 관장

당률은 황제가 최고 입법권을 관장한다고 규정한 동시에 최고 행정권도 관장한다고 규정하였다.

---

16 【옮긴이 주】: 『역주율소 - 각칙(하) - 』「단옥18」(제486조)「첩인제칙단죄조」에서는 "무릇 제制·칙敕으로 단죄斷罪하는 것은 임시적인 처분이므로, 영구적인 격格으로 하지 않은 때에는 인용하여 이후의 비比로 삼을 수 없다. 만약 함부로 인용하여 치죄致罪하는 때 출입出入(감경·가중)이 있었던 경우에는 고의·과실죄로 논한다[以故失論]"(3353쪽)라고 규정하였다. '비比'에 대해서는 제1장 주 123 및 제2장 주 58 참조.

17 【옮긴이 주】: 『역주율소 - 각칙(하) - 』「단옥18」(제486조)「첩인제칙단죄조」「소의」, 3353쪽.

18 【옮긴이 주】: 『역주율소 - 각칙(상) - 』「직제59」(제149조)「칭율령식조稱律令式條」, 2200쪽.

19 【옮긴이 주】: '개장'은 거문고의 상태를 바꾸기 위해 현弦을 고치는 것이고, 전하여 '법도의 개변'에 대한 비유로 사용된다(『역주율소 - 각칙(상) - 』「직제59」(제149조)「칭율령식조」, 2200쪽, 주 93)).

20 【옮긴이 주】: 『역주율소 - 각칙(상) - 』「직제59」(제149조)「칭율령식조」「소의」, 2200쪽.

첫째, 국가적 행정기구의 편제編制와 관리官吏의 직책 가운데 여러 중요 문제에 관한 규정을 통해 황제의 행정조직권을 확보하였다. 국가의 행정관리는 국가적 행정조직기구에 대한 관리였다. 이러한 조직기구가 없다면 행정관리도 바로 공론空論이 된다. 따라서 행정관리기구行政管理機構의 구성 및 이러한 기구조직권機構組織權을 취득하는 것은 매우 중요하다. 특히 후자는 모든 행정권을 취득한다는 점에서 결정적인 의의가 있다. 당唐의 황제는 자신이 인정한 당률을 통해 국가적 행정관리기구의 편제와 관리의 직책 가운데 여러 중요 문제에 관해 규정을 만들었고, 아울러 규정을 위반한 관리를 징벌하여 자신의 최고 행정조직권을 확보하였다. 예컨대『당률소의·직제』「치관과한불응치이치조置官過限不應置而置條」에서는 관서官署의 인수人數에 대한 편제는 모두 국가가 사정查定하였고, 임의로 증치할 수 없었던 것에 대해 무릇 "관리[21]를 임용하는 때 정원定員을 초과하였거나 임용해서는 안 되는데 임용한 경우"에는 편제를 초과한 인수에 따라 형사책임을 추궁받아야 하였고, 양형量刑의 폭은 "1인이었다면 장杖100에 처하고, 3인마다 1등을 가중하며, 10인이었다면 도徒2년에 처한다"[22]라고 규정하였다. 또 「관인무고불상조官人無故不上條」에서도 관리는 모두 반드시 (정해진) 시간에 따라 부서府署에 출근해서 직무를 수행해야 하였고, 이유 없이[無故] 출근하지 않는 때에는 결근한 시간에 따라 처벌을 받아야 하였는데, 구체적으로 "1일이었다면 태笞20에 처하고, 3일마다 1등을 가중한다. 장100을 초과하였다면 10일마다 1등을 가중하며, 죄의 최고형은 도1년반이다. 변경 요충지의 관리[邊要之官]는 1등을 가중한다"[23]라고 규정하였다. 본 율조律條에서는 관리가 다른 직분職分을 위반한 범죄 행위에 대해서도 규정하였지만,[24] 여기서는 일일이 열거하지 않는다. 당률은 이러한 규정을 통해 황제가 행정조직에 관한 대권大權을 철저히 장악해서 자신의 통치에 유리한 행정관리기구를 조직하게 하였다.

둘째, 관리는 제칙制敕에 절대 복종해야 한다는 규정을 통해 황제의 행정 지휘권을 실현하였다. 제칙의 발포發布는 황제가 행정 지휘권을 실현하는 중요 수단이었다. 관리는 제칙을 받아서 제칙에 따라 업무를 처리하였고, 황제의 지휘에 복종해서 황제의 행정관리에 대한 의지를 실현하였

---

21 【옮긴이 주】: '관리' 앞에는 "무릇 관직에는 정원定員이 있는데"라는 문장이 있다(주 22 참조).
22 【옮긴이 주】: 이상『역주율소 - 각칙(상) - 』「직제1」(제91조)「관유원수조官有員數條」, 2099〜2100쪽.
23 【옮긴이 주】:『역주율소 - 각칙(상) - 』「직제5」(제95조)「관인무고불상조」, 2109쪽.
24 【옮긴이 주】: "관리가 다른 직분을 위반한 범죄 행위에 대해서도 규정하였다"라는 것은『역주율소 - 각칙(상) - 』「직제5」(제95조)「관인무고불상조」에서 "무릇 관인官人이 이유 없이[無故] 출근하지 않았거나 당번인데도 이르지 않은 경우, 혹은 휴가로 인해 (기한을) 위반한 경우, 1일이었다면 태20에 처하고, 3일마다 1등을 가중한다. 장100을 초과하였다면 10일마다 1등을 가중하며, 죄의 최고형은 도1년반이다. 변경 요충지의 관리는 1등을 가중한다"(2109쪽)라고 규정하였듯이, 관리는 출근뿐만 아니라 당번·휴가 등에서 시간·기한을 위반한 경우에도 그 위반한 시간·기한에 따라 처벌되었음을 말한다.

는데, 이것은 제칙 특유의 기능이었다. 이로 인해 제칙도 최고 행정 지휘권을 상징하였으며, 제칙을 위반한 모든 행위는 이러한 권력에 직접 훼손을 가할 수 있었기 때문에 결코 용인될 수 없었다. 당률은「직제율」·「사위율」에서 엄중하게 징벌해야 하는 각종 제칙 위반 행위에 대해 규정하였는데, 여기서는 두 가지 예증[例證]만을 제시한다. 예컨대「피제서시행유위조被制書施行有違條」규정에 의하면, 관리는 제서制書를 받은 후 제서의 뜻에 따라서 사안[事]을 처리해야 하고 위반해서는 안 되며, 만약 "시행하는데 위반한 때에는", "도徒2년에 처"[25]해졌다. 또「사위제서급증감조詐偽[26]制書及增減條」에서도 제칙을 함부로 칭하였거나[妄稱] 제칙의 내용을 증감한 행위는 모두 절대 금지되었고, 범한 자는 위험이 생명에까지 미쳤음을 다음과 같이 규정하였다. "무릇 제서를 허위로 만들었거나[詐偽[27]] 증감한 자는 교형絞刑에 처한다. 아직 시행하지 않은 자는 1등을 감경한다."[28] (이처럼) 당률은 중형重刑을 사용해서 관리에게 황제의 지휘에 확실히 복종할 것을 강요함으로써 황제의 독존적 지위를 확립하였다.

셋째, 관리는 반드시 적시適時에 착오 없이 관할범위 내의 정황을 보고해야 한다는 규정을 통해 황제의 행정 결정권[決策權]에 대한 행사를 보증保證하였다. 행정의 조직권과 지휘권에 대한 행사는 모두 정책 결정[決策]을 기초로 하였고, 정책 결정에 대한 착오는 조직의 과실過失과 지휘의 실패를 초래하였기 때문에 행정에서 정책 결정은 매우 중요하였다. 정책 결정도 사실적 정황의 반영을 전제로 하였고, 정황이 반영되지 않았거나 사실적이지 않은 정황을 반영한 것은 모두 정책 결정에 착오를 초래할 수 있다. 당률은 각급의 관리가 반드시 적시에 자신의 관할 구역 내의 사실적 정황을 보고해야 한다는 규정을 통해 황제의 정책 결정에 정확성을 보증하였고, 이로써 황제의 최고 결정권을 실현하였다. 당률의「직제율」과「사위율」에는 모두 이것에 관한 규정이 있다. 예컨대「사응주부주조事應奏不奏條」규정에 의하면, 관리는 반드시 법에 따라 상주上奏해서 칙지敕旨를 청

---

25 【옮긴이 주】: 『역주율소 - 각칙(상) - 』「직제22」(제112조)「피제서시행유위자조被制書施行有違者條」에서는 "무릇 제서를 받아 시행하는데 위반한 자는 도2년에 처한다. 실착失錯인 때에는 장100에 처한다"(2134쪽)라고 규정하였다.
26 【옮긴이 주】: '위僞'는 '위爲'의 오기이다(주 28 참조).
27 【옮긴이 주】: '위僞'는 '위爲'의 오기이다(주 28 참조).
28 【옮긴이 주】: 『역주율소 - 각칙(하) - 』「사위6」(제367조)「사위제서급증감조詐爲制書及增減條」, 3162쪽. 본 조「주」에서는 "구두로 허위로 전달하였거나[口詐傳] 구두로 증감한[口增減] 때에도 같다[同]. 시행이라고 하는 것은 중서성中書省에서 복주覆奏하였거나 이미 담당 부서[所司]에 교부된 것을 말한다. 비록 담당 부서를 거치지 않았다고 해도 허위로 전달하였거나 증감하여 전인前人이 이미 접수한 때에도 또한 시행한 것으로 한다. 그 밖의 조문[餘條]에서 시행이라고 한 것은 이것에 준한다[準此]"(3162쪽)라고 규정하였다. 이 규정에 나오는 '전인前人'은 문맥상 '제서 등을 접수한 사람'을 가리키는 것으로 보인다. 참고로 당대 율령에 규정된 '복주'의 회수·대상·절차 등에 대해서는 제1장 주 178 참조.

해야 하였고, 만약 상주해야 하는데 상주하지 않았거나 상주하지 않아야 하는데 상주한 때에는 모두 범죄의 구성요건이 되어 처벌받는 정도가 같았다. 즉, 본 조에서는 "무릇 사안[事]을 상주해야 하는데 상주하지 않았거나 상주하지 않아야 하는데 상주한 자는 장杖80에 처한다"[29]라고 규정하였다. 「대제상서불이실조對制上書不以實條」에서도 관리의 상서上書·주사奏事는 반드시 진실해야 하고, 황제를 기만할 수 없으며, 그렇지 않은 때에는 중벌을 받는다고 규정하였다. "무릇 대제對制 및 주사奏事·상서上書를 하는 때, 속이고[詐] 사실[實]로써 하지 않은 자는 도徒2년에 처한다. 기밀 사항[密]이 아닌데 허위로 기밀 사항이라고 한 자는 1등을 가중한다."[30] (이처럼) 당률은 주사[奏]·상서[書]의 형식을 사용해서 상하가 원활한 통로를 유지하도록 기도企圖함으로써 황제의 최고 정책 결정[決策]이 오류 없이 결정권 행사에까지 미치도록 보증하였다.

이상 세 가지 권한을 갖고 있었기 때문에 당의 황제는 합법적으로 최고 행정권을 행사하여 명령을 시행함으로써[發號施令] '무인지하 만인지상無人之下萬人之上'의 최고 행정관이 될 수 있었다.

3. 황제의 최고 사법권 관장

당唐의 황제는 최고 입법관·행정관이었을 뿐 아니라 최고 사법관이기도 하였다. 당률의 규정에 따르면, 황제는 이하 여러 중요한 사법권을 갖고 있었다.

첫째, 직소直訴의 수리권受理權이다. 당대는 백성에게 원억冤抑, 즉 원통한 누명이 극심한 상황에서 직소를 허락하였다. 예컨대 『당육전唐六典·형부刑部』에 의하면, "무릇 억울함을 풀지 못해서[冤滯不申] 호소하여 심리審理를 받고자 하는 자가 있는 경우"에는 직소할 수가 있었다. 그 형식에는 세 가지[三][31]가 있었다. 즉 "삼사三司[32]에 진소陳訴한다. 또 불복한 경우에는 (황제에게) 상표上表한

---

29 【옮긴이 주】: 『역주율소 - 각칙(상) -』「직제27」(제117조) 「사응주이부주조事應奏而不奏條」, 2143쪽.
30 【옮긴이 주】: 『역주율소 - 각칙(하) - 』「사위7」(제368조) 「대제상서불이실조」, 3164쪽.
31 【옮긴이 주】: '세 가지'는 '여섯 가지'의 잘못으로 보인다. 즉 김택민 주편, 『역주당육전 상』권6, 「상서형부尚書刑部」(615~616쪽)에 의하면, 억울함을 직소하는 형식(특별한 경우를 제외하면 전체적으로 절차형식을 띠고 있다)에는 총 여섯 가지가 있다. ①본사本司·본관本貫을 경유하는 방식, ②불복한 경우, 상서성尚書省을 경유하는 방식, ③불복한 경우, 삼사三司에 진소陳訴하는 방식, ④불복한 경우, 황제에게 상표上表하는 방식, ⑤상표를 전달하지 않은 경우, 등문고登聞鼓를 치는 방식, ⑥폐석肺石 밑에 서 있는 방식이다(주 33 참조).
32 【옮긴이 주】: '삼사' 앞에는 "먼저 본사本司·본관本貫을 경유하고, 혹 길이 멀어 어려움이 있는 경우에는 가까운 관청이 판결한다. 이에 불복한 경우에는 마땅히 판결사유서[不理狀]의 지급을 청구하며, 상서성에 이르면 좌左·우승右丞이 상세히 살핀다. 또 불복한 경우에는 다시 사유서를 지급받아"라는 문장이 있다(주 33 참조). '삼사'의 경우, 형부刑部·대리시大理寺·어사대御史臺, 이 세 기관의 장·차관이 연석聯席하여 심신審訊하는 것을 대삼사大三司라고 하고, 대리사직大理司直 혹은 평사評事·어사御史·낭관郎官이 연석하여 심신하는 것을 소삼사小三司라고 한다(김택민 주편, 『역주당육전 상』권6, 「상서형부」, 616쪽, 주 199).

다. 표를 받은 자가 전달하지 않은 경우에는 등문고登聞鼓를 치는 것을 허용하고, 만약 형제나 자손이 없거나[惸獨] 늙거나[老] 어려서[幼] 스스로 신원伸冤할 수 없는 자는 폐석肺石 밑에 서 있는다"[33]라고 하였다. 직소 안건은 황제의 수리受理와 심의·결정에 맡겨졌고, 재차 하부下部 사법기구의 심리를 경유할 필요가 없었다. 이러한 유형類型의 안건에서 황제는 일심一審이자 종심終審의 법관法官으로서, 그의 판정은 최고 법률효력을 갖고 있었다. 당률은 직소의 합법성을 승인하였고, 동시에 상소上訴의 내용도 믿을 수 있어야 하고 오류도 없어야 하는 것을 요구하였다. 예컨대『당률소의·투송』「요거가과고소사부실조邀車駕撾鼓訴事不實條」에서는 "무릇 거가車駕를 기다렸다가 혹은 등문고를 치거나 또는 상표上表하여 자신의 일[身事]을 스스로 해명하고 소원하였는데[理訴], 사실이 아닌 자는 장杖80에 처한다"[34]라고 규정하였다.

둘째, 의議의 재결권裁決權이다. 봉건법은 특권법이었고, 당률도 이와 같았다. 의는 즉 '팔의八議'로서, 고관高官·귀족이 향유하였던 사법특권이었고, 이 특권을 최종적으로 결정하는 것은 황제였다. 일반적인 정황에서 '팔의'에 해당하는 자가 사죄死罪를 범한 경우에는 일반적인 사법절차에 따라 법에 의해 사형에 처하지 않고, 황제에게 보고해서[上報] 그의 재결裁決에 위임하였다. 예컨대『당률소의·명례』「팔의자조八議者條」에서는 "무릇 팔의에 해당하는 자[八議者][35]가 사죄를 범한 경우, 모두 적용할 죄목과 의議해야 하는 정상情狀을 조목條目별로 기록하여, 먼저 의죄議罪할 것을 주청奏請하고, 의죄해서 (형이) 결정되었다면[議定] 주재奏裁한다"[36]라고 규정하여, 황제의 재결이 종심終審의 성질을 갖고 있었던 것은 확실하였다.

셋째, 상청上請의 결정권이다. 당률은 일부 비교적 특수한 안건은 상청에 의한 해결, 즉 직접 황제가 판정한다고 규정하였다. 이들 안건은 다음의 경우들을 포괄하였다. 위례불위율違禮不違律 행위, 즉 예는 위반하였지만, 율은 위반하지 않은 행위, 노老·소小·독질자篤疾者로서 중죄를 범한 경우, 모반謀反을 무고誣告하지 않은 경우 등이다. 예컨대『당률소의·명례』「노소급질유범조老小及疾有犯條」에서는 "80세 이상·10세 이하 및 독질자로서 모반[反]·모대역[逆]·살인을 범해서 사형에 처해야 하는 자는 상청한다"[37]라고 규정하여, 상청의 판정은 최종 결정이었다.

---

33 【옮긴이 주】: 이상 김택민 주편,『역주당육전 상』권6,「상서형부」(615~616쪽).
34 【옮긴이 주】:『역주율소 - 각칙(하) - 』「투송57」(제358조)「요거가과고소사조邀車駕撾鼓訴事條」에서는 "무릇 거가車駕를 기다렸다가 혹은 등문고를 치거나 또는 상표하여 자신의 일을 스스로 해명하고 소원하였는데[理訴], 사실이 아닌 자는 장80에 처한다. 스스로 상해를 가한[毀傷] 자는 장100에 처한다. 비록 사실이었더라도 스스로 상해를 가한 자는 태50에 처한다. 만약 친속親屬이 서로를 위해 소원한 때에는 자신이 소원한 것과 같다[與自訴同]"(3142~3143쪽)라고 규정하였다.
35 【옮긴이 주】: '팔의에 해당하는 자[八議者]'에 대해서는 제5장 주 72 참조.
36 【옮긴이 주】:『역주율소 - 명례편 - 』「명례8」(제8조)「팔의자조」, 137쪽.

넷째, 사형의 복주권覆奏權이다.³⁸ 당 태종唐太宗³⁹ 때부터 당대는 처음으로 완비된 사형 안건에 대한 복주제도가 있었는데, 당시에는 '삼복주三覆奏'였다. 즉『구당서·형법지』에서는 당 태종이 제를 내려[下制]⁴⁰ "무릇 사형을 집행하는[決] 때에는 비록 즉시 살해하라고 명령하더라도 그대로 삼복주해야 한다"⁴¹라고 기술하였다. 당률은 이 제도를 유지·보호하는 차원에서 사형을 복주하지 않았거나 미리 형을 집행한[行刑] 때에는 모두 범죄에 속한다는 것을 명확히 하였다. 예컨대『당률소의·단옥』「사수복주보결조死囚覆奏報決條」에서는 "무릇 사죄死罪의 죄수를 복주하여 회답이 내리는 것[報下]을 기다리지 않고 (형을) 집행한[決] 자는 유流2000리에 처한다. 만약 복주하여 회답이 내려 집행해야 하는 때에는 3일이 지난 후 행형行刑해야 한다. 만약 기한이 아직 되지 않았는데[未滿] 행형한 자는 도徒1년에 처한다"⁴²라고 규정하였다.

다섯째, 은사恩赦의 확정권이다. 당대는 많은 사면을 반대하였지만, 은사는 여전히 있었고, 동시에 특정한 절차도 있었다. 예컨대『구당서·형법지』에서는 "은사가 행해지는 날[有赦之日]에는, 무고령武庫令⁴³은 금계金鷄와 태고太鼓를 궁성문宮城門 밖 오른쪽에 설치하고, 죄수들을 궁궐 앞에 끌어 모아서 태고를 1000회回 친 후에 (은사의) 조서詔書를 선포하고 석방한다. 그 사서赦書를 제주諸州에 반포하는 때에는 비단[絹]에 서사書寫해서 하부한다[行下]"⁴⁴라고 기술하여, 은사는 조서에 의해 집행되었기 때문에 은사권은 황제에게 귀속歸屬되었다. 당률은 은사가 합법인 것을 인정하였고, 아울러 법률을 피하는 것을 차단한다는 차원에서 은사를 이용하여 죄를 고의로 범한 때에는 은사의 범주에 포함되지 않는다고 규정하였다. 예컨대『당률소의·단옥』「문지은사고범부득사원조聞知恩赦故犯不得赦原條」에서는 "(무릇) 은사가 있다는 것을 들어서 알고[聞知] 고의로 범한[故犯]" 자는 "은사로 사면[赦原]할 수 없다"⁴⁵라고 규정하였다.

---

37 【옮긴이 주】:『역주율소 - 명례편 - 』「명례」(제30조)「노소급질유범조」, 236쪽.
38 【옮긴이 주】: 당대 율령에 규정된 '복주'의 회수·대상·절차 등에 대해서는 제1장 주 178 참조.
39 【옮긴이 주】: '당 태종'은 당의 제2대 황제(재위 626~649)이다.
40 【옮긴이 주】: 이 제가 내려진 시기에 대해 [송宋]왕부王溥 찬撰,『당회요唐會要』권40,「군상신휼君上慎恤」(718쪽)에는 '정관貞觀 5년(631) 8월 21일'로 되어 있다.
41 【옮긴이 주】:『구당서』권50,「형법지」(2139~ 2140쪽).
42 【옮긴이 주】:『역주율소 - 각칙(하) - 』「단옥29」(제497조)「사수복주보결조」, 3375쪽. 이 규정에 이어서 "만약 기한을 초과한 경우, 1일을 위반하였다면 장100에 처하고, 2일마다 1등을 가중한다"라는 규정이 있다(3375쪽).
43 【옮긴이 주】: 김택민 주편,『역주 당육전 중』(서울: 신서원, 2005)권16,「위위시衛尉寺·무고령武庫令」에서는 "무고령은 양경兩京에 각 1인이 있고, 종6품이다. …… 무고령은 천하의 병기와 기계를 보관하고, 그 명칭과 숫자를 판별하여 나라의 쓰임에 준비하는 일을 관장한다"(463쪽)라고 하였다.
44 【옮긴이 주】:『구당서』권50,「형법지」(2138~ 2139쪽).
45 【옮긴이 주】:『역주율소 - 각칙(하) - 』「단옥21」(제489조)「문지은사고범조聞知恩赦故犯條」에서는 "무릇 은사

이상 다섯 가지 방면은 사법司法의 중요한 구성 부분으로서, 사법에 대해 결정적인 의의意義가 있다. 당률은 이러한 권력을 황제에게 부여해서 실질적으로 그에게 사법에서의 전제專制를 승인하였다. 당 황제가 최고 사법관인 것은 조금도 거짓이 아니다.

황제의 삼대三大 권력이 다른 사람에게 넘어가지 않도록 하기 위해 당률은 또 군대를 배경으로 삼았고, 군대의 최고 지휘권을 황제에게 귀속하도록 규정하였으며, 독단적으로 군대를 발동한 모든 행위에 대해서는 가차 없이 엄중하게 처벌하였다. 예컨대『당률소의·천흥』「천발병조擅發兵條」에서는 "무릇 독단적으로[擅] 발병發兵한 경우, 10인 이상이었다면 도徒1년에 처하고, 100인이었다면 도1년반에 처하며, 100인마다 1등을 가중하고, 1000인이었다면 교형絞刑에 처한다"[46]라고 규정하였다.

국가의 최고 권력은 최종적으로 모두 이상의 삼대三大 권력에 귀속되었고, 이 삼대 권력을 장악한 것은 국가의 최고 권력을 장악한 것과 같았으며, 장악한 자도 명실상부한 '현실의 전제군주',[47] 즉 황제였다. 당률은 입법의 관점에서 황제의 이들 권리에 대한 장악을 긍정하고 보장도 하였는데, 이것은 바로 당대唐代에 실행된 '동방전제제도東方專制制度'[48]의 합법성을 승인한 것이었다. 이러한 제도를 유지·보호하기 위해 당률은 전체통치에 위해危害를 가한 행위에 대해 엄징하였다. 특히 '십악十惡' 가운데 앞의 세 가지 대죄大罪, 즉 모반謀反·모대역謀大逆·모반謀叛은 본인이 사형에 처해 졌을 뿐 아니라 가속家屬도 연좌連坐되어야 하였다.[49]

제2절 당 전후 율律 및 동同시기 외국법전外國法典과의 비교

당률은 전제통치專制統治의 유지·보호에 대해 나름의 특징이 있었다. 이러한 특징은 당 이전·당 이후 봉건시대의 율 및 동시기 외국법전과의 비교를 통해 알 수 있다.

가 있다는 것을 들어서 알고 고의로 범하였거나, 악역惡逆을 범하였거나, 혹은 부곡·노비가 주인을 구타·모살謀殺 또는 강간强姦한 때에는 모두 은사로 사면할 수 없다"(3365쪽)라고 규정하였다. 본 조에서는 이어서 "만약 소공존속小功尊屬·사촌형·사촌 누나[從父兄·姉]를 살해하였거나 모반謀反·대역大逆을 범한 경우, 목숨[身]은 사면령이 내려[會赦] 사형을 면하였더라도 그대로 유2000리에 처한다"(3365쪽)라고 규정하였다.

46 【옮긴이 주】:『역주율소 - 각칙(상) - 』「천흥1」(제224조)「천발병조」, 2338쪽.
47 『마르크스·엥겔스 전집[馬克思恩格斯全集]』제46권상卷上, 인민출판사人民出版社, 1972년판年版, 473쪽.
48 위와 같음[同上].
49 【옮긴이 주】: 모반謀反·모대역謀大逆·모반謀叛에 대한 형벌과 연좌緣坐에 대해서는 『역주율소 - 각칙(상) - 』「적도1」(제248조)「모반대역조謀反大逆條」(2381~2385쪽) 및 『역주율소 - 각칙(상) - 』「적도4」(제251조)「모반조謀叛條」(2390~2393쪽) 참조.

1. 당 이전 율과의 비교

중국은 진秦이 최초로 중앙집권적 왕조를 건립한 이후, 전제통치는 새로운 단계로 나아갔고, 역대 각 왕조의 율은 이러한 통치를 유지·보호하는데 진력을 다하였으며, 아울러 이러한 통치의 발전에 따라 부단히 발전하였다. 당률은 그것의 유지·보호에 대해 당唐 이전 각 왕조에서 입법한 기초 위에서 제정되었고, 아울러 나름의 특징을 형성하였다. 당 이전의 율과 비교할 때, 당률에서 특히 주목되는 것은 다음과 같은 두 가지 점이다.

첫째, 당률이 규정한 내용은 더욱 전제적이었다는 점이다.

이것은 또 두 가지 방면에서 볼 수 있다.

한 방면은, 당률 가운데 전제專制에 관한 내용은 당 이전의 율에서는 출현하지 않았다는 것이다. 상술上述한, 관리官吏는 반드시 적시適時에 착오 없이 자신의 관할범위 내의 정황을 보고해야 한다고 요구한 규정이 바로 일례一例이다. 당 이전, 관리는 중요한 상황에 봉착하면 상서上書 형식으로 황제에게 보고할 수는 있었지만, 율에 (보고를) 강제한 규정은 볼 수 없다. 당대는 (관리가) 황제에게 상황을 모아서 보고하는 것을 정책 결정[決策]의 필요와 전제의 중요한 조건으로 보았기 때문에, 다른 법률 형식을 사용해서 상주上奏해야 하는 범위를 규정하였을 뿐 아니라 당률에서 전문적인 죄명도 설정해서 "상주上奏해야 하는데 상주하지 않은 경우"[50]와 "대제對制·상서上書하는 때 사실[實]로써 하지 않은 경우"[51] 등의 행위는 모두 범죄에 속하였고, 형벌로 처리해야 한다고 명확히 규정하였다. 이러한 규정은 당시 통치자의 사상과 직접적인 관계가 있었다. 당 태종은 민의民意의 상달上達을 매우 강조하였고, 그것을 전제통치의 필요수단으로 삼았다. 특히 법률의 적용 상황에 대해 그는 몇 번에 걸쳐 신하들에게 적시適時에 이러한 상황을 보고하도록 요구하였다. 예컨대 『정관정요·정체政體 제2』에 의하면, 정관貞觀[52] 3년(629년)에 당 태종은 시신侍臣들에게 "지금 이후 반포된 조칙詔敕에 온당·편리하지 않은 부분이 있었다면 반드시 자기 의견을 개진하도록 하

---

50 【옮긴이 주】: 『역주율소 - 각칙(상) - 』「직제27」(제117조)「사응주이불주조事應奏而不奏條」에서는 "무릇 사안[事]을 상주해야 하는데 상주하지 않았거나 상주하지 않아야 하는데 상주한 자는 장80에 처한다"(2143쪽)라고 규정하였다.

51 【옮긴이 주】: 『역주율소 - 각칙(하) - 』「사위7」(368조)「대제상서불이실조對制上書不以實條」에서는 "무릇 대제對制 및 주사奏事·상서上書하는 때, 속이고 사실로써 하지 않은 자는 도2년에 처한다. 기밀 사항[密]이 아닌데 허위로 기밀 사항이라고 한 자는 1등을 가중한다. 만약 특별한 제서[別制]를 내려 문문·안案·추推하는 때 황제에게 사실대로 보고하지 않은 자는 도1년에 처한다. 그 사안[事]이 담당 부서[所司]를 경유해서 처리해야 하는 안건인 경우, (해당 관사가) 받아서 주문奏聞해야 하는데 부실不實하게 한 자는 죄 또한 같다[同]. 아직 주문하지 않은 자는 각각 1등을 감경한다"(3164~3166쪽)라고 규정하였다.

52 【옮긴이 주】: '정관'은 당의 제2대 황제 태종(재위 627~649)의 연호(627~649)이다.

고, 망령되이 두려워하여 알고도 침묵하는 일이 없도록 하라"[53]라고 하였고, 정관 4년(630년)에 그는 또 "여러 관사官司에 명령하여 만약 조칙이 반포되었는데, 그 일이 온당·편리하지 않은 부분이 있었다면 반드시 자기 의견을 상부에 보고해서 마음대로 시행할 수 없도록 하여 힘써 신하로서의 책임을 다하도록 하였다."[54] 정관 6년(632)에 그는 재차 시신들에게 "무릇 큰일[大事]은 작은 일[小事]에서부터 시작하고, 작은 일을 논의하지 않으면 큰일 또한 구할 수 없으니, 사직社稷의 안위安危는 이것에서 말미암지 않음이 없다"[55]라고 하였다. 당 태종의 이러한 (민의의 상달을) 중시하는 상황은 당 이전에는 실로 보기 드물었다. 그의 이러한 사상은 또 직접적으로 당률의 제정에 확실히 영향을 주었다.

또 한 방면은, 당률은 전제통치를 중대하게 위해危害한 행위에 대한 제재制裁가 더욱 엄중하였다는 것이다. 당률은 전반적으로 이전의 율보다 경형輕刑이었다고 칭稱해지지만, 전제통치를 중대하게 위해한 일부 행위에 대한 제재는 오히려 그 이상이었고, 특히 모반죄謀反罪에 대한 제재가 그러하였다.

먼저, 연좌緣坐 범위가 확대되었다. 당唐 이전, 이 죄를 범하였을 때의 연좌 범위는 주로 삼족三族, 즉 "삼족을 멸한다[夷三族]"는 것이었다. (그러나) 당률에서 규정한 연좌 범위는 삼족을 훨씬 넘어서 백숙부伯叔父·형제의 자식[子] 및 부곡部曲 등도 연좌의 범위에 포함되었다.[56]

다음으로, '모반'도 진반眞反에 속하였다. 당률의 '십악十惡'이라는 죄명은 북제율北齊律의 '중죄 10조重罪十條'에서 연원하였다. 다만 '중죄 10조'에서는 오직 '반역反逆'이라고만 하였을 뿐, '모반謀反'에 대해서는 아직 언급하지 않았기 때문에 '모謀'는 이 죄의 범주에 포함되지 않았다. 그러나 당률은 '모謀'도 이 죄로 분류하였고, 동시에 '모'는 '도모圖謀하다'의 뜻이며, 처벌은 "진반과 같게 한다[同眞反]"[57]라는 것을 명확히 하였다. 모반은 진반과 차이가 없었기 때문에 처벌받는 대상이 확대되었음을 알 수 있다.

---

53 【옮긴이 주】: 김원중 옮김, 『정관정요』「제2장 정치의 근본」, 39쪽.
54 【옮긴이 주】: 김원중 옮김, 『정관정요』「제2장 정치의 근본」, 41쪽.
55 【옮긴이 주】: 김원중 옮김, 『정관정요』「제2장 정치의 근본」, 43쪽.
56 【옮긴이 주】: 모반謀反에 부가附加되는 연좌에 대해서는 주 49 가운데 『역주율소-각칙(상)-』「적도1」(제248조)「모반대역조」 참조.
57 『당률소의·적도』「모반대역조謀反大逆條」「소의」.
  【옮긴이 주】: 『역주율소 - 각칙(상) - 』「적도1」(제248조)「모반대역조」「소의」에서는 "교활한 자와 흉악한 무리가 사직社稷을 위해하려고 도모하였거나[謀] 바야흐로 광망한 계획[狂計]을 세운 경우, 그 일[事]을 아직 실행하지 않았더라도 도모하였다면[將] 반드시 주살해야 하므로 곧 진반과 같게 한다[同眞反]"(2382쪽)라고 해석하였다.

마지막으로, 입으로 과오[口誤]를 범한 때에도 중벌을 받아야 하였다. 당률의 규정에 의하면, 입으로 (반反하겠다는) 과오[口誤]를 범한 자도 "유流2000리에 처"[58]해져야 하였다.

이러한 것들은 당 이전의 율에서는 볼 수 없었다. 당률이 이 죄에 대해 엄중하게 형벌을 적용한 것은 어떤 측면에서 그것이 전제통치를 위해 종사한 흉악스러운 면모를 반영하고 있다.

둘째, 당률이 규정한 내용은 더욱 완정完整·규범화되었다는 점이다. 당률은 내용 면에서 비교적 완정성이 공인公認되었고, 전제專制에 관한 내용도 예외가 아니었다. 당률은 집권集權에 대한 규정을 통해 전제라는 목적을 실현하였고, 내용도 주도면밀하여 입법·행정·사법이 모두 완비되었으며, 군대의 보장 기능과 집권 행위의 훼손에 대한 제재 등 여러 방면까지도 포괄하였다. 각 방면의 중요한 부분에 대해서도 모두 상세하게 규정하였다. 예컨대 사법 방면에서 당률은 직소直訴의 수리권受理權·의議의 재결권裁決權·상청上請의 결정권·사형의 복주권覆奏權과 은사恩赦의 확정권確定權 등도 포함해서 일부 중요한 사법 대권司法大權을 모두 황제의 수중에 집중시켰다. 이러한 완정성完整性은 이전의 각 율律과 심히 비교할 수도 없는 것이었다.

당률의 이러한 완정성은 당 이전 각 율의 장점을 널리 취합해서 이루어진 것이었다. 이에 대해서는 계속해서 사법을 예로 들기로 한다. 의議에 대한 재결권은 『조위율曹魏律』에서 기원하였는데, 본 율은 '팔의八議'의 내용을 처음으로 율에 규정하였다. 사형에 대한 복주권은 『북위율北魏律』에서 기원하였는데, 본 율은 처음으로 이 제도를 율에 포함시켰다. 그 밖의 제도도 이와 같았다. 당률은 이것들을 취합해서 하나의 체제로 융합하여 집권에 관한 내용을 전례 없이 완정한 수준으로 끌어올렸다.

동시에 당률은 또 단순히 각 율의 내용만을 취합한 것이 아니고 하나의 승화昇華과정, 특히 규범화라는 가공加工도 추가하였다. 사형에 대한 복주覆奏를 예로 들면, 당률은 하나의 율조律條에서 사형에 대해 복주해야 할 차수次數·복주 전후 용형用刑의 차이·시간 계산 등에 모두 규범화된 규정을 두었고, 용형用刑도 발생한 위해危害 정도에 따라 경중의 차이가 있었다. 예컨대 『당률소의·단옥』「사수복주보결조死囚覆奏報決條」의 규정에 의하면, 복주의 결과를 기다리지 않고 독단적으로 처결한 경우에는 "유流3[59]000리에 처"하고, 복주 후 또 3일 후에 형을 집행할 수 있는데, 기한이 도래하지 않았는데 형을 집행한 경우에는 "도徒1년에 처"하며, 형을 집행해야 하는 기한을 초과하였

---

58 『당률소의·적도』「구진욕반지언조口陳欲反之言條」.
【옮긴이 주】: 『역주율소 - 각칙(상) -』「적도3」(제250조)「구진욕반지언조」에서는 "무릇 입[口]으로는 반反하겠다는 말을 하였으나 심중[心]에는 실질적인[眞實] 계책이 없고, (모반) 상황을 찾을 수 없었던 때에는 유2000리에 처한다"(2389쪽)라고 규정하였다.
59 【옮긴이 주】: '3'은 '2'의 오기이다(주 60 참조).

는데도 형을 집행하지 않은 경우, "1일을 위반하였다면 장杖100에 처하고, 2일마다 1등을 가중한다"60라고 과형科刑을 추산推算하였다. 당률이 규정한 이러한 규범은 역사상 전례가 없었다. 이것은 당률의 제정자가 이미 비교적 높은 입법기술을 갖추었음을 입증할 뿐만 아니라, 또 그들이 법률을 수단으로 집권제도를 규정하고 전제통치를 유지·보호하는 것을 이전보다 더욱 중시하였음을 말해 준다.

2. 당 이후 율과의 비교

당률의 내용은 후세에 대량으로 답습되었지만, 개정도 적지 않았고, 그중에는 전제통치 방면의 유지·보호에 관한 내용도 있었다. 당률과 당 이후 율의 상관 내용에 대한 비교를 통해 다른 한 측면에서 당률의 전제專制에 관한 내용상의 여러 특징을 볼 수 있다. 당 이후의 율 가운데 특히 명·청, 양대兩代의 율이 비교적 전형적이기 때문에 그것들을 비교 대상으로 하였다. 비교를 통해 특히 주목되는 것은 다음과 같은 세 가지 점이다.

첫째, 명·청률은 새로운 죄명을 증가시켰다는 점이다. 명·청률은 새로운 죄명을 제정하는 방법을 통해 전제통치를 침해한 행위에 대해 더욱 엄중하게 단속하였다. 『대명률大明律』 중에 신설된 '간당奸黨'죄는 매우 전형적이다. 어떤 사람[有人]은 이것이 당률과 큰 차이라고 하면서 "당唐 영휘永徽61 때 율을 제정한 후[定律之62後], 송宋·원元은 모두 옛 것을 그대로 따랐지만, 오직 명대明代만이 더 많은 개정이 있었고, 또 간당 1장章을 증치하였다"63라고 하였고, 실제도 그러하였다. 예컨대 『대명률·이율吏律』 규정에 의하면, "조정의 관원이 붕당朋黨을 결성해서 조정을 문란하게 한 행위" 등 네 가지 행위는 모두 '간당'의 범위에 속하였다. 이 죄를 구성한 경우, 본인은 '참형斬刑'에 처해졌을 뿐 아니라, 또한 "처자妻子는 노비奴婢가 되었고, 재산은 몰관沒官되"어야 하였다. 이 규정이 당률에는 없다. 이외에도 『대명률』은 '천구속관擅勾屬官(속관과의 독단적인 결탁)'·'교결근

---

60 【옮긴이 주】: 『역주율소 - 각칙(하) - 』 「단옥29」(제497조) 「사수복주보결조」에서는 "무릇 사죄死罪의 죄수를 복주하여 회답이 내리기를 기다리지 않고 집행한 자는 유2000리에 처한다. 만약 복주하여 회답이 내려 집행해야 하는 경우, 3일이 지난 후 형을 집행해야 한다. 만약 기한이 아직 차지 않았는데 형을 집행한 경우에는 도1년에 처한다. 만약 기한을 초과한 경우, 1일을 위반하였다면 장100에 처하고, 2일마다 1등을 가중한다"(3375쪽)라고 규정하였다. 당대 율령에 규정된 '복주'의 회수·대상·절차 등에 대해서는 제1장 주 178 참조.

61 【옮긴이 주】: '영휘'는 당의 제3대 황제 고종高宗(재위 649~683)의 첫 번째 연호(650~655)이다.

62 【옮긴이 주】: '지之'는 '이已'의 오기이다(주 63 참조).

63 『대남각총서岱南閣叢書·중각당률소의서重刻唐律疏議序』.
【옮긴이 주】: 손성연孫星衍 찬撰, 「중각고당률소의서重刻故唐律疏議序」([당唐]장손무기長孫無忌 등等 찬撰, 유준문劉俊文 점교點校, 『당률소의唐律疏議』 「부록附錄」, 669쪽).

시관원交結近侍官員(근시 관원과의 결탁)'·'상언대신덕정上言大臣德政(대신의 덕망과 선정 상언)' 등의 죄명을 제정해서 관리의 결탁을 방지함으로써 전제적 지위를 공고히 하였다. 심가본沈家本[64]은 이들 죄명을 평론하였을 때, 그 목적은 "대신大臣을 규제하는[防制]" 것이었고, 또 "종래[前時] 그것이 가혹하다고 논論한 사람은 한둘이 아니었다"[65]라고 하였다. 『대청율례大淸律例』는 전반적으로 『대명률』의 관련 규정을 계승하였지만, 다른 부분은 조례條例의 형식으로 죄명의 범위를 보충·설명해서 그것을 청淸의 상황에 더욱 적합하게 하였다. 예컨대 『대청율례·이율吏律』 「교결근시관원조交結近侍官員條」에는 조례 두 조[二條]가 첨부되어 있는데, 그 가운데 1조에서는 "파면된 관리[罷職官吏]가 경사京師에 몰래 거주하면서[潛住] 함부로 금문禁門을 출입하며 결탁한[交結] 때에는 각 문門에서 자세히 핵실覈實하고 체포하여 법사法司로 이송해서 실정實情을 문초問招하고, 남방의 황량한 지역[煙瘴地面]으로 보내어 충군充軍시킨다"라고 규정하였다. 이 규정이 『대명률』에는 없다.

둘째, 명·청률은 원래 있었던 죄의 용형用刑 범위를 확대하였다는 점이다. 명·청률 가운데 일부 죄명은 당률과 같았지만, 내용에는 차이가 있었는데, 주된 것은 용형 범위를 확대한 점이었다. 예컨대 당·명률에는 모두 "사죄死罪의 죄수는 복주覆奏해서 회답이 내린 후에 (형을) 집행하는 규정"을 위반한 죄가 있었는데, 당률은 복주 규정을 위반한 행위만을 제재制裁하였지만,[66] 『대명률』은 "입춘立春 이후 추분秋分 이전에 사형을 집행한[決死刑]" 행위도 처벌 조목에 포함하였다.[67] 또 예컨대 당·청률은 모두 '모반謀叛'죄가 있는데, 당률이 규정한 모반은 "국가를 배반하고 적국을 따르고자 도모한 것[背國從僞]"[68]을 가리키지만, 『대청율례』는 용례用例가 그 외연을 확대하여 "이성異姓이 피를 마시며[歃血] 결맹結盟하여 의형제를 맺는 것[結拜兄弟]"[69] 등도 '모반'에 포함하였다.

---

64 【옮긴이 주】: '심가본'에 대해서는 제2장 주 2 참조.
65 『역대형법고歷代刑法考·명률목전明律目箋3』.
　　【옮긴이 주】: 이상 심가본沈家本, 『역대형법고(4)』「명률목전明律目箋2」「직제職制·천구속관擅勾屬官 관리급유官吏給由 간당姦黨 교결근시관원交結近侍官員 상언대신덕정上言大臣德政」(1829쪽).
66 『당률소의·단옥』「사수복주보결조死囚覆奏報決條」 참조.
　　【옮긴이 주】: 주 60 참조.
67 『대명률·형률刑律』「사수복주보결조死囚覆奏報決條」 참조.
68 『당률소의·적도』「모반조謀叛條」 참조.
　　【옮긴이 주】: '배국종위背國從僞'는 『역주율소 - 각칙(상) -』「적도4」(제251조)「모반조謀叛條」의 율조律條에 보이지 않고, 『역주율소 - 명례편 -』「명례6」(제6조)「십악조十惡條·모반謀叛」「주」에서 모반謀叛에 대해 "나라를 배반하고 적국을 따르려고 도모한 것을 말한다[謂謀背國從僞]"(110쪽)라는 문장에 보인다. 참고로 『역주율소 - 각칙(상) -』「적도4」(제251조)「모반조謀叛條」「소의」에는 "'모반'은 나라를 배반하고 적국에 투항하고자 한 것을 말한다[謀叛者 謂欲背國投僞]"(2390쪽)라고 하여, '배국투위背國投僞'라는 용어가 나온다.
69 『대청율례大淸律例』「형률刑律」「모반조謀叛條」.

셋째, 명·청률의 용형用刑은 더욱 가혹하였다는 점이다. 명·청, 양대兩代의 율은 전제통치를 훼손한 행위에 대한 용형이 당률보다 가혹하였다. 『대명률』은 당률의 오형五刑을 계속 사용하였고, 또 별도로 능지凌遲[70] 등 여러 혹형酷刑을 증설하였는데, 즉 "명률明律은 당률唐律을 계승해서, 태笞·장杖·도徒·유流·사형死刑을 오형의 조목에 넣었고, 게다가 율문 중에 또한 능지凌遲 등 약간의 조목이 있었다"[71]라고 하였다. 증설한 혹형은 중죄에 적용하였는데, 주로 전제통치에 대한 위해危害가 비교적 중대한 범죄였다. 『명사·형법지』에서는 "(사형에는) 두 가지 사형[72] 이외[二死之外]에 능지가 있고, 이로써 대역大逆·부도不道 등 여러 죄를 처벌하였다"[73]라고 기술하였고, 실제도 그러하였다. 즉 『대명률』에서는 모반자謀反者 본인은 능지에 처한다고 규정하였다.[74] 이외에 『대명률』은 연좌緣坐 대상에 대한 용형用刑도 당률보다 가혹하였다. 예컨대 당률의 규정에 의하면, 모반자의 15세 이하의 아들[子]과 할아버지[祖]·손자[孫]·형제兄弟·백숙부伯叔父·형제의 아들[子] 등은 연좌되었지만, 사형은 면할 수 있었다.[75] (그러나) 『대명률』의 규정에 의하면, 이러한 사람들에 대해서는 성姓과 호적戶籍의 이동異同을 구분하지 않고, 일률적으로 참형斬刑에 처하는 등, 용형이 당률보다 확실히 가혹하였다.[76] 청률은 명률을 계승하였다.

이상의 비교를 통해서 볼 때, 명·청률은 전제통치를 해손시킨 범죄에 대한 단속에서 죄명이 당률보다 많았고, 처벌 범위도 당률보다 넓었으며, 법정형法定刑도 당률보다 가혹하였다. (이로써) 명·청률이 당률에 비해 이러한 유형類型의 범죄를 더욱 엄중하게 징벌하였음을 알 수 있다. 동시에, 법률적 관점에서도 명·청, 양대의 전제통치가 이미 더 높은 단계까지 발전하였음을 볼 수 있다.

3. 당과 동시기 외국법전과의 비교

당률은 중화법계中華法系의 대표적인 법전으로서 몽골[蒙古]·한국[朝鮮]·일본·베트남[越南]·유

---

70 【옮긴이 주】: '능지'는 '능지처참凌遲處斬' 또는 '능지처사凌遲處死'라고 한다. 명·청대의 능지처참에 대해서는 티모시 브룩 외 지음, 박소현 옮김, 『능지처참-중국의 잔혹성과 서구의 시선』(서울: 너머북스, 2010) 참조.
71 『역대형법고歷代刑法考·명률목전明律目箋1』.
  【옮긴이 주】: 심가본沈家本, 『역대형법고(4)』「명률목전明律目箋1」「오형五刑」(1784쪽).
72 【옮긴이 주】: '두 가지 사형'은 교형絞刑과 참형斬刑을 말한다.
73 【옮긴이 주】: 전영진, 「명사 형법지 역주 L」(327쪽).
74 『대명률·형률刑律』「모반대역조謀反大逆條」 참조.
75 『당률소의·적도』「모반대역조謀反大逆條」 참조.
  【옮긴이 주】: 『역주율소 - 각칙(상) - 』「적도1」(제248조)「모반대역조」의 조문에 대해서는 제3장 주 54 참조.
76 『대명률·형률』「모반대역조」 참조.

구군도硫球群島 등 여러 국가의 입법에 매우 큰 영향을 주었다. 이들 국가의 율은 당률의 내용을 크게 모방하였기 때문에 실제로 당률의 복제판이었고, 전제통치의 유지·보호에 관한 내용도 같았다. 예컨대 일본 문무 천황文武天皇[77] 대보大寶[78] 원년(701년)에 반행頒行된 『대보율大寶律』 가운데 '모반 대역謀反大役'에 관한 죄명과 내용은 완전히 당률과 같았다. 그 나머지 국가의 율의 유관有關 규정도 일본의 그것과 유사하였다.

서아시아[西亞]와 남아시아[南亞]에서 비교적 영향력이 있었던 것은 이슬람법[伊斯蘭法][79]이었다. 이것은 동쪽으로 인더스 강[印度河]에서 서쪽으로 대서양大西洋 연안에 이르기까지, 아시아[亞]·아프리카[非]·유럽[歐]의 삼대주三大洲에 걸쳐있었다. 이슬람법과 이슬람교[伊斯蘭敎]는 긴밀히 연계되어, 종교법이 곧 국법國法이었다. 동시에 당시는 정교합일政敎合—이었기 때문에 봉건 군주는 종교법을 통해 인민을 통제하였고 전제통치를 단행하였다. 이러한 상황에서 이슬람법은 전제專制의 유지·보호에 대해 고유의 특징이 있었지만, 국가에는 종교와 분리된 독립적인 법전이 없었기 때문에, 종교법 가운데 전제에 관한 내용은 당률 규정의 발달 정도에 훨씬 미치지 못하였다. 이슬람교의 경전經典은 쿠란[古蘭經]과 성훈聖訓으로서, 오직 일반적으로 사람들에게 군주인 칼리프[哈里發]의 절대적인 권위를 유지·보호해야 하고, 그를 반대하는 것은 바로 알라신[安拉之神]을 반대하는 것으로 용인容認할 수 없으며, 법률은 알라가 무슬림[穆斯林] 사회에 대해 하달한 명령으로서, 사람들은 반드시 준수해야 하고, 동시에 칼리프에게 복종하는 노예가 되어야 한다는 식으로 규정하였을 뿐이다. 그것들은 당률처럼 결코 상세하게 또 완정하게 전제專制를 유지·보호하는 내용을 규정하지 않았다.

유럽에서 당률의 제정과 거의 같은 시기의 일부 국가는 모두 마침 봉건사회에 진입하였기 때문에 전제제도도 충분히 발전하지 못하였고, 전제통치의 유지·보호에 관한 내용도 영성零星하여 체계를 이루지 못하였다. 이하[下面]에서는 프랑크 왕국[法蘭克王國]의 살리카 법전[撒利法典][80]과 웨섹스[西撒克遜] 국왕 이니[伊尼]의 법전[81]을 예로 든다. 공원公元 5세기에 게르만[日耳曼] 부락연맹은 성공적으로 로마제국[羅馬帝國]에 침입해서 프랑크 봉건왕국을 건립하였다. 로마 법학가法學家의

---

77 【옮긴이 주】: '문무 천황'은 일본의 제42대 천황(재위 697~707)이다.
78 【옮긴이 주】: '대보'는 일본의 제42대 천황 문무 천황의 첫 번째 연호(701~704)이다.
79 【옮긴이 주】: '이슬람법'은 '샤리아Sharia'라고도 하며, 이슬람의 종교 율법宗敎律法으로서. 영미법·대륙법과 함께 세계 3대 법체계의 하나(이스람법계)로 알려져 있다.
80 【옮긴이 주】: '살리카 법전Lex Salica'은 프랑크 왕국(481~843)의 건설자 클로비스Clovis(재위 481~511)의 만년에 편찬된, 프랑크족의 주족主族인 살리족Salii의 법전(부족법)이다.
81 【옮긴이 주】: '이니의 법전Laws of Ini(이네의 법전Laws of Ine이라고도 한다)'은 웨섹스Wessex(519~927)의 국왕 이네(재위 688~726) 때 제정된 법전이다.

지원을 받아 5세기 말에서 6세기 초에 살리카 법전이 탄생하였는데, 그것의 제정 시기는 당률보다 조금 빨랐다. 그 내용은 관습법의 기록으로서, 전제專制에 관한 규정은 매우 적고, 비교적 직접적인 것은 국왕의 사법권司法權을 유지·보호하는 것이었다. 그것은 '법정소환'에서 "무릇 왕의 명령에 따라 법정에 가도록 소환되었지만 불응하고 출석하지 않은 자는 벌금의 처벌을 받아야 한다"[82]라고 규정하였다. 당률보다 조금 늦은 것이 공원公元 7세기 말에서 8세기 초에 편찬된 웨섹스 국왕 이니의 법전이었다. 5세기 중엽부터 앵글로 색슨[盎格魯撒克遜] 등 게르만 부락은 브리튼[不列顚]에 침입하여 몇몇 앵글로 색슨 봉건왕국을 건립하였다. 그 가운데 이니[伊尼]는 집정執政 때 법령들을 발포하였고, 그것들을 모아서 책으로 편찬하였는데, 이것이 오늘날의 이른바 이니 법전이다. 이 법전도 관습법적인 기록으로서, 전제專制에 관한 내용이 또한 매우 적고, 국왕을 보호하는 주택의 안전만이 언급되어 있다. 이 법전의 제45조에서는 만약 어떤 사람[有人]이 국왕의 주택에 강제로 침입하였다면, 그 사람은 반드시 배상금 120실링[先令]을 납부해야 한다고 규정하였다.[83] 비교를 통해 이들 유럽 국가의 봉건법전 중에는 전제통치의 유지·보호에 관한 내용이 당률보다 발전하지 못하였음을 발견할 수 있다. 그 원인을 구명究明하면, 주로 두 가지 점이 있다.

첫째, 사회의 발전 상황이 달랐다는 점이다. 당률의 제정 시기는 중국의 봉건사회가 흥성한 시기로서, 각 방면이 모두 충분히 발전하였고, 전제통치도 새로운 단계로 발전하였다. 이것은 전제통치를 힘써 유지·보호하는 법전을 제정하기 위한 사회의 기초를 다졌다. 거의 이와 같은 시기, 일부 유럽 국가는 마침 노예제 사회에서 벗어나 봉건사회의 초기에 있었기 때문에 전제적인 법전을 제정하는 객관적 조건을 갖추지 못했다.

둘째, 입법의 기초가 달랐다는 점이다. 『법경法經』 이후 중국의 봉건입법은 부단히 정비되었고, 당대唐代에 이르러 집대성되어 당률이 출현하였으며, 입법된 각 방면의 내용도 비교적 완비되었는데, 전제專制에 관한 부분도 이와 같았다. 그러나 유럽 여러 국가의 입법은 여전히 봉건초기의 입법이었고, 침입자도 모두 원시적 부락연맹 단계에서 이주하였기 때문에 법전의 내용도 관습법의 기록과 집성集成에 불과해서 당률에 비해 현저히 낙후·저급하였다.

---

82 법학교재편집부法學教材編輯部, 『외국법제사자료선편外國法制史資料選編』(상책上冊), 북경대학출판사北京大學出版社, 1982년판년판, 171쪽.
83 위의 책[同上書], 195쪽.

제3절 당률 중 전제專制 내용 출현의 역사적 근원

당률에서 전제에 관한 내용이 출현한 것은 일정한 역사적 근원이 있었는데, 총괄하면 주된 것은 대략 정치·경제·사상이론의 삼대三大 방면이다.

1. 정치 방면

당 왕조는 건립 후, 중앙집권과 전제통치를 강화하는 속도를 조금도 멈추지 않았고, 오히려 (이것을 강화하는) 여러 새로운 조치를 취하였다. 당률을 확정한 정관貞觀[84] 시기도 이와 같았다. 예컨대 당 태종唐太宗은 여러 새로운 조치를 반포해서 국가 정권을 철저히 통제하였다. 중앙의 경우, 당唐은 비록 수隋의 제도를 계속 사용해서 여전히 중서·문하·상서의 삼성三省을 설치하였지만, 삼성의 장관의 품계[品位]를 높여서 쉽게 수여할 수 없게 하였기 때문에 품계가 비교적 낮고 또 일정한 재능이 있는 관리를 기용하여 '동중서문하同中書門下' 등의 호칭을 주어 재상宰相의 지위에 임명해서 정사政事에 참의參議하게 하였다. 이렇게 해서, 한편으로는 품계가 비교적 낮은 관리를 통제하기에 편리하여 임의로 관리할 수 있었고, 다른 한편으로는 품계가 낮은 관리를 재상직宰相職에 임명함으로써 실질적으로 삼성의 지위를 낮추고 그에 상응해서 황제의 지위를 높였다. 지방의 경우에도, 당唐은 수隋의 주州·현縣 양급제兩級制를 답습하였지만, 장관의 임명은 수와 달랐다. 즉 수의 지방관은 "크고 작은 관리[大小之官]는 모두 이부吏部가 임명하였다"[85]라고 하듯이, 이부吏部가 선정[擇定]하였다. (그러나) 당 태종은 오히려 친히 지방의 자사刺史를 선임選任하였고, 현령縣令도 5품 이상 경관京官의 추거推擧가 있어야 하였다. 예컨대 그는 정관貞觀 11년(638년)에 "자사는 마땅히 짐朕이 간택할 것이다. 현령은 경관 5품 이상에게 명해서 각자 1인을 추거토록 하라"[86]라고 결정하였다. 그 목적은 "경내境內의 백성을 소생蘇生시키는 것"[87]에 있는 듯이 보이지만, 실제는 지방 관리의

---

84 【옮긴이 주】: '정관'은 당의 제2대 황제 태종(재위 627~649)의 연호(627~649)이다.
85 『수서隋書·유현전劉炫傳』.
　【옮긴이 주】: 『수서』권75, 「유림전儒林傳·유현전」(1271쪽). 본 전傳에 의하면, 이것은 수 양제隋煬帝(재위 604~618) 때의 일이다.
86 【옮긴이 주】: 김원중 옮김, 『정관정요』「제7장 관리 선발」(149쪽). 당 태종의 이러한 결정은 정관 11년, 백성의 안락을 위해서는 좋은 자사와 현령을 선발·기용하는 것에 있다는 시어사侍御史 마주馬周의 상소上疏가 계기가 되고 있다(주 87 참조).
87 『정관정요·택관擇官 제7』.
　【옮긴이 주】: 『정관정요』「택관 제7」에서는 "정관 11년, 시어사 마주가 상소하였다. '천하를 다스리는 것은 백성을 근본으로 해야 합니다. 백성을 안락하게 하려면, 오직 자사와 현령에 달렸습니다. 현령은 그 수가 많지만, 모두 현명하다고 할 수 없습니다. 만약 모든 주州에서 좋은 자사를 기용한다면 경내境內의 백성들

임명권을 쟁취해서 황제의 지방에 대한 통제를 더한층 강화하기 위한 것이었다. 이외에 당시에는 과거제도도 정비·확립하였다. 당 태종은 고시^{考試} 형식으로 일정한 문화적 지식도 소유하고 또 조정에도 충성하는 각종 인사^{人士}들을 초치^{招致}해서 관직을 위임하여 자신의 전제통치를 위해 진력하게 하였다. 그 자신의 말로 표현하면, 바로 '천하 영웅'이 모두 짐[我]의 통제범위 내에 들어왔다[88]고 할 수 있다. 이러한 조치들은 당률이 제정되었을 때, 당대의 전제통치가 이미 하나의 새로운 단계까지 발전하였음을 나타낸다. 법률은 일종의 통치기구로서 반드시 전제^{專制}의 발전과 보조를 맞추었기 때문에 당률 가운데 전제통치의 유지·보호에 관한 내용은 이전의 율에 비해 더욱 완비되었고 또 하나의 새로운 단계까지 발전하였다.

2. 경제 방면

당^唐 초기 실행된 경제제도는 주로 균전제^{均田制}와 조용조제^{租庸調制}였다. 균전제의 주요 내용은 다음과 같다. "무릇 천하의 정남^{丁男}은 농지[田] 1경^頃을 지급하고, 독질^{篤疾}·폐질^{廢疾}은 40무^畝를 지급한다. 과부가 된 처·첩[寡妻妾]은 30무를 지급하고, 만약 (이들이) 호주^{戶主}인 경우에는 20무를 추가한다. 수전한 농지[所授之田]는 10분^分의 2가 세업전^{世業田}이고, 나머지[餘]가 구분전^{口分田}이다. 세업전[世業之田]의 경우 본인이 사망하였다면[身死] 호주를 승계한 자가 수전^{授田}하고, 구분전은 관^官이 환수해서[收] 다시 (다른) 사람에게 지급한다."[89] 이 가운데 구분전이 대다수를 점하였고, 또 수전^{受田}, 즉 토지를 받은 사람은 소유권이 없었고 오직 사용권만 있었으며, 본인이 사망한[身亡] 후에는 국가가 회수하였다. 이것은 국가의 형태로 등장하는 당 황제가 전국 토지의 대부분을 장악하여 이들 토지의 "소유자 혹은 유일한 소유자"[90]였다는 것을 말해 준다. 토지는 봉건사회의 경제제도 중에서 제1위를 차지하였다. 왜냐하면 그것은 "하나의 큰 실험장이자 무고^{武庫}로서, 노동자료를 제공하였을 뿐 아니라 노동 재료도 제공하였"[91]기 때문이다. 따라서 토지를 소유한 것은 국가의 경제명맥^{經濟命脈}을 장악한 것이었다. 이러한 토지소유제를 보장하기 위해 당대^{唐代}는 정치

은 소생^{蘇生}할 것입니다. 천하의 자사가 모두 폐하의 뜻에 부합하면, 폐하께서는 조정에서 편안히 팔짱을 끼고 앉아 백성이 안락하지 못할까 염려하지 않아도 될 것입니다'"(김원중 옮김, 『정관정요』「제7장 관리선발」, 149쪽)라고 하였다.

88 『당차언^{唐摭言}·권1』 참조.
89 『당회요^{唐會要}·조세상^{租稅上}』.
   【옮긴이 주】: [송宋]왕부^{王溥} 찬찬^撰, 『당회요』권83, 「조세상」(1530~1531쪽)에 의하면, 이 문장은 「무덕^{武德} 7년(624) 3월 29일 시정균전부세^{始定均田賦稅}」 가운데 균전에 관한 규정이다.
90 『마르크스·엥겔스 전집[馬克思恩格斯全集]』제46권상^上, 인민출판사^{人民出版社}, 1972년판^{年版}, 473쪽.
91 위의 책[同上書], 472쪽.

적으로 전제^{專制}라는 형식을 채용하여 정치제도와 토지제도를 부합시켰다.

조용조제의 주요 내용은 다음과 같다. "무릇 부역^{賦役} 제도에는 네 가지가 있는데, 첫째가 조^租, 둘째가 조調, 셋째가 역^役, 넷째가 잡요^{雜徭}이다. 과호^{課戶}[92]의 1정^丁마다 조^租는 속^粟 2석^石이다. 그 조^調는 향토^{鄕土}에서 생산되는 바에 따르는데, 능^綾·견^絹·시^施[93]는 각각 2장^丈이고, 포^布는 5분^分의 1을 추가한다. 능·견·시를 납부하는[輸] 경우에는 면^綿 3량[二三兩[94]]이고, 포를 납부하는 경우에는[輸布[95]] 마^麻 3근^斤인데, 모두 (납부자의 이름을) 쓰고 도장을 찍는다[書印]. 무릇 정^丁의 역^役은 1년[歲]에 20일이고, 일이 없으면[無事] 용을 거두는데[收庸], 하루에 (견^絹) 3척^尺이다. 일이 있어 역을 추가하는 경우[有事而加役者], 15일이었다면[旬有五日] 그 조^調를 면제하고, 30일이었다면[三旬] 조^租와 조^調를 모두 면제한다."[96] 이것은 당대 농민에 대한 착취 형식이었다. 이러한 형식 속에서 농민은 토지에 예속되었고, 황제는 국가적 신분인 농민에게 매년 조조^{租調}를 징수하였고 그들을 요역^{徭役}에 복역하게 하여 자신 및 모든 국가기구의 각종 소비를 충족시켰다. 황제는 국가 경제의 원천을 조종해서 광대한 농민을 착취한 최대의 지주^{地主}였다. 이 지주는 전제적 통치형식이 필요하였고, 이 형식이 아니면 이러한 전국적 착취를 진행할 수 없었다.

법률은 상부구조에 속하였고, 경제적 기초에 의해 결정되었으며, 또 "오직 경제관계의 요구만을 표명하고 기록하였을 뿐이다."[97] 당대의 경제제도 및 그것에 의해 결정된 전제통치 형식이 당률에 반영된 것은 바로 그러한 전제통치를 유지·보호하는 내용이었고, 그 밖의 통치형식을 유지·보호하는 내용은 나올 수 없었다. 또 당 초기의 정치·경제는 충분히 발전하였고, 전제통치도 그것에 따라 발전하여 부단히 정비되었기 때문에 당률 가운데 전제에 관한 내용도 전례 없이 완비되었다.

당률 가운데 전제^{專制}에 관한 내용은 당 초기의 정치·경제 상황에 의해 결정되었고, 또 정치·경제에 반작용^{反作用}도 하여, 당시 사회를 안정시키고 경제를 번영시켜서 중국의 일대^{一大} 치세기^{治世期}를 성립시켰다.

---

92 【옮긴이 주】: '과호^{課戶}'에 대해 [당唐]두우^{杜佑} 찬찬, 왕문금^{王文錦}·왕영흥^{王永興}·유준문^{劉俊文}·서정운^{徐庭雲}·사방사^{謝方} 점교^{點校}, 『통전^{通典}』권7, 「식화^{食貨}7」「정중^{丁中}」에서는 "호^戶 내에 과구^{課口}가 있는 것이 과호이고, 과구가 없는 것이 불과호^{不課戶}이다"(155쪽)라고 하였다.

93 【옮긴이 주】: '시施'는 '시^絁'의 오기이다(주 96 참조).

94 【옮긴이 주】: '이삼량^{二三兩}'은 '삼량^{三兩}'의 오기이다(주 96 참조).

95 【옮긴이 주】: '포^布' 다음에 '자^者'가 있다(주 96 참조).

96 『당육전^{唐六典}·호부^{戶部}』.

　　【옮긴이 주】: 김택민 주편, 『역주 당육전 상』권3, 「호부상서^{戶部尙書}」(326~327쪽).

97 『마르크스·엥겔스 전집[馬克思恩格斯全集]』제4권, 인민출판사^{人民出版社}, 1958년판^{年版}, 122쪽.

3. 사상이론 방면

중국은 한 무제漢武帝[98] 시기에 유가사상의 통치지위가 확립되었고, 당대에 이르러 확고해졌는데, 예·법결합禮法結合 과정도 이때 완성되었다. 봉건적 전제통치는 유가사상이 필요하였다. 왜냐하면 그것은 이러한 통치에 대한 사상이론의 기초가 될 수 있었기 때문이다. 유가사상의 근본은 등급과 명분을 강조한 것이었고, 개조改造된 이후에는 전제체제와 완전히 부합하였다. 당대의 등급 관계에서 황제는 최상最上에 위치하였고, 그는 가장 많은 권력과 최대의 특권을 향유하였는데, 이것은 정치제도에서 입법·행정·사법이라는 삼대三大 권력의 독점으로 표현되었다. 이것이 바로 전제專制이다. 이 모든 것은 유가사상을 통해 해석·설명할 수 있다. 당률은 여러 곳에서 유가경구儒家經句를 인용해서 전제통치를 위반한 행위에 대해 제재制裁하는 합리성을 논증하였다. 당률은 "인군은 천지와 덕을 짝하고, 일월과 밝음을 같이하[人君者與天地合德與日月齊明]"[99]기 때문에 지위가 가장 존귀하다고 보았다. 예컨대 황제를 배반하고 그의 전제통치에 해손害損을 가하였다면, 일종의 난亂·반反의 행위였다. 바로 "『좌전左傳』에서 '하늘이 때를 거스르는 것이 (하늘의) 재앙이고, 사람이 덕을 거스르는 것이 난이다[天反時爲災 人[100]反德爲亂]'라고 하"[101]는 것과 같았다. 만약 이러한 행위가 있었다면 "반드시 주살誅殺하였다." 왜냐하면 "『공양전公羊傳』에서 '군주와 아버지를 도모해서는 안 된다. 도모하였다면 반드시 주살한다[君親無將 將而必誅]'[102]라고 하였"[103]기 때문이다. 이로써 유가사상은 당률이 전제專制의 내용을 확인하는 사상이론의 근거였다는 것을 알 수 있다.

당률 가운데 전제통치에 관한 내용은 봉건사회의 고도의 발전기인 당대에 대해서 말하면 여러 가지 적극적인 의의가 있었다. 일정한 시기 동안에 그것은 분열·할거 국면이 출현하는 것을 방

---

98 【옮긴이 주】: '한 무제'는 전한의 제7대 황제(재위 B.C. 141~B.C. 87)이다.
99 『당률소의·적도』「모반대역조謀反大逆條」「소의」.
　【옮긴이 주】: 『역주율소 - 각칙(상) - 』「적도1」(248조)「모반대역조」「소의」, 2382쪽.
100 【옮긴이 주】: '인人'은 '민民'의 오기이다(주 101 참조).
101 【옮긴이 주】: 『역주율소 - 명례편 - 』「명례6」(제6조)「십악조·모반謀反」「소의」, 107쪽. 『춘추좌전정의春秋左傳正義』(『십삼경주소 하』)권24, 「선공宣公 15년 하夏 5월」에서는 "하늘이 때를 거스르는 것이 (하늘의) 재앙이고, 땅이 물리를 거스르는 것이 (땅의) 재앙이며, 사람이 덕을 거스르는 것이 난이다. 난이 일어나면 재앙이 생겨난다. 그러므로 글자로 볼 때 정을 거꾸로 하면 핍이 된다[天反時爲災 地反物爲妖 民反德爲亂 亂則妖災生 故文反正爲乏]"(1888쪽)라고 하였다.
102 【옮긴이 주】: 이 문장은 『춘추공양전주소春秋公羊傳注疏』(『십삼경주소 하』)권9, 「장공莊公 32년 추추 7월 계사癸巳」(2242쪽); 권22, 「소공昭公 원년 춘春 정월」(2316쪽)에 나온다.
103 『당률소의·명례』「십악조十惡條」「소의」.
　【옮긴이 주】: 이상 『역주율소 - 명례편 - 』「명례6」「십악조·모반謀反」「소의」, 107쪽.

지해서 봉건경제를 발전시키고 통일된 중앙정권을 공고히 하는 데 유리하였다. 특히 당 태종 집권 때 전제수단을 이용해서 죄를 범한 관리를 엄징하였기 때문에 청렴한 정치를 시행하는데 일조一助하였다. 사서史書의 기록에 의하면, 당 태종은 즉위 후, "관리의 탐욕과 혼탁함을 매우 싫어하였고, 수재왕법枉法受財104을 범한 자는 절대 사면赦免하지 않았다. 경사京師에 있는 유죄관流外官 가운데 장죄贓罪를 범한 자가 있으면 모두 보고하게[執奏] 하여 그 죄에 따라 중법重法으로 처리하였다. 이로 인해 관리들은 대부분 스스로 청렴하고 근신하게 되었다. (태종은 또) 왕공王公·후비后妃·공주의 집안과 세력이 있는 호족[大姓]이나 교활한 무리를 통제하였기 때문에, 이들은 모두 국법의 위력을 두려워해서 행적行跡을 감추고 감히 백성들을 침탈하거나 기만欺瞞하지 못하였다."105 따라서 사서史書에서는 당시를 '정관지치貞觀之治'라고 칭하였다. 이후에 또 '영휘지치永徽之治'와 '개원성세開元盛世'도 있었다. 이러한 것들은 당시 당률이 유지·보호한 전제제도와 일말의 관계가 없다고는 할 수 없다.

그러나 전제통치는 결국 매우 큰 폐단을 내포하고 있었다. 권력의 지나친 집중으로 황제 개인의 품성과 자질이 국가에 대해 과도한 영향을 주어 정책 결정[決策]과 집행에 착오가 생기기 쉬웠고, 법제 방면도 이와 같았다. 당唐 황제가 대량으로 반행頒行한 제칙制敕·격格 간間 및 그것들과 당률 간의 내용에는 통상 모순이 발생하여 일상적으로 법률을 찬수撰修하는 작업을 하지 않을 수 없었고, 당대에는 대규모적인 것만 20여 차례나 있었다. 이렇게 하였지만, 법률 내용의 전후 모순된 상태는 시종 철저히 해결할 수 없었다. 예컨대 『구당서·형법지』에 의하면, 고종高宗106 때 이미 "율은 비부比附가 가능한 것인데, (지금 율문의) 조례條例는 너무 많았고",107 현종玄宗108 때도 격格109 이후 (반포된) 제칙이 "격의 규정[格文]과 (자못) 상위相違해서 사무事務에 불편하였다."110 숙종肅宗111

---

104 【옮긴이 주】: '수재왕법'에 대해서는 제1장 주 117 참조.
105 『정관정요』「정체政體 제2」.
　　【옮긴이 주】: 김원중 옮김, 『정관정요』「제2장 정치의 근본」(52쪽).
106 【옮긴이 주】: '고종'은 당의 제3대 황제(재위 649~683)이다.
107 【옮긴이 주】: 『구당서』권50, 「형법지」(2141~2142쪽)에 의하면, 이 문장은 (고종) 영휘永徽 6년(655) 7월, 고종이 시신侍臣들에게 한 말이다.
108 【옮긴이 주】: '현종'은 당의 제6대 황제(재위 712~756)이다.
109 【옮긴이 주】: '격'은 '『개원후격開元後格』'을 말한다.
110 【옮긴이 주】: 『구당서』권50, 「형법지」에서는 "(현종) 개원開元 19년(731), 시중侍中 배광정裴光庭과 중서령中書令 소숭蕭嵩은 또 『개원후격』 다음에 반포된 제칙制敕이 행용行用된 이후 (제칙이) 격의 규정[格文]과 자못 상위해서 사무에 불편하였기 때문에 상주하여 담당관[所司]에게 명령해서 『격후장행칙格後長行敕』 6권을 개찬[刪撰]시키고, 그것을 천하에 반포하였다"(2150쪽)라고 하였다.
111 【옮긴이 주】: '숙종肅宗'은 '덕종德宗'의 오기이다(주 113 참조).

때도 "간혹¹¹² 사람들의 주청奏請에 의해 내려지기도 하였고 혹은 일에 임해서[臨事] 반행되기도 하였기 때문에 서로 어긋나고 일치하지 않아서 사람들로 하여금 (판단에) 의혹을 가지게 하였고",¹¹³ 문종文宗¹¹⁴ 때도 (제칙 중에는) "혹은 구래舊來의 규약規約이 아니고 일시적인 은전恩典으로 내려진 것, 혹은 전후가 모순된 것, 혹은 필사筆寫가 잘못된 것"¹¹⁵ 등이 있었다. 입법 내용이 일정하지 않으면 백성은 따라야 할 바를 모르게 되고, 간사한 관리가 법을 농단함으로써 결국 법제는 파괴될 가능성이 농후하였다. 이외에 당唐 황제가 사법司法에서 전제적인 판결[專斷]로 사죄死罪가 아닌 자를 착오로 살해하는[錯殺] 일도 종종 볼 수 있다. (이러한 일은) 설령 당 태종 집정 때였다고 해도 한 번뿐이 아니었다. 예컨대 『구당서·형법지』에 의하면, 대리승大理丞 장온고張蘊古¹¹⁶는 죄인罪人 이호덕李好德과 '바둑[弈棋]'으로 친분을 맺었고, 또 "호덕에게 아첨하여 (그의 죄를) 사면해야 한다[阿縱¹¹⁷]"라고 하였기 때문에 당 태종은 대노大怒하여 마침내 영令을 내려 사형에 처해서는 안 되는 장온고를 동시東市에서 참형斬刑에 처하였지만, "얼마 후에 그것을 후회하였다."¹¹⁸ 이후 (또)

---

112 【옮긴이 주】: '간혹' 앞에 "지덕至德 이래 제칙制敕은"이라는 문구가 있다(주 113 참조). '지덕'은 당의 제7대 황제 숙종肅宗(재위 756~762)의 첫 번째 연호(756~758)이다.

113 【옮긴이 주】: 『구당서』권50, 「형법지」(2152~2153쪽)에 의하면, 이 문장은 덕종德宗 대력大曆 14년(779) 대사大赦를 행하였을 때 반포된 사서赦書의 절문節文이다.

114 【옮긴이 주】: '문종'은 당의 제14대 황제(재위 827~840년)이다.

115 【옮긴이 주】: 『구당서』권50, 「형법지」에서는 "(문종) 태화太和 7년(833) 12월, 형부刑部는 다음과 같이 상주하였다. '이전의 칙령敕令을 받들어 전前 대리승大理丞 사등謝登이 새로 편집한 『격후칙격後敕』 60권을 상세히 검토해서 개정하였습니다. 신臣들은 사등이 주진奏進한 것을 근거로 (이것을) 종래의 판결례[理例]와 상세히 비교하고 또 격식格式의 규정을 참조해서 검토하였습니다. 그 가운데 혹은 구래의 규약이 아니고 일시적인 은전으로 내려진 것, 혹은 전후가 모순된 것, 혹은 필사가 잘못된 것 등은 모두 이미 삭제하였고, 개정改正이 끝난 이후 번잡한 것을 제거하고 중요한 사항을 남겼으며, 이것을 관사官司별로 분류해서 모두 50권으로 하였습니다. 삼가 청컨대 칙령을 선포해서 시행하시기 바랍니다.' (이 상주를) 재가하였다"(2255~2256쪽)라고 하였다.

116 【옮긴이 주】: '장온고'의 생몰 연대는 ?~631년이다.

117 【옮긴이 주】: '아종阿縱'은 『신당서』권56, 「형법지」에는 없다.

118 『구당서』「형법지」.
【옮긴이 주】: 『구당서』권50, 「형법지」에서는 "하내河內 사람 이호덕이 풍질風疾로 착란해서[瞀亂] 요망妖妄한 말을 하였기 때문에 조서를 내려 그 사건을 취조하게 하였다. 대리승 장온고가 상주해서 '이호덕의 미친병[癲病]은 확실한 증거가 있기 때문에 법률상 처벌해서는 안 됩니다'라고 하였다. 그런데 치서시어사治書侍御史 권만기權萬紀가 탄핵하여 '장온고의 본적은 상주相州이고, 이호덕의 형 이후덕李厚德은 그 지역의 자사刺史입니다. 따라서 장온고는 후덕에게 아첨하여 (그의 죄를) 사면해야 한다[阿縱]고 생각하였기 때문에 그의 상주는 진실되지 않습니다'라고 하였다. 태종은 '짐은 일찍이 감옥에 죄수를 구금하였는데, 장온고는 그 죄수와 바둑을 둔 적이 있다. 지금 또 이호덕에게 아첨하여 죄를 사면해야 한다고 하였다. 이것은 짐의 법[吾法]을 어지럽히는 것이다'라고 하고는, 마침내 그를 동시東市에서 참형에 처하였지만, 얼마 후에 그것을 후회하였다[旣而悔之]"(2139쪽)라고 하였다. 『신당서』권56, 「형법지」(1049쪽)

"교주도독交州都督 노조상盧祖尚119이 어지御旨를 어겼다는 이유로 조당朝堂에서 참형에 처해졌"는데, 이것도 사죄死罪가 아니었기 때문에 태종은 "또 그것을 후회하였다."120 당 태종조차 이러한데 다른 황제는 재론할 필요가 없다. 장손무기長孫無忌121는 일찍이 당 고종에게 "폐하께서 기쁨과 노여움[喜怒]을 함부로 사람들에게 보이지 않는다면, 형벌은 자연히 적정適正하게 될 것입니다"122라고 하였다. 이 문장은 직관적으로 전제통치와 사법의 밀접한 관계를 말해 준다. 황제는 전제적인 법률을 제정도 하였고, 또 자신이 제정한 법률을 파괴하기도 하였는데, 이것이 바로 전제적 법제法制의 비극이었다. 그 결과 필시 각종 사회 모순을 격화시켰고, 최후에는 농민 기의가 폭발하여 왕조의 멸망을 초래했다. 당 왕조가 바로 이와 같았다.

에도 유사한 내용이 수록되어 있지만(제13장 주 38 참조), 장온고를 참형에 처한 후의 문장은 "얼마 후에 크게 후회하였고[旣而大悔], 이로 인해 조서를 내려 '사형의 경우에는 비록 즉시 집행하라[卽決]고 하였더라고 모두 삼복주三覆奏하라'라고 하였다"(1049쪽)로 되어 있다. 그리고 『정관정요』「형법 제31」에 있는 관련 문장은 김원중 옮김, 『정관정요』「제31장 형법」(379~380쪽) 참조.

119 【옮긴이 주】: '노조상'의 생몰 연대는 ?~628년이다.
120 【옮긴이 주】: 『구당서』권50, 「형법지」(2139쪽). 본 「형법지」에 의하면, 당 태종은 사형에 해당되지 않는 장온고와 노조상을 사형에 처한 직후 그것을 후회하여 이에 제서制書를 내려 "무릇 사형은 비록 (황제가) 즉시 집행하라[卽決]고 명령하였더라도 모두 삼복주三覆奏 하라" (2139~2140쪽)라고 하여, 사형의 집행에 삼복주제도를 도입해서 신중을 기하였다.
121 【옮긴이 주】: '장손무기'의 생몰 연대는 594~659년이다.
122 【옮긴이 주】: 이 문장은 영휘永徽 5년(654) 5월, 당 고종이 시신侍臣들에게 형벌의 왜곡[枉]과 남용[濫]을 없애는 방법에 대해 하문하자, 장손무기가 그 해결책으로 제시한 것이다(『구당서』권50, 「형법지」, 2141쪽).

제12장
당률의 당 전기 경제발전에 대한 작용

당 전기의 통치자는 자신들의 봉건통치를 공고히 하려는 측면에서 수隋의 멸망을 교훈으로 삼아 법률을 수단으로 사회·경제를 발전시키는데 주의하였다. 통치자의 폭정暴政으로 수隋 후기 법제는 엄혹하였고, 요역徭役은 끊이지 않았기 때문에 백성들은 도탄에 빠졌다. 이에 따라 사회·경제는 붕괴되었고, 백성들이 창졸 간에 봉기하였기 때문에 수 왕조는 멸망하였다. 당 전기의 통치자는 이 간담을 서늘하게 하는 사실을 직접 목도하였고 또 이것을 거울로 삼았다. 그들은 당 왕조의 장기적인 안정을 위해서는 사회·경제를 힘써 발전시켜서 백성들의 가장 기본적인 생활 수요를 충족시켜야 한다고 보았는데, 즉 이른바 "민의 의식을 여유롭게 하면, 자연히 도적질을 하지 않을 것이다[使民衣食有餘 則自不[1]盜]"[2]라는 것이다. 경제를 발전시키기 위해서는 법률을 사용하지 않으면 안 되었다. 당 전기의 통치자는 비교적 중요한 경제를 발전시키는 수단들을 당률에 규정하여 당률이 경제발전에서 작용을 충분히 발휘할 수 있도록 하였다.

---

1 【옮긴이 주】: '불不' 다음에 '위爲'가 있다(주 2 참조).
2 『당감唐鑒·권3(3은 2의 오기)』.
 【옮긴이 주】: [송宋]범조우范祖禹 저著, 주유민朱有民 등等 역주譯注, 『당감』(우루무치[烏魯木齊]: 신강청소년출판사新疆青少年出版社, 1995)권2[卷之二], 「고조高祖 하下」에서는 "(무덕武德 9년[626]) 11월, 태종은 뭇 신하[群臣]와 도적을 방지하는 문제에 대해 논의했는데, 어떤 신하는 중법重法으로 금지시킬 것을 청했다. 태종은 미소 지으며 말했다. '백성이 도적이 되는 까닭은 부세賦稅가 번다하고 요역徭役이 가중하며, 관리들은 탐욕스럽고, 백성들은 굶주림에 추위까지 몸에 엄습하였기 때문에 염치를 돌아볼 겨를이 없을 뿐이다. 짐은 사치를 없애고 비용을 줄이며, 요역과 부세를 경감시키고, 청렴한 관리를 선발해서 쓰고, 민의 의식을 여유롭게 하면 자연히 도적질을 하지 않을 것이다[使民衣食有餘 則自不爲盜]. 어찌 무거운 법을 사용하겠는가?' 이로부터 수년 후 천하는 태평하였고, 길에 떨어진 물건도 줍지 않았으며, 상인과 여행자들은 노숙했다[商旅野宿]"(46쪽)라고 하였다. [송宋]사마광司馬光 편저編著, 『자치통감資治通鑑』권192, 「당기唐紀8·고조高祖 하지하下之下」「무덕武德 9년 11월 병오丙午」(1285쪽)에는 "길에 떨어진 물건도 줍지 않았으며, 상인과 여행자들은 노숙했다"라는 문장 사이에 "바깥문은 닫지 않았고[外戶不廢]"라는 문구가 있다.

제1절 작용

당률은 당 전기 경제발전에서 매우 중요한 작용을 하였는데, 종합하면 주로 이하 여러 방면에 구현되어 있다.

1. 토지 소유권·사용권의 보호

당 전기의 토지는 영업전永業田과 구분전口分田의 두 종류로 구분되었는데, 전자는 농민이 소유권과 사용권을 가지고 있었고, 후자는 농민이 사용권만을 가지고 있었다. 당률은 이러한 토지의 소유권과 사용권을 보호한다는 취지에서 토지의 분할[分田]·매매[賣田]·점유[占田]·도경[盜耕田]·침탈[侵奪田] 등의 범죄 행위에 대해 모두 명확한 규정을 두었다. 예컨대 『당률소의·호혼』「이정수전과농상위법조里正授田課農桑違法條」에서는, 이정里正은 영令3에 의거해서 "사람들에게 토지를 지급하고", 만약 위반하고 "(토지를) 받아야[受] 하는데 지급하지[授] 않은 경우"에는 "태笞40에 처한다"4라고 규정하였다. 또 「매구분전조賣口分田條」에서도 농민은 구분전口分田에 대해 사용권만이 있었고, 소유권이 없기 때문에 매매賣買할 수 없었으며, 그렇지 않았다면 형사책임을 추궁받아야 하였는데, 규정은 다음과 같다. "(무릇) 구분전을 판[賣] 자는, 1무畝였다면 태10에 처하고, 20무마다 1등을 가중하며, 죄의 최고형은 장杖100이다."5 이밖에 「도경종공사전조盜耕種公私田條」에서도 "무릇 공전公田·사전私田을 도경한[盜耕種] 자는, 1무 이하였다면 태30에 처하고, 5무마다 1등을 가중한다. 장100을 초과하였다면 10무마다 1등을 가중하고, 죄의 최고형은 도徒1년반이다"6라고 규정하였고, 「재관침탈사전조在官侵奪私田條」에서도 관리가 강력한 직권職權으로 약자를 능멸하여 사전私田을 침탈한 경우, "1무 이하였다면 장60에 처하고, 3무마다 1등을 가중한다. 장100을 초과하였다면 5무마다 1등을 가중하고, 죄의 최고형은 도2년반이다"7라고 규정하였다. 이들 규정은 모

---

3 【옮긴이 주】: '영'은 니이다 노보루仁井田陞, 『당령습유唐令拾遺』「전령田令 6을조乙條」(621쪽)·「전령 22조」(636쪽)·「전령 23조」(637쪽) 참조.

4 【옮긴이 주】: 『역주율소 - 각칙(상) - 』「호혼22」(제171조)「이정수전과농상조里正授田課農桑條」에서는 "무릇 이정里正은 영令에 의하면 '사람들에게 토지를 지급하고, 농사와 양잠을 권과해야 한다[菓農桑]'라고 하였다. 만약 (토지를) 받아야 하는데 지급하지 않았거나, 환수해야 하는데 환수하지 않았거나, 권과해야 하는데 권과하지 않아서, 이와 같은 사안[事]으로 법을 위반한 자는 한 가지 사안[一事]을 과실했을 때마다 태40에 처한다"(2240쪽)라고 규정하였다.

5 【옮긴이 주】: 『역주율소 - 각칙(상) - 』「호혼14」(제163조)「매구분전조」, 2226쪽. 이어지는 규정은 다음과 같다. 「그 전지[地]는 본 주인[本主]에게 반환返還하고, 전지의 대금[財]은 몰수하고[沒] 반환하지 않는다[不追]. 만약 법적으로 팔 수 있는 경우[合賣]에는 이 율을 적용하지 않는다[不用此律]」(2226~2227쪽).

6 【옮긴이 주】: 『역주율소 - 각칙(상) - 』「호혼16」(제165조)「도경종공사전조」, 2230쪽.

두 농민에게 토지를 보유하게 해서 생활과 생산에 의존할 대상이 있게 하였고, 또 그들의 생산에 대한 적극성을 높이는 데에도 유리하였다.

2. 공公·사私 재물의 사기詐欺·훼손毁損 행위 엄중 추궁

공·사 재물에 대한 사기와 훼손 행위는 직접적으로 국가와 민民의 합법적인 경제 이익을 위해 危害하였고, 사회 생산력의 정상적인 발전을 손상시켰기 때문에 당률은 이러한 행위를 엄중히 추궁하였다. 예컨대 『당률소의·사위』「사기관사재물조詐欺官私財物條」에서는 무릇 사기라는 수단을 통해 불법으로 공公·사私의 재물을 침점侵占한 자는 "도죄에 준해서 논한다[準盜論]"[8]라고 규정하였기 때문에, 만약 절도한 물건의 가치가 1척尺의 견絹에 상당하였다면 장杖60에 처하고, 1필匹마다 1등을 가중하며, 50필이었다면 가역류加役流에 처하였다.[9] 『당률소의·잡률』「기훼기물가색조棄毁器物稼穡條」에서도 무릇 고의로 "관官·사私의 기물器物을 버렸거나[棄] 훼손한[毁] 자 및 수목樹木·가색稼穡을 훼손하였거나[毁] 벤[伐] 자는 도죄에 준해서 논하고[準盜論]", 과실過失인 경우에는 "3등

---

7 【옮긴이 주】: 『역주율소 - 각칙(상) - 』「호혼18」(제167조)「재관침탈사전조」, 2234쪽. 본 조에서는 이어서 "원園과 포圃는 1등을 가중한다"(2234쪽)라고 규정했다.

8 【옮긴이 주】: 『역주율소 - 각칙(하) - 』「사위12」(제373조)「사기관사취재물조詐欺官私取財物條」에서는 "무릇 관官이나 사인私人을 사기詐欺하여 재물을 취득한 자는 도죄에 준해서 논한다[準盜論]. 사기에는 온갖 방법이 있는데, 모두 같다[皆是]. 만약 감림監臨·주수主守가 사기하여 취득한 경우에는 당연히 도법盜法에 따른다. 아직 취득하지 못한 경우에는 2등을 감경한다. 아래 조문[下條]은 이것에 준한다[準此]"(3177~3178쪽)라고 규정하였고, 본조「소의」에서는 "'만약 감림·주수가 사기하여 취득한 경우'라는 것은 감림·주수가 감림하고 주수하는 구역 내의 재물을 사기하여 취득한 경우를 말하고, 이 경우에는 당연히 도법盜法에 따르되 일반 도죄[凡盜]에서 2등을 가중하고, 관官이 있는 자는 제명除名한다"(3178쪽)라고 해석하였다. 본조의 율조律條와「주」및「소의」를 종합하면, 관이나 사인을 사기하여 재물을 취득한 죄상罪狀에서 범죄의 주체가 일반인[凡人]인 경우에는 도죄에 준해서 논하였고[準盜論], 감림·주수인 경우에는 도법盜法에 따르되 일반인에서 2등을 가중하였다.

9 【옮긴이 주】: 『역주율소 - 각칙(상) - 』「적도35」(제282조)「절도조竊盜條」에서는 "무릇 절도의 경우, 재물을 얻지 못하였다면 태50에 처하고, 1척이었다면 장60에 처하며, 1필疋마다 1등을 가중하고, 5필이었다면 도1년에 처하며, 5필마다 1등을 가중하고, 50필이었다면 가역류에 처한다"(2458쪽)라고 규정하였다. 이 규정은 『역주율소 - 각칙(하) - 』「사위12」(제373조)「사기관사취재물조」및「소의」(주 8 참조)에 보이듯이, 범죄의 주체가 일반인[凡人]인 경우이다. 범죄의 주체가 감림·주수인 경우에는 『역주율소 - 각칙(상) - 』「적도36」(제283조)「감림주수자도조監臨主守自盜條」에서 "무릇 감림·주수가 (관할하는 물품을) 직접 절도하였거나[自盜] 감림하는 구역 내의 재물을 절도한 경우에는 일반 도죄[凡盜]에서 2등을 가중하고, 30필疋이었다면 교형絞刑에 처한다"(2459쪽)라고 한 규정이 적용되었고,「소의」에서는 '일반 도죄에서 2등을 가중한다'라는 규정에 대해 구체적으로 "1척尺이었다면 장80에 처하고, 1필마다 1등을 가중하며, 1필 1척이었다면 장90에 처하고, 5필이었다면 도2년에 처하며, 5필마다 1등을 가중하는데, 이것이 '일반 도죄에서 2등을 가중한다'라는 것으로, 30필이었다면 교형에 처한다"(이상 2459쪽)라고 설명하였다.

을 감경한다"¹⁰라고 규정하였다. 이러한 규정들은 생산 공구·생산 대상을 포함한 공公·사私의 재물을 보호함으로써 사회생산이 질서 있게 진행되는 데에 일조하였다.

3. 국가의 세稅·부賦·요역徭役 제도의 유지·보호

세·부·요역은 봉건국가가 농민을 착취하는 주된 형식이었고, 또 국가의 생존과 발전에서 주된 경제적 원천이기도 하였기 때문에 당률은 이러한 제도를 유지·보호하는데 전력을 다하였다. 예컨대 『당률소의·호혼』「수과세물위기조輸課稅物違期條」에서는 무릇 국가가 규정한 과세 물품[課稅之物]을 수납輸納해야 하는데, 기한을 위반하고 수납하지 못한 자는 "10으로 나누어 논죄한다[以十分論]. 10분의 1을 위반하였다면 태笞40에 처하고, 10분의 1마다 1등을 가중한다"¹¹라고 규정하였고, 「차과부역위법조差科賦役違法條」에서도 지방 관리가 법에 의거해서 부賦를 거두고 역役을 징발하는데 위반한 자는 "장杖60에 처한다"¹²라고 규정하였다. 『당률소의·천흥』「정부잡장계류조丁夫雜匠稽留條」에서도 역에 징발된 자[被役者]는 모두 (정해진) 기한에 따라 (징발 장소에) 도착해서 노역勞役에 종사해야 하는데 도착하지 않은 자는 "1일이었다면 태笞30에 처하고, 3일마다 1등을 가중하며, 죄의 최고형은 장杖100이다"¹³라고 규정하였다. 이러한 규정들은 모두 국가의 세稅·부賦·요역徭役 제도의 관철과 집행에 일조함으로써 국가가 중점을 두는 경제건설사업에서 자금과 노동력의 원천을 보증하였다.

---

10 【옮긴이 주】: 이상 『역주율소-각칙(하)-』「잡률54」(제442조)「기훼기물가색조」, 3268쪽. "3등을 감경한다"의 원原 조문은 "만약 관물官物을 망실亡失하였거나 과오로 훼손한[誤毀] 자는 3등을 감경한다"이다.
11 【옮긴이 주】: 『역주율소-각칙(상)-』「호혼25」(제174조)「수과세물위기조」에서는 "무릇 부내部內의 과세물품[課稅之物]을 수납하는데 기한을 위반하고 충당하지 못한 자는 10으로 나누어 논죄한다. 10분의 1일 위반하였다면 태40에 처하고, 10분의 1마다 1등을 가중한다"(2249쪽)라고 규정하였다.
12 【옮긴이 주】: 『역주율소-각칙(상)-』「호혼24」(제173조)「차과부역위법조」에서는 "무릇 부역을 차과하는데[差科賦役] 법을 위반하였거나 공평하게 하지 않은 경우에는 장60에 처한다"(2246쪽)라고 규정하였다. '차과부역'은 단순히 '차과'라고도 하며, 색역色役과 잡요雜徭를 총칭한다. 노동력의 징발에 대신하여 금전金錢을 징수하는 것도 차과이다. 그러나 '차'는 역역力役, '과'는 조조租調를 징발하는 의미로도 사용되었다. 본문에서 '차과부역'을 "부를 거두고 역을 징발한다"라는 식으로 서술한 것은 후자의 의미에 따른 것이다.
13 【옮긴이 주】: 『역주율소-각칙(상)-』「천흥23」(제246조)「정부잡장계류조」에서는 "무릇 징발된[被差] 정부丁夫와 잡장雜匠이 계류稽留하고 도착하지 않은 경우, 1일이었다면 태30에 처하고, 3일마다 1등을 가중하며, 죄의 최고형은 장100이다. 장령주사將領主司는 1등을 가중한다. 방인防人이 기일을 위반한 경우에는 각각 3등을 가중한다. 만약 인솔자[將領者]로 말미암은 경우에는 인솔자[將領者]만 처벌한다[坐]"(2377쪽)라고 규정하였다.

4. 장죄贓罪의 중벌重罰

당대의 장죄는 수재왕법受財枉法 [14]·수재불왕법受財不枉法 [15]·수소감림受所監臨 [16]·절도竊盜 [17]·강도强盜 [18]와 좌장坐贓 [19]을 포괄하였고, 이것들은 '육장六贓'으로 약칭略稱되었다. 장죄는 절도·강도·좌장과 같이 직접적으로 국가·민民의 경제적인 이익을 훼손하는 부분도 있었고, 또 수재왕법·수재불왕법·수소감림처럼 관리의 위법으로 인해 국가·민民의 경제적인 이익을 훼손하는 부분도 있었다. 이러한 것들은 모두 국가의 경제질서를 엄중하게 위해危害하였고, 징벌하지 않으면 사회·경제의 발전에 장애가 되었기 때문에 당률은 장죄를 중벌에 처하였다. 예컨대『당률소의·직제』「감주수재왕법조監主受財枉法條」에서는 감림관監臨官이 감림하는 구역 내 사람[人]에게 수재왕법을 범한 경우, "1척尺이었다면 장杖100에 처하고, 1필疋마다 1등을 가중하며, 15필이었다면 교형絞刑에 처한다"[20]라고 규정하였다.『당률소의·적도』「강도조强盜條」에서도 폭력 수단을 사용해서 타인의 재물을 강탈한 경우, "재물을 얻지 못하였다면 도徒2년에 처한다. 1척尺이었다면 도3년에 처하고, 2필疋마다 1등을 가중한다. 10필이 되었거나 사람을 상해한 자는 교형에 처하고, 사람을 살해한 자는 참형斬刑에 처한다"[21]라고 규정하였다.『당률소의·잡률』「좌장치죄조坐贓致罪條」에서도 좌장坐贓을 범한 자는 "1척尺이었다면 태笞20에 처하고, 1필疋마다 1등을 가중한다. 10필이었다면 도徒1년에 처하고, 10필마다 1등을 가중하며, 죄의 최고형은 도3년이다"[22]라고 규정하였다. 이러한 규정들은 불법적인 수단으로 타인의 재물을 침해하였거나 직무를 이용해서 자행한 경제적인 범죄 활동을 감소·단절시켜서 당대唐代의 생산방식을 보호하는 데에 일조하였다.

5. 채권인債權人의 권익 보호

채무 관계는 당 전기에 이미 매우 광범위하였다. 그것은 사회·경제 발전의 필연적인 산물로서 사회적 상품의 유통과 교환을 촉진하였다. 당률은 채債의 문제에 대해서도 규정하였는데, 그 가운

---

14 【옮긴이 주】: '수재왕법'에 대해서는 제1장 주 117 및 제9장 주 169 참조.
15 【옮긴이 주】: '수재불왕법'에 대해서는 제9장 주 170 참조.
16 【옮긴이 주】: '수소감림'에 대해서는 제9장 주 171 참조.
17 【옮긴이 주】: '절도'에 대해서는 제9장 주 168 참조.
18 【옮긴이 주】: '강도'에 대해서는 제9장 주 167 참조.
19 【옮긴이 주】: '좌장'에 대해서는 제9장 주 172 참조.
20 【옮긴이 주】:『역주율소 - 각칙(상) - 』「직제48」(제138조)「감주수재왕법조」에서는 "무릇 감림監臨·주사主司가 수재왕법受財枉法을 범한 경우, 1척이었다면 장100에 처하고, 1필疋마다 1등을 가중하며, 15필이었다면 교형에 처한다"(2181쪽)라고 규정하였다.
21 【옮긴이 주】:『역주율소 - 각칙(상) - 』「적도34」(제281조)「강도조」, 2456~2457쪽.
22 【옮긴이 주】:『역주율소 - 각칙(하) - 』「잡률1」(제389조)「좌장치죄조」, 3202쪽.

데 주된 것은 채권인의 권익에 대한 보호였다. 예컨대 『당률소의·잡률』 「부채위계불상조負債違契不償條」에서는 부채負債[23]를 상환하지 않은 경우, "1필匹 이상으로 20일을 위반하였다면 태笞20에 처하고, 20일마다 1등을 가중하며, 죄의 최고형은 장杖60이다. 30필이었다면 2등을 가중하고, 100필이었다면 또 3등을 가중한다"라고 규정하였고, 또 "각각 비상備償하게 한다"[24]라고 규정하였다. 「부채강색재물조負債強索財物條」[25]에서도 국가는 채권인의 권익을 보호하기 위해 관사官司에서 전력을 다해 채무문제를 해결하도록 하였는데, 규정은 다음과 같다. "공사公私의 부채負債에 대해 계약을 위반하고 상환하지 않아서 차압差押해야 하는 경우에는 모두 관사에 고告하여 그 판결에 따라야 한다[聽斷]."[26] 이러한 규정들은, (그) 수익자受益者는 의심할 바 없이 주로 착취계급 구성원이었지만, 동시에 채무의 이행과 정상적인 경제 교역도 촉진시킬 수 있었다.

6. 불법不法 영조營造의 엄금嚴禁

당唐 전기의 통치자는 인력과 물자를 집중해서 대규모 경제건설을 진행할 필요가 있었지만, 각종 공사[工程]의 불법적인 영조營造를 엄금하였고, (따라서) 불법적인 영조 행위에 대해 제재를 가하였다. 예컨대 『당률소의·천흥』 「흥조불언상대보조興造不言上待報條」에서는 비교적 큰 공사[工程]를 영조하는 때에는 모두 반드시 상부에 보고[上報]해야 하는데 위반한 경우, 기공起工 전前이었다면 "태笞50에 처하고", 기공 후였다면 "좌장죄로 논하되[坐贓論] 1등을 감경한다"[27]라는 규정에 따라 처벌하였다.[28] 「공작불여법조工作不如法條」에서도 영조하는 공사[工程]는 모두 법에 따라 진행해

---

23 【옮긴이 주】: '부채'에 대해 『역주율소 - 각칙(하) - 』 「잡률10」(제398조) 「부채위계불상조」 「소의」에서는 "'부채'란 이자를 받고 빌려준 물건[出擧之物]이 아닌 것으로서, 영令에 의거해서 이치에 맞는 것이거나 공사公私의 재물을 빚고 있는 것[欠負]을 말한다"(3213쪽)라고 해석하였다.

24 【옮긴이 주】: 이상 『역주율소 - 각칙(하) - 』 「잡률10」(제398조) 「부채위계불상조」, 3212~3213쪽. '비상'에 대해서는 제9장 제2절 1항 '배상' 참조.

25 【옮긴이 주】: '「부채강색재물조」' 다음에 「소의」가 있어야 한다(주 26 참조).

26 【옮긴이 주】: 『역주율소 - 각칙(하) - 』 「잡률11」(제399조) 「부채강견재물조負債強牽財物條」 「소의」, 3213쪽.

27 【옮긴이 주】: 『역주율소 - 각칙(상) - 』 「천흥17」(제240조) 「흥조언상조興造言上條」에서는 "무릇 흥조興造하는 것이 있으면 보고해야 하는데[言上] 보고하지 않았거나, 지시를 기다려야 하는데[待報] 기다리지 않은 경우에는 각각 그 용임[庸]을 계산해서 좌장죄로 논하되[坐贓論] 1등을 감경한다. 만약 재물과 인력수를 실제와 다르게 산정算定해서 신청한 자는 태50에 처한다. 만약 이미 (용임이나 재물이) 손비損費되었다면 각각 잘못 사용된 용임과 재물을 계산해서 죄가 엄중한 경우에는 좌장으로 논죄하되[坐贓論] 1등을 감경한다"(2367쪽)라고 규정하였다.

28 【옮긴이 주】: 『역주율소 - 각칙(상) - 』 「천흥17」(제240조) 「흥조언상조」의 전문(주 27 참조)에 보이듯이, 본조는 공사를 영조할 때 상부에 보고해야 하는 의무나 지시를 기다려야 하는 의무를 이행하지 않은 행위에 대한 처벌을 규정하고 있기 때문에 6항 '불법 영조의 엄금'이라는 사항, 즉 "각종 공사의 불법적인 영조

야 하는데 위반한 자는 "태笞40에 처한다"²⁹라고 규정하였다. 이러한 내용은 국가가 중점을 둔 경제건설 사업의 순조로운 진행을 보증하는 데에 일조하였다.

7. 기타 경제질서 교란擾亂 범죄의 단속

당률는 사사로운 주전[私鑄錢]·근량斤兩의 부족·가격의 불공정·밀수密輸 등 사회적 경제질서를 교란擾亂시킨 범죄 등도 단속하였다. 예컨대 『당률소의·잡률』「사주전조私鑄錢條」에서는 사사로이 주전한 행위를 엄징하였고, 사사로이 주조하는 기구를 구비具備하였지만, 아직 주조하지 않은 자는 "도徒2년에 처하고", 이미 주조한 자는 "유流3000리에 처한다"³⁰라고 규정하였다. 「사작곡계칭도조私作斛契秤度條」에서도 무릇 사사로이 도량형 기구를 만들어 근량斤兩이 부족한 것을 제작한 자는 "증감한 바를 계산하여 도죄에 준해서 논한다[準盜論]"³¹라고 규정하였다. 「시사칭물불평조市司秤物不平條」에서도 공사公私가 교역할 때 시장市場 관리인은 반드시 (물가를) 공평하게 해야 하는데 이 규정을 위반한 경우에는 "비싸게 하였거나 싸게 한[貴賤] 바를 계산해서 좌장죄로 논한다[坐贓論]. (관인) 자신이 착복한 경우에는 도죄로 논한다[以盜論]"³²라고 규정하였다. 『당률소의·위

행위에 대한 제재制裁"에는 적합한 사례가 아니다. 오히려 본 항에 적합한 것은 『역주율소 - 각칙(상) - 』「천흥18」(제241조)「비법흥조조非法興造條」에서 "무릇 법에 없는데 흥조한 경우 및 잡요雜徭를 사역한 경우, 용임[庸]이 10인일人日(한 사람이 10일간 일한 몫) 이상이었다면 좌장죄로 논한다[坐贓論]. 공사公事를 위해 사역시켰으나 법령에 허용되지 않은 것을 말한다"(2369쪽)라는 규정이다.

29 【옮긴이 주】: 『역주율소 - 각칙(상) - 』「천흥19」(제242조)「공작불여법조」에서는 "무릇 공작工作을 법과 같이 하지 않은[不如法] 자는 태40에 처한다. 사용할 수 없거나 다시 만들어야 하는 경우에는 쓸 수 없게 된 재물과 용임 등을 모두 합산해서 좌장죄로 논하되[坐贓論] 1등을 감경한다. 그러나 (황제에게) 바치기 위해 만든 경우에는 2등을 가중한다. 공장工匠은 각각 발단發端이 된 바에 따라 처벌한다. 감독관원[監當官司]은 각각 3등을 감경한다"(2370쪽)라고 규정하였다.

30 【옮긴이 주】: 『역주율소 - 각칙(하) - 』「잡률3」(제391조)「사주전조」에서는 "무릇 사사로이 주전한[私鑄錢] 자는 유3000리에 처한다. 주조하는 기구[作具]를 이미 구비하였지만, 아직 주조하지 않은 자는 도2년에 처한다. 주조하는 기구를 아직 구비하지 않은 자는 장100에 처한다. 또한 이미 주조된 전[成錢]을 갈거나 잘라서[磨錯] 얇게 하거나[薄] 작게 해서[小] 동銅을 취해 이로써 이익을 추구追求한 자는 도1년에 처한다"(3203쪽)라고 규정하였다.

31 【옮긴이 주】: 『역주율소 - 각칙(하) - 』「잡률32」(제420조)「사작곡두칭도조私作斛斗秤度條」에서는 "무릇 곡두斛斗나 저울[秤]이나 자[度]를 사사로이 제작하여 규격에 맞지 않은데[不平] 시장[市]에서 가지고 사용한[執用] 자는 태50에 처한다. 그로 인해 증감增減이 있었다면 증감한 바를 계산하여 도죄에 준해서 논한다[準盜罪]"(3238쪽)라고 규정하였다.

32 【옮긴이 주】: 『역주율소 - 각칙(하) - 』「잡률31」(제419조)「시사평물가불평조(市司評物價不平條)」에서는 "무릇 시장을 관리하는 관원[市司]이 물가를 평가하는데[評] 공평하게 하지 않은 때에는 비싸게 하거나 싸게 한[貴賤] 바를 계산하여 좌장죄로 논한다[坐贓論]. (관원) 자신이 착복한 때에는 도죄로 논한다[以盜論]. 그러나 죄인의 장물[罪贓]을 평가하는데 사실대로 하지 않아서 죄를 감경·가중한[出入] 자는 사람의 죄를

금』「휴금물사도조携禁物私度條」에서도 무릇 밀수密輸한 자는 모두 "좌장죄로 논한다[坐贓論]"[33]라고 규정하였다. 이상의 규정들은 모두 사회적 경제질서를 안정시켜서 경제발전을 촉진하는 데에 일조하였다.

제2절 특징

당률의 이상의 규정들을 종합해서 이전의 법전과 비교하면, 당률은 사회경제적 발전을 촉진하는 작용방면에서 다음과 같은 특징을 가지고 있었다.

1. 당률규정의 내용과 당시 경제제도·상황의 부합

당 전기의 주된 경제제도는 균전제均田制와 조용조제租庸調制였다. 당률 가운데 토지의 분할[分田]·매매[賣田]·점유[占田]·도경[盜耕田]·침탈[侵奪田]에 관한 규정은 균전제의 관철을 보증하기 위한 것이었고, 부세賦稅·요역徭役에 관한 규정은 조용조제의 시행을 보장하기 위한 것이었다. 이것은 당률의 관련 규정을 당시의 경제제도와 상황에 적응시켜서 경제발전을 촉진하는 작용을 하는데 법률이 합당한 효능을 발휘하게 하였다.

2. 당률규정의 내용적 완정完整과 조화

당률은 두 가지 방법을 통해 당 전기의 몇 가지 주요한 경제관계에 대해 규정하였다. 첫째, 율에서 일부 비교적 중요한 경제법률관계를 명확히 규정해서 경제범죄에 대해 제재制裁를 가하였다. 위에서 언급한 귀납적인 일곱 가지 유형은 모두 이러한 정황에 속하였다. 둘째, 영令·식式에 규정된 구체적인 경제 조치를 위반하였지만, 율에 명문으로 규정되지 않은 내용에 대해서도 범죄로 확정하였고, 아울러 위령違令·위식違式에 의해 처벌하였다. 예컨대 『당률소의·잡률』「위령조違令條」의 규정에 의하면, 영을 위반한[違令] 때에는 태笞50에 처하였고, 식을 위반한[違式] 때에는

감경·가중한 죄로 논한다[以出入人罪論]"(3237~3238쪽)라고 규정하였다. 관인에 의한 죄의 출입出入에 대해서는 제1장 주 124 참조.

33 【옮긴이 주】: 『역주율소 - 각칙(상) - 』「위금30」(제87조)「재금사물도관조齎禁私物度關條」에서는 "무릇 (사유가) 금지된 물품[禁物]을 가지고[齎] 관을 사사로이 월도한[私度關] 자는 좌장죄로 논하고[坐贓論], 장죄가 경미한 때에는 사사로이 제작하였거나 사유한 법[私造私有法]에 따른다. 만약 사가私家의 물품[私家之物]이라도 관을 월도해서는[度關] 안 되도록 금지되었는데[禁約] 사사로이 월도한[私度] 자는 3등을 감경한다"(2086~2088쪽)라고 규정하였다.

태40대에 처하였다.³⁴ 이와 같이 당률은 생산·유통·교환·소비의 각 단계마다 모두 지켜야 하는 규정을 두었기 때문에 각종 경제관계는 모두 법률의 보호를 받았고, 내용도 비교적 완정하였다. 이외에 당률에 규정된 내용도 비교적 조화로웠다. 양형量刑을 예로 들면, 그것은 각각의 범죄에 대해 고의故意와 과실過失, 기수旣遂와 미수未遂, 위해성危害性의 대소大小 등으로 구별해서 합리적으로 처벌하였다. 예컨대『당률소의·잡률』「교곡두칭도불평조校斛斗秤度不平條」에서는 (곡두斛斗·저울[秤]·자[度]를) 교감하는 것을 감독하는 자[監校者]의 고의와 과실이라는 두 가지 상이한 주관적 요인에 근거해서 고의인 때에는 장杖70대에 처하고, 과실인 때에는 장60에 처한다고 규정하였고,³⁵「사주전조私鑄錢條」에서는 기수와 미수, 위해危害 정도에 따라 각각 구분해서 처벌하였다.³⁶ 내용의 조화는 법률의 역량을 강화해서 각종 경제범죄를 더욱 강력하게 단속하는 데에 일조하였다.

3. 당률의 제재制裁의 엄중

당률은 제정 과정에서 번쇄한 법을 대량³⁷ 삭제하였고, 폐해가 많은 법을 제거하였으며, 중형重刑을 경형輕刑으로 바꾸었지만,³⁸ 경제범죄에 대한 처벌은 여전히 일반범죄보다 엄중하였다. 이하에서는 관官·민民 두 가지 예例를 제시해서 증명하고자 한다. 예컨대『당률소의·직제』「상서주사유오조上書奏事有誤條」·「사응주불주조事應奏不奏條」, (이) 두 율조律條의 규정에 의하면, 관리의 독직瀆職 가운데, 상서上書하거나 사안을 상주하는데[奏事] 착오[誤]가 있었던 때,³⁹ 혹은 사안을 상주[奏事]해

---

34 【옮긴이 주】:『역주율소 - 각칙(하) - 』「잡률61」(제449조)「위령조」에서는 "무릇 영을 위반한[違令] 자는 태50에 처한다. 영에는 금제禁制가 있지만 율에는 죄명이 없는 경우를 말한다. 별식別式은 1등을 감경한다"(3276쪽)라고 규정하였다.

35 【옮긴이 주】:『역주율소 - 각칙(하) - 』「잡률29」(제417조)「교곡두칭도불평조」에서는 "무릇 곡두斛斗나 저울[秤]이나 자[度]를 교감하는[校] 때 공평하게 하지 않은 자는 장70에 처한다. 교감하는 것을 감독하는 자[監校者]가 적발하지 못한[不覺] 때에는 1등을 감경한다. 실정을 안[知情] 때에는 같은 죄로 처벌한다[與同罪]"(3235쪽)라고 규정하였다.

36 【옮긴이 주】: 주 30 참조.

37 【옮긴이 주】: '대량'은 원문에 없다(주 38 참조).

38 【옮긴이 주】: "번쇄한 법을~경형으로 바꾸었다"라는 표현은『구당서』권50,「형법지」에 의하면, 태종 정관貞觀 11년(637) 정월에 제정된『정관률貞觀律』의 내용을 열거한 다음에 마지막으로 나오는 문장이다. 정확한 문장은 다음과 같다. "무릇 번쇄한 법을 삭제하고, 폐해가 많은 법을 제거하며, 중형을 경형으로 바꾼 것이 모두 기록할 수 없을 정도이다"(2138쪽).

39 【옮긴이 주】:『역주율소 - 각칙(상) - 』「직제26」(제116조)「상서주사오조上書奏事誤條」에서는 "무릇 상서上書하거나 사안을 상주하는데[奏事] 착오[誤]가 있었던 때에는 장60에 처한다. 말로 착오[口誤]가 있었던 때에는 2등을 감경한다. 상서성尙書省에 (문서를) 올리는데 착오가 있었던 때에는 태40에 처한다. 그 밖의 문서에서 착오가 있었던 때에는 태30에 처한다. 만약 착오로 인해 해害가 있었던 때에는 각각 3등을 가중한다. 만약 착오가 있었더라도 시행할 수 있었다면, 상서하거나 사안을 상주하는[奏事] 것이 아닌 때에는

야 하는데 상주하지 않은 때,⁴⁰ 처벌의 최고형은 "장杖80"⁴¹이었다. 그러나 『당률소의·직제』「사후수재조事後受財條」 규정에 따르면, (사건이 종료된 후) 관리가 타인他人의 재물을 받은 경우, 위법하지 않았더라도 범죄의 구성요건이 되었고, 죄의 최고형은 "유流2000리"⁴²였기 때문에 용형用刑은 확실히 전자보다 가중되었다. 또 『당률소의·투송』「투구수족타물상조鬪毆手足他物傷條」의 규정에 따르면, 싸우다가 구타하여 鬪毆 상대방에게 "귀[耳]나 눈[目]에서 출혈이 있게 하였거나 내상內傷을 입혀 피를 토하게[吐血] 한 경우"에는 오직 "장杖100에 처"⁴³해졌을 뿐이지만, 『당률소의·적도』「강도조強盜條」의 규정에 의하면, 강도죄를 범하였지만, 재물을 얻지 못한 경우에도 "도徒2년에 처"⁴⁴해졌기 때문에 용형用刑도 또한 전자보다 가중되었다. 이러한 규정들도 어떤 측면에서는

논죄하지 않는다[勿論]"(2140~2142쪽)라고 규정하였다.

40 【옮긴이 주】: 『역주율소 - 각칙(상)』 「직제27」(제117조) 「사응주이불주조」에서는 "사안을 상주[奏事]해야 하는데 상주하지 않았거나 상주하지 않아야 하는데 상주한 자는 장80에 처한다. 상부에 보고[言上]해야 하는데 보고하지 않은 경우, 보고하지 않아야 하는데 보고한 경우, 담당 관청[所管]을 경유하지 않고 뛰어넘어 보고한 경우, 시행을 하달[行下]해야 하는데 하달하지 않은 경우 및 하달하지 않아야 하는데 하달한 경우에는 각각 장60에 처한다"(2143쪽)라고 규정하였다.

41 【옮긴이 주】: 두 가지 범죄(상서上書·주사奏事하는 때 착오가 있었던 경우 및 상주해야 하는 사안을 상주하지 않은 경우)의 최고형을 모두 '장80'이라고 한 것은 문제가 있다. 우선 「사응주이불주조」(주 40 참조)를 보면, 본 조에서 규정한 죄의 최고형은 '장80'으로 되어 있다. 그러나 「상서주사오조」(주 39 참조)를 보면, '상서上書 및 주사奏事할 때의 착오[誤]에 대한 처벌'은 '장60'이지만, '착오로 인해 해害가 발생한 때'의 처벌은 '3등 가중', 즉 '장90'이고, 이것이 최고형이다. 게다가 본 조 「소의」에서도 "상서上書하거나 사안을 상주하는데[奏事] 착오[誤]로 인해 해害가 있었던 때에는 장90에 처해야 한다"(2141쪽)라고 하여, '장90'을 명시하고 있다. 따라서 두 조문에서 규정한 죄의 최고형은 '장80'과 '장90'이다.

42 【옮긴이 주】: '유2000리'의 근거를 보면, 『역주율소 - 각칙(상) - 』「직제49」(제139조) 「유사선불허재조有事先不許財條」에서는 "무릇 어떤 사건에 먼저 재물(을 받는 것)을 허락하지 않았더라도 사건이 종료된 후에 재물을 받은 경우, 그 사건에 대해 왕법枉法한 때에는 왕법죄에 준해서 논죄하고[準枉法論], 왕법하지 않은[不枉法] 때에는 '(감림하는 관인이) 수소감림재물죄(감림하는 구역 내에서 재물을 받은 죄)로 논한다[以受所監臨財物論]'"(2182쪽)라고 규정하였다. "수소감림재물죄로 논한다"라는 것은 『역주율소 - 각칙(상) - 』「직제50」(제140조) 「수소감림재물조受所監臨財物條」에서 "무릇 감림하는 관인[監臨之官]이 감림하는 구역 내에서 재물을 받은 경우, 1척이었다면 태40에 처하고, 1필마다 1등을 가중하며, 8필이었다면 도1년에 처하고, 8필마다 1등을 가중하며, 50필이었다면 유2000리에 처한다. 준 자는 5등을 감경하고, 죄의 최고형은 장100이다"(2183쪽)라고 한 규정을 가리키고, 이 경우 죄의 최고형은 유2000리였다.

43 【옮긴이 주】: 『역주율소 - 각칙(하) - 』「투송1」(제302조) 「투구수족타물상조」에서는 "무릇 사람을 싸우다가 구타한[鬪毆] 자는 태40에 처한다. 상해하였거나 다른 물건으로 사람을 구타한 자는 장60에 처한다. 상해하였거나 사방 1촌寸 이상의 두발頭髮을 뽑은 자는 장80에 처한다. 만약 귀나 눈에서 출혈이 있게 하였거나 내상內傷을 입혀 피를 토하게 한 자는 각각 2등을 가중한다"(3015~3017쪽)라고 규정하였다. 본문의 '장100'은 '장80'에서 2등을 가중한 형벌이다.

44 【옮긴이 주】: 『역주율소 - 각칙(상) - 』「적도34」(제281조) 「강도조」에서는 "무릇 강도를 범한 경우, 재물을 얻지 못하였다면 도2년에 처한다. 1척尺이었다면 도3년에 처하고, 2필마다 1등을 가중한다. 10필이었거나

당 전기의 통치자가 사회·경제의 발전을 위해 엄중한 제재수단을 사용하는 것을 매우 중시하였음을 말해 준다.

4. 당률의 치리治吏를 통한 경제범죄의 단속

당률은 죄를 범한 관리에 대한 단속을 통해 국가의 경제법제를 유지·보호하는 것을 중시하였다. 이것은 규정된 내용의 다소多少와 양형量刑의 폭이라는 두 방면에서 이해할 수 있다. 당률에 규정된 경제범죄는 대부분 치리治吏와 관련이 있었다. 육장六贓[45]을 예로 들면, 수재왕법受財枉法[46]· 수재불왕법受財不枉法[47]· 수소감림受所監臨[48], 이 삼장三贓은 순전히 직무범죄職務犯罪에 속하였고, 직접적으로 치리에 사용되었으며, 그 밖의 삼장[49]은 일반 공민公民을 대상으로 한 것이었지만, 관리도 포함되었다. 이외에 유사하거나 동일한 범죄에서도 관리에 대한 처벌이 백성보다 엄중하였다. 사전私田을 침점侵占한 행위를 예로 들면, 『당률소의·호혼』「망인도매공사전조妄認盜賣公私田條」에서는 공민公民이 사전을 침점한 경우, "1무畝 이하였다면 태笞50에 처하고, 5무마다 1등을 가중한다. 장杖100을 초과하였다면 10무마다 1등을 가중하고, 죄의 최고형은 도徒2년이다"[50]라고 규정하였지만, 「관침탈사전조官侵奪私田條」에서는 관리가 사전을 침점한 경우, "1무 이하였다면 장60에 처하고, 3무마다 1등을 가중한다. 장100을 초과하였다면 5무마다 1등을 가중하고, 죄의 최고형은 도2년반이다"[51]라고 규정하여, 후자가 전자보다 엄중하였음을 알 수 있다. 이러한 규정은 당 초기 통

사람을 상해한 자는 교형絞刑에 처한다. 사람을 살해한 자는 참형斬刑에 처한다. 그런데 무기를 지참한 자는 재물을 얻지 못하였더라도 유3000리에 처하고, 5필이었다면 교형에 처한다. 사람을 상해한 자는 참형에 처한다"(2455~2457쪽)라고 규정하였다.

45 【옮긴이 주】: '육장'의 종류에 대해서는 『역주율소-명례편-』「명례33」(제33조)「이장입죄조」「소의」(251쪽) 및 『역주율소-각칙(하)-』「잡률1」(제389조)「좌장치죄조坐贓致罪條」「소의」(3202) 참조.
46 【옮긴이 주】: '수재왕법'에 대해서는 제1장 주 117 및 제9장 주 169 참조.
47 【옮긴이 주】: '수재불왕법'에 대해서는 제9장 주 170 참조.
48 【옮긴이 주】: '수소감림'에 대해서는 제9장 주 171 참조.
49 【옮긴이 주】: '그 밖의 삼장'은 '절도竊盜·강도强盜·좌장坐贓'을 말한다. '절도'에 대해서는 제9장 주 168, '강도'에 대해서는 제9장 주 167, '좌장'에 대해서는 제9장 172 참조.
50 【옮긴이 주】: 『역주율소-각칙(상)-』「호혼17」(제166조)「망인도무매공사전조妄認盜賈公私田條」에서는 "무릇 공·사전을 망인妄認하였거나 또는 도무매盜賈賣한 경우, 1무畝 이하였다면 태50에 처하고, 5무마다 1등을 가중한다. 장100을 초과한 때에는 10무마다 1등을 가중하며, 죄의 최고형은 도2년이다"(2232쪽)라고 규정하였다. '망인'과 '도무매'에 대해서는 제1장 주 112 참조.
51 【옮긴이 주】: 『역주율소-각칙(상)』「호혼18」(제167조)「재관침탈사전조在官侵奪私田條」에서는 "무릇 관직에 있으면서 사전私田을 침탈한 경우, 1무 이하였다면 장60에 처하고, 3무마다 1등을 가중한다. 장100을 초과하였다면 5무마다 1등을 가중하고, 죄의 최고형은 도2년반이다. 원園과 포圃는 1등을 가중한다"(2234쪽)라고 규정하였다.

치자가 사회·경제의 발전에서 치리治吏의 특수한 작용을 중시하기 시작하였음을 말해 준다.

당률은 당 전기의 경제발전에서 매우 중요한 작용을 하였고, 또 비교적 좋은 효과도 거두었다. 그 당시 경제질서는 양호해서 "1000만千萬 척隻의 큰 배들이 교역을 위해 동틀 무렵부터 종일토록 왕래하였다[弘舸巨艦 千舳萬艘 交易往還昧旦永日]."[52] (이처럼 당 전기는) 사회·경제도 지속적으로 발전하였고, 물가도 안정되었다. 예컨대 당 태종唐太宗[53] 때 "천하에 크게 풍년이 들어 유랑자流浪者는 모두 향리鄕里로 돌아왔고, 쌀 한 말[斗米][54]은 3~4전錢에 불과하였다."[55] 당 고종唐高宗[56] 때도, 사람들은 한 필匹의 세견細絹으로 말[馬] 한 필과 바꿀 수 있었기 때문에, 이것은 "진한秦漢의 성세盛世에도 들어보지 못한 일이었다."[57] 게다가 당 현종唐玄宗[58] 개원開元[59]·천보天寶[60] 연간의 경제발전은 최고봉에 도달하였다. 즉 당시 "경전자耕田者는 더욱 노력해서 사해四海 내의 높은 산과 깊은 골짜기를 막론하고 모두 쟁기[耒耜]가 가득하였다."[61] 국가의 재정수입 상황도 사람들을 만족시켜서 '안사의 난' 이전에 당 현종은 평균 6년마다 한 번씩 그해의 조租·용庸을 감면하기에 이르렀는데, 이것은 중국 역사에서도 드문 일이었다. 경제의 번영은 사회의 번영을 촉진하여 인구·호수戶數는 모두 장족의 증가를 보였다. 호구수를 예로 들면, 전국의 호수는 당 고조唐高祖[62] 때 200여 만이었지만, 당 태종 때는 300만으로 상승하였고, 당 고종 때는 380만으로 증가하였으며, 당 현종 때는 891만 4707명으로 급증하였다. 이로써도 당대唐代는 성세盛世로서 손색이 없었다.

---

52 『당감唐鑒·권3』.
  【옮긴이 주】: 이 문장은 [송宋]범조우范祖禹 저著, 주유민朱有民 등等 역주譯注, 『당감』권3을 포함해서 본서 전체에 없고, 『구당서』권94, 「최융전崔融傳」(2998쪽)에 보인다. 본 전傳에 의하면, 이 문장은 무측천武則天 장안長安 3년(703), 유사有司가 관시關市에 과세課稅하자는 표를 올리자[上表], 최융이 상소上疏를 올려 간諫한 내용에 나온다.
53 【옮긴이 주】: '당 태종'은 당의 제2대 황제(재위 626~649)이다.
54 【옮긴이 주】: '두미斗米'는 '미두米斗'의 오기이다(주 55 참조).
55 『구당서·권94』.
  【옮긴이 주】: 이 문장은 『구당서』권94에 없고, [송宋]사마광司馬光 편저編著, 『자치통감資治通鑑』권193, 「당기唐紀9·태종太宗 상지중上之中」, 「정관貞觀 4년(630) 12월 갑인甲寅」(1297쪽)에 보인다.
56 【옮긴이 주】: '당 고종'은 당의 제3대 황제(재위 649~683)이다.
57 『장열지문집張說之文集·권12』.
58 【옮긴이 주】: '당 현종'은 당의 제6대 황제(재위 712~756)이다.
59 【옮긴이 주】: '개원'은 당의 제6대 황제 현종의 두 번째 연호(713~741)이다.
60 【옮긴이 주】: '천보'는 당의 제6대 황제 현종의 세 번째 연호(742~756)이다.
61 『원차정집元次正集·권7』.
  【옮긴이 주】: 『원차정집』은 『원차산집元次山集』의 오기誤記로 보인다. 『원차산집』은 원결元結(723~772)의 시문집으로서, 그가 찬撰撰한 『협중집篋中集』과 함께 오늘날까지 전해지고 있다.
62 【옮긴이 주】: '당 고조'는 당의 초대 황제(재위 618~626)이다.

당률은 당 전기의 통치자가 봉건적 경제를 발전시키는 일종의 강력한 수단으로서 확실히 적극적인 작용을 하였다. 그러나 당률의 관련 규정은 지나치게 분산되어 12편목^{篇目}[63] 가운데 7편에 모두 내용이 있기 때문에 파악하기가 쉽지 않다. 이외에 당률은 당 전기의 산물이었기 때문에 오직 당 전기의 경제 상황에만 적용되었을 뿐이다. 후기가 되면, 사회 상황에도 비교적 큰 변화가 발생하여 격칙^{格敕}으로 율^{律}을 보충·대체·파괴하는 정황이 보편적으로 존재함으로써 당률의 작용도 빛을 잃고 말았다.

---

63 【옮긴이 주】: '12편목'에 대해서는 제1장 주 103 참조.

제13장
당률의 실시

 당률의 내용은 특별히 문제될 만한 것이 없지만, 그 실시상황은 어떠하였을까? 본장에서는 다음과 같이 두 가지 방면에서 살펴보고자 한다.

제1절 이격단옥以格斷獄

 당격唐格은 당 황제 제칙制敕의 집성集成이었고, 사법관이 판결할 때 준거準據이기도 하였다. 당 고조唐高祖[1]가 선양禪讓을 받아 '『53조격五十三條格』'을 반행頒行한[2] 후 당대의 수격修格 활동은 계속되어 『정관격貞觀格』·『수공격垂拱格』·『개원격開元格』 등이 차례로 찬정撰定되었다.

 『신당서·형법지』에서는 격格을 위반한 경우, 당률규정에 의한 제재, 즉 "오로지 율로써 단옥한다[斷於[3]律]"[4]라고 기술하였다. 그러나 사실은 모두 그렇지는 않았다. 실제 사법司法에서 의격단옥依格斷獄, 즉 격에 의해 단옥하는 상황은 한 번도 중단된 적이 없었다. 이것은 격 자체의 조건과 직접적인 관계가 있었다. 영令·식式과 달리, 몇몇 격조格條는 죄명과 법정형法定刑의 두 부분으로 구성되었기 때문에 완전히 단독으로 적용할 수 있었다. 예컨대『신룡산반형부격神龍散頒刑部格』에는

---

1 【옮긴이 주】: '당 고조'는 당의 초대 황제(재위 618~626)이다.
2 『구당서·형법지』.
   【옮긴이 주】:『구당서』권50, 「형법지」(2134쪽).
3 【옮긴이 주】: '어於'는 '이以'의 오기이다(주 4 참조).
4 【옮긴이 주】:『신당서』권56,「형법지」에서는 "당唐의 형서刑書에는 네 종류가 있다. 율·영·격·식이 그것이다. 영은 존비·귀천의 등급을 정한 것이고 국가의 제도를 규정한 것이다[令者 尊卑貴賤之等數 國家之制度也]. 격은 백관·유사가 항상 시행해야 하는 사무를 규정한 것이며[格者 百官有司之所常行之事也], 식은 (백관·유사가) 항상 준수해야 하는 규정이다[式者 其所常守之法也]. 무릇 국가의 정치는[邦國之政] 반드시 이 세 가지에 따라 집행되어야 한다. 이 세 가지를 위반하였거나 사람이 악행을 범하여 문죄하는 경우에는 오로지 율로써 단옥한다[一斷以律]"(1407쪽)라고 하였다. 이 규정에서 알 수 있듯이, 율로써 단옥하는 것은 위격違格 행위만이 아니고 위령違令·위식違式 행위에도 적용되었다.

이러한 규정이 있다. "유외관[流外行署⁵]·주현州縣의 잡임雜任이 감주監主의 지위에서 1필匹 이상의 장죄贓罪를 범한 때에는 먼저 결장決杖60에 처한다. 만滿 5필 이상이었다면 먼저 결장100에 처하고, 아울러 배군한다[配入軍]."⁶ 이 격조는 완정된 형법 법조法條였기 때문에 근본적으로 재차 당률에 의해 과단科斷할 필요가 없었다. 이외에 다른 격에도 유사한 상황이 있었다. 즉 『개원호부격開元戶部格』에는 이러한 규정이 있다. "그 효행孝行과 절의節義가 있는 사람으로서 만약 그중에 명성과 실제에 괴리乖離가 있는데도 격문格文에 의거하지 않은 경우에는 사안[事]에 따라 바로잡아야 한다[舉正]. 만약 용은容隱하고 말하지 않았거나 다시 조사하여 사실을 놓쳤는데도, 망령되이 신청한 자가 있었다면, 이정里正·촌정村正·방정坊正 및 함께 조사한 사람[同檢]人 등은 각각 결장決杖60에 처한다."⁷ 격의 이러한 유리한 조건은 사법관에게 이격단옥以格斷獄, 즉 격으로 단옥하는 데 편의를 제공하였다.

현존하는 당격唐格의 잔권문殘卷文으로 볼 때, 이것은 당률을 보충하는 작용을 하였는데, 요약하면 이하 세 가지 방면에 구현되어 있다.

먼저, 당격은 당률이 규정하지 않은 죄명을 규정하였다. 당의 통치자는 자신의 필요에 따라 격에 정률定律에 없는 죄명을 설정하여 이로써 율의 부족한 부분을 보충하였다. 예컨대 「신룡산반형부격神龍散頒刑部格」에서는 '관사노비견유죄官私奴婢訹誘罪'(관·사노비를 꾀어낸 죄)를 규정하여, 무릇 이 죄의 구성요건이 된 자에 대해서는 "먼저 결장決杖100을 집행하고", 재차 "법에 의해 처벌하[依法與罪]"⁸였는데, 즉 당률 가운데 「적도율」의 "노비奴婢를 약취略取·화유和誘한" 행위에 대한 처벌에 따랐다. 당률에는 이 죄가 없었다. 예컨대 『당률소의·적도』「약화유노비조略和誘奴婢條」에서는 오직 노비의 '약취'와 '화유'라는 두 가지 행위만 모두 범죄 행위로서 처벌받아야 한다고 규정하였다. 즉 본 조에서는 "(타인의) 노비를 약취略取한 자는 강도죄로 논한다[以強盜論]. 화유和誘한 자는 절도죄로 논한다[以竊盜論]. 각각[雖⁹] 죄의 최고형은 유流3000리이다"¹⁰라고 규정하였지만, 본 조는 '견유訹誘'에 대해서는 언급하지 않았다. 이상과 같이 「형부격刑部格」에서 언급한 '관 사노비견유죄官私奴婢訹誘罪'는 당률의 '노비약취·화유죄奴婢略取和誘罪'와 달리 신설新設한 죄명에 속하였다.

---

5 【옮긴이 주】: 행서行署는 관청을 가리키는 '행정공서行政公署'의 약칭略稱이기도 하지만, 유외관流外官을 통칭通稱하기도 한다. 이 경우에는 후자를 가리킨다.
6 유준문劉俊文, 『돈황·투루판 당대 법제문서 고석[敦煌吐魯番唐代法制文書考釋]』, 중화서국中華書局, 1989년 판年版, 247쪽.
7 유준문劉俊文, 위의 책[同上書], 277쪽.
8 유준문劉俊文, 위의 책[同上書], 249쪽.
9 【옮긴이 주】: '수雖'는 '각各'의 오기이다(주 10 참조).
10 【옮긴이 주】: 『역주율소 - 각칙(상) - 』「적도46」(제293조)「약화유노비조」, 2483쪽.

다음으로, 당격은 당률이 규정하지 않은 형벌을 규정하였다. 당의 통치자는 또 당률이 규정한 범위를 뛰어넘어 격에 새로운 형종刑種을 사용하였다. 당률은, 형벌은 주로 태笞·장杖·도徒·유流·사死의 오형五刑이고, 또 일반적 상황에서는 일죄일형一罪一刑, 즉 하나의 형벌에 한 가지 형벌을 적용한다고 명확히 규정하였다. 그러나 격格은 그렇지 않았다. 상술한 「형부격刑部格」의 한 조문[一條] 규정에서는 '배군[配軍]'이라는 형벌이 출현하였다. 유형流刑은 배군할[入軍] 필요가 없었기 때문에 배군은 유형이 아니었고, 오히려 어떤 점에서는 이후의 충군充軍과 유사하였다. 또 본 조에서는 "먼저 결장決杖에 처하고", 재차 "배군한다[配入軍]"라고 규정하여, 일죄양형一罪兩刑, 즉 하나의 죄에 두 가지 형벌을 적용하는 것으로 바뀌었다. 격이 규정한 이러한 형벌은 당률에서 규정한 오형五刑과 간극이 매우 컸기 때문에 사실 혁신적인 것이었다고 할 수 있다.

　마지막으로, 당격은 수벌受罰의 범위를 확대하였다. 일부 죄명은 당격과 당률에 모두 있었지만, 처벌은 같지 않았고, 전자에 규정된 수벌의 범위가 후자보다 컸다. 예컨대 「신룡산반형부격神龍散頒刑部格」에서는 무릇 "사사로이 주전한[私鑄錢]" 경우, 본인은 처벌받았을[受罰] 뿐 아니라 "그 가家의 민民·자재資財도 몰수하고", "인보隣保도 도徒1년에 처하며", "이정里正·방정坊正도 각각 결장決杖100에 처한다"[11]라고 규정하였다. 당률에도 사주전私鑄錢에 관한 내용이 있다. 예컨대 『당률소의·잡률』「사주전조私鑄錢條」에서는 사사로이 주전한[私鑄錢] 자는 "유流3000리에 처한다"[12]라고 규정하였다. 다만 본 조에서는 그 밖의 사람에 대한 처벌은 언급하지 않았다. 그러나 당격唐格의 규정은 연좌連坐가 인보隣保의 사람·이정里正·방정坊正에까지 미쳤기 때문에 처벌받는[受罰] 인수人數가 당률의 규정을 크게 초과하였다. (이처럼) 당격은 당률의 결함을 보충하여 자연히 당 통치자와 사법관의 편애를 받았기 때문에 부단히 찬수撰修되어 계속 사용될 수 있었다.

　당격唐格은 율律을 보충하였을 뿐 아니라 율을 타파하기도 하였다. 예컨대 「신룡산반형부격」에서는 "관문서용官文書用의 인印을 위조하였거나 행용行用한 경우"·"관문서용의 인을 도용盜用하였거나 망실된 인[亡印]을 행용한 경우"와 "전대前代의 관문서용 인印을 위조 또는 행용하여 이로써 관직을 획득하였거나, 타인에게 허위[假] 관직을 주었거나, 청탁하여 허위[假] (관직을) 수수한[受] 경우", 이 세 가지 행위를 범한 자는 모두 "먼저 결장決杖100에 처한" 연후에 유배하고, 또 "사면령이 적용되는 범위[會赦之限]에 있지 않다"[13]라고 규정하였다. 이 규정은 당률의 그것과 같지 않다. 당률도 「사위율」에서 이 세 가지 행위에 대해 규정하였는데, 용형用刑의 차이는 '유流2000리'와

11　유준문劉俊文, 위의 책[同上], 249쪽.
12　【옮긴이 주】:『역주율소 - 각칙(하) - 』「잡률3」(제391조)「사주전조」, 3203쪽.
13　유준문劉俊文, 위의 책[同上], 247쪽.

'도徒2년'[14]이었고, 게다가 "사면령이 적용되는 범위[會赦之限]에 있지 않다"라는 규정이 없었다. 당격과 당률규정이 일치하지 않은 상황에서 사법관은 격에 의해 처단하였다. 왜냐하면 격의 법률적 지위가 율보다 높았기 때문이다. 이것은 당률에 이미 선례先例가 있다. 예컨대『당률소의·명례』「피차구율지장조彼此俱律之贓條」「소의」[15]에서는 명확하게 "주전鑄錢에 대해서는 현재 별도의 격[別格]이 있으므로 격에 따라서 단옥한다[從格斷]. 그 밖의 조문[餘條]에 별도의 격이 현재 행용되고 있어서 율을 타파해야 하는 때에는 모두 이것에 준한다[準此]"[16]라고 규정하였다. 이 규정은 사법관이 이격파율以格破律, 즉 격으로 율을 타파하거나 이격단옥以格斷獄, 즉 격으로 단옥하는 것이 모두 합법적이었음을 말해주는데, 그 전제는 오직 격의 지위가 율보다 높았다는 것이다.

당격으로 율을 보충·타파한 것은 당 통치자의 요구를 충족시키기 위한 것이었다. 왜냐하면 당격은 당률보다 더욱 융통성이 있어서 임기응변할 수 있었기 때문인데, 이것이 바로 당률의 부족한 부분이었다. 그러나 이 또한 사법에 혼란을 초래해서 법제를 파괴하기 쉬웠다. 당 통치자도 아마 이 점에 주의하였기 때문인지 끊임없이 격을 수정하였지만 아무런 소용이 없었고, 후기에 이르러 (망국의) 액운을 피할 수 없었다.

제2절 당 전·후기 당률의 실시 개황概況

'안사의 난'[17]을 경계로 그 이전이 당 전기, 그 이후가 당 후기이다.『신·구당서』「형법지」의 기록은 이미 기본적으로 이 두 시기 당률의 실시 개황을 반영하고 있다. 따라서 본 고에서는 그것들을 근거로 이 문제에 대해 상세히 서술한다.

---

14 【옮긴이 주】:『역주율소 - 각칙(하) - 』「사위2」(제363조)「위사관문서인조僞寫官文書印條」에서는 "무릇 관문서용의 인印을 위사僞寫한 자는 유2000리에 처한다. 그 밖의 인印은 도1년에 처한다. 만약 전대前代의 관문서와 인印을 위사하여 탐하는 것이 있어서 봉용封用한 자는 도2년에 처한다"(3153~3154쪽)라고 규정하였고,『역주율소 - 각칙(하) - 』「사위9」(제370조)「사가관가여인관조詐假官假與人官印條」에서도 "무릇 관직을 사가詐假하였거나 거짓으로 타인에게 주었거나 받은 자는 유2000리에 처한다. 그리고 법률상 관원이 되어서는 안 되는데 속이고 관직을 구하여 획득한 자는 도2년에 처한다"(3170쪽)라고 규정하였다. 이처럼 당률에서는 관문서용 인印을 위사한 경우(유2000 리), 전대前代의 관문서와 인을 위사하여 봉용封用한 경우(도2년), 관직을 사가하였거나 허위 관직을 타인에게 주었거나 받은 경우(유2000리), 처벌은 유2000리와 도2년이었다. 본문에서 용형用刑의 차이를 '유2000리'와 '도2년'이라고 한 것은 이것을 가리킨다.
15 【옮긴이 주】: '「소의」'는 '「답」'의 오기이다(주 16 참조).
16 【옮긴이 주】:『역주율소 - 명례편 - 』「명례32」(제32조)「피차구율지장조」「답」, 247쪽.
17 【옮긴이 주】: '안사의 난'이 일어난 기간은 755년에서 763년까지 8년간이다.

1. 당 전기 당률의 실시상황

당 전기, 특정 시기(예컨대 무측천武則天 집정執政 때의 한 시기)를 제외한 당률의 실시상황은 비교적 양호하였는데, 구체적으로 이하의 여러 방면에 반영되었다.

첫째, 당률의 찬수撰修 상황이 정상이었다. 당 고조唐高祖[18] 때『무덕률武德律』이 반행頒行된 이후, 당률의 찬수 활동은 계속되어『정관률貞觀律』・『영휘율永徽律』・『영휘율소永徽律疏』・『개원률開元律』・『개원율소開元律疏』등이 차례로 간행되었다.『정관률』이후 개정은 매우 적었지만, 당률은 부단한 찬수를 거쳐 각 시기의 수요에 적합하도록 갱신되었다. 이처럼 당률이 시종일관 사용되었던 것은 어떤 측면에서는 사용 과정에서 문제가 발견되었기 때문에 부단히 개선되어 더욱 좋게 작용했음을 말해 준다. 만약 (당률을) 폐기하고 사용하지 않았다면 찬수할 필요가 없었을 것이다.

둘째, 당률에 의해 단옥斷獄하였다. 당 전기, 당률의 실시상황이 비교적 좋았다는 것은 달리 표현하면 사법관이 당률에 의해 단옥할 수 있었다는 것이다. 예컨대 정관貞觀[19] 때는 "담당 관리[曹司]가 단옥하는 경우, 대부분 율문律文에 의거하였고, 비록 정리情理 면에서 긍휼히 여겨야 할 점이 있어도 감히 위법違法하고자 하지 않았다. 율문대로 정죄定罪한 것은 간혹 원옥寃獄이 발생할까 두려워하였기 때문이다"[20]라고 하는 상황이었다. 그때 당 태종唐太宗은 "관대・인의[寬仁]로 천하를 다스렸고, 형법에서 특히 신중을 기하였다."[21] 당 고종唐高宗[22] 때도 당률로 과형科刑하는데 주의하였다. 즉 고종은 "(즉위하자) 정관의 선례先例에 따라 휼형恤刑에 힘썼다"[23]라고 하듯이, 태종의 법을 계승하였다. 당 현종唐玄宗[24] 재위 전기, 당률의 집행상황도 사람들을 만족시켜서 "개원開元[25] 시기

---

18 【옮긴이 주】: '당 고조'는 당의 초대 황제(재위 618~626)이다.
19 【옮긴이 주】: '정관'은 당의 제2대 황제 태종(재위 626~649)의 연호(627~649)이다.
20 【옮긴이 주】:『구당서』권50,「형법지」(2140쪽). 본「형법지」에 의하면, 이 문장의 모두冒頭에는 "그 뒤 (태종은) 시신侍臣에게 (다음과 같이) 말하였다"라고 하였기 때문에 이 문장은 태종의 말임을 알 수 있다. 그리고 태종이 시신에게 한 말은 [송宋]사마광司馬光 편저編著,『자치통감資治通鑑』권193,「당기唐紀9・태종太宗 상지중上之中」「정관 5년(631) 12월」(1298쪽)에 약기略記되어 있다.
21 【옮긴이 주】:『신당서』권56,「형법지」에서는 "태종은 뛰어난 무력으로 천하를 평정하였지만, 그 천성은 인서仁恕하였다. 즉위 초에 위형威刑으로 천하를 숙정肅正할 것을 권하는 자가 있었지만, 위징魏徵은 그것을 불가하다고 여겼고, 이로 인해 상언上言하여 '왕자王者의 정치가 인은仁恩을 근본으로 하는 것은 백성[民]을 사랑하고 풍속을 돈후敦厚하게 하는 것을 의도한 것입니다'라고 하였다. 태종은 흔쾌히 이 의견을 받아들여 마침내 관대・인의로 천하를 다스렸고, 형법에서 특히 신중을 기하였다"(1412쪽)라고 하였다.
22 【옮긴이 주】: '당 고종'은 당의 제3대 황제(재위 649~683)이다.
23 【옮긴이 주】:『구당서』권50,「형법지」에서는 "고종은 즉위하자 정관의 선례에 따라 휼형에 힘썼다. (고종은) 어느 날 대리경大理卿 당임唐臨에게 감옥에 갇힌 죄수의 수를 물었다. 당임은 '현재 죄수는 50여 명이고, 오직 2명만이 사형에 해당합니다'라고 대답하였다. 고종[帝]은 죄수의 수가 매우 적었기 때문에 안색에 흡족함을 띠었다"(2140쪽)라고 하였다.
24 【옮긴이 주】: '당 현종'은 당의 제6대 황제(재위 712~756)이다.

에 형정刑政과 상벌賞罰은 천자[宸極]에 의해 결정되어 40여 년간²⁶은 태평성세였다고 할 수 있다."²⁷ (이에) 율을 위반하고 혹형[峻刑]을 적용한 자에 대해 당 현종은 가차 없이 엄징하였다.²⁸ 즉 "사건을 맡은 자는 혹형으로 위엄을 세워 그 일족一族을 모두 주살해서 천하에 위령威令을 행하고자 노력하였다."²⁹ 한편, 여기서 주의할 것은 당시 위율違律 상황, 즉 율을 위반한 상황이 출현한 경우 즉시 보완조치가 있었다는 점이다.³⁰ 예컨대 대리경大理卿 유덕위劉德威³¹는 당 태종에게 "율의 규정[律]³² 에서는, (법관이) 죄를 과실로 가중한[失入] 경우에는 (고의로 가중한 죄에서) 3등을 감경하고, 과실로 감경한[失出] 경우에는 5등을 감경합니다. (그런데) 현실에서는 과실로 가중하였지만, 죄가 되지 않고, 과실로 감경한 경우에는 대죄大罪로 처벌됩니다. 따라서 (담당) 관리는 모두 법을 엄격히 적용하는 것입니다"³³라고 대답하였다. 당 태종은 이 말을 듣고는 즉시 조치를 취해서 "마침내 명命하여 죄를 과실로 감경·가중한[失出入]시 자는 모두 율의 규정대로 하게 하였다[如律]. 이로부터 관리들은 또한 공평한 재판을 하게 되었다[持平]."³⁴ 당 태종은 본인이 율을 적용할 때 착오를 일으

---

25 【옮긴이 주】: '개원'은 당의 제6대 황제 현종의 두 번째 연호(713~741)이다.
26 【옮긴이 주】: '40여 년간'은 현종의 치세인 개원(713~741)과 천보(742~756) 시기를 합쳐서 말한 것이다.
27 【옮긴이 주】: 『구당서』권50, 「형법지」(2151쪽).
28 【옮긴이 주】: 이 문장은 『신·구당서』「형법지」에 그 근거를 찾을 수 없다. 그런데 원서에는 그 근거로서 『구당서』권50, 「형법지」의 "사건을 맡은 자는 혹형으로 위엄을 세워 그 일족을 모두 주살해서 천하에 위령을 행하고자 노력하였다"(2151쪽)라는 문장을 제시하고 있다. 그렇다면 저자는 이 문장을 "사건을 맡은 자가 혹형으로 위엄을 세우고자 한 경우", "그 일족을 모두 주살해서 천하에 위령을 행하고자 노력하였다"로 잘못 이해한 것이 아닌가 생각된다. 그러나 이 문장은 내용 면에서도 맞지 않고, 시기 면에서도 '안사의 난' 이후의 상황이기 때문에(주 29 참조), 이것을 근거로 "율을 위반하고 혹형을 적용한 자에 대해 당 현종은 가차 없이 엄징하였다"라고 주장하는 것은 문제가 있다.
29 【옮긴이 주】: 『구당서』권50, 「형법지」(2151쪽)에 의하면, 이 문장은 안사의 난 이후 조정의 권위를 회복하기 위해 사법관 측에서 엄형정책을 실시하려는 움직임이 있었음을 말해 준다.
30 【옮긴이 주】: "당시 율을 위반한 상황이 출현한 경우 즉시 보완조치가 있었다는 점이다"라고 한 표현 가운데 '율을 위반한 상황'이란 바로 위에서 말한 "율을 위반하고 혹형을 적용한 자에 대해 당 현종은 가차 없이 엄징하였다"에서 '율을 위반하였다'는 것에 전제를 두고 있지만, 이 자체가 근거가 없기 때문에 전제 자체가 잘못되었다. 그러나 저자가 말하였듯이, 위율違律에 대한 보완조치가 당 태종 때부터 있었던 것은 사실이다.
31 【옮긴이 주】: '유덕위'의 생몰 연대는 581~652년이다.
32 【옮긴이 주】: 유덕위가 말한 '율의 규정'은 『역주율소 - 각칙(하) - 』「단옥19」(제487조)「관사출입인죄조官司出入人罪條」에서 "만약 단죄斷罪가 과실로 가중한[失入] 때에는 각각 3등을 감경하고, 과실로 감경한[失出] 때에는 각각 5등을 감경한다"(3358쪽)라고 하는 규정을 말한다. 관인에 의한 실출입失出入, 즉 죄를 과실로 감경·가중한 경우와 그 처벌에 대해서는 『역주율소 - 각칙(하) - 』「단옥19」(제487조)「관사출입인죄조官司出入人罪條」·「소의」(3353~3361쪽) 및 제1장 주 124 참조.
33 【옮긴이 주】: 『신당서』권56, 「형법지」(1412쪽). 유덕위가 태종에게 한 이 말의 배경과 여러 관련 문제에 대해서는 제10장 주 60 참조.

킨 후에도 스스로 자각해서 보충방법을 채용하였다. 예컨대 정관 5년(631년), 대리승大理丞 장온고張蘊古[35]가 옥중獄中의 이호덕李好德에게 "아첨하여 (그의 죄를) 사면해야 한다[阿縱[36]]"라고 하였기 때문에, "태종은 노하여 즉시 장온고를 참형에 처하였지만 얼마 후에 크게 후회하였고", 이에 조서를 내려 "사형의 경우에는 비록 즉시 집행하라고 명령하였더라도 모두 삼복주 하라[太宗怒遂[37]斬蘊古 旣而大悔 因詔死刑雖令卽決 皆三覆奏]"[38]라고 하였다. 이로써 잘못된 판안判案은 피할 수 있었다.

셋째, 원옥冤獄을 평반平反[39]하였다. 무측천武則天[40] 집정執政 때는 한동안 당 전기 당률의 집행상황이 비교적 다른 시기였다. 그녀는 혹리酷吏 주흥周興[41]·내준신來俊臣[42] 등을 등용해서 혹형酷刑을 남용하였고, 위율違律, 즉 율을 위반하고 단옥斷獄해서 무고자無辜者를 고살故殺하였다. 그 당시 "주흥·내준신 등은 서로 계속해서 제서制書를 받들어 큰 옥사[大獄]에 대해 심리審理를 맡았다. 이에 도성都城[43] 여경문麗景門[44] 내內에 특별히 추사사원推事使院[45]을 설치하였다. 당시 사람들은 이것을 '새로 개설한 옥[新開獄]'이라고 하였다." 내준신은 또 시어사侍御史 후사지侯思止[46]·왕홍의王弘義[47] 등과 함께 "사람

---

34 【옮긴이 주】: 『신당서』 권56, 「형법지」(1412쪽).
35 【옮긴이 주】: '장온고'의 생몰 연대는 ?~631년이다.
36 【옮긴이 주】: '아종阿縱'은 『구당서』 권50, 「형법지」(2139쪽)에 보이고(제11장 주 118 참조), 『신당서』 권56, 「형법지」에는 없다.
37 【옮긴이 주】: '수遂'는 '거遽'의 오기이다(주 38 참조).
38 【옮긴이 주】: 『신당서』 권56, 「형법지」에서는 "(정관) 5년, 하내河內 사람 이호덕이 요망妖妄한 말로 좌죄坐罪되어 하옥되었다. 대리승 장온고는 '이호덕은 미친병[狂瞽]에 걸려있기 때문에 법률상 처벌해서는 안 됩니다'라고 하였다. 치서시어사治書侍御史 권만기權萬紀가 탄핵하여 '장온고는 상주相州 사람이고, 이호덕의 형 이후덕李厚德은 지금 상주자사相州刺史입니다. 따라서 장온고의 상주上奏는 진실되지 않습니다'라고 하였다. 태종은 노하여 즉시 장온고를 참형에 처하였지만 얼마 후에 크게 후회하였다. 이로 인해 조서를 내려 '사형의 경우에는 비록 즉시 집행하라고 명령하였더라도 모두 삼복주하라'라고 했다"(1409쪽)라고 하였다. 『구당서』 권50, 「형법지」와 『정관정요』 「형법 제31」에 있는 관련 사항은 제11장 주 118 참조. 참고로 '삼복주'를 포함한 당대 율령에 규정된 '복주'의 회수·대상·절차 등에 대해서는 제1장 주 178 참조.
39 【옮긴이 주】: '평반平反'에서, '평平'은 경중輕重의 중간을 취하는 것이고, '반反'은 원래의 판결[舊案]을 번복하는 것이다. '평반'은 원옥冤獄을 다시 신문訊問하여 공평公平히 하는 것을 말한다(히가시가와 도쿠지東川德治, 『중국법제대사전中國法制大辭典』[동경東京: 요원료원燎原, 1979], 927쪽).
40 【옮긴이 주】: '무측천'은 당의 제3대 황제 고종(재위 649~683)의 황후이자 주周(일반적으로 무주武周라고 한다)의 초대 황제(재위 690~705)이다.
41 【옮긴이 주】: '주흥'의 생몰 연대는 ?~691년이다.
42 【옮긴이 주】: '내준신'의 생몰 연대는 651~697년이다.
43 【옮긴이 주】: '도성'은 '낙양성洛陽城'을 말한다.
44 【옮긴이 주】: '여경문'은 낙양성 서쪽에 있는 두 개의 문 가운데 하나로, 남쪽에 있는 것을 여경문, 북쪽에 있는 것을 선요문宣耀門이라고 불렀다.
45 【옮긴이 주】: '추사사원'이 『구당서』 권186상上, 「혹리전상酷吏傳上·내준신전」(4838쪽)에는 '추사원推事院'으로 되어 있다. 추사推事는 범죄사실을 추감推勘하는 것이다.

의 죄상罪狀을 고발[告]하는 일을 전담하는 자 수백 인을 초집招集해서 공동으로 죄상을 날조하여[羅織] 선량한 사람을 죄에 빠트렸다. (이에) 전후 죄가 없는 데도 살해된 자는 모두 셀 수 없었다."[48] 이와 같았을 뿐 아니라 그들은 또 위율違律, 즉 율을 위반하고 혹형으로 자백을 강요하였다. 즉 "내준신은 죄수를 국문鞫問할 때마다 (죄의) 경중輕重을 불문하고 대부분 식초[醋]를 코에 주입하였고[灌鼻]"[49], 그 참혹함은 차마 볼 수가 없었기 때문에 "그 해악이 미치는[致][50] 바는 옛날부터 아직 없었다"[51]라고 인식될 정도였다. 그러나 정직한 대신大臣들의 간쟁으로 무측천도 결국 깨달은 바가 있었고, 게다가 원죄冤罪를 받은 자의 억울한 누명도 벗겨 주었다. 예컨대 "당시 사형소경司刑少卿 서유공徐有功[52]은 항상 혹리의 상주上奏를 논박하여 매일 조정에서 그 시비[得失]를 다투어 억울하거나 부당한 죄[冤濫]를 벗겨 주었다. 이 때문에 목숨을 부지扶持한 자는 모두 셀 수 없을 정도였고", "내준신·왕홍의 등이 주륙되자, 형사재판[刑獄]은 상당히 감소되었다. 전후前後로 재상宰相이 된 왕급선王及善[53]·요원숭姚元崇[54]·주경칙朱敬則[55] 등은 모두 '수공垂拱[56] 이래 본인이 사죄死罪에 처해져서 집[家]이 파산된 자는 모두 부당한 죄[枉濫]를 받은 것입니다'라고 하였다. 무측천도 자못 깨달은 바가 있었"기 때문에, 이에 제서制書를 내려[57] "내준신·구신적丘神勣[58] 등에게 추국推鞫을 받은 자로서, 본인은 사형에 처해지고, 가족·재산이 적몰籍沒된 자를 조사하게 하고, 삼사三司에 거듭 조사하

---

46 【옮긴이 주】: '후사지'의 생몰 연대는 ?~693년이다.
47 【옮긴이 주】: '왕홍의'의 생몰 연대는 ?~694년이다.
48 【옮긴이 주】: 이상 『구당서』 권50, 「형법지」(2144쪽). 본 「형법지」에서는 이어서 "또 『고밀나직경告密羅織經』 1권을 지었다. 그 취지는 모두 죄상을 날조해서 제거할 자[前人]를 법망에 걸리게 해서 반역反逆의 죄상을 꾸미는 데 있었다"(2144쪽)라고 하였다.
49 【옮긴이 주】: 『구당서』 권50, 「형법지」(2144쪽). 본 「형법지」에는 이어서 내준신이 죄수를 국문할 때 사용한 잔혹한 행위들이 열거되어 있다.
50 【옮긴이 주】: '치致'는 '피被'의 오기이다(주 51 참조).
51 【옮긴이 주】: 『신당서』 권56, 「형법지」(1415쪽). 『신당서』 「형법지」에 의하면, 이 말은 주흥·내준신 등이 주살된 직후 무측천도 연로하였고, 또 적인걸狄仁傑·요숭姚崇 등이 수공垂拱(주 56 참조) 이후 형벌의 잔혹한 난맥상을 논변論辯하였기 때문에 무측천은 재차 주살을 행하지 않았지만, 주흥·내준신 등이 행한 그 해악은 선례가 없었을 정도로 컸음을 말한 것이다.
52 【옮긴이 주】: '서유공'의 생몰 연대는 640~702년이다.
53 【옮긴이 주】: '왕급선'의 생몰 연대는 618~699년이다.
54 【옮긴이 주】: '요원숭', 즉 '요숭'의 생몰 연대는 651~721년이다.
55 【옮긴이 주】: '주경칙'의 생몰 연대는 635~709년이다.
56 【옮긴이 주】: '수공'은 당의 제5대 황제 예종睿宗(재위 684~690. 복위 710~712)의 세 번째 연호(685~688)이다.
57 【옮긴이 주】: 『구당서』 권50, 「형법지」(2148~2149쪽)에 의하면, 왕급선·요원숭·주경칙 등이 수공 이래 부당한 죄가 남발하였다는 지적에 따른 무측천의 각성과 무측천이 제서制書를 내린 시점 사이에는 감찰어사監察御史 위정魏靖이 상언上言한 내용이 있다.
58 【옮긴이 주】: '구신적'의 생몰 연대는 ?~691년이다.

게 하였다[推勘]. 그 결과 억울하거나 부당한 죄를 받은 자는 모두 그 죄를 벗겨 주었다."⁵⁹ 동일한 시기에 원옥冤獄이 발생한 때에는 또 평반平反을 통해 재발을 방지함으로써 법률의 존엄성을 회복할 수 있었다. 이것도 법률의 집행[執法] 상황이 비교적 양호한 하나의 징표徵標라고 할 수 있다.

넷째, 치안 상황이 비교적 좋았다. 당률은 하나의 형법전刑法典으로서, 그 실시는 사회 치안과 직접적인 관계가 있었다. 당률의 집행이 양호한 경우에는 그에 따라 치안 상황도 비교적 양호하였고, 그 반대인 경우에는 비교적 나빴다. 따라서 당 전기의 치안 상황은 이러한 측면에서 당률의 실시상황을 반영하였다고 할 수 있다. 전반적으로 당 전기의 치안 상황은 양호하였다. 예컨대 당 태종唐太宗 때는 "관대한 형법[寬典]이 시행되었어도 법을 범하는 자는 점차 감소하였다."⁶⁰ 정관貞觀 4년(630년), "천하에 사죄死罪로 판결된 자는 29인이었다"⁶¹라고 한 것은 사실 기적이었다. 당 현종唐玄宗은 즉위 후, 정사政事에 정진精進하여 "20여 년간은 잘 다스려진 태평성세[治平]로 칭해졌다.⁶² 의식은 풍족하여 민民은 법을 범하는 일이 거의 없었다. 이 해⁶³ 형부刑部⁶⁴가 처리한 단옥斷獄 가운데 천하에서 사죄死罪가 된 자는 58인에 불과하였다. 예전부터 대리시大理寺의 옥사獄舍에는 참새[鳥雀]도 살지 않는다[不棲]고 전해지고 있었지만, 이에 이르러 까치[鵲]가 그 뜰에 심은 나무[庭樹]에 집[巢]을 짓게 되었다. 이에 군신群臣은 (천자에게) 경하慶賀하여 거의 형을 사용하지 않은 상태[刑錯]가 되었다고 하였"⁶⁵을 정도로 확실히 태평성세였다. 이러한 사실들은 모두 당률이 당 전기에 양호하게 실시되었기 때문에 구축된 것이었다.

당률이 당 전기에 비교적 양호하게 실시된 것은 당시 황제가 법제의 건설에 치중한 것과 밀접한 관계가 있었다. 예컨대 당고조唐高祖는 "많은 인재[群才]에게 명해서 법률[科律]을 개정[修定]하게 하였"는데, "번잡함과 간략함을 참작해서 시의時宜에 적합한 것을 취하였고, 서로 어긋난 것[差遺]을 교정하였으며, 힘써 요점을 취하는 데 뜻을 두었고",⁶⁶ 게다가 특히 율에 의한 사법[依律司法]을 강조하였다. 그는 『무덕률武德律』을 반행하였을 때 조서詔書를 내려 "(이것에 의해) 관리들은 간이[簡

---

59 【옮긴이 주】: 이상 『구당서』50, 「형법지」(2148~2149쪽).
60 【옮긴이 주】: 『구당서』권50, 「형법지」(2140쪽). 「형법지」에 의하면, 이 기사는 정관貞觀 14년(640) 이후의 상황이다.
61 【옮긴이 주】: 『신당서』권56, 「형법지」(1412쪽).
62 【옮긴이 주】: 『구당서』권50, 「형법지」에서는 "개원開元 시기에 형정刑政과 상벌賞罰은 천자[宸極]에 의해 결정되어 40여 년간은 태평성세였다고 할 수 있다"(2151쪽)라고 하여, '20여 년간'이 '40여 년간'으로 되어 있다.
63 【옮긴이 주】: '이 해'는 『구당서』권50 「형법지」(2150쪽)에 의하면, '개원開元 25년(737)'으로 되어 있다.
64 【옮긴이 주】: '형부'는 '상서형부尙書刑部'를 말한다.
65 【옮긴이 주】: 『신당서』권56, 「형법지」(1415쪽).
66 【옮긴이 주】: 『구당서』권50, 「형법지」(2135쪽).

易・엄정嚴正에 뜻을 두고, 방대한 재판서류[懸石之多]를 취급하지 않아도 되며, 주언奏讞도 공평・타당하게 행해지고, 송곳의 끝만큼 미세한 것까지도 다투어 문제시하지 않게 될 것이다"67라고 하였다. 당 태종唐太宗도 당률의 제정을 매우 중시해서 전문적인 수율부修律部를 조직하였고, 11년의 기간을 들인 후에 비로소 완성하였다. 본 율의 내용은 비교적 완비되었기 때문에 "방현령房玄齡68 등이 율・영・격・식을 경정更定한 이래 태종의 치세가 끝날 때까지 그것을 사용하여 개변改變하는 일이 없었다."69 동시에 그는 당률의 실시를 중시해서 "경사京師에 현재 구금되어 있는 죄수에 대해 형부刑部70는 매월 한 번 상주上奏하고",71 "경사에서 사형을 집행하는[莅72] 때에는 어사御史・금오金吾가 현장에 입회하고, 지방의 주州・현縣에서는 주・현의 상사上司가, 나머지는 모두 판관判官이 입회한다"73라고 제도를 정하였다. 당고종唐高宗 때, 『영휘율永徽律』 및 『율소律疏』가 반행되었고,74 "이로부터 단옥斷獄하는 자者는 모두 소疏를 인용해서 분석分析하였다."75 무측천武則天이 찬위篡位한 후, 입법 작업도 전례前例에 따라 진행되어, "그 율령은 오직 24조條를 개정하였을 뿐이었고, 또 불편한 것이 있어도 대체로 구율舊律에 따랐다."76 당현종唐玄宗 즉위 후, 『개원율소開元律疏』를 반행하였을 뿐 아니라 사법관司法官의 선임選任도 매우 중시하였다. 현종은 "항상 친히 태수太守・현령縣令을 선임해서 이것을 교화・훈계[告戒]하였다. 훌륭한 관리[良吏]가 주・현에 배치되어 민民은 안락한 생활을 할 수 있었다."77 훌륭한 관리의 임용을 통해 당률에 내재하는 법률의 정상적 실시를 보증하였던 것이다. 이들 황제가 법제를 중시한 것은 당률을 비교적 양호하게 실시할 수 있었던 중요한 원인이었다.

2. 당 후기 당률의 실시상황

'안사의 난' 이후, 당률의 실시상황은 갈수록 악화되어 이전과 자못 달랐다.

---

67 【옮긴이 주】: 『구당서』권50, 「형법지」(2135쪽).
68 【옮긴이 주】: '방현령'의 생몰 연대는 579~648년이다.
69 【옮긴이 주】: 『신당서』권56, 「형법지」(1413쪽).
70 【옮긴이 주】: '형부'는 '상서형부尙書刑部'를 말한다.
71 【옮긴이 주】: 『구당서』권50, 「형법지」(3138쪽).
72 【옮긴이 주】: '이莅'는 '이涖'의 오기이다(주 73 참조).
73 【옮긴이 주】: 『신당서』권56, 「형법지」(1410쪽).
74 【옮긴이 주】: 『구당서』권50, 「형법지」(2141쪽)에 의하면, 『영휘율소』의 주진奏進은 영휘 4년(653) 10월이고, 이어서 천하에 반행한 것으로 되어 있다.
75 【옮긴이 주】: 『구당서』권50, 「형법지」(2141쪽).
76 【옮긴이 주】: 『신당서』권56, 「형법지」(2143쪽).
77 【옮긴이 주】: 『신당서』권56, 「형법지」(1415쪽).

첫째, 당률의 찬수撰修가 정지되었다. 당 후기 당률의 찬수작업은 재차 시행되지 않았고, 이것을 대체한 것은 대량으로 격格·칙敕과 형통刑統을 제정하는 활동이었다. 예컨대 헌종憲宗[78] 때는 "천보天寶[79] 이후의 칙敕을 산정刪定해서 『개원격후칙開元格後敕』으로 하였다."[80] 문종文宗[81] 때도 "상서성尙書省 낭관郎官에게 명하여 각각 본사本司[82] 에 하달된 칙을 산정하게 하였고", 이것을 "『대화격후칙大和格後敕』"이라고 명명하였으며, 개성開成[83] 3년(838년)에 문종은 또 "개원開元 26년[84] 이후부터 개성開成 연간에 이르기까지의 제칙制敕 가운데 그 번잡한 것을 산정하고"는 명칭을 『개성상정격開成詳定格』으로 정하였다.[85] 선종宣宗[86] 때도 "형률刑律을 기초로 분류해서 부문部門을 나누고, 이것에 격·칙格敕을 부재附載하였는데" 이것이 "『대중형률통류大中刑律統類』"[87]이다. 당 후기의 입법 활동은 이미 당률과 관련이 없었다. 이것은 당률의 작용에 대해 이미 당 전기와 달리 통치자가 중시하지 않았고, 더욱이 사법관이 단옥할 때 주된 근거도 아니었다는 것을 말해 준다. 동시에, 당 전기에는 주된 단옥의 근거가 아니었거나 기존에 없었던 법률 형식인 격格·칙敕과 형통刑統 등이 오히려 크게 행용行用되었고, 당시 통치자의 대대적인 환영을 받아 반복 수정修訂을 거쳐 누차 반행되었다.

둘째, 당률에 의하지 않고 용형用刑하는 상황이 자주 출현하였다. 당률에 따라 실시하게 되면 반드시 당률의 규정에 의해 정죄용형定罪用刑해야 한다. (그런데) 당 후기에는 당률에 의하지 않고 용형하는 상황을 빈번하게 볼 수 있다. 예컨대 숙종憲宗[88] 때, 달해지達奚贄[89]·이유부李有孚[90] 등 20인이

---

78 【옮긴이 주】: '헌종'은 당의 제11대 황제(재위 805~820)이다.
79 【옮긴이 주】: '천보'는 당의 제6대 황제 현종의 세 번째 연호(742~756)이다.
80 【옮긴이 주】: 『신당서』권56, 「형법지」(1413쪽)에 의하면, 『개원격후칙』은 형부시랑刑部侍郞 허맹용許孟容 등이 산정한 것으로 되어 있다.
81 【옮긴이 주】: '문종'은 당의 제14대 황제(재위 827~840)이다.
82 【옮긴이 주】: '본사'에 대해 우치다 토모內田智雄 편編, 「역주 신당서형법지譯註 新唐書刑法志」(『역주 속중국 역대형법지譯註 續中國歷代刑法志』)(275쪽)에서는 '상서尙書 육부六部'로 번역하고 있다.
83 【옮긴이 주】: '개성'은 당의 제14대 황제 문종의 두 번째 연호(836~840)이다.
84 【옮긴이 주】: '개원'은 당의 제6대 황제 현종의 두 번째 연호(713~741)이고, 26년은 738년이다.
85 【옮긴이 주】: 이상 『신당서』권56, 「형법지」(1413~1414쪽).
86 【옮긴이 주】: '선종'은 당의 제16대 황제(재위 846~859)이다.
87 【옮긴이 주】: 이상 『신당서』권56, 「형법지」(1414쪽). 『신당서』「형법지」에 의하면, 『대중형률통류』를 제정한 사람은 좌위솔부창조참군左衛率府倉曹參軍 장규張戣로 되어 있다. 『구당서』권50, 「형법지」에서는 "(대중大中) 7년(853) 5월, 좌위솔부창조참군 장규가 『대중형법통류大中刑法統類』12권을 주진奏進하였다. (이에) 형부刑部에 칙敕을 내려 상정詳定하게 하고, 주진·시행하였다"(2156쪽)라고 하여, 장규가 주진한 것은 『대중형법통류』이고, 주진한 시기는 대중 7년으로 되어 있다. 『구당서』권18하下, 「선종기宣宗紀」「대중 7년 5월」(631쪽)·[송宋]왕부王溥 찬撰, 『당회요唐會要』권39, 「정격령定格令」(705쪽)에는 '『형법통류』(1250조條·121문門)'로 되어 있고, [북송北宋]왕흠약王欽若 등等 편編, 『책부원구冊府元龜』권613, 「형법부刑法部」「정율령定律令 제5」(7357쪽)에는 '『대중통류大中統類』(62권)'로 되어 있다.

"경조부京兆府 문 앞에서 중장重杖을 집행해서 사형死刑에 처해졌고[決重杖死]", 그 외에 "달해순達奚 珣91·위긍韋恆92은 요참腰斬되기에 이르렀다."93 덕종德宗94 때, 모반謀反·모대역謀大逆·모반謀叛·악역 惡逆, 이 네 가지 이외에 "그 나머지 죄로서 참형斬刑·교형絞刑에 처해야 하는 자는 결중장일돈처사 決重杖一頓處死에 처하고, 이로써 극법95을 대체하였다[代極法]."96 이상의 '장형杖刑+사형死刑'은 당률 이 규정한 형벌이 아니었다. 당률에 규정된 사형은 2등급, 즉 교형과 참형으로 나뉘었고, '장형+ 사형'은 포함되지 않았다. 따라서 '장형+사형'은 율 이외의 형벌에 속하였다. 이 형벌은 교형과 참형에 비해 더욱 잔혹하여 당률의 휼형恤刑 원칙에도 부합되지 않았다. (그러나) 헌종憲宗 때는 일 종의 다른 상황으로서, 그는 "형벌을 적용할 때 관대하고 인의한[寬仁] 방침을 좋아하였다."97 예 컨대 당시98 "양경兩京·관내關內·하동河東·하북河北·회남淮南·산남동도山南東道·산남서도山南西道의 사죄死罪 가운데 십악十惡·살인·주전鑄錢·(관문서용) 인의 주조造印 등의 죄를 범한 경우, 또는 강 도가 무기를 소지所持하고 경조부京兆府 내에서 겁략劫掠한 경우 및 그밖에 절도로 장물贓物이 3필匹 이상인 경우에는 종전대로 (사형으로) 논죄한다. 그 나머지 사죄는 모두 천덕군天德軍의 오성五城99 에 배류配流한다. 그 아버지[父]·할아버지[祖]나 자손으로서 (죄인을) 따르고자 하는 자가 있다면 금지하지 않는다"100라고 하였다. 이것도 당률과 확실히 다른 규정이었다. 그러나 헌종은 사죄死

....

88 【옮긴이 주】: '숙종'은 당의 제7대 황제(재위 756~762)이다.
89 【옮긴이 주】: '달해지'의 생몰 연대는 미상이다.
90 【옮긴이 주】: '이유부'의 생몰 연대는 미상이다.
91 【옮긴이 주】: '달해순'의 생몰 연대는 ?~757년이다.
92 【옮긴이 주】: '위긍'의 생몰 연대는 미상이다.
93 【옮긴이 주】: 『구당서』권50, 「형법지」(2152쪽).
94 【옮긴이 주】: '덕종'은 당의 제9대 황제(재위 779~805)이다.
95 【옮긴이 주】: '극법'은 극형極刑, 즉 참형·교형을 가리킨다.
96 【옮긴이 주】: 『신당서』권56, 「형법지」에 의하면, 이 문장은 형부시랑刑部侍郎 반굉班宏의 말이다. 전체 문장 은 다음과 같다. "형부시랑 반굉이 다음과 같이 상언上言하였다. '모반謀反·모대역謀大逆·모반謀叛·악역 惡逆, 이 네 가지는 십악十惡 중에서도 대죄大罪입니다. 이것을 범한 자는 율律의 규정대로 처벌해야 하지 만, 그 나머지 죄로서 참형·교형에 처해야 하는 자는 결중장일돈처사決重杖一頓處死에 처하고, 이로써 극법極法을 대체해야 합니다'"(1417쪽). 이처럼 반굉의 말은 덕종德宗에게 십악 가운데 악역 이상의 대죄는 종래 법대로 집행하고 나머지는 '결중장일돈처사', 즉 '장형杖刑+사형死刑'이라는 새로운 형벌을 시행할 것을 주장한 것이다. 따라서 마지막 문구는 "대체해야 합니다"로 해야 하지만, 이후 반굉이 제기한 처벌방 식이 시행되었기 때문에 여기서는 편의상 "대체하였다"로 옮겼다. 참고로 이 문장은 [송宋]두의竇儀 등等 찬撰, 오익여吳翊如 점교點校, 『송형통宋刑統』권1, 「명례률名例律」「오형문五刑門」「사형이조死刑二條」「당唐 건중建 中 3년(782) 8월 27일 칙절문敕節文」(5쪽)에도 보인다.
97 【옮긴이 주】: 『신당서』권56, 「형법지」(1417쪽).
98 【옮긴이 주】: '당시'가 원문에는 "원화元和 8년(813) 조서를 내려"(주 100 참조)로 되어 있다.
99 【옮긴이 주】: '천덕군 오성'에 대해서는 제10장 주 92 참조.

罪를 범한 사람을 대량 면사免死하였지만, 그 결과 "민民은 (군주의) 은덕을 이해하지 못하고 단지 다행이라고 여길 뿐이었다." 따라서 (그것은) 실제 "민民의 금제禁制를 느슨하게 하고 그들의 간사함을 유발하는 것으로서, 마치 물을 쌓아서 그 제방을 터뜨리는 것과 같은 것이었다."[101] (이처럼) 용형用刑에서 편중된 상황은 당 후기에 이미 드문 일이 아니었다.

셋째, 남형濫刑이 진기珍奇하지 않았다. 당 후기에는 또 누차 큰 옥사[大獄]가 있었기 때문에 남형하는 상황은 진기하지 않았다. 예컨대 숙종肅宗은 "이때 형명刑名으로 다스리는 것을 좋아하였[喜刑名]"[102]기 때문에 그가 집정執政하였을 때, "(조정에서는) 누차 큰 옥사[大獄]가 발생하였다."[103] 문종文宗도 정치에 뜻을 두었지만, "대신大臣들을 주살하였고, 그 일족一族을 모두 살해하기에[夷滅] 이르렀으며, 그것에 연루된 자[濫及者]는 모두 셀 수 없을 정도로 많았다."[104] 무종武宗[105]이 집정하였을 때도 "군대를 사용하는 대형大刑이 행해졌고, 품성이 엄혹하였다[嚴刻]."[106] 남형濫刑으로 인해 피해를 본 사람 중에는 무고無辜로 처벌된 경우도 있었고, 경죄를 범한 자[輕罪者]가 중죄를 받은 경우도 있었다. 예컨대 숙종肅宗 때 "하남윤河南尹 달해순達奚珣[107] 등 39인은 그 죄가 엄중해서 사형에 처해졌다[與衆共棄]."[108] (즉) 달해순 등 11인은 장안성長安城의 자성子城[109] 서쪽에서 주살되었고"[110],

---

100 【옮긴이 주】: 『신당서』권56,「형법지」(1417쪽)에 의하면, 이 조서는 원화元和 8년(813), 헌종憲宗이 치국治國에는 "반드시 덕화德化를 먼저 해야 한다"라는 관점에서 내려진 것으로 되어 있다.
101 【옮긴이 주】: 이상 『신당서』권56,「형법지」(1417쪽).
102 【옮긴이 주】: '희형명喜刑名'이 『신당서』권56,「형법지」에는 '방희형명方喜刑名'으로 되어 있고(주 103 참조), 『구당서』권50,「형법지」(2151쪽)에는 '방용형명方用刑名'으로 되어 있다.
103 【옮긴이 주】: 『신당서』권56,「형법지」(1416쪽). 『구당서』권50,「형법지」에서는 숙종 때의 상황을 논하면서 "6~7년 동안에 큰 옥사[大獄]가 계속 이어졌다"(2152쪽)라고 하였다.
104 【옮긴이 주】: 『신당서』권56,「형법지」에서는 "문종은 정치에 뜻을 두어 몸소 자신을 삼가고 두려워하였다. 그러나 환관들이 전횡하였지만, 그것을 제어할 수 없었기 때문에 대신들을 주살하였고, 그 일족을 모두 살해하기에 이르렀으며, 그것에 연루된 자는 모두 셀 수 없을 정도로 많았다. (문종은) 심중으로는 그들의 원죄冤罪를 알고 있었고, 그 때문에 회한悔恨을 품고 눈물을 흘렸지만, 그것을 구제·저지할 수 없었다. 대개 인자仁者는 (세상의) 혼란을 제어하고, 약자弱者는 그것을 방기한다. 그러므로 강직한 자는 불인不仁하지 않고, 유약한 자는 인仁의 적賊이다"(1418쪽)라고 하였다. 이것은 문종 때 발생한 '감로의 변[甘露之變]'에 의해 대신大臣 이하 많은 사람이 처형된 것을 가리킨다. 문종 태화太和 9년(835) 11월, 재상 이훈李訓 등이 환관의 횡포를 일소하고자 궁원宮苑의 석류石榴나무에 밤중에 감로가 내렸다고 속여 환관을 그곳에 모이게 해서 일거에 살해하고자 하였지만, 그 계획이 실패하여 이훈을 위시해서 이 일에 동조한 자는 모두 기시棄市·요참腰斬·효수梟首 등의 형벌에 처해졌고, 그 일족은 모두 사형에 처해졌으며, 사형이 면제된 처첩와 여식女息들도 관비官婢로 몰입沒入되었다.
105 【옮긴이 주】: '무종'은 당의 제15대 황제(재위 840~846)이다.
106 【옮긴이 주】: 『신당서』권56,「형법」(1418쪽).
107 【옮긴이 주】: '체珊'는 '순珣'의 오기이다(주 110 참조).
108 【옮긴이 주】: '여중공기與衆共棄'는 "무리와 함께 버린다"라는 의미이다. 이것은 『예기정의禮記正義』(『십삼

"진희열陳希烈[111] 등 옥중에서 자진自盡의 처벌을 받은 자가 7인이었으며, 나머지 결중장사決重杖死에 처해진 자는 21인이었다."[112] 문종文宗은 남살濫殺 이후 "심중으로는 그들의 원죄冤罪를 알고 있었고, 그 때문에 회한悔恨을 품고 눈물을 흘렸지만, 그것을 구제·저지할 수 없었다."[113] 이상은 단지 사례를 들어 증명하였을 뿐이지만, 실제 당 후기 남형濫刑 상황은 이미 드물지 않았고, 결코 숙종·문종 때만 있었던 것은 아니었다.

당률이 당 후기의 실시상황에서 전기와 같지 않았던 원인은 여러 방면이 있었다. 당시 사회는 불안정하여 "전란이 계속 발생하였기 때문에 국가는 일이 많게 되었다[多故]."[114] 사회 상황도 크게 변해서 당 전기에 제정된 당률은 시행하기에 역부족이었기 때문에 일부 범죄는 율에 규정도 없었고, 용형用刑도 지나치게 감경되었으며, 게다가 수율修律도 쉽지 않았다. 이에 제칙制敕과 격格 등 비교적 융통성이 있는 법률 형식이 그 틈새를 비집고 들어가서 중요한 지위를 차지함으로써 당률은 자연히 부차적인 지위로 밀렸다. 이외에 이것은 당시 통치자들과도 매우 밀접한 관계가 있었다. 당 후기의 황제들은 대망大望이 없었던 것이 아니지만 법제法制를 건설하는데 진력할 수 없었다. 당시 "군주는 망연자실茫然自失하였을 뿐, 재차 태종太宗과 같은 대망을 가진 자는 없었다. 그중에는 치세를 실현하고자 생각하는 군주도 있었지만, 국가의 대법大法을 생각할 수 없었고, 게다가 성격에도 관인寬仁한 면과 가혹한 면이 있어서, 무릇 개혁한 것은 모두 임시구차臨時苟且하고 무겁거나 가벼워서 단지 법률을 번쇄繁瑣하게 하였을 뿐이었다."[115] 이러한 상황에서 당률의 실시는 자연히 전기와 같이 이상적일 수 없었다.

사법司法은 당률로써 준칙을 삼을 수 없었기 때문에 당률의 지위는 하락하였고, 그 결과 필연적으로 당률을 공문화空文化하여 "고조高祖·태종太宗의 법은 겨우 명맥만 유지하였을 뿐이었다."[116]

경주소 상』)권11, 「왕제王制 제5」에서 "사람에게 벼슬 줄 것을 조정에서 논의할 때에는 사에게 함께 참여하게 하고[與士共之], 사람을 저자에서 처형할 때에는 무리와 함께 그를 버린다[與衆棄之]"(1327쪽)라는 문장에 근거하는데, 사형은 만인의 동의를 거쳐 시행된다는 것을 강조한 것이다. 그러나 여기서는 단순히 사형을 집행한다는 의미로 사용되었다.

109 【옮긴이 주】: 당시 도성都城이나 부府·주州의 치소治所가 있는 현縣 등에는 성벽이 이중으로 설치되어, 외측의 성벽을 나성羅城, 내측의 그것을 자성子城이라 불렀다. 자성 내에는, 도성에서는 황궁皇宮이나 관아官衙가 설치되었고, 부·주가 설치된 현에서는 각각 관아가 있었다(우치다 토모內田知雄 편編, 「역주 구당서형법지譯注 舊唐書刑法志」『역주 속중국역대형법지譯註 續中國歷代刑法志』, 221쪽, 주⑧).

110 【옮긴이 주】:『구당서』권50, 「형법지」(2151쪽).
111 【옮긴이 주】: '진희열'의 생몰 연대는 ?~758년이다.
112 【옮긴이 주】:『신당서』권56, 「형법지」(1416쪽).
113 【옮긴이 주】: 주 104 참조.
114 【옮긴이 주】:『신당서』권56, 「형법지」(1419쪽).
115 【옮긴이 주】:『신당서』권56, 「형법지」(1419쪽).

동시에 제칙과 격의 대량 출현은 그것들 간 및 그것들과 당률 간에 내용 면에서 충돌을 일으켜서 일죄다벌一罪多罰하게 함으로써 결국 모든 법제의 붕괴를 초래하였다.

당 전·후기 당률의 다른 실시상황을 통해 사법의 중요성을 알 수 있는데, 바로 한유韓愈[117]가 상서上書에서 "무릇 율律은 성인聖人의 가르침에 기초한 것이지만, 이것을 집행하는 것은 관리[有司]이다"[118]라고 한 바와 같았다. 당률이 더할 나위 없이 좋기는 하지만, 만약 실시되지 않으면 일을 성사시킬 수 없을 뿐 아니라 반대로 일을 망칠 수도 있다. 당 후기의 법제 상황이 바로 이것을 실증하고 있다.

또 일부 당률의 실시와 관련된 문제들, 예컨대 당률과 제칙·'상청上請'·'불응위不應為'·의례과형依禮科刑 등에 대해서는 본서의 다른 장章에서 상술詳述하였기 때문에 여기서는 재차 부연하지 않는다.

---

116 【옮긴이 주】: 『신당서』 권56, 「형법지」(1419쪽).
117 【옮긴이 주】: '한유'의 생몰 연대는 768~824년이다.
118 【옮긴이 주】: 『구당서』 권50, 「형법지」(2154쪽).

제14장
당률의 당 이후 변혁

당률의 내용은 당 이후 각 왕조에서 계속해서 대량 사용되었지만, 변혁이 없었던 것도 아니었다. 본 장章에서는 『송형통宋刑統』・『대명률大明律』・『대청율례大淸律例』를 비교 대상으로 해서 당률의 주요 변혁 및 그 원인에 대해 탐색하고자 한다.

제1절 체제體制의 변혁

『송형통』・『대명률』・『대청율례』는 모두 체제방면에서 각각 변혁이 있었다.

1. 권卷・조條의 변혁

권・조는 중국고대 법전 가운데 하나의 구성 부분으로서, 권수卷數・조수條數의 다소多少는 어떤 측면에서 법전 내용의 번잡함・간단함[繁簡]을 반영한다. 일반적으로 그것들이 많으면 번잡하기 쉽고, 적으면 간단하다. 당률은 당 태종唐太宗[1] 정관貞觀[2] 연간에 정본定本이 제정되었을 때 500조, 12권이었다. 예컨대 『구당서・형법지』에서는 "방현령房玄齡[3] 등은 마침내 법관[法司]들과 율 500조를 제정하고 12권으로 나누었다"[4]라고 기술하였다. 이러한 권수・조수는 이전의 율보다 크게 감소되었기 때문에 『구당서・형법지』에서는 무릇 번쇄煩瑣한 법을 삭제하고 폐해가 많은 법을 제거한 것이 "모두 기록할 수 없을 정도이다"[5]라고 하였다. 당 고종唐高宗[6] 영휘永徽[7] 3년(652년), 장손무기長

---

1 【옮긴이 주】: '당 태종'은 당의 제2대 황제(재위 626~649)이다.
2 【옮긴이 주】: '정관'은 당의 제2대 황제 태종의 연호(627~649)이다.
3 【옮긴이 주】: '방현령'의 생몰 연대는 579~648년이다.
4 【옮긴이 주】: 『구당서』권50, 「형법지」(2136쪽). 본 「형법지」에서는 이어서 "정관貞觀 11년(637) 정월, (율령을 천하에) 반행頒行하였다"라고 하였다.
5 【옮긴이 주】: 『구당서』권50, 「형법지」에서는 "무릇 번쇄한 법을 삭제하고, 폐해가 많은 법을 제거하며, 중형

孫無忌[8] 등에게 조서詔書하여 율소律疏를 편찬하게 하였는데,『당률소의』는 30권이었고, 조수는 구율舊律과 동일하였다.[9] 즉『구당서·형법지』에서는 장손무기 등이 "함께 율소를 찬정撰定하여 30권을 완성하였다"[10]라고 하였다.

『송형통宋刑統』은 502조, 30권이다. 예컨대『송사·형법지』[11]에서는 송 태조宋太祖[12]가 두의竇儀[13] 등에게 조서詔書를 내려 "새로 제정한[新定]『형통刑統』30권과 아울러 천하에 반행하게 하였다"[14]라고 기술하였다.『송형통』502조는 당률의「직제율」과「투송률」가운데 각각 한 개 조[一條]를 두 개 조[二條]로 나눈 것이었고, 이 502조는 현존하는『당률소의唐律疏議』와 일치하였다.『송형통』의 권卷·조條의 안배에서 당률과의 주된 차이는 일부 권卷 중의 조목수條目數를 변동시킨 점이었다. 조수條數가 변동된 것은 다섯 권으로서, 총수總數의 6분의 1을 차지하였다. 변동 상황은 세 가지였다. 첫째, 당률의 앞 권[上卷] 중의 조목을 다음 권[下卷]으로 옮겼다. 즉 "당률 권1은 총 7조였지만, 형통은 (당률 권1의) 마지막 조를 제2권에 이입移入하였다."[15] 둘째, 당률의 아래 권[下卷] 중의

을 경형으로 변경한 것이 모두 기록할 수 없을 정도이다"(2138쪽)라고 하였다.
6 【옮긴이 주】: '당 고종'은 당의 제3대 황제(재위 649~683)이다.
7 【옮긴이 주】: '영휘'는 당의 제3대 황제 고종의 첫 번째 연호(650~655)이다.
8 【옮긴이 주】: '장손무기'의 생몰 연대는 594~659년이다.
9 【옮긴이 주】: "조수는 구율舊律과 동일하였다"라는 것은 『정관률』500조를 가리킨다.
10 【옮긴이 주】:『구당서』권50,「형법지」(2141쪽)에 있는『율소律疏』의 제정과 반포·시행 과정을 보면, 고종 영휘 3년(652)에 「소의疏議」의 제작 조서가 내려졌고, 이에 태위太尉 장손무기·사공司空 이적李勣 등 7인이 『율소』 30권을 찬정撰定하였으며, 4년 10월에 상주上奏와 동시에 천하에 반포·시행하였다.
11 【옮긴이 주】: '『송사·형법지』'는 '『송사』권199,「형법1」'이다.
12 【옮긴이 주】: '송 태조'는 북송의 초대 황제(재위 960~976)이다.
13 【옮긴이 주】: '두의'의 생몰 연대는 914~966년이다.
14 【옮긴이 주】:『송사』권199,「형법1」에서는 "(송 태조는) 건륭建隆 초(960), 판대리시判大理寺 두의竇儀 등에게 조서를 내려『편칙編敕』4권, 총 106조條를 (제정하여) 헌상獻上하게 하였고, (또) 조서하여 새로 제정한[新定]『형통刑統』30권과 함께 천하에 반행頒行하게 하였는데, 형벌의 경중輕重을 가늠하는 것이 비교적 상세하였기 때문에 세인世人들은 (형벌이) 공평·타당해졌다고 칭송하였다"(박영철,「역주 송사형법지譯註宋史刑法志」[『중국사연구』19, 중국사학회, 2002], 352쪽)라고 하였다. [청淸]서송徐松 집輯,『송회요집고宋會要輯稿』제164책冊,「형법刑法1지1[一之一]」「격령格令」(6462쪽)에 의하면, 태조가 두의 등에게 후주後周의『형통』에 대한 개정 명령을 내린 시기는 건륭 4년(963) 2월 5일이고, 완성·주상奏上된 시기는 8월 2일로 되어 있다. 한편, [송宋]이도李燾 찬撰,『속자치통감장편續資治通鑑長編』권4(99쪽)에서는 (송 태조) 건덕建德 원년(963) 추秋 7월 기묘己卯에 판대리시 두의가『형통』30권·『편칙』4권을 완성하였고, 각판刻板해서 천하에 반행하는 조칙이 내려진 것으로 되어 있다. 여기서 말하는『형통』은 현존하는『송형통』30권이다. 이상에 대해서는 우메하라 카오루梅原郁 편編,「역주송사형법지譯注宋史刑法志」(『중국근세형법지中國近世刑法志 상上』[동경東京: 창문사創文社, 2002]), 44쪽, 주 4 참조.
15 『송형통宋刑統』, 중화서국中華書局, 1984년판본版, 514쪽.
【옮긴이 주】: [송宋]두의竇儀 등等 찬撰, 오익여吳翊如 점교點校,『송형통』「송중상정형통교감기宋重詳定刑統校

조목을 앞 권[上卷]으로 옮겼다. 즉 "당률 권3은 총 10조였지만, 『형통』은 (당률권3의) 앞의 네 조를 앞 권[上卷][16]에 이입하였다."[17] 권9·10에도 유사한 상황이 있다. 셋째, 당률의 동일 권卷 중의 조목을 앞[上]·아래[下] 권으로 이입하여 겸유兼有하게 하였다. 즉 "당률 권2는 총 11조이지만, 『형통』은 (당률권2의) 앞[前] 부분(1조)을 앞[上] 권(권1) 1조로 이입하였고, 뒤[後] 부분(네 조)을 다음[下] 권(권3) 네 조로 이입하였다."[18] 권卷·조條의 위치가 이동한 것은 권 중의 내용에도 변화가 있었음을 말해 주는데, 『송형통』이 확실히 그러하였다. 이하의 문장은 이 문제에 대해 논한 것이다.[19]

『대명률大明律』도 30권이지만, 460조에 불과하기 때문에 당률보다 40조가 적다. 예컨대 『명사·형법지』에서는 『대명률』은 "(율은) 모두 30권이고, 460조이다"[20]라고 하였다. 이와 같을 뿐 아니라 권·조의 분포에서도 『대명률』은 당률과 큰 차이가 있었다. 즉 『대명률』의 「명례율」은 1권·47조이지만, 당률은 5권·57조이다. 『대명률』의 나머지 29권·413조는 6율六律로 분할되어 있지만, 당률의 나머지 25권·443조는 11율로 나뉘었다. 이러한 차이를 통해서도 『대명률』은 체제에서 당률과 명확하게 구별되어 있었음을 알 수 있다.

『대청율례大淸律例』의 권卷·조條 상황은 『대명률』과 유사하였다. 그것은 47권·436조이다. 이 47권은 율목律目·도圖·복제服制·총례總例·비인조례比引條例 등 총 11권 이외에 『대명률』의 몇몇 권의 경우 하나가 둘로 나뉘었다. 예컨대 「명례율」은 『대명률』에서는 한 권이지만, 『대청율례』에서는 두 권이다. 『대청율례』의 조수條數는 『대명률』보다 24조가 적다. 그 가운데 「이율吏律」은 4조가 적고, 「호율戶律」은 16조가 적으며, 「병률兵律」은 4조가 적다.

勘記」(514쪽). 『역주율소 - 명례편 - 』의 목차 가운데 권1을 보면, "권제1, 명례 모두 7조" 다음에 "제1조, 명례1, 태형오笞刑五·제2조, 명례2, 장형오杖刑五·제3조, 명례3, 도형오徒刑五·제4조, 명례4, 유형삼流刑三·제5조, 명례5, 사형이死刑二·제6조, 명례6, 십악十惡·제7조, 명례7, 팔의八議"로 되어 있다. 그러나 『송형통』의 관련 목록을 보면, "제1권 명례율 이문二門 율조律條6 영격칙조令格勅條8 오형五刑·십악十惡, 제2권 명례율 사문四門 율조16 격칙조8 기청조起請條2 팔의八議"로 되어 있다. 이처럼 『당률소의』 권1, 「명례율」은 총 7조(태형오에서 팔의까지)이지만, 『송형통』권1, 명례율은 총 6조이고, 마지막 조문인 '팔의조'가 권2에 규정되어 있다.

16 【옮긴이 주】: '앞 권'은 '권2'를 말한다.
17 위와 같음[同上].
    【옮긴이 주】: [송宋]두의竇儀 등等 찬찬撰, 오익여吳翊如 점교點校, 『송형통』「송중상정형통교감기宋重詳定刑統校勘記」(515쪽).
18 위의 책[同上書], 515쪽.
    【옮긴이 주】: [송宋]두의竇儀 등等 찬찬撰, 오익여吳翊如 점교點校, 『송형통』「송중상정형통교감기宋重詳定刑統校勘記」(514쪽).
19 【옮긴이 주】: 이 문장은 『송형통』 이후의 변화에 대해 논한다는 의미이다.
20 【옮긴이 주】: 전영진, 「명사 형법지 역주 I」(325쪽).

이상 세 법전의 권·조 상황에서 보면, 『송형통』은 당률과 차이가 매우 작았고, 『대명률』과 『대청율례』는 비교적 근접하였지만, 당률과는 상당한 간격이 있었다.

2. 편목구성篇目構成의 변혁

당률의 편목구성은 비교적 간단하여 겨우 12편, 즉 「명례名例」·「위금衛禁」·「직제職制」·「호혼戶婚」·「구고廐庫」·「천흥擅興」·「적도賊盜」·「투송鬪訟」·「사위詐僞」·「잡률雜律」·「포망逋亡」·「단옥斷獄」으로 분류되었다. 예컨대 『구당서·형법지』에서는 방현령房玄齡 등이 법관[法司]들과 『정관률貞觀律』을 찬정撰定하여 12편으로 나누었는데, "첫째 명례, 둘째 위금, 셋째 직제, 넷째 호혼, 다섯째 구고, 여섯째 천흥, 일곱째 적도, 여덟째 투송, 아홉째 사위, 열째 잡률, 열한째 포망, 열두째 단옥이다"[21]라고 하였다. 이후, 당 고종唐高宗 때 찬수한 『영휘율소永徽律疏』, 즉 『당률소의』는 오직 율조律條 다음에 「소의疏議」를 부기附記하여 율의律意를 명확히 하였을 뿐, 그다지 큰 변화는 없었다.

『송형통』의 편목구성은 당률과 차이가 있는데, 주로 이하 세 가지 방면에 반영되어 있다. 우선, 편篇은 문門으로 나뉘어 총 213문이고, 각 문門마다 수조數條의 율조가 포함되어 있다. 예컨대 『옥해玉海·권66』에서는 『송형통』은 "230문門, 율12편篇, 502조條이다"라고 하였다. 문의 구체적인 분포 상황은 「명례율」이 24문, 「위금률」이 40문, 「직제율」이 22문, 「호혼률」이 25문, 「구고율」이 11문, 「천흥률」이 9문, 「적도율」이 24문, 「투송률」이 26문, 「사위율」이 9문, 「잡률」이 26문, 「포망률」이 5문, 「단옥률」이 17문이다. 그 다음으로, 율조律條 다음에 영令·격格·식式·칙조敕條와 기청起請 등 법조法條가 부기附記되어 있다. 『송형통』은 송대형률통류宋代刑律統類의 간칭簡稱이기 때문에 율조 이외에 상술한 법률 형식 가운데 상응하는 조문들도 부기되어 있다. 『옥해·권66』에서는, 『송형통』은 "소疏·영令·격格·식式·칙조敕條가 177조, 기청조起請條가 32조이다"라고 하였다. 그러나 당률은 그렇지 않고 단지 「소의」에 영·격·식의 일부 조문만 인용하여 율조의 내용을 설명하였을 뿐, (율조 다음에 영令·기청起請 등 법조法條를) 달리 부기하여 일종의 종합적 법전 형식으로 바뀐 『송형통』과는 같지 않다. 마지막으로, 당률의 「소疏」와 「의議」는 항상 연결되었고, 단독으로 존재하지 않았다. 그러나 『송형통』은 통상 「소」와 「의」를 구분·배열해서 각각 그 내용을 확실히 기술하였다. 그 가운데 「소」의 내용은 율조문律條文이었고, 「의」의 내용은 해석문이었으며, 후자는 당률의 「소의」에 매우 가까웠다. 예컨대 『송형통·천흥률』 「사유금병기문私有禁兵器」의 「소」에서는 "무릇 금병기禁兵器를 사사로이 소유한[私有] 자는 도徒1년반에 처한다"라고 하였고, 「의」에서는 "'금병기를 사사로이 소유하였다'라는 것은 갑甲·노弩·모矛·삭矟·구장具裝 등을 말하는

---

21 【옮긴이 주】: 『구당서』권50, 「형법지」(2136쪽).

데, 영令22에 의하면, 사가私家에서 소유해서는 안 된다"23라고 하였다. 이것은 '금병기'에 대한 해석이다. 『송형통』의 편목구성이 당률과 차이가 있지만, 전체 구성은 중대한 변화가 없이 여전히 12편이고, 편명篇名과 배열 순서까지도 당률과 동일하였다.

『대명률』의 편목구성은 그 변화가 『송형통』보다 컸다. 그것은 당률 12편목의 구성을 타파하였고, 『원전장元典章』을 모방하여 7편으로 바꾸었으며, 첫 편은 여전히 명례로 하였지만, 그 나머지 6편은 모두 중앙 육부六部 관제官制의 편목에 따라 이吏·호戶·예禮·병兵·형刑·공工으로 나누었다. 따라서 근대학자 심가본沈家本24은 『대명률』을 평설評說하여 "육조六曹로 분류해서 마침내 고율古律의 면목面目을 일변一變시켰다"25라고 하였다. 이외에 『대명률』은 『송형통』의 편篇 아래를 문門으로 나눈 방법도 모방해서 「명례」이외의 나머지 6편에는 모두 약간의 목目을 설치하였고, 또 각 목마다 약간의 율조律條도 포함시켰다. 목의 분포상황은 다음과 같다. 이율吏律에는 직제職制와 공식公式의 2목이, 호율戶律에는 호역戶役·전택田宅·혼인婚姻·창고倉庫·과정課程·전채錢債·시전市廛의 7목이, 예율禮律에는 제사祭祀와 의제儀制의 2목이, 병률兵律에는 궁위宮衛·군정軍政·관률關律·구목廐牧·우역郵驛의 5목이, 형률刑律에는 적도賊盜·인명人命·투구鬪毆·매리罵詈·소송訴訟·수장受贓·사위詐偽·범간犯姦·잡범雜犯·포망捕亡·단옥斷獄의 11목이, 공률工律에는 영조營造와 하방河防의 2목이 있다. 1목은 1권卷이 되었지만, 각 목의 율조律條는 균등하지 않았다. 예컨대 이율吏律의 직제목職制目은 15조이지만, 공식목公式目은 18조이다.

『대청율례』는 『대명률』보다 율조 24조가 적지만, 편목구성은 여전히 『대명률』을 답습·성립하였기 때문에 변화가 매우 미미하였는데, 주된 것은 다음과 같다. 첫째, 율조 다음에 예조例條를 부기附記하였고, 어떤 편목은 수량도 꽤 많아서 율조를 초과하기도 하였다. 예컨대 『대청율례·명례율』의 「오형조五刑條」는, 율조가 겨우 6조였을 뿐이지만, 부례문附例文은 18조로서 율조를 크게 초과하였다. 둘째, 율조에는 「주注」를 첨부하였다. 이러한 「주」의 작용은 당률의 「소의」와 유사하였다. 예컨대 「오형조五刑條」에서는 "속형贖刑에는 납속納贖·수속收贖·속죄贖罪가 있다"라고 규정하였는데, '납속' 다음에는 "율에 의해 집행[決配]할 수 없는 경우에는 율에 따라 납속할 수 있다"라고 하는 「주」를 첨부하였고, '수속' 다음에도 "노老·소[幼]·폐질자[廢疾]·천문생天文生 및 부인婦

---

22 【옮긴이 주】: '영'은 니이다 노보루仁井田陞, 『당령습유唐令拾遺』「군방령軍防令 25조」(380쪽) 참조.
23 【옮긴이 주】: 이상 [송宋]두의竇儀 등等 찬撰, 오익여吳翊如 점교點校, 『송형통』권16, 「천흥률」「사유금병기문」「사유금병기조私有禁兵器條」 및 「의의」(264쪽).
24 【옮긴이 주】: '심가본沈家本'에 대해서는 제2장 주 2 참조.
25 심가본沈家本, 『역대형법고歷代刑法考』, 중화서국中華書局, 1985년판년版, 1129쪽.
 【옮긴이 주】: 심가본沈家本, 『역대형법고歷代刑法考(2)』「율령율령9·홍무경정대명률洪武更定大明律」(1129쪽).

人으로서 절장折杖해야 하는 경우에는 율에 따라 수속한다"라고 하는 「주」를 첨부하였으며, '속죄' 다음에도 "관원官員의 정처正妻 및 조례條例로서 집행하기 어렵거나 부인으로서 힘이 있는 경우에는 율에 속죄할 수 있다"라고 하는 「주」를 첨부하여, 「주」의 설명을 통해 납속·수속·속죄를 구별하였다.

이상 세 법전의 편목구성은, 『송형통』은 변경된 부분이 있었지만 당률과 차이가 크지 않았고, 『대명률』과 『대청율례』는 서로 유사하였지만 모두 당률·『송형통』과 차이가 비교적 컸음을 명확히 제시하고 있다.

법전의 체제는 법전의 외형적인 표현 형식이었을 뿐이지만, 법전의 내용과 밀접하게 관련되어 내용의 윤곽을 직사直射할 수 있다. 『송형통』·『대명률』과 『대청율례』의 당률 체제에 대한 변동 정도는 그것들의 당률 내용에 대한 변동 정도와 일치하였다.

제2절 일반원칙의 변혁

『송형통』·『대명률』과 『대청율례』는 당률과 마찬가지로 모두 일반원칙을 「명례율」에 규정하였지만, 그러한 것도 그 가운데 일부에 대해 개혁하였는데, 주로 이하 네 가지 방면에 반영되었다.

1. 일부 원칙의 취소

『대명률』과 『대청율례』는 당률이 규정한 일부 원칙을 취소하였다. 즉 『당률소의·명례』「황태자비조皇太子妃條」·「관당조官當條」·「제면비도조除免比徒條」 등에 규정된 일부 원칙은 모두 폐지되었다. 그중에는 다른 규정으로 대체된 경우도 있었다. 예컨대 「황태자비조」에 확정된 '상청上請'은 '취자상재取自上裁' 등의 규정으로 대체되었기 때문에 존재할 필요성이 없었다. 또 그것들의 존재가 쉽게 반작용을 일으킨 경우도 있었다. 예컨대 「관당조」에서 규정한 관품官品으로 대체해서 처벌하는 원칙은 치리治吏에 불리하였기 때문에 폐기·사용되지 않았다. 또 시의時宜에 맞지 않은 경우도 있었다. 예컨대 「제면비도조」에서 규정한 제명除名·면관免官을 도형徒刑에 비정比定하는 원칙은 명明·청淸의 상황에 맞지 않았기 때문에 폐지된 법례法例이기도 하였다.

2. 일부 원칙의 합병

『송형통』·『대명률』과 『대청율례』는 당률이 규정한 일부 원칙도 합병하였다. 예컨대 『송형통·명례율』「노유질급부인범죄조老幼疾及婦人犯罪條26」에서는 『당률소의·명례』「노소급질유범조老

小及疾有犯條」[27]와 「범시미노질조犯時未老疾條」[28]의 양조兩條에 규정된 원칙을 하나로 합병하여 노老·소小·질자[疾]로서 죄를 범한 경우에 대한 수속收贖·상청上請·불가형不可刑 등 각종 특수처리 방법 및 이들 방법을 적용하지 않는 부대조건을 규정하였을 뿐 아니라 노老·질자[疾]가 죄를 범하였을 때 연령·조건에 따른 환산[折算] 방법도 규정하였다.[29] 『대명률』과 『대청율례』도 『당률소의·명례』 가운데 「태형오조笞刑五條」·「장형오조杖刑五條」·「도형오조徒刑五條」·「유형삼조流刑三條」「사형이조死刑二條」의 5조를 「오형五刑」이라는 1조條로 합병하였는데, 내용은 기본적으로 같아서 모두 당률 가운데 오형五刑의 형종刑種·형등刑等 등을 규정하였다. 합병을 통해 당률 가운데 비교적 서로 유사한 내용들이 모두 하나로 집중됨으로써 조목의 내용이 분산되는 상황을 피하였고, 또 율을 열람하는 자者가 조사하는 때에도 편리를 제공하였다.

3. 일부 원칙의 개정

당률의 「명례율」 중에 규정된 일부 원칙도 『대명률』·『대청율례』에서는 각각 개정되었다.

먼저, 원률原律의 조명條名은 계속 사용되었지만, 그 가운데 일부 내용이 개정되었다. 즉 『대명률』과 『대청율례』가 「명례율」에 「무관범죄조無官犯罪條」를 설정한 것은 당률과 같았지만, 내용에는 차이가 있었다. 예컨대 『당률소의·명례』 「무관범죄조」에서는 "무릇 관직官職이 없었던 때 범한 죄가 관직이 있었던 때 발각된 경우, 유죄流罪 이하는 속으로 논죄한다[以贖論]. 관품이 낮았던 때 죄를 범하였는데 관품을 옮긴 후에 발각되었거나, 관직이 있었던 때 죄를 범하였는데 관직을 그만둔 후에 발각되었거나, 사건이 발각되어 관직을 그만둔 경우, 유죄 이하의 공죄公罪를 범한 것은 각각 논죄하지 않는다[勿論]. 그 밖의 죄[餘罪]는 율과 같이 논죄한다[論如律]. 그리고 관직이 있었던 때 범한 죄가 관직이 없었던 때 발각되었거나, 음蔭이 있었던 때 범한 죄가 음이 없었던 때 발각되었거나, 음이 없었던 때 범한 죄가 음이 있었던 때 발각된 경우, 모두 관官으로 음하는 법에 따른다[從官蔭之法]"[30]라고 규정하였다. (그러나) 명대明代에는 관으로 음하는 법[官蔭法]을 사용하지 않았기 때문에 『명률[31]·명례율』「무관범죄조無官犯罪條」에서는 관음官蔭에 관한 규정을 삭제하였다. 설윤승薛允升[32]은 이에 대해 평가하였는데, 그는 『대명률』의 「무관범죄조」는 "당률과 대략 같았

---

26 【옮긴이 주】: '조條'는 '문門'의 오기이다(주 29 참조).
27 【옮긴이 주】: 『역주율소 - 명례편 - 』「명례30」(제30조)「노소급질유범조」, 233~241쪽.
28 【옮긴이 주】: 『역주율소 - 명례편 - 』「명례31」(제31조)「범시미노질조」, 242~250쪽.
29 【옮긴이 주】: [송宋]두의竇儀 등等 찬撰, 오익여吳翊如 점교點校, 『송형통』권4, 「명례율」「노유질급부인범죄문」「노소급질유범조老小及疾有犯條」(56~58쪽)·「범시미노질조犯時未老疾條」(58~60쪽).
30 【옮긴이 주】: 『역주율소 - 명례편 - 』「명례16」(제16조)「무관범죄유관사발조無官犯罪有官事發條」, 160~164쪽.
31 【옮긴이 주】: '명률'은 '대명률'을 말한다(이하 동일).

지만, 오직 명대는 결코 음을 사용하는 법[用蔭之法]이 없었기 때문에 율에 규정[文]이 없었다"[33]라고 하였다. 『대청율례』는 『대명률』의 개정을 계승하는데 그치지 않고 더한층 개정하였다. 예컨대 『대청율례·명례율』 「무관범죄조」에서는 "무릇 관직이 없었던 때 범한 죄가 관직이 있었던 때 발각되었다면", 공죄公罪를 범하여 태형·장형 이상에 처해야 하는 경우에는 "율에 의거해서 납속納贖하고", "재임시 범한 죄가 퇴임 후에 발각되었다면", 공죄를 범하여 태형·장형 이하에 처해야 하는 경우에도 "율에 의거해서 형벌을 감경한다"라고 하는 등, 모두 『대명률』과 차이가 있었다. 「이리거관조以理去官條」 등도 이러한 상황에 속하였다.

다음으로, 율조명律條名과 내용에도 모두 변경變更이 있었다. 『대명률』과 『대청율례』는 모두 「명례율」에 「친속상위용은조親屬相爲容隱條」가 설정되어 있는데, 이 조條와 대응하는 것은 당률의 「동거상위은조同居相爲隱條」로서, 조명에 차이가 있었을 뿐 아니라 내용에도 변화가 있었다. 예컨대 『당률소의·명례』 「동거상위은조」에서는 "무릇 동거자同居者 또는 대공大功 이상의 친족[親] 및 외조부모·외손外孫 또는 손부孫婦·남편[夫]의 형제 및 형제의 처妻에게 죄가 있어서 서로를 위해 숨긴[相爲隱] 경우,[34] 부곡部曲·노비가 주인을 위해 숨긴[爲主隱] 경우에는[35] 모두 논죄하지 않고[勿論]", "그러나 소공小功 이하가 서로 숨긴[相隱] 경우에는 일반인[凡人]에서 3등을 감경한다. 만약 모반謀叛 이상[36]을 범한 자는 이 율을 적용하지 않는다[不用此律]"[37]라고 규정하였다. 그러나 『대명률·명례율』 「친속상위용은조」에서는 상용은[相隱]의 범위를 확대하여 "처妻의 부모·사위[女婿]"도 상용은[相隱]할 수 있는 대공大功 내에 포함시켰다. 설윤승薛允升은 이것에 대해 평설評說하였는데, 그는 『대명률』의 규정은 "당률과 대략 같았지만, 오직 처의 부모와 사위[女婿]는 시마복緦麻服인데도 대공大功 이상과 율에서 등급이 같았다. 당률에는 본래 이 층차層次가 없다"[38]라고 하였다. 『대청율례』의 규정은 『대명률』과 같았다. 『대명률』과 『대청율례』의 「입적자위법조立嫡子違法條」·「부역불균조賦役不均條」 등도 이러한 상황에 속하였다.

---

32 【옮긴이 주】: '설윤승'의 생몰 연대는 1820~1901년이다.
33 『당명률합편唐明律合編·명례율』 「무관범죄조無官犯罪條」.
　　【옮긴이 주】: [청淸]설윤승薛允升 찬撰, 회효봉懷效鋒·이명李鳴 점교點校, 『당명률합편唐明律合編』권2, 「명례2」 「무관범죄조無官犯罪條」(30쪽).
34 【옮긴이 주】: 당률에 보이는 '상용은相容隱' 규정의 내용 전반에 대해서는 제1장 주 52 참조.
35 【옮긴이 주】: 당률에 보이는 '부곡·노비가 주인을 위해 숨겨준 행위'에 대해서는 제1장 주 53 참조.
36 【옮긴이 주】: '모반謀叛 이상'은 십악十惡 가운데 모반謀反·모대역謀大逆·모반謀叛의 대죄大罪를 가리킨다.
37 【옮긴이 주】: 『역주율소 - 명례편 - 』「명례46」(제46조)「동거상위은조」, 336~337쪽.
38 『당명률합편唐明律合編·명례율名例律』 「친속상위용은조親屬相爲容隱條」.
　　【옮긴이 주】: [청淸]설윤승薛允升 찬撰, 회효봉懷效鋒·이명李鳴 점교點校, 『당명률합편唐明律合編』권6, 「명례6」 「친속상위용은조」(84쪽).

4. 일부 원칙의 증가

『송형통』・『대명률』과 『대청율례』는 당률의 일부 원칙을 취소・합병・개정하였을 뿐 아니라 일부 새로운 원칙도 증가시켰다. 예컨대 『송형통』은 '「의議」'라는 형식을 통해 원래 당률에 규정되지 않은 내용을 법전法典에 포함시켰다. 이러한 상황은 『송형통・명례율』 중에 드물지 않지만, 여기서는 일례만을 들어 설명하고자 한다. 예컨대 『당률소의・명례』 '칭반좌죄지조稱反坐罪之條'에서는 "무릇 '반좌反坐' 및 '죄지罪之', '좌지坐之'・'여동죄與同罪'라고 규정한 것은 그 죄만을 처벌한다. '왕법죄에 준해서 논한다[準枉法論]'라고 하였거나 '도죄에 준해서 논한다[準盜論]'라고 한 것과 같은[之類] 경우, 죄의 최고형은 유流3000리이고, 다만 그 죄에 준하며[準罪], 모두 제명除名・제면除免・배장倍贓・감주가죄監主加罪・가역류加役流에 처하는 법례에 포함하지 않는다. '왕법죄로 논한다'라고 하였거나 '도죄로 논한다'라고 한 것과 같은[之類] 경우에는 모두 진범과 같다[與眞犯同]"[39]라고 규정하였다. (그런데) 『송형통・명례율』 '잡조문雜條門'에서는 당률의 규정에 근거하였을 뿐 아니라 '「의議」'의 형식으로 새로운 내용도 다음과 같이 규정하였다. "반좌・죄지・좌지・여동죄의 경우, 유죄 이하는 단지 잡범雜犯이기 때문에 제명除名・제면除免・가역加役[40]에 처하는 법례에 포함하지 않는다. 만약 교형絞刑에 이른 경우에는 예例에 의거해서 제명하고", "7품 이상이 범한 죄가 왕법枉法인 경우에는 여전히 감경해서 처벌[減科]해야 한다. 남자[男夫]는 준도죄準盜罪를 범한 경우에는 그대로 음蔭으로 수속收贖해야 하며", "도죄盜罪・투죄鬪罪로 규정한 것은 1등을 감경하되 진범과 같이 처벌한다[處同眞犯]."[41] 오흥吳興 유승간劉承幹[42]도 『송형통』과 당률을 교감校勘한 다음에 이상의 내용은 "당률에는 없다[唐律無]"[43]라고 하였는데, 실제 새로 증설된 규정에 속하였다. 『대명률』과 『대청율례』는 「명례율」 가운데 전문적인 조條를 증가해서 새로운 원칙을 첨가하였다. 즉 두 율에서는 모두 「직관유범조職官有犯條」와 「천문생유범조天文生有犯條」를 신설해서 문직관文職官과 천문생天文生의 범죄에 대하여 새로운 규정을 두어 특수 처리방법을 채용하였는데, 모두 당률에는 없었던 것이다. 「문무관범공죄조文武官犯公罪條」・「문무관범사죄조文武官犯私罪條」・「범죄득누감조犯罪得累減條」 등도 이와 같았다.

---

39 【옮긴이 주】: 『역주율소 - 명례편 - 』 「명례53」 (제53조) 「칭반좌죄지조」, 354~357쪽.
40 【옮긴이 주】: '가역' 다음에 '유流'가 있다(주 41 참조).
41 【옮긴이 주】: [송宋]두의竇儀 등等 찬撰, 오익여吳翊如 점교點校, 『송형통』권6, 「명례율」 「잡조문雜條門」 「칭반좌죄지조稱反坐罪之條」 「의議」(102쪽).
42 【옮긴이 주】: '유승간'의 생몰 연대는 1882~1963년이다.
43 『송형통』, 중화서국中華書局, 1984년판年版, 518쪽.
  【옮긴이 주】: [송宋]두의竇儀 등等 찬撰, 오익여吳翊如 점교點校, 『송형통』 「송중상정형통교감기宋重詳定刑統校勘記」(518쪽).

법전에서 일반원칙에 관한 규정은 매우 중요하였다. 한편으로, 그것은 국정國情의 변화와 입법 지도사상의 직접적인 반영이었기 때문에 그것에 대한 변경은 국가의 형세와 통치계급의 치국정책에도 변화가 수반되었음을 의미하였다. 다른 한편으로, 그것은 법전 내용의 핵심이었기 때문에 그것에 대한 변경은 필연적으로 법전의 내용적인 변화도 초래하였다. 『송형통』·『대명률』과 『대청율례』에서 각각 당률의 일반원칙을 변경한 것은 송·명·청이 당과 상황·국책國策 등이 달랐다는 점을 말해 줄 뿐 아니라 일반원칙도 내용상 각각 다르게 변혁될 수 있다는 점을 예시豫示한 것이라고 할 수 있다.

제3절 죄명罪名의 변혁

　『송형통』·『대명률』·『대청율례』도 당률과 마찬가지로 죄명은 그 가운데 중요한 내용이었다. 그것들은 대량으로 당률이 규정한 죄명을 계승하였을 뿐 아니라 그 가운데 일부에 대하여 변경도 하였다. 변경 상황은 주로 다음과 같은 네 종류가 있다.

1. 죄명의 변경

　이것은 당률이 설정한 일부 죄명을 변경한 것이다. 그것은 주로 두 가지 상황을 포괄하였다. 첫째, 원原 죄명의 내용은 기본적으로 변하지 않고 명칭만 바뀐 경우이고, 둘째, 원 죄명의 명칭은 변하지 않고 내용만 바뀐 경우이다. 예컨대 『송형통』은 「명례율」 '십악十惡' 가운데 당률의 '대불경大不敬' 죄명을 '대불공大不恭'으로 변경하였는데, 그 이유는 피휘避諱 때문이었다. 즉 "송宋은 익조翼祖의 휘諱를 피해 '경敬' 자를 '공恭'으로 변경하였"[44]지만, 내용은 종래와 동일하였다. 또 『송형통』은 '악역惡逆' 죄의 범위를 확대해서 도사道士·여관女冠과 승려[僧]·비구니[尼]가 사주師主를 살해한 행위도 본 죄에 포함시켰다. 예컨대 『송형통·명례율』「잡조雜條」[45]의 「의議」에서는 "사주를 살해한 경우에는 악역惡逆에 포함된다"[46]라고 규정하였는데, 이것은 "당률에는 없다"[47]라고 하듯이, 순전

44　위의 책[同上書], 514쪽.
　【옮긴이 주】: [송宋]두의竇儀 등等 찬撰, 오익여吳翊如 점교點校, 『송형통』「송중상정형통교감기宋重詳定刑統校勘記」(514쪽).
45　【옮긴이 주】: '잡조'는 '잡조문雜條門'의 오기이다(주 46 참조).
46　【옮긴이 주】: [송宋]두의竇儀 등等 찬撰, 오익여吳翊如 점교點校, 『송형통』권6, 「명례율」「잡조문雜條門」「칭도사여관조稱道士女官條」「의議」(107쪽).
47　『송형통』, 519쪽.
　【옮긴이 주】: [송宋]두의竇儀 등等 찬撰, 오익여吳翊如 점교點校, 『송형통』「송중상정형통교감기宋重詳定刑統校

히『송형통』이 입법한 것이다.『대명률』과『대청율례』에도 상술한 상황이 있다. 즉『대명률』과 『대청율례』도 당률과 마찬가지로 모두 '사위제서詐僞制書'죄, 즉 '제서위조制書僞造'죄를 설정하였지만, 내용에 차이가 있다. 예컨대『당률소의·사위』「사위제서조詐僞制書條」에서는 "무릇 제서制書를 허위로 위조하였거나 증감한 자는 교형絞刑에 처한다. 구두로 허위 전달하였거나[口詐傳] 구두로 증감한[口增減] 것도 같다[是]"[48]라고 규정하였지만,『대명률』과『대청율례』는 「형률刑律」「사위제서조詐僞制書條」에서 오히려 "무릇 제서를 허위로 위조하였거나 증감한 자는 모두 참형斬刑에 처한다"라고 규정하였다. 양자는 두 가지 점에서 차이가 있었다. 첫째, 후자의 용형用刑이 전자보다 가중하여 참형으로 교형을 대체한 점이었고, 둘째, 후자에는 "구두로 허위 전달한 경우[口詐傳]"에 대한 내용이 없기(전자에는 있다) 때문에 오직 제서의 허위 전달만을 가리키는 "구두로 허위 전달한 경우[口詐傳]"에 대한 내용은 신설된 '사전조지詐傳詔旨'죄, 즉 '조지의 허위전달'죄에 포함되었다. 또『대명률』과『대청율례』에서는 모두 '불응위不應爲'죄, 즉 '해서는 안 되는' 죄를 설정하였는데, 당률의 '불응득위不應得爲'와 한 글자 차이가 있지만, 내용에는 차이가 없다. 즉『대명률』과 『대청율례』는「형률刑律」의「불응위조不應爲條」에서 "무릇 해서는 안 되는데[不應得爲][49] 한 자는 태笞40에 처한다. 정리상情理上 사안이 엄중한 경우에는 장杖80에 처한다"라고 규정하였고,『당률소의·잡률』「불응득위조不應得爲條」에서도 "무릇 해서는 안 되는데[不應得爲] 한 자는 태40에 처한다. 정리상 사안이 엄중한 경우에는 장80에 처한다"[50]라고 규정하여, 양자가 일치하였다.

2. 죄명의 병합

이것은 당률의 두 개 또는 그 이상의 죄명을 하나의 죄명으로 합친 것이다. 이러한 상황은『송형통宋刑統』·『대명률大明律』과『대청율례大淸律例』에 모두 존재하였다.『송형통』은 편篇 아래를 문門으로 분류하는 형식을 취하였고, 하나의 문에는 종종 수조數條의 율조律條로 구성되었으며, 죄명도 그것에 따라 몇 개가 하나[二][51]로 합쳐졌기 때문에 죄명을 병합한 상황은『송형통』에서 드물지 않았다. 여기서는 일례만을 들어 증명하고자 한다. 예컨대『송형통·호혼률』「탈루증감호구문脫

勘記」(519쪽).
48 【옮긴이 주】:『역주율소 - 각칙(하) - 』「사위6」(제367조)「사위제서급증감조詐僞制書及增減條」및 「주」, 3162쪽. 이어지는 규정은 다음과 같다. "아직 시행하지 않은 자는 1등을 감경한다. 그런데 모반謀叛 이상의 범죄자를 체포하는데, 먼저 주문奏聞할 겨를이 없어서 제서를 허위로 시행한 경우, 공적이 있었던 자는 주문하여 황제가 재결裁決하도록 한다. 공적이 없는 자는 유2000리에 처한다"(3162~3164쪽).
49 【옮긴이 주】: '불응득위'는 '불응위'의 오기로 보인다.
50 【옮긴이 주】:『역주율소 - 각칙(하)』「잡률62」(제450조)「불응득위조」, 3277쪽.
51 【옮긴이 주】: '이二'는 '일一'의 오기이다.

漏增減戶口門」에서 규정한, 탈루증감호구죄脫漏增減戶口罪, 즉 호구를 탈루·증감한 죄는『당률소의·호혼』가운데 「이정불각탈루증감조里正不覺脫漏增減條」·「주현불각탈루증감조州縣不覺脫漏增減條」·「이정관사망탈루증감조里正官司妄脫漏增減條」의 세 조[三條]에서 규정한, 이정里正·주현州縣이 불각탈루호구죄不覺脫漏戶口罪, 즉 탈루한 호구戶口를 적발하지 못한 죄·망탈루호구죄妄脫漏戶口罪, 즉 호구를 함부로 탈루한 죄·증감호구죄增減戶口罪, 즉 호구를 증감한 죄, 이 세 가지 죄를 하나로 합친 것이었고, 내용도 기본적으로 변경이 없이 모두 이정·주현관州縣官이 호구를 탈루·증감한 행위를 처벌 대상으로 하였다.[52] 『대명률』과 『대청율례』의 율조律條는 모두 당률보다 적었고, 그 가운데 일부분도 병합 방식을 채용하였기 때문에 죄명을 병합하는 정황도 존재하였다. 예컨대『명률·형률刑律』「기훼제서인신조棄毀制書印信條」에서 규정한 기훼제서인신죄棄毀制書印信罪, 즉 제서의 인신印信을 폐기·훼손한 죄는『당률소의·잡률』「기훼부절인조棄毀符節印條」·「기훼제서관문서조棄毀制書官文書條」·「관물망실부서조官物亡失簿書條」·「망실부인구방조亡失符節[53]求訪條」의 네 조[四條]에서 규정한, 기훼부절인죄棄毀符節印罪, 즉 부·절·인을 폐기·훼손한 죄, 기훼제서관문서죄棄毀制書官文書罪, 즉 제서·관문서를 폐기·훼손한 죄, 관물망실부서죄官物亡失簿書罪, 즉 관물을 주관하다 부서를 망실한 죄·망실부인구방죄亡失符節求訪罪, 즉 부·인을 망실하여 발견하지 못한 죄 등을 합성한 것이었고, 내용도 차이가 크지 않았다. 이것에 대해, 심가본沈家本은 "당률 조목條目 가운데 「기훼부절인조」·「기훼제서관문서조」·「관물망실부서조」·「망실부인구방조」, 이 네 조[四條]는 모두 「잡률」에서 명확히 한 조[一條]로 병합해서 본 율에 다시 이입하였다[改入]"[54]라고 하였다. 이로 인해 죄명도 상응해서 병합되었다.『대청율례』의 본 조의 상황은『대명률』과 같았다. 병합 이후,『송형통』·『대명률』과『대청율례』의 일부 죄명은 그 외연外延이 확대되었고, 내용도 상응해서 증가되었으며, 죄명의 수량도 그에 따라 감소되었다.

3. 죄명의 증가

이것은 당률에 없는 일부 죄명을 증가시킨 것이다.『송형통』·『대명률』과『대청율례』는 모두 각 왕조의 통치상 필요에 따라 당률에 없던 일부 죄명을 증가시켰다. 이들 죄명의 내용에서 보면,

---

52 【옮긴이 주】: [송宋]두의寶儀 등等 찬撰, 오익여吳翊如 점교點校,『송형통』권12, 「탈루증감호구문脫漏增減戶口門」(187~190쪽).
53 【옮긴이 주】: '절節'은 '인印'의 오기이다(이하 동일).
54 심가본沈家本,『역대형법고歷代刑法考』, 중화서국中華書局, 1985년판年版, 1830쪽.
　【옮긴이 주】: 심가본沈家本,　『역대형법고(4)』「명률목전明律目箋2」「공식公式」「기훼제서인신棄毀制書印信」(1830쪽).

주된 것은 경제·민사 법률관계에 대해 조정하는 경우와 전제통치를 훼손하는 행위에 대해 단속하는 경우, 두 종류가 있었다. 예컨대 『송형통·호혼률』의 「호절자산문戶絶資産門」·「사상전물문死商錢物門」과 「전매지당론경물업문典賣指當論競物業門」은 모두 새로 증설된 것이었다. (따라서) 「형통발刑統跋」에서는 "이들 문門은 모두 당률에 없다"[55]라고 하였다. 그 내용은 모두 경제·민사 법률관계와 관련이 있었다. 예컨대 「호절자산문」에서는 호戶가 단절된 자者의 자산처리에 대해 명확히 "지금 이후 호戶가 단절된 경우, 모든 점택店宅·축산畜産·자재資財는 장례를 치르거나[營葬] 공덕功德를 기리는데 든 비용을 제외하고 출가한 딸[出嫁女]이 있었다면 3분의 1을 지급하고 그 나머지는 모두 몰관한다[入官]. 만약 장전莊田이 있었다면, 모두 근친近親이 승계해서 경작하게 하고, 만약 출가한 친녀親女가 출처出妻되었거나 남편[夫]이 사망하여 자식[子]이 없는 경우에는 모두 남편 가[夫家]의 재산을 분할하지 않고 부모 가[父母家]에 귀속시키며, 후에 호戶가 단절된 경우에는 모두 미혼녀[在室女]의 법례法例에 따른다"[56]라고 규정하였다. 이들 내용에 대해 당률에는 규정이 없다.

『대명률』·『대청율례』는, 한편으로는 경제·민사 법률관계에 대해 조정하는 내용들을 증가시켰다. 예컨대 그것들은 모두 「호율戶律」 가운데 새로이 「염법조鹽法條」·「사차조私茶條」·「익세조匿稅條」 등을 증설해서 제염製鹽·제다製茶를 사사로이 한 행위·세금을 은닉하고 납부하지 않은 행위 등을 엄금하였고, 위반한 자는 모두 처벌하였으며, 이로써 국가의 소금·차에 대한 전문적 경영과 수세收稅의 수입을 보증하였다. 또 한편으로는 특별히 전제통치專制統治를 훼손한 행위에 대해 단속하는 내용을 증설하였는데, 대체로 형률刑律 가운데 「대신전천선관조大臣專擅選官條」·「문관불허봉공후조文官不許封公侯條」·「천구속관조擅勾屬官條」·「간당조姦黨條」·「교결근시관원조交結近侍官員條」 등을 증설해서 관리의 활동에 새로운 제한을 가하였고, 동시에 위범자違犯者도 처벌하였다. 예컨대 무릇 대신大臣이 독단적으로 관리를 선발·임용한 경우에는 "참형斬刑에 처"함으로써 전제통치를 강화하고 황제의 국가에 대한 절대 통치권을 유지·보호하였다. 죄명의 증가를 통해 『송형통』·『대명률』과 『대청율례』의 내용은 더욱 경신更新될 수 있었다.

4. 죄명의 삭제

이것은 당률이 규정한 일부 죄명을 삭제한 것이다. 『송형통』·『대명률』·『대청율례』에서는 당률에 규정된 일부 죄명도 삭제하고 사용하지 않았다. 『송형통』의 내용은 기본적으로 당률과

---

55 『송형통宋刑統』, 중화서국中華書局, 1984년판年版, 508쪽.
 【옮긴이 주】: [송宋]두의竇儀 등等 찬撰, 오익여吳翊如 점교點校, 『송형통』「형통발刑統跋」(508쪽).
56 【옮긴이 주】: [송宋]두의竇儀 등等 찬撰, 오익여吳翊如 점교點校, 『송형통』권12, 「호혼률」「호절자산문」【준准】 당唐 개성開成 원년(836) 7월 5일 칙절문敕節文」(198쪽).

같았기 때문에 당률의 죄명을 삭제한 것은 매우 드문 상황에 속했다. 예컨대 『송형통·사위율』「사기관사취재문詐欺官私取財門」에서는 『당률소의·사위』「사기관사재물조詐欺官私取財物條」·「망인양인위노비부곡조妄認良人爲奴婢部曲條」·「사제거사면관호노비조詐除去死免官戶奴婢條」에 규정된 죄명을 한 곳에 집중시켰고, 오직 「사위관문서급증감조詐僞官文書及增減條」에 규정된 죄명만이 보이지 않았다. (그러나) 『대명률』·『대청율례』에서는 당률의 죄명을 삭제한 것이 『송형통』보다 많았는데, 대체로 「호혼율」에서 많았다. 예컨대 『당률소의·호혼』「매구분전조賣口分田條」·「망인도매공사전조妄認盜賣公私田條」·「도경인묘전조盜耕人墓田條」·「이정수전과농상위법조里正授田課農桑違法條」·「응복제불급조應復除不給條」 등에 규정된 일부 죄명은 『대명률』과 『대청율례』에서는 모두 삭제하고 사용하지 않았다.

 죄명은 당률과 『송형통』·『대명률』·『대청율례』의 중요한 구성 부분으로서, 죄명의 변화는 이들 법전의 내용적 변화를 나타낼 뿐만 아니라, 죄명의 변화가 많을수록 내용의 변화도 컸기 때문에, 이것은 일종의 정비례 관계였다. 『송형통』·『대명률』과 『대청율례』에서는 당률의 죄명을 변경·병합·삭제하는 방식을 통해 각자의 내용을 변혁시켰다. 그 가운데 『송형통』은 변혁의 폭이 크지 않았고, 『대명률』과 『대청율례』는 변혁의 폭이 『송형통』보다 컸고, 변경된 죄명도 『송형통』보다 많았다. 이것은 다른 측면에서 『대명률』과 『대청율례』가 당률의 내용을 개혁하는 방면에서 보폭이 『송형통』보다 컸다는 것을 반영한다.

제4절 법정형法定刑의 변혁

 법정형도 앞서 언급한 이들 법전의 중요한 구성 부분이었다. 왜냐하면 형법刑法의 법조法條는 모두 죄상罪狀과 법정형이라는 양대兩大 부분으로 구성되었기 때문이다. 『송형통』·『대명률』과 『대청율례』에서는 당률의 죄명을 변혁시켰고, 동시에 그 가운데 일부 법정형도 변혁시켰는데, 주로 이하 세 가지 방면에 반영되었다.

1. 환형換刑[57]

 환형은 당률에 규정된 오형五刑[58] 가운데 어떤 형벌로 다른 형벌을 대체하거나 다른 제재방식으로 오형을 대체한 것이다. 『송형통』과 『대청율례』에는 모두 환형 규정이 있다. 『송형통』의 절장

---

57 【옮긴이 주】: '환형'에 대한 자세한 분석은 제18장 제1절 '환형제도 문제' 참조.
58 【옮긴이 주】: '오형'은 태형·장형·도형·유형·사형이다.

법折杖法[59]에 관한 규정은 장형杖刑으로 사형死刑 이외의 형벌을 대체해서 집행하였다. 예컨대 『송형통·명례율』「오형문五刑門」에서는 절장법에 대해 다음과 같이 규정하였다. "가역류加役流는 척장脊杖20·배역配役3년, 유流3000리는 척장20·배역1년, 유2500리는 척장18·배역1년, 유2000리는 척장17·배역1년으로 하고", "도徒3년은 척장20, 도2년반은 척장18, 도2년은 척장17, 도1년반은 척장15, 도1년은 척장13으로 하며", "장杖100은 둔장臀杖20, 장90은 둔장18, 장80은 둔장17, 장70은 둔장15, 장60은 둔장13으로 하고", "태笞50은 둔장10, 태40과 30은 둔장8, 태20과 10은 둔장7로 한다."[60] 이와 동시에 절장법을 적용한 것도 그 예가 드물지 않았다. 예컨대 『송형통·구고율』「고살오살관사마우병잡축문故殺誤殺官私馬牛并雜畜門」에서는 관官·사私의 말[馬]·소[牛]를 고살故殺한 자는 "척장20을 집행하고[決] 배역1년에 처하며", 관官·사私의 낙타[駞][61]·노새[騾]·나귀[驢]를 고살한 자는 "모두 척장17을 집행한다[決]"[62]라는 형식 등으로 규정하였다. 『대청율례』에도 벌봉罰俸으로 태형을 대체하는 규정이 있다. 예컨대 『대청율례·명례율』「문무관범공죄조文武官犯公罪條」에서는 "무릇 내외內外·대소大小의 문무관文武官으로서 공죄公罪를 범하여 태형에 해당하는 경우, (태)10은 벌봉1개월에 처하고, 20·30은 각각 차례로 1개월을 가중하며, 40·50은 각각 3개월을 가중한다. 장형에 해당하는 경우, (장)60은 벌봉1년에 처한다"라고 규정하였고, 「문무관범사죄조文武官犯私罪條」에서도 유사한 규정이 있다. 이외에 『대청율례』에서는 편책鞭責으로 태형·장형을 대체하기도 하였다. 예컨대 『대청율례·명례율』「범죄면발견조犯罪免發遣條」에서는 "무릇 기인旗人이 죄를 범한 경우, 태형·장형은 각각 수량數量에 따라 편책한다"라고 규정하였다. 당률에는 이러한 환형 규정이 없다. 『송형통』·『대청율례』는 일정한 제한조건은 있었지만, 환형을 통해 원래 오형의 집행을 융통성이 있게 하였다. 어떤 의미에서 이러한 융통성도 오형제도에 대한 일종의 변혁이 었다고 할 수 있다.

2. 양형동벌兩刑同罰

양형동벌은 두 가지 형벌을 한 가지 범죄에 동시에 적용하는 것이다. 당률은 극히 일부 상황에

---

59 【옮긴이 주】: 절장법에 대해서는 제6장 주 55 참조.
60 【옮긴이 주】: 이상 [송宋]두의竇儀 등等 찬撰, 오익여吳翊如 점교點校, 『송형통』권1, 「명례율」「오형문五刑門」「유형조流刑條」(4~5쪽). 송대 절장법에 대한 규정은 이외에도 박영철, 「역주 송사형법지」(361쪽) 및 [송宋]이도李燾 찬撰, 『속자치통감장편續資治通鑑長編』권4, 「건덕乾德 원년(963) 3월 계유癸酉, 이부상서吏部尚書 장소張昭 등等 상언上言」(87~88쪽)에도 거의 동일한 내용이 있다.
61 【옮긴이 주】: '시駞'는 '타駝'의 오기이다(주 62 참조).
62 【옮긴이 주】: [송宋]두의竇儀 등等 찬撰, 오익여吳翊如 점교點校, 『송형통』권15, 「구고율」「고살오살관사마우병잡축문」「살시마친마우조殺緦麻親馬牛條」「기청조起請條: 신등참상臣等參詳」(238~239쪽).

서만 양형동벌을 사용하였지만, 『대명률』과 『대청율례』는 광범위하게 양형동벌을 사용하였고, 그 가운데 가장 상견常見하는 것이 도형徒刑·유형流刑에 장형杖刑을 가중한 것이다. 예컨대 『청사고淸史稿·형법지』에는, 『대명률』에서는 "도형은 장杖60을 도徒1년으로 (환산)한 것에서 시작하여 각 등급마다 장10을 가중한다. (각등급마다) 형기刑期는 반년이고, 장100에 이르면 도3년이 되어, 도형은 5등급이 된다. 유형은 2000리·2500리·3000리로 3등급이 되고, 모두 장100을 가중한다"[63]라고 규정하였다고 기술하고 있다. 『명률·명례율』「오형조五刑條」에서는 도형 "1년은 장60이고, 1년반은 장70이며, 2년은 장80이고, 2년반은 장90이며, 3년은 장100이고", 유형 "2000리는 장100, 2500도 장100, 3000리도 장100이다"라고 규정하였다. 이 규정이 적용된 범죄는 매우 많지만, 여기서는 일례一例만을 든다. 예컨대 『명률·형률刑律』「무고조誣告條」에서는 "만약 죄수가 이미 (형이) 집행되었는데[決配], 스스로 망령되이 억울한 죄[冤枉]를 호소해서 원래 심문하던 관리[原問官吏]를 끌어들였다면 무고한 죄에서 3등을 가중한다. 죄의 최고형은 장100·유3000리이다"라고 규정하였다. 『대청율례』의 도형·유형에 장형杖刑을 가중하는 것에 관한 규정은 『대명률』과 같고, 적용한 범죄도 적지 않지만, 여기서도 일례만을 든다. 예컨대 『대청율례·형률刑律』「약인약매인조略人略賣人條」에서는 "무릇 계략計略을 세워서 양인良人을 유인하였거나 양인을 약매略賣해서 노비로 한 자는 모두 장杖100·유流3000리에 처하고, 처첩妻妾·자손子孫으로 한 자는 장100·도徒3년에 처한다"라고 규정하였다. 이외에 자자刺字와 도형·유형이 병용된 경우도 있었다. 예컨대 『대명률』과 『대청율례』는 모두 「형률」「백주창탈조白晝搶奪條」에서 "무릇 백주白晝에 타인의 재물을 빼앗은[搶奪] 자는 장100·도3년에 처한다. 장물을 계산해서 엄중한 자는 절도죄竊盜罪에서 2등을 가중한다. 사람을 상해한 자는 참형斬刑에 처한다. 종범從犯인 경우에는 각각 1등을 감경한다. 모두 오른팔 아랫마디[右小臂膊]에 '창탈搶奪' 두 글자를 자자刺字한다"라고 규정하였다. 양형동벌兩刑同罰의 광범위한 사용은 당률의 일죄일형一罪一刑의 정제定制를 바꾸었는데, 이 또한 당률의 법정형法定刑에 대한 일종의 변혁이었다.

3. 신형종新刑種의 증가

당률의 형벌은 오형五刑이 주형主刑이 되었고, 그밖에 몰관沒官·연좌連坐 등이 부가附加되었다. 당唐

---

63 【옮긴이 주】: 『청사고淸史稿』 권143, 「형법2」에서는 "명률明律은 당대唐代에 연원을 두었다. 태笞·장杖·도徒·유流·사死가 오형五刑이 된다. 태10에서 50까지가 태형 5등급이 된다. 장60에서 100까지가 장형 5등급이 된다. 도형은 장60을 도1년으로 한 것에서 시작하여 각 등급마다 장10을 가중한다. (각 등급마다) 형기刑期는 반년이고, 장100에 이르면 도3년이 되어, 도형은 5등급이 된다. 유형은 2000리·2500리·3000리로 3등급이 되고, 모두 장100을 가중한다. 사형死刑은 2등급으로 참형·교형이다. 이것이 정형正刑이다"라고 하였다.

이후는 이외에도 일부 신형종이 증가되었는데, 주로 다음과 같은 여러 종류가 있었다.

첫째, 장사杖死이다. 이것은 범죄인에 대해 장杖으로 사형에 처하는 일종의 행형行刑 방식이었다. 당률에 규정된 사형은 두 가지, 즉 교형絞刑과 참형斬刑이었다. 『송형통』은 장사도 사형으로 인정하였다. 예컨대 『송형통·명례율』「오형문五刑門」【준准】에서는 "십악十惡 가운데 악역惡逆 이상 네 등급의 죄[64]는 율에 준해서 용형한다[准律用刑]. 그 나머지 교형·참형에 처해야 하는 경우에는 지금 이후 모두 결중장일돈처사형重杖一頓處死刑에 처하고, 이로써 극법[65]을 대체한다[大極法]"[66]라고 규정하였다.

둘째, 자자刺字이다. 이것은 과거의 묵형墨刑과 유사하였는데, 당률은 폐지하고 사용하지 않았다. 『대명률』과 『대청율례』에는 모두 자자의 사용에 대한 규정이 있는데, 주로 도盜와 관련된 일부 범죄에 적용하였다. 예컨대 『대명률』과 『대청율례』에서는 모두 「형률刑律」「절도조竊盜條」에서 절도하여 "재물을 획득한 것이 한 집[主]의 장물이 많은 경우에는 장물을 병합해서 논죄한다[并贓論罪]. 종범從犯은 각각 1등을 감경한다. 초범은 오른팔 아랫마디[右小臂膊]에 '절도竊盜' 두 글자를 자자한다. 재범은 왼팔 아랫마디[左小臂膊]에 자자한다"라고 규정하였다.

셋째, 충군充軍이다. 이것은 중범자重犯者를 변방의 국경지대로 압송해서 고역苦役에 복무시키는 형벌이었다. 그것은 통상 일부 사죄死罪에서 감등된 자에게 적용되었는데, 용형用刑이 매우 엄중하였다. 예컨대 『명사·형법지』에서는 "명대明代의 법제에서는 충군의 율[充軍之律]이 가장 엄중하였고, 죄수들 역시 이것을 가장 고통스러워하였다"[67]라고 기술하였다. 『명률』과 『대청율례』에는 모두 충군에 관한 규정이 있다. 즉 『대명률·명례율』「살해군인조殺害軍人條」에서는 "무릇 군인을 살해한 자는 율에 의거해서 사형에 처하고, 정범正犯의 나머지 정丁 가운데 수數가 차면 충군시킨다"라고 규정하였다. 충군은 또 장杖과 병용되었다. 예컨대 『명률·병률兵律』「궁전문천입조宮殿門擅入條」에서는 "황성문皇城門 내에 난입한 자는 장杖100에 처하고 변방으로 발견發遣하여 충군시킨다"

---

64 【옮긴이 주】: "악역 이상 네 등급의 죄"는 [송宋]두의竇儀 등等 찬撰, 오익여吳翊如 점교點校, 『송형통宋刑統』권1,「명례율」「오형문五刑門」「사형이조死刑二條」에 기재된 【준准】당唐 건중建中 3년(782) 8월 27일 칙절문敕節文」「석釋」에서 「모반謀反·모대역謀大逆·모반謀叛·악역惡逆을 말한다」(5~6쪽)라고 하였다.

65 【옮긴이 주】: '극법'은 극형 즉 '참형·교형'을 가리킨다.

66 【옮긴이 주】: [송宋]두의竇儀 등等 찬撰, 오익여吳翊如 점교點校, 『송형통宋刑統』「명례율」「오형문五刑門」「사형이조死刑二條」에 기재된 「준准」당唐 건중建中 3년(782) 8월 27일 칙절문敕節文」(5쪽). 동일한 문장은 『신당서』권56,「형법지」(1417쪽)에도 보이는데, 여기에는 형부시랑刑部侍郎 반굉班宏의 상언上言으로 되어 있다. 이 규정은 덕종德宗 건중 연간에 '결중장일돈처사형決重杖一頓處死刑', 즉 '장형杖刑 + 사형死刑'이라는 새로운 형벌이 출현하였음을 말해준다.

67 【옮긴이 주】: 전영진,「명사 형법지 역주Ⅰ」(355쪽).

라고 규정하였다. 『대청율례』는 충군에 대해 규범적인 규정을 두었는데, 내용은 충군의 이수里數·발견發遣 부문 등을 포괄하였다. 예컨대 『대청율례·명례율』「충군지방조充軍地方條」에서는 "무릇 죄상罪狀을 심문해서 충군해야 하는 경우, 부근이면 2000리에 발견하고, 가까운 변방이면 2500리에 발견하며, 먼 변방이면 3000리에 발견하고, 극변極邊이나 연장煙瘴68 지방은 모두 4000리에 발견한다. 지역을 정해서 죄수를 발견하여 충군하는 경우, 경사京師는 병부兵部에서 지역을 정하고, 외지는 순무巡撫가 지역을 정하며, 초록抄錄하고 편집해서 병부兵部에 알린다"라고 규정하였다. 게다가 율에서는 여러 곳에서 충군을 사용하였다. 예컨대 『대청율례·호율戶律』에서는 "사칭해서 각 위소衛所의 군인이 부당하게 군軍·민民을 차역差役한 경우에는 장杖 100대에 처하고 변방의 국경지대로 발견하여 충군시킨다"라고 규정하였다. 그 외의 규정에 대해서는 재차 열거하지 않는다.

넷째, 능지陵遲이다. 이것은 칼[刀]로 죄인을 잘게 썰어서[臠割] 천천히 고통을 가해서 살해하는 혹형酷刑이었다. 이 형은 요遼 때 율에 편입되었고[入律], 명·청대에도 계속 사용되었는데, 가장 엄중한 범죄에 적용되었다. 예컨대 『명률·형률刑律』「모반대역조謀反大逆條」에서는 "무릇 모반謀反 및 대역大逆을 범한 경우, 공모자共謀者는 수범·종범을 구분하지 않고 모두 능지처사陵遲處死에 처한다"라고 규정하였고, 「살일가삼인조殺一家三人條」에서도 "무릇 1가一家에 사죄死罪가 아닌 3인三人을 살해하였거나 사람을 지해支解한 자는 능지처사에 처한다"라고 규정하였다. 『대청율례』의 규정도 이상과 같았다.

이외에 효수梟首 등도 있었는데, 여기서는 일일이 나열하지 않는다. 이상의 이러한 형벌은 모두 당률에 없고, 오형五刑의 범위에 포함되지 않았기 때문에 일종의 오형 이외의 율형律刑이었다. 이러한 신형종의 증가에 대해 설윤승薛允升은 매우 잘못되었다고 생각하고는 "당률에는 능지凌遲 및 자자刺字의 법이 없었기 때문에 오형률에 기재하지 않았고, 명률 내에서 능지·자자라고 한 것은 모두 셀 수 없지만, 「명례율」에서 전혀 언급하지 않은 것은 그 연유를 알지 못하겠다", "효수·능지의 형刑이 부활한 것은 비록 악을 징계[懲惡]하기 위해서라고 하지만, 그것이 지나치게 잔학殘虐하다는 점을 전혀 고려하지 않았다. (용형이) 사형死刑에는 너무 엄중하였고, 살리는 형[生刑]에는 지나치게 관대하였기 때문에 이미 형평성을 잃었다[失平]"69라고 하였다.

『송형통』·『대명률』과 『대청율례』의 당률의 형제刑制에 대한 개혁은 어떤 방면에서 당률의 틀

---

68 【옮긴이 주】: '연장'은 덥고 습한 지역으로 말라리아 등 풍토병이 걸리기 쉬운 지역인데, 주로 서남西南 변경 지방을 가리킨다.
69 『당명률합편唐明律合編·명례율』「오형조五刑條」.
【옮긴이 주】: 이상 [청淸] 설윤승薛允升 찬찬撰, 회효봉懷效鋒·이명李鳴 점교點校, 『당명률합편』 권1, 「명례율明律 권1」「오형조五刑條」(6·10쪽).

을 타파하였을 뿐 아니라 용형^{用刑}도 점차 엄중해지는 추세였다. 절장법 이외에 양형동벌이든 증설된 신형종이든 모두 당률에 규정된 오형^{五刑}보다 가혹하였다. 용형은 법 적용[用法]의 측량계로서, 용형이 점차 가중된 것은 직접적으로 용법^{用法}도 가중된 것을 반영하였기 때문에, 그것은 어떤 측면에서 송·명·청대 형사입법의 개요와 추세를 이해하는데 일조할 수 있다.

제5절 변혁의 원인

법률은 상층구조에 속하였고, 또 국가의 의지였기 때문에 그것의 변혁에는 반드시 여러 원인이 있어야 하였다. 당^唐 이후 당률에 대한 변혁도 동일하였다. 그 원인을 구명^{究明}하면, 주로 다음과 같다.

1. 사회 상황의 변화

법률은 시대성이 매우 강한 일종의 통치 도구로서, 사회 상황의 변화는 법률이 변혁되는 주요 원인의 하나였다. 만약 법률이 시대에 맞지 않게 되면 공문^{空文}이 되어 상응하는 역할을 상실할 수 있었다. 이것은 어떤 통치계급도 수수방관할 수 없는 것이었다. 당률의 내용은 매우 주도면밀해서 그 이전의 입법을 집대성하였지만, 당 이후의 사회 상황에 변화가 발생하였기 때문에, 그 가운데 일부의 내용은 현실에서 뒤떨어졌고, 심지어 이미 의의를 상실한 것도 있었다. 이 때문에 당시의 통치자는 본능적으로 자신의 손에 장악된 입법권을 운용해서 당률의 내용도 개정·증감하고 새로운 율도 제정해서 자신의 통치요구를 충족시켰다. 이 방면에서는 경제·민사^{民事}에 관한 내용이 매우 전형적이었다. 당률은 당 전기에 정본^{定本}이 제정되었기 때문에, 그 가운데 경제·민사에 관한 규정은 당시 시행되고 있던 균전제^{均田制}와 조용조제^{租庸調制}를 출발점으로 삼았고, 동시에 이러한 제도를 유지·보호하고 집행하는 데 목적을 두었다. 그러나 송·명·청대가 되면, 한편으로는 균전제와 조용조제가 이미 폐지되었고, 또 한편으로는 상품경제가 크게 발전하였고 자본주의 맹아도 이미 출현하여 당률 가운데 원래 있던 여러 규정은 확실히 시대에 뒤처진 것이었다. 이 때문에『대명률』과『대청율례』는 모두 당률에 규정된「매구분전조^{賣口分田條}」·「망인도매공사전조^{妄認盜賣公私田條}」·「도경인묘전조^{盜耕人墓田條}」·「이정수전권과농상위법조^{里正授田課農桑違法條}」·「응복제불급조^{應復除不給條}」 등 조목을 삭제하였고, 그 가운데 무용^{無用}한 내용도 폐기하였다. 동시에 당시 상품경제발전의 필요에 근거하여『송형통』·『대명률』과『대청율례』는 경제·민사적 법률관계를 조정하는 내용을 새로 증설해서 경제질서를 파괴하거나 정상적인 민사^{民事} 활동을 침해하는 범죄 행위에 대해 단속하였다. 예컨대『송형통』은 「호절자산문^{戶絶資産門}」·「사상전물문^{死商錢物門}」

과 「전매지당론경물업문典賣指當論競物業"」 가운데 일부 내용을 증설해서 직접 공민公民의 재산 관계를 조정하는 데 일조함으로써 당시 나날이 발전하는 전매典賣 관계 등의 수요에 적응하였다. 『대명률』과 『대청율례』도 특히 「염법조鹽法條」·「사차조私茶條」·「익세조匿稅條」 등을 증설하여 국가의 소금[鹽]·차茶 등에 대한 전관專管과 세수稅收에 대한 엄중한 통제를 확립하였고, 염법鹽法·다법茶法과 세수 규정을 위반한 범죄 행위도 엄징해서 당시의 경제질서를 유지·보호하였다. 이것들은 모두 당唐 이후 사회의 필연적인 산물이었다. 당률이 제정되었을 때는 이러한 역사적 조건이 없었기 때문에 이와 같은 내용도 있을 수 없었다. 『송형통』·『대명률』과 『대청율례』의 당률 가운데 그 밖의 여러 내용에 대한 변혁도 모두 사회 상황과 밀접한 관련이 있었지만, 여기서는 일일이 열거하지 않는다.

2. 입법 경험의 축적

입법은 일종의 국가적 직능職能이다. 법률은 통치자가 제정을 주관하였기 때문에 그들의 입법 경험은 입법 내용에 매우 큰 영향을 주었다. 이것도 법률이 변혁되는 하나의 중요한 원인이었다. 송·명과 청 전기의 통치자는 이전 사람[前人]의 입법에서의 장단점[得失]을 종합하고, 동시에 각 왕조[本朝]의 특징에 근거해서 당률의 일부 내용을 변경해서 자신들이 더욱 양호하게 사용할 수 있도록 하는데 주의하였다. 중국은 이미 서주西周 때 '삼전三典'이 있었다는 견해[說]가 있다. 예컨대 『한서漢書·형법지』에서는 "옛날 주周의 법은 삼전을 제정하여 방국[70]을 다스렸고, 사방의 국을 응징하였다[建三典以刑邦國 詰四方]. 첫째, 새로 건국된 나라를 다스리는 데는 경전을 사용하였고[刑新邦用輕典], 둘째, 안정된 나라를 다스리는 데는 중전을 사용하였으며[刑平邦用中典], 셋째, 어지러운 나라를 다스리는 데는 중전을 사용하였다[刑亂邦用重典]"[71]라고 기술하였다. 그러나 그 이후 입법 활동이 낳은 효과는 각각 같지 않았다. 예컨대 상앙商鞅[72]이 중법重法, 즉 엄중한 법을 사용하자, 진국秦國은 크게 두려워서 떨었다. 진조秦朝는 중법重法을 사용하였고, 그 결과 2대代를 전하고는 멸망해 버렸다. 한漢·당唐은 초기에 경법經法, 즉 관대한 법을 사용해서 인심을 얻음으로써 나라는 흥하고 민民은 안정되었다. 남조南朝의 양 무제梁武帝[73]는 경법輕法을 사용해서 "매년 여러 차례 사면

---

70 【옮긴이 주】: '방국'은 통상 '제후국諸侯國'을 가리킨다.
71 【옮긴이 주】: 『한서』권23, 「형법지」(1091쪽). 이 문장은 『주례주소周禮注疏』(『십삼경주소 상』)권34, 「추관秋官·사구司寇」「대사구大司寇」(870쪽)에 보이는데, 여기에는 "建三典以刑邦國 詰四方"이 "建邦三典 以佐王刑邦國 詰四方"으로, '신방新邦'·'중방中邦'·'난방亂邦'의 '방邦'이 모두 '국國'으로 되어 있다.
72 【옮긴이 주】: '상앙'의 생몰 연대는 B.C. 390?~B.C. 338년이다.
73 【옮긴이 주】: '양 무제'는 양의 초대 황제(재위 502~549)이다.

을 단행하였지만, 결국 (나라는) 멸망에 이르렀다."[74] 송·명과 청 전기의 통치자는 이전 사람[前時]의 경험과 교훈을 종합하고, 아울러 자신들이 처한 역사적 조건을 직시直視하여, 새로 건국된 나라[新邦]도 중전重典, 즉 엄중한 법을 사용해야 한다고 보았다. 역사적으로도 그들이 중전重典을 사용해서 나라를 다스린 기록이 있다. 예컨대 『송사宋史·형법지』에서는 "송이 흥기하였을 때, 오대의 난세[五季之亂]를 계승하여, 태조太祖[75]·태종太宗[76]은 자못 중전重典을 사용해서 간특姦慝[77]한 범죄를 통제하였다"[78]라고 기술하였다. 이것은 『송형통』에도 반영되었는데, 장사杖死라는 혹형酷刑을 사용한 것이 그 가운데 한 부분이었다. 주원장朱元璋[79]도 집정 후, 중전重典을 사용해야 한다고 주장하였다. 예컨대 그는 일찍이 "건국 초에는 마땅히 먼저 강기綱紀를 바르게 해야 한다"[80]라고 하였고, "나는 난세를 다스렸기 때문에 형벌은 엄중하지 않을 수 없었다"[81]라고 하였다. 『대명률』은 바로 이러한 사상의 구현이었기 때문에 새로 증설된 형刑은 오형五刑보다 하나도 감경된 것이 없었고, 또 모두 혹형이었다. 『대청율례』는 『대명률』과 차이가 거의 없었다. 이 때문에 설윤승薛允升은 당·명률을 비교한 후에 『대명률』은 중기소중重其所重, 즉 엄중한 범죄를 중형으로 한 부분이 있었다고 보았다. 사실 이러한 '엄중함[重]'은 명明 초기 통치에서 필수적인 부분이었다. 왜냐하면 어떠한 법률이든 모두 특정한 역사적 환경의 산물이었기 때문이다. 추측컨대, 『대명률』의 중전重典에 의한 치국治國이 없었다면, 명 초기의 정권도 공고해질 수 없었을 것이고, 사회도 이후 단기간에 매우 큰 발전을 이룩할 수 없었을 것이다. 이러한 의의 면에서 볼 때, 『대명률』은 당시의 사회적 조건을 도외시하면 그 '엄중함[重]'을 쉽게 이해할 수 없고, 이것은 일종의 역사적 필연이라고 할 수 있다. 그렇지 않다면, 역사는 다시 기술되어야 할 것이다. 당초當初 중전重典을 사용한 것은 통치자의 일종의 책략이었고, 또 그들이 이전 사람[前時]의 입법 경험을 종합하고 본보기로 삼은 결과이

---

74 『정관정요貞觀政要·사령赦令 제32』.
   【옮긴이 주】: 김원중 옮김, 『정관정요』「제32장 사면령」(343쪽)에 의하면, 이 문장은 정관貞觀 7년(633) 태종이 신하들에게 지나친 사면의 부당함을 지적하면서 인용한 사례 중에 보인다.
75 【옮긴이 주】: '태조'는 북송의 초대 황제(재위 960~976)이다.
76 【옮긴이 주】: '태종'는 북송의 제2대 황제(재위 976~997)이다.
77 【옮긴이 주】: '적적賊賊'은 '특특慝慝'의 오기이다(주 78 참조).
78 【옮긴이 주】: 박영철, 「역주 송사형법지」(350쪽)
79 【옮긴이 주】: '주원장(1328~1398)'은 명의 초대 황제 태조 홍무제洪武帝(재위 1368~1398)이다.
80 『명사기사본말明史紀事本末·권14』.
81 『명사·형법지』.
   【옮긴이 주】: 『명사』권93, 「형법지1」에 의하면, 홍무제洪武帝의 이 말은 명의 제2대 황제 건문제建文帝(재위 1398~1402)가 황태손皇太孫이었을 때(홍무 25년[1392] 9월), 홍무제가 황태손에게 한 훈유訓諭이다(전영진, 「명사 형법지 역주Ⅰ」(329쪽).

기도 하였다

3. 입법기술의 제고提高

　입법은 통치계급의 의지와 욕구를 법률로 승화시키는 하나의 과정이다. 이 과정에서 입법기술은 매우 중요하였다. 비교적 고도의 입법기술은 제정된 법률에 통치계급의 요구를 정확히 반영해서 시대적 요구에 부합하게 할 수 있고, 동시에 사법司法에도 정확한 근거를 제공할 수 있다. 그 반대인 경우에는 통치자의 의지를 왜곡해서 반영할 수 있고, 심지어 법제의 조화를 파괴해서 법제의 혼란을 초래할 수도 있다. 이것은 모든 통치자가 용납하지 않는 바이다. 그러므로 중국고대 입법자들은 대부분 입법기술을 중시하였고, 입법기술도 이 때문에 부단히 향상되었다. 당률에서 『송형통』·『대명률』과 『대청율례』에 이르기까지 체제의 발전과 변혁 과정에서는 입법기술의 부단한 제고를 볼 수 있다. 당률 12편은 내용이 간단명료하였고, 또 명례名例를 편의 서두[篇首]에 배열해서 이전 입법의 정화精華를 집중시켰기 때문에 입법기술이 과거보다 제고되었다. 그러나 송대宋代의 입법자도 결코 답보상태에 머물지 않았다. 그들이 제정한 『송형통』은 편篇 아래를 문門으로 나누어 문별門別로 분류하였고, 또 율조律條 다음에 다른 법률 형식의 상관되는 내용을 부기附記해서 유형별로 취합하였다. 이것은 율을 이용하는 사람들에게 편의를 주었다. 『송형통』은 입법기술에서 확실히 당률보다 제고된 부분이 있었다. 『대명률』과 『대청율례』는 당률의 편목篇目 구성을 개정하였을 뿐만 아니라 율조律條도 줄였고, 게다가 비교적 적은 율조를 사용해서 동일하게 필요한 내용을 규정하였다. 이외에도, 그것들은 편목 다음을 조條로 분류해서 당률의 장점도 취하였고, 또 『송형통』의 편목 다음을 문門으로 분류한 장점도 취함으로써 이 체제를 근·현대 형법전刑法典의 장章·절節·조條로 된 체제·구성에 더욱 근접시켰다. 또 명·청대는 입법기술 방면에서도 크게 발전하였다. 입법기술의 제고도 당 이후 당률이 변혁되는 원인 가운데 하나였다.

　『송형통』·『대명률』과 『대청율례』는 당률에 대해 변혁을 시도하였지만, 당률의 지도사상指導思想·입법정신·내용 분류의 원칙과 수많은 내용 등은 아직 유지되었기 때문에 당률의 영향은 여전히 도처에서 볼 수 있다. 이외에, 그것들의 변혁도 당률을 기초로 한 변혁이었다. 만약 당률이 없었다면, 『송형통』·『대명률』과 『대청율례』도 없었을 것이다. 이것은 또 다른 측면에서 당률의 심원한 영향과 그것의 중국고대 입법에서의 중요한 지위를 실증하고 있다.

제15장
당률과 『프랑스민법전[法國民法典]』 비교

　　당률은 중화법계中華法系의 대표작으로서, 당唐 이후 (역대) 봉건왕조의 입법에 심원深遠한 영향을 주었다. 「사고전서총목제요四庫全書總目提要·당률소의제요唐律疏議提要」[1]에서는 "송대宋代도 대부분 이것을 채택하였다. 원元 때 단옥斷獄하는 경우에도 매양 (이것을) 인용해서 근거로 삼았다. 명明 홍무洪武[2] 초, (홍무제는) 유신儒臣에게 명해서 형관刑官과 함께 당률唐律을 진강進講하게 하였고, 후에 유유겸劉惟謙[3] 등에게 명해서 명률明律을 상정詳定하게 하였는데, 그 편목篇目은 오로지 당률에 준하게 하였다[一準於唐]. …… 청淸에 이르러서는 오로지 명률에 준하였다[一準明]"[4]라고 기술하였다. 또 당률은 당시 동아시아 여러 국가의 입법에도 매우 큰 영향을 주었다. 일본학자 이케다 온池田溫은 『당령습유唐令拾遺·후발後跋』에서 당률을 "동방법제사東方法制史[5]의 추축樞軸"[6]이라고 칭하였다.

　　『프랑스민법전』은 『나폴레옹법전[拿破侖法典]』으로도 칭해지고, 대륙법계大陸法系의 대표작이다. 이 법전은 나폴레옹[拿破侖][7]의 주관으로 1803년 2월 5일에서 1804년 3월 15일까지 계속해서 입법원立法院을 통과하였고, 그리고 1804년 3월 21일에 정식으로 공포·실시되었다. 이것은 프랑스[法國]의 유일한 민법전으로서, 반행頒行에서 현재에 이르기까지 이미 180여 년이 지났기 때문에 일부 내용에는 이미 증감이 있었지만, 법전의 구성·체제와 목차는 변화가 없고, 또 대다수 법조法

1　【옮긴이 주】: '「사고전서총목제요·당률소의제요四庫全書總目提要·唐律疏議提要」'는 '「사고전서총목당률소의제요四庫全書總目唐律疏議提要」'의 오기이다(주 4 참조).
2　【옮긴이 주】: '홍무'는 명의 초대 황제 태조 홍무제洪武帝(재위 1368~1398)의 연호(1368~1398)이다.
3　【옮긴이 주】: '유유겸'의 생몰 연대는 미상이다.
4　【옮긴이 주】: 이 문장은 「사고전서총목당률소의제요四庫全書總目唐律疏議提要」에서 "논자는 '당률은 오로지 예에 준거하였고, 이로써 증감하여 고금의 공평함을 얻었다'라고 하였다[論者謂唐律一準乎禮 以爲出入得古今之平]"([당唐]장손무기長孫無忌 등等 찬撰, 유준문劉俊文 점교點校, 『당률소의』「부록附錄」, 677쪽)라는 문장 다음에 나온다. 그런데 말미의 "청에 이르러서는 오로지 명률에 준하였다"라는 문장은 없다.
5　【옮긴이 주】: '리吏'는 '사史'의 오기이다(주 6 참조).
6　【옮긴이 주】: 이케다 온池田溫, 「후발後跋」(니이다 노보루仁井田陞, 『당령습유唐令拾遺』)(1쪽).
7　【옮긴이 주】: '나폴레옹'의 생몰 연대는 1769~1821년이다.

條도 여전히 법률적 효력이 있다. 동시에, 이것은 서구西歐·중남미[拉美][8] 등 여러 국가의 입법에 대한 영향도 매우 컸고, 독일[德國]과 그 이외의 여러 유럽[歐洲]국가 및 중남미국가도 이것에 대해 깊은 관심을 가졌기 때문에 보편적으로 추앙되었고, 또 광범위하게 답습되었다.[9]

이하[下面]에서는 이 양대 법계兩大法系[10]의 대표작에 대해 간명簡明하게 비교해서, 또 다른 측면에서 양대 법계를 대조하고자 한다.

제1절 당률과 『프랑스민법전』의 유사점

당률과 『프랑스민법전』은 모두 통치계급의 의지가 반영되었고, 또 착취계급의 통치를 위해 시행되었기 때문에 내용 면에서 일부 유사점이 있다. 이것은 주로 다음과 같은 여러 영역에 반영되었다.

1. 집권통치의 유지·보호

당唐 지주계급이 실행한 것은 봉건전제적 집권통치였고, 나폴레옹으로 대표되는 프랑스[法蘭西] 대大자산계급이 실행한 것은 군사적 집권통치였다. 집권통치는 당 지주계급과 프랑스 대자산계급의 생명선[命根子]으로서, 그것이 없었다면 그들은 모든 것을 상실하였을 것이다. 이 때문에 당 지주계급의 의지가 반영된 당률과 프랑스 대자산계급의 의지가 반영된 『프랑스민법전』은 모두 필연적으로 집권통치를 유지·보호하는데 전력을 다하였다.

당률과 『프랑스민법전』은 모두 각자의 관점에서, 집권통치의 유지·보호를 첫째 임무로 하는 것을 확인하였다. 당률이 간주한 집권통치의 상징은 황권皇權의 신성불가침이었다. 예컨대 『당률소의·명례』 「십악조十惡條」[11]에서는 명확하게 "왕자王者는 북극성과 같은 지존至尊의 자리에 있으면서 하늘의 보명寶命을 받들어 천지[二儀]가 (만물을) 덮고 싣듯이 모든 백성[兆庶]의 부모가 되었

---

8 【옮긴이 주】: '중남미', 즉 라틴아메리카Latin America는 아메리카에서 과거에 라틴민족의 지배를 받았던 지역을 통틀어 이르는 말이다. 북아메리카 남부에서 남아메리카에 걸치며, 멕시코·아르헨티나·브라질 등이 이것에 속한다.

9 [미美]존 헨리 메리만[約翰·享利·梅利曼], 고배동顧培東 등等 역譯, 『대륙법계大陸法系』, 서남정법학원西南政法學院, 1983년 간행[印行], 33쪽.
【옮긴이 주】: 본서의 국내 번역본으로는 존 헨리 메리만, 윤대규 번역, 『시민법 전통-대륙법과 영미법의 비교-』(창원: 경남대학교출판부, 2001)가 있다.

10 【옮긴이 주】: '양대 법계'는 '중화법계와 대륙법계'를 가리킨다.

11 【옮긴이 주】: 「십악조」는 「십악조·모반謀反」 「소의」'가 바른 표기이다(주 12 참조).

다. 따라서 자식[子]이 되고 신하가 된 자는 충성하고 효도해야 하고",[12] 만약 "역심逆心을 품고 군주[君]와 아버지[父]를 해害하고자 한 자는 반드시 주살한다"[13]라고 하였다. 『프랑스민법전』도 집권통치의 중요 수단 - 국왕이 반행頒行한 법률의 존엄성 - 을 극력 유지·보호하였다. 예컨대 본 법전의 제1조에서는 "국왕에 의해 공포된 법률은 프랑스 전역에서 강행력强行力이 있다. 왕국王國의 각 부분에서, 공포한 후 대중大衆이 모두 숙지한 때부터 법률은 강행력이 발생한다"라고 규정하였고, 제3조에서는 "경찰·공공치안에 관한 법률은 프랑스 지역 내에 거주하는 거민居民에 대해 모두 강행력이 있고", "개인 신분과 법률상 능력에 관한 법률은 모든 프랑스인에게 적용되고, 설령 국외에 거주하더라도 또한 같다[同]"라고 규정하였으며, 제6조에서도 "개인은 공공질서와 선량한 풍속에 관한 법률을 특별한 약정約定으로 위반할 수 없다"라고 규정하였다.

당률과 『프랑스민법전』은 모두 국가의 강제수단으로 집권통치에 저촉되는 행위를 엄징嚴懲하였다. 예컨대 당률은 봉건전제적 집권통치에 대해 위해危害가 가장 큰 모반謀反·모대역謀大逆·모반謀叛 등의 행위를 주된 단속 대상으로 가장 엄중한 형벌을 시행하여, 범죄자 본인은 사형에 처하였을 뿐 아니라 무고無辜한 가족구성원[家庭成員]도 연좌緣坐시켰다.[14] 『프랑스민법전』은 본 법전의 규정을 위반함으로써 나폴레옹의 군사적 집권통치를 위해한 행위에 대해 엄중히 추궁하였을 뿐 아니라 사법심판 중에 책임을 위반한 사법관의 제재制裁 문제에 대해서도 규정하였다. 예컨대 본 법전 제4조에서는 "심판원審判員이 법률이 없거나 혹은 법률이 명확·완벽하지 않다는 것을 구실로 수리受理를 거절한 경우에는 심판을 거절한 죄에 의거해서 추소追訴할 수 있다"라고 규정하였다.

2. 착취계급 사익私益의 유지·보호

사익[私有利益]은 착취계급이 생존하는 경제적 기초이고, 그것이 없다면 착취계급은 하나도 소유할 수 없게 된다. 법률은 통치계급의 의지가 반영되어 있다. 이 때문에 당률과 『프랑스 민법전』은 반드시 당唐 지주계급과 프랑스 대大자산계급의 사익을 유지·보호하는데 전력을 다해야 하였다.

첫째, 착취계급의 생산수단에 대한 사유권을 보호하였다. 당률과 『프랑스민법전』은 당 지주

---

12 【옮긴이 주】: 『역주율소 - 명례편 - 』「명례6」(제6조)「십악조·모반謀反」「소의」, 107~108쪽.
13 【옮긴이 주】: 『역주율소 - 명례편 - 』「명례6」(제6조)「십악조·모반謀反」「소의」, 107쪽.
14 【옮긴이 주】: 모반謀反·모대역謀大逆·모반謀叛에 대한 형벌과 연좌에 대해서는 『역주율소 - 각칙(상) - 』「적도1」(제248조)「모반대역조謀反大逆條」(2381~2385쪽) 및 『역주율소 - 각칙(상) - 』「적도4」(제251조)「모반조謀叛條」(2390~2393쪽) 참조.

계급과 프랑스 대자산계급이 행하는 착취의 선결조건 - 생산수단의 사유권을 보호하였다. 봉건적 토지의 사유私有는 지주계급의 생산수단의 사유권 중에서 주된 요소였다. 당률은 봉건적 토지 사유의 합법성을 승인하였고, 아울러 토지 사유권을 훼손하는 행위에 대해 엄징嚴懲하였다 예컨대 『당률소의·호혼』「도경종공사전조盜耕種公私田條」에서는 "무릇 공전公田이나 사전私田을 몰래 경작한 자는, 1무畝 이하였다면 태笞30에 처하고, 5무마다 1등을 가중한다. 장杖100을 초과하였다면 10무마다 1등을 가중하고, 죄의 최고형은 도徒1년반이다. 황전荒田은 1등을 감경한다. 강제로 경작시킨 자는 각각 1등을 가중한다. 묘자苗子15는 관官이나 주인에게 반환한다"16라고 규정하였다. 『프랑스민법전』도 다수의 생산수단을 '부동산'으로 분류하였고, 아울러 물주物主(주로 대자산계급)의 그것에 대한 완전한 지배권을 승인하였다. 예컨대 본 법전 제518조에서는 "토지 및 건축물은 그 성질에 따라 부동산이 된다"라고 규정하였고, 제524조에서도 "아래에 열거하는[下列] 각각의 물건은 만약 소유인이 부동산의 편익과 이용을 위해 설치하였다면, 그 용도에 따라 부동산이 된다. 경작용 가축·농업 용구農業用具·공급된 전농佃農 혹은 소전농小佃農의 종자種子……"라고 규정하였다. 이러한 생산수단에 대해 제537조에서는 "법률에 규정된 것 이외에 개인이 자유로이 처분할 수 있는 것은 소유한 재산에 속한다"라고 규정하였다.

둘째, 착취계급의 생산수단 이외의 여타 재산의 사유권을 보호하였다. 생산수단 이외의 여타 재산은 착취계급이 출현[産生]하거나 그들이 부패한 생활을 하는 필요조건이었기 때문에 당률과 『프랑스민법전』은 모두 그것을 보호하는데 전력을 다하였다. 당률은 각종 절도 행위에 대한 단속을 통해 당 지주계급의 이러한 재산을 보호하였다. 예컨대 『당률소의·적도』「강도조强盜條」에서는 "무릇 강도의 경우, 재물을 얻지 못하였다면 도徒2년에 처한다. 1척尺이었다면 도3년에 처하고, 2필疋마다 1등을 가중한다. 10필이 되었거나 사람을 상해한 자는 교형絞刑에 처하고, 사람을 살해한 자는 참형斬刑에 처한다"17라고 규정하였고, 「절도조竊盜條」에서도 "무릇 절도의 경우, 재물을 얻지 못하였다면 태笞50에 처하고, 1척尺이었다면 장杖60에 처한다. 1필마다 1등을 가중하고, 5필이었다면 도1년에 처하며, 5필마다 1등을 가중하고, 50필이었다면 가역류加役流에 처한다"18라고 규정하였다. 『프랑스민법전』은 다수의 생산수단 이외의 재산을 '동산動産'으로 분류하였고, 이러한 '동산'은 주식株式과 지분持分·동산물건動産物件과 동산가구動産家具 등을 포괄하였다.19 이러한 사

---

15 【옮긴이 주】: '묘자'는 그 토지에 현재 생육하고 있는 작물 및 소비하지 않고 저장한 그해의 수확물(종자)을 말한다.
16 【옮긴이 주】: 『역주율소 - 각칙(상) -』「호혼16」(제165조)「도경종공사전조」, 2230쪽.
17 【옮긴이 주】: 『역주율소 - 각칙(상) -』「적도34 -」(제281조)「강도조」, 2456~2457쪽.
18 【옮긴이 주】: 『역주율소 - 각칙(상) -』「적도35」(282조)「절도조」, 2458쪽.

유재산에 대해 『프랑스민법전』은 전력으로 보호하였다. 예컨대 본 법전 제545조에서는 "어떤 사람도 그 소유권을 강제로 양도시킬 수 없다"라고 규정하였다.

셋째, 착취계급의 채권債權을 보호하였다. 착취계급 사회에서, 대량의 채債 관계는 착취계급과 피착취계급 간에 존재하였고, 착취계급의 법률은 채권인債權人, 즉 착취계급의 이익을 보호하였다. 당률과 『프랑스민법전』은 모두 이와 같았다. 당률은 형사적 수단을 사용해서 채권을 보호하였다. 예컨대 『당률소의·호혼』「수과세물위기조輸課稅物違期條」에서는 "무릇 관할 구역 내[部內]에서 과세물품[課稅之物]을 수납輸納하는데 기한이 지나도록 (정해진 수량을) 충족하지 못한[違期不充] 자는 10으로 나누어 논죄한다[以十分論]. 10분의 1을 위반한 때에는 태笞40에 처하고, 10분의 1마다 1등을 가중한다. 호주戶主가 충족하지 못한 때에는 태40에 처한다"[20]라고 규정하였고, 『당률소의·잡률』「부채위계불상조負債違契不償條」에서도 "무릇 부채에 대해 계약을 위반하고 상환償還하지 않은 경우, 1필疋 이상으로 20일을 위반하였다면 태20에 처하고, 20일마다 1등을 가중하며, 죄의 최고형은 장60이다. 30필이었다면 2등을 가중하고, 100필이었다면 또 3등을 가중한다. 각각 비상備償하게 한다"[21]라고 규정하였다. 『프랑스민법전』은 민사적 수단을 사용해서 채권을 보호하였다. 예컨대 본 법전 제2207조에서는 "성년자成年者와 미성년자未成年者 또는 금치산자禁治産者가 채무債務를 공동으로 부담하는 상황에서 채권인이 먼저 성년자에 대해 소송을 제기하였거나 혹은 금치산자가 금치산을 선포하기 전에 (채권인이 그에게) 소송을 제기한 경우, 채권인은 이들이 공유한 부동산에 대해 집행을 청구할 수 있지만, 먼저 그 동산動産에 대해 배상을 요구해서는 안 된다"라고 규정하였고, 제2216조에서도 "채무인은 채권인이 청구한 부채 금액이 부담해야 하는 금액을 초과하였다는 것을 이유로 집행을 기각하는 소송을 청구할 수 없다"라고 규정하였다.

3. 가정등급家庭等級 특권의 유지·보호

가정등급에서의 특권은 착취계급 사회가 본래 소유한 특권이었고, 착취계급이 통치하는 사회의 기초이기도 하였다. 이로 인해 당률과 『프랑스민법전』은 당연히 이러한 등급에서의 특권을 유지·보호하는데 전력을 다하였다.

첫째, 가족구성원[家庭成員] 간에서, 당률과 『프랑스민법전』은 모두 부권父權을 유지·보호하였다. 당률과 『프랑스민법전』의 부권에 대한 유지·보호는 이하 세 방면에 반영되어 있다.

---

19 『프랑스민법전』 제529·533·534조 참조.
20 【옮긴이 주】: 『역주율소 - 각칙(상)-』「호혼25」(제174조)「수과세물위기조」, 2249쪽.
21 【옮긴이 주】: 『역주율소 - 각칙(하) - 』「잡률10」(제398조)「부채위계불상조」, 3212~3213쪽. '비상'에 대해서는 제9장 제2절 1항 '배상' 참조.

먼저, 가족재산 문제에서 아버지[父]는 지배권을 가지고 있었다. 예컨대『당률소의·호혼』「자손별적이재조子孫別籍異財條」의 규정에 의하면, 조부모·부모의 생존 중에 자손은 호적을 따로 하거나[別籍] 재산을 달리할[異則][22] 수 없었고, 그렇지 않았다면 "도徒3년에 처"[23]해졌다.『프랑스민법전』제384조에서도, 아버지[父]는 "18세 이하로서 아직 친권親權이 해제되지 않은 자녀 또는 18세 미만인 자녀의 재산에 대해 용익권用益權[24]이 있다"라고 규정하였다.

그다음, 부모·자식[親子] 관계 문제에서 아버지[父]는 친권親權·교령권敎令權·처분권處分權을 가지고 있었다. 당률은, 부모·자식[親子] 관계에서 아버지[父]의 지위는 독존적, 즉 이른바 "아버지는 자식의 하늘이다[父爲子天]"[25]라는 것을 인정하였고, 심지어 아버지[父]는 '교령권'을 가지고 있었으며, 자손이 교령[26]을 위반한 경우에는 범죄의 구성요건이 된다고 규정하였다. 예컨대『당률소의·투송』「자손위범교령조子孫違犯敎令條」의 규정에 의하면, 자손이 교령을 위반한 때에는 "도徒2년에 처"[27]해졌다.『프랑스민법전』제373조에서는 "부모 관계가 존속하는 동안에 친권은 아버지[父]가 단독으로 행사한다"라고 규정하였고, 제375조와 376조에서도 "아버지[父]가 자녀子女의 행위에 대해 중대한 불만이 원인이 되었을 때", "만약 자녀의 연령이 16세 이전이었다면, 아버지[父]는 1개월 이하의 기한 내에서 구류拘留시킬 수 있다. 또 이 목적을 위해 해당 지역의 법원法院 원장院長은 아버지[父]의 청구에 근거해서 체포령을 교부交付해야 한다"라고 규정하였다.

마지막으로, 자녀혼인 문제에서 아버지[父]는 결정권을 가지고 있었다. 예컨대『당률소의·호혼』「비유자취처조卑幼自娶妻條」에서는 "무릇 비유卑幼가 외지外地에 있고, 존장尊長이 후에 (그를) 위해

---

22 【옮긴이 주】: '칙則'은 '재財'의 오기이다(주 23 참조).
23 【옮긴이 주】:『역주율소 - 각칙(상) - 』「자손부득별적이재조子孫不得別籍異財條」에서는 "무릇 조부모·부모가 살아 있는데 자손이 호적을 따로 하였거나[別籍] 재산을 달리한[異財] 때에는 도3년에 처한다"(2213쪽)라고 규정하였다.
24 【옮긴이 주】: '용익권'은 일정한 기간 동안 타인의 소유물에 대해 그 본체를 훼손하지 않고 사용하여 거기에서 이익을 얻을 수 있는 권리를 말한다. 근대 민법 체계는 두 가지 유형의 용익권, 즉 완전용익권完全用益權과 불완전용익권(유사용익권類似用益權)을 인정한다. 완전용익권은 용익권자가 목적물의 본질을 변화시키지 않고 사용할 수 있는 물건, 즉 토지나 건물 또는 동산만을 대상으로 한다. 예컨대 부동산용익권不動産用益權은 비소유자非所有者가 타인이 소유하고 있는 부동산에 대해서 가지고 있는 점유·사용·수익 등의 배타성권리를 가리킨다. 유사용익권 또는 불완전용익권은 화폐나 농산물 등 소모품이나 소비품류消費品類의 소유물을 대상으로 한다.
25 『당률소의·투송』「고조부모부모조告祖父母父母條」.
   【옮긴이 주】:『역주율소 - 각칙(하) - 』「투송44」(제345조)「고조부모부모조」「소의」, 3110쪽.
26 【옮긴이 주】: '교령'에 대해서는 제1장 주 22참조.
27 【옮긴이 주】:『역주율소 - 각칙(하) - 』「투송47」「자손위범교령조」에서는 "무릇 자손이 (조부모·부모의) 교령을 위반하였거나 공양을 궐闕한 경우에는 도2년에 처한다. (교령을) 따를 수 있는 데 위반하였거나 공양을 감당할 수 있는데 궐한 경우를 말한다"(3121쪽)라고 규정하였다.

정혼定婚[28]하였는데, 비유가 (외지에서) 스스로 처를 취하여[娶妻] 이미 성혼成婚한 경우, 혼인은 법과 같이한다[如法]. 아직 성혼하지 않은 경우에는 존장의 뜻에 따른다. 위반한 자는 장杖100에 처한다"[29]라고 규정하였다. 여기서 존장은 주로 조부모·부모를 가리킨다.[30] 『프랑스민법전』 제148조에서도 "아들[子]이 25세 미만이었고, 딸[女]이 21세 미만이었다면 부모의 동의 없이 혼인할 수 없다. 만약 부모의 의견이 일치하지 않은 경우, 아버지[父]의 동의가 있었다면 가능하다"라고 규정하였다.

이상 살펴보았듯이, 당률은 조부모·부모를 함께 칭하였지만[同稱], 할머니[祖母]와 어머니[母]의 지위는 할아버지[祖父]·아버지[父]보다 낮았기 때문에 실제 할아버지[祖父]·아버지[父]가 위에서 언급한 각 항項의 모든[諸] 권리를 가지고 있었다.

둘째, 부부[夫妻] 간에서, 당률과 『프랑스민법전』은 모두 부권夫權을 유지·보호하였다. 당률과 『프랑스민법전』의 부권에 대한 유지·보호는 아래의 두 가지 방면에 반영되어 있었다.

한 방면은, 부부의 지위 방면에서 남편[夫]의 지위가 처妻보다 높았다. 예컨대 『당률소의·명례』「십악조十惡條」[31]에서는 단도직입적으로 "남편은 아내의 하늘이다[夫者婦之天]", "처는 (남편과) 대등하다[妻者齊也]"[32]라고 하였다. 『프랑스민법전』 제213조에서도 "남편[夫]은 그 처를 보호해야 하고, 처는 그 남편[夫]에게 순종해야 한다"라고 규정했다.

다른 한 방면은, 부부의 혼인 방면에서 남편[夫]은 이혼의 결정권을 가지고 있었다. 예컨대 『당률소의·호혼』「처무칠출이출지조妻無七出而出之條」의 규정에 따르면, 처가 '칠출七出'(즉, "첫째 아들이 없는 경우[無子][33], 둘째 음탕한 경우[淫佚][34], 셋째 시부모를 섬기지 않는 경우[不事舅姑], 넷째 험담을 많이

---

28 【옮긴이 주】: '정혼'에 대해서는 제1장 주 25 참조.
29 【옮긴이 주】: 『역주율소 - 각칙(상) - 』「호혼39」(제188조)「존장위비유정혼조(尊長爲卑幼定婚條)」, 2273쪽. 이처럼 외지에서 비유가 혼인하였더라도 성혼에 이른 경우에는 혼인이 인정되었고, 이르지 않은 경우에는 존장의 정혼에 우선권이 있었다.
30 【옮긴이 주】: 『역주율소 - 각칙(상) - 』「호혼39」(제188조)「존장위비유정혼조」「소의」에서는 "비유는 자식[子]·손자[孫]·동생[弟]·조카[姪] 등을 말한다. …… 존장은 조부모·부모 및 백숙부모·고모[姑]·형兄·누나[姉]를 말한다"(2274쪽)라고 하여, 당률에는 비유와 존장의 범위가 제시되어 있다.
31 【옮긴이 주】: 「십악조」는 「십악조·불목不睦」「주·소의」가 바른 표기이다(주 32 참조).
32 【옮긴이 주】: 이상 『역주율소 - 명례편』「명례6」(제6조)「십악조·불목」「주·소의」, 126쪽.
33 【옮긴이 주】: '무자無子'에서 '자子'는 아들을 말한다.
34 【옮긴이 주】: '일佚'은 '일泆'의 오기이다(주 36 참조). '음일淫泆'은 욕정을 제어하지 못하고 방탕한 행위를 하는 것을 말한다. 이 단어는 『춘추좌전정의春秋左傳正義』(『십삼경주소 하』)권24, 「은공隱公 3년」에서는 "공자公子 주우州吁는 사랑받는 첩의 아들이었다[嬖人之子]. 그는 총애를 받고 전쟁놀이를 좋아했는데, 은공은 그것을 말리지 않았고, 장강莊姜은 그를 미워하였다. 석작石碏은 간諫하였다. '신이 듣건대, 아들을 사랑하는 것은 바른 도리로 가르쳐서 사악한 길로 빠지지 않게 하는 것이라고 합니다. 교만·사치·음탕

한 경우[口舌], 다섯째 절도한 경우[盜竊], 여섯째 투기한 경우[妬忌], 일곱째 악질이 있는 경우[惡疾35]이다"36)을 범한 경우, 남편[夫]은 처와 이혼할 수 있었고, 그 가운데 '삼불거三不去'(즉, "첫째 시부모의 상을 지낸 경우[經持舅姑之喪], 둘째 혼인한 때 빈천하였으나 후에 부귀하게 된 경우[娶時賤後貴], 셋째 [혼인한 때에는] 받아줄 곳이 있었으나 [후에 돌아갈 곳이 없게 된 경우[有所受無所歸]이다"37]) 등의 제한은 있었지만, 남편[夫]은 출처出妻할 수 있는 결정권이 있었고,[38] 처는 남편[夫]의 그러한 권리가 없었기 때문에 일방적으로 포기하는 의무만 지는 지위에 있었다. 『프랑스민법전』 제229조에서도 "남편[夫]은 처의 통간通姦을 이유로 이혼을 소청訴請할 수 있다"라고 규정하였다. 동시에 처는 일방적인 불평등한 이혼에 대한 책임을 져야 하였다. 예컨대 제298조에서는 "통간한 처는 검찰관檢察官의 청구에 기초해서 이혼이 판결되고부터 전후로 적어도 3개월에서 2년 여餘를 초과하지 않는 경미輕微한 징역에 처한다"라고 규정하였지만, 남편[夫]은 이러한 책임을 질 필요가 없었다.

셋째, 적자嫡子·서자庶子와 사생아私生兒 간에서, 당률과 『프랑스민법전』은 모두 적자의 계승권을 유지·보호하는데 전력을 다하였다. 당률이 확립한 것은 적장자계승제嫡長子繼承制, 즉 오직 정처正妻 소생의 장자만 계승권이 있었다. 그러나 이하의 정황에서는 다른 사람을 적자로 세워 계승권을 취득할 수 있었다. "적자가 없는 경우 및 (적자가) 죄나 질병이 있는 경우에는 적손嫡孫을 세운다. 적손이 없는 경우에는 다음으로 적자의 동모제同母弟를 세운다. 동모제가 없는 경우에는 서자를 세운다. 서자가 없는 경우에는 적손의 동모제를 세운다. 적손의 동모제가 없는 경우에는 서손庶孫을 세운다. 증손曾孫·현손玄孫 이하도 이것에 준한다[準此]."[39] 만약 이 규정을 위반한 때에는 범

·방종[驕奢淫泆]은 바로 사악함이 생겨나는 원인이고, 이 네 가지가 나오는 것은 총애와 봉록이 지나치기 때문입니다. 장차 주우를 후사로 세우고자 하신다면 지금 바로 정하십시오. 만약 그렇지 않다면 주우는 폐하의 화란이 될 것입니다'"(1724쪽)라고 한 문장에 나온다.

35 【옮긴이 주】: '악질惡疾'에 대해 『춘추공양전春秋公羊傳』(『십삼경주소 하』)「소공昭公 20년」에서는 "무엇을 질疾이라고 하는가? 악질惡疾이다"라고 하였고, 하휴何休의 주注에서는 "악질은 벙어리[瘖]·귀머거리[聾]·맹인[盲]·나병[癩]·대머리[禿]·절름발이[跛]·곱사등이[傴] 등 인륜으로 미칠 수 없는 것들을 말한다"(이상 2325쪽)라고 하였다. 니이다 노보루仁井田陞, 『당령습유唐令拾遺』「호령戶令 9조」(228쪽)에 의하면, 악질과 맹인은 독질篤疾에 포함되어 있다(제1장 주 151). 「호령戶令 9조」에서 말하는 악질은 특히 '나병'을 가리킨다.

36 【옮긴이 주】: 『역주율소 - 각칙(상) - 』「호혼40」(제189조)「처무칠출조」「소의」, 2275쪽.

37 【옮긴이 주】: 『역주율소 - 각칙(상) - 』「호혼40」(제189조)「처무칠출조」「소의」, 2275쪽.

38 【옮긴이 주】: 『역주율소 - 각칙(상) - 』「호혼40」(제189조)「처무칠출조」에서는 "무릇 처에게 칠출七出이나 의절義絶할 정상情狀이 없는데도 출처出妻한 자는 도1년반에 처한다. 비록 칠출을 범하였지만 삼불거三不去가 있는데 출처한 자는 장100에 처한다. 다시 되돌려 합하게 한다. 만약 악질惡疾이나 간음姦淫을 범한 때에는 이 율을 적용하지 않는다[不用此律]"(2274쪽)라고 규정하였다.

39 【옮긴이 주】: 『역주율소-각칙(상) - 』「호혼9」(제158조)「입적위법조立嫡違法條」「소의」, 2217쪽.

죄의 구성요건이 되었다. 예컨대 『당률소의·호혼』 「입적위법조立嫡違法條」[40]에서는 "적자를 세운다는 것은 본래 승습承襲[41]하기 위한 것이다. 적처嫡妻의 장자長子가 적자가 되어야 하는데 이에 의거하지 않고 (적자를) 세운 경우, 이것을 '법을 위반한 것'이라고 하며, 도徒1년에 처해야 한다"[42]라고 규정하였다. 『프랑스민법전』 제731조에서도 유산遺産은 "사자死者의 자녀 및 그 직계비속直系卑屬·직계존속直系尊屬 및 방계혈친傍系血親에게 귀속된다"라고 규정하였고, 제756조에서도 "사생아는 결코 계승인이 될 수 없다"라고 규정했다.

제2절 당률과 『프랑스민법전』의 차이점

당률과 『프랑스민법전』은 다른 역사시기·법계法系의 법전이었기 때문에 양자 간에는 차이점도 적지 않았는데, 그중 주요한 것은 다음과 같다.

1. 지도사상指導思想의 차이

당률은 중국 봉건사회의 법전이었고, 『프랑스민법전』은 전형적인 자산계급사회의 법전이었기 때문에 양자는 지도사상에 차이가 있었다.

당률의 지도사상은 유가사상儒家思想이었기 때문에 그 내용에는 모두 예禮의 족적이 남아 있다. 유가경구儒家經句는 율律의 일반원칙·죄명과 형벌을 확정하는 주요 근거가 되었다. 이러한 내용은 이미 본서의 앞 장章에서 서술하였기 때문에 재차 부연하지 않는다.[43]

『프랑스민법전』은 자산계급의 자유·평등사상을 지도사상으로 하였는데, 구체적으로는 이하 세 방면에 반영되어 있다.

첫째, 법률 앞에서 만인은 평등하다는 사상이다. 『프랑스민법전』은 법률 앞에서 만인이 평등하다는 사상을 지도사상으로 하였기 때문에 만인은 모두 평등한 민사권리民事權利와 행위능력을 향유한다는 것을 확인確認하였다. 예컨대 본 법전 제8조에서는 "모든 프랑스인은 민사권리를 향

---

40 【옮긴이 주】: '「입적위법조」' 다음에 '「소의」'가 있어야 한다(주 42 참조).
41 【옮긴이 주】: '승습'은 왕王·공公·후侯·백伯·자子·남男인 봉작封爵을 상속하는 것을 의미한다. 이것은 당연히 단자상속單子相續이며, 이것을 위해 미리 상속인을 지정해서 관官에 신고하는 행위를 입적立嫡이라 한다. 이것은 봉작封爵를 둘러싼 분쟁을 미연에 방지하기 위해 설정된 것으로 보인다『역주율소 - 각칙(상) - 』「호혼9」(제158조)「입적위법조」, 2217쪽. 주 67) 참조].
42 【옮긴이 주】: 『역주율소 - 각칙(상) - 』「호혼9」(제158조)「입적위법조」「소의」, 2217쪽.
43 【옮긴이 주】: 당률에 인용되어 있는 유가경구에 대해서는 제9장 제4절 1항 '지도사상으로서의 유가경의' 및 제11장 제3절 3항 '사상이론 방면' 참조.

유한다"라고 규정하였고, 제488조에서도 "만滿 21세는 성년이 되고, 연령에 도달한 후, 혼인장婚姻章에서 규정한 예例 이외의 행위능력은 일체 민사생활상의 행위가 될 수 있다"라고 규정하였다.

둘째, 소유권은 무한하다는 사상이다. 『프랑스민법전』은 소유권은 무한하다는 사상을 지도사상으로 하였기 때문에 모든 소유권은 매우 광범위한 범위를 가진다는 것을 확인하였다. 예컨대 본 법전 제544조에서는 "소유권은 물物에 대해 절대 무제한으로 사용·수익 및 처분할 수 있는 권리가 있다. 다만 법령으로 사용이 금지된 것은 이 범주에 포함되지 않는다"라고 규정하였다. 본 조의 소유권이 포괄하는 범위는 지극히 넓었다. 즉 제546조에서는 "물物의 소유권은 그 동산動産 혹은 부동산不動産을 막론하고, 해당 물物이 천연이나 인공으로 생산되었거나 부가附加된 물物까지 확장할 수 있다"라고 규정하였다.

셋째, 계약은 자유롭다는 사상이다. 『프랑스민법전』은 계약은 자유롭다는 사상을 지도사상으로 하였기 때문에 공민公民은 모두 자유롭게 계약을 체결한다는 것을 확인하였다. 예컨대 본 법전 제1123조에서는 "무릇 법률로 무능력자로 선고받지 않은 사람은 모두 계약을 체결할 수 있다"라고 규정하였고, 제1134조에서도 "법에 의해 성립된 계약은 계약을 체결한 당사인當事人 간에는 법률에 상당하는 효력이 있다"라고 규정하였다.

유가사상은 중국 봉건적 지주계급의 사상으로서, 봉건적 삼강오상[綱常]·등급명분等級名分을 주된 특징으로 해서 봉건적 경제기초와 전제적 집권통치의 공고화를 목적으로 한 반면, 자산계급의 자유·평등사상은 프랑스 자산계급이 성장하던 시기의 사상으로서, 허구적 자유·평등을 주된 특징으로 해서 프랑스 자본주의의 경제기초와 군사적 집권통치의 공고화를 목적으로 하였다. 따라서 양자의 차이는 심원甚遠하였다.

2. 편제체제編制體制의 차이

당률과 『프랑스민법전』은 편제체제에서도 큰 차이가 있는데, 주로 이하 두 가지 방면에 반영되어 있다.

첫째, 편장編章의 구성構成에서 본 차이이다. 당률은 편篇·권卷·조條로 구분되어 있고, 모두 12편·30권·500조이다. 각 편은 일종一種의 율이기 때문에 12편은 12율이고, 순서대로 「명례율」·「위금률」·「직제율」·「호혼률」·「구고율」·「천흥률」 등등이다. 그 가운데 「명례율」은 전체 법전의 일반원칙一般原則에 관한 규정이고, 나머지 11율은 모두 여러 가지 범죄 행위에 대한 제재制裁에 관한 규정이다. 예컨대 『위금률』은 황제의 인신안전人身安全과 국가주권國家主權 등 방면을 위해危害한 범죄 행위에 대한 제재에 관한 규정이다. 당률 중 사위詐僞와 포망捕亡, 이 두 율[兩律]처럼 한 권[一卷]이 한 율[一律]에 포함된 것을 제외하고, 그 나머지는 모두 몇 권이 한 율에 포함되어 있다. 예컨대 「명례율」은 여섯 권[六卷]이고, 「위금률」은 두 권[兩卷]이다. 또 각 율에는 약간의 조條가 있는데, 예컨대 「직제율」은 23조이고, 「호혼률」은 14조이다. 각 조는 모두 한 가지 혹은 여러 가지 범죄 행위에 대한 제재에 관한 규정이다. 예컨대 『당률소의·호혼』의 「점전과한조占田過限條」는 토지를 점유할 때 한도를 초과한 행위에 대한 제재에 관한 규정이고,[44] 『당률소의·직제[45]』「봉후불경조烽候不警條」는 "봉후烽候로 신호를 보내지 않은[不警] 행위"와 "많은 봉수[多烽]를 놓아야[放] 하는데 적은 봉수[少烽]를 놓은 행위" 등에 대한 제재에 관한 규정이다.[46] 『프랑스민법전』의 편장編章 구성은 이와는 다른 상황으로서, 그것은 편編·장章·절節·목目·조條·관款으로 구분되어 있다. 『프랑스민법전』은 총칙總則과 1·2·3편으로 구성되어 있고, 총 35장·2281조이다. 총칙은 법률의 공포公布·효력 및 적용에 관한 규정이고, 제1편은 사람[人]에 관한 규정이며, 제2편은 재산 및 소유권에 대한 각종 제한에 관한 규정이고, 제3편은 재산을 취득하는 각종 방법에 관한 규정이다. 편 이하는 장으로 구분되어 있는데, 제1편은 11장, 제2편은 4장, 제3편은 20장이다. 장章 이하는 절節로 구분되어 있고, 절 이하는 어떤 것은 목目으로 구분되어 있으며, 목 이하는 다시 조條로 구분되어 있다. 예컨대 제1편 제1장 제2절 이하는 2목二目으로 구분되어 있고, 그 가운데 제1목 이하에는 5조가 있고, 제2목 이하에는 12조가 있다. 어떤 것은 목으로 구분되지 않고 바로 조로 구분되어 있다. 예컨대 제1편 제1장 제1절 이하는 바로 조로 구분되어, 총 16조이고, 다시 목으로 구분되어 있지 않다. 조 이하는 관款으로 구분되어 있고, 다수多數의 조 이하는 한 관[一款]이지만, 일조다관一條多款, 즉 한 조가 다수의 관으로 된 경우도 있다. 예컨대 제1편 제1장 제2절 제2목 가운데 제25조 이하는 7관으로 구분되어 있다. 각 조는 모두 모종某種의 민사법률 관계 문제에 관한 규정이다. 예컨대 제17조는 프랑스인이 그 자격을 상실한 원인에 대한 규정이고, 제162조는 방계혈친傍系血親 형제·자매 간의 결혼 금지에 관한 규정이다.

둘째, 법조法條에 대한 해석 부분에서 본 차이이다. 당률의 각 법조 다음에는 모두 '「소의疏議」' 부분이 있다. 「소의」의 작용은 "율과 주의 뜻을 설명한 것[申[47]明律及注]",[48] 즉 법조法條를 해석하

---

44 【옮긴이 주】: 『역주율소 - 각칙(상) - 』「호혼15」(제164조)「점전과한조」에서는 "무릇 토지를 점유할[占田] 때 한도를 초과한 경우, 1무畝였다면 태10에 처하고, 10무마다 1등을 가중한다. 장60을 초과하였다면 20무마다 1등을 가중하고, 죄의 최고형은 도1년이다. 만약 관향[寬閑之處]이었다면 (한도를 초과해서) 점유하였어도 처벌하지 않는다[不坐]"(2229쪽)라고 규정하였다.

45 【옮긴이 주】: '직제'는 '위금'의 오기이다(주 46 참조).

46 【옮긴이 주】: 『역주율소 - 각칙(상) - 』「위금33」(제90조)「봉후불경조」에서는 "무릇 봉후로 신호를 보내지 않아서 구적寇賊이 변경을 침범하게 하였거나, 봉수烽燧를 올려야[舉] 하는데 올리지 않았거나, 많은 봉수를 놓아야 하는데 적은 봉수를 놓은 자는 각각 도3년에 처한다"(2094쪽)라고 규정하였다.

47 【옮긴이 주】: '신申'은 '발發'의 오기이다(주 48 참조).

는 효과가 있었다. 「소의」 부분의 내용은 (율과) 동일한 법률 효력이 있었기 때문에 당시 "단옥하는 자[斷獄者]는 모두 소疏를 인용해서 분석分析하였다."[49] 『프랑스민법전』은 전체가 법조法條이고, 법조 이외에 전문적으로 법조를 해석한 부분이 없으며, 법전 내용의 해석에 대한 임무도 법조 자체가 완성하였기 때문에 일부 법조는 해석 기능도 가지고 있었다. 예컨대 제2044조에서는 '화해和解'라는 단어에 대해 다음과 같이 해석하였다. "화해는 당사자가 이미 발생한 분쟁을 종결하거나 장차 발생하는 분쟁을 방지하는 것을 목적으로 한 계약이다."

당률은 중국고대 법전 편제체제의 특징을 갖추었지만, 『프랑스민법전』은 현대 자본주의 민법전 편제체제의 특징을 갖추었기 때문에 양자의 차이는 매우 컸다.

3. 구체적 내용의 차이

당률과 『프랑스민법전』을 비교하면, 지도사상과 편제체제의 차이 이외에 구체적인 내용에서도 차이가 있었는데, 다음과 같다.

첫째, 조정하는 사회관계가 달랐다. 당률은 하나의 형법전刑法典이기 때문에 그것이 조정하는 사회관계는 매우 광범위하였는데, 대략 아래의 여러 유형으로 나눌 수 있다. 즉 황제와 국가 방면·인신권리人身權利 방면·공공안전 방면·공사公私의 재산 방면·독직瀆職 방면·군사 방면과 사법심판司法審判 방면 등등, 당시 거의 모든 사회관계를 망라하였다. 반면 『프랑스민법전』은 민법전이기 때문에 조정하는 사회관계도 재산 관계와 인신人身 관계에 불과하여, 범위가 상대적으로 협소하였다.

둘째, 법조法條의 내용이 달랐다. 당률의 법조는 통상 죄상罪狀과 법정형法定刑의 양대兩大 부분으로 구성되었다. 『프랑스민법전』의 법조는 주로 민사법률 관계에서 주체적 권리와 의무를 규정하였다. 예컨대 본 법전 제582조에서 제599조까지는 용익권자用益權者의 권리에 관한 규정이고, 제600조에서 제616조까지는 용익권자의 의무에 관한 규정이다.

셋째, 제재방식이 달랐다. 당률의 제재방식은 주로 형벌이었고, 그중에서도 주된 형벌은 '오형

---

48 『당육전唐六典·권6』.
【옮긴이 주】: '발명율급주의發明律及注意'라는 문구는 김택민 주편, 『역주당육전 상』 권6, 「상서형부尙書刑部」에 없고, 심가본沈家本, 「중각당률소의서重刻唐律疏議序」([당唐]장손무기長孫無忌 등等 찬撰, 유준문劉俊文 점교點校, 『당률소의』 「부록」)에서 "'소疏'라는 명칭은 율과 주의 뜻을 설명한 것[發明律及注意]이고, '의의'는 율의 깊은 뜻과 미흡하고 통하지 않은 부분을 해석한 것이며", 이로써 "율문의 간명·질박하고 고식古式·심오한 부분이 비로소 이해할 수 있게 되었다"(670쪽)라고 한 문장에 보인다.
49 『구당서·형법지』.
【옮긴이 주】: 『구당서』 권50, 「형법지」 (2141쪽).

五刑이었다. 범죄자의 범죄의 성질과 정황에 근거해서 경죄輕罪는 태형笞刑·장형杖刑이었고, 중죄重罪는 도형徒刑·유형流刑·사형死刑이었다. 『프랑스민법전』의 제재방식은 손해배상·민사구류民事拘留 등등과 같이 민사제재방법이었다. 예컨대 본 법전 제554조에서는 "토지 소유인이 자신에게 속하지 않은 재료로 건축·종식種植·시설을 한 때에는 그 대가를 지불해야 한다. 만약 필요하다면, 소유인은 손해배상 판결을 받을 수 있다"라고 규정하였고, 제2059조에서는 "민사상 거짓으로 속인 정황이 있는 경우에는 민사구류에 처할 수 있다"라고 규정하였다.

당률이 규정한 것은 형법적인 내용이었고, 『프랑스민법전』이 규정한 것은 민법적인 내용이었기 때문에 양자의 간격은 1000리千里였다.

제3절 당률과 『프랑스민법전』의 유사점·차이점의 형성 원인

당률과 『프랑스민법전』이 유사점·차이점을 형성한 것에는 일정한 역사적 원인이 있었다.

1. 당률과 『프랑스민법전』의 유사점 형성의 주요 원인

당률과 『프랑스민법전』이 유사점을 형성한 주요 원인은 다음과 같다.

첫째, 양자는 모두 유사한 정치적 기초 – 집권정치 – 를 가지고 있었다. 당률과 『프랑스민법전』은 모두 집권통치의 산물로서, 유사한 정치적 기초를 가지고 있었다. 당률의 정치적 기초는 당唐의 봉건전제적 집권통치였다. 당대는 중국 봉건사회가 충분히 발전한 시기인 동시에 봉건전제적 집권통치가 더한층 발전한 시기로서, 당시 황제는 국가의 입법·사법·행정 등 각종 최고 권력을 장악하였다. 당대의 중앙 중추기관은 중서성中書省·문하성門下省과 상서성尚書省의 삼성三省으로서 각각 의정議政·결정決政과 집행執行을 맡았는데, 그것들은 황제에게 통할統轄되어 황제의 통제를 받았다. 『프랑스민법전』의 정치적 기초는 프랑스 대大자산계급의 군사적 집권통치였다. 1799년 11월 9일, 나폴레옹[拿破崙]은 정변政變을 일으켜서 정권을 잡은 후 얼마 지나지 않아 제1집정執政이 되어 전권全權을 향유享有하였다. 또 1802년, 대자산계급은 한 걸음 더 나아가 나폴레옹 제1집정의 지위는 종신직일 뿐 아니라 후계인 임명권도 가진다고 규정하여 자산계급의 제제帝制가 시작되었다. 게다가 1804년, 나폴레옹은 프랑스가 제국帝國인 것을 선포하였고, 동시에 파리 성모원[巴黎聖母院]50에서 대관식을 거행하여 자산계급의 황제가 되었다. 이것은 모두 나폴레옹이 무력으로 획득한 것이었고, 또 그의 군대에 의해 유지되었기 때문에 그가 실행한 것은 군사적 집권통

---

50 【옮긴이 주】: '파리 성모원'은 '노트르담 대성당Cathédrale Notre-Dame de Paris'을 말한다.

치였다. 그는 일찍이 당당하게 "나는 지상地上에서 프랑스의 왕관을 보았고, 나는 예리한 검으로 그것을 주웠을 뿐이다"라고 하였다. 이로써 당률과 『프랑스민법전』의 정치적 기초는 유사하였음을 알 수 있고, 만약 차이를 말한다면, 그것은 봉건전제적 집권통치와 자산계급 제국帝國의 군사적 집권통치였을 뿐이다. 법률은 국가가 제정 또는 인가認可한 것으로, 통치계급의 통치를 위해 사용되었다. 이로 인하여 당률과 『프랑스민법전』은 모두 반드시 힘써 집권통치를 유지·보호하였기 때문에 내용에서도 서로 유사한 점이 있었다.

둘째, 양자 모두 유사한 경제적 기초 - 사유제 - 를 가지고 있었다. 당률과 『프랑스민법전』은 모두 생산수단의 사유제에 근거를 두었기 때문에 유사한 경제적 기초를 가지고 있었다. 당 초기에는 균전제均田制를 더한층 완벽하게 시행하였는데, 이것은 일종의 봉건적 토지 대사유제大私有制 형식이었다. 균전제의 규정에 따르면, 국가는 공민公民의 신분 등 조건에 근거해서 일정한 토지를 지급하였다. 균전제와 동시에 조용조제租庸調制도 시행되었는데, 이것은 당 지주계급이 농민을 착취한 일종의 수단이었다. 프랑스에는 1789년 이전에 이미 자본주의적 사유제가 있었다. 당시 자본주의적 민간수공업 공장은 신속하게 발전하였고, 이들 신흥공업 부분에서 예컨대 야금冶金·탄광·방직 등은 이미 선진화된 기계를 사용해서 생산하기 시작하였다. 전국에 신식新式의 영국식 용광로[煉鐵爐]는 이미 358좌[座]가 있었고, 연간 철鐵 10만6000여 톤[噸]을 생산하였으며, 리옹[里昻]·오를레앙[奧爾良] 등지의 방적공장紡績工場에 영국식 방적기를 설치하여 매일 면화棉花 500kg[公斤]을 짤 수 있었다. 이외에 자본주의적 상업과 은행도 신속하게 발전하였다. 자본주의적 사유제의 발전은 생산관계의 변혁과 자산계급의 발생을 촉진하였다. 나폴레옹이 집권한 후, 자본주의적 사유제는 더욱 발전하였다. 당률과 『프랑스민법전』은 모두 사유제를 기초로 하였지만, 차이가 있다면 봉건제적 사유제와 자본주의적 사유제였을 뿐이다. 법률은 상부구조에 속하여 경제적 기초에 의해 결정되었고 동시에 경제적 기초에 다시 작용하였다. 이로 인해 당률과 『프랑스민법전』이 모두 전력을 다해 사유제와 사익[私有利益]을 유지·보호한 것은 결코 우연이 아니었다.

셋째, 양자 모두 유사한 사상의식 - 봉건적 특권사상 - 의 영향을 받았다. 당률과 『프랑스민법전』은 모두 공개적으로 불평등을 상징하는 봉건적 사상의식의 영향을 받았기 때문에 유사한 사상적 기초를 가지고 있었다. 중국은 한 무제漢武帝[51]가 "백가를 배척하고 오직 유술만을 존숭한[罷黜百家 獨尊儒術]" 이후, 유가사상은 통치사상이 되었다. 유가사상의 하나의 주된 표현은 바로 봉건적 등급과 특권이었다. 즉 사회구성원 가운데 군주와 신하·신하와 민民, 가족구성원 중 아버지[父]와 자식[子]·남편[夫]과 처妻는 모두 엄격한 등급과 특권이 있었는데, 바로 군주는 군주답고[君

---

51 【옮긴이 주】: '한 무제'는 전한의 제7대 황제(재위 B.C. 141~B.C. 87)이다.

君], 신하는 신하다우며[臣臣], 아버지는 아버지답고[父父], 자식은 자식다워야 한다[子子]는 것이었고,[52] (이것은) 이후 '삼강오상三綱五常'으로 정리되었다. 유가사상은 확립된 후에 점차 법과 결합하였다. 당률은 유·법결합儒法結合의 결정체였다. 따라서 당률에서는 당연히 각종 사람들의 불평등한 법률적 지위를 반영하였다. 프랑스는 자산계급 혁명 이전에는 역시 봉건 시기에 처해 있었다. 당시의 봉건적 등급과 특권 사상도 사회의 통치 지위를 점하였고, 국왕은 최고 권력의 상징으로 인식되었다. 법학자는 일찍이 공공연히 "국왕의 권력은 어떤 사람이나 어떤 사물에도 제한을 받지 않는다"라고 천명하였다. 국왕 이외에 다시 순서대로 나누면, 승려·귀족과 평민이 삼대三大 등급이 되었다. 이러한 등급과 특권 사상은 가족관계에도 반영되어, 부권父權·부권夫權을 중심으로 표현되었다. 봉건적 등급과 특권 의식은 자산계급혁명 과정에서 심각한 타격을 받았지만, 그것들은 "일거一擧에 소멸되지 않았고",[53] 일정한 범위 내에 여전히 흔적이 남아 있었다. 이러한 흔적은 『프랑스민법전』에 똑같이 존재하였는데, 그 가운데 가족구성원 간의 불평등이 뚜렷한 일례였다. 『프랑스민법전』 가운데 가족구성원 간의 불평등에 관한 규정과 자산계급이 고취한 평등·자유사상은 일치하지 않았다. 이를 통해서도 본本 법전 가운데 일부 내용은 이중성을 띠고 있었는데, 즉 자산계급의 평등·자유사상을 관철시키는 일면도 있었고, 봉건적 등급과 특권의 잔재가 남아 있는 일면도 있었음을 볼 수 있다.

2. 당률과 『프랑스민법전』 차이점 형성의 주요 원인

『당률소의』와 『프랑스민법전』이 차이점을 형성한 주된 원인은 다음과 같다.

첫째, 양자는 국가와 역사시기가 다른 법전이었다. 통치계급의 지도사상은 법전의 내용을 결정하는 직접적인 원인이지만, 그것은 또 국가와 역사시기의 차이로 인해 같지 않게 되었다. 당률은 중국 봉건시기의 법전이었고, 『프랑스민법전』은 프랑스 자산계급의 법전이었다. 이처럼 그것들은 국가·역사시기가 다른 법전이었기 때문에 지도사상도 달랐다. 당률은 중국 지주계급의 유가사상을 지도사상으로 하였고, 『프랑스민법전』은 프랑스 자산계급의 자유·평등사상을 지도사상으로 하였다.

---

52 【옮긴이 주】: 『논어주소論語注疏』(『십삼경주소 하』)권12, 「안연顔淵 제12」에서는 "제 경공齊景公이 공자에게 정치에 대해서 묻자, 공자가 대답하기를 '군주는 군주답고, 신하는 신하다우며, 아버지는 아버지답고, 자식은 자식다워야 합니다'라고 하였다. 공公이 말하였다. '좋은 말씀입니다. 진실로 군주가 군주 노릇을 못하고, 신하가 신하 노릇을 못하며, 아버지가 아버지 노릇을 못하고, 자식이 자식 노릇을 못하면, 비록 곡식이 있어도 내가 먹을 수 있겠습니까?'"(2503~2504쪽)라고 하였다.

53 『레닌전집[列寧全集]』제29권, 인민출판사人民出版社, 1959년판年版, 10쪽 참조.

둘째, 양자는 법계法系가 다른 법전이었다. 법계는 법의 역사적 전통과 형식에 의해 구분되었다. 따라서 법계가 다른 법전은 반드시 차이가 있었다. 당률은 중화법계中華法系의 전형적인 법전이고, 『프랑스민법전』은 대륙법계大陸法系의 전형적인 법전이기 때문에 양자는 차이가 존재할 수밖에 없었다. 편제체제로써 말하면, 당률의 편장編章 구성은 편篇·권卷·조條이지만, 『프랑스민법전』의 편장 구성은 편編·장章·절節·목目·조條·관款이다. 또 『당률소의』는 「소의疏議」 부분에서 법조法條를 전문적으로 해석하였지만, 『프랑스민법전』은 이 부분이 없었고, 법조를 해석하는 임무는 법조 그 자체로 완성하였다.

셋째, 양자는 부문법部門法이 다른 법전이었다. 법률의 성질·조정대상의 차이에 따라 법률도 부문이 달랐다. 부문이 다른 법전은 그 내용도 같지 않았다. 당률은 형법전이었고, 『프랑스민법전』은 민법전이었다. 이처럼 두 법전은 각각 다른 법률 부문에 속하였기 때문에 구체적 내용도 달랐다. 예컨대 당률이 조정한 사회관계는 매우 광범위해서 당시 거의 모든 사회관계를 망라하였지만, 『프랑스민법전』은 오직 사회관계 가운데 재산관계와 인신人身에 관한 재산관계만 취급하였다. 또 당률의 법조法條는 죄상罪狀과 법정형法定刑이라는 양대 부분으로 구성되었지만, 『프랑스민법전』의 법조는 주로 권리·의무로 구성되었다. 게다가 당률의 제재방식은 주로 형사제재刑事制裁 방식이었지만, 『프랑스민법전』의 제재방식은 민사제재民事制裁 방식이었다.

당률과 『프랑스민법전』은 세계 양대 법계의 전형적인 법전으로서, 세계법제사에서 모두 중요한 지위를 점하였다. 이러한 두 법전의 비교를 통해 더한층 중화법계와 대륙법계를 이해하고 또 중서中西 법률문화를 이해함으로써 중서문화의 비교연구를 촉진하는데 일조一助할 것이다.

제16장
당률과 당령唐令·격格·식式 성질性質 중의 세 가지 문제

당률·영·격·식의 성질 문제를 탐구하는 것은 현재도 여전히 매우 높은 학술적 가치가 있다. 왜냐하면, 이것은 당조唐朝의 법률 내지 당조의 전반적인 법제法制를 정확히 이해하고 인식하는데 중요한 의의가 있기 때문이다. 본문에서는 당률·영·격·식의 성질에 관한 세 가지 문제에 대해서 살펴보고 이어서 개인적인 관견管見을 피력하고자 한다.

제1절 『신당서新唐書·형법지』 중 '형서刑書'의 진정한 의미에 관한 문제

『신당서·형법지』에서는 이미 당률·영·격·식의 법률적 성질에 대해서 매우 치밀하게 "당唐의 형서刑書에는 네 종류가 있다. 율·영·격·식이 그것이다"[1]라고 서술하였다. 이 구절 가운데 '형서'는 '형법刑法의 서書'를 가리키고, 여타 부문법部門法의 서書를 가리키지 않는다. 그렇다면 무엇 때문에 여기의 '형서'는 '형법의 서'만을 가리키는 것일까? 이유는 다음과 같다.

첫째, '형刑' 자字의 발전과 그 본의本意에서 본 경우이다. '형' 자의 의미는 중국고대에 변화·발전 과정이 있었다. 한조漢朝 이전, '형' 자에는 주로 다음과 같은 여러 의미가 있었다. 첫 번째, '형'에는 '형법刑法'·'형벌刑罰'의 의미가 있었다. 예컨대『상군서商君書·거강去彊』의 "형벌로 형벌을 없앤다[以刑去刑]"[2]라고 한 문구와『한비자韓非子』의 "잘못을 처벌하는데[刑] 대신大臣도 피할 수 없고, 선행善行을 포상하는데 필부匹夫도 빠뜨리지 않는다"[3]라고 한 문구에 보이는 '형' 자가 이와 같았

---

1 【옮긴이 주】:『신당서』권56,「형법지」에 기술된 이 문장은 제4장 주 9 참조.
2 【옮긴이 주】: 이 문장은 상앙商鞅 저著,『상군서商君書』(상해上海: 상해고적출판사上海古籍出版社)권1,「거강 제4」에서 "형벌로 형벌을 없애면 나라는 잘 다스려지고, 형벌로 형벌을 자초하면 나라는 어지러워진다[曰 刑去刑 國治 曰刑致刑 國亂]"(9쪽)라고 한 문장에 보인다.
3 【옮긴이 주】: 이 문장은『한비자』권2,「유도有度 제6」에 나온다(한비자 지음, 김원중 옮김,『한비자』권2,「제6

다. 두 번째, '형' 자에는 '살육殺戮'의 의미가 있었다. 예컨대『전국책戰國策·위책魏策』의 "백마白馬를 살해하여[刑] 원수洹水 가에서 동맹을 맺었다"라고 한 문구에 보이는 '형' 자가 이와 같았다. 세 번째, '형' 자에는 "다스리다[治理]"의 의미가 있었다. 예컨대『주례周禮·추관秋官』에서 "새로 건국된 나라를 다스리는 데는 경전을 사용하고[刑新國用輕典]", "안정된 나라를 다스리는 데는 중전을 사용하며[刑平國用中典]", "어지러운 나라를 다스리는 데는 중전을 사용한다[刑亂國用重典]"⁴라고 한 문장에 보이는 '형' 자가 바로 이와 같았다. 네 번째, '형' 자에는 '법률'의 의미가 있었다. 예컨대『좌전左傳·소공昭公6년』의 "하夏는 문란한 정치[亂政]가 일어나자 우형禹刑을 만들었다"⁵라고 한 문구에 보이는 '형'이 바로 이와 같았다. 이밖에 '형刑' 자에는 '전범典範'· '모형模型' 등의 의미도 있었다. 이로써 한조漢朝 이전 '형' 자의 의미는 매우 많았음을 알 수 있다. 그러나 한조 이후, '형' 자의 의미는 점차 규범화·축소되었고, 당조唐朝에 이르러 '형서刑書'와 '형벌刑罰'이라는 두 가지 의미만 남았으며, 청淸 말 이후에는 '형서'의 의미도 없어지고 오직 '형벌'이라는 한 가지 의미만 남게 되었다. 이 점은 이미 중국의 일부 저명한 학자들도 인정한 것이다. 예컨대 채추형蔡樞衡⁶은『중국형법사中國刑法史』에서 '형' 자에 대해서 "예서隷書에서는 여전히 형荊과 형刑이 구분되어 있었지만, 해서楷書에서는 일률적으로 형刑으로 썼다. 형刑은 형서刑書를 가리켰을 뿐만 아니라 형벌도 지칭하였기 때문에 여전히 한 글자에 두 가지 뜻이 있었다. 청 말, 삼권분립三權分立 의식이 수입되면서 법률과 법령은 그 성질을 달리하였고, 형서라는 뜻도 마침내 도태되었다. 이것이 바로 형刑 자의 역사이다"⁷라고 설명하였다.

상술한『신당서·형법지』구절句節 중의 '형서刑書'는 바로 '형법의 서[刑法之書]'를 지칭한 것이고, 그 주된 내용도 죄罪와 형刑에 관한 문제를 규정하고 있다. 채추형도『중국형법사』에서 "형서의 주된 내용은 죄명罪名·형명刑名과 죄명의 관계(즉 어떤 죄가 어떤 형에 처해지는가)이다"⁸라고 하였다.

이밖에, 당률·영·격·식의 구체적인 내용에서 보면, 취급한 범위는 이미 형벌의 범위를 넘어 형서刑書의 범주 내에 있었다. 따라서 이 구절 가운데 '형서'가 '형법의 서[刑法之書]'라는 뜻을 취한

편 유도」, 107~108쪽).
4 【옮긴이 주】: 이상『주례주소周禮注疏』(『십삼경주소 상』)권34, 「추관秋官·사구司寇」「대사구大司寇」(870쪽).『한서』권23, 「형법지」(1091쪽)에는 '신국國新'·'중국中國'·'난국亂國'의 '국國'이 모두 '방邦'으로 되어 있다(제14장 주 71 참조).
5 【옮긴이 주】:『춘추좌전정의春秋左傳正義』(『십삼경주소 하』)권34, 「소공 6년」(2044쪽).
6 【옮긴이 주】: '채추형'의 생몰 연대는 1904~1983년이다.
7 채추형,『중국형법사』, 광서인민출판사廣西人民出版社, 1983년판年版, 102쪽.
8 채추형, 위의 책[同上書], 105쪽.

것은 비교적 과학적이었고 적절하였다.

둘째, '형서'가 『신당서』에 소재所在하는 부분에서 본 경우이다. '형서'는 『신당서』「형법지」에 있다. 이 지志에 기록되어 있는 것은 형법에 관한 내용이다. 옛사람[古人]이 이 지志를 설정한 목적은 각 왕조의 형법 내용 및 그 발전을 기록·반영하기 위한 것이었고, 그 이외의 부문법部門法은 아니었다. 이 점은 이미 사학계史學界의 정설이 되었다. 예컨대『이십육사술략二十六史述略』에서는 명확하게 "(『신당서』)「형법지」 1권은 당대唐代 형법제도 및 그 변천 상황을 기록하였다"[9]라고 하였는데, 이 말은 정확한 표현이다.

『신당서·형법지』에 있는 내용을 모두 상세하게 열독閱讀한 후 얻을 수 있는 결론은 『이십육사술략』의 견해와 완전히 일치한다. 이 지志는 총 42개 단락인데, 7개 부분으로 구분되어 있다. 첫 번째 부분은 4개 단락으로서, 이전 사람[前人]의 용형用刑의 장단점·당대唐代의 네 종류의 형서刑書·오형五刑 및 그 원류源流·오형의 형등刑等 등등의 내용들이 간결하게 기술되어 있다. 두 번째 부분은 5개 단락으로서, 주로 당 고조唐高祖[10]에서 당 태종唐太宗[11]까지 형법의 제정상황이 상세히 기술되어 있는데, 그중에는 「약법12조約法十二條」·「신격53조新格五十三條」와 여러 형법조령刑法詔令 가운데 유관有關 규정, 예컨대 '가역류加役流' 등이 포함되어 있다. 세 번째 부분은 모두 11개 단락으로서, 당조唐朝의 형법실시에 관한 상황이 전문적으로 수록되어 있는데, 사형의 집행시간·형구刑具 등 일련一連의 문제가 언급되어 있다. 네 번째 부분은 4개의 단락으로서, 당 태종 집정시기 형법제도 개혁의 여러 구체적인 정황이 집중적으로 재록載錄되어 있는데, 특히 관대·인의[寬仁]로 천하를 다스리는 사상이 명시明示되어 있다. 다섯 번째 부분은 8개 단락으로서, 당 현종唐玄宗[12]에서 당 선종唐宣宗[13]까지 주로 형사입법刑事立法 활동과 그 성과가 서술되어 있는데, 주된 것은 격格과 격후칙格後勅의 편찬 상황이다. 여섯 번째 부분은 9개 단락으로서, 주로 당 고종唐高宗[14]에서 당 무종唐武宗[15]까지 각 황제가 실시한 형법의 개황이 기술되어 있는데, 무측천武則天[16] 때 '형의 남용[刑濫]'·당 현종 때 '거의

---

9 류진승柳秦升 등等 주편主編, 『이십육사술략二十六史述略』, 요녕대학출판사遼寧大學出版社, 1986년판年版, 277쪽.
10 【옮긴이 주】: '당 고조'는 당의 초대 황제(재위 618~626)이다.
11 【옮긴이 주】: '당 태종'은 당의 제2대 황제(재위 626~649)이다.
12 【옮긴이 주】: '당 현종'은 당의 제6대 황제(재위 712~756)이다.
13 【옮긴이 주】: '당 선종'은 당의 제16대 황제(재위 846~859)이다.
14 【옮긴이 주】: '당 고종'은 당의 제3대 황제(재위 649~683)이다.
15 【옮긴이 주】: '당 무종'은 당의 제15대 황제(재위 840~846)이다.
16 【옮긴이 주】: '무측천'은 당의 제3대 황제 고종의 황후이자 주周(일반적으로 무주武周라고 한다)의 초대 황제(재위 690~705)이다.

형을 사용하지 않았던 상황[幾致刑錯]' 등이 포함되어 있다. 일곱 번째 부분은 겨우 1개 단락으로서, 당대唐代 전 시기에 적용된 형법의 장단점이 총괄되어 있다. 전문全文을 종합해서 보면, 모두 형법에 관한 문제에 대해서 논술하였고, '형서刑書'도 그 가운데 하나의 구성 부분이었다. 이 때문에 여기의 '형서'를 '형법의 서[刑法之書]'로 해석하면 완전히 조리가 정연하지만, 만약 '정치서[治書]' 또는 '법률전적[法律典冊]'으로 이해하면 『신당서·형법지』 찬술撰述의 본의本意와 실제 내용은 전혀 부합하지 않는다. 만약 '형서'를 '정치서[治書]' 혹은 '법률전적[法律典冊]'으로 이해할 경우, 그렇다면 당조의 '정치서'와 '법률전적'은 오직 율·영·격·식 뿐이었을까? 명백히 그렇지 않다.

셋째, 『신당서』 찬수자撰修者의 상황에서 본 경우이다. 『신당서』 찬수자의 상황이라는 측면에서도 상술한 '형서'가 '형법의 서[刑法之書]'를 지칭指稱하였다는 것을 증명할 수 있다. 첫 번째, 『신당서』 가운데 「형법지」를 포함한 각 지志는 모두 전문적 기능을 갖춘 권위 있는 인사人士에 의해 찬술되었는데, 그들은 모두 풍부한 전문적 지식과 기초를 지니고 있었다. 예컨대 여하경呂夏卿[17]은 "학문이 사학史學에 뛰어났고, 당대唐代의 일[事]에 정통하여 전기傳記·잡설雜說 등 수백 가數百家의 전적典籍을 두루 수집해서 절충하고 정리·배열하였다. 또 보학譜學에도 능통해서 세계표 등 여러 표[世系諸表]도 편찬하였기 때문에 『신당서』(찬수)에 가장 공적[功]이 있었다."[18] 유희수劉義叟[19]도 "산술算術에 정통하였고, 아울러 『대연大衍』 등 여러 역법曆法에도 능통해서 당사唐史를 찬수할 때 영令에 의해 「율력지律曆志」·「천문지天文志」·「오행지五行志」를 전문적으로 찬수하였다[專修]."[20] 「형법지」의 찬술도 이와 같았다. 예컨대 구양수歐陽修[21]는 (『신당서』의) 이러한 배열 및 그 성취한 실제 효과에 대해서 매우 만족하여 일찍이 『사전예부시랑찰자辭轉禮部侍郎札子』에서 "범진范鎭[22]·왕주王疇[23]·송민구宋敏求[24]·여하경·유희수는 모두 처음 (편수)국編修局을 설치하고 즉시 전고[故事]를 편찬하면서부터 (각) 권卷의 초고草稿를 분담하였기 때문에 쏟은 공력[用功]이 가장 많았다"[25]라고 하였다. 그들의 재능과 지혜는 모두 찬술된 『신당서』의 각 지志에 충분히 발휘되었고, 이로써 『신당

---

17 【옮긴이 주】: '여하경'의 생몰 연대는 1018~1070년이다.
18 『송사宋史·여하경전』.
   【옮긴이 주】: 『송사』권331, 「여하경전」(10658~10659쪽).
19 【옮긴이 주】: '유희수'의 생몰 연대는 1018~1060년이다.
20 『송사·유희수전』
   【옮긴이 주】: 『송사』권432, 「유림儒林2·유희수전」(12838쪽).
21 【옮긴이 주】: '구양수'의 생몰 연대는 1007~1072년이다.
22 【옮긴이 주】: '범진'의 생몰 연대는 1007~1088년이다.
23 【옮긴이 주】: '왕주'의 생몰 연대는 1007~1065년이다.
24 【옮긴이 주】: '송민구'의 생몰 연대는 1019~1079년이다.
25 『구양문충공집歐陽文忠公集·권91』.

서』의 찬수 수준은 비교적 높았기 때문에『구당서』의 부족한 부분을 상당히 보완할 수 있었다. 후세 사람[後時]은『구당서』에 대해서 "기차紀次, 즉 기록하는 차례에 법도가 없고, 상세함과 간략함에 기준이 없으며, 문채文彩가 명확하지 않고, 사실이 영성하고 누락된 바가 있다[零落]"라고 비판하였다. (반면에)『신당서』는『구당서』에 대해서 필요한 부분을 개정·보충하였고, 게다가 문법이 간결해서 "사실[事]은 이전[前]보다 증가하였고[增], 문장은 이전[舊]보다 간략해졌다[省]"[26]라고 상찬하였다. 책이 완성된 이후, 송 인종宋仁宗[27]은 매우 흡족하여 이것에 대해서 "웅장·풍부하고 정밀하게 보충해서 모든 것을 뛰어넘었고, 교정[校仇][28]에도 공력功力을 쏟았다. 짐朕은 장차 옛것으로 지금의 본보기로 삼아서[據古鑑今] 시세時世의 정치를 (바로) 세울 것이다[以立時治]"[29]라고 하였다. 현재의 사람들도 "『신당서』는『구당서』보다 더욱 일정한 과학성을 갖추었다"[30]라고 하였다. 이처럼 후세에 전해진 우수한 작품의 작자作者가 '형서刑書'와 '정치서[治書]' 또는 '법률전적[法律典冊]'을 동일시하였을까? 그렇지 않았다는 것이 명확하다.

두 번째,『신당서』를 찬수할 때 책임자였던 구양수歐陽修는 풍부한 법학 지식과 사법 경험을 갖추고 있었다. 구양수의 문학적 재능은 의심할 여지가 없지만, 그의 법학 지식도 경시할 수 없고 (문학적 재능과) 마찬가지로 인정해야 한다.『송사·구양수전』의 기록에 의하면, 그는 10세 때 진사갑과進士甲科에 합격하였고, 이후 간관諫官·한림학사翰林學士·추밀부사樞密副使·형부상서刑部尙書·지박주知博州 등 많은 직위를 역임하였고, 또 범중엄范仲淹[31]이 주도한 '경력신정慶曆新政' 운동에도 참가하였다. 이러한 직위와 운동은 모두 그에게 법률에 대한 깊은 이해가 요구되었고, 그렇지 않았다면 장차 직권을 행사할 수 없었을 것이다. 사실 구양수도 법률에 대해서 확실히 숙지熟知하고 있었다. 예컨대『구양문충공집歐陽文忠公集』가운데 많은 항목項目은 법제와 직결되어 있고, 그의『종수론縱囚論』은 지금도 종수縱囚, 즉 사형수의 가석방 문제를 연구할 때 중요한 참고자료가 되고 있다. 동시에 구양수는 사법 경험도 풍부하였다. 예컨대『송사·구양수전』에서는 그가 "일을 논하는 것

---

26 류진승柳秦升 등等 주편主編,『이십육사술략二十六史述略』, 요녕대학출판사遼寧大學出版社, 1986년판年版, 285쪽 참조.
  【옮긴이 주】: 이 문장은 [원元]마단림馬端臨 찬撰,『문헌통고文獻通考』권192,「경적고經籍考19」「사史·신당서新唐書 225권卷」(1627쪽)에도 있다.
27 【옮긴이 주】: '송 인종'은 북송의 제4대 황제(재위 1022~1063)이다.
28 【옮긴이 주】: '구仇'가 원문에는 '수讐'로 되어 있다(주 29 참조).
29 『통고通考·경적고經籍考』.
  【옮긴이 주】: [원元]마단림馬端臨 찬撰,『문헌통고』권192,「경적고19」「사·신당서 225권」(1628쪽).
30 류진승柳秦升 등等 주편主編,『이십육사술략二十六史述略』, 요녕대학출판사遼寧大學出版社, 1986년판年版, 286쪽 참조.
31 【옮긴이 주】: '범중엄'의 생몰 연대는 9897~1052년이다.

이 매우 곧았다[論事切直]"라고 칭송하였다. 또 (「구양수전」에는) 그가 하북도운사河北都運使32 재임 때 처리한 형사 안건 한 건[一件]이 수록되어 있는데, "대장大將 이소량李昭亮과 통판通判 풍박문馮博文이 부녀婦女를 (후실로) 몰래 들였다[私納]. 구양수가 박문을 체포해서 하옥시키자[繫獄], 소량이 두려워서 들였던 부녀를 즉시 돌려보냈다"33라고 하여, 구양수는 부녀를 몰래 들인 범죄 혐의가 있는 풍박문에 대해서 법에 따라 처리하였고, 또 비교적 순조롭게 이 안건을 종결지었다. (이처럼) 풍부한 법학 지식과 사법 경험이 있었던 구양수가 「형법지」의 '형서'를 '정치서[治書]' 또는 '법률전적[法律典冊]'으로 보고 사용하는 것을 용납하였을까? 그는 (결코) 용납하지 않았을 것이다.

이로써 『신당서·형법지』의 "당唐의 형서刑書에는 네 종류가 있다"라고 하는, 이 구절에 보이는 '형서'는 바로 형법의 서[刑法之書]를 지칭하였고, 그 이외의 어떤 서적書籍·전적典籍도 아니었음을 알 수 있다. '형법의 서'에 명기明記된 내용은 당연히 형법에 관한 것이다. 따라서 당률·영·격·식은 모두 형법 부문에 속하였고, 그것들이 규정한 내용도 형법에 관한 내용이었으며, 다른 부문의 내용일 수 없다. 이것은 역사적 사실과도 일치할 뿐만 아니라, 법리法理와도 다르지 않다.

제2절 당조唐朝의 형법刑法 이외의 기타 부문법部門法 유무有無에 관한 문제

당률·영·격·식이 모두 형법에 속하였다면, 다음에는 이러한 문제가 발생할 수 있다. 즉 당조는 오직 형법이라는 하나의 부문법部門法 뿐이었다는 것이다. (실제) 당조의 주된 법률 형식은 율·영·격·식이었기 때문에, 그것들이 모두 형법에 속하였다면 그 이외의 부문법은 없었던 것은 아닐까? 그러나 『당육전唐六典』·『당대조령집唐大詔令集』과 『통전通典』 등 일련一連의 고적古籍을 상세히 보기만 하면, 이 문제는 간단히 해결된다. 이들 고적에는 당조의 형법 이외의 다른 부문법에 관한 규정이 기록되어 있고, 그중에는 조직법·행정법·경제법·민법·소송법 등등도 포괄되어 있다. 아래에서는 이 순서에 따라 예例를 제시해서 증명하고자 한다.

1. 조직법組織法

당조唐朝에는 독자의 조직법이 있었다. 당조의 조직법에 관한 내용에는 국가기관 각각의 명칭·인수人數와 직무[職掌] 등이 포함되었다. 이것들은 모두 조직법에서 규정해야 하는 내용이다. 『당육전』에는 당조의 조직법에 관한 내용이 수록되어 있는데, 중앙기관을 취급하였을 뿐 아니라 지

---

32 【옮긴이 주】: '하북도운사'는 '하북도전운사河北都轉運使'이다(주 33 참조).
33 【옮긴이 주】: 이상 『송사』권319, 「구양수전」(10376~10377쪽).

방기관도 포함하였기 때문에 누락이 하나도 없었다고 할 수 있다. 여기서는 중앙의 이부吏部와 지방기관의 부문법部門法만을 예시例示하고자 한다.

『당육전·이부吏部』에서는 중앙 이부의 명칭·인수와 직무[職掌] 등에 대해서 모두 구체적으로 규정하고 있는데, 다음과 같다. "이부. 이부상서吏部尚書와 시랑侍郎의 직무는 모든 관리의 전선銓選과 수관授官·책훈策勳과 봉작封爵·고과考課에 관한 정령政令을 관장管掌한다. 무릇 직사관職事官의 전선에 관한 준칙, 봉작과 책훈에 관한 제도, 근무실적의 평가에 관한 법규는 모두 그들에게 자문한다[咨]. 그 소속 관사官司에는 넷이 있는데, 첫째 이부, 둘째 사봉司封, 셋째 사훈司勳, 넷째 고공考功이다. 상서와 시랑은 그 직무를 총괄하고, 그와 관련된 제명制命을 받들어 시행한다. 낭중郎中 1인은 전체 문관[天下之³⁴吏]의 반班·질秩·품品·명命에 대한 심사를 관장한다. 낭중 1인[一個³⁵]은 소선小選을 관장한다. 원외랑員外郎 1인은 선원選院(의 일)을 관장하는데, 선원을 남조南曹라고 한다. 원외랑 1인은 (이부)조曹의 업무 판정을 관장한다[掌³⁶曹務]. 사봉낭중司封郎中과 원외랑은 나라[邦]의 봉작(에 관한 일)을 관장한다. 사훈낭중司勳郎中과 원외랑은 나라[邦國]의 관인官人의 훈급勳級(에 관한 일)을 관장한다. 고공낭중·원외랑의 직무[考功郎中³⁷之職]는 중앙·지방의 문무관리의 고과를 관장한다. 원외랑은 전국[天下]의 공거貢擧(에 관한) 직무를 관장한다."³⁸

『당육전·현관리縣官吏』에서는 전국 모든 주州에 소속된 현縣의 관리의 인수人數·관품官品·직무[職掌] 등에 대해서 모두 규정하고 있다. 당조의 현은 상·중·하현으로 구분되었고, 그 가운데 관리의 인수 등도 모두 같지 않았다. 여기서는 상현上縣만을 예로 들면 다음과 같다. "모든 주의 상현의 영令은 1인으로, 종6품상從六品上이다. 승丞은 1인으로 종8품하從八品下이다. 주부主簿는 1인으로 정9품하正九品下이다. 위尉는 2인으로 종9품상從九品下³⁹이다. 녹사錄事는 2인이고, 사史는 3인이다. 사호좌司戶佐는 4인이고, 사史는 7인이다.⁴⁰ 사법좌司法佐는 4인이고, 사史⁴¹는 8인이다. 시령市令은 1인이고, 좌佐는 1인이며, 사史는 1인이고, 수帥는 2인이며, 창독倉督은 2인이다. 박사博士는 1인이고, 조교助敎는 1인이며, 학생學生은 40인이다."⁴²

---

34 【옮긴이 주】: '지之'는 '문文'의 오기이다(주 38 참조).
35 【옮긴이 주】: '개個'는 '인人'의 오기이다(주 38 참조).
36 【옮긴이 주】: '장掌' 다음에 '판判'이 있다(주 38 참조).
37 【옮긴이 주】: '중中' 다음에 '원외랑員外郎'이 있다(주 38 참조).
38 【옮긴이 주】: 이상 김택민 주편, 『역주당육전 상』권2, 「상서이부尚書吏部」(153~256쪽).
39 【옮긴이 주】: '하下'는 '상上'의 오기이다(주 42 참조).
40 【옮긴이 주】: 이 문장 다음에 "장사帳史는 1인이다"라는 문구가 있다(주 42 참조).
41 【옮긴이 주】: '이吏'는 '사史'의 오기이다(주 42 참조).
42 【옮긴이 주】: 이상 김택민 주편, 『역주당육전 하』(서울: 신서원, 2008)권30, 「삼부독호주현관리三府督護州縣官

또한 『당육전·현관리』에서는 현의 관리의 직무[職掌]에 대해서도 다음과 같이 규정하고 있다. "경기京畿와 전국[天下] 모든 현의 현령縣令의 직무는 모두 풍속의 교화를 이끌어 진작시키고 백성들을 어루만져 보살피며, 사士·농農·공工·상商의 각 직업에 힘쓰게 하고, 토지의 생산성을 높이며, 홀아비[鰥]와 과부[寡]를 부양하고, 외롭고[孤] 곤궁한[窮] 자들을 구휼하며, 억울한 누명[冤屈]이 없도록 살피고[審察], 몸소 옥사와 소송[獄訟]을 처리하며, 백성들의 괴로움[疾苦]을 알고자 힘쓴다. 관할하는 호産[43]에 대해 그 자산資産을 헤아리고 그 노동력을 분별하여 9등급으로 정한다. 그 호등戶等은 모두 3년에 한 번씩 규정하여 호적과 계장計帳에 기입한다. (호적과 계장에 기입할 때) 다섯의 아홉수[五九][44]와 삼질三疾[45] 및 (각 호의) 중남中男·정남丁男의 다소, 빈부와 강약, 곤충[蟲]·서리[霜]·가뭄[旱]·장마[澇]로 인한 그해의 농산물 피해 실정(을 참작한 세금의 감면), 외모 조사[過貌形狀]와 역의 부과 기록[差科簿]은 모두 (현령) 자신이 공평하도록 힘쓴다. 환수하고 지급해야 할 토지[收授之田]는 모두 그해 10월부터 이정里正이 심사하여 장부에 기록하고, 11월부터 현령이 직접 지급하여 12월 안에 마무리한다. 역을 부과하는 순서[課役之先後]와 소송의 시비[訴訟之曲直]는 반드시 그 실정과 이치에 맞게 한다. 매해 겨울 12월[冬季之月]에는 (학교에서) 향음주鄕飮酒의 예禮를 행하는데, 60세 이상의 사람은 당상堂上에 앉고, 50세 이하의 사람은 당하堂下에 시립侍立해서 사람들로 하여금 존비尊卑와 장유長幼의 절도[節]를 알게 한다. 적장籍帳·전역傳驛·창고倉庫·도적盜賊·하제河堤·도로道路에 관한 일은 비록 전담관[專當官]이 있다고 하더라도 모두 현령이 아울러 총괄한다. 현승縣丞은 현령의 차관[貳]이다. 주부主簿는 (각 조曹에) 공문서를 발부하고 (문서 처리 중의) 지체와 과실을 심사하며[付事句稽], 주고받은 문서를 검토해서 서명하고 그 목록을 등록하며, 위법 행위를 규찰하고 바로잡으며, 인장印章(의 보관과 사용)을 감독하고, 종이와 붓과 자질구레한 물품[紙筆·雜用之事]을 공급하는 일을 관장한다. 녹사錄事는 공문서를 접수한 일시日時를 등록하고, 공문서 처리 중에 지체와 과실이 있는지 심사하는 일을 관장한다. 현위縣尉는 여러 가지 사무를 직접 처리하고, 소속 각 조曹를 나누어 관리하며, (과조課調를) 심의하고 결정하며 (과조의) 기한 내 납부를 재촉하고, 과조를 징수하고 총계한다. 박사博士는 학생들에게 경술經術을 교수하는 일을 관장한다. 춘분春分과 추분秋分이 있는 달[二分之月]에는 선성先聖과 선사先師에게 석전釋奠의 예禮를 드린다."[46]

　　吏」(465쪽).
43 【옮긴이 주】: '산産'은 '호戶'의 오기이다(주 46 참조).
44 【옮긴이 주】: '다섯의 아홉수'에 대해서 김택민 주편, 『역주당육전 하』권30, 「삼부독호주현관리」「주注」에서는 "19세·49세·59세·79세·89세를 말한다"(469쪽)라고 하였다.
45 【옮긴이 주】: '삼질'에 대해서 김택민 주편, 『역주당육전 하』권30, 「삼부독호주현관리」「주」에서는 "잔질殘疾·폐질廢疾·독질篤疾을 말한다"(469쪽)라고 하였다. '삼질'에 포함되는 각각의 질병에 대해서는 제1장 주 151 참조.

2. 행정법行政法

당조에서는 독자의 행정법을 반행頒行하였다. 당조의 행정법은 그 수량이 적지 않는데, 주로 행정기관과 행정관리의 행정행위 등에 관해서 규정하고 있다. 당조의 황제가 반포한 조칙詔敕 등의 형식 중에는 행정법에 관한 내용이 적지 않지만, 『구당서·태종본기太宗本紀』에 당 태종이 조칙 등의 형식으로 반포한 행정법에 관한 다수의 규정들이 기록되어 있을 뿐이다. 여기서는 세 가지 사례만을 제시한다.

정관貞觀47 2년(628년) 4월, 당 태종唐太宗은 처음으로 전국의 주州·현縣에 모두 반드시 '의고義庫'를 설치해서 긴급한 용무[急用]에 대비하게 하는 규정을 반포하였다. "처음으로 조서詔書를 내려 전국[天下]의 주·현에 모두 의고를 설치하게 하였다."48

정관 4년(630년) 7월, 당 태종은 또 각급 관리에게 시의時宜에 맞지 않은 조칙詔敕은 신속히 상부에 보고하게[上報] 하는 규정도 반포하였다. "담당 관리[有司]에게 영令을 내려 '조칙詔敕이 시의時宜에 불편한 점이 있었던 때에는 즉시 자기 의견을 상부에 보고해서[執奏] 마음대로 시행할 수 없게 하라'고 하였다."49

정관 14년(640년) 정월, 당 태종은 각급 관리에게 시령時令을 열람閱覽하게 하는 규정도 반포하였다. "담당 관리[有司]에게 명命해서 시령을 열람[讀]하게 하였다."50

3. 경제법經濟法

당조에도 독자의 경제법이 있었고 수량도 적지 않았지만, 그 주된 내용은 조부租賦·노역勞役·진대賑貸 등 여러 방면을 포괄하였다. 『구당서』에도 마찬가지로 경제법에 관한 여러 규정이 기재되어 있는데, 대부분은 황제의 조칙詔敕 속에 있다. 여기서도 세 가지 사례만을 열거한다.

『구당서·태종본기』에는 정관 원년(627년) 6월, 당 태종이 반포한 조령詔令을 기록하고 있는데, 내용은 산동山東 지구의 조부租賦를 면제하는 문제에 관한 것이다. "산동의 여러 주[諸州]에 크게 가

---

46 【옮긴이 주】: 김택민 주편, 『역주당육전 하』권30, 「삼부독호주현관리三府督護州縣官吏」, 468~472쪽.
47 【옮긴이 주】: '정관'은 당의 제2대 황제 태종(재위 626~649)의 연호(627~649)이다.
48 【옮긴이 주】: 『구당서』권2, 「태종기상太宗紀上」 「정관 2년 하夏 4월 병신丙申」(34쪽).
49 【옮긴이 주】: 『구당서』권3, 「태종기하下」 「정관 4년 추추 7월 갑자甲子 삭朔」(40쪽). 『정관정요』 「정체政體 제2」에도 "정관 4년, 당 태종은 '여러 관사官司에 명령하여 만약 조칙이 반포되었는데, 그 일이 온당·편리하지 않은 부분이 있었다면 반드시 자기 의견을 상부에 보고해서 마음대로 시행할 수 없도록 하여 힘써 신하로서의 책임을 다하도록 하라'라고 하였다"(김원중 옮김, 『정관정요』 「제2장 정치의 근본」, 41쪽)라는 문장이 있다.
50 【옮긴이 주】: 『구당서』권3, 「태종기하」 「정관 14년 춘春 정월 경자庚子」(51쪽).

뭄이 들었기[大旱] 때문에 영令을 내려 당해當該 지역을 진휼賑恤하여 금년의 조부租賦를 내지 않게 하였다."⁵¹

『구당서·고종본기高宗本紀』에도 정관 23년(649년) 6월, 당 고종이 반포한 조령이 기재되어 있는데, 내용은 군軍 내에서 노역勞役에 복무하는 문제에 관한 것이다. "옹주雍州 및 여러 주 가운데 근래[比年] 군軍의 노역에 차출되는 것이 특히 심한 곳은 모두 1년의 조세와 요역을 면제한다[給復]."⁵²

『구당서·고종본기』에도 영휘永徽⁵³ 2년(651년) 정월, 당 고종이 반포한 조령이 기록되어 있는데, 내용은 전국의 재해를 입은 지구의 진대賑貸 문제에 관한 것이다. "지난해 관보關輔⁵⁴ 지구는 황명蝗螟, 즉 메뚜기 떼를 비롯한 해충의 피해가 자못 심각하였고, 천하의 모든 주州는 수재水災·한재旱災를 당하였기 때문에 백성들 가운데 빈곤하고 곤란에 처한 이들이 발생하였다. 이것은 짐朕의 부덕不德에서 비롯된 것이고, 만백성[兆庶]이 무슨 죄가 있겠는가? 백성을 긍휼해야 하지만, 나에게 죄가 있으니 심히 두렵기만 하다. 지금 새봄이 돌아와 춘경春耕을 시작해야 하는데 양식 창고[糧廩]가 비었으니 진급賑給해야 할 것이다. 충해蟲害와 수해를 당하여 빈곤한 사람들에게 정창正倉·의창義倉의 곡식으로 진대賑貸하도록 하라."⁵⁵

4. 민법民法

당조에도 민법에 관한 일련一連의 내용이 있었는데, 취급된 영역은 소유권·채권과 계승권 등을 포괄하였다. 『통전通典』과 『송형통宋刑統』 등 사적史籍에는 이러한 영역의 내용에 대한 기록이 있다. 여기서도 세 가지 사례만을 제시한다.

『통전·식화食貨·전제田制하下』에는 개원開元⁵⁶ 25년(737년) 반포된 토지소유권에 관한 규정이 기재되어 있다. "무릇 영업전永業田은 모두 자손에게 전수傳授하고 환수·지급하는 범위[收授之限]에 있지 않으며, 만약 자손子除⁵⁷이 제명除名(되는 죄를) 범한 경우, 계승한 토지는 또한 추수追收하지 않는다. 무畝마다 뽕나무[桑] 50그루[根] 이상, 느릅나무[楡]와 대추나무[棗] 각 10그루[根] 이상을 심도록

---

51 【옮긴이 주】: 『구당서』권2, 「태종기상」 「정관 원년 6월 임진壬辰」(32쪽).
52 【옮긴이 주】: 이 조서는 『구당서』권4, 「고종기상」 「정관 23년(649) 6월 갑술甲戌 삭朔」(66쪽)에 의하면, 고종이 황제에 즉위한 직후에 내린 것이다.
53 【옮긴이 주】: '영휘'는 당의 제3대 황제 고종(재위 649~683)의 첫 번째 연호(650~655)이다.
54 【옮긴이 주】: '관보'는 삼보三輔와 동의어로서, 우부풍右扶風·좌풍익左馮翊·경조윤京兆尹을 말한다. 전하여 경사京師에 가까운 지역을 가리킨다.
55 【옮긴이 주】: 『구당서』권4, 「고종기상」 「영휘 2년 춘春 정월 무술戊戌 조조詔」(68쪽).
56 【옮긴이 주】: '개원'은 당의 제6대 황제 현종(재위 712~756)의 두 번째 연호(713~741)이다.
57 【옮긴이 주】: '제除'는 '손孫'의 오기이다(주 58 참조).

부과하고[課種], 3년이면 심는 것을 마친다[種畢]. 향토鄕土가 (이러한 나무를 심는데) 적합하지 않은 때에는 적합한 나무를 심어 채우게 한다. 5품 이상에게 지급하는 영업전은 모두 협향狹鄕에서 수수收受할 수 없고, 관향寬鄕의 멀리 떨어진 주인이 없는 황지荒地로 충당한다. 그리고 6품 이하(에게 지급하는) 영업전은 본향本鄕의 공전公田을 취해서 충당하는 것을 허락하고[聽], 관향에서 취하기를 원한 때에는 또한 허락한다."[58]

동시에 『통전通典·식화食貨·전제田制 하下』에도 당조의 토지매매에 관한 규정이 기재되어 있다. "무릇 토지를 파는[賣地] 자는 본래의 제도를 위반할 수 없다. 비록 협향에 거주하더라도 또한 관향법[寬制]에 의거하면 허락한다[聽]. 그 산[賣] 자는 다시 신청[淸][59]할 수 없다."[60]

『송형통·호혼률』「호절자산문戶絕資産條[61]」에는 당唐 개성開成[62] 원년(836년)에 발포한 칙령敕令에 출가한 딸[出嫁女]의 계승권에 관한 규정이 수록되어 있다. "지금 이후 만약 백성 및 제색인諸色人이 사망하여 (호가) 단절되고, 아들[子]이 없고 여자만 있는 경우, 이미 출가한 자라도 영의 규정[令文]에 따라 자산을 받을 수 있다."[63]

5. 소송법訴訟法

당조의 소송법은 상당히 발달하였고, 내용도 적지 않았지만, 『당대조령집唐大詔令集·정사政事·은유恩宥』에만 사면赦免에 관한 규정이 30여 조條가 있고, 내용은 '곡사曲赦'·'대사大赦'·'유유宥' 등 여러 종류[數種]가 포괄되어 있다. 여기서도 세 가지 사례만을 선록選錄해서 증명하고자 한다.

『당대조전唐大詔全[64]集·정사·은유1』에는 「정관貞觀 9년(635년) 3월 대사大赦」의 조령詔令이 기록되어 있는데, 이 조령에서는 "정관 9년 3월 16일, 날이 밝기[昧爽] 이전부터 대벽죄大辟罪 이하는 모두 사면한다[赦除]. 그러나 일반사면[常赦]에서 사면되지 않은[不免] 자는 사면의 법례[赦例]에 있지 않다. 환과고독鰥寡孤獨으로 자존自存할 수 없는 자는 소재의 관사官司에서 헤아려[量] 진휼賑恤을

---

58 【옮긴이 주】: [당唐]두우杜佑 찬撰, 왕문금王文錦·왕영흥王永興·유준문劉俊文·서정운徐庭雲·사방謝方 점교點校, 『통전』권2, 「식화食貨2」「전제하田制下」「대당大唐·개원25년령開元二十五年令」(30쪽).
59 【옮긴이 주】: '정淸'은 '청聽'의 오기이다(주 60 참조).
60 【옮긴이 주】: [당唐]두우杜佑 찬撰, 왕문금王文錦·왕영흥王永興·유준문劉俊文·서정운徐庭雲·사방謝方 점교點校, 『통전』권2, 「식화食貨2」「전제田制 하」「대당大唐·개원25년령開元二十五年令」(31쪽).
61 【옮긴이 주】: '조條'는 '문門'의 오기이다(주 63 참조).
62 【옮긴이 주】: '개성'은 당의 제14대 황제 문종(재위 827~840)의 두 번째 연호(836~840)이다.
63 【옮긴이 주】: [송宋]두의竇儀 등等 찬撰, 오익여吳翊如 점교點校, 『송형통』권12, 「호혼률」「호절자산문」「당唐 개성開成 원년(836) 7월 5일 칙절문敕節文」(198쪽).
64 【옮긴이 주】: '전全'은 '영令'의 오기이다(주 65 참조).

추가한다[加]"⁶⁵라고 규정하였다.

『당대조령집·정사·은유1』에도 개원開元 8년(720년) 9월에 공포된 「유경성죄인칙有京城罪人敕」이 기재되어 있는데, 이 칙에서는 "경성京城 내의 범죄인 등은 이전의 영令으로 안핵按覈하고, 그 가운데 위조죄僞造罪의 수범首犯이나 사람을 모살謀殺한 죄를 범하여 사형에 처해야 하는 자는 장杖10에 처하고 영남嶺南의 험악한 지역[惡處]으로 배류配流한다. 잡다한 범죄로 사죄死罪로 판결되어 결일돈면사決一頓免死에 처해진 자는 먼 지역[遠處]으로 배류하고, 잡범으로 유이流移해야 하는 자는 각각 1년을 감경한다. 장죄杖罪 이하는 모두 사면한다[免]"⁶⁶라고 규정하였다.

『당대조령집·정사·은유4』에도 대화大和⁶⁷ 8년(834년) 12월에 반행된 「곡사경기덕음曲赦京畿德音」이 기재되어 있는데, 거기에서는 "중앙[京]의 모든 관사[百司] 및 기내畿內의 모든 현縣에 수금된[禁囚] 죄수[徒] 가운데 사죄死罪를 범한 자는 특별히 유형流刑으로 강등하고, 유형 이하는 차례로 1등을 감경한다. 만약 관전官錢에 부채가 있지만[欠負] 정상이 매우 간악하지[巨蠹] 않은 때에는 납부한다는 보증만 받고 수금[禁系]해서는 안 된다. 오직 사람을 고살故殺하였거나 관직에 있으면서 장죄贓罪를 범한 때에는 이 범주[限]에 포함되지 않는다"⁶⁸라고 규정하였다.

이상 열거한 사료들을 통해 당조에도 조직법·행정법·경제법·민법과 소송법 등 여러 부문법部門法이 있었고, 그것들은 모두 스스로 조정調整하는 사회관계와 독특한 내용이 있었으며, 게다가 모두 당률·영·격·격·식 중에 포함되지 않았다는 것을 증명할 수 있다. 이로써 당조에는 다수의 부문법이 있었고, (당대는) 단일 형법의 시대가 아니었음을 알 수 있다. 당조에서는 율·영·격·식의 내용이 모두 형법에 속하였기 때문에 오직 형법만 있었고 그 이외의 부문법은 존재하지 않았다고는 결코 말할 수 없다. 당연히 이상의 이들 부문법과 비교하면, 당조의 형법은 더욱 발전하였고, 체계·내용 방면에서도 더욱 계통적이었고 완벽하였다. 당조의 형법은 각 부문법 가운데 수위首位를 차지하였는데, 이점도 중국고대 전全시기의 중형경민重刑輕民, 즉 형을 중시하고 백성을 경시하는 상황과 부합한다고 볼 수 있다.

---

65 【옮긴이 주】: [송宋] 송민구宋敏求 편編, 홍비모洪丕謨·장백원張伯元·심오대沈敖大 점교點校, 『당대조령집』(상해上海: 학림출판사學林出版社, 1992)권83, 「정사政事」「은유恩宥1·정관貞觀 9년(635) 3월 대사大赦」(433쪽).
66 【옮긴이 주】: [송宋] 송민구宋敏求 편編, 홍비모洪丕謨·장백원張伯元·심오대沈敖大 점교點校, 『당대조령집』권83, 「정사」「은유1·유경성죄인칙(개원開元 8년 9월)」(434쪽).
67 【옮긴이 주】: '대화'는 당의 제14대 황제 문종文宗(재위 827~840)의 첫 번째 연호(827~835)이다.
68 【옮긴이 주】: [송宋] 송민구宋敏求 편編, 홍비모洪丕謨·장백원張伯元·심오대沈敖大 점교點校, 『당대조령집』권86, 「정사」「은유4·곡사경기덕음(대화大和 8년 12월)」(442쪽).

제3절 『당률소의·잡률雜律』「위령조違令條」 및 그 「소의」에 대한 이해와 상관相關에 관한 여러 문제

『당률소의·잡률』「위령조」 및 그 「소의」에 대해서 정확하게 이해하는 것은 매우 중요하다. 그것은 당령唐令·식式의 법률 성질 등 수많은 문제와 직접 관계되기 때문이다.

먼저 본 조의 율조律條를 보기로 한다. 『당률소의·잡률』「위령조」에서는 "무릇[諸] 영을 위반한[違令] 자는 태笞50에 처한다. 주에서 말하기를[注曰]⁶⁹ 영令에는 금제禁制가 있지만, 율律에는 죄명罪名이 없는 것을 말한다. 별식別式은 1등을 감경한다"⁷⁰라고 규정하였다.

이 율조에 관해서는 주목할 만한 세 가지 문제가 있고, 오해해서는 안 된다. 첫째, 율조 중의 '제諸'는 '무릇[凡]' 또는 '모두[所有]'로 이해해야 하고, "전체를 포함한다"라는 의미를 내포하고 있다. 둘째, 율조에서 가리키는 '위령違令' 행위는, 그것들이 당령唐令에는 금지 규정이 있지만, 당률에는 또 명문明文 규정이 없는 행위를 가리키고, 모든 위령 행위를 가리키는 것이 아니며, 게다가 당률에 명문 규정이 있는 위령 행위를 가리키는 것도 아니다. 셋째, 율조에서 말하는 '별식'은 당식唐式을 위반한 행위를 가리키는데, 마찬가지로 그것들이 당식에는 금지 규정이 있지만, 당률에는 또 명문 규정이 없는 행위를 가리킨다. 따라서 본 율조의 정확한 해석은 "무릇[凡] 위령違令한 경우에는(영令에는 금지하고 있지만, 율律에는 또 죄명이 없는 정황을 가리킨다) 태50에 처하고, 위식違式한 경우에는 위령보다 1등을 감경해서 처벌한다"⁷¹가 되어야 한다.

다음으로 본 율조의 「소의」를 보기로 한다. 『당률소의·잡률』「위령조」「소의」에서는 율조의 관련이 있는 문제에 대해서 다음과 같이 해석하였다. "소의에서 말한다. '영令에는 금제禁制가 있다'라는 것은, 의제령儀制令⁷²에서 '길을 가는 때[行路], 천인賤人은 귀인貴人을 피하고, 가는 자[去]는 오는 자[來]를 피한다'라고 하는 것 등[之類]을 말하고, 이것이 '영에는 금제가 있지만, 율에는 죄명이 없다'라는 것이며, 위반한 자는 태笞50에 처한다. '별식은 1등을 감경한다'라는 것은 예부식禮部式에서 '5품 이상은 자색紫色을 입고, 6품 이하는 주색朱色을 입는다'라고 한 것 등[之類]이 있는데, 식式의 규정을 위반하고 (금지한) 복색을 입은 자는 태40에 처한다는 것을 말한다. 이것이 '별식은 1등을 감경한다'라고 한 것이다. (그) 물건[物]은 그대로 몰관沒官한다."⁷³

---

69 【옮긴이 주】: '주왈注曰'이 원문에는 없다(주 70 참조).
70 【옮긴이 주】: 이상 『역주율소 - 각칙(하) - 』「잡률61」(제449조)「위령조」 및 「주」, 3276쪽.
71 전대군錢大群, 『당률역주唐律譯注』, 강소고적출판사江蘇古籍出版社, 1988년판年版, 357쪽.
72 【옮긴이 주】: '의제령'은 니이다 노보루仁井田陞, 『당령습유唐令拾遺』「의제령 29조」(510쪽)를 가리킨다.
73 【옮긴이 주】: 『역주율소 - 각칙(하) - 』「잡률61」(제449조)「위령조」「소의」, 3276~3277쪽.

이 「소의」에서 특히 주의해야 하는 것은, 그 속에 인용된 「의제령」과 「예부식」의 두 가지 규정은 모두 일종의 사례들인데, 당령·식에는 이 두 가지 규정과 같은 그러한 상황, 즉 당령·식에는 "금제가 있지만", "율에는 죄명이 없다"라는 상황이 다수 존재한다는 것을 설명하고자 한 점이다. 이러한 상황에 대해서는 모두 위령違令 혹은 위식違式으로 처벌을 가해야 하였고, (그것이) 즉 태50 또는 태40이었다. 그러므로 오직 이 두 가지 규정은 위령 또는 위식 규정에만 적용하였을 뿐이고, 그 이외의 당령·식에는 금제가 있지만, 율에는 죄명이 없는 상황에는 모두 위령 또는 위식 규정을 적용하지 않은 것으로 이해해서는 절대 안 된다. 나[筆者]는 이 문제에 관하여 아래와 같이 해석하는 것이 비교적 정확하다고 생각한다. "소의에서 논한다. '법령에는 금지규제가 있다'라는 것은 「의제령」에서 '길을 가는 때 비천한 사람은[74] 오는 사람을 피해야 한다'라고 한 규정 등을 말하고, 이것이 '법령에는 금지규제가 있지만, 법률에는 죄명이 없다'라고 한 것으로, 영令을 위반한 경우에는 태50에 처해야 한다. '다른 식문式文의 규정을 위반한 경우에는 1등을 감경한다'라는 것은 「예부식」의 규정에 따라 '5품 이상 관원은 자색 공복公服을 입고, 6품 이하 관원은 홍색 공복을 입는다'라고 하는 것 등으로서, 이러한 식문式文의 규정을 위반하고 (금지한) 복색을 입은 경우에는 태40에 처하는 것을 말한다. 이것이 '다른 식문의 규정을 위반한 경우에는 1등을 감경한다'라고 한 것이다. 착용한 바의 규정된 복색에 맞지 않은 의복에 대해서는 그대로 몰수하여 관官으로 귀속시킨다."[75]

사실 당령·식을 위반하였지만, 율에 죄명에 관해서 규정이 없는 행위들도 다수 존재하였고, 모두 상술한 위령違令·위식違式의 규정에 따라 태50·태40의 처벌을 받아야 하였으며, (따라서) 겨우 「의제령」과 「예부식」의 두 가지 규정만 있었던 것은 아니다. 『당률소의』에는 이외에도 위령·위식에 준準해서 처벌한다고 규정한 조문이 적지 않았는데, 아래에서는 각각 두 개의 조문 규정을 적록摘錄해서 보기로 한다.

예컨대 『당률소의·천흥』 「사유금병기조私有禁兵器條」의 규정에 의하면, 무릇 타인이 유실遺失한 금병기禁兵器·투구와 갑옷[盔甲]·조복朝服을 습득하고 30일 내에 관부官府에 넘기지 않은 경우에는 금병기를 사유私有한 규정에 따라 처벌하여, 만약 "유실한 물건[闌遺]을 습득하고 30일이 경과할 때까지 관官에 보내지[送] 않은 자는 사유한 법과 같다[同私有法]"[76]라고 하였고, 그 양형量刑의 폭은

---

74 【옮긴이 주】: "비천한 사람은" 다음에 "존귀한 사람을 피해야 하고, 가는 사람은"을 첨가해야 정확한 문장이 된다.
75 조만지曹漫之 주편主編, 『당률소의역주唐律疏議譯注』, 길림인민출판사吉林人民出版社, 1989년판年版, 937~938쪽.
76 【옮긴이 주】: 『역주율소 - 각칙(상) - 』 「천흥20」(제243조) 「사유금병기조」 「주」, 2373쪽.

도형徒刑과 교형絞刑의 사이였다.⁷⁷ 그러나 본 율조에서는 30일 내에 넘기지 않은 행위에 대해서 어떻게 처벌하였는지 규정하고 있지 않다. 그런데 본 조 「소의」⁷⁸에서는 「군방령軍防令」⁷⁹의 규정을 원용援用하여 위령違令으로 처벌해야 한다고 보았다. "'만약 유실된 물건[闌遺]을 습득하고 30일이 경과하도록 관官에 보내지 않았다'라는 것은 금병기 이하를 습득하였는데 31일 째에도 관에 보내지 않은 것을 말하고, 사유한 법과 같다[同私有法]. '30일이 경과할 때까지'라고 하였기 때문에 만약 30일 내인 때에는 이 죄에 해당하지 않는다. 또 군방령軍防令에 의하면 '유실한 갑甲·장仗을 습득하였다면 모두 즉시 관에 보내야한다[輸官]'라고 하였기 때문에 보내지[送輸] 않은 자는 '위령違令'에 따라 태笞50에 처한다."⁸⁰

『당률소의·투송』「월소조越訴條」의 규정에서는 무릇 월소越訴한 경우 및 월소한 것을 수리受理한 경우에는 모두 단죄斷罪되어야 하였는데, (양형의) 폭은 태형과 장형의 사이였다.⁸¹ (그런데) 본 율조에서도 "(항소抗訴·불복不服)장狀을 청請해서 상소上訴하려 하는데 장을 지급하지 않은" 행위에 대해서 어떻게 처리하였는지 규정하고 있지 않다. 그러나 본 조 「소의」에서는 이에 대해서 설명하여 위령違令으로 과죄科罪해야 한다고 보았다. "만약 주州를 건너뛰어 소송하였는데 고발을 접수한 관원이 판결을 현縣에 넘겨 조사하고 담당케 한 경우에는 처벌하지 않는다. (항소·불복)장을 청請해서 상소하려 하는데 장을 지급하지 않았다면 '위령違令'⁸²으로 과단科斷해서 태50에 처한다."⁸³

『당률소의·천흥』「교열위기조校閱違期條」에서는 전문적으로 대집교열大集校閱⁸⁴ 때 기한을 위반

---

77 【옮긴이 주】: "양형의 폭은 도형과 교형의 사이였다"라는 것은 『역주율소-각칙(상)-』「천흥20」(제243조) 「사유금병기조」에서 "무릇 금병기를 사유한 자는 도1년반에 처한다. 노弩 1장張을 사유하였다면 2등을 가중하고, 갑甲 1령領을 사유하였거나 노弩 3장을 사유하였다면 유2000리에 처한다. 갑甲 3령이나 노 5장을 사유하였다면 교형에 처한다"(2371~2372쪽)라고 한 규정을 통해 알 수 있다.

78 【옮긴이 주】: '「소의」'는 '주·소의'이다(주 80 참조).

79 【옮긴이 주】: '군방령'은 니이다 노보루仁井田陞, 『당령습유唐令拾遺』「군방령 26조」(380쪽)를 가리킨다.

80 【옮긴이 주】: 『역주율소-각칙(상)-』「천흥20」(제243조)「사유금병기조」「주·소의」, 2373쪽.

81 【옮긴이 주】: "(양형의) 폭은 태형과 장형의 사이였다"라는 것은 『역주율소-각칙(하)-』「투송58」(제359조)「월소조」에서 "무릇 월소越訴한 자 및 (이것을) 수리한 자는 각각 태40에 처한다. 만약 수리해야 하는데 구실을 대어 억누르고[推抑] 수리하지 않은 자는 태50에 처한다. 세 건[三條]마다 1등을 가중하고, 열 건[十條]이었다면 장90에 처한다. 만약 거가車駕를 기다렸거나[邀] 등문고登聞鼓를 쳤거나 또는 상표上表해서 소원訴願하였는데 주관하는 관원[主司]이 즉시 수리하지 않은 때에는 1등의 죄를 가중한다. 그러나 거가를 기다려 소원訴願하다가 부오部伍 내內로 난입闌入한 때에는 장60에 처한다"(3143~3145쪽)라고 한 규정을 통해 알 수 있다.

82 【옮긴이 주】: '위령'죄에 대한 양형은 『역주율소-각칙(하)-』「잡률61」(제449조)「위령조違令條」에서 "무릇 영을 위반한 자는 태50에 처한다"(3276쪽)라고 한 규정에 보이듯이, '태50'이다.

83 【옮긴이 주】: 『역주율소-각칙(하)-』「투송58」(제359조)「월소조」「소의」, 3144쪽.

84 【옮긴이 주】: '대집교열'에 대해서 『역주율소-각칙(상)-』「천흥6」(제229조)「교열위기조」「소의」에서는

하고 도착하지 않은 행위를 처벌하였는데, 그 양형量刑의 폭은 장형과 도형 사이였다.[85] (하지만) 본 율조에서도 마찬가지로 절충부折衝府가 거행하는 교열에 참가하지 않은 행위에 대해서 어떻게 처리하였는지 규정하고 있지 않다. (그러나) 본 조「소의」에서는 "그러나 절충부折衝府의 교열은 식式에 규정이 있고, 도착하지 않은 자는 각각 '위식'죄에 준한다[準違式之罪]"[86]라고 해석하여, 이것을 일종의 위식 행위로 간주해서 위식으로 처벌해야 한다고 하였기 때문에 태笞40에 처해졌다.[87]

『당률소의·천흥』「핍군흥조乏軍興條」에서는 군대의 정토征討에서 조발調發하는데 시간을 지체해서 그르친 행위를 금지하였고, (위반한 경우) 형벌은 교형絞刑[88] 또는 장형이었다.[89] (다만) 본 율조에서도 아직 종군정토從軍征討하지 않은 때, 행군 용구行軍用具 등을 찾아 구하는 것이 일종의 위법 행위인지 아닌지에 대해서 언급하고 있지 않다. 그러나 본 조「소의」에서는 이것을 일종의 위식違式 행위로 인정하여 태40에 처해야 한다고 규정하였다. "(병사가) 몸에 지녀야 하는 물품 일곱 가지[隨身七事]와 화구火具·천막天幕·행군 용구[行具] 등 세소細小한 물품이 군대의 정토에 임하여[臨軍征討] 결핍된 바가 있는 경우, (그중) 하나라도 갖추어지지 않았다면[一事不充] 장杖100에 처한다는 것을 말한다. 주注에서 '군대의 정토에 임하여'라고 한 것은 또한 전투에 임해서는 따로 구할 수 없는 것을 근거로 한 것이다. 만약 종군從軍하지 않았다면 아직 찾아 구하는 것은 허용하되, 바로 '위식' 규정[違式法]에 따른다."[90]

사실 이러한 위령違令·위식違式 형식으로 제재하는 범죄 행위, 즉 당령·식은 위반하였지만, 당률은 위반하지 않은 범죄 행위는 그 수량이 매우 많았다. 이처럼 위령·위식의 형식을 사용해서

"『춘추』의 대의大義에 '봄에는 수蒐라는 사냥을 하고, 여름에는 묘苗라는 사냥을 하며, 가을에는 선獮이라는 사냥을 하고, 겨울에는 수狩라는 사냥을 하는데, 모두 농한기를 이용해서 대사大事(군사훈련)를 한다'라고 하였으니, 곧 지금의 '교열'이 이것이다. 또 황제가 몸소 행차하는 것, 이것을 '대집교열'이라고 한다"(2352쪽)라고 해석하였다.

85 【옮긴이 주】: "양형의 폭은 장형과 도형 사이였다"라는 것은 『역주율소 - 각칙(상) - 』「천흥6」(제229조)「교열위기조」에서는 "무릇 대집교열하는데 기한을 위반하고 도착하지 않은 자는 장100에 처하고, 3일日마다 1등을 가중한다. 주수主帥가 범한 때에는 2등을 가중한다. 만약 (황제의 행차에) 차출되어 종행從行해야 하는데 기한을 위반한 자는 각각 1등을 감경한다"(2352쪽)라고 한 규정을 통해 알 수 있다.
86 【옮긴이 주】: 『역주율소 - 각칙(상) - 』「천흥6」(제229조)「교열위기조」「소의」, 2353쪽.
87 【옮긴이 주】: 『역주율소 - 각칙(하) - 』「잡률61」(제449조)「위령조」에서는 "무릇 영을 위반한[違令] 자는 태50에 처한다. 별식別式은 1등을 감경한다"(3276쪽)라고 규정하여, 위식違式 행위는 태40에 처해지고 있다.
88 【옮긴이 주】: '교형'은 '참형斬刑'의 오기이다(주 89 참조).
89 【옮긴이 주】: "형벌은 참형 또는 장형이었다"라는 것은 『역주율소 - 각칙(상) - 』「천흥7」(제230조)「핍군흥조」에서 "무릇 군대를 징발하여 정토하는 때 군수물자의 조발調發을 지체해서 궐闕한 행위[乏軍興]를 범한 자는 참형에 처하고, 고의[故]든 과실[失]이든 (죄는) 같다[等]. 군사 장비를 갖추지 않은 자는 장100에 처한다"(2353~2354쪽)라고 한 규정에 보인다.
90 【옮긴이 주】: 『역주율소 - 각칙(상) - 』「천흥7」(제230조)「핍군흥조」「소의」, 2354쪽.

제재를 가한 범죄 행위는 그 수량이 당률에 규정된 범죄 행위를 크게 초과하였다고 볼 수 있다. 왜냐하면 당령·식의 수량은 매우 많았지만, 당률에 규정되어 죄상罪狀이 열거되지 않은[91] 것은 극소수에 불과하였기 때문이다. 『당육전唐六典·형부刑部』의 기록에 의하면, 당령은 "나누어 30권卷이 되고",[92] "모두 1546조條이며",[93] 당식도 "(모두) 33편篇이다."[94] 당률은 「명례율」 이외에 오직 443조(또는445조)·11편으로만 되어 있기 때문에 근본적으로 대다수의 당령·식을 위반한 범죄 행위를 규정할 수 없었다. 이 때문에 『당률소의·잡률』「위령조違令條」에서는 대다수의 영·식을 위반한 범죄 행위를 처벌하고자 하였는데, 이러한 범죄 행위는 당령·식의 규정은 위반하였지만, 당률에는 또 명문 규정이 없었다. 이것을 통해서도 이 「위령조」는 범죄를 처벌하고 당조의 통치 질서를 유지·보호하는 측면에서 그 작용과 지위가 과소평가될 수 없고, 매우 중시되어야 한다는 것을 알 수 있다.

당령과 당식의 영조令條와 식조式條에는 법정형法定刑의 내용이 없기 때문에 그 형법적인 성질을 부인否認할 수 있을까? 부인할 수 없다. 법학이론에서는 법률 규범이 통상 가설假說·처리處理·제재制裁의 세 부분으로 구성되었다고 한다. 구체적인 법조法條에서 보면, 종종 그 가운데 한 부분이 부족할 수 있고, 이 부족한 부분은 다른 법조 속에 규정되어 있다. 형법각칙刑法各則의 법조도 이와 같았다. 이러한 법조는 통상 죄상罪狀과 법정형法定刑의 두 부분으로 구성되었다. 죄상 부분은 가설과 처리 부분에 상당하였고, 법정형 부분은 제재 부분에 상당하였다. 만약 형법각칙의 하나의 법조 중에 법정형 부분을 규정하지 않았다면, 틀림없이 그 이외의 법조에 규정되었을 것이다. 왜냐하면 법정형은 형법각칙의 법조에서 불가결한 구성 부분이었기 때문이다. 당조唐朝의 형법각칙의 법조도 이와 같았다. 당령·식을 위반한 행위는 모두 형벌의 처벌을 받아야 했는데, 법정형과 관련된 규정은 대체로 두 부분으로 나눌 수 있다.

한 부분은, 당령·식을 위반하였지만, 당률에서 구체적으로 상응하는 조문을 찾을 수 있다면 당률의 상응하는 규정에 따라 처벌하였다. 예컨대 「전령田令」[95]에서는 "환수·지급해야 하는 토지[收授之田]는 매년 10월 1일부터 시작한다. 이정里正은 미리 조사하여 문서를 작성하고, 음력 11월이 되면 현령縣令은 환수[退]·지급[授]해야 하는 사람을 모두 모아[總集] 쌍방 앞에서 지급한다"[96]

---

91 【옮긴이 주】: "죄상이 열거되지 않은"은 "죄상이 열거된"으로 수정하는 것이 문맥상 타당하다.
92 【옮긴이 주】: 김택민 주편, 『역주당육전 상』권6, 「상서형부」(570쪽).
93 『구당서·형법지』의 기록에 의하면, 당 태종唐太宗 정관貞觀 11년(637원元[원元은 년年의 오기])에 간정刊定한 당령은 30권, 1590조로서 『당육전·형부』에 기재된 숫자보다 조금 많다.
　　【옮긴이 주】: 김택민 주편, 『역주당육전 상』권6, 「상서형부」(570쪽).
94 【옮긴이 주】: 김택민 주편, 『역주당육전 상』권6, 「상서형부」(578쪽).
95 【옮긴이 주】: '전령'은 니이다 노보루仁井田陞, 『당령습유唐令拾遺』「전령田令 22조」(636쪽)을 가리킨다.

라고 규정하였고, 이 규정을 위반하였다면, 당률은 그 형사책임을 추궁해야 하였다. 즉 『당률소의·호혼』「이정수전과농상위법조里正授田課農桑違法條」에서는 "만약 (토지를) 받아야 하는데[受] 지급하지 않았거나[不授], 환수[還]해야 하는데 환수[收]하지 않았거나, 권과勸課해야 하는데 권과 하지 않았거나, 이와 같은 일로 법을 위반한 경우에는 1사事를 과실할 때마다 태笞40에 처한다"[97]라고 규정하였다. 또 예컨대「직방식職方式」에서는 "봉수 놓는 것[放烽]을 다 마쳤지만, 다음 봉수[前烽]가 올라오지 않으면 즉시 연락병[脚力]을 보내어 가서 알리게 한다"[98]라고 규정하였고, 이 규정을 위반한 경우에도 당률의 형사책임을 추궁받아야 하였다. 즉 『당률소의·위금』「봉후불경조烽候不警條」에서는 "무릇 봉후烽候로 신호하지[警] 않음으로써 구적寇賊이 변경을 침범하게 하였거나, 봉수烽燧를 올려야 하는데 올리지 않았거나, 많은 봉수[多烽]를 놓아야 하는데 적은 봉수[少烽]를 놓은 자는 각각 도徒3년에 처한다. 만약 봉수 놓는 것은 이미 다 마쳤지만, 다음 봉수[前烽]가 올라가지 않는데도 즉시 가서 알리지 않은 자는 죄 또한 이와 같다[如之]"[99]라고 규정하였다.

또 한 부분은 당령·식을 위반하였지만, 당률에서 구체적으로 상응하는 조문을 찾을 수 없다면 당률「위령조違令條」의 규정에 따라 형사책임을 추궁하였고, 법정형은 태笞50 또는 40이었다. 이러한 상황은 매우 많았고, 위에서 서술한 바와 같다.

종합하면, 당령·식을 위반하였다면 모두 형사책임을 추궁당하여 형벌의 처벌을 받아야 하였지만, 법정형이 다를 뿐이었다. 형법학이론에서는 형법규정을 위반한 범죄 행위에 대해서만 형벌을 시행할 수 있고, 형벌을 시행한 행위는 확실히 형법을 위반한 범죄 행위인 것을 말해 준다. 당령·식을 위반한 행위는 모두 형벌로 처벌되어야 하였고, 따라서 그것들의 형법적 성질도 확실하였다.

마지막으로, 언급해야 하는 것은, 형법은 다른 부문법과 몇 가지 명확한 차이가 있었는데, 그 가운데 하나는 그것이 조정하는 사회관계가 특히 광범위해서 제재하려는 범죄 행위는 각 부문법

---

96 『당률소의·호혼』「이정수전과농상위법조里正授田課農桑違法條」「소의」.
  【옮긴이 주】: 『역주율소 - 각칙(상) - 』「호혼22」(제171조)「이정수전과농상조里正授田課農桑條」「소의」, 2241쪽.
97 【옮긴이 주】: 『역주율소 - 각칙(상) - 』「호혼22」(제171조)「이정수전과농상조」「소의」, 2240쪽.
98 『당률소의·위금』「봉후불경조烽候不警條」「소의」.
  【옮긴이 주】: 『역주율소 - 각칙(상) - 』「위금33」(제90조)「봉후불경조」「소의」, 2095쪽.
99 【옮긴이 주】: 『역주율소 - 각칙(상) - 』「위금33」(제90조)「봉후불경조」, 2094~2095쪽. 이어지는 규정은 다음과 같다. "이 때문에 호구戶口·군인軍人·성수城戍를 함락陷落·패퇴敗退시킨 경우에는 교형에 처한다. 만약 봉수를 올리지 말아야 하는데 올렸거나, 혹은 적은 봉수를 올려야 하는데 많은 봉수를 올렸거나, 봉수대 주위 2리里 내에서 함부로 연기나 불을 피운 자는 각각 도1년에 처한다"(2095~2096쪽).

이 조정하는 사회관계를 엄중하게 위해危害한 행위였다는 점이다. 즉, 형법 이외의 각 부문법은 모두 각자 특유의 어떤 사회관계를 조정하는 경우에 특정한 제재방식(당연히 비형사적 제재방식이다)을 사용해서 각각의 부문법 규정을 위반한 행위에 대해 제재를 가하였다. 그러나 이러한 행위가 각각의 부문법이 조정하는 사회관계를 엄중하게 위해해서 범죄 수준에 도달하였을 때, 이들 행위는 재차 각각의 부문법으로 조정하지 못하고 형법이 조정하게 되어 형벌로 처벌하였다. 이처럼 형법이 조정하는 사회관계는 특히 광범위해서 다른 부문법이 조정하는 사회관계를 포함하였다. 이 때문에 "영은 존비·귀천의 등급을 정한 것이고 국가의 제도를 규정한 것이다[令者 尊卑貴賤之等數 國家之制度也]. 격은 백관·유사가 항상 시행해야 하는 사무를 규정한 것이며[格者 百官有司之所常行之事也], 식은 (백관·유사가) 항상 준수해야 하는 규정이다[式者 其所常守之法也]"[100]라고 하여, 조정하는 사회관계는 달랐지만, 이것이 결코 그것들의 형법적 성질을 저해沮害하지 않는다. 왜냐하면, 당조의 형법이 조정하는 범위가 본래 매우 광범위하여 당령·격·식이 조정하는 대상을 포괄하였기 때문이다. 이 점에 대하여 『신당서·형법지』에서는 일찍이 "무릇 국가의 정치[邦國之政]는 반드시 이 세 가지(영·격·식)에 따라 집행되어야 한다. 이 세 가지를 위반하였거나 사람이 악행을 범하여 문죄問罪하는 경우에는 오로지 율로써 단옥한다[一斷以律]"[101]라고 응답하였는데, 이 말은 잘못되지 않았다.

---

100 『신당서·형법지』.
　　【옮긴이 주】: 『신당서』권56, 「형법지」(1407쪽). 전체 문장은 제13장 주 4 참조.
101 【옮긴이 주】: 『신당서』권56, 「형법지」(1407쪽). 전체 문장은 제13장 주 4 참조.

제17장
당률의 조표條標[1]

현존하는 당률의 조표의 수량數量은 율조律條의 수량과 일치하여 모두 502조이다.[2] 이들 조표 중에는 탐구할 만한 문제가 적지 않다.

제1절 당률 조표의 배열형식

당률은 형법전刑法典으로서, 그 조표는 형법전의 형식에 따라 배열되었다.

「명례율」은 당률의 총칙이기 때문에 조표는 형법총칙의 형식에 따라 안배되었고, 반영된 것은 당률의 원칙과 형벌 등에 관한 규정인데, 주로 이하의 여러 방면이 있다.

첫째, 형벌에 관한 것이다. 형벌이 반영된 조표는 「명례율」의 한 부분이다. 이들 조표는 「명례율」의 첫 부분[首位]에 배열되었는데, 「태형오笞刑五」·「장형오杖刑五」·「도형오徒刑五」·「유형삼流刑三」·「사형이死刑二」 등이 그것에 속하였다.

둘째, 중점적으로 단속하는 범죄에 관한 것이다. 당률이 중점적으로 단속한 열 가지[十種] 엄중한 범죄가 반영된 조표도 「명례율」의 한 부분이다. 이 「십악조十惡條」는 형벌에 관한 조표 다음에 배열되었다.

셋째, 각종 사법특권司法特權에 관한 것이다. 각종 사법특권이 반영된 조표도 마찬가지로 「명례율」의 한 부분이다. 이러한 조표는 비교적 많고, 「팔의자八議者」·「황태자비皇太子妃」·「칠품이상지관七品以上之官」·「응의청감應議請減」·「관당官當」 등이 여기에 속하였다.

---

1 【옮긴이 주】: '조표'는 '조문條文의 표제標題'라는 뜻으로서, 근래 중국에서 법조문 앞에 제시되고 있는 새로운 용어이다. 다만, 이 용어는 현재 중국에서 일반화되어 있지 않고, 우리에게 익숙한 '조명條名' 또는 '표제'로 환치換置해도 되지만, 원서에 입각해서 그대로 두었다.
2 본문은 유준문劉俊文이 점교點校한 『당률소의唐律疏議』(중화서국中華書局, 1983년판年版)를 범본範本으로 하였다.

넷째, 행정제재行政制裁 방식에 관한 것이다. 「명례율」에는 행정제재 방식에 관한 조표도 있다. 이러한 조표는 그 수량이 많지 않고, 「제명除名」·「면관免官」·「면소거관免所居官」 등이 그러하였다. 내용 면에서 보면, 이러한 제재방식은 모두 부대적인 성질을 가지고 있었기 때문에 형사刑事에 부대附帶하는 행정제재 방식이었다.

다섯째, 용형用刑의 특수한 처리방식에 관한 것이다. 「명례율」에 이러한 조표는 수량이 적지 않고, 「유배인재도회사流配人在道會赦」·「범사죄응시가무기친성정犯死罪應侍家無期親成丁」·「범도응역가무겸정犯徒應役家無兼丁」·「노소급질유범老小及疾有犯」 등이 여기에 속하였다.

여섯째, 그 밖의 원칙에 관한 것이다. 이러한 조표는 수량이 가장 많고, 자수自首·공범共犯·동거자同居者의 상용은相隱·화외인化外人 범죄, 단죄斷罪에 명문明文이 없는 규정 등 많은 방면에 걸쳐 있었다. 예컨대 「범죄미발자수犯罪未發自首」·「공범공망포수共犯共亡捕首」·「공범죄조의위수共犯罪造意爲首」·「공범죄본죄별共犯罪本罪別」·「동거상위은同居相爲隱」·「화외인상범化外人相犯」·「단죄무정조斷罪無正條」 등은 모두 이러한 유형類型에 속하였다.

이 외에도 각종 개념의 함의含意 또는 명칭이 사용된 경우도 있다. 이러한 조표는 「명례율」의 가장 뒷부분에 배열되었고, 주로 「칭기친조부모등稱期親祖父母等3」·「칭반좌죄지등稱反坐罪之等4」·「칭감림주수稱監臨主守」·「칭가감稱加減」·「칭도사여관稱道士女官」 등이 그것이었다.

「명례율」의 조표 및 그 배열을 보면, 형벌이 첫째가 되었고, 이어서 국가가 중점적으로 단속하는 열 가지[十類] 범죄, 다음으로 각종 원칙, 마지막으로 여러 개념의 함의 또는 명칭의 사용이라는 순서로 되었던 것을 알 수 있다. 기본적인 배열순서는 중요도에 따라 차례가 정해졌기 때문에 비교적 중요한 것은 앞에 배열되었고, 그 반대인 경우는 뒤에 배열되었다.

「명례율」 이외의 나머지 11율[5]은 당률의 각칙各則이다. 이 11율의 조표의 배열에는 각각 규칙이 있었다.

첫째, 율명律名에 따라서 유형별類型別로 조표가 분포되었다. 「위금률」을 예로 들면, 그 조표에는 주로 두 가지 유형이 있었다. 첫 번째 유형은 묘廟·능陵·궁宮·전殿 등을 침해한 범죄 행위에 대해서 단속한 것으로, 「난입궁전문급상합闌入宮殿門及上閤」·「궁전문무적모명입宮殿門無籍冒名入」[6]·「향궁

---

3 【옮긴이 주】: 필자가 범본으로 한 [당唐]장손무기長孫無忌 등等 찬撰, 유준문劉俊文 점교點校(본 장장에서는 이하 유준문劉俊文 점교點校로 약칭), 『당률소의唐律疏議』「목록目錄」(2쪽)·『역주율소 - 명례편 - 』「목차」(13쪽)에는 '등等'이 없다.

4 【옮긴이 주】: 유준문劉俊文 점교點校, 『당률소의唐律疏議』「목록目錄」(3쪽)·『역주율소 - 명례편 - 』「목차」(13쪽)에는 '등等'이 없다.

5 【옮긴이 주】: "「명례율」 이외의 나머지 11율"은 「위금률」에서 「단옥률」까지를 말한다.

6 【옮긴이 주】: '궁전문무적모명입'이 『역주율소 - 각칙(상) - 』「목차」(1쪽)에는 '궁전문무적宮殿門無籍'으

전사向宮殿射」 등이 여기에 속하였다. 두 번째 유형은 관진關津·요새要塞 등을 침범한 범죄 행위에 대한 처벌에 관한 것으로, 「월주진수등성원越州鎭戍等城垣」·「사도급월도관私度及越度關」[7]·「사도유타죄私度有他罪」 등이 그것이다. 그 밖의 율도 기본적으로 이와 같았다.

둘째, 첫 번째 유형類型의 범죄 중에서 용형用刑이 엄중한 조표는 통상 앞에 배열되었다. 「적도율」을 예를 들면, 「모반대역조謀反大逆條」는 '적賊'이라는 범죄의 첫 부분[首位]에 배열되었고, 「도대사신어물조盜大祀神御物條」도 '도盜'라는 범죄의 전면前面에 배열되었다. 이러한 범죄에 대한 용형은 모두 동일 유형의 다른 범죄보다 가중되었다. 그 밖의 율도 대체로 이와 같았다.

조표에는 율조의 주요 내용이 개괄되어 있다. 당률의 조표의 배열은 직접적으로 당률 내용의 편찬 배열이 반영되어 있기 때문에 조표만 보아도 율의 주요 내용을 알 수 있다.

당률의 각 조표의 배열이 모두 합리적인 것은 아니었다. 즉, 일부 원칙규정이 반영된 조표가 「명례율」에 배열되지 않았다. 예컨대 「투송률」의 '보고保辜'와 「단옥률」의 '의죄疑罪'는 모두 일반원칙에 관한 조표이지만, 모두 「명례율」에 포함되지 않았다. 그러나 이러한 조표는 매우 적고, 당률의 대다수 조표는 모두 형법전의 필요에 따라 정확한 정위定位에 있다.

제2절 당률 조표의 유형

당률의 조표의 유형은 주목할 만한 문제이다. 그것들은 대체로 다음과 같이 세 가지 유형으로 나눌 수 있다.

1. 원칙규정

이러한 조표는 주로 「명례율」에 있다. 일부 조표 중에는 한 조[一條]가 당률이 규정한 한 가지 원칙인 경우도 있다. 예컨대 「명례율」 가운데 「공악잡호급부인범류결장工樂雜戶及婦人犯流決杖」·「회사응개정징수會赦應改正徵收」·「동거상위은同居相爲隱」 등의 조표는 모두 이러한 유형에 속하였다. 이러한 조표는 그 자체 완정完整된 의미가 있기 때문에 일목요연하였다.

「명례율」 가운데 몇몇 조표들은 일부 원칙적인 상황만이 반영되었기 때문에 구체적인 내용을 이해하기 위해서는 율조도 자세히 보아야 한다. 그렇지 않으면 수박 겉핥기가 되기 쉽고 심지어 갈피를 잡을 수 없게 된다. 「부인유관품읍호婦人有官品邑號」·「이관당도부진以官當徒不盡」·「노소급질

로 되어 있다(이하 동일).
[7] 【옮긴이 주】: '「사도급월도관」'이 『역주율소 - 각칙(상) - 』「목차」(2쪽)에는 '「사도관私度關」'으로 되어 있다.

유범老小及疾有犯·「범시미노질犯時末老疾」 등의 조표는 모두 이와 같았다. 예컨대「부인유관품읍호」에는 오직 관품官品·읍호邑號가 있는 부녀婦女의 상황만이 반영되어 있을 뿐 구체적인 원칙을 서술하지 않았기 때문에 그 내용을 알기 위해서는 율조도 보아야 한다. 본 율조에서는 "무릇 부인이 관품 및 읍호가 있는 데 죄를 범한 경우, 각각 그 관품에 의거해서 의議·청請·감減·속贖·관당官當·면관免官하는 율에 따르되, 친속親屬을 음陰하지는 못한다. 만약 남편[夫]이나 자식[子]에 의한 것이 아니라 별도로 읍호가 추가된 경우에는 봉작의 법례와 같다[同封爵之例]"[8]라고 규정하였다. 이 율조의 내용을 통해 알 수 있듯이, 이 조표에 반영된 것은, 관품과 읍호가 있는 부인의 경우에는 원칙적으로 오직 본인만이 의·청·감·속 등 사법특권을 향유할 수 있었을 뿐이고, 그 친속親屬은 사법특권을 누릴 수 없었다는 점이다.

2. 죄명罪名

죄명은 범죄의 명칭이다. 그것은 범죄의 본질 또는 주요 특징에 대한 개괄이다. 당대唐代에는 '죄명'이라는 개념이 없었지만, 당률 가운데 일부 조표는 사실상 죄명이었다. 이러한 조표는 「명례율」 이외의 나머지 11율 중에도 모두 있다. 예컨대 「위금률」 중 「봉수불경烽候不警」·「직제율」 중 「누설대사漏泄大事」·「호혼률」 중 「사입도私入道」·「구고율」 중 「고살관사마우故殺官私馬牛」·「천흥률」 중 「천발병擅發兵」·「적도율」 중 「겁수劫囚」·「투송률」 중 「과실살상인過失殺傷人」·「사위율」 중 「위사부절僞寫符節」[9]·「잡률」 중 「사주전私鑄錢」·「포망률」 중 「재관무고망在官無故亡」 및 「단옥률」 중 「고결잉부拷決孕婦」 등의 조표는 모두 이와 같았다. 이러한 조표는 모두 오직 몇 글자만을 사용해서 어떤 범죄의 본질이나 주요 특징을 개괄하고 있는데, 간명하게 핵심을 찔렀고 또 명약관화하였다.

3. 죄상罪狀

죄상은 범죄 행위의 구체적인 상황 또는 죄행罪行에 대한 명칭과 범죄 구성의 특징에 대한 서술을 가리킨다. 「명례율」 이외의 나머지 11율 가운데 수많은 조표가 서술하고 있는 것은 모두 죄상이다. 이러한 죄상은 또 간단한 죄상이 대부분이고 게다가 각 율마다 모두 있다. 예컨대 「위금률」 중 「궁전작파불출宮殿作罷不出」·「직제율」 중 「자사현령등사출계刺史縣令等[10]私出界」·「호혼률」 중 「동

---

8 【옮긴이 주】:『역주율소 - 명례편 - 』「명례12」(제12조)「부인관품읍호조」, 151~152쪽.
9 【옮긴이 주】: '위사부절'이『역주율소 - 각칙(하) - 』「목차」(3쪽)에는 '「위사궁전문부僞寫宮殿門符」'로 되어 있다.
10 【옮긴이 주】: 유준문劉俊文 점교點校,『당률소의唐律疏議』「목록目錄」(4쪽)·『역 주율소 - 각칙(상) - 』「목차」(2

거비유사첩용재同居卑幼私輒用財」11·「구고율」 중 「대사희생양사불여법人祀犧牲養飼不如法」·「천흥률」 중 「조발공급군사위법調發供給軍事違法」12·「적도율」 중 「천지득사인穿地得死人」·「투송률」 중 「구부주자사현령조부모毆府刺史縣令祖父母」13·「사위율」 중 위보인부절가인급출매僞寶印符節假人及出賣」14·「잡률」 중 「무고어성내가항주거마無故於城內街巷走車馬」·「포망률」 중 「장리포죄인두류불행將吏捕罪人逗留不行」15 및 「단옥률」 중 「종사수후포득계류불보縱死囚後捕得稽留不報」 등의 조표가 모두 이러한 유형에 속하였다.

간단한 죄상 이외에 당률 가운데 소량少量의 조표는 죄상이 없기 때문에 만약 조표에서 어떤 범죄 구성의 특징을 설명하기 위해서는 다른 법률이나 법령의 규정도 참조해야 한다. 예컨대 「구고율」 가운데 「수관리병축산양료불여법受官羸病畜産養療不如法」16 등은 이러한 조표에 속하였다. 즉 "관官의 허약하고 병든 축산을 받아서, 돌보거나 치료하는 것을 법과 같이 하지 않은[不如法]" 행위를 인정認定하고자 하면 반드시 「구목령廐牧令」17 가운데 상응하는 규정과 대조해야 하고, 그렇지 않으면 어떤 행위가 '합법[如法]'이고 '불법[不如法]'인지를 확정할 방법이 없다.

이상 조표의 세 가지 유형을 통해 알 수 있듯이, 당률의 조표는 통일된 모식模式이 없었고 다른 율조의 내용을 근거로 설정되었기 때문에 그것들도 여러 다양한 형식이 있었다.

....

쪽)에는 '등等'이 없다.
11 【옮긴이 주】: '「동거비유사첩용재」'가 『역주율소 - 각칙(상) - 』「목차」(5쪽)에는 '「비유사첩용재卑幼私輒用財」'로 되어 있다.
12 【옮긴이 주】: '「조발공급군사위법」'이 『역주율소 - 각칙(상) - 』「목차」(7쪽)에는 '「조발공급군사調發供給軍事」'로 되어 있다.
13 【옮긴이 주】: '「구부주자사현령조부모」'가 『역주율소 - 각칙(하) - 』「목차」(1쪽)에는 '「구부주현령부모毆府主縣令父母」'로 되어 있다.
14 【옮긴이 주】: '「위보인부절가인급출미」'가 『역주율소 - 각칙(하) - 』「목차」(3쪽)에는 '「위보인부절가인僞寶印符節假人」'으로 되어 있다.
15 【옮긴이 주】: '「장리포죄인두류불행」'이 『역주율소 - 각칙(하) - 』「목차」(6쪽)에는 '「장리추포죄인將吏追捕罪人」'으로 되어 있다.
16 【옮긴이 주】: '「수관리병축산양료불여법」'이 『역주율소 - 각칙(상) - 』「목차」(6쪽)에는 '「수관리병축산受官羸病畜産」'으로 되어 있다.
17 「구고율」「수관리병축산양료불여법조」「소의」에서는 「구목령廐牧令」의 규정을 인용하고 있는데, 구체적인 내용은 다음과 같다. "관의 축산[官畜]이 이동하는 동안에 허약해지거나[羸] 병들어 계속 나아갈 수 없는 것이 있었다면 인근 주州·현縣에 맡겨 돌보고 기르게 하거나[養飼] 치료해서 구하게 하고[療救], 조[粟]·풀[草]이나 약藥은 관에서 공급한다[官給]."
【옮긴이 주】: 『역주율소 - 각칙(상) - 』「구고3」(제198조)「수관리병축산조」「소의」, 2299쪽. '「구목령」'은 니이다 노보루仁井田陞, 『당령습유唐令拾遺』「구목령 23조」(771쪽)를 가리킨다.

제3절 당률 조표의 내용

당률의 조표는 그 자체가 매우 간단하지만, 그것들에 포함된 율조律條의 내용은 그다지 간단하지 않고, 일부는 매우 복잡한데, 특히 「소의」가 출현한 이후 그것들에 포함된 내용은 더욱 복잡해졌다. 여기서는 조표에 포함된 범죄를 사례로 제시한다.

1. 한 조문[一條] 조표에 한 종류[一種] 범죄 포괄

당률의 일부[少數] 조표에는 한 종류의 범죄만이 포괄되어 있다. 예컨대 「잡률」 가운데 「불응득위조不應得爲條」가 바로 이와 같았고, 본 조에는 오직 한 종류의 "불응득위不應得爲, 즉 해서는 안 되는"[18] 범죄만이 포괄되어 있다. 즉 본 율조에서는 "무릇 해서는 안 되는데[不應得爲] 한 자는 태笞40에 처한다. 정리상情理上 사안이 엄중한 때에는 장杖80[十[19]]에 처한다"[20]라고 규정하였다. 이 조표에는 그 이외의 범죄가 포함되어 있지 않다. 「위금률」[21] 가운데 「자사현령등사출계刺史縣令等[22]私出界」・「직제율」 가운데 「관인무고불상官人無故不上」・「적도율」 가운데 「절도竊盜」 등의 조표도 모두 이와 같았다.

2. 한 조문[一條] 조표에 두 종류의 다른[兩種不同] 범죄 포함

당률의 일부 조표에는 두 종류[兩種]의 범죄가 포함되어 있다. 이러한 조표는 또 세 가지 상황으로 나눌 수 있다.

첫 번째 상황은, 한 조문[一條]의 조표에 두 종류의 완전히 다른 범죄 행위가 포함되어 두 종류의 범죄 요건을 구성한 것이다. 예컨대 「잡률」 가운데 「위령조違令條」가 바로 이와 같았다. 이 조표에는 '위령違令'과 '위식違式'이라는 두 종류의 완전히 다른 범죄 행위가 포함되어 있고, 게다가 처형處刑도 같지 않다. 즉 이 율조에서는 "무릇 영을 위반한[違令] 자는 태笞50에 처한다. 별식別式은 1등을 감경한다"[23]라고 규정하였다.

---

18 『당률소의・잡률』 「불응득위조」에서는 "해서는 안 되는[不應得爲]" 행위에 대해서 "율・영에 조문은 없지만, 정리상情理上 해서는 안 되는 것을 말한다"라고 해석하였다.
   【옮긴이 주】: 『역주율소 - 각칙(하) - 』 「잡률62」(제450조) 「불응득위조」 「주」, 3277쪽.
19 【옮긴이 주】: '십十'은 '80八十'의 오기이다(주 20 참조).
20 【옮긴이 주】: 『역주율소 - 각칙(하) - 』 「잡률62」(제450조) 「불응득위조」, 3277쪽.
21 【옮긴이 주】: '「위금률」'은 '「직제율」'의 오기이다.
22 【옮긴이 주】: 유준문劉俊文 점교點校, 『당률소의唐律疏議』 「목록目錄」(4쪽)・『역주율소 - 각칙(상) - 』 「목차」(2쪽)에는 '등等'이 없다.

두 번째 상황은 한 조문[一條]의 조표에 연대적 형사책임을 지는 내용이 포함되어 두 종류[兩種]의 범죄 요건을 구성한 것이다. 예컨대「직제율」가운데「증승역마조增乘驛馬條」가 이와 같았다. 이 조표에는 "역마를 초과해서 탄 경우"와 "주사主司가 실정을 안 경우[知情]"라는 연대책임을 지는 두 종류[兩種]의 범죄가 포함되어 있다. 즉 본本 율조에서는 "무릇 역마를 초과하여 탄 자는 1필匹이었다면 도徒1년에 처하고, 1필마다 1등을 가중한다. 주사가 실정을 알았다면[知情] 같은 죄로 처벌하고[與同罪], 실정을 알지 못하였다면[不知情] 논죄하지 않는다[勿論]"[24]라고 규정하였다.「위금률」가운데「궁전문무적모명입宮殿門無籍冒名入」・「구고율」가운데「응수과세회피사닉應輸課稅迴避詐匿」・「잡률」가운데「교곡두칭도불평校斛斗秤度不平」등의 조표도 이와 같았다.

세 번째 상황은 고의故意와 과실過失을 구별하여 두 종류의 범죄 요건을 구성한 것이다. 예컨대「잡률」가운데「기훼망실부절인조棄毀亡失符節印條」[25][26]가 이와 같았다. 즉 본本 율조에서는 "무릇 대사大祀 때 신에게 바치는 물품[神御], 또는 황제의 옥새[御寶]・황제[乘輿]가 입고 부리는 물품[服御物] 및 황제가 입고 부리는 물품은 아니지만 사용하는 물품을 폐기하였거나 훼손한 자는 각각 도죄로 논한다[以盜論]. 망실亡失하였거나 과오로 훼손한[誤毀] 자는 도죄에 준해서 논하되[準盜論] 2등을 감경한다"[27]라고 규정하였다. 본 조의 "폐기하였거나 훼손한 행위"와 "과오로 훼손한 행위"에는 고의와 과실의 구별이 있었기 때문에 두 종류[兩種]의 다른 범죄를 구성하였고, 게다가 용형用刑도 달랐다.「위금률」가운데「거가행충대장車駕行衝隊仗[28]」등의 조표에도 유사한 상황이 있다.

3. 한 조문[一條] 조표에 세 종류[三種] 또는 그 이상 범죄 포함

당률의 일부 조표에는 한 조문[一條]의 조표에 세 종류[三種]의 범죄가 포함되기도 하였다. 예컨대「호혼률」가운데「차과부역위법조差科賦役違法條」에는 부역을 차과하는데[差科賦役] 법을 위반하였거나 공평하지 못한[不平衡] 행위・부역을 과다하게 징수해서[多收] 관에 넣은[入官] 행위와 부역을 과다하게 징수해서 사사로이 착복한[入私] 행위라는 세 종류의 범죄가 포함되어 있고, 게다가 용형用刑에도 각각 차이가 있다. 즉, 본本 율조에서는 "무릇 부역을 차과하는데[差科賦役] 법을 위반하였거나 공평하게 하지 않은[不均平] 자는 장杖60에 처한다. 만약 법대로 하지 않고 부렴賦斂을

---

23 【옮긴이 주】:『역주율소 - 각칙(하) - 』「잡률61」(제449조)「위령조」, 3276쪽.
24 【옮긴이 주】:『역주율소 - 각칙(상) - 』「직제37」(제127조)「증승역마조」, 2161쪽.
25 【옮긴이 주】: '즉卽'은 '인印'의 오기이다(주 26 참조).
26 【옮긴이 주】: '「기훼망실부절인조棄毀亡失符節印條」'는 '「기훼망실신어지물조棄毀亡失神御之物條」'의 오기이다(주 27 참조).
27 【옮긴이 주】:『역주율소 - 각칙(하) - 』「잡률49」(제437조)「기훼망실신어지물조」, 3259쪽.
28 【옮긴이 주】:『역주율소 - 각칙(상) - 』「목차」(1쪽)에는 '장仗'이 없다.

독단적으로[擅] 하였거나 법에 따라 부렴을 하였지만, 독단적으로 증가시켜서 장죄贓罪가 엄중한 경우, 관에 넣은[入官] 자는 독단적으로 증가시킨 것을 계산해서 좌장죄로 논하고[坐贓論], 사사로이 착복한[入私] 자는 왕법죄로 논한다[以枉法論]. 사죄死罪에 이른[至死] 자는 가역류加役流에 처한다"[29]라고 규정하였다.

당률 가운데 어떤 조표에는 세 종류 이상의 범죄가 포함되어 있다. 예컨대 「천흥률」 가운데 「정인모명상대조征人冒名相代條」가 바로 이와 같았다. 본本 율조에서는 정인征人이 이름을 속여[冒名] 서로 대신한 경우, 동거하는 친속親屬이 이름을 속여 대신한 경우, 관할 구역 내[部內]에서 이름을 속여 대신한 경우, 군인軍人이 이름을 속여 대신한 경우 등의 범죄에 대해 규정하고 있다. 즉, 본 율조에서는 "무릇 정인이 이름을 속여[冒名] 서로 대신한 경우에는 도徒2년에 처하고, 동거하는 친속이 대신한 경우에는 2등을 감경한다. 만약 관할 구역 내[部內]에서 이름을 속여 서로 대신한 자가 있다면, 이정里正은 태笞50에 처하고, 1인마다 1등을 가중하며, …… 주사主司가 실정을 안[知情] 때에는 이름을 속인 자와 같은 죄로 처벌한다[同罪]"[30]라고 규정하였다. 「호혼률」 가운데 「동성위혼조同姓爲婚條」[31] 등도 이와 같았다.

당률의 「소의」는 율문을 해석·보충하였을 뿐만 아니라 율문의 적용 범위도 확대하여 단속해야 하는 새로운 범죄도 증가시켰다. 이처럼 한 조문[一條]의 조표에 포함된 범죄는 원原 율문에서 규정한 것보다 많았다. 예컨대 「위금률」「난입묘사급산릉조역문조闌入廟社及山陵兆域門條」[32]에서 원래 규정한 것은 오직 "태묘문太廟[33]門 및 산릉山陵[34]의 조역문兆域[35]門에 난입闌入한" 범죄뿐이었고, 용형

---

29 【옮긴이 주】:『역주율소 - 각칙(상) -』「호혼24」(제173조)「차과부역위법조」, 2246~2247쪽. '차과'에 대해서는 제12장 주 12 참조.
30 【옮긴이 주】:『역주율소 - 각칙(상) -』「천흥5」(제228조)「정인모명상대조」, 2348~2349쪽.
31 【옮긴이 주】:『역주율소 - 각칙(상) -』「호혼33」(제182조)「동성위혼조」에서는 "무릇 동성 간에 혼인한[同姓爲婚] 자는 각각 도2년에 처한다. 시마친緦麻親 이상인 때에는 간죄로 논한다[以姦論]. 외척이나 인척으로[外姻] 상복을 입는 친속親屬 관계인데, (그) 존비간에 서로 혼인하였거나, 동모이부同母異父의 자매姉妹 또는 처妻의 전 남편[前夫]의 딸[女]을 처로 삼은 자는 각각 간죄로 논한다[以姦論]. 그리고 부모의 고모[姑]·숙모[舅]·양이자매兩姨姉妹 및 이모[姨], 또는 당이모堂姨母·어머니[母]의 고모[故]·당고모[堂姑]·자신의 당이모堂姨母 및 재종이모再從姨母·당외생녀堂外甥女·여서자매女壻姉妹는 모두 혼인할 수 없으며, 위반한 자는 각각 장100에 처한다"(2263쪽)라고 규정하였다.
32 【옮긴이 주】: '난입묘사급산릉조역문'이『역주율소 - 각칙(상)』「목차」(1쪽)에는 '「난입태묘문闌入太廟門」'으로 되어 있다.
33 【옮긴이 주】: '태묘'는 좁은 의미로는 황제가 모시는 7묘廟 가운데 시조묘始祖廟를 가리키지만, 통상적으로는 황제가 합사合祀하는 7묘 전체를 지칭한다.
34 【옮긴이 주】: '산릉'은 황제의 능묘陵墓를 말한다. 산릉에 대한 설명은『역주율소 - 명례편 -』「명례6」(제6조)「십악조十惡條·모대역모大逆」「소의」(109쪽) 참조.
35 【옮긴이 주】: '조역'은 묘지의 구역을 말하고, 주위에는 담장을 둘러치고 문을 설치하였다.

用刑은 도형이었다. 즉, 본本 율조에서는 "무릇 태묘문 및 산릉의 조역문에 난입한 자는 도徒2년에 처한다"³⁶라고 규정하였다. 그러나 본本 조「소의」에서는 "태묘실太廟室에 들어간[入] 경우"와 "이유 없이[無故] 산릉에 올라간[登] 경우"라는 두 가지 범죄를 추가해서 "태묘실에 들어간 경우에는 (해당) 조문에 죄명이 없지만 아래 조문[下文]의 '묘廟는 궁宮에서 1등을 감경한다'라는 법례에 의거해서 어재소御在所에서 1등을 감경하여 유流3000리에 처한다. 만약 이유 없이[無故] 산릉에 올라간 경우에는 또한 태묘실(에 들어간 때)의 처벌과 같다[同太室之坐]"³⁷라고 규정하였다. (이처럼) 본 조「소의」에는 한 조문[一條]에 두 가지 범죄가 증가되어 본 조표에 포함된 범죄가 원래보다 많게 되었다.「호혼률」「거부모상주혼居父母喪主婚」³⁸ 등의 조표도 이러한 상황에 속하였다.

이상을 종합하면, 당률 가운데 대다수 조표에 포함된 내용은 다소 일치하지 않았기 때문에 그 내용을 정확하게 이해하기 위해서는 율조를 조사하는 것이 가장 좋다. 조표는 통상 '안내자'의 역할을 하였을 뿐이다.

제4절 당률 조표의 기능

당률의 조표는 그 자체의 기능이 있었는데, 주로 아래의 세 가지 방면에 구현되었다.

1. 당률의 입법사상 반영

당唐 초 통치자의 입법사상은 당률에 충분히 구현되었는데, 주된 것에는 이례위본以禮爲本 사상, 즉 예를 근본으로 하는 사상, 예·법병용禮法幷用 사상, 즉 예와 법을 병용하는 사상, 법률 내용은 통일·안정·간략해야 한다는 사상 등이 있었다.³⁹ 이러한 사상은 조표에 모두 어느 정도 반영되었

---

36 【옮긴이 주】:『역주율소 - 각칙(상) -』「위금1」(제58조)「난입태묘문조」, 2018쪽.
37 【옮긴이 주】:『역주율소 - 각칙(상) -』「위금1」(제58조)「난입태묘문조」「소의」, 2019쪽.
38 【옮긴이 주】:『역주율소 - 각칙(상) -』「호혼32」(제181조)「거부모상주혼조」에서는 "무릇 부모의 상중喪中에 있으면서 혼인[嫁娶]할 수 있는 사람을 위해 주혼主婚한 자는 장100에 처한다"(2262쪽)라고만 규정하였을 뿐이지만,「소의」에서는 이외에도 혼인[嫁娶]해서는 안 되는 사람을 위해 주혼한 행위(가중처벌), 남편의 상중[夫喪]에 있는 자가 혼인할 수 있는 사람을 위해 주혼한 행위(장80), 부모의 복상服喪 기간 내에 혼인할 수 있는 사람을 위해 혼인을 중매한[媒合] 행위(장80), 남편[夫]의 복상 기간 내에 혼인할 수 있는 사람을 위해 혼인을 중매한 행위(태40)(2262쪽), 총 네 가지 범죄가 추가되어 있다. '주혼'에 대해서는 제1장 주 24 참조.
39 왕리민王立民,『당률신탐唐律新探』, 상해사회과학원출판사上海社會科學院出版社, 1993년판年版, 1~17쪽 참조.
【옮긴이 주】: 당률에 구현된 입법사상 가운데 '이례위본 사상', '예법병용 사상', '통일·안정·간략 사상' 등에

다. 당률의 대다수 조표는 모두 예禮의 필요에 따라 설정되었고, 이로써 각종 위례違禮, 즉 예를 위반한 행위를 명명命名하여 그 위해성危害性을 부각시켰고, 또 그것을 단속 대상으로 삼아서 사람들의 주의를 환기시켰다. 예컨대 「직제율」 가운데 「제사조회등실착위의祭祀朝會等失錯違儀」40 ·「호혼률」41 가운데 「익부모급부등상匿父母及夫等喪」42 ·「적도율」 가운데 「모반대역謀反大逆」 등의 조표도 모두 이와 같았다. 동시에 당률의 모든 조표의 내용은 각각 서로 같지 않고, 중복되지도 않기 때문에 하나의 죄가 여러 조문[一罪多條]에 걸치는 상황은 완전히 사라졌다. 이외에, 당률의 조표는 모두 가장 간명한 언어로 표현되었고, 불필요한 글자와 단어는 없었다. 예컨대 「명례율」 가운데 「이죄종중二罪從重」 ·「위금률」43 가운데 「누설대사漏泄大事」 ·「직제율」 가운데 「유소청구有所請求」 ·「호혼률」 가운데 「점전과한占田過限」 등의 조표가 모두 이와 같았다. 그것들은 모두 당률의 입법사상을 직접 구현하였다.

2. 당률의 체제體制 반영

당률의 체제는 주로 12율 및 그것에 속한 조문들로 구성되었고, 조표는 그 가운데 중요 부분이었다. 12율에 확립된 것은 당률의 전체적인 체제였고, 조표에 확정된 것은 각 율의 부분적인 체제였다. 전체적인 체제는 매우 중요하였기 때문에 만약 착오가 발생하면, 당률 전체가 혼란되고 무질서해질 수 있었다. 그러나 각 율의 부분적인 체제도 홀시忽視할 수 없고, 만약 그 가운데 내용이 문란해지면 당률의 전체적인 효과에도 영향을 미칠 수 있었다. 따라서 당률의 조표의 기능은 경시될 수 없다.

당률의 조표의 실제 상황에서 보면, 그것들의 배열은 기본적으로 합리적이었고, 절대다수의 조표는 모두 그 자체 적합하게 배열되었다. 또 이러한 배열은 준거할 만한 일정한 규율도 있었다. 앞서 설명하였듯이, 「명례율」의 조표가 배열된 기본적인 맥락은 그 중요도에 따라 순서를 정해서 중요한 것은 앞에 배열되었고, 그 반대인 것은 뒤에 배열되었다. 그 나머지 11율이 배열된 기본적인 사고방식은 율명에 따라 유형별로 조표가 분류되어 같은 범죄의 조표 가운데 용형用刑이 엄중한 것이 통상 앞에 배열되었다. 이와 같은 배열은 확실히 중요한 조표가 앞에 배열되고, 부차적

....

대해서는 본서 제1장 '「당률의 법률사상」' 참조.
40 【옮긴이 주】: '「제사조회등실착위의」'가 유준문劉俊文 점교點校, 『당률소의唐律疏議』「목록目錄」(4쪽)에는 '등等'이 없고, 『역주율소 - 각칙(상) - 』「목차」(2쪽)에는 '「제사유사어원릉祭祀有事於園陵」'으로 되어 있다.
41 【옮긴이 주】: '「호혼률」'은 '「직제율」'의 오기이다.
42 【옮긴이 주】: '「익부모부등상」'이 유준문劉俊文 점교點校, 『당률소의唐律疏議』「목록目錄」(5쪽)에는 '등等'이 없고, 『역주율소 - 각칙(상) - 』「목차」(3쪽)에는 '「익부모부상匿父母夫喪」'으로 되어 있다.
43 【옮긴이 주】: '「위금률」'은 '「직제율」'의 오기이다.

인 조표가 뒤에 배열되는, 당률 입법자의 의도가 반영된 것이었다. 이러한 의도는 근·현대의 형법전과 일치하였다. 이것은, 어떤 측면에서 당률 조표의 설정은 당시 이미 선진성을 갖추었기 때문에 비교적 정확하게 당률의 체제가 반영될 수 있었다는 것을 말해 준다.

3. 당률의 내용 반영

당률의 조표는 정제된 언어로 당률의 내용이 정확하게 반영되었다. 그 가운데 적은 것은 「명례율」 가운데 「십악十惡」·「팔의八議」·「제명除名」, 「적도율」 가운데 「모반謀反」·「겁수劫囚」·「강도强盜」 등과 같이 두 자[兩字]이고, 많은 것은 「직제율」 가운데 「승여복어물지호수정불여법乘輿服御物持護修整不如法」,[44] 「호혼률」 가운데 「불언급망언부내한로상충不言及妄言部内旱潦霜蟲」[45] 등과 같이 십여 자[十餘字]이다. 조표는 일반적으로 5~7자가 대부분이다. 「명례율」의 조표에 반영된 것은 당률의 형벌·원칙 등 총칙總則의 내용이었고, 나머지 11율의 조표에 반영된 것은 당률의 죄명·범죄 등 각칙各則의 내용이었다. 요컨대, 이것들은 모두 당률의 내용과 직결되어 있다.

당률의 조표의 이러한 기능은 당률을 열람할 때 매우 편리하였는데, 조표를 통해 상응하는 율조의 대략적인 내용을 즉시 파악하여 필요한 내용을 신속히 발견할 수 있도록 하였다. 이것은 당시의 사법관이 조회하는데 유리하였을 뿐만 아니라 오늘날의 열람자도 동일한 혜택을 받을 수 있었다.

당률의 조표에는 당률의 입법사상이 반영되었고, 당률의 체제와 내용도 반영되었는데, 이것은 조표가 이루어낸 응용 기능이었다. 이것은 당조唐朝의 입법 수준이 매우 높아서 이미 능숙하게 조표를 운용하였고 동시에 그것이 합당한 기능을 다하게 하였음을 단적으로 말해 준다.

제5절 당률 조표의 후세와 동아시아 여러 국가의 입법에 대한 영향

당률의 조표는 입법에서 중요한 구성 부분이었기 때문에 당唐 이후 역대 왕조와 동아시아 여러 국가의 입법에 대해서도 영향을 주었는데, 이용된 정도에는 차이가 있었다.

당률의 대다수 조표는 이후 역대 왕조의 법전에도 계속 사용되었다.

『송형통宋刑統』[46]의 체제는 당률과 다소 차이가 있었는데, 그것은 율 다음에 문門이 설정된 점이

---

44 【옮긴이 주】: '승여복어물지호수정불여법'이 『역주율소 - 각칙(상)』「목차」(2쪽)에는 「승여복어물乘輿服御物」로 되어 있다.

45 【옮긴이 주】: '불언급망언부내한로상충'이 『역주율소 - 각칙(상)』「목차」(5쪽)에는 「부내한로상박部内旱潦霜雹」으로 되어 있다.

고, 총계 213문이다. 문이 설정된 이후, 문표^{門標}47가 조표의 기능을 하였다. 이러한 문표는 비록 당률의 조표와 완전히 같지는 않지만, 여전히 당률 조표의 영향을 볼 수 있다. 예컨대 『송형통·명례율』은 문표가 총 24조^條인데, 당률의 조표와 완전히 같거나 기본적으로 같은 것은 8조로서 3분의 1을 점하였다. 「십악^{十惡}」·「팔의^{八議}」·「노유질급부인범죄^{老幼疾及婦人犯罪}」·「범죄이발이배갱위죄^{犯罪已發已配更爲罪}」·「동직범죄^{同職犯罪}」·「공사실착자거^{公事失錯自擧}」·「화외인상범^{化外人相犯}」 등의 문표가 모두 이러한 상황에 속하였다. 이로써 『송형통』에는 문^門이 설정되었기 때문에 당률 조표의 영향을 받지 않았던 것이 아니었음을 알 수 있다.

『대명률^{大明律}』48의 체제는 『송형통』과도 동일하지 않다. 그것에는 문^門이 설정되어 문표^{門標}가 있지만, 동시에 조표도 여전히 남아 있다. 『대명률』의 조표에는 당률과 같거나 유사한 것도 적지 않다. 예컨대 『대명률·명례율』은 조표가 총 47조인데, 그 가운데 23조는 당률과 같거나 유사하여 율 내^內 전체 조표에서 거의 절반을 점하였다. 즉, 「태형오^{笞刑五}」·「장형오^{杖刑五}」·「도형오^{徒刑五}」·「유형삼^{流刑三}」·「사형이^{死刑二}」·「십악^{十惡}」·「이리거관^{以理去官}」·「무관범죄^{無官犯罪}」·「제명당차^{除名當差}」 등의 조표가 모두 이와 같았다.

『대청율례^{大淸律例}』49는 『대명률』과 체제상에서 매우 유사해서 문^門 다음에 조^條와 조표도 있다. 『대청율례』에도 부분적으로 당률의 조표가 남아 있다. 예컨대 『대청율례』의 「명례율」은 조표가 총 46조인데, 그 가운데 25조가 당률과 같거나 유사해서 율 전체 조수^{條數}의 절반 이상을 점하였다. 즉, 「십악」·「팔의」·「이리거관^{以理去官}」·「무관범죄^{無官犯罪}」·「제명^{除名}」·「유배인재도회사^{流配人在道會赦}」 등의 조표가 모두 이와 같았다.

당률은 중화법계^{中華法系}의 대표작으로서, 동아시아 여러 국가가 모방하였는데, 그중에는 조표가 포함되었기 때문에 당률의 조표도 각국에 사용되었다. 이들 국가의 법률에 있는 대다수의 조표는 당률과 일치하였거나 비슷하였다. 여기서는 일본의 『율일^{律逸}』과 『신률강령^{新律綱要}50』을 사

---

46 본문의 『송형통』은 오익여^{吳翊如}가 점교^{點校}한 『송형통』, 중화서국^{中華書局}, 1984년판^{年版}을 범본^{範本}으로 하였다.

47 【옮긴이 주】: '문표'는 '문^門의 표제^{標題}'라는 뜻으로서, '문명^{門名}'으로 환치^{換置}해도 되지만, 원서에 입각해서 그대로 두었다.

48 본문의 『대명률』의 내용은 설윤승^{薛允升}이 편찬한 『당명률합편^{唐明律合編}』, 상무인서관^{商務印務}['무'는 '서書'의 오기]^館, 1937년판^{年版}을 참조하였다.

49 본문의 『대청율례』의 내용은 임영영^{林咏榮}이 편저^{編著}한 『당·청률의 비교와 그 발전[^{唐淸律的比較及其發展}]』, 대북편역관^{臺北編譯館}, 1982년판^{年版}을 참조하였다.

50 【옮긴이 주】: 양홍렬^{楊鴻烈}, 『중국 법률의 동아시아 각국에서의 영향[^{中國法律在東亞諸國之影響}]』(북경^{北京}: 중국정법대학출판사^{中國政法大學出版社}, 1999)에 수록된 제3장 '중국법률의 일본에서의 영향' 가운데 제2절 '무가 시대 말기 및 메이지유신 시기 명률을 모방한 입법 사업'에서는 『대명률』을 남본^{藍本}으로 해서

례로 제시한다.

고대 일본의 『율일』 가운데 대다수 조표는 당률에서 왔기 때문에 서로 같거나 비슷하였다. 예컨대 『율일』 중 「관당官當」·「지척승여指斥乘輿」·「향궁전사向宮殿射」 등의 조표는 당률과 같았고, 『율일』 중 「노약폐질老弱廢疾」·「난입궁전闌入宮殿」·「어궁내분쟁於宮內忿爭」[51] 등의 조표는 당률의 「노소급질유범老小及疾有犯」·「난입궁전급상합闌入宮殿及上閤」[52]·「어궁내분쟁於宮內忿爭」[53] 등의 조표와 몇 글자만 차이가 있을 뿐 매우 유사하였다.[54]

근대에도 이러한 영향은 여전히 있었다. 메이지[明治][55] 초기[初年]에 제정된 『신률강령新律綱要』도 당률의 조표를 답습한 것이 적지 않았다. 그 가운데는 「단죄무정조斷罪無正條」처럼 당률과 완전히 일치된 것도 있었고, 당률과 몇 글자만 다른 것도 있었다. 예컨대 『신률강령親[56]律綱要』의 「부인범죄婦人犯罪」·「친속상위용은親屬相爲容隱」·「야중무고입인가夜中無故入人家」·「구조부모부모毆祖父母父母」·「이죄구발二罪俱發」 등과 당률의 「부인회잉범사죄조婦人懷孕犯死罪條」·「동거상위은조同居相爲隱條」·「야무고입인가조夜無故入人家條」·「구리조부모부모조毆詈祖父母父母條」·「이죄종중조二罪從重條」 등이 바로 그러하였다.[57] 따라서 어떤 학자가 "일본 메이지[明治] 초기[初年], 비록 유신維新에 전념하였더라도 중국의 영향을 받았고, 또 그것은 뿌리 깊게 남아 있었다"[58]라고 하였는데, 그중에는 조표의 영향도 포함되었다.

당률의 조표는 당 이후 역대 왕조와 동아시아 여러 국가에 대해서 영향을 주었는데, 그 직접적 원인은 당률 자체에도 있었다. 당률은 그 완전한 체제와 완비된 내용으로 중화법계의 모범적인

메이지 3년(1870) 12월에 반포頒布된 『신률강령新律綱領』의 내용에 대해서 『대명률』과 비교·분석하고 있다(273~354쪽). 따라서 이것에 의하면, '요要'는 '영領'의 오기이다(이하 동일).

51 【옮긴이 주】: '「어궁내분쟁」'이 양홍렬楊鴻烈, 『중국 법률의 동아시아 각국에서의 영향[中國法律在東亞諸國之影響]』에 수록된 제3장 제1절 '덴지[天智] 천황 시대에서 다이고[醍醐] 천황 시대 까지(668~907)'(209쪽)에는 '「궁내분쟁」'으로 되어 있다.

52 【옮긴이 주】: '「난입궁전급상합」'이, 유준문劉俊文 점교點校, 『당률소의唐律疏議』 「목록目錄」(3쪽)에는 '전殿'과 '급及' 사이에 '문門'이 있고, 『역주율소 - 각칙(상) - 』 「목차」(1쪽)에는 '「난입궁문闌入宮門」'으로 되어 있다.

53 【옮긴이 주】: '「어궁내분쟁」'이 『역주율소 - 각칙(하) - 』 「목차」(1쪽)에는 '「궁내분쟁宮內忿爭」'으로 되어 있다.

54 양홍렬楊鴻烈, 『중국 법률의 동아시아 각국에서의 영향[中國法律在東亞諸國之影響]』, 대만상무인서관臺灣商務印書館, 1971년판年版, 236~244쪽.

55 【옮긴이 주】: '메이지'는 일본제국의 제122대 메이지 천황 시대의 연호(1868~1912)이다.

56 【옮긴이 주】: '친親'은 '신新'의 오기이다.

57 양홍렬楊鴻烈, 『중국 법률의 동아시아 각국에서의 영향[中國法律在東亞諸國之影響]』, 대만상무인서관臺灣商務印書館, 1971년판年版, 323~326쪽.

58 양홍렬楊鴻烈, 위의 책[同上書], 316쪽.

법전이 되었다. 이에 당 이후의 역대 왕조는 그것을 범본範本으로 삼았고, 동아시아 여러 국가도 그것을 모범으로 삼았다. 이처럼 당률의 조표도 당률의 연혁과 수출에 따라 당 이후 역대 왕조와 동아시아 여러 국가에 영향을 주었다.

제18장
당률 중의 『논어論語』

『논어』는 중요한 유가경전儒家經典 가운데 하나이다. 당률의 「소의」에는 『논어』의 내용이 다소 인용되어 있기 때문에, 그것들은 당률에 큰 영향을 주었다.

제1절 『논어』의 예禮 : 당률의 지도사상指導思想

예는 『논어』에 중점적으로 논술되어 있고, 내용은 예의 작용·예에 의한 행사行事의 중요성·행례行禮의 필연적 결과·예禮와 법法의 관계 등 많은 방면에 걸쳐 있다. 『논어』에서는, 예가 매우 중요한 작용을 하였기 때문에 반드시 예로써 사람들을 규제規制해야 한다고 보았다. 즉, "군자가 문을 널리 배우고 예로써 요약한다면 또한 (도道에) 어긋나지 않을 것이다![君子博學於文 約之以禮 亦可以弗畔矣夫]"[1]라고 하였고, 만약 무례無禮하였다면, 어떤 일을 하더라도 뜻대로 될 수 없었다. 또 예는 선善과 불선[非善]을 판단하는 기준이기도 하였다. 예컨대 "백성을 고무시키기를 예로써 하지 않으면 선하지 못하다"[2]라고 하였다. 바로 예는 이러한 중요한 작용을 하였기 때문에 사람은 모두 "예로써 그것을 행한다"[3]라고 하여, 예에 의거해서 행동해야 하였다. 구체적으로 말하면, 바로

---

1 『논어』「옹야편雍也篇 제6」.
【옮긴이 주】: 『논어주소論語注疏』(『십삼경주소 하』)권6, 「옹야 제6」(2479쪽)에 의하면, 이 문구는 공자(B.C. 551~B.C. 479)의 말이다.

2 『논어』「위령공편衛靈公篇 제15」.
【옮긴이 주】: 『논어주소』(『십삼경주소 하』)권15, 「위령공 제15」에서는 "공자가 말하였다. '지혜가 거기에 미치더라도 인으로 능히 그것을 지킬 수 없으면 비록 얻더라도 반드시 잃게 된다. 지혜가 미치고 인으로 능히 지킬 수 있더라도 백성에게 장엄으로 임하지 않으면 백성이 공경하지 않는다. 지혜가 미치고 인으로 능히 지킬 수 있으며 백성에게 장엄으로 임하더라도 백성을 고무시키기를 예로써 하지 않으면 선하지 못하다'[子曰知及之仁不能守之 雖得之 必失之 知及之 仁能守之 不莊以涖之 則民不敬 知及之 仁能守之 莊以涖之 動之不以禮 未善也]"(2518쪽)라고 하였다.

3 『논어』「위령공편 제15」.

"살아 계시면 예로써 섬기고, 돌아가시면 예로써 장사를 지내고, 예로써 제사를 지내는 것이"[4]고, 또 "예가 아니면 보지 말고, 예가 아니면 듣지 말며, 예가 아니면 말하지 말고, 예가 아니면 동하지 말아야 하"[5]는 것이었다. 특히 군주는 모든 방면에 예로써 힘써 행[以禮力行]해야 하였다. 이것은 군주의 특수한 지위에 의해 결정되었는데, 왜냐하면 "그 자신이 바르면 명령하지 않아도 행해지고, 그 자신이 바르지 못하면 명령하더라도 따르지 않"[6]기 때문이었다. 군주는 "윗사람이 예를 좋아하면, 백성은 감히 공경치 않음이 없고",[7] "윗사람이 예를 좋아하면, 백성은 부리기가 쉽다[上好禮則民易使也]"[8]라고 하듯이, 예를 행해야만 사람들의 존경을 받고 백성을 다스릴 수 있었다. 게다

【옮긴이 주】: 『논어주소』(『십삼경주소 하』)권15, 「위령공 제15」에서는 "공자가 말하였다. '군자는 의로써 바탕을 삼고, 예로써 그것을 행하며, 겸손으로써 그것을 내며, 믿음으로써 그것을 이루나니, 이것이 군자이다'[子曰 君子義以爲質 禮以行之 孫以出之 信以成之 君子哉]"(2518쪽)라고 하였다.

4 『논어』「위정편爲政篇 제2」.
【옮긴이 주】: 『논어주소』권2, 「위정 제2」에서는 "번지가 수레를 몰고 있었는데, 공자가 말하였다. '맹손씨가 나에게 효에 대해 묻기에 나는 어김이 없는 것이다고 대답하였다.' 번지가 '무엇을 이르신 것입니까?' 하니, 공자는 말하였다. '살아 계시면 예로써 섬기고, 돌아가시면 예로써 장사를 지내며, 예로써 제사를 지내는 것이다'[樊遲御 子告之曰 孟孫問孝於我 我對曰 無違 樊遲曰 何謂也 子曰 生事之以禮 死葬之以禮 祭之以禮]"(2462쪽)라고 하였다.

5 『논어』「안연편顔淵篇 제12」.
【옮긴이 주】: 『논어주소』(『십삼경주소 하』)권12, 「안연 제12」에서는 "안연이 인에 대해 묻자, 공자가 말하였다. '자신을 이겨서 예로 돌아가는 것이 인을 행하는 것이니, 하루라도 자신을 이겨서 예로 돌아가면 천하가 인하다고 할 것이다. 인을 행하는 것은 자신에게서 비롯되는 것이지, 남에게서 말미암는 것이겠는가?' 안연이 '그 조목을 묻겠습니다'라고 청하자, 공자가 말하였다. '예가 아니면 보지 말고, 예가 아니면 듣지 말며, 예가 아니면 말하지 말고, 예가 아니면 동하지 말아야 한다.' 안연이 말하였다. '제[回]가 비록 불민하오나 청컨대 이 말씀을 힘써 행하겠습니다'[顔淵問仁 子曰 克己復禮爲仁 一日克己復禮 天下歸仁焉 爲仁由己 而由人乎哉 顔淵曰 請問其目 子曰 非禮勿視 非禮勿聽 非禮勿言 非禮勿動 顔淵曰 回雖不敏 請事斯語矣]"(2502쪽)라고 하였다.

6 『논어』「자로편子路篇 제13」.
【옮긴이 주】: 『논어주소』(『십삼경주소 하』)권13, 「자로 제13」에서는 "공자가 말하였다. '그 자신이 바르면 명령하지 않아도 행해지고, 그 자신이 바르지 못하면 명령하더라도 따르지 않는다[子曰 其身正 不令而行 其身不正 雖令不從]"(2507쪽)라고 하였다.

7 『논어』「자로편 제13」.
【옮긴이 주】: 『논어주소』(『십삼경주소 하』)권13, 「자로 제13」에서는 "번지가 농사 배우기를 청하니, 공자는 '나는 늙은 농부만 못하다'라고 하였다. 번지가 채소 심는 법을 배우기를 청하니, 공자는 '나는 늙은 채소 농사꾼만 못하다'라고 하였다. 번지가 나가니, 공자가 말하였다. '소인이로구나! 번수여! 윗사람이 예를 좋아하면 백성은 감히 공경치 않음이 없고, 윗사람이 의를 좋아하면 백성은 감히 복종하지 않음이 없으며, 윗사람이 믿음을 좋아하면, 백성은 감히 정을 다하지 않음이 없다. 무릇 이와 같으면, 사방의 백성이 자식을 포대기에 싸서 업고 이를 것이니, 어찌 농사짓는 법을 쓰려고 하는가?'[樊遲請學稼 子曰 吾不如老農 請學爲圃 曰 吾不如老圃 樊遲出 子曰 小人哉 樊須也 上好禮 則民莫敢不敬 上好義 則民莫敢不服 上好信 則民莫敢不用情 夫如是 則四方之民襁負其子而至矣 焉用稼]"(2506쪽)라고 하였다.

가 "자신을 이겨서 예로 돌아가는 것[克己復禮]이 인仁을 행하는 것이니, 하루라도 자신을 이겨서 예로 돌아가면 천하가 인하다고 할 것이다"9라고 하여, 만약 천하의 모든 사람이 극기복례克己復禮할 수 있다면, 그 사회는 "인하다고 할[歸仁]"10 수 있었다. 이 때문에 『논어』에서는 "예를 배우지 않으면, 설 수 없다[不學禮, 無以立11]"12라고 하여, 사람은 모두 예를 배워야 한다고 강력하게 주장하였다.

『논어』에서는 예의 사용을 주장한 동시에, 법의 사용에 대해서도 반대하지 않았고, 심지어 법도 나라를 다스리는데 불가결한 수단이라고 보았다. 예컨대 "도량형을 삼가고, 법도를 살피며, 폐지된 관직을 수리하니, 사방의 정치가 제대로 시행되었다[謹權量 審法度 修廢官 四方之政行焉]"13라고 하였다. 그러나 예와 비교하면, 법은 단지 일종의 보조 수단이었을 뿐이었고, 나라를 다스리는 데는 예를 우선하고, 예를 위주로 해야 하였다. 왜냐하면 "법으로써 이끌고 형벌로써 다스리면, 백성은 면하고도 부끄러움이 없다. 덕德으로써 이끌고 예로써 다스리면, (백성은) 부끄러움이 있고, 또 바르게 되[道之以政 齊之以刑 民免而無恥 道之以德 齊之以禮 有恥且格]"14기 때문이었다. 따라서 "예악이 흥하지 않으면 형벌이 맞지 않으며, 형벌이 맞지 않으면 백성은 손발을 둘 곳이 없다"15라고

---

8 『논어』「헌문편憲問篇 제14」.
   【옮긴이 주】: 『논어주소』(『십삼경주소 하』)권14, 「헌문 제14」(2513쪽). 이것은 공자의 말이다.
9 『논어』「안연편 제12」.
   【옮긴이 주】: 주 5 참조
10 【옮긴이 주】: 주 5 참조
11 【옮긴이 주】: '주主'는 '입立'의 오기이다(주 12 참조).
12 『논어』「계씨편季氏篇 제16」.
   【옮긴이 주】: 『논어주소』(『십삼경주소 하』)권16, 「계씨 제16」에서는 "진항이 백어에게 묻기를 '그대도 (아버지 공자에게) 달리 들은 것이 있습니까?' 하니, (백어가) 대답하였다. '아직 없었습니다. 한번은 홀로 계실 때 제가 종종걸음으로 뜰을 지나는데 『시경』을 배웠느냐?' 하셔서, '아직 배우지 않았습니다' 하니, '『시경』을 배우지 않으면 말을 할 수 없느니라' 하시므로, 저는 물러나서 『시경』을 배웠습니다. 다른 날에 또 홀로 계실 때 제가 종종걸음으로 마당을 지나는데, '예를 배웠느냐?' 하셔서, '아직 배우지 못하였습니다' 하니, '예를 배우지 않으면 설 수가 없느니라' 하시므로, 저는 물러나서 예를 배웠습니다. 이 두 가지를 들었습니다.' 진항이 물러나서 기뻐하며 말하였다. '하나를 물어서 셋을 얻었으니, 시를 들었고, 예를 들었으며, 또 군자는 그 자식을 멀리한다는 것을 들었다'[陳亢問於伯魚曰 子亦有異聞乎 對曰 未也 嘗獨立 鯉趨而過庭 曰 學詩乎 對曰 未也 不學詩 無以言 鯉退而學詩 他日又獨立 鯉趨而過庭 曰 學禮乎 對曰 未也 不學禮 無以立 鯉退而學禮 聞斯二者 陳亢退而喜曰 問一得三 聞詩 聞禮 又聞君子之遠其子也]"(2522쪽)라고 하였다.
13 『논어』「요왈편堯曰篇 제20」.
   【옮긴이 주】: 『논어주소』(『십삼경주소 하』)권20, 「요왈 제20」(2535쪽)에 의하면, 이 문장은 주 무왕周武王 때의 일을 기록한 것이다.
14 『논어』「위정편 제2」.
   【옮긴이 주】: 『논어주소』(『십삼경주소 하』)권2, 「위정 제2」(2461쪽)에 의하면, 이것은 공자의 말이다.

하여, 예악이 흥하지 않으면 용형用刑도 마땅함을 잃게 되었고, 그것으로 인해 초래된 결과는 필연적으로 사람들에게 어찌할 바를 모르게 하였던 것이다.

『논어』에서 강조한, 예로써 인간의 행위를 규범화해야 하고, 예·법을 함께 시행해야 한다[禮法幷施]는 주장은 당률을 제정할 때 지도사상이 되었기 때문에, 그것은 율문 중에 충분히 반영되었다. 당률의 내용은 도처에서 예로 점철된 군권君權·부권父權·부권夫權을 유지·보호하였고, 아울러 이 세 가지 권리[三權]를 위반한 행위에 대해 엄형嚴刑으로 단속하였다. 예컨대 「투송률」의 「구리조부모부모조毆詈祖父母父母條」에서는 조부모·부모를 구타하였거나 욕한[詈] 행위에 대해 부권父權을 무시한 무례 행위로 간주하였고, 중형重刑을 사용하지 않으면 부권의 권위를 유지·보호할 수 없다고 보았기 때문에 용형用刑도 엄중하여 "무릇 조부모·부모에게 욕한[詈] 자는 교형絞刑에 처하고, 구타한 자는 참형斬刑에 처한다"16라고 규정하였다. 「투송률」의 「처구리부조妻毆詈夫條」에서도 처妻가 남편[夫]을 구타하였거나 잉媵·첩妾17이 남편에게 욕한[詈] 행위는 엄중한 위례違禮 행위이고 또 부권夫權에 대한 직접적인 침해이기도 하여 용인할 수 없고 반드시 중형으로 제지해야 한다고 보았기 때문에 "무릇 처가 남편[夫]을 구타한 때에는 도徒1년에 처하고", "잉媵이나 첩妾18妾이 남편에게 욕한 때에는 장杖80에 처한다"19라고 규정하였다. 이에 대해 후세 사람[後人]이 당률은

---

15 『논어』 「자로편 제13」.
   【옮긴이 주】:『논어주소』(『십삼경주소 하』)권13, 「자로 제13」에서는 "공자가 말하였다. '이름이 바르지 않으면 말이 순조롭지 않고, 말이 순조롭지 않으면 일이 이루어지지 않는다. 일이 이루어지지 않으면 예악이 흥하지 않고, 예악이 흥하지 않으면 형벌이 맞지 않으며, 형벌이 맞지 않으면 백성은 손발을 둘 곳이 없다. 그러므로 군자는 반드시 말이 통하는 이름을 가져야 하고, 말은 반드시 행동으로 옮길 수 있어야 한다. 군자가 말을 하는데 구차할 수 있겠는가!'[名不正 則言不順 言不順 則事不成 事不成 則禮樂不興 禮樂不興 則刑罰不中 刑罰不中 則民無所措手足 故君子名之必可言也 言之必可行也 君子於其言 無所苟而已矣]"(2506쪽)라고 하였다.

16 【옮긴이 주】:『역주율소 - 각칙(하) -』「투송28」(제329조)「구리조부모부모조」, 3076쪽. 이어지는 규정은 다음과 같다. "과실로 살해한[過失殺] 자는 유3000리에 처하고, 상해한 자는 도3년에 처한다. 만약 자손이 교령을 위반하여[子孫違犯教令], 조부모·부모가 구타해서 살해한[毆殺] 때에는 도1년반에 처하고, 흉기를 사용해서 살해한[刃殺] 때에는 도2년에 처하며, 고의로 살해한[故殺] 때에는 각각 1등을 가중한다. 만약 적모嫡母·계모繼母·자모慈母·양부모養父母가 살해한 때에는 또 1등을 가중한다. 과실로 살해한[過失殺] 때에는 각각 논죄하지 않는다[勿論]"(3076쪽).

17 【옮긴이 주】: '망妄'은 '첩妾'의 오기이다(주 19 참조)

18 【옮긴이 주】: '처妻'는 연자衍字이다(주 19 참조).

19 【옮긴이 주】:『역주율소 - 각칙(하) -』「투송25」「처구리부조」에서는 "무릇 처가 남편[夫]을 구타한 때에는 도1년에 처한다. 만약 구타해서 상해한[毆傷] 행위가 엄중한 때에는 일반인투상죄[凡鬪傷]에서 3등을 가중한다. 살해한 때에는 참형에 처한다. 잉이나 첩이 범한 때에는 각각 1등을 가중한다. 만약 잉이나 첩이 남편에게 욕한[詈] 때에는 장80에 처한다. 만약 첩이 처를 범한 때에는 남편에게 범한 것과 같이 처벌한다[與夫同]. 잉이 처를 범한 때에는 첩의 경우에서 1등을 감경한다. 첩이 잉을 범한 때에는 일반인[凡人]을 범한 죄에서

"오로지 예에 준거하였다[一準乎禮]"[20]라고 논평하였는데, 일리가 있다.

당연히 당률 가운데 예는 『논어』 가운데 예를 단순히 재현한 것이 절대 아니었다. 『논어』에서 견지한 것은 서주西周의 예였고, 당률의 예는 『논어』의 예의 핵심인 등급·명분을 수용해서 당唐 통치자에게 군권君權·부권父權·부권夫權을 유지·보호하는데 필요한 구체적인 내용을 제공해서 봉건질서를 공고히 하는 일종의 수단으로 삼게 하였다. 이 때문에 후자는 전자에 대한 발전이었고, 단순한 모방이나 표절이 아니었다. 이밖에 『논어』는 요컨대 공자와 그 제자들의 말을 종합해서 기록한 것일 뿐, 법률이 아니었기 때문에 그 내용도 국가의 강제성을 띠지 않았다. (그러나) 당률은 그렇지 않다. 당률은 형법전刑法典으로서, 그 가운데 예는 형법의 보호를 받았고, 국가의 강제력을 배경으로 하였기 때문에 위반자는 형사책임을 추궁받아야 하였다. 이로써 양자는 구체적인 내용과 도달하려는 목적 등의 방면에서 모두 다른 점이 있었음을 알 수 있다.

제2절 『논어』 사상의 당률 규정으로의 전환

이러한 전환은 또 그 최종 결과에 따라 다음과 같이 두 가지 형식으로 나뉜다.

첫째는 직접형식直接形式, 즉 『논어』의 사상이 그대로 당률의 율조律條로 전환된 경우이다. 당률은 『논어』의 일부 사상을 기본적으로 변화시키지 않고 흡수하였고, 동시에 형벌로써 그 시행을 보장하였다. 예컨대 『논어』는 「양화편陽貨篇 제17」에 다음과 같은 대담을 재록載錄하고 있다. 어느 날, 재아宰我[21]라는 제자가 공자에게 물었다. "3년 동안 복상하는 것[三年之喪]은 기년期年도 너무 오랜 것 같습니다." 그 이유는 "군자君子가 3년 동안 예를 행하지 않으면 예가 반드시 붕괴될 것이고, 3년 동안 음악[樂]을 행하지 않으면 음악이 반드시 붕괴될 것"이기 때문이다. 이런 까닭에 그는 "묵은 곡식[舊容[22]]이 이미 소진되고 햇곡식[新穀]이 이미 익은 뒤며, 또 구멍을 뚫어 불씨를 얻는 나무도 바뀌었으니[鑽燧改火], (복상도) 기년을 하고 그만둘 만한 것입니다"라고 하여, 이 (3년의) 복상기간服喪期間은 1년이면 충분하다고 보았다. 이에 대해 공자는 결단코 동의하지 않고 재아를 "인하지 못하다[不仁]"라고 보았다. 왜냐하면, "자식은 태어나서 3년이 지난 연후에야 부모의 품에서 벗어나게 된다. 무릇 3년 동안 상복을 입는 것은 천하 사람들의 공통된 상례이고[通喪], 여予도 3년의 사랑이 그 부모에게서 있었을 것"[23]이기 때문이다. 『논어』에서 부모를 위해 3년 동안 복상하

1등을 가중한다. 살해한 때에는 각각 참형에 처한다"(3067~3069쪽)라고 규정하였다.
20 【옮긴이 주】: '일준호례一準乎禮'에 대해서는 제1장 주 5 참조.
21 【옮긴이 주】: '재아'의 생몰 연대는 미상이다.
22 【옮긴이 주】: '용容'은 '곡穀'의 오기이다(주 23 참조).

는 것[三年之喪]을 지켜야 한다고 요구한 사상은 당률의 규정이 되었다. 예컨대 「호혼률」「거부모부상가취조居父母夫喪嫁娶條」[24]에서는 "부모의 상[父母之喪]은 평생토록 근심하고 슬퍼해야 하지만, (복상 기간인) 3년이 지난 후에 길복吉服을 입는 것[從吉][25]은 진실로 예를 다한 것이다"[26]라고 하여, 자녀는 부모를 위해 복상 기간 3년을 지켜야 하였고, 3년의 복상 기간을 지키지 않고 "시집·장가 간[嫁娶]" 경우에는 "도徒3년에 처"[27]해졌다.

둘째는 확대형식擴大形式, 즉 『논어』의 사상이 당률에서 확대 운용된 경우이다. 당률은 『논어』의 일부 사상을 발전시켜 그 적용 범위를 원래의 관점보다 확대하였다. 예컨대 『논어』는 「자로편子路篇 제13」에서 공자가 아버지[父]·아들[子]은 서로 범죄를 숨겨준다[隱]고 주장한 일을 기록하였는데, 과정은 이와 같다. 섭공葉公[28]이라는 사람이 공자에게 말하였다. "우리 고을에 몸가짐이 정직한 자가 있으니, 그의 아버지가 양을 훔치자, 자식이 그것을 증명하였습니다[吾黨有直躬者 其父攘羊而子證之證]." 공자는 듣고 난 후에 이와는 전혀 다른 대답을 하였다. 그는 섭공에게 "우리 고을의 정직한 자는 이와 다르다. 아버지는 자식을 위하여 숨겨주고, 자식은 아버지를 위하여 숨겨주니, 정직은 그 가운데 있다[吾黨之直者異於是 父爲子隱 子爲父隱 直在其中矣]"[29]라고 하였다. 『논어』의 부자상은父子相隱 사상은 당률에서 동거가족의 범죄는 모두 서로 숨겨주어야 하는 것으로 변하였고, 또 부곡部曲과 노비가 주인을 위해 숨겨주는 것도 포함함으로써 원래의 적용 범위를 확대하였다. 동시에 당률은 적용할 수 없는 조건도 명확히 하였다. 예컨대 「명례률」「동거상위은조同居相[30]隱條」에서는 "무릇 동거자同居者 또는 대공大功 이상의 친족[親] 및 외조부모外祖父母·외손外孫 또는 손부孫婦·남편[夫]의 형제 및 형제의 처妻에게 죄가 있어서 서로 숨겨준[相爲隱] 경우,[31] 부곡·노비가 주인을 위해 숨겨준[爲主隱] 경우에는[32] 모두 논죄하지 않[勿論]"지만, "만약 모반謀叛 이상[33]을 범한

---

23 【옮긴이 주】: 이상은 『논어주소』(『십삼경주소 하』)권17, 「양화 제17」(2526쪽).
24 【옮긴이 주】: '거부모부상가취조' 다음에 '·소의'가 있어야 한다(주 26 참조).
25 【옮긴이 주】: 부모가 죽은 후 3년의 복상服喪을 마쳐야 비로소 길복, 즉 평상복을 입을 수 있었다. 『예기정의』(『십삼경주소 하』)권27, 「내칙內則 제12」에서는 "20세에 시집가고[嫁], 고故가 있다면 23세에 시집간다"라고 하였고, 정현鄭玄은 "고故는 부모의 상喪을 말한다"(이상 1471쪽)라고 주해하였다.
26 【옮긴이 주】: 『역주율소 - 각칙(상 -)』「호혼30」(제179조)「거부모부상가취조」「소의」, 2259쪽.
27 【옮긴이 주】: 『역주율소 - 각칙(상) - 』「호혼30」(제179조)「거부모부상가취조」에서는 "무릇 부모나 남편[夫]의 상중喪中에 있으면서 시집·장가간 자는 도3년에 처하고, 첩은 1등을 감경한다. 각각 이혼시킨다[離之]. 알면서도 함께 혼인한 상대방은 각각 5등을 감경한다. 모르고 혼인한 자는 처벌하지 않는다[不坐]"(2259쪽)라고 규정하였다.
28 【옮긴이 주】: '섭공'의 생몰 연대는 B.C. 529~?이다.
29 【옮긴이 주】: 이상 『논어주소』(『십삼경주소 하』)권13, 「자로 제13」(2507쪽).
30 【옮긴이 주】: '상相' 다음에 '위爲'가 있다(주 34 참조).
31 【옮긴이 주】: 당률에 보이는 '상용은相容隱' 규정의 내용 전반에 대해서는 제1장 주 52 참조.

자는 이 율을 적용하지 않는다[不用此律]"³⁴라고 하였다. 이러한 규정을 위반하고 고발[告]한 때에는 형벌에 처해져야 하였다.

이상 열거한 것 이외에『논어』의 일부 사상과 사례事例도 당률에 영향을 주었다. 예컨대「학이편學而篇 제1」의 '효'와 '충'에 관한 사상,「자한편子罕篇 제9」와「향당편鄕黨篇 제10」의 잔질인殘疾人과 노인에 대한 동정同情에 관한 사례,「향당편 제10」의 의복·음식에 관한 관점 등은 모두 또는 다소多少 당률에 흡수되어 율문으로 전환되었다.

제3절『논어』의 당률에 대한 영향 발생의 역사적 배경

『논어』의 당률에 대한 영향은 결코 하루아침에 이루어진 것이 아니고 발전 과정이 있었다. 이미 한대漢代에『논어』는 입법에 영향을 주기 시작하였고, 그 사상은 점차 입법의 지도사상指導思想과 법조法條로 전환되었다. 당률은 그것들을 집대성하여,『논어』로써 제정된 법률 규정을 완벽하게 하는 근거로 삼았다. 한 무제漢武帝³⁵가 "백가를 배척하고 오직 유술만을 존숭한[罷黜百家 獨尊儒術]" 이후, 유가사상은 비로소 정통적正統的 사조思潮가 되어 통치 지위를 차지함으로써『논어』는 통행될 기회가 생겼고, 한대漢代 '칠경七經'³⁶의 하나가 되었다. 유가사상의 지위에 부응해서 예가 율에 도입되기[入律] 시작하면서 예·법결합禮法結合의 막이 올랐다. 위진남북조를 거쳐 수·당에 이르러 예·법결합은 최종적으로 완성되었고, 대표작은 당률이었다. 예·법의 결합과 동시에,『논어』의 법률에 대한 영향도 점차 심화되었고, 당률은 그것을 집대성하였다.

『논어』의 당률에 대한 영향은 당대唐代 유학의 중시와 관계가 있다. 당 태종唐太宗³⁷은 즉위 후, 이전보다 더욱 유학과 유학자를 존숭하였다. 그는 "처음으로 국학國學에 공자묘당孔子廟堂을 세워 옛

---

32 【옮긴이 주】: 당률에 보이는 '부곡·노비가 주인을 위해 숨겨준 행위'에 대해서는 제1장 주 53 참조.
33 【옮긴이 주】: '모반 이상'은 십악十惡 가운데 모반謀反·모대역謀大逆·모반謀叛의 대죄大罪를 가리킨다.
34 【옮긴이 주】:『역주율소 - 명례편 -』「명례46」(제46조)「동거상위은조」, 336~337쪽.
35 【옮긴이 주】: '한 무제'는 전한의 제7대 황제(재위 B.C. 141~B.C. 87)이다.
36 【옮긴이 주】: '칠경'에 대해서는 여러 학설이 있지만, 전한 때에는 오경五經(『시경詩經』·『서경書經』·『역경易經』·『예기禮記』·『춘추春秋』)과『논어論語』·『효경孝經』으로,『후한서』권35,「장순전張純傳」에 있는 당唐 이현李賢(655~684)의 주注(1196쪽)에는『시경』·『서경』·『예기』·『악경樂經』·『역경』·『춘추』및『논어』로, 북송北宋 유창劉敞(1019~1068)의『칠경소전七經小傳』에는『상서尙書』·『모시毛詩』·『예기』·『악경』·『역경』·『춘추』·『논어』로, 청淸 강희제康熙帝(재위 1661~1722)·옹정제雍正帝(재위 1722~1735)·건륭제乾隆帝(재위 1735~1796) 시기 관官에서 편수編修한『어찬칠경御纂七經』에는『주역周易』·『서경』·『시경』·『춘추』·『주례周禮』·『의례儀禮』·『예기』로 되어 있다.
37 【옮긴이 주】: '당 태종'은 당의 제2대 황제(재위 626~649)이다.

제도[舊典]를 상고詳考해서 공자[仲尼]³⁸를 선성先聖으로 삼았고, 안자顏子³⁹를 선사先師로 삼았으며", 또 전국[天下]의 유사儒士를 널리 불러[廣招] "비단[帛]과 전마傳馬를 지급해서 경사京師에 이르게 하여 차서次序를 두지 않고 선발하였는데", 단지 "대경大經⁴⁰ 하나 이상에 정통한 자는 모두 관리가 될 수 있었다." 그는 유생儒生을 계도啓導해서 임용하고자 정전正殿의 좌측에 홍문관弘文館을 설치하여 "천하의 문학에 뛰어난 유자儒者를 엄선해서 본관本官 이외에 (홍문관弘文館)학사學士를 겸하게 하였고, 5품의 관리가 먹는 진귀한 음식을 지급하였으며", 그들과 "고대의 경전[墳典]을 토론하였고, 정사政事에 대해 상담하였는데, 때때로 밤이 깊어서야 마치기도 하였다."⁴¹ 그는 또 유학의 가르침[儒學之敎]을 크게 일으키고자 "좨주祭酒⁴²·사업司業·박사博士에게 강론하게 하였고,⁴³ 사방의 유생儒生으로 책을 짊어지고 이르는 자가 대략 수천 명이었다." 심지어 인접국의 추장酋長들도 "자제들을 보내 입학을 청하였다." 그 결과 "국학 안에서는 북을 치면 강연講筵에 오르는 자가 거의 만 명에 달하였다. 유학의 흥성이 일찍이 이런 적이 없었다."⁴⁴ 유학의 많은 학파·장구章句 해석의 번잡함·남북 경학經學의 불리한 요소 등을 극복하고 경의經義를 통일시키기 위해 당 태종은 또 안사고顏師古⁴⁵에게 명해서 공영달孔穎達⁴⁶과 『오경정의五經正義』를 찬정撰定하게 하였고, "국학에 내려보내어 사용하게 하였다."⁴⁷ 당시 『논어』에는 『오경정의』가 포함되지 않았지만, 여전히 중시되었다. 이후 한유韓愈⁴⁸가 지은 『논어필해論語筆解』도 비중이 매우 높았다. 유학이 크게 숭상되고 흥기된 배경을 기초로 『논어』는 크게 현창顯彰되는 기회를 가졌고, 당률에 유효한 영향을 주었다.

『논어』가 당률에 영향을 주었던 것은 율律의 제정자制定者와도 관계가 있었다. 입법은 통치계급의 의지가 상승하여 법률화되는 과정이다. 이 과정은 오직 사람의 활동으로 실현되었기 때문에

---

38 【옮긴이 주】: '공자'의 생몰 연대는 B.C. 551~B.C. 479년이다.
39 【옮긴이 주】: '안자'의 생몰 연대는 B.C. 521~B.C. 490년이다.
40 【옮긴이 주】: '대경'에 대해서는 제5장 주 104 참조.
41 【옮긴이 주】: 김원중 옮김, 『정관정요』「제27장 유학 숭상」(342쪽)에 의하면, 이것은 태종 즉위 초(627)의 일이다.
42 【옮긴이 주】: '좨주' 앞에는 "자주 국학에 행차해서"라는 문구가 있다(주 44 참조).
43 【옮긴이 주】: 이 문장 다음에 "끝나면 각각 속백束帛을 하사하였다"라는 문구가 있다(주 44 참조).
44 【옮긴이 주】: 이상 김원중 옮김, 『정관정요』「제27장 유학 숭상」(342~343쪽).
45 【옮긴이 주】: '안사고'의 생몰 연대는 581~645년이다.
46 【옮긴이 주】: '공영달'의 생몰 연대는 574~648년이다.
47 『정관정요』「유학儒學 제27」.
　【옮긴이 주】: 김원중 옮김, 『정관정요』「제27장 유학 숭상[崇儒學]」(347쪽). 『정관정요』「제27장 유학 숭상[崇儒學]」에는 『오경정의』의 찬정 시기가 정관 4년(630)으로 되어 있지만, 『구당서』권189상, 「유학상儒學上」(4941쪽)에는 정관 2년으로 되어 있고, 내용에도 차이가 있다(제5장 주 108 참조)..
48 【옮긴이 주】: '한유'의 생몰 연대는 768~824년이다.

입법자의 자질은 법률 내용과 직접적인 관계가 있었다. 당률을 제정한 사람의 구성을 보면, 세 가지 특징이 있었다. 첫째, 법률에 능통하였다는 점이다. 그들은 대부분 중앙 또는 지방에서 요직을 맡았기 때문에 중앙과 지방의 입법과 사법에 경험이 풍부하였다. 이외에 율박사律博士도 있었는데, 그들은 율령을 교수하는 것을 직업으로 하는 법학 전문가였다. 둘째, 유학에 정통하였다는 점이다. 그들은 대부분 문학·사학을 두루 섭렵하였는데, 그중에는 (우지녕于志寧처럼) 『오경정의』의 편찬에 참여한 이도 있었다. (이처럼) 유가사상은 그들에게 결코 생소하지 않았다. 셋째, 풍부한 통치 경험이 있었다는 점이다. 그들은 장기간 중앙 또는 지방에서 재직하여 독립적으로 각종 사무를 처리해야 하였기 때문에 경험이 비교적 풍부하였다. 이로 인해 계속해서 승진한 이도 있었는데, 장손무기長孫無忌[49]와 이적李勣[50] 등이 모두 이와 같았다. 그들이 가졌던 이러한 특징은 『논어』의 정신과 사상을 당률에 용해溶解해서 당률의 구성요소로 하는 데 매우 유리하였다.

물론, 당률은 오직 『논어』의 영향만을 받지는 않았다. 그것은 모든 유가사상이 작용하여 생긴 결과물이라고 해야 한다. 그러나 『논어』는 그중에서 중요한 지위를 점하였다. 이것은 다음과 같은 이유 때문이다.

첫째, 『논어』는 예禮를 비교적 전면적으로 논술하였고, 게다가 이러한 논술은 모두 예에 대한 일반적인 문제이긴 하였지만, 수준이 상당히 높았으며, 예의 기본 정신을 명확히 구현하였기 때문에 쉽게 국가에 수용되어 지도사상이 될 수 있었다. 이에 비해, 다른 경적經籍들의 예에 대한 묘사는 대부분 비교적 구체적이었고, 내용도 대체로 일부 구체적인 문제에 대한 요구사항을 제시하는데 한정되어 있었다. 만약 그것들을 지도사상으로 하고자 하면, 귀납적으로 수준을 높이는 과정이 필요하였기 때문에 그 자체로 충분했던 『논어』에는 미치지 못하였다.

둘째, 『논어』의 일부 논법論法은 규범성을 갖추었을 뿐만 아니라, 새로운 내용이 발현된 후에도 비교적 이후 중국의 사회 상황에 적합하였다. 부자상은父子相隱을 예로 들면, 중국은 봉건시기 장기간 소농경제小農經濟 상태에 처해서 상품생산은 발달하지 못하였고, 일가일호一家一戶가 생산단위이자 소비단위였기 때문에 상대적으로 독립성이 비교적 강하였다. 국가의 안정은 가정의 안정을 기초로 하였는데, 바로 이른바 "제가齊家 이후 평천하平天下"였다. 가정의 안녕을 유지하기 위해서는 일반적인 안건에 대해 서로 송사訟事를 피하는 것이 필요하였다. 이것은 가장家長의 존엄을 유지·보호할 뿐만 아니라, 가족구성원[家庭成員]의 화목에도 유리하였다. 당률은 『논어』의 중요성을 인식해서 이 사상을 수용하였고, 그것의 적용 범위를 확대하였으며, 그것에 새로운 내용을 추가

---

49 【옮긴이 주】: '장손무기'의 생몰 연대는 594~659년이다.
50 【옮긴이 주】: '이적'의 본명은 '서세적徐世勣'이고, 생몰 연대는 594~669년이다.

해서 당대唐代의 상황에 더욱 적합하게 하였다. 그 나머지 경전의 대다수 문장은 모두 이러한 특성을 갖지 못하였다. 이처럼 『논어』의 당률에 대한 영향은 다른 경전보다 우위에 있었다.

제19장
당률 내용의 정밀성[密而不漏]

일부 전통적 관점은 당률의 내용이 "소이불루疏而不漏, 즉 법망은 성글지만 한 명의 죄인도 놓치지 않는다"라고 보았다. 당률은 500조(또는 502조)뿐이었고 내용도 많지 않았지만, 법망은 오히려 소홀함이 전혀 없었기 때문에 각종 범죄는 모두 당률의 제재를 벗어나지 못하였다는 것이다. 나[筆者]는, 당률의 내용은 소이불루疏而不漏가 아니라 "밀이불루密而不漏, 즉 법망이 정밀하여 한 명의 죄인도 놓치지 않는다"라는 관점이기 때문에 전통적 관점은 재검토할 필요가 있다.

제1절 영令·격格·식式 위반행위에 대한 제재制裁

당률은 당률을 위반한 행위에 대해서 제재를 가하였을 뿐 아니라 당령·격·식 등 다른 형식을 위반한 행위에 대해서도 제재를 가하였기 때문에 그 범위는 당률 본래의 500조를 크게 초과하였다.

『신당서·형법지』에서는 이미 당률의 이러한 제재 범위에 대해 비교적 상세하게 논술하였다. 즉,「형법지」에서는 "당唐의 형서刑書에는 네 종류가 있다 율·영·격·식이 그것이다. …… 이 세 가지를 위반하였거나 사람이 악행을 범하여 문죄問罪하는 경우에는 오로지 율로써 단옥한다[一斷以律]"[1]라고 하였는데, 실제도 이와 같았다. 현존하는 자료들은 당령·격·식을 위반한 경우, 모두 당률의 처벌을 받는 행위가 대략 두 가지로 구분되었음을 증명해 준다. 한 가지는 당령·격·식을 위반한 경우, 모두 당률에서 직접 상응하는 (처벌) 조문을 찾을 수 있는 행위이고, 또 한 가지는 당령·격·식을 위반하였지만, 당률에서 직접 상응하는 (처벌) 조문을 찾을 수 없는 행위이다. 이 두 가지 행위는 모두 수량적으로 매우 많다. 여기서는 먼저 전자의 행위에 대해 사례를 제시해서 설명하기로 한다. 당연히 당률에서는 이러한 행위에 대해 명문으로 정죄定罪와 양형量刑을 규정하

---

1 【옮긴이 주】:『신당서』권56,「형법지」에 있는 전문全文은 제4장 주 9 참조.

였다.

첫째, 당령을 위반한 경우, 모두 당률에서 직접 상응하는 (처벌) 조문을 찾을 수 있는 행위이다. 당령에서는 "무릇 환수[收]·지급[授]해야 하는 토지는 매년 10월 1일부터 시작한다. 이정里正은 미리 조사하여 문서를 작성하고, 음력 11월이 되면 현령縣令은 환수·지급해야 하는 사람을 모두 모아 쌍방 앞에서 지급하며, 12월 이내에 마친다"[3]라고 규정하였는데, 당률에는 이 규정을 위반한 행위를 처벌하는 직접적인 조문이 있다. 예컨대 『당률소의·호혼률』「이정수전과농상위법조里正授田課農桑違法條」에서는 "무릇 이정里正은 영令에 의하면 '사람들에게 토지를 지급하고[授人田], 농사와 양잠을 권과해야 한다[課農桑]'라고 하였다. 만약 (토지를) 받아야 하는데 지급하지 않았거나[受而不授], 환수해야 하는데 환수하지 않았거나[還而不收], 권과해야 하는데 권과하지 않았거나[課而不課], 이와 같은 일 등[事類]으로 법을 위반한 자는 1사를 과실한[失一事] 때마다 태笞40에 처한다. 3사마다 1등을 가중한다. 현縣이 10사를 과실한 때에는 태30에 처하고, 20사마다 1등을 가중한다. 주州는 관할하는 현縣의 다소多少에 따라서 통계하여 처벌한다[爲罪]. 각각 죄의 최고형은 도徒1년이며, 고의[故]인 때에는 각각 2등을 가중한다"[4]라고 규정하였다.

둘째, 당격唐格을 위반한 경우, 모두 당률에서 직접 상응하는 (처벌) 조문을 찾을 수 있는 행위이다. 당격에서는 "모든 관사에 대사 및 군기가 있었다면, 장하仗[5]에서 직접 상주해야 한다. 직접 상주해야 자는 모두 진장[6]해야 한다[諸司有大事及軍機 須仗下面奏者請余常務 須奏者 並宜進狀]"[7]라고 규

---

2 【옮긴이 주】: '정죄'와 뒤의 '양형'에 대해서는 제1장 주 73 참조.
3 [일日]니이다 노보루仁井田陞, 율경栗勁 등 옮김, 『당령습유唐令拾遺』, 장춘출판사長春出版社, 1989년판年版, 566쪽.
【옮긴이 주】: 니이다 노보루仁井田陞, 『당령습유』「전령田令 22조」(636쪽).
4 【옮긴이 주】: 『역주율소 - 각칙(상) - 』「호혼22」(제171조)「이정수저과농상조里授田課農桑條」, 2240~2243쪽.
5 【옮긴이 주】: '장하'는 '의장儀仗 아래'라는 뜻으로 황제의 앞을 가리킨다.
6 【옮긴이 주】: '진장進狀'은 '문서로 의견을 표명하는 것'이다.
7 유준문劉俊文, 『돈황·투루판 당대 법제문서 고석敦煌吐魯番唐代法制文書考釋』, 중화서국中華書局, 1989년판年版, 270~273쪽 참조.
【옮긴이 주】: 유준문劉俊文, 『당대법제연구唐代法制研究』(북경北京: 문진출판文津出版, 1999) 제2장 제3절 '당격초탐唐格初探'(129쪽)에 수록된 원문 가운데 관련 부분만 제시하면 다음과 같다.
"<전결前缺>
진기陳其 [
칙敕: 제사유대사급군기 수장하諸司有大事及軍機 須仗下 [
수주자 병의진장須奏者 並宜進狀 ……"
이것을 원서와 비교하면, 원문에는 '면주자청여상무面奏者請余常務'가 없고, 또 이 문구는 내용 면에서도 합당하지 않다. 원문에도 '수장하須仗下' 다음이 결략되어 있기 때문에 명확하지 않지만, 당대唐代의 상주上

정하였다. 당격의 이 규정을 위반한 경우에도 당률에서 상응하는 (처벌) 조문을 찾을 수 있고, 주사奏事해야 하는데 하지 않았거나 언상言上[8]해야 하는데 하지 않은 행위 등에 대해서 제재를 가하였다. 예컨대『당률소의·직제율』「사응주부주조事應奏不奏條」에서는 "무릇 일[事]을 상주上奏해야 하는데 상주하지 않았거나, 상주하지 않아야 하는데 상주한 경우에는 장杖80에 처한다. 언상言上해야 하는데 보고하지 않은 경우, 언상하지 않아야 하는데 언상한 경우 및 관할 관사官司를 거치지 않고 뛰어넘어[越] 언상言上한 경우, 문서를 행하行下[9]해야 하는데 행하하지 않은 경우 및 행하하지 않아야 하는데 행하한 경우에는 각각[備][10] 장60에 처한다"[11]라고 규정하였다.

셋째, 당식唐式을 위반한 경우, 모두 당률에서 직접 상응하는 (처벌) 조문을 찾을 수 있는 행위이다. 당식에서는 "경수涇水·위수渭水의 백거白渠 및 모든 대거大渠의 용수用水·관개灌漑하는 곳은 모두 갑문閘門을 안치安置하고, 아울러 (제방은) 돌을 쌓고 (갑문) 나무로 방벽傍壁을 만들어 견고하게 해야 한다"[12]라고 규정하였다. 당식의 이 규정을 위반하고 수리修理를 잘못한 경우에도 당률에서 상응하는 직접적인 (처벌) 조문을 찾을 수 있고, 동시에 각각의 상황에 따라 이러한 행위에 대해 징벌을 가하였다. 예컨대『당률소의·잡률』「실시불수제방조失時不修隄防條」에서는 "무릇 제방을 수리하지 않았거나, 수리하였지만 때를 놓친 경우, 주관 관원[主司]은 장杖70에 처한다. (이로 인해) 인가人家를 훼손시켜 피해를 입혔거나 재물을 표실漂失한 자는 좌장죄로 논하되[坐贓論] 5등을 감경한다. 이 때문에 타인을 살상한 자는 투살상죄半[13]殺傷罪에서 3등을 감경한다"[14]라고 규정하였다.

여기서 언급하고자 하는 것은 일부 당격唐格에는 그 자체 제재 부분에 관한 내용이 있기 때문에 이들 당격은 예외적으로 당률을 통해 정죄양형定罪量刑[15]하지 않아도 되었다는 점이다. 예컨대 당唐

奏체계는 장하주사仗下奏事 또는 장하면주仗下面奏 등 조회朝會에서 구두로 주사奏事하는 것이 비중이 높았고, 문서가 방대한 경우에는 문서로 보고하는 진장進狀이 그 다음이었다. 이러한 상주체계에서 보면, '수장하須仗下' 다음에 생략된 문구는 '주사奏事' 또는 '면주面奏'일 가능성이 높다. 따라서 여기서는 임시로 원문의 '수장하須仗下'를 '수장하면주須仗下面奏'로 보고 해석하였다.

8 【옮긴이 주】: '언상'은 '하급관사에서 상급관사로 보고하는 것'을 말한다.
9 【옮긴이 주】: '행하行下'는 '상급관청에서 하급관청으로 문서를 송달하는 것'을 말하지만,『역주율소 - 각칙(상) - 』「직제27」(제117조)「사응주이부주조事應奏而不奏條」「소의」(2144쪽)에서는 행하해야 하는 문서로서 동급관사 간에 행해지는 부符·이移·관關·자刺 등을 예시하고 있기 때문에 이 경우 동급관사 간의 문서 송달도 포함하고 있다고 보아야 한다(율령연구회律令研究會 편編,『역주일본율령譯註日本律令6 당률소의역주편唐律疏議譯註篇2』[동경東京: 동경당출판東京堂出版, 1984], 152~153쪽, 주 1).
10 【옮긴이 주】: '비備'는 '각各'의 오기이다(주 11 참조).
11 【옮긴이 주】:『역주율소 - 각칙(상) - 』「직제27」(제117조)「사응주이부주조事應奏而不奏條」, 2143쪽.
12 유준문劉俊文, 위의 책[同上書], 326쪽.
13 【옮긴이 주】: '반半'은 '투鬪'의 오기이다(주 14 참조).
14 【옮긴이 주】:『역주율소 - 각칙(하) - 』「잡률36」(제424조)「실시불수제방조」, 3244쪽.

신룡神龍[16] 연간(705~707년)에 반포된 『산반형부격散頒刑部格』[17]에는 바로 이러한 당격 조문이 있다. "유외행서流外行署[18]·주현州縣의 잡임雜任이 감주監主의 지위에서 1필匹 이상의 장죄贓罪를 범한 때에는 먼저 결장決杖60에 처한다. 만滿5필 이상인 때에는 먼저 결장決杖100에 처하고, 아울러 배군配軍하며",[19] "관官의 낙타[施[20]]·말[馬] 1필 이상을 절도하였거나 살해한 자는 먼저 결장100에 처하고, 영남嶺南에 배류配流하며, 관당官當·속贖할 수 없다."[21] 그 이외의 대다수 당격 조문과 당령·식의 조문에는 제재 부분에 관한 내용이 없고, 이 부분에 관한 내용은 모두 당률 규정에 있기 때문에 이 또한 당령·격·식을 위반한 때에는 반드시 당률에 의해 처벌해야 하는 중요한 원인의 하나가 되었다.

당령·식을 위반하였지만, 당률에서 직접 상응하는 (처벌) 조문을 찾을 수 없는 행위는 더욱 많고, 이러한 행위도 마찬가지로 처벌을 받아야 하였다. 이에 대해 당률에는 전문적인 규정이 있다. 예컨대 『당률소의·잡률』「위령조違令條」에서는 "무릇 영을 위반한[違令] 자는 태笞50에 처한다. 별식別式은 1등을 감경한다"[22]라고 규정하였고, 또 「소의」[23]에서는 특히 '위령違令, 즉 영을 위반한 행위'에 대해 다음과 같이 해석하였다. "영令에는 금제禁制가 있지만, 율에는 죄명이 없는 경우를 말한다."[24] 위식違式, 즉 식을 위반한 행위에 대해서도 이와 같았다. 다시 말하면, 당령·격·식을 위반한 행위에 대해 당률에서 상응하는 (처벌) 조문을 찾을 수 있는 경우 이외에 다른 당령·식을 위반한 행위도 모두 '태笞50' 또는 '1등 감경' 즉 태40으로써 형사책임을 추궁받았다. 게다가 본 조 「소의」에서는 예例를 제시하여 다음과 같이 설명하였다. "'길을[25] 가는 때[行路], 천인賤人은 귀인貴人을

---

15 【옮긴이 주】: '정죄양형'에 대해서는 제1장 주 73 참조.
16 【옮긴이 주】: '신룡'은 무주武周의 황제 무측천武則天(재위 690~705)의 열네 번째 연호이자 당의 제4대 황제 중종(복위 705~710)의 두 번째 연호(705~707)이다.
17 【옮긴이 주】: '『산반형부격』'은 신룡 연간에 편찬되었기 때문에 '『신룡산반형부격神龍散頒刑部格』'이라고도 한다. 본서 제3장 제1절에는 '『신룡산반형부격』'으로 표기되어 있다.
18 【옮긴이 주】: '행서'는 관청을 가리키는 '행정공서行政公署'의 약칭略稱이기도 하지만, '유외관流外官'을 통칭通稱하기도 한다. 이 경우에는 후자를 가리킨다.
19 【옮긴이 주】: 유준문劉俊文, 『당대법제연구唐代法制研究』, 제2장 제3절 '당격초탐唐格初探'(148쪽).
20 【옮긴이 주】: '시施'는 '타駞'의 오기이다(주 21 참조).
21 유준문劉俊文, 위의 책[同上書], 247·252쪽.
   【옮긴이 주】: 유준문劉俊文, 『당대법제연구唐代法制研究』, 제2장 제3절 '당격초탐唐格初探'(150~151쪽).
22 【옮긴이 주】: 『역주율소 - 각칙(하) - 』「잡률61」(제449조)「위령조」, 3276쪽.
23 【옮긴이 주】: '「소의」'는 '「주」'의 오기이다(주 24 참조).
24 【옮긴이 주】: 『역주율소 - 각칙(하) - 』「잡률61」(제449조)「위령조」「주」, 3276쪽.
25 【옮긴이 주】: '길을' 앞에는 "'영令에는 금제禁制가 있다'라는 것은 「의제령儀制令」에서"라는 문구가 있다(주 28 참조). 「의제령」은 니이다 노보루仁井田陞, 『당령습유唐令拾遺』「의제령 29조」(510쪽) 참조.

피하고, 가는 자[往]는 오는 자[來]를 피한다'라고 하는 것 등[之類]을 말하고, 이것이 '영에는 금제가 있지만, 율에는 죄명이 없다'라는 것이며, 위반한 자는 태50에 처하고", "'5품[26] 이상은 자색紫色을 입고, 6품 이하는 주색朱色을 입는다'라고 한 것 등[之類]이 있는데, 식의 규정을 위반하고 (금지한) 복색을 입은 자는 태40에 처한다는 것을 말한다. 이것이 '별식은 1등을 감경한다'라고 한 것이다.[27]"[28] 이뿐만 아니라, 당률에는 당령·식의 규정을 위반하여 처벌받는 행위도 있었다. 예컨대 『당률소의·천흥』「사유금병기조私有禁兵器條」「소의」[29]에서는 "「군방령軍防令」[30]에 의하면 '유실한 갑甲·장杖을 습득한 때에는 모두 즉시 관官에 보내야 한다'라고 하였기 때문에 보내지 않은 자는 '위령違令'에 따라 태50에 처한다"[31]라고 규정하였다. 『당률소의·천흥』「핍군흥조乏軍興條」「소의」에서도 "그러나 절충부折衝府의 교열校閱은 식式에 규정이 있고, 도착하지 않은 자는 각각 '식을 위반한' 죄에 준한다[準違式之罪]"[32]라고 하여, 태笞40에 처해졌다.[33]

당령·격·식을 위반한 어떠한 행위이든 모두 상황을 분별해서 당률의 규정에 따라 제재를 받았고, 하나도 예외가 없었음을 알 수 있다. 요컨대, 당률은 당률을 위반한 자에 대한 법률적 책임을 추궁하였을 뿐 아니라, 동시에 당령·격·식을 위반한 자에 대한 법률적 책임도 추궁하였던 것이다.

여기서 특히 지적하고자 하는 것은, 당대唐代 영·격·식의 내용이 당률의 내용보다 매우 많았다는 점이다. 당률은 12편篇(장章), 500조條였을 뿐이다. 예컨대 『당육전·형부刑部』에서는 "무릇 율은 12장章이다. 1은 명례율名例律, 2는 위금률衛禁律, 3은 직제율職制律, 4는 호혼률戶婚律, 5는 구고율廐庫律, 6은 천흥률擅興律, 7은 적도율賊盜律, 8은 투송률鬪訟律, 9는 사위율詐僞律, 10은 잡률雜律, 11은 포망률捕亡律, 12는 단옥률斷獄律로서, 모두 500조이다"[34]라고 기술하였다. 그러나 당령·격·식의 총수는 12

---

26 【옮긴이 주】: '5품' 앞에는 "'별식은 1등을 감경한다'라는 것은 「예부식」에서"라는 문구가 있다(주 28 참조).
27 【옮긴이 주】: 이 문장 다음에는 "(그) 물건[物]은 그대로 몰관沒官한다"라는 문장이 있다(주 28 참조).
28 【옮긴이 주】: 『역주율소 - 각칙(하) - 』「잡률61」(제449조)「위령조」「소의」, 3276~3277쪽.
29 【옮긴이 주】: '「소의」'는 '「주·소의」'이다(주 31 참조).
30 【옮긴이 주】: '「군방령」'은 니이다 노보루仁井田陞, 『당령습유唐令拾遺』「군방령 26조」(380쪽)를 말한다.
31 【옮긴이 주】: 『역주율소 - 각칙(상)』「천흥20」(제343조)「사유금병기조」「주·소의」, 2373쪽.
32 【옮긴이 주】: 『역주율소 - 각칙(상) - 』「천흥6」(제229조)「교열위기조校閱違期條」, 2353쪽.
33 【옮긴이 주】: '위식違式' 행위에 대한 처벌은, 『역주율소 - 각칙(하) - 』「잡률61」(제449조)「위령조」에서는 "무릇 영을 위반한[違令] 자는 태50에 처한다. 별식別式은 1등을 감경한다"(3276쪽)라고 규정하여, '태40'이었다.
34 【옮긴이 주】: 김택민 주편, 『역주당육전 상』권6, 「상서형부尚書刑部」(550쪽). 『당육전』「상서형부」에 기술된 당률은 『정관률貞觀律』을 말하는데, 이 『정관률』'12장·500조'가 『구당서』권50, 「형법지」(2136쪽)에는 '500조·12권'으로, 『신당서』권64, 「예문2·형법류刑法類」(1494쪽)에는 '『정관률』 12권'으로, 그 주注에는 '율 500조'로, [송宋]왕부王溥 찬撰, 『당회요唐會要』권39, 「정격령定格令」(701쪽)에는 '500조·12권(정관 11

편篇, 500조를 크게 초과하였다.

당령은 27편, 1546조로 되어 있었다. 예컨대 『당육전·형부』에서는 "무릇 영은 모두 27로서,[35] 1은 관품령官品令,[36] 2는 삼사삼공대성직원령三師三公臺省職員令, 3은 시감직원령寺監職員令, 4는 위부직원령衛府職員令, 5는 동궁왕부직원령東宮王府職員令, 6은 주현진수옥독관진직원령州縣鎭戍嶽瀆關津職員令, 7은 내외명부직원령內外命婦職員令, 8은 사령祠令, 9는 호령戶令, 10은 선거령選擧令, 11은 고과령考課令, 12는 궁위령宮衛令, 13은 군방령軍防令, 14는 의복령衣服令, 15는 의제령儀制令, 16은 노부령鹵簿令,[37] 17은 공식령公式令,[38] 18은 전령田令, 19는 부역령賦役令, 20은 창고령倉庫令, 21은 구목령廐牧令, 22는 관시령關市令, 23은 의질령醫疾令, 24는 옥관령獄官令, 25는 영선령營繕令, 26은 상장령喪葬令, 27은 잡령雜令이며, 모두 1546조이다"[39]라고 했다.

당격도 24편이었지만, 그 권수卷數는 각 황제[朝]마다 같지 않았다. 예컨대 『당육전·형부』에서는 "『정관격貞觀格』[40]18권[41]은 방현령房玄齡[42] 등이 산정刪定하였다. 『영휘유사격永徽留司格』18권과

년[637] 정월 14일 반행)'으로 기재되어 있다.

35 【옮긴이 주】: '27로서' 다음에 "나누어 30권이 된다"라는 문구가 있다(김택민 주편, 『역주당육전 상』권6, 「상서형부」, 570쪽).

36 【옮긴이 주】: '관품령' 다음에 "상·하로 나누었다"라는 문구가 있다(김택민 주편, 『역주당육전 상』권6, 「상서형부」, 570쪽).

37 【옮긴이 주】: '노부령' 다음에 "상·하로 나누었다"라는 문구가 있다(김택민 주편, 『역주당육전 상』권6, 「상서형부」, 570쪽).

38 【옮긴이 주】: '공식령' 다음에 "상·하로 나누었다"라는 문구가 있다(김택민 주편, 『역주당육전 상』권6, 「상서형부」, 570쪽).

39 『구당서·형법지』에 의하면, 당 태종唐太宗 정관貞觀 시기 제정된 당령은 "영 1590조를 제정하였고, 30권으로 했다"라고 하여, 1590조, 총 30권이었다. 이 숫자는 『당육전·형부』에 기재된 숫자보다 조금 많다. 【옮긴이 주】: 김택민 주편, 『역주당육전 상』권6, 「상서형부」(570쪽). 『당육전』「상서형부」에 기술된 당령은 『정관령貞觀令』을 말하는데, 이 『정관령』 '27편·30권·1546조'가 『구당서』권50, 「형법지」(2138쪽)에는 '1590조·30권'으로, 『신당서』권56, 「형법지」(1410쪽)에는 '1546조'로, 『신당서』권64, 「예문2·형법류刑法類」(1494쪽)에는 '『(정관)령』 27권'으로, 그 주注에는 '영令 1546조'로, [송宋]왕부王溥 찬撰, 『당회요』권39, 「정격령定格令」(701쪽)에는 '30권·27편·1590조'(정관 11년[637] 정월 14일 반행)로, [송宋]사마광司馬光 편저編著, 『자치통감』권194, 「당기唐紀10·태종太宗 상지하上之下」「정관 11년 춘 정월 경자庚子」(1305쪽)에는 '1590여 조餘條'로 기재되어 있다.

40 【옮긴이 주】: '「정관격」'으로 시작되는 이 문단文段의 모두冒頭에는 "무릇 격格은 24편이다"라는 문구가 있고, '「정관격」'의 바로 앞에는 '황조皇朝'라는 단어가 있다(이상 김택민 주편, 『역주당육전 상』권6, 「상서형부」, 575~576쪽).

41 【옮긴이 주】: 『정관격』의 권수 '18권'은 『구당서』권50, 「형법지」(2138쪽)에도 동일하게 기술되어 있지만, 『신당서』권56, 「형법지」(1410쪽)에는 '700조'로, 『신당서』권64, 「예문2·형법류刑法類」(1494쪽)에는 '격 18권'으로, 그 주注에는 '격 700조'로, [송宋]왕부王溥 찬撰, 『당회요』권39, 「정격령定格令」(701쪽)에는 '격 700조'(정관 11년[637] 정월 14일 반행)로 기록되어 있다.

『산반격散頒格』7권은 장손무기長孫無忌[43] 등이 산정하였고, 영휘永徽[44] 연간에 또 원직심源直心[45] 등에게 명해서 산정하게 하였는데, 오직 관호官號·조曹·국局의 명칭만 바꾸었을 뿐 편의 차례[篇第][46]는 바꾸지 않았다. 『영휘유사격후본永徽留司格後本』은 유인궤劉仁軌[47] 등이 산정하였고, 『수공유사격垂拱留司格』6권과 『산반격』2[48]권은 배거도裴居道[49]가 산정하였다. 『태극격太極格』10권은 잠희岑羲[50] 등이 산정하였다. 『개원전격開元前格』10권은 요숭姚[51]崇[52] 등이 산정하였고, 『개원후격開元後格』10권은 송경宋璟[53] 등이 산정하였다. 모두 상서성尙書省24사司를 편명篇名[54]으로 삼았다"[55]라고 기재하였다.

당식은 33편이었지만, 그 권수도 황제[朝]에 따라 정해졌고, 많은 것은 20권, 적은 것은 14권이었다. 예컨대 『당육전·형부』에서는 "무릇 식은 모두 33편이고", "『영휘식永徽式』14권과 『수공식垂拱式』·『신룡식新龍式』·『개원식開元式』은 각각 20권이 있는데, 그 산정자刪定者는 격格·영令을 정한 사람과 같다"[56]라고 하였다.

당령·격·식의 총 편목篇目·권卷·조문條文의 수數는 매우 많았기 때문에 당률을 크게 초과하였다. 그것들을 위반한 경우에는 모두 당률에 의해 정죄과형定罪科刑 되었다. (이로써) 당률의 적용 범위는 당령·격·식을 위반한 행위까지 확대되었음을 알 수 있다. 이것은 어떤 측면에서 당률의 법망法網이 성글지 않고 정밀하였다는 것을 말해준다.

....
42 【옮긴이 주】: '방현령'의 생몰 연대는 579~648년이다.
43 【옮긴이 주】: '장손무기'의 생몰 연대는 594~659년이다.
44 【옮긴이 주】: '영휘'는 당의 제3대 황제 고종高宗(재위 649~683)의 첫 번째 연호(650~655년)이다.
45 【옮긴이 주】: '원직심'의 생몰 연대는 미상이다.
46 【옮긴이 주】: '편제篇第'가 『구당서』권50, 「형법지」(2138쪽)에는 '편목篇目'으로 되어 있다.
47 【옮긴이 주】: '유인궤'의 생몰 연대는 601~685년이다.
48 【옮긴이 주】: '2'가 『구당서』권50, 「형법지」(2138쪽)에는 '3'으로 되어 있다.
49 【옮긴이 주】: '배거도'의 생몰 연대는 ?~690년이다.
50 【옮긴이 주】: '잠희'의 생몰 연대는 ?~713년이다.
51 【옮긴이 주】: '요姚' 다음에 '원元'이 있다(주 55 참조). 『구당서』권50, 「형법지」(2138쪽)에는 '요숭'으로 되어 있다.
52 【옮긴이 주】: '요원숭'은 '요숭'의 본명이고, 그의 생몰 연대는 651~721년이다.
53 【옮긴이 주】: '잠희'의 생몰 연대는 ?~713년이다.
54 【옮긴이 주】: '편명'이 『구당서』권50, 「형법지」(2138쪽)에는 '편목篇目'으로 되어 있다.
55 【옮긴이 주】: 김택민 주편, 『역주당육전 상』권6, 「상서형부」(576~577쪽). 『구당서』권50, 「형법지」(2138쪽)에도 거의 같은 문장이 수록되어 있다.
56 【옮긴이 주】: 이상 김택민 주편, 『역주당육전 상』권6, 「상서형부」(578쪽). 『구당서』권50, 「형법지」(2138쪽)에도 거의 같은 문장이 수록되어 있다. 『당육전』「상서형부」에 기술된 '당식'은 '『정관식貞觀式』'을 말하는데, 이 『정관식』 '33편'이 『구당서』권50, 「형법지」(2138쪽)에도 수록되어 있지만, 『신당서』권64, 「예문2·형법류刑法類」(1494쪽)에는 '『(정관)식』 33권卷'으로 되어 있다.

제2절 예禮·이理 위반행위에 대한 제재

당률은 당률·영·격·식을 위반한 행위에 대해 제재를 가하였을 뿐만 아니라, 일부 위례이불위율違禮理不違律 행위, 즉 예·이는 위반하였지만 율은 위반하지 않은 행위에 대해서도 제재를 가하였기 때문에 그 범위는 당률 자체의 범주를 크게 초과하였다.

당대唐代도 예가 있었고, 또 그것을 집성해서 책으로 편찬할 정도로 수량도 적지 않았다. 현존하는 『대당개원례大唐開元禮』[57]는 총 150권이고, 그 기본구성은 『의례儀禮』와 유사하여 서례序禮·길례吉禮·빈례賓禮·군례軍禮·가례嘉禮·흉례凶禮 등으로 구분되어 있다. 그 가운데 서례는 3권, 길례는 75권, 빈례는 2권, 군례는 10권, 가례는 40권, 흉례는 20권이다. 당대의 예는 일정한 구속력은 있었지만, 법률적 규범에 속하지 않았기 때문에 일반적으로 위례불위율違禮不違律 행위, 즉 예는 위반하였지만 율은 위반하지 않은 행위는 당률의 단속 범위에 포함되지 않았다. 그러나 예는 결국 유가사상이 집중 구현된 것이고, 유가사상은 또 당대唐代 국가의 지도사상이기도 하였다. 예의 존엄성을 유지·보호하기 위해 당률은 또 통례를 깨고 특정의 위례불위율違禮不違律 행위를 처벌하였는데, 주로 이하 두 가지 상황이 포함되었다.

첫째 상황은 10세 이하 아동[58]이 부모를 구타한 위례違禮 행위이다. 다시 말하면, 10세 이하 아동이 부모를 구타한 행위는 위례불위율違禮不違律이었지만, 당률의 제재 범위에 포함되었다. 예컨대 『당률소의·명례』「노소급질유범조老小及疾有犯條」에서는 10세 이하 아동의 경우, "절도하였거나[盜] 사람을 상해한[傷시] 자는 또한 속동을 징수한다[收贖]"[59]라고 명확하게 규정하여, 절도하였거나 사람을 상해한 때에는 속贖하는 방법으로 처리할 수 있었다. 이 규정에 따라 이러한 아동이 "자기 부모를 구타하였지만 상해가 없었던 경우"에는 당률의 제재 범위에 포함되지 않았다. 그러나 당률은 이러한 행위를 간과하지 않았을 뿐 아니라 게다가 그것을 단속의 범위에도 포함하였다. 즉, 본本 조 「소의」[60]에서는 이에 대해 전문적으로 다음과 같이 해석하였다. "부모를 구타한 경우,

---

57 『대당개원례』는 사고전서본四庫全書本과 청清 광서光緒 12년(1886년) 공선당교간본公善堂校刊本이 있고, 현재는 중화서국中華書局 1990년판年版이 있다.

58 【옮긴이 주】: '아동'의 법률용어로서의 적절성 문제는 '청소년'이라는 용어의 적절성 문제와도 관련이 있다. 이들 용어는 '연소자[小]'라는 용어로 대체하는 것이 타당할 것이다(이하 동일). 이 문제에 대해서는 제7장 제3절 '청소년범죄와 청소년 보호 문제' 및 제7장 주 162 참조.

59 【옮긴이 주】: 『역주율소 - 명례편 - 』「명례30」(제30조)「노소급질유범조」, 236쪽. 본 조에서는 "80세 이상·10세 이하 및 독질자[篤疾]가 모반[反]·모대역[逆]·살인을 범하여 사형에 처해야 하는 때에는 상청上請한다. 절도하였거나 사람을 상해한 자는 또한 속동을 징수한다[收贖]"(236쪽)라고 규정하여, 수속收贖의 대상에는 10세 이하의 소小 외에 80세 이상의 노老·독질자도 포함되었다.

60 【옮긴이 주】: '「소의」'는 '「답」'의 오기이다(주 61 참조).

소와 질자를 가엾게 여길 만하지만[小及疾可矜], 감히 (부모를) 구타한 것은 '악역죄惡逆罪'가 되고", "율에서는 비록 논죄하지 않지만[勿論], 예에 준하면[準禮] 불효가 된다."[61] 이처럼 본 조「소의」[62]에서는 부모를 구타한 것은 일종의 예를 위반한[違禮] '악역' 행위라고 규정하였기 때문에, 이러한 아동이 처벌받는 이유는 위율違律이 아니라 위례違禮였던 것이 명확하다. 이러한 행위에 대한 처벌은 사회적 영향을 고려해서 '상청上請'하여 황제의 정탈定奪, 즉 재결에 맡겼다.

둘째 상황은 기친期親의 복상服喪 기간에 스스로 악을 행하였거나[作樂[63]] 또는 타인에게 악을 행하게 한[遣人作樂] 위례 행위이다. 다시 말하면, 기친의 복상 기간에 스스로 악을 행하였거나 타인에게 악을 행하게 한 것도 일종의 위례불위율違禮不違律 행위였지만, 역시 당률의 제재 범위 내에 포함되었다. 예컨대『당률소의·직제』「익부모급부등상조匿父母及夫等喪條」에서는 자녀·처妻가 자신의 부모·남편[夫]이 사망한 후 거애擧哀[64]하지 않은 행위 및 그 처벌방식에 대하여 모두 명문明文으로 "무릇 부모 혹은 남편[夫]의 상喪을 듣고도 숨기고 거애하지 않은 자는 유流2000리에 처한다. 상제喪制가 아직 끝나지 않았는데 상복을 벗고[釋服] 길복을 입은[從吉] 자, 혹은 애통함을 잊고 악을 행하게 한[忘哀作樂] 자는 도徒3년에 처한다. 잡다한 유희雜戲(를 행한 자)는 도1년에 처한다. 또한 우연히 음악 소리를 듣고 귀를 기울였거나 경사스런 자리[吉席]에 참여한 자는 각각 장杖100에 처한다"[65]라고 규정하였다. 다만 당률은 "기친의 복상 기간에 악을 행하였거나 타인에게 행하게 한" 행위에 대해서는 규정하지 않았다. 그러나 당률은 또 이러한 행위에 대해서도 제재를 가하고자 하여, 본 조「소의」[66]에서는 전문적으로 예禮에 의거해서 다음과 같이 해석하였다. "『예기』에서는 '대공의 복인服人이 (집에) 오면 거문고와 비파를 물리친다[大功將至 辟琴瑟]'라고 하였고, 정현鄭玄의 주注에서는 '또한 애통함을 북돋기 위한 것이다[助哀]'라고 하였다. 또 '소공의 복인이 (집에) 오면 음악을 멈추지 않는다[小功至 不絶樂]'[67]라고 하였다. (『의례儀禮』) 상복喪服에서 말하기를 '옛날 집안[宮中]에 사망한 자가 있으면 3개월 동안 그를 위해 악을 거행하지 않는다[不擧樂]'[68]라고 하였

---

61 【옮긴이 주】:『역주율소 - 명례편 - 』「명례30」「노소급질유범조」「답」, 239쪽.
62 【옮긴이 주】: '「소의」'는 '「답」'의 오기이다(주 61 참조).
63 【옮긴이 주】: '악'에 대해서는 제1장 주 44 참조.
64 【옮긴이 주】: '거애'에 대해서는 제1장 주 43 참조.
65 【옮긴이 주】:『역주율소 - 각칙(상) - 』「직제30」(제120조)「익부모부상조匿父母夫喪條」, 2146~2147쪽. 이어지는 문장은 다음과 같다. "기친존장의 상喪을 듣고도 숨기고 거애하지 않은 자는 도1년에 처한다. 상제가 아직 끝나지 않았는데 상복을 벗고 길복을 입은 자는 장100에 처한다. 대공大功 이하의 존장은 각각 2등을 체감遞減한다. 비유卑幼는 각각 1등을 감경한다"(2148쪽).
66 【옮긴이 주】: '「소의」'는 '「답」'의 오기이다(주 69 참조).
67 【옮긴이 주】: 이상 『예기정의』(『십삼경주소 하』)권43,「잡기雜記 하下 제21」(1566쪽).
68 【옮긴이 주】:『의례주소儀禮注疏』(『십삼경주소 상』)권33,「상복喪服 제11」에는 "궁중宮中에 사망한 자가 있

는데, 하물며 자신의 기친期親·대공·소공의 복상 기간에 애통한 마음을 잊고 타인에게 악을 행하게[作樂] 하였거나 혹은 스스로 관현악기를 연주한[自奏管絃] 것은 이미 대도[大猷]를 어긴 것으로 반드시 징계를 가해야 하고, 율에 비록 조문이 없어도 무죄로 해서는 안 된다."[69] 이어서 「소의」[70]에서는 구체적인 양형量刑의 폭에 대해 "기친期親의 초상인 경우에는 엄중한 쪽에 따라 장杖80에 처하고, 대공 이하는 경미한 쪽에 따라 태笞40에 처한다. 시마緦麻·비유卑幼인 경우에는 '상복을 벗은[釋服]' 죄보다 가중할 수 없다"[71]라고 규정하였다. 이로써 "기친의 복상 기간에 악을 행하였거나 타인에게 악을 행하게 한" '위례불위율違禮不違律 행위'도 용형用刑이 다소 감경되었을 뿐 형벌에 처해졌음을 알 수 있다.

당률은 위례불위율 행위에 대해서 제재를 가하였을 뿐 아니라 위리불위율違理不違律 행위, 즉 이는 위반하였지만 율은 위반하지 않은 행위에 대해서도 제재를 가하였다. 여기의 '이理'는 '정리情理', 즉 봉건 지주계급의 권익과 윤리적 요구에 부합하는 정리를 가리킨다. 당률은, 이는 위반하였지만[違理], 당률·영에 명문明文의 규정이 없는 행위를 '불응득위不應得爲' 또는 '불응위不應爲'라고 칭하였고, 아울러 이것에 대해서 전문적으로 법정法定 해석을 가하였다. 예컨대 『당률소의·잡률』「불응득위조不應得爲條」[72]에서는 '불응득위'에 대해서 "율律·영令에 조문은 없지만, 정리[理] 상上 해서는 안 되는 것을 말한다"[73]라고 하였다. 그러나 이러한 위리불위율 행위도 당률의 처벌을 받았고, 경미한 행위는 태笞40, 엄중한 행위는 장杖80이었다. 즉 본 조에서는 "무릇 해서는 안 되는데[不應得爲] 한 자는 태40에 처한다. 사리事理가 엄중한 때에는 장80에 처한다"[74]라고 규정하였다. 이와 같이 상당수의 이러한 행위도 모두 당률의 제재 항목에 포함되었기 때문에 법망은 더욱 정밀하였다. 당률에서 명문明文으로 규정된 이러한 행위는 주로 다음과 같다.

첫째, 궁宮·전殿 내內를 향해 화살을 발사하였고[射箭], 탄환을 발사하였으며[放彈], 기왓돌을 투척하였지만[投瓦石] 미치지 않은 행위이다. 예컨대 『당률소의·위금』「향궁전사조向宮殿射條」에서는 궁·전 내로 화살을 발사한 행위, 탄환을 발사한 행위, 기왓돌을 투척한 행위에 대해 엄징하여 "무릇 궁·전 내內를 향해 화살을 발사하였는데[射], 궁의 담[宮垣]에 도달한 때에는 도徒2년에 처하고, 전의 담[殿垣][75]에 도달한 때에는 1등을 가중한다. 화살이 들어간[箭入] 때에는 각각 1등을 가중

으면 3개월 동안 그를 위해 제사를 거행하지 않는다[不擧祭]"(1119쪽)로 되어 있다.
69 【옮긴이 주】: 『역주율소 - 각칙(상) - 』「직제30」(제120조)「익부모부상조」「답」, 2151쪽.
70 【옮긴이 주】: '「소의」'는 '「답」'의 오기이다(주 71 참조).
71 【옮긴이 주】: 『역주율소 - 각칙(상) - 』「직제30」(제120조)「익부모부상조」「답」, 2151쪽.
72 【옮긴이 주】: '「불응득위조」' 다음에는 '「주」'가 있어야 한다(주 73 참조).
73 【옮긴이 주】: 『역주율소 - 각칙(하) - 』「잡률62」(제450조)「불응득위조」「주」, 3277쪽.
74 【옮긴이 주】: 『역주율소 - 각칙(하) - 』「잡률62」(제450조)「불응득위조」「소의」, 3277쪽.

한다. 만약 화살이 상합[上閤] 내에 들어간 때에는 교형[絞刑]에 처하고, 어재소[御在所]는 참형[斬刑]에 처한다. 탄환을 발사하였거나[放彈] 기왓돌을 투척한[投瓦石] 자는 각각 1등을 감경한다"[76]라고 규정하였다. 다만, 본 조에서는 발사한[射] 화살·발사한[射] 탄환·투척한[投] 기왓돌이 궁·전에 도달하지 않은 행위에 대하여 어떻게 처벌하는가를 규정하지 않았다. 그러나 당률은 이러한 궁·전 내를 향해 화살을 발사하였고, 탄환을 발사하였으며, 기왓돌을 투척하였지만 미치지 않은 행위에 대해 간과하지 않고 "해서는 안 되는 행위[不應爲]"로 제재한다고 규정하였다. 즉, 본 조 「소의」에서는 "만약 화살의 힘[箭力]이 궁·전에 미치게 되어 있었다고 해도 발사하였지만 도달하지 않은 때에는 '해서는 안 되는 행위 중 엄중한 쪽[不應爲重]'에 따른다"[77]라고 하였기 때문에 장[杖]80[78]에 처해졌고, "탄환[79] 및 투척한 기왓돌이 궁전에 미치는 것에 의거해서 비로소 죄를 받게 된다는 것이다. 만약 미치게 되어 있었는데 도달하지 않은 때에는 또한 '해서는 안 되는 행위 중 엄중한 쪽[不應爲重]'에 따르되 1등을 감경한다"[80]라고 하였기 때문에 장70[81]에 처해졌다.

둘째, 기친[期親] 이상 친속[親屬]의 사망을 알고도 즉시 거애[擧哀]하지 않고 날[日]을 정해 다시 거애한 행위이다. 예컨대 『당률소의·직제』「익부모급부등상조[匿父母及夫等喪條]」에서는 기친 이상 친속의 사망을 알고도 즉시 거애하지 않은 행위를 단속하였는데, 더욱이 친등[親等]이 같지 않은 때에는 적용하는 형벌도 같지 않았다. 즉, 본 조[本條]에서는 "무릇 부모 또는 남편[夫]의 상[喪]을 듣고도 숨기고 거애하지 않은 자는 유[流]2000리에 처하고", "기친 존장[期親尊長]의 상을 듣고도 숨기고 거애하지 않은 자는 도[徒]1년에 처하며", "대공[大功] 이하의 존장은 각각 2등을 체감[迭[82]減한다"[83]라고 규정하였다. 다만 본 조에는 규정이 없지만, 즉시 거애[擧哀]하지 않고 이후 날[日]을 정해 다시 거애한 행위도 징벌되었다. 즉, 본 조 「소의」에서는 이러한 행위에 대하여 "해서는 안 되는 행위[不應得爲]"에 따라 처벌한다고 명백히 지적하여 "기친[期親] 이상은 즉시 거애하지 않고 후에 거애하였더라도 무죄

---

75 【옮긴이 주】: '탄坦'은 '원垣'의 오기이다(주 76 참조).
76 【옮긴이 주】: 『역주율소 - 각칙(상) - 』「위금16」(제73조)「향궁전사조」, 2052·2054쪽.
77 【옮긴이 주】: 『역주율소 - 각칙(상) - 』「위금16」(제73조)「향궁전사조」「소의」, 2052쪽.
78 【옮긴이 주】: '장80'은 '해서는 안 되는 행위[不應得爲]' 중에서도 '사리가 엄중한 행위[事理重者]'에 해당하는 형벌이다(주 74 참조).
79 【옮긴이 주】: '탄환' 앞에는 "'또한 사람의 힘[人力]이 미치는 바를 말한다'라는 것은"이라는 문구가 있다(주 80 참조).
80 【옮긴이 주】: 『역주율소 - 각칙(상) - 』「위금16」(제73조)「향궁전사조」「소의」, 2054쪽.
81 【옮긴이 주】: '장70'은 '사리가 엄중한 행위[事理重者]'에 해당하는 형벌 장80(주 74 참조)에서 1등이 감경된 것이다.
82 【옮긴이 주】: '질迭'은 '체遞'의 오기이다(주 83 참조).
83 【옮긴이 주】: 이상 『역주율소 - 각칙(상) - 』「직제30」(제120조)「익부모부상조[匿父母夫喪條]」, 2146·2148쪽.

無罪일 수가 없다. 기친 이상은 '해서는 안 되는 행위 중 엄중한 쪽[不應得爲重]'에 따르고, 대공은 '해서는 안 되는 행위 중 경미한 쪽[不應得爲輕]'에 따른다"[84]라고 하였기 때문에 각각 장杖80·태笞40[85]에 처해졌다.

셋째, 부모 또는 남편[夫]의 복상服喪 기간에 그의 자녀 또는 처를 위해 중매를 맡아 주혼主婚[86]한 행위이다. 예컨대 『당률소의·호혼』「거부모상주혼조居父母喪主婚條」에서는 부모의 복상 기간에 그 자녀를 위해 주혼한 행위에 대해 제재하여 "무릇 부모의 상중喪中에 있으면서 혼인[嫁娶]할 수 있는 사람을 위해 주혼主婚한 자는 장100에 처한다"[87]라고 규정하였다. 다만, 본 조에서는 남편의 복상 기간에 그 처를 위해 주혼한 행위, 부모의 복상 기간에 그 자녀를 위해 중매를 맡은 행위에 대해서 규정하지 않았다. (그러나) 본 조 「소의」에서는 "해서는 안 되는 행위[不應爲]"로 이러한 두 가지 행위에 대해 제재하여 "만약 남편[夫]의 상중에 있으면서 혼인[嫁娶]할 수 있는 사람을 위해 주혼한 자는 율에 조문은 없지만 '해서는 안 되는 행위 중 엄중한 쪽[不應爲重]'에 따라 장형 80대에 처해야 한다. 그리고 부모의 복상 기간에 혼인할 수 있는 사람을 위해 혼인을 중매한 때에는 '해서는 안 되는 행위 중 엄중한 쪽[不應爲重]'에 따라 장杖80에 처한다"[88]라고 보충하였다.

넷째, 9인人 이하를 독단적으로[擅] 발병發兵한 행위이다. 예컨대 『당률소의·천흥』「천발병조擅發兵條」에서는 독단적으로[擅] 10인 이상을 발병한 행위에 대해 엄중히 단속하여 "무릇 독단적으로[擅] 발병한 자는, 10인 이상이었다면 도徒1년에 처하고, 100인이었다면 도1년반에 처하며, 100인마다 1등을 가중하고, 1000인이었다면 교형絞刑에 처한다"[89]라고 규정하였다. 다만, 본 조에서는 9인 이하를 독단적으로 발병한 행위에 대한 단속 여부를 규정하지 않았다. 그러나 본 조 「소의」의 규정에서는 이러한 행위에 대해 단속해서 "9인 이하를 독단적으로 발병한 경우, 율·영에 조문이 없지만[律令無文] '해서는 안 되는 행위 중 엄중한 쪽[不應爲重]'에 따라야 한다"[90]라고 설명하여, 처벌의 방법은 '해서는 안 되는 행위[不應爲]'였다.

다섯째, 입[口]으로 역逆[91]·반叛[92]하고자 한다고 하였지만, 확실한 증거가 없는 행위이다. 예컨

---

84 【옮긴이 주】: 『역주율소 - 각칙(상) -』「직제30」(제120조)「익부모부상조」「소의」, 2150쪽.
85 【옮긴이 주】: '장80·태40' 가운데 전자는 '사리가 엄중한 행위[事理重者]'에 해당하는 형벌이고, 후자는 '해서는 안 되는 행위[不應得爲]'에 대한 형벌이다(주 74 참조).
86 【옮긴이 주】: '주혼'에 대해서는 제1장 주 24 참조.
87 【옮긴이 주】: 『역주율소 - 각칙(상) -』「호혼32」(제181조)「거부모상주혼조」, 2262쪽.
88 【옮긴이 주】: 『역주율소 - 각칙(상) -』「호혼32」(제181조)「거부모상주혼조」「소의」, 2262쪽.
89 【옮긴이 주】: 『역주율소 - 각칙(상) -』「천흥1」(제224조)「천발병조」, 2338쪽.
90 【옮긴이 주】: 『역주율소 - 각칙(상) -』「천흥1」(제224조)「천발병조」「소의」, 2339쪽.
91 【옮긴이 주】: '역逆'은 '모대역謀大逆'을 말한다(이하 동일).

대 『당률소의·적도』「구진욕반지언조口陳欲反之言條」에서는 입으로 반反[93]하고자 한다는 말을 하였지만[陳], 확실한 증거가 없는 행위에 대해 징벌하여 "무릇 입[口]으로 반反하고자 한다는 말[欲反之言]을 하였지만, 심중[心]에 진실한 계획이 없기 때문에 실상[狀]을 찾을 수 없는 자는 유流2000리에 처한다"[94]라고 규정하였다. 이처럼 본 조에서는 입으로 모반謀反하고자 한다고 말한 행위에 대해서만 징벌할 뿐, 입으로 모대역謀大逆·모반謀叛하고자 한 행위에 대해서는 언급하지 않았음을 알 수 있다. 그러나 입으로 이러한 두 가지 행위를 말한 경우에도 마찬가지로 징벌되었는데, 이유도 '해서는 안 되는 행위[不應爲]'였다. 즉, 본 조「소의」에서는 "만약 입[口]으로 역逆·반叛하고자 한다는 말을 하였지만, 조사해서[勘] 진실된 정상[狀]이 없었던 때에는 율·영에 원래 처벌규정이 없기[律令旣無條制] 때문에 각각 '해서는 안 되는 행위 중 엄중한 쪽[不應爲重]'에 따른다"[95]라고 하였다.

여섯째, 타인他人에게 그 부모가 사망하였다고 허위로 알린[妄告] 행위이다. 예컨대『당률소의·사위』「부모사사언여상조父母死詐言餘喪條」에서는 관리가 부모가 사망한 후 다른 친속이 사망하였다고 사칭許稱하여 관직에서 물러나지 않고 집으로 돌아와서[回家] 거상居喪한 행위에 대해 처벌하여 "무릇 부모가 사망한 때에는 관직에서 물러나야[解官] 하는데 다른 친속이 사망하였다고[餘喪] 사칭하고 물러나지 않은 자는 도徒2년반에 처한다"[96]라고 규정하였다. 다만, 본 조에서는 여전히 타인에게 그 부모가 사망하였다고 허위로 알린[妄告] 행위에 대해 규정하지 않았다. 그러나 본 조「소의」[97]에서도 "갑자기[忽] 허위로 알려서[妄告] 거애擧哀하게 한 경우, 만약 알린 자의 정상[告者之情]을 논한다면 과오가 적지 않기 때문에 율·영에 정법이 없더라도[律令雖無正法] 마땅히 '해서는 안 되는 행위 중 엄중한 쪽[不應爲重]'에 따라 과단科斷해야 한다"[98]라고 하여, '해서는 안 되는 행위[不應爲]'라는 방법으로 이러한 행위를 처벌하였다.

이상과 같이 예·이를 위반한[違禮理] 행위는 모두 율은 위반하지 않은[不違律] 행위였다. 왜냐하면 이들 행위는 앞서「소의」에서 언급한 "율·영에 조문이 없다[律雖[99]無文]",[100] "율·영에 원래 처벌규정이 없다[律令旣[101]條制]",[102] "율·영에 정법이 없다[律令雖無正法]"[103] 등과 같이 당률의 율

....

92 【옮긴이 주】: '반叛'은 '모반謀叛'을 말한다(이하 동일).
93 【옮긴이 주】: '반反'은 '모반謀反'을 말한다(이하 동일).
94 【옮긴이 주】:『역주율소 - 각칙(상) - 』「적도3」(제250조)「구진욕반지언조」, 2389쪽.
95 【옮긴이 주】:『역주율소 - 각칙(상) - 』「적도3」(제250조)「구진욕반지언조」「소의」, 2389쪽.
96 【옮긴이 주】:『역주율소 - 각칙(하) - 』「사위22」(제383조)「부모사사언여상조」, 3192쪽.
97 【옮긴이 주】: '「소의」'는 '「답」'의 오기이다(주 98 참조).
98 【옮긴이 주】:『역주율소 - 각칙(하) - 』「사위22」(제383조)「부모사사언여상조」「답」, 3193쪽.
99 【옮긴이 주】: '수雖'는 '영令'의 오기이다(주 90 참조).
100 【옮긴이 주】: 주 90 참조.

조律條에 모두 명문明文 규정이 없었기 때문이다. 그러나 이들 행위는 또한 당률 형벌의 처벌 범위에 포함되었고, 이것은 당률의 법망이 정밀한 일종의 표현이라고 말하지 않을 수 없다. 게다가 여기서 지적하고자 하는 것은 이상의 위례이불위율違禮理不違律 행위는 모두 「소의」를 통해 법망에 포함되었다는 점이다. 이런 점에서 「소의」는 실로 당률의 법망을 더욱 정밀하게 하는 일종의 중요한 수단이라고 할 수 있다. 당대唐代, 당률 가운데 「소의」의 내용은 율문과 동등한 법률 효력을 가졌기 때문에 "단옥하는 자[斷獄者]는 모두 소疏(의議)를 인용해서 분석하였"104던 것이다.

제3절 비부比附에 의한 범죄 단속

이상 당률이 처벌하고자 한 것은 당령·격·식과 예禮·이理를 위반한 행위로서, 주로 당률에 본래 명문으로 규정되어 있지 않은 행위, 즉 당률의 율조律條 규정 이외의 행위였다. 이외에 당률은 비부의 방법을 사용하여 율조에 명문明文으로 규정되어 있지 않지만, 상관 조문과 간접적으로 관계가 있는 행위들도 처벌하였다. 다시 말해, 이들 행위는 본래 당률의 율문에 규정되어 있지 않지만, 당률은 비부의 방법을 사용해서 형벌의 처벌을 받도록 하였다. 이것은 당률이 법망을 더욱 정밀하게 하는 또 하나의 표현이었다. 이러한 행위는 비교적 많기 때문에 여기서는 오직 종류별로만 예시例示하여 증명하고자 한다.

첫째, 원칙비부原則比附이다. 당률의 일반원칙은 「명례율」에 규정되어 있고, 그 나머지 11율105에 대해 지도적인 작용을 하였다. 율조에 명문明文으로 규정되어 있지 않은 일부 행위를 처벌할 때, 당률은 원칙을 인용해서 비부하여 그러한 행위도 당률의 처벌 범위에 속하게 하였다. 예컨대 『당률소의·호혼』「노취양인위처조奴娶良人爲妻條」에서는 노奴가 양인의 딸[良人女]과 혼인하는[娶] 것을 엄금하여 "무릇 노奴를 위해 양인의 딸[良人女]과 혼인하여[娶] 처妻로 삼게 한 자는 도徒1년반에 처한다. 여자 집[女家]은 1등을 감경한다. 이들을 이혼시킨다[離之]"106라고 규정하였다. 그러나

---

101 【옮긴이 주】: '오五'는 '무無'의 오기이다(주 95 참조).
102 【옮긴이 주】: 주 95 참조.
103 【옮긴이 주】: 주 98 참조.
104 『구당서·형법지』
【옮긴이 주】: 『구당서』권50, 「형법지」에서는 "고종高宗 …… 영휘永徽 …… 3년(652), …… 태위太尉·조국공趙國公 장손무기長孫無忌, 사공司空·영국공英國公 이적李勣 …… 조의대부朝議大夫·수어사중승守御史中丞 가민행賈敏行 등이 함께 율소律疏를 찬정해서 30권을 완성하였고, 4년 10월, 이것을 주상奏上하여 천하에 반행頒行하였다. 이로부터 단옥하는 자는 모두 소疏를 인용해서 분석하였"(2141쪽)라고 하였다.
105 【옮긴이 주】: '그 나머지 11율'은 「명례율」이외의 「위금률」에서 「단옥률」까지를 말한다.

본 조에서는 노가 객녀客女와 혼인하여 처로 삼는 행위를 할 수 없다고 규정하지는 않았지만, 이러한 행위도 당연히 엄금하는 범위에 포함되었을 것이고, 어떻게 처리하였을까? 본 조「소의」에서는「명례율」의 규정을 인용해서 비부하여 "만약 노를 위해 객녀와 혼인하여[娶] 처로 삼게 한 자는 율에 비록 규정[文]이 없지만, 반드시 법례에 비부하여 과단[比例科斷]해야 한다. 명례율에 '부곡이라 칭한 경우에는 객녀도 같다[同]'라고 하였다"[107]라고 했다. 따라서 이러한 행위에 대한 징벌은 당연히 "노가 양인을 처로 삼은[娶] 때에는 도1년반에 처하므로, 만약 객녀를 처로 삼은[娶] 때에는 1등을 감경하여 도1년에 처해야 한다"[108]라는 것이 되어야 한다. 이밖에 『당률소의·호혼』「잡호관호여양인위혼조雜戶官戶與良人爲婚條」에서 처벌하는, 관호官戶가 딸[女]을 양인에게 사사로이 출가出嫁시킨 행위도[109] "율에 정문正文이 없지만 모두 반드시 수범과 종범을 구분하는 법례[首從例]에 의거해야 한다"[110]라고 하여, 즉 명례율의 원칙에 따라 처벌하였다.

둘째, 정죄비부定罪比附이다. 일부 행위는 본래 당률 율조의 규정범위에 포함되어 있지 않았지만, 이러한 행위를 단속하기 위해 당률은 비교적 근접한 죄목罪目으로 비부하여 이러한 행위도 제재를 받게 하였다. 예컨대『당률소의·위금』「월도연변관새조越度緣邊關塞條」에서는 "(관새關塞를) 월도越度하였거나", "사사로이 금병기를 주었거나[私與禁兵器]", "함께 혼인한[共爲婚姻]" 행위를 금지하여 "무릇 연변緣邊의 관새關塞를 월도한 자는 도徒2년에 처한다. 화외인化外人과 함께 사사로이 서로 교역하여, 만약 사고 판[取與] 경우, 1척尺이었다면 도2년반에 처하고, 3필匹마다 1등을 가중하며, 15필이었다면 가역류加役流에 처한다. 사사로이 금병기를 (화외인에게) 준 자는 교형絞刑에 처하고, 함께 혼인한 자는 유流2000리에 처한다"[111]라고 규정하였다. 하지만 본 조에서도 또한 사사로이 금병기를 주었거나 혼인한 행위에 대해서는 규정하지 않았다. 그러나 이러한 행위도 당률의 제재를 벗어나지 못하였고, 당률은 정죄비부의 방법으로 그러한 행위도 법망에 걸리게 하였다. 즉, 본 조「소의」에서는 "만약 (사신으로 가서) 사사로이 금병기를 주었거나 혼인을 하였다면 율에 별도의 규정[別文]이 없어도 죄를 받는 것은 모두 '월도越度하였거나', '사사로이 금병기를 주었거

---

106 【옮긴이 주】:『역주율소 - 각칙(상) - 』「호혼42」(제191조)「여노취양인녀위처조奴娶良人女爲妻條」, 2278쪽.
107 【옮긴이 주】:『역주율소 - 각칙(상) - 』「호혼42」(제191조)「여노취양인녀위처조」「소의」, 2279쪽.
108 【옮긴이 주】:『역주율소 - 각칙(상) - 』「호혼42」(제191조)「여노취양인녀위처조」「소의」, 2279쪽.
109 【옮긴이 주】:『역주율소 - 각칙(상) - 』「호혼43」(제192조)「잡호관호부득여양인위혼조雜戶官戶不得與良人爲婚條」에서는 "무릇 잡호雜戶는 양인良人과 혼인할 수 없고, 위반한 자는 장100에 처한다. 관호가 양인의 딸[良人女]을 처로 삼은[娶] 때에도 또한 이와 같다[如之]. 양인이 관호의 딸[官戶女]을 처로 삼은[娶] 때에는 2등을 가중한다"(2280쪽)라고 규정하였다.
110 【옮긴이 주】:『역주율소 - 각칙(상) - 』「호혼43」(제192조)「잡호관호부득여양인위혼조」「소의」, 2281쪽.
111 【옮긴이 주】:『역주율소 - 각칙(상) - 』「위금31」(제88조)「월도연변관새조」. 2089~2090쪽.

나[私與禁兵器]', '함께 혼인한[共爲婚姻]' 죄와 같다[同]"[112]라고 하여, 바로 이들 죄명에 따라 처벌되었다. 『당률소의·직제』「거관수구관속사서궤여조去官受舊官屬士庶饋與條」[113]에서 "그 가구家口가 모두 떠난 후에 보낸 재물[饋餉]을 받은 자에 대해서도 율문에 죄명이 없지만, 만약 걸색乞索한 자는 '인관협세걸색의 법[因官挾勢乞索之法], 즉 관인으로 위세를 믿고 걸색한 법'[114]에 따른다"[115]라고 한 규정도 이와 같았다.

셋째, 양형비부量刑比附이다. 당률의 율조에 명문明文으로 규정되어 있지 않은 일부 행위를 처벌하기 위해 당률은 양형비부의 방법을 사용해서 이러한 행위를 율의 범주에서 제외하지 않고 처벌 항목에 포함시켰다. 예컨대 『당률소의·위금』「난입묘사급산릉조역문조[欄][116]入廟社及山陵兆域門條」에서는 함부로 태묘문太廟門·산릉문山陵門에 들어간 행위를 금지하여 "무릇 태묘문 및 산릉의 조역문兆域門에 난입闌[117]入한 자는 도徒2년에 처한다. 담을 넘은[越垣] 자는 도3년에 처한다"[118]라고 규정하였다. (하지만) 본 조에서도 함부로 태묘실太廟室에 들어간 행위에 대해서 규정하지 않았다. 그러나 이러한 행위를 단속하기 위해 당률은 양형비부의 방법을 사용해서 처리하였다. 즉, 본 조「소의」에서는 "태묘의 실[太廟室]에 들어간 때에는 (해당) 조문에 죄명이 없지만 아래 조문의 '묘廟는 궁宮에서 1등을 감경한다'라는 예例에 따라 어재소御在所에서 1등을 감경하여 유流3000리에 처한다"[119]라고 하였다. 『당률소의·위금』「궁전작파불출조宮殿作罷不出條」[120]에서 "만약 상합 내에서 나가지 않았다면, 율에 정문이 없는데[若在上閤內不出 律旣無文], …… 어재소와 같이 교형에 처해야 한다[同御在所合絞]"[121]라고 한 처벌도 같았다.

....

112 【옮긴이 주】: 『역주율소 - 각칙(상) - 』「위금31」(제88조)「월도연변관새조」「소의」, 2091쪽. 본「소의」의 내용에 대해 저자가 "사사로이 금병기를 주었거나 혼인한 행위에 대한 규정"이라고 한 것은 본「소의」의 규정을 '일반화' 범주로 본 듯하다. 그러나 본「소의」는 옮긴이가 보충한 "사신으로 가서"라는 문구에서 알 수 있듯이, "사신으로 가서 사사로이 금병기를 주었거나 혼인한 경우"에 대한 처벌규정이다.

113 【옮긴이 주】: '「거관수구관속사서궤여조」' 다음에는 '「소의」'가 있어야 한다(주 115 참조).

114 【옮긴이 주】: 『역주율소 - 각칙(상) - 』「직제58」(제148조)「인관협세걸색조因官挾勢乞索條」에서는 "무릇 관인官人으로 위세를 믿고서[挾勢] 혹은 호강豪强을 이용해서 걸색乞索한 자는 좌장죄로 논하되[坐贓論] 1등을 감경한다. 장령將領·운송한 자는 종범으로 처벌한다[爲從坐]"(2199쪽)라고 규정하였다.

115 【옮긴이 주】: 『역주율소 - 각칙(상) - 』「직제57」(제147조)「거관구관속조去官舊官屬條」「소의」, 2198쪽.

116 【옮긴이 주】: '난欄'은 '난闌'의 오기이다(주 118 참조).

117 【옮긴이 주】: '난欄'은 '난闌'의 오기이다(주 118 참조).

118 【옮긴이 주】: 『역주율소 - 각칙(상) - 』「위금1」(제58조)「난입태묘문조闌入太廟門條」「소의」, 2019쪽.

119 【옮긴이 주】: 『역주율소 - 각칙(상) - 』「위금1」(제58조)「난입태묘문조」「소의」, 2018~2019쪽.

120 【옮긴이 주】: '「궁전작파불출조」' 다음에는 '「문」·「답」'이 있어야 한다(주 121 참조)

121 【옮긴이 주】: 『역주율소 - 각칙(상) - 』「위금8」(제65조)「궁전작파불출조」「문」에서는 "궁宮·전殿 내內 및 어재소御在所에서 작업을 마치고 나가지 않은[作罷不出] 것은 율에 정문正文이 있습니다. 만약 상합 내에서 나가지 않았다면, 율에 정문이 없는데[若在上閤內不出 律旣無文] 어떻게 처단합니까?"라고 하였고,「답」에

넷째, 정죄양형비부定罪量刑比附이다. 이상의 정죄비부와 양형비부는 오직 정죄 혹은 양형 가운데 한 방면에만 치중하여, 이 방면에서 율문에 명문明文으로 규정되어 있지 않은 일부 행위에 대해 제재를 가하였다. 비부정죄양형[122]은 정죄와 양형 두 방면에서 동시에 율조에 명문으로 규정되어 있지 않은 일부 행위에 대해 단속하였기 때문에 이러한 유형의 비부 중에서 죄명罪名과 법정형法定刑의 두 방면이 (모두) 포함되었다. 예컨대『당률소의·직제』「수인재청구조受人財請求條」에서는 관리 본인이 재물을 받은 행위에 대해 엄징嚴懲해서 "무릇 타인의 재물을 받고 청탁한[請求] 자는 좌장죄로 논하되[坐贓論] 3[123]등을 가중한다. 감림관監臨官·세요勢要는 왕법죄에 준해서 논한다[準枉法論]. 재물을 준 자는 좌장죄로 논하되[坐贓論] 3등을 감경한다"[124]라고 규정하였다. 다만 본 조에서는 다른 관리를 위해 대신 재물을 받은 행위에 대해서는 규정하지 않았다. 그러나 이러한 행위도 정죄양형비부를 통해 처벌을 받았다. 즉 본 조「소의」에서는 "감림하는 구역에서 재물을 받고 다른 관원을 위해 청탁한[囑請] 자는 율에 달리 정문正文이 없기 때문에 단지 좌장坐贓에서 2등을 가중하는데 따른다"[125]라고 하였다. 여기의 '좌장'은 죄명이고, "2등을 가중한다"는 법정형이다.『당률소의·천흥』「진수유범조鎭戍有犯條」에서 규정한 "진鎭·수戍에서 죄를 범하였는데 (해당 조문[本條]에) 죄명이 없는 경우에는 각각 정인征人의 죄에서 2등을 감경한다"[126]라고 한 것도 이와 같았다.

원칙·정죄·양형·정죄양형비부 등의 방법을 통해 율문에 본래 명문明文으로 규정되어 있지 않은 다수의 행위들이 당률의 추궁을 받았고, 이로써 당률의 법망도 더한층 정밀해졌음을 알 수 있다.

제4절 법망法網 정밀성의 원인

그렇다면, 당률은 무엇 때문에 이상과 같은 각종 방법을 통해 밀이불루密而不漏, 즉 법망을 정밀하게 하여 한 명의 죄인도 놓치지 않는다고 하는 데까지 이르게 하였을까? 이 문제에 대해 당률은

서는 "상합 내는 법례法例가 벽장闢仗한 장소와 같다. (상합 내에서) 나가야 하는데 나가지 않은 것에 대해 본 조문에 정문[文]이 없는 것은 위 문장[上文]의 주注에서 '벽장하면 나가야 하는데 나가지 않았다면 어재소와 같다'라고 말하고 있기 때문이다. 상합 내에 궁인宮人이 있었다면 어재소와 같이 교형에 처해야 하고[同御在所 合絞], 황제[御]가 없고 또 궁인이 없었다면 2등을 감경한다"(이상 2038쪽)라고 하였다.

122 【옮긴이 주】: '비부정죄양형'은 '정죄양형비부'의 오기로 보인다.
123 【옮긴이 주】: '3'은 '2'의 오기이다(주 124 참조).
124 【옮긴이 주】:『역주율소 - 각칙(상) -』「직제46」(제136조)「수인재청구조」, 2178쪽.
125 【옮긴이 주】:『역주율소 - 각칙(상)』「직제46」(제136조)「수인재청구조」「소의」, 2178쪽.
126 【옮긴이 주】:『역주율소 - 각칙(상)』「천흥14」(제237조)「진수유범조」, 2363쪽.

다음과 같이 설명하고 있다.

　당률은 율문을 제정할 때, 제정자가 오직 일반적인 상황과 사람[人]만을 기초로 하였고, 또 이로써 율문의 내용을 확정해야 한다고 보았다. 따라서 아무리 좋은 율도 삼라만상·주도면밀처럼 모든 것들을 포괄·완비하는 것은 불가능하며, 결국 예상치 못한 특수한 상황이 발생할 수 있고, 사회를 위해危害하는 일부 행위가 율문의 규정에 포함되지 않을 수 있었기 때문에 누망지어漏網之魚,127 즉 그물을 빠져나간 물고기와 같은 상황이 될 수도 있었다. 바로 예컨대 『당률소의·적도』 「이독약약인조以毒藥藥人條」 「소의」128에서 말한 "율의 조문은 간요簡要하여 단지 일반인[凡人]을 위해 조문을 만든 것이다"129라는 문장과 또 『당률소의·잡률』 「불응득위조不應得爲條」 「소의」에서 말한 "잡범雜犯의 경죄輕罪는 범죄의 종류[觸類]가 매우 많아서[弘多] 율의 조문과 영의 조문[金科玉條]130이 모두 포괄하기는 어렵다"131라는 문장 등이 이것을 말해 준다.

　당률은 또 국가는 누망지어漏網之魚, 즉 법망을 빠져나간 범죄자가 율의 제재를 받지 않고 자유롭게 악행을 하게 해서는 결코 안 된다고 단언斷言하였다. 따라서 각종 방식을 사용해서 당률의 적용 범위를 확대하고 법망을 조밀하게 하여 법을 위반한 자의 요행 심리를 차단하였고, 동시에 모든 범죄자를 예외 없이 체포하여 재판에 회부해서 상응하는 징벌을 받게 할 필요가 있었다. 이러한 사상에 대해 당률은 누차 표출하였다. 예컨대 『당률소의·적도』 「친속위인살사화조親屬爲人殺私和條」 「소의」132에서는 "율의 조문[金科]에 규정[節制]이 없더라도 반드시 비부比附해서 형刑을 논해야 한다. 어찌 율에 조문이 없다고 하여 유독惟獨 요행을 바라게 해서야 되겠는가?"133라고 하였고,

---

127 【옮긴이 주】: '누망지어'는 『사기史記』 권122, 「혹리열전酷吏列傳·서서序」에서 "한漢이 흥기하자, 모난 것을 깨뜨려 둥글게 하였고, 화려한 것을 버리고 소박하게 하였으며, 그물은 배를 삼킬 만한 큰 물고기도 빠져나갈 수 있을 만큼 성글게 하였지만, 관리의 다스림은 순박하고 인정이 두텁게 되어 간악한 데로 빠지지 않았으며, 백성은 다스려지고 편안하였다[漢興 破觚而爲圜 斲雕而爲朴 網漏於吞舟之魚 而吏治烝烝 不至於姦 黎民艾安]"(3131쪽)라고 한 문장 가운데 "그물은 배를 삼킬 만한 큰 물고기도 빠져나갈 수 있을 만큼 성글게 하였다[網漏於吞舟之魚]"라는 문구에서 유래하였는데, "그물을 빠져나간 물고기"라는 뜻으로서 통상 "법망法網을 빠져나간 범인犯人"에 비유된다.
128 【옮긴이 주】: '「소의」'는 '「답」'의 오기이다(주 129 참조).
129 【옮긴이 주】: 『역주율소-각칙(상)-』 「적도16」(제263조) 「이독약약인조」 「답」, 2418쪽. 이 문장은 『역주율소-각칙(상)-』 「적도16」(제263조) 「이독약약인조」 「문」에서 "독약을 남에게 먹였다면 교형에 처해야 합니다. 그러나 존비·장유·귀천이 있다면 죄를 받는 것은 모두 이 율에 의거합니까?"(2418쪽)라는 질문에 대한 「답」이다.
130 【옮긴이 주】: '금과옥조'에 대해서는 제5장 주 94 참조.
131 【옮긴이 주】: 『역주율소-각칙(하)-』 「잡률62」(제450조) 「불응득위조」, 3277쪽.
132 【옮긴이 주】: '「소의」'는 '「답」'의 오기이다(주 134 참조).
133 【옮긴이 주】: 『역주율소-각칙(상)-』 「적도13」(제260조) 「조부모부모부위인살조祖父母父母夫爲人殺條」 「답」, 2410쪽.

『당률소의・잡률』「불응득위조不應得爲條」「소의」에서도 "율・영에 정조正條가 없어서 만약 경중輕重이 서로 분명하지 않아서 비부할 수 있는 조문이 없었던 때에는", "임시로 처단하되 그 정상을 헤아려 죄를 주어야 하고, (또) 빠진[遺缺] 부분을 보충해야 하는"[134] 필요가 있다고 하였다. 『당률소의・투송』「수부득고거타사조囚不得告擧他事條」「소의」[135]에서도 율에 명문明文으로 규정되지 않은 것도 재차 "법에 의거하여 조사해서 처벌한다[依法推科]"[136]라고 하였다. 이로써 당률의 내용이 밀이불루密而不漏한 실제 상황은 당률 자체의 이러한 사상과 완전히 부합하였고, 또 바로 이러한 사상의 직접적인 구현이었음을 알 수 있다.

    당률의 이러한 사상은 당시 당唐 통치계급 구성원이 범죄자를 엄징하여 불법분자들에게 요행 심리를 품지 못하게 해야 한다고 주장한 사상과 완전히 일치하였다. 당률을 제정하여 정본定本으로 한 시기, 당 통치계급 구성원 대다수는 범죄자를 엄격히 단속하여 불법분자들에게 범죄가 처벌되지 않을 수도 있다는 요행 심리를 불식시키고, 이로써 치안을 유지・보호하고 사회를 안정시켜야 한다고 주장하였다. 정관貞觀[137] 시기 당 태종唐太宗・위징魏徵[138] 등은 모두 이러한 사상을 갖고 있었다. 예컨대 당 태종은 "천하에는 어리석은 사람[愚人]이 많고", 또 "어리석은 사람은 범법 행위[犯憲章]를 좋아하기" 때문에 "어리석은 사람은 항상 요행을 바라고 법을 범하고자 하므로 잘못을 고칠 수 없"[139]게 해서는 안 된다고 보았다. 위징도 범죄자를 엄징하지 않으면 사회치안이 보장되지 않는다고 보았다. 즉, 그는 일찍이 "소인小人의 죄악이 징벌되지 않고, 군자의 선善이 권장되지 않으면서 나라가 평안하고 형벌이 그치기를 바라는 것은 들은 바가 없습니다"[140]라고 하였

---

134 【옮긴이 주】: 이상 『역주율소 - 각칙(하) - 』「잡률62」(제450조)「불응득위조」「소의」. 3277쪽. 「소의」에 있는 전체 문장은 다음과 같다. "잡범雜犯의 경죄輕罪는 범죄의 종류[觸類]가 매우 많아서[弘多] 율의 조문과 영의 조문[金科玉條]이 모두 포괄하기는 어렵다. 그러나 율・영에 정조가 없어서 만약 경중이 서로 분명하지 않아서 비부할 수 있는 조문이 없었던 때에는 임시로 처단하되 그 정상을 헤아려 죄를 주어야 하고, (또) 빠진 부분을 보충해야 하기 때문에 이 조문을 두었다. 정상이 가볍다면 태40에 처하고, 사안이 이치상 무겁다면 장80에 처한다."(3277쪽)
135 【옮긴이 주】: '「소의」'는 '「답」'의 오기이다(주 136 참조).
136 『역주율소 - 각칙(하) - 』「투송51」(제352조)「수부득고거타사조」「답」, 3130쪽.
137 【옮긴이 주】: '정관'은 당의 제2대 황제 태종(재위 626~649)의 연호(627~649)이다.
138 【옮긴이 주】: '위징'의 생몰 연대는 580~643년이다.
139 『정관정요・사령赦令 제32』.
   【옮긴이 주】: 이상 김원중 옮김, 『정관정요』「제32장 사면령」(394~395쪽). 이상의 말은 정관 7년(633), 태종이 신하들에게 한 말이다.
140 『정관정요・형법刑法 제31』.
   【옮긴이 주】: 김원중 옮김, 『정관정요』「제31장 형법」(386~387쪽). 이 말은 정관 11년(637), 특진特進 위징이 태종에게 올린 상소上疏에 보인다.

다. (그렇다면) 범죄자를 엄징하여 불법분자들에게 범죄에 대한 요행 심리를 가지지 못하게 할 경우, 허술한 법망을 사용하는 것은 확실히 충분하지 않고 치밀한 법망이 필요하였다. 당률의 법망이 밀이불루密而不漏, 즉 법망이 정밀하여 한 명의 죄인도 놓치지 않는다는 것은 바로 당 통치계급 구성원의 이러한 사상의 산물이었다고 할 수 있다.

당 통치계급 구성원의 이러한 사상은 이전 봉건적 통치자의 중형사상重刑思想 및 그 실천과 어느 정도 유사한 점이 있다. 중형사상은 주로 아래의 두 방면을 포함하였다. 첫째는 법망이 정밀해야 한다는 점이고, 둘째는 용형用刑이 엄중해야 한다는 점이다. 당 이전 수많은 통치자들은 모두 중형에 의한 치국治國을 주장하였다. 예컨대 선진先秦 시기의 상앙商鞅[141]은, 치국에는 중형만이 유용有用할 뿐, 경형輕刑은 일을 성사시킬 수 없다고 보았다. 그는 "형벌을 집행할[行刑] 때, 경죄輕罪를 중형에 처하면 경죄는 발생하지 않고, 이렇게 하면 중죄는 더욱 발생하지 않게 된다. 이것을 백성이 다스려질 때 그들을 다스린다고 하는 것이다. 형벌을 집행할 때, 중죄重罪를 중형에 처하고, 경죄를 경형輕刑에 처하면, 경죄가 그치지 않는다. 이렇게 하면 중죄도 제지할 수 없게 된다. 이것을 백성이 어지러울 때 그들을 다스린다고 하는 것이다"[142]라고 하였다. 진조秦朝의 통치자들은 중형을 극단까지 추진하여, 용형用刑이 매우 가혹하였을 뿐만 아니라, 법망도 매우 조밀하였는데, 사서史書에는 "가을 차보다 번잡하였고", "엉긴 기름보다 조밀하였다[法繁於秋荼[143] 而罔密於凝脂]"[144]라는 말이 있다. 한漢 초의 통치자는 '약법삼장約法三章'의 규정과 약법생형約法省刑의 조치를 시행하였지만, 이후 법망은 부단히 조밀해져서 한 무제漢武帝[145] 시기가 되면 한률漢律 60편이 형성되어 전국戰國 시기의 『법경法經』과 진률秦律의 편목수篇目數보다 확연히 많게 되었다. 위진남북조 시대에 반행頒行된 율의 편목수는 한률漢律보다 적었지만, 당시 통치자는 이른바 "편수篇數가 적으면 율문 규정이 간략해지고[文荒], 율문 규정이 간략해지면 기재된 범죄 사항이 적어지며[事寡], 기재된 범죄 사항이 적어지면 범죄가 누락된다[罪漏]"[146]라고 하여, 율의 내용이 적으면 죄가 누락되는 상황이 발

---

141 【옮긴이 주】: '상앙'의 생몰 연대는 B.C. 390?~B.C. 338년이다.
142 『상군서商君書·설민說民』.
【옮긴이 주】: 상앙商鞅 저작, 『상군서商君書』권2, 「설민 제5」(10쪽). 이어지는 문장은 다음과 같다. "그러므로 경죄를 중형에 처하면, 형벌이 없어지고, 사건은 잘 처리되어 나라가 강성하게 된다. 그리고 중죄를 중형에 처하고 경죄를 경형에 처하면, 형벌이 계속 사용되고 범죄도 연이어 발생하여 나라가 쇠약하게 된다"(10쪽).
143 【옮긴이 주】: '차荼'는 '다茶'의 오기이다(주 144 참조).
144 『염철론鹽鐵論·형덕刑德』 참조.
【옮긴이 주】: 이 문구를 포함한 관련 문장에 대해서는 제4장 주 109 참조.
145 【옮긴이 주】: '한 무제'는 전한의 제7대 황제(재위 B.C. 141~B.C. 87)이다.
146 『진서晉書·형법지』.

생할 수 있다고 보았기 때문에 대다수 율의 편목수는 여전히 일정한 규모를 갖추었다. 죄의 누락은 봉건 통치자들이 원하지 않은 것이었다. 죄를 누락시키지 않고, 법망을 최대한 소략하게 하지 않는 것은 봉건 통치자의 공통된 의지였던 듯하고, 그 근본적인 목적은 범죄를 단속하고 사회를 안정시키는 것이었다.

전국戰國·진조秦朝의 통치자들과 한漢·당唐 간의 통치자들은 모두 법망이 소략해서는 안 된다고 주장하였지만, 그들의 치국방법은 완전히 상반되었다. 전국과 진조의 통치자들은 일관되게 법을 사용하였고 예교禮敎를 경시輕視하였으며, 법치를 극단까지 추진해서 선법善法을 악법惡法으로 바꾸었고, 백성은 이를 감내하지 못하였기 때문에 결국 진조는 겨우 2대代를 전하고는 멸망해 버렸다. 한·당 간의 통치자들은 진秦이 조기에 멸망한 교훈을 종합해서 기존의 방식을 예·법이 결합된 치국방법으로 대체하여 예교를 중시하였고 법제도 경시하지 않았으며, 양자가 상보적相補的으로 기능하였기 때문에, 한·당의 양조兩朝는 모두 비교적 장기간 존속할 수 있었다. 따라서 전국·진조와 한·당 간 통치자들의 치국에서의 차이는 주로 치국방법에 있었고 법망의 소략·정밀에 대한 태도에 있지 않았다.

당률의 정본定本은 당 태종 정관貞觀 시기에 완성되었다. 당 태종의 법제사상은 당률의 제정에 매우 큰 영향을 주었다. 당률을 반포하기 전에 그는 이미 국가의 법률은 '간략'해야 한다는 사상을 나타내었다. 여기의 '간략'은 사람들이 (법망을 벗어날) 빌미가 되는 '중복되는 조문[互文]'을 피하기 위해 동일한 범죄를 여러 곳에서 규정하지 않는다는 의미이지 '법망이 소략해야 한다'는 뜻이 아니다. 예컨대 정관 10년(636년), 당 태종은 일찍이 그의 시신侍臣에게 "국가의 법령法令은 모름지기 간략해야지 한 가지 죄[一罪]에 여러 조문을 적용해서는 안 된다. 격식格式이 많게 되면 관인官人이 전부 기억할 수 없고, 게다가 간사한 일이 일어나게 된다. 만약 죄를 감경[出罪]¹⁴⁷하고자 하면 경미한 조문을 인용하고, 죄를 가중[入罪]하고자 하면 엄중한 조문을 인용해야 한다. 자주 법을 고치는 것은 실제로 나라를 다스리는 좋은 방법이 아니다. 마땅히 법령을 자세히 심의하여 중복되는 조문[互文]이 없도록 해야 한다"¹⁴⁸라고 하였다. 당률이 반행頒行된 이후, 당 태종이 관심을 둔 것은 법망의 소략·정밀의 문제가 아니었고 법관이 당률에 의해 사법司法하는가 하지 않는가의 문제였다. 예컨대 정관 16년(642년), 그는 대리경大理卿 손복가孫伏伽¹⁴⁹에게 "짐朕이 항상 법관에게 형벌

【옮긴이 주】: 『진서晉書』권30, 「형법지」(924쪽).

147 【옮긴이 주】: '출죄出罪'와 다음에 나오는 '입죄入罪'에 대해서는 제1장 주 124 참조.

148 『정관정요·사령 제32』.

【옮긴이 주】: 김원중 옮김, 『정관정요』「제32장 사면령」(395쪽).

149 【옮긴이 주】: '손복가'의 생몰 연대는 ?~658년이다.

의 경중輕重을 물으면, 그들은 매번 법망이 이전 조대朝代보다 관대하다고 대답하였다. 내가 걱정하는 것은 재판을 담당하는 관리가 사람을 사형시키는 것을 이익으로 생각하고, 다른 사람을 해침으로써 존귀함을 구하고, 이로써 명예를 구하는 것이다. 현재 우려되는 것은 바로 여기에 있다. 마땅히 엄중히 금지시키고, 형법을 집행할 때 힘써 관대하고 공평하게 하도록 하라"[150]라고 하였다. 이상을 통해 당 태종은 당률의 법망에 대해 이의異議를 제기하지는 않았지만, 당률의 법망이 비교적 정밀하다는 것이 그의 본의本意에 나타나고 있음을 알 수 있다.

『구당서·형법지』에서는, 『정관률』은 『무덕률』을 기초로 "무릇 번쇄한 법을 삭제하고 폐해가 많은 법을 제거하며[削煩去蠹], 중형을 경형으로 바꾼 것이 모두 기록할 수 없을 정도였다"[151]라고 기록하였다. 나[필자筆者]는, 이 말은 두 가지 의미를 내포하고 있다고 생각한다. 첫째, 당률 제정자는 이전 사람들[前시]보다 더욱 고도의 입법기술을 사용해서 다수의 번쇄한 내용을 삭제하여 율조律條를 더욱 명확하게 하였다는 것이다. 둘째, 휼형恤刑을 원칙으로 다수의 중형을 경형으로 개정해서 원래 중형을 적용하였던 범죄에 경형을 적용하였다는 것이다. 이 두 가지는 모두 법망을 소략한 것으로 변경하는 문제에 대해 언급하지 않았기 때문에 "번쇄한 법을 삭제하고 폐해가 많은 법을 제거하였다[削煩去蠹]"라는 것은 당률을 소이불루疏而不漏, 즉 법망은 성글지만 한 명의 죄인도 놓치지 않는다는 것으로 변경하였음을 의미한다고 볼 수는 없다.

이상을 종합하면, 당률은 소이불루疏而不漏한 법전이 아니고 반대로 밀이불루密而不漏한 법전이었다. 당률 제정자의 공적은 비교적 높은 입법기술을 사용해서 당률의 율조를 간명하게 하였고, 동시에 범죄자들이 '누망지어漏網之魚, 즉 그물을 빠져나간 물고기'가 되도록 그 법망을 소략하게 하지 않았던 것에 있었다. 법망을 정밀하게 하는 방법은 다양하였지만, 그중에는 당령·격·식을 위반한 행위가 당률에 의해 처벌받은 점, 예禮·이理는 위반하였지만, 율조에 명문明文으로 규정되지 않은 행위도 처벌받은 점, 비부比附의 방법을 통해 율에 명문으로 규정되지 않은 행위도 처벌받은 점, 등등을 포함하였다.

---

150 『정관정요·형법 제31』.
    【옮긴이 주】: 김원중 옮김, 『정관정요』「제31장 형법」(392쪽).
151 【옮긴이 주】: 『구당서』권50, 「형법지」(2138쪽).

제20장
당률의 법률과 역사의 융합

당률은 성공적인 부분이 많지만, 그 가운데 하나는 법률과 역사를 유기적으로 융합시킨 점이고, 대부분의 내용은 법제사적인 내용으로서, 중국고대 법률과 역사의 융합의 전범典範이 되었다고 할 수 있다. 이러한 의의 면에서 당률은 법제사法制史 저작이기도 하였다.

제1절 법률과 역사의 결합 내용

당률의 내용은 대부분 형법 문제를 둘러싸고 전개되었고, 관련된 역사도 주로 형법사刑法史였다. 이 법전 중의 단어[字]·죄명罪名·죄행罪行·형벌·제도와 편목篇目은 각각의 역사가 있었기 때문에 모두 역사와 결합되었다.

1. 단어[字]와 역사의 결합

당률의 단어는 그 내용을 구성하는 기본요소로서, 내용과 밀접하게 관련되어 있었다. 그것들 더 나아가 율조律條의 의미를 정확하게 이해하기 위해 당률은 전문적으로 일부 관련된 단어에 대해 해석하였고, 또 역사적 관점에서 일부 설명을 추가하기도 하였다. 예컨대 '대불경大不敬' 죄에는 각종 범죄 행위가 포함되어 있고, '어보의 절도와 위조[盜及僞造御寶]'도 그 가운데 하나이다. 이 경우, '어보御寶'는 범죄대상이고, 특히 '보寶'라는 이 글자는 이러한 대상을 정확하게 이해하는데 매우 중요하다. 이것을 위해 당률은 선진先秦 시대부터 당조唐朝의 개원開元[1] 시기까지 역사 발전이라는 관점에서 전문적으로 다음과 같이 설명하였다. "『설문說文』[2]에서 '새璽는 인印이다'[3]라고 하였

---

1 【옮긴이 주】: '개원'은 당의 제6대 황제 현종(재위 712~756)의 두 번째 연호(713~741)이다.
2 【옮긴이 주】: '『설문』'은 '『설문해자說文解字』'를 말한다.
3 【옮긴이 주】: [한漢]허신許愼 찬撰, 『설문해자說文解字』(북경北京: 중화서국中華書局, 1985)(287쪽하下).

다. 옛날에는 존귀한 사람과 비천한 사람이 모두 함께 사용하였다. 『좌전左傳』에서 '양공襄公[4]'이 초楚에서 돌아오던 중에 방성方城에 도착하니, 계무자季武子[5]가 변卞을 차지하고 (대부大夫) 공야公冶를 보내어 문안을 드리게 하였으며, 이어서 새서璽書를 바쳤다'[6]라고 하였는데, 이것이 그 뜻[義]이다. 진秦·한漢 이후 천자의 것은 '새'라고 하였고, 제후의 것은 '인'이라고 하였다. 개원 때[歲中], 새를 고쳐 '보寶'라고 하였다."[7] 이외에 '부夫' 자字 등도 모두 유사한 상황이 있다.

2. 죄명罪名과 역사의 결합

당률에는 수많은 죄명이 있고, 그것들은 당률의 중요한 구성 부분이었다. 그 가운데 대부분의 죄명은 모두 역사적 연원이 있었고, 또 역사 발전의 과정도 가지고 있었다. 당률은 이러한 역사 과정을 표현하는데 매우 주의하여 의식적으로 죄명과 역사를 결합해서 이러한 죄명을 전면적으로 이해하는데 편의를 제공하였다. 예컨대 '십악十惡'이라는 이 대大 죄명罪名이 바로 이와 같았다. 당률은 '십악'의 발생부터 근원을 탐구해서 정형화될 때까지 그 발전의 맥락을 다음과 같이 분명히 하였다. "한漢이 제정한 구장九章은 모두 인멸되었지만[湮沒], '부도不道'·'불경不敬'의 죄목罪目은 현존하기 때문에 그 기원을 탐구하면[原] 대체로 한漢에서 시작되었다. (남조의) 양梁·진陳 이후를 살펴보면, 대략 그 조항이 있었다. 북주北周·북제北齊 때는 10조의 죄명[十條之名]은 갖추었지만 '십악'의 죄목[十惡之目]은 없었다. (수 문제의) 개황開皇[8] 연간에 법제를 처음으로 제정하면서 비로소 이 죄목을 갖추게 되었는데, 옛 법제를 참작해서 그 수를 10조목條目으로 하였다. (수양제의) 대업大業[9] 연간에 개정하고 다시 삭제하여 10조 가운데 8조만 남게 되었다. (당 고조의) 무덕武德[10] 이후에는 『개황률』을 준수하여 가감한[損益] 것이 없었다."[11] '십악'은 대大 죄명이었고, 그중에는 10개의 소小 죄명이 포함되었다. 당률은 또 그 가운데 소 죄명에 대해서 연원적으로 서술하여 그것들의 근원을 제시해서 이러한 죄명을 설정한 역사적 원인을 밝혔다. 예컨대 '불목不睦' 죄명의 확정은 『예

---

4 【옮긴이 주】: '양공'은 노魯의 제23대 군주(재위 B.C. 572~B.C. 542)이다.
5 【옮긴이 주】: '계무자'의 생몰 연대는 ?~B.C. 535년이다.
6 【옮긴이 주】: 이것은 노 양공魯襄公 29년(B.C. 544)에 일어난 일이다(『춘추좌전정의』「십삼경주소 하』권39, 「양공 29년 하夏 4월」, 2005쪽).
7 『당률소의·명례』「십악조十惡條」「소의」.
  【옮긴이 주】: 『역주율소 - 명례편 -』「명례6」(제6조)「십악조·대불경大不敬」「주·소의」, 117~118쪽.
8 【옮긴이 주】: '개황'은 수隋의 초대 황제 문제文帝(재위 581~604)의 첫 번째 연호(581~600)이다.
9 【옮긴이 주】: '대업'은 수의 제2대 황제 양제煬帝(재위 604~618)의 연호(605~618)이다.
10 【옮긴이 주】: '무덕'은 당의 초대 황제 고조高祖(재위 618~626)의 연호(618~626)이다.
11 『당률소의·명례』「십악조十惡條」「소의」.
   【옮긴이 주】: 『역주율소 - 명례편 -』「명례6」(제6조)「십악조」「소의」, 106~107쪽.

기禮記』와 『효경孝經』의 기록까지 소급할 수 있다. 당률은 이러한 역사적 연계를 다음과 같이 명시하였다. "『예기』에서는 '믿음을 가르치고 화목함을 닦았다[講信修睦]'[12]라고 하였고, 『효경孝經』에서는 '민은 이로써 화목하였다[民用和睦]'[13]라고 하였다. 목睦이란 친親하다는 뜻이다. 본 조문 내(의 행위)는 모두 친족 간에 서로 범해서 구족九族이 화합·친목하지 못한 것이므로, '불목'이라고 한다."[14] '십악' 가운데 '모반謀反'·'모대역謀大逆'·'대불경大不敬'·'불효不孝'·'내란內亂' 등의 죄명도 모두 이와 같았다.

3. 죄행罪行과 역사의 결합

죄행도 당률의 중요한 구성 부분으로서, 그것은 법정형法定刑과 함께 완정完整된 율조律條의 내용을 구성하였다. 당률의 여러 죄행도 역사와 연계되어 있었고, 역사가 그것들을 만들어 내었다. 예컨대 '불효'죄는 여러 죄행을 포함하였는데, 그 가운데 '공양에 궐함이 있었던 경우[供養有缺[15]]'와 '조부모·부모의 상喪을 듣고도 숨기고 거애擧哀[16]하지 않은 경우',[17] 이 두 가지 죄행은 모두 『예기』에 기원을 두었다. 이들 죄행의 확정을 역사상 『예기』에 의거한 것은 그것과 근원적인 관계가 있었기 때문이다. 당률은 그것들 간의 이러한 관계를 다음과 같이 제시하였다. "『예기』에서는 '효자가 부모를 봉양할[孝子之養親[18]] 때에는 그 마음을 즐겁게 하고, 그 뜻을 어기지 않으며, 음식으로 정성껏 봉양해야 한다[忠養]'[19]라고 하였다. 그러나 충분히 공양할 수 있는데도 궐闕한 경우에는 조부모·부모가 고발[告]해야 처벌한다."[20] 이로써 자손들이 "공양에 궐함이 있었던 경우[供養有缺[21]]"에는 '불효'죄 가운데 하나의 죄행으로 확정할 수 있었다. 또 "『예기』에 의하면, '부모의 상[親喪]을 듣게 되었다면, 곡哭으로 부고訃告하러 온 사람에게 답答하고, 슬픔[哀]을 다한 후에 까닭

---

12 【옮긴이 주】: 『예기정의禮記正義』(『십삼경주소 하』)권21, 「예운禮運 제9」(1414쪽). 「예운 제9」에 있는 전체 문장은 제5장 주 20 참조.
13 【옮긴이 주】: 『효경주소孝經注疏』(『십삼경주소 하』)권1, 「개종명의장開宗明義章」(2545쪽). 「개종명의장」에 있는 관련 문장은 제5장 주 21 참조.
14 위와 같음[同上].
   【옮긴이 주】: 『역주율소 - 명례편 -』「명례6」(제6조)「십악조·불목」「소의」, 125쪽.
15 【옮긴이 주】: '결缺'은 '궐闕'의 오기이다(주 17 참조).
16 【옮긴이 주】: '거애'에 대해서는 제1장 주 43 참조.
17 【옮긴이 주】: 이상 『역주율소 - 명례편 -』「명례6」(제6조)「십악조·불효」「주」, 124쪽 참조.
18 【옮긴이 주】: '친親'이 『예기정의』(『십삼경주소 하』)권28, 「내칙內則 제12」(1467쪽)에는 '노老'로 되어 있다.
19 【옮긴이 주】: 『예기정의』(『십삼경주소 하』)권28, 「내칙 제12」(1467쪽).
20 위와 같음[同上].
   【옮긴이 주】: 『역주율소 - 명례편 -』「명례6」(제6조)「십악조·불효」「주·소의」, 123쪽.
21 【옮긴이 주】: '결缺'은 '궐闕'의 오기이다(주 23 참조).

을 묻는다'²²라고 하였다. 부모의 상은 그 상처가 더욱 크고 절실하다. 듣게 되었다면 즉시 혼절하고, 깨어나면 가슴을 치고 뛰면서 하늘을 우러러 울부짖는다. 그럼에도 이를 숨기고 거애하지 않았거나, 시일을 가려 택한[揀擇] 경우에는 모두 불효죄를 적용한다"²³라고 하였다. 『예기』의 이러한 기록을 근거로 당률은 "조부모·부모의 상을 듣고도 숨기고 거애하지 않은" 죄행을 확정하였다. '모반謀反'·'모대역謀大逆'·'악역惡逆'·'대불경大不敬' 등 여러 죄명의 확정도 모두 이와 유사한 정황이 기술되어 있다.

4. 형벌과 역사의 결합

당률의 제재방식은 형벌을 위주로 하였고, 특히 오형五刑이 그 중심이었다. 이 오형은 모두 각각 역사를 갖고 있었고, 당률은 그것들의 역사에 대해 기술하는 것을 중시하였을 뿐만 아니라 그 발전 맥락도 매우 명확하게 하였다. 여기서는 장형杖刑만을 예시例示하고자 한다. 장형의 역사는 유구하여 일찍이 치우蚩尤 때 이미 맹아萌芽가 있었고, 한漢 등 역대 왕조의 발전을 거쳐 수·당조에 이르러 형성되었다. 이에 대해서 당률에서는 다음과 같이 서술하고 있다. "치우가 오학의 형벌[五虐之刑]을 제정하였을 때 또한 편복鞭扑도 사용하였다고 하므로 그 근원[濫觴]을 추구하면 유래한 바가 오래되었다. 한 경제漢景帝²⁴ 때 태형을 받던 자가 태형을 마치기 전에 이미 사망한 점을 고려해서 (태)300을 200으로, 200을 100으로 개정하였다. (그후) 여러 대를 거쳐 내려오면서 가감한[增損] 일이 거의 없었지만, 수대[隨²⁵室]에 이르러 장杖으로 편鞭을 대체하였다[易]."²⁶ 태형·도형·유형·사형 등도 모두 정도는 다르지만 이러한 기술이 있다. 이외에 일부 형벌도 이처럼 역사와의 결합을 구현하였다. 가역류加役流가 바로 이와 같았다. 가역류의 적용대상은 원래 사죄死罪를 범한 자인데, 무덕武德²⁷ 연간에 단지형斷趾刑으로 바꾸었고, 국가에서 형벌을 신중히 시행하고자[恤刑] 정관貞觀²⁸ 6년(632년)에 (또) 가역류로 바꾸었기 때문에 과거 사형이 적용되었던 자는 이 때문에 사형을

---

22 【옮긴이 주】: 『예기정의』(『십삼경주소 하』)권56, 「분상奔喪 제34」(1653쪽).
23 『당률소의·명례』「십악조」「소의」.
　　【옮긴이 주】: 『역주율소 - 명례편 - 』「명례6」(제6조)「십악조·불효」「주·소의」, 124쪽.
24 【옮긴이 주】: '한 경제'는 전한의 제6대 황제(재위 B.C. 157~B.C. 141)이다.
25 【옮긴이 주】: '수隨'가 [당唐]장손무기長孫無忌 등等 찬撰, 유준문劉俊文 점교點校, 『당률소의』권1, 「명례」「장형오조杖刑五條」「소의」(4쪽)에도 동일하지만, 『역주율소 - 명례편 - 』「명례2」(제2조)「장형오조」「소의」(102쪽)에는 '수隋'로 되어 있다.
26 『당률소의·명례』「장형오조杖刑五條」「소의」.
　　【옮긴이 주】: 『역주율소 - 명례편 - 』「명례2」(제2조)「장형오조」「소의」, 101~102쪽.
27 【옮긴이 주】: '무덕'은 당의 초대 황제 고조(재위 618~626)의 연호(618~626)이다.
28 【옮긴이 주】: '정관'은 당의 제2대 황제 태종(재위 626~649)의 연호(627~649)이다.

면하게 되었다. 이것에 관한 내용은 다음과 같다. "가역류는, 구법舊法에는 사형이었지만, 무덕 연간에 단지형으로 바꾸었다. 국가에서는 형벌을 신중히 해서[惟刑是恤] 은혜를 널리 베풀고 두루 사랑하고자 하여[恩弘博愛], 이 형벌을 받은 자는 (잘린 발목을) 다시 이을 수 없고, (또) 사죄를 범한 자를 힘써 살리고자 형벌을 받아야 하는 자에게 인정을 베풀고, 연못에 한 면의 그물[網]만 치고 축원한 것처럼, 정관 6년에 제를 받들어[奉制] 가역류로 바꾸었다."[29]

5. 제도와 역사의 결합

당률에서는 일부 제도도 역사와 결합하였고, 동시에 이러한 제도의 역사적 연혁 상황에 대해서도 더욱 선명하게 기술하였다. '팔의八議' 제도도 그 가운데 하나였다. 그것은 『당률소의』 중 하나의 특권제도로서, 『주례周禮』의 '팔벽八辟'에 기원을 두었고, 이후 점점 발전하여 '팔의'가 되었다. 당조에 이르러 이 제도는 완비되었다. 당률에서는 팔의의 연원 관계에 대해서 다음과 같이 설명하였다. "『주례』에서 '팔벽으로써 방법에 붙인다[八辟麗邦法]'[30]라고 하였으니, 현재의 팔의는 주周의 팔벽이고", "이 팔의에 해당하는 사람이 사죄死罪를 범하였다면, 모두 먼저 주청奏請하여 그 범한 바를 의議하기 때문에 '팔의'라고 한다."[31] 이외에 "관품官品과 읍호邑號가 있는 부인婦人"에 대한 제도 등도 이러한 제도와 역사가 결합된 상황이 기술되어 있다.[32]

6. 편목篇目과 역사의 결합

당률은 모두 12편篇이고, 각 편목篇目은 모두 각각 역사 발전 과정을 갖고 있었다. 당률은 각 편목마다 첫머리에 모두 '「소의」'를 설정해서 전문적으로 이 편목의 발생·변화 과정을 소개하였다. 예컨대 「위금률」의 역사 발전 과정에 대해서는 "진晉[33]의 태재太宰 가충賈充[34] 등이 한漢·위魏의 법률을 참작하고 사안[事]에 따라 증감하여 처음으로 이 편을 만들어 명칭[名]을 위궁률衛宮律이라

---

29 『당률소의·명례』「응의청감조應議請減條」「소의」.
  【옮긴이 주】: 『역주율소 - 명례편 - 』「명례11」(제11조)「응의청감조(속장贖章)」「소의」, 144쪽.
30 【옮긴이 주】: 『주례주소』(『십삼경주소 상』)권35, 「추관秋官·소사구小司寇」(873쪽).
31 『당률소의·명례』「팔의조八議條」「소의」.
  【옮긴이 주】: 『역주율소 - 명례편 - 』「명례7」(제7조)「팔의조」「소의」, 132쪽.
32 『당률소의·명례』「부인유관품읍호조婦人有官品邑號條」「소의」 참조.
  【옮긴이 주】: 『역주율소 - 명례편 - 』「명례12」(제12조)「부인유관품읍호조」「소의」, 151~152쪽.
33 【옮긴이 주】: '진' 앞에는 "위금률은 진秦·한漢 및 위魏에는 아직 이 편이 없었다"라는 문장이 있다(주 38 참조).
34 【옮긴이 주】: '가충'의 생몰 연대는 217~282년이다.

고 하였다. 송宋35에서 후주後周36에 이르기까지 이 명칭은 결코 개정된 바가 없었다. 북제北齊에 이르러 관금關禁을 여기에 덧붙이고 다시 명칭[名]을 금위율禁衛律로 개칭하였다. 수隋의 개황開皇37 연간에 (이것을) 위금률로 개칭 하였다"38라고 하였다. 이것을 대략 정리하면, 진晋 때 처음 위궁률이 제정되었고, 송에서 후주까지 계속 사용되었지만, 북제에서 '금위율'로 개칭하였고, 수조隋朝에서 '위금률'로 고쳤으며, 당조唐朝는 수조의 명칭을 답습한 것이 된다. 그 나머지 11편도 모두 유사한 역사적 서술이 있다.

제2절 법률과 역사의 결합 의의

『당률소의』의 단어[字]·죄명·죄행·형벌·제도·편목 등과 역사의 결합은 중요한 의의가 있었는데, 주로 이하 여러 방면에 구현되었다.

1. 『당률소의』 내용에 대한 인식의 심화

당률의 내용은 승전계후承前啓後,39 즉 선인先人의 입법 성과와 경험을 종합한 기초 위에서 형성되었다. 그 내용은 형법을 위주로 하였지만, 그 가운데 수많은 단어[字]·죄명·죄행·형벌·제도와 모든 편목의 의미는 모두 역사적 근거가 있었기 때문에 그것들을 깊이 이해하고자 하는 경우 그것들의 역사를 알지 않으면 안 된다. 당률의 제정자들은 이미 이러한 문제를 고려하여 율조律條 다음에「소의」를 첨가시키는 방법을 병용해서 해결하였는데, 의도는 율조의 내용을 정확히 이해하도록 돕는 데 있었다. 바로 심가본沈家本40이「중각당률소의서重刻唐律疏議序」에서 말한 "'소疏'라는 명칭은 율律과 주注의 뜻을 설명한 것이고, '의議'는 율의 깊은 뜻과 미흡하고 통하지 않은 부분을 해석한 것이며", 이로써 "율문의 간명·질박하고 고식古式·심오한 부분이 비로소 이해할 수 있게 되었다"41라고 한 것과 같다. 당시「소의」를 첨가하게 된 결정적 이유는 주로 두 가지였다. 첫째는

---

35 【옮긴이 주】: '송'은 남조南朝의 '유송劉宋'을 말한다(이하 동일).
36 【옮긴이 주】: '후주'는 '북주'를 말한다(이하 동일).
37 【옮긴이 주】: '개황'은 수의 초대 황제 문제文帝(재위 581~604)의 첫 번째 연호(581~600)이다.
38 『당률소의·위금』「전언前言·소의」.
    【옮긴이 주】:『역주율소 - 각칙(상) -』「위금」「편목소篇目疏」, 2017~2018쪽.
39 【옮긴이 주】: '승전계후'는 "이전 사람의 업적을 계승하여 미래의 길을 개척하다" 또는 "(학문·사업 등) 선대先代의 유업遺業을 계승·발전시키다"라는 뜻이다.
40 【옮긴이 주】: '심가본'에 대해서는 제2장 주 2 참조.
41 유준문劉俊文 점교點校,『당률소의』, 중화서국中華書局, 1983년판年版, 670쪽.

과거시험의 편의를 위해 '기준'이 필요하였기 때문이고, 둘째는 사법司法을 통일해서 "형헌을 맡은 관리[刑憲之司]가 집행하는데 서로 의견을 달리하는 것"을 방지하고자 하였기 때문이다.[42] 실제로 「소의」는 율문과 긴밀히 결합하여 율조律條와 병행되었다. 즉 당 고종唐高宗[43] 영휘永徽[44] 4년(653년)에 『당률소의』가 반행된 이후, 사법관도 단옥斷獄 과정에서 "소疏를 인용해서 분석하였다"[45]라고 하듯이, 「소의」는 율조와 등등한 법률 효력을 갖고 있었다. 여기의 "소를 인용해서 분석하였다"라는 것은 당률의 단어[字]·죄명·죄행·형벌·제도·편목 등에 대한 분석이 포함되었다. 이러한 분석에는 자연히 그것들에 대한 역사적 분석도 배제될 수 없었고, (따라서) 이것이 「소의」의 중요한 구성 부분이었다. 당률에 대한 이러한 분석을 통해 그 내용에 대한 인식을 심화할 수 있었고, 이것은 당시 과거시험과 사법실천에 모두 대체할 수 없는 중요한 의의가 있었다.

이러한 의의를 결정하는 데 관건이 되는 것은 그 권위였다. 이러한 권위가 실추되면 과거시험과 사법실천의 권위도 동요될 것이고, 이것은 국가로서도 불행한 일이었다. 당률은 각 방면에서 이러한 권위를 수립하였는데, 그중에는 역사적 방법의 사용도 포함하여 역사에서 권위를 찾아서 율律 가운데 단어·죄명·죄행·형벌·제도·편목 등을 모두 역사와 연계시켜 그 권위를 강화하였다. 『당률소의』는 당조의 주요 법전이었고, 또 과거시험과 사법실천의 중요한 근거이기도 하였기 때문에 『당률소의』의 내용에 대한 인식을 강화하는 것은 필수적이었다.

당률이 역사적 관점에서 그 권위를 강화하는 방법은 주로 세 가지였다. 첫째, 역사적 유가경전儒家經典에서 권위를 찾는 방법이다. 당조의 정통사상인 유가사상도 국가 권위에 대한 일종의 지도사상指導思想이었다. 한 무제漢武帝[46]가 그 정통지위를 확립하고부터 당조에 이르기까지 유가사상은 이미 몇백 년을 거쳤기 때문에 그 권위적인 지위는 의심할 여지가 없었다. 이 사상의 권위를 빌려 당률의 관련 내용을 확립함으로써 권위를 확대시켜 당률도 권위를 갖게 하였다. 따라서 당률은 역사적으로 유가경전의 경구經句를 대량 사용해서 그 내용을 논증·해석하였다. 통계에 따르면, 당률에 인용된 이러한 경구는 『시경詩經』·『서경書經』·『예기禮記』·『역경易經』·『춘추春秋』·『공양전公羊傳』·『좌전左傳』·『이아爾雅』·『효경孝經』 등에서 발췌하였다. 일부 편목에서는 인용된 경구가

【옮긴이 주】: 심가본沈家本, 「중각당률소의서重刻唐律疏議序」([당唐]장손무기長孫無忌 등等 찬撰, 유준문劉俊文 점교點校, 『당률소의』「부록附錄」, 670쪽).

42 왕리민王立民, 『당률신탐唐律新探』, 상해사회과학원출판사上海社會科學院出版社, 2001년판年版, 22쪽 참조.
43 【옮긴이 주】: '당 고종'은 당의 제3대 황제(재위 649~683)이다.
44 【옮긴이 주】: '영휘'는 당의 제3대 황제 고종의 첫 번째 연호(650~655)이다.
45 『구당서·형법지』.
   【옮긴이 주】: 『구당서』권50, 「형법지」(2141쪽).
46 【옮긴이 주】: '한 무제'는 전한의 제7대 황제(재위 B.C. 141~B.C. 87)이다.

특히 많았다. 예컨대 「명례율」은 57조에 불과하였지만, 인증引證한 경구는 40여 곳이었다.[47] 이로써 역사상의 유가경전과 『당률소의』의 내용이 하나로 융합되었음을 알 수 있다.

둘째, 역사상의 법제에서 권위를 찾는 방법이다. 당률의 내용 대부분은 모두 역사적 연원이 있었고, 이전의 여러 왕조도 모두 이러한 내용을 사용하였다. 『당률소의』는 이것에 대해서 계속 사용·정비하였고, 아울러 율문에도 명시하여 계승과 권위의 연속에서 이들 내용의 권위를 강화·확립하였다. 이로 인하여 당률에는 이러한 내용이 많았다. 상술한 '십악十惡'·형벌과 편목 등의 발전사는 모두 이와 같았다. 역사상 권위적인 법제 내용이 연역적 방법을 통해 당률의 내용이 되었기 때문에 양자는 긴밀히 결합하였다.

셋째, 이상 두 가지 방법을 결합시키는 방법이다. 즉, 여러 내용은 유가경전과 법제사의 이중적인 근거를 내포하고 있었다. 이 양자가 결합된 이후, 그 내용적 권위는 더한층 강화될 수 있었다. 당률의 여러 내용은 이러한 방법을 채용하였다. 예컨대 태형笞刑 조문에서는 『상서尙書』에서 "매를 치는 것을 학생에 대한 벌로 삼았다[扑作敎刑]"[48]라고 한 경구를 인용하였고, 또 태형의 발전사를 다음과 같이 서술하였다. 한 문제漢文帝[49] 13년(기원전 167년), 형제개혁刑制改革을 단행하였을 때 태형으로 의형劓刑을 대체하여, "의형에 해당하는 자는 태笞300에 처하는 것으로 하였고",[50] 이후 태형은 "시대에 따라 변천이 있었기 때문에 그 경중이 같지 않았다[輕重不同]"[51]라고 하듯이, 끊임없이 변화·사용되었다. 이와 유사한 내용도 적지 않다. 『당률소의』의 내용이 가지는 권위에 대한 인식을 높이는 것은 과거시험과 사법실천의 정상적인 질서를 형성하는데 더욱 유리하였다.

2. 중국법제사 지식의 증가

당률은 당조의 법전이었을 뿐만 아니라 당조 전기 중국법제사 저작 가운데 하나이기도 하였다. 당률을 열독閱讀하면, 당조 법제의 내용을 알 수 있을 뿐만 아니라 당조 전기 중국법제사에 대한 내용도 이해할 수 있다. 그 이유는, 당률의 내용 구성 가운데 단어·죄명·죄행·형벌·제도·편목 등에는 모두 역사가 축적되어 있기 때문이다. 이러한 축적은 하조夏朝를 전후해서 중국법제가 맹아하여 최종적으로 기원·형성되고부터 당조에 이르기까지 2000여 년이라는 이미 시간적으로

---

47 왕리민王立民, 『당률신탐唐律新探』, 상해사회과학원출판사上海社會科學院出版社, 2001년판年版, 58쪽 참조.
48 【옮긴이 주】: 『역주율소 - 명례편 - 』「명례1」(제1조)「태형오조笞刑五條」「소의」, 99쪽.
49 【옮긴이 주】: '한 문제'는 전한의 제5대 황제(재위 B.C. 180~B.C. 157)이다.
50 【옮긴이 주】: 『역주율소 - 명례편 - 』「명례1」(제1조)「태형오조」「소의」, 100쪽.
51 『당률소의·명례』「태형오조」「소의」.
　　【옮긴이 주】: 『역주율소 - 명례편 - 』「명례1」(제1조)「태형오조」「소의」, 100쪽.

짧지 않은 법제사 과정에서 이루어졌기 때문에 하나의 중국법제사를 구성할 수 있었다. 따라서 당률의 내용을 이해하게 되면, 이 방면의 지식을 증가시켜서 그 내용을 파악하는 데 도움이 된다.

당률에서 얻을 수 있는 중국법제사에 관한 지식은 주로 다음의 세 가지 방면이다.

첫째, 중국 법전체제의 발생·변화와 발전 방면에 대한 지식을 얻을 수 있다. 이 방면에 대한 지식을 완전히 습득하는 것은 중국고대의 법률체계·법전체제 및 그 내용의 조합 등을 정확히 인식하는데 매우 중요한 작용을 하였다. 중국 최초의 율은 전국戰國 시기 진국秦國의 『진률秦律』이었다. 『진률』은 상앙商鞅52이 법法을 율律로 개칭改稱함으로써 형성되었는데, 『법경法經』은 그 직접적인 연원淵源이 되었다. 이후에도 많은 법전이 출현하였다. 즉, 진조秦朝에는 또 『진률』이 있었고, 한조漢朝에는 『한률漢律』이 있었으며, 위진남북조 시기에는 『위률魏律』·『진률晉律』·『송률宋律』·『제율齊律』·『양률梁律』·『진률陳律』·『북위율北魏律』·『북제율北齊律』·『북주율北周律』 등이 있었고, 수조隋朝에는 『개황률開皇律』과 『대업률大業律』이 있었으며, 당조唐朝에서는 『무덕률武德律』·『정관률貞觀律』·『영휘율永徽律』과 『영휘율소永徽律疏』·『개원율소開元律疏』 등이 차례로 제정되었다. 이들 율의 체제는 서로 같지 않았을 뿐 아니라, 또 부단한 발전 과정도 있었다. 『당률소의』는 이러한 과정을 제시하고 있는데, 그것에는 주로 두 가지 과정이 포함되어 있다. 한 가지는 율이 주主가 되는 법전 전체의 발전 과정인데, 즉 "주周가 쇠퇴하자 형벌이 엄중해졌으며[周衰刑重], 전국 시대에는 제도가 달랐다[戰國異制]. 위 문후魏文侯53가 이회李悝54를 사사師事하여, 여러 나라[諸國]의 형전刑典을 수집해서 『법경法經』 6편을 편찬하였다"부터 "당唐은 수隋를 따랐다"55까지이다. 또 한 가지는 각 편목篇目의 발전 과정이다. 『당률소의』는 모두 12편이고, (따라서) 편목도 12개이다. 각 편목의 변화는 그것이 내포하는 내용의 변화·율의 체제변화를 의미하였다. 「구고율廐庫律」을 예시例示하면, 한조漢朝의 『구장률九章律』에 비로소 구율廐律을 설정하였고, 진조晉朝의 『진률晉律』은 목축의 일[牧事]을 합해서 「구목률廐牧律」을 제정하였으며, 수조隋朝의 『개황률開皇律』은 창고에 관한 사항[庫事]을 다시 첨부해서 「구고율」을 제정하였고, 당률은 『개황률』의 「구고율」을 계속 사용하였기 때문에 이 편목

---

52 【옮긴이 주】: '상앙'의 생몰 연대는 B.C. 390?~B.C. 338년이다.
53 【옮긴이 주】: '위 문후'는 전국시기 위魏의 초대 제후(재위 B.C. 445~B.C. 396)이다.
54 【옮긴이 주】: '이회'의 생몰 연대는 B.C. 455~B.C. 395년이다.
55 『당률소의·명례』「전언前言·소의」.
　　【옮긴이 주】: 이상 『역주율소 - 명례편 - 』「명례」「편목소」, 91~93쪽. 그 중간 부분은 다음과 같다. "상앙商鞅이 전수傳受하여 법法을 율律로 개칭하였다. 한漢의 승상 소하蕭何는 이회가 지은 것에 다시 호戶·흥興·구廐 3편을 추가해서 '구장의 율[九章之律]'이라 하였다. 위魏는 한률漢律을 근거로 18편을 제정하였고", "진晉은 가충賈充 등에게 명하여 한漢·위魏의 율을 가감加減해서 20편을 제정하였으며", "수隋는 북제北齊를 따랐다."

을 설치하였다.[56] 우리는 이 두 과정을 통해 중국법제사 가운데 법전, 특히 율의 체제·구성의 변화에 관한 지식을 이해할 수 있다.

둘째, 중국의 중요 제도 수립의 이론적 근거 방면에 대한 지식을 얻을 수 있다. 이 방면에 대한 지식은 중국 법제의 중요한 제도를 전면적이고 정확히 인식하는데 지도적인 작용을 하였다. 한무제漢武帝가 '유술의 독존儒術獨尊'을 결정한 이후 유가사상은 중국 법제의 지도사상이 되었고, 예禮·법法이 결합하기 시작하였다. 이로부터 중국고대의 법제는 예·법결합禮法結合의 길로 나아갔고, 법제에서 중요한 제도의 수립은 모두 유가사상과 분리될 수 없었다. 이 사상은 각각의 유가경전에 집중 구현되었는데, 이들 경전은 당조 이전에 편찬되었고, 또 일종의 역사서[史書]이기도 하였다. 그 가운데 여러 경구經句는 종종 중요한 제도의 수립에 이론적 근거가 되었기 때문에 이들 제도를 정확하게 이해하는데 지도적인 작용을 하였다. 당률은 이들 경구와 제도의 연계를 제시하는데 매우 주의하였기 때문에 우리가 이러한 중요한 제도를 더한층 깊이 이해하는 데에 일조一助하였다. 앞서 서술한 '팔의八議' 제도 이외에 일부 중요한 제도의 수립도 이와 같았다. 오형제도五刑制度를 예로 들면, 당률은 주된 형벌제도를 '오형'[57]으로 약칭하였다. 이 오형제도의 확립과 유가경전의 경구는 모두 관련이 있었다. 예컨대 『효경孝經』에 있는 다음의 경구는 오형을 제정할 때 '오五' 자를 선택한 이유를 결정하였다. "성인이 오형을 제정하였을 때, 오행을 법칙으로 삼았다[聖人制五刑 以法五行]."[58] 오형의 구체적인 형벌도 유가경구에 근거를 두었다. 즉, 『상서』에서 "유형으로써 오형[59]을 관용한다[流宥五刑]"[60]라고 기술하였고, "지금의 삼류三流[61]는 바로 그 뜻이다"[62]라고 하였기 때문에, 오형 가운데 유형의 발생은 『상서』의 경구에 근거하였음을 알 수 있다. 그 밖

---

56 『당률소의·구고』「전언前言·소의」.
  【옮긴이 주】: 『역주율소 - 각칙(상) -』「구고」「편목소」, 2291쪽.
57 【옮긴이 주】: '오형'은 '태형·장형·도형·유형·사형'을 말한다.
58 【옮긴이 주】: 『역주율소 - 명례편 -』「명례1」(제1조)「태형오조」「소의」, 100쪽. 본 조 「소의」에 의하면, 이 경구는 『효경원신계孝經援神契』에 나오고, 『효경』에는 없다. 『효경원신계』는 한대漢代 위서緯書의 일종으로 망일亡佚되어 전해지지 않는다.
59 【옮긴이 주】: '오형'은 다섯 종류의 육형肉刑인 '묵墨·의劓·비剕·궁宮·대벽大辟'을 말한다.
60 【옮긴이 주】: 이 문장은 『상서정의』(『십삼경주소 상』)권3,「순전舜典 제2」(128쪽)에 보인다.
61 【옮긴이 주】: '삼류'는 유형 2000리·2500리·3000리를 가리킨다.
62 『당률소의·명례』「유형삼조流刑三條」「소의」.
  【옮긴이 주】: 『역주율소 - 명례편 -』「명례4」(제4조)「유형삼조」「소의」에서는 "『서경』에서 '유형으로써 오형을 관용한다'라고 하였는데, (이것은) 차마 사형을 집행[刑殺]하지 못하고 먼 곳으로 유배해서 (형을) 완화하였음을 말한다. 또 '오형을 받아야 하는 유형자流刑者에게 거처할 집을 주되, 다섯 등급의 유배지는 세 곳에 거처하게 한다[五流有宅 五宅三居]'라고 하였다. …… 지금의 삼류는 바로 그 뜻이다"(103쪽)라고 하였다.

의 네 가지 형[四刑]63도 상황이 유사하였다. 우리는 유가경전의 고적古籍에서 당률 가운데 일부 중요한 제도에 대한 영향을 볼 수 있고, 또 이들 제도의 이론적 기초에 대한 인식도 더한층 심화시킬 수 있다.

셋째, 중국법제 가운데 일부 내용의 연혁 방면에 대한 지식을 얻을 수 있다. 중국고대 법률의 일부 내용은 발전하여 당조가 되면 이미 성숙단계에 도달하였다. 당률은 중국에서 내용이 비교적 완벽한 법전이었고, 그 가운데 일부 내용은 장기적인 발전을 거쳐 완비된 수준에 이르렀다. 이들 내용은 단어[字]·죄명·죄행·형벌·제도 등등을 포함하였다. 이들 내용에 대한 연혁을 알게 되면 사람들이 그 의미를 더욱 정확하게 파악하는 데 유리하다. 당률은 이러한 내용에 대한 연혁을 사람들에게 알려서 더욱 전면적으로 그것들을 인식시키는데 주의하였다. (당률에는) 앞서 서술한 '보寶'·'십악十惡'·'불목不睦'·'장형杖刑'·'팔의八議' 등 일부 내용 이외에 다른 내용에 대해서도 그 연혁사가 기술되어 있다. 일찍이 춘추 시기, 농한기 때 수렵狩獵하는 국가행사가 있었는데, 당조는 그 변천 과정에서 이것을 '교열校閱'이라고 하였다. 예컨대 "『춘추』의 대의[春秋之義]에 '봄[春]에는 수蒐라는 사냥을 하고, 여름[夏]에는 묘苗라는 사냥을 하며, 가을[秋]에는 미獼64라는 사냥을 하고, 겨울[冬]에는 수狩라는 사냥을 하는데, 모두 농한기[農隙]를 이용해서 대사大事(군사훈련)를 한다[講]'65라고 하였는데, 곧 지금의 '교열'이 이것이다"66라고 하여, 당률의 '교열'은 『춘추』의 '대사'에서 기원하였고, 또 이 '대사'에서 발전하였다는 것을 알 수 있다.67 이 외에도, 당률에서는 위조·불량 상품을 만드는 행위에 대해서도 단속하였는데, 이것도 선진先秦 때 이러한 행위에 대한 단속이 변화하였다. 그 당시 "물건에 공장工匠의 이름을 새김으로써[物勒工名] 그 성실성을 살필 수 있다[考誠]. 공功을 들인 것이 적절하지 않은 때에는 반드시 그 죄를 물어야 한다"68라고 하였다. 당률에서는 "무릇 그릇으로 사용하는 물건[器用之物]이나 견·포 등[絹布之類]을 행람行濫하거나 짧

---

63 【옮긴이 주】: '네 가지 형'은 유형을 제외한 '태형·장형·도형·사형'을 가리킨다.
64 【옮긴이 주】: '미獼'는 '선獮'의 오기이다(주 66 참조).
65 【옮긴이 주】: 이 문장은 『춘추좌전정의』(『십삼경주소 하』)권3,「은공隱公 5년(B.C. 778)」(1726~1727쪽)에 의하면, 노魯 은공이 5년 봄에 고기잡이 구경을 위해 당棠으로 떠나려 하였을 때, 장희백臧僖伯이 간언諫言하여 만류한 말 중에 나온다. 『한서』권23,「형법지」에서는 이것에 기초하여 "봄에는 수搜라는 사냥을 하여 개선凱旋 연습을 하고, 여름에는 묘苗라는 사냥을 하여 야영野營 연습을 하며, 가을에는 렵獵이라는 사냥을 하여 출진出陣 연습을 하고, 겨울에는 수狩라는 사냥을 하여 대열병식을 행하는데, 모두 농한기에 군사훈련을 한다"(1082쪽)라고 하였다.
66 【옮긴이 주】: 『역주율소 - 각칙 - (상)』「천흥6」(제229조)「교열위기조校閱違期條」「소의」, 2352쪽.
67 『당률소의·천흥』「교열위기조」 및 그 「소의」 참조.
68 【옮긴이 주】: 『역주율소 - 각칙(하) - 』「잡률30」(제418조)「조기용견포행람단협이매조造器用絹布行濫短狹而賣條」「소의」, 3236쪽. 이 문장은 『예기정의』(『십삼경주소 하』)권17,「월령月令 제6」(1381쪽)에 보인다.

거나 좁게[短狹] 만들어 판매한 자는 각각 장杖60에 처한다"[69]라고 규정하였다. 양자 간에는 모두 일종의 역사적 연계가 있었다.

3. 법률 의식의 제고提高

법률 의식은 법률의 본질적인 중요한 구성요소이다. 법률을 학습하는 것은 법률 의식을 높이는 하나의 방법이다. 법제사를 학습하는 것도 사람들이 법률 의식을 높이는 데 도움이 된다. 당률 가운데 법제사에 대한 내용을 파악하게 되면, 이하 여러 방면에서 법률 의식을 높이는 데 도움이 될 수 있다.

첫째, 왕제의식王制意識을 높이는 데 일조一助할 수 있다. 당률 가운데 법제사의 내용을 통해, 중국 고대의 법제는 모두 제왕帝王이 확정하였는데, 먼저 한 것은 국왕이었고 그다음은 황제였으며, (이처럼 법제는) 모두 그들의 지고무상至高無上한 지위와 연계되어 있었음을 분명히 인식할 수 있다. 바로 『당률소의』에서 "(서주西周의) 목왕穆王[70]이 시의時宜를 참작하여 법을 제정하니, 오형五刑의 조항이 3000이었고",[71] 한조漢朝에 이르러 "앞의 군주[前主]가 옳다고 한 것을 드러내어[著] 율律로 하였고, 뒤의 군주[後主]가 옳다고 한 것을 조목으로 나누어[疏] 영令으로 하였으며",[72] 요컨대 역사상의 제왕帝王은 "백성[黎元]을 위해 사재司宰를 세우고, 정치와 교화[政敎]로 인하여 형법을 시행하지 않는 것이 없었다"[73]라고 한 것과 같았다. 법제는 제왕에게 종속되는 산물産物로서, 제왕의 지존至尊한 지위에 기초를 두었는데, 그의 지위는 지고무상이었기 때문에 사람들은 반드시 준수해야 하였다. 법제를 준수하는 것은 제왕에게 복종하는 것이었고, 준수하지 않는 것은 제왕을 거역하는 것이었다. 이것은 중국고대 장기간 실행된 전제통치·전제제도와 일맥상통하였다.

둘째, 규칙의식을 높이는 데에 일조할 수 있다. 법제는 일종의 규칙이었기 때문에 법제의 확립

---

69 『당률소의·잡률』「기용견포행람단협이매조器用絹布行濫短狹而賣條」 및 「소의」.
    【옮긴이 주】: 『역주율소 - 각칙(하) - 』「잡률30」(제418조)「조기용견포행람단협이매造器用絹布行濫短狹而賣條」, 3236쪽.
70 【옮긴이 주】: '목왕'은 서주西周의 제5대 군주(재위 B.C. 992~B.C. 922)이다.
71 【옮긴이 주】: 『역주율소 - 명례편 - 』「명례」「편목소」, 91쪽.
72 【옮긴이 주】: 『역주율소 - 명례편 - 』「명례」「편목소」, 89쪽. 「편목소」에서는 이 문장의 출전을 『사기史記』로 명시하고 있는데, 『사기』권122, 「혹리열전酷吏列傳·두주전杜周傳」에서 "앞의 군주가 옳다고 한 것을 드러내어 율로 하고, 뒤의 군주가 옳다고 한 것을 조목으로 나누어 영으로 한다. 당시 정황에 적합한 것이 가장 정확한 판결이 되니, 무엇 때문에 예전의 것을 본받아야 하는가!"(3153쪽)라고 한 것을 가리킨다.
73 『당률소의·명례』「전언前言·소의」.
    【옮긴이 주】: 『역주율소 - 명례편 - 』「명례」「편목소」, 79~80쪽. 원서에는 여기에만 주注를 붙이고 있지만, 역서에서는 각각의 인용문에 출전을 제시하였다.

은 규칙이 기초가 되는 질서를 형성하기 위한 것이었다. 당률에 보이는 수많은 법제사에 관한 내용은 국가마다 법제가 없으면 안 된다는 것을 말해 준다. 왜냐하면 법제는 "저울[權衡]이 경중輕重을 아는 것과 같고, 그림쇠[規矩]가 방원方圓을 그리는 것과 같"[74]았기 때문이다. 중국은 하조夏朝 이후 법제의 제정에 진력하였고, 이를 통해 민民의 행위를 규범화하였다. 즉 "제도를 세우지 아니하였다 한 것은 이전에 듣지 못하였"[75]고, 사람들은 법제에 따라 일해야 하였으며, 그렇지 않은 때에는 그것에 상응하는 법률적 책임을 져야 하였다. 이러한 의식 수준의 향상은 직접적으로 법제를 준수·실천하여 좋은 사회질서를 형성하는 데에 일조하였다.

셋째, 죄가 되고[罪] 되지 않는[非罪] 의식을 높이는 데에 일조할 수 있다. 당률은 형법을 주된 내용으로 하였고, 그 나머지 부분법部分法의 내용은 모두 부차적일 뿐이었다. 당률의 명례편名例篇은 총칙으로서, 형벌과 일반원칙을 규정하였다. 그 나머지 11편은 모두 각칙各則으로서, 구체적인 범죄를 규정하였는데, 법률 조문法條은 죄행罪行과 법정형法定刑의 두 부분으로 구성되었다. 예컨대 "무릇 처가 있는데 다시 취처娶妻한 자는 도徒1년에 처한다. 여자 집[女家]은 1등을 감경한다"[76]라고 하는 형식이다. 당률의 내용을 숙지熟知하면, 무엇이 범죄인지 알게 되고, 죄가 되고[罪] 되지 않는[非罪] 경계도 이해할 수 있으며, 죄가 되고 되지 않는 의식도 생긴다. 이러한 의식 속에는 하나의 중요한 점이 있는데, 바로 범죄자는 모두 율에 의해 형사 처벌을 받아야 한다는 것이다. 이것은 당률의 "형벌은 국가에서 폐지할 수 없고, 회초리는 가정에서 없앨 수 없다"[77]라고 한 사상과 부합한다. 이러한 의식의 수립은 범죄를 예방·감소시키고, 사회의 안전감을 높이며, 사회를 안정시키는 데에 일조했다.

이상 세 가지 의식은 중국고대 법률 의식의 중요한 구성 부분이었다. 당률에 대한 이해를 통해 이 세 가지 의식을 높일 수 있고, 동시에 법률 의식을 높이는 데도 일조하였다.

---

74 【옮긴이 주】:『역주율소 - 명례편 - 』「명례」「편목소」, 98쪽. 본 문구는 같은 「편목소」에서 "이에 율소律疏를 지어 전식典式을 크게 밝히니 …… 관대寬大를 드러내고[甄表], 간편하고 항상적인 법을 제정·완성하였다"(97쪽)라고 한 것에서 알 수 있듯이, 새로 제정·완성된 『당률소의』에 대한 설명이다.

75 위와 같음[同上].
【옮긴이 주】:『역주율소 - 명례편 - 』「명례」「편목소」, 81쪽.

76 『당률소의·호혼』「유처갱취조有妻更娶條」.
【옮긴이 주】:『역주율소 - 각칙(상) - 』「호혼28」(제177조)「유처갱취조」, 2254~2255쪽. 이 조문에서 "처가 있는데 다시 취처한 것"이 죄행(정확히는 범죄의 구성요건)이고, "도1년에 처한다"가 법정형이다.

77 『당률소의·명례』「전언·소의」.
【옮긴이 주】:『역주율소 - 명례편 - 』「명례」「편목소」, 81쪽.

제3절 법률과 역사의 결합 원인

당률이 성공적으로 법률과 역사를 융합해서 법제사적 작용을 발휘할 수 있었던 것은 일정한 원인이 있었다. 동시에 당률의 이러한 성공은 후세의 입법에도 일정한 영향을 주었다.

당률이 법률과 역사를 성공적으로 결합할 수 있었던 원인은 주로 아래의 네 가지[78]였다.

첫째, 당조^{唐朝} 전기의 사회 발전이 법률과 역사의 결합에 유리한 사회 환경을 조성하였다. 『당률소의』는 당조 전기에 제정되었다. 『무덕률^{武德律}』은 당조 최초의 율이었고, 『정관률^{貞觀律}』은 율문을 완벽하게 하였으며, 『영휘율^{永徽律}』은 『정관률』의 내용을 계속 사용하였고, 『영휘율소^{永徽律疏}』는 '소의' 부분의 내용을 첨가하였으며, 『개원율소^{開元律疏}』는 『영휘율소』의 체제와 내용을 답습하였다. 이 시기, 사회는 끊임없이 발전해서 수^隋 말기의 불황상태에서 탈피하고 '정관지치^{貞觀之治}'·'개원성세^{開元盛世}' 등 태평 시대가 출현하였다. 『당률소의』를 제정한 영휘^{永徽}[79] 시기에는 "정관^{貞觀}[80] 때의 유풍^{遺風}이 있었다."[81] 이러한 좋은 사회 환경에서 당조의 고위층과 『당률소의』의 제정자는 당률에서 법률과 역사의 결합 문제를 심사숙고할 수 있는 충분한 시간과 열정이 있었다. 그렇지 않았다면 국가는 대혼란이 발생하고 질서가 문란해져서 법전^{法典}의 이러한 결합을 생각할 충분한 시간과 열정을 가질 수 없었을 것이다. 당조 전기의 사회 발전은 『당률소의』의 이러한 결합에 천재일우^{千載一遇}의 기회를 제공하였다고 할 수 있다.

둘째, 중국 법제는 이미 2000여 년의 경험을 축적하였다. 하조^{夏朝} 때 처음 정식으로 법제를 확립한 이후, 역대 왕조는 모두 독자적인 법제를 수립하였을 뿐 아니라 부단히 경험도 종합해서 법제의 발전을 촉진시켰다. 예컨대 일찍이 서주^{西周} 때 이미 "새로 건국된 나라를 다스리는 데는 경전을 사용하고[刑新國用輕典], 안정된 나라를 다스리는 데는 중전을 사용하며[刑平國用中典], 어지러운 나라를 다스리는 데는 중전을 사용한다[刑亂國用重典]"[82]라고 하는 '삼전^{三典}' 이론이 제시되었다. 이후 각 왕조에서도 법전은 체제와 내용 등 방면에서 부단히 발전하였다. 체제방면에서 보면, 전국^{戰國} 시기 『법경^{法經}』의 6편^篇에서 한조^{漢朝}의 『구장률^{九章律}』 등의 발전을 거쳐, 수조^{隋朝}의 『개황률

---

78 【옮긴이 주】: '네 가지'는 '다섯 가지'의 오기이다.
79 【옮긴이 주】: '영휘'는 당의 제3대 황제 고종(재위 649~683)의 첫 번째 연호(650~655)이다.
80 【옮긴이 주】: '정관'은 당의 제2대 황제 태종(재위 626~649)의 연호(627~649)이다.
81 이지^{李贄}, 『사강평요^{史綱評要}·당기^{唐紀}』.
82 『주례^{周禮}·추관^{秋官}·대사구^{大司寇}』.
【옮긴이 주】: 『주례주소^{周禮注疏}』(『십삼경주소 상』)권34, 「추관^{秋官}·사구^{司寇}」「대사구^{大司寇}」(870쪽). 『한서』권23, 「형법지」(1091쪽)에는 '신국^{新國}'·'중국^{中國}'·'난국^{亂國}'의 '국^國'이 모두 '방^邦'으로 되어 있다(제14장 주 71 참조).

『開皇律』에 이르러 이미 12편과 그 편명篇名이 형성되었고, 또 이것이 『무덕률武德律』 및 이후의 『당률소의』에 계수繼受되었다. 내용방면에서 보면, 예·법이 결합된[禮法結合] 수많은 내용이 법전에 융합·도입되었는데, '십악十惡'·'팔의八議'·'상청上請'·'오복이제죄五服以制罪'·'동거상위은同居相爲隱' 등이 모두 이와 같았고, 게다가 이들 내용은 모두 『당률소의』에 수용됨과 동시에 성숙成熟되었다. 이처럼 오랜 기간에 걸쳐 축적된 이 법제사에 관한 내용은 당조에 이르러 이미 기본적으로 정형화하여 종합될 기회가 형성되었다. 당률의 제정자들은 이 기회를 놓치지 않고 비교적 완벽한 법전을 제정하였을 뿐만 아니라, 하조夏朝 이후의 중국법제사도 찬술撰述하였다.

셋째, 당조 전기의 유학은 더한층 발전하였다. 당률 가운데 법제사에 관한 수많은 내용은 모두 유가경전儒家經典과 연계될 정도로 유학을 기초로 하였다. 당조 전기의 유학은 더한층 발전하여 당률의 제정과 그 가운데 법제사에 관한 내용의 찬술에 견실한 이론적 지도사상을 제공하였다. 당 태종唐太宗[83]은 유학을 중시해서 집권 이후, 힘써 유학을 숭상하였고 유학 교육을 중시하였다. 예컨대 정관 2년(628년), 그는 "조서를 내려 주공周公[84]을 선성先聖으로 모시던 것을 중단하고, 처음으로 국학國學에 공자묘당孔子廟堂을 세워 옛 제도[舊典]를 상고詳考해서 공자[仲尼][85]를 선성先聖으로 삼았고, 안자顔子[86]를 선사先師로 삼았다. 묘당의 양쪽에 조두俎豆·간척干戚 등의 제기祭器를 진열함으로써 이에 비로소 공자를 존중하는 예의禮儀가 갖추어졌다."[87] 같은 해에 그는 또 "전국[天下]의 유사儒士를 널리 불러[廣招] "비단[帛]과 전마傳馬를 지급해서 경사京師에 이르게 하여 차서次序를 두지 않고 선발하였는데, 낭묘廊廟에 포진한 자가 매우 많았다. 학생學生으로서 대경大經[88] 하나 이상에 정통한 자는 모두 관리가 될 수 있었다." 이에 유학 교육은 공전空前의 수준에 도달하여, "국학國學에는 학사學舍 4백 여간間을 증축하였고, 국자國子·태학·사문四門·광문廣文에도 학생 정원[生員]을 증치하였으며, 그리고 서학書學·산학算學에는 각각 박사博士·학생을 둠으로써 뭇 기예[衆藝]를 갖추었고", "사방의 유생儒生으로 책을 짊어지고 이르는 자가 대략 수천 명이었으며", "국학 안에서는 북을 치면 강연講筵에 오르는 자가 거의 만 명에 달하였다. 유학의 흥성이 일찍이 이런 적이 없었다."[89] 정관 4년(630년), 당 태종은 또 유생들에게 『오경정의五經正義』를 찬정하게 하여 유가경전의

---

83 【옮긴이 주】: '당 태종'은 당의 제2대 황제(재위 626~649)이다.
84 【옮긴이 주】: '주공'의 생몰 연대는 미상이다.
85 【옮긴이 주】: '공자'의 생몰 연대는 B.C. 551~B.C. 479년이다.
86 【옮긴이 주】: '안자'의 생몰 연대는 B.C. 521~B.C. 490년이다.
87 【옮긴이 주】: 김원중 옮김, 『정관정요』「제27장 유학 숭상」(342쪽),
88 【옮긴이 주】: '대경'에 대해서는 제5장 주 104 참조.
89 『정관정요』「숭유학崇儒學 제27」.
　【옮긴이 주】: 이상 김원중 옮김, 『정관정요』「제27장 유학 숭상」(343쪽).

내용을 규범화·정형화 하였다. 즉, 그는 "안사고顔師左[90]에게 조서를 내려[詔] 국자좨주國子祭酒 공영달孔穎達[91] 등 유학자들[諸儒]과 『오경五經』의 소의疏議를 찬정하게 하였는데, 총 180권으로, 이름을 『오경정의』라 하였으며, 국학에 내려보내어 사용하게 하였다."[92]

이러한 것은 모두 유학의 지위를 더욱 정통화하였고, 유학도 더한층 전파되어 나날이 사람들의 심중에 깊이 침투하였을 뿐 아니라, 당률 가운데 법제사에 관한 내용이 최종 형성되는 이론적 기초도 다졌다.

넷째, 당률의 제정자는 비교적 높은 소양을 갖고 있었다. 법전을 제정하는 것은 일종의 사람의 자각自覺 행위로서, 제정자의 개인적 소양과 밀접한 연관이 있다. 오직 비교적 높은 소양을 가진 제정자만이 비교적 높은 수준의 법전을 제정할 수 있다. 당률의 제정자는 매우 높은 소양을 갖추고 있었고, 그중에는 법률에도 정통하고 문사文史, 즉 문헌 사료에도 박식博識한, 두 방면이 포함되었는데, 이것들은 법제사를 편찬하는데 불가결한 것이었다. 『당률소의·진율소표進律疏表』의 기록에 의하면, 『당률소의』의 제정자는 장손무기長孫無忌[93]·이적李勣[94]·우지녕于志寧[95] 등 19인이었다.[96] 그들은 모두 정도는 다르지만, 법률과 문사에 정통하였고, 이 방면의 소양도 갖추고 있었다. 예컨대 율학박사律學博士 사마예司馬銳[97]의 경우, 그는 전문적으로 법률의 교수와 연구에 종사하였다. 즉 "(율학박사律學博士의) 직임[掌]은 문무관文武官 8품 이하 및 서인庶人의 자제子弟를 교수하는 것을 생업으로 하였고, 율·영을 (연구하는 것을) 전업으로 하였으며, 아울러 격식格式·법례法例도 학습하였다."[98] 또 율의 제정에 참가하였던 장손무기의 경우, 그는 정관貞觀 연간에 『정관률』의 제정에

---

90 【옮긴이 주】: '좌左'는 '고古'의 오기이다(주 92 참조). '안사고'의 생몰 연대는 581~645년이다.
91 【옮긴이 주】: '공영달'의 생몰 연대는 574~648년이다.
92 『정관정요』「숭유학崇儒學 제27」.
    【옮긴이 주】: 김원중 옮김, 『정관정요』「제27장 유학 숭상」(347쪽). 『구당서』권189상上, 「유학상儒學上」(4941쪽)에는 『오경정의』의 찬정 시기가 정관 2년으로 되어 있고, 내용에도 차이가 있다(제5장 주 108 참조).
93 【옮긴이 주】: '장손무기'의 생몰 연대는 594~659년이다.
94 【옮긴이 주】: '이적'의 본명은 '서세적徐世勣'이고, 생몰 연대는 594~669년이다.
95 【옮긴이 주】: '우지녕'의 생몰 연대는 588~665년이다.
96 【옮긴이 주】: 『역주율소 - 명례편 - 』「율소를 바치는 표[進律疏表]」(71~74쪽)에는 『당률소의』의 제정에 참가한 19명의 직함과 성명이 기재되어 있고, 이것은 『구당서』권50, 「형법지」(2141쪽)에도 보인다.
97 【옮긴이 주】: '사마예'의 생몰 연대는 588~665년이다.
98 『구당서·직관지職官志』.
    【옮긴이 주】: 『구당서』권44, 「직관3」「국자감國子監·율학박사律學博士」에서는 "율학박사는 1인이고 종8품하이고, 태종 때 설치되었다, 조교助教도 1인이며 종9품상이다. 학생學生은 50인人이다. 율학박사의 직임[掌]은 문무관 8품 이하 및 서인의 자제를 교수하는 것을 생업으로 하고, 율령을 (연구하는 것을) 전업으로 하며, 아울러 격식과 법례도 학습한다"(1892쪽)라고 하였다.

참가하였고, 이후 「영휘율」의 제정에도 참가하였다. 또 지방의 사법^{司法} 업무에 종사하였던 동웅 董雄⁹⁹·석사달^{石士達100} 등 및 중앙의 사법적 직능을 가지고 중서성^{中書省}·문하성^{門下省}과 대리시^{大理寺}·형부^{刑部}에서 관직을 역임한 관원^{官員} 단보현^{段寶玄101}·내제^{來濟102}·신무장^{辛茂將103}·당임^{唐臨104}·왕회각^{王懷恪105} 등도 있었다. 여기서 특별히 언급하고자 하는 것은 당조의 중서성·문하성의 관원들도 사법적 직능이 있었다는 점이다. 왜냐하면, "무릇 죄가 유형·사형에 해당한 경우에는 모두 형부^{刑部}로 상신^{上申}하였고, 중서성·문하성에서 복심^{覆審}하였"¹⁰⁶기 때문이다. 이 외에 그들은 문사에도 해박하였다. 그 가운데 장손무기는 "경서와 사서를 두루 섭렵하였다[博涉書史]"¹⁰⁷라고 알려졌고, 저수량^{褚遂良108}도 "문사를 두루 섭렵하였으며[博涉文史]"¹⁰⁹ 우지녕도 『오경의소^{五經義疏}』를 편찬하였다.¹¹⁰ 당률의 제정자들이 갖추었던 이러한 소양은 그들이 성공적으로 법률과 역사를 결합시켜 한편의 법제사를 찬술할 수 있게 하였다.

다섯째, 당률의 「소의」는 독특한 작용을 발휘하였다. 당률 가운데 법제사에 관한 내용은 모두 「소의」에 있었기 때문에, 그것은 법률과 역사의 결합에 적절한 기회를 제공하였다. 당조 이전에도 법률에 대해서 해석하는 방법이 있었는데, 진^秦에는 「법률답문^{法律答問}」이 있었고, 진률^{晉律}에는 「주^注」 등이 있었다. 「소의」는 이전 사람[前人]의 법률에 대한 해석 경험을 종합한 기초에서 비약적으로 실현하여 각종 기능을 완벽하게 하였는데, 그중에는 법률과 역사의 결합도 포함하였다. 「소의」는 유가경전^{儒家經典}의 인용·역사 발전 과정에 대한 서술·역사적 연원의 제시 등의 방법을 통해 역사와 율문^{律文} 가운데 단어[字]·죄명·죄행^{罪行}·형벌·제도·편목을 유기적으로 결합시켜

---

99 【옮긴이 주】: '동웅'의 생몰 연대는 미상이다.
100 【옮긴이 주】: '석사달'의 생몰 연대는 미상이다.
101 【옮긴이 주】: '단보현'의 생몰 연대는 미상이다.
102 【옮긴이 주】: '내제'의 생몰 연대는 610~662년이다.
103 【옮긴이 주】: '신무장'의 생몰 연대는 ?~660년이다.
104 【옮긴이 주】: '당임'의 생몰 연대는 600~659년이다.
105 【옮긴이 주】: '왕회각'의 생몰 연대는 미상이다.
106 『신당서·백관지^{百官志}3』.
　　【옮긴이 주】: 『신당서』권48, 「백관3·대리시^{大理寺}」(1256쪽).
107 『신당서·장손무기전』.
　　【옮긴이 주】: 『신당서』권105, 「장손무기전」(4017쪽).
108 【옮긴이 주】: '저수량'의 생몰 연대는 596~658년이다.
109 『구당서·내제전』.
　　【옮긴이 주】: 『구당서』권80, 「저수량전」에서는 "저수량은 문사를 두루 섭렵하였고, 특히 예서^{隷書}에 뛰어나서 아버지의 친구[父友] 구양순^{歐陽詢}이 매우 중시하였다"(2729쪽)라고 하였다.
110 【옮긴이 주】: 『구당서』권78, 「우지녕전」(2700쪽).

서 현시顯示함으로써 당률도 한편의 법제사가 되도록 하였다. 「소의」가 없었다면, 이러한 실현도 없었을 것이다. 「소의」는 이전의 어떤 방식보다 뛰어났기 때문에 그 공功은 인멸湮滅될 수 없다.

바로 이상의 다섯 가지 원인은 당률의 법률과 역사의 결합을 촉성促成하여 중국법제사를 완성시켰다. 주목해야 하는 것은 「소의」의 이러한 방법이 후세의 입법에도 영향을 끼쳐서 중국고대 법전 가운데 법률과 역사의 결합의 효시가 되었다는 점이다. 『송형통宋刑統』 등의 법전도 당률의 전례에 따라 이러한 결합방식을 채용하였다. 『송형통』의 체제는 당률과 완전히 같지 않았고, 그 가운데 다른 점도 매우 뚜렷하였다. 예컨대 『송형통』은 각 편篇 아래를 문門으로 분류해서 형통의 형식을 사용하였고, 또 각 편의 전언前言 부분에 「소의」 등을 두지 않았다. 그러나 율조律條의 「소의」 중에는 여전히 법률사적 내용을 유지하는 등 절대다수는 당률의 「소의」와 동일하였다. (따라서) 『송형통』도 『당률소의』의 기본적인 방법을 모방해서 법률과 역사를 결합하였다고 할 수 있다. 이로써 당률의 영향은 깊고 컸음을 알 수 있다.

제21장
당률의 연좌連坐제도

연좌는 중국고대에 장기간 사용된 제도였고, 당률에도 이 제도가 있었다. 이것은 당률 가운데 일종의 중요한 제도로서, 당조唐朝의 용형用刑에 직접 영향을 주었고, 당조의 형사정책에도 반영되었다. 본고에서는 이에 대하여 몇 가지 탐구하고자 한다.

제1절 연좌의 적용 원칙

당률의 연좌제도는 독자獨自의 적용 원칙이 있었다. 그것은 주로 이하 여러 방면에 구현되었다.

1. 연좌의 적용 대상 : 사망자 제외

당률에서 연좌의 적용 대상은 모두 사람[人]이었지만, 그것도 오직 생존자만을 가리킬 뿐 사망자는 적용 범위 내에 있지 않았다. 예컨대 "관직이 있는[帶官] 자가 마땅히 연좌緣坐되어야 하는데, 당사자가 이미 사망한 후 그 자손이 반反·역逆을 범하였다면, 또한 제명除名되어야 합니까?"[1]라는 이 「문問」에 대하여 『당률소의·명례』「제명조除名條」「소의」[2]에서는 "연좌의 법[緣坐之法]은 오직 생존자에게만 적용된다. 타성他姓에 입양되었거나[出養] 입도入道한 자도 오히려 연좌緣坐되지 않으므로, 이미 사망한 경우에는 추급追及하여 제명해서는 안 된다. 사리事理는 널리 통하게 해야 하므로 고신告身을 추탈追奪해서는 안 된다"[3]라고 하여, 연좌連坐는 오직 생존자에게만 적용하는 원칙이었음을 자세히 설명하였다. 「답」에서는 비록 '연좌緣坐'만 언급하였을 뿐이지만, 실제 그 이외의 연좌連坐도 마찬가지로 연좌連坐의 대상은 오직 살아 있는 사람만을 가리킬 뿐 이미 사망한 자에게

---

1 【옮긴이 주】: 『역주율소 - 명례편 - 』「명례18」「제명조」「문」, 173쪽.
2 【옮긴이 주】: '「소의」'는 '「답」'의 오기이다(주 3 참조).
3 【옮긴이 주】: 『역주율소 - 명례편 - 』「명례18」「제명조」「답」, 174쪽.

는 미치지 않았다.

2. 연좌의 대상과 용형用刑 : 부지정不知情과 지정知情의 구분

주관방면主觀方面에서 보면, 연좌의 대상에는 범죄 행위에 대해 부지정不知情, 즉 실정을 알지 못한 경우와 지정知情, 즉 실정을 안 경우의 구분이 있었다. 당률에서는 원칙적으로 부지정자不知情者에 대한 용형用刑이 지정자知情者보다 감경되었다. 이러한 율조律條는 비교적 많지만, 여기서는 두 가지 조문만을 법례法例로 제시한다. 예컨대 『당률소의·구고』「응수과세회피사닉조應輸課稅迴避作4匿條」에서는 관원官員이 "수납[輸]해야 하는 과세課稅와 관에 수입해야 하는 물품[入官之物]을 회피하거나 속이고 은닉하여[迴避詐匿] 수납하지 않았거나, 또는 교묘히 속여서 젖고 조악한[濕惡] 물품을 수납한" 행위에 대한 단속을 규정하고 있는데, 용형은 "부족한[缺] 바를 계산해서 도죄에 준해서 논한다[準盜論]"라고 하였다. 주사主司를 연좌하는 경우, 부지정과 지정에 대한 처벌이 같지 않았는데[不同], "주사가 실정을 안[知情] 때에는 같은 죄로 처벌하고[與同罪], 실정을 알지 못한[不知情] 때에는 4등을 감경한다"[5]라고 하여, 실정을 알지 못한 때에는 감경되었고, 실정을 안 때에는 가중되었다. 일부 범죄의 경우, 부지정자不知情者는 심지어 (처벌이) 경미하여 형사책임을 추궁받지 않을 수도 있었다. 예컨대 『당률소의·직제』「증승역마조增乘驛馬條」에서는 "역마를 초과하여 탄 자"를 처벌하였는데, 용형은 "1필匹이었다면 도徒1년에 처하고, 1필마다 1등을 가중한다"라고 하였다. 주사主司를 연좌하는 경우, "주사가 실정을 안[知情] 때에는 같은 죄로 처벌하고[與同罪], 실정을 알지 못한[不知情] 때에는 논죄하지 않는다[勿論]"[6]라고 하여, 실정을 안 때에는 범죄자와 같은 죄로 처벌하였고, 실정을 알지 못한 때에는 논죄하지 않았다.

3. 범죄 행위의 위해危害 정도에 의한 연좌의 범위와 용형用刑의 결정

당률에서는 위해 정도가 클수록 연좌의 범위도 컸고, 용형用刑도 가중되었으며, 그 반대일수록 작고 감경되었다. 여기서는 모두 가족구성원[家庭成員]의 연좌連坐, 즉 연좌緣坐를 법례法例로 제시한다. '모반謀反'죄와 "1가一家의 사죄死罪에 해당되지 않는 3인三人을 살해하였거나 사람을 지해支解한" 죄에 적용된 가족구성원의 연좌連坐는 같지 않았는데[不同], 전자의 용형이 엄중하였고, 연좌의 범위도 넓었다. 예컨대 『당률소의·적도』「모반대역조謀反大逆條」의 규정에 의하면, 모반자謀反者

---

4 【옮긴이 주】: '작作'은 '사詐'의 오기이다(주 5 참조).
5 【옮긴이 주】: 이상 『역주율소 - 각칙(상) - 』「구고22」(217조)「응수과제회피사닉조應輸課稅迴避詐匿條」, 2329쪽.
6 【옮긴이 주】: 이상 『역주율소 - 각칙(상) - 』「직제37」(제127조)「증승역마조」, 2161쪽.

본인은 참형斬刑에 처해졌지만, 연좌된 사람은 범위가 매우 넓어서 아버지[父]·아들[子]·처妻·첩妾·딸[女]·자매姉妹·부곡部曲·백숙부伯叔父·형제兄弟의 아들[子] 등등이 포함되었고, 또 용형도 매우 엄중해서 무릇 오형五刑의 적용은 모두 '교형絞刑' 또는 '유流3000리'였다.[7] (그러나)『당률소의·적도』「살일가삼인지해인조殺一家三人支解人條」의 규정에 의하면, 무릇 "1가一家의 사죄에 해당되지 않는 3인을 살해하였거나 사람을 지해한" 경우, 본인은 "모두 참형斬刑에 처"해졌고, 연좌된 (가족)구성원은 오직 처妻와 아들[子]밖에 없었으며, 용형도 모두 "유2000리"였다.[8] (이처럼) 그 용형은 교형絞刑인 '모반謀反'죄보다 감경되었고, 연좌의 범위도 상대적으로 작았다. 그 원인을 구명究明하면, (양자는) 위해 정도가 같지 않았기[不同] 때문이다. 즉, '모반謀反'죄가 위해한 것은 국가의 안전이었고, "1가의 사죄에 해당되지 않는 3인을 살해하였거나 사람을 지해한" 죄가 위해한 것은 인신人身의 안전으로서, 전자의 위해 정도가 후자보다 컸기 때문에 전자에 대한 연좌의 범위도 상대적으로 컸고, 용형도 상대적으로 가중되었던 것이다.

4. 연좌 대상자의 특권特權 취소

당률에서 연좌의 대상에 포함된 사람은, 일반적으로 모두 범행이 중죄와 연관되었기 때문에 연좌되는 본인이 형사책임을 추궁받아서 형벌에 처해진 것은 당연하지만, 이 때문에 그들이 원래 향유할 수 있는 특권도 취소되었다. 여기서 '반역연좌류反逆緣坐流'를 법례法例로 제시하면, 일부 가족구성원이 가족 가운데 모반죄謀反罪 또는 대역죄大逆罪를 범한 자로 인해서 연좌되어 유형流刑에 처해지는 대상은 구체적으로 모반자謀反者·대역자大逆者의 '백숙부伯叔父·형제의 아들[子]' 등이었다.[9] 그들 가운데 만약 원래 속贖할 수 있는 특권을 가진 사람이 있었다면, 이 권리는 즉시 소멸되었다. 예컨대『당률소의·명례』「노소급질유범조老小及疾有犯條」에서는 "무릇 나이 70세 이상·15세 이하 및 폐질자廢疾者가 유죄流罪 이하의 죄를 범한 때에는 속동을 징수한다[收贖]"[10]라고 규정하였

---

[7] 그 원문은 이렇다. "무릇 모반謀反하였거나 대역大逆한 자는 모두 참형斬刑에 처한다. 아버지[父]·아들[子]의 나이 16세 이상은 모두 교형絞刑에 처한다. 15세 이하(의 아들) 및 어머니[母]·딸[女]·처·첩·형제·자매 또는 부곡·자재資財·전택田宅은 모두 몰관沒官한다. 남자[男夫]의 나이 80세 (이상) 및 독질篤疾인 자, 부인婦人의 나이 60세 (이상) 및 폐질廢疾인 자는 모두 (연좌緣坐를) 면제한다. 백숙부·형제의 아들[子]은 모두 유3000리에 처한다. 호적이 같은가 다른가를 구분하지 않는다[不限籍之同異]."
【옮긴이 주】:『역주율소 - 각칙(상) - 』「적도1」(제248조)「모반대역조」, 2382쪽. 본 조에 의하면, 저자가 인용한 문장에서 '첩'과 '형제' 사이에는 '할아버지[祖]·손자[孫]'가 있다. 또 본 조의 '부인婦人'은 '여성 일반'을 가리킨다.
[8] 【옮긴이 주】: 이상『역주율소 - 각칙(상) - 』「적도12」(제259조)「살일가삼인조殺一家三人條」, 2405~2406쪽.
[9] 『당률소의·적도』「모반대역조」 참조.
【옮긴이 주】: 주 7 참조.

다. 동시에 본 조[11]에서는 또 "가역류加役流·반역연좌류反逆緣坐流·회사유류會赦猶流의 죄를 범한 자는 이 율을 적용하지 않는다[不用此律]"[12]라고 규정하였다. 게다가 본 조「소의」[13]에서는 '반역연좌류'의 죄를 범한 자에게 속贖이 적용되는 특권을 취소한 것에 대해서 전문적으로 다음과 같이 설명하였다. "반역연좌류는 역인逆人의 지친至親도 동고동락해야 하므로 연좌緣坐해서 범인의 마음을 무겁게 하자는[重累] 것이니, 지친이 연로하였거나[老] 병들었더라도[疾] 또한 속贖을 허용하지 않는다."[14]

5. 연좌 '몰관沒官'의 대상 : 물건[物]과 사람[人] 포함

연좌되는 자는 형벌에 처해졌고, 또 '몰관'도 되었다. 여기의 '몰관'은 국가 소유로 몰수하는 것을 가리킨다. '몰관'의 대상에는 물건[物]도 있었고 사람[人]도 있었다. 예컨대 『당률소의·적도』「모반대역조謀反大逆條」에서 "15세 이하(의 아들) 및 어머니[母]·딸[女]·처妻·첩妾·형제兄弟·자매姊妹 또는 부곡部曲·자재資財·전택田宅은 모두 몰관沒官한다"[15]라고 규정한 '몰관'이 바로 이와 같았다. 그 가운데 자재·전택은 물건이고, 그 나머지는 모두 사람이다. (이처럼) 사람도 '몰관'의 범위에 포함되었는데, 그들은 '몰관'된 이후 관노비官奴婢가 되어 정상인正常人의 신분을 상실하였고, 법률상에서 재산과 같았다. 즉, 당률에서 규정한 "노비는 천인이고, 율에서는 가축·재산에 비견하고 있다[奴婢賤人 律比畜戶[16]]",[17] "노비는 자재와 같다[奴婢同於資財]"[18]라고 한 그대로였다. 『당률소의·적도』「이사재노비무역관물조以私財奴婢貿易官物條」「소의」에서는 명확하게 "'반역조反逆條'[19]

---

10 【옮긴이 주】:『역주율소 - 명례편 -』「명례30」(제30조)「노소급질유범조」, 233쪽.
11 【옮긴이 주】: '본 조' 다음에 '「주注」'가 있어야 한다(주 12 참조).
12 【옮긴이 주】:『역주율소 - 명례편 -』「명례30」(제30조)「노소급질유범조」「주」, 234쪽.
13 【옮긴이 주】: '「소의」'는 '「주·소의」'이다(주 14 참조).
14 【옮긴이 주】:『역주율소 - 명례편 -』「명례30」(제30조)「노소급질유범조」「주·소의」, 235쪽.
15 【옮긴이 주】:『역주율소 - 각칙(상) -』「적도1」(제248조)「모반대역조」에서는 "무릇 모반謀反하였거나 대역大逆한 자는 모두 참형斬刑에 처한다. 아버지[父]·아들[子]의 나이 16세 이상은 모두 교형絞刑에 처한다. 15세 이하(의 아들) 및 어머니[母]·딸[女]·처·첩·할아버지[祖]·손자[孫]·형제·자매 또는 부곡·자재·전택은 모두 몰관沒官한다"(2382쪽)라고 규정하였다. 이것이 정문이다. 본 조의 전체 규정은 주 7 참조.
16 【옮긴이 주】: '호戶'는 '산産'의 오기이다(주 17 참조).
17 『당률소의·명례』「관호부곡관사노비유범조官戶部曲官私奴婢有犯條」「소의」.
【옮긴이 주】:『역주율소 - 명례편 -』「명례47」(제47조)「관호부곡관사노비유범조」「소의」, 341쪽.
18 『당률소의·명례』「피차구죄지장조彼此俱罪之贓條」「소의」.
【옮긴이 주】:『역주율소 - 명례편 -』「명례32」(제32조)「피차구죄지장조」「소의」, 249쪽. 이와 유사한 표현에 대해서는 제1장 주 46 참조.
19 【옮긴이 주】: '반역조'는 『역주율소 - 각칙(상) -』「적도1」(제249조)「모반대역조」(2381~2385쪽)를 가리킨다.

에서 '자재資材는 모두 몰관한다'라고 하면서 노비·축산畜産을 언급하지 않은 것은 이것이 모두 재물과 같기 때문이다"[20]라고 하였다. 이로써 여기의 노비'는 비록 생리적으로는 사람이었지만, 법률상 재산으로 간주되었기 때문에 '몰관'의 연좌 대상에 포함되었음을 알 수 있다.

6. 연좌 적용의 제외 : 성직자聖職者와 일부 천민賤民

당대唐代의 성직자와 천민의 특수성은 비교적 명확하다. 성직자에는 도사道士·여관女官과 승려[僧]·비구니[尼]가 포함되었다. 이들은 입도入道·탈속脫俗하였기 때문에 쌍방 간에 연좌될 수 없었고, 오직 본인만 처벌되었다. 천민 중에는 부곡·노비와 같이 관청이나 사가[官私][21]에 부속附屬되어 독립된 지위가 없는 신분도 있었고, 주州·현縣의 적관籍貫에 부적附籍되지 않아서 거주지의 상주인구常住人口에 속하지 않은 신분도 있었다.[22] 일반적인 상황에서 이들은 그 특수한 이유 때문에 연좌의 범위에 포함되지 않았다. 예컨대『당률소의·적도』「연좌비동거조連坐非同居條」에서는 도사·여관과 부곡·노비가 "반反·역逆을 범한 때에는 그 당사자만 처벌한다"[23]라고 규정하였다. 본 조「소의」[24]에서는 이 율조律條에 대해 해석하였을 때, 또 적용 범위를 다른 천인에까지 확대하여 "만약 공호工戶·악호樂戶·관호官戶 등 주州·현縣의 적관에 기재되지 않은 경우에는 부곡의 법례法例와 같이 그 당사자만을 처벌하고, 다시 연좌緣坐하지 않는다"[25]라고 하였다.

---

20 【옮긴이 주】:『역주율소 - 각칙(상) - 』「적도43」(제290조)「사재노비무역관물조私財奴婢貿易官物條」「소의」, 2476쪽.
21 【옮긴이 주】: 주지하듯, 부곡·노비 등 사천인은 사가私家에 부속되었기 때문에 이들에 대하여 "관청이나 사가[官私]에 부속되었다"라는 표현은 적절하지 않다. 따라서 '관청이나 사가[官私]'는 '사가[私]'가 되어야 한다.
22 【옮긴이 주】: 전자의 사가私家에 예속된 천인은 사천인(부곡·사노비 등), 후자의 주·현의 관청에 호적貫籍이 있는 천인은 관천인(태상음성인太常音聲人·잡호雜戶·관호官戶·관노비 등)을 가리킨다.
23 【옮긴이 주】:『역주율소 - 각칙(상) - 』「적도2」(제249조)「비연좌동거조」에서는 "도사 및 부인婦人 또는 부곡·노비가 반·역을 범한 때에는 그 당사자만 처벌한다"라고 규정하였고,「소의」에서는 "'도사 및 부인'에서 도사만 칭하였으나 승려[僧]·비구니[尼]도 또한 같다. 부인은 재실在室·출가나 입도入道를 구분하지 않는다. '부곡·노비'에서 노비는 관사官私를 구분하지 않는다. '반·역을 범한 때에는 그 당사자만 처벌한다'라고 하였는데, 도사 이하에서 만약 반·역을 범한 때에는 모두 연좌하지 않는다. 그러므로 '그 당사자만 처벌한다'라고 한 것이다"(이상 2388쪽)라고 해석하였다.
24 【옮긴이 주】: '「소의」'는 '「답」'의 오기이다(주 25 참조).
25 【옮긴이 주】:『역주율소 - 각칙(상) - 』「적도2」(제248조)「비연좌동거조」「답」, 2389쪽.

제2절 연좌의 종류

당률에서 연좌의 종류는 이하를 포함하고 있다.

1. 가족구성원 연좌[家庭成員連坐]

당률 가운데 가족구성원 연좌[家庭成員連坐]는 일부 중대한 범죄에 적용되었는데, 모반謀反·모대역謀大逆이라는 범죄 이외에 1가一家의 (사죄에 해당되지 않는) 3인三人의 살해,[26] 고독蠱毒의 조합[造] 과 사육[畜][27] 등의 범죄에도 이러한 연좌가 적용되었다. 가족구성원 연좌[家庭成員連坐]는 당률에서 '연좌緣坐'로 칭해졌고, 연좌連坐의 범위에는 삼족三族, 즉 할아버지[祖]·손자[孫]와 본인本人이 포함되었다. 예컨대『당률소의·명례』「칭기친조부모등조稱期親祖父母等條」「소의」[28]에서는 명확하게 "연좌의 경우에는[緣坐者] 각각 할아버지[祖]·손자[孫]에 대한 본래의 법[本法]에 따른다"[29]라고 지적하였다. 동시에 본 조「소의」[30]에서도 율문을 예로 들어 다음과 같이 설명하였다. "적도율賊盜律[31]에 의하면 '반역한 자의 경우, 아버지[父]·아들[子]의 나이 16세 이상은 모두 교형絞刑에 처하고, 할아버지[祖]·손자[孫]는 몰관沒官한다.'"[32] 일반적인 상황에서 연좌의 대상 가운데 '자子'는 오직 남자아이 즉 아들일 뿐이었고, 딸[女]은 포함되지 않았다. 그러나 만약 율조律條에서 "연좌의 경우, 딸은 같지 않다[緣坐者 女不同]",[33] "연좌라는 것은 1가一家의 (사죄에 해당되지 않는) 3인三人을 살해한 경우 등[類]을 말하는데, 연좌가 처妻·자子에게 미치는 경우에도 딸[女]은 모두 면제될 수 있으므로 '딸은 같지 않다[女不同]'라고 한 것이다. 그러나 반역죄反逆罪와 고독蠱毒을 조합하였거나[造] 사육한[畜] 죄를 범하여 본래 조문[本條]의 연좌가 딸[女]에게 미친 경우에는 본래의 법[本法]에 따른다"[34]라고 하여, 딸도 연좌의 대상이 된다고 명확하게 규정한 경우에는 예외에 속했다. 이밖에 일반적인 상황에서 친속親屬 간의 상범相犯은 연좌가 적용되지 않았다. 당률은 이러한 범죄에 대해

---

26 【옮긴이 주】:『역주율소 - 각칙(상) -』「적도12」(제259조)「살일가삼인조殺一家三人條」, 2405~2407쪽.
27 【옮긴이 주】:『역주율소 - 각칙(상) -』「적도13」(제250조)「조축고독조造畜蠱毒條」, 2413~2416쪽.
28 【옮긴이 주】: '소의'는 '주'의 오기이다(주 29 참조).
29 【옮긴이 주】:『역주율소 - 명례편 -』「명례52」(제52조)「칭기친조부모조稱期親祖父母條」「주」, 350쪽.
30 【옮긴이 주】: '소의'는 '주·소의'이다(주 32 참조).
31 【옮긴이 주】: '적도율'은『역주율소 - 각칙(상) -』「적도1」(제248조)「모반대역조謀反大逆條」(2381~2385쪽)를 가리킨다.
32 【옮긴이 주】:『역주율소 - 명례편 -』「명례52」(제52조)「칭기친조부모조」「주·소의」, 350쪽.
33 【옮긴이 주】:『역주율소 - 명례편 -』「명례52」(제52조)「칭기친조부모조」「주」, 352쪽.
34 『당률소의·명례』「칭기친조부모등조」「소의」.
　【옮긴이 주】:『역주율소 - 명례편 -』「명례52」(제52조)「칭기친조부모조」「소의」, 352쪽.

연좌하는 규정을 두지 않았다.

이와는 달리 "'모반謀叛 이상의 죄는 (죄인의) 본래의 복服이 1년 복[期]인 친족'이라는 것은 연좌가 적용되지 않는 것을 말하는 것이니, 모반에 착수하지 않았거나 대역大逆을 결행하지 않은 것과 같은 경우이며, (이 경우) 비록 존압尊壓이나 출강出降35으로 복服이 없더라도 각각 본래의 복이 1년 복인 친족에 의거한다. 비록 체포·고언告言해서 관사官司에 송치하였더라도 모두 죄인이 자수한 법례와 같다[同罪人自首之法]"36라고 하여, 친속은 여러 중대한 범죄에서 연좌의 범위에 포함되지 않았더라도 일단 체포하여 고언할 수 있었고, 설령 가속家屬이 그를 체포해서 관부官府에 고언하였더라도 모두 자수自首의 규정에 의거해서 처리하였다.

마지막으로 감림관監臨官의 가족구성원이 피감림자被監臨者로부터 뇌물을 받았다면, 감림관도 가족구성원으로서 연좌되어 처벌을 받아야 하였고, 오직 용형用刑만 그 가인家人보다 감경되었을 뿐이다. 이것에 관한 규정은 다음과 같다. "무릇 감림하는 관인[監臨之官]의 가인家人이 관할 구역[所部]에서 (뇌물을) 받았거나 요구한[受乞] 경우, 차대借貸한 경우, (사람 등을) 사역한 경우, 매매하여 이익을 남긴 경우 등[屬]은 각각 관인의 죄[官人罪]에서 2등을 감경한다. 관인이 실정을 안[知情] 경우에는 같은 죄로 처벌하고[與同罪], 실정을 알지 못한[不知情] 경우에는 각각 가인의 죄에서 5등을 감경한다."37

2. 인가 연좌[隣居連坐]

당조唐朝에는 비교적 완비된 호적제도가 수립되었고, 인가[隣居] 간에는 '동오同伍'38·'비오比伍'39라는 제도가 있었다.40 '동오'는 5가[五戶人家]41로 편성된 단위이다. '비오'는 '동오'에 이웃하

---

35 【옮긴이 주】: '존압尊壓·출강出降'에 대해서는 율령연구회律令研究會 편편, 『역주일본율령譯註日本律令5 당률소의역주편唐律疏議譯註篇1』, 310~311쪽, 주 7·8 참조.
36 『당률소의·명례』「범죄미발자수조犯罪未發自首條」「소의」.
   【옮긴이 주】: 『역주율소 - 명례편 - 』「명례37」(제37조)「범죄미발자수조」「소의」, 276쪽.
37 『당률소의·직제』「감림지관가인걸차조監臨之官家人乞借條」.
   【옮긴이 주】: 『역주율소 - 각칙(상) - 』「직제56」(제146조)「감림가인걸차조監臨家人乞借條」, 2196쪽.
38 【옮긴이 주】: '동오同伍'는 '같은 오'라는 뜻이다(주 40 참조).
39 【옮긴이 주】: '비오比伍'는 '이웃하는 오'라는 뜻이다(주 40 참조).
40 【옮긴이 주】: 당대唐代 현縣 이하의 조직은 향鄕(500호戶)·이里(100호)로 되어 있었고, 주州·현의 성곽 안을 방坊으로 나누었으며, 밖을 촌村으로 하였다. 이 이·방·촌에는 각각 이정里正·방정坊正·촌정村正을 두었다. 또 별도로 인隣(4가家)·보保(5가)가 있었고, 보에는 보장保長을 두었다. 이 보를 오보伍保, 인을 사린四隣이라고도 한다. 보는 그 내부에 금약禁約이 있고, 또 "서로 검찰檢察하여 비위非違를 조성하지 않는다"라고 하듯이, 보保 내의 질서유지에 직접 책임이 있었다(이상 니이다 노보루仁井田陞, 『당령습유唐令拾遺』「호령戶令 1갑甲·1을乙·1병丙조條」, 214~215쪽). 당률의 오伍·보保·인隣과 관련된 용어에는 동오同伍·비오

는 5가[五戶人家]의 단위를 말한다. 즉 "각 오가伍家 밖에는 곧 '비오'가 있다"⁴²라고 한 것이 그것이다. 이러한 인가[隣居] 단위는 인가 연좌[隣居連坐]의 단위를 구성하였고 연좌책임을 형성하였는데, 이것은 당률에도 반영되었다. 예컨대『당률소의·투송』「강도살인불고주사조強盜殺人不告主司條」에서는 "무릇 강도나 살인의 범죄가 발생한 경우, 피해를 입은 가[被害之家] 및 동오同伍에 속한 사람은 즉시 주사主司에게 고발[告]해야 한다. 만약 (피해를 당한) 가인家人 및 동오에 속한 사람이 한 사람뿐이었거나 미약한 경우에는 비오의 사람이 고발해야 한다. 마땅히 고발해야 하는데 고발하지 않은 경우, 1일日이었다면 장杖60에 처한다"⁴³라고 규정하여, 강도·살인의 범죄가 발생한 경우, '동오'·'비오'에 속한 사람은 모두 고발할 의무가 있었고, 그렇지 않았다면 차후 연좌되어 형사상 제재를 받았다. 여기의 '주사'는 "반드시 주사에게 고발해야 한다. (주사는) 방정坊正·촌정村正·이정里正 이상을 말한다"⁴⁴라고 하여, 기층基層의 인가[隣居] 단위의 책임자 이상의 관리, 즉 방정·촌정·이정 이상의 관리들이 포함되었다. 사람을 잡아서 인질로 한 상황이 발생한 때에도 인가 연좌[隣居連坐]는 기능하였다. 예컨대『당률소의·적도』「유소규피집인질조有所規避執人質條」및 그

比伍[이상『역주율소 - 각칙(하) - 』「투송59」(제360조)「강도살인조強盜殺人條」, 3146쪽]·오보伍保[『역주율소 - 각칙(하) - 』「투송60」(제361조)「감림지소부유범법불거핵조監臨知所部有犯法不擧劾條」, 3148쪽]·인오隣伍·사린오보四隣伍保[이상『역주율소 - 각칙(상) - 』「적도11」(제258조)「규피집인조規避執人條」, 2404~2405쪽] 등이 있다. 인隣과 보保의 관계는, 자가自家에서 보아 동보同保의 나머지 4가四家가 인隣이다. 당대의 이러한 인隣·보保로 된 촌락 조직을 인보제隣保制라고 부른다.

41 【옮긴이 주】: '5호인가五戶人家'는 통상 '5가五家'로 불린다. 당률唐律에서 가家의 범위 및 가와 호戶의 관계에 대해서는 조문條文에 따라 차이가 있다. 예컨대,『역주율소 - 각칙(상) - 』「명례26」(제26조)「범사죄응시가무기친성정조犯罪應侍家無期親成丁條」의 "무릇 십악十惡이 아닌 사죄死罪를 범하였지만, 조부모·부모가 연로하거나[老]·질환이 있기[疾] 때문에 마땅히 시양侍養해야 하는데 가家에 기친期親의 성정成丁이 없었던 때에는 상청上請한다"(212쪽)라는 조문에 보이는 가家가 「소의」에서는 '호내戶內'(213쪽)라는 용어로 대체하고 있고, 또『역주율소 - 각칙(상) - 』「적도12」(제259조)「살일가삼인조殺一家三人條」의 "무릇 1가一家에서 사죄에 해당되지 않는 3인을 살해한 경우"(2405쪽)에 보이는 '1가一家'에 대해 「주」에서는 "호적을 같이 한[同籍] 자나 기친期親을 1가로 한다"(2405~2406쪽)라고 하였고, 「소의」에서는 "주注에서 '호적을 같이 한 자나 기친을 1가로 한다'라고 하였는데, '호적을 같이 한 자'는 친소親疏를 구분하지 않으며, '기친'은 호적이 다르더라도 그러하다"(2406쪽)라고 해석하였다. 이상을 종합하면, '가'의 범위는 '동적同籍' 즉 국가의 호적에 1호一戶로 등재되어 있는 것이고, 또 친족 가운데 기친은 호적을 달리해도 '가'에 포함되었음을 알 수 있다.

42 『당률소의·투송』「강도살인불고주사조強盜殺人不告主司條」.
【옮긴이 주】:『역주율소 - 각칙(하) - 』「투송59」(제360조)「강도살인조強盜殺人條」, 3147쪽.

43 『당률소의·투송』「강도살인불고주사조」「소의」.
【옮긴이 주】:『역주율소 - 각칙(하) - 』「투송59」(제360조)「강도살인조」「소의」, 3146~3147쪽.

44 『당률소의·투송』「투송」「강도살인불고주사조」「소의」.
【옮긴이 주】:『역주율소 - 각칙(하) - 』「투송59」(제360조)「강도살인조」「소의」, 3146~3147쪽.

「소의」에서는 이것에 대해서 "촌정 이상, 아울러 사린오보四鄰伍保가 알았거나 본 경우에는 모두 반드시 체포해야 하고",[45] "부사部司 및 인오鄰伍가 알았거나 보았지만, 인질을 피하고 덮치지 않은 때에는 도徒2년에 처한다"[46]라고 규정하여, 일정한 범위 내에 포함된 인가[47]에서 사람을 잡아서 인질로 한 상황이 발생한 때에는 즉시 행동을 취해서 범죄인을 체포해야 하였고, 그렇지 않은 때에는 형사책임을 추궁받았다.

이상은 인가[鄰居]가 침해를 당했을 때 적용하는 연좌였다. 또 당률은 인가[鄰居] 내부의 사람이 죄를 범하였는데, 알고도 고발하지 않은 경우에도 연좌 규정을 적용하였다. 다만 범죄인이 범한 죄의 경중에 따라서 연좌되는 사람이 추궁받는 형사책임도 같지 않았다. 구체적으로는 "만약 같은 오보[同伍保] 내의 가家에서 범죄가 발생하였는데 알고도 규찰하여 고발하지[糾告] 않은 경우, (발생한 범죄가) 사죄死罪였다면 도徒1년에 처하고, 유죄였다면 장杖100에 처하며, 도죄였다면 장70에 처한다"라고 하였고, 그러나 "그 가家 내에 오직 부녀婦女나 남자의 나이 15세 이하만 있었던 경우에는 모두 논죄하지 않는다[勿論]"[48]라고 하여, 일반적인 상황에서 가家 내의 부녀婦女와 15세 이하의 남자는 연좌의 범위에 포함되지 않았다.

3. 직무 연좌職務連坐

당률은 직무 연좌를 대량으로 사용해서 관리의 행위를 규제함으로써 이치吏治를 추진하였다. 예컨대 『당률소의·투송』「감림지범법불거핵조監臨知犯法不擧劾條」에서는 직무 연좌에 대하여 명문明文으로 "무릇 감림監臨·주사主司가 관할 구역[所部]에서 범법犯法이 있었다는 것을 알고도 거핵擧劾하지 않은 때에는 죄인의 죄에서 3등을 감경한다. 규탄하는 관리[糾彈之官]는 2등을 감경한다"[49]라고 규정하였다. 이 율문 가운데 '감림'과 '주사'는 모두 전문적인 의미가 있었는데, 즉 "'감림'은

---

45 【옮긴이 주】:『역주율소 - 각칙(상) -』「적도11」(제258조)「규피집인조規避執人條」「소의」, 2405쪽. "촌정 이상, 아울러 사린오보가 알았거나 본 경우에는 모두 반드시 체포해야 한다"라는 문장에 대한 정문正文은 다음과 같다. "'부사部司'는 인질을 잡은 촌정 이상을 말하며, 아울러 사린오보가 알았거나 본 경우에는 모두 반드시 체포해야 한다."
46 【옮긴이 주】:『역주율소 - 각칙(상) -』「적도11」(제258조)「규피집인조」, 2404쪽. 이 문장 앞부분은 다음과 같다. "무릇 재물을 노리거나 죄를 피하려고 사람을 잡아서 인질로 삼은 자는 모두 참형에 처한다."
47 【옮긴이 주】: "일정한 범위 내에 포함된 인가"는 바로 위에 나오는 '사린오보四鄰伍保'를 가리킨다.
48 『당률소의·투송』「감림지범법불거핵조監臨知犯法不擧劾條」.
  【옮긴이 주】: 이상 『역주율소 - 각칙(하) -』「투송60」(제361조)「감림지소부유범법불거핵조監臨知所部有犯法不擧劾條」, 3148쪽.
49 【옮긴이 주】:『역주율소 - 각칙(하) -』「투송60」(제361조)「감림지소부유범법불거핵조監臨知所部有犯法不擧劾條」, 3147~3148쪽.

통섭하는 관리를 말한다. '주사'는 어떤 일의 처리를 담당하는 관원이나 이정里正·촌정村正·방정坊正 이상을 말한다"50라고 하였다. 그들은 만약 부하部下가 법法·영令·격格·식式을 위반한 일을 알면서도 거핵하지 않았다면 연좌되어야 하였다. 예컨대 "관할 구역[所部]의 사람이 법·영·격·식을 위반한 일이 있었는데도 거핵擧劾하지 않은 자는" 연좌되어 형사책임을 추궁받아야 하였고, 용형用刑의 폭은 "죄인의 죄에서 3등을 감경한다"51라고 하였다.

당률의 직무 연좌는 그 범위가 있었고, "연좌해야 하는 자는 각각 공좌법公坐法52에 의거해서 등급을 나누어 처벌한다[節級得罪]"53라고 규정하였다. 만약 동직同職이 공죄公罪를 범한 경우, 이 "등급을 나누어 처벌한다"라는 표현은 장관長官·통판관通判官·판관判官·주전主典이 각각 1등이 된다. 여기의 '동직'은 연서하는 관원[連署之官]을 가리키고, 구체적으로는 "(동직이 공죄를 범한 경우에는) 장관을 1등, 통판관을 1등, 판관을 1등, 주전을 1등으로 하되, 각각 원인 유발자를 수범으로 한

---

50 【옮긴이 주】: 『역주율소 - 각칙(하) - 』「투송60」(제361조)「감림지소부유범법불거핵조」「소의」, 3148쪽. 감림에 대해서 『역주율소 - 명례편 - 』「명례54」(제54조)「칭감림주수조稱監臨主守條」에서는 "무릇 감림이라고 한 것은 통섭統攝·안험案驗하는 것을 감림으로 한다"라고 하였고, 「소의」에서는 "통섭은 내외 모든 관청의 장관으로서 소속 부서를 통섭하는 것을 말한다. 안험은 모든 관청의 판관判官이 그 일을 판단하는 것을 말한다"(이상 358쪽)라고 해석하였다.

51 『당률소의·투송』「감림지범법불거핵조」「소의」 참조.
【옮긴이 주】: 이상 『역주율소 - 각칙(하) - 』「투송60」(제361조)「감림지소부유범법불거핵조」「소의」, 3148쪽.

52 【옮긴이 주】: 『역주율소 - 명례편 - 』「명례40」(제40조)「동직범공좌조同職犯公坐條」「소의」에서는 "'공좌'는 (공무를 처리할 때) 사사로운 부정이 없는 것을 말한다"(294쪽)라고 해석하였다. '공좌'는 '공죄公罪'를 말한다. 당률의 공죄와 사죄私罪에 대해서는 『역주율소 - 명례편 - 』「명례17」(제17조)「관당조官當條」에 규정되어 있다. 먼저 사죄에 대해서는 본 조의 「주」에서 "'사죄'는 사사로이 직접 범한 죄 및 대제對制(황제 친견親見 시에 받은 질문에 답하는 것)를 사실대로 하지 않았거나 청탁을 받고 왕법枉法한 것과 같은 경우를 말한다"라고 하였고, 「소의」에서 "사죄는 공사公事로 말미암지 않고 사사로이 직접 범한 죄를 말한다. 비록 공사로 말미암았지만, 의도가 사욕私慾을 채우는 데에 있었던 때에는 또한 사죄와 같다"(이상 165쪽), "(사죄는) 반드시 사사로움과 왕곡枉曲을 함께 한 것이다"(166쪽)라고 하였다. 다음으로 공죄에 대해서는 본 조의 「주」에서 "공죄는 공사로 말미암아 죄를 지은 것으로서 사사로움과 왕곡이 없는 것이다"(166쪽)라고 한 것과 「소의」에서 "공사를 처리할 때 사사로움과 왕곡의 정상情狀이 없었던 경우, 비록 법식法式을 위반하였더라도 이것은 공죄가 된다"(166쪽)라고 한 규정이 참고가 된다. 이상을 종합하면, 사죄는 공무에 관계없이 사인私人으로서 범한 모든 죄 및 청탁을 받고 왕법枉法한 것처럼 악의惡意를 가지고 공무상에서 부정·위법을 행하여 발생한 죄를 말하고, 공죄는 공무상 잘못이 있어서 법적으로 죄가 되어도 악의가 없는 경우를 말한다는 것을 알 수 있다. 관리를 대상으로 처벌을 규정한 조문 중 '고故(고의)'나 '지정知情(실정을 안 경우)'으로 표현한 것은 사죄에 해당하고, '실失(과실)'이나 '불각不覺(적발하지 못한 경우)'으로 표현한 것은 공죄에 해당한다. 이상은 율령연구회律令研究會 편편, 『역주일본율령譯註日本律令5 당률소의역주편唐律疏議譯註篇1』(106쪽) 참조.

53 『당률소의·직제』「대사불예신기급불여법조大祀不預申期及不如法條」「소의」.
【옮긴이 주】: 『역주율소 - 각칙(상) - 』「직제8」(제98조)「대사불예신기조大祀不預申期條」「소의」, 2112쪽.

다[以所由爲首]"⁵⁴라는 규정이 적용되었다. 그러나 만약 통판관 이상이 (대리승大理丞과) 다른 판결을 하여 이치에 맞지 않아서 "연좌해야 하는 경우에는" 오직 "장관 및 검구관檢勾官"만을 연좌하였고, 그 밖의 관리는 연좌의 범위에 포함되지 않았다.⁵⁵ 이밖에 "만약 동직자同職者에게 사사로움이 있었지만 연좌되는 관원이 그 실정을 알지 못한[不知情] 경우에는 과실죄로 논한다[以失論]"⁵⁶라고 하여, 동직의 관리가 사죄私罪를 범하였는데 연좌되는 관원이 실정을 알지 못한 경우에는 연좌의 범위에 포함되지 않고 오직 과실죄에 의해서 처벌하였다. 또 직무 연좌에서는 스스로 각거覺擧⁵⁷한 행위에 대해서도 적용하였다. 연좌되어야 하는 사람 가운데 오직 한 사람만이 스스로 각거한 경우, 그 나머지 사람은 모두 면죄될 수 있었다. 즉 "'연좌되어야 하는 사람'이라는 것은 장관 이하 주전主典 이상 및 검구관檢勾官으로서 사안事案을 판결하고 서명하는 자인데, 한 사람이 각거한 경우, 나머지는 모두 용서될 수 있다"⁵⁸라고 규정하였다. 이것이 바로 "연좌되어야 하는 사람 가운데 한사람만이 스스로 각거한 경우, 나머지 사람은 또한 용서한다[原之]"⁵⁹라는 것이다. 마지막으로

---

54 【옮긴이 주】: 『역주율소 - 명례편 - 』「명례40」(제40조)「동직범공좌조」, 293~294쪽.
55 【옮긴이 주】: 『역주율소 - 명례편 - 』「명례40」(제40조)「동직범공좌조」「주」에서는 "만약 통판관 이상이 다른 판결을 하여 과실이 있었던 경우에는 다른 판결을 한 관원 이상만을 처벌한다"라고 하였고, 「소의」에서는 "통판관 이상이 (대리승과) 다른 판결을 하여 이치에 맞지 않아서 연좌해야 하는 경우에는 장관 및 검구관만을 처벌하고, 그 이하는 모두 연좌하지 않는다"(이상 294~295쪽)라고 하였다.
56 『당률소의·명례』「동직범공좌조」 및 그 「소의」.
   【옮긴이 주】: 『역주율소 - 명례편 - 』「명례40」(제40조)「동직범공좌조」, 297쪽.
57 【옮긴이 주】: '각거'는 관리가 공무를 실착失錯(과실과 착오)한 때, 사실이 발각되기 전에 스스로 그것을 알고 그 실착한 사실을 자수하는 것을 말한다. 『역주율소 - 명례편 - 』「명례41」(제41조)「공사실착자각거조公事失錯自覺擧條」에서는 "무릇 공사公事에 실착을 범한 후 스스로 각거한 자는 그 죄를 용서한다[原]"(303쪽)라고 하였다. 공죄의 '각거'는 사죄私罪의 '자수'에 대응하는 제도였다. 『역주율소 - 명례편 - 』「명례37」(제37조)「범죄미발자수조犯罪未發自首條」에서는 "무릇 죄를 범하였지만 발각되기 전에[未發] 자수한 자는 그 죄를 용서한다[原]"(273쪽)라고 하여, 사죄私罪의 '자수'도 발각되기 이전이었다면 그 죄를 용서하였다. '각거'도 일종의 '자수'이지만 양자의 차이는 첫째, '자수'는 참회개과慚悔改過가 필요하므로 죄의 발각 이후라도 그 효력을 인정해서 죄를 면제하거나 감경하였지만, '각거'는 스스로 실착을 알고 그 실착의 실행에서 벗어나는 것을 요건으로 하므로 타인에 의해 발각되기 이전에 스스로 자수하는 것이 필요하다는 점에 있다(히가시가와 도쿠지東川德治, 『중국법제대사전中國法制大辭典』, 158쪽). 둘째, '자수'의 경우에는 『역주율소 - 명례편 - 』「명례41」(제41조)「공사실착자각거조」「소의」에서 "'자수'는 다른 사람이 고발하려는 것을 알고 자수한 것이기 때문에 2등을 감경한다"(303쪽)라고 하듯이, 발각되기 이전이었다고 해도 발각·고발되는 것을 알고 자수하였을 때 죄 2등을 감경하는데 그친다는 제한이 있었지만, '각거'에서는 이것이 문제가 되지 않았다(율령연구회律令研究會 편편, 『역주일본율령譯註日本律令5 당률소의역주편唐律疏議譯註篇1』, 249쪽).
58 【옮긴이 주】: 『역주율소 - 명례편 - 』「명례41」(제41조)「공사실착자각거조」「소의」, 303쪽.
59 『당률소의·명례』「공사실착자각거조」 및 그 「소의」.
   【옮긴이 주】: 『역주율소 - 명례편 - 』「명례41」(제41조)「공사실착자각거조」, 303쪽.

직무 연좌의 대상에는 방정坊正 이상의 '주사主司' 등 관리도 포함되었다.[60]

4. 군사 연좌軍事連坐

당률은 군대의 건설을 중시해서 군대 내에서도 군사 연좌를 실행하여 군인의 범죄를 없애거나 감소시키고자 하였다. 예컨대 『당률소의·천흥』「정인모명상대조征人冒名相代條」 및 그 「소의」에서는 이름을 속여서[冒名] 종군한 범죄 행위에 대하여 처벌규정을 두었고, 그중에는 군사 연좌도 포함되어 있다. 만약 이름을 속여 종군한 경우, 본인은 "도徒2년"[61]에 처해졌고, 또 실정을 살펴서 여수旅帥·교위校尉·과의果毅·절충折衝 등 군사 인원도 연좌되었다. 즉 "군대에서 이름을 속인[冒名] 경우, 대정隊正은 이정里正과 같다[同]. 여수·교위는 대정에서 1등을 감경하고, 과의·절충은 관할하는[所管] 교위 수數의 다소에 따라 통계하여 죄를 준다[通計爲罪]"[62]라고 하였다. 또 『당률소의·천흥』「정인교사피역조征人巧詐避役條」 및 그 「소의」에서는 군인이 정토征討에 임해서 교묘한 속임수[巧詐]로 정역征役을 회피한 자를 엄벌에 처하는 동시에 군사 연좌의 방법으로써 관련된 군사 인원에 대한 형사책임도 추궁하였다. 예컨대 만약 적과 대치하여 "교묘하게 속이는[巧詐] 수법으로 정역을 회피한 자는", '참형斬刑'에 처해져야 하였고,[63] "주사主司가 철저히 조사하지 않아서[不加窮覈] 속임수를 승인承認한 경우에는 그 죄에서 2등을 감경하고, 실정을 안[知情] 경우에는 같은 죄로 처벌하며[與同罪], 사형에 이른[至死] 경우에는 가역류加役流에 처한다"[64]라고 하였다.

5. 기타 연좌

이상 네 가지의 연좌 이외에 당률에는 기타 연좌도 있었고, 그중에는 방인傍人, 즉 인근의 사람과

---

60 『당률소의·투송』「감림지범법불거핵조」 및 그 「소의」 참조.
   【옮긴이 주】: 『역주율소 - 각칙(하) -』「투송60」(제361조)「감림지소부유범법불거핵조」「소의」, 3148쪽. 이밖에 직무 연좌의 대상에는 감림관監臨官도 포함되었다(앞의 주 49·51 참조).
61 【옮긴이 주】: 『역주율소 - 각칙(상) -』「천흥5」(제228조)「정인모명상대조」에서는 "무릇 정인征人이 이름을 속여서[冒名] 서로 대신한 때에는 도2년에 처하고, 동거하는 친속이 대신한 때에는 2등을 감경한다"(2348쪽)라고 규정하였다.
62 【옮긴이 주】: 『역주율소 - 각칙(상) -』「천흥5」(제228조)「정인모명상대조」, 2350~2351쪽.
63 【옮긴이 주】: 본문에 인용된 "교묘하게 속이는 수법으로 정역을 회피한 자는 참형에 처해야 한다"라는 규정은 『역주율소 - 각칙(상) -』「천흥13」(제236조)「정인교사피역조」「소의」(2362~2363쪽)에 있는 문장이지만, 이것은 연속된 문장이 아니고 정역 회피라는 위법 행위에 대한 결과로서 처벌(참형) 사항만을 인용한 것이다. 본 조「소의」에 의하면, 군군이 정토에 임한 상황에서의 위법 행위 가운데 "속임수로 정역을 회피한 결과로서 군사軍事를 그르치게 한 행위" 이외에 "교시校試에서 능한 것을 능하지 않다고 한 결과로서 군사軍事를 지체시켰거나 결핍하게 한 행위"는 고의나 과실을 불문하고 모두 참형에 처해졌다.
64 【옮긴이 주】: 『역주율소 - 각칙(상) -』「천흥13」(제236조)「정인교사피역조」, 2363쪽.

행인行人도 포함되었다. 일정한 조건에서 만약 그들이 범죄와의 투쟁 의무를 이행하지 않은 경우에는 연좌되어 처벌을 받을 수 있었다. 예컨대 『당률소의·포망』「피구격간도포법조被毆擊姦盜捕法條」에서는 만약 "무릇 타인他人을 구타하여 절상折傷 이상의 상해를 가하였거나, 혹은 강도·절도[盜] 및 강간한" 범죄가 발생한 경우에는 "비록 방인傍人이라 하더라도 모두 포계捕繫하여 관사官司에 송치할 수 있다"[65]라고 규정하여, 방인은 즉시 범죄인을 체포해서 관부官府에 송치해야 하였다. 만약 그들이 이것을 행하지 않은 경우에는 연좌되어 형사책임을 추궁받아야 하였고, 용형用刑은 "태笞30"이었다.[66] 또 『당률소의·포망』「도로행인불조포죄인조道路行人不助捕罪人條」에서는 "무릇 죄인을 추포追捕하다 힘으로 제압할 수 없었기 때문에 길가는 행인에게 알렸는데, 그 행인이 구조할 역량이 있었는데 구조하지 않은 경우에는 장杖80에 처한다. 형세 상上 구조할 수 없었던 경우에는 논죄하지 않는다[勿論]"[67]라고 규정하여, 만약 관리가 법에 의거해서 범죄인을 추포追捕하다 제압할 역량이 부족한 경우에는 행인에게 알려서 구조를 요청할 수 있었고, 이때 행인이 범죄인을 제압할 능력이 있었는데 구조하지 않은 경우에는 연좌되어 형벌을 받았다.

제3절 연좌의 적용 범죄

당률의 연좌제도는 일부 범죄에만 적용하였을 뿐 전부는 아니었고, 그 적용하는 범죄도 주로 이하와 같은 몇몇 큰 범주였다.

1. 국가안전 위해죄危害罪

국가의 안전을 위해한 범죄는 당唐 통치자의 근본적인 이익을 가장 크게 위해한 범죄였기 때문에 연좌를 사용해서 용형用刑의 강도를 증가시켜 범죄자에 대해서 엄격한 제재를 가하였다. 당률 가운데 국가의 안전을 위해한 범죄는 주로 모반謀反·모대역謀大逆과 모반謀叛 등이었다. 이들 범죄자의 가인家人과 그 이외의 동거자同居者에 대해서는 모두 연좌가 적용되었다. 그 가운데 모반죄謀反罪와 모대역죄에 대한 처벌이 가장 엄중하여 삼족三族 이내의 친속親屬·부곡部曲·재산 등 광범위하게 연좌되었다. 예컨대 『당률소의·적도』「모반대역조謀反大逆條」에서는 이에 대해서 규정하였

---

65 【옮긴이 주】: 『역주율소-각칙(하)-』「포망3」(제453조)「피구격간도포법조」, 3285쪽.
66 【옮긴이 주】: 『역주율소-각칙(하)』「포망3」(제453조)「피구격간도포법조」에서는 "만약 그 밖의 범죄에 대해 (관사에) 고告하여 (포계하는 것을) 요청하지 않고 함부로 포계한 자는 태30에 처한다"(3287쪽)라고 규정하였다.
67 【옮긴이 주】: 『역주율소-각칙(하)-』「포망4」(제454조)「도로행인불조포죄인조」, 3288쪽.

다.⁶⁸ 그러나 『당률소의·적도』「모반조謀叛條」에서는 "무릇 모반謀叛한 자는 교형絞刑에 처한다. 이미 착수한[已上道] 자는 모두 참형斬刑에 처한다. 처妻와 자식[子]은 유流2000리에 처한다. 만약 거느린 무리[所率]가 100인人 이상인 경우, 부모·처·자식[子]은 유3000리에 처한다"⁶⁹라고 하여, 모반죄謀叛罪도 (연좌가) 적용되었지만, 연좌의 범위가 모반죄謀反罪와 모대역죄보다 작았고, 연좌된 자도 모반과 모대역보다 적었으며, 게다가 재산과 부곡에까지 미치지도 않았다. 이들 범죄의 위해성은 매우 컸기 때문에 원래 속贖을 사용할 수 있는 방법도 취소되어 연좌인은 반드시 실형의 처벌을 받아야 하였다.⁷⁰

2. 인신안전人身安全 엄중 침해죄

당률은 인신의 안전을 엄중하게 침해한 범죄에 대해서도 중벌로 처벌하였고, 연좌도 적용하였다. 고독蠱毒의 조합[造]·사육[畜]에 관한 범죄는 이와 같이 처벌되었고, 연좌되는 사람은 동거자와 교령⁷¹인敎令人 등이 포함되었다. 예컨대 『당률소의·적도』「조축고독조造畜蠱毒條」에서는 "무릇 고독을 조합[造]·사육[畜]하였거나 교령敎令한 자는 교형絞刑에 처한다. 조합·사육한 자와 동거하는 가구家口가 비록 실정을 알지 못하였더라도[不知情], 또는 이정里正이 알면서도 규찰하지 않은[不糾] 때에는 모두 유流3000리에 처한다. 조합·사육한 자는 사면령이 내렸더라도[會赦] 동거하는 가구 및 교령한 자와 함께 또한 유3000리에 처한다"⁷²라고 규정하였다. 본 조「소의」⁷³에서도 이에 관한 문제에 대해서 해석하였는데, 본 조에서 지칭한 '고독'은 "조합하거나 사육하여 고蠱가 되어서 사람을 해칠 수 있는 것",⁷⁴ 즉 사람을 해쳐서 인신의 안전을 침해할 수 있는 것이었다. (다만) "고

---

68 【옮긴이 주】: 『역주율소 - 각칙(상) -』「적도1」(제248조)「모반대역조」에 규정된 전문은 제3장 주 53 참조.
69 【옮긴이 주】: 『역주율소 - 각칙(상) -』「적도4」(제251조)「모반조」, 2390~2391쪽.
70 『당률소의·명례』「노소급질유범조老小及疾有犯條」「소의」참조.
　【옮긴이 주】: 『역주율소 - 명례편 -』「명례30」(제30조)「노소급질유범조」에서는 "무릇 나이 70세 이상·15세 이하 및 폐질자廢疾者가 유죄流罪 이하의 죄를 범한 때에는 속동을 징수한다[收贖]"(233쪽)라고 하였고, 본 조「주」에서는 "가역류加役流·반역연좌류反逆緣坐流·회사유류會赦猶流의 죄를 범한 자는 이 율을 적용하지 않는다[不用此律]"(234쪽)라고 하였다. 모반죄謀反罪·모대역죄·모반죄謀叛罪에 연좌되는 사람의 경우, 속贖하는 원칙이 취소되는 규정에 대해서 저자는 본 조문의「소의」를 참조하라고 하였지만, 위에서 보듯이, 이 문제에 대해서는 본 조의「주」에 명시되어 있고,「소의」는 이「주」에 대해서 보충·설명하고 있다.
71 【옮긴이 주】: '교령'에 대해서는 제1장 주 22 참조.
72 【옮긴이 주】: 『역주율소 - 각칙(상) -』「적도15」(제262조)「조축고독조」, 2413쪽·2415쪽.
73 【옮긴이 주】: '「소의」'는 '「주」'의 오기이다(주 74 참조).
74 【옮긴이 주】: 『역주율소 - 각칙(상) -』「적도15」(제262조)「조축고독조」「주」에서는 '고독의 조합·사육[造畜蠱毒]'에 대해서 "조합·사육하여 고蠱가 되어 사람을 해칠 수 있는 것을 말한다"(2413쪽)라고 하였다.

에는 많은 종류가 있다"⁷⁵라고 하여, 이러한 독극물의 수數는 비교적 많았지만, 오직 고독과 같은 종류에 속해야만 이러한 유형의 범죄에 포함되었다. 「소의」에서는 고독蠱毒을 이해하는데 편리하도록 사고蛇蠱를 예시例示하여 "여러 가지 고蠱를 모아 한 그릇 안[一器之內]에 넣어서 오랫동안 서로 잡아먹게 하고, 다른 독벌레[蟲]는 모두 없어지고 만약 뱀만 있었다면, 곧 '사고'가 되는 경우 등[類]이다"⁷⁶라고 설명하였다. 이밖에 『당률소의·적도』「살일가삼인지해조殺一家三人支解條」에서는 "무릇 1가一家의 사죄死罪에 해당하지 않는 3인을 살해하였거나 사람을 지해한 자는 모두 참형斬刑에 처하고, 처·자식[子]은 유2,000리에 처한다"⁷⁷라고 규정하여, 1가의 사죄에 해당되지 않는 3인을 살해하였거나 사람을 지해한 범죄도 일종의 인신의 안전을 엄중하게 침해한 범죄였기 때문에 동일하게 연좌가 적용되었고, 연좌의 범위에는 처妻·자식[子]이 포함되었다.

3. 재산권 엄중 침범죄

재산권을 엄중하게 침범한 범죄 행위에 대해서도 당률은 강력하게 단속하였고, 심지어 연좌의 사용도 불사不辭하였다. 강도죄가 발생하였을 때, 인가[隣居] 간에는 즉시 구조해야 하는 의무가 있었다. 만약 이러한 의무를 이행하지 않은 때에는 연좌되어 처벌받아야 하였다. 예컨대『당률소의·포망』「인리피강도불구조조隣里被强盜不救助條」에서는 "무릇 인리隣里가 강도나 살인을 당하여 고告하였지만 구조하지 않은 자는 장杖100에 처하고, (소리를) 듣고도[聞] 구조하지 않은 자는 1등을 감경한다. 힘과 형세[力勢]가 달려가서 구조할 수 없었다면 인근의 관사官司에 신속하게 고告해야 하는데, 만약 고하지 않은 자는 또한 구조하지 않은 죄로써 논한다[以不救助論]"⁷⁸라고 규정하였다. 또 본 조「소의」에서는 전문적으로 인리의 범위에 대해서 "5가五家⁷⁹를 인隣이라 하고, 5린五隣을 이里라고 한다"⁸⁰라고 확정하였고, (이어서) 연좌의 범위에 대해서 "(이里는) 이미 읍락邑落을 같이하고, 인가[隣居]가 접속하기 때문에 강도나 살인을 당한 자가 있었던 때에는 모두 반드시 차례로 고해

---

75 【옮긴이 주】:『역주율소 - 각칙(상) - 』「적도15」(제262조)「조축고독조」「소의」에서는 "고에는 많은 종류가 있지만 모두 구명究明할 수 없고, 일[事]이 좌도左道와 관련되어 있기 때문에 모두 알 수 없다"(2413~2414쪽)라고 해석하였다.
76 【옮긴이 주】:『역주율소 - 각칙(상) - 』「적도15」(제262조)「조축고독조」「소의」, 2414쪽.
77 【옮긴이 주】:『역주율소 - 각칙(상) - 』「적도12」(제259조)「살일가삼인조殺一家三人條」, 2405~2406쪽.
78 【옮긴이 주】:『역주율소 - 각칙(하) - 』「포망6(제456조)」「인리피강도조隣里被强盜條」, 3291쪽.
79 【옮긴이 주】: '5가' 앞에는 "예에 의하면[依禮]"이라는 문구가 있다(주 80 참조). 여기의 예는『주례』를 가리킨다. 이 문장은『주례주소周禮注疏』(『십삼경주소 상』)권15,「지관地官·사도司徒」「수인遂人」(740쪽)에 보인다.
80 【옮긴이 주】:『역주율소 - 각칙(하) - 』「포망6」(제456조)「인리피강도조」「소의」, 3291쪽.

서[遞告] 즉시 이것을 구조해야 한다. 만약 고하였는데도 구조하지 않은 자는 장杖100에 처한다. 비록 고告를 받지 않았지만 (구조를 요청하는) 소리[聲音]가 들리는데도 구조하지 않은 자는 1등을 감경하여 장90에 처한다"[81]라고 규정하였다. 즉, 그들은 서로 인접하여 연계되어 있었기 때문에 공동으로 강도 등 범죄와 투쟁하는 단위를 형성해서 연좌와 관련된 의무를 확정할 수 있었고, 만약 이 의무를 이행하지 않은 때에는 상응하는 형사책임을 져야 하였다.

4. 직무상職務上 범죄

당조唐朝의 관리의 직책職責은 명확하여, 일단 관리가 공죄公罪를 범한 때에는 관련된 관리도 연좌되었다. 예컨대 대리시大理寺가 안건을 판결할 때 착오가 있었다면, 연좌되어야 하는 관원은 대리시경大理寺卿·대리시소경大理寺少卿·대리시정大理寺正·대리시승大理寺丞·대리시부사大理寺府史 등이었다. 이 가운데 대리시경은 장관, 대리시소경과 대리시정은 안건을 심판하는 통판관通判官, 대리시승은 심판관, 대리시부사는 문서의 관리자였다. 만약 부사府史가 주무관主務官에게 안건을 송부하여 처리를 요청하는 과정에서 과실이 있었던 경우, 부사는 수범首犯이 되었고, 대리시승은 제2등의 종범從犯, 대리시소경과 대리시정은 제3등의 종범, 대리시경은 제4등의 종범이 되었다. (이처럼) 그들은 각각 등급별로 연좌되어 형벌이 적용되었다[用刑]. 또 예컨대 대리시승이 안건을 잘못 판결한 경우, 대리시승은 수범이 되었고, 대리시소경과 대리시정은 제2등의 종범, 대리시경은 제3등의 종범, 부사는 제4등의 종범이 되었다. 이것은 『당률소의·명례』「동직범공좌조同職犯公坐條」 및 그 「소의」에 모두 명문으로 규정되어 있다.[82] 이로써 당률에서 직무상 범죄에 대한 연좌가 광범위하게 적용되었음을 알 수 있다.[83]

이 밖에 군사범죄軍事犯罪 등도 연좌가 적용되었다.[84] 총괄하면, 당조에서 비교적 일부 중대범죄는 대부분 연좌가 수반되어 용형用刑의 강도를 증가시켜서 범죄를 엄격하게 처벌하였다.[85]

제4절 연좌제도에 관한 여러 문제

당률의 연좌제도에 관해서는 또 논급해야 할 여러 문제가 있다. 그것은 특히 이하 몇 가지 방면

---

81 【옮긴이 주】:『역주율소 - 각칙(하) -』「포망6」(제456조)「인리피강도조」「소의」, 3291쪽.
82 【옮긴이 주】:『역주율소 - 명례편 -』「명례40」(제40조)「동직범공좌조」, 293~302쪽.
83 【옮긴이 주】: 이상 '관리의 직무상 범죄에 따른 연좌'에 대해서는 본 장 제2절 3항 '직무 연좌職務連坐' 참조.
84 【옮긴이 주】: '군사범죄에 대한 연좌'는 본 장 제2절 4항 '군사 연좌軍事連坐' 참조.
85 【옮긴이 주】: 당률에 규정된 연좌 전반에 대해서는 본 장 제2절 '연좌의 종류' 참조.

에 구현되고 있다.

1. 연좌 내용의 증가

이것은 또 연좌의 종류 및 종류 내의 관련된 인원 등도 포함되어 있다. 우선 당조 이전 연좌의 종류는 오직 가족구성원[家庭成員]·인가[鄰居]·직무·군사 연좌라는 네 종류에 한정되었을 뿐이지만, 당률 가운데 연좌의 종류는 증가되었다. 즉, 이상의 네 가지 종류 이외에 일부 불특정인도 연좌 대상이 되었는데, 『당률소의·포망』「피구격간도포법조被毆擊姦盜捕法條」에서 규정한 '방인傍人'과 「도로행인불조포죄인조道路行人不助捕罪人條」에서 규정한 '행인行人'이 모두 이와 같았다.[86] 이밖에 가족구성원[家庭成員]의 연좌에서 당률이 감림관監臨官의 가족이 회뢰賄賂를 받은 것에 감림관이 연좌되어 처벌을 받아야 하는 내용을 증가시킨 것도 이와 같았다.[87] 현존하는 사료에서 볼 때, 당조 이전의 경우, 이 방면에 대한 기록은 적고, 게다가 당률 이전의 율에는 이러한 규정이 보이지 않는다. 이것은 한편으로 당률에 규정된 연좌제도가 이전보다 더욱 발전·완비되었음을 말해 주고, 또 한편으로 당률의 제정자도 이전보다 연좌제도의 운용을 더욱 중시해서 범죄를 단속하고 예방하는 작용을 극대화하였음을 말해 준다.

2. 주류연좌이론主流連坐理論의 형성

당률은 연좌제도를 확정하였을 뿐 아니라 독자獨自의 주류연좌이론도 형성하였고, 이 이론에 기초해서 독자의 연좌제도를 수립하였다. 이 이론은 여러 방면에 논급論及되어 있지만, 핵심만 간추리면 주로 이하 몇 가지 방면으로 귀착되고 있다.

첫째, 중대범죄를 엄징하였다는 점이다. 당률은 모반謀反 등 일부 중대범죄는 국가의 안전과 황권皇權을 직접적으로 위협하였기 때문에 반드시 엄징해야 한다고 보고 연좌까지 사용해서 징벌의 강도를 강화하였다. 즉 "인군은 천지와 덕을 짝하고, 일월과 밝음을 같이 하며[人君者 與天地合德 與日月齊明], 위로는 보명寶命을 공경하고, 아래로는 천하[率土]에 군림하기"[88] 때문에 "모반謀反·대역大逆의 죄는 삼족을 멸하고[誅夷] 그 집[室宅]을 더러운 연못으로 만들어[汚] 근원적으로 악을 제거

---

86 【옮긴이 주】: '방인傍人'과 '행인'의 연좌에 대해서는 본 장 제2절 5항 '기타 연좌' 참조.
87 『당률소의·직제』「감림지관가인걸차조監臨之官家人乞借條」 참조.
　【옮긴이 주】: 『역주율소 - 각칙(상) - 』「직제56」(제146조)「감림가인걸차조監臨家人乞借條」, 2195~2196쪽. '감림관의 연좌'에 대해서는 본 장 제2절 1항 '가족구성원 연좌' 참조.
88 『당률소의·적도』「모반대역조」「소의」.
　【옮긴이 주】: 『역주율소 - 각칙(상) - 』「적도1」(제248조)「모반대역조」「소의」, 2382쪽.

하며[除惡本人⁸⁹]",⁹⁰ 이로 인하여 "'연좌하는 죄[緣坐之罪]'라는 것은 모반^{謀反}·대역^{大逆} 및 모반^{謀叛}을 이미 착수한[已上道] 때에는 모두 연좌^{緣坐}해야 하는 것을 말한다"⁹¹라고 하였다.

둘째, 지친^{至親}은 동고동락해야 한다고 보았다는 점이다. 당률은 친족 가운데 지친은 가장 긴밀한 관계에 있기 때문에 그들은 일종의 동고동락하는 관계에 있다고 보았다. 이에 "반역연좌류^{反逆緣坐流}는 역인^{逆人}의 지친도 동고동락해야 하므로 연좌해서 범인의 마음을 무겁게 하자는[重累] 것이다"⁹²라고 하여, 일단 지친이 중죄를 범한 경우, 그 나머지 지친도 고통을 함께 해야 하기 때문에 상응하는 연좌 처벌을 받아야 하였다.

셋째, 인가[隣居] 조직의 역할을 충분히 발휘시키고 있었다는 점이다. 당조^{唐朝}도 호적제도^{戶籍制度}를 수립해서 서로 이웃한 인가[隣居]로 조직된 인오^{隣伍} 등을 편성하였다. 이 조직 내의 가^家는 모두 긴밀히 연결되어 있었기 때문에 범죄와의 투쟁에서 역할과 의무를 발휘할 수 있었다. 만약 그들이 책임을 전가하였거나 이러한 의무를 이행하지 않은 때에는 연좌되어 처벌을 받아야 하였다. 예컨대 『당률소의·적도』「유소규피집인질조^{有所規避執人質條}」「소의」에서는 사람을 잡아서[執持] 인질로 한 상황이 발생하였을 때, 명확하게 "사린오보^{四隣伍保}가 알았거나 본 경우에는 모두 반드시 포격^{捕格}해야 한다. 인질을 피하고 포격하지 않은[不格] 자는 도^徒2년에 처한다"⁹³라고 설명하였다. 『당률소의·포망』「인리피강도불구조조^{隣里被强盜不救助條}」「소의」에서도 인오^{隣伍}의 가^家는 "이미 읍락^{邑落}을 같이 하고, 인가[隣居]가 접속하기 때문에 강도나 살인을 당한 자가 있었던 때에는 모두 반드시 차례로 고해서[遞告] 즉시 이것을 구조해야 한다. 만약 고하였는데도 구조하지 않은 자는 장^杖100에 처한다"⁹⁴라고 하였다.⁹⁵

....

89 【옮긴이 주】: '제악본인'은 '제악무본^{除惡務本}'의 오기이다(주 90 참조).
90 『당률소의·명례』「피차구죄지장조^{彼此俱罪之贓條}」「소의」.
   【옮긴이 주】: 『역주율소 - 명례편 - 』「명례32」(제32조)「피차구죄지장조」「답」, 249~250쪽.
91 【옮긴이 주】: 『역주율소 - 명례편 - 』「명례37」(제37조)「범죄미발자수조」「주·소의」, 276쪽.
92 『당률소의·명례』「노소급질유범조^{老小及疾有犯條}」「소의」.
   【옮긴이 주】: 『역주율소 - 명례편 - 』「명례30」「노소급질유범조」「주·소의」(235쪽). 본 「주」에서는 "가역류^{加役流}·반역연좌류^{反逆緣坐流}·회사유류^{會赦猶流}의 죄를 범한 자는 이 율을 적용하지 않는다[不用此律]. 유배지에 도착하면 거작^{居作}은 면제한다"(234쪽)라고 하였고, 그 「소의」에서는 "본문에 이어서 (반역자의 지친이) 연로하였거나[老] 병이 있더라도[疾] 속^贖을 허용하지 않는다"(235쪽)라고 하였다. 이처럼 지친이 반역죄를 범하였을 때 연좌되는 그 나머지 지친은 속이 허용되지 않았고, 오직 유배지에서 거작만 면제되고 있다.
93 【옮긴이 주】: 『역주율소 - 각칙(상) - 』「적도11」(제258조)「규피집인조^{規避執人條}」「소의」, 2405쪽.
94 【옮긴이 주】: 『역주율소 - 각칙(하) - 』「포망6」(제456조)「인리피강도조^{隣里被强盜條}」「소의」, 3291쪽.
95 【옮긴이 주】: 이상 인가^{隣家} 내에서 발생한 범죄에 대한 자세한 설명은 본 장章 제2절 2항 '인가 연좌' 및 제3절 3항 '재산권 엄중 침범죄' 참조.

마지막으로, 실정을 알고도[知情] 규찰하지 않은[不糾] 과오過誤 행위를 징벌하고자 한 점이다. 당률에서 방정坊正·촌정村正·이정里正이 포함된 '주사主司'⁹⁶는 공무 수행 중에 착오를 알았다면 규찰해야 하는 의무가 있었다. 만약 규찰하지 않은 때에는 규찰하지 않은 과실을 범한 것이 되었고, 과실을 범한 때에는 과실행위에 대한 연좌책임을 져야 하였는데, 규정은 다음과 같다. "(고독蠱毒을) 제조[造]·사육한[畜] 자와 동거하는 가구家口가 비록 실정을 알지 못하였더라도[不知情], 또는 이정이 알면서도 규찰하지 않은[不糾] 때에는 모두 유流3000리에 처한다."⁹⁷ 당률 가운데 많은 율조律條가 착오를 알고도 규찰하지 않은 관리에 대해서 연좌를 사용하였다. 여기서는 두 가지 법례法例만을 열거하고자 한다. 예컨대 『당률소의·위금』「궁전작파불출조宮殿作罷不出條」에서는 궁宮·전殿에서 작업을 마친 후에 나가지 않은[作罷不出] 경우, "도徒⁹⁸1년에 처"하고, 동시에 "장령주사將領主司가 안[知] 때에는 같은 죄로 처벌한다[與同罪]"⁹⁹라고 규정하였다. 또 『당률소의·잡률』「기용견포행람단협이매조器用絹布行濫短狹而賣條」에서는 무릇 그릇[器皿]·견포絹布 등을 위조하였거나 열등한 상품으로 제조한 경우, 제조한 사람은 "장杖60에 처"해졌고, "시장을 관리하는 관원[官司]이나 주州·현縣의 관사官司가 실정을 안[知情] 때에는 각각 같은 죄로 처벌한다[與同罪]"¹⁰⁰라고 규정하였다.

3. 후세 입법에 대한 영향

당률의 연좌제도도 후세의 봉건입법에 영향을 주었다. 여기서는 『송형통宋刑統』·『대명률大明律』과 『대청율례大淸律例』만을 사례로 제시해서 간략하게 고찰하고자 한다.

『송형통』은 구조적인 측면에서 당률과 여러 가지 차이가 있었는데, 율律 아래는 문門으로 구분되었다. (또) 당률의 일부 율조律條가 『송형통』에서는 병합되었다. 예컨대 『당률소의·적도』가운

---

96 【옮긴이 주】: '주사'에 대해서는 『역주율소 - 각칙(하) - 』「투송59」(제360조)「강도살인조」「소의」에서 "반드시 주사에게 고발[告]해야 한다. (주사는) 방정坊正·촌정村正·이정里正 이상을 말한다"(3146~3147쪽)라고 하여, 기층 인가隣家 단위의 책임자 이상의 관리, 즉 방정·촌정과 이정 이상의 관리들이 포함되어 있다.
97 『당률소의·적도』「조축고독조造畜蠱毒條」.
   【옮긴이 주】: 『역주율소 - 각칙(상) - 』「적도15」(제262조)「조축고독조」, 2413쪽.
98 【옮긴이 주】: '도' 앞에 "궁宮 내는"이라는 문구가 있다(주 99참조).
99 【옮긴이 주】: 『역주율소 - 각칙(상) - 』「위금8」(제65조)「궁전작파불출조」에서는 "무릇 궁宮·전殿 내에서 작업을 마치고 나가지 않은 경우, 궁 내는 도1년에 처하고, 전 내는 도2년에 처하며, 어재소御在所는 교형에 처하고"(2037쪽), "장령주사가 안 때에는 같은 죄로 처벌하고[與同罪], 알지 못한[不知] 때에는 각각 1등을 감경한다. 만약 벽장闢仗하는 지역 내에 착오[誤]로 병장기를 남긴[遺兵仗] 자는 장100에 처한다"(2039쪽)라고 규정하였다.
100 【옮긴이 주】: 이상 『역주율소 - 각칙(하) - 』「잡률30」(제418조)「조기용견포행람단협이매조造器用絹布行濫短狹而賣條」, 3236쪽.

데 「모반대역조謀反大逆條」・「모반조謀叛條」・「구진욕반지언조口陳欲反之言條」 등은 모두 『송형통・적도』의 「모반역반문謀反逆叛門」에 병합되었다. 그러나 당률의 연좌제도는 모두 『송형통』에 수용되었다. 『대명률』과 『대청율례』도 당률의 연좌제도의 영향을 받아서 독자의 연좌제도를 수립하였지만, 구체적인 규정에서 당률과 차이가 있었는데, 기본적인 차이는 연좌를 가중한 것이었다. 그 원인을 구명하면, 주로 그것들에 관류貫流하는 원칙이 같지 않았기 때문이다. 즉, 『대명률』과 『대청율례』는 중형을 따르는 원칙을 관철하였지만, 당률은 경형을 따르는 원칙을 실행하였다. 이러한 중형을 따르는 원칙은 연좌에도 구현되었다. 모반죄謀反罪・대역죄大逆罪와 모반죄謀叛罪를 법례法例로 제시하면, 『대명률』과 『대청율례』에 규정된 연좌의 범위는 확실히 당률의 규정보다 넓었다. 즉, 모반죄謀反罪와 대역죄의 경우, 『대명률』과 『대청율례』는 모두 할아버지[祖]・아버지[父]・손자[孫]・아들[子]의 처첩妻妾 등을 이 범위에 포함하였지만, 당률은 제외하였다.[101] 모반죄謀叛罪의 경우에도 『대명률』과 『대청율례』는 첩의 딸[妾女]・부모・할아버지[祖]・손자[孫]・형제 등도 연좌의 범위에 포함하였지만, 당률은 또한 제외하였다.[102] 이밖에 모반죄와 대역죄의 경우, 동일한 연좌의 범위 부분이라고 해도 『대명률』과 『대청율례』의 용형用刑이 당률보다 가중되었다. 즉, 이 모반죄와 대역죄의 경우, 『대명률』・『대청율례』・당률은 모두 "아버지[父]・아들[子]의 나이 16세 (이상)"은 연좌되어 사형을 적용한다고 규정하였지만, 『대명률』과 『대청율례』가 적용한 것은 참형斬刑이었고, 당률은 교형絞刑을 적용하였다. 이처럼 당률의 용형은 앞의 양자보다 감경되었다. 이로써 당唐 이후의 『송형통』・『대명률』과 『대청율례』는 모두 정도는 다르지만, 당률의 연좌제도의 영향을 받았고, 그 영향도 심원深遠하였음을 알 수 있다.

---

101 자세한 것은 『대명률・형률刑律・적도』와 『대청율례・형률・적도』의 「모반대역조謀反大逆條」 참조.
102 자세한 것은 『대명률・형률刑律・적도』와 『대청율례・형률・적도』의 「모반조謀叛條」 참조.

제22장
당률과 당조(唐朝)의 신분등급 관계

당조는 하나의 등급 사회로서, 사람들 간에는 신분등급에 차이가 있었다. 당률은 다양한 방식으로 이러한 등급 차이를 구현해서 그것을 보호하였고, 아울러 신분등급을 침해한 각종 행위에 대해서 엄중한 제재를 가하였다. 본고는 당률과 당조의 이러한 신분등급 관계에 대하여 여러 가지 탐색을 시도하고자 한다.

제1절 신분등급 관계 반영의 주요 방식

당률은 다양한 방식으로 당조의 신분등급 관계를 반영하였는데, 그 가운데는 용형(用刑)·특권(特權)·「소의(疏議)」 등이 포함되어 있다.

1. 용형(用刑)을 통한 신분등급 관계의 반영

형벌의 적용은 당률이 신분등급 관계를 반영하는 하나의 중요한 방식이었고, 그것은 신분등급 관계와 긴밀히 연결되어 있었다. 일반적으로 신분이 높은 자가 낮은 자를 침범한 경우, 용형은 비교적 감경되었지만, 그 반대인 경우, 용형은 비교적 가중되었다. 물론 가(家)든 사회이든 모두 이와 같았다. 따라서 용형은 진실로 신분등급의 고저(高低)를 측정하는 일종의 가늠자였다.

가족[家庭] 내에서 남편[夫]을 구타한 행위에 대한 용형의 차이는 처(妻)와 잉(媵)·첩(妾)의 신분등급의 차이를 반영하였다고 할 수 있다. 예컨대 『당률소의·투송』「처구리부조(妻毆詈夫條)」에서는 "무릇 처가 남편[夫]을 구타한 때에는 도(徒)1년에 처하고", "잉이나 첩이 범한 때에는 각각 1등을 가중한다"[1]라고 규정하였다. 이 규정에서 구타의 대상은 모두 남편[夫]이지만, 범죄자의 신분등급에 차이가 있었기 때문에 양형(量刑)도 같지 않았다. 구체적으로, 신분이 상대적으로 높은 처는 오직

---

1 【옮긴이 주】: 『역주율소 - 각칙(하) -』「투송25」(제326조)「처구리부조」, 3067~3068쪽.

'도1년'에 처해졌을 뿐이지만, 신분이 상대적으로 낮은 잉·첩은 '1등 가중' 즉 도1년반에 처해졌다. 이로써 처의 신분등급이 잉·첩보다 높았음을 알 수 있다. 가족[家庭] 가운데 다른 구성원의 신분등급 관계에 대해서도 당률은 용형으로 나타내었다. 예컨대『당률소의·투송』「구시마형자등조殿緦麻兄姊等條」에서는 신분등급이 높은 자를 구타할수록 용형도 가중되고 있다. 즉 본 조에서는 "무릇 시마친緦麻親의 형兄·누나[姊]를 구타한 때에는 장杖100에 처한다. 소공친小功親과 대공친大功親은 각각 1등을 차례로 가중한다[遞加]. 존속尊屬인 때에는 또한 각각 1등을 가중한다"[2]라고 규정하였다. 이러한 용형에 기초하면, 이 계열에서 가족구성원[家庭成員]의 신분등급은 시마친緦麻親의 형兄·누나[姊]·소공小功·대공大功·존친속尊親屬으로, 바로 이처럼 저低에서 고高로 배열되었음을 알 수 있다.

사회적 영역에서 관리官吏 간의 구타에 대한 용형의 차이도 그들 간의 신분적 차이를 반영하였다고 할 수 있다. 예컨대『당률소의·투송』「좌직통속구관장조佐職統屬毆官長條」에서는 좌직佐職·통속관統屬官과 이吏가 관장官長[3]을 구타한 행위에 대한 양형量刑의 차이를 통해 그들의 신분 관계의 차이를 반영하였다. 즉 본 조에서는 "무릇 좌직 및 통속되는 바의 관리[官]가 관장官長을 구타하여 상해한[殿傷] 때에는 각각 이吏·졸卒이 관장을 구타하여 상해한 죄[殿傷]에서 2등을 감경한다"[4]라고 규정하였다. 이러한 용형에 의하면, 이 계열에 있는 관리의 신분등급 관계는 고高에서 저低로, 즉 관장·좌직·통속되는 바의 관인[官]·이졸吏卒 등으로 배열되었음을 알 수 있다. 게다가 관리 신분의 등급 차이는 유외관流外官 이하가 신분등급이 다른 관리를 구타하여 다른 처벌을 받는 것을 통

---

2 【옮긴이 주】:『역주율소 - 각칙(하) - 』「투송26」(제327조)「구시마형자조殿緦麻兄姊條」, 3070쪽. 이어지는 조문은 다음과 같다. "상해를 가한 것이 엄중한 때에는 각각 일반인투상죄[凡鬪傷]에서 차례로 1등을 가중한다. 살해한 때에는 참형斬刑에 처한다. 만약 사촌 형·누나[從父兄·姊]를 구타하여 일반인의 투구에 준해서[準凡鬪] 유3000리에 처해야 하는 때에는 교형絞刑에 처한다. 만약 존장尊長이 비유卑幼를 구타하였는데 절상折傷인 경우, 시마친緦麻親은 일반인[凡人]을 범한 죄에서 1등을 감경하고, 소공친小功親과 대공친大功親은 1등을 차례로 감경한다[遞減]. 살해한 때에는 교형에 처한다. 만약 사촌 동생·누이[從父弟·妹]나 사촌 형제[從父兄弟]의 자손을 구살毆殺한 때에는 유3000리에 처한다. 만약 칼[刃]을 사용하였거나 고살한 때에는 교형에 처한다"(3070·3072쪽).

3 【옮긴이 주】: '좌직'·'통속관'·'관장'에 대해서『역주율소 - 각칙(하) - 』「투송12」(제313조)「좌직통속구관장조佐職統屬毆官長條」「소의」에서는 "'좌직'은 해당 관청[當司]의 9품 이상을 말한다. '통속되는 바의 관리'는, 성省·시寺·감監은 국局·서署를 관할하고[管], 주州는 현縣을 관할하며, 진鎭은 수戍를 관할하고, 위衛는 모든 부府를 관할하는 것과 같은 경우 등[類]으로, 이것이 통속되는 바이다. …… '관장'은 상서성尚書省 여러 사[諸司]의 상서尚書, 시·감의 소경少卿·소감少監, 국자감國子監의 사업司業 이상과 소윤少尹, 여러 위[諸衛]의 장군將軍 이상, 천우부千牛府의 중랑장中郎將 이상, 여러 솔부[諸率府]의 부솔副率 이상, 여러 부[諸府]의 과의果毅 이상을 말한다"(3045쪽)라고 해석하였다.

4 【옮긴이 주】:『역주율소 - 각칙(하) - 』「투송12」(제313조)「좌직통속구관장조」, 3044쪽.

해서도 현시顯示할 수 있다. 예컨대 『당률소의·투송』「유외관이하구의귀등조流外官以下毆議貴等條」에서는 "무릇 유외관 이하가 의귀議貴를 구타한 때에는 도徒2년에 처한다. 상해한 때에는 도3년에 처하고", "(유외관이하가) 5품 이상을 구타하였거나 상해한 때에는 (의귀를 구타하였거나 상해한 죄에서) 2등을 감경하며", "9품 이상을 구타하였거나 상해한 때에는 각각 일반인투상죄[凡鬪傷]에서 2등을 가중한다"[5]라고 규정하였다. 여기의 "일반인투상죄에서 2등을 가중"하면 '장杖80'[6]이 된다. 유외관 이하에 대한 용형에 의하면, 본 조의 계열에서 관리의 고저高低는 1~3품관·4~5품관·6~9품관으로 되었음을 알 수 있다.

2. 사법특권의 확정을 통한 신분등급 관계의 반영

당률은 예와 법이 결합된[禮法結合] 법전으로서, 귀족·관료는 보편적으로 특권이 있었다. 그러나 그들의 지위는 같지 않았기 때문에 그들의 특권도 차이가 있었고, 특권의 차이는 그들의 신분적 차이를 그대로 반영하였다.

당률의 경우, 황제 이외에 '팔의'에 해당하는 자[八議者]의 등급이 가장 높아서 1~3품관에 상당하였고, 그들에게 부여된 사법특권도 가장 컸다. 그 가운데 사죄死罪를 범한 경우에는 먼저 대신大臣들의 집의集議를 거친 연후에 다시 황제의 재정裁定을 거칠 수 있었고, 유流 이하의 죄[7]를 범한 경우에는 법에 의거해서 1등을 감경하여 양형量刑할 수 있었다. 예컨대 『당률소의·명례』「팔의조八議條」에서는 "무릇 팔의에 해당하는 자[八議者][8]가 사죄死罪를 범한 경우, 모두 적용할 죄목과 의議해야 하는 정상情狀의 조목을 제시하여, 먼저 의죄議罪할 것을 주청奏請하고, 의죄해서 (형이) 결정되었다면[議定] 주재奏裁한다. 유죄流罪 이하는 1등을 감경한다"[9]라고 규정하였다. 이와 같이 '팔의'에 해당

---

5 【옮긴이 주】: 『역주율소 - 각칙(하) - 』「투송15」(제316조)「유외관구의귀조流外官毆議貴條」, 3049~3050쪽.
6 【옮긴이 주】: '장80'은 『역주율소 - 각칙(하) - 』「투송15」(제316조)「유외관구의귀조」「소의」에서 "'9품 이상을 구타하였거나 상해한 때에는 각각 일반인투상죄[凡鬪傷]에서 2등을 가중한다'라는 것은 9품 이상·6품 이하의 관리를 구타하였는데 상해를 가하지 않은 경우에는 장60에 처하고, 상해를 가한 경우에는 장80에 처하며, 다른 물건으로 구타하였는데 상해를 가하지 않은 경우에는 장80에 처하고, 상해를 가한 경우에는 장100에 처하는 것과 같은 경우이다"(3050쪽)라고 한 것을 말한다.
7 '유 이하의 죄'는 태笞·장杖·도徒·유죄流罪를 가리킨다.
8 【옮긴이 주】: '팔의에 해당하는 자[八議者]'에 대해서는 주 9 및 제5장 주 72 참조.
9 『당률소의·명례』「팔의조八議條」의 규정에 의하면, "먼저 의죄할 것을 주청한다"라는 것은 대신들의 집의集議, 즉 "도당都堂에 모여 의죄하고, 의죄해서 (형이) 결정되었다면 주재한다"라는 것을 가리킨다.
【옮긴이 주】: 『역주율소 - 명례편 - 』「명례8」(제8조)「팔의자조」, 137~138쪽. 본 조「소의」에서는 "팔의에 해당하는 자가 사죄를 범한 경우, 사죄에 처해야 하는 죄목과 의친議親·의고議故·의현議賢·의능議能·의공議功·의근議勤·의빈議賓·의귀議貴 등 의의해야 하는 정상을 조목별로 기록하여, 먼저 의죄할 것을 주청하고, 영令의 규정에 의거해서 도당에 모여 의죄하며[集議], 의죄해서 (형이) 결정되었다면 주재한다(137쪽)라

하는 자[八議者]는 범죄 후에 당연히 사죄는 감면될[免死] 수 있었고, 유죄 이하는 감형될 수 있었다.

등급^{等級} 면에서 '팔의'에 해당하는 자[八議者]에 버금가는 것이 상청할 자격이 있는 자[上請者]였다. 그들의 지위는 4~5품관에 상당하였고, 부여된 사법특권은 '팔의'에 해당하는 자[八議者]보다 작았다. 그들이 사죄^{死罪}를 범한 경우에는 상청^{上請}할 수 있었지만, '팔의'에 해당하는 자[八議者]에게 부여된 "먼저 의죄^{議罪}할 것을 주청^{奏請하}"는 특권은 없었다. 이 특권은 사죄가 감면되는[免死] 중요한 요소였다. 예컨대 『당률소의·명례』「황태자비조^{皇太子妃條}」에서는 "사죄를 범한 경우에는 상청한다. 유죄 이하는 1등을 감경한다"¹⁰라고 규정하였다. 그 특권은 명확하게 '팔의'에 해당하는 자[八議者]보다 작았다.

상청할 자격이 있는 자[上請者]에 버금가는 것이 '감'할 자격이 있는 자[減者]였고, 그들의 등급은 6~7품관에 상당하였다. 그들에게 부여된 사법특권은 또 상청할 자격이 있는 자[上請者]보다 작았다. 그들이 사죄^{死罪}를 범한 경우에는 상청할 수 없었고, 일반율[常律]에 의해 처벌을 받았을 뿐이었다. 그러나 『당률소의·명례』「칠품이상지관조^{七品以上之官條}」에서 "유죄^{流罪} 이하를 범한 경우에는 각각 1등을 감경하는 법례[例]에 따른다"¹¹라고 규정하여, 유죄 이하의 죄를 범한 경우에는 1등을 감경해서 양형될 수 있었다. 즉 그들은 '팔의'에 해당하는 자[八議者]와 상청할 자격이 있는 자[上請者]에게 부여된 면사권^{免死權}이 없어서 사죄를 범한 경우에는 감면될 수 없었고, 따라서 그 특권도 앞의 양자^{兩者}보다 작았다.

또 '감'할 자격이 있는 자[減者]에 버금가는 것이 바로 '속'할 자격이 있는 자[贖者]였다. 그들의 등급은 품관^{品官} 가운데 가장 낮은 8~9품관에 상당하였고, 부여된 사법특권도 가장 작았다. 그들이 죄¹²를 범한 이후에는 면사^{免死}될 수 없었고, 감형^{減刑}도 될 수 없었다. 오직 『당률소의·명

고 하였다. 본 「소의」에서 말하는 '영令'은 니이다 노보루^{仁井田陞}, 『당령습유^{唐令拾遺}』「옥관령^{獄官令} 29조」 (782쪽)를 가리킨다.

10 【옮긴이 주】: 『역주율소 - 명례편 - 』「명례9」(제9조)「황태자비조(청장請章)」, 139~140쪽. 본 조에 있는 전체 규정은 다음과 같다. "무릇 황태자비의 대공^{大功} 이상 친족이거나, 의議해야 하는 자의 기년복^{期年服} 이상 친족 및 손자[孫], 또는 관작^{官爵}이 5품 이상인 자가 사죄를 범한 경우에는 상청한다. 유죄 이하는 1등을 감경한다. 그러나 십악^{十惡}을 범하였거나, 모반謀反·대역^{大逆}에 연좌되었거나[反逆緣坐], 살인하였거나, 감수^{監守}하는 구역 내에서 간음^{奸盜}·도적^盜·약인^{略人}·수재왕법^{受財枉法}을 범한 자는 이 율을 적용하지 않는다[不用此律]"(138~141쪽). '청청'에 대해 본 조의「주」에서는 "'청'이라고 하는 것은 그 범법행위와 청청해야 하는 정상[狀]을 조목條目별로 기록하고, 그 형량과 죄명을 바르게 하여 별도로 주청하는 것을 말한다"(140쪽)라고 하였다. '상청'은 이러한 '청'을 상주하는 것을 가리키며, 이것은 일상적인 상주와는 다른 특별 상주에 속한다. 당률에 규정된 '상청제도'에 대해서는 본 서 제6장 제2절 '상청제도' 참조.

11 【옮긴이 주】: 『역주율소 - 명례편』「명례10 - 」(제10조)「칠품이상지관조」, 142쪽. 전체 조문을 제시하면 다음과 같다. "무릇 7품 이상 관원 및 관품이나 작위로 청청할 수 있는 자의 조부모·부모·형제·자매·처·자식[子]·손자[孫]가 유죄 이하를 범한 경우에는 각각 1등을 감경하는 법례에 따른다"(142쪽).

례』「응의청감조應議請減條」에서 "유죄 이하를 범한 경우에는 속贖을 허용한다"¹³라고 규정하여, 죄¹⁴ 이하를 범한 경우에만 동銅으로 속죄贖罪할 수 있었다. 이로써 '속'할 자격이 있는 자[贖者]의 사법특권이 가장 작았고, 그 등급도 가장 낮았음을 알 수 있다.

당연히 의議·청請·감減할 자격이 있는 자는 모두 속할 특권[贖權]이 있었지만, '속'할 자격이 있는 자[贖者]는 의·청·감할 특권이 없었다. 이점도 등급의 차이로 초래된 것이었다.

이상 '팔의'에 해당하는 자[八議者]에서 '속'할 자격이 있는 자[贖者]에 이르기까지 차례대로 사법특권의 대소를 서열화해서 입안立案된 규정은 그들의 등급의 높고 낮은 실제 상황을 반영하였다. 이러한 상황은 사법특권의 대소大小와 등급의 고저高低가 정비례하였음을 말해 준다. 당률의 사법특권은 당조의 신분등급 관계를 여실히 반영하였던 것이다.

이상과 같은 의·청·감·속의 사법특권 이외에 당률의 일부 사법특권도 귀족·관리의 신분등급을 반영하였는데, 관당官當은 그 가운데 하나였다. 관당은 일종의 관품官品으로써 도형徒刑의 집행을 상쇄하는 사법특권제도였다. 9품 이상의 관리는 모두 이러한 특권이 있었지만, 특권에는 차이가 있었다. 그 가운데 1품에서 5품까지의 관리가 공죄公罪를 범한 경우에는 하나의 관[一官]으로 3년의 도형을 관당할 수 있었지만, 사죄私罪를 범한 경우에는 오직 2년의 도형만 관당할 수 있었다. 6품에서 9품까지의 관리가 공죄와 사죄를 범한 경우에는 모두 1품에서 5품까지의 관리보다 1년이 적었다. 예컨대『당률소의·명례』「관당조官當條」에서는 "무릇 사죄私罪를 범하여 도죄를 관당하는 경우, 5품 이상은 하나의 관[一官]으로 도徒2년을 관당하고, 9품 이상은 하나의 관[一官]으로 도1년을 관당한다. 만약 공죄公罪를 범한 자는 각각 1년을 추가하여 관당한다"¹⁵라고 규정하였다. 여기에서의 사법특권도 신분등급 관계와 연계되어 특권이 큰 경우에는 등급이 높았고, 특권이 작은 경우에는 등급이 낮았다고 하는, 일종의 정비례 관계였다. 이러한 정비례 관계도 사법특권의 관점에서 불평등한 신분등급 관계가 반영된 것이었다.

3. 「소의」를 통한 신분등급 관계의 반영

「소의」는 당률 가운데 하나의 중요한 구성 부분이었다. 이것은 당률 중에서 비교적 중요한 내

---

12 【옮긴이 주】: '죄'는 문맥상 '사죄死罪'로 표기되어야 한다.
13 【옮긴이 주】:『역주율소 - 명례편 -』「명례11」(제11조)「응의청감조(속장)」, 143쪽. 전체 조문을 인용하면 다음과 같다. "무릇 의議·청請·감減해야 하는 자와 9품 이상 관원 및 관품으로 감할 수 있는 자의 조부모·부모·처·자식[子]·손자[孫]가 유죄 이하를 범한 경우에는 속贖을 허용한다"(143쪽).
14 【옮긴이 주】: '죄'는 문맥상 '유죄流罪'로 표기되어야 한다.
15 【옮긴이 주】:『역주율소 - 명례편 -』「명례17」(제17조)「관당조」, 165~166쪽.

용에 대해서 해석하였고, 심지어 율문의 내용까지 보충하였는데, 즉 이른바 "율과 주注의 뜻을 설명한 것"이었고, "율의 깊은 뜻과 율의 미흡하고 통하지 않은 부분을 해석한 것"[16]이었다.「소의」도 자세히 서술하는 과정에서 당조唐朝의 신분등급 관계를 반영하였다.

「소의」는 통상 유가경전儒家經典에서 인용한 경구經句를 이론적 근거로 삼아 당조의 신분등급 관계를 반영함으로써 신분등급 관계를 확립하는 이론적인 심도深度를 강화하였다. 예컨대『당률소의·명례』「십악조十惡條」[17]에서는 황제의 독존적獨尊的 신분을 반영할 때, 우선『공양전公羊傳』과『좌전左傳』의 두 문장, 즉 "군주와 부모를 도모해서는 안 된다. 도모하였다면 반드시 주살한다[君親無將 將而必誅]"[18]와 "하늘이 때를 거스르는 것이 (하늘의) 재앙이고, 사람이 덕을 거스르는 것이 난이다[天反時爲災 人[19]反德爲亂]"[20]를 인용하였다. 이들 논술論述을 근거로 당률은 "왕자王者는 북극성과 같은 지존至尊의 자리에 있으면서 하늘의 보명寶命을 받들어 천지[二儀]가 (만물을) 덮고 싣듯이 모든 백성[兆庶]의 부모가 되었다. 따라서 자식[子]이 되고 신하가 된 자는 충성하고 효도해야 한다"[21]라고 하여, 황제는 최고의 신분으로서 독존적인 지위에 있었기 때문에 어떤 신민臣民도 반드시 충효로써 응대해야 한다는 것을 확정하였다.

또한「소의」는 예禮를 신분의 차이를 구분하는 근거로 삼았다. 예컨대『당률소의·명례』「십악조十惡條」[22]에서는 "『예기禮記』에 의하면, '적자嫡子는 아버지[父]의 대를 이었거나 잇지 않았거나 모두 이혼한 어머니의 친족[出母之黨[23]]을 위해서는 복服을 입지 않지만, 계모의 친족[繼母之黨]을 위해서는 복을 입는다'[24]라고 하였다. 이 두 친족[兩黨]은 모두 외조부모이다. 그러나 만약 친모親母가

---

16 유준문劉俊文 점교點校,『당률소의』, 중화서국中華書局, 1983년판年版, 670쪽.
   【옮긴이 주】: 심가본沈家本,「중각당률소의서重刻唐律疏議序」([당唐]장손무기長孫無忌 등等 찬撰, 유준문劉俊文 점교點校,『당률소의』「부록附錄」, 670쪽).
17 【옮긴이 주】: '「십악조」'는 '「십악조·모반謀反」「소의」'이다(주 18 참조).
18 【옮긴이 주】:『역주율소 - 명례편 - 』「명례6」(제6조)「십악조·모반謀反」「소의」, 107쪽. 이 문장은『춘추공양전주소春秋公羊傳注疏』(『십삼경주소 하』)권9,「장공莊公 32년 추秋 7월 계사癸巳」(2242쪽); 권22,「소공昭公 원년 춘春 정월正月」(2316쪽)에 나온다.
19 【옮긴이 주】: '인人'은 '민民'의 오기이다(주 20 참조).
20 【옮긴이 주】:『역주율소 - 명례편 - 』「명례6」「십악조·모반謀反」「소의」, 107쪽. 이 문장은『춘추좌전정의春秋左氏傳正義』(『십삼경주소 하』)권24,「선공宣公 15년 하夏 5월」(1888쪽)에 나온다(제11장 주 101 참조).
21 【옮긴이 주】:『역주율소 - 명례편 - 』「명례6」(제6조)「십악조·모반謀反」「소의」, 107〜108쪽.
22 【옮긴이 주】: '「십악조」'는 '「십악조·악역惡逆」「답」'이다(주 25 참조).
23 【옮긴이 주】: '당黨'에 대해서『예기정의禮記正義』(『십삼경주소 하』)권51,「방기坊記 제30」에서는 "공자가 말하였다. '부모의 당黨에 화목하게 하는 것이 효라고 할 수 있다'"라고 하였고, 정현鄭玄의 주注에서는 "당黨은 친족[親]이다"(이상 1620쪽)라고 하였다.
24 【옮긴이 주】:『예기정의』(『십삼경주소 하』)권57,「복문服問 제36」에서는 "전傳에서 말하였다. '어머니가 이혼하면 계모의 친족을 위해서 복을 입는다. 어머니가 돌아가시면 어머니의 친족을 위해서 복을 입는다.

가족인[室] 채로 사망한 경우, 친모의 친족을 위해서는 복을 입고 계모의 친족을 위해서는 복을 입지 않는다. 이 경우 계모의 친족은 복이 없으므로 곧 일반인[凡人]과 같다[同]"²⁵라고 하여, 예에 의한 적자를 기준으로 생모와 계모에 대한 신분의 차이를 판단하였다.

아울러「소의」에서는 국가의 상관相關 규정에 의거해서 신분의 차이를 명시하였다. 예컨대『당률소의·명례』「십악조」²⁶에서는 국가의 '이吏'와 '졸卒'에 대한 다음과 같은 규정을 통해 그들의 신분을 확정하였다. "'이'는 유외관流外官 이하를 말하고, '졸'은 서사庶士·위사衛士 등[類]을 말한다."²⁷ 이들에 대한 신분의 확정은 모두 국가의 상관제도에 의해서 결정되었기 때문에 당률은 국가의 규정을 인용해서 그들의 신분을 설명하였다고 할 수 있다.

더욱이「소의」는 상응하는 조문을 참작해서 일정한 신분등급을 명확히 설명하였다. 예컨대『당률소의·명례』「회사응개정징수조會赦應改正徵收條」²⁸에서는 양자養子 문제를 해석할 때, 우선 신분이 높은 자의 양자 문제를 상세히 기술하여, 그들 가운데 "자식이 없는 자는 동종으로서 소목에서 합당한 자를 수양하는 것을 허용한다[自無子者 聽養同宗於昭穆合者]"²⁹라고 하였다. 이어서 본「소의」에서는 또 "공工·악樂·잡호雜戶가 당색當色³⁰ 간에 서로 수양한[相養] 경우"³¹라고 하여, 공호工戶·악호樂戶·잡호도 등급이 서로 같았기 때문에 아들[子]을 수양할 수 있다고 하였다. 당률은 양자養子에 관한 조문으로써 공호·악호·잡호의 등급 지위가 서로 비슷하고 모두 천민賤民에 속하였음을 반영하였다.

이상으로 당률의 형벌·사법특권과「소의」는 모두 당조唐朝의 신분등급을 반영하는 중요한 창

그 어머니의 친족을 위해서 복을 입을 때에는 (다시) 계모의 친족을 위해서 복을 입지 않는다'"(1658쪽)라고 하였다.
25 【옮긴이 주】:『역주율소 - 명례편 - 』「명례6」(제6조)「십악조·악역」「답」, 113쪽.
26 【옮긴이 주】: '「십악조」'는 '「십악조·불의不義」「주·소의」'이다(주 27 참조).
27 【옮긴이 주】:『역주율소 - 명례편 - 』「명례6」(제6조)「십악조·불의不義」「주·소의」, 113쪽.
28 【옮긴이 주】: '회사응개정징수조'의 다음에 '주·소의'가 있어야 한다(주 29 참조).
29 【옮긴이 주】:『역주율소 - 명례편 - 』「명례36」(제36조)「회사응개정징수조」「주·소의」, 268쪽. 이 문장에 나오는 '동종'·'소목'의 뜻 및 '동종으로서 소목에서 합당한 자'라는 문구에 내포된 의미에 대해서는 제7장 주 205 참조. 이 문장 앞에는 "영에 준하면[準令]"이라는 문구가 있다. 이 '영'은 니이다 노보루仁井田陞,『당령습유唐令拾遺』「호령戶令 14조」(233쪽)를 말하는데,『당령습유』에는 "無子者 聽養同宗於昭穆相當"로 되어 있다. 참고로『역주율소 - 각칙(상) - 』「호혼8」「양자사거조養子捨去條」「소의」(2215쪽)에도『당령습유』와 동일한 문장이 인용되어 있는데, "無子者" 앞에는 "호령에 의하면[依戶令]"이라는 문구가 있다.
30 【옮긴이 주】: '당색'의 의미와 용례에 대해서는 제1장 주 13 참조.
31 【옮긴이 주】:『역주율소 - 명례편 - 』「명례36」(제36조)「회사응개정징수조」「주·소의」에서는 "만약 공·악·잡호가 당색當色 간에 서로 수양한 경우, 비록 율律·영令에 정문正文이 없었다고 해도 아들[子]이 없는 자는 당연히 양인의 법례에 준한다[準良人之例]"(268쪽)라고 하였다.

구였고, 그것들은 각각의 방식으로 당조의 각종 신분등급 관계를 나타내어 일목요연하게 하였음을 알 수 있다. 동시에 이러한 등급 관계는 당률의 인가認可와 보호를 받아서 이탈하거나 위반할 수 없었고, 그렇지 않은 때에는 처벌되었다.

제2절 신분등급 관계의 주요 내용

당률이 반영한 신분등급은 주로 황제·관리·양인·천민 및 가족구성원[家庭成員] 등 여러 방면에서 구현되었다.

1. 황제의 독존적獨尊的 신분등급

당조唐朝에서는 황제의 신분이 가장 고귀하여 어떤 신민臣民보다 위에 있었던, 실로 만인지상萬人之上의 지위였다. 당률은 가장 엄중한 방법으로 황제권을 침범한 행위에 대해서 제재를 가함으로써 황제의 독존적 신분을 명확하게 제시하였다. 당률은 모반謀反·모대역謀大逆 등과 같이 황제권을 엄중하게 침범한 행위에 대해서는 모두 가장 엄중한 형벌에 처하였는데, 당사자는 사형에 처해져야 하였고, 그밖에 가속家屬·부곡部曲·재산도 연좌連坐되어야 하였다. 예컨대 『당률소의·적도』「모반대역조謀反大逆條」에서는 "무릇 모반謀反하였거나 대역大逆한 자는 모두 참형斬刑에 처한다. 아버지[父]·아들[子]의 나이 16세 이상은 모두 교형絞刑에 처한다. 15세 이하(의아들) 및 어머니[母]·딸[女]·처妻·첩妾·할아버지[祖]·손자[孫]·형제兄弟·자매姉妹 또는 부곡部曲·자재資財·전택田宅은 모두 몰관沒官한다. 남자[男夫] 나이 80세 (이상) 및 독질자篤疾者, 여자[婦] 나이 60세 (이상) 및 폐질자廢疾者는 모두 (연좌緣坐를) 면제한다. 백숙부伯叔父·형제의 아들[子]은 모두 유流3000리에 처한다. 호적이 같은가 다른가를 구분하지 않는다[不限籍之異同]"[32]라고 규정하였다. 이 처벌은 당률에서 가장 엄중하였다. 이러한 엄중한 처벌은 황제가 차지하고 있었던 최고의 지위를 유지·보호하는 것과 완전히 부합하였다. 이외에 황제와 그 나머지 사람이 똑같이 침해를 받은 행위에 대한 용형用刑도 황제에 대한 침해가 그 나머지 사람에 대한 침해보다 가중되었고, 그 나머지 사람에 대한 침해는 감경되었다. 원릉園陵 내의 초목을 절도한 행위와 타인의 분묘墳墓 내의 수목樹木을 절도한 행위에 대한 처벌이 바로 이와 같았다. 예컨대 『당률소의·적도』「도원릉내초목조盜園陵內草木條」에서는 "무릇 원릉園陵 내의 초목을 절도한[盜] 자는 도徒2년반에 처한다. 만약 타인의 묘영墓塋 내의 나무[木]를 절도한[盜] 자는 장杖100에 처한다"[33]라고 규정하였다. 이러한 두 가지 행위에 대한 처

---

32 【옮긴이 주】: 『역주율소 - 각칙(상) - 』「적도1」(제248조)「모반대역조」, 2382쪽.

벌은 일치하지 않았고, 전자가 후자보다 가중되었다. 이러한 용형의 차이는 황제의 신분이 그 나머지 사람보다 높았다는 것을 정확하게 반영한 것이었다.

2. 귀족과 관리의 신분등급의 차이

당조에서는 황제를 제외하면 관리의 등급이 비교적 높았다. 그러나 관리 간의 지위도 같지 않았고, 등급에도 차이가 있었다. 당률에서 이러한 등급의 차이는 관품官品으로 표현되었다. 만약 귀족이었다면, 그 등급은 일정한 관품을 가진 관리에 상당하였다. 예컨대 『당률소의·명례』「황태자비조皇太子妃條」에서는 상청上請할 수 있는 특권이 있었던 관리를 4~5품관으로 비정比定하였고, 이러한 관품에 상당하는 귀족에는 "황태자비의 대공大功 이상 친족[親], 의議할 수 있는 자의 기년복期年服 이상 친족 및 손자[孫]"[34] 등이 있었다. 따라서 이들 귀족의 등급은 4~5품관과 동일하였다고 볼 수 있다. 「칠품이상지관조七品以上之官條」와 「응의청감조應議請減條」에서도 6~7품의 관리에 상당하는 귀족과 8~9품의 관리에 상당하는 귀족을 구분해서 규정하였다.[35] 이외에도 당률은 그 밖의 방식을 통해 그들의 신분적 차이를 반영하였는데, 용형用刑은 그 가운데 하나였다. 예컨대 『당률소의·투송』「구제사부주자사현령조毆制使府州刺史縣令條」에 규정된, 이졸吏卒이 5품 이상 관리와 6품 이하 관리를 구타한 행위에 대한 용형의 차이는[36] 5품 이상과 6품 이하 관리의 등급에 명확한 차이가 있었음을 반영하였다. 즉 본 조에서는 "이吏·졸卒이 본부本部의 5품 이상의 관장官長을 구타한 때에는 도徒3년에 처하고", "만약 6품 이하의 관장을 구타한 때에는 각각 3등을 감경한다"[37]라고

---

33 【옮긴이 주】: 『역주율소 - 각칙(상) -』「적도31」(제248조)「도원릉내초목조」, 2452쪽.
34 【옮긴이 주】: 『역주율소 - 명례편 -』「명례9」(제9조)「황태자비조(청장請章)」에서는 "무릇 황태자비의 대공 이상 친족[親], 의議할 수 있는 자의 기년복 이상 친족 및 손자[孫], 또는 관작官爵이 5품 이상인 자가 사죄死罪를 범한 때에는 상청上請한다"(138~139쪽)라고 규정하였다.
35 『당률소의·명례』「칠품이상지관조」의 규정에 의하면, "청請할 수 있는 자의 조부모·부모·형제·자매·처·자식[子]·손자[孫]"의 등급은 6·7품관에 상당하였기 때문에 그들도 '감減'이라는 사법특권을 적용받을 수 있었다. 「응의청감조應議請減條」의 규정에 의하면, "관품으로 감減할 수 있는 자의 조부모·부모·처·자식[子]·손자[孫]"의 등급은 8·7(7은 9의 오기)품의 관리에 상당하였기 때문에 그들은 '속贖'이라는 사법특권을 적용받을 수 있었다.
【옮긴이 주】: 『역주율소 - 명례편 -』「명례10」(제10조)「칠품이상지관조(감장減章)」에서는 "무릇 7품 이상 관원 및 관품이나 작위로 청請할 수 있는 자의 조부모·부모·형제·자매·처·자식[子]·손자[孫]가 유죄流罪 이하를 범한 때에는 각각 1등을 감경하는 법례에 따른다[從減一等之例]"(142쪽)라고 규정하였고, 『역주율소 - 명례편 -』「명례11」(제11조)「응의청감조(속장贖章)」에서는 "무릇 의議·청請·감減해야 하는 자 및 9품 이상 관원, 또는 관품으로 감減할 수 있는 자의 조부모·부모·처·자식[子]·손자[孫]가 유죄流罪 이하를 범한 때에는 속贖을 허용한다"(143쪽)라고 규정하였다.
36 【옮긴이 주】: 이 문구가 원서에는 "對吏卒五品以上官吏和六品以下官吏的不同用刑"이라고 하여, '이졸吏卒'과 '5품 이상五品以上' 사이에 '구毆'라는 단어가 없지만, 본 조의 율문律文에 따라 첨가해서 해석하였다.

규정하였다. 여기서 범죄주체는 모두 이졸이지만, 이들에 대한 용형의 차이는 바로 범죄대상의 신분등급 차이, 즉 전자는 5품 이상의 관리였고, 후자는 6품 이하의 관리였기 때문에 전자는 용형이 엄중하였고, 후자는 경미하였다.

3. 양인과 천인의 신분등급의 차이

양인의 근간은 농민으로서, 천인과 동일한 등급이 아니었다. 천인[38]의 신분등급이 가장 낮아서 가축·재산[畜産]과 같았다. 즉,『당률소의·명례』「객호부곡관사노비유범조客戶部曲官私奴婢有犯條」[39]에서는 "노비는 천인이고, 율에서는 가축·재산에 비견하고 있다[奴婢賤人 律比畜産]"[40]라고 하였다. 바로 이와 같았기 때문에『당률소의·호혼』「노취양인위처조奴娶良人爲妻條」[41]에서는 "사람은 각각 배우자가 있는데, 색류[42]는 반드시 같아야 한다. 양·천은 원래 구분되어 있는데 어찌 배필이 될 수 있겠는가?[人各有耦 色類須同 良賤旣殊 何宜配合]"[43]라고 하여, 당률은 통혼通婚할 수 없다는 규정으로써 그들의 신분등급의 차이를 반영하였다. 따라서 "노가양인의 딸을 처로 삼은 자는 도徒1년 반에 처한다. 시집간 자는 1등을 감경한다. 이들을 이혼시킨다[奴娶良人女爲妻者 徒一年半 嫁減一等 離之]"[44]라고 규정하였던 것이다.

또『당률소의·호혼』「이처위첩조以妻爲妾條」[45]에서는 "비는 곧 천류이다[婢乃賤流]"[46]라고 하여, 비도 천인에 속하였다. 이처럼 노와 비는 똑같이 천인에 속하였고, 그들은 모두 독립적인 인격이 없었으며, 자재資材와 마찬가지로 주인의 소유물이었다. 즉,『당률소의·호혼』「잡호관호여양인

---

37 【옮긴이 주】:『역주율소 - 각칙(하) - 』「투송11」(제312조)「구제사부주현령조」, 3041~3042쪽.
38 【옮긴이 주】: "천인"은 "천인 가운데 노비"로 기술되어야 한다. 그것은 바로 이어지는『역주율소 - 명례편 - 』「명례47」(제47조)「관호부곡관사노비유범조官戶部曲官私奴婢有犯條」「소의」에 보이듯이(주 40 참조), 가축·재산[畜産]과 동일시되는 신분은 천인 가운데 노비에 한정되었기 때문이다.
39 【옮긴이 주】: '「관호부곡관사노비유범조」' 다음에 '「소의」'가 있어야 한다(주 40 참조).
40 【옮긴이 주】:『역주율소 - 명례편 - 』「명례47」(제47조)「관호부곡관사노비유범조」「소의」, 341쪽. 이외에 당률에서는 노비를 자재로도 규정하고 있다(제1장 주 46 참조).
41 【옮긴이 주】: '「노취양인위처조」' 다음에 '「소의」'가 있어야 한다(주 43 참조).
42 【옮긴이 주】: '색류'의 의미와 그 용례에 대해서는 제1장 주 13 참조.
43 【옮긴이 주】:『역주율소 - 각칙(상) - 』「호혼42」(제191조)「여노취양인녀위처조與奴娶良人女爲妻條」「소의」, 2279쪽.
44 【옮긴이 주】: 이 문장은『역주율소 - 각칙(상) - 』「호혼42」(제191조)「여노취양인녀위처조」에서 "무릇 노에게 양인의 딸을 처로 삼게 한 자는 도1년반에 처한다. 여자 집[女家]은 1등을 감경한다. 이들을 이혼시킨다[諸與奴娶良人女爲妻者 徒一年半 女家 減一等 離之]"(2278쪽)라고 한 규정이 정문正文이다.
45 【옮긴이 주】: '「이처위첩조」' 다음에는 「소의」가 있어야 한다(주 46 참조).
46 【옮긴이 주】:『역주율소 - 각칙(상) - 』「호혼29」(제178조)「이처위첩조」「소의」, 2256쪽.

위혼조雜戶官戶與良人爲婚條」[47]에서는 "노비는 원래 자재와 같으므로 곧 주인의 처분에 따라야 한다[奴婢旣同資財 卽合由主處分]"[48]라고 하였다.

천민에 속하는 것에는 부곡部曲도 있었다. 그러나 부곡의 신분은 노비보다 약간 높았다.[49] 이것은 용형用刑에 반영되었다. 예컨대『당률소의·적도』「약인약매인조略人略賣人條」에서는 사람을 약취하였거나[略시 사람을 약매해서[略賣시 노비와 부곡으로 한 행위에 대한 용형用刑을 구분하였는데,[50] 구체적으로 "무릇 사람을 약취하였거나[略시 사람을 약매해서[略賣시 노비로 한 자는 교형絞刑에 처하고, 부곡으로 한 자는 유流3000리에 처한다"[51]라고 하였다. 이처럼 용형을 구분한 주된 원인은, 노비·부곡은 모두 천민이었지만 등급에 차별이 있었고, 부곡의 등급이 노비보다 약간 높았기 때문이다. 따라서 범죄자의 용형에도 경중輕重이 발생하여 사람을 약취해서[略시 노비로 한 경우에는 신분이 낮았기 때문에 교형을 적용하였고, 사람을 약취해서 부곡으로 한 경우에는 신분이 조금 높았기 때문에 유형을 적용하였다. 부곡과 노비의 이러한 신분등급의 차이는 그들이 양인에 대해서 구타하여 상해한[毆傷] 후의 처벌에서도 볼 수 있다. 즉, 부곡·노비가 똑같이 양인을 구타하여 상해하였지만[毆傷], 부곡에 대한 용형이 노비보다 경미하였다. 예컨대『당률소의·투송鬪訟[52]』「부곡노비양인상구조部曲奴婢良人相毆條」에서는 "무릇 부곡이 양인을 구타하여 상해한[毆傷] 때에는 일반인[凡시을 범한 죄에서 1등을 가중한다. 노비는 또 1등을 가중한다"[53]라고 규정하였다. 이 규정에서 노비에 대한 용형이 부곡보다 가중되었던 것은 노비의 신분등급이 부곡보다 낮았기 때문이다.

---

47 【옮긴이 주】: '「잡호관호여양인위혼조」' 다음에 '「소의」'가 있어야 한다(주 48 참조).
48 【옮긴이 주】:『역주율소 - 각칙(상) - 』「호혼43」(제192조)「잡호관호부득여양인위혼조」「소의」, 2281쪽.
49 『당률소의·투송』「부곡노비과실살상주조部曲奴婢過失殺傷主條」에서는 "부곡·노비는 가복이다[部曲·奴婢是爲家僕]"라고 하듯이, 부곡과 노비는 모두 가복이었다. 그러나 부곡은 일반적으로 집 밖[戶外]의 노동에 종사하였고, 노비는 집 안[戶內]의 노동에 종사하였다. 부곡의 지위는 노비보다 약간 높았다.
   【옮긴이 주】:『역주율소 - 각칙(하) - 』「투송22」(제323조)「부곡노비과실살상주조」「소의」에서는 "부곡·노비는 가복이기 때문에 주인을 섬기는데 반드시 삼가 공경하는 마음을 가져야 하고, 또 그들이 두 마음을 (가지는 것도) 방비해야 한다. 그러므로 비록 주인을 과실로 살해하였더라도[過失殺] 교형絞刑에 처한다. 또한 주인에게 과실로 상해를 가했거나 욕한 때에는 유형流刑에 처한다"(3062쪽)라고 하였다.
50 약인略人과 약매인略賣人은 오늘날 사람을 유괴하였거나 인신매매한 행위를 가리킨다.
51 【옮긴이 주】:『역주율소 - 각칙(상) - 』「적도45」(제292조)「약인약매인조」, 2478쪽.
52 【옮긴이 주】: '론'은 '송訟'의 오기이다(주 53 참조).
53 【옮긴이 주】:『역주율소 - 각칙(하) - 』「투송19」(제320조)「부곡노비양인상구조」, 3056쪽. 이어지는 규정은 다음과 같다. "또한 노비가 양인을 구타하여 지체를 부러뜨렸거나 어긋나게 하였거나[折跌支體], 한쪽 눈을 실명시킨[瞎其一目] 때에는 교형에 처한다. 살해한 때에는 참형에 처한다"(3056쪽). '절질지체折跌支體'에 대해서는 제8장 주 109 참조.

당조의 공호工戶·악호樂戶·잡호雜戶·관호官戶도 모두 천민 동류同類⁵⁴에 속하고 양인과 동일한 등급이 아니었기 때문에 그들은 양인과 혼인할 수 없었고, 오직 같은 신분 간에만 혼인이 가능하였다. 예컨대 『당률소의·호혼』「잡호관호여양인위혼조雜戶官戶與良人爲婚條」⁵⁵에서는 "공호·악호·잡호·관호는 영令⁵⁶에 의하면 '당색當色' 간에 혼인한다[工樂雜戶官戶 依令當色爲婚]"⁵⁷라고 하였다. 동시에 그들이 만약 양인과 혼인한 때에는 "장杖100에 처한다"⁵⁸라고 규정하였다.

이상과 같이 천민 또는 그 밖의 사람에 대해서 용형用刑한 주된 원인은 그들이 자신들의 신분등급 지위를 지키지 않고 신분등급 제도를 엄중하게 위반해서 국가가 규정한 신분등급질서를 침해하였기 때문이었다. 이처럼 예禮를 위반하였고 또 사회를 침해하였기 때문에 용형해서 처벌하였던 것이다.

4. 가족구성원[家庭成員]의 신분등급의 차이

당조의 가족구성원[家庭成員] 간에는 부모와 자녀[親子] 관계·부부[夫妻]관계·그 밖의 친속親屬 관계 등등이 있었기 때문에 비교적 복잡하였다. 또 가족구성원[家庭成員] 간에는 신분등급의 차이도 있었기 때문에 당률도 당연히 그들의 이러한 등급 차이를 반영할 수밖에 없었다.

부모와 자녀[親子] 관계에서 당률은 가장家長의 신분이 자녀보다 높다는 것을 인정하였다. 부모와 자녀의 관계는 천양지차天壤之差였다. 예컨대 『당률소의·투송』「고조부모부모조告祖父母父母條」⁵⁹에서는 "아버지는 자식의 하늘이다[父爲子天]"⁶⁰라고 하였다. 이러한 신분등급의 차이는 그들 쌍

---

54 【옮긴이 주】: '동류同類'와 뒤에 나오는 '當色'의 의미 및 그 용례에 대해서는 제1장 주 13 참조.
55 【옮긴이 주】: '잡호관호여양인위혼조' 다음에는 '소의'가 있어야 한다(주 57 참조).
56 【옮긴이 주】: '영'은 니이다 노보루仁井田陞, 『당령습유唐令拾遺』「호령戶令 39조」(258쪽)를 가리킨다. 「호령 39조」의 전문은 다음과 같다. "무릇 공호·악호·잡호·관호, 부곡, 객녀客女, 공公·사私노비는 모두 당색當色 간에 혼인한다."
57 【옮긴이 주】: 『역주율소 - 각칙(상) - 』「호혼43」(제192조)「잡호관호부득여양인위혼조雜戶官戶不得與良人爲婚條」「소의」, 2281쪽. 다만 본 조 「소의」에서는 "태상음성인은 영에 의하면, 혼인은 백성과 같다[太常音聲人 依令婚同百姓]"(2282쪽)라고 하여, 태상음성인은 관천인官賤人 가운데 예외적으로 양인과의 혼인이 허용되었다. 본 「소의」에서 말하는 영令은 니이다 노보루仁井田陞, 『당령습유唐令拾遺』「호령 40조」(259쪽)를 말한다.
58 【옮긴이 주】: 『역주율소 - 각칙(상) - 』「호혼43」(제192조)「잡호관호부득여양인위혼조」에서는 "무릇 잡호는 양인과 혼인해서는 안 된다. 위반한 자는 장100에 처한다. 관호가 양인의 딸[良人女]을 처로 삼은 때에도 이와 같다"(2280쪽)라고 규정하였다.
59 【옮긴이 주】: '고조부모부모조' 다음에 '소의'가 있어야 한다(주 60 참조).
60 【옮긴이 주】: 『역주율소 - 각칙(하) - 』「투송44」(제345조)「고조부모부모조」「소의」, 3110. 이 문장은 『의례주소儀禮注疏』(『십삼경주소 상』권30,「상복喪服 제11」(1106쪽)에 나오는데, 원문은 "부자자지천야[父者子

방의 구타행위에 대한 용형用刑의 차이에 명확하게 반영되어 있다. 예컨대『당률소의·투송』「구리조부모부모조殿詈祖父母父母條」의 규정에 의하면, 자녀가 부모를 구타한 경우에는 후과後果 여하如何에 관계없이 "참형斬刑"에 처하였지만, 반대로 자녀가 교령敎令을 위반하였기 때문에[61] 부모가 그들을 구타하여 살해한[殿殺] 경우에는 단지 "도徒1년반"[62]에 처하였을 뿐이다. 이로써 용형의 차이가 매우 컸음을 볼 수 있다. 이처럼 용형用刑의 차이가 큰 것은 그들 간의 신분등급의 큰 차이를 그대로 반영한 것이었다.

그 밖의 친속관계에서는 오복五服과 그것에 상응하는 형벌에 의해 그들의 등급관계를 확정하였다. 예컨대『당률소의·적도』「모살기친존장조謀殺期親尊長條」에서는 비유卑幼와 존장의 상호 모살謀殺과 용형의 차이로서 그들의 등급 차이를 반영하였다. 즉, 본 조에서는 "무릇 기친존장期親尊長·외조부모·남편[夫]·남편의 조부모나 부모를 모살한 자는 모두 참형에 처한다. 시마緦麻 이상 존장을 모살한 자는 유流2000리에 처하고", "존장이 비유를 모살한 때에는 각각 고살죄故殺罪에 의하되 2등을 감경한다"[63]라고 규정하여, 비유가 기친 이상의 존장을 모살한 때에는 참형에 처해야 하고, 대공大功 이하의 존장을 모살한 때에는 유2000리에 처해야 하지만, 반대로 존장이 비유를 모살한 때에는 일반인모살죄[凡人謀殺罪]에서 2등을 감경해서 양형量刑하였다. 이 규정을 통해 기친 이상 존장·대공 이하 존장·비유는 모두 신분등급에 차이가 있었고, 그 지위에 대한 차별도 현저하였음을 알 수 있다.

부부[夫妻]관계에서 당률은 남편[夫]의 지위가 처보다 높다는 것을 확정하였다. 예컨대『당률소의·명례』「십악조」에서는 "남편은 아내의 하늘이다[夫者婦之天]", "남편은 처의 하늘이다[夫者妻之天也]"[64]라고 하였다. 이처럼 부부 사이의 등급 차이는 천양지차天壤之差와 같았다. 이러한 신분

之天也]"이다.

61 【옮긴이 주】: 자손이 부모의 '교령'을 위반한 행위에 대한 처벌규정은『역주율소 - 각칙(하) - 』「투송47」(제348조)「자손위범교령조子孫違犯敎令條」(3121쪽) 참조. '자손의 교령 위반'을 미시적 관점에서 역사적으로 고찰한 전문서로는 손가홍孫家紅 지음, 전영섭 옮김,『자손의 교령위반에 관한 역사적 고찰 - 미시법사학적 시도』(서울: 서경문화사, 2018)가 있다.

62 【옮긴이 주】:『역주율소 - 각칙(하) - 』「투송28」(제329조)「구리조부모부모조」에서는 "무릇 조부모나 부모에게 욕한[詈] 자는 교형에 처하고, 구타한 자는 참형에 처한다. 과실로 살해한[過失殺] 자는 유3000리에 처하고, 상해한 자는 도3년에 처한다. 만약 자손이 교령을 위반하여, 조부모나 부모가 구타해서 살해한[殿殺] 때에는 도1년반에 처하고, 칼로 살해한[刃殺] 때에는 도2년에 처한다. 고의로 살해한[故殺] 때에는 각각 1등을 가중한다. 만약 적모嫡母·계모繼母·자모慈母·양부모養父母가 살해한 때에는 또한 1등을 가중한다. 과실로 살해한 때에는 각각 논죄하지 않는다[勿論]"(3076쪽)라고 규정하였다.

63 【옮긴이 주】:『역주율소 - 각칙(하) - 』「적도6」(제253조)「모살기친존장조」, 2394~2395쪽.

64 【옮긴이 주】: 이상의 문장 가운데 전자는『역주율소 - 명례편 - 』「명례6」(제6조)「십악조·불목不睦」「주·소의」(126쪽), 후자는『역주율소 - 명례편 - 』「명례6」(제6조)「십악조·불의不義」「주·소의」(129쪽)에 보인다.

등급 관계는 그들 간의 상호 구타에 대한 처벌에 명확하게 반영되었다. 즉, 남편이 처를 구타하여 상해한[毆傷] 때에는 감경해서 양형量刑하였지만, 처가 남편을 구타하여 상해한 때에는 가중해서 양형하였다. 예컨대 『당률소의·투송』「구상처첩조毆傷妻妾條」와 「처구리부조妻毆詈夫條」의 규정에 의하면, 남편이 처를 구타한 때에는 처벌되지 않았고, "처를 구타하여 상해한 자는 일반인[凡人]에서 2등을 감경"[65]하였지만, 처가 남편[夫]을 구타한 때에는 "도徒1년에 처"하였고, 더욱이 남편을 구타하여 상해한[毆傷] 때에는 "일반투상죄에서 3등을 가중[加凡鬪人者[66]三等]"[67]하였다. 그들의 형벌의 등급[刑等]에 '5등'의 차이가 있는 것에서, 남편의 신분등급이 확실히 처보다 매우 높았음을 알 수 있다.

처妻·잉媵과 첩妾 간에는 처의 등급이 가장 높았고, 첩의 등급이 가장 낮았으며, 잉은 그 중간이었다. 당률은 용형用刑의 가중·감경으로 그들의 이러한 신분등급의 고저高低 관계를 현시顯示하였다. 예컨대 『당률소의·호론』「이처위첩조以妻爲妾條」에서는 "잉이 처를 범한 때에는 첩에서 1등을 감경한다. 첩이 잉을 범한 때에는 일반인[凡人]에서 1등을 가중한다"[68]라고 규정하였다.

당률의 이러한 신분등급은 현실 사회의 신분등급이 그대로 투영된 것이었다. 이러한 등급은 "벗어날 수 없었고, 그렇지 않았다면 관과 신발의 위치가 바뀐 것이고[顛倒冠履], 예경禮經을 문란하게 한 것"[69]으로 간주되었기 때문에 각종 형벌의 처벌도 받아야 하였다. 이로써 당조에서 신분등

그런데 양자는 '처'를 가리키는 글자가 '부부'와 '처처'로 표기되어 있지만, 그 근거가 되는 『의례주소儀禮注疏』(『십삼경주소 상』)권30, 「상복喪服 제11」에서는 "남편은 처의 하늘이다[夫者妻之天也]"(1106쪽)라고 하여, '처妻'가 바른 표기이다.

65 【옮긴이 주】: 『역주율소 - 각칙(하) -』「투송24」(제325조)「구상처첩조」에서는 "무릇 처를 구타하여 상해한[毆傷] 자는 일반인[凡人]에서 2등을 감경한다"(3066쪽)라고 규정하였다.

66 【옮긴이 주】: '인자人者'는 '상傷'의 오기이다(주 67 참조).

67 【옮긴이 주】: 『역주율소 - 각칙(하) -』「투송25」(제326조)「처구리부조」에서는 "무릇 처가 남편[夫]을 구타한 때에는 도1년에 처하고, 만약 구타하여 상해한[毆傷] 행위가 엄중한 때에는 일반투상죄에서 3등을 가중한다[加凡鬪傷三等]"(3067쪽)라고 규정하였다.

68 【옮긴이 주】: 『역주율소 - 각칙(상) -』「호혼29」(제178조)「이처위첩조」, 2257쪽. 본 조에 의하면, 이 문장 앞에 "투송률에 의하면"(2257쪽)이 있다. 『역주율소 - 각칙(하) -』「투송 25」(제326조)「처구리부조」에 있는 조문은 다음과 같다. "만약 잉이나 첩이 남편에게 욕한[詈] 때에는 장80에 처한다. 만약 첩이 처를 범한 때에는 남편을 범한 것과 같다[與夫同]. 잉이 처를 범한 때에는 첩에서 1등을 감경한다. 첩이 잉을 범한 때에는 일반인[凡人]에서 1등을 가중한다. 살해한 때에는 각각 참형에 처한다"(3069쪽).

69 『당률소의·호론』「이처위첩조」.
【옮긴이 주】: 『역주율소 - 각칙(상) -』「호혼29」(제178조)「이처위첩조」「소의」에서는 "만약 첩을 처로 삼거나 비婢를 처로 삼아 혼약[議約]을 위반한 경우, 바로 이것은 부부의 정도正道를 무너뜨린[虧] 것이고, 인륜의 변하지 않는 법칙[彝則]을 더럽힌[黷] 것이며, 관과 신발의 위치가 바뀐 것이고, 예경을 문란하게 한 것이므로, 이것을 위반한 사람은 곧 2년의 도죄에 처해야 한다"(2256쪽)라고 하였다.

급제도는 매우 중요한 제도였고, 형법의 보호를 받았던 제도였음을 알 수 있다.

제3절 기타 동방법東方法 중 신분등급 규정과의 비교

고대 동방의 다른 국가의 법률과 비교하면, 당률의 당조唐朝 신분등급에 대한 규정이 가장 전면적이었고 또 가장 상세하였다. 고대 동방의 여타 국가법 가운데 신분등급에 대한 규정은 모두 당률의 규정과 같이 전면적이지도 상세하지도 않았다. 이점도 당률의 고대 동방법에서 하나의 특징이었다고 할 수 있다.

고대 동방의 헤브라이법[希伯來法: Hebraic Law]과 이슬람법[伊斯蘭法: Sharia Law] 국가에서는 국가가 각종 방법으로 사람 간의 불평등한 신분등급 관계를 힘써 엄폐하였기 때문에 법률에 매우 적게 반영되었고, 이러한 관계는 오직 다른 방면에 반영되었을 뿐이다.

현존하는 헤브라이법 자료에서 노예주와 노예의 불평등한 신분과 직접 연관된 규정은 볼 수 없다. 그러나 『구약전서舊約全書』의 「출애굽기出埃及記」에서 그들의 상이相異한 신분 상황을 종종 볼 수 있다. 그 가운데 일례를 들면, 파라오[法老: Pharaoh]는 궁중에 거주하였지만, 이스라엘인[以色列人: Israeli]은 모두 야외에 거주하면서 파라오 감독관들의 감독 하에서 노동을 하였다. 파라오는 감독관들에게 "백성들에게 벽돌[磚]을 만드는데 쓰는 짚[草]을 이전처럼 주지 말고, 그들이 스스로 가서 짚을 줍게 하라[撿草]. (또) 그들에게 이전에 만든 벽돌 수효대로 만들게 하고, 조금도 감하지 말라"라고 하였고, 또 감독관들에게 분부를 내려 "그 사람들의 노역을 더 무겁게 함으로써 수고롭게 하여 거짓말을 듣지 않게 하라"라고 하였다. 이에 "백성들이 애굽埃及 온 땅에 흩어져서 곡초 그루터기[碎稭]를 거두어다가 짚을 대신하니, 감독관들이 그들을 독촉하여 '너희는 짚이 있을 때와 같이 당일 일을 당일에 마치라'라고 하였다." 이처럼 "짚은 너희에게 주지 않을지라도 벽돌은 수량대로 바쳐야 하는" 상황에서 소임을 다하지 못하였을 때는 파라오 감독관들의 '학대'도 받아야 하였다.[70] 여기의 '파라오'·그의 '감독관'과 수많은 '이스라엘인'은 신분이 다른 노예주와 노예의 관계가 아니면 또 무엇이겠는가?

이슬람법에서는 통치자와 피통치자의 신분등급의 차이를 직접 언급하고 있지 않고, 또 일반적으로 봉건영주封建領主가 누릴 수 있는 각종 특권도 규정하고 있지 않다. 그러나 당시 아랍[阿拉伯: Arabia] 국가에서 할리파[哈里發: Khalifa]·귀족과 빈민貧民·목민牧民·노예의 신분적 차별은 엄연히 존재하였다. 다만 이러한 차별은 종교적 외피로 가려져서 모호하게 변모되어 있었기 때문에 직

---

70 『신구약전서新舊約全書』, 성경공회인쇄·출판[聖經公會印發], 1940년판年版, 71~74쪽.

접 자각하기가 쉽지 않다. 비록 그렇다고 해도 현실 생활에서는 여전히 이러한 차별이 냉혹하게 표출되고 있었다. 예컨대 이슬람법에서는 남자가 네 명의 부인을 소유하는 것을 허용하였지만, 동시에 반드시 그녀들에게 생활비를 지급해야 하였다. 봉건영주와 귀족 등 통치자들은 이것을 해낼 수 있었지만, 빈민貧民·목민牧民 등 피통치자들은 감당할 수 없었다. 왜냐하면 "빈궁한 무슬림[穆斯林: Muslim]은 평생 1명의 부인을 책임지기에도 어려웠기" 때문이다. 또 예컨대 마호메트[穆罕默德: Muhammad]는 비록 노예 해방에 대하여 알라신[眞主: Allah]의 참뜻을 받들고 지키는 일이라고 하면서도, "그러나 그는 결코 노예제를 폐지하지 않았다. 노예는 여전히 노예주가 양도할 수 있는 전유물이었다. 노예가 속신贖身하지 못하면, 노예주는 그들을 후손에게 증여하거나 다른 사람에게 양도할 수 있었다. 노예는 곧 재산이었다."[71] 여기에는 빈부의 차별과 매매 관계라는 두 측면이 이슬람법에 반영되어 있고, 또한 이 법에 신분적 차별이 가장 잘 반영되어 있다는 각주脚注도 부기附記되어 있다.

인도법印度法[Indian Law]은 비록 종교법에 속하였지만, 그 가운데 카스트[四種姓: Caste]의 신분등급이 가장 명확하였다. 인도에는 고대에 네 개의 큰 카스트[種姓: Caste]가 있었고, 브라만[婆羅門: Brahman][72]·크샤트리아[利帝利: Kshatriya][73]·바이샤[吠舍: Vaisya][74]·수드라[首陀羅: Sudra][75]로 구분되었다. 그 가운데 브라만의 지위가 가장 높았고, 국가의 신권神權을 관장하였다. 크샤트리아의 지위는 브라만의 다음으로서, 국가의 군정軍政 사무를 관장하였다. 바이샤는 제3계급으로서, 농업·수공업과 상업 등에 종사하였고, 수드라의 지위가 가장 낮아서, 위의 세 등급의 사람들을 섬기는데, 실제 노예였다. 이상 네 개의 카스트[種姓: Caste] 중에서 앞의 셋은 통치자였고, 나머지 하나는 피통치자였다. 이러한 신분등급은 인도법에 실제로 반영되었다. 예컨대 『마누 법전[摩奴法論: Manu Smriti]』에서는 다음과 같이 말하고 있다. 브라만은 "한번 태어나면 (일생) 천하의 존중을 받았고", 그들의 임무는 "베다[吠陀: Veda]의 교수教授와 학습·제사·타인의 제사 대행·보시布施" 등이었다. 크샤트리아에게는 "중생衆生 보호·보시·베다 학습·금욕" 등이 요구되었고, 바이샤는 "목축·보시·제사·베다 학습·상업·대부貸付와 농업" 등에 종사해야 하였다. 수드라는 오직 "한 가지 일[一種業], 즉 성심으로 상술한 세 계급[種姓: Caste]을 섬겨야만 하였다."[76] 이러한 섬김

....

71 [독德]헤르베르트 고트샬크[赫伯特·戈特沙爾克; Herbert Gottschalk], 염서송각閻瑞松 옮김, 『요동치는 세계 이슬람교[震撼世界的伊斯蘭教]』, 섬서인민출판사陝西人民出版社, 1988년판年版, 57쪽.
72 【옮긴이 주】: '브라만'은 '바라문'이라고도 하며, '사제층司祭層'을 가리킨다.
73 【옮긴이 주】: '크샤트리아'는 '왕족·무사·귀족' 등 지배층을 가리킨다.
74 【옮긴이 주】: '바이샤'는 '농민·상인·수공업자' 등을 가리킨다.
75 【옮긴이 주】: '수드라'는 '노예'를 가리킨다.
76 장충신蔣忠新 옮김, 『마누 법전[摩奴法論]』, 중국사회과학출판사中國社會科學出版社, 1986년판年版, 12~13

과 섬김을 받는 관계는 바로 일종의 신분등급 관계의 반영이었다. 그러나 이러한 신분등급 관계도 복잡하지 않았기 때문에 당률의 상응하는 규정에 미치지 못하였다.

설형문자법楔形文字法[77]은 세속법世俗法에 속하였지만, 그때는 여전히 노예제 시기로서 신분등급도 충분히 발달할 수 없었기 때문에 이 법에서의 신분등급도 비교적 간단하였다. 설형문자법 가운데 티그리스[Tigris River]·유프라테스 강[Euphrates River] 유역의 현존하는 가장 오래된 법전인 『우르남무 법전[烏爾納姆法典: Code of Ur - Nammu]』에서는 이미 주인과 노예를 두 개의 다른 등급으로 엄격하게 구분하였는데, 주인이 상이었고, 노예는 하에 위치하였다. 노예는 반드시 자신의 본분을 지켜야 하였고, 주인을 최대한 공경해야 하였으며, 그렇지 않은 때에는 엄벌에 처해졌다. 이 법전에서는 "만약 여노女奴가 자기를 그 주인과 견주면서 주인에 대해서 불손하게 말하였다면"[78] 엄벌해야 한다고 규정하였다. 이후 『함무라비 법전[漢穆拉比法典: Code of Hammurabi]』에서는 자유민이 자유민의 노예의 뼈[骨]를 훼손하였거나 절단하였다면 "매입 가격[買價]의 절반을 배상"해야 한다고 규정하였다. 이 배상비율은 소[牛]를 손상시킨 것과 같았다. 동시에 이 법전은 만약 빌린 소를 손상시켰다면, "소 값[牛價]의 절반에 상당하는 은銀으로 소의 주인에게 배상해야 한다"[79]라고 규정하였다. 노예의 신분은 당시 거의 소와 같을 정도로 등급이 매우 낮았다. (다만) 모든 규정이 비교적 조략粗略하고 상세하지 않았음을 볼 수 있다.

러시아법[俄羅斯法: Russian Law]은 일종의 봉건제법이다. 러시아법에서 지주와 농민, 이 두 신분은 다른 등급의 구성원이었다. 『야로슬라비치 법전[雅羅斯拉維奇法典]』[80]에서는 왕공王公의 장원[村

쪽 참조.

77 【옮긴이 주】: '설형문자법'은 설형문자로 기록된 임의의 법전을 말한다. 그것은 고대 중동中東의 수메르Sumer·바빌로니아Babylonian·아시리아Assyria·엘람Elam·후르족Hur·카사이트Qassite·히타이트Hittite 등에서 개발되고 사용되었다. 『함무라비 법전Code of Hammurabi』은 설형문자의 가장 잘 알려진 법이다.
78 『역사연구歷史硏究』1984년 제5기, 183쪽.
79 『외국법제사자료선편外國法制史資料選編』상책上冊, 북경대학출판사北京大學出版社, 1982년판年版, 40·44쪽.
80 【옮긴이 주】: 왕월王鉞, 『「러시아법전」 역주[羅斯法典』譯注]』(주 81 참조)의 목록은 다음과 같다.
전언 前言
간편 『러시아법전』 역주 簡編『羅斯法典』譯注
제1부분 야로슬라프 법전 第一部分 雅羅斯拉夫法典
제2부분 야로슬라비치 법전 第二部分 雅羅斯拉維奇法典
상편 『러시아법전』 역주 詳編『羅斯法典』譯注
제1부분 제1조-제52조 第一部分 第一條-第五十二條
제2부분 제53조-제121조(『모노마흐법규』 第二部分 第五十三條-一二一條 (『摩諾馬赫法規』)
『러시아법전』에 관하여 關於『羅斯法典』
주요참고서목 主要參考書目
이것에 의하면, '『야로슬라비치 법전』'은 위의 목록 가운데 '제2부분 야로슬라비치 법전'을 가리키는 것으

莊의 관리인[莊頭]과 왕공의 농업감독[田峻]이 피살된 후, "목숨 값[命金]은 20흐리브냐[格里夫納: украинская гривна]이다"[81]라고 규정하였다. '목숨 값'을 통해 전자의 신분이 후자보다 높았다는 것을 알 수 있다. 이후『1550년 율서[一五五〇年律書]』[82]에서도 영토를 가진 소小영주[波雅爾: боя́рин]가 능욕[欺凌]을 당한 후에 받은 배상금은 "등기된 영지領地의 수입에 의해 계산하였지만", 자경농自耕農이든 비자경농非自耕農이든 모두 능욕을 당한 이후 받은 배상금은 겨우 '1루블[盧布: российский рубль]'이었다. 후자의 신분은 전자보다 확실히 낮았다. 전체적으로 러시아법에 반영된 신분등급은 결코 복잡하지 않았기 때문에 중국 당률의 신분등급 관계와는 서로 비교될 수 없었다.

당률의 신분등급에 관한 내용이 비교적 전면적이었고 상세하였던 원인은 여러 방면이 있지만, 그 가운데 이하 세 가지 방면은 경시할 수 없다.

우선, 중국의 당률은 농경사회의 산물이었다는 점이다. 농경사회에서 인구는 집중하였고, 유동성은 작았으며, 사람들 간의 관계가 비교적 복잡하였고, 신분등급 관계도 비교적 발전하였다. (따라서) 당률에 반영된 법정法定 신분등급도 비교적 전면적이고 상세하였다.

다음으로, 당률은 예·법결합禮法結合의 최종 산물이었다는 점이다. 예와 법은 당률에서 긴밀하게 결합되어 있었다. 예의 핵심은 등급과 명분이었고, 신분등급은 그 가운데 주요한 내용이었다. 예·법이 결합한 이후, 신분등급의 내용은 자연히 당률에 이입移入되었다. (따라서) 당률의 내용도 당연히 신분등급 관계를 반영한다고 할 수 있다.

마지막으로, 당률은 중국고대 장기적인 입법立法의 산물이었다는 점이다. 중국은 하夏 이후 입법이 단절되지 않고 당조에 이르기까지 이미 2000여 년의 역사를 가지고 있었다. 이러한 기간 동안 중국의 입법은 부단히 발전하였고, 당률의 내용도 부단히 완비되었으며, 입법기술도 부단히 향상되었기 때문에 그 가운데 신분등급 관계도 비교적 완비된 규정을 만들어 내었다. 이와는 달리, 위에서 서술하였듯이, 다른 고대 동방국가들은 같은 시기에 이러한 방면의 요소를 갖추지 못하였다. 유목국가는 인구가 많지 않았고, 게다가 인구의 유동성도 컸기 때문에 인간관계도 상대적으로 그다지 복잡하지 않았으며, 신분등급 관계도 비교적 간단하였다. 종교법 국가는 종교적인 지위가 특히 현저하여 법률에서 신분등급 관계는 명확하지 않았고, 내용도 많지 않았다. 또 어

로 보인다.
81 왕월王鉞,『「러시아법전」역주[「羅斯法典」譯注]』, 난주대학출판사蘭州大學出版社, 1987년판年版, 25~26쪽.
82 【옮긴이 주】: '『1550년 율서』'는 이반 4세Ива́н Васи́льевич(모스크바 대공: 재위 1533~1547. 러시아 차르국의 초대 차르цaрь: 재위 1547~1584) 때 편찬된 러시아 최초의 법전인 '『수데브니크Суде́бник』'(1550)를 말하는 듯하다.

떤 국가는 노예제 시기에 머물렀을 뿐 봉건제 시기가 없었거나 아니면 봉건제 시기만 존재하였을 뿐 노예제 시기가 거의 없었고, 법제 기간도 길지 않았기 때문에 법률의 내용도 충분히 발전할 수 없었고, 신분등급 관계도 완전한 규정을 만들 수 없었다. 따라서 이들 국가는 모두 당률 정도로 신분등급 관계에 대한 이처럼 전면적이고 상세한 규정을 입법할 수 없었다. 이러한 점들을 통해서도 이들 국가 가운데 당률이 신분등급의 규정방면에서 고대 동방에서 가장 뛰어났음을 볼 수 있다.

  이상을 종합하면, 당률은 형법전이었을 뿐만 아니라 사실상 신분법전이었다는 것도 알 수 있다.

제23장
『기이문존寄簃文存』의 당률 연구

심가본沈家本[1]은 중국근대 법률사학계의 태두泰斗로서 저술도 자못 많다. 『기이문존』[2]은 그의 주요 저작 가운데 하나이고, 그 내용은 그가 법률을 수정한 시기에 찬술한 논문이기 때문에 그의 후기 연구 성과와 사상에 크게 반영되었다. 이 문존에는 당률에 관한 내용이 다수 포함되어 있다. 본고는 그 가운데 여러 문제에 대해서 논술하고자 한다.

제1절 당률에 의한 자기 관점의 논증

『기이문존』에는 거의 50편篇에 이르는 논문이 당률에 관해 논급論及하고 있기 때문에 전체 논문의 절반 이상을 차지한다.[3] 또 각 권卷에서 당률에 관해 논급한 것도 청淸 이전 여타의 율을 크게 초과한다. 대략적인 통계는 아래의 「표」로 나타내었다.[4]

---

1 【옮긴이 주】: '심가본沈家本'에 대해서는 제2장 주 2 참조.
2 본문의 『기이문존寄簃文存』은 1982년 중국서점中國書店에서 영인한 민국간본民國刊本, 『심기이선생유서沈寄簃先生遺書』갑편甲編『기이문존』 8권을 가리킨다. 이것은 이광찬李光燦이 저술한 『「기이문존」 분석[評「寄簃文存」]』이란 책 뒤에 첨부되었는데, 이 책은 1985년 군중출판사群衆出版社에서 출판하였다.
【옮긴이 주】: 본 역서에서 참조한 『기이문존』은 심가본沈家本 찬撰, 등경원鄧經元·병우건駢宇騫 점교點校, 『역대형법고歷代刑法考(4)』(북경北京: 중화서국中華書局, 1985)에 부재附載되어 있는 『기이문존8권寄簃文存八卷』(2021~2286쪽)이다. 이하에서 『기이문존8권寄簃文存八卷』을 인용할 때에는 '심가본, 『기이문존寄簃文存』'으로 약기한다.
3 여기서 말하는 '당률'은 『기이문존』에서 명시한 당률이다.
4 표 안의 숫자는 나오는 횟수를 가리킨다.

	한률 漢律	진률 晉律	수율 隋律	당률 唐律	송형통 宋刑統	대원통제 大元通制	명률 明律	소계
권1				19			10	29
권2				46	2	1	15	64
권3	1	1	2	18			8	30
권4			2	8	2		4	16
권5	1	1	1	7			1	11
권6	5		3	17	17		7	49
권7				7	15	3	10	35
권8				18	6		3	27
총계	7	2	8	140	42	4	58	261

『기이문존』에는「태화율泰和律」·「북제율北齊律」·「금률金律」등도 나오지만, 나오는 횟수가 매우 적기 때문에「표」에 열거하지 않았다. 이「표」에서 통계한 숫자에 의하면, 『기이문존』에서 당률에 대해서 논급한 횟수는 140회나 될 정도로 가장 많아서 다른 율을 크게 초과하였고, 심지어 다른 율의 총수總數5까지 초과하였음을 알 수 있다. 이것은 어떤 측면에서 심가본의 당률에 대한 중시와 당률의『기이문존』에서의 중요한 지위를 말해 준다.

그렇다면 당률은 그 속에서 어떤 역할을 하였을까?

우선, 인용한 당률의 규정을 통해 (자신의) 관점을 논증하였다.

이러한 상황은 비교적 많고,『기이문존』에 대량 인용되어 있는 당률의 규정은 모두 여기에 속한다. 심가본은「가상 사죄를 유죄·도죄로 개정할 것을 요청하는 주접[虛擬死罪改爲流徒摺]」6에서 전문적으로 사죄死罪를 유형流刑·도형徒刑으로 바꾸어야 하는 필요성을 논술하여 "현행율現行律 내

---

5 【옮긴이 주】: '다른 율의 총수'는 전체 율의 총수(261회)에서 당률의 총수(140회)를 제외한 수(121회)를 말한다.

6 『기이문존·권1』.
【옮긴이 주】: 심가본沈家本,『기이문존』권1,「주의奏議」「가상 사죄를 유죄·도죄로 개정할 것을 요청하는 주접[虛擬死罪改爲流徒摺]」(2028~2030쪽). '가상 사죄'는 청조淸朝 법률제도法律制度의 특수한 현상으로서, 율에 의거해서 사죄를 결정하되 실제는 추심秋審을 통해 사형이 집행되지 않고 관례에 따라서 완결緩決 또는 감면減免하는 것을 가리킨다.『대청율례大淸律例』「형률刑律」「사죄조死罪條」에 의하면, 사죄의 집행에는 입결立決(판결 후 즉시 결행)·감후監候(피고를 옥중에 감금하고 추심 이후를 기다려 결행하는 것. 사죄자 중 용서해야 할 자 또는 의심이 가는 자에게 행하는 특례特例로서 추심의 결과는 감형시키는 것이 관례이다)가 있었다. 이 가운데 감후의 대상이 되는 사죄는 희살戲殺·오살誤殺·천살擅殺의 3종류가 있었고, 이들 사죄를 '가상 사죄'라고 한다. 청말淸末 서양의 근대 형법 관념에 기초한 중국 전통형법의 개혁 과정에서 '가상 사죄' 규정, 즉 희살·오살·천살에 적용하였던 감후규정을 폐지하고, 그 처벌을 유형流刑 또는 도형徒刑으로 대체하는 안건案件이 기초되었고, 이 안건은 도찰원都察院 형부刑部로 송부된 이후 그 의주議奏를 거쳐 통용되었다.

의 가상 사죄에 관한 여러 조항을 각각 유죄·도죄로 개정하면 번중繁重한 것을 줄이고 간이簡易한 것으로 돌아가게 된다"7라고 하였다. 이러한 관점의 타당성을 논증하기 위해 그는 당률의 법례法例를 열거하여, 당률은 살인죄에 대한 용형用刑도 일률적이지 않았다고 보았다. 즉 "『당률』을 고구考究하면, 희살戲殺·오살誤殺은 각각 현장의 상황을 살펴서 도죄·유죄로 구분하였을 뿐, 사죄로는 결코 하지 않았다. 천살擅殺도 물론 도죄徒罪·유죄流罪·교죄絞罪의 4등급으로 구분하였지만[擅殺分別8論及徒·流·絞四等], 또한 일률적으로 사죄로 문죄問罪하지는 않았다"9라고 하였다. 따라서 현행의 율례律例는 개수改修해야 하며, "희살·오살·천살을 불문하고 모두 투살鬪殺에 따라 교감후絞監候로 의죄擬罪하여 추심秋審10으로 1회 완결緩結, 즉 유형으로 감경하는 법례에 준하고[准減流], 그 가운데 중죄자는 3회 완결해서 유형으로 감경"11할 필요가 없다는 것이다. 왜냐 하면 이처럼 "비록 죄명은 교죄絞罪였지만, 실제는 유죄와 차이가 없고, 사죄라는 죄명을 가상假想한 것에 불과하였"12기 때문이다. 따라서 그는 법률의 개수改修를 주장하여 "이후 희살은 도죄로 개정해야 하고, 싸우다가 옆 사람을 오살한[因鬪誤殺旁人] 자, 그리고 천살을 범한 죄인에 대해 현행 율[現律]에서 교후絞候로 의죄擬罪한 것은 일률적으로 유죄로 변경해야 하며, 모두 신법[新章]에 의거해서 죄인을 유배하지[發配] 않고 익숙한 세속에 포함시켜서 징벌로 노동하게 해야 한다"13라고 하였다. 이러한 논증

---

7 【옮긴이 주】: 심가본沈家本, 『기이문존』권1, 「주의」「가상 사죄를 유죄·도죄로 개정할 것을 요청하는 주접[虛擬死罪改爲流徒摺]」(2028쪽).

8 【옮긴이 주】: '별別'은 '물勿'의 오기이다(주 9 참조).

9 【옮긴이 주】: 심가본沈家本, 『기이문존』권1, 「주의」「가상 사죄를 유죄·도죄로 개정할 것을 요청하는 주접[虛擬死罪改爲流徒摺]」(2029쪽).

10 【옮긴이 주】: '추심'은 청대에 행해진 사형死刑 집행의 적부適否를 심사審查하는 절차를 말한다. 사형의 판결에는 '입결立決'과 '감후監候'가 있었다. '입결'은 판결 후 바로 집행되었기 때문에 추심의 대상이 되지 않았다. '감후'는 사형이 언도言渡되면 신병身柄을 감금監禁하여 집행 명령이 내려지기를 기다리는 것이다. 집행 명령은 1년분年分을 모아서 동지冬至 전前에 내려지는 것이 관례였고, 그에 앞서 행해지는 심사 절차가 '추심'이었다. 이 절차에 따라 사죄인死罪人은 '정실情實'·'완결緩決'·'가긍可矜'·'유양留養'으로 구분되었다. '정실'은 죄상이 사실인 것을 인정한다는 의미로서, 정실로 결정되면 대부분 구결勾決(사형을 집행하는 사법 절차)되었기 때문에 정실은 사형집행의 의미로 통용되었다. '완결'은 사죄인에 대한 형刑의 집행을 유예猶豫하고 다음 해로 넘겨 다시 추심하는 것이고, '가긍'은 형벌을 감면하는 것이며, '유양'은 연로한 부모[親]의 부양을 위해 사형을 면제하는 것이다.

11 【옮긴이 주】: 심가본沈家本, 『기이문존』권1, 「주의」「가상 사죄를 유죄·도죄로 개정할 것을 요청하는 주접[虛擬死罪改爲流徒摺]」(2029쪽).

12 【옮긴이 주】: 심가본沈家本, 『기이문존』권1, 「주의」「가상 사죄를 유죄·도죄로 개정할 것을 요청하는 주접[虛擬死罪改爲流徒摺]」(2029쪽).

13 【옮긴이 주】: 심가본沈家本, 『기이문존』권1, 「주의」「가상 사죄를 유죄·도죄로 개정을 요청하는 주접[虛擬死罪改爲流徒摺]」(2029쪽).

은 심가본이 이들 가상 사죄를 유형·도형으로 개정해야 한다는 관점을 강력하게 뒷받침하였다. 이것은 하나의 사례였을 뿐이지만, 유사한 상황은 매우 많았는데, 「고살론[論故殺]」[14]·「간부살해론[論殺死奸夫]」[15]·「무고론[論誣指]」[16]·「위증론[論誣證]」[17] 등등이 모두 이와 같았다.

다음으로, 당률과 중국 당唐 이전 율의 상응하는 규정과의 비교를 통해 (자신의) 관점을 논증하였다.

이것은 심가본이 당률을 논술하는 또 하나의 방법이었다. 이러한 상황은 그다지 많지 않지만, 「명률의 도류절장법과 당률의 도류가장법의 부동설[明律徒流折杖與唐律徒流加杖之法不同說]」[18]이라는 논문은 이러한 상황의 하나이다. 심가본은 명률의 일부 내용에 대해서 미흡하다고 생각하였다. 그는 명률이 당률에서 취합하였더라도 당률과 같지 않으며, 특히 당·명률에서 도죄·유죄의 절장折杖과 가장加杖의 문제가 비교적 두드러진다고 보았다. 어떤 사람은 이 양자를 같은 것으로 보았지만, 심가본은 같지 않다고 보았다. 즉, "『명률』의 '무경위중誣輕爲重'과 '증경작중增輕作重'이라는 두 율조律條에는 모두 도죄·유죄를 절장으로 환산하는 법[徒流折杖抵算之法]이 있다. 그 환산율은 매우 정밀하다. 어떤 논자論者는 이것이 바로 『당률』의 도류가장법徒流加杖法이라고 하였다. 지금 『당률』로써 고구考究하면, 『명률』의 도죄절장법徒罪折杖法이 마치 당唐에 나오는 듯하지만, 완전히 같지는 않고, 유죄절장법流罪折杖法은 『당률』의 유죄가장법流罪加杖法과는 확연히 구별된다"[19]라고 하였다. 자기의 이 관점을 실증하기 위해 심가본은 당·명률의 상응하는 규정을 각각 인용한 다음에 비교·분석을 시도하여 "유죄절장법은 당과 명을 서로 비교하면 또 확연히 다른 것이다"[20]라는 결론을 내렸다. 더욱이 이 논문의 끝에서 심가본은 이러한 차이가 발생한 원인에 대해서 명조明朝의 입법자가 형식만 주의하고 입법의 본의本意를 경시하였기 때문에 종종 미진한 점을 남기게 되었음을 이렇게 지적하였다. "대개 명대明代의 사람은 당법唐法을 채용하였지만, 종종 그 입법

---

14 【옮긴이 주】: 심가본沈家本, 『기이문존』권2, 「논論」「고살론[論故殺]」(2063~2073쪽).
15 【옮긴이 주】: 심가본沈家本, 『기이문존』권2, 「논」「간부살해론[論殺死奸夫]」(2083~2087쪽).
16 【옮긴이 주】: 심가본沈家本, 『기이문존』권2, 「논」「무고론[論誣指]」(2092~2095쪽).
17 『기이문존·권2』.
　【옮긴이 주】: 심가본沈家本, 『기이문존』권2, 「논」「위증론[論誣證]」(2095~2096쪽).
18 『기이문존·권3』.
　【옮긴이 주】: 심가본沈家本, 『기이문존』권3, 「설說」「명률의 도류절장법과 당률의 도류가장법의 부동설[明律徒流折杖與唐律徒流加杖之法不同說]」(2127~2130쪽).
19 【옮긴이 주】: 심가본沈家本, 『기이문존』권3, 「설」「명률의 도류절장법과 당률의 도류가장법의 부동설[明律徒流折杖與唐律徒流加杖之法不同說]」(2127쪽).
20 【옮긴이 주】: 심가본沈家本, 『기이문존』권3, 「설」「명률의 도류절장법과 당률의 도류가장법의 부동설[明律徒流折杖與唐律徒流加杖之法不同說]」(2130쪽).

의 본의를 깊이 살피지 않고 단순히 형식만 추구하였다. 바로 이 무경위중評輕爲重·증경작중增輕作重 이라는 두 율조律條도 (도·유죄의 절장으로의) 환산율이 정밀해서 추호도 어긋남이 없지만, 그 절장에 대한 환산은 우회迂回·곡절曲折되어 이해하기가 어렵고, 죄상罪狀과 경중輕重 간에도 공평·적절하지 않다. 『명률』의 잘못은 모두 이것에 있다."[21] 이러한 비교를 통해 심가본은 타인의 잘못된 관점을 반박하였을 뿐만 아니라 동시에 자기의 관점도 정확하게 수립하였다. 모든 편篇의 논문은 매우 설득력이 있었다.

마지막으로, 당률과 외국의 상응하는 규정과의 비교를 통해 (자신의) 관점을 논증하였다.

『기이문존』에 이러한 상황은 많지 않지만, 「고살론[論故殺]」[22]이라는 논문은 그 가운데 하나이다. 이 논문에서 심가본은 중국[23] 이후 살인죄는 모살謀殺·고살故殺과 투구살鬪毆殺의 세 등급[三級]으로 나누어야 하고, 이것들은 상황에 따라 구분된다고 보았다. 즉, 그는 "한 사람[一人]이 혼자 심중心中으로 모의하였거나 임시로 살해하고자 의도한 때에는 모살죄謀殺로 논하였다[以謀殺論]. 고구상故毆傷은 사람을 고의로 구타하여 상해한 것이고, 이로 인해 치사致死한 때에는 고살죄로 논하였다[以故殺論]. 반드시 상호 구타한 정상情狀이 있었던 때에는 투구살죄로 논하였다[以鬪毆殺論]. (살인죄는) 이처럼 세 등급으로 구분하였기 때문에 경계는 비교적 분명하였다"[24]라고 하였다. 이러한 결론을 내리기 전에 (심가본은) 논문에서 당률과 외국 형법의 상응하는 규정을 비교하여 "지금 『당률』 및 영국[英]·일본[日]의 형법의 법의法意를 종합하면, (모살·고살과 투구살의) 경계가 분명히 정해지기 때문에 자연히 의혹을 모두 없앨 수 있다"[25]라고 하였는데, 실제도 이와 같았다. (즉, 그는) 당률 규정의 내용을 인용한 다음에 논문에서 "『당률』이 해치려는 마음[害心]의 유무有無로써 투구살·고살의 경계로 한 것은 자못 분명하다"[26]라고 하였다. 동시에 그는 논문에서 또 외국 형법의 상응하는 규정을 열거하여 "러시아[俄]·프랑스[法]·독일[德]·일본[日] 등의 형법에는 모두 사람을 고살한[故殺] 행위에 대하여 (처벌하는) 조문이 있지만, 영국英國에는 명문明文이 없다. (러

---

21 【옮긴이 주】: 심가본沈家本, 『기이문존』권3, 「설」「명률의 도류절장법과 당률의 도류가장법의 부동설[明律徒流折杖與唐律徒流加杖之法不同說]」(2130쪽).

22 『기이문존·권2』.
   【옮긴이 주】: 심가본沈家本, 『기이문존』권2, 「논」「고살론[論故殺]」(2063~2073쪽).

23 【옮긴이 주】: '중국'이라는 표현은 모호하다. 심가본沈家本, 『기이문존』권2, 「논」「고살론[論故殺]」에서는 당률 이후부터 명대까지 살인죄에 대해 모살謀殺·고살故殺·투구살鬪毆殺로 구분해서 논하고 있다(2063~2073쪽). 이러한 점에서 '중국'은 '당률'로 바꾸어야 할 것이다.

24 【옮긴이 주】: 심가본沈家本, 『기이문존』권2, 「논」「고살론[論故殺]」(2073쪽).

25 【옮긴이 주】: 심가본沈家本, 『기이문존』권2, 「논」「고살론[論故殺]」(2072~2073쪽).

26 【옮긴이 주】: 심가본沈家本, 『기이문존』권2, 「논」「고살론[論故殺]」(2069쪽).

시아·프랑스·독일·일본 등의 형법에 규정되어 있는 다음의) 두 조문은 고살과 유사하지만 모두 모살죄로 논하고 있다[以謀殺論]. 하나는 마음이 이미 극악極惡한 경우이고, 또 하나는 사람을 상해하고자 한 경우인데, (이것들은) 자못 『당률』의 법의法意와 일치한다"27라고 하였다. 이로써 당률의 규정은 외국 형법의 상응하는 규정과 일치하였고, 따라서 살인죄를 세 등급으로 나누는 것이 합리적이었으며, 중국의 당시 형법 가운데 일부 규정들에는 분명히 결점缺點이 있었음을 알 수 있다.

『기이문존』에서는 이상과 같은 (세 가지) 방법을 사용하였고, (특히) 당률의 규정을 일종의 강력한 증거로 삼아서 자기의 관점을 논증하여 비교적 좋은 성과를 거두었다.

제2절 당률 연구에 대한 극복 분야

심가본의 『기이문존』에서의 당률에 대한 운용과 연구를 종합해서 보면, (기존의 연구를) 극복한 점들이 많지만, 주로 이하 몇 가지 방면에 구현되고 있다.

1. 당률의 심층 문제에 대한 연구의 중시

심가본 이전에 이미 일부 중국학자들이 당률에 대한 연구를 진행하였고, 일부 성과도 발표되었지만, 대부분은 일반 문제에 한정되었을 뿐이었고, 심층 문제에 대한 연구가 부족하였기 때문에 연구 수준도 제한되었고, 성과에 대한 한계도 비교적 컸다. 예컨대 설윤승薛允升28은 일찍이 당·명률에 대한 비교연구를 진행해서 『당명률합편唐明律合編』이라는 책을 편찬하였지만, 기본적으로 당·명률 조문에 대한 간단한 비교에 머물렀고, 이론적 깊이도 충분하지 않았으며, 수많은 문제에 대해서는 현상만을 제시하였을 뿐 심층적으로 원인을 찾아내지 못하는 등 그 결점은 비교적 명확하였다. 심가본은 그렇지 않았다. 그는 당률의 일반 문제에 대한 연구에 주목하였을 뿐만 아니라 그 가운데 심층 문제에 대한 탐구도 중시해서 일부 법률 규정에 차이가 발생한 원인을 모색하였다. '출입인죄出入人罪'29에 대한 비교가 바로 이와 같았다. 설윤승은 『당명률합편』의 「관사출입인죄조官司出入人罪條」30에서 당·명률의 '출입인죄'에 관한 규정을 비교하였다. 그는 비교 과정에

---

27 【옮긴이 주】: 심가본沈家本, 『기이문존』 권2, 「논」 「고살론[論故殺]」 (2068쪽).
28 【옮긴이 주】: '설윤승'의 생몰 연대는 1820~1901년이다.
29 【옮긴이 주】: '출입인죄出入人罪', 즉 관인官人에 의한 '죄의 감경·가중' 및 그 처벌에 대해서는 『역주율소 - 각칙(하) - 』「단옥19」(제487조)「관사출입인죄조官司出入人罪條」·「소의」(3353~3361쪽) 및 제1장 주 124 참조.
30 『당명률합편唐明律合編·권30』.

서 양자에 유사한 점이 있음을 발견하여 "명률의 (관사官司가) 전죄全罪를 가중하였거나[全出] 감경한[全入] 행위에 대한 처벌규정은 당률과 대략 동일하여, 만약 경죄를 가중해서 중죄로 하였거나[增輕作重] 중죄를 감경해서 경죄로 한[減重作輕] 경우, 율문律文은 또한 증감한 바로써 논죄하였다[以所增減論]"[31]라고 하였다. 그러나 양자 간에는 다른 점도 있고, 또 이러한 다른 점은 매우 분명하였다. 예컨대 명률에서 "도죄는 모두 절장형으로 대체하였고, 유죄는 모두 도반년으로 대체한 것은 당률과 부합하지 않는다[徒俱折杖 流罪俱折徒半年 與唐律不符]"라고 한 것, 이밖에 "당률의 경우, 장杖100에서 1년의 도형으로 가중한[入] 것은 곧 전죄全罪를 가중한[全入] 것이고, 유죄는 재차 말할 필요도 없다. 명률의 경우, (장100을) 절장折杖120으로 한 것은 오직 태笞20을 가중한 것일 뿐이다. (따라서 당률과 명률은) 경중이 크게 서로 같지 않았다"[32]라고 한 것 등등이 그러하였다. 그러나 설윤승은 이러한 차이가 발생한 원인을 더한층 탐색하지 않아서 그 경위經緯도 알지 못하였기 때문에 오직 "당률은 단죄가 엄중하였고[科罪爲嚴], 명률은 법의를 왜곡하여 관형에 따랐지만[曲意從寬], 아직 그 연유를 모른다"[33]라고만 하였다. (그러나) 심가본은 이러한 차이가 발생한 원인을 더한층 탐구하여, 이것은 형제刑制가 다른 것에서 연유한다고 보았다. 예컨대 그는 「관사출입인죄에 대한 당·명률 비교 서설[官司出入人罪唐明律比較說]」[34]이라는 논문에서 명·당률의 관련 규정을 비교한 후에 "명법明法은 당唐에 의거했지만[本], 특히 형제刑制는 당과 약간 다른 점이 있기 때문에 이 (명)법도 또한 완전히 같다고 할 수 없다"라고 하였다. 이어서 그는 또 하나의 다른 점을 제시하여 "당唐의 삼류三流[35]는 각각 도역徒役1년이 있었고, 또 가역류加役流는 도역 2년을 부가하였다. 명明의 도徒·유형流刑은 모두 장형을 부가하였고[加杖], 삼류는 1년의 도역이 없었으며, 가역류는 오직 「무고인사죄미결誣告人死罪未決」이라는 한 조[一條]에만 있을 뿐 오형五刑에 포함되지 않았다"[36]라고 하였다. 이 때문에 바로 '출입인죄出入人罪'에 대한 용형用刑의 불일치가 초래되었다는 것이다. (이처럼)

---

31 【옮긴이 주】: [청도淸濤]설윤승薛允升 찬撰, 회효봉懷效鋒·이명李鳴 점교點校, 『당명률합편』권30, 「명률明律권28-2·형률刑律11」「관리출입인죄조官吏出入人罪條」(802쪽).

32 【옮긴이 주】: 이상 [청도淸濤]설윤승薛允升 찬撰, 회효봉懷效鋒·이명李鳴 점교點校, 『당명률합편』권30, 「명률권28-2·형률11」「관리출입인죄조」(802쪽).

33 【옮긴이 주】: [청도淸濤]설윤승薛允升 찬撰, 회효봉懷效鋒·이명李鳴 점교點校, 『당명률합편』권30, 「명률권28-2·형률11」「관리출입인죄조」(803쪽).

34 『기이문존·권3』.
【옮긴이 주】: 심가본沈家本, 『기이문존』권3, 「설」「관사출입인죄에 대한 당·명률 비교 서설[官司出入人罪唐明律比較說]」(2123~2127쪽).

35 【옮긴이 주】: '삼류'는 유流2000리·2500리·3000리를 말한다.

36 【옮긴이 주】: 이상 심가본沈家本, 『기이문존』권3, 「설說」「관사출입인죄에 대한 당·명률 비교 서설[官司出入人罪唐明律比較說]」(2125쪽).

심층 문제를 탐색한 이후 심가본의 당률에 대한 연구는 더욱 심화되었기 때문에 이전 연구자보다 진일보하였다.

2. 서방 법률 지식 응용을 통한 연구의 중시

심가본 이전 중국학자의 당률에 대한 연구는 서방 근대의 법률 지식을 응용하지 않았다. 이것은 주로 당시의 사회적 조건에서 비롯된 일로서, 중국은 개방되지 않았고, 또 폐쇄적인 상태에 처해서 외부 세계를 이해하지 못하였기 때문이었다. 심가본은 그렇지 않다. 그가 처하였던 사회는 이전에 없었던 여러 가지 유리한 조건을 갖추고 있었고, (특히) 중국은 더 많이 개방되어 있었다. 게다가 사람들의 노력도 있었기 때문에 당률을 연구하는 과정에서 그는 서방 근대의 법률 지식을 응용할 수 있었다. 이와 같이 그의 당률에 대한 연구는 이전 사람[前時]보다 독특한 점이 있었다. 그는 「위핍인치사에 관한 논설[論威逼人致死]」[37]이라는 논문에서 "만약 사람을 공갈·협박해서 두려움으로 인해 치사하게 하였거나 치상하게 한 자는 각각 그 상황에 따라서 고살상·투살상·희살상죄로 논한다[若恐迫人, 畏[38]懼致死傷者 各隨其狀 以故·鬪·戱殺傷論]"[39]라고 하는 당률의 규정을 인용한 후, 이 규정에 대해 연구하여 "『당률』의 경우, 갑甲이 자진自盡하였는데 을乙이 목숨으로 처벌을 받아야 한다는 조문[抵命之文]이 없다. (이것은) 대개 (을이) 직접 살인하지 않아서 단죄하기가 곤란하였기 때문이다"라는 결론을 내리고 있다. 그러나 그는 또 "『명률』에서는 「위핍인치사조威逼人致死條」를 두었고, 이후 조례條例에서는 (처벌이) 더욱 가중되었는데, (이것은) 호강豪强의 흉포凶暴를 징계할 목적이었다고 해도 고법古法은 아니다"[40]라고 하여, 이 규정이 명조明朝에서 변화가 일어났음을 발견하였다. 이어서 그는 영국[英]·러시아[俄]·프랑스[法]·독일[德] 등 서방국가의 근대 형법 가운데 상관 규정을 고찰해서 "유럽[歐洲] 각국의 형법에 이르러서는 그 목적이 정확하게 중국률[中律]과 상반된다"라고 하였다. 구체적으로 "영국·러시아 형법 및 일본인의 견해를 종합하면, 대개 서양인[西시은 생명을 중시하였고 자살을 엄금하였는데, (이러한 것들이) 영국·러시아에서는 모두 율에 명기明記되어 있다. 비록 충신·열부烈婦라도 러시아·프랑스에서는 또한 겨우 면죄될 뿐이었다. 자살인데도 협박한 자를 단죄하는 것은, 영국·러시아에서는 이에 대한 법문法文이

---

37 『기이문존·권2』.
　【옮긴이 주】: 심가본沈家本, 『기이문존』권2, 「논論」「위핍인치사에 관한 논설[論威逼人致死]」(2087~2092쪽).
38 【옮긴이 주】: 당률에는 '외畏' 앞에 '사使'가 있지만(주 39 참조), 심가본沈家本의 책에도 '사使'가 없다(주 40 참조).
39 【옮긴이 주】: 『역주율소 - 각칙(상) - 』 「적도14」(제261조) 「이물치인이비조以物置人耳鼻條」, 2412쪽.
40 【옮긴이 주】: 이상 심가본, 『기이문존』권2, 「논」「위핍인치사에 관한 논설[論威逼人致死]」(2088쪽).

없었을 뿐만 아니라 독일·프랑스 형법에도 모두 보이지 않는다"[41]라고 하여, 이들 국가에는 모두 중국고대 형법의 '위핍인치사죄威逼人致死罪, 즉 사람을 위핍해서 치사한 죄'와 유사한 규정이 없었다는 것이다. 이러한 비교·분석을 통해 고금古今·중외中外의 다른 관점에서 사람들에게 보다 전면적으로 '위핍인사威逼人死, 즉 위핍으로 인한 치사' 문제를 알게 하여 중서中西 법률의 차이를 더한층 이해시켰고, 동시에 당률에 대한 인식도 더욱 심화시킬 수 있었다.

3. 청조淸朝 법률에 대한 비교 연구의 중시

『기이문존』이전에 중국에서도 비교법比較法 저작著作이 출판되었고, 비교적 저명한 것은 설윤승薛允升이 저술한 『당명률합편唐明律合編』이다. 그러나 설윤승은 청대인淸代人으로서, 그는 오직 청 이전의 당·명률을 비교하였을 뿐이었고, 당률과 당해當該 왕조의 청률을 비교하지는 않았다. 이러한 비교는 당연히 어느 정도 학술성은 있었지만, 현실성이 부족하였기 때문에 한계성이 두드러질 수밖에 없었다. 심가본은 그렇지 않았다. 그는 『기이문존』에서 당·청률을 비교해서 양자의 연원 관계 및 이동점을 밝혔다. 그의 이러한 청대 법률에 대해 비교연구를 중시하는 방법은 이전의 연구자[前時]보다 수준이 한 단계 높았다. 「중각당률소의서重刻唐律疏議序」에서 그는 우선 당률의 연원이 위진남북조와 수隋에 있음을 다음과 같이 천명하였다. "『당률』은 수율隋律에 의거하였지만[本], (북)위北魏에서 (북)주北周를 거쳐 수로, 연원이 모두 있다." 이어서 그는 또 청률이 청 이전의 법률에 연원하는 것을 서술하여 "청조[本朝]의 정률定律은 그 이전의 입법을 살피고 가감해서 정중을 취하였다[我朝定律 監古立法 損益歸於大中]"라고 하였다. 마지막으로 그는 당·청률의 비교를 통해 양자의 이동점을 발견하고는 청률에 "기재된 율조律條 가운데 『당률』과 대략 같은 것은 410여 조條이고, 다른 것은 80여 조일 뿐이다. 지금의 율문에서 『당률』과 부합하는 것은 또한 10에 3~4이다"라고 하였다. 이러한 비교를 통해 당률은 청률에 큰 영향을 주었고, 양자 간에는 상당히 밀접한 관계가 있었다는 것을 분명히 알 수 있다. 이와 같이 비교한 후에 심가본은 계속해서 깊이 분석하여 사람들에게 당·청률의 이동異同 및 시대에 따른 용형의 변화[用刑世輕世重] 등이 발생하게 된 원인에 대해 탐구할 것을 제기하였다. "이 책[42]을 통해서 고금古今의 이동異同의 근원을 탐구하고 시대에 따라 (용형이) 변화된 원인을 명확하게 하면, 기묘하고 미세한 것을 밝히고, 율의 심오한 점들을 남기지 않으며, 고래의 케케묵은 난제를 깨우치고, 정리情理와 죄상罪狀을 서로 일치시켜서 추호도 차이가 없게 할 수 있다. 이것은 또한 율을 배우는 사람에게도 좋은 일이다."[43] 그가

---

41 【옮긴이 주】: 이상 심가본, 『기이문존』권2, 「논」「위핍인치사에 관한 논설[論威逼人致死]」(2089~2090쪽).
42 【옮긴이 주】: '이 책'은 '『당률소의』'를 가리킨다.

비교의 방법을 통해 당률과 본조本朝 청률과의 이동異同을 밝힌 최종 목적은 차이가 발생한 근본적인 원인을 더한층 발굴해서 진정으로 비교의 가치를 실현함으로써 비교할 바가 없는 비교를 제시한 것에 있었음을 알 수 있다.

이상 세 가지 방면의 극복이 있었기 때문에 심가본은 당률 연구에서 항상 새로운 견해를 제시하였고, 그 결과『기이문존』이라는 뛰어난 책이 완성될 수 있었다.

제3절 극복 형성의 원인

심가본의 『기이문존』이 당률 연구 방면에서 (기존의 연구를) 극복할 수 있었던 것은 여러 원인이 있지만, 그 가운데 주요한 것은 이하 몇 가지이다.

1. 당률의 중국법제사에서의 지위에 대한 심층 인식

당률이 중국고대 입법사立法史에서 중요한 지위를 점한다는 것은 심가본 이전의 학자들도 수긍하였다. 예컨대 명明 초기, 입법에 참여하였던 승상丞相 이선장李善長[44]은 "역대의 율律은 모두 한[議][45]의『구장률九章律』을 종지宗旨로 하였고, 당唐에 이르러 비로소 집대성되었다"[46]라고 하여, 당률을 중국고대 입법의 집대성이라고 보았다. 이후 청대인淸代人 설윤승薛允升도 "이 (법전 편찬의) 흐름[道]을 추구하면, 당률이 가장 뛰어나다고 하지 않을 수 없다"[47]라고 하여, 중국고대 법전 가운데 당률이 가장 뛰어나다고 보았다. 심가본은 중국고대 입법사에서 당률의 중요한 작용을 이전 사람[前人]보다 더 많이 인식하였기 때문에 이러한 현저한 지위도 더욱 직시直視할 수 있었다. 그는 일찍이 당률은 "송宋 이후 모두 준용遵用하였고, 비록 종종 정도의 차이[輕重]는 있었지만, 그 대략적인 기본 체제는 당唐에 의거했다"[48]라고 하였다. 이 말은 매우 깊은 뜻을 내포하고 있다. 이러

---

43 【옮긴이 주】: 이상 심가본沈家本,「중각당률소의서重刻唐律疏議序」([당唐]장손무기長孫無忌 등等 찬찬, 유준문劉俊文 점교點校,『당률소의』「부록附錄」, 670쪽).
44 【옮긴이 주】: 이선장의 생몰 연대는 1314∼1390년이다.
45 【옮긴이 주】: '의議'는 '한漢'의 오기이다(주 46 참조).
46 『명사·형법지』.
   【옮긴이 주】: 전영진,「명사 형법지 역주Ⅰ」(322쪽).
47 『당명률합편唐明律合編·서序』.
   【옮긴이 주】: 설윤승薛允升,「당명률합편서唐明律合編序」([청淸] 설윤승 찬찬, 회효봉懷效鋒·이명李鳴 점교點校,『당명률합편』, 1쪽).
48 『역대형법고歷代刑法考·형제총고刑制總考4』.
   【옮긴이 주】: 심가본沈家本,『역대형법고(4)』「형제총고刑制總考4」「당唐」(51쪽).

한 인식은 그가 처했던 시대에 의해 정해진 것이었다. 그는 청말민초淸末民初를 살았기 때문에 중국 고대 입법의 전체를 개관하여 전면성과 전체성을 갖출 수 있었고, 게다가 당률의 역사적 작용까지도 이해할 수 있었다. 심가본 이전의 학자들은 이러한 역사적 조건이 없었기 때문에 인식 면에서 심가본처럼 전면적이고 완정적인 정도까지는 도달하지 못하였다. 이러한 의의 면에서, 심가본은 이전 사람보다 당률을 보다 잘 이해할 수 있는 월등한 조건을 갖추었다고 할 수 있다. 바로 이러한 이유로 그는 광서光緒[49] 16년(1890년)에 동료와 함께 자금을 모아서 『당률소의』를 중각重刻할 때, 그것을 위해 서序를 집필하였으며, 당률 연구에도 더욱 진력하였다. 그는 입법에서는 천리天理와 인정人情을 연구해야 하고, 사법司法에서는 법률의 근원을 탐구해야 하며, 법률의 이치를 세밀하게 고찰함으로써 법률을 적용할 때 "정리情理와 죄상罪狀의 일치"를 기할 수 있고, 당률을 정독精讀하면 그 체제를 통해 그것의 가치를 찾을 수 있음을 터득하였다.[50] 그는 이처럼 인식하였고, 또 이것을 실천하였다. 『기이문존』에서 당률은 중국고대 입법의 모범으로 자리하여 통상 중국의 전형적인 법전의 출현으로 인식되었고, 그 규정은 항상 경전經典으로서 내용이 인용되었다. 이것은 당률이 문존文存에서 가장 많이 인용된 하나의 중요한 원인이었고, 심가본이 이전 사람보다 당률을 더욱 깊이 이해한 일종의 표현이기도 하였다.

2. 서방 근대법률 지식에 대한 심층 이해

심가본의 『기이문존』에서의 당률에 대한 연구가 이전 사람[前人]보다 뛰어났던 또 다른 원인은 그가 이전 사람보다 서방의 근대법률 지식에 대해 더한층 이해함으로써 당률 연구에서 그것들을 운용하였고, 게다가 비교·분석까지 시도해서 이전 사람이 쉽게 얻을 수 없었던 결론을 도출하였기 때문이다. 그가 이것을 할 수 있었던 것은 이하 몇 개의 방면과 밀접한 관계가 있다.

첫째, 청 말기 서방의 근대법률 지식이 중국에 대량 유입된 점이다. 일찍이 19세기 60년대에 중국에서는 경사동문관京師同文館이 설립된 이후 즉시 몇몇 외국 법률 서적의 번역에 착수하였고, 『공법회통公法會通』·『공법편람公法便覽』·『공법천장公法千章』 등은 모두 이 시기의 산물이었다. 그러나 그 당시 번역한 것은 수량이 그다지 많지 않았고, 법률도 주로 공법公法 영역에 집중되었다. 청 말에 이르러 수정법률관修訂法律館이 설립됨으로써 번역된 서방 근대의 법률과 법학 저서는 더욱 증가하였다. 이 관館이 설립되고 겨우 2년 정도 기간 내에 완역된 저작은 이미 22여 종種에 이르렀고, 관련된 국가는 독일[德國]·프랑스[法國]·네덜란드[荷蘭]·이탈리아[意大利]·미국美國·스위스[瑞士]

---

49 【옮긴이 주】: '광서'는 청淸의 제11대 황제 광서제光緒帝(재위 1875~1908)의 연호(1875~1908)이다.
50 이귀련李貴連, 『심가본전沈家本傳』, 법률출판사法律出版社, 2000년판年版, 60~61쪽.

·핀란드[芬蘭] 등등이 포함되었으며, 취급된 법률은 형법·형사소송법·민사소송법·재판소편제법裁判所編制法 등등이 포함되었다. 다시 2년이 지난 후에 번역된 저작은 더욱 증가하여 거의 모든 부문법部"法 영역이 포함되었다. 심가본은 비교를 통해 전면적으로 서방의 법률 지식을 이해할 수 있었지만, 이전 사람[前시은 이러한 우월한 조건이 없었다.

둘째, 수율修律 작업이 심가본에게 더 많은 서방의 근대법률 지식을 이해·파악하지 않을 수 없게 한 점이다. 1902년 2월, 청淸 정부는 원세개袁世凱[51]·유곤일劉坤一[52]·장지동張之洞[53] 이 세 사람에게 중국과 서양의 법률[中西法律]에 능통한 사람을 신중히 선발해서 수율 작업을 주관하도록 결정하였다. 같은 달[同月], 이 세 사람은 (다음과 같이) 상서上書하여 심가본과 오정방伍廷芳[54] 이 두 사람에게 이 작업을 맡기고 동시에 수정법률관을 주관하게 할 것을 주청奏請하였다. "심사한 바, 형부좌시랑刑部左侍郎 심가본은 오랫동안 추조秋曹에 있었기 때문에 형명刑名에 정통합니다[精熟]. 출사미국대신出使美國大臣[55]인 4품직品職의 오정방은 외국 관련 사무[洋務]를 학습한 서양법[西律] 전문가입니다. 바라옵건대, 이 두 사람[二員]을 선발하시고, 칙령飭令으로 경사京師에 수율관修律館을 개설하여, 즉시 이 두 사람을 보내어 (법률의) 찬수纂修를 총괄하게 하십시오."[56] 얼마 후에 이 주청이 비준批准되었고, 심가본은 부임해서 수정법률관 업무를 주관하였다. 이 관館의 주요 임무는 서방의 근대법률을 번역·참조하여 그 가운데 중국에 적합한 부분을 흡수해서 국내외에 통용될 수 있는 중국의 새로운 법률 초안草案을 제정하는 것이었다. 이러한 임무를 완성하고자 할 경우, 이 관의 업무를 주관하고 있는 심가본에게 기본적으로 필요한 것은 수많은 서방의 법률 지식을 이해·파악하는 것이었고, 그렇지 않으면 이 임무를 완성할 방법이 없었다. 그는 그야말로 서방의 법률 지식을 학습·연구하는데 정열을 쏟았고, "화갑華甲의 나이에도 그(심가본)는 계속해서 매우 큰 열정과 의지로 쉬지 않고 서양법을 학습하고 연구하였다."[57] 마침내 그는 성공하였고, 수정법률관의 업무도 비교적 성공해서 성과도 자못 많았기 때문에 청말 법제 개혁에서 적극적인 역할을

---

51 【옮긴이 주】: '원세개'의 생몰 연대는 1859~1916년이다.
52 【옮긴이 주】: '유곤일'의 생몰 연대는 1830~1902년이다.
53 【옮긴이 주】: '장지동'의 생몰 연대는 1837~1909년이다.
54 【옮긴이 주】: '오정방'의 생몰 연대는 1842~1922년이다.
55 【옮긴이 주】: '출사미국대신'의 정식 직함은 '출사미국흠차대신出使美國欽差大臣'이다. '출사흠차대신'은 '출사대신'으로 약칭되었다. '출사흠차대신'으로 임명되면, 파견되는 국명을 넣어 '출사모국흠차대신出使某國欽差大臣'이라는 직함이 주어졌다. 이 직책은 오늘날의 '공사公使'에 해당된다.
56 『원세개주의袁世凱奏議·권14』, 천진고적출판사天津古籍出版社, 1987년판年版.
57 이귀련李貴連, 『심가본과 중국법률의 현대화[沈家本與中國法律現代化]』, 광명일보출판사光明日報出版社, 1989년판年版, 89·90쪽.

하였다.

셋째, 심가본이 서방의 법률을 중시한 점이다. 그는 중국의 전통법률에 정통하였고 또 당률을 칭송稱頌하였지만, 서방의 근대법률을 학습·이해한 이후에는 이러한 법률을 배척하지 않았을 뿐 아니라 칭양稱揚하기에 이르렀고, 일종의 강국의 수단으로 보았다. "서방의 법률문화를 접촉한 이후, 그의 서방 법률에 대한 칭송도 삼대三代[58]의 법률과 당률의 칭송에 뒤지지 않았다."[59] 심가본이 서방의 근대법률을 칭양한 주된 원인은 그것이 국가를 강성하게 할 수 있고, 그가 이것을 깊이 체득하였기 때문이다. 그는 이웃 나라[隣國] 일본이 강성하게 된 것은 바로 서방 근대법률의 수용과 밀접한 관계가 있다고 생각하였다. 그는 『신역법규대전서新譯法規大全序』[60]에서 일본은 "메이지[明治][61] 이후 서구법을 채용하였고", "군신君臣·상하上下가 마음과 덕德을 합쳐서 강국이 되고자 발분하여, 재력을 아끼지 않고 서구인의 책을 편역編譯하고 서구인의 학문을 연구하여 그 가운데 필요 없는 부분[糟粕]을 제거하고 정수精髓를 취하였으며, 거국적으로 모든 정신을 법률에 쏟았다. 따라서 국세國勢가 날로 신장伸張한 것은 우연이 아니었다"라고 하였다. 그러나 이 이전에 중국인은 세계를 바라보는 안목이 없어서 현실에 안주하기만을 고수하였고, 자신들만이 옳다고 여겼기 때문에 서방의 근대법률에 대하여 기본적으로 배척하는 태도를 취하였다. 당시 일부 예교파禮敎派 인물조차 이와 같았기 때문에 격렬한 예법논쟁[禮法之爭][62]이 일어나게 되었다. 심가본은 서방의 근대법률 지식에 대해 이전 사람[前人]보다 더욱 잘 이해하였기 때문에 당률 연구에서 새로운 길을 개척하여 상당한 발전을 이룰 수 있었다.

3. 연구방법 사용의 가일층 중시

연구방법은 법학 연구에서 매우 중요해서 종종 연구의 성공 여부를 결정하는 하나의 중요한 요소가 된다. 심가본은 『기이문존』의 당률에 대한 연구 과정에서 연구방법의 사용을 매우 중시하였고 또 (이로써 기존의 연구를) 극복하였는데, 그 가운데 특징적인 것은 비교방법을 사용한 점

---

58 【옮긴이 주】: '삼대'는 하夏·은殷·주周를 가리킨다.
59 위와 같음[同上].
60 【옮긴이 주】: '『신역법규대전서』'에서 '『신역법규대전』'은 '『신역일본법규대전新譯日本法規大全』'의 오기인 듯하고, '序'는 본서에 있는 '「심가본서沈家本序」'를 지칭하는 것으로 보인다.
61 【옮긴이 주】: '메이지'는 일본제국의 제122대 천황인 메이지 천황(재위 1867∼1912)의 연호(1868∼1912)이다.
62 【옮긴이 주】: '예법논쟁'은 노내선勞乃宣·장지동張之洞을 대표로 하는 예교파禮敎派와 심가본沈家本을 대표로 하는 법리파法理派 간에 전개된 논쟁을 말한다. 이 논쟁은 근대화 과정에서 오륜五倫 등 예교와 관련된 전통법률[舊法]에 대한 수구守舊(예교파)와 혁신(법리파)을 둘러싼 논쟁으로 정리할 수 있다. 이것에 대해서는 장국화 엮음, 윤진기 등 옮김, 『중국법률사상사』(서울: 아카넷, 2003, 751∼753쪽) 참조.

이다. 비교방법은 일종의 과학적 방법으로서, 그것은 각 사물의 차이와 특성을 제시하기에 좋고, 비교되는 사물을 인식하여 그것에 내재하는 규율을 발견하기에도 편리하다. 심가본 이전에도 이러한 방법을 사용한 사람이 있었고, 설윤승薛允升이 바로 이와 같았다. 그러나 앞서 서술하였듯이, 그는 오직 청조[本朝] 이전인 당·명률에 대해서만 비교하였기 때문에 이러한 방법을 운용하는데 부족하였고, 한계도 비교적 컸다. 심가본은 그렇지 않았다. 『기이문존』의 당률에 대한 연구에서, 그는 비교방법을 비교적 적절히 사용하였고, 비교적인 면을 확대해서 동서고금에까지 미쳤기 때문에 비교를 통해 도출한 결론도 비교적 과학적이었다. 그중에는 당·명률의 비교 이외에 당·청률의 비교도 있었고, 심지어 당률의 관련 규정과 서방 근대의 상관 법률을 비교하기도 하였다. 이처럼 고금古今과 국내외[中外]를 포괄하는, 비교영역도 상대적으로 넓었고 비교 대상도 비교적 많았기 때문에 그 과정에서 당률과 다른 법률의 차이 및 그 특성들을 쉽게 발견할 수 있었다. 이러한 의의 면에서 볼 때, 같은 비교방법을 사용하였더라도 심가본은 이전 사람[前人]보다 더욱 과학적이었기 때문에 비교적 성공을 거두었다고 할 수 있다. 이것은 그가 당률을 깊이 연구할 수 있었던 또 하나의 중요한 원인이었다.

심가본이 『기이문존』에서 당률에 대한 연구가 성공을 거둘 수 있었던 것은 결코 우연이 아니라 여러 다양한 원인이 작용하였지만, 그중에서도 이상의 세 가지 원인[三大原因]은 경시할 수 없다. 바로 이러한 원인은, 범이 날개를 단 것처럼, 그의 당률에 대한 연구를 심화해서 자기의 특성을 수립하게 하였을 뿐 아니라 후학들의 당률과 법률사 연구에도 본보기를 제공할 수 있게 하였다.

제24장
당률과 중국 전통법제傳統法制

당률은 중국 전통법제사 가운데 하나의 구성 부분이었을 뿐 아니라 법제의 집대성이기도 하였기 때문에 감히 그 귀감龜鑑·전범典範이었다고 할 수 있다. 본고는 그 가운데 세 가지 문제에 대해서 구명하고자 한다.

제1절 당률 중 성숙된 중국 전통법제의 구현

당률은 그 이전 법제의 성과를 총괄·발전시켜서 중국 전통법제를 더욱 성숙시켰다. 이러한 성숙은 또 특히 법제지도사상法制指導思想·법전구성法典構成·법률내용法律內容·사법司法과 법률상法律上 감독監督 등 여러 방면에 구현되었다.

1. 성숙된 법제지도사상法制指導思想

하夏·상商 이래 중국의 법제지도사상은, 신권법神權法 사상·명덕신벌明德愼罰 사상·법가法家의 법치法治 사상·황로黃老의 약법생형約法省刑 사상 등 몇 단계를 거친 후, 서한西漢 무제武帝[1] 때 "백가를 배척하고 오직 유술만을 존숭한다[罷黜百家 獨尊儒術]"라는 기치旗幟 하下에서 명확히 '덕주형보德主刑輔(덕을 근본으로 하고 형을 보조로 한다),[2] 예·법병용禮法幷用(예와 법의 병용)[3] 사상을 제시하였다. 이러한 사상은 중국의 당시와 그 이후 봉건왕조의 주류적 법제지도사상의 주된 구성 부분이 되

---

1 【옮긴이 주】: '서한 무제'는 전한의 제7대 황제(재위 B.C. 141~B.C. 87)이다.
2 【옮긴이 주】: '덕주형보'는 '예주형보(예를 근본으로 하고, 형을 보조로 한다)'와 같은 의미이다. '예주형보'를 포함한 동아시아 법률교류사의 영역에서 당과 고려의 형법에 규정된 예와 법의 관계와 입법원칙, 법률체계, 형정인식 등을 비교·분석한 논고에는 전영섭, 「고려의 율령제와 당의 예법-예주형(법)보의 계수에 대한 일시론—」 참조.
3 【옮긴이 주】: '예·법병용'에 대해서는 제1장 제2절 '예·법병용 사상' 참조.

었다. 당률은 이러한 사상을 제련·승화시켜서 '덕본형용德本刑用(덕을 근본으로 하고 형을 응용한다)'으로 개괄하였고, 또 이것을 비유적 형식으로 표현하여 중국 전통법제의 지도사상을 더욱 성숙시켰다. 그 표현은 "덕과 예는 정교의 근본이고 형과 벌은 정교의 수단이다. 이것은 마치 황혼과 새벽, 봄과 가을이 서로 번갈아 와야만 (하루나 1년이) 이루어지는 것과 같다[德禮爲政敎之本 刑罰爲政敎之用 猶昏曉陽秋相須而成者也]"[4]라고 한 것이다.

이외에 당률은 다른 여러 법제지도사상에 관한 내용도 천명하였는데, 그중에는 법률내용의 통일·안정·간략 사상, 엄격치리嚴格治吏(관리에 대한 엄격한 통치) 사상, 의법단옥依法斷獄(법에 의한 단옥) 사상, 신중행형愼重行刑(형벌의 신중한 집행) 사상 등을 포함하였다.[5] 당률의 이들 사상은 '덕본형용'과 결합해서 공동으로 당률의 성숙된 법제지도사상 체계를 형성하였다. 이러한 체계에서 덕본형용 사상은 대요[綱]가 되었고, 다른 사상은 세목[目]이 되었으며, 대요와 세목은 긴밀히 결합해서 당률에 공존하였다.

2. 성숙된 법전구성法典構成

중국에서 내용이 비교적 계통적이고 완정完整된 최초의 봉건적 성문법전인 『법경法經』은 이미 여섯 편목篇目으로 구성되어 있었다. 그 가운데 앞의 다섯 편목은 '「도盜」'·'「적賊」'·'「수囚」'·'「포捕」'·'「잡雜」'으로서, 오늘날 형법전 가운데 각칙各則과 유사하였고, 마지막 하나의 편목은 '「구具」'로서, 오늘날 형법전 가운데 총칙과 유사하였다. 이러한 법전구성은 일찍이 진률秦律 등 후세의 법전구성에 영향을 주었다. 한률漢律은 『구장률九章律』을 핵심으로 해서 60편의 비교적 대규모로 구성되었다. 위진남북조 시대가 되면, 『조위율曹魏律』의 18편과 「형명률刑名律」의 출현, 『진률晋律』 20편과 「형명률」·「법례율法例律」의 발전을 거쳐 『북제율北齊律』에 이르러 12편과 「명례율名例律」이 확정되었다. 이후 『개황률開皇律』에서 확정된 12편과 「명례율」을 제1편으로 하는 구성은 성숙된 당률의 구성이 최종 형성되는 기초를 마련해주었다.

성숙된 당률의 구성은 특히 아래의 몇 가지 방면에 구현되어 있다.

첫째, 12편목의 수량이 비교적 성숙되었다. 기존의 법전 가운데 『법경』의 6편은 중국 봉건사회 전기의 위국魏國에서만 사용되었기 때문에 적용될 수 있었다. 그러나 진조秦朝가 중국을 통일한 이후, 이것을 전국에 걸쳐 유효한 법전으로 사용하고자 하였을 때 그 편목과 내용에서 한계성이 드

---

4 『당률소의·명례』「전언前言·소의」].
【옮긴이 주】: 『역주율소 - 명례편 - 』「명례」「편목소篇目疏」, 96쪽.

5 왕리민王立民, 『당률신탐唐律新探』, 북경대학출판사北京大學出版社, 2007년판年版, 5~13쪽.

러날 수밖에 없었다. 이에 진률秦律의 내용은 대량 확충되어 6편을 크게 상회하였다. 한률漢律의 60편목篇目은 그 수량이 너무 많았고, 포함된 내용도 지나치게 번잡하였다. 당조唐朝가 채택한 12편은 북제율北齊律과 수율隋律의 방식을 계승하였으며, 비교적 적절해서 성숙된 편목수篇目數를 구성하였다.

둘째, 「명례율名例律」이 율律의 제1편에 위치한 것이 비교적 성숙되었다. 「명례율」은 오늘날 형법전 가운데 총칙과 유사하였기 때문에 율의 제1편에 배열한 것은 비교적 합리적이었다. 당률은 『법경法經』에서 '「구具」'를 마지막에 배열하였던 구성과 『구장률九章律』에서 '「구具」'를 중간에 배열하였던 구성을 변경하였고, 또 『조위율曹魏律』에서 「형명刑名」 한 편[一篇]으로 한 방식과 『진률晉律』에서 「형명」·「법례法例」 두 편[兩篇]으로 한 방식도 채용하지 않았으며, 『북제율北齊律』과 『개황률開皇律』에서 「명례」를 율의 제1편에 배열한 체제를 사용하였다. 이러한 점들은 비교적 성숙되었다.

셋째, 그 나머지 11율律6의 안배도 비교적 성숙되었다. 그것들의 배열 순서에는 독자의 논리가 있었다. 이러한 논리는 집중적으로 단속하는 범죄를 가장 전면前面에 배열하는 방식으로 구현되었는데, 「위금률衛禁律」이 바로 이와 같았다. 「위금률」에 규정된 범죄는 모두 황권皇權에 대한 위해危害가 중대重大하였기 때문에 각칙各則의 제1편에 배열하여 「명례율」의 뒤를 이었다. 즉 "위衛라는 것은 경계·호위하는 법을 말하고, 금禁이라는 것은 관금關禁으로써 이름[名]을 삼았다. 다만 황제를 공경하고 잘못을 막는 것은[敬上防非] 일[事] 가운데 특히 중요하기 때문에 명례名例의 다음에 차례 짓고 모든 편의 첫머리에 두었다"7라고 하였다. 이러한 논리는 또 실체법實體法을 우선시하고 절차법節次法을 뒤로 하는 방식으로 구현되었다. 당률의 마지막 두 편[兩篇]은 「포망률捕亡律」과 「단옥률斷獄律」인데, 모두 절차와 관련이 있다. 예컨대 「단옥률」의 경우를 보면, "판결하는 법8으로 삼았기 때문에 뭇 편을 이어 (가장) 마지막에 둔다[以決斷之法 故承衆篇之下]"9라고 하여, 실체법을 앞에 배열하고 절차법을 뒤에 배열하는 구성을 구현하였다.

---

6 【옮긴이 주】: '그 나머지 11율'은 「명례율」 이외의 「위금률」에서 「단옥률」까지를 말한다.
7 『당률소의·위금』「전언前言·소의」」
  【옮긴이 주】: 『역주율소 - 각칙(상) - 』「위금」「편목소篇目疏」, 2018쪽.
8 【옮긴이 주】: "판결하는 법" 앞에 "이 편은 일부 조문들을 종합하여[此篇錯綜一部條流]"라는 문구가 있다(주 9 참조).
9 【옮긴이 주】: 『역주율소 - 각칙(하) - 』「단옥」「편목소篇目疏」, 3319쪽.

3. 성숙된 법률 내용法律內容

당률은 이전 법률보다 내용이 모두 성숙되지 않을 수 없었다. 그것은 하夏·상商 시기 신권법神權法 하下의 '천벌天罰'·'신판神判' 등의 내용을 폐기하고 법률 내용을 더욱 체계화·인간화[人性化] 하였고, 서주西周 시기 중용重用된 예치禮治의 부족함을 극복하고 예·법이 결합된[禮法結合] 내용을 채용하였으며, 전국戰國·진秦에서 일방적으로 용법用法만을 강화하고 교화를 경시한 방식을 폐기하고 법의 운용을 더욱 이성적으로 하였고, 한漢 초기 무위지치無爲之治 하의 법률허무주의法律虛無主義를 폐기하고 합당하게 법률을 적용하였으며, 한 무제漢武帝가 개창開創한 예·법결합禮法結合 노선을 답습하여 예·법결합을 완전무결할 정도로 발전시켰다. 당률은 이전 사람[前人]이 법을 운용하였을 때의 부당함을 배제하고 성공한 점을 계승한 기초 위에서 제정된 것이었기 때문에 확실히 이전 어떤 왕조의 법률보다 성숙되었다.

당률은 직접적으로 수조隋朝의 『개황률開皇律』에서 기원하였다. (다만) 『무덕률武德律』은 『개황률』을 기초로 하였지만, "이때 모든 일이 처음 정해져서 변방은 여전히 경색되어있었기 때문에 시세時世의 폐해를 고칠 겨를이 아직 없었다. (이에) 오직 53조의 격五十三條格만을 수정修正하여 신률新律에 넣었을 뿐,[10] 나머지는 개정하는 바가 없었다"[11]라고 하듯이, 53조條의 격格만이 증가되었을 뿐이었다. 이것은 당률의 내용을 당조唐朝의 상황에 더욱 부합되도록 한 것이었다.

당조唐朝(율)의 정본定本은 『정관률貞觀律』이었고, 그 율조律條가 정형화되었다. 『정관률』은 『개황률』을 대폭 개수改修한 것이었다. 즉 "수대의 구율舊律[12]과 비교하면, 대벽大辟[13]을 감경한 것이 92

---

10 【옮긴이 주】: 『구당서』권50, 「형법지」에서 "오직 53조의 격만을 수정하여 신률에 넣었을 뿐이다[惟正五十三條格入於新律]"(2134쪽)라고 한 표현은 '53조의 격'이 신률에 편입된 것으로 보인다. 이것은 [당唐]두우杜佑 찬撰, 왕문금王文錦·왕영홍王永興·유준문劉俊文·서정운徐庭雲·사방謝方 점교點校, 『통전通典』권165, 「형법3」「형제하刑制下·대당大唐」에서도 "또 53조의 격五十三條格을 제정하여 신률에 넣었고, 무덕 7년(624)에 반행하였다"(4243쪽)라고 한 기사를 통해 알 수 있다. 그런데 『신당서』권56, 「형법지」의 "무릇 율律은 500조條이고, 이것에 53조五十三條를 첨가하였다"(1408쪽)라고 한 기사, 『신당서』권58, 「예문藝文1」의 "53조五十三條를 신률에 첨부하였다"(1494쪽)라고 한 기사, 김택민 주편, 『역주당육전 상』권6, 「상서형부尙書刑部」의 "또 가혹하고 번쇄한 (조문) 53조五十三條를 삭제하였다"(569쪽)라고 한 기사 등에는 모두 '조條'로만 되어 있고, '격格'이라는 글자는 보이지 않는다. 이러한 사례를 근거로 『구당서』「형법지」에서 말하는 '53조격五十三條格'에 대해 그 근거를 의심하는 학자도 있다(우치다 토모內田智雄 편編, 「역주 구당서형법지 譯注 舊唐書刑法志」[『역주 속중국역대형법지譯注 續中國歷代刑法志』], 126쪽, 주 ⑯).

11 『구당서·형법지』.
【옮긴이 주】: 『구당서』권50, 「형법지」(2134쪽). 본 「형법지」에 의하면, 이 문장 다음에 "무덕武德 7년(624) 5월에 주상奏上하였다"라는 문구가 있다. 『무덕율령』의 주상 시점을 포함한 그 찬정 시점과 완성·반행 시기에 대해서는 제10장 주 6·7 참조.

12 【옮긴이 주】: '수대의 구율'에 대해서는 제1장 주 99 참조.

조,¹⁴ 유형을 감경해서 도형으로 한 것이 71조였다. 그리고 도형을 관당하는 법[當徒之法]에서는 오직 1관一官만을 박탈하였고, 제명除名된 사람은 종전대로 사士[士伍]의 신분이 유지되었다.¹⁵ 무릇 번쇄한 법을 삭제하고 폐해가 많은 법을 제거하며, 중형重刑을 경형輕刑으로 바꾼 것은 모두 기록할 수 없다"¹⁶라고 하였다. 이것은 당률의 율조律條가 성숙되었다는 것을 말해 준다. 또 당 고종唐高宗¹⁷ 때 『영휘율永徽律』의 율조 다음에 '율소律疏'를 추가해서 『영휘율소永徽律疏』를 편찬하였다. '소疏'의 작용은 "넓고 깊게 풀이하여 이름을 바로 세우는 것[疏闊·疏遠立名]"¹⁸에 있었다. (이) '율소'를 통해 당률의 내용은 더욱 완비되었고 성숙되었다.

4. 성숙된 사법司法

중국은 일찍이 선진先秦 시기에 이미 사법이 있었다. 하夏·상商, 두 왕조에는 이미 사법관인 대리大理 등이 있었고, 또 '천벌天罰'·'신판神判' 등의 제도도 있었다. 서주西周 때의 사법은 더욱 발전하여 '오청五聽'·'삼자三刺'·'독국讀鞫'·'걸국乞鞫' 등의 제도도 출현하였다. 진秦·한漢, 두 왕조의 사법도 장족長足의 발전을 이루었다. 즉, 사법기구는 더욱 체계화해서 '공실고公室告'와 '비공실고非公室告' 등 새로운 소송訴訟 형식이 채용되었고, '실형失刑'·'부직不直'·'종수縱囚' 등 사법관의 책임도 더욱

---

13 【옮긴이 주】: '대벽'은 사형을 가리킨다.
14 【옮긴이 주】: "대벽을 감경한 것이 92조"라는 것은 "사형의 조문을 감경해서 유형으로 한 것이 92조"라는 의미이다. '92조'가 김택민 주편, 『역주당육전 상』권6, 「상서형부」(569쪽)에는 '93조'로 되어 있다. [당唐] 두우杜佑 찬撰, 왕문금王文錦·왕영흥王永興·유준문劉俊文·서정운徐庭雲·사방謝方 점교點校, 『통전』권165, 「형법3」「형제하刑制下·대당大唐」에서는 "대벽을 감경해서 유형으로 한 것이 92조이다"(4243쪽)라고 하였다.
15 【옮긴이 주】: 『역주율소 - 명례편 - 』「명례21」(제21조)「제면관당서법조除免官當敍法條」에서는 "무릇 제명된 자는 관官·작爵을 모두 삭제削除하고 과역課役은 본색本色에 따른다"라고 하였지만, 본조「소의」에서는 "영令에 의하면, 제명된 후 아직 서용되지 않은 사람[未敍人]은 요역徭役을 면제하고 용庸을 납부하며, 모두 잡요雜徭 및 정방征防의 범위에 있지 않다"(이상 190~191쪽)라고 하듯이, 제명된 자는 요역 대신에 용을 납부하였고, 또 잡요나 병역이 면제되는 등 사士로서의 특별대우를 받았다.
16 『구당서·형법지』.
【옮긴이 주】: 『구당서』권50, 「형법지」(2138쪽).
17 【옮긴이 주】: '당 고종'은 당의 제3대 황제(재위 649~683)이다.
18 『당률소의·명례』「전언前言·소의」.
【옮긴이 주】: 『역주율소 - 명례편 - 』「명례」「편목소」에 있는 관련 전문은 다음과 같다. "옛날 성인이 제작한 것을 경經이라 하고, 스승[師]이 말씀한 바를 전하는 것을 전傳이라고 한다. 이는 (좌)구명左丘明과 자하子夏가 『춘추』와 『예경禮經』에 전을 지은 것이 이것이다. 근대 이후 경에 주注를 달아 밝혔고, 이것을 의소義疏라고 한다. '소疏'라는 글자는 본래 넓고 깊게 풀이하여 이름[名]을 바로 세우는 것이다. 또 『광아廣雅』에서 '소는 안다[識]라는 뜻이다'라고 하였다. 소의 새김[訓]이 '안다'라는 점을 고려하면, 소를 쓰고 아는 것을 기록한다는 뜻을 담은 것이다"(89쪽).

명확해졌으며, 『춘추』결옥春秋決獄·추동행형秋冬行刑·녹수錄囚 제도도 계속해서 제정되었다. 위진남북조를 거쳐 당조唐朝의 사법은 성숙되었다. 당률에는 이러한 성숙된 사법이 반영되었는데, 사법주체司法主體·사법참여인司法參與人·사법절차·증거·강제조치·형벌집행 등 일련의 내용이 포함되었다.[19]

당률에서 사법의 성숙은 특히 이하 몇 가지 방면에 구현되었다. 첫째, 내용이 완비되었다. 그것은 사법에 관한 여러 영역, 즉 사법기구에서 형벌집행에 이르기까지 각 방면에 빠짐없이 있어야 할 것은 모두 있었다. 둘째, 절차가 완비되었다. 사법에는 수많은 절차가 포함되었는데, 당률의 규정은 (그것들을) 충분히 갖추었다. 예컨대 형신刑訊[20] 절차에 관한 규정에는 내용 면에서 형신의 조건·대상對象의 확정·집행·집행 후의 처리 등등이 포함되었다.[21] 셋째, 운영[操作性]이 매우 편리하였다. 당률의 사법제도는 모두 집행이 간편해서 운영하는데 매우 편리하였다. 예컨대 태장형笞杖刑 집행의 제도적인 내용에는 태·장의 부위, 회수回數, 형구刑具의 규격 등등이 포함되었다.[22] (따라서) 오직 당률의 규정에 따라 집행하면 운영하는데 매우 편리하여 과오過誤를 범할 가능성이 거의 없었다.

5. 성숙된 법률상法律上 감독監督

당唐 이전, 중국 전통법률에도 이미 법률상 감독은 있었고, (그것은) 주로 국가에 의한 관리官吏의 감찰과 기구의 실현 방면이었다. 진조秦朝의 어사대부御史大夫는 모든 관리의 행위를 감찰하였고, 그중에는 입법·사법 부문 관리官吏의 행위도 포함되었다. 한조漢朝는 진秦의 제도를 계승한 기초 위에서 또 발전하였는데, 사예교위司隸校尉의 설치는 그 가운데 하나였다. 사예교위의 직권은 매우 중대하여 경사京師의 모든 관리[百吏]·제후에 봉해진[封侯] 외척 등은 모두 감찰의 범위 내에 있었고, 당시 입법·사법의 관리官吏도 포함되었다.[23] 위진남북조 시기의 감찰제도는 더욱 발전하여 언간기관言諫機關인 시중시侍中寺·문하성門下省의 설립, 어사대御史臺의 설치 등등을 포함하였다.[24]

---

19 왕리민王立民, 「당률과 당조의 형사사법제도[唐律與唐朝的刑事司法制度]」, 『사회과학社會科學』2008년年 제第11기期 참조.
20 【옮긴이 주】: '형신'에 대해서는 제1장 주 146 참조.
21 『당률소의·단옥』「의청감노소질불합고신조議請減老小疾不合拷訊條」·「신수찰사리조訊囚察辭理條」·「고신부득과삼도조拷訊不得過三度條」·「옥결경취복변조獄結竟取服辯條」 등 참조.
22 『당률소의·단옥』「결벌불여법조決罰不如法條」 등 참조.
23 장진번張晉藩 총주편總主編, 『중국법제통사中國法制通史』(제2권第二卷), 법률출판사法律出版社, 1999년판年版, 399~340쪽.
24 팽발彭勃 등等 주편主編, 『중국감찰제도사中國監察制度史』, 중국정법대학출판사中國政法大學出版社, 1989년

당조는 이전以前의 성과와 경험을 총괄·발전시킨 기초 위에서 독자의 성숙된 법률상 감찰제도를 수립하였고, 또 (그것을) 당률에 비교적 충분히 구현하였다. 감찰기관에 의한 감독 이외에 입법·사법 내에는 모두 자체적으로 성숙된 법률상 감독도 있었다. 당조의 삼성제도三省制度 가운데 문하성門下省은 "당 초기에 처음으로 삼성三省이 조합되었다. 중서성中書省은 제명帝命의 출납[出命]을 주관하였고, 문하성은 봉박封駁을 관장하였으며, 상서성尙書省은 봉행奉行을 주관하였다"[25]라고 하여, 입법을 감독하는 기능이 있었다. 이러한 입법에 대한 감독은 당률에 규정이 있는데, 매우 명확할 뿐만 아니라 절차도 상당히 분명하여 "상서성에서 주문奏聞해야 하는 사안[事]은 반드시 문하성을 통해야 하는데, 문서를 문하성에 이첩하면, 식에 준하고 영에 의거해서[準式依令][26], 먼저 문하성의 녹사錄事가 대조하고[勘], 급사중給事中이 열독하며[讀], 황문시랑黃門侍郞이 성찰하고[省], 시중侍中이 심사하여[審], 과실이 있던 때에는 법에 의거해서 박정駁正하여 첩牒을 상서성의 주관 부서[省司]에 되돌려 보낸다. 만약 실제 과실[乖失]이 있었는데도 박정駁正하지 않은 경우, 녹사 이상은 (상서)성의 최하등 종범죄從犯罪에서 1등을 감경한다[27]라고 하였다. 동시에 사법에도 법률상 감독이 있었는데, 형신刑訊 과정에서 바로 이러한 감독이 행해졌다. 형신을 받은 사람이 사망한 경우, 만약 책임자가 조사하여[勘驗] 직무상 과실이 있던 자는 형사책임을 추궁받아야 하였다. 즉, "만약 법에 의거해서 고신하거나[拷] (장형·태형을) 집행하다가[決] 뜻하지 않게[邂逅] (죄수를) 치사致死한 자는 논죄하지 않는다[勿論]. 이에 장관長官 등에게 (고신의 잘못 여부를) 조사하게[勘驗] 하는데, (이것을) 위반한 자는 장杖60에 처한다"[28]라고 하였다. 이러한 법률상 감독은 당唐 이전에는 모두 규정이 보이지 않으며, 당률이 그것을 완비하였고 또 성숙시켰다.

제2절 당률 중 중국 전통법제 발전사

당률과 중국 전통법제의 관계는 또 다음과 같이 구현되었다.

판년版, 67~87쪽 참조.
25 『위진정병魏晉政柄』「소귀조주所歸條注」.
26 【옮긴이 주】: '준식의령準式依令'에 대해서는 제6장 주 190 참조.
27 『당률소의·명례』「동직범공좌조同(동同의 오기)職犯公坐條」「소의」.
【옮긴이 주】: 『역주율소 - 명례편 - 』「명례40」(제40조)「동직범공좌조」「소의」, 302쪽. 이 「소의」는 본 조의 "주문해야 하는 사안[事]에 과실이 있는데, 대조하고, 열독하고, 성찰하고, 심사해야 하는 관원이 박정駁正하지 않은 때에는 최하등 종범에서 1등을 감경한다"(302쪽)라는 규정에 대한 해석이다.
28 『당률소의·명례(단옥의 오기)』「고수부득과삼도조拷囚不得過三度條」.
【옮긴이 주】: 『역주율소 - 각칙(하) - 』「단옥9」(제477조)「고수부득과삼도조」, 3338쪽.

1. 당조 이전 전통법제 발전사 제시

당률은 법전·편목·제도 등 여러 관점에서 당조 이전의 전통법제사를 제시하였다.

첫째, 당조 이전 법전발전사法典發展史를 제시하였다.

중국은 하조夏朝에서부터 법률이 제정되기 시작하였다. 전국戰國 시기의 위국魏國에서는 『법경法經』을 제정하였고, 이후 진국秦國의 상앙商鞅[29]이 법法을 율律로 개칭改稱함으로써 진률秦律이 출현하였다. 한漢의 승상丞相 소하蕭何[30]는 『법경』·진률의 기초 위에서 『구장률九章律』을 제정하였다. 이후 위진남북조 시기에도 모두 독자의 법전이 있었다. 수조隋朝는 『북제율北齊律』을 답습하였고, 당률은 수율을 발전시켰다. 당률은 이러한 법전의 발전 과정을 다음과 같이 제시하였는데, 그중에는 법전의 주요 편목의 변화 과정도 포함되어 있다. "(서주西周의) 목왕穆王[31]이 시의時宜를 참작해서 법을 제정하니, 오형五刑의 조항이 3000이었다. 주周가 쇠퇴하자 형벌이 엄중해졌고[周衰刑重], 전국戰國 시대에는 제도가 달랐다[異制]. 위 문후魏文侯[32]가 이회里悝[33]를 사사師事하여, 여러 나라의 형전刑典을 모아 『법경法經』 6편을 제정했는데, 1. 도법盜法, 2. 적법賊法, 3. 수법囚法, 4. 포법捕法, 5. 잡법雜法, 6. 구법具法이었다. 상앙商鞅이 전수傳授받아 법法을 율律로 개칭하였다. 한漢의 승상 소하蕭何는 이회가 제정한 것에 다시 호戶·흥興·고廐[34] 3편을 추가해서 구장의 율[九章之律]이라고 하였다. 위국魏國은 한률을 근거로 18편을 제정하였고, 한의 「구율具律」을 개정해서 「형명刑名」 제1편으로 하였다. 진晉은 가충賈充[35] 등에게 명하여 한漢·위魏의 율을 가감加減해서 20편을 제정하였고, 위魏의 「형명률刑名律」을 나누어 「법례율法例律」로 하였다. 송宋·제齊·양梁 및 후위後魏[36]는 이것을 그대로 계승하여 개정하지 않았지만, 북제北齊에 이르러 「형명」과 「법례」를 합해서 「명례名例」라고 하였고, 후주後周[37]에서는 다시 「형명」이라고 하였다. 수隋는 북제를 답습해서 다시 「명례」라고 하였."[38] 당조

---

29 【옮긴이 주】: '상앙'의 생몰 연대는 B.C. 390?~B.C. 338년이다.
30 【옮긴이 주】: '소하'의 생몰 연대는 B.C. 257~B.C. 193년이다.
31 【옮긴이 주】: '목왕'은 서주西周의 제5대 군주(재위 B.C. 992~B.C. 922)이다.
32 【옮긴이 주】: '위 문후'는 전국戰國 시기 위魏의 초대 제후(재위 B.C. 445~B.C. 396)이다.
33 【옮긴이 주】: '이회'의 성姓에 대한 표기를 보면, [당唐]장손무기長孫無忌 등等 찬撰, 유준문劉俊文 점교點校, 『당률소의』「편목소」(2쪽)에는 '이里'로 되어 있고, 이것이 원문이다. 이회의 생몰 연대는 B.C. 455~B.C. 395년이다.
34 【옮긴이 주】: '고'는 '구廐'의 오기이다(주 38 참조).
35 【옮긴이 주】: '가충'의 생몰 연대는 217~282년이다.
36 【옮긴이 주】: '후위'는 북위를 말한다.
37 【옮긴이 주】: '후주'는 북주를 말한다(이하 동일).
38 『당률소의·명례』「전언前言·소의」.
   【옮긴이 주】: 『역주율소 - 명례편 -』「명례」「편목소篇目疏」, 91~93쪽. 이어지는 문장은 다음과 같다. "당은 수를 그대로 계승하고 고치지 않았다"(93쪽).

이전의 법전편찬사는 이로써 명확하게 알 수 있다.

둘째, 당조 이전 법전의 다른 편목[39]에 대한 변천사를 제시하였다.

「구具」·「형명刑名」·「법례法例」와 「명례名例」라는, 오늘날 형법전의 총칙總則과 유사한 이러한 편목의 발전사 이외에 중국고대 법전의 다른 편목도 모두 각각 변천사를 포함하고 있었다. 당률은 당조 이전 법전에 포함된 이들 편목의 역사를 제시하였다. 당률에는 이러한 편목이 11개가 있고, 각 편목의 변천사는 모두 각 편 「전언前言」의 「소의疏議」[40]에 기술되어 있다. 예컨대 "「호혼률」은 한漢의 승상 소하蕭何가 진秦의 여섯 편[六篇]의 율律을 계승하였고, 후에 「구廐」·「흥興」·「호戶」의 3편을 추가해서 구장의 율[九章之律]로 하였다. 후주後周에 이르기까지 모두 호율戶律이라고 칭하였다[名]. 북제에서는 혼인에 관한 사항[婚事]을 이것에 추가해서[附] 명칭을 「혼호율婚戶律」이라고 하였다. 수隋의 개황開皇[41] 연간에 호戶를 혼婚의 앞에 두고 개칭해서 「호혼률」이라고 하였다"[42]라고 하여, 「호혼률戶婚律」은 『구장률九章律』에 처음 출현하였고, 남북조 시기의 후주後周에서도 그것을 「호율戶律」이라고 칭하였으며, 『북제율』에서는 「혼호율婚戶律」로 개칭하였고, 수의 『개황률』에서는 다시 「호혼률」로 개칭하였으며, 당률은 이 명칭을 계속 사용하였다. 그 밖의 편목도 이와 같았다.

셋째, 당조 이전 제도의 변천사를 제시하였다.

중국은 하조夏朝 때 법제를 제정한 이후 일부 제도는 부단히 발전해서 역사를 형성하였다. 이들 제도의 당조 이전의 발전상황에 대해서도 당률에 서술되어 있다. '십악十惡' 제도가 바로 이와 같았다. 한漢 이래 '십악' 가운데 일부 죄명은 이미 출현하였고, 『북제율』에서는 그것을 모아서 '중죄십조重罪十條'라는 명칭을 붙였다. 수조隋朝의 『개황률』에서는 그것을 '십악'으로 개명하였고, 동시에 비교적 완비하였다. '십악' 제도의 발전사는 당률에 (다음과 같이) 매우 명확하게 기술되어 있다. "한漢에서 제정한 구장九章이 비록 모두 인멸되었지만[湮沒], '부도不道'·'불경不敬'의 죄목罪目은 아직 남아 있었기 때문에 무릇 그 기원을 추구하면[原] 대체로 한에서 시작되었다. (남조의) 양梁·진陳 이후를 살펴보면, 대략 그 조문條文이 있었다. 북주·북제 때에는 10조條의 죄명[十條之名]을

---

39 【옮긴이 주】: '다른 편목'이라는 것은 앞의 법전발전사에서 언급한 편목들 이외의 편목을 말한다. 법전발전사에서 언급한 편목은 바로 이어지는 문장에 제시되어 있다.

40 【옮긴이 주】: '「전언」의 「소의」'는 『당률소의』 각 편 모두冒頭에 있는 「편목소」를 가리킨다.

41 【옮긴이 주】: '개황'은 수의 초대 황제 문제文帝(재위 581~604)의 첫 번째 연호(581~600)이다.

42 『당률소의·호혼』「전언前言·소의」.
【옮긴이 주】: 『역주율소 - 각칙(상) - 』「호혼」「편목소」, 2201쪽. 이어지는 문장은 다음과 같다. "이미 직사職司에 관한 사항[事]을 모두 논하였다. (다음은) 곧 호구와 혼인에 관한 사항이기 때문에 '직제'의 다음에 두었다"(2201쪽).

갖추었지만, '십악'이라는 죄목罪目은 없었다. (수 문제의) 개황開皇 연간에 법제를 제정할[創制] 때 비로소 이 죄목을 갖추게 되었는데, 옛 법제[舊章]를 참작해서 그 수를 10조목으로 하였다. (양제煬帝의) 대업大業43 연간에 (율을) 개정했을 때, 다시 삭제하여 10조 가운데 오직 8조만이 남게 되었다."44 이외에 '오형五刑'·'팔의八議' 등 많은 제도도 모두 이와 같았다.

2. 당조 전기 전통법제 발전사 현시顯示

당률은 당조 전기의 산물이었다. 그것은 당률의 일부 제도의 직접적인 연원, 독창적인 제도와 중요한 단어[字]의 발전 등의 측면에서 당조 전기 전통법제 발전사를 반영하였다.

첫째, 당 전기 일부 제도의 직접적인 연원을 현시하였다.

당률의 직접적인 연원은 수조隋朝의 『개황률開皇律』이었다. 『무덕률武德律』은 『개황률』을 저본底本으로 해서 발전하였고, 그 가운데 일부 제도는 직접적으로 『개황률』에 연원하였으며, 심지어 완전히 계승하였다. '십악'이 바로 이와 같아서 "(당 고조唐高祖의) 무덕武德45 이후에는 『개황률』을 준수하여 가감한[損益] 것이 없었다"46라고 하였다. 이밖에 '십악' 가운데 일부 구체적인 죄명에 대한 직접적인 연원도 당률에 현시되었는데, '모반謀反'·'모대역謀大逆'·'불목不睦'·'불효不孝'·'내란內亂' 등이 모두 이와 같았다.47

둘째, 당조 전기 일부 독창적인 제도의 발전사를 현시하였다.

당 왕조가 건립된 이후, 법제는 여전히 발전 과정에 있었고, 그 가운데 일부는 확실히 독창성을 갖고 있었다. 이러한 독창적인 제도사制度史는 당률에 현시되었고, 가역류加役流는 그 가운데 하나였다. 가역류가 적용되는 범죄는 원래 사형이었지만, 무덕武德 연간에 단지형斷趾刑으로 개정되었고, 정관貞觀48 6년(632년)에 다시 가역류로 바뀌었다. 즉 "가역류는 구법舊法에는 사형이었지만, 무덕 연간에 단지형으로 바꾸었다. 국가에서는 형벌을 신중히 해서[惟刑是恤] 은혜를 널리 베풀고 두루 사랑하고자 하여[恩弘博愛], 이 형벌을 받은 자는 (잘린 발목을) 다시 이을 수 없고, (또) 사죄를 범

---

43 【옮긴이 주】: '대업'은 수의 제2대 황제 양제煬帝(재위 604~618)의 연호(605~618)이다.
44 『당률소의·명례』「십악조十惡條」「소의」.
　【옮긴이 주】: 『역주율소 - 명례편 - 』「명례6」「십악조」「소의」, 106~107쪽. 「십악조」「소의」에서는 이어서 "(당 고조高祖의) 무덕武德 이후에는 『개황률』을 준수하여 가감한[損益] 것이 없었다"(107쪽)라고 한 것에서, 『당률소의』의 「십악」은 수 문제隋文帝 때 제정된 『개황률』에 의거하였음을 알 수 있다.
45 【옮긴이 주】: '무덕'은 당의 초대 황제 고조(재위 618~626)의 연호(618~626)이다.
46 【옮긴이 주】: 주 44 참조.
47 위와 같음[同上].
48 【옮긴이 주】: '정관'은 당의 제2대 황제 태종(재위 626~649)의 연호(627~649)이다.

한 자를 힘써 살리고자 형벌을 받아야 하는 자에게 인정을 베풀고, 연못에 한 면의 그물[網]만 치고 축원한 것처럼, 정관 6년에 제를 받들어[奉制] 가역류로 바꾸었다."[49] 가역류제도의 발전사는 이로써 매우 명확하게 되었다.

셋째, 당조 전기 일부 중요한 단어[字]의 발전사를 현시하였다.

여러 다양한 원인으로, 당조의 발전 과정에서 일부 중요한 단어[字]의 용법도 그것에 따라 발전하였다. '어보御寶'가 바로 이와 같았다. 당률의 '십악' 가운데 '대불경大不敬'죄에는 각종 범죄 행위가 포함되어 있는데, '어보의 절도 및 위조[盜及僞造御寶]'는 그 가운데 하나이다. 이 경우에는 '어보'가 범죄대상이기 때문에 '보'에 대한 이해는 이러한 범죄대상을 정확하게 인식하는데 매우 중요하다. 당률은 이 '보寶' 자의 역사에 대하여 전문적으로 다음과 같이 서술하였는데, 선진先秦에서 당조의 개원開元[50] 시기까지 그 원류에 대한 맥락脈絡이 매우 명료하였다. "『설문說文』[51]에서 '새璽는 인印이다'[52]라고 하였다. 옛날에는 존귀한 사람과 비천한 사람이 모두 함께 사용하였다.『좌전左傳』에서 '양공襄公[53]이 초楚에서 돌아오던 중에 방성方城에 도착하니, 계무자季武子[54]가 육卞[55]을 차지하고 (대부大夫) 공야公冶를 보내어 문안을 드리게 하였으며, 이어서 새서璽書를 바쳤다'[56]라고 하였는데, 이것이 그 뜻[義]이다. 진秦·한漢 이후 천자의 것은 '새'라고 하였고, 제후의 것은 '인'이라고 하였다. 개원 때[歲中], 새를 고쳐 '보寶'라고 하였다."[57] 이로써 '어보'의 명칭이 당조의 개원 시기에 시작되었고, 오로지 황제가 사용하는 인장印章을 가리켰음을 알 수 있다.

3. 당조 이후 역대 봉건왕조 전통법제사 개창開創

당률의 많은 입법 성과는 당조 이후 역대 봉건왕조의 입법에도 계속 사용되었기 때문에 이러한 일련一連의 법제사를 개창하였다고 할 수 있다. 『송형통宋刑統』·『대명률大明律』·『대청율례大淸律

---

49 『당률소의·명례』「응의청감조議請減條」「소의」.
   【옮긴이 주】: 『역주율소 - 명례편 - 』「명례11」(제11조)「응의청감조」「소의」, 144쪽.
50 【옮긴이 주】: '개원'은 당의 제6대 황제 현종(재위 712~756)의 두 번째 연호(713~741)이다.
51 【옮긴이 주】: '『설문』'은 『설문해자說文解字』를 말한다.
52 【옮긴이 주】: [한漢]허신許愼 찬撰, 『설문해자說文解字』(북경北京: 중화서국中華書局, 1985)(287쪽하下).
53 【옮긴이 주】: '양공'은 노魯의 제23대 군주(재위 B.C. 572~B.C. 542)이다.
54 【옮긴이 주】: '계무자'의 생몰 연대는 ?~B.C. 535년이다.
55 【옮긴이 주】: '육'은 '변卞'의 오기이다(주 57 참조).
56 【옮긴이 주】: 이것은 노 양공 29년(B.C. 544)에 일어난 일이다(『춘추좌전정의春秋左傳正義』[『십삼경주소 하』] 권39, 양공 29년 하夏 4월, 2005쪽).
57 『당률소의·명례』「십악조十惡條」「소의」.
   【옮긴이 주】: 『역주율소 - 명례편 - 』「명례6」(제6조)「십악조·대불경大不敬」「주·소의」, 117~118쪽.

例』는 모두 당률의 입법 성과를 대량 흡수하였다. 이것은 특히 이하 여러 방면에 구현되었다.

첫째, 전통법제 지도사상指導思想의 역사를 개창하였다.

당률의 '덕본형용德本刑用' 등 법제지도사상은 당조 이후 역대 봉건왕조의 전통법제 지도사상에 매우 큰 영향을 주었다.『송형통』·『대명률』·『대청율례』 등 법전에서도 모두 이러한 사상을 계속 사용하였고, 동시에 각각의 내용 속에 구현하였다. '십악十惡'·'팔의八議'·'상청上請'·'동거상위은同居相為隱' 등 많은 내용은 모두 이들 법전에 계속 사용되었고, 또 모두 직접적으로 이러한 사상을 구현하였다. 이러한 영향에 대해서 당시 (각각) 다른 시각에서 언급한 사례가 있다. 예컨대『송형통·부록附錄』에서는 "송宋은 당법唐法을 따랐기 때문에 형통은 율소律疏에서 모두 인용하였다[宋因唐法 故刑統於律疏引用無遺]"[58]라고 하였다. 여기의 "송은 당법을 따랐다"라는 것은 실제로 당률의 법제지도사상에 대한 수용과 계승까지도 포괄하고 있다. 주원장朱元璋[59]은「어제대명률서御制大明律序」에서 "짐朕은 천하를 소유한 후 옛날[古]을 본받아서 다스리고자 하여 예禮를 밝혀 민民을 이끌었고 율을 제정해서 완고한 것을 바로잡았다[定律以繩頑]"[60]라고 하였다. 이것은 사실 '덕본형용' 사상의 명조明朝에서의 운용이었다.『대청율례』도 예외는 아니었다. 예컨대 강희康熙[61] 34년(1695년)의『장옥서등정람명례율소張玉書等呈覽名例律疏』에서는 "율문에 이르러서는 당률을 본받아서, 문장은 간결하고 의미는 모두 갖추고 있다[辭簡義賅]"[62]라고 하였다.『대청율례』는 당률의 내용을 대량 흡수한 동시에 당률의 법제지도사상도 율律에 수용하였다. 이로써 당률 가운데 전통법제 지도사상의 영향이 컸음을 알 수 있다.

둘째, 전통법전체제의 역사를 개창하였다.

당률의 체제도 당조 이후 역대 봉건왕조의 전통법전체제의 본보기가 되었다.『송형통』은 전반적으로 당률 12편篇의 구조를 수용하였고, 편목篇目의 명칭까지도 완전히 서로 같았다. 이외에 당률의 율조律條와「소의疏議」가 합편合編된 체제도『송형통』에 수용되어서 마찬가지로「소의」가 배열되었다.『대명률』은 비록 7편 체제를 채용하였지만,「명례율」등 6편은 여전히 유지되었다. 이것이 바로 오늘날 사람이 "명례·직제·적도·사위·포망·단옥의 6편은 당률의 명칭과 같았다"[63]라고 한 바와 같았다.『대청율례』의 체제는 상황이『대명율례大明律例』와 기본적으로 같아서 역시

---

58 【옮긴이 주】: [송宋]두의竇儀 등等 찬撰, 오익여吳翊如 점교點校,『송형통』「부록附錄」(503쪽).
59 【옮긴이 주】: '주원장(생몰 연대 1328~1398)'은 명의 초대 황제 태조 홍무제洪武帝(재위 1368~1398)이다.
60 회효봉懷效鋒 점교點校,『대명률大明律』, 법률출판사法律出版社, 1999년판年版, 7쪽.
61 【옮긴이 주】: '강희'는 청의 제4대 황제 성조聖祖 강희제康熙帝(재위 1661~1772)의 연호(1662~1722)이다.
62 전도田濤 등 점교點校,『대청율례』, 법률출판사法律出版社, 1999년판年版, 10~11쪽.
63 회효봉懷效鋒 점교點校,『대명률大明律』, 법률출판사法律出版社, 1999년판年版, 2쪽.

당률 체제의 영향을 받았다. 이로써 당률 체제의 영향이 심원深遠하였음을 알 수 있다.

셋째, 전통법전 내용의 역사를 개창하였다.

당률의 내용도 당조 이후 역대 봉건왕조의 법전에 답습되었다. 『송형통』은 당률의 율조律條를 전면 수용하였기 때문에, 증가된 내용은 그다지 많지 않고 「호절자산戶絶資産」・「민상전물民商錢物」・「혼전입무婚田入務」 등 몇몇 율조뿐이었다. 이로써 『송형통』은 대개 당률의 복제판이었음을 알 수 있다. 『대명률』의 율조는 겨우 460조에 불과하여 당률보다 적었고, 당률의 내용 가운데 100분의 60여餘를 수용하였다고 할 수 있다. 『대청율례』의 율조도 436조로서 역시 당률보다 적었고, 당률의 내용 가운데 거의 100분의 60 정도 수용하였다고 할 수 있다.[64] 이로써 당률의 중국 전통법제사에서 그 지위의 중요성을 알 수 있다.

이상 살펴본 것을 종합하면, 당률을 하나의 중국 전통법제사로 간주해도 무방하다고 하겠다.

제3절 당률 중 중국 전통법제에서의 특징

당률의 중국 전통법제에 관한 내용을 종합하면, 그 특징은 이하 몇 방면에 구현되어 있다.

1. 진실성眞實性 보유

즉, 당률에 반영된 중국 전통법제의 내용은 매우 진실하여 허위적인 요소가 있지 않았다. 이것은 당률 이외의 관련 사료를 통해 증명할 수 있다. 예컨대 당률의 비교적 여러 중요한 제도는 『구당서・형법지』・『신당서・형법지』에 모두 다소 기재되어 있고, 내용도 당률과 일치하고 있다. 당률의 12편목篇目 명칭과 배열・오형五刑・팔의八議・속형贖刑・십악十惡・형신刑訊 등 제도는 『구당서・형법지』에도 비교적 상세하게 기재되어 있다. 예컨대 당률에 규정된 오형의 형종刑種과 등급[刑等]은[65] 『구당서・형법지』의 다음의 기술記述과 일치하였다. "태형은 5등급[條]으로서, 태10에서 50까지이다. 장형은 5등급으로서, 장60에서 장100까지이다. 도형은 5등급으로서, 도1년에서 반년씩 차례로 증가하여[遞加] 3년이 최고형이다[至三年]. 유형은 3등급으로서, 유2000리에서 500리씩 차례로 증가하여[遞加] 3000리가 최고형이다[至三千里]. 사형은 2등급으로서, 교형絞刑과 참형斬刑이다."[66] 또 예컨대 당률에 규정된 형신[67] 회수와 형장刑杖 규격의 내용도 『신당서・형법지』에 기

---

64 왕리민王立民, 『당률신탐唐律新探』, 북경대학출판사北京大學出版社, 2007년판年版, 42~43쪽 참조.
65 『당률소의・명례』「태형오조」・「장형오조」「도형오조」・「유형삼조」・「사형이조」 참조.
66 『구당서・형법지』.
【옮긴이 주】: 『구당서』권50, 「형법지」(2136~2137쪽).

재된 다음의 내용과 같았다. "죄수[囚]는 20일 간격으로 신문하고[訊], 3회 고신拷訊하고 그치며, (장杖의) 수數는 200을 초과할 수 없고", "무릇 장杖은 모두 길이[長]가 3척尺 5촌寸으로서, 마디 부분을 제거한다[削去節目]. 신장訊杖[68]의 경우, 굵은 부분[大頭]은 직경[徑]이 3분分 2리釐이고, 가는 부분[小頭]은 2분分 2리釐이다. 상행장常行杖[69]의 경우, 굵은 부분[大頭]은 (직경이) 2분分 7리釐이고, 가는 부분[小頭]은 (직경이) 1분分 7리釐이다. 태장笞杖[70]의 경우, 굵은 부분[大頭]은 (직경이) 2분分이고, 가는 부분[小頭]은 (직경이) 1분分 5리釐이다[一分有半]."[71] 그 밖의 많은 내용도 모두 이와 같았다. 당률의 내용이 진실로 중국 전통법제를 반영하였다는 것은 확실한 사실史實이기 때문에 신뢰할 만하다는 것을 알 수 있다.

2. 일관성一貫性 보유

즉, 당률에 반영된 중국 전통법제의 중요 내용은 일이관지一以貫之하였고, 중단이 없었다. 당조가 되면, 중국 전통법제는 이미 2000여 년이 흘렀기 때문에 역사를 형성할 수 있었다. 당률은 당조 전기 이전 중국 전통법제의 중요 내용을 일관성 있게 정리·설명하여 중국 전통법제사를 형성하였다. 이러한 역사는 "요堯·순舜 때에는 이관理官을 '사士'라고 하였고, 고요皐陶가 이것을 맡았다"[72] 라고 하여, 하조夏朝 이전에 싹트기 시작하였다. 하조夏朝 때 법이 제정되었고, 이후 (법은) 부단히 발전하였다. 당률에서는 『상서尙書』·『주례周禮』 등 관련 자료를 인용하여 하조 이후 법제에 대한 몇몇 상황들, 즉 "하의 형벌은 3000이었다[夏刑三千]",[73] "사형은 오형을 관장하였다[司刑掌五刑]",[74] "(주周) 목왕穆王이 시의時宜를 참작하여 법을 제정하니, 오형의 조항[五刑之屬]이 3000이었다"[75] 등등으로 서술하였고, (게다가) "수隋는 북제를 따라 다시 명례名例라고 하였고, 당은 수를 그대로 계

---

67 『당률소의·단옥』「고수부득과삼도조拷囚不得過三度條」·「결벌불여법조決罰不如法條」「소의」 참조.
  【옮긴이 주】: 당률에 규정된 형신의 집행에 대해서는 제1장 주 147 참조.
68 【옮긴이 주】: '신장'은 '죄수를 신문問할 때 사용하는 장'을 말하고, 『구당서』권50, 「형법지」(2139쪽)에는 '신수장訊囚杖'으로 되어 있다.
69 【옮긴이 주】: '상행장'은 '보통의 형벌에 사용하는 장'을 말한다.
70 【옮긴이 주】: '태장'은 '태형에 사용하는 장'을 말한다.
71 『신당서·형법지』.
  【옮긴이 주】: 『신당서』권56, 「형법지」(1411쪽).
72 『당률소의·명례』「전언·소의」.
  【옮긴이 주】: 『역주율소 - 명례편 - 』「명례」「편목소」, 87쪽.
73 【옮긴이 주】: 『역주율소 - 명례편 - 』「명례」「편목소」, 90쪽.
74 【옮긴이 주】: 『역주율소 - 명례편 - 』「명례」「편목소」, 90쪽.
75 【옮긴이 주】: 『역주율소 - 명례편 - 』「명례」「편목소」, 91쪽.

승하고 고치지 않았다"[76]라고 하여, 당 초기에 이르기까지 기술하고 있다. 구체적인 제도에서 볼 때도 이처럼 일이관지一以貫之하였다. '팔의八議' 제도가 바로 이와 같았다. 이 제도는 『주례』의 '팔벽八辟'에 기원하며, 이후 '팔의'로 변화된 과정을 다음과 같이 기술하였다. "『주례』에서 '팔벽으로써 방법에 붙인다[八辟[77]麗之法]'[78]라고 하였으니, 현재의 '팔의'는 주周의 '팔벽'이고", "이 팔의에 해당하는 사람이 사죄를 범하였다면, 모두 먼저 주청奏請하여 그 범한 바를 의議하므로 '팔의'라고 한다."[79] 바로 이와 같았기 때문에 당률은 중국 전통법제사에 대한 깊이 있는 연구물이라고 보아도 될 것이다.

3. 규범성規範性 보유

즉, 당률에 규정된 내용은 상당히 규범적이었기 때문에 실시하기에 매우 편리하였다. 예컨대 「명례율」에 규정된 '동거자가 서로를 위해 숨겨준 행위[同居相爲隱]'의 경우에는 적용대상·상은相隱 내용·적용하지 않는 범죄 등에 대해 모두 다음과 같이 명확하게 규정하였다. "무릇 동거자同居者 또는 대공大功 이상의 친족[親] 및 외조부모·외손外孫 또는 손부孫婦·남편[夫]의 형제 및 형제의 처妻에게 죄가 있어서 서로를 위해 숨겨준[相爲隱] 경우,[80] 부곡部曲·노비가 주인을 위해 숨겨준[爲主隱] 경우에는[81] 모두 논죄하지 않는다[勿論].[82] 그러나 소공小功 이하가 서로 숨겨준[相隱] 경우에는 일반인[凡人]에서 3등을 감경한다. 만약 모반謀叛 이상[83]을 범한 자는 이 율을 적용하지 않는다[不用此律]."[84] 「명례율」 이외의 11율 규정도 이와 같았다. 예컨대 「호혼율」에서는 "관직[官]에 있으면서 사전私田을 침탈한" 행위는 제재를 받아야 한다고 규정하였는데, 그 가운데 범죄 주체·객관적 방면의 요인 등에 관한 내용은 규정이 매우 명확하였고, 또 율조律條가 구성하는 죄상罪狀과

---

76 『당률소의·명례』「전언前言·소의」.
　【옮긴이 주】: 『역주율소 - 명례편 - 』「명례」「편목소」, 93쪽.
77 【옮긴이 주】: '려麗' 다음에 '방邦'이 있다(주 79 참조).
78 【옮긴이 주】: 『주례주소周禮注疏』(『십삼경주소 상』)권35, 「추관秋官·소사구小司寇」(873쪽).
79 『당률소의·명례』「팔의조八議條」「소의」.
　【옮긴이 주】: 『역주율소 - 명례편 - 』「명례7」(제7조)「팔의조」「소의」, 132쪽.
80 【옮긴이 주】: 당률에 보이는 '상용은相容隱' 규정의 내용 전반에 대해서는 제1장 주 52 참조.
81 【옮긴이 주】: 당률에 보이는 '부곡·노비가 주인을 위해 숨겨준 행위'에 대해서는 제1장 주 53 참조.
82 【옮긴이 주】: 『역주율소 - 명례편 - 』「명례45」(제45조)「동거상위은조同居相爲隱條」에는 이 다음에 "만약 그 사건처리에 관하여 누설하였거나 소식을 은밀히 전하였더라도 처벌하지 않는다"(337쪽)라는 규정이 있다.
83 【옮긴이 주】: '모반 이상'은 십악十惡 가운데 모반謀反·모대역謀大逆·모반謀叛의 대죄大罪를 가리킨다.
84 『당률소의·명례』「동거상위은조同居相爲隱條」.
　【옮긴이 주】: 『역주율소 - 명례편 - 』「명례45」(제45조)「동거상위은조」, 336~337쪽.

법정형法定刑에 대한 규정도 매우 조리가 있었다. "무릇 관직[官]에 있으면서 사전私田을 침탈한 자는, 1무畝 이하였다면 장杖60에 처하고, 3무마다 1등을 가중한다. 장100을 초과하였다면 5무마다 1등을 가중하고, 죄의 최고형은 도徒2년반이다. 원園과 포圃는 1등을 가중한다."[85] 당률의 내용적 규범성은 현실 생활에서 실시하기에 매우 유리하였다. 당시 출현한 '정관지치貞觀之治'·'영휘지치永徽之治'·'개원성세開元盛世'는 모두 당률의 내용적 규범성과 밀접한 관계에 있었다.

4. 이론성理論性 보유

즉, 당률은 이론을 구사해서 규정된 내용의 합리성을 해석·논증하였기 때문에 사람들이 정확하게 이해하고 적용하기에 편리하였다. 당률에는 율조律條가 있을 뿐만 아니라 「소의」도 있다. 따라서 그것들은 율조의 내용을 해석·논증하는 효과를 십분 발휘하여 그 이론성을 명확히 나타낼 수 있었다. 예컨대 「명례율」의 「소의」는 '십악十惡'의 '대불경大不敬'에 대해서 "예禮는 경敬의 근본이고, 경은 예의 표현 형식[輿]이다. 그러므로 (『예기禮記』) 「예운禮運」에서 '예는 군주의 권병權柄이다. 이로써 혐의를 분별하고 은미한 것을 밝히며 제도를 살피고[考制度] 인의仁義를 구분한다'[86]라고 하였다. 그 범한 행위가 원래 크고 모두 엄숙하고 공경하는 마음[肅敬之心]이 없음을 처벌하는 것이다. 그러므로 '대불경'이라 한다"[87]라고 해석하였다. 또 「직제율」에서는 "부모 및 남편 등의 상을 은숨긴[匿父母及夫等喪]" 행위를 단속하고자 하여 "무릇 부모 또는 남편[夫]의 상을 듣고도 숨기고 거애擧哀[88]하지 않은 자는 유流2000리에 처한다. 상제喪制가 아직 끝나지 않았는데 상복을 벗고 길복[吉]을 입은 경우, 혹은 애통함을 잊고 악[89]을 행한[作樂] 경우에는 도徒3년에 처한다. 잡다한 유희[雜戲](를 행한 경우에)는 도1년에 처한다. 만약 우연히 음악 소리를 듣고 귀를 기울였거나 경사스런 자리[吉席]에 참여한 자는 각각 장杖100에 처한다"[90]라고 규정하였다. 본 조 「소의」에서는 전문적으로 이론을 구사하여 이 규정을 만든 이유에 대해서 "부모의 은혜는 하늘과 같아서 다 갚을 수 없다. 고통[荼毒]이 아무리 심해도 (부모의) 상을 듣는 것과 같은 것은 없다. 부인은 남편

---

85 『당률소의·호혼』「재관침탈사전조在官侵奪私田條」.
　【옮긴이 주】: 『역주율소 - 각칙(상) - 』「호혼18」(제167조)「재관침탈사전조」, 2234쪽.
86 【옮긴이 주】: 『예기정의禮記正義』(『십삼경주소 하』)권21, 「예운 제9」(1418쪽). 『예기정의』「예운 제9」에서는 '권병'이 '대병大柄'으로 되어 있고, '고제도考制度' 앞에 "귀신을 공경한다[儐鬼神]"라는 문구가 있다.
87 『당률소의·명례』「십악조」「소의」.
　【옮긴이 주】: 『역주율소 - 명례편 - 』「명례6」(제6조)「십악조」「소의」, 116쪽.
88 【옮긴이 주】: '거애'에 대해서는 제1장 주 43 참조.
89 【옮긴이 주】: '악'에 대해서는 제1장 주 44 참조.
90 【옮긴이 주】: 『역주율소 - 각칙(상) - 』「직제30」(제120조)「익부모부상조匿父母夫喪條」, 2146~2147쪽.

[夫]을 하늘로 삼으니 애통함은 부모(의 경우)와 같다. 상을 듣게 되면 즉시 통곡해야 하며, 어찌 날을 가리고 때를 기다리겠는가[擇日待時]?"[91]라고 논증하였다. 이러한 해석·논증을 통해 본래 율조律條만 있었던 당률은 이론적인 색채가 매우 풍부한 것으로 변모되었다. 이로써 사람들은 율조의 규정을 알 수 있었을 뿐만 아니라 이면裏面에 규정되어 있는 이론적 근거도 파악할 수 있었기 때문에 당률의 규정을 이해하고 적용하기에 더욱 편리하였다.

---

91 『당률소의·직제』「익부모급부등상조匿父母及夫等喪條」「소의」.
   【옮긴이 주】: 『역주율소 - 각칙(상) - 』「직제30」(제120조)「익부모부상조匿父母及夫喪條」「소의」, 2147쪽.

제25장
당률과 당조唐朝의 형사사법제도刑事司法制度

당률과 당조의 형사사법제도의 관계에는 주목되는 문제들이 있다. 본 장章은 그 가운데 몇 가지 문제에 대해서 구명하고자 한다.

제1절 당률 : 당조 형사사법제도의 구현자·규범자·수호자

당률은 당조의 형사사법제도와 밀접한 관계에 있었는데, 그 가운데 특히 주목되는 부분은 그것이 당조의 형사사법제도의 구현자·규범자·수호자였다는 점이다.

1. 구현자

당률은 당대 형사사법제도를 구현하였다. 당률에 구현된 형사사법제도의 내용에 근거해서 형사사법제도의 체계를 살펴보면, 그 범위는 형사사법의 주체·참여인·절차·증거·강제조치·법률적용·형벌집행 등 방면을 포괄하였다.

형사사법의 주체에 대한 것이다. 당률에 구현된 형사사법의 주체는 사법기구가 있었고, 또 다수의 사법관司法官도 있었다. 사법기구는 주로 중앙심판권中央審判權을 행사하는 대리시大理寺 등을 가리킨다. 사법관은 당률에서 그 범위가 비교적 광범위하여 중앙과 지방에서 심판 직능을 행사하는 관리 이외에 죄수를 체포·구금拘禁하는 직능을 행사하는 관리, 형벌을 집행하는 관리 등도 있었다. 이러한 형사사법의 주체적 직무 행위는 모두 당률에 구현되었다. 예컨대 형사심판 직능을 행사하는 관리는 심판할 때 반드시 율律에 의거해서 정죄양형定罪量刑[1] 해야 하였고, "출입인죄出入人罪[2], 즉 사람의 죄를 감경·가중"할 수 없었다.[3] 죄수를 구금拘禁하는 직능을 행사하는 관리는 반드

---

1 【옮긴이 주】: '정죄양형'에 대해서는 제1장 주 73 참조.
2 【옮긴이 주】: '출입인죄' 즉 관인官人에 의한 '죄를 감경·가중'과 각각의 처벌에 대해서는 주 3 및 제1장

시 법에 의거해서 죄수에게 의식衣食과 의약醫藥을 제공해야 하였다. 만약 그들이 관련 규정을 위반하였다면 법률적 책임을 추궁당할 수 있었다.[4]

형사사법의 참여인에 대한 것이다. 당률에는 형사사법의 참여인에 대해서도 언급하고 있는데, 그 가운데 감정인鑑定人·통역인通譯人·증인證人 등이 모두 이러한 부류들이었다. 그들의 행위에 대해서도 당률에 규정이 있다. 예컨대 형사사법의 감정인鑑定人은 반드시 사실을 존중해야 하였고, 사실과 상반된 결론을 내릴 수 없었다. 통역인이 통역한 외국어는 정확해야 하였고, 증인의 증언은 진실해야 하였다. 만약 그들의 행위가 당률 규정을 위반하였거나, 특히 '정죄양형定罪量刑'에 착오錯誤를 조장하였다면 상응하는 법률적 책임을 추궁받아야 하였다.[5]

형사사법의 절차에 대한 것이다. 당률 가운데 형사사법의 절차에 대한 내용은 매우 많아서 형사사법의 여러 방면에 걸쳤고 또 매우 질서정연하게 구현되었다. 예컨대 복주覆奏[6] 절차에는 이하 여러 주요한 단계가 있었다. 예컨대 사형 안건의 경우, 먼저 황제의 비준批准을 거쳐야 했다. 즉, 형벌을 집행하기[行刑] 전에 황제로 '삼복주三覆奏'를 거쳐야 하였고, '삼복주'한 후에는 또 3일이

주 124 참조.

3 【옮긴이 주】: 『역주율소 - 각칙(하) - 』 「단옥19」(제487조) 「관사출입인죄조官司出入人罪條」에서는 "무릇 관사官司가 사람의 죄를 가중한[入人罪] 경우, 만약 전죄를 가중였다면[入全罪] 전죄로써 논한다[以全罪論]. 경죄輕罪를 중죄重罪로 가중였다면[入] 초과한 바로써 논죄한다[以所剩論]. …… 그리고 죄를 감경한[出罪] 경우에도 각각 이와 같다[如之]"(3353~3356쪽)라고 규정하여, 관사가 죄를 감경·가중한[出入] 경우에는 감경·가중의 방식·정도에 상응해서 달리 처벌하였다.

4 『당률소의·단옥』「관사출입인죄조官司出入人罪條」 및 『당률소의·단옥』「수응급의식의약이불급조囚應給衣食醫藥而不給條」 참조.
【옮긴이 주】: 『역주율소 - 각칙(하) - 』 「단옥5」(제473조) 「수응급의식의약이불급조」에서는 "무릇 죄수에게 의식이나 의약을 청급請給해야 하는데 청급하지 않았거나, 혹은 마땅히 가인家人이 들어가 (옥사에서 직접 죄수를) 돌보는 것을 허락해야 하는데 허락하지 않았거나, 가柯·쇄鎖·뉴杻를 풀어주어야 하는데 풀어주지 않은 자는 장60에 처하고, 이 때문에 (죄수를) 치사致死한 자는 도1년에 처한다. 만약 죄수의 음식을 감감하였거나 절도한[盜] 때에는 태50에 처하고, 이 때문에 (죄수를) 치사한 자는 교형絞刑에 처한다"(3329쪽)라고 규정하였다.

5 『당률소의·사위』「사병사상검험부실조詐病死傷檢驗不實條」와 「증불언정급역인사위조證不言情及譯人詐偽條」 참조.
【옮긴이 주】: 『역주율소 - 각칙(하) - 』 「사위23」(제384조) 「사병사상검험부실조」에서는 "무릇 질병 및 사망·상해가 있다고 사칭하였는데, 사명使命을 받고 검험檢驗하였으나 사실대로 하지 않은 자는 각각 속인 바에 따르되 1등을 감경한다. 만약 실제로 질병·사망 및 상해가 있는데 사실대로 검험하지 않은 자는 사람의 죄를 고의로 가중한 죄로써 논한다[以故入人罪論]"(3193~3194쪽)라고 규정하였다. 또 『역주율소 - 각칙(하) - 』 「사위26」(제387조) 「증불언정조證不言情條」에서는 "무릇 증인이 실정實情을 말하지 않았거나 통역인[譯人]이 거짓으로 통역하여 죄에 출입出入(감경·가중)이 있게 한 경우, 증인은 2등을 감경하고, 통역인은 같은 죄로 처벌한다[與同罪]"(3197쪽)라고 규정하였다.

6 【옮긴이 주】: 당대唐代 율령律令에 규정된 '복주'의 회수·대상·절차 등에 대해서는 제1장 주 178 참조.

경과되어야 비로소 사형을 집행할 수 있었다. 이것에 관한 규정은 다음과 같다. "상주上奏하여 황제의 재가裁可가 이미 끝나 형을 집행해야 하는 자는 모두 삼복주三覆奏를 마친 연후에 비로소 형을 집행하고", "복주를 마치고 회답이 내려져서[報下] 형을 집행해야 하는 자는", "공문[符]이 도달하고 3일 후에 비로소 형을 집행해야 한다."[7] 해당 절차의 각 부분은 모두 생략할 수도 바꿀 수도 없었고 순서대로 하나씩 진행해야 하였다. 그 나머지 구현된 (형사사법의) 절차도 대체로 이와 같았다.

형사증거에 대한 것이다. 당률은 형사증거에 관한 내용에 대해서 규정하였는데, 특수한 사람들에 대한 중증정죄衆證定罪, 즉 중증에 의한 정죄·위증僞證의 책임 등이 포함되었다. 예컨대 특수한 사람들에 대한 중증정죄에 관한 규정에는 응당 의議·청請·감減할 수 있는 자, 70세 이하[8]의 노老·15세 이하의 소小 및 폐질자廢疾者는 모두 형신刑訊[9]할 수 없고 중증정죄해야 하고,[10] 중증은 3인 이상이 제공하는 증거를 가리키며,[11] 상위은相爲隱[12] 범위 내의 사람·80세 이상의 노老·10세 이하의 소小와 독질자篤疾者는 모두 증인으로 삼을 수 없다[13]라고 하는 규정 등이 있었다.[14]

---

7 『당률소의·단옥』「사수복주보결조死囚覆奏報決條」참조.
  【옮긴이 주】: 『역주율소 - 각칙(하) - 』「단옥29」(제497조)「사수복주보결조」에서는 "무릇 사죄死罪의 죄수를 복주하여 회답이 내리기를 기다리지 않고 형을 집행한 자는 유2000리에 처한다. 만약 복주하여 회답이 내려져서 형을 집행해야 한다면 3일이 지난 후 형을 집행해야 한다. 만약 기한이 아직 되지 않았는데 형을 집행한 자는 도1년에 처하며, 만약 기한을 초과한 경우, 1일을 위반하였다면 장100에 처하고, 2일마다 1등을 가중한다"라고 규정하였고, 「소의」에서는 "'사죄의 죄수'라는 것은 상주하여 황제의 재가가 이미 끝나고 형을 집행해야 하는 자를 말한다. (이들은) 모두 삼복주를 마친 연후에 비로소 형을 집행한다. 만약 복주하여 회답이 내리기를 기다리지 않고 함부로 형을 집행한 자는 유2000리에 처한다. '만약 복주하여 회답이 내려져서 형을 집행해야 한다'는 것은 복주를 마치고 회답이 내려져서 형을 집행해야 하는 것을 말한다. '3일이 지난 후 형을 집행해야 한다'라고 하였으므로 공문[符]이 도달하고 3일 후에 비로소 형을 집행해야 한다"(이상 3375쪽)라고 해석하였다. 이상 율문과 소의문을 보면, 본문에 인용된 규정은 「사수복주보결조」「소의」의 문장임을 알 수 있다.
8 【옮긴이 주】: '이하'는 '이상'의 오기이다(주 10 참조).
9 【옮긴이 주】: '형신'에 대해서는 제1장 주 146 참조.
10 【옮긴이 주】: 『역주율소 - 각칙(하) - 』「단옥6」(제474조)「의청감노소질불합고신조議請減老小疾不合拷訊條」에서는 "무릇 의議·청請·감減할 수 있는 자 또는 나이 70세 이상·15세 이하 및 폐질자는 모두 고신拷訊해서는 안 되며, 모두 중증衆證에 의거해서 정죄한다"(3330쪽)라고 규정하였다.
11 【옮긴이 주】: 『역주율소 - 각칙(하) - 』「단옥6」(제474조)「의청감노소질불합고신조」「소의」에서는 '중증衆證'에 대해 "중衆이라고 한 것은 3인 이상을 말하며, (그들이) 명확히 증언한 후에 비로소 죄를 정해야 한다"(3331쪽)라고 해석하였다.
12 【옮긴이 주】: '상위은'은 법으로 서로 죄를 숨겨주는 것이 허용되는 사람을 말하고, 이것을 상용은법相容隱法이라고 한다. 당률에 규정된 상용은 규정 전반에 대해서는 제1장 주 52 참조.
13 【옮긴이 주】: 『역주율소 - 각칙(하) - 』「단옥6」(제474조)「의청감노소질불합고신조」에서는 "율에서 '상용은相容隱, 즉 서로 숨겨주는 것이 허용된 사람', 혹은 나이 80세 이상·15세 이하 및 독질자篤疾者는 모두 증인으

형사적 강제조치에 대한 것이다. 당률에서는 여러 가지 형사적 강제조치를 사용하였고, 또 모든 부분을 명문明文으로 규정해서 모두 구현하였다. 당률에 규정된 강제조치에는 구전拘傳·체포逮捕·구금拘禁 등이 있었다. 예컨대 체포에 관한 내용에는 체포의 대상·체포 항거[拒捕]에 대한 처치·관리 역량 부족 때의 협조 등등이 포함되었다.[15]

형사법률의 적용에 대한 것이다. 당률은 당조의 구체적인 상황에 근거해서 법률에 대한 적용도 규정하였다. 그 내용은, 형사사법관刑事司法官은 심판할 때 반드시 율·영·격·식의 정문正文을 인용해야 하고,[16] 두 가지 죄 이상이 있었다면 흡수원칙을 채용하여 "중죄로써 논하며[以重者論]",[17] 본本 관부官府 관할의 안건에 속하지 않은 경우 신속히 상급 관사官司에 보고해야 하고[上報] 함부로

로 삼을 수 없다"(3332쪽)라고 규정하였고, 그 「소의」에서는 "율에서 '상용은, 즉 서로 숨겨주는 것이 허용된 사람'이란 동거자 또는 대공大功 이상의 친족 및 외조부모·외손 또는 손부孫婦·남편[夫]의 형제 및 형제의 처(는 서로 숨겨줄[相爲隱] 수 있고), 및 부곡·노비가 주인을 위해 숨겨줄[爲主隱] 수 있음을 말하고, 나이 80세 이상·10세 이하 및 독질자는 형을 가하더라도 감당할 수 없으므로 모두 증인이 되는 것을 허락하지 않는다"(3332~3333쪽)라고 해석하였다.

14 『당률소의·단옥』「의청감노소질불합고신조」참조.
15 『당률소의·포망』「관호노비망조官戶奴婢亡條」·「피수금거한주조被囚禁拒捍走條」·「죄인지장거포조罪人持杖拒捕條」·「도로행인불조포죄인조道路行人不助捕罪人條」 등 참조.
【옮긴이 주】:『역주율소 - 각칙(하) - 』「포망13」(제463조)「관호노비망조」에서는 "관호·관노비가 도망한 경우, 1일을 경과하였다면 장60에 처하고, 3일마다 1등을 가중한다. 부곡·사노비도 또한 같다. 주사主司가 도망한 것을 적발하지 못한 경우, 1구口였다면 태30에 처하고, 5구마다 1등을 가중하며, 죄의 최고형은 장100이다. 관호가 도망한 것을 고의로 놓아준 경우에는 같은 죄로 처벌한다[與同罪]. 노비는 절도죄에 준하여 논한다[準盜論]. 만약 관·사노비가 도망가도록 유도한 자는 절도죄에 준하여 논하고[準盜論], 아울러 비상備賞하게 한다"(3303~3304쪽)라고 규정하였고, 『역주율소 - 각칙(하) - 』(포망15)(제465조)「피수금거한주조」에서는 "수금囚禁되어서 관원(官司)에게 항거하고 달아난 자는 유2000리에 처한다. (이로 인해) 사람을 상해한 자는 가역류加役流에 처한다. 사람을 살해한 자는 참형斬刑에 처하고, 종범은 교형絞刑에 처한다. 만약 혼자 몰래 도망한 자는 도망죄로 논한다[以逃亡論]"(3306쪽)라고 규정하였다. 『역주율소 - 각칙(하) - 』「포망2」(제452조)「죄인지장거한조罪人持杖拒捍條」에서는 "무릇 죄인을 체포하려고 하였지만, 죄인이 무기[仗]를 가지고 대항하였다. 그런데 체포자가 그를 격살格殺하였거나 도주하는 죄인을 추격하다가 살해한 경우, 혹은 (죄인이) 곤경에 처하여 자살한 경우에는 모두 논죄하지 않는다[勿論]"(3283쪽)라고 규정하였고, 『역주율소 - 각칙(하) - 』「포망4」(제454조)「도로행인불조포죄인조」에서는 "무릇 죄인을 추포追捕하다 힘[力]으로 제압할 수 없었기 때문에 길가는 행인行人에게 고告하였는데, 그 행인이 구조할 역량이 있는데도 구조하지 경우에는 장80에 처한다. 형세 상上 구조할 수 없었던 경우에는 논죄하지 않는다[勿論]"(3288쪽)라고 규정하였다.
16 【옮긴이 주】:『역주율소 - 각칙(하) - 』「단옥16」(제484조)「단죄불구인율령격식조斷罪不具引律令格式條」에서는 "무릇 단죄斷罪하는 때에는 모두 반드시 율·영·격·식의 정문正文을 갖추어 인용[具引]해야 하는데, 위반한 자는 태30에 처한다"(3350쪽)라고 규정하였다.
17 【옮긴이 주】:『역주율소 - 각칙(하) - 』「단옥16」(제484조)「단죄불구인율령격식조」「소의」에서는 "두 가지 죄 이상이 함께 발각된 경우에는 중죄로써 논한다[以重者論]"(3350쪽)라고 규정하였다.

판결해서는[擅斷] 안 되고,[18] 만약 황제의 제制·칙敕으로 단죄斷罪하는 것은 영구적인 격格이 아니면, "인용하여 이후의 비比[19]로 삼을 수 없으며",[20] 격格으로 단죄하는 경우, 비록 율律의 내용과 일치하지 않더라도 격에 의거해서 심판해야 한다[21]는 규정 등등을 포괄하였다.[22] 이러한 구현된 내용에 의해 사법관은 심판 중에 법률을 적용하는 문제를 해결할 수 있게 되었다.

 형벌의 집행에 대한 것이다. 당률은 형벌의 집행뿐만 아니라 부대적인 민사집행民事執行에 대해서도 구현하였다. 당률의 주된 형벌은 오형五刑이었다. 오형의 집행은 당률에 모두 명문明文으로 규정되어 있다. 예컨대 태笞·장형杖刑 집행의 부위部位·대수·대수의 분배·형구刑具의 규격 등등이다.[23] 또 이들 형벌의 집행은 부대적인 민사집행 방법과 연계되었고, 배상·재물의 반환 등은 모두 당률에 규정된 이러한 집행 방법이었다.[24] 일부 피고인들은 형벌의 집행과 동시에 이러한 민

---

18 【옮긴이 주】:『역주율소 - 각칙(하) - 』「단옥17」(제485조)「응언상대보이첩자결단조應言上待報而輒自決斷條」에서는 "무릇 단죄하는 때, 상급관사에 보고해야 하는데 보고하지 않았거나 (상급 관사의) 회답을 기다려야 하는데 회답을 기다리지 않고 함부로 직접 형을 집행하였거나 판결한[決斷] 경우에는 각각 고의·과실죄[故失]에서 3등을 감경한다"(3351쪽)라고 규정하였다.

19 【옮긴이 주】: '비'에 대해서는 제1장 주 123 및 제2장 주 58 참조.

20 【옮긴이 주】:『역주율소 - 각칙(하) - 』「단옥18」(제486조)「첩인제칙단죄조輒引制勅斷罪條」에서는 "무릇 제制·칙勅으로 단죄斷罪하는 것은 임시적인 처분이므로, 영구적인 격格으로 하지 않은 때에는 인용하여 이후의 비比로 삼을 수 없다. 만약 함부로 인용하여 치죄致罪하는 때 출입出入(감경·증가)이 있었다면 고의·과실죄로 논한다[以故失論]"(3353쪽)라고 규정하였다.

21 【옮긴이 주】:『역주율소 - 명례편 - 』「명례32」(제32조)「피차구죄지장조彼此俱罪之贓條」「문문問」에서 "사사로이 주전한[私鑄錢] 사건이 발각되어 획득한 제작 공구工具 및 전錢·동銅, 혹은 위법하게 도살한 말[馬]·소[牛]의 고기[肉] 등에 대해서는 율律이나 영슈에 조문이 없는데, 이러한 것들을 몰관沒官해야 합니까?"(246쪽)라고 한 것에 대하여「답答」에서는 "고기[肉] 및 전錢은 사가私家에서 소유할 수 있는 물건이므로 율·영에 준준하여 몰관해서는 안 된다. 공구 및 전은 그대로 사용해서는 안 되는 것이므로 이것들을 훼손시킨 후에 원래의 주인에게 돌려주고, 죄는 법대로 부과한다. 그러나 주전에 대해서는 현재 별도의 격[別格]이 있으므로 이에 따라서 판결한다. 그 밖의 조문에 별도의 격이 현재 시행되고 있어서 (서로 상치되어) 율의 효력이 정지된 경우에는 모두 이것에 준한다[準此]"(246~247쪽)라고 해석하였다.

22 『당률소의·단옥』「단죄불구인율령격식조斷罪不具引律令格式條」·「응언상대보이첩자결단조應言上待報而輒自決斷條」·「첩인제칙단죄조輒引制勅斷罪條」와『당률소의·명례』「피차구죄지장조彼此俱罪之贓條」참조.

23 『당률소의·단옥』「결벌불여법조決罰不如法條」참조.
 【옮긴이 주】:『역주율소 - 각칙(하) - 』「단옥14」(제482조)「결벌불여법조」에서는 "무릇 형벌의 집행[決罰]을 법대로 하지 않은[不如法] 자는 태30에 처하고, 이 때문에 (죄수를) 치사致死한 자는 도1년에 처한다. 만약 장杖의 규격[麤細長短]을 법에 의거하지 않은 자는 죄 또한 이와 같다[如之]"(3346쪽)라고 규정하였고, 본조「소의」에서는「옥관령獄官令 41조」(니이다 노보루仁井田陞,『당령습유唐令拾遺』, 793쪽)를 인용하여 태형笞刑·장형杖刑 집행의 부위部位·대수·형구의 규격 등에 대해 언급하고 있다(3346쪽).

24 『당률소의·단옥』「수비속몰인물위한조輸備贖沒人物違限條」참조.
 【옮긴이 주】:『역주율소 - 각칙(하) - 』「단옥25」(제493조)「수비속몰인물위한조」에서는 "무릇 비상[備]·속贖·귀속[入]해야 하는 물품과 징수해야 하는 부족분·체납액을 보내야[輸] 하는데 기한期限을 위반하고 보내

사책임도 부담해야 하였다.

이상에서 당률은 당조의 형사사법제도를 비교적 전면적으로 구현하였음을 알 수 있다. 이 제도는 각 방면에 걸쳐 있었기 때문에 당조의 형사사법제도의 충실한 구현자였다고 할 수 있다. 이것은 당조의 형사사법의 운용에 매우 유리하게 작용하였다.

2. 규범자

당률은 당조의 형사사법제도의 구현자였을 뿐만 아니라 이 제도의 규범자이기도 하였다. 이것은 비교적 이하 몇 가지 방면에 뚜렷이 구현되어 있다.

첫째, 규범화된 내용은 비교적 전면적이었다. 이것은 종縱과 횡橫, 두 방면에서 볼 수 있다. 종으로 볼 때, 당률에 규범화된 형사사법제도의 내용은 형사사법의 주체·참여인·절차·증거·강제조치·법률적용과 형벌집행 등 각 방면에 미쳤기 때문에 대체로 당률에 구현된 형사사법제도의 내용은 모두 규범화되었다. 횡으로 볼 때, 당률에 규범화된 내용은 일부 큰 방면뿐만 아니라 큰 문제 하의 일부 구체적인 내용도 마찬가지로 규범화되었다. 예컨대 형벌의 집행방면에서 오형五刑의 집행·부대적 민사배상의 집행·형구刑具의 규격 등은 모두 규범화되었다. 여기서는 형구를 사례로 제시한다. 당률의 형사사법제도 중에는 태·장형의 형구에 대해서 다음과 같은 규범화된 규정 내용이 있는데, 형식적인 요건要件·길이·굵기의 척촌尺寸 등이 포함되어 있다. "장杖은 모두 마디 부분을 제거하며[削去節目], 길이[長]는 3척尺 5촌寸이다. 신수장訊囚杖[25]의 경우, 굵은 부분[大頭]은 직경[徑]이 3분分2리釐이고, 가는 부분[小頭]은 (직경이) 2분分2리釐이다. 상행장常行杖[26]의 경우, 굵은 부분[大頭]은 (직경이) 2분分7리釐이고, 가는 부분[小頭]은 1분分7리釐이다. 태장笞杖[27]의 경우, 굵은 부분[大頭]은 (직경이) 2분分이고, 가는 부분[小頭]은 (직경이) 1분分5리釐이다'라고 하였다."[28]

둘째, 규범화된 내용은 비교적 구체적이었다. 형사사법제도는 형법을 사회와 그 구성원에게

지 않은 경우, 1일이었다면 태10에 처하고, 5일마다 1등을 가중하며, 그 죄의 최고형은 장100이다. 만약 제명除名·면관免官·관당官當에 (해당되어) 고신告身을 추탈해야 하는 경우, (관인이) 기한을 위반하고 보내지 않은 자도 또한 이와 같다[如之]"(3370쪽)라고 규정하였다.

25 【옮긴이 주】: '신수장'은 '죄수를 신문訊問할 때 사용하는 장'을 말한다.
26 【옮긴이 주】: '상행장'은 '보통의 형벌에 사용하는 장'을 말한다.
27 【옮긴이 주】: '태장'은 '태형에 사용하는 장'을 말한다.
28 『당률소의·단옥』「결벌불여법조決罰不如法條」.
【옮긴이 주】: 『역주율소 - 각칙(하) - 』「단옥14」(제482조)「결벌불여법조」「소의」, 3346쪽. 본 「소의」에는 이 문장 앞에 "영令에 의하면"이라는 문구가 있다. 여기의 '영'은 니이다 노보루仁井田陞, 『당령습유唐令拾遺』「옥관령 41조」(793쪽)를 말한다. 형구의 규격을 위반한 죄에 대한 처벌 규정은 주 23 참조.

적용할 때, 일종의 구체성이 비교적 높게 요구되는 제도이다. 당률의 형사사법제도도 이와 같았다. 그것에 규정되어 있는 내용은 모두 비교적 구체적이었고, 대부분의 내용은 모두 '인人'·'일日' 등까지 정확하였다. 예컨대 형신刑訊을 하지 않고 '중증정죄衆證定罪, 즉 중증에 의해 정죄하는' 방법을 사용할 때에는 구체적으로 '인人'으로 (계산)하였는데, "중衆이라고 칭한 것은 3인 이상이다"[29]라고 하여, 3인 이상이 '중衆'이 되었다. (이처럼) 여기의 '중증'은 '3인 이상'을 가리켰고, 만약 "3인은 사실[實]이라고 증언하였고, 3인은 거짓[虛]이라고 증언하였다면", 이것은 '의죄疑罪'로 확정되어야 하였다.[30] 또 형벌의 집행시간을 확정할 때, 당률은 구체적으로 '일日'로 (계산)하였다. 즉 "속贖하는 기한은 사형 80일, 유형 60일, 도형 50일, 장형 40일, 태형 30일이다. 만약 관물官物을 징수해야 하는 경우, (견絹으로 환산된) 가격에 따라 50필 이상이었다면 100일, 30필 이상이었다면 50일, 20필 이상이었다면 30일, 20필 이하였다면 20일이다"[31]라고 하였다. 여기의 '일日'은 "무릇 '일日'이라고 한 것은 백각百刻으로써 계산한다"[32]라고 하여, 1일을 100각으로 계산한 것이다. (이처럼) 내용은 구체적이었고 포함하고 있는 의미도 비교적 명확하였기 때문에 사법관의 인식에서 의 착오를 줄일 수 있었다.

셋째, 규범화된 내용은 비교적 운용하기가 편리하였다. 형사사법제도에 포함된 절차상의 내용은 비교적 많기 때문에 실용성도 비교적 높았다. 당률의 형사사법제도도 또한 이와 같았고, 특히 절차에 관한 내용을 언급할 때 더욱 그러하였다. 형신刑訊은 당조唐朝의 형사사법제도 가운데 중요한 구성 부분으로서, 당률은 그것에 대해서 비교적 전면적으로 규정하였고, 그 속에 언급된 내용

---

29 『당률소의·명례』「칭일년급중모조稱日年及衆謀條」.
   【옮긴이 주】: 『역주율소 - 명례편 - 』「명례55」(제35조)「칭일년급중모조」, 364쪽. 『역주율소 - 각칙(하) - 』「단옥6」(제474조)「의청감노소질불합고신조議請減老小疾不合拷訊條」「소의」에서도 "중衆이라고 한 것은 3인 이상을 말한다" (3331쪽)라고 하였다.

30 『당률소의·단옥』「의청감노소질불합고신조」 참조.
   【옮긴이 주】: 『역주율소 - 각칙(하) - 』「단옥6」(제474조)「의청감노소질불합고신조」「문」에서는 "고발된[告] 사건에 증인이 2명 있는데, 1인은 그렇다[是]고 증언하였고, 1인은 아니다[非]고 증언하였습니다. (이 경우) 증인이 부족한데, 마땅히 (고발당한 이에게) 의죄疑罪를 적용해야 합니까?"라고 하였고, 이에 대한 「답」에서는 "…… 만약 3인은 사실[實]이라고 증언하였고, 3인은 거짓[虛]이라고 증언하였다면, 이것은 의죄疑罪라고 일컫는다"(이상 3332쪽)라고 하였다. 이상에서 본문의 "3인은 사실[實]이라고 증언하였고, 3인은 거짓[虛]이라고 증언하였다면, 이것은 의죄"운운云云한 문장은 본 조문의 「문」에 대한 「답」인 것을 알 수 있다.

31 『당률소의·단옥』「수비속몰인물위한조輸備贖沒人物違限條」.
   【옮긴이 주】: 『역주율소 - 각칙(하) - 』「단옥25」(제493조)「수비속몰인물위한조」「소의」, 3370쪽. 본 조「소의」에는 이 문장 앞에 "옥관령獄官令에 의하면"이라는 문구가 있다. 여기의 「옥관령」은 니이다 노부루仁井田陞, 『당령습유唐令拾遺』「옥관령 36조」(788쪽)를 말한다.

32 『당률소의·명례』「칭일년급중모조稱日年及衆謀條」.
   【옮긴이 주】: 『역주율소 - 명례편 - 』「명례55」(제55조)「칭일년급중모조」, 362쪽.

도 모두 비교적 높은 실용성을 갖추었지만, 특히 일부 절차상의 규정이 그러하였다. 예컨대 형신의 사용 여부를 확정하기 이전의 준비에 대한 절차·형신 회수에 대한 절차·형신 집행 대상에 대한 절차 등등이 모두 이와 같았다.

첫 번째, 형신刑訊의 사용 여부를 확정하기 이전의 준비에 대한 절차이다. 피고被告에 대해서 형신을 사용하고자 할 때에는 반드시 준비절차를 거쳐야 하였다. 이러한 절차에는 다음과 같이 여러 단계가 포함되었다. "무릇 죄수를 신문[訊囚]해야 하는 때에는 반드시 먼저 정상情狀을 살피고, 말의 조리[辭理]를 자세히 살피며[審察], (사안事案을) 반복하여 (시비를) 참험參驗해야 한다. 여전히 판결할 수 없어서 사건을 반드시 신문訊問해야 하는 때에는 문안文案을 작성하여 (담당 장관長官이) 연서[同判]한 연후에 고신拷訊한다."[33]

두 번째, 형신의 회수回數에 대한 절차이다. 당률은 형신의 회수·총수總數에 대해서 모두 다음과 같은 규정이 있었고, 사법관은 반드시 그 절차에 따라 집행해야 하였다. "무릇 죄수를 고신하는[拷囚] 때에는 3회[三度]를 초과할 수 없고, (장杖의) 총수總數는 200을 초과할 수 없으며, 장죄杖罪 이하는 범한 죄의 (장杖의) 수를 초과할 수 없다. 고신이 한도에 이르렀는지만[拷滿][34] 승복하지 않은[不承] 때에는 보증인[保]을 세워 석방한다."[35]

세 번째, 형신의 집행 대상에 대한 절차이다. 이러한 절차도 당률에 규정되어 있었고, 그 기본 내용은 다음과 같다. 먼저 피고被告를 형신하였으나 피고가 자백하지 않은 때에는 재차 원고原告를 형신하였고, 일정한 조건에서 증인도 형신할 수 있었다. 즉, 피고가 "고신이 한도에 이르렀는데도[拷滿] 승복하지 않은[不承] 때에는 보증인[保]을 세워 석방하고",[36] 그런 후에 "(무릇) 죄수를 고문하는[拷囚] 것이 한도에 이르렀는데도[限滿] 자백하지 않은[不首] 때에는 고발한 사람[告人]을 반고反拷한다"[37]라고 하여, 원고를 형신하였다. 무고誣告 등 안건에서는 "증인을 고략하였다[拷證]"[38]

---

33 『당률소의·단옥』「신수찰사리조訊囚察辭理條」.
 【옮긴이 주】: 『역주율소 - 각칙(하) -』「단옥8」(제476조)「신수찰사리조」, 3334쪽.
34 【옮긴이 주】: '고만拷滿'은 고신을 집행할 때 허용된 법정 한도인 '3회 고신과 장200'에 도달한 것을 말한다.
35 『당률소의·단옥』「고수부득과삼도조拷囚不得過三度條」.
 【옮긴이 주】: 『역주율소 - 각칙(하) -』「단옥9」(제477조)「고수불득과삼도조」, 3336쪽.
36 『당률소의·단옥』「고수부득과삼도조」.
 【옮긴이 주】: 『역주율소 - 각칙(하) -』「단옥9」(제477조)「고수부득과삼도조」, 3336쪽.
37 『당률소의·단옥』「고수한만불수조拷囚限滿不首條」.
 【옮긴이 주】: 『역주율소 - 각칙(하) -』「단옥10」(제478조)「고수한만불수조」, 3339쪽.
38 『당률소의·단옥(투송의 오기)』「무고인유죄이하인허조誣告人流罪以下引虛條」.
 【옮긴이 주】: 『역주율소 - 각칙(하) -』「투송43」(제344조)「무고인유죄이하인허조」에서는 "무릇 타인의 유죄流罪 이하를 무고하였으나 무고당한 사람[前人]에게 아직 고략拷掠을 가하지 않았는데 고발자[告人]가 무고

라고 하듯이, 증인도 형신할 수 있었다. 이러한 규범화된 절차는 사법관이 형사사법제도를 운용하고 시행하는 데 유리하였고, 형사사법 활동을 진행하는 데에도 편리하였다.

당조의 형사사법제도는 당률에서 전면적·구체적·실용적인 규범이 되었기 때문에 이러한 제도를 적용하는데 매우 유리한 조건을 창출하였다.

3. 수호자

당률은 형사사법제도를 위반한 사람에 대해 처벌하는 방법을 통해 당조의 형사사법제도를 유지하였다. 처벌의 강도는 비교적 높아서 형벌을 사용하였다. 형벌은 제재방식 가운데 강도가 가장 높은 방식으로서, 생명까지도 박탈할 수 있었다. 이러한 의의 면에서 보면, 당률은 형사사법제도의 가장 유력한 수호자였다. 예컨대 형사심판 직능을 행사하는 관리가 심판 중에 "출입인죄出入人罪, 즉 사람의 죄를 감경·가중한" 행위에 대해서는 사람의 죄를 감경·가중한[出入人罪] 상황을 근거로 처벌해야 하였다. "전죄를[39] 가중하였다면 전죄로써 논한다[入重[40]罪 以全罪論]. 경죄輕罪를 중죄重罪로 가중하였다면[시] 초과한 바로써 논죄한다[以所剩論]. 형명刑名을 바꾼 경우, 태죄笞罪를 장죄杖罪로 가중하였거나[시] 도죄徒罪를 유죄流罪로 가중하였다면[시] 또한 초과한 바로써 논죄하고[以所剩論],[41] 사죄死罪로 가중하였다면[시] 또한 전죄로써 논한다[以全罪論]. 그리고 죄를 감경한[出罪] 경우에도 각각 이와 같다[如之]."[42] 형사사법의 감정인鑑定人이 실정에 따라 검험檢驗하지 않아서 잘못된 감정 결론을 내린 경우에도 처벌을 받아야 하였다. 즉 "만약 실제로 질병·사망 및 상해가 있는데 사실대로 검험하지 않은 자는 사람의 죄를 고의로 가중한 죄로써 논한다[以故入人罪論]"[43]라고 하였다. 형신刑訊은 절차에 따라 진행해야 하였고, 그렇지 않은 때에는 역시 다음과 같은 형사책임을 추궁받아야 하였다. "무릇 죄수를 신문해야[訊囚] 하는 때에는 반드시 먼저 정상情狀을 살피고, 말의 조리[辭理]를 자세히 살피며[審察], (사안事案을) 반복하여 (시비를) 참험參驗해야 한

하였다고 잘못을 바로잡은 때에는 1등을 감경한다. 만약 무고당한 사람[前人]이 이미 고략을 받은 때에는 감경하지 않는다. 만약 증인을 고략한 때에도 또한 같다[是]"(3109쪽)라고 규정하였다.

39 【옮긴이 주】: '전죄를' 앞에 "무릇 관사官司가 사람의 죄를 가중한[入人罪] 경우, 만약"이라는 문구가 있다(주 42 참조).

40 【옮긴이 주】: '중重'은 '전全'의 오기이다(주 42 참조).

41 【옮긴이 주】: '논죄하고' 다음에 "태죄·장죄를 도죄·유죄로 가중하였거나[시] 도죄·유죄를"이라는 문구가 있다(주 42 참조).

42 『당률소의·단옥』「관사출입인죄조」.
  【옮긴이 주】: 『역주율소 - 각칙(하) - 』「단옥19」(제487조)「관사출입인죄조」, 3353~3356쪽.

43 『당률소의·사위』「사병사상검험부실조詐病死傷檢驗不實條」.
  【옮긴이 주】: 『역주율소 - 각칙(하) - 』「사위23」(제384조)「사병사상검험부실조」, 3193쪽.

다. 여전히 판결할 수 없어서 사건을 반드시 신문訊問해야 하는 때에는 문안文案을 작성하여 (담당 장관長官이) 연서[同判]한 연후에 고신拷訊한다. 위반한 자는 장杖60에 처한다."⁴⁴ (이처럼) 율조律條에 규범화된 형사사법제도는 가장 엄격한 제재수단을 사용하였기 때문에 그 수호守護 정도는 가장 높았다고 하지 않을 수 없다.

당률의 형사사법제도에 대한 수호에서는 경중輕重과 완급緩急도 구분하였다. 대체로 중점적으로 수호하고자 한 것은 징벌의 강도가 비교적 높았고, 그 반대인 것은 비교적 낮았다. 예컨대 당률의 경우 피수감자被囚監者가 관리官吏에게 항거하고 도망한 행위⁴⁵·주수主守가 수재왕법受財枉法을 범해서 죄인의 죄를 증감한 행위⁴⁶와 황제의 복주覆奏⁴⁷에 대한 회답을 기다리지 않고 사형수를 처결한 행위⁴⁸ 등에 대한 용형用刑은 모두 매우 엄중해서 최하는 모두 유형流刑 이상이었고, (구체적으로는) '유流2000리'⁴⁹·'15필匹이었다면 가역류加役流'⁵⁰와 '유2000리'⁵¹로 구분되어 있었다.⁵² 이에 비해 당률의 구금拘禁해야 하는데 구금하지 않은 행위⁵³·단죄할 때 율律·영令·격格·식式의 정문正文을 갖추어 인용[具引]하지 않은 행위⁵⁴·도죄수徒罪囚를 통솔하여 복역시켜야 하는데 복역시키지

---

44 『당률소의·단옥』「신수찰사리조」.
   【옮긴이 주】: 주 33 참조.
45 【옮긴이 주】: 『역주율소 - 각칙(하) - 』「포망15」(제465조) 「피수금거한주조被囚禁拒悍走條」에서는 "수금囚禁되어서 관원[官司]에게 항거하고 도망한 자는 유2000리에 처한다. (이로 인해) 사람을 상해한 자는 가역류加役流에 처한다. 사람을 살해한 자는 참형斬刑에 처하고, 종범은 교형絞刑에 처한다"(3306쪽)라고 규정하였다.
46 【옮긴이 주】: 『역주율소 - 각칙(하) - 』「단옥4」(472조) 「주수도령수번이조守導令囚飜異條」에서는 "무릇 주수가 죄수로부터 재물을 받고[受財] (그를) 도와서 (진술 내용을) 번복하도록 하였거나 혹은 (죄수에게) 말을 전달하여 (그 죄에) 증감이 있게 한 경우, 왕법죄로 논하여[以枉法論] (장물이) 15필이었다면 가역류에 처하고, 30필이었다면 교형에 처한다"(3327쪽)라고 규정하였다.
47 【옮긴이 주】: 당대 율령에 규정된 '복주'의 회수·대상·절차 등에 대해서는 제1장 주 178 참조.
48 【옮긴이 주】: 『역주율소 - 각칙(하) - 』「단옥29」(제497조) 「사수복주보결조死囚覆奏報決條」에서는 "무릇 사죄死罪의 죄수를 복주覆奏하여 회답이 내리기를 기다리지 않고 형을 집행한 자는 유2000리에 처한다"(3375쪽)라고 규정하였다.
49 【옮긴이 주】: '유2000리'는 주 45 참조.
50 【옮긴이 주】: '15필이었다면 가역류'는 주 46 참조.
51 【옮긴이 주】: '유2000리'는 주 48 참조.
52 『당률소의·포망』「피수금거한주조被囚禁拒悍走條」·『당률소의·단옥』「주수도령수번이조守導令囚飜異條」와 「사수복주보결조死囚覆奏報決條」.
53 【옮긴이 주】: 『역주율소 - 각칙(하) - 』「단옥1」(제469조) 「수응금불금조囚應禁不禁條」에서는 "무릇 죄수를 구금해야 하는데 구금하지 않았거나, 또는 가枷·쇄鏁·뉴杻를 채워야 하는데 채우지 않았거나, (이러한 형구를) 벗겨준 경우, (죄수가) 장죄杖罪이었다면 태30에 처하고, 도죄徒罪이상이었다면 1등씩 차례로 가중하며[遞加], 착용하는 형구를 교체한 자는 각각 1등씩 감경한다"(3320쪽)라고 규정하였다. 가枷·쇄鏁·뉴杻 등 형구의 사용처에 대해서는 제1장 주 166 참조.

않은 행위⁵⁵ 등에 대한 용형은 비교적 경미해서 최하는 단지 태형笞刑, 그것도 모두 '태笞30'⁵⁶이었을 뿐이다. 그 원인을 탐구하면, 피수감자가 관리에 항거하고 도망한 행위·주수가 수재왕법을 범해서 죄인의 죄를 증감한 행위와 황제의 복주覆奏에 대한 회답을 기다리지 않고 사형수를 처결한 행위 등은 모두 관리·감독질서[監管秩序]·이치吏治와 황권皇權을 엄중히 침범하여 국가에 대한 위해危害가 매우 컸기 때문에 용형도 가중해서 중점적으로 수호하는 대상이었음을 나타내었다. 이와는 달리 일부 용형이 비교적 경미한 범죄 행위는 국가에 대한 위해도 상대적으로 작았기 때문에 수호의 강도도 약하였다.

형사사법제도에 대한 침범 정도와 범죄 상황의 가중에 따라 용형도 가중되었고, 수호의 강도도 그에 따라 증가되었지만, 그 반대인 경우에는 감경되었다. 이것은 피수감자가 관리에 항거하고 도망한 사안에 대한 규정과 관리가 도망범을 추포追捕하는 규정에 명확히 반영되었다. 예컨대 당률에서는 피수감자가 "관원[官司]에게 항거하고 도망한 때에는 유流2000리에 처한다. (이로 인해) 사람을 상해한 자는 가역류加役流에 처한다. 사람을 살해한 자는 참형斬刑에 처한다"⁵⁷라고 규정하였다. 이 율조律條의 규정을 통해 범죄 상황이 가중되면 용형도 가중되었음을 알 수 있다. 또 당률에서는 관리가 도망범을 추포하라는 명령을 받고도 "출동하지 않았거나 두류逗留⁵⁸한 경우, 비록 출동하였더라도 도망자와 조우遭遇하여 인원과 무기[仗]가 대적하기에 충분한데도 싸우지 않고 퇴각한[不鬪而退] 자는 각각 죄인의 죄에서 1등을 감경하고, 싸우다 퇴각한[鬪而退] 자는 2등을 감경한다. 만약 인원과 무기가 대적할 수 없어서 싸우지 않고 퇴각한 자는 3등을 감경하며, 싸우다 퇴각한 자는 처벌하지 않는다[不坐]"⁵⁹라고 규정하였다. 이 규정을 통해 범죄 상황이 감경되면

---

54 【옮긴이 주】:『역주율소 - 각칙(하) -』「단옥16」(제484조)「단죄불구인율령격식조斷罪不具引律令格式條」에서는 "무릇 단죄斷罪하는 때에는 모두 반드시 율·영·격·식의 정문正文을 갖추어 인용[具引]해야 하는데, 위반한 자는 태30에 처한다"(3350쪽)라고 규정하였다.

55 【옮긴이 주】:『역주율소 - 각칙(하) -』「단옥32」(제500조)「영도수응역불역조領徒囚應役不役條」에서는 "무릇 (관사官司가) 도죄수[徒]를 통솔하여 복역시켜야 하는데 복역시키지 않았거나, 도죄수[徒囚]의 병병이 완치된 (후 병으로 인해 노역하지 않은) 날[日]을 계산하여 보충 복역[陪役]시키지 않은 경우, 3일이 경과하였다면 태30에 처하고, 3일마다 1등을 가중하며, 장100을 초과하였다면 10일마다 1등을 가중하고, 죄의 최고형은 도2년이다"(3379쪽)라고 규정하였다.

56 『당률소의·단옥』「응수금불금조」·「단죄불구인율령격식조」·「영도수응역불역조」.
【옮긴이 주】: 주 53~55 참조.

57 『당률소의·포망』「피수금거한주조被囚禁拒悍走條」.
【옮긴이 주】: 주 45 참조.

58 【옮긴이 주】: '두류逗留'는 '두류逗遛'라고도 하며, 한대漢代에 처음 시행된 죄명으로서 적극적으로 사건을 처리하지 않고 머물면서 사태를 관망하는 것을 말한다[『역주율소 - 각칙(하) -』「포망1」(제465조)「장리추포죄인조將吏追捕罪人條」, 3280쪽, 주 3].

용형도 감경되었음을 알 수 있다.

제2절 구현자·규범자·수호자 형성의 역사적 주요 원인

당률이 당조의 형사사법제도와 밀접하게 연계되면서 이 제도의 구현자·규범자·수호자가 될 수 있었던 것은 일정한 역사적 원인이 내재하였는데, 주요한 것은 다음과 같은 여러 방면이다.

1. 당률 : 당조 형사사법제도의 조정범위 내포

당률은 형법전刑法典이었고, 규정된 것도 형법에 관한 내용이었다. 당률의 「명례율」에서는 형법 총칙과 유사한 내용을 규정하였다. 그 가운데 일부 율조律條에서는 행정제재방식을 규정하였지만, 형사刑事에 부대附帶하는 행정제재였을 뿐이고 단독으로 사용되지는 않았다. 예컨대 「제명조除名條」·「면관조免官條」·「면소거관조免所居官條」 등에서 규정한 제명·면관·면소거관이라는 제재방식은 모두 이와 같았다.

「명례율」 다음의 11율[60]에서는 형법각칙과 유사한 내용을 규정하였고, 그 율조는 죄상罪狀과 법정형法定刑의 두 부분으로 구성되었다. 그 가운데 일부 율조에는 민사제재방식에 대한 내용도 있지만, 모두 형사에 부대하는 민사제재였을 뿐이고 단독으로 사용되지는 않았다. 예컨대『당률소의·구고』「관사축훼식관사물조官私畜毁食官私物條」에서는 "무릇 관官이나 개인[私]의 축산이 관이나 개인의 물품을 훼손하였거나[毁] 먹었기[食] 때문에 그 즉시 축산을 살해·상해한 자는 각각 고살상죄[故殺傷]에서 3등을 감경하고, 감손된 가치를 배상하며, 축산의 주인은 훼손시킨 가치를 비상備償[61]한다"[62]라고 규정하였다. 여기의 형벌은 "고살상죄[故殺傷]에서 3등 감경", 즉 '장杖90'이고, "축산의 주인은 훼손시킨 가치를 비상한다"라는 부분은 민사제재방식에 속하는 배상으로서 오직 '장90'에 부대하였을 뿐이다. 이외에 일부 율조律條에 법정형法定刑 부분의 내용이 없지만, 모두

---

59 『당률소의·포망』「장리포죄인두류불행조將吏捕罪人逗留不行條」.
【옮긴이 주】:『역주율소 - 각칙(하) -』「포망1」(제451조)「장리추포죄인조將吏追捕罪人條」, 3280쪽.

60 【옮긴이 주】: '「명례율」 다음의 11율'은 「명례율」 이외의 「위금률」에서 「단옥률」까지를 말한다.

61 【옮긴이 주】: '비상'에 대해서는 제9장 제2절 1항 '배상' 참조.

62 【옮긴이 주】:『역주율소 - 각칙(상) -』「구고9」(제204조)「관사축훼식관사물조」, 2309쪽. 본 조에서는 이어서 "그러나 축산이 사람을 들이받거나 물려고 하였기 때문에 살해하였거나 상해한 자는 처벌받지 않으며[不坐] 배상하지도 않는다[不償]"라고 규정하였고,「주注」에서는 "또한 그 즉시 살해하였거나 상해한 경우를 말한다. 만약 상황이 종결된 후인 때[絶時]에는 모두 고살상죄[故殺傷]로 처벌한다"(이상 2310쪽)라고 하여, 범죄의 성립요건에는 축산의 행동 양태와 가해자의 가해 시점이 기준이 되고 있다.

관련 율조에 대한 보충이기 때문에 당률이 형법전刑法典이라는 성질에 영향을 주지는 않았다. 예컨대『당률소의·적도』「연좌비동거조緣坐非同居條」의 내용이 바로 이와 같았다. 본 조에서는 "무릇 (모반謀反·모대역謀大逆에) 연좌緣坐되었으나 동거同居하지 않은 경우, 자재資財·전택田宅은 몰수의 범위[沒限]에 포함되지 않는다. 동거하였더라도 연좌되지 않거나 연좌되는 사람의 자손으로서 유형流刑이 면제된 경우에는 각각 분가법分家法에 준準하여 남겨서 반환한다[留還]. 만약 딸의 출가[女嫁]를 허락해서 혼인이 이미 정해진 경우, (딸은) 그 남편[夫]에게 귀속된다. 출양出養[63]·입도入道[64] 및 아직 처妻를 맞아들이지 않은 경우에는 연좌하지 않는다. 도사道士 및 부인婦人 또는 부곡部曲·노비奴婢가 모반謀反·대역大逆을 범한 때에는 그 당사자만 처벌한다"[65]라고 규정하였다. 본 율조에는 법정형의 내용은 전혀 없고, 오히려 앞의「모반대역조謀反大逆條」[66]에 대한 보충으로서 그 연좌의 범위를 더욱 명확하게 하였다.

당률은 형법전의 성질로 광범위한 조정범위를 결정하였기 때문에 다른 부문법部門法과 같지 않았다. 다른 부문법은 단지 모종某種의 사회관계만을 조정하였을 뿐이기 때문에 조정의 범위도 비교적 좁았다. 형법은 그렇지 않았고, 그것은 보장법保障法으로서 다른 부문법의 실시를 보장하는 기능도 가지고 있었다. 어떤 행위가 부문법을 엄중히 위반하여 범죄가 성립되는 정도까지 되었을 때, 형법은 모든 부문법의 적용을 보장하고자 하였기 때문에 그 조정범위는 매우 광범위해서 형사사법제도를 내부에 포함하였다. 이와 같이 당률은 당조의 일부 비교적 중요한 형사사법제도에 관한 내용을 자기의 내용으로 해서 규정을 만들 수 있었다. 이러한 규정이 일단 형법의 범주에 포함되면 형법의 특징을 갖추게 되었고, 제재 부분의 내용도 형벌을 중심에 두게 되었다. 이처럼 이러한 형사사법제도는 일종의 형법화된 형사사법제도로 바뀌었다. 이와 같은 제도는 규범이 되었을 뿐만 아니라 처벌의 강도도 비교적 높았기 때문에 시행하기에 더욱 편리하였다. 이러한 의의 면에서 보면, 당률은 당조 형사제도의 구현자·규범자·수호자가 될 수 있는 법제의 필연성이 내재되어 있었다고 할 수 있다.

2. 당 초기 주류主流 형사사법사상 : 중요 지도 의의指導意義 조성

당 초기의 주류 형사사법사상은 당률의 제정뿐만 아니라 당률을 형사사법제도와 긴밀히 결합시키는 데에도 매우 중요한 지도의의를 가지고 있었다. 당시 이 사상은 주로 당 태종唐太宗[67] 및 그

---

63 【옮긴이 주】: '출양'은 '양자養子로 가는 것'이다.
64 【옮긴이 주】: '입도'는 성직자가 되는 것이다.
65 【옮긴이 주】:『역주율소 - 각칙(상) - 』「적도2」(제249조)「연좌비동거조」, 2386~2388쪽.
66 【옮긴이 주】: 모반·대역죄에 대한 처벌규정 전반에 대해서는 제3장 주 53 참조.

의 고관高官 방현령房玄齡68·위징魏徵69 등의 사상에 내재했는데, 특히 이하 여러 방면에 구현되어 있다.

첫째, 형사사법제도를 진秦·수隋의 멸망과 연계시킨 점이다. 당 태종은 진·수가 멸망한 역사적 사실을 매우 중시하였고, 그 원인을 분석·연구하여 이것이 당시 엄혹한 형사사법제도와 관계가 있음을 발견하였다. 당 태종은 여러 차례 진·수 때 엄혹한 형사사법제도가 멸망의 직접적인 원인이었음을 언급하였다. 예컨대 정관貞觀70 4년(630년), 그는 수대隋代의 형사사법이 매우 엄혹해서 '도盜'죄罪에 대해 무릇 "의문점[疑似]이 있으면 엄혹하게 고략拷掠을 가하였고, 이에 억울하게 (자신을) 도적이라고 시인한 사람이 2000여 명이나 되었으며, (수양제는 이 2000여 명을) 같은 날[同日]에 모두 참수[斬決]하라고 명령하였기"71 때문에 수의 멸망이 가속화되었다고 지적하였다. 정관 6년(632년), 그는 또 "진秦은 이에 사치와 음란[奢淫]을 자행하였고, 형벌의 시행을 좋아하였기 때문에 불과 2대代 만에 멸망해 버렸다"72라고 하였다. (따라서) 당조의 태평과 안정을 위해 태종은 진·수와 같이 멸망의 전철을 밟지 않으려고 당대 형사사법제도의 수립을 고려하지 않을 수 없었다.

둘째, 형사사법제도를 군주의 성실·신의[誠信]와 연계시킨 점이다. 당 태종·방현령·위징 등은 모두 군주의 성실과 신의를 매우 중시하였고, 게다가 이것을 형사사법제도와 연계시켜 그것이 군주의 성실·신의를 구현하는 중요한 부문이며, 만약 군주가 형사사법에 성실·신의를 중시하지 않으면 엄혹한 나쁜 후과後果를 초래할 수 있다고 보았다. 예컨대 방현령은 군주에게 성실·신의는 불가결하고, 그것은 정권과 결부되어 있다고 보고는 (태종에게) "인仁·의義·예禮·지智·신信을 오상五常이라고 하는데, 그 가운데 하나라도 폐할 수 없습니다. 항우項羽73는 신의가 없었기 때문에 한 고조漢高祖74에게 천하를 빼앗겼으니, 진실로 폐하의 말씀[聖旨]과 같습니다"75라고 하였

---

67 【옮긴이 주】: '당 태종'은 당의 제2대 황제(재위 626~649)이다.
68 【옮긴이 주】: '방현령'의 생몰 연대는 579~648년이다.
69 【옮긴이 주】: '위징'의 생몰 연대는 580~643년이다.
70 【옮긴이 주】: '정관'은 당의 제2대 황제 태종의 연호(627~649)이다.
71 『정관정요貞觀政要·군신감계君臣鑑戒 제6』.
   【옮긴이 주】: 김원중 옮김, 『정관정요』 「제6장 군주와 신하의 계율」(127쪽). 이 문장은 태종이 한 말은 아니고 태종이 신하들과 수隋 때의 상황을 토론하는 중에 위징이 한 말이다.
72 위와 같음[同上].
   【옮긴이 주】: 김원중 옮김, 『정관정요』 「제6장 군주와 신하의 계율」(128쪽). 이 문장은 정관 6년(632), 태종이 신하들에게 한 말이다.
73 【옮긴이 주】: '항우'의 생몰 연대는 B.C. 232~B.C. 202년이다.
74 【옮긴이 주】: '한 고조'는 전한의 초대 황제(한왕: 재위 B.C. 206~B.C. 202. 황제: 재위 B.C. 202~B.C. 195)이다.

다. 위징도 "군주가 지켜야 하는 것은 오직 성실과 신의에 있다"라고 했을 뿐만 아니라 더욱이 성의가 없는 법령은 있을 수 없으며, 그렇지 않으면 결과는 가혹해서 "명령을 내렸는데도 따르지 않는 것은 명령에 성의가 없기 때문이고", "성의가 없는 명령은 윗사람에게 있어서는 덕德을 파괴하는 것이고, 아랫사람에게 있어서는 자신을 위태롭게 하는 것이다"[76]라고 하였다. 태종도 분명히 "형벌은 그 죄에 맞아야[罪當其刑]"[77] 한다는 것을 제시하였다. (이처럼) 그들은 형사사법제도를 군주의 성실·신의와 결합시켜서 형사사법제도의 중요성을 강조하였다.

셋째, 형사사법제도를 공평·정직과 연계시킨 점이다. 당 태종·방현령·위징 등은 모두 치국治國에는 공평·정직해야 하고, 형사사법제도를 포함해서 공평·정직하지 못하면 매우 엄중한 나쁜 영향을 초래할 수 있음을 강조하였다. 예컨대 태종은 역사상 고경高熲[78]·제갈량諸葛亮[79] 등을 공평·정직의 본보기로 크게 상찬하였고, 신하들에게 그들을 본받기를 바라면서 "경卿들도 또한 이전 시대의 어진 재상宰相을 흠모해야 한다. 이와 같이 한다면, 영광된 명성과 고귀한 사회적 지위는 오랜 기간 지킬 수 있을 것이다"[80]라고 하였다. 방현령도 "나라를 다스리는 중요한 이치[道]는 공

---

75 『정관정요·성신誠信 제17』.
【옮긴이 주】: 김원중 옮김, 『정관정요』「제17장 성실과 신의」(287쪽). 방현령의 이 말은 정관 17년(643), 태종이 신하들에게 "…… 과거 항우가 함양咸陽을 공격해 들어가 천하를 지배하고, 인의와 신용을 실행하는 일에 마음을 두었다면 누가 그의 천하를 빼앗을 수 있었겠는가?"(287쪽)라고 한 말에 대한 대답이다.

76 『정관정요·성신誠信 제17』.
【옮긴이 주】: 이상 김원중 옮김, 『정관정요』「제7장 성실과 신의」(281~282쪽). 위징의 이 말은 정관 10년(636), 그가 올린 상소문(281~286쪽)의 일부이다. 그의 상소문은 도덕·예의·성실·신의가 나라를 다스리는 강령임을 역설한 것이다. 태종은 위징의 상소를 읽고 감탄하여 "만일 그대를 만나지 못하였다면, 어찌 이처럼 훌륭한 말을 들을 수 있었겠는가?"(286쪽)라고 하였다.

77 『정관정요·봉건封建 제8』.
【옮긴이 주】: 김원중 옮김, 『정관정요』「제8장 봉건제」(162쪽). 정관 원년(627), 태종이 즉위 직후 공신을 포상하면서 종실宗室이 아닌 중서령中書令 방현령 등을 1등 공신으로 하였는데, 태종의 숙부 회안왕淮安王 이신통李信通이 이것에 대해 반대의견을 내자, 태종은 공사公私의 구분이라는 논지에서 종실 우선을 강조하는 이신통의 주장에 대한 부당함을 지적하고 있다(162~163쪽). 본문의 "형벌은 그 죄에 맞아야" 한다는 것은 그 속에 나온다. 관련 문장은 다음과 같다. "나라에서 가장 중요한 것은 포상과 형벌이다. 포상이 그 공로에 합당하면 공로가 없는 사람은 자연 물러나게 되고, 형벌이 그 죄에 맞으면 악행을 저지른 사람은 모두 두려워하게 될 것이다. 이로써 포상과 형벌은 가볍게 시행할 수 없음을 알 수 있다." 태종이 강조한 '포상과 공로의 일치'·'형벌과 범죄의 일치'는 『정관정요』「제7장 관리선발」(148쪽)에 의하면, 정관 6년 태종이 위징에게 한 말에도 거의 동일한 문장이 있다.

78 【옮긴이 주】: '고경'의 생몰 연대는 542~607년이다.

79 【옮긴이 주】: '제갈량'의 생몰 연대는 181~234년이다.

80 『정관정요·공평公平 제16』.
【옮긴이 주】: 김원중 옮김, 『정관정요』「제16장 공평함」(257쪽). 이 문장은 정관 2년, 태종이 방현령 등에게 한 말 중에 나온다. 이 문장 앞에는 "나는 지금도 항상 이전 시대의 어질고 덕망 있는 제왕帝王을 흠모하고

평·정직에 있다"⁸¹라고 하였다. 이러한 공평·정직이 형사사법제도에 반영된 것은 사법관에게 의법판안依法判案, 즉 법에 의한 사건의 판결을 요구한 점이다. 바로 위징이 말한 "전장제도典章制度를 지키고 법法을 받들며",⁸² "무릇 소송사건을 심리할[理獄] 때는 반드시 근본적으로 범죄 사실이 중심이 되어야 한다"⁸³라는 것이었다.

넷째, 형사사법제도를 엄형嚴刑 반대와 연계시킨 점이다. 당조 이전에는 중국 역사상 엄형 상황이 출현하였고, 또 그것이 치국治國의 효과에 직접 영향을 주었다. 당 초기의 주요 위정자爲政者들은 모두 엄형에 반대하고 경형輕刑을 주장하였다. 예컨대 정관貞觀 원년(627년), 태종은 시신侍臣들에게 "(한번) 죽은 사람은 다시 살아날 수 없다. (그러므로) 법을 집행할 때는 힘써 관대하고 간략하게 [寬簡] 해야 한다"⁸⁴라고 하여, 엄형에 반대하는 사상을 나타내었다. 정관 초[貞觀之初],⁸⁵ 위징도 "벌은 마땅히 가벼워야 한다[罰宜從輕]"라고 하였고, 이것을 "모든 군주의 보편적인 법도[百王通制]"⁸⁶라고 보았다. 정관 11년(637년),⁸⁷ 위징은 한걸음 더 나아가 "성명聖明한 제왕帝王은 모두 덕에

있다"라는 문장이 있다.

81 『정관정요·공평 제16』.
【옮긴이 주】: 김원중 옮김, 『정관정요』「제16장 공평함」(257쪽). 이 말은 정관 2년(628), 태종이 방현령 등에게 한 말(주 80 참조)에 대해 방현령이 대답한 말 가운데 첫 문장이다.

82 『정관정요·택관擇官 제7』.
【옮긴이 주】: 김원중 옮김, 『정관정요』「제7장 관리 선발」(156쪽).

83 『정관정요·공평 제16』.
【옮긴이 주】: 김원중 옮김, 『정관정요』「제16장 공평함」(271쪽). 원서에는 이 문장 다음에 "엄밀히 신문하지 않고 널리 증거를 구하지 않으며 여러 가지 단서를 중시하지 않고"라는 문구가 있지만, 완전한 문장이 아니기 때문에 생략하였다.

84 『정관정요·형법刑法 제31』.
【옮긴이 주】: 김원중 옮김, 『정관정요』「제31장 형법」(378쪽). 태종은 이 말을 이어서 당시 법을 담당하는 관리들이 재판을 심리할 때 취조를 엄중하게 해서 사법관으로서 좋은 성적만을 거두려고 하는 풍조를 비판하고는 사법관으로서 공평하고 적절한 재판에 필요한 방법을 묻자, 간의대부諫議大夫 왕규王珪는 오직 공정하고 선량한 사람을 선발해서 사법관으로 임명하는 것밖에 없고, 또 공평하고 적절하게 재판하는 사법관에게 적절하게 포상하면 간사하고 사악한 일은 자연히 멈춘다고 진언하였고, 이에 태종은 이 방법을 따르도록 조서를 내리고 있다(378쪽). 태종은 또 사형죄에 대해 중서성과 문하성의 4품 이상 고위직 관원과 삼공三公·구경九卿들과 함께 심의하도록 하여 억울한 재판이나 엄혹한 형량을 피하게 하는 규정을 시행하였기 때문에 정관 4년이 되면 사형으로 판결된 자는 천하에서 29명뿐이었고, 거의 형벌을 시행하는 일이 없게 되었다고 한다(379쪽).

85 【옮긴이 주】: 김원중 옮김, 『정관정요』「제16장 공평함」에 의하면, 위징이 말한 '벌의종경罰宜從輕'·'백왕통제百王通制'(이상 271쪽)는 정관 11년(637), 환관이 대외 사절使節로 보충되었는데, 어떤 이가 망령되이 상소하여 일이 누설되자, 태종이 화를 내어 환관을 대외 사절로 보충하는 것을 멈춘다고 하였고, 이에 대해 위징이 상소上疏한 문장에 나오기 때문에 '정관지초'는 '정관 11년'의 오기이다.

86 『정관정요·공평 제16』.

의한 교화를 중시하고[敦德化] 엄격한 형벌을 경시하였다[薄威刑]"[88]라고 하였다. 게다가 위징은 상소上疏에서 명확하게 엄형의 폐단을 "비록 엄격한 형벌로 바로 잡고 위엄과 분노로 떨게 하더라도 끝내 구차히 모면하려고만 할 뿐 어진[仁] 마음을 품지 않으며, 겉으로는 공경하는 체하지만, 마음속으로는 복종하지 않는다"[89]라고 지적하였다. 방현령도 엄형으로 나라를 다스리는 것에 반대하였고, 또 (직무를) 수행하면서 "법령을 심사하고 제정하기를 관대하고 공평하게 하는데 뜻을 두"[90]고자 하였다. 이러한 사상들은 모두 형사사법제도를 포함한 당률의 모든 내용에 영향을 주어 법전에서 용형用刑이 관대·공평하게 되도록 하였다.

3. 「소의」: 당조 형사사법제도 내용의 완벽화 작용

중국은 당조唐朝에 이미 비교적 높은 입법기술 수준을 갖추어 최초로 당률에 「소의」를 사용하였다. 그것은 율문을 해석·보충하는 기능을 하였다. 예컨대 『당률소의·명례』「전언前言」에서는 "소疏라는 글자는 본래 넓고 깊게 풀이하여 이름[名]을 (바로) 세우는 것을 뜻한다"[91]라고 하였다. 심가본沈家本[92]은 「중각당률소의서重刻唐律疏議序」에서 더욱 명확하게 "'소疏'라는 명칭은 율律과 주注의 뜻을 설명한 것이고, '의議'는 율의 깊은 뜻과 미흡하고 통하지 않은 부분을 해석한 것이며", 이로써 "율문의 간명·질박하고 고식古式·심오한 부분을 비로소 이해할 수 있게 되었다"[93]라고 설

【옮긴이 주】: 김원중 옮김, 『정관정요』「제16장 공평함」(271쪽). 관련 부분은 다음과 같다. "무릇 상은 마땅히 무거워야 하고[賞宜從重], 벌은 마땅히 가벼워야 하며[罰宜從輕], 군주가 후덕함을 가지는 것은[君居其厚] 모든 군주의 보편적인 법도입니다."

87 【옮긴이 주】: 여기에 '정관 11년'이 있는 것은, 저자가 앞서 위징이 '벌의종경罰宜從輕'·'백왕통제百王通制'라는 말을 한 시점을 '정관 초[貞觀之初]'로 오인하였기 때문이다.

88 『정관정요·공평 제16』.
【옮긴이 주】: 김원중 옮김, 『정관정요』「제16장 공평함」(267쪽)에 의하면, 이 문장은 위징이 그의 상소上疏에서 인용한 후한後漢 왕부王符의 『잠부론潛夫論』에 나오는 것으로 되어 있다.

89 『정관정요·군도君道 제1』.
【옮긴이 주】: 김원중 옮김, 『정관정요』「제1장 군주의 도리」(30쪽). 김원중 옮김, 『정관정요』「제1장 군주의 도리」(29쪽)에 의하면, 위징이 태종에게 상소문을 올린 시기는 정관 11년으로 되어 있고, 이 상소문은 「간태종십사소諫太宗十思疏」로 알려져 있다.

90 『정관정요·임현任賢 제3』.
【옮긴이 주】: 김원중 옮김, 『정관정요』「제3장 태종의 명신名臣」(55쪽).

91 【옮긴이 주】: 『역주율소 - 명례편 - 』「명례」「편목소」, 89쪽. 이와 관련된 전문은 제2장 주 1 참조.

92 【옮긴이 주】: '심가본'에 대해서는 제2장 주 2 참조.

93 유준문劉俊文 점교點校, 『당률소의』, 중화서국中華書局, 1983년판년판, 670쪽.
【옮긴이 주】: 심가본沈家本, 「중각당률소의서重刻唐律疏議序」([당唐]장손무기長孫無忌 등等 찬撰, 유준문劉俊文 점교點校, 『당률소의唐律疏議』「부록附錄」, 670쪽).

명하였다. 「소의」의 이러한 기능은 그것이 당조의 형사사법제도를 내용 면에서 완벽하게 하는 작용을 하였다. 실제도 이와 같았다. 그것은 다음과 같은 여러 방법을 통해 관련 내용을 완벽하게 하여 당조의 형사사법제도가 당률에서 비교적 전면적으로 반영될 수 있도록 하였다.

첫째, 다른 율律과의 내용을 조정하였다. 당률 가운데 형사사법제도에 관한 내용은 주로『투송률』·『포망률』·『단옥률』등에 규정되어 있다. 당률은 하나의 통일체로서, 전후 각 율은 그 내용이 서로 연계되어 있다. 형사사법제도가 그 통일성을 유지할 수 있도록 또 비교적 전면적으로 구현될 수 있도록 당률은 「소의」를 이용해서 그것들과 다른 율과의 내용을 조정하여 그것을 더욱 완벽하게 하였다. 예컨대『당률소의·단옥』「응언상대보이첩자결단조應言上待報而輒自決斷條」에서는 "(상급 관사의) 회답[報]94을 기다려야 하는데 회답을 기다리지 않고 함부로 직접 형을 집행하였거나 판결한[決斷] 자는 각각 고실죄故失罪(고의·과실죄)에서 3등을 감경한다"95라고 규정하였다. 본조「소의」에서는 「직제율」의 내용을 인용해서 전문적으로 3등을 감경하는 양형量刑에 대해 해석하여 양형을 명확히 하고 그 상호 관련 내용을 조정하였는데, "만약 상급 관사에 과실로 보고하지 않았거나[失不申] (상급관사의) 회답[報]을 과실로 기다리지 않은[失不待] 경우,「직제율」의 '공사의 과실[公事失]'에서 각각 또 3등을 감경한다는 것을 말한다. 만약 사죄死罪를 (상급관사의) 회답을 기다리지 않고 함부로 직접 집행한 자는 아래 조문[下文]에 의거하여 유流2000리에 처한다"96라고 하였다. 이밖에『당률소의·단옥』「연좌몰관불여법조緣坐沒官不如法條」「소의」에서도 「적도율」의 규정을 인용하여 율조律條 가운데 "연좌되어 몰관해야 한다[緣坐應沒官]"라는 내용에 관해 설명하였다.97

둘째, 당령唐令의 규정을 인용하였다. 당조唐朝 형사사법제도의 내용은 당률에 있을 뿐만 아니라 당령 등에도 있다. 특히 당령의 규정에서 관련된 영은 「포망령」·「옥관령」 등등을 포함하였다. 당률은 「소의」에서 인용한 당령의 내용을 통해 율조의 내용을 그것과 조정해서 당률과 당령 등

---

94 【옮긴이 주】: '회답' 앞에는 "무릇 죄를 판결할 때, 상급 관사官司에 보고해야 하는데 상급 관사에 보고하지 않았거나"라는 문구가 있다(주 95 참조).
95 【옮긴이 주】:『역주율소 - 각칙(하) - 』「단옥17」(제485조)「응언상대보이첩자결단조」, 3351쪽.
96 【옮긴이 주】:『역주율소 - 각칙(하) - 』「단옥17」(제485조)「응언상대보이첩자결단조」「소의」, 3352쪽.
97 【옮긴이 주】:『역주율소 - 각칙(하) - 』「단옥23」(제491조)「연좌몰관불여법조」「소의」에서는 "연좌되어 몰관해야 한다"(3367쪽)라는 규정에 대해 "「적도율」에서는 모반謀反·대역大逆을 범한 사람의 나이 15세 이하의 아들[子]과 어머니[母]·딸[女]·처·첩 아들[子]의 처·첩도 또한 같다. 혹은 할아버지[祖]·손자[孫]·형제·자매는 모두 몰관하고, 남자로서 나이 80세 이상 및 독질篤疾인 경우 및 여자로서 나이 60세 이상 및 폐질廢疾인 경우에는 모두 (형벌을) 면제하며, 출양出養·입도入道하였거나 빙례聘禮를 행하였으나 아직 성혼成婚되지 않은 경우에는 모두 추급追及하여 처벌하지 않는다고 하였다"(3367~3368쪽)라고 해석하였다.

과의 통일을 실현하였다. 예컨대 『당률소의·포망』「장리추포죄인조長吏追捕罪人條」에서는 "무릇 죄인이 도망하였는데, 장리將吏가 추포追捕하라는 명령을 이미 받고도 출동하지 않았거나 두류逗留[98]한" 경우, "각각 죄인의 죄에서 1등을 감경"[99]하는 처벌을 받아야 하였다. 본 조「소의」에서는 「포망령」규정을 인용하여 추포追捕해야 할 사람에 대해 상세하게 "「포망령」에 의하면, '죄수[囚] 및 정인征人·방인防人·유인流人·이향인移鄕人이 도망하였거나 구적寇賊에 들어가고자 하였거나 또는 적도賊盜나 상살傷殺을 가한 일이 있었던 때에는 모두 추포해야 한다'라고 하였다"[100]라고 설명하였다.

셋째, 서로 관련된 개념을 명확하게 하였다. 당조의 형사사법제도에는 서로 관련된 개념이 많았고, 일부는 당률에도 반영되었다. 다만 이 개념들을 정확하게 이해해야 율문의 함의含意를 확실히 파악할 수 있다.「소의」에서는 이러한 개념들을 명확하게 하는 작용을 십분 발휘하였다.

첫 번째, 형사사법의 주체에 대한 개념을 명확하게 하였다. 예컨대 『당률소의·투송』「감림지소부유범법불거핵조監臨知所部有犯法不擧劾條」에서는 "무릇 감림監臨·주사主司가 관할구역[所部]에서 범법犯法이 있었다는 것을 알고도 거핵擧劾하지 않은 때에는 죄인의 죄에서 3등을 감경한다"[101]라고 규정하였다. 본 조「소의」에서는 형사사법의 주체인 '주사'에 대해 명확한 범주를 정하여 "'주사'는 어떤 일의 처리를 담당한 관원이나 이정里正·촌정村正·방정坊正 이상을 말한다"[102]라고 규정하였다.

두 번째, 형사사법제도의 위반행위에 대한 개념을 명확하게 하였다. 예컨대 『당률소의·포망』「지정장닉죄인조知情藏匿罪人條」에서는 "무릇 실정을 알고도[知情] 죄인을 장닉藏匿하였거나 죄인이 지나가도록 도왔거나 의복이나 식량을 지급하여[過致資給] 은닉·도피[隱避]할 수 있게 한 자는 각각 죄인의 죄에서 1등을 감경한다"[103]라고 규정하였다. 본 조「소의」에서는 그중 형사사법제도를 위반한 행위인 '실정을 알고도 장닉한 것'에 대해 명확하게 "'실정을 알고도 장닉하였다'

---

98 【옮긴이 주】: '두류逗留'에 대해서는 주 58 참조.
99 【옮긴이 주】: 『역주율소 - 각칙(하) - 』「포망1」(제451조)「장리추포죄인조」에서는 "무릇 죄인이 도망하였는데, 장리가 추포하라는 명령을 이미 받고도 출동하지 않았거나 두류한 경우, 비록 출동하였더라도 도망자와 조우遭遇하여 인원과 무기[仗]가 대적하기에 충분한데도 싸우지 않고 퇴각한[不鬪而退] 자는 각각 죄인의 죄에서 1등을 감경하고, 싸우다 퇴각한[鬪而退] 자는 2등을 감경한다. 만약 인원과 무기가 대적할 수 없어서 싸우지 않고 퇴각한 자는 3등을 감경하며, 싸우다 퇴각한 자는 처벌하지 않는다[不坐]"(3280쪽)라고 규정하였다.
100 【옮긴이 주】: 『역주율소 - 각칙(하) - 』「포망1」(제451조)「장리추포죄인조」「소의」, 3280쪽.
101 【옮긴이 주】: 『역주율소 - 각칙(하) - 』「투송60」(제361조)「감림지소부유범법불거핵조」, 3147쪽.
102 【옮긴이 주】: 『역주율소 - 각칙(하) - 』「투송60」(제361조)「감림지소부유범법불거핵조」「소의」, 3148쪽.
103 【옮긴이 주】: 『역주율소 - 각칙(하) - 』「포망18」(제468조)「지정장닉죄인조」, 3312쪽.

라는 것은 죄인이라는 실정[罪人之情]을 알고도[知] 주인이 죄인을 장닉[藏匿]한 것을 말한다"[104]라고 설명하였다.

세 번째, 형사사법의 절차에 대한 개념을 명확하게 하였다. 예컨대 『당률소의·단옥』「옥결경취복변조獄結竟取服辯條」에서는 "무릇 옥사[獄事]가 종결되었을 때, 도형[徒刑] 이상은 각각 죄수[囚] 및 그 가속[家屬]을 불러[呼] (판결된) 죄명을 모두 고지하고[具告] 이어서 죄수의 승복[服辯]을 받는다"[105]라고 규정하였다. 본 조 「소의」에서는 형사사법의 절차로서 '옥사가 종결되었다'라는 것에 대해 "'옥사가 종결되었다'는 것은 도형 이상의 형명[刑名]을 장관[長官]이 함께 사안을 판결하여[斷案] 이미 재판이 끝났음을 말하는데, (그 형[刑]이) 도죄·유죄 및 사죄[死罪]인 때에는 각각 죄수 및 그 가속을 불러 판결된 죄명을 모두 고지하고 이어서 죄수의 승복을 받는다"[106]라고 해석하였다.

넷째, 형사사법제도의 규정에 대한 원인을 해석하였다. 이러한 해석을 통해 사람들에게 입법의도[立法意圖]를 이해시켜 당조의 형사사법제도를 깊이 인식할 수 있게 하였다. 예컨대 『당률소의·단옥』「의청감노소질불합고신조議請減老小疾不合拷訊條」에서는 "나이 80세 이상·10세 이하 및 독질[篤疾]인 자는 모두 증인으로 삼을 수 없다. 위반한 자는 죄인의 죄에서 3등을 감경한다"[107]라고 규정하였다. 본 조 「소의」에서는 이들을 증인으로 삼을 수 없는 이유에 대하여 "나이 80세 이상·10세 이하 및 독질인 자는 형[刑]을 가하더라도 감당할 수 없으므로 모두 증인이 되는 것을 허락하지 않는다"[108]라고 해석하였다. 이밖에 『당률소의·단옥』「단죄불구인율령격식조斷罪不具引律令格式條」[109], 「첩인제칙단죄조輒引制敕斷罪條」[110] 등의 「소의」도 이러한 해석상의 작용을 하였다.

---

104 【옮긴이 주】: 『역주율소 - 각칙(하) - 』「포망18」(제468조)「지정장닉죄인조」「소의」, 3313쪽.
105 【옮긴이 주】: 『역주율소 - 각칙(하) - 』「단옥22」(제490조)「옥결경취복변조」, 3366쪽.
106 【옮긴이 주】: 『역주율소 - 각칙(하) - 』「단옥22」(제490조)「옥결경취복변조」「소의」, 3367쪽.
107 【옮긴이 주】: 『역주율소 - 각칙(하) - 』「단옥6」(제474조)「의청감노소질불합고신조」, 3332쪽.
108 【옮긴이 주】: 『역주율소 - 각칙(하) - 』「단옥6」(제474조)「의청감노소질불합고신조」「소의」, 3333쪽.
109 【옮긴이 주】: 『역주율소 - 각칙(하) - 』「단옥16」(제484조)「단죄불구율령격식조」에서는 "무릇 판결하는 때에는 모두 율律·영令·격格·식式의 정문正文을 갖추어 인용해야 하는데, 위반한 자는 태30에 처한다"(3350쪽)라고 규정하였다. 본 조 「소의」에서는 정문을 인용해야 하는 이유에 대해 "죄를 범한 사람에 대해서는 모두 (적용할) 조문[條制]이 있다. 단옥斷獄하는 때는 반드시 정문에 의거[憑]해야 한다. 만약 (정문을) 갖추어 인용하지[具引] 않으면 잘못되는[乖謬] 경우가 있다"(3350쪽)라고 해석하였다.
110 【옮긴이 주】: 『역주율소 - 각칙(하) - 』「단옥18」(제486조)「첩인제칙단죄조」에서는 "무릇 제制·칙敕으로 단죄斷罪하는 것은 임시적인 처분이므로, 영구적인 격格으로 하지 않은 때에는 인용하여 이후의 비비로 삼을 수 없다"(3353쪽)라고 규정하였다. 본 조 「소의」에서는 제制·칙敕으로 단죄하는 이유에 대해 "사안事案에는 때에 따라 마땅함이 있는 것이기 때문에, 황제는 임시로 제制·칙敕을 내려 실정實情을 헤아려 처분한다"(3353쪽)라고 해석하였다.

제3절 당률과 당대 형사사법제도의 여러 상관 문제

당률과 당조의 형사사법제도 방면에는 또 주목할 만한 문제들이 있는데, 주로 이하 몇 방면이 포함되어 있다.

1. 당조 전·후기 형사사법제도의 집행상황의 대차大差

당조 전·후기 형사사법제도의 집행상황에는 큰 차이가 있었다. 당조 전기, 특히 정관貞觀[111] 시기 형사사법제도의 집행상황은 비교적 이상적이었다. 그것은 특히 다음과 같은 여러 방면에 구현되어 있다.

첫째, 사법司法을 법에 의거하는 상황이 비교적 보편적이었다. 예컨대 정관 초기[貞觀之初]에는 "마음[志]을 공평한 도리[公道]에 두었고, 사람들이 범한 것이 있었던 때에는 하나하나 법으로 처리하였다."[112] (심지어) 이후에는 "담당 관리[曹司]가 단옥하는 경우, 대부분 율문에 의거하였고, 비록 정리情理 면에서 긍휼이 여겨야 할 점이 있어도 감히 위법違法하고자 하지 않았다. 율문대로 정죄定罪한 것은 간혹 원옥冤獄이 발생할까 두려워하였기 때문이다"[113]라고 할 정도였다.

둘째, 문제가 발생한 후에는 즉시 규정糾正할 수 있었다. 이와 같이 형사사법제도는 즉시 회복되어 정상적인 운영을 유지할 수 있었다. 예컨대 어느 날, 대리경大理卿 유덕위劉德威[114]는 당 태종에게 "율의 규정[115]에서는, (법관이) 과실로 죄를 가중한 경우에는[失入] (고의로 가중한 죄에서) 3등을 감경하고, 과실로 죄를 감경한 경우에는[失出] (고의로 감경한 죄에서) 5등을 감경합니다. (그런데) 현실[今][116]에서는 과실로 가중하였지만, 죄가 되지 않고, 과실로 감경한 경우에는 대죄大罪로 처

---

111 【옮긴이 주】: '정관'은 당의 제2대 황제 태종(재위 626~649)의 연호(627~649)이다.
112 『정관정요·공평公平 제16』.
　　【옮긴이 주】: 김원중 옮김, 『정관정요』「제16장 공평함」,(268쪽). 이 문구는 정관 11년(637), 위징魏徵이 상소한 문장에 나온다.
113 【옮긴이 주】: 『구당서』권50, 「형법지」(2140쪽). 본 「형법지」에 의하면, 이 문장의 모두冒頭에는 "그 후 (태종은) 시신侍臣에게 (다음과 같이) 말하였다"라고 하였기 때문에 이 문장은 태종의 말임을 알 수 있다. 그리고 태종이 시신에게 한 말은 [송宋]사마광司馬光 편저編著, 『자치통감資治通鑑』권193, 「당기唐紀9·태종太宗 상지중上之中」, 「정관 5년 12월」(1298쪽)에 약기略記되어 있다.
114 【옮긴이 주】: '유덕위'의 생몰 연대는 581~652년이다.
115 【옮긴이 주】: 대리경 유덕위가 말한 율의 규정은 『역주율소 - 각칙(하) -』「단옥19」(487조)「관사출입인죄조官司出入人罪條」에서 "만약 죄의 판결[斷罪]이 과실로 가중한[失於入] 때에는 각각 (고의로 가중한 죄에서) 3등을 감경하고, 과실로 감경한[失於出] 때에는 각각 (고의로 감경한 죄에서) 5등을 감경한다"(3358쪽)라고 한 규정을 말한다. 관인에 의한 실출입失出入, 즉 과실로 인한 죄의 감경·가중과 그 처벌에 대해서는 제1장 주 124 참조.

벌됩니다. 따라서 (담당) 관리는 모두 법을 엄격히 적용하는 것입니다"[117]라고 하였다. 당 태종은 이 말을 들은 후 즉시 형사사법제도를 완전하게 하는 개정 조치를 취하였고, "마침내 명命하여 과실로 죄를 감경·가중한[失出]시 자는 모두 율의 규정대로 하게 하였다[如律]. 이로부터 관리들도 또한 공평한 재판을 하게 되었다[持平]."[118] 구체적인 사례[案例]들에서도 이와 같았다. 즉, 당 태종은 본인의 심판이 착오인 것을 발견하였을 때 즉시 규정紏正하였다. 예컨대 정관貞觀 원년,[119] 당시 이부상서吏部尙書 장손무기長孫無忌[120]가 칼을 차고[帶刀] 동상각문東上閤門에 들어갔지만, (궁궐 문을 나선 이후) 발각되었기 때문에 당 태종은 먼저 (적발하지 못한) 감문교위監門校尉에게 사형을 판결하였고, 장손무기는 도徒2년과 벌동罰銅20근斤에 처하였다. 그러나 대리소경大理少卿이 오히려 당 태종의 감문교위에 대한 판결이 지나치다고 반박하였기 때문에, 결국 태종은 자기의 이전 판결을 규정해서 "교위의 사형을 사면하였다."[121]

셋째, 정관貞觀 시기의 치안 상황이 비교적 좋았다. 이것은 다른 측면에서 보면, 형사사법제도는 확실히 적극적인 역할을 하였고, 또 비교적 좋은 사회적 효과를 거두었다. 예컨대 정관 2년(628년), 이미 "백성은 점점 청렴과 수치를 알았고, 관리官吏와 백성[民]은 법을 받들었으며, 도적은 나날이 줄었다."[122] 정관 4년의 치안 상황은 더욱 좋아져서 "사형으로 판결된 자는 천하에서 29명뿐이었고, 거의 형벌을 시행하는 일이 없게 되었다"[123]라고 하여, 실로 (형사사법제도의 집행은) 드문 일에 속하였다.

당조 전기, 다른 시기[124]의 형사사법제도의 집행 상황도 비교적 이상적이었다. 예컨대 당 고종

---

116 【옮긴이 주】: '영슈'은 '금수'의 오기이다(주 117 참조).
117 【옮긴이 주】: 『신당서』권56, 「형법지」(1412쪽). 유덕위가 태종에게 한 이 말의 배경과 여러 관련 문제에 대해서는 제10장 주 60 참조.
118 『신당서·형법지』.
  【옮긴이 주】: 『신당서』권56, 「형법지」(1412쪽).
119 【옮긴이 주】: '정관 원년'은 627년이다.
120 【옮긴이 주】: '장손무기'의 생몰 연대는 594~659년이다.
121 『정관정요·공평 제16』.
  【옮긴이 주】: 김원중 옮김, 『정관정요』「제16장 공평함」(253~255쪽).
122 『정관정요·인의仁義 제13』.
  【옮긴이 주】: 김원중 옮김, 『정관정요』「제13장 인의 도덕」(231쪽).
123 『정관정요·형법 제31』.
  【옮긴이 주】: 김원중 옮김, 『정관정요』「제31장 형법」(379쪽). 「제31장 형법」에 의하면, 이 문장 앞에는 "이러한 규정을 시행하고부터 정관 4년에 이르기까지"라는 문장이 있다. 태종이 시행한 '이러한 규정'에 대해서는 주 84 참조.
124 【옮긴이 주】: '다른 시기'는 정관貞觀 이외의 시기를 말한다.

당고종唐高宗125 때는 "정관의 선례를 따랐다[遵貞觀故事]"126라고 하여, 정관 때 확정된 형사사법제도의 집행을 관철시키는 것을 중시하였다. 고종 즉위 초에 수감되었거나 사형에 처해진 자는 매우 적어서 "당시 죄수[見囚]는 50여 명이었고, 오직 2명만이 사형에 해당하였다[惟二人合起127]."128 이후 신편新編129이 출현하였고, 또 형사사법과 관련된 『법례法例』130는 "문장이 번잡하고 불편하였기[煩文不便]" 때문에 당 고종은 즉시 시정하여 명확하게 "(종래의 방식을 답습하는 것은) 지금의 시의時宜에 맞지 않다. 즉시 종래의 방식을 고쳐야 하며, 이러한 상태가 지속되어서는 안 된다"라고 하였고, (이로부터) "『법례』는 마침내 폐기되고 사용하지 않게 되었다."131 무측천武則天132이 집정執政한 시

---

125 【옮긴이 주】: '당 고종'은 당의 제3대 황제(재위 649~683)이다.
126 『구당서·형법지』.
　【옮긴이 주】: 『구당서』권50, 「형법지」(2140쪽).
127 위와 같음[同上].
　【옮긴이 주】: '기起'는 '사死'의 오기이다(주 128 참조).
128 위와 같음[同上].
　【옮긴이 주】: 『구당서』권50, 「형법지」(2140쪽). 「형법지」에 수록된 당 고종 즉위 초의 상황은 다음과 같다. "고종은 즉위하자 정관의 선례를 따라 휼형恤刑에 힘썼다. (고종은) 어느 날 대리경大理卿 당임唐臨에게 감옥에 갇힌 죄수의 수를 물었다. 당임은 '현재 죄수는 50여 명이고, 다만 2명만이 사형에 해당합니다'라고 대답하였다. 고종[帝]은 죄수의 수가 매우 적었기 때문에 안색에 흡족함을 띠었다"(2140쪽).
129 【옮긴이 주】: 여기서 말하는 '신편'은 명확하지 않지만, 단일 법전을 가리키는 것이 아니고, 고종이 즉위하고부터 『법례法例』가 편찬되기 이전까지 편찬된 법전류를 말하는 것으로 보인다. 『구당서』권50, 「형법지」(2141~2142쪽)에 의거해서 이 기간에 편찬된 법전을 제시하면, 다음과 같다. ①찬정율령격식撰定律令格式["영휘永徽 초(649) 찬정撰定. 격格은 『유사격留司格』(중앙의 상서성尙書省 각 부서의 일상업무에 관한 것)과 『산반격산반격散頒格』(천하 공통으로 사용하는 것) 두 부분으로 구분"]. ②『율소律疏』(30권)["영휘 3년(652) 조詔에 의해 찬정 시작, 4년 10월 주상奏上"]. ③중정격식重定格式["용삭龍朔 2년(662) 칙敕에 의해 찬정, 인덕麟德 2년(665) 주상奏上"]. ④산집격식刪緝格式["의봉儀鳳(676~679) 연간 칙勅에 의해 찬정 시작, 의봉 2년(677) 2월 9일 찬정·주상奏上"]. 다만, 이 다음에 나오는 '찬법례삼권撰法例三卷' 앞에는 "이보다 앞서[先是](2142쪽)"라는 글자가 있기 때문에 『법례』(3권)가 찬정된 시기는 '산집격식刪緝格式'(의봉 2년 2월 9일 찬정) 이전일 가능성도 있지만, 여기서는 이 기간에 편찬된 법전류를 제시하는 데 목적이 있기 때문에 문제제기만 해둔다.
130 【옮긴이 주】: 『구당서』권50, 「형법지」(2142쪽)에 의하면, '『법례』3권'은 상형소경詳刑少卿 조인본趙仁本이 찬정한 것으로 되어 있다. 다만, 조인본이 찬정한 『법례』3권은 『구당서』권46·권47, 「경적經籍 상·하」에는 보이지 않고, 『신당서』권64, 「예문藝文2」(1495쪽)에는 "조인본법례2권趙仁本法例二卷"으로 되어 있다.
131 위와 같음[同上].
　【옮긴이 주】: 『구당서』권50, 「형법지」에 의거해서 『법례法例』가 폐기되는 과정을 서술하면 다음과 같다. "이보다 앞서 상형소경詳刑少卿 조인본趙仁本이 『법례』3권을 찬정하였고, 이로써 단옥斷獄하였으며, 당시 여론 또한 이것을 타당하다고 하였다. 그 후 고종이 이 책을 보고는 문장이 번잡하고 불편하다고 생각하였다. 이에 시신侍臣에게 '율령격식은 천하에 통용되는 보편적인 법규로서, 짐朕과 같이 범용하고 무지한 사람이 제정할 수 있는 것이 아니다. 게다가 무덕武德 시기나 정관貞觀 이후 (법을) 제정할 때는 천자의 비준批准을 바라기도 하고 뭇 의론을 충분히 참작해서 만들어졌기 때문에 필요한 조문은 완전히 갖추어

기, "위력威力으로 천하를 제압하고자 점차 혹리酷吏를 기용해서 법을 엄격히 적용하여 형옥刑獄을 행하게 하는" 상황이 출현하였고, 혹리 주흥周興133 · 내준신來俊臣134 (등)이 "서로 계속해서 제서制書를 받들어 큰 옥사[大獄]에 대해 심리審理를 맡아서", "전후에 걸쳐 죄가 없는데도[枉] 살해된 자는 모두 셀 수 없었다."135 (이처럼) 당조唐朝의 형사사법제도는 일찍이 한번 파괴되었다. (그러나) 후에 서유공徐有功136 등 정직한 관리가 "매일 조정朝廷에서 그 시비是非를 다투어 억울하거나 부당한 죄를 씻어주어[雪冤]" 무측천을 각성케 하였고, 이에 "(내)준신 · (왕)홍의王弘義137 등이 주륙되자[伏誅], 형옥刑獄은 상당히 감소되었다."138 (이에) 당대의 형사사법제도는 (정관 이래의 이상적인) 집행을 다시 회복하였다. 같은 기간에 원옥冤獄이 발생한 때에는 또 자체적으로 평반平反139하여 재발을 방지함으로써 형사사법제도의 존엄성을 회복할 수 있었던 것도 이 제도의 집행 상황이 비교적 양호한 일종의 표현이었다고 할 수 있다.

전반적으로 보면, 당조唐朝 후기 형사사법제도의 집행 상황은 그다지 이상적이지 않았다. (즉) 이 제도에 의거하지 않고 집행하는 상황이 비교적 보편적이었고, 용형用刑에서 편중된 현상이 보다 많았다. 예컨대 당 숙종唐肅宗140은 "형벌로 다스리는 것[刑名]을 좋아하였고, (최)기崔器141 또한 법의 적용이 가혹하고 엄격하였다."142 (그런데) 당 대종唐代宗143은 상황이 이와 달랐다. 그는 "천성

져 있었고, 지켜야 할 조리條理는 명시되어 있었다. …… 이것을 생각하면 종래의 방식을 답습하는 것은 지금의 시의에 맞지 않다. 즉시 종래의 방식을 고쳐야 하며, 이러한 상태가 지속되어서는 안 된다'라고 하였다. 이로부터 『법례』는 마침내 폐기되고 사용하지 않게 되었다"(2142쪽).

132 【옮긴이 주】: '무측천'은 당의 제3대 황제 고종(재위 649~683)의 황후이자 주周(일반적으로 무주武周라고 한다)의 초대 황제(재위 690~705)이다.
133 【옮긴이 주】: '주흥'의 생몰 연대는 ?~691년이다.
134 【옮긴이 주】: '내준신'의 생몰 연대는 651~697년이다.
135 【옮긴이 주】: 이상 『구당서』권50, 「형법지」(2143~2144쪽).
136 【옮긴이 주】: '서유공'의 생몰 연대는 535~702년이다.
137 【옮긴이 주】: '왕홍의'의 생몰 연대는 ?~694년이다.
138 위와 같음[同上].
【옮긴이 주】: 이상, 『구당서』권50, 「형법지」(2148쪽).
139 【옮긴이 주】: '평반平反'에서, '평'은 경중輕重의 중간을 취하는 것이고, '반'은 원래의 판결[舊案]을 번복하는 것이다. '평반'은 원옥冤獄을 다시 신문訊問하여 공평公平히 하는 것을 말한다(시가시카와 토쿠지東川德治, 『중국법제대사전中國法制大辭典』, 927쪽).
140 【옮긴이 주】: '당 숙종'은 당의 제7대 황제(재위 756~762)이다.
141 【옮긴이 주】: '최기'의 생몰 연대는 ?~760년이다.
142 【옮긴이 주】: 『신당서』권56, 「형법지」(1416쪽). 『구당서』권50, 「형법지」에는 "숙종은 바야흐로 형벌로 다스리는 방침[刑名]을 취하였다"(2151쪽)라고만 되어 있다. '형명刑名'에서 '형刑'은 '형상[形]' 즉 '실질實質'을 의미하고, '명名'은 '명칭' 즉 말로 표현된 것을 가리킨다. 이 양자의 일치 · 불일치의 관계를 검토하는 것을 '형명참동刑名參同'이라 하고, 줄여서 '형명'이라고도 한다. 가령 관직官職의 명칭과 그 관직에 있는

天性이 어질고 너그러워서[仁恕] 항상 지덕至德144 이래 형벌에 의한 정치를 경계하였고", 또 조서를 내려[下詔]145 "하북河北·하남河南의 이민吏民 가운데 (적군敵軍의) 관직에 임명된 자는 일체 그 죄를 묻지 않는다[不問]"146라고 하였다. 당 헌종唐憲宗147도 "형벌을 적용할 때 관대하고 어진 방침을 좋아하였"지만, 효과는 그다지 좋지 않아서 "민民148은 (군주의) 은덕을 아직 이해하지 못하고 단지 다행이라고 여겼을 뿐이었다."149 그러나 당 문종唐文宗150은 극단적으로 중형重刑을 사용해서 "대신大臣들을 주살하였고, 그 일족一族을 모두 살해하였으며[夷滅], 그것에 연루된 자[濫及者]는 모두 셀 수 없을 정도로 많았다."151 당 무종唐武宗152도 당 문종의 방식을 답습하여 "대형大刑이 행해졌고, (그의) 품성은 엄혹하였다."153 그 원인154을 구명하면, 여러 가지가 있었다. 그 가운데 특히 하나의

사람의 근무성적과의 비교검토, 또는 신하의 말과 그 실제 공적功績과의 일치·불일치의 검토 등이 그것이다. 이러한 형명학은 원래 한비자韓非子 등 전국戰國 시기 법가의 학설이었지만, 후에는 일반적으로 법률 편중의 정치방침을 가리키는 것이 되었다(우치다 토모內田智雄 편편, 「역주 구당서형법지譯注舊唐書刑法志」[『역주 속중국역대형법지譯注 續中國歷代刑法志』], 221쪽, 주 ④).

143 【옮긴이 주】: '당 대종'은 당의 제8대 황제(재위 762~779)이다.
144 【옮긴이 주】: '지덕'은 당의 제7대 황제 숙종肅宗의 첫 번째 연호(756~758)이다.
145 【옮긴이 주】: 『신당서』권56, 「형법지」에서는 "낙하洛河지방이 평정되자 조서를 내렸다"(1416쪽)라고 하였다. '낙하'는 낙양洛陽을 중심으로 하는 황하黃河와 낙수洛水 양 유역을 가리킨다.
146 【옮긴이 주】: 『신당서』권56, 「형법지」(1416쪽). 본 조서는 『구당서』권50, 「형법지」에는 보이지 않는다.
147 【옮긴이 주】: '당 헌종'은 당의 제11대 황제(재위 805~820)이다.
148 【옮긴이 주】: '민' 앞에 "현종玄宗이 도형과 장형을 폐지한 이후 지금 또 사형을 폐지하게 되었지만"이 있다(주 149 참조).
149 【옮긴이 주】: 이상 『신당서』권56, 「형법지」(1417쪽).
150 【옮긴이 주】: '당 문종'은 당의 제14대 황제(재위 827~840)이다.
151 【옮긴이 주】: 『신당서』56, 「형법지」(1418쪽). 이것은 '감로의 변[甘露之變]'에 의해 대신大臣 이하 많은 사람이 처형된 것을 가리킨다. 문종 태화太和 9년(835) 11월, 재상 이훈李訓 등이 환관의 횡포를 일소하고자 궁원宮苑의 석류石榴 나무에 밤중에 감로가 내렸다고 속여 환관을 그곳에 모이게 하여 일거에 살해하고자 하였지만, 그 계획이 실패하여 이훈을 위시해서 이 일에 동조한 자는 모두 기시棄市·요참腰斬·효수梟首의 형벌에 처해 졌고, 그 일족은 모두 사형에 처해 졌으며, 사형이 면제된 처妻와 여식女息들도 관비官婢로 몰입沒入되었다. 다만, 본서에서 '감로의 변'에 의해 다수의 사람이 살해된 것이 문종의 극단적인 중형정책 때문이었다는 식으로 서술한 것은 문제가 있다. 이에 대한 설명은 『신당서』권56, 「형법지」의 해당 기사를 보면 쉽게 해결되기 때문에 전재全載한다. "문종은 정치에 뜻을 두어 몸소 자신을 삼가고 두려워하였다. 그러나 환관들이 전횡하였지만, 그것을 제어할 수 없었기 때문에 대신들을 주살하고 그 일족을 모두 살해하였으며, 그것에 연루된 자는 모두 셀 수 없을 정도로 많았다. (문종은) 심중에 그들이 죄가 없었다는 것을 알고 있었고, 이에 한을 품고 눈물을 흘려도 그것을 구제할 수 없었다. 대개 인자仁者는 (세상의) 혼란을 제어하고, 약자弱者는 그것을 방기한다. 그러므로 강직한 자는 불인不仁하지 않고, 유약한 자는 인仁의 적賊이다"(1418쪽).
152 【옮긴이 주】: '당 무종'은 당의 제15대 황제(재위 840~846)이다.
153 『신당서·형법지』.

원인이 주목되는데, 그것은 바로 당조唐朝 후기 황제가 국가를 통치할 역량이 전무하였기 때문에 법제는 파괴되었고, 형사사법제도도 그에 따라 붕괴된 점이다. 『신당서·형법지』에서는 그 당시 "군주155는 망연자실할 뿐 태종太宗과 같은 큰 뜻을 거듭 펴지 못하였다. 그중에는 치세를 실현하고자 생각한 이도 있었지만, 국가의 대법大法을 생각할 수 없었고, 게다가 (군주된 자의) 성격에도 관인寬仁한 이와 가혹苛酷한 이가 있어서 무릇 개혁한 것은 모두 임시방편으로서 무겁기도[重] 하고 가볍기도[輕] 하여 한갓 법률을 번쇄하게 할 뿐이었다"156라고 하였다. 이러한 견해는 일리가 있다.

2. 후세 율전律典에 반영된 당률 중 형사사법제도의 연혁

당률 가운데 형사사법제도와 관련된 내용은 당률의 후세 입법에 대한 영향에 따라 후세 율전의 연혁도 되었다. 여기서는 『송형통宋刑統』·『대명률大明律』·『대청율례大淸律例』를 사례로 든다.

『송형통』은 송조宋朝의 하나의 율전이자 송조의 주요 법전이었다. 그것은 당률의 내용을 대부분 수용하였고, 동시에 당률의 형사사법에 대한 내용도 대부분 수용하였다. 이것은 기본적인 부분이다. 이외에 그것은 또 송조 독자의 상황에 의거해서 그 가운데 내용도 보충해서 송조에 적합한 형사사법제도를 형성하였다. 이러한 보충은 주로 이하 두 방면을 포괄하고 있다.

한 방면은, 칙문敕文을 부기附記해서 율조律條의 상관 내용을 보충하였다. 『송형통』은 당률의 율조를 대부분 인용했을 뿐만 아니라 율조 다음에 당唐 개원開元157 2년(714년)에서 송宋 건륭乾隆158 3년(962년)까지의 칙문敕文도 인용해서 율조의 내용을 보충·풍부하게 하였다. 예컨대 『송형통·투송』 「요거마과고상표자소사문邀車馬撾鼓上表自訴事門」에서는 『당률소의·투송』 「요거가과고소사조邀車駕撾鼓訴事條」의 내용을 인용한 다음에 당 대력大曆159 12년(777년) 4월 12일의 칙문을 부기해서 주관 관원主管官員이 직소直訴한 안건를 수리하는 과정에서의 책임에 대해 다음과 같이 보충하였다. "지금 이후 등문고登聞鼓160를 치는 자가 있으면, 금오장군金吾將軍이 맡아서 소장訴狀을 접수하여 올리

【옮긴이 주】: 『신당서』 권56, 「형법지」(1418쪽).
154 【옮긴이 주】: '그 원인'이라는 것은 당 후기 형사사법제도 집행의 편중현상, 즉 "숙종 때의 엄형嚴刑 → 대종·헌종 때의 관형寬刑 → 문종·무종 때의 중형重刑"이라는 극단적 편중 현상이 출현한 원인을 말한다.
155 【옮긴이 주】: '군주' 앞에 "전란이 계속 발생하여 국가는 일이 많았지만"이라는 문구가 있다(주 156 참조).
156 【옮긴이 주】: 『신당서』 권56, 「형법지」(1419쪽).
157 【옮긴이 주】: '개원'은 당의 제6대 황제 현종(재위 712~756)의 두 번째 연호(713~741)이다.
158 【옮긴이 주】: '건륭'은 북송의 초대 황제 태조太祖(재위 960~976)의 첫 번째 연호(960~963)이다.
159 【옮긴이 주】: '대력'은 당의 제8대 황제 대종代宗(재위 762~779)의 네 번째 연호(766~779)이다.

고, 함부로 손상시켜서는 안 되며, 또 사람이 (등문고를 치는 것을) 막고 금지해서도 안 된다. 그리고 이궤사理匭使가 투궤인投匭人[161]이 궤匭에 투서한 표장表狀을 처리할 때는 상법常法대로 진상進上하고, 강압하여 부본副本을 남겨서는 안 되며, 아울러 함부로 자세히 조사·심문하는 행위[盤問]는 바야흐로 즉시 금한다."[162] 이 규정은 당률에는 없고 『송형통』에만 보인다.

다른 한 방면은, 「기청起請」을 부가附加하여 율조律條의 상관 내용을 보충하였다. 즉 『송형통』은 또 율조 다음에 32조條의 「기청」을 증가하여 율조의 내용을 풍부하게 하는 작용을 하였고, 형사사법제도 방면에서도 이와 같았다. 예컨대 『송형통·단옥』「수응청급의약의식문囚應請給醫藥衣食門」에서는 『당률소의·단옥』「수응급의식의약이불급조囚應給衣食醫藥而不給條」의 내용을 인용한 후에 다음과 같은 「기청」을 부가하여 원래 율조가 규정하지 않은 내용을 규정하였다. "신臣들이 자세히 살피건대, 양경兩京의 군순軍巡과 여러[諸] 주州·부府의 죄수[獄囚]는, 청컨대 지금 이후 모든 주·부에 차례로 담당 관리[曹官]를 파견하여 15일마다 한 번씩 모든 감옥을 돌며 율문의 제諸 규정에 의거해서 검교檢校하십시오. 법과 같이 않은 경우에는 관련 정황을 모두 갖추어 신칙申敕하여 처벌하십시오."[163] 이것도 당률에는 없고 『송형통』에만 있다.

이러한 두 방면의 보충을 통해 『송형통』의 형사사법제도에 대한 내용은 더욱 풍부해졌고, 송조宋朝의 구체적인 상황에도 더욱 적합하게 되었다.

『대명률』은 명조明朝의 주요한 율전이었다. 그것은 단지 7편, 460조만 있었기 때문에 체제상에서는 비록 당률과 현저한 차이가 있었지만, 여전히 당률의 내용을 많이 남겼고, 그중에는 형사사법제도 방면의 내용도 포함하였다. 동시에 『대명률大朝[164]律』에서는 또 명조의 형사법을 수립하려

---

160 【옮긴이 주】: '등문고'에 대해서는 니이다 노보루仁井田陞, 『당령습유唐令拾遺』「공식령公式令 40조」(600쪽)에 기술되어 있다. 등문고는 억울한 것을 호소하는 비상수단의 하나로서 제도화되었고, 천자에게 직접 호소하는 취지이다. 조정 대궐 밖에 북을 매달아서 사람들이 간쟁할 점이나 억울한 점이 있어서 상소하여 아뢰려고 할 경우, 북을 쳐서 상소하는 것을 윤허하였다. 담당자는 직접적으로는 우감문위右監門衛이다. 서진西晉 무제武帝 태시泰始 5년(269)에 등문고라는 명칭이 보이기 때문에 이때 처음 설치되었다고 생각된다. 그 후 대대로 계승되었고, 당대에는 동서東西의 양도兩都에 등문고를 설치하였다. 당 이후 오대五代는 명확하지 않지만, 북송 초기에는 고사鼓司를, 그 후 경덕景德 4년(1007)에는 등문고원登聞鼓院을 설치하였다. 금金(등문고원)·원元·명明·청淸(통정사사通政使司 관하管下에 등문고청登聞鼓廳 존재)도 설치하였다(이상 율령연구회律令研究會 편편, 『역주일본율령譯註日本律令7 당률소의역주편唐律疏議譯註篇3』, 407쪽, 주 2 참조).

161 【옮긴이 주】: '투궤인'은 궤, 즉 함에 투서한 사람을 말한다.

162 【옮긴이 주】: [송宋]두의竇儀 등等 찬撰, 오익여吳翊如 점교點校, 『송형통』「투송률」「요거마과고상표자소사문요車馬撾鼓上表自訴事門」【준准】당唐 대력大曆 12년(777) 4월 12일 칙敕(378쪽).

163 【옮긴이 주】: [송宋]두의竇儀 등等 찬撰, 오익여吳翊如 점교點校, 『송형통』「단옥률」「수응청급의약의식문囚應請給醫藥衣食門」【준准】(북)주北周 현덕顯德 2년(955) 4월 5일 칙절문敕節文」(472쪽).

는 의도에서 일부 규정을 조정했는데, 주요한 것은 다음과 같다.

첫째, 일부 관련 규정이 증가되었다. 『대명률』에는 당률에 규정되지 않았던 일부 형사사법제도가 증가되었는데, 사법관司法官의 회피제도는 그 가운데 하나이다. 그것은 사법관이 안건을 심리할 때, 이해利害 관계가 있는 사람이 발견된 경우에는 안건을 이송하여 주도적으로 회피해야 하고, 그렇지 않은 경우에는 법률책임을 추궁당해야 하는 것을 이렇게 규정하였다. "무릇 관리는 소송인 중에 상복喪服을 입어야 하는 가까운 친척[服親] 및 혼인한 가家 또는 학업을 전수한 스승[受業師] 및 예전에 원망·혐오하였던 사람이 있다면, 문건을 이첩移牒하여 회피하는 것을 허락하고, 위반한 자는 태笞40에 처한다. 만약 죄에 증감이 있었다면 고출입인죄故出入人罪, 즉 사람의 죄를 고의로 감경하고 증가한 죄로 논한다."165 이외에 「간명범의조干名犯義條」·「관리사송가인조官吏詞訟家人條」·「군민약회사송조軍民約會詞訟條」 등에 규정된 제도도 모두 이와 같았다.

둘째, 규정 위반에 대한 법률책임이 가중되었다. 이것들은 당률과 『대명률』에 모두 규정되어 있지만, 『대명률』에서는 이 규정 위반에 대한 법률책임을 가중하였다. 그 가운데 특히 무고誣告 행위를 처벌하는 규정은 주목된다. 예컨대 『당률소의·투송』「무고반좌조誣告反坐條」에서는 "무릇 타인을 무고한 자는 각각 반좌反坐한다"166라고 규정하여, 무고자는 반좌죄로 형벌이 적용되었다. (반면에) 『대명률·형률刑律5·투송』「무고조誣告條」에서는 (당률의) 반좌의 기초 상上에서 용형用刑을 가중하였을 뿐만 아니라 타인을 무고한 죄가 엄중할수록 가중 정도도 컸다. 규정은 다음과 같다. "무릇 타인의 태죄笞罪를 무고한 자는 무고한 죄에서 2등을 가중하고, 유流·도徒·장죄杖罪인 경우에는 무고한 죄에서 3등을 가중하며, 각각 죄는 장杖100과 유流3000리를 최고형으로 한다."

셋째, 관련 규정의 일부 내용이 풍부해졌다. 형사사법제도의 몇몇 규정은 당률과 『대명률』에 모두 있지만, 『대명률』에는 일부 내용이 증가되어 당률에서 규정한 것보다 더욱 풍부해졌다. 바로 주수主守가 (죄수罪囚에게 재물을 받고) 죄수를 도와서 (진술 내용을) 번복하도록 한 행위에 대한 규정이 이와 같았다. 예컨대 『당률소의·단옥』「주수도령수번이조主守導令囚翻異條」에서는 '외부인[外人]'이 죄수를 도와서 (진술내용을) 번복하게 한 내용을 규정하지 않았지만,167 『대명률·형률11·단옥』「주수교령수반이조主守教令囚反異條」에서는 다음과 같이 이 내용이 증가되어 그것을 더욱 풍부하게 하였다. "외부인168이 범한 경우에는 1등을 감경한다. 만약 함부로 외부인이 감옥에 들어

---

164 【옮긴이 주】: '조朝'는 '명明'의 오기이다.
165 『대명률·형률刑律5·소송訴訟』「청송회피조聽訟回避條」.
166 【옮긴이 주】: 『역주율소 - 각칙(하) - 』「투송41」(제342조)「무고반좌조」, 3103쪽.
167 【옮긴이 주】: 『역주율소 - 각칙(하)』「단옥4」(제472조)「주수고령수번인조」, 3327쪽.
168 【옮긴이 주】: '외부인' 앞에는 "무릇 관아官衙의 옥관獄官·전典·옥졸獄卒이 죄수를 교령敎令하여 (진술 내

가는 것을 용인容認하였거나 죄수에게 상황을 누설하였더라도 죄수의 죄에 증감이 없었다면 태笞 50에 처한다." 이밖에 「관사출입인죄조官司出入人罪條」·「결죄불여법조決罪不如法條」 등에도 이와 유사한 상황이 있다. 이러한 조정을 통해 『대명률』의 형사사법제도는 당률과는 명확하게 구별되었지만, 명대의 실제 상황과는 더욱 부합되었다.

『대청율례』는 청대淸代의 주요한 율전律典이었다. 그것은 7편이었지만, 율조는 단지 436조에 불과하여 『대명률』보다 적었고, 당률보다 더욱 적었다. 그것은 율조 다음에 예例가 부가附加되었기 때문에 율조의 내용이 세분화되었는데, 형사사법제도 방면도 이와 같았다. 『대청율례』의 율조가 당률과 유사하였더라도 예가 부가附加되었기 때문에 율조의 내용이 더욱 구체적이어서 실시하는 데 더욱 편리하였다. 즉, 『대청율례·형률刑律·소송』「월소조越訴條」의 내용은 『당률소의·투송』「월소조」의 내용과 매우 유사하였지만, 『대청율례』는 율조 다음에 15조의 예조例條가 부가附加되었기 때문에 그 내용이 더욱 구체성을 띠었다. 당률은 이 방면의 내용이 없다. 이러한 예조例條는 위법한 직소直訴·기소起訴·대리 기소·(팔)기군八旗軍의 소송 등등 모든 규정이 세분화되어 있었다. 예컨대 "오문午門·장안문長安門 등 내內에 함부로 난입해서[擅入] 원옥冤獄을 호소한 경우, 어명을 받들어[奉旨] 감문勘問하여 사실인 때에는 가호枷戶 1개월에 처하고, 기일이 찼다면[滿日] 장杖100에 처한다. 만약 (호소한 내용이) 거짓이었다면 장100에 처하고, 변방으로 보내어 충군充軍시킨다"는 규정, "무릇 거짓으로 (관부官府에) 진술해서 관부를 협박하여 뇌물을 받은 사정을 애매·불명확하게 하여 타인의 명절名節을 더럽히고 사사로운 원한을 보복한 경우, 문文·무武 관원이었다면 모두 면직免職하고, 군인軍人·민民 등이었다면 모두 가까운 지방[附近]으로 보내어 충군充軍시킨다"는 규정, "외지外地의 교활한 무리가 몸에 누른 봇짐[黃褓]을 지고 머리에 누른 기[黃旗]를 꽂고 주소奏疏한다고 하면서 곧장 아문衙門에 들어가서 관리를 협박한 경우, 소재所在의 관사官司는 즉시 체포·호송하여 심문한다"는 규정 등이 모두 이와 같았다.

『송형통』·『대명률』·『대청율례』의 당률의 형사사법제도에 대한 연혁은, 한편으로는 당률의 이 제도의 영향이 컸음을 말해 주고, 다른 한편으로는 그것이 각 왕조의 실제 상황에 더욱 적합하였음을 나타낸다. 이것은 일종의 계승과 창조의 결합이었고, 중국고대 형사사법제도가 시대와 함께 진행된 일종의 구현이기도 하였다.

용을) 번복하게 해서 (이미 판결이 종결된) 상황을 문란하게 하였거나 죄수에게 (외부인의) 말을 전달하여 상황을 누설함으로써 죄수의 죄에 증감이 있게 한 경우에는 고출입인죄故出入人罪(사람의 죄를 고의로 감경·가중한 죄)로 논하고"라는 문장이 있다.

3. 당률과 고대 동방 각국법各國法 중 형사사법제도의 주요 차이

당률은 중국고대법의 대표작으로서, 그 형사사법제도는 중국고대 형사사법제도의 전범典範이었다. 고대 동방에도 설형문자법楔形文字法·헤브라이법[希伯來法: Hebraic Law]·인도법[印度法: Indian Law]·이슬람법[伊斯蘭法: Sharia Law] 등이 있었고, 이들 법에도 독자의 형사사법제도가 있었다. (그러나) 당률의 형사사법제도와 그것들 간의 차이는 작지 않았다.

당률의 형사사법제도와 설형문자법의 형사사법제도는 모두 세속법世俗法 가운데 형사사법제도로서 같은 유형에 속하였다. 그러나 그것들의 차이점은 오히려 매우 명확하였다. 당률의 형사사법제도는 중국 봉건제의 형사사법제도였을 뿐만 아니라 중국고대의 성숙된 형사사법제도이기도 하였고, 그 체계의 완정성完整性·내용의 계통성·율문의 규범성은 중국 후세의 봉건적 형사사법제도에 매우 큰 영향을 주었다. 설형문자법은 서아시아[西亞] 노예제 시기의 법제로서 봉건제적 법제로 발전할 기회가 없었고, 그 형사사법제도도 충분히 성장하지 않아서 성숙단계에 도달하지 못하였기 때문에 당률의 형사사법제도와 같이 완벽하지 못하였다. 실제도 이와 같았다. 당률의 형사사법제도에 비해 그 형사사법제도는 매우 조잡하여 체계적이지 않았고, 내용은 단지 기소起訴 내용이 진실해야 한다는 것, 위증자僞證者는 법률적 제재를 받아야 한다는 것, 증인은 먼저 신神 앞에서 선서해야 한다는 것 등 방면에 집중되었을 뿐이었고, 규정된 내용도 매우 간단하고 원칙적이었다.[169]

고대 동방의 헤브라이법·이슬람법·인도법은 모두 종교법에 속하였고, 그 국가의 배경은 정교합일政敎合一이었다. 이들 법제에서는 종교적 색채가 특히 농후하였고, 그 형사사법제도도 이와 같았다. 여기서는 형사사법의 주체와 증거의 운용을 사례로 든다. 형사사법의 주체 방면에서 성직자는 사법심판권을 가졌다. 헤브루[希伯來: Hebrew]에서는 모세[摩西: Moses]가 집정執政하였을 때, 항상 "착석하여 백성을 심판하였고, 백성은 아침부터 해질녘까지 모세의 옆에 서 있었다."[170] 그 아래에 속하는 사제司祭도 사법권을 가지고 유혈流血·분쟁紛爭·구상毆傷 등으로 인하여 발생한 안건을 접수·심리하였다.[171] 아랍[阿拉伯]의 이슬람[伊斯蘭]국가에서는 "모든 판결은 오직 알라[眞主: Allah]에게 귀착되었다. 그는 (신의) 섭리에 의해 판결하였고, 그는 가장 공정한 판결자였다."[172] 실제로 '알라[眞主: Allah]'는 그의 '사자使者'를 통해 자기의 의지를 표명하였는데, 즉 성직자

---

169 왕리민王立民,『고대동방법연구古代東方法研究』, 북경대학출판사北京大學出版社, 2006년판年版, 262·266·268쪽 참조.
170 『신구약전서新舊約全書』, 성경공회인쇄·출판[聖經公會印發], 1940년판年版, 88쪽.
171 왕리민王立民,『고대동방법연구古代東方法研究』, 북경대학출판사北京大學出版社, 2006년판年版, 256·268쪽 참조.

에 의해 심판하였던 것이다. 인도에서는 브라만[Brahman]¹⁷³이 "착석하거나 혹은 선 채로 국왕을 대신해서 안건을 심리하였다."¹⁷⁴ 여기의 '심판'은 모두 넓은 의미의 심판으로서 형사심판을 포함하였다. 증거의 운용방면에서 이들 법은 신에 대한 서약[起誓]·맹세[發誓] 등 방법을 채용하였다. 헤브라이법에서는 오직 피고인은 "여호와[耶和華: Jehovah]의 맹세에 의해서만 그가 말하는 공술供述은 진실성이 있다는 것을 인정받을 수 있다"라고 규정하였다. 이슬람법에서는 자기의 처자妻子를 고발하였지만, 다른 증거가 없는 경우, 오직 "알라를 향해 네 번 맹세"해야만 가능하다고 규정하였다. 인도법에서는 비록 신에 대한 서약 혹은 맹세가 증거를 대신할 수 있다는 것을 직접적으로 규정하고 있지는 않지만, 역시 증언을 신神과 결부시켜서 위증한 자는 악과惡果를 받을 수 있음을 다음과 같이 경고하고 있다. "위증한 자는 '바루나[Varuna]'¹⁷⁵의 밧줄에 단단히 묶여서 영원히 움직이지 못한다."¹⁷⁶ 그러나 세속법에서 형사사법제도를 제정한 당률의 형사사법제도에는 오히려 이러한 규정이 없기 때문에 이것이 그것들과의 가장 큰 차이이다.

이러한 차이를 통해 당률의 형사사법제도는 고대 동방국가 중에서 자못 특색을 갖추어 일가一家를 이루었을 뿐만 아니라 우수하기까지 하여 세계법제사에서 중요한 지위를 점하였음을 알 수 있다.

---

172 마견馬堅 옮김, 『코란경[古蘭經: Koran]』, 중국사회과학출판사中國社會科學出版社, 1981년판年版, 98쪽.
173 【옮긴이 주】: '브라만'은 일명 바라문이라고도 하며, 사제층司祭層을 가리킨다.
174 장충신蔣忠新 옮김, 『마누법전[摩奴法論]』, 중국사회과학출판사中國社會科學出版社, 1986년판年版, 137쪽.
175 【옮긴이 주】: '바루나'는 고대 인도의 베다[Veda] 신화에 나오는 신이다. 인륜과 우주의 질서를 관장하며, 천상계天上界를 다스린다고 한다.
176 왕리민王立民, 『고대동방법연구古代東方法研究』, 북경대학출판사北京大學出版社, 2006년판年版 256·268쪽.

| 초판 후기 |

 10년 전, 나는 다행히 화동정법학원華東政法學院에 입학하였고, 중국법제사학中國法制史學의 석사생碩士生도 되었기 때문에 법제사를 학습하고 연구할 수 있는 좋은 조건을 갖추고 있었다. 이후 당률을 집중 탐구해서 졸업논문도 당률을 주제로 하였다. 졸업 후에도 당률에 대한 연구를 포기하지 않고 간간이 몇 편의 논문을 발표하였지만, 행정사무에 시달려서 사실 반듯한 책 하나 쓸 겨를이 없었다. 1990년, 화동사범대학사학소華東師範大學史學所에 입학하여 박사과정을 밟으며 새삼 '자유'를 얻게 되었고, 이에 수업 이외의 시간은 분초를 다투며 과거의 연구 성과를 넓히고 총괄해서 이 책을 완성하였으니, 숙원을 이룬 셈이다. 과히 "문필생활에는 흉년이 없다[硯田無荒年]"라고 하겠다.

 이 책은 나의 석사논문에 기초해서 발표한 것으로, 대다수 내용은 이미 『법학연구法學研究』·『법학法學』·『비교법연구比較法研究』·『세계법학世界法學』·『화동사범대학학보華東師範大學學報』 등 간행물에 공표한 것이다. 그러나 책으로 엮을 때 전체구조에 대하여 고려하고 또 조정해서 전체적으로 의미가 있게 하였다. 그러나 각 장章은 원래 한 편의 단독 논문이었기 때문에 각각 사료를 사용할 때 교차되는 것을 피할 수 없었다.

 비록 보잘것없는 책이지만, 이것을 한 권으로 엮는 데는 얼마나 많은 이의 피와 땀이 베여있는지 모른다. 석사과정에서 지도 교수이신 왕소당王召棠 교수와 진붕생陳鵬生 교수는 번거로움을 마다하지 않고 내가 중국법제사와 당률 연구라는 세계에서 한 걸음씩 나아갈 수 있도록 지도해 주었다. 박사과정 지도 교수이신 오택吳澤 교수는 싫은 내색 한 번 보이지 않고 지도해 주어서 나의 이론과 사학지식에 깊은 영향을 주었고, 당률 연구의 기초도 다져주었다. 그분들의 "간곡히 타이르고 가르치는[誨爾諄諄]"[1] 모습은 영원히 잊지 못할 것이다. 출판사의 사건국查建國 선생도 너무도 애를 써서 다년간의 나의 바람이 실현될 수 있도록 도와주었고, 아우 왕립행王立行은 백망百忙 중에도 시간을 내어 서명書名을 적어서[題寫] 이 책을 더욱 빛내 주었다. 그리고 많은 벗들도 이 책이 출판되도록 지난한 노력을 기울여주었다. 이에 그들 모두에게 진심에서 우러나는 감사를 표하고자 한다.

 이제 빛을 보게 될 이 책이 나의 학식의 엷음과 부족으로 자못 치우치고 잘못된 점도 없지 않으

---

1 【옮긴이 주】: '회이순순誨爾諄諄'은 『모시정의毛詩正義』(『십삼경주소十三經注疏 상上』) 권18-1[十八之一], 「대아大雅」「억억抑」(556쪽)에 나오는 문구이다.

리라 사료된다. 여러 선생님과 동인[學人]들의 질정[匡正]·지도[賜敎]를 바라마지 않는다.

1992년 11월 상해에서

저 자

| 2판 후기 |

『당률신탐』이란 책은 일찍이 1993년에 상해사회과학원출판사[上海社會科學院出版社]에서 출판되었다. 이것은 나의 개인적 전문학술서의 첫 번째 책이다. 바로 이어 나의 또 다른 개인적 전문학술서인 『고대동방법연구[古代東方法硏究]』와 『상해법제사[上海法制史]』도 잇달아 출판되었다. 이 전문서 3권은 나의 학술연구의 기초를 정립하였고, 기본적으로 나 자신의 학술연구의 체계를 형성하였다. 이것은 지방법제사에서 중앙법제사·동방법제사까지, 낮은 곳에서 높은 곳까지 3층의 체계로 되어 있다. 이것들은 각각 『상해법제사』·『당률신탐』·『고대동방법연구』를 대표작으로 하고 있다.

『당률신탐』이라는 책은 출판 후 국내외에서 발행한 결과 반향이 비교적 좋다. 수년 전, 한국 경북대학교 사범대학 역사교육과의 임대희 선생이 『당률신탐』을 구입하기 위해 한국에서 상해를 방문한 일이 있었는데, 특히 나와 환담하면서 이 책을 한글로 번역·출판하여 석사생[硏究生]의 교재로 삼고 싶다고 하였다. 현재 이 책은 이미 다 팔렸다. 동시에 나는 당률에 대한 연구를 멈추지 않았고 또 여러 편의 논문도 잇달아 발표하였다. 상해사회과학원출판사에 연락을 취하자, 본 출판사는 『당률신탐』 제2판을 출판할 뜻이 있었기 때문에 여러 새로운 내용을 추가하였다. 따라서 지금의 이 『당률신탐』은 이미 원래의 17만여 자에서 20만여 자까지 확대되었다.

나의 예전의 전저[專著]와 마찬가지로 이 책의 재판은 여러 방면에서 지지와 도움을 받았다. 우리 대학원의 책임자, 과학연구처[科學硏究處]와 학술위원회는 모두 내용을 확충해서 다시 출판하는 것을 강력하게 지지하였다. 상해사회과학원출판사의 책임자와 주하[周河] 선생님의 열성적인 도움으로 이 책의 제2판이 때맞춰 여러분과 만날 수 있게 되었다. 이 자리를 빌려 그들의 대대적인 지지와 열성적인 도움에 진심으로 감사를 표한다.

이것은 『당률신탐』의 제2판인 점을 고려하여 표지를 바꿔서 제1판과 구별하였다. 다만, 나의 아우 왕립행[王立行]이 쓴 제사[題詞]는 계속 보존할 생각이다. 나는 특히 그의 풍격[風格]이 담긴 이 글자들을 좋아하기 때문이다.

이 책은 『당률신탐』 제2판이지만, 여전히 아쉬움과 부족함이 남아 있다. 그럼에도 동인[同仁] 여러분의 끊임없는 지도[指敎]와 질정[叱正]을 바라마지 않는다.

2001년 4월 상해에서
왕 리 민

| 3판 후기 |

『당률신탐』(제2판)이 2001년 6월에 출판된 이후, 또 사회의 환영을 받아서 현재 이미 완전히 팔려 품절되었다. 동시에 여러 중국법제사에 열중하고 당률을 학습·연구하는 학자들이 여전히 이 책을 구입하고자 계속해서 나에게 이 책의 재판 문제를 문의하였다. 이에 나는 제3판을 다시 출판하려는 마음이 생겼다. 이외에도 제2판이 출판된 후, 나는 당률에 대한 연구를 중단없이 계속해왔고, 논문도 발표하였기 때문에 이를 계기로 (이것들도) 제3판에 편입시키면 그 안의 내용은 충실·풍부하게 될 것이라고 생각하였다.

나[筆者]의 소망은 북경대학출판사北京大學出版社 왕업룡王業龍 선생의 열정적인 지지를 받았고, 이에 그 소망이 진실로 이루어질 수 있었다. 이 자리를 빌려 북경대학출판사와 왕업룡 선생의 큰 협조에 충심으로 감사를 표한다.

우리 학교 법률사학과法律史學科는 "상해시중점학과건설항목上海市重點學科建設項目(항목 번호: T1001)에 속하였고, 본서의 출판도 이러한 건설항목의 성과에 포함되었다. 이 책이 벌써『당률신탐』의 제3판이지만 아쉽고 부족하지 않을 수 없다. 동인同仁·독자 여러분의 지정指正을 바라마지 않는다.

2007년 2월 상해에서
왕 리 민

| 4판 후기 |

『당률신탐』(제3판)이 2007년에 출판된 이후, 판로販路가 그런대로 괜찮아서 현재 이미 기본적으로 잔고가 없게 되었다. 이것은 대개 이 책이 우리 화동정법대華東政法大 법률사法律史 박사과정 수험생의 참고서參考書의 하나라는 이점利點이 작용하였다. 그들은 이 문제에 관심을 가졌고, 그중에 혹자는 시험 준비용으로 책을 구입해서 보지 않을 수 없었다. 이것도 어쩌면 당연하다. 왜냐하면 이들 박사과정생의 전담교수專擔敎授인 나의 연구영역이 주로 상해지방법제사上海地方法制史 · 당률唐律과 고대 동방법古代東方法이라는 세 영역에 집중되었기 때문이다. 수험생은 전담교수의 전문성을 알지 못하면, 이후의 시험 · 학습에 지장이 있을 수 있었고, 또 다행히 책값도 비싸지 않아서 평소 갖고 있기도 괜찮았다. 마찬가지로 이러한 이유로 나는 이 책의 판매상황을 예의주시銳意注視하지 않을 수 없었고, 일단 품절品切되자마자 빨리 출판해서 수험생의 불평을 모면하고자 하였다.

나의 고충苦衷은 북경대학출판사北京大學出版社 왕업룡王業龍 선생의 충분한 이해理解를 얻었고 동시에 큰 지지支持도 보내주었다. 현재『당률신탐』제4판의 출판이 곧 실현될 것 같아서 그 기쁨은 한량없다. 이 자리를 빌려 북경대학출판사와 왕업룡 선생의 크나큰 협조에 충심衷心으로 감사를 표한다.

우리 학교의 법률사학과法律史學科는 이미 국가중점학과國家重點學科 · 상해시중점학과건설항목上海市重點學科建設項目(항목 번호: T1001)에 속하였고, 중국법제사中國法制史도 국가의 명품강좌[精品課程]로서, 본서의 출판도 그러한 건설의 직접적인 성과이기도 하다.

이 책이 벌써『당률신탐』의 제4판이지만, 여전히 부족함을 피할 수 없고, 또 학술저작이 흔히 범하는 '아쉬운 작품[遺憾作品]'이라는 결과를 벗어날 수도 없지만, 진심으로 독자 · 동인同仁 여러분의 지도 편달[敎正]을 바라마지 않는다.

2010년 1월 화동정법대학華東政法大學에서
왕 리 민

| 옮긴이의 말 |

　『당률소의唐律疏議』를 중핵으로 하는 당률은 형벌체계와 내용·성격 등 여러 방면에서 전근대 중국 법제사의 내재적인 발전뿐만 아니라 동아시아 각국各國에서 진행된 법제의 형성과 발전에도 많은 영향을 주었다. 이로 인해 당률에 대해서는 한국·중국을 포함하는 동아시아 연구자뿐만 아니라 서양의 연구자들도 주목하였고, 그 결과 간행된 학술논문과 전문학술서 등의 수량도 열거하기 어려울 정도이다. 내가 완역한 왕리민王立民의 『당률신탐唐律新探』(제4판)(북경北京: 북경대학출판사北京大學出版社, 2010)도 당률에 관한 여러 문제를 저자의 독자적인 관점에서 고찰한 것이다.

　이 책은 총 25장으로 구성되어 있고, 전체 지면紙面은 목록을 포함해서 대략 360쪽 정도이다. 이 책이 처음 출판되었을 때(상해上海: 상해사회과학원출판사上海社會科學院出版社, 1993)는 총 14장이었다. 그러나 이후 세 차례 중판重版을 거듭하면서 본서에는 그동안 저자가 학회지에 간행한 11편의 논문[2판(상해: 상해사회과학원출판사, 2001) 때 4편(본서의 목록 가운데 제16장~제19장), 3판(북경北京: 북경대학출판사北京大學出版社, 2007) 때 2편(본서의 목록 가운데 제8장·제20장), 4판(북경: 북경대학출판사, 2010) 때 5편(본서의 목록 가운데 제21장~제25장)]이 추가되었다. 그런데 본서에는 추가된 11편의 논문이 모두 초판初版의 제14장 다음에 수록되지 않고(물론 2판 때는 추가된 4편이 제14장 다음에 제15장~제18장으로 수록되었다), 3판을 간행할 때 2편의 논문 가운데 「당률의 일부 문제(하)」가 제8장에 수록됨으로써 초판의 제8장~제14장은 제9장~제15장으로 변경되었다. 따라서 본서의 목록 앞에는 저자(왕리민)의 박사과정 때의 지도 교수 오택吳澤이 쓴 '서序'와 저자가 쓴 '초판 서론序論'이 수록되어 있고, 그 안에는 본서의 내용을 간략하게 소개한 부분이 있는데, 이때 제8장~제14장이라고 한 것은, 본서의 목록에서는 제9장~제15장에 해당한다고 이해하기 바란다.

　본서의 목록을 보면 알 수 있듯이, 이 책은 당률에 대하여 저자가 이미 간행하였던 논문들을 대부분 그대로 수록한 점에서 전문학술서라고 할 수 있다. 각 장에서 고찰하고 있는 구체적인 내용은 지도 교수인 오택吳澤이 작성한 '서序'와 저자가 쓴 '초판 서론~4판 서론'에 간략하게 언급되어 있으므로 그것을 참조하면 좋을 듯하다.

　내가 이 책을 번역하기 시작한 것은 대략 2013년 말 무렵이었던 것으로 기억된다. 내가 처음 이 책의 목록에 있는 각 장의 제목을 보고 느낀 것은, 이 책의 주된 자료인 『당률소의』를 소재로 한 연구는 기존의 간행된 논문이나 연구서 등에서 자주 접하였고, 게다가 특히 나 자신의 연구영역과도 겹치기 때문에 본서 전체를 번역하는데 많은 시간이 소요될 것으로 생각하지 않았다. 사실각 장에 인용된 자료를 보면, 당 이후 당률의 변혁 부분(제14장)에 인용된『대명률大明律』·『대청율례大淸律例』, 당률과『프랑스민법전』의 비교 부분(제15장)에 인용된『프랑스민법전』, 당률과 당조의 신분등급 관계 부분(제22장)에 인용된 고대 동방법東方法(제3절) 등 일부를 제외하면,『당률소의』와『구당서舊唐書』·『신당서新唐書』등 정사正史의「형법지」가 중심을 이루고 있고, 이밖에『자치통감資治通鑑』·『당육전唐六典』·『통전通典』·『당회요唐會要』·『책부원구冊府元龜』·『정관정요貞觀政要』등에 수록된 내용도 대부분 당대唐代 법률 규정에 관한 것들이기 때문에 그다지 생경하지는 않았다. 그러나 구체적인 내용을 번역하면서 인용한 자료도 방대하지만, 각각의 자료의 경우 전거典據의 오류·글자의 오탈誤脫도 적지 않았고, 그에 따른 서술의 불명확성 등 많은 문제점이 발견되었다. 이에 나는 고민 끝에 시일이 지체되더라도 번역의 완성도를 높이기 위해서 몇 가지 방침을 정하였다. 내가 이 책을 번역하면서 중점을 둔 것은 다음과 같다.

첫째, 본서에 인용된 자료에 대해서는 모두 원문과 낱낱이 대조해서 보충하였다. 앞서 언급했듯이, 본서에는『당률소의』를 비롯해서 수많은 자료가 인용되어 있다. 본 역서에서는 인용된 자료 가운데 원문에 대한 보충이 필요하다고 생각되는 부분에 대해서는 각주에서 거의 빠짐없이 보충하였다. 그 중에도 특히 본서의 주된 자료인『당률소의』는 되도록 법규 전체를 인용했고, 또 설명도 추가해서 독자들이 이해하는 데 도움이 되고자 하였다.

둘째, 본서에 인용된 자료나 연도·인명 등의 경우 잘못된 부분에 대해서는 하나하나 수정하였다. 사실 본서에 인용된 자료의 경우, 글자의 오탈誤脫이나 전거典據의 오기誤記 등 문제점이 적지 않다. 게다가 이러한 문제점은 저자가 인용한 연도나 인명 등에도 보인다. 이에 나는 본서에 있는 모든 자료나 연도·인명 등에 대해서 원문을 포함한 관련 자료 등과 일일이 대조·확인하는 작업을 거친 다음에 잘못된 부분을 수정하였다. 수정하는 방식은, 본서에 있는 오기나 오탈 부분의 경우, 한글에서는 수정하고, 특히 오기된 한자는 본문에 그대로 두고 각주에서 수정한 내용을 기술하였다.

셋째, 법률용어 등에 대해서도 필요한 경우에는 설명을 추가하였다. 본서에 인용된 자료나 저자가 언급한 내용 가운데는 적지 않은 법률용어가 나오고 있다. 본 역서에서는 이러한 용어에 대해 관련 규정과 사전辭典 등을 참고해서 각주에서 자세하게 설명하였다.

이상과 같은 일련의 작업을 거쳐서 번역이 대략 완성되자, 본래 360쪽이었던 것이 대폭 증가하였다. 사실 분량도 분량이지만, 본서에는 중복되는 자료도 많기 때문에 일일이 대조해서 통일시키는 작업만도 1년가량 소비되었다. 내가 이렇게 한 것은 본서를 접하는 독자들에게 완성도가 높은 번역서를 제공해서 당률을 이해하는 데 편의를 제공하고자 하였기 때문이다. 다만, 옮긴이의 무지와 부주의로 인한 오류에 대해서는 독자 여러분의 질정을 바라마지 않는다.

끝으로 약속한 기일보다 출판이 상당히 지체되었음에도 묵묵히 기다려준 왕리민 선생님을 비롯해서 출판사를 소개해 준 임대희 선생님에게 진심으로 감사의 말씀을 드린다. 또 이러한 전문 학술서의 출판을 흔쾌히 허락하신 학고방 하운근 사장님과 편집에 애쓰신 조연순 팀장님을 비롯한 모든 분들에게 깊이 감사의 뜻을 표시하는 바이다.

2025년 7월
전 영 섭

| 지은이 소개 |

왕리민王立民(1950~현재)

현재 화동정법대학華東政法大學 공훈 교수功勳敎授, 박사연구생 지도교수[博士生導師], 중국법학회中國法學會 법학교육연구회法學敎育硏究會 학술위원회學術委員會 위원委員으로 재직하고 있다. 화동정법대학 부총장[副校長], 중국법률사학회中國法律史學會 집행회장執行會長, 교육부敎育部 고등교육기관高等學校 법학과法學學科 교수지도위원회[敎學指導委員會] 위원委員, 국가사법시험조정위원회[國家司法考試協調委員會] 위원委員, 상해시上海市 법학회法學會 법리법사연구회法理法史硏究會 회장會長 등을 역임했다.

저서에는 『당률신탐唐律新探』이외에 『상해법제사上海法制史』·『고대동방법연구古代東方法硏究』·『법률사상과 법률제도[法律思想與法律制度]』·『중국법제와 법학교육[中國法制與法學敎育]』·『상해조계법제 사화上海租界法制史話』 등이 있다. 이 밖에 그가 주편한 것으로 30여 권의 책이 있고, 『법학연구法學硏究』·『중국법학中國法學』·『학술월간學術月刊』 등 학술지에 300여 편의 논문을 발표하였다.

| 옮긴이 소개 |

전영섭

부산대 사학과를 졸업하고 동 대학원에서 석사학위·문학박사 학위를 취득하였다. 현재 부산대학교·부경대 등에서 강의하고 있으며, 당·송·원 시기 동아시아 법률교류사를 연구하고 있다.

주요 연구로는 『중국중세 신분제 연구』·『고려시대 율령의 복원과 정리』(공저)·『구품관인법의 연구』(공역)·『중국형법사 연구』(공역)『자손의 교령위반에 관한 역사적 고찰』·「위서 형벌지 역주」·「수서 형벌지 역주」·「당 전기 외래인의 생활과 율령(상·하)」·「고려시대 신분제에 대한 재검토」·「송형통 명례율에 보이는 당 후기~북송 초 형벌체계의 변화」·「명공서판청명집 호석벽서판 호혼문·인륜문에 보이는 천리·국법·인정의 작용과 관계」·「송대 자배형의 시행과 오형제의 변화」 등이 있다.

당률신탐 唐律新探

초판 인쇄 2025년 8월 25일
초판 발행 2025년 9월 3일

지 은 이 ㅣ 왕리민王立民
옮 긴 이 ㅣ 전영섭
펴 낸 이 ㅣ 하운근
펴 낸 곳 ㅣ 學古房

주　　소 ㅣ 경기도 고양시 덕양구 통일로 140 삼송테크노밸리 A동 B224
전　　화 ㅣ (02)353-9908 편집부(02)356-9903
팩　　스 ㅣ (02)6959-8234
홈페이지 ㅣ http://hakgobang.co.kr/
전자우편 ㅣ hakgobang@naver.com
등록번호 ㅣ 제311-1994-000001호

ISBN 979-11-6995-694-9 93900

값 : 47,000원

■ 파본은 교환해 드립니다.